中华人民共和国税法

第Ⅰ卷

货物和劳务税

上册

国家税务总局 ◎ 编

中国税务出版社

图书在版编目（CIP）数据
中华人民共和国税法．第Ⅰ卷，货物和劳务税 ：上下／国家税务总局编．-- 北京 ：中国税务出版社，2024．8（2024.11重印）．-- ISBN 978－7－5678－1521－6
Ⅰ．D922．220．9
中国国家版本馆 CIP 数据核字第 20241YV494 号

书　　名：中华人民共和国税法·第Ⅰ卷：货物和劳务税（上下）
ZHONGHUA RENMIN GONGHEGUO SHUIFA·DI Ⅰ JUAN：HUOWU HE LAOWU SHUI（SHANG XIA）
作　　者：国家税务总局　编
责任编辑：陈金艳　孙晓萍　董　森
责任校对：姚浩晴
技术设计：林立志
出版发行：中国税务出版社
北京市丰台区广安路 9 号国投财富广场 1 号楼 11 层
邮政编码：100055
网址：https：//www. taxation. cn
投稿：https：//www. taxation. cn/qt/zztg
发行中心电话：（010）83362083/85/86
传真：（010）83362047/49
经　　销：各地新华书店
印　　刷：涿州市星河印刷有限公司
规　　格：787 毫米×1092 毫米　1/16
印　　张：80. 25
字　　数：1902000 字
版　　次：2024 年 8 月第 1 版　2024 年 11 月第 2 次印刷
书　　号：ISBN 978－7－5678－1521－6
定　　价：208. 00 元
全套定价：920. 00 元

出版说明

习近平总书记对税收工作高度重视，发表了一系列关于税收工作的重要论述，多次强调指出“深化税收制度改革”，“完善税收制度”，为税收改革发展提供了根本遵循。党的二十届三中全会围绕深化财税体制改革，从多方面作出部署。随着税制改革不断深入和税收事业高质量发展，我国税收法治建设不断加强、法治环境不断改善，特别是党的十八大以来，税收在国家治理中的基础性、支柱性、保障性作用日益凸显，党中央、国务院推出一系列重大税收改革，“营改增”、个人所得税改革、进一步深化税收征管改革等各项改革举措相继落地，形成了比较完备的税收法律制度体系，为全面推进依法治税提供了有力保障。

为帮助各级税务机关和税务干部、广大纳税人缴费人及社会各界人士更好地学习税法、使用税法、宣传税法、研究税法，进一步提高税务干部依法治税能力和水平，共促税法遵从，高质量推进中国式现代化税务实践，我们组织编辑了这套《中华人民共和国税法》分卷丛书，汇集了全国人大及其常委会、国务院、财政部、税务总局、海关总署及相关部门发布的现行有效的税收法律、行政法规、规章及规范性文件。

本丛书一套七卷，涵盖增值税、消费税等18个税种，社会保险费和非税收入，税收征管等税收法律制度全部内容。其中：第Ⅰ卷货物和劳务税，包括增值税、消费税、车辆购置税、关税和进出口税收；第Ⅱ卷所得税，包括企业所得税、个人所得税；第Ⅲ卷财产和行为税，包括房产税、城镇土地使用税、城市维护建设税、印花税、资源税、土地增值税、车船税、烟叶税、契税、耕地占用税、环境保护税和船舶吨税；第Ⅳ卷社会保险费和非税收入，包括现行社会保险费和中央级非税收入；第Ⅴ卷综合税收政策，包括涉及多个税种的制度文件，分行业税收政策、区域税收政策、专项税收政策、其他税收政策和涉税相关法律规定；第Ⅵ卷税收征管，包括登记申报、票证管理、税款征收、税务检查、纳税服务等。此外，设附卷文件清理，包括清理过程中发布的修改、失效、废止的文件，鉴于这些文件与现行有效文件具有一定关联性，单独整理汇集成册，以备查阅参考。

本丛书各卷收录的每个文件均设三级编码，即卷号－类别（税费种）－顺序号。各税种法律、行政法规及实施细则等综合性文件按照法律级次排列在前，其他文件（或分类文件）按发文时间排序。部分条款失效、废止、修改和政策调整的文件，文末以“注释”方式列明具体条款、依据及相关延续政策；部分篇幅过长的文件附件，以“编者略”的形式对其内容作了删略，删略内容可通过国家税务总局网站“政策法规库”或中国税务出版社网站“税收法规库”检索查找。本丛书所收录文件截止时间为2023年12月31日，具体执行中请关注税收政策的调整变化。

由于时间仓促，难免有不足和疏漏之处，诚挚欢迎读者将使用过程中的意见建议反馈给我们（邮箱：fgxxb@163.com），以便继续修订完善。

国家税务总局

2024年8月

目　录

上　册

1 增值税

基本法律法规

一般规定

特殊规定

特殊规定

2　消费税

基本法律法规

一般规定

特殊规定

3　车辆购置税

(接转下册:4 关税和进出口税收)

1 增值税

基本法律法规

1 - 1 - 1

中华人民共和国增值税暂行条例

1993 年 12 月 13 日中华人民共和国国务院令第 134 号公布　2008 年 11 月 5 日国务院第 34 次常务会议修订通过 2008 年 11 月 10 日中华人民共和国国务院令第 538 号公布　2016 年 2 月 6 日中华人民共和国国务院令第 666 号第一次修订　2017 年 11 月 19 日中华人民共和国国务院令第 691 号第二次修订

第一条　在中华人民共和国境内销售货物或者加工、修理修配劳务(以下简称劳务),销售服务、无形资产、不动产以及进口货物的单位和个人,为增值税的纳税人,应当依照本条例缴纳增值税。

第二条　增值税税率:

(一)纳税人销售货物、劳务、有形动产租赁服务或者进口货物,除本条第二项、第四项、第五项另有规定外,税率为 17% 。①

(二)纳税人销售交通运输、邮政、基础电信、建筑、不动产租赁服务,销售不动产,转让土地使用权,销售或者进口下列货物,税率为 11% :②

1. 粮食等农产品、食用植物油、食用盐;

2. 自来水、暖气、冷气、热水、煤气、石油液化气、天然气、二甲醚、沼气、居民用煤炭制品;

3. 图书、报纸、杂志、音像制品、电子出版物;

4. 饲料、化肥、农药、农机、农膜;

5. 国务院规定的其他货物。

(三)纳税人销售服务、无形资产,除本条第一项、第二项、第五项另有规定外,税率为 6% 。

(四)纳税人出口货物,税率为零;但是,国务院另有规定的除外。

(五)境内单位和个人跨境销售国务院规定范围内的服务、无形资产,税率为零。

---

①②　原适用 17% 的税率调整为 13% ,原适用 11% 的税率调整为 9% 。参见:1.《财政部　税务总局　海关总署关于深化增值税改革有关政策的公告》(财政部　税务总局　海关总署公告 2019 年第 39 号)。2.《财政部　税务总局关于调整增值税税率的通知》(财税〔2018〕32 号)。——编者注。

税率的调整,由国务院决定。

第三条 纳税人兼营不同税率的项目,应当分别核算不同税率项目的销售额;未分别核算销售额的,从高适用税率。

第四条 除本条例第十一条规定外,纳税人销售货物、劳务、服务、无形资产、不动产(以下统称应税销售行为),应纳税额为当期销项税额抵扣当期进项税额后的余额。应纳税额计算公式:

应纳税额 = 当期销项税额 - 当期进项税额

当期销项税额小于当期进项税额不足抵扣时,其不足部分可以结转下期继续抵扣。

第五条 纳税人发生应税销售行为,按照销售额和本条例第二条规定的税率计算收取的增值税额,为销项税额。销项税额计算公式:

销项税额 = 销售额 × 税率

第六条 销售额为纳税人发生应税销售行为收取的全部价款和价外费用,但是不包括收取的销项税额。

销售额以人民币计算。纳税人以人民币以外的货币结算销售额的,应当折合成人民币计算。

第七条 纳税人发生应税销售行为的价格明显偏低并无正当理由的,由主管税务机关核定其销售额。

第八条 纳税人购进货物、劳务、服务、无形资产、不动产支付或者负担的增值税额,为进项税额。

下列进项税额准予从销项税额中抵扣:

(一)从销售方取得的增值税专用发票上注明的增值税额。

(二)从海关取得的海关进口增值税专用缴款书上注明的增值税额。

(三)购进农产品,除取得增值税专用发票或者海关进口增值税专用缴款书外,按照农产品收购发票或者销售发票上注明的农产品买价和11%的扣除率计算的进项税额,国务院另有规定的除外。进项税额计算公式:

进项税额 = 买价 × 扣除率

(四)自境外单位或者个人购进劳务、服务、无形资产或者境内的不动产,从税务机关或者扣缴义务人取得的代扣代缴税款的完税凭证上注明的增值税额。

准予抵扣的项目和扣除率的调整,由国务院决定。

第九条 纳税人购进货物、劳务、服务、无形资产、不动产,取得的增值税扣税凭证不符合法律、行政法规或者国务院税务主管部门有关规定的,其进项税额不得从销项税额中抵扣。

第十条 下列项目的进项税额不得从销项税额中抵扣:

(一)用于简易计税方法计税项目、免征增值税项目、集体福利或者个人消费的购进货物、劳务、服务、无形资产和不动产;

(二)非正常损失的购进货物,以及相关的劳务和交通运输服务;

(三)非正常损失的在产品、产成品所耗用的购进货物(不包括固定资产)、劳务和交通运输服务;

（四）国务院规定的其他项目。

第十一条 小规模纳税人发生应税销售行为，实行按照销售额和征收率计算应纳税额的简易办法，并不得抵扣进项税额。应纳税额计算公式：

应纳税额 = 销售额 × 征收率

小规模纳税人的标准由国务院财政、税务主管部门规定。

第十二条 小规模纳税人增值税征收率为3%，国务院另有规定的除外。

第十三条 小规模纳税人以外的纳税人应当向主管税务机关办理登记。具体登记办法由国务院税务主管部门制定。

小规模纳税人会计核算健全，能够提供准确税务资料的，可以向主管税务机关办理登记，不作为小规模纳税人，依照本条例有关规定计算应纳税额。

第十四条 纳税人进口货物，按照组成计税价格和本条例第二条规定的税率计算应纳税额。组成计税价格和应纳税额计算公式：

组成计税价格 = 关税完税价格 + 关税 + 消费税

应纳税额 = 组成计税价格 × 税率

第十五条 下列项目免征增值税：

（一）农业生产者销售的自产农产品；

（二）避孕药品和用具；

（三）古旧图书；

（四）直接用于科学研究、科学试验和教学的进口仪器、设备；

（五）外国政府、国际组织无偿援助的进口物资和设备；

（六）由残疾人的组织直接进口供残疾人专用的物品；

（七）销售的自己使用过的物品。

除前款规定外，增值税的免税、减税项目由国务院规定。任何地区、部门均不得规定免税、减税项目。

第十六条 纳税人兼营免税、减税项目的，应当分别核算免税、减税项目的销售额；未分别核算销售额的，不得免税、减税。

第十七条 纳税人销售额未达到国务院财政、税务主管部门规定的增值税起征点的，免征增值税；达到起征点的，依照本条例规定全额计算缴纳增值税。

第十八条 中华人民共和国境外的单位或者个人在境内销售劳务，在境内未设有经营机构的，以其境内代理人为扣缴义务人；在境内没有代理人的，以购买方为扣缴义务人。

第十九条 增值税纳税义务发生时间：

（一）发生应税销售行为，为收讫销售款项或者取得索取销售款项凭据的当天；先开具发票的，为开具发票的当天。

（二）进口货物，为报关进口的当天。

增值税扣缴义务发生时间为纳税人增值税纳税义务发生的当天。

第二十条 增值税由税务机关征收，进口货物的增值税由海关代征。

个人携带或者邮寄进境自用物品的增值税，连同关税一并计征。具体办法由国务院关税税则委员会会同有关部门制定。

第二十一条 纳税人发生应税销售行为，应当向索取增值税专用发票的购买方开具增值税专用发票，并在增值税专用发票上分别注明销售额和销项税额。

属于下列情形之一的，不得开具增值税专用发票：

（一）应税销售行为的购买方为消费者个人的；

（二）发生应税销售行为适用免税规定的。

第二十二条 增值税纳税地点：

（一）固定业户应当向其机构所在地的主管税务机关申报纳税。总机构和分支机构不在同一县（市）的，应当分别向各自所在地的主管税务机关申报纳税；经国务院财政、税务主管部门或者其授权的财政、税务机关批准，可以由总机构汇总向总机构所在地的主管税务机关申报纳税。

（二）固定业户到外县（市）销售货物或者劳务，应当向其机构所在地的主管税务机关报告外出经营事项，并向其机构所在地的主管税务机关申报纳税；未报告的，应当向销售地或者劳务发生地的主管税务机关申报纳税；未向销售地或者劳务发生地的主管税务机关申报纳税的，由其机构所在地的主管税务机关补征税款。

（三）非固定业户销售货物或者劳务，应当向销售地或者劳务发生地的主管税务机关申报纳税；未向销售地或者劳务发生地的主管税务机关申报纳税的，由其机构所在地或者居住地的主管税务机关补征税款。

（四）进口货物，应当向报关地海关申报纳税。

扣缴义务人应当向其机构所在地或者居住地的主管税务机关申报缴纳其扣缴的税款。

第二十三条 增值税的纳税期限分别为1日、3日、5日、10日、15日、1个月或者1个季度。纳税人的具体纳税期限，由主管税务机关根据纳税人应纳税额的大小分别核定；不能按照固定期限纳税的，可以按次纳税。

纳税人以1个月或者1个季度为1个纳税期的，自期满之日起15日内申报纳税；以1日、3日、5日、10日或者15日为1个纳税期的，自期满之日起5日内预缴税款，于次月1日起15日内申报纳税并结清上月应纳税款。

扣缴义务人解缴税款的期限，依照前两款规定执行。

第二十四条 纳税人进口货物，应当自海关填发海关进口增值税专用缴款书之日起15日内缴纳税款。

第二十五条 纳税人出口货物适用退（免）税规定的，应当向海关办理出口手续，凭出口报关单等有关凭证，在规定的出口退（免）税申报期内按月向主管税务机关申报办理该项出口货物的退（免）税；境内单位和个人跨境销售服务和无形资产适用退（免）税规定的，应当按期向主管税务机关申报办理退（免）税。具体办法由国务院财政、税务主管部门制定。

出口货物办理退税后发生退货或者退关的，纳税人应当依法补缴已退的税款。

第二十六条 增值税的征收管理，依照《中华人民共和国税收征收管理法》及本条例有关规定执行。

第二十七条 纳税人缴纳增值税的有关事项，国务院或者国务院财政、税务主管部门经国务院同意另有规定的，依照其规定。

第二十八条 本条例自2009年1月1日起施行。

1－1－2

中华人民共和国增值税暂行条例实施细则

2008 年 12 月 15 日财政部 国家税务总局令第 50 号公布
2011 年 10 月 28 日财政部 国家税务总局令第 65 号修订

第一条 根据《中华人民共和国增值税暂行条例》（以下简称条例），制定本细则。

第二条 条例第一条所称货物，是指有形动产，包括电力、热力、气体在内。

条例第一条所称加工，是指受托加工货物，即委托方提供原料及主要材料，受托方按照委托方的要求，制造货物并收取加工费的业务。

条例第一条所称修理修配，是指受托对损伤和丧失功能的货物进行修复，使其恢复原状和功能的业务。

第三条 条例第一条所称销售货物，是指有偿转让货物的所有权。

条例第一条所称提供加工、修理修配劳务（以下称应税劳务），是指有偿提供加工、修理修配劳务。单位或者个体工商户聘用的员工为本单位或者雇主提供加工、修理修配劳务，不包括在内。

本细则所称有偿，是指从购买方取得货币、货物或者其他经济利益。

第四条 单位或者个体工商户的下列行为，视同销售货物：

（一）将货物交付其他单位或者个人代销；

（二）销售代销货物；

（三）设有两个以上机构并实行统一核算的纳税人，将货物从一个机构移送其他机构用于销售，但相关机构设在同一县（市）的除外；

（四）将自产或者委托加工的货物用于非增值税应税项目；

（五）将自产、委托加工的货物用于集体福利或者个人消费；

（六）将自产、委托加工或者购进的货物作为投资，提供给其他单位或者个体工商户；

（七）将自产、委托加工或者购进的货物分配给股东或者投资者；

（八）将自产、委托加工或者购进的货物无偿赠送其他单位或者个人。

第五条 一项销售行为如果既涉及货物又涉及非增值税应税劳务，为混合销售行为。除本细则第六条的规定外，从事货物的生产、批发或者零售的企业、企业性单位和个体工商户的混合销售行为，视为销售货物，应当缴纳增值税；其他单位和个人的混合销售行为，视为销售非增值税应税劳务，不缴纳增值税。

本条第一款所称非增值税应税劳务，是指属于应缴营业税的交通运输业、建筑业、金融保险业、邮电通信业、文化体育业、娱乐业、服务业税目征收范围的劳务。

本条第一款所称从事货物的生产、批发或者零售的企业、企业性单位和个体工商户，包括以从事货物的生产、批发或者零售为主，并兼营非增值税应税劳务的单位和个体工商户在内。

第六条 纳税人的下列混合销售行为，应当分别核算货物的销售额和非增值税应税劳务的营业额,并根据其销售货物的销售额计算缴纳增值税,非增值税应税劳务的营业额不缴纳增值税;未分别核算的,由主管税务机关核定其货物的销售额:

(一)销售自产货物并同时提供建筑业劳务的行为;

(二)财政部、国家税务总局规定的其他情形。

第七条 纳税人兼营非增值税应税项目的,应分别核算货物或者应税劳务的销售额和非增值税应税项目的营业额;未分别核算的,由主管税务机关核定货物或者应税劳务的销售额。

第八条 条例第一条所称在中华人民共和国境内(以下简称境内)销售货物或者提供加工、修理修配劳务,是指:

(一)销售货物的起运地或者所在地在境内;

(二)提供的应税劳务发生在境内。

第九条 条例第一条所称单位,是指企业、行政单位、事业单位、军事单位、社会团体及其他单位。

条例第一条所称个人,是指个体工商户和其他个人。

第十条 单位租赁或者承包给其他单位或者个人经营的,以承租人或者承包人为纳税人。

第十一条 小规模纳税人以外的纳税人(以下称一般纳税人)因销售货物退回或者折让而退还给购买方的增值税额,应从发生销售货物退回或者折让当期的销项税额中扣减;因购进货物退出或者折让而收回的增值税额,应从发生购进货物退出或者折让当期的进项税额中扣减。

一般纳税人销售货物或者应税劳务,开具增值税专用发票后,发生销售货物退回或者折让、开票有误等情形,应按国家税务总局的规定开具红字增值税专用发票。未按规定开具红字增值税专用发票的,增值税额不得从销项税额中扣减。

第十二条 条例第六条第一款所称价外费用,包括价外向购买方收取的手续费、补贴、基金、集资费、返还利润、奖励费、违约金、滞纳金、延期付款利息、赔偿金、代收款项、代垫款项、包装费、包装物租金、储备费、优质费、运输装卸费以及其他各种性质的价外收费。但下列项目不包括在内:

(一)受托加工应征消费税的消费品所代收代缴的消费税。

(二)同时符合以下条件的代垫运输费用:

1. 承运部门的运输费用发票开具给购买方的;

2. 纳税人将该项发票转交给购买方的。

(三)同时符合以下条件代为收取的政府性基金或者行政事业性收费:

1. 由国务院或者财政部批准设立的政府性基金,由国务院或者省级人民政府及其财政、价格主管部门批准设立的行政事业性收费;

2. 收取时开具省级以上财政部门印制的财政票据;

3. 所收款项全额上缴财政。

(四)销售货物的同时代办保险等而向购买方收取的保险费,以及向购买方收取的代购买方缴纳的车辆购置税、车辆牌照费。

第十三条　混合销售行为依照本细则第五条规定应当缴纳增值税的，其销售额为货物的销售额与非增值税应税劳务营业额的合计。

第十四条　一般纳税人销售货物或者应税劳务，采用销售额和销项税额合并定价方法的，按下列公式计算销售额：

销售额 = 含税销售额 ÷（1 + 税率）

第十五条　纳税人按人民币以外的货币结算销售额的，其销售额的人民币折合率可以选择销售额发生的当天或者当月 1 日的人民币汇率中间价。纳税人应在事先确定采用何种折合率，确定后 1 年内不得变更。

第十六条　纳税人有条例第七条所称价格明显偏低并无正当理由或者有本细则第四条所列视同销售货物行为而无销售额者，按下列顺序确定销售额：

（一）按纳税人最近时期同类货物的平均销售价格确定。

（二）按其他纳税人最近时期同类货物的平均销售价格确定。

（三）按组成计税价格确定。组成计税价格的公式为：

组成计税价格 = 成本 ×（1 + 成本利润率）

属于应征消费税的货物，其组成计税价格中应加计消费税额。

公式中的成本是指：销售自产货物的为实际生产成本，销售外购货物的为实际采购成本。公式中的成本利润率由国家税务总局确定。

第十七条　条例第八条第二款第（三）项所称买价，包括纳税人购进农产品在农产品收购发票或者销售发票上注明的价款和按规定缴纳的烟叶税。

第十八条　条例第八条第二款第（四）项所称运输费用金额，是指运输费用结算单据上注明的运输费用（包括铁路临管线及铁路专线运输费用）、建设基金，不包括装卸费、保险费等其他杂费。

第十九条　条例第九条所称增值税扣税凭证，是指增值税专用发票、海关进口增值税专用缴款书、农产品收购发票和农产品销售发票以及运输费用结算单据。

第二十条　混合销售行为依照本细则第五条规定应当缴纳增值税的，该混合销售行为所涉及的非增值税应税劳务所用购进货物的进项税额，符合条例第八条规定的，准予从销项税额中抵扣。

第二十一条　条例第十条第（一）项所称购进货物，不包括既用于增值税应税项目（不含免征增值税项目）也用于非增值税应税项目、免征增值税（以下简称免税）项目、集体福利或者个人消费的固定资产。

前款所称固定资产，是指使用期限超过 12 个月的机器、机械、运输工具以及其他与生产经营有关的设备、工具、器具等。

第二十二条　条例第十条第（一）项所称个人消费包括纳税人的交际应酬消费。

第二十三条　条例第十条第（一）项和本细则所称非增值税应税项目，是指提供非增值税应税劳务、转让无形资产、销售不动产和不动产在建工程。

前款所称不动产是指不能移动或者移动后会引起性质、形状改变的财产，包括建筑物、构筑物和其他土地附着物。

纳税人新建、改建、扩建、修缮、装饰不动产，均属于不动产在建工程。

第二十四条 条例第十条第(二)项所称非正常损失,是指因管理不善造成被盗、丢失、霉烂变质的损失。

第二十五条 纳税人自用的应征消费税的摩托车、汽车、游艇,其进项税额不得从销项税额中抵扣。

第二十六条 一般纳税人兼营免税项目或者非增值税应税劳务而无法划分不得抵扣的进项税额的,按下列公式计算不得抵扣的进项税额:

不得抵扣的进项税额 = 当月无法划分的全部进项税额 × 当月免税项目销售额、非增值税应税劳务营业额合计 ÷ 当月全部销售额、营业额合计

第二十七条 已抵扣进项税额的购进货物或者应税劳务,发生条例第十条规定的情形的(免税项目、非增值税应税劳务除外),应当将该项购进货物或者应税劳务的进项税额从当期的进项税额中扣减;无法确定该项进项税额的,按当期实际成本计算应扣减的进项税额。

第二十八条 条例第十一条所称小规模纳税人的标准为:

(一)从事货物生产或者提供应税劳务的纳税人,以及以从事货物生产或者提供应税劳务为主,并兼营货物批发或者零售的纳税人,年应征增值税销售额(以下简称应税销售额)在 50 万元以下(含本数,下同)的;

(二)除本条第一款第(一)项规定以外的纳税人,年应税销售额在 80 万元以下的。

本条第一款所称以从事货物生产或者提供应税劳务为主,是指纳税人的年货物生产或者提供应税劳务的销售额占年应税销售额的比重在 50% 以上。

第二十九条 年应税销售额超过小规模纳税人标准的其他个人按小规模纳税人纳税;非企业性单位、不经常发生应税行为的企业可选择按小规模纳税人纳税。

第三十条 小规模纳税人的销售额不包括其应纳税额。

小规模纳税人销售货物或者应税劳务采用销售额和应纳税额合并定价方法的,按下列公式计算销售额:

销售额 = 含税销售额 ÷ (1 + 征收率)

第三十一条 小规模纳税人因销售货物退回或者折让退还给购买方的销售额,应从发生销售货物退回或者折让当期的销售额中扣减。

第三十二条 条例第十三条和本细则所称会计核算健全,是指能够按照国家统一的会计制度规定设置账簿,根据合法、有效凭证核算。

第三十三条 除国家税务总局另有规定外,纳税人一经认定为一般纳税人后,不得转为小规模纳税人。

第三十四条 有下列情形之一者,应按销售额依照增值税税率计算应纳税额,不得抵扣进项税额,也不得使用增值税专用发票:

(一)一般纳税人会计核算不健全,或者不能够提供准确税务资料的;

(二)除本细则第二十九条规定外,纳税人销售额超过小规模纳税人标准,未申请办理一般纳税人认定手续的。

第三十五条 条例第十五条规定的部分免税项目的范围,限定如下:

(一)第一款第(一)项所称农业,是指种植业、养殖业、林业、牧业、水产业。

农业生产者,包括从事农业生产的单位和个人。

农产品,是指初级农产品,具体范围由财政部、国家税务总局确定。

(二)第一款第(三)项所称古旧图书,是指向社会收购的古书和旧书。

(三)第一款第(七)项所称自己使用过的物品,是指其他个人自己使用过的物品。

第三十六条 纳税人销售货物或者应税劳务适用免税规定的,可以放弃免税,依照条例的规定缴纳增值税。放弃免税后,36 个月内不得再申请免税。

第三十七条 增值税起征点的适用范围限于个人。

增值税起征点的幅度规定如下:

(一)销售货物的,为月销售额 5000—2 万元;

(二)销售应税劳务的,为月销售额 5000—2 万元;

(三)按次纳税的,为每次(日)销售额 300—500 元。

前款所称销售额,是指本细则第三十条第一款所称小规模纳税人的销售额。

省、自治区、直辖市财政厅(局)和国家税务局应在规定的幅度内,根据实际情况确定本地区适用的起征点,并报财政部、国家税务总局备案。

第三十八条 条例第十九条第一款第(一)项规定的收讫销售款项或者取得索取销售款项凭据的当天,按销售结算方式的不同,具体为:

(一)采取直接收款方式销售货物,不论货物是否发出,均为收到销售款或者取得索取销售款凭据的当天。

(二)采取托收承付和委托银行收款方式销售货物,为发出货物并办妥托收手续的当天。

(三)采取赊销和分期收款方式销售货物,为书面合同约定的收款日期的当天,无书面合同的或者书面合同没有约定收款日期的,为货物发出的当天。

(四)采取预收货款方式销售货物,为货物发出的当天,但生产销售生产工期超过 12 个月的大型机械设备、船舶、飞机等货物,为收到预收款或者书面合同约定的收款日期的当天。

(五)委托其他纳税人代销货物,为收到代销单位的代销清单或者收到全部或者部分货款的当天。未收到代销清单及货款的,为发出代销货物满 180 天的当天。

(六)销售应税劳务,为提供劳务同时收讫销售款或者取得索取销售款的凭据的当天。

(七)纳税人发生本细则第四条第(三)项至第(八)项所列视同销售货物行为,为货物移送的当天。

第三十九条 条例第二十三条以 1 个季度为纳税期限的规定仅适用于小规模纳税人。小规模纳税人的具体纳税期限,由主管税务机关根据其应纳税额的大小分别核定。

第四十条 本细则自 2009 年 1 月 1 日起施行。

1－1－3

财政部　国家税务总局关于全面推开营业税改征增值税试点的通知

2016年3月23日　财税〔2016〕36号

各省、自治区、直辖市、计划单列市财政厅(局)、国家税务局、地方税务局,新疆生产建设兵团财务局:

经国务院批准,自2016年5月1日起,在全国范围内全面推开营业税改征增值税(以下称营改增)试点,建筑业、房地产业、金融业、生活服务业等全部营业税纳税人,纳入试点范围,由缴纳营业税改为缴纳增值税。现将《营业税改征增值税试点实施办法》、《营业税改征增值税试点有关事项的规定》、《营业税改征增值税试点过渡政策的规定》和《跨境应税行为适用增值税零税率和免税政策的规定》印发你们,请遵照执行。

本通知附件规定的内容,除另有规定执行时间外,自2016年5月1日起执行。《财政部、国家税务总局关于将铁路运输和邮政业纳入营业税改征增值税试点的通知》(财税〔2013〕106号)、《财政部、国家税务总局关于铁路运输和邮政业营业税改征增值税试点有关政策的补充通知》(财税〔2013〕121号)、《财政部、国家税务总局关于将电信业纳入营业税改征增值税试点的通知》(财税〔2014〕43号)、《财政部、国家税务总局关于国际水路运输增值税零税率政策的补充通知》(财税〔2014〕50号)和《财政部、国家税务总局关于影视等出口服务适用增值税零税率政策的通知》(财税〔2015〕118号),除另有规定的条款外,相应废止。

各地要高度重视营改增试点工作,切实加强试点工作的组织领导,周密安排,明确责任,采取各种有效措施,做好试点前的各项准备以及试点过程中的监测分析和宣传解释等工作,确保改革的平稳、有序、顺利进行。遇到问题请及时向财政部和国家税务总局反映。

附件:1. 营业税改征增值税试点实施办法
2. 营业税改征增值税试点有关事项的规定
3. 营业税改征增值税试点过渡政策的规定
4. 跨境应税行为适用增值税零税率和免税政策的规定

附件1

营业税改征增值税试点实施办法

第一章　纳税人和扣缴义务人

第一条　在中华人民共和国境内(以下称境内)销售服务、无形资产或者不动产(以下称应税行为)的单位和个人,为增值税纳税人,应当按照本办法缴纳增值税,不缴纳营业税。

单位,是指企业、行政单位、事业单位、军事单位、社会团体及其他单位。

个人,是指个体工商户和其他个人。

第二条 单位以承包、承租、挂靠方式经营的,承包人、承租人、挂靠人(以下统称承包人)以发包人、出租人、被挂靠人(以下统称发包人)名义对外经营并由发包人承担相关法律责任的,以该发包人为纳税人。否则,以承包人为纳税人。

第三条 纳税人分为一般纳税人和小规模纳税人。

应税行为的年应征增值税销售额(以下称应税销售额)超过财政部和国家税务总局规定标准的纳税人为一般纳税人,未超过规定标准的纳税人为小规模纳税人。

年应税销售额超过规定标准的其他个人不属于一般纳税人。年应税销售额超过规定标准但不经常发生应税行为的单位和个体工商户可选择按照小规模纳税人纳税。

第四条 年应税销售额未超过规定标准的纳税人,会计核算健全,能够提供准确税务资料的,可以向主管税务机关办理一般纳税人资格登记,成为一般纳税人。

会计核算健全,是指能够按照国家统一的会计制度规定设置账簿,根据合法、有效凭证核算。

第五条 符合一般纳税人条件的纳税人应当向主管税务机关办理一般纳税人资格登记。具体登记办法由国家税务总局制定。

除国家税务总局另有规定外,一经登记为一般纳税人后,不得转为小规模纳税人。

第六条 中华人民共和国境外(以下称境外)单位或者个人在境内发生应税行为,在境内未设有经营机构的,以购买方为增值税扣缴义务人。财政部和国家税务总局另有规定的除外。

第七条 两个或者两个以上的纳税人,经财政部和国家税务总局批准可以视为一个纳税人合并纳税。具体办法由财政部和国家税务总局另行制定。

第八条 纳税人应当按照国家统一的会计制度进行增值税会计核算。

第二章 征税范围

第九条 应税行为的具体范围,按照本办法所附的《销售服务、无形资产、不动产注释》执行。

第十条 销售服务、无形资产或者不动产,是指有偿提供服务、有偿转让无形资产或者不动产,但属于下列非经营活动的情形除外:

(一)行政单位收取的同时满足以下条件的政府性基金或者行政事业性收费。

1. 由国务院或者财政部批准设立的政府性基金,由国务院或者省级人民政府及其财政、价格主管部门批准设立的行政事业性收费;

2. 收取时开具省级以上(含省级)财政部门监(印)制的财政票据;

3. 所收款项全额上缴财政。

(二)单位或者个体工商户聘用的员工为本单位或者雇主提供取得工资的服务。

(三)单位或者个体工商户为聘用的员工提供服务。

(四)财政部和国家税务总局规定的其他情形。

第十一条 有偿，是指取得货币、货物或者其他经济利益。

第十二条 在境内销售服务、无形资产或者不动产，是指：

（一）服务（租赁不动产除外）或者无形资产（自然资源使用权除外）的销售方或者购买方在境内；

（二）所销售或者租赁的不动产在境内；

（三）所销售自然资源使用权的自然资源在境内；

（四）财政部和国家税务总局规定的其他情形。

第十三条 下列情形不属于在境内销售服务或者无形资产：

（一）境外单位或者个人向境内单位或者个人销售完全在境外发生的服务。

（二）境外单位或者个人向境内单位或者个人销售完全在境外使用的无形资产。

（三）境外单位或者个人向境内单位或者个人出租完全在境外使用的有形动产。

（四）财政部和国家税务总局规定的其他情形。

第十四条 下列情形视同销售服务、无形资产或者不动产：

（一）单位或者个体工商户向其他单位或者个人无偿提供服务，但用于公益事业或者以社会公众为对象的除外。

（二）单位或者个人向其他单位或者个人无偿转让无形资产或者不动产，但用于公益事业或者以社会公众为对象的除外。

（三）财政部和国家税务总局规定的其他情形。

第三章 税率和征收率

第十五条 增值税税率：

（一）纳税人发生应税行为，除本条第（二）项、第（三）项、第（四）项规定外，税率为6%。

（二）提供交通运输、邮政、基础电信、建筑、不动产租赁服务，销售不动产，转让土地使用权，税率为11%。

（三）提供有形动产租赁服务，税率为17%。

（四）境内单位和个人发生的跨境应税行为，税率为零。具体范围由财政部和国家税务总局另行规定。

第十六条 增值税征收率为3%，财政部和国家税务总局另有规定的除外。

第四章 应纳税额的计算

第一节 一般性规定

第十七条 增值税的计税方法，包括一般计税方法和简易计税方法。

第十八条 一般纳税人发生应税行为适用一般计税方法计税。

一般纳税人发生财政部和国家税务总局规定的特定应税行为，可以选择适用简易计税方法计税，但一经选择，36个月内不得变更。

第十九条 小规模纳税人发生应税行为适用简易计税方法计税。

第二十条 境外单位或者个人在境内发生应税行为，在境内未设有经营机构的，扣缴义务人按照下列公式计算应扣缴税额：

应扣缴税额 = 购买方支付的价款 ÷ (1 + 税率) × 税率

第二节 一般计税方法

第二十一条 一般计税方法的应纳税额，是指当期销项税额抵扣当期进项税额后的余额。应纳税额计算公式：

应纳税额 = 当期销项税额 - 当期进项税额

当期销项税额小于当期进项税额不足抵扣时，其不足部分可以结转下期继续抵扣。

第二十二条 销项税额，是指纳税人发生应税行为按照销售额和增值税税率计算并收取的增值税额。销项税额计算公式：

销项税额 = 销售额 × 税率

第二十三条 一般计税方法的销售额不包括销项税额，纳税人采用销售额和销项税额合并定价方法的，按照下列公式计算销售额：

销售额 = 含税销售额 ÷ (1 + 税率)

第二十四条 进项税额，是指纳税人购进货物、加工修理修配劳务、服务、无形资产或者不动产，支付或者负担的增值税额。

第二十五条 下列进项税额准予从销项税额中抵扣：

(一)从销售方取得的增值税专用发票(含税控机动车销售统一发票，下同)上注明的增值税额。

(二)从海关取得的海关进口增值税专用缴款书上注明的增值税额。

(三)购进农产品，除取得增值税专用发票或者海关进口增值税专用缴款书外，按照农产品收购发票或者销售发票上注明的农产品买价和13%的扣除率计算的进项税额。计算公式为：

进项税额 = 买价 × 扣除率

买价，是指纳税人购进农产品在农产品收购发票或者销售发票上注明的价款和按照规定缴纳的烟叶税。

购进农产品，按照《农产品增值税进项税额核定扣除试点实施办法》抵扣进项税额的除外。

(四)从境外单位或者个人购进服务、无形资产或者不动产，自税务机关或者扣缴义务人取得的解缴税款的完税凭证上注明的增值税额。

第二十六条 纳税人取得的增值税扣税凭证不符合法律、行政法规或者国家税务总局有关规定的，其进项税额不得从销项税额中抵扣。

增值税扣税凭证，是指增值税专用发票、海关进口增值税专用缴款书、农产品收购发票、农产品销售发票和完税凭证。

纳税人凭完税凭证抵扣进项税额的，应当具备书面合同、付款证明和境外单位的对账单或者发票。资料不全的，其进项税额不得从销项税额中抵扣。

第二十七条 下列项目的进项税额不得从销项税额中抵扣：

(一)用于简易计税方法计税项目、免征增值税项目、集体福利或者个人消费的购进货物、加工修理修配劳务、服务、无形资产和不动产。其中涉及的固定资产、无形资产、不动产,仅指专用于上述项目的固定资产、无形资产(不包括其他权益性无形资产)、不动产。

纳税人的交际应酬消费属于个人消费。

(二)非正常损失的购进货物,以及相关的加工修理修配劳务和交通运输服务。

(三)非正常损失的在产品、产成品所耗用的购进货物(不包括固定资产)、加工修理修配劳务和交通运输服务。

(四)非正常损失的不动产,以及该不动产所耗用的购进货物、设计服务和建筑服务。

(五)非正常损失的不动产在建工程所耗用的购进货物、设计服务和建筑服务。

纳税人新建、改建、扩建、修缮、装饰不动产,均属于不动产在建工程。

(六)购进的旅客运输服务、贷款服务、餐饮服务、居民日常服务和娱乐服务。

(七)财政部和国家税务总局规定的其他情形。

本条第(四)项、第(五)项所称货物,是指构成不动产实体的材料和设备,包括建筑装饰材料和给排水、采暖、卫生、通风、照明、通讯、煤气、消防、中央空调、电梯、电气、智能化楼宇设备及配套设施。

第二十八条 不动产、无形资产的具体范围,按照本办法所附的《销售服务、无形资产或者不动产注释》执行。

固定资产,是指使用期限超过12个月的机器、机械、运输工具以及其他与生产经营有关的设备、工具、器具等有形动产。

非正常损失,是指因管理不善造成货物被盗、丢失、霉烂变质,以及因违反法律法规造成货物或者不动产被依法没收、销毁、拆除的情形。

第二十九条 适用一般计税方法的纳税人,兼营简易计税方法计税项目、免征增值税项目而无法划分不得抵扣的进项税额,按照下列公式计算不得抵扣的进项税额:

不得抵扣的进项税额 = 当期无法划分的全部进项税额 ×(当期简易计税方法计税项目销售额 + 免征增值税项目销售额)÷ 当期全部销售额

主管税务机关可以按照上述公式依据年度数据对不得抵扣的进项税额进行清算。

第三十条 已抵扣进项税额的购进货物(不含固定资产)、劳务、服务,发生本办法第二十七条规定情形(简易计税方法计税项目、免征增值税项目除外)的,应当将该进项税额从当期进项税额中扣减;无法确定该进项税额的,按照当期实际成本计算应扣减的进项税额。

第三十一条 已抵扣进项税额的固定资产、无形资产或者不动产,发生本办法第二十七条规定情形的,按照下列公式计算不得抵扣的进项税额:

不得抵扣的进项税额 = 固定资产、无形资产或者不动产净值 × 适用税率

固定资产、无形资产或者不动产净值,是指纳税人根据财务会计制度计提折旧或摊销后的余额。

第三十二条 纳税人适用一般计税方法计税的,因销售折让、中止或者退回而退还给购买方的增值税额,应当从当期的销项税额中扣减;因销售折让、中止或者退回而收回的增值税额,应当从当期的进项税额中扣减。

第三十三条 有下列情形之一者,应当按照销售额和增值税税率计算应纳税额,不得抵扣进项税额,也不得使用增值税专用发票:

（一）一般纳税人会计核算不健全，或者不能够提供准确税务资料的。

（二）应当办理一般纳税人资格登记而未办理的。

第三节 简易计税方法

第三十四条 简易计税方法的应纳税额，是指按照销售额和增值税征收率计算的增值税额，不得抵扣进项税额。应纳税额计算公式：

应纳税额 = 销售额 × 征收率

第三十五条 简易计税方法的销售额不包括其应纳税额，纳税人采用销售额和应纳税额合并定价方法的，按照下列公式计算销售额：

销售额 = 含税销售额 ÷（1 + 征收率）

第三十六条 纳税人适用简易计税方法计税的，因销售折让、中止或者退回而退还给购买方的销售额，应当从当期销售额中扣减。扣减当期销售额后仍有余额造成多缴的税款，可以从以后的应纳税额中扣减。

第四节 销售额的确定

第三十七条 销售额，是指纳税人发生应税行为取得的全部价款和价外费用，财政部和国家税务总局另有规定的除外。

价外费用，是指价外收取的各种性质的收费，但不包括以下项目：

（一）代为收取并符合本办法第十条规定的政府性基金或者行政事业性收费。

（二）以委托方名义开具发票代委托方收取的款项。

第三十八条 销售额以人民币计算。

纳税人按照人民币以外的货币结算销售额的，应当折合成人民币计算，折合率可以选择销售额发生的当天或者当月 1 日的人民币汇率中间价。纳税人应当在事先确定采用何种折合率，确定后 12 个月内不得变更。

第三十九条 纳税人兼营销售货物、劳务、服务、无形资产或者不动产，适用不同税率或者征收率的，应当分别核算适用不同税率或者征收率的销售额；未分别核算的，从高适用税率。

第四十条 一项销售行为如果既涉及服务又涉及货物，为混合销售。从事货物的生产、批发或者零售的单位和个体工商户的混合销售行为，按照销售货物缴纳增值税；其他单位和个体工商户的混合销售行为，按照销售服务缴纳增值税。

本条所称从事货物的生产、批发或者零售的单位和个体工商户，包括以从事货物的生产、批发或者零售为主，并兼营销售服务的单位和个体工商户在内。

第四十一条 纳税人兼营免税、减税项目的，应当分别核算免税、减税项目的销售额；未分别核算的，不得免税、减税。

第四十二条 纳税人发生应税行为，开具增值税专用发票后，发生开票有误或者销售折让、中止、退回等情形的，应当按照国家税务总局的规定开具红字增值税专用发票；未按照规定开具红字增值税专用发票的，不得按照本办法第三十二条和第三十六条的规定扣减销项税额或者销售额。

第四十三条 纳税人发生应税行为，将价款和折扣额在同一张发票上分别注明的，以折扣后的价款为销售额；未在同一张发票上分别注明的，以价款为销售额，不得扣减折扣额。

第四十四条 纳税人发生应税行为价格明显偏低或者偏高且不具有合理商业目的的，或者发生本办法第十四条所列行为而无销售额的，主管税务机关有权按照下列顺序确定销售额：

（一）按照纳税人最近时期销售同类服务、无形资产或者不动产的平均价格确定。

（二）按照其他纳税人最近时期销售同类服务、无形资产或者不动产的平均价格确定。

（三）按照组成计税价格确定。组成计税价格的公式为：

组成计税价格＝成本×（1＋成本利润率）

成本利润率由国家税务总局确定。

不具有合理商业目的，是指以谋取税收利益为主要目的，通过人为安排，减少、免除、推迟缴纳增值税税款，或者增加退还增值税税款。

第五章 纳税义务、扣缴义务发生时间和纳税地点

第四十五条 增值税纳税义务、扣缴义务发生时间为：

（一）纳税人发生应税行为并收讫销售款项或者取得索取销售款项凭据的当天；先开具发票的，为开具发票的当天。

收讫销售款项，是指纳税人销售服务、无形资产、不动产过程中或者完成后收到款项。

取得索取销售款项凭据的当天，是指书面合同确定的付款日期；未签订书面合同或者书面合同未确定付款日期的，为服务、无形资产转让完成的当天或者不动产权属变更的当天。

（二）纳税人提供建筑服务、租赁服务采取预收款方式的，其纳税义务发生时间为收到预收款的当天。

（三）纳税人从事金融商品转让的，为金融商品所有权转移的当天。

（四）纳税人发生本办法第十四条规定情形的，其纳税义务发生时间为服务、无形资产转让完成的当天或者不动产权属变更的当天。

（五）增值税扣缴义务发生时间为纳税人增值税纳税义务发生的当天。

第四十六条 增值税纳税地点为：

（一）固定业户应当向其机构所在地或者居住地主管税务机关申报纳税。总机构和分支机构不在同一县（市）的，应当分别向各自所在地的主管税务机关申报纳税；经财政部和国家税务总局或者其授权的财政和税务机关批准，可以由总机构汇总向总机构所在地的主管税务机关申报纳税。

（二）非固定业户应当向应税行为发生地主管税务机关申报纳税；未申报纳税的，由其机构所在地或者居住地主管税务机关补征税款。

（三）其他个人提供建筑服务，销售或者租赁不动产，转让自然资源使用权，应向建筑服务发生地、不动产所在地、自然资源所在地主管税务机关申报纳税。

（四）扣缴义务人应当向其机构所在地或者居住地主管税务机关申报缴纳扣缴的税款。

第四十七条　增值税的纳税期限分别为1日、3日、5日、10日、15日、1个月或者1个季度。纳税人的具体纳税期限，由主管税务机关根据纳税人应纳税额的大小分别核定。以1个季度为纳税期限的规定适用于小规模纳税人、银行、财务公司、信托投资公司、信用社，以及财政部和国家税务总局规定的其他纳税人。不能按照固定期限纳税的，可以按次纳税。

纳税人以1个月或者1个季度为1个纳税期的，自期满之日起15日内申报纳税；以1日、3日、5日、10日或者15日为1个纳税期的，自期满之日起5日内预缴税款，于次月1日起15日内申报纳税并结清上月应纳税款。

扣缴义务人解缴税款的期限，按照前两款规定执行。

第六章　税收减免的处理

第四十八条　纳税人发生应税行为适用免税、减税规定的，可以放弃免税、减税，依照本办法的规定缴纳增值税。放弃免税、减税后，36个月内不得再申请免税、减税。

纳税人发生应税行为同时适用免税和零税率规定的，纳税人可以选择适用免税或者零税率。

第四十九条　个人发生应税行为的销售额未达到增值税起征点的，免征增值税；达到起征点的，全额计算缴纳增值税。

增值税起征点不适用于登记为一般纳税人的个体工商户。

第五十条　增值税起征点幅度如下：

(一)按期纳税的，为月销售额5000—20000元(含本数)。

(二)按次纳税的，为每次(日)销售额300—500元(含本数)。

起征点的调整由财政部和国家税务总局规定。省、自治区、直辖市财政厅(局)和国家税务局应当在规定的幅度内，根据实际情况确定本地区适用的起征点，并报财政部和国家税务总局备案。

对增值税小规模纳税人中月销售额未达到2万元的企业或非企业性单位，免征增值税。2017年12月31日前，对月销售额2万元(含本数)至3万元的增值税小规模纳税人，免征增值税。

第七章　征收管理

第五十一条　营业税改征的增值税，由国家税务局负责征收。纳税人销售取得的不动产和其他个人出租不动产的增值税，国家税务局暂委托地方税务局代为征收。

第五十二条　纳税人发生适用零税率的应税行为，应当按期向主管税务机关申报办理退(免)税，具体办法由财政部和国家税务总局制定。

第五十三条　纳税人发生应税行为，应当向索取增值税专用发票的购买方开具增值税专用发票，并在增值税专用发票上分别注明销售额和销项税额。

属于下列情形之一的，不得开具增值税专用发票：

(一)向消费者个人销售服务、无形资产或者不动产。

(二)适用免征增值税规定的应税行为。

第五十四条 小规模纳税人发生应税行为,购买方索取增值税专用发票的,可以向主管税务机关申请代开。

第五十五条 纳税人增值税的征收管理,按照本办法和《中华人民共和国税收征收管理法》及现行增值税征收管理有关规定执行。

附:销售服务、无形资产、不动产注释

附:

销售服务、无形资产、不动产注释

一、销售服务

销售服务,是指提供交通运输服务、邮政服务、电信服务、建筑服务、金融服务、现代服务、生活服务。

(一)交通运输服务。

交通运输服务,是指利用运输工具将货物或者旅客送达目的地,使其空间位置得到转移的业务活动。包括陆路运输服务、水路运输服务、航空运输服务和管道运输服务。

1. 陆路运输服务。

陆路运输服务,是指通过陆路(地上或者地下)运送货物或者旅客的运输业务活动,包括铁路运输服务和其他陆路运输服务。

(1)铁路运输服务,是指通过铁路运送货物或者旅客的运输业务活动。

(2)其他陆路运输服务,是指铁路运输以外的陆路运输业务活动。包括公路运输、缆车运输、索道运输、地铁运输、城市轻轨运输等。

出租车公司向使用本公司自有出租车的出租车司机收取的管理费用,按照陆路运输服务缴纳增值税。

2. 水路运输服务。

水路运输服务,是指通过江、河、湖、川等天然、人工水道或者海洋航道运送货物或者旅客的运输业务活动。

水路运输的程租、期租业务,属于水路运输服务。

程租业务,是指运输企业为租船人完成某一特定航次的运输任务并收取租赁费的业务。

期租业务,是指运输企业将配备有操作人员的船舶承租给他人使用一定期限,承租期内听候承租方调遣,不论是否经营,均按天向承租方收取租赁费,发生的固定费用均由船东负担的业务。

3. 航空运输服务。

航空运输服务,是指通过空中航线运送货物或者旅客的运输业务活动。

航空运输的湿租业务,属于航空运输服务。

湿租业务,是指航空运输企业将配备有机组人员的飞机承租给他人使用一定期限,承租期内听候承租方调遣,不论是否经营,均按一定标准向承租方收取租赁费,发生的固定费用均由承租方承担的业务。

航天运输服务,按照航空运输服务缴纳增值税。

航天运输服务,是指利用火箭等载体将卫星、空间探测器等空间飞行器发射到空间轨道的业务活动。

4. 管道运输服务。

管道运输服务,是指通过管道设施输送气体、液体、固体物质的运输业务活动。

无运输工具承运业务,按照交通运输服务缴纳增值税。

无运输工具承运业务,是指经营者以承运人身份与托运人签订运输服务合同,收取运费并承担承运人责任,然后委托实际承运人完成运输服务的经营活动。

(二)邮政服务。

邮政服务,是指中国邮政集团公司及其所属邮政企业提供邮件寄递、邮政汇兑和机要通信等邮政基本服务的业务活动。包括邮政普遍服务、邮政特殊服务和其他邮政服务。

1. 邮政普遍服务。

邮政普遍服务,是指函件、包裹等邮件寄递,以及邮票发行、报刊发行和邮政汇兑等业务活动。

函件,是指信函、印刷品、邮资封片卡、无名址函件和邮政小包等。

包裹,是指按照封装上的名址递送给特定个人或者单位的独立封装的物品,其重量不超过五十千克,任何一边的尺寸不超过一百五十厘米,长、宽、高合计不超过三百厘米。

2. 邮政特殊服务。

邮政特殊服务,是指义务兵平常信函、机要通信、盲人读物和革命烈士遗物的寄递等业务活动。

3. 其他邮政服务。

其他邮政服务,是指邮册等邮品销售、邮政代理等业务活动。

(三)电信服务。

电信服务,是指利用有线、无线的电磁系统或者光电系统等各种通信网络资源,提供语音通话服务,传送、发射、接收或者应用图像、短信等电子数据和信息的业务活动。包括基础电信服务和增值电信服务。

1. 基础电信服务。

基础电信服务,是指利用固网、移动网、卫星、互联网,提供语音通话服务的业务活动,以及出租或者出售带宽、波长等网络元素的业务活动。

2. 增值电信服务。

增值电信服务,是指利用固网、移动网、卫星、互联网、有线电视网络,提供短信和彩信服务、电子数据和信息的传输及应用服务、互联网接入服务等业务活动。

卫星电视信号落地转接服务,按照增值电信服务缴纳增值税。

(四)建筑服务。

建筑服务,是指各类建筑物、构筑物及其附属设施的建造、修缮、装饰,线路、管道、设备、设施等的安装以及其他工程作业的业务活动。包括工程服务、安装服务、修缮服务、装饰服务和其他建筑服务。

1. 工程服务。

工程服务,是指新建、改建各种建筑物、构筑物的工程作业,包括与建筑物相连的各种设备或者支柱、操作平台的安装或者装设工程作业,以及各种窑炉和金属结构工程作业。

2. 安装服务。

安装服务,是指生产设备、动力设备、起重设备、运输设备、传动设备、医疗实验设备以及其他各种设备、设施的装配、安置工程作业,包括与被安装设备相连的工作台、梯子、栏杆的装设工程作业,以及被安装设备的绝缘、防腐、保温、油漆等工程作业。

固定电话、有线电视、宽带、水、电、燃气、暖气等经营者向用户收取的安装费、初装费、开户费、扩容费以及类似收费,按照安装服务缴纳增值税。

3. 修缮服务。

修缮服务,是指对建筑物、构筑物进行修补、加固、养护、改善,使之恢复原来的使用价值或者延长其使用期限的工程作业。

4. 装饰服务。

装饰服务,是指对建筑物、构筑物进行修饰装修,使之美观或者具有特定用途的工程作业。

5. 其他建筑服务。

其他建筑服务,是指上列工程作业之外的各种工程作业服务,如钻井(打井)、拆除建筑物或者构筑物、平整土地、园林绿化、疏浚(不包括航道疏浚)、建筑物平移、搭脚手架、爆破、矿山穿孔、表面附着物(包括岩层、土层、沙层等)剥离和清理等工程作业。

(五)金融服务。

金融服务,是指经营金融保险的业务活动。包括贷款服务、直接收费金融服务、保险服务和金融商品转让。

1. 贷款服务。

贷款,是指将资金贷与他人使用而取得利息收入的业务活动。

各种占用、拆借资金取得的收入,包括金融商品持有期间(含到期)利息(保本收益、报酬、资金占用费、补偿金等)收入、信用卡透支利息收入、买入返售金融商品利息收入、融资融券收取的利息收入,以及融资性售后回租、押汇、罚息、票据贴现、转贷等业务取得的利息及利息性质的收入,按照贷款服务缴纳增值税。

融资性售后回租,是指承租方以融资为目的,将资产出售给从事融资性售后回租业务的企业后,从事融资性售后回租业务的企业将该资产出租给承租方的业务活动。

以货币资金投资收取的固定利润或者保底利润,按照贷款服务缴纳增值税。

2. 直接收费金融服务。

直接收费金融服务,是指为货币资金融通及其他金融业务提供相关服务并且收取费用的业务活动。包括提供货币兑换、账户管理、电子银行、信用卡、信用证、财务担保、资产管理、信托管理、基金管理、金融交易场所(平台)管理、资金结算、资金清算、金融支付等服务。

3. 保险服务。

保险服务,是指投保人根据合同约定,向保险人支付保险费,保险人对于合同约定的可能发生的事故因其发生所造成的财产损失承担赔偿保险金责任,或者当被保险人死亡、伤残、疾病或者达到合同约定的年龄、期限等条件时承担给付保险金责任的商业保险行为。包括人身保险服务和财产保险服务。

人身保险服务，是指以人的寿命和身体为保险标的的保险业务活动。

财产保险服务，是指以财产及其有关利益为保险标的的保险业务活动。

4. 金融商品转让。

金融商品转让，是指转让外汇、有价证券、非货物期货和其他金融商品所有权的业务活动。

其他金融商品转让包括基金、信托、理财产品等各类资产管理产品和各种金融衍生品的转让。

（六）现代服务。

现代服务，是指围绕制造业、文化产业、现代物流产业等提供技术性、知识性服务的业务活动。包括研发和技术服务、信息技术服务、文化创意服务、物流辅助服务、租赁服务、鉴证咨询服务、广播影视服务、商务辅助服务和其他现代服务。

1. 研发和技术服务。

研发和技术服务，包括研发服务、合同能源管理服务、工程勘察勘探服务、专业技术服务。

（1）研发服务，也称技术开发服务，是指就新技术、新产品、新工艺或者新材料及其系统进行研究与试验开发的业务活动。

（2）合同能源管理服务，是指节能服务公司与用能单位以契约形式约定节能目标，节能服务公司提供必要的服务，用能单位以节能效果支付节能服务公司投入及其合理报酬的业务活动。

（3）工程勘察勘探服务，是指在采矿、工程施工前后，对地形、地质构造、地下资源蕴藏情况进行实地调查的业务活动。

（4）专业技术服务，是指气象服务、地震服务、海洋服务、测绘服务、城市规划、环境与生态监测服务等专项技术服务。

2. 信息技术服务。

信息技术服务，是指利用计算机、通信网络等技术对信息进行生产、收集、处理、加工、存储、运输、检索和利用，并提供信息服务的业务活动。包括软件服务、电路设计及测试服务、信息系统服务、业务流程管理服务和信息系统增值服务。

（1）软件服务，是指提供软件开发服务、软件维护服务、软件测试服务的业务活动。

（2）电路设计及测试服务，是指提供集成电路和电子电路产品设计、测试及相关技术支持服务的业务活动。

（3）信息系统服务，是指提供信息系统集成、网络管理、网站内容维护、桌面管理与维护、信息系统应用、基础信息技术管理平台整合、信息技术基础设施管理、数据中心、托管中心、信息安全服务、在线杀毒、虚拟主机等业务活动。包括网站对非自有的网络游戏提供的网络运营服务。

（4）业务流程管理服务，是指依托信息技术提供的人力资源管理、财务经济管理、审计管理、税务管理、物流信息管理、经营信息管理和呼叫中心等服务的活动。

(5)信息系统增值服务,是指利用信息系统资源为用户附加提供的信息技术服务。包括数据处理、分析和整合、数据库管理、数据备份、数据存储、容灾服务、电子商务平台等。

3. 文化创意服务。

文化创意服务,包括设计服务、知识产权服务、广告服务和会议展览服务。

(1)设计服务,是指把计划、规划、设想通过文字、语言、图画、声音、视觉等形式传递出来的业务活动。包括工业设计、内部管理设计、业务运作设计、供应链设计、造型设计、服装设计、环境设计、平面设计、包装设计、动漫设计、网游设计、展示设计、网站设计、机械设计、工程设计、广告设计、创意策划、文印晒图等。

(2)知识产权服务,是指处理知识产权事务的业务活动。包括对专利、商标、著作权、软件、集成电路布图设计的登记、鉴定、评估、认证、检索服务。

(3)广告服务,是指利用图书、报纸、杂志、广播、电视、电影、幻灯、路牌、招贴、橱窗、霓虹灯、灯箱、互联网等各种形式为客户的商品、经营服务项目、文体节目或者通告、声明等委托事项进行宣传和提供相关服务的业务活动。包括广告代理和广告的发布、播映、宣传、展示等。

(4)会议展览服务,是指为商品流通、促销、展示、经贸洽谈、民间交流、企业沟通、国际往来等举办或者组织安排的各类展览和会议的业务活动。

4. 物流辅助服务。

物流辅助服务,包括航空服务、港口码头服务、货运客运场站服务、打捞救助服务、装卸搬运服务、仓储服务和收派服务。

(1)航空服务,包括航空地面服务和通用航空服务。

航空地面服务,是指航空公司、飞机场、民航管理局、航站等向在境内航行或者在境内机场停留的境内外飞机或者其他飞行器提供的导航等劳务性地面服务的业务活动。包括旅客安全检查服务、停机坪管理服务、机场候机厅管理服务、飞机清洗消毒服务、空中飞行管理服务、飞机起降服务、飞行通讯服务、地面信号服务、飞机安全服务、飞机跑道管理服务、空中交通管理服务等。

通用航空服务,是指为专业工作提供飞行服务的业务活动,包括航空摄影、航空培训、航空测量、航空勘探、航空护林、航空吊挂播洒、航空降雨、航空气象探测、航空海洋监测、航空科学实验等。

(2)港口码头服务,是指港务船舶调度服务、船舶通讯服务、航道管理服务、航道疏浚服务、灯塔管理服务、航标管理服务、船舶引航服务、理货服务、系解缆服务、停泊和移泊服务、海上船舶溢油清除服务、水上交通管理服务、船只专业清洗消毒检测服务和防止船只漏油服务等为船只提供服务的业务活动。

港口设施经营人收取的港口设施保安费按照港口码头服务缴纳增值税。

(3)货运客运场站服务,是指货运客运场站提供货物配载服务、运输组织服务、中转换乘服务、车辆调度服务、票务服务、货物打包整理、铁路线路使用服务、加挂铁路客车服务、铁路行包专列发送服务、铁路到达和中转服务、铁路车辆编解服务、车辆挂运服务、铁路接触网服务、铁路机车牵引服务等业务活动。

(4)打捞救助服务,是指提供船舶人员救助、船舶财产救助、水上救助和沉船沉物打捞服务的业务活动。

(5)装卸搬运服务,是指使用装卸搬运工具或者人力、畜力将货物在运输工具之间、装卸现场之间或者运输工具与装卸现场之间进行装卸和搬运的业务活动。

(6)仓储服务,是指利用仓库、货场或者其他场所代客贮放、保管货物的业务活动。

(7)收派服务,是指接受寄件人委托,在承诺的时限内完成函件和包裹的收件、分拣、派送服务的业务活动。

收件服务,是指从寄件人收取函件和包裹,并运送到服务提供方同城的集散中心的业务活动。

分拣服务,是指服务提供方在其集散中心对函件和包裹进行归类、分发的业务活动。

派送服务,是指服务提供方从其集散中心将函件和包裹送达同城的收件人的业务活动。

5. 租赁服务。

租赁服务,包括融资租赁服务和经营租赁服务。

(1)融资租赁服务,是指具有融资性质和所有权转移特点的租赁活动。即出租人根据承租人所要求的规格、型号、性能等条件购入有形动产或者不动产租赁给承租人,合同期内租赁物所有权属于出租人,承租人只拥有使用权,合同期满付清租金后,承租人有权按照残值购入租赁物,以拥有其所有权。不论出租人是否将租赁物销售给承租人,均属于融资租赁。

按照标的物的不同,融资租赁服务可分为有形动产融资租赁服务和不动产融资租赁服务。

融资性售后回租不按照本税目缴纳增值税。

(2)经营租赁服务,是指在约定时间内将有形动产或者不动产转让他人使用且租赁物所有权不变更的业务活动。

按照标的物的不同,经营租赁服务可分为有形动产经营租赁服务和不动产经营租赁服务。

将建筑物、构筑物等不动产或者飞机、车辆等有形动产的广告位出租给其他单位或者个人用于发布广告,按照经营租赁服务缴纳增值税。

车辆停放服务、道路通行服务(包括过路费、过桥费、过闸费等)等按照不动产经营租赁服务缴纳增值税。

水路运输的光租业务、航空运输的干租业务,属于经营租赁。

光租业务,是指运输企业将船舶在约定的时间内出租给他人使用,不配备操作人员,不承担运输过程中发生的各项费用,只收取固定租赁费的业务活动。

干租业务,是指航空运输企业将飞机在约定的时间内出租给他人使用,不配备机组人员,不承担运输过程中发生的各项费用,只收取固定租赁费的业务活动。

6. 鉴证咨询服务。

鉴证咨询服务,包括认证服务、鉴证服务和咨询服务。

(1)认证服务,是指具有专业资质的单位利用检测、检验、计量等技术,证明产品、服务、管理体系符合相关技术规范、相关技术规范的强制性要求或者标准的业务活动。

(2)鉴证服务,是指具有专业资质的单位受托对相关事项进行鉴证,发表具有证明力的意见的业务活动。包括会计鉴证、税务鉴证、法律鉴证、职业技能鉴定、工程造价鉴证、工程监理、资产评估、环境评估、房地产土地评估、建筑图纸审核、医疗事故鉴定等。

(3)咨询服务,是指提供信息、建议、策划、顾问等服务的活动。包括金融、软件、技术、财务、税收、法律、内部管理、业务运作、流程管理、健康等方面的咨询。

翻译服务和市场调查服务按照咨询服务缴纳增值税。

7. 广播影视服务。

广播影视服务,包括广播影视节目(作品)的制作服务、发行服务和播映(含放映,下同)服务。

(1)广播影视节目(作品)制作服务,是指进行专题(特别节目)、专栏、综艺、体育、动画片、广播剧、电视剧、电影等广播影视节目和作品制作的服务。具体包括与广播影视节目和作品相关的策划、采编、拍摄、录音、音视频文字图片素材制作、场景布置、后期的剪辑、翻译(编译)、字幕制作、片头、片尾、片花制作、特效制作、影片修复、编目和确权等业务活动。

(2)广播影视节目(作品)发行服务,是指以分账、买断、委托等方式,向影院、电台、电视台、网站等单位和个人发行广播影视节目(作品)以及转让体育赛事等活动的报道及播映权的业务活动。

(3)广播影视节目(作品)播映服务,是指在影院、剧院、录像厅及其他场所播映广播影视节目(作品),以及通过电台、电视台、卫星通信、互联网、有线电视等无线或者有线装置播映广播影视节目(作品)的业务活动。

8. 商务辅助服务。

商务辅助服务,包括企业管理服务、经纪代理服务、人力资源服务、安全保护服务。

(1)企业管理服务,是指提供总部管理、投资与资产管理、市场管理、物业管理、日常综合管理等服务的业务活动。

(2)经纪代理服务,是指各类经纪、中介、代理服务。包括金融代理、知识产权代理、货物运输代理、代理报关、法律代理、房地产中介、职业中介、婚姻中介、代理记账、拍卖等。

货物运输代理服务,是指接受货物收货人、发货人、船舶所有人、船舶承租人或者船舶经营人的委托,以委托人的名义,为委托人办理货物运输、装卸、仓储和船舶进出港口、引航、靠泊等相关手续的业务活动。

代理报关服务,是指接受进出口货物的收、发货人委托,代为办理报关手续的业务活动。

(3)人力资源服务,是指提供公共就业、劳务派遣、人才委托招聘、劳动力外包等服务的业务活动。

(4)安全保护服务,是指提供保护人身安全和财产安全,维护社会治安等的业务活动。包括场所住宅保安、特种保安、安全系统监控以及其他安保服务。

9. 其他现代服务。

其他现代服务,是指除研发和技术服务、信息技术服务、文化创意服务、物流辅助服务、租赁服务、鉴证咨询服务、广播影视服务和商务辅助服务以外的现代服务。

(七)生活服务。

生活服务,是指为满足城乡居民日常生活需求提供的各类服务活动。包括文化体育服务、教育医疗服务、旅游娱乐服务、餐饮住宿服务、居民日常服务和其他生活服务。

1. 文化体育服务。

文化体育服务,包括文化服务和体育服务。

(1)文化服务,是指为满足社会公众文化生活需求提供的各种服务。包括:文艺创作、文艺表演、文化比赛,图书馆的图书和资料借阅,档案馆的档案管理,文物及非物质遗产保护,组织举办宗教活动、科技活动、文化活动,提供游览场所。

(2)体育服务,是指组织举办体育比赛、体育表演、体育活动,以及提供体育训练、体育指导、体育管理的业务活动。

2. 教育医疗服务。

教育医疗服务,包括教育服务和医疗服务。

(1)教育服务,是指提供学历教育服务、非学历教育服务、教育辅助服务的业务活动。

学历教育服务,是指根据教育行政管理部门确定或者认可的招生和教学计划组织教学,并颁发相应学历证书的业务活动。包括初等教育、初级中等教育、高级中等教育、高等教育等。

非学历教育服务,包括学前教育、各类培训、演讲、讲座、报告会等。

教育辅助服务,包括教育测评、考试、招生等服务。

(2)医疗服务,是指提供医学检查、诊断、治疗、康复、预防、保健、接生、计划生育、防疫服务等方面的服务,以及与这些服务有关的提供药品、医用材料器具、救护车、病房住宿和伙食的业务。

3. 旅游娱乐服务。

旅游娱乐服务,包括旅游服务和娱乐服务。

(1)旅游服务,是指根据旅游者的要求,组织安排交通、游览、住宿、餐饮、购物、文娱、商务等服务的业务活动。

(2)娱乐服务,是指为娱乐活动同时提供场所和服务的业务。

具体包括:歌厅、舞厅、夜总会、酒吧、台球、高尔夫球、保龄球、游艺(包括射击、狩猎、跑马、游戏机、蹦极、卡丁车、热气球、动力伞、射箭、飞镖)。

4. 餐饮住宿服务。

餐饮住宿服务,包括餐饮服务和住宿服务。

(1)餐饮服务,是指通过同时提供饮食和饮食场所的方式为消费者提供饮食消费服务的业务活动。

(2)住宿服务,是指提供住宿场所及配套服务等的活动。包括宾馆、旅馆、旅社、度假村和其他经营性住宿场所提供的住宿服务。

5. 居民日常服务。

居民日常服务,是指主要为满足居民个人及其家庭日常生活需求提供的服务,包括市容市政管理、家政、婚庆、养老、殡葬、照料和护理、救助救济、美容美发、按摩、桑拿、氧吧、足疗、沐浴、洗染、摄影扩印等服务。

6. 其他生活服务。

其他生活服务,是指除文化体育服务、教育医疗服务、旅游娱乐服务、餐饮住宿服务和居民日常服务之外的生活服务。

二、销售无形资产

销售无形资产，是指转让无形资产所有权或者使用权的业务活动。无形资产，是指不具实物形态，但能带来经济利益的资产，包括技术、商标、著作权、商誉、自然资源使用权和其他权益性无形资产。

技术，包括专利技术和非专利技术。

自然资源使用权，包括土地使用权、海域使用权、探矿权、采矿权、取水权和其他自然资源使用权。

其他权益性无形资产，包括基础设施资产经营权、公共事业特许权、配额、经营权（包括特许经营权、连锁经营权、其他经营权）、经销权、分销权、代理权、会员权、席位权、网络游戏虚拟道具、域名、名称权、肖像权、冠名权、转会费等。

三、销售不动产

销售不动产，是指转让不动产所有权的业务活动。不动产，是指不能移动或者移动后会引起性质、形状改变的财产，包括建筑物、构筑物等。

建筑物，包括住宅、商业营业用房、办公楼等可供居住、工作或者进行其他活动的建造物。

构筑物，包括道路、桥梁、隧道、水坝等建造物。

转让建筑物有限产权或者永久使用权的，转让在建的建筑物或者构筑物所有权的，以及在转让建筑物或者构筑物时一并转让其所占土地的使用权的，按照销售不动产缴纳增值税。

附件2

营业税改征增值税试点有关事项的规定

一、营改增试点期间，试点纳税人［指按照《营业税改征增值税试点实施办法》（以下称《试点实施办法》）缴纳增值税的纳税人］有关政策

（一）兼营。

试点纳税人销售货物、加工修理修配劳务、服务、无形资产或者不动产适用不同税率或者征收率的，应当分别核算适用不同税率或者征收率的销售额，未分别核算销售额的，按照以下方法适用税率或者征收率：

1. 兼有不同税率的销售货物、加工修理修配劳务、服务、无形资产或者不动产，从高适用税率。

2. 兼有不同征收率的销售货物、加工修理修配劳务、服务、无形资产或者不动产，从高适用征收率。

3. 兼有不同税率和征收率的销售货物、加工修理修配劳务、服务、无形资产或者不动产，从高适用税率。

（二）不征收增值税项目。

1. 根据国家指令无偿提供的铁路运输服务、航空运输服务，属于《试点实施办法》第十

四条规定的用于公益事业的服务。

2. 存款利息。

3. 被保险人获得的保险赔付。

4. 房地产主管部门或者其指定机构、公积金管理中心、开发企业以及物业管理单位代收的住宅专项维修资金。

5. 在资产重组过程中，通过合并、分立、出售、置换等方式，将全部或者部分实物资产以及与其相关联的债权、负债和劳动力一并转让给其他单位和个人，其中涉及的不动产、土地使用权转让行为。

（三）销售额。

1. 贷款服务，以提供贷款服务取得的全部利息及利息性质的收入为销售额。

2. 直接收费金融服务，以提供直接收费金融服务收取的手续费、佣金、酬金、管理费、服务费、经手费、开户费、过户费、结算费、转托管费等各类费用为销售额。

3. 金融商品转让，按照卖出价扣除买入价后的余额为销售额。

转让金融商品出现的正负差，按盈亏相抵后的余额为销售额。若相抵后出现负差，可结转下一纳税期与下期转让金融商品销售额相抵，但年末时仍出现负差的，不得转入下一个会计年度。

金融商品的买入价，可以选择按照加权平均法或者移动加权平均法进行核算，选择后36个月内不得变更。

金融商品转让，不得开具增值税专用发票。

4. 经纪代理服务，以取得的全部价款和价外费用，扣除向委托方收取并代为支付的政府性基金或者行政事业性收费后的余额为销售额。向委托方收取的政府性基金或者行政事业性收费，不得开具增值税专用发票。

5. 融资租赁和融资性售后回租业务。

（1）经人民银行、银监会或者商务部批准从事融资租赁业务的试点纳税人，提供融资租赁服务，以取得的全部价款和价外费用，扣除支付的借款利息（包括外汇借款和人民币借款利息）、发行债券利息和车辆购置税后的余额为销售额。

（2）经人民银行、银监会或者商务部批准从事融资租赁业务的试点纳税人，提供融资性售后回租服务，以取得的全部价款和价外费用（不含本金），扣除对外支付的借款利息（包括外汇借款和人民币借款利息）、发行债券利息后的余额作为销售额。

（3）试点纳税人根据2016年4月30日前签订的有形动产融资性售后回租合同，在合同到期前提供的有形动产融资性售后回租服务，可继续按照有形动产融资租赁服务缴纳增值税。

继续按照有形动产融资租赁服务缴纳增值税的试点纳税人，经人民银行、银监会或者商务部批准从事融资租赁业务的，根据2016年4月30日前签订的有形动产融资性售后回租合同，在合同到期前提供的有形动产融资性售后回租服务，可以选择以下方法之一计算销售额：

①以向承租方收取的全部价款和价外费用，扣除向承租方收取的价款本金，以及对外支付的借款利息（包括外汇借款和人民币借款利息）、发行债券利息后的余额为销售额。

纳税人提供有形动产融资性售后回租服务，计算当期销售额时可以扣除的价款本金，为书面合同约定的当期应当收取的本金。无书面合同或者书面合同没有约定的，为当期实际收取的本金。

试点纳税人提供有形动产融资性售后回租服务，向承租方收取的有形动产价款本金，不得开具增值税专用发票，可以开具普通发票。

②以向承租方收取的全部价款和价外费用，扣除支付的借款利息（包括外汇借款和人民币借款利息）、发行债券利息后的余额为销售额。

（4）经商务部授权的省级商务主管部门和国家经济技术开发区批准的从事融资租赁业务的试点纳税人，2016 年 5 月 1 日后实收资本达到 1.7 亿元的，从达到标准的当月起按照上述第（1）、（2）、（3）点规定执行；2016 年 5 月 1 日后实收资本未达到 1.7 亿元但注册资本达到 1.7 亿元的，在 2016 年 7 月 31 日前仍可按照上述第（1）、（2）、（3）点规定执行，2016 年 8 月 1 日后开展的融资租赁业务和融资性售后回租业务不得按照上述第（1）、（2）、（3）点规定执行。

6. 航空运输企业的销售额，不包括代收的机场建设费和代售其他航空运输企业客票而代收转付的价款。

7. 试点纳税人中的一般纳税人（以下称一般纳税人）提供客运场站服务，以其取得的全部价款和价外费用，扣除支付给承运方运费后的余额为销售额。

8. 试点纳税人提供旅游服务，可以选择以取得的全部价款和价外费用，扣除向旅游服务购买方收取并支付给其他单位或者个人的住宿费、餐饮费、交通费、签证费、门票费和支付给其他接团旅游企业的旅游费用后的余额为销售额。

选择上述办法计算销售额的试点纳税人，向旅游服务购买方收取并支付的上述费用，不得开具增值税专用发票，可以开具普通发票。

9. 试点纳税人提供建筑服务适用简易计税方法的，以取得的全部价款和价外费用扣除支付的分包款后的余额为销售额。

10. 房地产开发企业中的一般纳税人销售其开发的房地产项目（选择简易计税方法的房地产老项目除外），以取得的全部价款和价外费用，扣除受让土地时向政府部门支付的土地价款后的余额为销售额。

房地产老项目，是指《建筑工程施工许可证》注明的合同开工日期在 2016 年 4 月 30 日前的房地产项目。

11. 试点纳税人按照上述 4 - 10 款的规定从全部价款和价外费用中扣除的价款，应当取得符合法律、行政法规和国家税务总局规定的有效凭证。否则，不得扣除。

上述凭证是指：

（1）支付给境内单位或者个人的款项，以发票为合法有效凭证。

（2）支付给境外单位或者个人的款项，以该单位或者个人的签收单据为合法有效凭证，税务机关对签收单据有疑议的，可以要求其提供境外公证机构的确认证明。

（3）缴纳的税款，以完税凭证为合法有效凭证。

（4）扣除的政府性基金、行政事业性收费或者向政府支付的土地价款，以省级以上（含省级）财政部门监（印）制的财政票据为合法有效凭证。

(5)国家税务总局规定的其他凭证。

纳税人取得的上述凭证属于增值税扣税凭证的,其进项税额不得从销项税额中抵扣。

(四)进项税额。

1. 适用一般计税方法的试点纳税人,2016 年 5 月 1 日后取得并在会计制度上按固定资产核算的不动产或者 2016 年 5 月 1 日后取得的不动产在建工程,其进项税额应自取得之日起分 2 年从销项税额中抵扣,第一年抵扣比例为 60%,第二年抵扣比例为 40%。

取得不动产,包括以直接购买、接受捐赠、接受投资入股、自建以及抵债等各种形式取得不动产,不包括房地产开发企业自行开发的房地产项目。

融资租入的不动产以及在施工现场修建的临时建筑物、构筑物,其进项税额不适用上述分 2 年抵扣的规定。

2. 按照《试点实施办法》第二十七条第(一)项规定不得抵扣且未抵扣进项税额的固定资产、无形资产、不动产,发生用途改变,用于允许抵扣进项税额的应税项目,可在用途改变的次月按照下列公式计算可以抵扣的进项税额:

可以抵扣的进项税额 = 固定资产、无形资产、不动产净值/(1 + 适用税率) × 适用税率

上述可以抵扣的进项税额应取得合法有效的增值税扣税凭证。

3. 纳税人接受贷款服务向贷款方支付的与该笔贷款直接相关的投融资顾问费、手续费、咨询费等费用,其进项税额不得从销项税额中抵扣。

(五)一般纳税人资格登记。

《试点实施办法》第三条规定的年应税销售额标准为 500 万元(含本数)。财政部和国家税务总局可以对年应税销售额标准进行调整。

(六)计税方法。

一般纳税人发生下列应税行为可以选择适用简易计税方法计税:

1. 公共交通运输服务。

公共交通运输服务,包括轮客渡、公交客运、地铁、城市轻轨、出租车、长途客运、班车。

班车,是指按固定路线、固定时间运营并在固定站点停靠的运送旅客的陆路运输服务。

2. 经认定的动漫企业为开发动漫产品提供的动漫脚本编撰、形象设计、背景设计、动画设计、分镜、动画制作、摄制、描线、上色、画面合成、配音、配乐、音效合成、剪辑、字幕制作、压缩转码(面向网络动漫、手机动漫格式适配)服务,以及在境内转让动漫版权(包括动漫品牌、形象或者内容的授权及再授权)。

动漫企业和自主开发、生产动漫产品的认定标准和认定程序,按照《文化部 财政部 国家税务总局关于印发〈动漫企业认定管理办法(试行)〉的通知》(文市发〔2008〕51 号)的规定执行。

3. 电影放映服务、仓储服务、装卸搬运服务、收派服务和文化体育服务。

4. 以纳入营改增试点之日前取得的有形动产为标的物提供的经营租赁服务。

5. 在纳入营改增试点之日前签订的尚未执行完毕的有形动产租赁合同。

(七)建筑服务。

1. 一般纳税人以清包工方式提供的建筑服务,可以选择适用简易计税方法计税。

以清包工方式提供建筑服务,是指施工方不采购建筑工程所需的材料或只采购辅助材

料,并收取人工费、管理费或者其他费用的建筑服务。

2. 一般纳税人为甲供工程提供的建筑服务,可以选择适用简易计税方法计税。

甲供工程,是指全部或部分设备、材料、动力由工程发包方自行采购的建筑工程。

3. 一般纳税人为建筑工程老项目提供的建筑服务,可以选择适用简易计税方法计税。

建筑工程老项目,是指:

(1)《建筑工程施工许可证》注明的合同开工日期在2016年4月30日前的建筑工程项目;

(2)未取得《建筑工程施工许可证》的,建筑工程承包合同注明的开工日期在2016年4月30日前的建筑工程项目。

4. 一般纳税人跨县(市)提供建筑服务,适用一般计税方法计税的,应以取得的全部价款和价外费用为销售额计算应纳税额。纳税人应以取得的全部价款和价外费用扣除支付的分包款后的余额,按照2%的预征率在建筑服务发生地预缴税款后,向机构所在地主管税务机关进行纳税申报。

5. 一般纳税人跨县(市)提供建筑服务,选择适用简易计税方法计税的,应以取得的全部价款和价外费用扣除支付的分包款后的余额为销售额,按照3%的征收率计算应纳税额。纳税人应按照上述计税方法在建筑服务发生地预缴税款后,向机构所在地主管税务机关进行纳税申报。

6. 试点纳税人中的小规模纳税人(以下称小规模纳税人)跨县(市)提供建筑服务,应以取得的全部价款和价外费用扣除支付的分包款后的余额为销售额,按照3%的征收率计算应纳税额。纳税人应按照上述计税方法在建筑服务发生地预缴税款后,向机构所在地主管税务机关进行纳税申报。

(八)销售不动产。

1. 一般纳税人销售其2016年4月30日前取得(不含自建)的不动产,可以选择适用简易计税方法,以取得的全部价款和价外费用减去该项不动产购置原价或者取得不动产时的作价后的余额为销售额,按照5%的征收率计算应纳税额。纳税人应按照上述计税方法在不动产所在地预缴税款后,向机构所在地主管税务机关进行纳税申报。

2. 一般纳税人销售其2016年4月30日前自建的不动产,可以选择适用简易计税方法,以取得的全部价款和价外费用为销售额,按照5%的征收率计算应纳税额。纳税人应按照上述计税方法在不动产所在地预缴税款后,向机构所在地主管税务机关进行纳税申报。

3. 一般纳税人销售其2016年5月1日后取得(不含自建)的不动产,应适用一般计税方法,以取得的全部价款和价外费用为销售额计算应纳税额。纳税人应以取得的全部价款和价外费用减去该项不动产购置原价或者取得不动产时的作价后的余额,按照5%的预征率在不动产所在地预缴税款后,向机构所在地主管税务机关进行纳税申报。

4. 一般纳税人销售其2016年5月1日后自建的不动产,应适用一般计税方法,以取得的全部价款和价外费用为销售额计算应纳税额。纳税人应以取得的全部价款和价外费用,按照5%的预征率在不动产所在地预缴税款后,向机构所在地主管税务机关进行纳税申报。

5. 小规模纳税人销售其取得(不含自建)的不动产(不含个体工商户销售购买的住房

和其他个人销售不动产)，应以取得的全部价款和价外费用减去该项不动产购置原价或者取得不动产时的作价后的余额为销售额，按照5%的征收率计算应纳税额。纳税人应按照上述计税方法在不动产所在地预缴税款后，向机构所在地主管税务机关进行纳税申报。

6. 小规模纳税人销售其自建的不动产，应以取得的全部价款和价外费用为销售额，按照5%的征收率计算应纳税额。纳税人应按照上述计税方法在不动产所在地预缴税款后，向机构所在地主管税务机关进行纳税申报。

7. 房地产开发企业中的一般纳税人，销售自行开发的房地产老项目，可以选择适用简易计税方法按照5%的征收率计税。

8. 房地产开发企业中的小规模纳税人，销售自行开发的房地产项目，按照5%的征收率计税。

9. 房地产开发企业采取预收款方式销售所开发的房地产项目，在收到预收款时按照3%的预征率预缴增值税。

10. 个体工商户销售购买的住房，应按照附件3《营业税改征增值税试点过渡政策的规定》第五条的规定征免增值税。纳税人应按照上述计税方法在不动产所在地预缴税款后，向机构所在地主管税务机关进行纳税申报。

11. 其他个人销售其取得(不含自建)的不动产(不含其购买的住房)，应以取得的全部价款和价外费用减去该项不动产购置原价或者取得不动产时的作价后的余额为销售额，按照5%的征收率计算应纳税额。

(九)不动产经营租赁服务。

1. 一般纳税人出租其2016年4月30日前取得的不动产，可以选择适用简易计税方法，按照5%的征收率计算应纳税额。纳税人出租其2016年4月30日前取得的与机构所在地不在同一县(市)的不动产，应按照上述计税方法在不动产所在地预缴税款后，向机构所在地主管税务机关进行纳税申报。

2. 公路经营企业中的一般纳税人收取试点前开工的高速公路的车辆通行费，可以选择适用简易计税方法，减按3%的征收率计算应纳税额。

试点前开工的高速公路，是指相关施工许可证明上注明的合同开工日期在2016年4月30日前的高速公路。

3. 一般纳税人出租其2016年5月1日后取得的、与机构所在地不在同一县(市)的不动产，应按照3%的预征率在不动产所在地预缴税款后，向机构所在地主管税务机关进行纳税申报。

4. 小规模纳税人出租其取得的不动产(不含个人出租住房)，应按照5%的征收率计算应纳税额。纳税人出租与机构所在地不在同一县(市)的不动产，应按照上述计税方法在不动产所在地预缴税款后，向机构所在地主管税务机关进行纳税申报。

5. 其他个人出租其取得的不动产(不含住房)，应按照5%的征收率计算应纳税额。

6. 个人出租住房，应按照5%的征收率减按1.5%计算应纳税额。

(十)一般纳税人销售其2016年4月30日前取得的不动产(不含自建)，适用一般计税方法计税的，以取得的全部价款和价外费用为销售额计算应纳税额。上述纳税人应以取得的全部价款和价外费用减去该项不动产购置原价或者取得不动产时的作价后的余额，按照

5%的预征率在不动产所在地预缴税款后,向机构所在地主管税务机关进行纳税申报。

房地产开发企业中的一般纳税人销售房地产老项目,以及一般纳税人出租其2016年4月30日前取得的不动产,适用一般计税方法计税的,应以取得的全部价款和价外费用,按照3%的预征率在不动产所在地预缴税款后,向机构所在地主管税务机关进行纳税申报。

一般纳税人销售其2016年4月30日前自建的不动产,适用一般计税方法计税的,应以取得的全部价款和价外费用为销售额计算应纳税额。纳税人应以取得的全部价款和价外费用,按照5%的预征率在不动产所在地预缴税款后,向机构所在地主管税务机关进行纳税申报。

(十一)一般纳税人跨省(自治区、直辖市或者计划单列市)提供建筑服务或者销售、出租取得的与机构所在地不在同一省(自治区、直辖市或者计划单列市)的不动产,在机构所在地申报纳税时,计算的应纳税额小于已预缴税额,且差额较大的,由国家税务总局通知建筑服务发生地或者不动产所在地省级税务机关,在一定时期内暂停预缴增值税。

(十二)纳税地点。

属于固定业户的试点纳税人,总分支机构不在同一县(市),但在同一省(自治区、直辖市、计划单列市)范围内的,经省(自治区、直辖市、计划单列市)财政厅(局)和国家税务局批准,可以由总机构汇总向总机构所在地的主管税务机关申报缴纳增值税。

(十三)试点前发生的业务。

1. 试点纳税人发生应税行为,按照国家有关营业税政策规定差额征收营业税的,因取得的全部价款和价外费用不足以抵减允许扣除项目金额,截至纳入营改增试点之日前尚未扣除的部分,不得在计算试点纳税人增值税应税销售额时抵减,应当向原主管地税机关申请退还营业税。

2. 试点纳税人发生应税行为,在纳入营改增试点之日前已缴纳营业税,营改增试点后因发生退款减除营业额的,应当向原主管地税机关申请退还已缴纳的营业税。

3. 试点纳税人纳入营改增试点之日前发生的应税行为,因税收检查等原因需要补缴税款的,应按照营业税政策规定补缴营业税。

(十四)销售使用过的固定资产。

一般纳税人销售自己使用过的、纳入营改增试点之日前取得的固定资产,按照现行旧货相关增值税政策执行。

使用过的固定资产,是指纳税人符合《试点实施办法》第二十八条规定并根据财务会计制度已经计提折旧的固定资产。

(十五)扣缴增值税适用税率。

境内的购买方为境外单位和个人扣缴增值税的,按照适用税率扣缴增值税。

(十六)其他规定。

1. 试点纳税人销售电信服务时,附带赠送用户识别卡、电信终端等货物或者电信服务的,应将其取得的全部价款和价外费用进行分别核算,按各自适用的税率计算缴纳增值税。

2. 油气田企业发生应税行为,适用《试点实施办法》规定的增值税税率,不再适用《财政部 国家税务总局关于印发〈油气田企业增值税管理办法〉的通知》(财税〔2009〕8号)规定的增值税税率。

二、原增值税纳税人[指按照《中华人民共和国增值税暂行条例》(国务院令第538号)(以下称《增值税暂行条例》)缴纳增值税的纳税人]有关政策

(一)进项税额。

1. 原增值税一般纳税人购进服务、无形资产或者不动产,取得的增值税专用发票上注明的增值税额为进项税额,准予从销项税额中抵扣。

2016年5月1日后取得并在会计制度上按固定资产核算的不动产或者2016年5月1日后取得的不动产在建工程,其进项税额应自取得之日起分2年从销项税额中抵扣,第一年抵扣比例为60%,第二年抵扣比例为40%。

融资租入的不动产以及在施工现场修建的临时建筑物、构筑物,其进项税额不适用上述分2年抵扣的规定。

2. 原增值税一般纳税人自用的应征消费税的摩托车、汽车、游艇,其进项税额准予从销项税额中抵扣。

3. 原增值税一般纳税人从境外单位或者个人购进服务、无形资产或者不动产,按照规定应当扣缴增值税的,准予从销项税额中抵扣的进项税额为自税务机关或者扣缴义务人取得的解缴税款的完税凭证上注明的增值税额。

纳税人凭完税凭证抵扣进项税额的,应当具备书面合同、付款证明和境外单位的对账单或者发票。资料不全的,其进项税额不得从销项税额中抵扣。

4. 原增值税一般纳税人购进货物或者接受加工修理修配劳务,用于《销售服务、无形资产或者不动产注释》所列项目的,不属于《增值税暂行条例》第十条所称的用于非增值税应税项目,其进项税额准予从销项税额中抵扣。

5. 原增值税一般纳税人购进服务、无形资产或者不动产,下列项目的进项税额不得从销项税额中抵扣:

(1)用于简易计税方法计税项目、免征增值税项目、集体福利或者个人消费。其中涉及的无形资产、不动产,仅指专用于上述项目的无形资产(不包括其他权益性无形资产)、不动产。

纳税人的交际应酬消费属于个人消费。

(2)非正常损失的购进货物,以及相关的加工修理修配劳务和交通运输服务。

(3)非正常损失的在产品、产成品所耗用的购进货物(不包括固定资产)、加工修理修配劳务和交通运输服务。

(4)非正常损失的不动产,以及该不动产所耗用的购进货物、设计服务和建筑服务。

(5)非正常损失的不动产在建工程所耗用的购进货物、设计服务和建筑服务。

纳税人新建、改建、扩建、修缮、装饰不动产,均属于不动产在建工程。

(6)购进的旅客运输服务、贷款服务、餐饮服务、居民日常服务和娱乐服务。

(7)财政部和国家税务总局规定的其他情形。

上述第(4)点、第(5)点所称货物,是指构成不动产实体的材料和设备,包括建筑装饰材料和给排水、采暖、卫生、通风、照明、通讯、煤气、消防、中央空调、电梯、电气、智能化楼宇设备及配套设施。

纳税人接受贷款服务向贷款方支付的与该笔贷款直接相关的投融资顾问费、手续费、

咨询费等费用,其进项税额不得从销项税额中抵扣。

6. 已抵扣进项税额的购进服务,发生上述第5点规定情形(简易计税方法计税项目、免征增值税项目除外)的,应当将该进项税额从当期进项税额中扣减;无法确定该进项税额的,按照当期实际成本计算应扣减的进项税额。

7. 已抵扣进项税额的无形资产或者不动产,发生上述第5点规定情形的,按照下列公式计算不得抵扣的进项税额:

不得抵扣的进项税额=无形资产或者不动产净值×适用税率

8. 按照《增值税暂行条例》第十条和上述第5点不得抵扣且未抵扣进项税额的固定资产、无形资产、不动产,发生用途改变,用于允许抵扣进项税额的应税项目,可在用途改变的次月按照下列公式,依据合法有效的增值税扣税凭证,计算可以抵扣的进项税额:

可以抵扣的进项税额=固定资产、无形资产、不动产净值/(1+适用税率)×适用税率

上述可以抵扣的进项税额应取得合法有效的增值税扣税凭证。

(二)增值税期末留抵税额。

原增值税一般纳税人兼有销售服务、无形资产或者不动产的,截止到纳入营改增试点之日前的增值税期末留抵税额,不得从销售服务、无形资产或者不动产的销项税额中抵扣。

(三)混合销售。

一项销售行为如果既涉及货物又涉及服务,为混合销售。从事货物的生产、批发或者零售的单位和个体工商户的混合销售行为,按照销售货物缴纳增值税;其他单位和个体工商户的混合销售行为,按照销售服务缴纳增值税。

上述从事货物的生产、批发或者零售的单位和个体工商户,包括以从事货物的生产、批发或者零售为主,并兼营销售服务的单位和个体工商户在内。

附件3

营业税改征增值税试点过渡政策的规定

一、下列项目免征增值税

(一)托儿所、幼儿园提供的保育和教育服务。

托儿所、幼儿园,是指经县级以上教育部门审批成立、取得办园许可证的实施0—6岁学前教育的机构,包括公办和民办的托儿所、幼儿园、学前班、幼儿班、保育院、幼儿院。

公办托儿所、幼儿园免征增值税的收入是指,在省级财政部门和价格主管部门审核报省级人民政府批准的收费标准以内收取的教育费、保育费。

民办托儿所、幼儿园免征增值税的收入是指,在报经当地有关部门备案并公示的收费标准范围内收取的教育费、保育费。

超过规定收费标准的收费,以开办实验班、特色班和兴趣班等为由另外收取的费用以及与幼儿入园挂钩的赞助费、支教费等超过规定范围的收入,不属于免征增值税的收入。

(二)养老机构提供的养老服务。

养老机构,是指依照民政部《养老机构设立许可办法》(民政部令第48号)设立并依法

办理登记的为老年人提供集中居住和照料服务的各类养老机构;养老服务,是指上述养老机构按照民政部《养老机构管理办法》(民政部令第 49 号)的规定,为收住的老年人提供的生活照料、康复护理、精神慰藉、文化娱乐等服务。

(三)残疾人福利机构提供的育养服务。

(四)婚姻介绍服务。

(五)殡葬服务。

殡葬服务,是指收费标准由各地价格主管部门会同有关部门核定,或者实行政府指导价管理的遗体接运(含抬尸、消毒)、遗体整容、遗体防腐、存放(含冷藏)、火化、骨灰寄存、吊唁设施设备租赁、墓穴租赁及管理等服务。

(六)残疾人员本人为社会提供的服务。

(七)医疗机构提供的医疗服务。

医疗机构,是指依据国务院《医疗机构管理条例》(国务院令第 149 号)及卫生部《医疗机构管理条例实施细则》(卫生部令第 35 号)的规定,经登记取得《医疗机构执业许可证》的机构,以及军队、武警部队各级各类医疗机构。具体包括:各级各类医院、门诊部(所)、社区卫生服务中心(站)、急救中心(站)、城乡卫生院、护理院(所)、疗养院、临床检验中心,各级政府及有关部门举办的卫生防疫站(疾病控制中心)、各种专科疾病防治站(所),各级政府举办的妇幼保健所(站)、母婴保健机构、儿童保健机构,各级政府举办的血站(血液中心)等医疗机构。

本项所称的医疗服务,是指医疗机构按照不高于地(市)级以上价格主管部门会同同级卫生主管部门及其他相关部门制定的医疗服务指导价格(包括政府指导价和按照规定由供需双方协商确定的价格等)为就医者提供《全国医疗服务价格项目规范》所列的各项服务,以及医疗机构向社会提供卫生防疫、卫生检疫的服务。

(八)从事学历教育的学校提供的教育服务。

1. 学历教育,是指受教育者经过国家教育考试或者国家规定的其他入学方式,进入国家有关部门批准的学校或者其他教育机构学习,获得国家承认的学历证书的教育形式。具体包括:

(1)初等教育:普通小学、成人小学。

(2)初级中等教育:普通初中、职业初中、成人初中。

(3)高级中等教育:普通高中、成人高中和中等职业学校(包括普通中专、成人中专、职业高中、技工学校)。

(4)高等教育:普通本专科、成人本专科、网络本专科、研究生(博士、硕士)、高等教育自学考试、高等教育学历文凭考试。

2. 从事学历教育的学校,是指:

(1)普通学校。

(2)经地(市)级以上人民政府或者同级政府的教育行政部门批准成立、国家承认其学员学历的各类学校。

(3)经省级及以上人力资源社会保障行政部门批准成立的技工学校、高级技工学校。

(4)经省级人民政府批准成立的技师学院。

上述学校均包括符合规定的从事学历教育的民办学校，但不包括职业培训机构等国家不承认学历的教育机构。

3. 提供教育服务免征增值税的收入，是指对列入规定招生计划的在籍学生提供学历教育服务取得的收入，具体包括：经有关部门审核批准并按规定标准收取的学费、住宿费、课本费、作业本费、考试报名费收入，以及学校食堂提供餐饮服务取得的伙食费收入。除此之外的收入，包括学校以各种名义收取的赞助费、择校费等，不属于免征增值税的范围。

学校食堂是指依照《学校食堂与学生集体用餐卫生管理规定》（教育部令第 14 号）管理的学校食堂。

（九）学生勤工俭学提供的服务。

（十）农业机耕、排灌、病虫害防治、植物保护、农牧保险以及相关技术培训业务，家禽、牲畜、水生动物的配种和疾病防治。

农业机耕，是指在农业、林业、牧业中使用农业机械进行耕作（包括耕耘、种植、收割、脱粒、植物保护等）的业务；排灌，是指对农田进行灌溉或者排涝的业务；病虫害防治，是指从事农业、林业、牧业、渔业的病虫害测报和防治的业务；农牧保险，是指为种植业、养殖业、牧业种植和饲养的动植物提供保险的业务；相关技术培训，是指与农业机耕、排灌、病虫害防治、植物保护业务相关以及为使农民获得农牧保险知识的技术培训业务；家禽、牲畜、水生动物的配种和疾病防治业务的免税范围，包括与该项服务有关的提供药品和医疗用具的业务。

（十一）纪念馆、博物馆、文化馆、文物保护单位管理机构、美术馆、展览馆、书画院、图书馆在自己的场所提供文化体育服务取得的第一道门票收入。

（十二）寺院、宫观、清真寺和教堂举办文化、宗教活动的门票收入。

（十三）行政单位之外的其他单位收取的符合《试点实施办法》第十条规定条件的政府性基金和行政事业性收费。

（十四）个人转让著作权。

（十五）个人销售自建自用住房。

（十六）2018 年 12 月 31 日前，公共租赁住房经营管理单位出租公共租赁住房。

公共租赁住房，是指纳入省、自治区、直辖市、计划单列市人民政府及新疆生产建设兵团批准的公共租赁住房发展规划和年度计划，并按照《关于加快发展公共租赁住房的指导意见》（建保〔2010〕87 号）和市、县人民政府制定的具体管理办法进行管理的公共租赁住房。

（十七）台湾航运公司、航空公司从事海峡两岸海上直航、空中直航业务在大陆取得的运输收入。

台湾航运公司，是指取得交通运输部颁发的“台湾海峡两岸间水路运输许可证”且该许可证上注明的公司登记地址在台湾的航运公司。

台湾航空公司，是指取得中国民用航空局颁发的“经营许可”或者依据《海峡两岸空运协议》和《海峡两岸空运补充协议》规定，批准经营两岸旅客、货物和邮件不定期（包机）运输业务，且公司登记地址在台湾的航空公司。

（十八）纳税人提供的直接或者间接国际货物运输代理服务。

1. 纳税人提供直接或者间接国际货物运输代理服务，向委托方收取的全部国际货物运输代理服务收入,以及向国际运输承运人支付的国际运输费用,必须通过金融机构进行结算。

2. 纳税人为大陆与香港、澳门、台湾地区之间的货物运输提供的货物运输代理服务参照国际货物运输代理服务有关规定执行。

3. 委托方索取发票的,纳税人应当就国际货物运输代理服务收入向委托方全额开具增值税普通发票。

(十九)以下利息收入。

1. 2016 年 12 月 31 日前,金融机构农户小额贷款。

小额贷款,是指单笔且该农户贷款余额总额在 10 万元(含本数)以下的贷款。

所称农户,是指长期(一年以上)居住在乡镇(不包括城关镇)行政管理区域内的住户,还包括长期居住在城关镇所辖行政村范围内的住户和户口不在本地而在本地居住一年以上的住户,国有农场的职工和农村个体工商户。位于乡镇(不包括城关镇)行政管理区域内和在城关镇所辖行政村范围内的国有经济的机关、团体、学校、企事业单位的集体户;有本地户口,但举家外出谋生一年以上的住户,无论是否保留承包耕地均不属于农户。农户以户为统计单位,既可以从事农业生产经营,也可以从事非农业生产经营。农户贷款的判定应以贷款发放时的承贷主体是否属于农户为准。

2. 国家助学贷款。

3. 国债、地方政府债。

4. 人民银行对金融机构的贷款。

5. 住房公积金管理中心用住房公积金在指定的委托银行发放的个人住房贷款。

6. 外汇管理部门在从事国家外汇储备经营过程中,委托金融机构发放的外汇贷款。

7. 统借统还业务中,企业集团或企业集团中的核心企业以及集团所属财务公司按不高于支付给金融机构的借款利率水平或者支付的债券票面利率水平,向企业集团或者集团内下属单位收取的利息。

统借方向资金使用单位收取的利息,高于支付给金融机构借款利率水平或者支付的债券票面利率水平的,应全额缴纳增值税。

统借统还业务,是指:

(1)企业集团或者企业集团中的核心企业向金融机构借款或对外发行债券取得资金后,将所借资金分拨给下属单位(包括独立核算单位和非独立核算单位,下同),并向下属单位收取用于归还金融机构或债券购买方本息的业务。

(2)企业集团向金融机构借款或对外发行债券取得资金后,由集团所属财务公司与企业集团或者集团内下属单位签订统借统还贷款合同并分拨资金,并向企业集团或者集团内下属单位收取本息,再转付企业集团,由企业集团统一归还金融机构或债券购买方的业务。

(二十)被撤销金融机构以货物、不动产、无形资产、有价证券、票据等财产清偿债务。

被撤销金融机构,是指经人民银行、银监会依法决定撤销的金融机构及其分设于各地的分支机构,包括被依法撤销的商业银行、信托投资公司、财务公司、金融租赁公司、城市信用社和农村信用社。除另有规定外,被撤销金融机构所属、附属企业,不享受被撤销金融机构增值税免税政策。

(二十一)保险公司开办的一年期以上人身保险产品取得的保费收入。

一年期以上人身保险,是指保险期间为一年期及以上返还本利的人寿保险、养老年金保险,以及保险期间为一年期及以上的健康保险。

人寿保险,是指以人的寿命为保险标的的人身保险。

养老年金保险,是指以养老保障为目的,以被保险人生存为给付保险金条件,并按约定的时间间隔分期给付生存保险金的人身保险。养老年金保险应当同时符合下列条件:

1. 保险合同约定给付被保险人生存保险金的年龄不得小于国家规定的退休年龄。

2. 相邻两次给付的时间间隔不得超过一年。

健康保险,是指以因健康原因导致损失为给付保险金条件的人身保险。

上述免税政策实行备案管理,具体备案管理办法按照《国家税务总局关于一年期以上返还性人身保险产品免征营业税审批事项取消后有关管理问题的公告》(国家税务总局公告2015年第65号)规定执行。

(二十二)下列金融商品转让收入。

1. 合格境外投资者(QFII)委托境内公司在我国从事证券买卖业务。

2. 香港市场投资者(包括单位和个人)通过沪港通买卖上海证券交易所上市A股。

3. 对香港市场投资者(包括单位和个人)通过基金互认买卖内地基金份额。

4. 证券投资基金(封闭式证券投资基金,开放式证券投资基金)管理人运用基金买卖股票、债券。

5. 个人从事金融商品转让业务。

(二十三)金融同业往来利息收入。

1. 金融机构与人民银行所发生的资金往来业务。包括人民银行对一般金融机构贷款,以及人民银行对商业银行的再贴现等。

2. 银行联行往来业务。同一银行系统内部不同行、处之间所发生的资金账务往来业务。

3. 金融机构间的资金往来业务。是指经人民银行批准,进入全国银行间同业拆借市场的金融机构之间通过全国统一的同业拆借网络进行的短期(一年以下含一年)无担保资金融通行为。

4. 金融机构之间开展的转贴现业务。

金融机构是指:

(1)银行:包括人民银行、商业银行、政策性银行。

(2)信用合作社。

(3)证券公司。

(4)金融租赁公司、证券基金管理公司、财务公司、信托投资公司、证券投资基金。

(5)保险公司。

(6)其他经人民银行、银监会、证监会、保监会批准成立且经营金融保险业务的机构等。

(二十四)同时符合下列条件的担保机构从事中小企业信用担保或者再担保业务取得的收入(不含信用评级、咨询、培训等收入)3年内免征增值税:

1. 已取得监管部门颁发的融资性担保机构经营许可证,依法登记注册为企(事)业法人，实收资本超过2000万元。

2. 平均年担保费率不超过银行同期贷款基准利率的50%。平均年担保费率=本期担保费收入/(期初担保余额+本期增加担保金额)×100%。

3. 连续合规经营2年以上，资金主要用于担保业务，具备健全的内部管理制度和为中小企业提供担保的能力，经营业绩突出，对受保项目具有完善的事前评估、事中监控、事后追偿与处置机制。

4. 为中小企业提供的累计担保贷款额占其两年累计担保业务总额的80%以上，单笔800万元以下的累计担保贷款额占其累计担保业务总额的50%以上。

5. 对单个受保企业提供的担保余额不超过担保机构实收资本总额的10%，且平均单笔担保责任金额最多不超过3000万元人民币。

6. 担保责任余额不低于其净资产的3倍，且代偿率不超过2%。

担保机构免征增值税政策采取备案管理方式。符合条件的担保机构应到所在地县(市)主管税务机关和同级中小企业管理部门履行规定的备案手续，自完成备案手续之日起，享受3年免征增值税政策。3年免税期满后，符合条件的担保机构可按规定程序办理备案手续后继续享受该项政策。

具体备案管理办法按照《国家税务总局关于中小企业信用担保机构免征营业税审批事项取消后有关管理问题的公告》(国家税务总局公告2015年第69号)规定执行，其中税务机关的备案管理部门统一调整为县(市)级国家税务局。

(二十五)国家商品储备管理单位及其直属企业承担商品储备任务，从中央或者地方财政取得的利息补贴收入和价差补贴收入。

国家商品储备管理单位及其直属企业，是指接受中央、省、市、县四级政府有关部门(或者政府指定管理单位)委托，承担粮(含大豆)、食用油、棉、糖、肉、盐(限于中央储备)等6种商品储备任务，并按有关政策收储、销售上述6种储备商品，取得财政储备经费或者补贴的商品储备企业。利息补贴收入，是指国家商品储备管理单位及其直属企业因承担上述商品储备任务从金融机构贷款，并从中央或者地方财政取得的用于偿还贷款利息的贴息收入。价差补贴收入包括销售价差补贴收入和轮换价差补贴收入。销售价差补贴收入，是指按照中央或者地方政府指令销售上述储备商品时，由于销售收入小于库存成本而从中央或者地方财政获得的全额价差补贴收入。轮换价差补贴收入，是指根据要求定期组织政策性储备商品轮换而从中央或者地方财政取得的商品新陈品质价差补贴收入。

(二十六)纳税人提供技术转让、技术开发和与之相关的技术咨询、技术服务。

1. 技术转让、技术开发，是指《销售服务、无形资产、不动产注释》中"转让技术"、"研发服务"范围内的业务活动。技术咨询，是指就特定技术项目提供可行性论证、技术预测、专题技术调查、分析评价报告等业务活动。

与技术转让、技术开发相关的技术咨询、技术服务，是指转让方(或者受托方)根据技术转让或者开发合同的规定，为帮助受让方(或者委托方)掌握所转让(或者委托开发)的技术，而提供的技术咨询、技术服务业务，且这部分技术咨询、技术服务的价款与技术转让或者技术开发的价款应当在同一张发票上开具。

2. 备案程序。试点纳税人申请免征增值税时，须持技术转让、开发的书面合同，到纳税人所在地省级科技主管部门进行认定，并持有关的书面合同和科技主管部门审核意见证明文件报主管税务机关备查。

（二十七）同时符合下列条件的合同能源管理服务：

1. 节能服务公司实施合同能源管理项目相关技术，应当符合国家质量监督检验检疫总局和国家标准化管理委员会发布的《合同能源管理技术通则》（GB/T 24915—2010）规定的技术要求。

2. 节能服务公司与用能企业签订节能效益分享型合同，其合同格式和内容，符合《中华人民共和国合同法》和《合同能源管理技术通则》（GB/T 24915—2010）等规定。

（二十八）2017 年 12 月 31 日前，科普单位的门票收入，以及县级及以上党政部门和科协开展科普活动的门票收入。

科普单位，是指科技馆、自然博物馆，对公众开放的天文馆（站、台）、气象台（站）、地震台（站），以及高等院校、科研机构对公众开放的科普基地。

科普活动，是指利用各种传媒以浅显的、让公众易于理解、接受和参与的方式，向普通大众介绍自然科学和社会科学知识，推广科学技术的应用，倡导科学方法，传播科学思想，弘扬科学精神的活动。

（二十九）政府举办的从事学历教育的高等、中等和初等学校（不含下属单位），举办进修班、培训班取得的全部归该学校所有的收入。

全部归该学校所有，是指举办进修班、培训班取得的全部收入进入该学校统一账户，并纳入预算全额上缴财政专户管理，同时由该学校对有关票据进行统一管理和开具。

举办进修班、培训班取得的收入进入该学校下属部门自行开设账户的，不予免征增值税。

（三十）政府举办的职业学校设立的主要为在校学生提供实习场所、并由学校出资自办、由学校负责经营管理、经营收入归学校所有的企业，从事《销售服务、无形资产或者不动产注释》中"现代服务"（不含融资租赁服务、广告服务和其他现代服务）、"生活服务"（不含文化体育服务、其他生活服务和桑拿、氧吧）业务活动取得的收入。

（三十一）家政服务企业由员工制家政服务员提供家政服务取得的收入。

家政服务企业，是指在企业营业执照的规定经营范围中包括家政服务内容的企业。

员工制家政服务员，是指同时符合下列 3 个条件的家政服务员：

1. 依法与家政服务企业签订半年及半年以上的劳动合同或者服务协议，且在该企业实际上岗工作。

2. 家政服务企业为其按月足额缴纳了企业所在地人民政府根据国家政策规定的基本养老保险、基本医疗保险、工伤保险、失业保险等社会保险。对已享受新型农村养老保险和新型农村合作医疗等社会保险或者下岗职工原单位继续为其缴纳社会保险的家政服务员，如果本人书面提出不再缴纳企业所在地人民政府根据国家政策规定的相应的社会保险，并出具其所在乡镇或者原单位开具的已缴纳相关保险的证明，可视同家政服务企业已为其按月足额缴纳了相应的社会保险。

3. 家政服务企业通过金融机构向其实际支付不低于企业所在地适用的经省级人民政府批准的最低工资标准的工资。

(三十二)福利彩票、体育彩票的发行收入。

(三十三)军队空余房产租赁收入。

(三十四)为了配合国家住房制度改革,企业、行政事业单位按房改成本价、标准价出售住房取得的收入。

(三十五)将土地使用权转让给农业生产者用于农业生产。

(三十六)涉及家庭财产分割的个人无偿转让不动产、土地使用权。

家庭财产分割,包括下列情形:离婚财产分割;无偿赠与配偶、父母、子女、祖父母、外祖父母、孙子女、外孙子女、兄弟姐妹;无偿赠与对其承担直接抚养或者赡养义务的抚养人或者赡养人;房屋产权所有人死亡,法定继承人、遗嘱继承人或者受遗赠人依法取得房屋产权。

(三十七)土地所有者出让土地使用权和土地使用者将土地使用权归还给土地所有者。

(三十八)县级以上地方人民政府或自然资源行政主管部门出让、转让或收回自然资源使用权(不含土地使用权)。

(三十九)随军家属就业。

1. 为安置随军家属就业而新开办的企业,自领取税务登记证之日起,其提供的应税服务3年内免征增值税。

享受税收优惠政策的企业,随军家属必须占企业总人数的60%(含)以上,并有军(含)以上政治和后勤机关出具的证明。

2. 从事个体经营的随军家属,自办理税务登记事项之日起,其提供的应税服务3年内免征增值税。

随军家属必须有师以上政治机关出具的可以表明其身份的证明。

按照上述规定,每一名随军家属可以享受一次免税政策。

(四十)军队转业干部就业。

1. 从事个体经营的军队转业干部,自领取税务登记证之日起,其提供的应税服务3年内免征增值税。

2. 为安置自主择业的军队转业干部就业而新开办的企业,凡安置自主择业的军队转业干部占企业总人数60%(含)以上的,自领取税务登记证之日起,其提供的应税服务3年内免征增值税。

享受上述优惠政策的自主择业的军队转业干部必须持有师以上部队颁发的转业证件。

二、增值税即征即退

(一)一般纳税人提供管道运输服务,对其增值税实际税负超过3%的部分实行增值税即征即退政策。

(二)经人民银行、银监会或者商务部批准从事融资租赁业务的试点纳税人中的一般纳税人,提供有形动产融资租赁服务和有形动产融资性售后回租服务,对其增值税实际税负超过3%的部分实行增值税即征即退政策。商务部授权的省级商务主管部门和国家经济技术开发区批准的从事融资租赁业务和融资性售后回租业务的试点纳税人中的一般纳税人,2016年5月1日后实收资本达到1.7亿元的,从达到标准的当月起按照上述规定执行;2016年5月1日后实收资本未达到1.7亿元但注册资本达到1.7亿元的,在2016年7月31

日前仍可按照上述规定执行,2016 年 8 月 1 日后开展的有形动产融资租赁业务和有形动产融资性售后回租业务不得按照上述规定执行。

(三)本规定所称增值税实际税负,是指纳税人当期提供应税服务实际缴纳的增值税额占纳税人当期提供应税服务取得的全部价款和价外费用的比例。

三、扣减增值税规定

(一)退役士兵创业就业。

1. 对自主就业退役士兵从事个体经营的,在 3 年内按每户每年 8000 元为限额依次扣减其当年实际应缴纳的增值税、城市维护建设税、教育费附加、地方教育附加和个人所得税。限额标准最高可上浮 20%,各省、自治区、直辖市人民政府可根据本地区实际情况在此幅度内确定具体限额标准,并报财政部和国家税务总局备案。

纳税人年度应缴纳税款小于上述扣减限额的,以其实际缴纳的税款为限;大于上述扣减限额的,应以上述扣减限额为限。纳税人的实际经营期不足一年的,应当以实际月份换算其减免税限额。换算公式为:减免税限额 = 年度减免税限额 ÷ 12 × 实际经营月数。

纳税人在享受税收优惠政策的当月,持《中国人民解放军义务兵退出现役证》或《中国人民解放军士官退出现役证》以及税务机关要求的相关材料向主管税务机关备案。

2. 对商贸企业、服务型企业、劳动就业服务企业中的加工型企业和街道社区具有加工性质的小型企业实体,在新增加的岗位中,当年新招用自主就业退役士兵,与其签订 1 年以上期限劳动合同并依法缴纳社会保险费的,在 3 年内按实际招用人数予以定额依次扣减增值税、城市维护建设税、教育费附加、地方教育附加和企业所得税优惠。定额标准为每人每年 4000 元,最高可上浮 50%,各省、自治区、直辖市人民政府可根据本地区实际情况在此幅度内确定具体定额标准,并报财政部和国家税务总局备案。

本条所称服务型企业是指从事《销售服务、无形资产、不动产注释》中"不动产租赁服务"、"商务辅助服务"(不含货物运输代理和代理报关服务)、"生活服务"(不含文化体育服务)范围内业务活动的企业以及按照《民办非企业单位登记管理暂行条例》(国务院令第 251 号)登记成立的民办非企业单位。

纳税人按企业招用人数和签订的劳动合同时间核定企业减免税总额,在核定减免税总额内每月依次扣减增值税、城市维护建设税、教育费附加和地方教育附加。纳税人实际应缴纳的增值税、城市维护建设税、教育费附加和地方教育附加小于核定减免税总额的,以实际应缴纳的增值税、城市维护建设税、教育费附加和地方教育附加为限;实际应缴纳的增值税、城市维护建设税、教育费附加和地方教育附加大于核定减免税总额的,以核定减免税总额为限。

纳税年度终了,如果企业实际减免的增值税、城市维护建设税、教育费附加和地方教育附加小于核定的减免税总额,企业在企业所得税汇算清缴时扣减企业所得税。当年扣减不足的,不再结转以后年度扣减。

计算公式为:企业减免税总额 = ∑每名自主就业退役士兵本年度在本企业工作月份 ÷ 12 × 定额标准。

企业自招用自主就业退役士兵的次月起享受税收优惠政策,并于享受税收优惠政策的当月,持下列材料向主管税务机关备案:

(1)新招用自主就业退役士兵的《中国人民解放军义务兵退出现役证》或《中国人民解放军士官退出现役证》。

(2)企业与新招用自主就业退役士兵签订的劳动合同(副本),企业为职工缴纳的社会保险费记录。

(3)自主就业退役士兵本年度在企业工作时间表。

(4)主管税务机关要求的其他相关材料。

3. 上述所称自主就业退役士兵是指依照《退役士兵安置条例》(国务院、中央军委令第608号)的规定退出现役并按自主就业方式安置的退役士兵。

4. 上述税收优惠政策的执行期限为2016年5月1日至2016年12月31日,纳税人在2016年12月31日未享受满3年的,可继续享受至3年期满为止。

按照《财政部　国家税务总局　民政部关于调整完善扶持自主就业退役士兵创业就业有关税收政策的通知》(财税〔2014〕42号)规定享受营业税优惠政策的纳税人,自2016年5月1日起按照上述规定享受增值税优惠政策,在2016年12月31日未享受满3年的,可继续享受至3年期满为止。

《财政部　国家税务总局关于将铁路运输和邮政业纳入营业税改征增值税试点的通知》(财税〔2013〕106号)附件3第一条第(十二)项城镇退役士兵就业免征增值税政策,自2014年7月1日起停止执行。在2014年6月30日未享受满3年的,可继续享受至3年期满为止。

(二)重点群体创业就业。

1. 对持《就业创业证》(注明"自主创业税收政策"或"毕业年度内自主创业税收政策")或2015年1月27日前取得的《就业失业登记证》(注明"自主创业税收政策"或附着《高校毕业生自主创业证》)的人员从事个体经营的,在3年内按每户每年8000元为限额依次扣减其当年实际应缴纳的增值税、城市维护建设税、教育费附加、地方教育附加和个人所得税。限额标准最高可上浮20%,各省、自治区、直辖市人民政府可根据本地区实际情况在此幅度内确定具体限额标准,并报财政部和国家税务总局备案。

纳税人年度应缴纳税款小于上述扣减限额的,以其实际缴纳的税款为限;大于上述扣减限额的,应以上述扣减限额为限。

上述人员是指:

(1)在人力资源社会保障部门公共就业服务机构登记失业半年以上的人员。

(2)零就业家庭、享受城市居民最低生活保障家庭劳动年龄内的登记失业人员。

(3)毕业年度内高校毕业生。高校毕业生是指实施高等学历教育的普通高等学校、成人高等学校毕业的学生;毕业年度是指毕业所在自然年,即1月1日至12月31日。

2. 对商贸企业、服务型企业、劳动就业服务企业中的加工型企业和街道社区具有加工性质的小型企业实体,在新增加的岗位中,当年新招用在人力资源社会保障部门公共就业服务机构登记失业半年以上且持《就业创业证》或2015年1月27日前取得的《就业失业登记证》(注明"企业吸纳税收政策")人员,与其签订1年以上期限劳动合同并依法缴纳社会保险费的,在3年内按实际招用人数予以定额依次扣减增值税、城市维护建设税、教育费附加、地方教育附加和企业所得税优惠。定额标准为每人每年4000元,最高可上浮30%,各省、自治区、直辖市人民政府可根据本地区实际情况在此幅度内确定具体定额标准，并报财政部和国家税务总局备案。

按上述标准计算的税收扣减额应在企业当年实际应缴纳的增值税、城市维护建设税、教育费附加、地方教育附加和企业所得税税额中扣减，当年扣减不足的，不得结转下年使用。

本条所称服务型企业是指从事《销售服务、无形资产、不动产注释》中“不动产租赁服务”、“商务辅助服务”（不含货物运输代理和代理报关服务）、“生活服务”（不含文化体育服务）范围内业务活动的企业以及按照《民办非企业单位登记管理暂行条例》（国务院令第251号）登记成立的民办非企业单位。

3. 享受上述优惠政策的人员按以下规定申领《就业创业证》：

（1）按照《就业服务与就业管理规定》（劳动和社会保障部令第28号）第六十三条的规定，在法定劳动年龄内，有劳动能力，有就业要求，处于无业状态的城镇常住人员，在公共就业服务机构进行失业登记，申领《就业创业证》。其中，农村进城务工人员和其他非本地户籍人员在常住地稳定就业满6个月的，失业后可以在常住地登记。

（2）零就业家庭凭社区出具的证明，城镇低保家庭凭低保证明，在公共就业服务机构登记失业，申领《就业创业证》。

（3）毕业年度内高校毕业生在校期间凭学生证向公共就业服务机构按规定申领《就业创业证》，或委托所在高校就业指导中心向公共就业服务机构按规定代为其申领《就业创业证》；毕业年度内高校毕业生离校后直接向公共就业服务机构按规定申领《就业创业证》。

（4）上述人员申领相关凭证后，由就业和创业地人力资源社会保障部门对人员范围、就业失业状态、已享受政策情况进行核实，在《就业创业证》上注明“自主创业税收政策”、“毕业年度内自主创业税收政策”或“企业吸纳税收政策”字样，同时符合自主创业和企业吸纳税收政策条件的，可同时加注；主管税务机关在《就业创业证》上加盖戳记，注明减免税所属时间。

4. 上述税收优惠政策的执行期限为2016年5月1日至2016年12月31日，纳税人在2016年12月31日未享受满3年的，可继续享受至3年期满为止。

按照《财政部　国家税务总局　人力资源社会保障部关于继续实施支持和促进重点群体创业就业有关税收政策的通知》（财税〔2014〕39号）规定享受营业税优惠政策的纳税人，自2016年5月1日起按照上述规定享受增值税优惠政策，在2016年12月31日未享受满3年的，可继续享受至3年期满为止。

《财政部　国家税务总局关于将铁路运输和邮政业纳入营业税改征增值税试点的通知》（财税〔2013〕106号）附件3第一条第（十三）项失业人员就业增值税优惠政策，自2014年1月1日起停止执行。在2013年12月31日未享受满3年的，可继续享受至3年期满为止。

四、金融企业发放贷款后，自结息日起90天内发生的应收未收利息按现行规定缴纳增值税，自结息日起90天后发生的应收未收利息暂不缴纳增值税，待实际收到利息时按规定缴纳增值税。

上述所称金融企业，是指银行（包括国有、集体、股份制、合资、外资银行以及其他所有制形式的银行)、城市信用社、农村信用社、信托投资公司、财务公司。

五、个人将购买不足2年的住房对外销售的,按照5%的征收率全额缴纳增值税;个人将购买2年以上(含2年)的住房对外销售的,免征增值税。上述政策适用于北京市、上海市、广州市和深圳市之外的地区。

个人将购买不足2年的住房对外销售的,按照5%的征收率全额缴纳增值税;个人将购买2年以上(含2年)的非普通住房对外销售的,以销售收入减去购买住房价款后的差额按照5%的征收率缴纳增值税;个人将购买2年以上(含2年)的普通住房对外销售的,免征增值税。上述政策仅适用于北京市、上海市、广州市和深圳市。

办理免税的具体程序、购买房屋的时间、开具发票、非购买形式取得住房行为及其他相关税收管理规定,按照《国务院办公厅转发建设部等部门关于做好稳定住房价格工作意见的通知》(国办发〔2005〕26号)、《国家税务总局　财政部　建设部关于加强房地产税收管理的通知》(国税发〔2005〕89号)和《国家税务总局关于房地产税收政策执行中几个具体问题的通知》(国税发〔2005〕172号)的有关规定执行。

六、上述增值税优惠政策除已规定期限的项目和第五条政策外,其他均在营改增试点期间执行。如果试点纳税人在纳入营改增试点之日前已经按照有关政策规定享受了营业税税收优惠,在剩余税收优惠政策期限内,按照本规定享受有关增值税优惠。

附件4

跨境应税行为适用增值税零税率和免税政策的规定

一、中华人民共和国境内(以下称境内)的单位和个人销售的下列服务和无形资产,适用增值税零税率:

(一)国际运输服务。

国际运输服务,是指:

1. 在境内载运旅客或者货物出境。

2. 在境外载运旅客或者货物入境。

3. 在境外载运旅客或者货物。

(二)航天运输服务。

(三)向境外单位提供的完全在境外消费的下列服务:

1. 研发服务。

2. 合同能源管理服务。

3. 设计服务。

4. 广播影视节目(作品)的制作和发行服务。

5. 软件服务。

6. 电路设计及测试服务。

7. 信息系统服务。

8. 业务流程管理服务。

9. 离岸服务外包业务。

离岸服务外包业务,包括信息技术外包服务(ITO)、技术性业务流程外包服务(BPO)、技术性知识流程外包服务(KPO),其所涉及的具体业务活动,按照《销售服务、无形资产、不动产注释》相对应的业务活动执行。

10. 转让技术。

(四)财政部和国家税务总局规定的其他服务。

二、境内的单位和个人销售的下列服务和无形资产免征增值税,但财政部和国家税务总局规定适用增值税零税率的除外:

(一)下列服务:

1. 工程项目在境外的建筑服务。

2. 工程项目在境外的工程监理服务。

3. 工程、矿产资源在境外的工程勘察勘探服务。

4. 会议展览地点在境外的会议展览服务。

5. 存储地点在境外的仓储服务。

6. 标的物在境外使用的有形动产租赁服务。

7. 在境外提供的广播影视节目(作品)的播映服务。

8. 在境外提供的文化体育服务、教育医疗服务、旅游服务。

(二)为出口货物提供的邮政服务、收派服务、保险服务。

为出口货物提供的保险服务,包括出口货物保险和出口信用保险。

(三)向境外单位提供的完全在境外消费的下列服务和无形资产:

1. 电信服务。

2. 知识产权服务。

3. 物流辅助服务(仓储服务、收派服务除外)。

4. 鉴证咨询服务。

5. 专业技术服务。

6. 商务辅助服务。

7. 广告投放地在境外的广告服务。

8. 无形资产。

(四)以无运输工具承运方式提供的国际运输服务。

(五)为境外单位之间的货币资金融通及其他金融业务提供的直接收费金融服务,且该服务与境内的货物、无形资产和不动产无关。

(六)财政部和国家税务总局规定的其他服务。

三、按照国家有关规定应取得相关资质的国际运输服务项目,纳税人取得相关资质的,适用增值税零税率政策,未取得的,适用增值税免税政策。

境内的单位或个人提供程租服务,如果租赁的交通工具用于国际运输服务和港澳台运输服务,由出租方按规定申请适用增值税零税率。

境内的单位和个人向境内单位或个人提供期租、湿租服务,如果承租方利用租赁的交通工具向其他单位或个人提供国际运输服务和港澳台运输服务,由承租方适用增值税零税率。境内的单位或个人向境外单位或个人提供期租、湿租服务，由出租方适用增值税零税率。

境内单位和个人以无运输工具承运方式提供的国际运输服务，由境内实际承运人适用增值税零税率；无运输工具承运业务的经营者适用增值税免税政策。

四、境内的单位和个人提供适用增值税零税率的服务或者无形资产，如果属于适用简易计税方法的，实行免征增值税办法。如果属于适用增值税一般计税方法的，生产企业实行免抵退税办法，外贸企业外购服务或者无形资产出口实行免退税办法，外贸企业直接将服务或自行研发的无形资产出口，视同生产企业连同其出口货物统一实行免抵退税办法。

服务和无形资产的退税率为其按照《试点实施办法》第十五条第（一）至（三）项规定适用的增值税税率。实行退（免）税办法的服务和无形资产，如果主管税务机关认定出口价格偏高的，有权按照核定的出口价格计算退（免）税，核定的出口价格低于外贸企业购进价格的，低于部分对应的进项税额不予退税，转入成本。

五、境内的单位和个人销售适用增值税零税率的服务或无形资产的，可以放弃适用增值税零税率，选择免税或按规定缴纳增值税。放弃适用增值税零税率后，36 个月内不得再申请适用增值税零税率。

六、境内的单位和个人销售适用增值税零税率的服务或无形资产，按月向主管退税的税务机关申报办理增值税退（免）税手续。具体管理办法由国家税务总局商财政部另行制定。

七、本规定所称完全在境外消费，是指：

（一）服务的实际接受方在境外，且与境内的货物和不动产无关。

（二）无形资产完全在境外使用，且与境内的货物和不动产无关。

（三）财政部和国家税务总局规定的其他情形。

八、境内单位和个人发生的与香港、澳门、台湾有关的应税行为，除本文另有规定外，参照上述规定执行。

九、2016 年 4 月 30 日前签订的合同，符合《财政部　国家税务总局关于将铁路运输和邮政业纳入营业税改征增值税试点的通知》（财税〔2013〕106 号）附件 4 和《财政部　国家税务总局关于影视等出口服务适用增值税零税率政策的通知》（财税〔2015〕118 号）规定的零税率或者免税政策条件的，在合同到期前可以继续享受零税率或者免税政策。

注释：

条款失效。附件 2《营业税改征增值税试点有关事项的规定》第一条第四项第 1 点、第二条第一项第 1 点停止执行；附件 1《营业税改征增值税试点实施办法》第二十七条第六项和附件 2《营业税改征增值税试点有关事项的规定》第二条第一项第 5 点中“购进的旅客运输服务、贷款服务、餐饮服务、居民日常服务和娱乐服务”修改为“购进的贷款服务、餐饮服务、居民日常服务和娱乐服务”。参见：《财政部　税务总局　海关总署关于深化增值税改革有关政策的公告》（财政部　税务总局　海关总署公告 2019 年第 39 号）。

条款失效。附件 3《营业税改征增值税试点过渡政策的规定》第一条第二十四项规定的中小企业信用担保增值税免税政策自 2018 年 1 月 1 日起停止执行。纳税人享受中小企业信用担保增值税免税政策在2017年12月31日前未满3年的，可以继续享受至3年期满为止。参见：《财政部　税务总局关于租入固定资产进项税额抵扣等增值税政策的通知》（财税〔2017〕90号）。

条款修改。附件1《营业税改征增值税试点实施办法》第四十五条第二项修改为“纳税人提供租赁服务采取预收款方式的，其纳税义务发生时间为收到预收款的当天”。参见：《财政部　税务总局关于建筑服务等营改增试点政策的通知》（财税〔2017〕58号）。

条款废止。附件1《营业税改征增值税试点实施办法》第七条自2017年7月1日起废止。附件3《营业税改征增值税试点过渡政策的规定》第一条第二十三项第4点自2018年1月1日起废止。参见：《财政部　税务总局关于建筑服务等营改增试点政策的通知》（财税〔2017〕58号）。

一般规定

1－1－4

国家税务总局关于印发《增值税部分货物征税范围注释》的通知

1993 年 12 月 25 日　国税发〔1993〕151 号

（通知略）

增值税部分货物征税范围注释

一、粮食

粮食是各种主食食科的总称。本货物的范围包括小麦、稻谷、玉米、高粱、谷子、大豆和其他杂粮（如大麦、燕麦）及经加工的面粉、大米、玉米等。不包括粮食复制品（如挂面、切面、馄饨皮等）和各种熟食品和副食品。

二、食用植物油

植物油是从植物根、茎、叶、果实、花或胚芽组织中加工提取的油脂。

食用植物油仅指：芝麻油、花生油、豆油、菜籽油、米糠油、葵花籽油、棉籽油、玉米胚油、茶油、胡麻油，以及以上述油为原料生产的混合油。

三、自来水

自来水是指自来水公司及工矿企业经抽取、过滤、沉淀、消毒等工序加工后，通过供水系统向用户供应的水。

农业灌溉用水、引水工程输送的水等，不属于本货物的范围。

四、暖气、热水

暖气、热水是指利用各种燃料（如煤、石油、其他各种气体或固体、液体燃料）和电能将水加热，使之生成的气体和热水，以及开发自然热能，如开发地热资源或用太阳能生产的暖气、热气、热水。

利用工业余热生产、回收的暖气、热气和热水也属于本货物的范围。

五、冷气

冷气是指为了调节室内温度，利用制冷设备生产的，并通过供风系统向用户提供的低温气体。

六、煤气

煤气是指由煤、焦炭、半焦和重油等经干馏或汽化等生产过程所得气体产物的总称。

煤气的范围包括:

(一)焦炉煤气:是指煤在炼焦炉中进行干馏所产生的煤气。

(二)发生炉煤气:是指用空气(或氧气)和少量的蒸气将煤或焦炭、半焦,在煤气发生炉中进行汽化所产生的煤气、混合煤气、水煤气、单水煤气、双水煤气等。

(三)液化煤气:是指压缩成液体的煤气。

七、石油液化气

石油液化气是指由石油加工过程中所产生的低分子量的烃类炼厂气经压缩成的液体。主要成分是丙烷、丁烷、丁烯等。

八、天然气

天然气是蕴藏在地层内的碳氢化合物可燃气体。主要含有甲烷、乙烷等低分子烷烃和丙烷、丁烷、戊烷及其他重质气态烃类。

天然气包括气田天然气、油田天然气、煤矿天然气和其他天然气。

九、沼气

沼气,主要成分为甲烷,由植物残体在与空气隔绝的条件下经自然分解而成,沼气主要作燃料。

本货物的范围包括:天然沼气和人工生产的沼气。

十、居民用煤炭制品

居民用煤炭制品是指煤球、煤饼、蜂窝煤和引火炭。

十一、图书、报纸、杂志

图书、报纸、杂志是采用印刷工艺,按照文字、图画和线条原稿印刷成的纸制品。本货物的范围包括:

(一)图书。是指由国家新闻出版署批准的出版单位出版,采用国际标准书号编序的书籍,以及图片。

(二)报纸。是指经国家新闻出版署批准,在各省、自治区、直辖市新闻出版部门登记,具有国内统一刊号(CN)的报纸。

(三)杂志。是指经国家新闻出版署批准,在省、自治区、直辖市新闻出版管理部门登记,具有国内统一刊号(CN)的刊物。

十二、饲料

饲料是指用于动物饲养的产品或其加工品。

本货物的范围包括:

(一)单一饲料:指作饲料用的某一种动物、植物、微生物产品或其加工品。

(二)混合饲料:指采用简单方法,将两种以上的单一饲料混合到一起的饲料。

(三)配合饲料:指根据不同的饲养对象、饲养对象的不同生长发育阶段对各种营养成分的不同需要量,采用科学的方法,将不同的饲料按一定的比例配合到一起,并均匀地搅拌,制成一定料型的饲料。

直接用于动物饲养的粮食、饲料添加剂不属于本货物的范围。

十三、化肥

化肥是指经化学和机械加工制成的各种化学肥料。

化肥的范围包括：

（一）化学氮肥。主要品种有尿素和硫酸铵、硝酸铵、碳酸氢铵、氯化铵、石灰氨、氨水等。

（二）磷肥。主要品种有磷矿粉、过磷酸钙（包括普通过磷酸钙和重过磷酸钙两种）、钙镁磷肥、钢渣磷肥等。

（三）钾肥。主要品种有硫酸钾、氯化钾等。

（四）复合肥料。是用化学方法合成或混配制成含有氮、磷、钾中的两种或两种以上的营养元素的肥料。含有两种的称二元复合肥，含有三种的称三元复合肥料，也有含三种元素和某些其他元素的叫多元复合肥料。主要产品有硝酸磷肥、磷酸铵、磷酸二氢钾肥、钙镁磷钾肥、磷酸一铵、磷粉二铵、氮磷钾复合肥等。

（五）微量元素肥。是指含有一种或多种植物生长所必需的，但需要量又极少的营养元素的肥料，如硼肥、锰肥、锌肥、铜肥、钼肥等。

（六）其他肥。是指上述列举以外的其他化学肥料。

十四、农药

农药是指用于农林业防治病虫害、除草及调节植物生长的药剂。

农药包括农药原药和农药制剂。如杀虫剂、杀菌剂、除草剂、植物生长调节剂、植物性农药、微生物农药、卫生用药、其他农药原药、制剂等等。

十五、农膜

农膜是指用于农业生产的各种地膜、大棚膜。

十六、农机

农机是指用于农业生产（包括林业、牧业、副业、渔业）的各种机器和机械化和半机械化农具，以及小农具。

农机的范围包括：

（一）拖拉机。是以内燃机为驱动牵引机具从事作业和运载物资的机械。包括轮拖拉机、履带拖拉机、手扶拖拉机、机耕船。

（二）土壤耕整机械。是对土壤进行耕翻整理的机械。包括机引犁、机引耙、旋耕机、镇压器、联合整地器、合壤器、其他土壤耕整机械。

（三）农田基本建设机械。是指从事农田基本建设的专用机械。包括开沟筑埂机、开沟铺管机、铲抛机、平地机、其他农田基本建设机械。

（四）种植机械。是指将农作物种子或秧苗移植到适于作物生长的苗床机械。包括播作机、水稻插秧机、栽植机、地膜覆盖机、复式播种机、秧苗准备机械。

（五）植物保护和管理机械。是指农作物在生长过程中的管理、施肥、防治病虫害的机械。包括机动喷粉机、喷雾机（器）、弥雾喷粉机、修剪机、中耕除草机、播种中耕机、培土机具、施肥机。

（六）收获机械。是指收获各种农作物的机械。包括粮谷、棉花、薯类、甜菜、甘蔗、茶叶、油料等收获机。

（七）场上作业机械。是指对粮食作物进行脱粒、清选、烘干的机械设备。包括各种脱粒机、清选机、粮谷干燥机、种子精选机。

（八）排灌机械。是指用于农牧业排水、灌溉的各种机械设备。包括喷灌机、半机械化提水机具、打井机。

（九）农副产品加工机械。是指对农副产品进行初加工，加工后的产品仍属农副产品的机械。包括茶叶机械、剥壳机械、棉花加工机械（包括棉花打包机）、食用菌机械（培养木耳、蘑菇等）、小型粮谷机械。

以农副产品为原料加工工业产品的机械，不属于本货物的范围。

（十）农业运输机械。是指农业生产过程中所需的各种运输机械。包括人力车（不包括三轮运货车）、畜力车和拖拉机挂车。

农用汽车不属于本货物的范围。

（十一）畜牧业机械。是指畜牧业生产中所需的各种机械。包括草原建设机械、牧业收获机械、饲料加工机械、畜禽饲养机械、畜产品采集机械。

（十二）渔业机械。是指捕捞、养殖水产品所用的机械。包括捕捞机械、增氧机、饵料机。

机动渔船不属于本货物的范围。

（十三）林业机械。是指用于林业的种植、育林的机械。包括清理机械、育林机械、树苗栽植机械。

森林砍伐机械、集材机械不属于本货物征收范围。

（十四）小农具。包括畜力犁、畜力耙、锄头和镰刀等农具。

农机零部件不属于本货物的征收范围。

注释：

条款失效或废止。第一条失效或废止。参见：《国家税务总局关于发布已失效或废止的税收规范性文件目录的通知》（国税发〔2006〕62号）。

1－1－5

财政部　国家税务总局关于增值税、营业税若干政策规定的通知

1994年5月5日　(94)财税字第26号

新税制实施以来，各地陆续反映了一些增值税、营业税执行中出现的问题。经研究，现将有关政策问题规定如下：

一、关于集邮商品征税问题

集邮商品，包括邮票、小型张、小本票、明信片、首日封、邮折、集邮簿、邮盘、邮票目录、护邮袋、贴片及其他集邮商品。

集邮商品的生产、调拨征收增值税。邮政部门销售集邮商品,征收营业税;邮政部门以外的其他单位与个人销售集邮商品,征收增值税。

二、关于报刊发行征税问题

邮政部门发行报刊,征收营业税;其他单位和个人发行报刊征收增值税。

三、关于销售无线寻呼机、移动电话征税问题

电信单位(电信局及电信局批准的其他从事电信业务的单位)自己销售无线寻呼机、移动电话,并为客户提供有关的电信劳务服务的,属于混合销售,征收营业税;对单纯销售无线寻呼机、移动电话,不提供有关的电信劳务服务的,征收增值税。

四、关于混合销售征税问题

(一)根据增值税暂行条例实施细则(以下简称细则)第五条的规定,"以从事货物的生产、批发或零售为主,并兼营非应税劳务的企业、企业性单位及个体经营者"的混合销售行为,应视为销售货物征收增值税。此条规定所说的"以从事货物的生产、批发或零售为主,并兼营非应税劳务",是指纳税人的年货物销售额与非增值税应税劳务营业额的合计数中,年货物销售额超过50%,非增值税应税劳务营业额不到50%。

(二)从事运输业务的单位与个人,发生销售货物并负责运输所售货物的混合销售行为,征收增值税。

五、关于代购货物征税问题

代购货物行为,凡同时具备以下条件的,不征收增值税;不同时具备以下条件的,无论会计制度规定如何核算,均征收增值税。

(一)受托方不垫付资金;

(二)销货方将发票开具给委托方,并由受托方将该项发票转交给委托方;

(三)受托方按销售方实际收取的销售额和增值税额(如系代理进口货物则为海关代征的增值税额)与委托方结算货款,并另外收取手续费。

六、关于棕榈油、棉籽油和粮食复制品征税问题

(一)棕榈油、棉籽油按照食用植物油13%的税率征收增值税;

(二)切面、饺子皮、米粉等经过简单加工的粮食复制品,比照粮食13%的税率征收增值税。粮食复制品是指以粮食为主要原料经简单加工的生食品,不包括挂面和以粮食为原料加工的速冻食品、副食品。粮食复制品的具体范围由各省、自治区、直辖市、计划单列市直属分局根据上述原则确定,并上报财政部和国家税务总局备案。

七、关于出口"国务院另有规定的货物"征税问题

根据增值税暂行条例第二条:"纳税人出口国务院另有规定的货物,不得适用零税率"的规定,纳税人出口的原油,援外出口货物,国家禁止出口的货物,包括天然牛黄、麝香、铜及铜基合金、白金等,糖,应按规定征收增值税。

八、关于外购农业产品的进项税额处理问题

增值税一般纳税人向小规模纳税人购买的农业产品,可视为免税农业产品按10%的扣除率计算进项税额。

九、关于寄售物品和死当物品征税问题

寄售商店代销的寄售物品(包括居民个人寄售的物品在内)、典当业销售的死当物品,

无论销售单位是否属于一般纳税人,均按简易办法依照6%的征收率计算缴纳增值税,并且不得开具专用发票。

十、关于销售自己使用过的固定资产征税问题

单位和个体经营者销售自己使用过的游艇、摩托车和应征消费税的汽车,无论销售者是否属于一般纳税人,一律按简易办法依照6%的征收率计算缴纳增值税,并且不得开具专用发票。销售自己使用过的其他属于货物的固定资产,暂免征收增值税。

十一、关于人民币折合率的问题

纳税人按外汇结算销售额的,其销售额的人民币折合率为中国人民银行公布的市场汇价。

十二、本规定自1994年6月1日起执行。

注释:

条款失效。第四条第二项、第十一条失效。参见:《财政部　国家税务总局关于公布若干废止和失效的营业税规范性文件目录的通知》(财税〔2009〕61号)。

条款失效。第四条第一项、第六条第二项、第八条、第十一条失效。参见:《财政部　国家税务总局关于公布若干废止和失效的增值税规范性文件目录的通知》(财税〔2009〕17号)。

条款废止。第九条、第十条废止。参见:《财政部　国家税务总局关于部分货物适用增值税低税率和简易办法征收增值税政策的通知》(财税〔2009〕9号)。

1-1-6

财政部　国家税务总局关于增值税几个税收政策问题的通知

1994年10月18日　(94)财税字第60号

根据国务院批示精神,经研究,现对几个增值税政策问题明确如下:

一、增值税一般纳税人1994年5月1日以后销售应税货物而支付的运输费用,除《中华人民共和国增值税暂行条例实施细则》第十二条所规定的不并入销售额的代垫运费以外,可按(94)财税字第12号《财政部、国家税务总局关于运输费用和废旧物资准予抵扣进项税额问题的通知》中有关规定,依10%的扣除率计算进项税额予以抵扣。

纳税人购买或销售免税货物所发生的运输费用,不得计算进项税额抵扣。

二、供残疾人专用的假肢、轮椅、矫型器(包括上肢矫型器、下肢矫型器、脊椎侧弯矫型器),免征增值税。

三、对国家定点企业(名单见附件)生产和经销单位经销的专供少数民族饮用的边销茶,免征增值税。

边销茶,是指以黑茶、红茶末、老青茶、绿茶经蒸制、加压、发酵、压制成不同形状,专门

销往边疆少数民族地区的紧压茶。

四、对农业产品收购单位在收购价格之外按规定缴纳的农业特产税，准予并入农业产品的买价，计算进项税额扣除。

五、铁路工附业单位，凡是向其所在铁路局内部其他单位提供的货物或应税劳务，1995年底前暂免征收增值税；向其所在铁路局以外销售的货物或应税劳务，应照章征收增值税。

上款所称铁路工附业，是指直接为铁路运输生产服务的工业性和非工业性生产经营单位，主要包括工业性生产和加工修理修配、材料供应、生活供应等。

六、农用水泵、农用柴油机按农机产品依13%的税率征收增值税。

农用水泵是指主要用于农业生产的水泵，包括农村水井用泵、农田作业面潜水泵、农用轻便离心泵、与喷灌机配套的喷灌自吸泵。其他水泵不属于农机产品征税范围。

农用柴油机是指主要配套于农田拖拉机、田间作业机具、农副产品加工机械以及排灌机械，以柴油为燃料，油缸数在3缸以下（含3缸）的往复式内燃动力机械。4缸以上（含4缸）柴油机不属于农机产品征税范围。

七、本通知除第一条外，从1994年1月1日起执行。

附件：免征边销茶增值税的16个定点厂名单（编者略）

注释：

条款失效。第一条、第四条、第五条失效。参见：《财政部　国家税务总局关于公布若干废止和失效的增值税规范性文件目录的通知》（财税〔2009〕17号）。

1－1－7

财政部　国家税务总局关于罚没物品征免增值税问题的通知

1995年9月4日　财税字〔1995〕69号

根据现行罚没财物管理制度和税收制度的有关规定，现对各级行政执法机关、政法机关和经济管理部门（以下简称执罚部门和单位）依照国家有关法律、法规查处各类违法、违章案件的罚没物品变价收入征收增值税问题规定如下：

一、执罚部门和单位查处的属于一般商业部门经营的商品，具备拍卖条件的，由执罚部门或单位商同级财政部门同意后，公开拍卖。其拍卖收入作为罚没收入由执罚部门和单位如数上缴财政，不予征税。对经营单位购入拍卖物品再销售的应照章征收增值税。

二、执罚部门和单位查处的属于一般商业部门经营的商品，不具备拍卖条件的，由执罚部门、财政部门、国家指定销售单位会同有关部门按质论价，交由国家指定销售单位纳入正常销售渠道变价处理。执罚部门按商定价格所取得的变价收入作为罚没收入如数上缴财政，不予征税。国家指定销售单位将罚没物品纳入正常销售渠道销售的，应照章征收增值税。

三、执罚部门和单位查处的属于专管机关管理或专管企业经营的财物,如金银(不包括金银首饰)、外币、有价证券、非禁止出口文物,应交由专管机关或专营企业收兑或收购。执罚部门和单位按收兑或收购价所取得的收入作为罚没收入如数上缴财政,不予征税。专管机关或专营企业经营上述物品中属于应征增值税的货物,应照章征收增值税。

本通知自文到之日起执行。

1－1－8

国家税务总局关于加强进口环节增值税专用缴款书抵扣税款管理的通知

1996年2月14日　国税发〔1996〕32号

据了解,各地在以海关代征增值税专用缴款书(进口完税凭证)为凭据进行税款抵扣时问题较多,执行不统一。为加强管理、现规定如下:

一、对海关代征进口环节增值税开据的增值税专用缴款书上标明有两个单位名称,即既有代理进口单位名称,又有委托进口单位名称的,只准予其中取得专用缴款书原件的一个单位抵扣税款。

二、申报抵扣税款的委托进口单位,必须提供相应的海关代征增值税专用缴款书原件、委托代理合同及付款凭证,否则,不予抵扣进项税款。

1－1－9

国家税务总局关于增值税若干征管问题的通知

1996年9月9日　国税发〔1996〕155号

为有利于各级税务机关和纳税人正确理解增值税的有关规定,税务机关严格执行税法和纳税人正确履行纳税义务,现就各地提出的有关增值税征管问题明确如下:

一、对增值税一般纳税人(包括纳税人自己或代其他部门)向购买方收取的价外费用和逾期包装物押金,应视为含税收入,在征税时换算成不含税收入并入销售额计征增值税。

二、对福利企业未按规定进行申报,事后被税务机关查补的增值税应纳税额,不得按“即征即退”办法退还给企业。

三、对商业企业采取以物易物、以货抵债、以物投资方式交易的,收货单位可以凭以物易物、以货抵债、以物投资书面合同以及与之相符的增值税专用发票和运输费用普通发票,确定进项税额,报经税务征收机关批准予以抵扣。

四、增值税一般纳税人外购和销售货物(固定资产除外)所支付的管道运输费用,可以根据套印有全国统一发票监制章的运输费用结算单据(普通发票)所列运费金额,按10%计算进项税额抵扣。

五、免税货物恢复征税后,其免税期间外购的货物,一律不得作为当期进项税额抵扣。恢复征税后收到的该项货物免税期间的增值税专用发票,应当从当期进项税额中剔除。

注释:

条款失效。第三条失效。参见:《国家税务总局关于发布已失效或废止有关增值税规范性文件清单的通知》(国税发〔2009〕7 号)。

条款失效。第四条失效。参见:《国家税务总局关于发布已失效或废止的税收规范性文件目录的通知》(国税发〔2006〕62 号)。

1-1-10

国家税务总局关于易货贸易进口环节减征的增值税税款抵扣问题的通知

1996 年 9 月 17 日　国税函发〔1996〕550 号

近接到一些地区和部门就我国与周边国家易货贸易进口环节减征的增值税税款,在下一道环节可否作为进项税金抵扣的询问。经研究,现明确如下:

根据国务院有关文件的精神,按照现行增值税的有关规定,准予从销项税额中抵扣的进项税额,必须是取得合法的增值税扣税凭证上注明的增值税额。因此,对与周边国家易货贸易进口环节减征的增值税税款,不能作为下一道环节的进项税金抵扣。

特此通知,请依照执行。

1-1-11

国家税务总局关于平销行为征收增值税问题的通知

1997 年 10 月 31 日　国税发〔1997〕167 号

近期以来,在商业经营活动中出现了大量平销行为,即生产企业以商业企业经销价或高于商业企业经销价的价格将货物销售给商业企业,商业企业再以进货成本或低于进货成本的价格进行销售,生产企业则以返还利润等方式弥补商业企业的进销差价损失。据调查,在平销活动中,生产企业弥补商业企业进销差价损失的方式主要有以下几种:一是生产企业通过返还资金方式弥补商业企业的损失,如有的对商业企业返还利润,有的向商业企业投资等。二是生产企业通过赠送实物或以实物投资方式弥补商业企业的损失。已发现有些生产企业赠送实物或商业企业进销此类实物不开发票、不记账,以此来达到偷税的目的。目前,平销行为基本上发生在生产企业和商业企业之间,但有可能进一步在生产企业与生产企业之间、商业企业与商业企业之间的经营活动中出现。平销行为不仅造成地区间增值税收入非正常转移，而且具有偷、避税因素，给国家财政收入造成损失。为堵塞税收漏洞，保证国家财政收入和有利于各地区完成增值税收入任务，现就平销行为中有关增值税问题规定如下：

一、对于采取赠送实物或以实物投资方式进行平销经营活动的，要制定切实可行的措施，加强增值税征管稽查，大力查处和严厉打击有关的偷税行为。

二、自1997年1月1日起，凡增值税一般纳税人，无论是否有平销行为，因购买货物而从销售方取得的各种形式的返还资金，均应依所购货物的增值税税率计算应冲减的进项税金，并从其取得返还资金当期的进项税金中予以冲减。应冲减的进项税金计算公式如下：

当期应冲减进项税金 = 当期取得的返还资金 × 所购货物适用的增值税税率

1－1－12

国家税务总局关于印发《增值税日常稽查办法》的通知

1998年3月26日　国税发〔1998〕44号

（通知略）

增值税日常稽查办法

第一条　为了规范增值税日常稽查的内容和程序，加强增值税日常稽查管理，防范和查处偷骗增值税行为，提高纳税人依法纳税自觉性，根据《中华人民共和国税收征收管理法》、《中华人民共和国增值税暂行条例》制定本办法。

第二条　本办法适用于税务机关对增值税一般纳税人（以下简称纳税人）实施的增值税日常稽查。小规模纳税人增值税日常稽查办法另行制定。

第三条　增值税日常稽查是税务机关依照税收法律、法规和规章，对纳税人履行纳税义务情况实施常规稽核和检查的总称，包括稽核、检查及一般性违法问题的处理。

第四条　增值税稽核是税务机关监审纳税人增值税纳税申报情况及相关资料，筛选检查对象的过程，分为一级稽核和二级稽核。

一级稽核的工作内容和步骤：

（一）监控纳税人的申报情况。对超过纳税申报期限未办理纳税申报者，在本纳税申报期结束后5日内，向其发出催报通知。对连续两个月逾期未申报的，列印《未申报纳税人清单》送交检查。

（二）审核纳税人的申报数据。依据纳税申报表内各指标之间的逻辑关系，对所申报的应纳税额进行逻辑审核。对申报有误的，应及时向纳税人发出《申报错误更正通知》。

（三）按季计算分析纳税人销售额变动率和税负率，计算公式如下：

$$销售额变动率=\frac{本年累计应税销售额-上年同期应税销售额}{上年同期应税销售额}\times 100\%$$

$$税负率=\frac{本年累计应纳税额}{本年累计应税销售额}\times 100\%$$

将销售额变动率和税负率与相应的正常峰值进行比较，对存在下列问题的纳税人，列印《纳税申报异常纳税人清单》送交二级稽核。

1. 销售额变动率高于正常峰值，税负率低于正常峰值的；

2. 销售额变动率低于正常峰值，税负率低于正常峰值的；

3. 销售额变动率及税负率均高于正常峰值的。

前款所称正常峰值，是指纳税人在一定时期内实现的销售额和税负正常变化的上限或下限。即：销售额变动率正常峰值，为纳税人在正常经营的前提下，销售额与上年同期比较，销售额变动率（±）所能达到的最大值；税负率正常峰值，为纳税人在正常履行纳税义务的前提下，由于受市场、季节等因素的影响而使税负率变化所能达到的最小值或最大值。正常峰值由地市级以上税务机关根据本地区不同行业的具体情况分别确定。

二级稽核的工作内容和步骤：

（一）审核增值税纳税申报表、发票领用存月报表、相关发票存根联、抵扣联、发票领用存原始记录等资料之间的数据是否相符。

（二）对防伪税控系统开具的增值税专用发票抵扣联按规定进行认证。

（三）运用全国丢失、被盗增值税专用发票查询系统对其抵扣联进行抽查验证。

（四）根据纳税人报送的增值税纳税申报表、资产负债表、损益表和其他有关纳税资料，做好案头分析工作，对纳税人形成异常申报的原因作出初步判断。

1. 毛益率分析。根据损益表计算销售毛益率，计算公式为：

销售毛益率=（销售收入－销售成本）÷销售收入×100%

若本期销售毛益率较以前各期或上年同期有较大幅度下降，可能存在购进货物（包括应税劳务，下同）入账，销售货物结转销售成本而不计或少计销售额的问题。

2. 存货、负债、进项税额综合分析。适用于商品流通企业。分析时，先计算本期进项税额控制数，计算公式为：

本期进项税额控制数=［期末存货较期初增加额（减少额用负数表示）+本期销售成本+期末应付账款较期初减少数（增加额用负数表示）］×主要外购货物的增值税税率+本期运费支出数×10%

以进项税额控制数与增值税申报表中的本期进项税额核对，若前者明显小于后者，则可能存在虚抵进项税额和未付款的购进货物提前申报抵扣进项税额的问题。

3. 销售额分析。将损益表中的当期销售成本加上按成本毛利率计算出的毛益额后，与损益表、增值税申报表中的本期销售额进行对比，若表中数额小，且差距较大，则可能存在销售额不入账、挂账或瞒报等问题。成本毛利率计算公式如下：

$$成本毛利率=\frac{本年累计毛利额}{本年累计销售成本}\times 100\%$$

第五条 将稽核发现的问题和疑点,分别不同情况作如下处理:

(一)对纳税人申报异常提出质询,并逐一记录质询情况,质询记录内容包括:纳税人名称、纳税人识别号、申报异常所属时期、销售额变动率及税负率、答复人姓名以及答复情况等。

(二)对申报异常且无正当理由的纳税人应填写《增值税待查对象通知》,送交检查;申报异常现象特别严重或有较大偷骗税嫌疑的,填写《增值税待查对象特急通知》送交专案检查。

(三)质询记录、待查对象通知和检查情况所报资料要随时复核,定期统计并报主管领导审阅。

第六条 对稽核阶段未被列入检查对象的纳税人,应定期随机抽取一定数量的待查对象送交检查。对该类纳税人的检查间隔(即实施两次检查之间的时间)最长不得超过3年。

第七条 增值税检查是税务机关对纳税人会计核算资料及有关生产经营情况进行实地检查的过程。

第八条 增值税检查的对象为稽核环节送达的未申报清单和待查对象通知所列的纳税人以及根据本办法第六条确定的纳税人。

第九条 增值税检查应按计划组织实施,对未申报待查对象的检查应自通知送达之日起1个月内实施,对申报异常的待查对象的检查应自通知送达之日起2个月内实施。

第十条 增值税检查方法根据待查对象的具体情况确定:

(一)无申报异常现象的,可采取抽查的方法,如有问题再全面检查。

(二)有申报异常现象的,应以销项或进项的某一方面问题核实为主,实施销项税额与进项税额的全面检查。

1. 销售额变动率高于正常峰值及税负率低于正常峰值或销售额变动率正常,而税负率低于正常峰值的,以进项税额为检查重点,查证有无扩大进项抵扣范围、骗抵进项税额、不按规定申报抵扣等问题,对应核实销项税额计算的正确性;

2. 销售额变动率低于正常峰值及税负率变动低于正常峰值的,销项税额和进项税额均应作为检查重点。

对销项税额的检查,应侧重查证有无账外经营、瞒报、迟报计税销售额、混淆增值税与营业税征税范围、错用税率等问题。

检查基本方法见附件1。

第十一条 经稽核、检查核实的一般性偷骗税问题应按《中华人民共和国税收征收管理法》有关条款及现行有关管理规定进行处理;同时责成纳税人进行相关的账务调整(具体调账方法见附件2)。对偷骗税数额较大、情节较严重、涉及地域范围较广的偷骗税案件应及时移送专案稽查。

第十二条 经增值税检查查实的问题及处理情况应按国家税务总局统一规定的文书形式反馈给二级稽核。

第十三条 《未申报纳税人清单》、《申报错误更正通知》、《纳税申报异常纳税人清单》、《增值税待查对象通知》、《增值税待查对象特急通知》的样式及内容由各省级税务机关确定。

第十四条 本办法自1998年1月1日起执行。

附件:1. 增值税检查基本方法

2. 增值税检查调账方法

附件1

增值税检查基本方法

一、瞒报计税销售额的检查。应对下列问题运用账证核对法逐项查证:

(一)发票上填开的销售额与有关收入账户中的记录是否一致;

(二)有无计税销售额记入往来账户问题;

(三)有无将计税销售额或差价记入“应付福利费”、“投资收益”、“资本公积”、“盈余公积”等账户,逃避纳税的现象;

(四)以物易物有无不反映销售而只办理存货之间转账的问题;

(五)有无发生销售不反映销售额,而是以“生产成本”、“产成品”、“库存商品”等存货账户以及资金账户或往来账户对转的问题;

(六)有关收入账户的红字冲销记录有无足以证明业务确实发生的证据;

(七)视同销售业务不申报纳税。检查“应付福利费”、“在建工程”、“长期投资”、“营业外支出”等账户的借方记录,核对会计凭证,查明视同销售是否按规定申报了计税销售额和销项税额。

二、迟报计税销售额的检查。

(一)将已填开的发票存根联与有关收入账户记录进行核对,看当月实现的收入是否全部入账,有无压票现象;

(二)对不以销货发票为记账依据的商业零售企业,应查明有无将本月的“销售日报”作为下月原始凭证入账的现象。

三、适用税率的检查。看已填开的增值税专用发票和含税销售额换算为不含税销售额所使用的税率是否正确。

四、虚开发票的检查。将已填开的发票存根联与其所列货物的明细账记录进行核对,看账证记录是否一致。

五、扩大进项税额抵扣范围的检查。以“进项税额”账户为中心,逐一分析每笔记录记账凭证的会计处理和原始凭证所载明的经济业务,看有无将不属于抵扣范围的进项税额申报抵扣。

六、骗抵进项税额的检查。将进项凭证与相关的付款凭证、资金账户,相关的存货账户进行核实,凡发现异常的进项凭证或涉嫌虚开、伪造的进项凭证,应委托销货方所在地税务机关配合查实。

对依据运费发票等其他扣税凭证计算进项税额的,应检查进项税额计算的正确性和扣税凭证的真实性。

七、擅自抵扣期初存货进项税额的检查。对纳税人申报抵扣的期初存货进项税额,应查明是否经主管税务机关批准,验证其计算的正确性。

八、进项税额转出的检查。分析“应付福利费”、“在建工程”、“其他业务支出”、“待处理财产损益”、“营业外支出”以及销售收入类等账户,并核对其会计凭证,看是否发生了进项税额转出事项,该办理进项税额转出的是否已经转出,转出额确定的是否正确。对兼营免税项目的纳税人,应通过分析有关销售收入和成本账户,看是否按规定办理进项税额转出。

九、账外经营检查。涉嫌有账外经营的,可采用突击检查方式,运用盘存法对存货和库存现金进行账实核对,凡相差悬殊的,要进一步查证有无未入账的进项凭证(包括代销、寄存等其他有效凭证)和现金收入凭证,如有未入账凭证,将其所载金额从实存数中扣除后,其结果仍大于账存的,即存在账外经营。

附件2

增值税检查调账方法

增值税检查后的账务调整,应设立“应交税金——增值税检查调整”专门账户。凡检查后应调减账面进项税额或调增销项税额和进项税额转出的数额,借记有关科目,贷记本科目;凡检查后应调增账面进项税额或调减销项税额和进项税额转出的数额,借记本科目,贷记有关科目;全部调账事项入账后,应结出本账户的余额,并对该余额进行处理:

1. 若余额在借方,全部视同留抵进项税额,按借方余额数,借记“应交税金——应交增值税(进项税额)”科目,贷记本科目。

2. 若余额在贷方,且“应交税金——应交增值税”账户无余额,按贷方余额数,借记本科目,贷记“应交税金——未交增值税”科目。

3. 若本账户余额在贷方,“应交税金——应交增值税”账户有借方余额且等于或大于这个贷方余额,按贷方余额数,借记本科目,贷记“应交税金——应交增值税”科目。

4. 若本账户余额在贷方,“应交税金——应交增值税”账户有借方余额但小于这个贷方余额,应将这两个账户的余额冲出,其差额贷记“应交税金——未交增值税”科目。

上述账务调整应按纳税期逐期进行。

1-1-13

国家税务总局关于增值税一般纳税人发生偷税行为如何确定偷税数额和补税罚款的通知

1998年5月12日　国税发〔1998〕66号

目前,各地对增值税一般纳税人发生偷税行为,如何计算确定其增值税偷税额以及如何补税、罚款的认识和做法不一，现统一明确如下：

一、关于偷税数额的确定

（一）由于现行增值税制采取购进扣税法计税，一般纳税人有偷税行为，其不报、少报的销项税额或者多报的进项税额，即是其不缴或少缴的应纳增值税额。因此，偷税数额应当按销项税额的不报、少报部分或者进项税额的多报部分确定。如果销项、进项均查有偷税问题，其偷税数额应当为两项偷税数额之和。

（二）纳税人的偷税手段如属账外经营，即购销活动均不入账，其不缴或少缴的应纳增值税额即偷税额为账外经营部分的销项税额抵扣账外经营部分中已销货物进项税额后的余额。已销货物的进项税额按下列公式计算：

已销货物进项税额 = 账外经营部分购货的进项税额 - 账外经营部分存货的进项税额

（三）如账外经营部分的销项税额或已销货物进项税额难以核实，应当根据《中华人民共和国增值税暂行条例实施细则》第十六条第（三）项规定，按照组成计税价格公式核定销售额，再行确定偷税数额。凡销项税额难以核实的，以账外经营部分已销货物的成本为基础核定销售额；已销货物进项税额难以核实的，以账外经营部分的购货成本为基础核定销售额。

二、关于税款的补征

偷税款的补征入库，应当视纳税人不同情况处理，即：根据检查核实后一般纳税人当期全部的销项税额与进项税额（包括当期留抵税额），重新计算当期全部应纳税额，若应纳税额为正数，应当作补税处理，若应纳税额为负数，应当核减期末留抵税额（企业账务调整的具体方法，见《增值税日常稽查办法》）。

三、关于罚款

对一般纳税人偷税行为的罚款，应当按照本通知第一条的规定计算确定偷税数额，以偷税数额为依据处理。

注释：

条款失效。第一条第三项失效。参见：《国家税务总局关于修改〈国家税务总局关于增值税一般纳税人发生偷税行为如何确定偷税数额和补税罚款的通知〉的通知》（国税函〔1999〕739 号）。

1 - 1 - 14

国家税务总局关于企业所属机构间移送货物征收增值税问题的通知

1998 年 8 月 26 日　国税发〔1998〕137 号

目前，对实行统一核算的企业所属机构间移送货物，接受移送货物机构（以下简称受货机构）的经营活动是否属于销售应在当地纳税，各地执行不一。经研究，现明确如下：

《中华人民共和国增值税暂行条例实施细则》第四条视同销售货物行为的第(三)项所称的用于销售,是指受货机构发生以下情形之一的经营行为:

一、向购货方开具发票;

二、向购货方收取货款。

受货机构的货物移送行为有上述两项情形之一的,应当向所在地税务机关缴纳增值税;未发生上述两项情形的,则应由总机构统一缴纳增值税。

如果受货机构只就部分货物向购买方开具发票或收取货款,则应当区别不同情况计算并分别向总机构所在地或分支机构所在地缴纳税款。

1－1－15

国家税务总局关于严禁对增值税一般纳税人实行定率征收增值税问题的通知

1998年10月21日　国税发〔1998〕183号

近期以来,纳税人纷纷反映一些地区基层税务机关对增值税一般纳税人采取定率计征增值税的方法,强制征收。据查,目前全国确有不少地区不同程度地存在着此类问题。如有的搞“核定征收”、“保底税负”、“核定增值率”,还有的以“按预征率征税,年终结算”为名,变相定率征收等。这些做法严重违反了现行增值税法规和依法治税的原则,它不仅破坏了税法的统一性,导致地区间企业税负的不平衡,而且极易诱发虚开增值税专用发票等违法犯罪行为的发生,大量侵蚀国家税收收入,后果是严重的。

上述错误做法之所以屡禁不止,根源在于一些地区税务机关的领导对这一做法的危害性认识不足,依法治税的观念不强,纠正错误的态度不坚定,措施不得力。

为此,总局再次重申:严厉禁止对增值税一般纳税人搞定率征收。并要求如下:

一、各省、自治区、直辖市和计划单列市国家税务局要就擅自定率征收或变相定率征收增值税问题认真开展自查,凡搞定率征收的必须立即纠正,并将自查情况和结果于1998年12月1日以前上报总局。

二、各级税务机关必须妥善处理组织收入与依法治税的关系。要集中力量加强征管和稽查,既要努力做到应收尽收,又要坚持依法治税,不得以任何名义或理由对增值税一般纳税人实行定率征收,违者,将追究有关领导的责任。

1－1－16

国家税务总局关于企业所属机构间移送货物征收增值税问题的补充通知

1998年12月3日　国税函发〔1998〕718号

《国家税务总局关于企业所属机构间移送货物征收增值税问题的通知》(国税发〔1998〕137号)下发后,各地要求明确该通知执行时间,并提出应采取措施以利于查处与此项移送货物行为有关的偷税问题。经研究,现通知如下:

一、国税发〔1998〕137号通知是对《中华人民共和国增值税暂行条例实施细则》第四条第(三)款的解释,本应从该细则实施之日起执行。但由于国税发〔1998〕137号通知下发前,该细则上述条款所称"销售"概念未予明确,致使各地税务机关和纳税人理解上有分歧,执行上也不尽一致。鉴于这一实际情况,为了避免给企业生产经营和财务核算造成较大影响,国家税务总局决定,以1998年9月1日为界限,此前企业所属机构发生国税发〔1998〕137号通知所称销售行为的,如果应纳增值税已由企业统一向企业主管税务机关缴纳,企业所属机构主管税务机关不得再征收此项应纳增值税。如果此项应纳增值税未由企业统一缴纳,企业所属机构也未缴纳,则应由企业所属机构主管税务机关负责征收;属于偷税行为的,应由企业所属机构主管税务机关依照有关法律、法规予以处理。1998年9月1日以后,企业所属机构发生销售行为,其应纳增值税则一律由企业所属机构主管税务机关征收。

二、为了有助于各地税务机关执行这一决定,并有利于查处纳税人是否有瞒报应税销售额行为,企业及其所属机构应分别向其主管税务机关报送已纳税销售额等有关资料,由其主管税务机关进行审核确定。

(一)1999年1月31日以前,企业应将设在外县(市)的所属机构名单及各所属机构自1994年1月1日至1998年8月31日期间的下列资料报企业主管税务机关,由企业主管税务机关审核企业所属机构在此期间发生的销售额是否已由企业统一缴纳了增值税。

1. 企业所属机构开具的发票所注明的销售额(分月列明);

2. 企业所属机构虽未开具发票,但由企业所属机构向购货方收取货款的销售额(分月列明);

3. 企业所属机构接受企业或企业的其他所属机构移送的货物的数量,发出的货物的数量,发出货物中属于企业所属机构本身销售的数量,库存数量(各项数量均分月列明)。

(二)企业所属机构也应将上述资料报企业所属机构主管税务机关,由企业所属机构主管税务机关审核确定企业所属机构在此期间发生的销售额、应纳增值税额、在1998年8月31日以前已由企业所属机构主管税务机关征收的增值税额,以及是否有未缴或少缴的增值税额。

企业所属机构主管税务机关接受上述资料时,应当即予以回执以资证明,回执须有企业所属机构主管税务机关签章。

（三）1994 年 1 月 1 日至 1998 年 8 月 31 日期间，企业所属机构发生国税发〔1998〕137 号通知所说的销售行为，如果应纳增值税在 1998 年 9 月底以前已由企业统一向企业主管税务机关缴纳，并由其所在地县以上税务机关开具《企业所属机构已纳增值税证明》（以下简称已纳税证明），企业或其所属机构应在 1999 年 1 月 31 日以前将该证明报送企业所属机构主管税务机关，企业所属机构主管税务机关对该证明所列明的销售额不得再征收增值税。

（四）企业所属机构在 1994 年 1 月 1 日至 1998 年 8 月 31 日期间发生的应纳增值税虽已由企业统一缴纳，但企业未向税务机关申请开具已纳税证明，或虽申请取得已纳税证明但未在 1999 年 1 月 31 日以前报送到企业所属机构主管税务机关，企业所属机构主管税务机关有权征收此项应纳增值税，并负责开具已纳税证明，由企业持此证明向企业主管税务机关申请抵减此项已纳税款，企业主管税务机关不得拒绝予以抵减。

（五）已纳税证明的内容如下：

1. 主送单位即企业所属机构主管税务机关全称；

2. 企业所属机构全称及座落地点；

3. 企业所属机构在 1994 年 1 月 1 日至 1998 年 8 月 31 日期间发生的已缴纳增值税的销售额及缴纳的增值税税额（按月列明）；

4. 企业所属机构在 1994 年 1 月 1 日至 1998 年 8 月 31 日期间接受企业或企业的其他所属机构移送的货物的数量，发出的货物的数量，发出货物中属于企业所属机构本身销售的数量，库存数量（各项数量均分月列明）；

5. 证明开具单位即企业主管税务机关全称及签章；

6. 证明开具日期。

（六）已纳税证明应按本通知所附统一样式（规格由企业主管税务机关自定）打印开具。该证明应由开具机关留底备查，接受机关留存备查。

附件：《企业所属机构已纳增值税证明》（编者略）

1－1－17

国家税务总局关于修改《国家税务总局关于增值税一般纳税人发生偷税行为如何确定偷税数额和补税罚款的通知》的通知

1999 年 11 月 12 日　国税函〔1999〕739 号

《国家税务总局关于增值税一般纳税人发生偷税行为如何确定偷税数额和补税罚款的通知》（国税发〔1998〕66 号）下发后，部分地区反映通知第一条第（三）项的表述不够确切，现修改如下：

纳税人账外经营部分的销售额（计税价格）难以核实的，应根据《中华人民共和国增值税暂行条例实施细则》第十六条第（三）项规定按组成计税价格核定其销售额。

原《国家税务总局关于增值税一般纳税人发生偷税行为如何确定偷税数额和补税罚款

的通知》(国税发〔1998〕66 号)第一条第(三)项废止。

1－1－18

国家税务总局关于增值税一般纳税人恢复抵扣进项税额资格后有关问题的批复

2000 年 8 月 2 日　国税函〔2000〕584 号

广西壮族自治区国家税务局:

你局《关于停止纳税人抵扣进项税额的上期留抵税额可否在经批准准许抵扣进项税额时给予抵扣的请示》(桂国税报〔2000〕75 号)收悉,现批复如下:

《中华人民共和国增值税暂行条例实施细则》第三十条规定:“一般纳税人有下列情形之一者,应按销售额依照增值税税率计算应纳税额,不得抵扣进项税额,也不得使用增值税专用发票:

(一)会计核算不健全,或者不能够提供准确税务资料的;

(二)符合一般纳税人条件,但不申请办理一般纳税人认定手续的。”

此规定所称的不得抵扣进项税额是指纳税人在停止抵扣进项税额期间发生的全部进项税额,包括在停止抵扣期间取得的进项税额、上期留抵税额以及经批准允许抵扣的期初存货已征税款。

纳税人经税务机关核准恢复抵扣进项税额资格后,其在停止抵扣进项税额期间发生的全部进项税额不得抵扣。

注释:

条款修改。正文中“《中华人民共和国增值税暂行条例实施细则》第三十条规定:‘一般纳税人有下列情形之一者,应按销售额依照增值税税率计算应纳税额,不得抵扣进项税额,也不得使用增值税专用发票:(一)会计核算不健全,或者不能够提供准确税务资料的;(二)符合一般纳税人条件,但不申请办理一般纳税人认定手续的。’”修改为“《中华人民共和国增值税暂行条例实施细则》第三十四条规定:有下列情形之一者,应按销售额依照增值税税率计算应纳税额,不得抵扣进项税额,也不得使用增值税专用发票:(一)一般纳税人会计核算不健全,或者不能够提供准确税务资料的;(二)除本细则第二十九条规定外,纳税人销售额超过小规模纳税人标准,未申请办理一般纳税人认定手续的。”参见:《国家税务总局关于修改若干增值税规范性文件引用法规规章条款依据的通知》(国税发〔2009〕10 号)。

1－1－19

国家税务总局关于增值税一般纳税人平销行为征收增值税问题的批复

2001年4月5日　国税函〔2001〕247号

江苏省国家税务局：

你局《关于增值税一般纳税人平销行为征收增值税问题的请示》(苏国税发〔2000〕349号)收悉。现批复如下：

与总机构实行统一核算的分支机构从总机构取得的日常工资、电话费、租金等资金，不应视为因购买货物而取得的返利收入，不应做冲减进项税额处理。

1－1－20

国家税务总局关于增值税一般纳税人期货交易进项税额抵扣问题的通知

2002年4月29日　国税发〔2002〕45号

《国家税务总局关于加强增值税征收管理工作的通知》和《国家税务总局关于加强增值税征收管理若干问题的通知》规定，商业企业购进货物(包括外购货物所支付的运输费用)，必须在购进的货物付款后才能申报抵扣进项税额，且纳税人购进货物或应税劳务，支付运输费用，所支付款项的单位，必须与开具抵扣凭证的销货单位、提供劳务的单位一致，否则不予抵扣进项税额。鉴于期货交易支付货款的特殊性，现将增值税一般纳税人通过期货交易购进货物进项税额抵扣问题明确如下：

对增值税一般纳税人在商品交易所通过期货交易购进货物，其通过商品交易所转付货款可视同向销货单位支付货款，对其取得的合法增值税专用发票允许抵扣。

1－1－21

国家税务总局关于纳税人以资金结算网络方式收取货款增值税纳税地点问题的通知

2002年9月3日　国税函〔2002〕802号

各省、自治区、直辖市和计划单列市国家税务局：

近接部分地区反映，实行统一核算的纳税人为加强对分支机构资金的管理，提高资金运转效率，与总机构所在地金融机构签订协议建立资金结算网络，以总机构的名义在全国各地开立存款账户（开立的账户为分支机构所在地账号，只能存款、转账，不能取款），各地实现的销售，由总机构直接开具发票给购货方，货款由购货方直接存入总机构的网上银行存款账户。对这种新的结算方式纳税地点如何确定，各地理解不一。经研究，现明确如下：

纳税人以总机构的名义在各地开立账户，通过资金结算网络在各地向购货方收取销货款，由总机构直接向购货方开具发票的行为，不具备《国家税务总局关于企业所属机构间移送货物征收增值税问题的通知》（国税发〔1998〕137号）规定的受货机构向购货方开具发票、向购货方收取货款两种情形之一，其取得的应税收入应当在总机构所在地缴纳增值税。

1－1－22

国家税务总局关于企业改制中资产评估减值发生的流动资产损失进项税额抵扣问题的批复

2002年12月20日　国税函〔2002〕1103号

广西壮族自治区国家税务局：

你局《关于广西壮族自治区企业改制中资产评估减值发生的流动资产损失进项税额是否可以抵扣问题的请示》（桂国税发〔2002〕288号）收悉，经研究，现批复如下：

《中华人民共和国增值税暂行条例实施细则》第二十一条规定："非正常损失是指生产、经营过程中正常损耗外的损失。"对于企业由于资产评估减值而发生流动资产损失，如果流动资产未丢失或损坏，只是由于市场发生变化，价格降低，价值量减少，则不属于《中华人民共和国增值税暂行条例实施细则》中规定的非正常损失，不作进项税额转出处理。

注释：

条款修改。正文中"《中华人民共和国增值税暂行条例实施细则》第二十一条规定：'非正常损失是指生产、经营过程中正常损耗外的损失’”修改为“《中华人民共和国增值税暂行条例实施细则》第二十四条规定，非正常损失是指因管理不善造成被盗、丢失、霉烂变质的损失。”参见：《国家税务总局关于修改若干增值税规范性文件引用法规规章条款依据的通知》(国税发〔2009〕10 号)。

1 - 1 - 23

国家税务总局关于严格执行税法规定不得实行边境贸易“双倍抵扣”政策的通知

2004 年 6 月 21 日　国税函〔2004〕830 号

黑龙江、吉林、辽宁、内蒙古、甘肃、新疆、广西、云南省(自治区)国家税务局：

为鼓励边境贸易的发展，国家对以边贸方式进口的货物给予了减半征收进口环节增值税的优惠政策，但部分地区对取得的以边贸方式进口货物的海关完税凭证不是按照注明缴纳的增值税给予抵扣，而是采取了“双倍抵扣”的办法。“双倍抵扣”违反现行增值税政策规定，损害税制的统一与严肃性，给税收征管带来隐患，极易诱发偷骗税犯罪，必须坚决制止并严格纠正。对此，重申如下：

一、依照《中华人民共和国税收征收管理法》第 3 条、第 33 条的规定，各级税务机关应当严格执行现行税收法律、法规，不得擅自制定税收政策。其他部门、单位或个人擅自作出的与现行税收法律、行政法规相抵触的决定，税务机关不得执行，并应向上级税务机关报告。对违反规定擅自执行的单位和人员，应依照有关规定追究相关责任人的责任。

二、各地应对进口环节增值税抵扣情况进行全面检查，立即停止执行“双倍抵扣”政策。进口货物减免的进口环节增值税税款，一律不得作为下一环节进项税额计算抵扣。

三、总局将对边境贸易地区增值税抵扣情况进行不定期检查，发现有继续执行“双倍抵扣”等不规范政策的，将严肃处理。

特此通知。

1 - 1 - 24

国家税务总局关于取消包装物押金逾期期限审批后有关问题的通知

2004 年 6 月 25 日　国税函〔2004〕827 号

各省、自治区、直辖市和计划单列市国家税务局：

根据《国务院关于第三批取消和调整行政审批项目的决定》(国发〔2004〕16 号)，《国家税务总局关于印发〈增值税问题解答(之一)〉的通知》(国税函发〔1995〕288 号)第十一条“个别包装物周转使用期限较长的，报经税务征收机关确定后，可适当放宽逾期期限”的规

定取消后,为了加强管理工作,现就有关问题明确如下:

纳税人为销售货物出租出借包装物而收取的押金,无论包装物周转使用期限长短,超过一年(含一年)以上仍不退还的均并入销售额征税。

本通知自2004年7月1日起执行。

1－1－25

国家税务总局关于增值税一般纳税人用进项留抵税额抵减增值税欠税问题的通知

2004年8月30日　国税发〔2004〕112号

各省、自治区、直辖市和计划单列市国家税务局:

为了加强增值税管理,及时追缴欠税,解决增值税一般纳税人(以下简称"纳税人")既欠缴增值税,又有增值税留抵税额的问题,现将纳税人用进项留抵税额抵减增值税欠税的有关问题通知如下:

一、对纳税人因销项税额小于进项税额而产生期末留抵税额的,应以期末留抵税额抵减增值税欠税。

二、纳税人发生用进项留抵税额抵减增值税欠税时,按以下方法进行会计处理:

(一)增值税欠税税额大于期末留抵税额,按期末留抵税额红字借记"应交税金——应交增值税(进项税额)"科目,贷记"应交税金——未交增值税"科目。

(二)若增值税欠税税额小于期末留抵税额,按增值税欠税税额红字借记"应交税金——应交增值税(进项税额)"科目,贷记"应交税金——未交增值税"科目。

三、为了满足纳税人用留抵税额抵减增值税欠税的需要,将《增值税一般纳税人纳税申报办法》(国税发〔2003〕53号)《增值税纳税申报表》(主表)相关栏次的填报口径作如下调整:

(一)第13项"上期留抵税额"栏数据,为纳税人前一申报期的"期末留抵税额"减去抵减欠税额后的余额数,该数据应与"应交税金——应交增值税"明细科目借方月初余额一致。

(二)第25项"期初未缴税额(多缴为负数)"栏数据,为纳税人前一申报期的"期末未缴税额(多缴为负数)"减去抵减欠税额后的余额数。

1－1－26

国家税务总局关于增值税进项留抵税额抵减增值税欠税有关处理事项的通知

2004年10月29日　国税函〔2004〕1197号

各省、自治区、直辖市和计划单列市国家税务局：

根据国家税务总局《关于增值税一般纳税人用进项留抵税额抵减增值税欠税问题的通知》（国税发〔2004〕112号）规定，现将增值税进项留抵税额抵减欠税的有关处理事项明确如下：

一、关于税务文书的填开

当纳税人既有增值税留抵税额，又欠缴增值税而需要抵减的，应由县（含）以上税务机关填开《增值税进项留抵税额抵减增值税欠税通知书》（以下简称《通知书》，式样见附件）一式两份，纳税人、主管税务机关各一份。

二、关于抵减金额的确定

抵减欠缴税款时，应按欠税发生时间逐笔抵扣，先发生的先抵。抵缴的欠税包含呆账税金及欠税滞纳金。确定实际抵减金额时，按填开《通知书》的日期作为截止期，计算欠缴税款的应缴未缴滞纳金金额，应缴未缴滞纳金金额加欠税金额为欠缴总额。若欠缴总额大于期末留抵税额，实际抵减金额应等于期末留抵税额，并按配比方法计算抵减的欠税和滞纳金；若欠缴总额小于期末留抵税额，实际抵减金额应等于欠缴总额。

三、关于税收会计账务处理

税收会计根据《通知书》载明的实际抵减金额作抵减业务的账务处理。即先根据实际抵减的2001年5月1日之前发生的欠税以及抵减的应缴未缴滞纳金，借记“待征”类科目，贷记“应征”类科目；再根据实际抵减的增值税欠税和滞纳金，借记“应征税收——增值税”科目，贷记“待征税收——××户——增值税”科目。

附件：增值税进项留抵税额抵减增值税欠税通知书（编者略）

1－1－27

国家税务总局关于增值税一般纳税人将增值税进项留抵税额抵减查补税款欠税问题的批复

2005年2月24日　国税函〔2005〕169号

广西壮族自治区国家税务局：

你局《关于增值税一般纳税人进项留抵税额能否抵减查补税款有关问题的请示》(桂国税发〔2004〕269 号)收悉。经研究,现批复如下:

一、增值税一般纳税人拖欠纳税检查应补缴的增值税税款,如果纳税人有进项留抵税额,可按照《国家税务总局关于增值税一般纳税人用进项留抵税额抵减增值税欠税问题的通知》(国税发〔2004〕112 号)的规定,用增值税留抵税额抵减查补税款欠税。

二、为确保税务机关和国库入库数字对账一致,抵减的查补税款不能作为稽查已入库税款统计。考核查补税款入库率时,可将计算公式调整为:

查补税款入库率 =(实际缴纳入库的查补税款 + 增值税进项留抵税额实际抵减的查补税款欠税)/应缴纳入库的查补税款 ×100%

其中,“增值税进项留抵税额实际抵减的查补税款欠税”反映考核期内实际抵减的查补税款欠税。

特此批复。

1 -1 -28

国家税务总局关于印发增值税纳税评估部分方法及行业纳税评估指标的通知

2005 年 12 月 20 日 国税函〔2005〕1205 号

各省、自治区、直辖市和计划单列市国家税务局,扬州税务进修学院:

现将《增值税纳税评估部分方法及行业纳税评估指标(试行)》(以下简称《评估方法》)印发给你们,请结合本地实际贯彻实施,并提出如下具体要求:

一、《评估方法》是为了适应增值税管理的科学化、精细化要求,在深入调查研究、总结部分基层工作经验的基础上制定的。各地在具体实施时,要根据本地的情况、评估对象的具体情况灵活运用;要根据本地的实际,制定本省、市的指标;要对评估工作好的作法及时总结,不断扩充完善评估指标体系和指标参数,使指标体系和指标参数比较全面地反映本地的实际情况,提高增值税纳税评估的科学性和针对性。

二、各地在开展增值税纳税评估时,必须首先对纳税人进行筛选,确定疑点对象,实施检查。有条件的地区可利用《评估方法》中的一些方法和指标,对纳税人申报的原辅材料、包装物、能源动力、生产工时、设备使用等投入产出情况进行深入的分析,以印证企业纳税申报的真实性,找出或者澄清评估疑点。

三、各地对增值税的纳税评估工作要高度重视,积极探索,并将此项工作纳入工作业绩考核之中。对于申报明显异常而没有按要求进行纳税评估的案件,应当追究相关人员的责任。

四、《评估方法》仅仅是在总结部分省市纳税评估实际的基础上提炼出来的,试行中遇到的问题或者产生的好经验,要及时总结,并报告总局(流转税管理司)。

附件:增值税纳税评估部分方法及行业纳税评估指标(试行)(编者略)

1－1－29

国家税务总局关于纳税人进口货物增值税进项税额抵扣有关问题的通知

2007年3月22日　国税函〔2007〕350号

各省、自治区、直辖市和计划单列市国家税务局：

近接部分地区咨询，纳税人进口货物报关后，境外供货商向国内进口方退还或返还的资金，或进口货物向境外实际支付的货款低于进口报关价格的差额，是否应当作进项税额转出。现明确如下：

《中华人民共和国增值税暂行条例》第八条规定，纳税人从海关取得的完税凭证上注明的增值税额准予从销项税额中抵扣。因此，纳税人进口货物取得的合法海关完税凭证，是计算增值税进项税额的唯一依据，其价格差额部分以及从境外供应商取得的退还或返还的资金，不作进项税额转出处理。

本文发布前纳税人已作进项税额转出处理的，可重新计入“应交税金——应交增值税——进项税额”科目，准予从销项税额中抵扣。

注释：

条款修改。正文中“纳税人从海关取得的完税凭证”修改为“纳税人从海关取得的海关进口增值税专用缴款书”，“进口货物取得的合法海关完税凭证”修改为“进口货物取得的合法海关进口增值税专用缴款书”。参见：《国家税务总局关于修改若干增值税规范性文件引用法规规章条款依据的通知》（国税发〔2009〕10号）。

1－1－30

财政部　国家税务总局关于增值税纳税人放弃免税权有关问题的通知

2007年9月25日　财税〔2007〕127号

各省、自治区、直辖市、计划单列市财政厅（局）、国家税务局，新疆生产建设兵团财务局：

现将增值税纳税人销售免税货物或劳务放弃免税权的有关问题通知如下：

一、生产和销售免征增值税货物或劳务的纳税人要求放弃免税权，应当以书面形式提交放弃免税权声明，报主管税务机关备案。纳税人自提交备案资料的次月起，按照现行有关规定计算缴纳增值税。

二、放弃免税权的纳税人符合一般纳税人认定条件尚未认定为增值税一般纳税人的，应当按现行规定认定为增值税一般纳税人，其销售的货物或劳务可开具增值税专用发票。

三、纳税人一经放弃免税权，其生产销售的全部增值税应税货物或劳务均应按照适用税率征税，不得选择某一免税项目放弃免税权，也不得根据不同的销售对象选择部分货物或劳务放弃免税权。

四、纳税人自税务机关受理纳税人放弃免税权声明的次月起12个月内不得申请免税。

五、纳税人在免税期内购进用于免税项目的货物或者应税劳务所取得的增值税扣税凭证，一律不得抵扣。

六、本规定自2007年10月1日起执行。

注释：

条款失效。第四条失效。参见：《财政部　国家税务总局关于公布若干废止和失效的增值税规范性文件目录的通知》（财税〔2009〕17号）。

1－1－31

国家税务总局关于纳税人善意取得虚开增值税专用发票已抵扣税款加收滞纳金问题的批复

2007年12月12日　国税函〔2007〕1240号

广东省国家税务局：

你局《关于纳税人善意取得增值税专用发票和其他抵扣凭证追缴税款是否加收滞纳金的请示》（粤国税发〔2007〕188号）收悉。经研究，批复如下：

根据《国家税务总局关于纳税人善意取得虚开的增值税专用发票处理问题的通知》（国税发〔2000〕187号）规定，纳税人善意取得虚开的增值税专用发票指购货方与销售方存在真实交易，且购货方不知取得的增值税专用发票是以非法手段获得的。纳税人善意取得虚开的增值税专用发票，如能重新取得合法、有效的专用发票，准许其抵扣进项税款；如不能重新取得合法、有效的专用发票，不准其抵扣进项税款或追缴其已抵扣的进项税款。

纳税人善意取得虚开的增值税专用发票被依法追缴已抵扣税款的，不属于《税收征收管理法》第三十二条“纳税人未按照规定期限缴纳税款”的情形，不适用该条“税务机关除责令限期缴纳外，从滞纳税款之日起，按日加收滞纳税款万分之五的滞纳金”的规定。

1－1－32

财政部　国家税务总局关于全国实施增值税转型改革若干问题的通知

2008年12月19日　财税〔2008〕170号

各省、自治区、直辖市、计划单列市财政厅（局）、国家税务局，新疆生产建设兵团财务局：

为推进增值税制度完善，促进国民经济平稳较快发展，国务院决定，自2009年1月1日起，在全国实施增值税转型改革。为保证改革实施到位，现将有关问题通知如下：

一、自2009年1月1日起，增值税一般纳税人（以下简称纳税人）购进（包括接受捐赠、实物投资，下同）或者自制（包括改扩建、安装，下同）固定资产发生的进项税额（以下简称固定资产进项税额），可根据《中华人民共和国增值税暂行条例》（国务院令第538号，以下简称条例）和《中华人民共和国增值税暂行条例实施细则》（财政部、国家税务总局令第50号，以下简称细则）的有关规定，凭增值税专用发票、海关进口增值税专用缴款书和运输费用结算单据（以下简称增值税扣税凭证）从销项税额中抵扣，其进项税额应当记入"应交税金——应交增值税（进项税额）"科目。

二、纳税人允许抵扣的固定资产进项税额，是指纳税人2009年1月1日以后（含1月1日，下同）实际发生，并取得2009年1月1日以后开具的增值税扣税凭证上注明的或者依据增值税扣税凭证计算的增值税税额。

三、东北老工业基地、中部六省老工业基地城市、内蒙古自治区东部地区已纳入扩大增值税抵扣范围试点的纳税人，2009年1月1日以后发生的固定资产进项税额，不再采取退税方式，其2008年12月31日以前（含12月31日，下同）发生的待抵扣固定资产进项税额期末余额，应于2009年1月份一次性转入"应交税金——应交增值税（进项税额）"科目。

四、自2009年1月1日起，纳税人销售自己使用过的固定资产（以下简称已使用过的固定资产），应区分不同情形征收增值税：

（一）销售自己使用过的2009年1月1日以后购进或者自制的固定资产，按照适用税率征收增值税；

（二）2008年12月31日以前未纳入扩大增值税抵扣范围试点的纳税人，销售自己使用过的2008年12月31日以前购进或者自制的固定资产，按照4%征收率减半征收增值税；

（三）2008年12月31日以前已纳入扩大增值税抵扣范围试点的纳税人，销售自己使用过的在本地区扩大增值税抵扣范围试点以前购进或者自制的固定资产，按照4%征收率减半征收增值税；销售自己使用过的在本地区扩大增值税抵扣范围试点以后购进或者自制的固定资产，按照适用税率征收增值税。

本通知所称已使用过的固定资产，是指纳税人根据财务会计制度已经计提折旧的固定资产。

五、纳税人已抵扣进项税额的固定资产发生条例第十条（一）至（三）项所列情形的，应在当月按下列公式计算不得抵扣的进项税额：

不得抵扣的进项税额 = 固定资产净值 × 适用税率

本通知所称固定资产净值，是指纳税人按照财务会计制度计提折旧后计算的固定资产净值。

六、纳税人发生细则第四条规定固定资产视同销售行为，对已使用过的固定资产无法确定销售额的，以固定资产净值为销售额。

七、自 2009 年 1 月 1 日起，进口设备增值税免税政策和外商投资企业采购国产设备增值税退税政策停止执行。具体办法，财政部、国家税务总局另行发文明确。

八、本通知自 2009 年 1 月 1 日起执行。《财政部、国家税务总局关于印发〈东北地区扩大增值税抵扣范围若干问题的规定〉的通知》（财税〔2004〕156 号）、《财政部、国家税务总局关于印发〈2004 年东北地区扩大增值税抵扣范围暂行办法〉的通知》（财税〔2004〕168 号）、《财政部、国家税务总局关于进一步落实东北地区扩大增值税抵扣范围政策的紧急通知》（财税〔2004〕226 号）、《财政部、国家税务总局关于东北地区军品和高新技术产品生产企业实施扩大增值税抵扣范围有关问题的通知》（财税〔2004〕227 号）、《国家税务总局关于开展扩大增值税抵扣范围企业认定工作的通知》（国税函〔2004〕143 号）、《财政部、国家税务总局关于 2005 年东北地区扩大增值税抵扣范围有关问题的通知》（财税〔2005〕28 号）、《财政部、国家税务总局关于 2005 年东北地区扩大增值税抵扣范围固定资产进项税额退税问题的通知》（财税〔2005〕176 号）、《财政部、国家税务总局关于东北地区军品和高新技术产品生产企业实施扩大增值税抵扣范围有关问题的通知》（财税〔2006〕15 号）、《财政部、国家税务总局关于 2006 年东北地区固定资产进项税额退税问题的通知》（财税〔2006〕156 号）、《财政部、国家税务总局关于印发〈中部地区扩大增值税抵扣范围暂行办法〉的通知》（财税〔2007〕75 号）、《财政部、国家税务总局关于扩大增值税抵扣范围地区 2007 年固定资产抵扣（退税）有关问题的补充通知》（财税〔2007〕128 号）、《国家税务总局关于印发〈扩大增值税抵扣范围暂行管理办法〉的通知》（国税发〔2007〕62 号）、《财政部、国家税务总局关于印发〈内蒙古东部地区扩大增值税抵扣范围暂行办法〉的通知》（财税〔2008〕94 号）、《财政部、国家税务总局关于印发〈汶川地震受灾严重地区扩大增值税抵扣范围暂行办法〉的通知》（财税〔2008〕108 号）、《财政部、国家税务总局关于 2008 年东北中部和蒙东地区扩大增值税抵扣范围固定资产进项税额退税问题的通知》（财税〔2008〕141 号）同时废止。

注释：

条款修改。第四条第二项和第三项中“按照 4% 征收率减半征收增值税”修改为“按照简易办法依照 3% 征收率减按 2% 征收增值税”。参见：《财政部 国家税务总局关于简并增值税征收率政策的通知》（财税〔2014〕57 号）。

1-1-33

财政部 国家税务总局关于部分货物适用增值税低税率和简易办法征收增值税政策的通知

2009年1月19日 财税〔2009〕9号

各省、自治区、直辖市、计划单列市财政厅(局)、国家税务局,新疆生产建设兵团财务局:

根据《中华人民共和国增值税暂行条例》(国务院令538号,以下简称条例)和《中华人民共和国增值税暂行条例实施细则》(财政部、国家税务总局令50号)的规定和国务院的有关精神,为做好相关增值税政策规定的衔接,加强征收管理,现将部分货物适用增值税税率和实行增值税简易征收办法的有关事项明确如下:

一、下列货物继续适用13%的增值税税率:

(一)农产品。

农产品,是指种植业、养殖业、林业、牧业、水产业生产的各种植物、动物的初级产品。具体征税范围暂继续按照《财政部、国家税务总局关于印发〈农业产品征税范围注释〉的通知》(财税字〔1995〕52号)及现行相关规定执行。

(二)音像制品。

音像制品,是指正式出版的录有内容的录音带、录像带、唱片、激光唱盘和激光视盘。

(三)电子出版物。

电子出版物,是指以数字代码方式,使用计算机应用程序,将图文声像等内容信息编辑加工后存储在具有确定的物理形态的磁、光、电等介质上,通过内嵌在计算机、手机、电子阅读设备、电子显示设备、数字音/视频播放设备、电子游戏机、导航仪以及其他具有类似功能的设备上读取使用,具有交互功能,用以表达思想、普及知识和积累文化的大众传播媒体。载体形态和格式主要包括只读光盘(CD只读光盘CD-ROM、交互式光盘CD-I、照片光盘Photo-CD、高密度只读光盘DVD-ROM、蓝光只读光盘HD-DVD ROM和BD ROM)、一次写入式光盘(一次写入CD光盘CD-R、一次写入高密度光盘DVD-R、一次写入蓝光光盘HD-DVD/R,BD-R)、可擦写光盘(可擦写CD光盘CD-RW、可擦写高密度光盘DVD-RW、可擦写蓝光光盘HDDVD-RW和BD-RW、磁光盘MO)、软磁盘(FD)、硬磁盘(HD)、集成电路卡(CF卡、MD卡、SM卡、MMC卡、RS-MMC卡、MS卡、SD卡、XD卡、T-Flash卡、记忆棒)和各种存储芯片。

(四)二甲醚。

二甲醚,是指化学分子式为CH_3OCH_3,常温常压下为具有轻微醚香味,易燃、无毒、无腐蚀性的气体。

二、下列按简易办法征收增值税的优惠政策继续执行,不得抵扣进项税额:

(一)纳税人销售自己使用过的物品,按下列政策执行:

1. 一般纳税人销售自己使用过的属于条例第十条规定不得抵扣且未抵扣进项税额的固定资产,按简易办法依4%征收率减半征收增值税。

一般纳税人销售自己使用过的其他固定资产,按照《财政部、国家税务总局关于全国实施增值税转型改革若干问题的通知》(财税〔2008〕170号)第四条的规定执行。

一般纳税人销售自己使用过的除固定资产以外的物品,应当按照适用税率征收增值税。

2. 小规模纳税人(除其他个人外,下同)销售自己使用过的固定资产,减按2%征收率征收增值税。

小规模纳税人销售自己使用过的除固定资产以外的物品,应按3%的征收率征收增值税。

(二)纳税人销售旧货,按照简易办法依照4%征收率减半征收增值税。

所称旧货,是指进入二次流通的具有部分使用价值的货物(含旧汽车、旧摩托车和旧游艇),但不包括自己使用过的物品。

(三)一般纳税人销售自产的下列货物,可选择按照简易办法依照6%征收率计算缴纳增值税:

1. 县级及县级以下小型水力发电单位生产的电力。小型水力发电单位,是指各类投资主体建设的装机容量为5万千瓦以下(含5万千瓦)的小型水力发电单位。

2. 建筑用和生产建筑材料所用的砂、土、石料。

3. 以自己采掘的砂、土、石料或其他矿物连续生产的砖、瓦、石灰(不含粘土实心砖、瓦)。

4. 用微生物、微生物代谢产物、动物毒素、人或动物的血液或组织制成的生物制品。

5. 自来水。

6. 商品混凝土(仅限于以水泥为原料生产的水泥混凝土)。

一般纳税人选择简易办法计算缴纳增值税后,36个月内不得变更。

(四)一般纳税人销售货物属于下列情形之一的,暂按简易办法依照4%征收率计算缴纳增值税:

1. 寄售商店代销寄售物品(包括居民个人寄售的物品在内);

2. 典当业销售死当物品;

3. 经国务院或国务院授权机关批准的免税商店零售的免税品。

三、对属于一般纳税人的自来水公司销售自来水按简易办法依照6%征收率征收增值税,不得抵扣其购进自来水取得增值税扣税凭证上注明的增值税税款。

四、本通知自2009年1月1日起执行。《财政部、国家税务总局关于调整农业产品增值税税率和若干项目征免增值税的通知》(〔94〕财税字004号)、《财政部、国家税务总局关于自来水征收增值税问题的通知》(〔94〕财税字第014号)、《财政部、国家税务总局关于增值税、营业税若干政策规定的通知》(〔94〕财税字第026号)第九条和第十条、《国家税务总局关于印发〈增值税问题解答(之一)〉的通知》(国税函发〔1995〕288号)附件第十条、《国家税务总局关于调整部分按简易办法征收增值税的特定货物销售行为征收率的通知》(国税发〔1998〕122号)、《国家税务总局关于县以下小水电电力产品增值税征税问题的批复》(国税函〔1998〕843号)、《国家税务总局关于商品混凝土实行简易办法征收增值税问题的通知》(国税发〔2000〕37号)、《财政部、国家税务总局关于旧货和旧机动车增值税政策的通知》(财税〔2002〕29号)、《国家税务总局关于自来水行业增值税政策问题的通知》(国税发〔2002〕56号)、《财政部、国家税务总局关于宣传文化增值税和营业税优惠政策的通知》(财税〔2006〕153号)第一条、《国家税务总局关于明确县以下小型水力发电单位具体标准的批复》(国税函〔2006〕47号)、《国家税务总局关于商品混凝土征收增值税有关问题的通知》(国税函〔2007〕599号)、《财政部、国家税务总局关于二甲醚增值税适用税率问题的通知》(财税〔2008〕72号)同时废止。

注释:

条款修改。第二条第一项和第二项中“按照简易办法依照4%征收率减半征收增值税”修改为“按照简易办法依照3%征收率减按2%征收增值税”。第二条第三项和第三条“依照6%征收率”修改为“依照3%征收率”。第二条第四项“依照4%征收率”修改为“依照3%征收率”。参见:《财政部　国家税务总局关于简并增值税征收率政策的通知》(财税〔2014〕57号)。

条款废止。第二条第四项第3点废止。参见:《财政部　国家税务总局关于出口货物劳务增值税和消费税政策的通知》(财税〔2012〕39号)。

1-1-34

国家税务总局关于修改若干增值税规范性文件引用法规规章条款依据的通知

2009年2月5日　国税发〔2009〕10号

各省、自治区、直辖市和计划单列市国家税务局:

2009年1月1日起,《中华人民共和国增值税暂行条例》(国务院令第538号)和《中华人民共和国增值税暂行条例实施细则》(财政部、国家税务总局令第50号)正式实施。此前国家税务总局发布的部分增值税规范性文件所引用的条例及细则条款依据已发生变化,需要根据修订后的条例及细则进行修改。现将有关修改内容明确如下:

一、《国家税务总局关于饮食业征收流转税问题的通知》(国税发〔1996〕202号)第二条中“按《增值税暂行条例实施细则》第六条和《营业税暂行条例实施细则》第六条”修改为“按《增值税暂行条例实施细则》第七条和《营业税暂行条例实施细则》第八条”。

二、《国家税务总局关于卫生防疫站调拨生物制品及药械征收增值税的批复》(国税函〔1999〕191号)中“根据《中华人民共和国增值税暂行条例实施细则》第二十四条及有关规定,对卫生防疫站调拨生物制品和药械,可按照小规模商业企业4%的增值税征收率征收增值税。”修改为“根据《中华人民共和国增值税暂行条例实施细则》第二十九条及有关规定,对卫生防疫站调拨生物制品和药械,可按照小规模纳税人3%的增值税征收率征收增值税。”

三、《国家税务总局关于外国企业来华参展后销售展品有关税务处理问题的批复》(国税函〔1999〕207号)第一条中“按小规模纳税人所适用的6%征收率”修改为“按小规模纳税人所适用的3%征收率”。

四、《国家税务总局关于增值税一般纳税人恢复抵扣进项税额资格后有关问题的批复》(国税函〔2000〕584号)中“《中华人民共和国增值税暂行条例实施细则》第三十条规定:‘一般纳税人有下列情形之一者,应按销售额依照增值税税率计算应纳税额,不得抵扣进项税额,也不得使用增值税专用发票:(一)会计核算不健全,或者不能够提供准确税务资料的;(二)符合一般纳税人条件,但不申请办理一般纳税人认定手续的。’”修改为“《中华人民共和国增值税暂行条例实施细则》第三十四条规定:有下列情形之一者,应按销售额依照增值税税率计算应纳税额,不得抵扣进项税额,也不得使用增值税专用发票:(一)一般纳税人会计核算不健全,或者不能够提供准确税务资料的;(二)除本细则第二十九条规定外,纳税人销售额超过小规模纳税人标准,未申请办理一般纳税人认定手续的。”

五、《国家税务总局关于企业改制中资产评估减值发生的流动资产损失进项税额抵扣问题的批复》(国税函〔2002〕1103号)中“《中华人民共和国增值税暂行条例实施细则》第二十一条规定:‘非正常损失是指生产、经营过程中正常损耗外的损失’”修改为“《中华人民共和国增值税暂行条例实施细则》第二十四条规定,非正常损失是指因管理不善造成被盗、丢失、霉烂变质的损失。”

六、《国家税务总局关于增值税起征点调整后有关问题的批复》(国税函〔2003〕1396号)第二条“《中华人民共和国增值税暂行条例》第十八条规定”修改为“《中华人民共和国增值税暂行条例》第十七条规定”。

七、《国家税务总局关于加强新办商贸企业增值税征收管理有关问题的紧急通知》(国税发明电〔2004〕37号)第三条第(三)款有关企业增购专用发票必须按专用发票销售额的4%预缴增值税的规定,修改为按3%预缴增值税。

八、《国家税务总局关于加强新办商贸企业增值税征收管理有关问题的补充通知》(国税发明电〔2004〕62号)第七条第一款有关辅导期一般纳税人增购增值税专用发票按4%征收率计算预缴税款的规定,修改为按3%征收率计算预缴税款。

九、《国家税务总局关于取消小规模企业销售货物或应税劳务由税务所代开增值税专用发票审批后有关问题的通知》(国税函〔2004〕895号)第一条“增值税征收率4%(商业)或6%(其他)”修改为“增值税征收率3%”。

十、《国家税务总局关于加强煤炭行业税收管理的通知》(国税发〔2005〕153号)第一条“根据《中华人民共和国增值税暂行条例实施细则》第三十条的规定”修改为“根据《中华人民共和国增值税暂行条例实施细则》第三十四条的规定”。

十一、《国家税务总局关于纳税人进口货物增值税进项税额抵扣有关问题的通知》(国税函〔2007〕350号)中“纳税人从海关取得的完税凭证”修改为“纳税人从海关取得的海关进口增值税专用缴款书”,“进口货物取得的合法海关完税凭证”修改为“进口货物取得的合法海关进口增值税专用缴款书”。

1－1－35

国家税务总局关于增值税简易征收政策有关管理问题的通知

2009年2月25日　国税函〔2009〕90号

各省、自治区、直辖市和计划单列市国家税务局：

《财政部、国家税务总局关于部分货物适用增值税低税率和简易办法征收增值税政策的通知》（财税〔2009〕9号）规定对部分项目继续适用增值税简易征收政策。经研究，现将有关增值税管理问题明确如下：

一、关于纳税人销售自己使用过的固定资产

（一）一般纳税人销售自己使用过的固定资产，凡根据《财政部、国家税务总局关于全国实施增值税转型改革若干问题的通知》（财税〔2008〕170号）和财税〔2009〕9号文件等规定，适用按简易办法依4%征收率减半征收增值税政策的，应开具普通发票，不得开具增值税专用发票。

（二）小规模纳税人销售自己使用过的固定资产，应开具普通发票，不得由税务机关代开增值税专用发票。

二、纳税人销售旧货，应开具普通发票，不得自行开具或者由税务机关代开增值税专用发票。

三、一般纳税人销售货物适用财税〔2009〕9号文件第二条第（三）项、第（四）项和第三条规定的，可自行开具增值税专用发票。

四、关于销售额和应纳税额

（一）一般纳税人销售自己使用过的物品和旧货，适用按简易办法依4%征收率减半征收增值税政策的，按下列公式确定销售额和应纳税额：

销售额＝含税销售额/（1＋4%）

应纳税额＝销售额×4%/2

（二）小规模纳税人销售自己使用过的固定资产和旧货，按下列公式确定销售额和应纳税额：

销售额＝含税销售额/（1＋3%）

应纳税额＝销售额×2%

五、小规模纳税人销售自己使用过的固定资产和旧货，其不含税销售额填写在《增值税纳税申报表（适用于小规模纳税人）》第4栏，其利用税控器具开具的普通发票不含税销售额填写在第5栏。

六、本通知自2009年1月1日起执行。《国家税务总局关于调整增值税纳税申报有关事项的通知》（国税函〔2008〕1075号）第二条第（二）项规定同时废止。

注释：

条款修改。第一条第一项中"按简易办法依4%征收率减半征收增值税政策"修改为"按简易办法依3%征收率减按2%征收增值税政策"。参见：《国家税务总局关于简并增值税征收率有关问题的公告》（国家税务总局公告2014年第36号）。

条款废止。第四条第一项废止。参见：《国家税务总局关于简并增值税征收率有关问题的公告》（国家税务总局公告2014年第36号）。

1-1-36

财政部　国家税务总局关于固定资产进项税额抵扣问题的通知

2009年9月9日　财税〔2009〕113号

各省、自治区、直辖市、计划单列市财政厅（局）、国家税务局、地方税务局，新疆生产建设兵团财务局：

增值税转型改革实施后，一些地区反映固定资产增值税进项税额抵扣范围不够明确。为解决执行中存在的问题，经研究，现将有关问题通知如下：

《中华人民共和国增值税暂行条例实施细则》第二十三条第二款所称建筑物，是指供人们在其内生产、生活和其他活动的房屋或者场所，具体为《固定资产分类与代码》（GB/T 14885—1994）中代码前两位为"02"的房屋；所称构筑物，是指人们不在其内生产、生活的人工建造物，具体为《固定资产分类与代码》（GB/T 14885—1994）中代码前两位为"03"的构筑物；所称其他土地附着物，是指矿产资源及土地上生长的植物。

《固定资产分类与代码》（GB/T 14885—1994）电子版可在财政部或国家税务总局网站查询。

以建筑物或者构筑物为载体的附属设备和配套设施，无论在会计处理上是否单独记账与核算，均应作为建筑物或者构筑物的组成部分，其进项税额不得在销项税额中抵扣。附属设备和配套设施是指：给排水、采暖、卫生、通风、照明、通讯、煤气、消防、中央空调、电梯、电气、智能化楼宇设备和配套设施。

附件：《固定资产分类与代码》（编者略）

1－1－37

国家税务总局关于折扣额抵减增值税应税销售额问题通知

2010年2月8日　国税函〔2010〕56号

各省、自治区、直辖市和计划单列市国家税务局：

近有部分地区反映，纳税人采取折扣方式销售货物，虽在同一发票上注明了销售额和折扣额，却将折扣额填写在发票的备注栏，是否允许抵减销售额的问题。经研究，现将有关问题进一步明确如下：

《国家税务总局关于印发〈增值税若干具体问题的规定〉的通知》（国税发〔1993〕154号）第二条第（二）项规定："纳税人采取折扣方式销售货物，如果销售额和折扣额在同一张发票上分别注明的，可按折扣后的销售额征收增值税"。纳税人采取折扣方式销售货物，销售额和折扣额在同一张发票上分别注明是指销售额和折扣额在同一张发票上的"金额"栏分别注明的，可按折扣后的销售额征收增值税。未在同一张发票"金额"栏注明折扣额，而仅在发票的"备注"栏注明折扣额的，折扣额不得从销售额中减除。

1－1－38

国家税务总局关于新认定增值税一般纳税人使用增值税防伪税控系统有关问题的通知

2010年3月31日　国税函〔2010〕126号

各省、自治区、直辖市和计划单列市国家税务局：

《国家税务总局关于办理2009年销售额超过标准的小规模纳税人申请增值税一般纳税人认定问题的通知》（国税函〔2010〕35号）规定，2010年6月底前将对2009年应税销售额超过标准的小规模纳税人进行增值税一般纳税人资格认定。为解决个体工商户认定为增值税一般纳税人后无法正常使用增值税防伪税控系统的问题，国家税务总局组织软件开发单位对增值税防伪税控系统和增值税专用发票稽核系统进行了修改，并在河北省、重庆市进行了试运行。为配合此次增值税一般纳税人资格认定工作的开展，现将有关问题通知如下：

一、全国范围内新认定的增值税一般纳税人（包括单位和个体工商户）统一使用升级后的V6.15版本防伪税控开票系统和AI3型金税卡，新认定的增值税一般纳税人开具的增值税专用发票和增值税普通发票密文均为108位。

二、个体工商户新认定为增值税一般纳税人的，税务登记代码统一为其个人身份证号码加两位顺序码（顺序码为数字 01 至 99），长度为 17 位和 20 位两类。凡不符合上述编码要求的，应及时办理税务登记代码变更。

三、增值税防伪税控系统和增值税专用发票稽核系统升级要求：

（一）本次升级须对增值税防伪税控系统和增值税专用发票稽核系统同时升级，具体操作为先升级防伪税控系统，再升级稽核系统，最后启用新增功能。各单位业务部门和技术部门要密切配合，及时下载、测试和升级有关补丁，启用有关功能，于 2010 年 3 月底前完成升级工作。

（二）增值税防伪税控系统 12 号补丁，在税务总局金税工程运维网（http://130.9.1.248/应用支持/软件库/防伪税控系统/补丁下载）栏目发布。增值税专用发票稽核系统 2 号补丁，在税务总局金税工程运维网（http://130.9.1.248/应用支持/软件库/稽核系统/增值税专用发票稽核系统 V6.2 版）栏目发布。

（三）本次升级完成后，增值税防伪税控系统税务端软件版本由 V4.36.30 变为 V4.38.00。

（四）各地在本次补丁升级前，应分析评估有关应用系统是否需要配套升级，以确保软件功能的连续性和一致性。

四、升级工作运维支持

各单位应高度重视，认真做好组织协调工作，按时完成增值税防伪税控系统税务端软件的升级以及升级成功确认工作。

各地可通过税务总局呼叫中心（4008112366）和税务总局金税工程运维网（http://130.9.1.248），在升级工作中获取支持服务。各地遇重大问题要及时通过总局呼叫中心重大问题通道书面报告税务总局（电子税务管理中心）。

1-1-39

国家税务总局关于印发《增值税一般纳税人纳税辅导期管理办法》的通知

2010 年 4 月 7 日　国税发〔2010〕40 号

各省、自治区、直辖市和计划单列市国家税务局：

为加强增值税一般纳税人纳税辅导期管理，根据《增值税一般纳税人资格认定管理办法》第十三条规定，税务总局制定了《增值税一般纳税人纳税辅导期管理办法》，现印发给你们，请遵照执行。

增值税一般纳税人纳税辅导期管理办法

第一条 为加强增值税一般纳税人纳税辅导期管理,根据《增值税一般纳税人资格认定管理办法》(以下简称认定办法)第十三条规定,制定本办法。

第二条 实行纳税辅导期管理的增值税一般纳税人(以下简称辅导期纳税人),适用本办法。

第三条 认定办法第十三条第一款所称的"小型商贸批发企业",是指注册资金在80万元(含80万元)以下、职工人数在10人(含10人)以下的批发企业。只从事出口贸易,不需要使用增值税专用发票的企业除外。

批发企业按照国家统计局颁发的《国民经济行业分类》(GB/T 4754—2002)中有关批发业的行业划分方法界定。

第四条 认定办法第十三条所称"其他一般纳税人",是指具有下列情形之一的一般纳税人:

(一)增值税偷税数额占应纳税额的10%以上并且偷税数额在10万元以上的;

(二)骗取出口退税的;

(三)虚开增值税扣税凭证的;

(四)国家税务总局规定的其他情形。

第五条 新认定为一般纳税人的小型商贸批发企业实行纳税辅导期管理的期限为3个月;其他一般纳税人实行纳税辅导期管理的期限为6个月。

第六条 对新办小型商贸批发企业,主管税务机关应在认定办法第九条第(四)款规定的《税务事项通知书》内告知纳税人对其实行纳税辅导期管理,纳税辅导期自主管税务机关制作《税务事项通知书》的当月起执行;对其他一般纳税人,主管税务机关应自稽查部门作出《税务稽查处理决定书》后40个工作日内,制作、送达《税务事项通知书》告知纳税人对其实行纳税辅导期管理,纳税辅导期自主管税务机关制作《税务事项通知书》的次月起执行。

第七条 辅导期纳税人取得的增值税专用发票(以下简称专用发票)抵扣联、海关进口增值税专用缴款书以及运输费用结算单据应当在交叉稽核比对无误后,方可抵扣进项税额。

第八条 主管税务机关对辅导期纳税人实行限量限额发售专用发票。

(一)实行纳税辅导期管理的小型商贸批发企业,领购专用发票的最高开票限额不得超过十万元;其他一般纳税人专用发票最高开票限额应根据企业实际经营情况重新核定。

(二)辅导期纳税人专用发票的领购实行按次限量控制,主管税务机关可根据纳税人的经营情况核定每次专用发票的供应数量,但每次发售专用发票数量不得超过25份。

辅导期纳税人领购的专用发票未使用完而再次领购的,主管税务机关发售专用发票的份数不得超过核定的每次领购专用发票份数与未使用完的专用发票份数的差额。

第九条 辅导期纳税人一个月内多次领购专用发票的,应从当月第二次领购专用发票起,按照上一次已领购并开具的专用发票销售额的3%预缴增值税,未预缴增值税的,主管税务机关不得向其发售专用发票。

预缴增值税时，纳税人应提供已领购并开具的专用发票记账联，主管税务机关根据其提供的专用发票记账联计算应预缴的增值税。

第十条　辅导期纳税人按第九条规定预缴的增值税可在本期增值税应纳税额中抵减，抵减后预缴增值税仍有余额的，可抵减下期再次领购专用发票时应当预缴的增值税。

纳税辅导期结束后，纳税人因增购专用发票发生的预缴增值税有余额的，主管税务机关应在纳税辅导期结束后的第一个月内，一次性退还纳税人。

第十一条　辅导期纳税人应当在“应交税金”科目下增设“待抵扣进项税额”明细科目，核算尚未交叉稽核比对的专用发票抵扣联、海关进口增值税专用缴款书以及运输费用结算单据（以下简称增值税抵扣凭证）注明或者计算的进项税额。

辅导期纳税人取得增值税抵扣凭证后，借记“应交税金——待抵扣进项税额”明细科目，贷记相关科目。交叉稽核比对无误后，借记“应交税金——应交增值税（进项税额）”科目，贷记“应交税金——待抵扣进项税额”科目。经核实不得抵扣的进项税额，红字借记“应交税金——待抵扣进项税额”，红字贷记相关科目。

第十二条　主管税务机关定期接收交叉稽核比对结果，通过《稽核结果导出工具》导出发票明细数据及《稽核结果通知书》并告知辅导期纳税人。

辅导期纳税人根据交叉稽核比对结果相符的增值税抵扣凭证本期数据申报抵扣进项税额，未收到交叉稽核比对结果的增值税抵扣凭证留待下期抵扣。

第十三条　辅导期纳税人按以下要求填写《增值税纳税申报表附列资料（表二）》。

（一）第2栏填写当月取得认证相符且当月收到《稽核比对结果通知书》及其明细清单注明的稽核相符专用发票、协查结果中允许抵扣的专用发票的份数、金额、税额。

（二）第3栏填写前期取得认证相符且当月收到《稽核比对结果通知书》及其明细清单注明的稽核相符专用发票、协查结果中允许抵扣的专用发票的份数、金额、税额。

（三）第5栏填写税务机关告知的《稽核比对结果通知书》及其明细清单注明的本期稽核相符的海关进口增值税专用缴款书、协查结果中允许抵扣的海关进口增值税专用缴款书的份数、金额、税额。

（四）第7栏“废旧物资发票”不再填写。

（五）第8栏填写税务机关告知的《稽核比对结果通知书》及其明细清单注明的本期稽核相符的运输费用结算单据、协查结果中允许抵扣的运输费用结算单据的份数、金额、税额。

（六）第23栏填写认证相符但未收到稽核比对结果的增值税专用发票月初余额数。

（七）第24栏填写本月已认证相符但未收到稽核比对结果的专用发票数据。

（八）第25栏填写已认证相符但未收到稽核比对结果的专用发票月末余额数。

（九）第28栏填写本月未收到稽核比对结果的海关进口增值税专用缴款书。

（十）第30栏“废旧物资发票”不再填写。

（十一）第31栏填写本月未收到稽核比对结果的运输费用结算单据数据。

第十四条　主管税务机关在受理辅导期纳税人纳税申报时，按照以下要求进行“一窗式”票表比对。

（一）审核《增值税纳税申报表》附表二第3栏份数、金额、税额是否等于或小于本期稽核系统比对相符的专用发票抵扣联数据。

（二）审核《增值税纳税申报表》附表二第5栏份数、金额、税额是否等于或小于本期交叉稽核比对相符和协查后允许抵扣的海关进口增值税专用缴款书合计数。

（三）审核《增值税纳税申报表》附表二中第8栏的份数、金额是否等于或小于本期交叉稽核比对相符和协查后允许抵扣的运输费用结算单据合计数。

（四）申报表数据若大于稽核结果数据的，按现行“一窗式”票表比对异常情况处理。

第十五条 纳税辅导期内，主管税务机关未发现纳税人存在偷税、逃避追缴欠税、骗取出口退税、抗税或其他需要立案查处的税收违法行为的，从期满的次月起不再实行纳税辅导期管理，主管税务机关应制作、送达《税务事项通知书》，告知纳税人；主管税务机关发现辅导期纳税人存在偷税、逃避追缴欠税、骗取出口退税、抗税或其他需要立案查处的税收违法行为的，从期满的次月起按照本规定重新实行纳税辅导期管理，主管税务机关应制作、送达《税务事项通知书》，告知纳税人。

第十六条 本办法自2010年3月20日起执行。《国家税务总局关于加强新办商贸企业增值税征收管理有关问题的紧急通知》（国税发明电〔2004〕37号）、《国家税务总局关于辅导期一般纳税人实施“先比对、后扣税”有关管理问题的通知》（国税发明电〔2004〕51号）、《国家税务总局关于加强新办商贸企业增值税征收管理有关问题的补充通知》（国税发明电〔2004〕62号）、《国家税务总局关于辅导期增值税一般纳税人增值税专用发票预缴增值税有关问题的通知》（国税函〔2005〕1097号）同时废止。

1－1－40

国家税务总局关于纳税人资产重组有关增值税问题的公告

2011年2月18日　国家税务总局公告2011年第13号

根据《中华人民共和国增值税暂行条例》及其实施细则的有关规定，现将纳税人资产重组有关增值税问题公告如下：

纳税人在资产重组过程中，通过合并、分立、出售、置换等方式，将全部或者部分实物资产以及与其相关联的债权、负债和劳动力一并转让给其他单位和个人，不属于增值税的征税范围，其中涉及的货物转让，不征收增值税。

本公告自2011年3月1日起执行。此前未作处理的，按照本公告的规定执行。《国家税务总局关于转让企业全部产权不征收增值税问题的批复》（国税函〔2002〕420号）、《国家税务总局关于纳税人资产重组有关增值税政策问题的批复》（国税函〔2009〕585号）、《国家税务总局关于中国直播卫星有限公司转让全部产权有关增值税问题的通知》（国税函〔2010〕350号）同时废止。

特此公告。

1 -1 -41

国家税务总局关于增值税纳税义务发生时间有关问题的公告

2011 年 7 月 15 日　国家税务总局公告 2011 年第 40 号

根据《中华人民共和国增值税暂行条例》及其实施细则的有关规定，现就增值税纳税义务发生时间有关问题公告如下：

纳税人生产经营活动中采取直接收款方式销售货物，已将货物移送对方并暂估销售收入入账，但既未取得销售款或取得索取销售款凭据也未开具销售发票的，其增值税纳税义务发生时间为取得销售款或取得索取销售款凭据的当天；先开具发票的，为开具发票的当天。

本公告自 2011 年 8 月 1 日起施行。纳税人此前对发生上述情况进行增值税纳税申报的，可向主管税务机关申请，按本公告规定做纳税调整。

特此公告。

1 -1 -42

国家税务总局关于纳税人转让土地使用权或者销售不动产同时一并销售附着于土地或者不动产上的固定资产有关税收问题的公告

2011 年 8 月 17 日　国家税务总局公告 2011 年第 47 号

现就纳税人转让土地使用权或者销售不动产的同时一并销售附着于土地或者不动产上的固定资产有关税收问题公告如下：

纳税人转让土地使用权或者销售不动产的同时一并销售的附着于土地或者不动产上的固定资产中，凡属于增值税应税货物的，应按照《财政部、国家税务总局关于部分货物适用增值税低税率和简易办法征收增值税政策的通知》（财税〔2009〕9 号）第二条有关规定，计算缴纳增值税；凡属于不动产的，应按照《中华人民共和国营业税暂行条例》“销售不动产”税目计算缴纳营业税。

纳税人应分别核算增值税应税货物和不动产的销售额，未分别核算或核算不清的，由主管税务机关核定其增值税应税货物的销售额和不动产的销售额。

本公告自 2011 年 9 月 1 日起施行。《国家税务总局关于煤炭企业转让井口征收营业税问题的批复》（国税函〔1997〕556 号）和《国家税务总局关于煤矿转让征收营业税问题的批复》(国税函〔2007〕1018 号)中"对单位和个人在转让煤矿土地使用权和销售不动产的同时一并转让附着于土地或不动产上的机电设备,一并按'销售不动产'征收营业税"的规定同时废止。本公告施行前已处理的事项不再作调整,未处理事项依据本公告处理。

特此公告。

1-1-43

国家税务总局关于废止逾期增值税扣税凭证一律不得抵扣规定的公告

2011 年 9 月 14 日　国家税务总局公告 2011 年第 49 号

经国务院批准,现将《国务院办公厅转发国家税务总局关于全面推广应用增值税防伪税控系统意见的通知》(国办发〔2000〕12 号)第三条中"凡逾期未申报认证的,一律不得作为扣税凭证,已经抵扣税款的,由税务机关如数追缴,并按《中华人民共和国税收征收管理法》的有关规定进行处罚"规定废止。2007 年 1 月 1 日以后开具的增值税扣税凭证逾期未认证或未稽核比对如何处理问题,另行公告。

本公告自 2011 年 10 月 1 日起执行。

特此公告。

1-1-44

国家税务总局关于逾期增值税扣税凭证抵扣问题的公告

2011 年 9 月 14 日　国家税务总局公告 2011 年第 50 号

为保障纳税人合法权益,经国务院批准,现将 2007 年 1 月 1 日以后开具的增值税扣税凭证未能按照规定期限办理认证或者稽核比对(以下简称逾期)抵扣问题公告如下:

一、对增值税一般纳税人发生真实交易但由于客观原因造成增值税扣税凭证逾期的,经主管税务机关审核、逐级上报,由国家税务总局认证、稽核比对后,对比对相符的增值税扣税凭证,允许纳税人继续抵扣其进项税额。

增值税一般纳税人由于除本公告第二条规定以外的其他原因造成增值税扣税凭证逾期的,仍应按照增值税扣税凭证抵扣期限有关规定执行。

本公告所称增值税扣税凭证,包括增值税专用发票、海关进口增值税专用缴款书和公路内河货物运输业统一发票。

二、客观原因包括如下类型:

(一)因自然灾害、社会突发事件等不可抗力因素造成增值税扣税凭证逾期;

(二)增值税扣税凭证被盗、抢,或者因邮寄丢失、误递导致逾期;

（三）有关司法、行政机关在办理业务或者检查中，扣押增值税扣税凭证，纳税人不能正常履行申报义务，或者税务机关信息系统、网络故障，未能及时处理纳税人网上认证数据等导致增值税扣税凭证逾期；

（四）买卖双方因经济纠纷，未能及时传递增值税扣税凭证，或者纳税人变更纳税地点，注销旧户和重新办理税务登记的时间过长，导致增值税扣税凭证逾期；

（五）由于企业办税人员伤亡、突发危重疾病或者擅自离职，未能办理交接手续，导致增值税扣税凭证逾期；

（六）国家税务总局规定的其他情形。

三、增值税一般纳税人因客观原因造成增值税扣税凭证逾期的，可按照本公告附件《逾期增值税扣税凭证抵扣管理办法》的规定，申请办理逾期抵扣手续。

四、本公告自 2011 年 10 月 1 日起执行。

特此公告。

附件：逾期增值税扣税凭证抵扣管理办法

附件

逾期增值税扣税凭证抵扣管理办法

一、增值税一般纳税人发生真实交易但由于客观原因造成增值税扣税凭证逾期的，可向主管税务机关申请办理逾期抵扣。

二、纳税人申请办理逾期抵扣时，应报送如下资料：

（一）《逾期增值税扣税凭证抵扣申请单》。

（二）增值税扣税凭证逾期情况说明。纳税人应详细说明未能按期办理认证或者申请稽核比对的原因，并加盖企业公章。其中，对客观原因不涉及第三方的，纳税人应说明的情况具体为：发生自然灾害、社会突发事件等不可抗力原因的，纳税人应详细说明自然灾害或者社会突发事件发生的时间、影响地区、对纳税人生产经营的实际影响等；纳税人变更纳税地点，注销旧户和重新办理税务登记的时间过长，导致增值税扣税凭证逾期的，纳税人应详细说明办理搬迁时间、注销旧户和注册新户的时间、搬出及搬入地点等；企业办税人员擅自离职，未办理交接手续的，纳税人应详细说明事情经过、办税人员姓名、离职时间等，并提供解除劳动关系合同及企业内部相关处理决定。

（三）客观原因涉及第三方的，应提供第三方证明或说明。具体为：企业办税人员伤亡或者突发危重疾病的，应提供公安机关、交通管理部门或者医院证明；有关司法、行政机关在办理业务或者检查中，扣押增值税扣税凭证，导致纳税人不能正常履行申报义务的，应提供相关司法、行政机关证明；增值税扣税凭证被盗、抢的，应提供公安机关证明；买卖双方因经济纠纷，未能及时传递增值税扣税凭证的，应提供卖方出具的情况说明；邮寄丢失或者误递导致增值税扣税凭证逾期的，应提供邮政单位出具的说明。

（四）逾期增值税扣税凭证电子信息。

（五）逾期增值税扣税凭证复印件（复印件必须整洁、清晰，在凭证备注栏注明“与原件一致”并加盖企业公章,增值税专用发票复印件必须裁剪成与原票大小一致)。

三、由于税务机关自身原因造成纳税人增值税扣税凭证逾期的,主管税务机关应在上报文件中说明相关情况。具体为,税务机关信息系统或者网络故障,未能及时处理纳税人网上认证数据的,主管税务机关应详细说明信息系统或网络故障出现、持续的时间,故障原因及表现等。

四、主管税务机关应认真审核纳税人所报资料,重点审核纳税人所报送资料是否齐全、交易是否真实发生、造成增值税扣税凭证逾期的原因是否属于客观原因、第三方证明或说明所述时间是否具有逻辑性、资料信息是否一致、增值税扣税凭证复印件与原件是否一致等。

主管税务机关审核无误后,应向上级税务机关正式上报,并将增值税扣税凭证逾期情况说明、第三方证明或说明、逾期增值税扣税凭证电子信息、逾期增值税扣税凭证复印件逐级审核后上报至国家税务总局。

五、国家税务总局将对各地上报的资料进行审核,并对逾期增值税扣税凭证信息进行认证、稽核比对,对资料符合条件、稽核比对结果相符的,通知省税务机关允许纳税人继续抵扣逾期增值税扣税凭证上所注明或计算的税额。

六、主管税务机关可定期或者不定期对已抵扣逾期增值税扣税凭证进项税额的纳税人进行复查,发现纳税人提供虚假信息,存在弄虚作假行为的,应责令纳税人将已抵扣进项税额转出,并按《中华人民共和国税收征收管理法》的有关规定进行处罚。

附表:1. 逾期增值税扣税凭证抵扣申请单(编者略)

2. 逾期增值税扣税凭证电子信息格式(编者略)

注释:

条款修改。根据《第十三届全国人民代表大会第一次会议关于国务院机构改革方案的决定》等有关规定,税收规范性文件规定的国税地税机关的职责和工作由新的税务机关承担。国家税务总局依据《税收规范性文件制定管理办法》(国家税务总局令第41号公布),对税收规范性文件进行了清理。参见:《国家税务总局关于修改部分税收规范性文件的公告》(国家税务总局公告2018年第31号)。

条款修改。第一条第一款修改为:“增值税一般纳税人发生真实交易但由于客观原因造成增值税扣税凭证(包括增值税专用发票、海关进口增值税专用缴款书和机动车销售统一发票)未能按照规定期限办理认证、确认或者稽核比对的,经主管税务机关核实、逐级上报,由省国税局认证并稽核比对后,对比对相符的增值税扣税凭证,允许纳税人继续抵扣其进项税额”。删去第一条第三款:“本公告所称增值税扣税凭证,包括增值税专用发票、海关进口增值税专用缴款书和公路内河货物运输业统一发票”。将附件第四条第二款修改为:“主管税务机关核实无误后,应向上级税务机关上报,并将增值税扣税凭证逾期情况说明、第三方证明或说明、逾期增值税扣税凭证电子信息、逾期增值税扣税凭证复印件逐级上报至省国税局”。将附件第五条修改为:“省国税局对上报的资料进行案头复核,并对逾期增值税扣税凭证信息进行认证、稽核比对,对资料符合条件、稽核比对结果相符的,允许纳税人继续抵扣逾期增值税扣税凭证上所注明或计算的税额”。上述修改自2018年1月1日起施行。参见:《国家税务总局关于进一步优化增值税、消费税有关涉税事项办理程序的公告》(国家税务总局公告2017年第36号)。

1-1-45

国家税务总局关于调整增值税即征即退优惠政策管理措施有关问题的公告

2011年11月14日　国家税务总局公告2011年第60号

为加快退税进度,提高纳税人资金使用效率,扶持企业发展,税务总局决定调整增值税即征即退企业实施先评估后退税的管理措施。现将有关问题公告如下:

一、将增值税即征即退优惠政策的管理措施由先评估后退税改为先退税后评估。

二、主管税务机关应进一步加强对即征即退企业增值税退税的事后管理,根据以下指标定期开展纳税评估。

(一)销售额变动率的计算公式:

1. 本期销售额环比变动率=(本期即征即退货物和劳务销售额-上期即征即退货物和劳务销售额)÷上期即征即退货物和劳务销售额×100%

2. 本期累计销售额环比变动率=(本期即征即退货物和劳务累计销售额-上期即征即退货物和劳务累计销售额)÷上期即征即退货物和劳务累计销售额×100%

3. 本期销售额同比变动率=(本期即征即退货物和劳务销售额-去年同期即征即退货物和劳务销售额)÷去年同期即征即退货物和劳务销售额×100%

4. 本期累计销售额同比变动率=(本期即征即退货物和劳务累计销售额-去年同期即征即退货物和劳务累计销售额)÷去年同期即征即退货物和劳务累计销售额×100%

(二)增值税税负率的计算公式:

增值税税负率=本期即征即退货物和劳务应纳税额÷本期即征即退货物和劳务销售额×100%

三、各地可根据不同的即征即退项目设计、完善评估指标。主管税务机关通过纳税评估发现企业异常情况的,应及时核实原因并按相关规定处理。

四、本公告自2011年12月1日起施行。《国家税务总局关于增值税即征即退实施先评估后退税有关问题的通知》(国税函〔2009〕432号)同时废止。

特此公告。

1－1－46

财政部　国家税务总局关于印发《营业税改征增值税试点方案》的通知

2011年11月16日　财税〔2011〕110号

各省、自治区、直辖市、计划单列市财政厅(局)、国家税务局、地方税务局,新疆生产建设兵团财务局:

《营业税改征增值税试点方案》已经国务院同意,现印发你们,请遵照执行。

附件:营业税改征增值税试点方案

附件

营业税改征增值税试点方案

根据党的十七届五中全会精神,按照《中华人民共和国国民经济和社会发展第十二个五年规划纲要》确定的税制改革目标和2011年《政府工作报告》的要求,制定本方案。

一、指导思想和基本原则

(一)指导思想。

建立健全有利于科学发展的税收制度,促进经济结构调整,支持现代服务业发展。

(二)基本原则。

1. 统筹设计、分步实施。正确处理改革、发展、稳定的关系,统筹兼顾经济社会发展要求,结合全面推行改革需要和当前实际,科学设计,稳步推进。

2. 规范税制、合理负担。在保证增值税规范运行的前提下,根据财政承受能力和不同行业发展特点,合理设置税制要素,改革试点行业总体税负不增加或略有下降,基本消除重复征税。

3. 全面协调、平稳过渡。妥善处理试点前后增值税与营业税政策的衔接、试点纳税人与非试点纳税人税制的协调,建立健全适应第三产业发展的增值税管理体系,确保改革试点有序运行。

二、改革试点的主要内容

(一)改革试点的范围与时间。

1. 试点地区。综合考虑服务业发展状况、财政承受能力、征管基础条件等因素,先期选择经济辐射效应明显、改革示范作用较强的地区开展试点。

2. 试点行业。试点地区先在交通运输业、部分现代服务业等生产性服务业开展试点,逐步推广至其他行业。条件成熟时,可选择部分行业在全国范围内进行全行业试点。

3. 试点时间。2012年1月1日开始试点,并根据情况及时完善方案,择机扩大试点范围。

（二）改革试点的主要税制安排。

1. 税率。在现行增值税17%标准税率和13%低税率基础上，新增11%和6%两档低税率。租赁有形动产等适用17%税率，交通运输业、建筑业等适用11%税率，其他部分现代服务业适用6%税率。

2. 计税方式。交通运输业、建筑业、邮电通信业、现代服务业、文化体育业、销售不动产和转让无形资产，原则上适用增值税一般计税方法。金融保险业和生活性服务业，原则上适用增值税简易计税方法。

3. 计税依据。纳税人计税依据原则上为发生应税交易取得的全部收入。对一些存在大量代收转付或代垫资金的行业，其代收代垫金额可予以合理扣除。

4. 服务贸易进出口。服务贸易进口在国内环节征收增值税，出口实行零税率或免税制度。

（三）改革试点期间过渡性政策安排。

1. 税收收入归属。试点期间保持现行财政体制基本稳定，原归属试点地区的营业税收入，改征增值税后收入仍归属试点地区，税款分别入库。因试点产生的财政减收，按现行财政体制由中央和地方分别负担。

2. 税收优惠政策过渡。国家给予试点行业的原营业税优惠政策可以延续，但对于通过改革能够解决重复征税问题的，予以取消。试点期间针对具体情况采取适当的过渡政策。

3. 跨地区税种协调。试点纳税人以机构所在地作为增值税纳税地点，其在异地缴纳的营业税，允许在计算缴纳增值税时抵减。非试点纳税人在试点地区从事经营活动的，继续按照现行营业税有关规定申报缴纳营业税。

4. 增值税抵扣政策的衔接。现有增值税纳税人向试点纳税人购买服务取得的增值税专用发票，可按现行规定抵扣进项税额。

三、组织实施

（一）财政部和国家税务总局根据本方案制定具体实施办法、相关政策和预算管理及缴库规定，做好政策宣传和解释工作。经国务院同意，选择确定试点地区和行业。

（二）营业税改征的增值税，由国家税务局负责征管。国家税务总局负责制定改革试点的征管办法，扩展增值税管理信息系统和税收征管信息系统，设计并统一印制货物运输业增值税专用发票，全面做好相关征管准备和实施工作。

1－1－47

国家税务总局关于安置残疾人单位是否可以同时享受多项增值税优惠政策问题的公告

2011年11月18日　国家税务总局公告2011年第61号

现将安置残疾人单位是否可以同时享受多重增值税优惠政策问题公告如下：

安置残疾人单位既符合促进残疾人就业增值税优惠政策条件，又符合其他增值税优惠政策条件的，可同时享受多项增值税优惠政策，但年度申请退还增值税总额不得超过本年度内应纳增值税总额。

本公告自2011年12月1日起执行。

特此公告。

1－1－48

国家税务总局关于纳税人既享受增值税即征即退先征后退政策又享受免抵退税政策有关问题的公告

2011年12月1日　国家税务总局公告2011年第69号

现将纳税人既享受增值税即征即退、先征后退政策又享受免抵退税政策有关问题公告如下：

一、纳税人既有增值税即征即退、先征后退项目，也有出口等其他增值税应税项目的，增值税即征即退和先征后退项目不参与出口项目免抵退税计算。纳税人应分别核算增值税即征即退、先征后退项目和出口等其他增值税应税项目，分别申请享受增值税即征即退、先征后退和免抵退税政策。

二、用于增值税即征即退或者先征后退项目的进项税额无法划分的，按照下列公式计算：

无法划分进项税额中用于增值税即征即退或者先征后退项目的部分＝当月无法划分的全部进项税额×当月增值税即征即退或者先征后退项目销售额÷当月全部销售额、营业额合计

本公告自2012年1月1日起执行。《国家税务总局关于飞机维修业务增值税问题的批复》（国税函〔2008〕842号）、《国家税务总局关于飞机维修业务增值税处理方式的公告》（2011年第5号）同时废止。

1－1－49

国家税务总局关于一般纳税人迁移有关增值税问题的公告

2011年12月9日　国家税务总局公告2011年第71号

现就增值税一般纳税人经营地点迁移后仍继续经营，其一般纳税人资格是否可以继续保留以及尚未抵扣进项税额是否允许继续抵扣问题公告如下：

一、增值税一般纳税人（以下简称纳税人）因住所、经营地点变动，按照相关规定，在工商行政管理部门作变更登记处理，但因涉及改变税务登记机关，需要办理注销税务登记并重新办理税务登记的，在迁达地重新办理税务登记后，其增值税一般纳税人资格予以保留，办理注销税务登记前尚未抵扣的进项税额允许继续抵扣。

二、迁出地主管税务机关应认真核实纳税人在办理注销税务登记前尚未抵扣的进项税额，填写《增值税一般纳税人迁移进项税额转移单》（见附件）。

《增值税一般纳税人迁移进项税额转移单》一式三份，迁出地主管税务机关留存一份，交纳税人一份，传递迁达地主管税务机关一份。

三、迁达地主管税务机关应将迁出地主管税务机关传递来的《增值税一般纳税人迁移进项税额转移单》与纳税人报送资料进行认真核对，对其迁移前尚未抵扣的进项税额，在确认无误后，允许纳税人继续申报抵扣。

本公告自2012年1月1日起执行。此前已经发生的事项，不再调整。

特此公告。

附件：增值税一般纳税人迁移进项税额转移单（编者略）

注释：

条款修改。根据《第十三届全国人民代表大会第一次会议关于国务院机构改革方案的决定》等有关规定，税收规范性文件规定的国税地税机关的职责和工作由新的税务机关承担。国家税务总局依据《税收规范性文件制定管理办法》（国家税务总局令第41号公布），对税收规范性文件进行了清理。参见：《国家税务总局关于修改部分税收规范性文件的公告》（国家税务总局公告2018年第31号）。

1－1－50

国家税务总局关于未按期申报抵扣增值税扣税凭证有关问题的公告

2011年12月29日 国家税务总局公告2011年第78号

为解决增值税一般纳税人增值税扣税凭证因客观原因未按期申报抵扣增值税进项税额问题，现将有关规定公告如下：

一、增值税一般纳税人取得的增值税扣税凭证已认证或已采集上报信息但未按照规定期限申报抵扣；实行纳税辅导期管理的增值税一般纳税人以及实行海关进口增值税专用缴款书“先比对后抵扣”管理办法的增值税一般纳税人，取得的增值税扣税凭证稽核比对结果相符但未按规定期限申报抵扣，属于发生真实交易且符合本公告第二条规定的客观原因的，经主管税务机关审核，允许纳税人继续申报抵扣其进项税额。

本公告所称增值税扣税凭证，包括增值税专用发票（含货物运输业增值税专用发票）、海关进口增值税专用缴款书和公路内河货物运输业统一发票。

增值税一般纳税人除本公告第二条规定以外的其他原因造成增值税扣税凭证未按期申报抵扣的，仍按照现行增值税扣税凭证申报抵扣有关规定执行。

二、客观原因包括如下类型：

（一）因自然灾害、社会突发事件等不可抗力原因造成增值税扣税凭证未按期申报抵扣；

（二）有关司法、行政机关在办理业务或者检查中，扣押、封存纳税人账簿资料，导致纳税人未能按期办理申报手续；

（三）税务机关信息系统、网络故障，导致纳税人未能及时取得认证结果通知书或稽核结果通知书，未能及时办理申报抵扣；

（四）由于企业办税人员伤亡、突发危重疾病或者擅自离职，未能办理交接手续，导致未能按期申报抵扣；

（五）国家税务总局规定的其他情形。

三、增值税一般纳税人发生符合本公告规定未按期申报抵扣的增值税扣税凭证，可按照本公告附件《未按期申报抵扣增值税扣税凭证抵扣管理办法》的规定，申请办理抵扣手续。

四、增值税一般纳税人取得2007年1月1日以后开具，本公告施行前发生的未按期申报抵扣增值税扣税凭证，可在2012年6月30日前按本公告规定申请办理，逾期不再受理。

五、本公告自2012年1月1日起施行。

特此公告。

附件：未按期申报抵扣增值税扣税凭证抵扣管理办法

附件

未按期申报抵扣增值税扣税凭证抵扣管理办法

一、增值税一般纳税人发生真实交易但由于客观原因造成增值税扣税凭证未按期申报抵扣的，可向主管税务机关申请办理抵扣手续。

二、纳税人申请办理抵扣时，应报送如下资料：

（一）《未按期申报抵扣增值税扣税凭证抵扣申请单》。

（二）《已认证增值税扣税凭证清单》。

（三）增值税扣税凭证未按期申报抵扣情况说明。纳税人应详细说明未能按期申报抵扣的原因，并加盖企业印章。对客观原因不涉及第三方的，纳税人应说明的情况具体为：发生自然灾害、社会突发事件等不可抗力原因的，纳税人应详细说明自然灾害或者社会突发事件发生的时间、影响地区、对纳税人生产经营的实际影响等；企业办税人员擅自离职，未办理交接手续的，纳税人应详细说明事情经过、办税人员姓名、离职时间等，并提供解除劳动关系合同及企业内部相关处理决定。对客观原因涉及第三方的，应提供第三方证明或说明。具体为：企业办税人员伤亡或者突发危重疾病的，应提供公安机关、交通管理部门或者医院证明；有关司法、行政机关在办理业务或者检查中，扣押、封存纳税人账簿资料，导致纳税人未能按期办理申报手续的,应提供相关司法、行政机关证明。对于因税务机关信息系统或者网络故障原因造成纳税人增值税扣税凭证未能按期申报抵扣的,主管税务机关应予以核实。

(四)未按期申报抵扣增值税扣税凭证复印件。

三、主管税务机关受理纳税人申请后,应认真审核以下信息:

(一)审核纳税人交易是否真实发生,所报资料是否齐全,增值税扣税凭证未按期申报抵扣的原因是否属于客观原因,纳税人说明、第三方证明或说明所述事项是否具有逻辑性等。

(二)纳税人申请抵扣的增值税扣税凭证稽核比对结果是否相符;

(三)《已认证增值税扣税凭证清单》与增值税扣税凭证应申报抵扣当月增值税纳税申报资料、认证稽核资料是否满足以下逻辑关系:

1.《已认证增值税扣税凭证清单》"抵扣情况"中"已抵扣凭证信息""小计"栏中的"份数"应等于当月增值税纳税申报表附列资料(表二)中同类型增值税扣税凭证的"份数";"抵扣情况"中"已抵扣凭证信息""小计"栏中的"税额"应等于当月增值税纳税申报表附列资料(表二)中同类型增值税扣税凭证的"税额";

2. 对增值税一般纳税人(不包括实行纳税辅导期管理的增值税一般纳税人),《已认证增值税扣税凭证清单》"总计"栏中"份数"、"税额"应小于等于认证或申请稽核比对当月认证相符或采集上报的同类型增值税扣税凭证的份数、税额合计。

3. 实行纳税辅导期管理的增值税一般纳税人以及实行海关进口增值税专用缴款书"先比对后抵扣"管理办法的增值税一般纳税人,《已认证增值税扣税凭证清单》"总计"栏中"份数"、"税额"应小于等于产生稽核结果当月稽核相符的同类型增值税扣税凭证的份数、税额合计。

四、主管税务机关审核无误后,发送《未按期申报抵扣增值税扣税凭证允许继续抵扣通知单》(以下简称《通知单》),企业凭《通知单》进行申报抵扣。

五、主管税务机关可定期或者不定期对已办理未按期申报抵扣增值税扣税凭证抵扣手续的纳税人进行复查,发现纳税人提供虚假信息,存在弄虚作假行为的,应责令纳税人将已抵扣进项税额转出,并按《中华人民共和国税收征收管理法》的有关规定进行处罚。

附表:1. 未按期申报抵扣增值税扣税凭证抵扣申请单(编者略)

2. 已认证增值税扣税凭证清单(编者略)

3. 未按期申报抵扣增值税扣税凭证允许继续抵扣通知单(编者略)

注释:

条款修改。根据《第十三届全国人民代表大会第一次会议关于国务院机构改革方案的决定》等有关规定,税收规范性文件规定的国税地税机关的职责和工作由新的税务机关承担。国家税务总局依据《税收规范性文件制定管理办法》(国家税务总局令第41号公布),对税收规范性文件进行了清理。参见:《国家税务总局关于修改部分税收规范性文件的公告》(国家税务总局公告2018年第31号)。

1－1－51

国家税务总局关于一般纳税人销售自己使用过的固定资产增值税有关问题的公告

2012年1月6日　国家税务总局公告2012年第1号

现将增值税一般纳税人销售自己使用过的固定资产有关增值税问题公告如下：

增值税一般纳税人销售自己使用过的固定资产，属于以下两种情形的，可按简易办法依4%征收率减半征收增值税，同时不得开具增值税专用发票：

一、纳税人购进或者自制固定资产时为小规模纳税人，认定为一般纳税人后销售该固定资产。

二、增值税一般纳税人发生按简易办法征收增值税应税行为，销售其按照规定不得抵扣且未抵扣进项税额的固定资产。

本公告自2012年2月1日起施行。此前已发生并已经征税的事项，不再调整；此前已发生未处理的，按本公告规定执行。

特此公告。

注释：

条款修改。“可按简易办法依4%征收率减半征收增值税”修改为“可按简易办法依3%征收率减按2%征收增值税”。参见：《国家税务总局关于简并增值税征收率有关问题的公告》（国家税务总局公告2014年第36号）。

1－1－52

财政部　国家税务总局关于固定业户总分支机构增值税汇总纳税有关政策的通知

2012年1月16日　财税〔2012〕9号

各省、自治区、直辖市、计划单列市财政厅（局）、国家税务局，新疆生产建设兵团财务局：

根据《中华人民共和国增值税暂行条例》第二十二条有关规定，现将固定业户总分支机构增值税汇总纳税政策通知如下：

固定业户的总分支机构不在同一县（市），但在同一省（区、市）范围内的，经省（区、市）财政厅（局）、国家税务局审批同意，可以由总机构汇总向总机构所在地的主管税务机关申报缴纳增值税。

省（区、市）财政厅（局）、国家税务局应将审批同意的结果，上报财政部、国家税务总局备案。

1 -1 -53

国家税务总局关于部分产品增值税适用税率问题的公告

2012 年 3 月 16 日　国家税务总局公告 2012 年第 10 号

现对部分产品是否属于农机范围及增值税适用税率问题,公告如下:

密集型烤房设备、频振式杀虫灯、自动虫情测报灯、粘虫板属于《国家税务总局关于印发〈增值税部分货物征税范围注释〉的通知》(国税发〔1993〕151 号)规定的农机范围,应适用 13% 增值税税率。

密集型烤房设备主要由锅炉、散热主机、风机、电机和自控设备等通用设备组成,用于烟叶、茶叶等原形态农产品的烘干脱水初加工。

频振式杀虫灯是采用特定波长范围的光源,诱集并有效杀灭昆虫的装置。一般由高压电网、发光灯管、风雨帽、接虫盘和接虫袋等组成,诱集光源波长范围应覆盖(320 ~ 680)nm。

自动虫情测报灯是采用特定的诱集光源及远红外自动处理等技术,自动完成诱虫、杀虫、收集、分装等虫情测报功能的装置。诱集光源应采用功能为 20W,主波长为(365 ± 10)nm的黑光灯管;或功率为 200W,光通量为 2700(1m) ~ 2920(1m)的白炽灯泡。

粘虫板是采用涂有特殊粘胶的色板,诱集并粘附昆虫的工具。

本公告自 2012 年 4 月 1 日起执行。此前已发生并处理的事项,不再做调整;未处理的,按本公告规定执行。

特此公告。

1 -1 -54

财政部　国家税务总局　中国人民银行关于营业税改征增值税试点地区适用增值税零税率应税服务免抵退税有关预算管理问题的通知

2012 年 5 月 15 日　财预〔2012〕65 号

上海市财政局、国家税务局、地方税务局,中国人民银行上海总部,财政部驻上海市财政监察专员办事处:

根据《营业税改征增值税试点方案》(财税〔2011〕110 号)和《营业税改征增值税试点地区适用增值税零税率应税服务免抵退税管理办法(暂行)》(国家税务总局公告 2012 年第 13 号),现就营业税改征增值税试点后,部分服务贸易实行零税率政策中有关预算管理问题通知如下：

一、零税率应税服务“免、抵、退”税款中退税部分由主管税务机关办理，退税资金从中央金库统一支付。

二、从2012年起，在《政府收支分类科目》1010105项“改征增值税出口退税”下增设01目“改征增值税出口退税”。具体科目及说明见附件。

三、免抵税款调库办法另行下达。

附件：2012年政府收支分类科目修订情况表

附件

2012年政府收支分类科目修订情况表

修订情况	修订后					
	类	款	项	目	科目名称	科目说明
新增	101	01	05		改征增值税出口退税	反映从中央国库办理的改征增值税出口退税和按“免、抵、退”办法调减的增值税
				01	改征增值税出口退税	中央收入退库科目。反映从中央国库办理的改征增值税出口退税

1－1－55

国家税务总局关于纳税人资产重组增值税留抵税额处理有关问题的公告

2012年12月13日　国家税务总局公告2012年第55号

现将纳税人资产重组中增值税留抵税额处理有关问题公告如下：

一、增值税一般纳税人（以下称“原纳税人”）在资产重组过程中，将全部资产、负债和劳动力一并转让给其他增值税一般纳税人（以下称“新纳税人”），并按程序办理注销税务登记的，其在办理注销登记前尚未抵扣的进项税额可结转至新纳税人处继续抵扣。

二、原纳税人主管税务机关应认真核查纳税人资产重组相关资料，核实原纳税人在办理注销税务登记前尚未抵扣的进项税额，填写《增值税一般纳税人资产重组进项留抵税额转移单》（见附件）。

《增值税一般纳税人资产重组进项留抵税额转移单》一式三份，原纳税人主管税务机关留存一份，交纳税人一份，传递新纳税人主管税务机关一份。

三、新纳税人主管税务机关应将原纳税人主管税务机关传递来的《增值税一般纳税人资产重组进项留抵税额转移单》与纳税人报送资料进行认真核对，对原纳税人尚未抵扣的进项税额，在确认无误后，允许新纳税人继续申报抵扣。

本公告自2013年1月1日起施行。

特此公告。

附件:增值税一般纳税人资产重组进项留抵税额转移单(编者略)

注释:

条款修改。根据《第十三届全国人民代表大会第一次会议关于国务院机构改革方案的决定》等有关规定,税收规范性文件规定的国税地税机关的职责和工作由新的税务机关承担。国家税务总局依据《税收规范性文件制定管理办法》(国家税务总局令第41号公布),对税收规范性文件进行了清理。参见:《国家税务总局关于修改部分税收规范性文件的公告》(国家税务总局公告2018年第31号)。

1-1-56

国家税务总局关于直销企业增值税销售额确定有关问题的公告

2013年1月17日　国家税务总局公告2013年第5号

根据《中华人民共和国增值税暂行条例》及其实施细则规定,现将直销企业采取直销方式销售货物增值税销售额确定有关问题公告如下:

一、直销企业先将货物销售给直销员,直销员再将货物销售给消费者的,直销企业的销售额为其向直销员收取的全部价款和价外费用。直销员将货物销售给消费者时,应按照现行规定缴纳增值税。

二、直销企业通过直销员向消费者销售货物,直接向消费者收取货款,直销企业的销售额为其向消费者收取的全部价款和价外费用。

本公告自2013年3月1日起施行。此前已发生但尚未处理的事项可按本公告规定执行。

特此公告。

1-1-57

财政部　中国人民银行国家税务总局关于营业税改征增值税试点有关预算管理问题的通知

2013年6月28日　财预〔2013〕275号

各省、自治区、直辖市、计划单列市财政厅(局)、国家税务局、地方税务局,新疆生产建设兵团财务局,中国人民银行上海总部、各分行、营业管理部、省会(首府)城市中心支行、大连、青岛、宁波、厦门、深圳市中心支行,财政部驻各省、直辖市、计划单列市财政监察专员办事处：

经国务院批准，自2013年8月1日起，在全国范围内开展交通运输业和部分现代服务业营业税改征增值税试点，为做好试点期间营业税改征增值税（以下简称改征增值税）的预算管理工作，现就有关事宜通知如下：

一、关于改征增值税的收入划分

试点期间收入归属保持不变，原归属地方的营业税收入，改征增值税后仍全部归属地方，改征增值税税款滞纳金、罚款收入也全部归属地方。按照即征即退政策审批退库的改征增值税，全部由地方财政负担。改征增值税收入不计入中央对地方增值税和消费税税收返还基数。试点期间因营业税改征增值税试点发生的财政收入变化，由中央和地方按照现行财政体制相关规定分享或分担。

改征增值税试点前服务贸易出口原免征营业税部分仍由地方负担，新增加的改征增值税出口退税按照现行财政体制由中央与地方按92.5∶7.5的比例负担，地方应负担的部分通过年终结算据实上解中央。

二、关于改征增值税适用的科目

改征增值税的收缴、退库和调库，按照下表所列的科目执行：

类	款	项	目	科目名称	科目说明
101	01	04		改征增值税	反映实施营业税改征增值税试点期间由营业税改征的增值税。
			01	改征增值税	地方收入科目。反映实施营业税改征增值税试点期间由营业税改征的增值税。
			20	改征增值税税款滞纳金、罚款收入	地方收入科目。反映改征增值税税款滞纳金、罚款收款滞纳金、罚款人。
			29	改征增值税国内退税	地方收入退库科目。反映国家税务局按照即征即退政策退税审批退库的改征增值税。
			61	免抵调增改征增值税	地方收入科目。反映实行“免、抵、退”税办法按免抵数额调增的由营业税改征的增值税。
101	01	05		改征增值税出口退税	反映从中央国库办理的改征增值税出口退税和按“免、抵、退”税办法调减的改征增值税。
			01	改征增值税出口退税	中央收入退库科目。反映从中央国库办理的改征增值税出口退税。
			02	免抵调减改征增值税	中央收入科目。反映实行“免、抵、退”税办法按免抵数额调减的改征增值税。

三、关于改征增值税的收入缴库

试点期间改征增值税收入上缴时，各级国税部门应根据纳税人申报情况在税收缴款书上单独填列，预算级次填列“地方级”。具体缴库流程按照《中华人民共和国国家金库条例实施细则》有关规定执行，采用电子缴库方式的，按照财税库银税收收入电子缴库有关规定执行。补缴或退还试点前实现的相关营业税，仍通过试点前的有关科目办理。

四、关于改征增值税的收入退库

按照即征即退政策审批退库的改征增值税比照现行增值税即征即退流程办理。

根据国家税务总局公告2012年第13号《营业税改征增值税试点地区适用增值税零税

率应税服务免抵退税管理办法(暂行)》,营业税改征增值税试点期间,服务贸易出口适用增值税零税率的,采用“免抵退税”办法,即零税率应税服务提供者提供零税率应税服务,免征增值税,相应的进项税额抵减应纳增值税额,未抵减完的部分予以退还,退税资金由中央国库统一支付。税务部门将审核通过的上述免抵税数额,以正式文件通知同级国库办理调库。调库的具体方法是:按零税率应税服务的免抵税数额,调增由营业税改征的增值税,同时相应增加中央出口退税。各级国库依据税务部门开具的更正(调库)通知书、收入退还书等凭证和文件办理相关业务。

五、其他事宜

纳税人兼有适用一般计税方法计税的应税服务、销售货物或应税劳务的,按照销项税额的比例划分应纳税额,分别作为改征增值税和现行增值税收入入库。

各级财税部门、人民银行国库部门应当认真做好改征增值税的收入收缴工作,明确区分改征增值税与现行增值税收入,防止收入混库,确保试点顺利实施。

财政部驻各省、自治区、直辖市、计划单列市财政监察专员办事处应加强监督检查。对于检查中发现的违法行为,依照《财政违法行为处罚处分条例》(国务院令第427号)等有关规定追究责任。

本通知自2013年8月1日起执行。《财政部、中国人民银行、国家税务总局关于上海市开展营业税改征增值税试点有关预算管理问题的通知》(财预〔2011〕538号)、《财政部、中国人民银行、国家税务总局关于营业税改征增值税试点有关预算管理问题的通知》(财预〔2012〕367号)、《财政部关于营业税改征增值税试点期间服务贸易出口退税有关问题的通知》(财预〔2012〕372号)同时废止。

1－1－58

国家税务总局关于在全国开展营业税改征增值税试点有关征收管理问题的公告

2013年7月10日　国家税务总局公告2013年第39号

为了贯彻落实《财政部、国家税务总局关于在全国开展交通运输业和部分现代服务业营业税改征增值税试点税收政策的通知》(财税〔2013〕37号)精神,保障营业税改征增值税(以下简称营改增)改革试点的顺利实施,现将征收管理有关问题公告如下:

一、关于纳税人发票使用问题

(一)自本地区营改增试点实施之日起,增值税纳税人不得开具公路、内河货物运输业统一发票。增值税一般纳税人(以下简称一般纳税人)提供货物运输服务的,使用货物运输业增值税专用发票(以下简称货运专票)和普通发票;提供货物运输服务之外其他增值税应税项目的,统一使用增值税专用发票(以下简称专用发票)和增值税普通发票。

小规模纳税人提供货物运输服务,服务接受方索取货运专票的,可向主管税务机关申请代开,填写《代开货物运输业增值税专用发票缴纳税款申报单》(附件1)。代开货运专票按照代开专用发票的有关规定执行。

(二)提供港口码头服务、货运客运场站服务、装卸搬运服务、旅客运输服务的一般纳税人,可以选择使用定额普通发票。

(三)从事国际货物运输代理业务的一般纳税人,应使用六联专用发票或五联增值税普通发票,其中第四联用作购付汇联;从事国际货物运输代理业务的小规模纳税人,应使用普通发票,其中第四联用作购付汇联。

(四)纳税人于本地区试点实施之日前提供改征增值税的营业税应税服务并开具营业税发票后,如发生服务中止、折让、开票有误等情形,且不符合发票作废条件的,应于2014年3月31日前向原主管税务机关申请开具营业税红字发票,不得开具红字专用发票和红字货运专票。需重新开具发票的,应于2014年3月31日前向原主管税务机关申请开具营业税发票,不得开具专用发票或货运专票。

二、关于税控系统使用问题

(一)自本地区营改增试点实施之日起,一般纳税人提供货物运输服务、开具货运专票的,使用货物运输业增值税专用发票税控系统(以下简称货运专票税控系统);提供货物运输服务之外的其他增值税应税服务、开具专用发票和增值税普通发票的,使用增值税防伪税控系统(以下简称防伪税控系统)。

(二)自2013年8月1日起,一般纳税人从事机动车(旧机动车除外)零售业务开具机动车销售统一发票,应使用机动车销售统一发票税控系统(以下简称机动车发票税控系统)。

(三)试点纳税人使用的防伪税控系统专用设备为金税盘和报税盘,纳税人应当使用金税盘开具发票,使用报税盘领购发票、抄报税;货运专票税控系统和机动车发票税控系统专用设备为税控盘和报税盘,纳税人应当使用税控盘开具发票,使用报税盘领购发票、抄报税。

货运专票税控系统及专用设备管理,按照现行防伪税控系统有关规定执行。各省国税机关可对现有相关文书作适当调整。

(四)北京市小规模纳税人自2012年9月1日起使用金税盘或税控盘开具普通发票,使用报税盘领购发票、抄报税的办法继续执行。

三、关于增值税专用发票(增值税税控系统)最高开票限额审批问题

增值税专用发票(增值税税控系统)实行最高开票限额管理。最高开票限额,是指单份专用发票或货运专票开具的销售额合计数不得达到的上限额度。

最高开票限额由一般纳税人申请,区县税务机关依法审批。一般纳税人申请最高开票限额时,需填报《增值税专用发票最高开票限额申请单》(附件2)。主管税务机关受理纳税人申请以后,根据需要进行实地查验。实地查验的范围和方法由各省国税机关确定。

税务机关应根据纳税人实际生产经营和销售情况进行审批,保证纳税人生产经营的正常需要。

四、关于货运专票开具问题

(一)一般纳税人提供应税货物运输服务,使用货运专票;提供其他增值税应税项目、免

税项目或非增值税应税项目的，不得使用货运专票。

（二）货运专票中“承运人及纳税人识别号”栏填写提供货物运输服务、开具货运专票的一般纳税人信息；“实际受票方及纳税人识别号”栏填写实际负担运输费用、抵扣进项税额的一般纳税人信息；“费用项目及金额”栏填写应税货物运输服务明细项目及不含增值税的销售额；“合计金额”栏填写应税货物运输服务项目不含增值税的销售额合计；“税率”栏填写增值税税率；“税额”栏填写按照应税货物运输服务项目不含增值税的销售额和适用税率计算得出的增值税额；“价税合计（大写）（小写）”栏填写不含增值税的销售额和增值税额的合计；“机器编号”栏填写货运专票税控系统税控盘编号。

（三）税务机关在代开货运专票时，货运专票税控系统在货运专票左上角自动打印“代开”字样；“税率”栏填写小规模纳税人增值税征收率；“税额”栏填写按照应税货物运输服务项目不含增值税的销售额和小规模纳税人增值税征收率计算得出的增值税额；“备注”栏填写税收完税凭证号码；其他栏次内容与本条第（二）项相同。

（四）提供货物运输服务，开具货运专票后，如发生应税服务中止、折让、开票有误以及发票抵扣联、发票联均无法认证等情形，且不符合发票作废条件，需要开具红字货运专票的，实际受票方或承运人可向主管税务机关填报《开具红字货物运输业增值税专用发票申请单》（附件3），经主管税务机关核对并出具《开具红字货物运输业增值税专用发票通知单》（附件4，以下简称《通知单》）。实际受票方应暂依《通知单》所列增值税税额从当期进项税额中转出，未抵扣增值税进项税额的可列入当期进项税额，待取得承运人开具的红字货运专票后，与留存的《通知单》一并作为记账凭证。认证结果为“无法认证”、“纳税人识别号认证不符”、“发票代码、号码认证不符”以及所购服务不属于增值税扣税项目范围的，不列入进项税额，不作进项税额转出。承运人可凭《通知单》在货运专票税控系统中以销项负数开具红字货运专票。《通知单》暂不通过系统开具，但其他事项按照现行红字专用发票有关规定执行。

五、关于货运专票管理问题

（一）货运专票暂不纳入失控发票快速反应机制管理。

（二）货运专票的认证结果类型包括“认证相符”、“无法认证”、“认证不符”、“密文有误”和“重复认证”等类型（暂无失控发票类型），稽核结果类型包括“相符”、“不符”、“缺联”、“重号”、“属于作废”和“滞留”等类型。认证、稽核异常货运专票的处理按照专用发票的有关规定执行。

（三）稽核异常的货运专票的核查工作，按照《增值税专用发票审核检查操作规程（试行）》的有关规定执行。

（四）丢失货运专票的处理，按照专用发票的有关规定执行，承运方主管税务机关出具《丢失货物运输业增值税专用发票已报税证明单》（附件5）。

六、本公告自2013年8月1日起实施，《国家税务总局关于修订〈增值税专用发票使用规定〉的通知》（国税发〔2006〕156号）第五条、《国家税务总局关于营业税改征增值税试点有关税收征收管理问题的公告》（国家税务总局公告2011年第77号）、《国家税务总局关于北京等8省市营业税改征增值税试点有关税收征收管理问题的公告》（国家税务总局公告2012年第42号）同时废止。

特此公告。

附件:1. 代开货物运输业增值税专用发票缴纳税款申报单(编者略)

2. 增值税专用发票最高开票限额申请单(编者略)

3. 开具红字货物运输业增值税专用发票申请单(编者略)

4. 开具红字货物运输业增值税专用发票通知单(编者略)

5. 丢失货物运输业增值税专用发票已报税证明单(编者略)

注释:

条款修改。根据《第十三届全国人民代表大会第一次会议关于国务院机构改革方案的决定》等有关规定,税收规范性文件规定的国税地税机关的职责和工作由新的税务机关承担。国家税务总局依据《税收规范性文件制定管理办法》(国家税务总局令第41号公布),对税收规范性文件进行了清理。参见:《国家税务总局关于修改部分税收规范性文件的公告》(国家税务总局公告2018年第31号)。

条款废止。第一条第一项和附件1自2018年1月1日起废止。参见:《国家税务总局关于发布〈货物运输业小规模纳税人申请代开增值税专用发票管理办法〉的公告》(国家税务总局公告2017年第55号)。

政策调整。"申请开具红字增值税专用发票审核"取消。参见:《国务院关于取消和调整一批行政审批项目等事项的决定》(国发〔2015〕11号)。

条款废止。第四条第四项自2015年1月1日起废止。参见:《国家税务总局关于推行增值税发票系统升级版有关问题的公告》(国家税务总局公告2014年第73号)。

条款废止。第五条第四项自2014年5月1日起废止。参见:《国家税务总局关于简化增值税发票领用和使用程序有关问题的公告》(国家税务总局公告2014年第19号)。

1-1-59

财政部　国家税务总局关于暂免征收部分小微企业增值税和营业税的通知

2013年7月29日　财税〔2013〕52号

各省、自治区、直辖市、计划单列市财政厅(局)、国家税务局、地方税务局,新疆生产建设兵团财务局:

为进一步扶持小微企业发展,经国务院批准,自2013年8月1日起,对增值税小规模纳税人中月销售额不超过2万元的企业或非企业性单位,暂免征收增值税;对营业税纳税人中月营业额不超过2万元的企业或非企业性单位,暂免征收营业税。

请遵照执行。

1-1-60

财政部 国家税务总局关于重新印发《总分机构试点纳税人增值税计算缴纳暂行办法》的通知

2013年10月24日 财税〔2013〕74号

各省、自治区、直辖市、计划单列市财政厅(局)、国家税务局、地方税务局,新疆生产建设兵团财务局:

根据营业税改征增值税试点政策和现行增值税有关规定,现将修订后的《总分机构试点纳税人增值税计算缴纳暂行办法》(见附件)印发你们,请遵照执行。

附件:总分机构试点纳税人增值税计算缴纳暂行办法

附件

总分机构试点纳税人增值税计算缴纳暂行办法

一、经财政部和国家税务总局批准的总机构试点纳税人及其分支机构,按照本办法的规定计算缴纳增值税。

二、总机构应当汇总计算总机构及其分支机构发生《应税服务范围注释》所列业务的应交增值税,抵减分支机构发生《应税服务范围注释》所列业务已缴纳的增值税税款(包括预缴和补缴的增值税税款)后,在总机构所在地解缴入库。总机构销售货物、提供加工修理修配劳务,按照增值税暂行条例及相关规定就地申报缴纳增值税。

三、总机构汇总的应征增值税销售额,为总机构及其分支机构发生《应税服务范围注释》所列业务的应征增值税销售额。

四、总机构汇总的销项税额,按照本办法第三条规定的应征增值税销售额和增值税适用税率计算。

五、总机构汇总的进项税额,是指总机构及其分支机构因发生《应税服务范围注释》所列业务而购进货物或者接受加工修理修配劳务和应税服务,支付或者负担的增值税税额。总机构及其分支机构用于发生《应税服务范围注释》所列业务之外的进项税额不得汇总。

六、分支机构发生《应税服务范围注释》所列业务,按照应征增值税销售额和预征率计算缴纳增值税。计算公式如下:

应预缴的增值税 = 应征增值税销售额 × 预征率

预征率由财政部和国家税务总局规定,并适时予以调整。

分支机构销售货物、提供加工修理修配劳务,按照增值税暂行条例及相关规定就地申报缴纳增值税。

七、分支机构发生《应税服务范围注释》所列业务当期已预缴的增值税税款，在总机构当期增值税应纳税额中抵减不完的，可以结转下期继续抵减。

八、每年的第一个纳税申报期结束后，对上一年度总分机构汇总纳税情况进行清算。总机构和分支机构年度清算应交增值税，按照各自销售收入占比和总机构汇总的上一年度应交增值税税额计算。分支机构预缴的增值税超过其年度清算应交增值税的，通过暂停以后纳税申报期预缴增值税的方式予以解决。分支机构预缴的增值税小于其年度清算应交增值税的，差额部分在以后纳税申报期由分支机构在预缴增值税时一并就地补缴入库。

九、总机构及其分支机构的其他增值税涉税事项，按照营业税改征增值税试点政策及其他增值税有关政策执行。

十、总分机构试点纳税人增值税具体管理办法由国家税务总局另行制定。

1－1－61

国家税务总局关于纳税人资产重组有关增值税问题的公告

2013年11月19日　国家税务总局公告2013年第66号

现将纳税人资产重组有关增值税问题公告如下：

纳税人在资产重组过程中，通过合并、分立、出售、置换等方式，将全部或者部分实物资产以及与其相关联的债权、负债经多次转让后，最终的受让方与劳动力接收方为同一单位和个人的，仍适用《国家税务总局关于纳税人资产重组有关增值税问题的公告》（国家税务总局公告2011年第13号）的相关规定，其中货物的多次转让行为均不征收增值税。资产的出让方需将资产重组方案等文件资料报其主管税务机关。

本公告自2013年12月1日起施行。纳税人此前已发生并处理的事项，不再做调整；未处理的，按本公告规定执行。

特此公告。

1－1－62

国家税务总局关于做好铁路运输和邮政服务业营业税改征增值税试点工作的通知

2013年12月9日　税总发〔2013〕125号

各省、自治区、直辖市和计划单列市国家税务局、地方税务局：

国务院常务会议决定，从2014年1月1日起，将铁路运输和邮政服务业纳入营业税改

征增值税(以下简称营改增)试点。为贯彻落实国务院常务会议精神,确保改革试点工作顺利完成,现就有关事项通知如下:

一、统一思想,提高认识

国务院常务会议指出,营改增是深化财税体制改革的"重头戏",是落实十八届三中全会有关税制改革要求的重要内容。近两年的营改增试点有力地推动了服务业发展,促进了结构调整,增加了社会就业。将铁路运输和邮政服务业纳入营改增试点,政策进一步完善,这不仅会减轻交通运输业总体税负,促进流通行业发展,还将推动全国范围内所涉及行业企业特别是小微企业的税收负担进一步降低,使改革红利持续显现。

各级税务机关要认真领会国务院常务会议精神,从落实十八届三中全会精神的高度,结合正在推进的群众路线教育实践活动,坚持不懈地抓好铁路运输和邮政服务业营改增试点各项工作。

二、加强领导,注重协调

营改增试点的顺利推进离不开当地党政领导的支持和相关部门的有效配合。各地营改增试点工作领导小组要继续发挥统筹协调作用,积极向当地党委、政府汇报,加强与相关部门的沟通与协作;国税部门、地税部门之间要密切配合,顺畅衔接,及时交接;税务部门内部要定期通报情况,及时会商解决问题。

三、明晰职责,有序推进

铁路运输和邮政服务业营改增试点自2014年1月1日起实施,该项工作时间紧、任务重、责任大。为确保各项工作准备到位,试点工作顺利推进,税务总局梳理了112项工作任务,其中涉及各省税务机关的共59项。各级税务部门要根据《铁路运输和邮政服务业营改增任务分解表(各省税务机关)》(见附件),结合当地实际进行梳理和细化;要倒排工期,制定出时间表、路线图,结合岗位职责将工作任务逐条分解到岗、责任到人;要实行主要领导负责制,确保各项任务有序推进,落实到位。

四、动态分析,总结提高

在铁路运输和邮政服务业营改增试点工作中,各级税务机关要继续优化纳税服务,深化宣传引导,及时、耐心解答政策问题;强化动态监控,于首月纳税申报期结束后做好税负情况分析,深入开展试点效应分析与评估。防控涉税风险,针对转换初期纳税人可能发生的虚开发票等偷骗税风险,总结前期工作经验,健全风险管理指标体系和风险应对处理机制。要经常开展"回头看",不断总结完善措施,确保本次营改增试点工作圆满完成。

附件:《铁路运输和邮政服务业营改增任务分解表(各省市税务机关)》(编者略)

1－1－63

国家税务总局关于促进残疾人就业增值税优惠政策有关问题的公告

2013年12月13日　国家税务总局公告2013年第73号

现就促进残疾人就业增值税优惠政策有关问题公告如下：

《财政部、国家税务总局关于促进残疾人就业税收优惠政策的通知》（财税〔2007〕92号，以下简称“通知”）第五条第一项“依法与安置的每位残疾人签订了一年以上（含一年）的劳动合同或服务协议”中的“劳动合同或服务协议”，包括全日制工资发放形式和非全日制工资发放形式劳动合同或服务协议。

安置残疾人单位聘用非全日制用工的残疾人，与其签订符合法律法规规定的劳动合同或服务协议，并且安置该残疾人在单位实际上岗工作的，可按照“通知”的规定，享受增值税优惠政策。

本公告自2013年10月1日起执行。此前处理与本公告规定不一致的，按本公告规定执行。

特此公告。

1－1－64

财政部　国家税务总局关于防范税收风险若干增值税政策的通知

2013年12月27日　财税〔2013〕112号

各省、自治区、直辖市、计划单列市财政厅（局）、国家税务局，新疆生产建设兵团财务局：

为进一步堵塞税收漏洞，防范打击虚开增值税专用发票和骗取出口退税违法行为，现将有关增值税政策通知如下：

一、增值税纳税人发生虚开增值税专用发票或者其他增值税扣税凭证、骗取国家出口退税款行为（以下简称增值税违法行为），被税务机关行政处罚或审判机关刑事处罚的，其销售的货物、提供的应税劳务和营业税改征增值税应税服务（以下统称货物劳务服务）执行以下政策：

（一）享受增值税即征即退或者先征后退优惠政策的纳税人，自税务机关行政处罚决定或审判机关判决或裁定生效的次月起36个月内，暂停其享受上述增值税优惠政策。纳税人自恢复享受增值税优惠政策之月起36个月内再次发生增值税违法行为的，自税务机关行政处罚决定或审判机关判决或裁定生效的次月起停止其享受增值税即征即退或者先征后退优惠政策。

（二）出口企业或其他单位发生增值税违法行为对应的出口货物劳务服务，视同内销，按规定征收增值税（骗取出口退税的按查处骗税的规定处理）。出口企业或其他单位在本通知生效后发生2次增值税违法行为的，自税务机关行政处罚决定或审判机关判决或裁定生效之日的次日起，其出口的所有适用出口退（免）税政策的货物劳务服务，一律改为适用增值税免税政策。纳税人如果已被停止出口退税权的，适用增值税免税政策的起始时间为停止出口退税权期满后的次日。

（三）以农产品为原料生产销售货物的纳税人发生增值税违法行为的，自税务机关行政处罚决定生效的次月起，按50%的比例抵扣农产品进项税额；违法情形严重的，不得抵扣农产品进项税额。具体办法由国家税务总局商财政部另行制定。

（四）本通知所称虚开增值税专用发票或其他增值税扣税凭证，是指有为他人虚开、为自己虚开、让他人为自己虚开、介绍他人虚开增值税专用发票或其他增值税扣税凭证行为之一的，但纳税人善意取得虚开增值税专用发票或其他增值税扣税凭证的除外。

二、出口企业购进货物的供货纳税人有属于办理税务登记2年内被税务机关认定为非正常户或被认定为增值税一般纳税人2年内注销税务登记，且符合下列情形之一的，自主管其出口退税的税务机关书面通知之日起，在24个月内出口的适用增值税退（免）税政策的货物劳务服务，改为适用增值税免税政策。

（一）外贸企业使用上述供货纳税人开具的增值税专用发票申报出口退税，在连续12个月内达到200万元以上（含本数，下同）的，或使用上述供货纳税人开具的增值税专用发票，连续12个月内申报退税额占该期间全部申报退税额30%以上的；

（二）生产企业在连续12个月内申报出口退税额达到200万元以上，且从上述供货纳税人取得的增值税专用发票税额达到200万元以上或占该期间全部进项税额30%以上的；

（三）外贸企业连续12个月内使用3户以上上述供货纳税人开具的增值税专用发票申报退税，且占该期间全部供货纳税人户数20%以上的；

（四）生产企业连续12个月内有3户以上上述供货纳税人，且占该期间全部供货纳税人户数20%以上的。

本条所称“连续12个月内”，外贸企业自使用上述供货纳税人开具的增值税专用发票申报退税的当月开始计算，生产企业自从上述供货纳税人取得的增值税专用发票认证当月开始计算。

本通知生效前已出口的上述供货纳税人的货物，出口企业可联系供货纳税人，由供货纳税人举证其销售的货物真实、纳税正常的证明材料，经供货纳税人的主管税务机关盖章认可，并在2014年7月底前按国家税务总局的函调管理办法回函后，税务机关可按规定办理退（免）税，在此之前，没有提供举证材料或举证材料没有被供货纳税人主管税务机关盖章认可并回函的，实行增值税免税政策。

三、自本通知生效后，有增值税违法行为的企业或税务机关重点监管企业，出口或销售给出口企业出口的货物劳务服务，在出口环节退（免）税或销售环节征税时，除按现行规定管理外，还应实行增值税“税收（出口货物专用）缴款书”管理，增值税税率为17%和13%的货物，税收（出口货物专用）缴款书的预缴率分别按6%和4%执行。有增值税违法行为的企业或税务机关重点监管企业的名单，由国家税务总局根据实际情况进行动态管理，并通过国家税务总局网站等方式向社会公告。具体办法由国家税务总局另行制定。

四、执行本通知第一条、第二条、第三条政策的纳税人，如果变更《税务登记证》纳税人名称或法定代表人担任新成立企业的法定代表人的企业，应继续执行完本通知对应的第一条、第二条、第三条规定；执行本通知第一条政策的纳税人，如果注销税务登记，在原地址有经营原业务的新纳税人，除法定代表人为非注销税务登记纳税人法定代表人的企业外，主管税务机关应在12个月内，对其购进、销售、资金往来、纳税等情况进行重点监管。

被停止出口退税权的纳税人在停止出口退税权期间，如果变更《税务登记证》纳税人名称或法定代表人担任新成立企业的法定代表人的企业，在被停止出口退税权的纳税人停止出口退税权期间出口的货物劳务服务，实行增值税征税政策。

五、出口企业或其他单位出口的适用增值税退（免）税政策的货物劳务服务，如果货物劳务服务的国内收购价格或出口价格明显偏高且无正当理由的，该出口货物劳务服务适用增值税免税政策。主管税务机关按照下列方法确定货物劳务服务价格是否偏高：

（一）按照该企业最近时期购进或出口同类货物劳务服务的平均价格确定。

（二）按照其他企业最近时期购进或出口同类货物劳务服务的平均价格确定。

（三）按照组成计税价格确定。组成计税价格的公式为：

组成计税价格 = 成本 ×（1 + 成本利润率）

成本利润率由国家税务总局统一确定并公布。

六、出口企业或其他单位存在下列情况之一的，其出口适用增值税退（免）税政策的货物劳务服务，一律适用增值税免税政策：

（一）法定代表人不知道本人是法定代表人的；

（二）法定代表人为无民事行为能力人或限制民事行为能力人的。

七、增值税纳税人发生增值税违法行为，被税务机关行政处罚或审判机关刑事处罚后，行政机关或审判机关对上述处罚决定有调整的，按调整后的决定适用政策，调整前已实行的政策可按调整后的适用政策执行。

八、本通知自2014年1月1日起执行。

1－1－65

国家税务总局关于发布《适用增值税零税率应税服务退（免）税管理办法》的公告

2014年2月8日　国家税务总局公告2014年第11号

为落实营业税改征增值税有关应税服务适用增值税零税率的政策规定，经商财政部同意，国家税务总局制定了《适用增值税零税率应税服务退（免）税管理办法》。现予以发布，自2014年1月1日起施行。《国家税务总局关于发布〈适用增值税零税率应税服务退（免）税管理办法（暂行）〉的公告》（国家税务总局公告2013年第47号）同时废止。

特此公告。

附件:1. 增值税零税率应税服务(国际运输/港澳台运输)免抵退税申报明细表(编者略)
2. 航空国际运输收入清算账单申报明细表(编者略)
3. 铁路国际客运收入清算函件申报明细表(编者略)
4. 增值税零税率应税服务(航天运输)免抵退税申报明细表(编者略)
5. 提供航天运输服务收讫营业款明细清单(编者略)
6. 增值税零税率应税服务(研发服务/设计服务)免抵退税申报明细表(编者略)
7. 向境外单位提供研发服务/设计服务收讫营业款明细清单(编者略)
8. 外贸企业外购应税服务(研发服务/设计服务)出口明细申报表(编者略)
9. 放弃适用增值税零税率声明(编者略)

适用增值税零税率应税服务退(免)税管理办法

第一条 中华人民共和国境内(以下简称境内)的增值税一般纳税人提供适用增值税零税率的应税服务,实行增值税退(免)税办法。

第二条 本办法所称的增值税零税率应税服务提供者是指,提供适用增值税零税率应税服务,且认定为增值税一般纳税人,实行增值税一般计税方法的境内单位和个人。属于汇总缴纳增值税的,为经财政部和国家税务总局批准的汇总缴纳增值税的总机构。

第三条 增值税零税率应税服务适用范围按财政部、国家税务总局的规定执行。

起点或终点在境外的运单、提单或客票所对应的各航段或路段的运输服务,属于国际运输服务。

起点或终点在港澳台的运单、提单或客票所对应的各航段或路段的运输服务,属于港澳台运输服务。

从境内载运旅客或货物至国内海关特殊监管区域及场所、从国内海关特殊监管区域及场所载运旅客或货物至国内其他地区或者国内海关特殊监管区域及场所,以及向国内海关特殊监管区域及场所内单位提供的研发服务、设计服务,不属于增值税零税率应税服务适用范围。

第四条 增值税零税率应税服务退(免)税办法包括免抵退税办法和免退税办法,具体办法及计算公式按《财政部、国家税务总局关于出口货物劳务增值税和消费税政策的通知》(财税〔2012〕39号)有关出口货物劳务退(免)税的规定执行。

实行免抵退税办法的增值税零税率应税服务提供者如果同时出口货物劳务且未分别核算的,应一并计算免抵退税。税务机关在审批时,应按照增值税零税率应税服务、出口货物劳务免抵退税额的比例划分其退税额和免抵税额。

第五条 增值税零税率应税服务的退税率为对应服务提供给境内单位适用的增值税税率。

第六条 增值税零税率应税服务的退(免)税计税依据,按照下列规定确定:

(一)实行免抵退税办法的退(免)税计税依据

1. 以铁路运输方式载运旅客的，为按照铁路合作组织清算规则清算后的实际运输收入；

2. 以铁路运输方式载运货物的，为按照铁路运输进款清算办法，对“发站”或“到站（局）”名称包含“境”字的货票上注明的运输费用以及直接相关的国际联运杂费清算后的实际运输收入；

3. 以航空运输方式载运货物或旅客的，如果国际运输或港澳台运输各航段由多个承运人承运的，为中国航空结算有限责任公司清算后的实际收入；如果国际运输或港澳台运输各航段由一个承运人承运的，为提供航空运输服务取得的收入；

4. 其他实行免抵退税办法的增值税零税率应税服务，为提供增值税零税率应税服务取得的收入。

（二）实行免退税办法的退（免）税计税依据为购进应税服务的增值税专用发票或解缴税款的中华人民共和国税收缴款凭证上注明的金额。

第七条 实行增值税退（免）税办法的增值税零税率应税服务不得开具增值税专用发票。

第八条 增值税零税率应税服务提供者办理出口退（免）税资格认定后，方可申报增值税零税率应税服务退（免）税。如果提供的适用增值税零税率应税服务发生在办理出口退（免）税资格认定前，在办理出口退（免）税资格认定后，可按规定申报退（免）税。

第九条 增值税零税率应税服务提供者应按照下列要求，向主管税务机关申请办理出口退（免）税资格认定：

（一）填报《出口退（免）税资格认定申请表》及电子数据；

《出口退（免）税资格认定申请表》中的“退税开户银行账号”，必须填写办理税务登记时向主管税务机关报备的银行账号之一。

（二）根据所提供的适用增值税零税率应税服务，提供以下对应资料的原件及复印件：

1. 提供国际运输服务。以水路运输方式的，应提供《国际船舶运输经营许可证》；以航空运输方式的，应提供经营范围包括“国际航空客货邮运输业务”的《公共航空运输企业经营许可证》或经营范围包括“公务飞行”的《通用航空经营许可证》；以公路运输方式的，应提供经营范围包括“国际运输”的《道路运输经营许可证》和《国际汽车运输行车许可证》；以铁路运输方式的，应提供经营范围包括“许可经营项目:铁路客货运输”的《企业法人营业执照》或其他具有提供铁路客货运输服务资质的证明材料；提供航天运输服务的，应提供经营范围包括“商业卫星发射服务”的《企业法人营业执照》或其他具有提供商业卫星发射服务资质的证明材料。

2. 提供港澳台运输服务。以公路运输方式提供内地往返香港、澳门的交通运输服务的，应提供《道路运输经营许可证》及持《道路运输证》的直通港澳运输车辆的物权证明；以水路运输方式提供内地往返香港、澳门交通运输服务的，应提供获得港澳线路运营许可船舶的物权证明；以水路运输方式提供大陆往返台湾交通运输服务的，应提供《台湾海峡两岸间水路运输许可证》及持《台湾海峡两岸间船舶营运证》船舶的物权证明；以航空运输方式提供港澳台运输服务的，应提供经营范围包括“国际、国内（含港澳）航空客货邮运输业务”的《公共航空运输企业经营许可证》或者经营范围包括“公务飞行”的《通用航空经营许可证》;以铁路运输方式提供内地往返香港的交通运输服务的,应提供经营范围包括“许可经营项目:铁路客货运输”的《企业法人营业执照》或其他具有提供铁路客货运输服务资质的证明材料。

3. 采用程租、期租和湿租方式租赁交通运输工具用于国际运输服务和港澳台运输服务的,应提供程租、期租和湿租合同或协议。

4. 对外提供研发服务或设计服务的,应提供《技术出口合同登记证》。

(三)增值税零税率应税服务提供者出口货物劳务,且未办理过出口退(免)税资格认定的,除提供上述资料外,还应提供加盖备案登记专用章的《对外贸易经营者备案登记表》和《中华人民共和国海关进出口货物收发货人报关注册登记证书》的原件及复印件。

第十条 已办理过出口退(免)税资格认定的出口企业,提供增值税零税率应税服务的,应填报《出口退(免)税资格认定变更申请表》及电子数据,提供第九条所列的增值税零税率应税服务对应的资料,向主管税务机关申请办理出口退(免)税资格认定变更。

第十一条 增值税零税率应税服务提供者按规定需变更增值税退(免)税办法的,主管税务机关应按照现行规定进行退(免)税清算,在结清税款后方可办理变更。

第十二条 增值税零税率应税服务提供者提供增值税零税率应税服务,应在财务作销售收入次月(按季度进行增值税纳税申报的为次季度首月,下同)的增值税纳税申报期内,向主管税务机关办理增值税纳税和退(免)税相关申报。

增值税零税率应税服务提供者收齐有关凭证后,可于在财务作销售收入次月起至次年4月30日前的各增值税纳税申报期内向主管税务机关申报退(免)税。逾期申报退(免)税的,主管税务机关不再受理。未在规定期限内申报退(免)税的增值税零税率应税服务,增值税零税率应税服务提供者应按规定缴纳增值税。

第十三条 实行免抵退税办法的增值税零税率应税服务提供者应按照下列要求向主管税务机关办理增值税免抵退税申报:

(一)填报《免抵退税申报汇总表》及其附表;

(二)提供当期《增值税纳税申报表》;

(三)提供免抵退税正式申报电子数据;

(四)提供增值税零税率应税服务所开具的发票(经主管税务机关认可,可只提供电子数据,原始凭证留存备查);

(五)根据所提供的适用增值税零税率应税服务,提供以下对应资料凭证:

1. 提供国际运输服务、港澳台运输服务的,需填报《增值税零税率应税服务(国际运输/港澳台运输)免抵退税申报明细表》(附件1),并提供下列原始凭证的原件及复印件:

(1)以水路运输、航空运输、公路运输方式的,提供增值税零税率应税服务的载货、载客舱单或其他能够反映收入原始构成的单据凭证。以航空运输方式且国际运输和港澳台运输各航段由多个承运人承运的,还需提供《航空国际运输收入清算账单申报明细表》(附件2)。

(2)以铁路运输方式的,客运的提供增值税零税率应税服务的国际客运联运票据、铁路合作组织清算函件及《铁路国际客运收入清算函件申报明细表》(附件3);货运的提供铁路进款资金清算机构出具的《国际铁路货运进款清算通知单》,启运地的铁路运输企业还应提供国际铁路联运运单,以及“发站”或“到站(局)”名称包含“境”字的货票。

(3)采用程租、期租、湿租服务方式租赁交通运输工具从事国际运输服务和港澳台运输服务的,还应提供程租、期租、湿租的合同或协议复印件。向境外单位和个人提供期租、湿租服务,按规定由出租方申报退(免)税的,可不提供第(1)项原始凭证。

上述(1)、(2)项原始凭证(不包括《航空国际运输收入清算账单申报明细表》和《铁路国际客运收入清算函件申报明细表》),经主管税务机关批准,增值税零税率应税服务提供者可只提供电子数据,原始凭证留存备查。

2. 提供航天运输服务的,需填报《增值税零税率应税服务(航天运输)免抵退税申报明细表》(附件4),并提供下列资料及原始凭证的原件及复印件:

(1)签订的提供航天运输服务的合同;

(2)从与之签订航天运输服务合同的单位取得收入的收款凭证;

(3)《提供航天运输服务收讫营业款明细清单》(附件5)。

3. 对外提供研发服务或设计服务的,需填报《增值税零税率应税服务(研发服务/设计服务)免抵退税申报明细表》(附件6),并提供下列资料及原始凭证的原件及复印件:

(1)与增值税零税率应税服务收入相对应的《技术出口合同登记证》复印件;

(2)与境外单位签订的研发、设计合同;

(3)从与之签订研发、设计合同的境外单位取得收入的收款凭证;

(4)《向境外单位提供研发服务/设计服务收讫营业款明细清单》(附件7)。

(六)主管税务机关要求提供的其他资料及凭证。

第十四条 实行免退税办法的增值税零税率应税服务提供者,应按照下列要求向主管税务机关办理增值税免退税申报:

(一)填报《外贸企业出口退税汇总申报表》;

(二)填报《外贸企业外购应税服务(研发服务/设计服务)出口明细申报表》(附件8);

(三)填列外购对应的研发服务或设计服务取得增值税专用发票情况的《外贸企业出口退税进货明细申报表》;

(四)提供以下原始凭证:

1. 提供增值税零税率应税服务所开具的发票;

2. 从境内单位或者个人购进研发服务或设计服务出口的,提供应税服务提供方开具的增值税专用发票;

3. 从境外单位或者个人购进研发服务或设计服务出口的,提供取得的解缴税款的中华人民共和国税收缴款凭证;

4. 第十三条第(五)项第3目所列资料及原始凭证的原件及复印件。

第十五条 主管税务机关受理增值税零税率应税服务退(免)税申报后,应对下列内容人工审核无误后,使用出口退税审核系统进行审核。对属于实行免退税办法的增值税零税率应税服务的进项一律使用交叉稽核、协查信息审核出口退税。如果在审核中有疑问的,可对企业进项增值税专用发票进行发函调查或核查。

(一)提供国际运输、港澳台运输的,应从增值税零税率应税服务提供者申报中抽取若干申报记录审核以下内容:

1. 所申报的国际运输、港澳台运输服务是否符合适用增值税零税率应税服务的规定;

2. 所抽取申报记录申报应税服务收入是否小于或等于该申报记录所对应的载货或载客舱单上记载的国际运输、港澳台运输服务收入；

3. 采用期租、程租和湿租方式租赁交通运输工具用于国际运输服务和港澳台运输服务的，重点审核期租、程租和湿租的合同或协议，审核申报退（免）税的企业是否符合适用增值税零税率应税服务的规定；

4. 以铁路运输方式提供国际运输、港澳台运输服务的，重点审核提供的货票的"发站"或"到站（局）"名称是否包含"境"字，是否与提供国际铁路联运运单匹配。

（二）对外提供研发服务或设计服务的，应审核以下内容：

1. 企业所申报的研发服务或设计服务是否符合适用增值税零税率应税服务规定；

2. 研发、设计合同签订的对方是否为境外单位；

3. 应税服务收入的支付方是否为与之签订研发、设计合同的境外单位；

4. 申报应税服务收入是否小于或等于从与之签订研发、设计合同的境外单位取得的收款金额；

5. 外贸企业外购研发服务或设计服务出口的，除按照上述内容审核外，还应审核其申报退税的进项税额是否与增值税零税率应税服务对应。

第十六条 因出口自己开发的研发服务或设计服务，退（免）税办法由免退税改为免抵退税办法的外贸企业，如果申报的退（免）税异常增长，出口货物劳务及服务有非正常情况的，主管税务机关可要求外贸企业报送出口货物劳务及服务所对应的进项凭证，并按规定进行审核。主管税务机关如果审核发现外贸企业提供的进货凭证有伪造或内容不实的，按照《财政部、国家税务总局关于出口货物劳务增值税和消费税政策通知》（财税〔2012〕39号）等有关规定处理。

第十七条 主管税务机关认为增值税零税率应税服务提供者提供的研发服务或设计服务出口价格偏高的，应按照《财政部、国家税务总局关于防范税收风险若干增值税政策的通知》（财税〔2013〕112号）第五条的规定处理。

第十八条 经主管税务机关审核，增值税零税率应税服务提供者申报的退（免）税，如果凭证资料齐全、符合退（免）税规定的，主管税务机关应及时予以审核通过，办理退税和免抵调库，退税资金由中央金库统一支付。

第十九条 增值税零税率应税服务提供者骗取国家出口退税款的，税务机关应按《国家税务总局关于停止为骗取出口退税企业办理出口退税有关问题的通知》（国税发〔2008〕32号）和《财政部、国家税务总局关于防范税收风险若干增值税政策的通知》（财税〔2013〕112号）的规定处理。增值税零税率应税服务提供者在停止退税期间发生的增值税零税率应税服务，不得申报退（免）税，应按规定缴纳增值税。

第二十条 增值税零税率应税服务提供者提供适用增值税零税率的应税服务，如果放弃适用增值税零税率，选择免税或按规定缴纳增值税的，应向主管税务机关报送《放弃适用增值税零税率声明》（附件9），办理备案手续。自备案次月1日起36个月内，该企业提供的增值税零税率应税服务，不得申报增值税退（免）税。

第二十一条 主管税务机关应对增值税零税率应税服务提供者适用增值税零税率的退（免）税加强分析监控。

第二十二条 本办法要求增值税零税率应税服务提供者向主管税务机关报送的申报表电子数据应均通过出口退(免)税申报系统生成、报送。在出口退(免)税申报系统信息生成、报送功能升级完成前,涉及需报送的电子数据,可暂报送纸质资料。

出口退(免)税申报系统可从国家税务总局网站免费下载或由主管税务机关免费提供。

第二十三条 本办法要求增值税零税率应税服务提供者向主管税务机关同时提供原件和复印件的资料,增值税零税率应税服务提供者提供的复印件上应注明“与原件相符”字样,并加盖企业公章。主管税务机关在核对复印件与原件相符后,将原件退回,留存复印件。

第二十四条 本办法自2014年1月1日起施行,以增值税零税率应税服务提供者提供增值税零税率应税服务并在财务作销售收入的日期为准。

注释:

条款废止。第十三条第一项中的“附表”、第十三条第五项第1目中的“填报《增值税零税率应税服务(国际运输/港澳台运输)免抵退税申报明细表》(附件1)”、附件1废止。参见:《国家税务总局关于优化整合出口退税信息系统 更好服务纳税人有关事项的公告》(国家税务总局公告2021年第15号)。

条款废止。第十三条第二项、第五项第2目自2018年5月1日起废止。参见:《国家税务总局关于出口退(免)税申报有关问题的公告》(国家税务总局公告2018年第16号)。

条款废止。第十二条第二款、第十三条第五项第3目、第十四条、第十五条第二项自2015年12月1日起废止。参见:《国家税务总局关于〈适用增值税零税率应税服务退(免)税管理办法〉的补充公告》(国家税务总局公告2015年第88号)。

条款废止。第十三条第五项第1目之(2)和第十五条第一项第4目废止。参见:《国家税务总局关于出口退(免)税有关问题的公告》(国家税务总局公告2015年第29号)。

1-1-66

财政部 国家税务总局关于简并增值税征收率政策的通知

2014年6月13日 财税〔2014〕57号

各省、自治区、直辖市、计划单列市财政厅(局)、国家税务局,新疆生产建设兵团财务局:

为进一步规范税制、公平税负,经国务院批准,决定简并和统一增值税征收率,将6%和4%的增值税征收率统一调整为3%。现将有关事项通知如下:

一、《财政部、国家税务总局关于部分货物适用增值税低税率和简易办法征收增值税政策的通知》(财税〔2009〕9号)第二条第(一)项和第(二)项中“按照简易办法依照4%征收率减半征收增值税”调整为“按照简易办法依照3%征收率减按2%征收增值税”。

《财政部、国家税务总局关于全国实施增值税转型改革若干问题的通知》(财税〔2008〕

170号）第四条第（二）项和第（三）项中"按照4%征收率减半征收增值税"调整为"按照简易办法依照3%征收率减按2%征收增值税"。

二、财税〔2009〕9号文件第二条第（三）项和第三条"依照6%征收率"调整为"依照3%征收率"。

三、财税〔2009〕9号文件第二条第（四）项"依照4%征收率"调整为"依照3%征收率"。

四、本通知自2014年7月1日起执行。

1-1-67

国家税务总局关于简并增值税征收率有关问题的公告

2014年6月27日　国家税务总局公告2014年第36号

根据国务院简并和统一增值税征收率的决定，现将有关问题公告如下：

一、将《国家税务总局关于固定业户临时外出经营有关增值税专用发票管理问题的通知》（国税发〔1995〕87号）中"经营地税务机关按6%的征收率征税"，修改为"经营地税务机关按3%的征收率征税"。

二、将《国家税务总局关于拍卖行取得的拍卖收入征收增值税、营业税有关问题的通知》（国税发〔1999〕40号）第一条中"按照4%的征收率征收增值税"，修改为"按照3%的征收率征收增值税"。

三、将《国家税务总局关于增值税简易征收政策有关管理问题的通知》（国税函〔2009〕90号）第一条第（一）项中"按简易办法依4%征收率减半征收增值税政策"，修改为"按简易办法依3%征收率减按2%征收增值税政策"。

四、将《国家税务总局关于供应非临床用血增值税政策问题的批复》（国税函〔2009〕456号）第二条中"按照简易办法依照6%征收率计算应纳税额"，修改为"按照简易办法依照3%征收率计算应纳税额"。

五、将《国家税务总局关于一般纳税人销售自己使用过的固定资产增值税有关问题的公告》（国家税务总局公告2012年第1号）中"可按简易办法依4%征收率减半征收增值税"，修改为"可按简易办法依3%征收率减按2%征收增值税"。

六、纳税人适用按照简易办法依3%征收率减按2%征收增值税政策的，按下列公式确定销售额和应纳税额：

销售额＝含税销售额÷（1＋3%）

应纳税额＝销售额×2%

《国家税务总局关于增值税简易征收政策有关管理问题的通知》（国税函〔2009〕90号）第四条第（一）项废止。

七、本公告自2014年7月1日起施行。

特此公告。

注释：

条款废止。第二条废止。参见:《国家税务总局关于明确中外合作办学等若干增值税征管问题的公告》(国家税务总局公告2018年第42号)。

1-1-68

国家税务总局关于明确部分增值税优惠政策审批事项取消后有关管理事项的公告

2015年5月19日　国家税务总局公告2015年第38号

根据《国务院关于取消和调整一批行政审批项目等事项的决定》(国发〔2015〕11号),拍卖行拍卖免税货物免征增值税等5项增值税优惠政策执行中涉及的审核、审批工作程序已取消,现就其后续管理事项公告如下:

一、纳税人享受下列增值税优惠政策,其涉及的税收审核、审批工作程序取消,改为备案管理。

(一)承担粮食收储任务的国有粮食企业、经营免税项目的其他粮食经营企业以及有政府储备食用植物油销售业务企业免征增值税的审核。

(二)拍卖行拍卖免税货物免征增值税的审批。

(三)随军家属就业免征增值税的审批。

(四)自主择业的军队转业干部就业免征增值税的审批。

(五)自谋职业的城镇退役士兵就业免征增值税的审批。

二、纳税人享受上述增值税优惠政策,按以下规定办理备案手续。

(一)纳税人应在享受税收优惠政策的首个纳税申报期内,将备案材料作为申报资料的一部分,一并提交主管税务机关。

每一个纳税期内,拍卖行发生拍卖免税货物业务,均应在办理纳税申报时,向主管税务机关履行免税备案手续。

(二)纳税人在符合减免税条件期间内,备案资料内容不发生变化的,可进行一次性备案。

(三)纳税人提交的备案资料内容发生变化,如仍符合减免税规定,应在发生变化的次月纳税申报期内,向主管税务机关进行变更备案。如不再符合减免税规定,应当停止享受减免税,按照规定进行纳税申报。

三、纳税人对备案资料的真实性和合法性承担责任。

四、纳税人提交备案资料包括以下内容:

(一)减免税的项目、依据、范围、期限等;

(二)减免税依据的相关法律、法规、规章和规范性文件要求报送的材料。

五、主管税务机关对纳税人提供的备案材料的完整性进行审核,不改变纳税人真实申报的责任。

六、本公告施行前，纳税人享受上述增值税优惠政策已经履行了相关审核、审批程序的，可不再办理资料备案。但本公告施行后，纳税人减免税条件、内容发生改变的，则应按本公告规定，向主管税务机关提交备案资料，办理享受优惠政策备案手续。

七、各省、自治区、直辖市和计划单列市国家税务局，可按本公告规定，补充制定本地区上述增值税优惠政策涉及的税收审核、审批工作程序取消后的后续管理措施。

八、本公告自公布之日起施行。《财政部、国家税务总局关于粮食企业增值税征免问题的通知》（财税字〔1999〕198 号）第五条中“承担粮食收储任务的国有粮食购销企业和经营本通知所列免税项目的其他粮食经营企业，以及有政府储备食用植物油销售业务的企业，均需经主管税务机关审核认定免税资格，未报经主管税务机关审核认定，不得免税”及“经国家税务局审核无误后予以免税”内容同时废止。

《国家税务总局关于拍卖行取得的拍卖收入征收增值税、营业税有关问题的通知》（国税发〔1999〕40 号）第一条中“经拍卖行所在地县级主管税务机关批准”内容同时废止。

《财政部、国家税务总局关于将铁路运输和邮政业纳入营业税改征增值税试点的通知》（财税〔2013〕106 号）附件 3 第一条第（十）款中“但税务部门应当进行相应的审查认定”、第（十一）款中“经主管税务机关批准”和第（十二）款中“税务机关审核”内容同时废止。

特此公告。

注释：

条款修改。根据《第十三届全国人民代表大会第一次会议关于国务院机构改革方案的决定》等有关规定，税收规范性文件规定的国税地税机关的职责和工作由新的税务机关承担。国家税务总局依据《税收规范性文件制定管理办法》（国家税务总局令第 41 号公布），对税收规范性文件进行了清理。参见：《国家税务总局关于修改部分税收规范性文件的公告》（国家税务总局公告 2018 年第 31 号）。

1－1－69

国家税务总局关于界定超标准小规模纳税人偷税数额的批复

2015 年 6 月 11 日　税总函〔2015〕311 号

黑龙江省国家税务局：

你局《关于界定超标准小规模纳税人偷税数额的请示》（黑国税发〔2014〕85 号）收悉。根据《增值税一般纳税人资格认定管理办法》（国家税务总局令第 22 号）、《国家税务总局关于明确〈增值税一般纳税人资格认定管理办法〉若干条款处理意见的通知》（国税函〔2010〕139 号）有关规定，批复如下：

稽查查补销售额和纳税评估调整销售额计入查补税款申报当月的销售额，以界定增值税小规模纳税人年应税销售额。

纳税人年应税销售额超过小规模纳税人标准且未在规定时限内申请一般纳税人资格认定的,主管税务机关应制作《税务事项通知书》予以告知。纳税人在《税务事项通知书》规定时限内仍未向主管税务机关报送一般纳税人认定有关资料的,其《税务事项通知书》规定时限届满之后的销售额依照增值税税率计算应纳税额,不得抵扣进项税额。税务机关送达的《税务事项通知书》规定时限届满之前的销售额,应按小规模纳税人简易计税方法,依3%征收率计算应纳税额。

你局对所属企业实施税务检查,发生的具体涉税事项,应按上述原则处理。其中,涉及滞纳金和罚款的计算等问题,仍按照相关规定执行。

1－1－70

国家税务总局关于纳税人认定或登记为一般纳税人前进项税额抵扣问题的公告

2015年8月19日　国家税务总局公告2015年第59号

现将纳税人认定或登记为一般纳税人前进项税额抵扣问题公告如下:

一、纳税人自办理税务登记至认定或登记为一般纳税人期间,未取得生产经营收入,未按照销售额和征收率简易计算应纳税额申报缴纳增值税的,其在此期间取得的增值税扣税凭证,可以在认定或登记为一般纳税人后抵扣进项税额。

二、上述增值税扣税凭证按照现行规定无法办理认证或者稽核比对的,按照以下规定处理:

(一)购买方纳税人取得的增值税专用发票,按照《国家税务总局关于推行增值税发票系统升级版有关问题的公告》(国家税务总局公告2014年第73号)规定的程序,由销售方纳税人开具红字增值税专用发票后重新开具蓝字增值税专用发票。

购买方纳税人按照国家税务总局公告2014年第73号规定填开《开具红字增值税专用发票信息表》或《开具红字货物运输业增值税专用发票信息表》时,选择“所购货物或劳务、服务不属于增值税扣税项目范围”或“所购服务不属于增值税扣税项目范围”。

(二)纳税人取得的海关进口增值税专用缴款书,按照《国家税务总局关于逾期增值税扣税凭证抵扣问题的公告》(国家税务总局公告2011年第50号)规定的程序,经国家税务总局稽核比对相符后抵扣进项税额。

三、本公告自发布之日起施行。此前未处理的事项,按照本公告规定执行。

特此公告。

1－1－71

国家税务总局关于《适用增值税零税率应税服务退(免)税管理办法》的补充公告

2015年12月14日　国家税务总局公告2015年第88号

根据《财政部、国家税务总局关于影视等出口服务适用增值税零税率政策的通知》(财税〔2015〕118号),经商财政部同意,现对《适用增值税零税率应税服务退(免)税管理办法》(国家税务总局公告2014年第11号发布)补充公告如下:

一、适用增值税零税率应税服务的广播影视节目(作品)的制作和发行服务、技术转让服务、软件服务、电路设计及测试服务、信息系统服务、业务流程管理服务,以及合同标的物在境外的合同能源管理服务的范围,按照《营业税改征增值税试点实施办法》(财税〔2013〕106号文件印发)所附的《应税服务范围注释》对应的应税服务范围执行;适用增值税零税率应税服务的离岸服务外包业务的范围,按照《离岸服务外包业务》(附件1)对应的适用范围执行。以上适用增值税零税率的应税服务,本公告统称为新纳入零税率范围的应税服务。

境内单位和个人向国内海关特殊监管区域及场所内的单位或个人提供的应税服务,不属于增值税零税率应税服务适用范围。

二、向境外单位提供新纳入零税率范围的应税服务的,增值税零税率应税服务提供者申报退(免)税时,应按规定办理出口退(免)税备案。

三、增值税零税率应税服务提供者收齐有关凭证后,可在财务作销售收入次月起至次年4月30日前的各增值税纳税申报期内向主管国税机关申报退(免)税;逾期申报的,不再按退(免)税申报,改按免税申报;未按规定申报免税的,应按规定缴纳增值税。

四、实行免抵退办法的增值税零税率应税服务提供者,向境外单位提供研发服务、设计服务、新纳入零税率范围的应税服务的,应在申报免抵退税时,向主管国税机关提供以下申报资料:

(一)《增值税零税率应税服务免抵退税申报明细表》(附件2)。

(二)《提供增值税零税率应税服务收讫营业款明细清单》(附件3)。

(三)《免抵退税申报汇总表》及其附表。

(四)当期《增值税纳税申报表》。

(五)免抵退税正式申报电子数据。

(六)下列资料及原始凭证的原件及复印件:

1. 提供增值税零税率应税服务所开具的发票(经主管国税机关认可,可只提供电子数据,原始凭证留存备查)。

2. 与境外单位签订的提供增值税零税率应税服务的合同。

提供软件服务、电路设计及测试服务、信息系统服务、业务流程管理服务,以及离岸服务外包业务的,同时提供合同已在商务部“服务外包及软件出口管理信息系统”中登记并审核通过,由该系统出具的证明文件;提供广播影视节目(作品)的制作和发行服务的,同时提供合同已在商务部“文化贸易管理系统”中登记并审核通过,由该系统出具的证明文件。

3. 提供电影、电视剧的制作服务的,应提供行业主管部门出具的在有效期内的影视制作许可证明;提供电影、电视剧的发行服务的,应提供行业主管部门出具的在有效期内的发行版权证明、发行许可证明。

4. 提供研发服务、设计服务、技术转让服务的,应提供与提供增值税零税率应税服务收入相对应的《技术出口合同登记证》及其数据表。

5. 从与之签订提供增值税零税率应税服务合同的境外单位取得收入的收款凭证。

跨国公司经外汇管理部门批准实行外汇资金集中运营管理或经中国人民银行批准实行经常项下跨境人民币集中收付管理的,其成员公司在批准的有效期内,可凭银行出具给跨国公司资金集中运营(收付)公司符合下列规定的收款凭证,向主管国税机关申报退(免)税:

(1)收款凭证上的付款单位须是与成员公司签订提供增值税零税率应税服务合同的境外单位或合同约定的跨国公司的境外成员企业。

(2)收款凭证上的收款单位或附言的实际收款人须载明有成员公司的名称。

(七)主管国税机关要求提供的其他资料及凭证。

五、实行免退税办法的增值税零税率应税服务提供者,应在申报免退税时,向主管国税机关提供以下申报资料:

(一)《外贸企业外购应税服务出口明细申报表》(附件4)。

(二)《外贸企业出口退税进货明细申报表》(需填列外购对应的增值税零税率应税服务取得增值税专用发票情况)。

(三)《外贸企业出口退税汇总申报表》。

(四)免退税正式申报电子数据。

(五)从境内单位或者个人购进增值税零税率应税服务出口的,提供应税服务提供方开具的增值税专用发票;从境外单位或者个人购进增值税零税率应税服务出口的,提供取得的解缴税款的中华人民共和国税收缴款凭证。

(六)本公告第四条第(六)项所列资料及原始凭证的原件及复印件。

六、主管国税机关受理增值税零税率应税服务退(免)税申报后,应按规定进行审核,经审核符合规定的,应及时办理退(免)税;不符合规定的,不予办理,按有关规定处理;存在其他审核疑点的,对应的退(免)税暂缓办理,待排除疑点后,方可办理。

七、主管国税机关对申报的对外提供研发、设计服务以及新纳入零税率范围的应税服务退(免)税,应审核以下内容:

(一)申报的增值税零税率应税服务应符合适用增值税零税率应税服务规定。

(二)增值税零税率应税服务合同签订的对方应为境外单位。

(三)增值税零税率应税服务收入的支付方应为与之签订增值税零税率应税服务合同

的境外单位。对跨国公司的成员公司申报退(免)税时提供的收款凭证是银行出具给跨国公司资金集中运营(收付)公司的,应要求企业补充提供中国人民银行或国家外汇管理局的批准文件,且企业提供的收款凭证应符合本公告的规定。

(四)申报的增值税零税率应税服务收入应小于或等于从与之签订增值税零税率应税服务合同的境外单位取得的收款金额;大于收款金额的,应要求企业补充提供书面说明材料及相应的证明材料。

(五)外贸企业外购应税服务出口的,除应符合上述规定外,其申报退税的进项税额还应与增值税零税率应税服务对应。

八、本公告未明确的其他增值税零税率应税服务退(免)税管理事项,按现行规定执行。

九、本公告自2015年12月1日起施行,以增值税零税率应税服务提供者提供增值税零税率应税服务并在财务作销售收入的日期为准。《适用增值税零税率应税服务退(免)税管理办法》第十二条第二款、第十三条第(五)项第3目、第十四条、第十五条第(二)项同时废止。

特此公告。

附件:1. 离岸服务外包业务(编者略)

2. 增值税零税率应税服务免抵退税申报明细表(编者略)

3. 提供增值税零税率应税服务收讫营业款明细清单(编者略)

4. 外贸企业外购应税服务出口明细申报表(编者略)

注释:

条款废止。第四条第一项、第二项,第四条第三项中的“附表”,第五条第一项、第二项、第三项,附件2、3、4废止。参见:《国家税务总局关于优化整合出口退税信息系统 更好服务纳税人有关事项的公告》(国家税务总局公告2021年第15号)。

条款修改。根据《第十三届全国人民代表大会第一次会议关于国务院机构改革方案的决定》等有关规定,税收规范性文件规定的国税地税机关的职责和工作由新的税务机关承担。国家税务总局依据《税收规范性文件制定管理办法》(国家税务总局令第41号公布),对税收规范性文件进行了清理。参见:《国家税务总局关于修改部分税收规范性文件的公告》(国家税务总局公告2018年第31号)。

条款废止。第四条第四项自2018年5月1日起废止。参见:《国家税务总局关于出口退(免)税申报有关问题的公告》(国家税务总局公告2018年第16号)。

1－1－72

国家税务总局关于营业税改征增值税试点期间有关增值税问题的公告

2015年12月22日　国家税务总局公告2015年第90号

为统一政策执行口径，现将营业税改征增值税试点期间有关增值税问题公告如下：

一、蜂窝数字移动通信用塔(杆)，属于《固定资产分类与代码》(GB/T 14885—1994)中的“其他通讯设备”(代码699)，其增值税进项税额可以按照现行规定从销项税额中抵扣。

二、纳税人销售自己使用过的固定资产，适用简易办法依照3%征收率减按2%征收增值税政策的，可以放弃减税，按照简易办法依照3%征收率缴纳增值税，并可以开具增值税专用发票。

三、纳税人提供有形动产融资性售后回租服务，计算当期销售额时可以扣除的有形动产价款本金，为书面合同约定的当期应当收取的本金。无书面合同或者书面合同没有约定的，为当期实际收取的本金。

四、提供有形动产融资租赁服务的纳税人，以保理方式将融资租赁合同项下未到期应收租金的债权转让给银行等金融机构，不改变其与承租方之间的融资租赁关系，应继续按照现行规定缴纳增值税，并向承租方开具发票。

五、纳税人通过蜂窝数字移动通信用塔(杆)及配套设施，为电信企业提供的基站天线、馈线及设备环境控制、动环监控、防雷消防、运行维护等塔类站址管理业务，按照“信息技术基础设施管理服务”缴纳增值税。

纳税人通过楼宇、隧道等室内通信分布系统，为电信企业提供的语音通话和移动互联网等无线信号室分系统传输服务，分别按照基础电信服务和增值电信服务缴纳增值税。

本公告自2016年2月1日起施行，此前未处理的事项，按本公告规定执行。

特此公告。

1－1－73

国家税务总局关于全面推开营业税改征增值税试点后增值税纳税申报有关事项的公告

2016年3月31日　国家税务总局公告2016年第13号

为保障全面推开营业税改征增值税改革试点工作顺利实施，现将增值税纳税申报有关事项公告如下：

一、中华人民共和国境内增值税纳税人均应按照本公告的规定进行增值税纳税申报。

二、纳税申报资料

纳税申报资料包括纳税申报表及其附列资料和纳税申报其他资料。

(一)纳税申报表及其附列资料

1. 增值税一般纳税人(以下简称一般纳税人)纳税申报表及其附列资料包括:

(1)《增值税纳税申报表(一般纳税人适用)》。

(2)《增值税纳税申报表附列资料(一)》(本期销售情况明细)。

(3)《增值税纳税申报表附列资料(二)》(本期进项税额明细)。

(4)《增值税纳税申报表附列资料(三)》(服务、不动产和无形资产扣除项目明细)。

一般纳税人销售服务、不动产和无形资产,在确定服务、不动产和无形资产销售额时,按照有关规定可以从取得的全部价款和价外费用中扣除价款的,需填报《增值税纳税申报表附列资料(三)》。其他情况不填写该附列资料。

(5)《增值税纳税申报表附列资料(四)》(税额抵减情况表)。

(6)《增值税纳税申报表附列资料(五)》(不动产分期抵扣计算表)。

(7)《固定资产(不含不动产)进项税额抵扣情况表》。

(8)《本期抵扣进项税额结构明细表》。

(9)《增值税减免税申报明细表》。

2. 增值税小规模纳税人(以下简称小规模纳税人)纳税申报表及其附列资料包括:

(1)《增值税纳税申报表(小规模纳税人适用)》。

(2)《增值税纳税申报表(小规模纳税人适用)附列资料》。

小规模纳税人销售服务,在确定服务销售额时,按照有关规定可以从取得的全部价款和价外费用中扣除价款的,需填报《增值税纳税申报表(小规模纳税人适用)附列资料》。其他情况不填写该附列资料。

(3)《增值税减免税申报明细表》。

3. 上述纳税申报表及其附列资料表样和填写说明详见附件 1 至附件 4。

(二)纳税申报其他资料

1. 已开具的税控机动车销售统一发票和普通发票的存根联。

2. 符合抵扣条件且在本期申报抵扣的增值税专用发票(含税控机动车销售统一发票)的抵扣联。

3. 符合抵扣条件且在本期申报抵扣的海关进口增值税专用缴款书、购进农产品取得的普通发票的复印件。

4. 符合抵扣条件且在本期申报抵扣的税收完税凭证及其清单,书面合同、付款证明和境外单位的对账单或者发票。

5. 已开具的农产品收购凭证的存根联或报查联。

6. 纳税人销售服务、不动产和无形资产,在确定服务、不动产和无形资产销售额时,按照有关规定从取得的全部价款和价外费用中扣除价款的合法凭证及其清单。

7. 主管税务机关规定的其他资料。

(三)纳税申报表及其附列资料为必报资料。纳税申报其他资料的报备要求由各省、自治区、直辖市和计划单列市国家税务局确定。

三、纳税人跨县(市)提供建筑服务、房地产开发企业预售自行开发的房地产项目、纳税人出租与机构所在地不在同一县(市)的不动产,按规定需要在项目所在地或不动产所在地主管国税机关预缴税款的,需填写《增值税预缴税款表》,表样及填写说明详见附件5至附件6。

四、主管税务机关应做好增值税纳税申报的宣传和辅导工作。

五、本公告自2016年6月1日起施行。《国家税务总局关于调整增值税纳税申报有关事项的公告》(国家税务总局公告2012年第31号)、《国家税务总局关于营业税改征增值税总分机构试点纳税人增值税纳税申报有关事项的公告》(国家税务总局公告2013年第22号)、《国家税务总局关于调整增值税纳税申报有关事项的公告》(国家税务总局公告2013年第32号)、《国家税务总局关于铁路运输和邮政业营业税改征增值税后纳税申报有关事项的公告》(国家税务总局公告2014年第7号)、《国家税务总局关于调整增值税纳税申报有关事项的公告》(国家税务总局公告2014年第45号)、《国家税务总局关于调整增值税纳税申报有关事项的公告》(国家税务总局公告2014年第58号)、《国家税务总局关于调整增值税纳税申报有关事项的公告》(国家税务总局公告2014年第69号)、《国家税务总局关于调整增值税纳税申报有关事项的公告》(国家税务总局公告2015年第23号)同时废止。

特此公告。

附件:1.《增值税纳税申报表(一般纳税人适用)》及其附列资料(编者略)

2.《增值税纳税申报表(一般纳税人适用)》及其附列资料填写说明(编者略)

3.《增值税纳税申报表(小规模纳税人适用)》及其附列资料(编者略)

4.《增值税纳税申报表(小规模纳税人适用)》及其附列资料填写说明(编者略)

5.《增值税预缴税款表》(编者略)

6.《增值税预缴税款表》填写说明(编者略)

注释:

条款废止。第二条第二项第2目至第6目自2023年2月1日起废止。参见:《国家税务总局关于部分税务事项实行容缺办理和进一步精简涉税费资料报送的公告》(国家税务总局公告2022年第26号)。

条款废止。附件1、附件2、附件5、附件6自2021年8月1日起废止。参见:《国家税务总局关于增值税　消费税与附加税费申报表整合有关事项的公告》(国家税务总局公告2021年第20号)。

条款失效。附件1、附件2、附件5、附件6自2021年5月1日起暂停执行。参见:《国家税务总局关于简并税费申报有关事项的公告》(国家税务总局公告2021年第9号)。

条款废止。附件1中《增值税纳税申报表附列资料(五)》自2019年5月1日起废止。参见:《国家税务总局关于调整增值税纳税申报有关事项的公告》(国家税务总局公告2019年第15号)。

条款修改。根据《第十三届全国人民代表大会第一次会议关于国务院机构改革方案的决定》等有关规定,税收规范性文件规定的国税地税机关的职责和工作由新的税务机关承担。国家税务总局依据《税收规范性文件制定管理办法》(国家税务总局令41号公布),对税收规范性文件进行了清理。参见:《国家税务总局关于修改部分税收规范性文件的公告》(国家税务总局公告2018年第31号)。

条款废止。附件1中的《增值税纳税申报表附列资料(三)》(服务、不动产和无形资产扣除项目明细)自2018年6月1日起废止。参见:《国家税务总局关于调整增值税纳税申报有关事项的公告》(国家税务总局公告2018年第17号)。

条款废止。附件1《固定资产(不含不动产)进项税额抵扣情况表》废止。参见:《国家税务总局关于调整增值税纳税申报有关事项的公告》(国家税务总局公告2017年第53号)。

条款废止。附件1中的《增值税纳税申报表附列资料(一)》(本期销售情况明细)和《增值税纳税申报表附列资料(二)》(本期进项税额明细)自2017年8月1日起废止。参见:《国家税务总局关于调整增值税纳税申报有关事项的公告》(国家税务总局公告2017年第19号)。

条款失效。附件1《增值税纳税申报表(一般纳税人适用)》第13栏"上期留抵税额""一般项目"列"本年累计"和第20栏"期末留抵税额""一般项目"列"本年累计"栏次停止使用,不再填报数据。参见:《国家税务总局关于调整增值税一般纳税人留抵税额申报口径的公告》(国家税务总局公告2016年第75号)。

条款废止。附件1中《本期抵扣进项税额结构明细表》、附件2中《本期抵扣进项税额结构明细表》填写说明、附件3、附件4自2016年6月1日起废止。参见:《国家税务总局关于调整增值税纳税申报有关事项的公告》(国家税务总局公告2016年第27号)。

1-1-74

国家税务总局关于公布《纳税人转让不动产增值税征收管理暂行办法》的公告

2016年3月31日 国家税务总局公告2016年第14号

国家税务总局制定了《纳税人转让不动产增值税征收管理暂行办法》,现予以公布,自2016年5月1日起施行。

特此公告。

纳税人转让不动产增值税征收管理暂行办法

第一条 根据《财政部、国家税务总局关于全面推开营业税改征增值税试点的通知》(财税〔2016〕36号)及现行增值税有关规定,制定本办法。

第二条 纳税人转让其取得的不动产,适用本办法。

本办法所称取得的不动产，包括以直接购买、接受捐赠、接受投资入股、自建以及抵债等各种形式取得的不动产。

房地产开发企业销售自行开发的房地产项目不适用本办法。

第三条　一般纳税人转让其取得的不动产，按照以下规定缴纳增值税：

（一）一般纳税人转让其2016年4月30日前取得（不含自建）的不动产，可以选择适用简易计税方法计税，以取得的全部价款和价外费用扣除不动产购置原价或者取得不动产时的作价后的余额为销售额，按照5%的征收率计算应纳税额。纳税人应按照上述计税方法向不动产所在地主管地税机关预缴税款，向机构所在地主管国税机关申报纳税。

（二）一般纳税人转让其2016年4月30日前自建的不动产，可以选择适用简易计税方法计税，以取得的全部价款和价外费用为销售额，按照5%的征收率计算应纳税额。纳税人应按照上述计税方法向不动产所在地主管地税机关预缴税款，向机构所在地主管国税机关申报纳税。

（三）一般纳税人转让其2016年4月30日前取得（不含自建）的不动产，选择适用一般计税方法计税的，以取得的全部价款和价外费用为销售额计算应纳税额。纳税人应以取得的全部价款和价外费用扣除不动产购置原价或者取得不动产时的作价后的余额，按照5%的预征率向不动产所在地主管地税机关预缴税款，向机构所在地主管国税机关申报纳税。

（四）一般纳税人转让其2016年4月30日前自建的不动产，选择适用一般计税方法计税的，以取得的全部价款和价外费用为销售额计算应纳税额。纳税人应以取得的全部价款和价外费用，按照5%的预征率向不动产所在地主管地税机关预缴税款，向机构所在地主管国税机关申报纳税。

（五）一般纳税人转让其2016年5月1日后取得（不含自建）的不动产，适用一般计税方法，以取得的全部价款和价外费用为销售额计算应纳税额。纳税人应以取得的全部价款和价外费用扣除不动产购置原价或者取得不动产时的作价后的余额，按照5%的预征率向不动产所在地主管地税机关预缴税款，向机构所在地主管国税机关申报纳税。

（六）一般纳税人转让其2016年5月1日后自建的不动产，适用一般计税方法，以取得的全部价款和价外费用为销售额计算应纳税额。纳税人应以取得的全部价款和价外费用，按照5%的预征率向不动产所在地主管地税机关预缴税款，向机构所在地主管国税机关申报纳税。

第四条　小规模纳税人转让其取得的不动产，除个人转让其购买的住房外，按照以下规定缴纳增值税：

（一）小规模纳税人转让其取得（不含自建）的不动产，以取得的全部价款和价外费用扣除不动产购置原价或者取得不动产时的作价后的余额为销售额，按照5%的征收率计算应纳税额。

（二）小规模纳税人转让其自建的不动产，以取得的全部价款和价外费用为销售额，按照5%的征收率计算应纳税额。

除其他个人之外的小规模纳税人，应按照本条规定的计税方法向不动产所在地主管地税机关预缴税款，向机构所在地主管国税机关申报纳税；其他个人按照本条规定的计税方法向不动产所在地主管地税机关申报纳税。

第五条 个人转让其购买的住房,按照以下规定缴纳增值税:

(一)个人转让其购买的住房,按照有关规定全额缴纳增值税的,以取得的全部价款和价外费用为销售额,按照5%的征收率计算应纳税额。

(二)个人转让其购买的住房,按照有关规定差额缴纳增值税的,以取得的全部价款和价外费用扣除购买住房价款后的余额为销售额,按照5%的征收率计算应纳税额。

个体工商户应按照本条规定的计税方法向住房所在地主管地税机关预缴税款,向机构所在地主管国税机关申报纳税;其他个人应按照本条规定的计税方法向住房所在地主管地税机关申报纳税。

第六条 其他个人以外的纳税人转让其取得的不动产,区分以下情形计算应向不动产所在地主管地税机关预缴的税款:

(一)以转让不动产取得的全部价款和价外费用作为预缴税款计算依据的,计算公式为:

应预缴税款 = 全部价款和价外费用 ÷ (1 + 5%) × 5%

(二)以转让不动产取得的全部价款和价外费用扣除不动产购置原价或者取得不动产时的作价后的余额作为预缴税款计算依据的,计算公式为:

应预缴税款 = (全部价款和价外费用 − 不动产购置原价或者取得不动产时的作价) ÷ (1 + 5%) × 5%

第七条 其他个人转让其取得的不动产,按照本办法第六条规定的计算方法计算应纳税额并向不动产所在地主管地税机关申报纳税。

第八条 纳税人按规定从取得的全部价款和价外费用中扣除不动产购置原价或者取得不动产时的作价的,应当取得符合法律、行政法规和国家税务总局规定的合法有效凭证。否则,不得扣除。

上述凭证是指:

(一)税务部门监制的发票。

(二)法院判决书、裁定书、调解书,以及仲裁裁决书、公证债权文书。

(三)国家税务总局规定的其他凭证。

第九条 纳税人转让其取得的不动产,向不动产所在地主管地税机关预缴的增值税税款,可以在当期增值税应纳税额中抵减,抵减不完的,结转下期继续抵减。

纳税人以预缴税款抵减应纳税额,应以完税凭证作为合法有效凭证。

第十条 小规模纳税人转让其取得的不动产,不能自行开具增值税发票的,可向不动产所在地主管地税机关申请代开。

第十一条 纳税人向其他个人转让其取得的不动产,不得开具或申请代开增值税专用发票。

第十二条 纳税人转让不动产,按照本办法规定应向不动产所在地主管地税机关预缴税款而自应当预缴之月起超过6个月没有预缴税款的,由机构所在地主管国税机关按照《中华人民共和国税收征收管理法》及相关规定进行处理。

纳税人转让不动产,未按照本办法规定缴纳税款的,由主管税务机关按照《中华人民共和国税收征收管理法》及相关规定进行处理。

注释：

条款修改。根据《第十三届全国人民代表大会第一次会议关于国务院机构改革方案的决定》等有关规定，税收规范性文件规定的国税地税机关的职责和工作由新的税务机关承担。国家税务总局依据《税收规范性文件制定管理办法》（国家税务总局令第41号公布），对税收规范性文件进行了清理。参见：《国家税务总局关于修改部分税收规范性文件的公告》（国家税务总局公告2018年第31号）。

1－1－75

国家税务总局关于发布《纳税人提供不动产经营租赁服务增值税征收管理暂行办法》的公告

2016年3月31日　国家税务总局公告2016年第16号

国家税务总局制定了《纳税人提供不动产经营租赁服务增值税征收管理暂行办法》，现予以公布，自2016年5月1日起施行。

特此公告。

纳税人提供不动产经营租赁服务增值税征收管理暂行办法

第一条　根据《财政部、国家税务总局关于全面推开营业税改征增值税试点的通知》（财税〔2016〕36号）及现行增值税有关规定，制定本办法。

第二条　纳税人以经营租赁方式出租其取得的不动产（以下简称出租不动产），适用本办法。

取得的不动产，包括以直接购买、接受捐赠、接受投资入股、自建以及抵债等各种形式取得的不动产。

纳税人提供道路通行服务不适用本办法。

第三条　一般纳税人出租不动产，按照以下规定缴纳增值税：

（一）一般纳税人出租其2016年4月30日前取得的不动产，可以选择适用简易计税方法，按照5%的征收率计算应纳税额。

不动产所在地与机构所在地不在同一县（市、区）的，纳税人应按照上述计税方法向不动产所在地主管国税机关预缴税款，向机构所在地主管国税机关申报纳税。

不动产所在地与机构所在地在同一县（市、区）的，纳税人向机构所在地主管国税机关申报纳税。

（二）一般纳税人出租其2016年5月1日后取得的不动产，适用一般计税方法计税。

不动产所在地与机构所在地不在同一县(市、区)的,纳税人应按照3%的预征率向不动产所在地主管国税机关预缴税款,向机构所在地主管国税机关申报纳税。

不动产所在地与机构所在地在同一县(市、区)的,纳税人应向机构所在地主管国税机关申报纳税。

一般纳税人出租其2016年4月30日前取得的不动产适用一般计税方法计税的,按照上述规定执行。

第四条 小规模纳税人出租不动产,按照以下规定缴纳增值税:

(一)单位和个体工商户出租不动产(不含个体工商户出租住房),按照5%的征收率计算应纳税额。个体工商户出租住房,按照5%的征收率减按1.5%计算应纳税额。

不动产所在地与机构所在地不在同一县(市、区)的,纳税人应按照上述计税方法向不动产所在地主管国税机关预缴税款,向机构所在地主管国税机关申报纳税。

不动产所在地与机构所在地在同一县(市、区)的,纳税人应向机构所在地主管国税机关申报纳税。

(二)其他个人出租不动产(不含住房),按照5%的征收率计算应纳税额,向不动产所在地主管地税机关申报纳税。其他个人出租住房,按照5%的征收率减按1.5%计算应纳税额,向不动产所在地主管地税机关申报纳税。

第五条 纳税人出租的不动产所在地与其机构所在地在同一直辖市或计划单列市但不在同一县(市、区)的,由直辖市或计划单列市国家税务局决定是否在不动产所在地预缴税款。

第六条 纳税人出租不动产,按照本办法规定需要预缴税款的,应在取得租金的次月纳税申报期或不动产所在地主管国税机关核定的纳税期限预缴税款。

第七条 预缴税款的计算

(一)纳税人出租不动产适用一般计税方法计税的,按照以下公式计算应预缴税款:

应预缴税款 = 含税销售额 ÷ (1 + 11%) × 3%

(二)纳税人出租不动产适用简易计税方法计税的,除个人出租住房外,按照以下公式计算应预缴税款:

应预缴税款 = 含税销售额 ÷ (1 + 5%) × 5%

(三)个体工商户出租住房,按照以下公式计算应预缴税款:

应预缴税款 = 含税销售额 ÷ (1 + 5%) × 1.5%

第八条 其他个人出租不动产,按照以下公式计算应纳税款:

(一)出租住房:

应纳税款 = 含税销售额 ÷ (1 + 5%) × 1.5%

(二)出租非住房:

应纳税款 = 含税销售额 ÷ (1 + 5%) × 5%

第九条 单位和个体工商户出租不动产,按照本办法规定向不动产所在地主管国税机关预缴税款时,应填写《增值税预缴税款表》。

第十条 单位和个体工商户出租不动产,向不动产所在地主管国税机关预缴的增值税款,可以在当期增值税应纳税额中抵减,抵减不完的,结转下期继续抵减。

纳税人以预缴税款抵减应纳税额,应以完税凭证作为合法有效凭证。

第十一条 小规模纳税人中的单位和个体工商户出租不动产,不能自行开具增值税发票的,可向不动产所在地主管国税机关申请代开增值税发票。

其他个人出租不动产,可向不动产所在地主管地税机关申请代开增值税发票。

第十二条 纳税人向其他个人出租不动产,不得开具或申请代开增值税专用发票。

第十三条 纳税人出租不动产,按照本办法规定应向不动产所在地主管国税机关预缴税款而自应当预缴之月起超过6个月没有预缴税款的,由机构所在地主管国税机关按照《中华人民共和国税收征收管理法》及相关规定进行处理。

纳税人出租不动产,未按照本办法规定缴纳税款的,由主管税务机关按照《中华人民共和国税收征收管理法》及相关规定进行处理。

注释:

条款修改。根据《第十三届全国人民代表大会第一次会议关于国务院机构改革方案的决定》等有关规定,税收规范性文件规定的国税地税机关的职责和工作由新的税务机关承担。国家税务总局依据《税收规范性文件制定管理办法》(国家税务总局令第41号公布),对税收规范性文件进行了清理。参见:《国家税务总局关于修改部分税收规范性文件的公告》(国家税务总局公告2018年第31号)。

1-1-76

国家税务总局关于发布《纳税人跨县(市、区)提供建筑服务增值税征收管理暂行办法》的公告

2016年3月31日 国家税务总局公告2016年第17号

国家税务总局制定了《跨县(市、区)提供建筑服务增值税征收管理暂行办法》,现予以公布,自2016年5月1日起施行。

特此公告。

纳税人跨县(市、区)提供建筑服务增值税征收管理暂行办法

第一条 根据《财政部、国家税务总局关于全面推开营业税改征增值税试点的通知》(财税〔2016〕36号)及现行增值税有关规定,制定本办法。

第二条 本办法所称跨县(市、区)提供建筑服务,是指单位和个体工商户(以下简称纳税人)在其机构所在地以外的县(市、区)提供建筑服务。

纳税人在同一直辖市、计划单列市范围内跨县(市、区)提供建筑服务的,由直辖市、计划单列市国家税务局决定是否适用本办法。

其他个人跨县(市、区)提供建筑服务,不适用本办法。

第三条 纳税人跨县(市、区)提供建筑服务,应按照财税〔2016〕36 号文件规定的纳税义务发生时间和计税方法,向建筑服务发生地主管国税机关预缴税款,向机构所在地主管国税机关申报纳税。

《建筑工程施工许可证》未注明合同开工日期,但建筑工程承包合同注明的开工日期在 2016 年 4 月 30 日前的建筑工程项目,属于财税〔2016〕36 号文件规定的可以选择简易计税方法计税的建筑工程老项目。

第四条 纳税人跨县(市、区)提供建筑服务,按照以下规定预缴税款:

(一)一般纳税人跨县(市、区)提供建筑服务,适用一般计税方法计税的,以取得的全部价款和价外费用扣除支付的分包款后的余额,按照 2% 的预征率计算应预缴税款。

(二)一般纳税人跨县(市、区)提供建筑服务,选择适用简易计税方法计税的,以取得的全部价款和价外费用扣除支付的分包款后的余额,按照 3% 的征收率计算应预缴税款。

(三)小规模纳税人跨县(市、区)提供建筑服务,以取得的全部价款和价外费用扣除支付的分包款后的余额,按照 3% 的征收率计算应预缴税款。

第五条 纳税人跨县(市、区)提供建筑服务,按照以下公式计算应预缴税款:

(一)适用一般计税方法计税的,应预缴税款 =(全部价款和价外费用 - 支付的分包款)÷(1 +11%)×2%

(二)适用简易计税方法计税的,应预缴税款 =(全部价款和价外费用 - 支付的分包款)÷(1 +3%)×3%

纳税人取得的全部价款和价外费用扣除支付的分包款后的余额为负数的,可结转下次预缴税款时继续扣除。

纳税人应按照工程项目分别计算应预缴税款,分别预缴。

第六条 纳税人按照上述规定从取得的全部价款和价外费用中扣除支付的分包款,应当取得符合法律、行政法规和国家税务总局规定的合法有效凭证,否则不得扣除。

上述凭证是指:

(一)从分包方取得的 2016 年 4 月 30 日前开具的建筑业营业税发票。

上述建筑业营业税发票在 2016 年 6 月 30 日前可作为预缴税款的扣除凭证。

(二)从分包方取得的 2016 年 5 月 1 日后开具的,备注栏注明建筑服务发生地所在县(市、区)、项目名称的增值税发票。

(三)国家税务总局规定的其他凭证。

第七条 纳税人跨县(市、区)提供建筑服务,在向建筑服务发生地主管国税机关预缴税款时,需提交以下资料:

(一)《增值税预缴税款表》;

(二)与发包方签订的建筑合同原件及复印件;

(三)与分包方签订的分包合同原件及复印件;

(四)从分包方取得的发票原件及复印件。

第八条 纳税人跨县(市、区)提供建筑服务,向建筑服务发生地主管国税机关预缴的增值税税款,可以在当期增值税应纳税额中抵减,抵减不完的,结转下期继续抵减。

纳税人以预缴税款抵减应纳税额,应以完税凭证作为合法有效凭证。

第九条 小规模纳税人跨县(市、区)提供建筑服务,不能自行开具增值税发票的,可向建筑服务发生地主管国税机关按照其取得的全部价款和价外费用申请代开增值税发票。

第十条 对跨县(市、区)提供的建筑服务,纳税人应自行建立预缴税款台账,区分不同县(市、区)和项目逐笔登记全部收入、支付的分包款、已扣除的分包款、扣除分包款的发票号码、已预缴税款以及预缴税款的完税凭证号码等相关内容,留存备查。

第十一条 纳税人跨县(市、区)提供建筑服务预缴税款时间,按照财税〔2016〕36号文件规定的纳税义务发生时间和纳税期限执行。

第十二条 纳税人跨县(市、区)提供建筑服务,按照本办法应向建筑服务发生地主管国税机关预缴税款而自应当预缴之月起超过6个月没有预缴税款的,由机构所在地主管国税机关按照《中华人民共和国税收征收管理法》及相关规定进行处理。

纳税人跨县(市、区)提供建筑服务,未按照本办法缴纳税款的,由机构所在地主管国税机关按照《中华人民共和国税收征收管理法》及相关规定进行处理。

注释:

条款修改。根据《第十三届全国人民代表大会第一次会议关于国务院机构改革方案的决定》等有关规定,税收规范性文件规定的国税地税机关的职责和工作由新的税务机关承担。国家税务总局依据《税收规范性文件制定管理办法》(国家税务总局令第41号公布),对税收规范性文件进行了清理。参见:《国家税务总局关于修改部分税收规范性文件的公告》(国家税务总局公告2018年第31号)。

条款修改。第七条规定调整为:"纳税人跨县(市、区)提供建筑服务,在向建筑服务发生地主管国税机关预缴税款时,需填报《增值税预缴税款表》,并出示以下资料:(一)与发包方签订的建筑合同复印件(加盖纳税人公章);(二)与分包方签订的分包合同复印件(加盖纳税人公章);(三)从分包方取得的发票复印件(加盖纳税人公章)。"自2016年9月1日起生效。参见:《国家税务总局关于营改增试点若干征管问题的公告》(国家税务总局公告2016年第53号)。

1－1－77

国家税务总局关于发布《房地产开发企业销售自行开发的房地产项目增值税征收管理暂行办法》的公告

2016年3月31日　国家税务总局公告2016年第18号

国家税务总局制定了《房地产开发企业销售自行开发的房地产项目增值税征收管理暂行办法》,现予以公布,自2016年5月1日起施行。

特此公告。

房地产开发企业销售自行开发的房地产项目增值税征收管理暂行办法

第一章 适用范围

第一条 根据《财政部、国家税务总局关于全面推开营业税改征增值税试点的通知》(财税〔2016〕36号)及现行增值税有关规定,制定本办法。

第二条 房地产开发企业销售自行开发的房地产项目,适用本办法。

自行开发,是指在依法取得土地使用权的土地上进行基础设施和房屋建设。

第三条 房地产开发企业以接盘等形式购入未完工的房地产项目继续开发后,以自己的名义立项销售的,属于本办法规定的销售自行开发的房地产项目。

第二章 一般纳税人征收管理

第一节 销售额

第四条 房地产开发企业中的一般纳税人(以下简称一般纳税人)销售自行开发的房地产项目,适用一般计税方法计税,按照取得的全部价款和价外费用,扣除当期销售房地产项目对应的土地价款后的余额计算销售额。销售额的计算公式如下:

销售额=(全部价款和价外费用-当期允许扣除的土地价款)÷(1+11%)

第五条 当期允许扣除的土地价款按照以下公式计算:

当期允许扣除的土地价款=(当期销售房地产项目建筑面积÷房地产项目可供销售建筑面积)×支付的土地价款

当期销售房地产项目建筑面积,是指当期进行纳税申报的增值税销售额对应的建筑面积。

房地产项目可供销售建筑面积,是指房地产项目可以出售的总建筑面积,不包括销售房地产项目时未单独作价结算的配套公共设施的建筑面积。

支付的土地价款,是指向政府、土地管理部门或受政府委托收取土地价款的单位直接支付的土地价款。

第六条 在计算销售额时从全部价款和价外费用中扣除土地价款,应当取得省级以上(含省级)财政部门监(印)制的财政票据。

第七条 一般纳税人应建立台账登记土地价款的扣除情况,扣除的土地价款不得超过纳税人实际支付的土地价款。

第八条 一般纳税人销售自行开发的房地产老项目,可以选择适用简易计税方法按照5%的征收率计税。一经选择简易计税方法计税的,36个月内不得变更为一般计税方法计税。

房地产老项目,是指:

(一)《建筑工程施工许可证》注明的合同开工日期在2016年4月30日前的房地产

项目；

（二）《建筑工程施工许可证》未注明合同开工日期或者未取得《建筑工程施工许可证》但建筑工程承包合同注明的开工日期在2016年4月30日前的建筑工程项目。

第九条 一般纳税人销售自行开发的房地产老项目适用简易计税方法计税的，以取得的全部价款和价外费用为销售额，不得扣除对应的土地价款。

第二节 预缴税款

第十条 一般纳税人采取预收款方式销售自行开发的房地产项目，应在收到预收款时按照3%的预征率预缴增值税。

第十一条 应预缴税款按照以下公式计算：

应预缴税款＝预收款÷(1＋适用税率或征收率)×3%

适用一般计税方法计税的，按照11%的适用税率计算；适用简易计税方法计税的，按照5%的征收率计算。

第十二条 一般纳税人应在取得预收款的次月纳税申报期向主管国税机关预缴税款。

第三节 进项税额

第十三条 一般纳税人销售自行开发的房地产项目，兼有一般计税方法计税、简易计税方法计税、免征增值税的房地产项目而无法划分不得抵扣的进项税额的，应以《建筑工程施工许可证》注明的"建设规模"为依据进行划分。

不得抵扣的进项税额＝当期无法划分的全部进项税额×(简易计税、免税房地产项目建设规模÷房地产项目总建设规模)

第四节 纳税申报

第十四条 一般纳税人销售自行开发的房地产项目适用一般计税方法计税的，应按照《营业税改征增值税试点实施办法》(财税〔2016〕36号文件印发，以下简称《试点实施办法》)第四十五条规定的纳税义务发生时间，以当期销售额和11%的适用税率计算当期应纳税额，抵减已预缴税款后，向主管国税机关申报纳税。未抵减完的预缴税款可以结转下期继续抵减。

第十五条 一般纳税人销售自行开发的房地产项目适用简易计税方法计税的，应按照《试点实施办法》第四十五条规定的纳税义务发生时间，以当期销售额和5%的征收率计算当期应纳税额，抵减已预缴税款后，向主管国税机关申报纳税。未抵减完的预缴税款可以结转下期继续抵减。

第五节 发票开具

第十六条 一般纳税人销售自行开发的房地产项目，自行开具增值税发票。

第十七条 一般纳税人销售自行开发的房地产项目，其2016年4月30日前收取并已向主管地税机关申报缴纳营业税的预收款，未开具营业税发票的，可以开具增值税普通发票，不得开具增值税专用发票。

第十八条 一般纳税人向其他个人销售自行开发的房地产项目，不得开具增值税专用发票。

第三章 小规模纳税人征收管理

第一节 预缴税款

第十九条 房地产开发企业中的小规模纳税人（以下简称小规模纳税人）采取预收款方式销售自行开发的房地产项目，应在收到预收款时按照3%的预征率预缴增值税。

第二十条 应预缴税款按照以下公式计算：

应预缴税款＝预收款÷（1＋5%）×3%

第二十一条 小规模纳税人应在取得预收款的次月纳税申报期或主管国税机关核定的纳税期限向主管国税机关预缴税款。

第二节 纳税申报

第二十二条 小规模纳税人销售自行开发的房地产项目，应按照《试点实施办法》第四十五条规定的纳税义务发生时间，以当期销售额和5%的征收率计算当期应纳税额，抵减已预缴税款后，向主管国税机关申报纳税。未抵减完的预缴税款可以结转下期继续抵减。

第三节 发票开具

第二十三条 小规模纳税人销售自行开发的房地产项目，自行开具增值税普通发票。购买方需要增值税专用发票的，小规模纳税人向主管国税机关申请代开。

第二十四条 小规模纳税人销售自行开发的房地产项目，其2016年4月30日前收取并已向主管地税机关申报缴纳营业税的预收款，未开具营业税发票的，可以开具增值税普通发票，不得申请代开增值税专用发票。

第二十五条 小规模纳税人向其他个人销售自行开发的房地产项目，不得申请代开增值税专用发票。

第四章 其他事项

第二十六条 房地产开发企业销售自行开发的房地产项目，按照本办法规定预缴税款时，应填报《增值税预缴税款表》。

第二十七条 房地产开发企业以预缴税款抵减应纳税额，应以完税凭证作为合法有效凭证。

第二十八条 房地产开发企业销售自行开发的房地产项目，未按本办法规定预缴或缴纳税款的，由主管国税机关按照《中华人民共和国税收征收管理法》及相关规定进行处理。

注释：

条款修改。根据《第十三届全国人民代表大会第一次会议关于国务院机构改革方案的决定》等有关规定，税收规范性文件规定的国税地税机关的职责和工作由新的税务机关承担。国家税务总局依据《税收规范性文件制定管理办法》(国家税务总局令第41号公布),对税收规范性文件进行了清理。参见:《国家税务总局关于修改部分税收规范性文件的公告》(国家税务总局公告2018年第31号)。

1－1－78

国家税务总局关于全面推开营业税改征增值税试点有关税收征收管理事项的公告

2016年4月19日　国家税务总局公告2016年第23号

为保障全面推开营业税改征增值税(以下简称营改增)试点工作顺利实施,现将有关税收征收管理事项公告如下:

一、纳税申报期

(一)2016年5月1日新纳入营改增试点范围的纳税人(以下简称试点纳税人),2016年6月增值税纳税申报期延长至2016年6月27日。

(二)根据工作实际情况,省、自治区、直辖市和计划单列市国家税务局(以下简称省国税局)可以适当延长2015年度企业所得税汇算清缴时间,但最长不得超过2016年6月30日。

(三)实行按季申报的原营业税纳税人,2016年5月申报期内,向主管地税机关申报税款所属期为4月的营业税;2016年7月申报期内,向主管国税机关申报税款所属期为5、6月的增值税。

二、增值税一般纳税人资格登记

(一)试点纳税人应按照本公告规定办理增值税一般纳税人资格登记。

(二)除本公告第二条第(三)项规定的情形外,营改增试点实施前(以下简称试点实施前)销售服务、无形资产或者不动产(以下简称应税行为)的年应税销售额超过500万元的试点纳税人,应向主管国税机关办理增值税一般纳税人资格登记手续。

试点纳税人试点实施前的应税行为年应税销售额按以下公式换算:

应税行为年应税销售额＝连续不超过12个月应税行为营业额合计÷(1＋3%)

按照现行营业税规定差额征收营业税的试点纳税人,其应税行为营业额按未扣除之前的营业额计算。

试点实施前,试点纳税人偶然发生的转让不动产的营业额,不计入应税行为年应税销售额。

(三)试点实施前已取得增值税一般纳税人资格并兼有应税行为的试点纳税人,不需要重新办理增值税一般纳税人资格登记手续,由主管国税机关制作、送达《税务事项通知书》,告知纳税人。

(四)试点实施前应税行为年应税销售额未超过500万元的试点纳税人,会计核算健全,能够提供准确税务资料的,也可以向主管国税机关办理增值税一般纳税人资格登记。

(五)试点实施前,试点纳税人增值税一般纳税人资格登记可由省国税局按照本公告及相关规定采取预登记措施。

(六)试点实施后,符合条件的试点纳税人应当按照《增值税一般纳税人资格认定管理办法》(国家税务总局令第22号)、《国家税务总局关于调整增值税一般纳税人管理有关事项的公告》(国家税务总局公告2015年第18号)及相关规定,办理增值税一般纳税人资格登记。按照营改增有关规定,应税行为有扣除项目的试点纳税人,其应税行为年应税销售额按未扣除之前的销售额计算。

增值税小规模纳税人偶然发生的转让不动产的销售额,不计入应税行为年应税销售额。

(七)试点纳税人兼有销售货物、提供加工修理修配劳务和应税行为的,应税货物及劳务销售额与应税行为销售额分别计算,分别适用增值税一般纳税人资格登记标准。

兼有销售货物、提供加工修理修配劳务和应税行为,年应税销售额超过财政部、国家税务总局规定标准且不经常发生销售货物、提供加工修理修配劳务和应税行为的单位和个体工商户可选择按照小规模纳税人纳税。

(八)试点纳税人在办理增值税一般纳税人资格登记后,发生增值税偷税、骗取出口退税和虚开增值税扣税凭证等行为的,主管国税机关可以对其实行6个月的纳税辅导期管理。

三、发票使用

(一)增值税一般纳税人销售货物、提供加工修理修配劳务和应税行为,使用增值税发票管理新系统(以下简称新系统)开具增值税专用发票、增值税普通发票、机动车销售统一发票、增值税电子普通发票。

(二)增值税小规模纳税人销售货物、提供加工修理修配劳务月销售额超过3万元(按季纳税9万元),或者销售服务、无形资产月销售额超过3万元(按季纳税9万元),使用新系统开具增值税普通发票、机动车销售统一发票、增值税电子普通发票。

(三)增值税普通发票(卷式)启用前,纳税人可通过新系统使用国税机关发放的现有卷式发票。

(四)门票、过路(过桥)费发票、定额发票、客运发票和二手车销售统一发票继续使用。

(五)采取汇总纳税的金融机构,省、自治区所辖地市以下分支机构可以使用地市级机构统一领取的增值税专用发票、增值税普通发票、增值税电子普通发票;直辖市、计划单列市所辖区县及以下分支机构可以使用直辖市、计划单列市机构统一领取的增值税专用发票、增值税普通发票、增值税电子普通发票。

(六)国税机关、地税机关使用新系统代开增值税专用发票和增值税普通发票。代开增值税专用发票使用六联票,代开增值税普通发票使用五联票。

(七)自2016年5月1日起,地税机关不再向试点纳税人发放发票。试点纳税人已领取地税机关印制的发票以及印有本单位名称的发票,可继续使用至2016年6月30日,特殊情况经省国税局确定,可适当延长使用期限,最迟不超过2016年8月31日。

纳税人在地税机关已申报营业税未开具发票,2016年5月1日以后需要补开发票的,可于2016年12月31日前开具增值税普通发票(税务总局另有规定的除外)。

四、增值税发票开具

（一）税务总局编写了《商品和服务税收分类与编码（试行）》（以下简称编码，见附件），并在新系统中增加了编码相关功能。自2016年5月1日起，纳入新系统推行范围的试点纳税人及新办增值税纳税人，应使用新系统选择相应的编码开具增值税发票。北京市、上海市、江苏省和广东省已使用编码的纳税人，应于5月1日前完成开票软件升级。5月1日前已使用新系统的纳税人，应于8月1日前完成开票软件升级。

（二）按照现行政策规定适用差额征税办法缴纳增值税，且不得全额开具增值税发票的（财政部、税务总局另有规定的除外），纳税人自行开具或者税务机关代开增值税发票时，通过新系统中差额征税开票功能，录入含税销售额（或含税评估额）和扣除额，系统自动计算税额和不含税金额，备注栏自动打印"差额征税"字样，发票开具不应与其他应税行为混开。

（三）提供建筑服务，纳税人自行开具或者税务机关代开增值税发票时，应在发票的备注栏注明建筑服务发生地县（市、区）名称及项目名称。

（四）销售不动产，纳税人自行开具或者税务机关代开增值税发票时，应在发票"货物或应税劳务、服务名称"栏填写不动产名称及房屋产权证书号码（无房屋产权证书的可不填写），"单位"栏填写面积单位，备注栏注明不动产的详细地址。

（五）出租不动产，纳税人自行开具或者税务机关代开增值税发票时，应在备注栏注明不动产的详细地址。

（六）个人出租住房适用优惠政策减按1.5%征收，纳税人自行开具或者税务机关代开增值税发票时，通过新系统中征收率减按1.5%征收开票功能，录入含税销售额，系统自动计算税额和不含税金额，发票开具不应与其他应税行为混开。

（七）税务机关代开增值税发票时，"销售方开户行及账号"栏填写税收完税凭证字轨及号码或系统税票号码（免税代开增值税普通发票可不填写）。

（八）国税机关为跨县（市、区）提供不动产经营租赁服务、建筑服务的小规模纳税人（不包括其他个人），代开增值税发票时，在发票备注栏中自动打印"YD"字样。

五、扩大取消增值税发票认证的纳税人范围

（一）纳税信用B级增值税一般纳税人取得销售方使用新系统开具的增值税发票（包括增值税专用发票、货物运输业增值税专用发票、机动车销售统一发票，下同），可以不再进行扫描认证，登录本省增值税发票查询平台，查询、选择用于申报抵扣或者出口退税的增值税发票信息，未查询到对应发票信息的，仍可进行扫描认证。

（二）2016年5月1日新纳入营改增试点的增值税一般纳税人，2016年5月至7月期间不需进行增值税发票认证，登录本省增值税发票查询平台，查询、选择用于申报抵扣或者出口退税的增值税发票信息，未查询到对应发票信息的，可进行扫描认证。2016年8月起按照纳税信用级别分别适用发票认证的有关规定。

六、其他纳税事项

（一）原以地市一级机构汇总缴纳营业税的金融机构，营改增后继续以地市一级机构汇总缴纳增值税。

同一省（自治区、直辖市、计划单列市）范围内的金融机构，经省（自治区、直辖市、计划单列市）国家税务局和财政厅（局）批准，可以由总机构汇总向总机构所在地的主管国税机关申报缴纳增值税。

（二）增值税小规模纳税人应分别核算销售货物，提供加工、修理修配劳务的销售额，和销售服务、无形资产的销售额。增值税小规模纳税人销售货物，提供加工、修理修配劳务月销售额不超过3万元（按季纳税9万元），销售服务、无形资产月销售额不超过3万元（按季纳税9万元）的，自2016年5月1日起至2017年12月31日，可分别享受小微企业暂免征收增值税优惠政策。

（三）按季纳税申报的增值税小规模纳税人，实际经营期不足一个季度的，以实际经营月份计算当期可享受小微企业免征增值税政策的销售额度。

按照本公告第一条第（三）项规定，按季纳税的试点增值税小规模纳税人，2016年7月纳税申报时，申报的2016年5月、6月增值税应税销售额中，销售货物，提供加工、修理修配劳务的销售额不超过6万元，销售服务、无形资产的销售额不超过6万元的，可分别享受小微企业暂免征收增值税优惠政策。

（四）其他个人采取预收款形式出租不动产，取得的预收租金收入，可在预收款对应的租赁期内平均分摊，分摊后的月租金收入不超过3万元的，可享受小微企业免征增值税优惠政策。

七、本公告自2016年5月1日起施行，《国家税务总局关于使用新版不动产销售统一发票和新版建筑业统一发票有关问题的通知》（国税发〔2006〕173号）、《国家税务总局关于营业税改征增值税试点增值税一般纳税人资格认定有关事项的公告》（国家税务总局公告2013年第75号）、《国家税务总局关于开展商品和服务税收分类与编码试点工作的通知》（税总函〔2016〕56号）同时废止。

特此公告。

附件：商品和服务税收分类与编码（试行）（电子件）（编者略）

注释：

条款废止。第六条第三项自2019年1月1日起废止。参见：《国家税务总局关于国内旅客运输服务进项税抵扣等增值税征管问题的公告》（国家税务总局公告2019年第31号）。

条款废止。第五条自2019年3月1日起废止。参见：《国家税务总局关于扩大小规模纳税人自行开具增值税专用发票试点范围等事项的公告》（国家税务总局公告2019年第8号）。

条款废止。第三条第二项和第六条第四项自2019年1月1日起废止。参见：《国家税务总局关于小规模纳税人免征增值税政策有关征管问题的公告》（国家税务总局公告2019年第4号）。

条款修改。根据《第十三届全国人民代表大会第一次会议关于国务院机构改革方案的决定》等有关规定，税收规范性文件规定的国税地税机关的职责和工作由新的税务机关承担。国家税务总局依据《税收规范性文件制定管理办法》（国家税务总局令第41号公布），对税收规范性文件进行了清理。参见：《国家税务总局关于修改部分税收规范性文件的公告》（国家税务总局公告2018年第31号）。

条款废止。第二条自2018年2月1日起废止。参见：《国家税务总局关于增值税一般纳税人登记管理若干事项的公告》(国家税务总局公告2018年第6号)。

条款废止。附件《商品和服务税收分类与编码(试行)》自2018年1月1日起废止。参见:《国家税务总局关于增值税发票管理若干事项的公告》(国家税务总局公告2017年第45号)。

政策调整。附件《商品和服务税收分类与编码(试行)》中的分类编码调整,纳税人应将增值税税控开票软件升级到最新版本(V2.0.11)。参见:《国家税务总局关于营改增试点若干征管问题的公告》(国家税务总局公告2016年第53号)。

1-1-79

国家税务总局关于明确营改增试点若干征管问题的公告

2016年4月26日　国家税务总局公告2016年第26号

为确保全面推开营改增试点顺利实施,现将若干税收征管问题公告如下:

一、餐饮行业增值税一般纳税人购进农业生产者自产农产品,可以使用国税机关监制的农产品收购发票,按照现行规定计算抵扣进项税额。

有条件的地区,应积极在餐饮行业推行农产品进项税额核定扣除办法,按照《财政部、国家税务总局关于在部分行业试行农产品增值税进项税额核定扣除办法的通知》(财税〔2012〕38号)有关规定计算抵扣进项税额。

二、个人转让住房,在2016年4月30日前已签订转让合同,2016年5月1日以后办理产权变更事项的,应缴纳增值税,不缴纳营业税。

三、按照现行规定,适用增值税差额征收政策的增值税小规模纳税人,以差额前的销售额确定是否可以享受3万元(按季纳税9万元)以下免征增值税政策。

四、营改增后,门票、过路(过桥)费发票属于予以保留的票种,自2016年5月1日起,由国税机关监制管理。原地税机关监制的上述两类发票,可以延用至2016年6月30日。

本公告自2016年5月1日起施行。

特此公告。

注释:

条款废止。第三条自2019年1月1日起废止。参见:《国家税务总局关于小规模纳税人免征增值税政策有关征管问题的公告》(国家税务总局公告2019年第4号)。

条款修改。根据《第十三届全国人民代表大会第一次会议关于国务院机构改革方案的决定》等有关规定,税收规范性文件规定的国税地税机关的职责和工作由新的税务机关承担。国家税务总局依据《税收规范性文件制定管理办法》(国家税务总局令第41号公布),对税收规范性文件进行了清理。参见:《国家税务总局关于修改部分税收规范性文件的公告》(国家税务总局公告2018年第31号)。

1－1－80

国务院关于做好全面推开营改增试点工作的通知

2016年4月29日　国发明电〔2016〕1号

各省、自治区、直辖市人民政府，国务院各部委、各直属机构：

全面推开营改增试点将于2016年5月1日实施，为切实做好试点各项工作，现就有关事项通知如下：

一、高度重视全面推开营改增试点工作，切实加强组织领导。全面推开营改增试点是当前推动结构性改革尤其是供给侧结构性改革的重要内容，是实施积极财政政策的重大减税措施，政策性强、涉及面广，时间紧、任务重。各地区、各部门要充分认识全面推开营改增试点的重大意义，高度重视，统一思想，进一步加强对试点工作的组织领导。全面推开营改增试点部际联席会议要按照国务院赋予的职责，主动做好综合协调，统筹推进相关工作。各省（自治区、直辖市）人民政府要对本行政区域全面推开营改增试点工作负总责，政府主要负责同志要切实担负起第一责任人的责任。要精心组织，周密部署，抓紧建立工作协同推进机制，明确任务分工，细化措施方案，层层落实责任。

二、密切跟踪试点运行情况，做好政策解读和舆论引导。各地区、各部门要密切跟踪掌握全面推开营改增试点工作的进展情况，充分利用互联网、大数据等技术手段，针对不同行业和企业特点，梳理试点过程中的新情况，不断总结试点经验，优化流程，改进方法，加强监测预警，完善应对预案，强化风险防控，出现问题迅速处置。要进一步加强试点工作宣传，深入进行政策解读，对不实消息和人为炒作要予以及时澄清，积极回应社会关切，避免政策误读，有效引导社会舆论，为改革营造良好氛围。

三、严肃财经纪律，强化责任追究。地方各级政府都要讲政治、顾大局，算政治账、经济账、长远账，严格遵守有关法律法规和财经纪律，绝不允许为了短期利益和局部利益，搞回溯性清税，甚至弄虚作假收过头税。此类问题一经发现要依法依规严肃处理，对不应征收的税收必须立即退付给纳税人，超出合理增幅部分的税收要相应扣回。有关部门要强化监督约谈，禁止个别企业等假借营改增之名刻意曲解政策、趁机涨价牟取不当利益。同时，要确保全面推开营改增试点后顺利实施调整中央与地方增值税收入划分过渡方案。要坚决避免违背市场规律的不合理行政干预，不得限制企业跨区域生产经营、操纵企业增加值地区分布，严禁以各种不当手段争夺税源，防止形成地方保护和市场分割，破坏全国统一大市场建设。要确保试点工作平稳、有序进行，确保各项减税措施落到实处、见到实效，确保各行业税负只减不增，使广大企业充分享受到全面推开营改增试点的改革红利。重大事项要及时向国务院报告。

1－1－81

国务院关于印发全面推开营改增试点后调整中央与地方增值税收入划分过渡方案的通知

2016年4月29日　国发〔2016〕26号

各省、自治区、直辖市人民政府，国务院各部委、各直属机构：

现将《全面推开营改增试点后调整中央与地方增值税收入划分过渡方案》印发给你们，请认真遵照执行。

全面推开营改增试点后调整中央与地方增值税收入划分过渡方案

全面推开营改增试点将于2016年5月1日实施。按照党的十八届三中全会关于“保持现有中央和地方财力格局总体稳定，结合税制改革，考虑税种属性，进一步理顺中央和地方收入划分”的要求，同时考虑到税制改革未完全到位，推进中央与地方事权和支出责任划分改革还有一个过程，国务院决定，制定全面推开营改增试点后调整中央与地方增值税收入划分的过渡方案。

一、基本原则

（一）保持现有财力格局不变。既要保障地方既有财力，不影响地方财政平稳运行，又要保持目前中央和地方财力大体“五五”格局。

（二）注重调动地方积极性。适当提高地方按税收缴纳地分享增值税的比例，有利于调动地方发展经济和培植财源的积极性，缓解当前经济下行压力。

（三）兼顾好东中西部利益关系。以2014年为基数，将中央从地方上划收入通过税收返还方式给地方，确保既有财力不变。调整后，收入增量分配向中西部地区倾斜，重点加大对欠发达地区的支持力度，推进基本公共服务均等化。

同时，在加快地方税体系建设、推进中央与地方事权和支出责任划分改革过程中，做好过渡方案与下一步财税体制改革的衔接。

二、主要内容

（一）以2014年为基数核定中央返还和地方上缴基数。

（二）所有行业企业缴纳的增值税均纳入中央和地方共享范围。

（三）中央分享增值税的50%。

（四）地方按税收缴纳地分享增值税的50%。

（五）中央上划收入通过税收返还方式给地方，确保地方既有财力不变。

（六）中央集中的收入增量通过均衡性转移支付分配给地方，主要用于加大对中西部地区的支持力度。

三、实施时间和过渡期限

本方案与全面推开营改增试点同步实施，即自2016年5月1日起执行。过渡期暂定2～3年，届时根据中央与地方事权和支出责任划分、地方税体系建设等改革进展情况，研究是否适当调整。

1－1－82

财政部　国家税务总局关于进一步明确全面推开营改增试点有关劳务派遣服务、收费公路通行费抵扣等政策的通知

2016年4月30日　财税〔2016〕47号

各省、自治区、直辖市、计划单列市财政厅（局）、国家税务局、地方税务局，新疆生产建设兵团财务局：

经研究，现将营改增试点期间劳务派遣服务等政策补充通知如下：

一、劳务派遣服务政策

一般纳税人提供劳务派遣服务，可以按照《财政部、国家税务总局关于全面推开营业税改征增值税试点的通知》（财税〔2016〕36号）的有关规定，以取得的全部价款和价外费用为销售额，按照一般计税方法计算缴纳增值税；也可以选择差额纳税，以取得的全部价款和价外费用，扣除代用工单位支付给劳务派遣员工的工资、福利和为其办理社会保险及住房公积金后的余额为销售额，按照简易计税方法依5%的征收率计算缴纳增值税。

小规模纳税人提供劳务派遣服务，可以按照《财政部、国家税务总局关于全面推开营业税改征增值税试点的通知》（财税〔2016〕36号）的有关规定，以取得的全部价款和价外费用为销售额，按照简易计税方法依3%的征收率计算缴纳增值税；也可以选择差额纳税，以取得的全部价款和价外费用，扣除代用工单位支付给劳务派遣员工的工资、福利和为其办理社会保险及住房公积金后的余额为销售额，按照简易计税方法依5%的征收率计算缴纳增值税。

选择差额纳税的纳税人，向用工单位收取用于支付给劳务派遣员工工资、福利和为其办理社会保险及住房公积金的费用，不得开具增值税专用发票，可以开具普通发票。

劳务派遣服务，是指劳务派遣公司为了满足用工单位对于各类灵活用工的需求，将员工派遣至用工单位，接受用工单位管理并为其工作的服务。

二、收费公路通行费抵扣及征收政策

（一）2016年5月1日至7月31日，一般纳税人支付的道路、桥、闸通行费，暂凭取得的通行费发票（不含财政票据，下同）上注明的收费金额按照下列公式计算可抵扣的进项税额：

高速公路通行费可抵扣进项税额 = 高速公路通行费发票上注明的金额 ÷（1 + 3%）×3%

一级公路、二级公路、桥、闸通行费可抵扣进项税额 = 一级公路、二级公路、桥、闸通行费发票上注明的金额 ÷（1 + 5%）×5%

通行费，是指有关单位依法或者依规设立并收取的过路、过桥和过闸费用。

（二）一般纳税人收取试点前开工的一级公路、二级公路、桥、闸通行费，可以选择适用简易计税方法，按照5%的征收率计算缴纳增值税。

试点前开工，是指相关施工许可证注明的合同开工日期在2016年4月30日前。

三、其他政策

（一）纳税人提供人力资源外包服务，按照经纪代理服务缴纳增值税，其销售额不包括受客户单位委托代为向客户单位员工发放的工资和代理缴纳的社会保险、住房公积金。向委托方收取并代为发放的工资和代理缴纳的社会保险、住房公积金，不得开具增值税专用发票，可以开具普通发票。

一般纳税人提供人力资源外包服务，可以选择适用简易计税方法，按照5%的征收率计算缴纳增值税。

（二）纳税人以经营租赁方式将土地出租给他人使用，按照不动产经营租赁服务缴纳增值税。

纳税人转让2016年4月30日前取得的土地使用权，可以选择适用简易计税方法，以取得的全部价款和价外费用减去取得该土地使用权的原价后的余额为销售额，按照5%的征收率计算缴纳增值税。

（三）一般纳税人2016年4月30日前签订的不动产融资租赁合同，或以2016年4月30日前取得的不动产提供的融资租赁服务，可以选择适用简易计税方法，按照5%的征收率计算缴纳增值税。

（四）一般纳税人提供管道运输服务和有形动产融资租赁服务，按照《营业税改征增值税试点过渡政策的规定》（财税〔2013〕106号）第二条有关规定适用的增值税实际税负超过3%部分即征即退政策，在2016年1月1日至4月30日期间继续执行。

四、本通知规定的内容，除另有规定执行时间外，自2016年5月1日起执行。

1－1－83

财政部　国家税务总局关于促进残疾人就业增值税优惠政策的通知

2016年5月5日　财税〔2016〕52号

各省、自治区、直辖市、计划单列市财政厅（局）、国家税务局，新疆生产建设兵团财务局：

为继续发挥税收政策促进残疾人就业的作用，进一步保障残疾人权益，经国务院批准，决定对促进残疾人就业的增值税政策进行调整完善。现将有关政策通知如下：

一、对安置残疾人的单位和个体工商户(以下称纳税人),实行由税务机关按纳税人安置残疾人的人数,限额即征即退增值税的办法。

安置的每位残疾人每月可退还的增值税具体限额,由县级以上税务机关根据纳税人所在区县(含县级市、旗,下同)适用的经省(含自治区、直辖市、计划单列市,下同)人民政府批准的月最低工资标准的4倍确定。

二、享受税收优惠政策的条件

(一)纳税人(除盲人按摩机构外)月安置的残疾人占在职职工人数的比例不低于25%(含25%),并且安置的残疾人人数不少于10人(含10人)。

盲人按摩机构月安置的残疾人占在职职工人数的比例不低于25%(含25%),并且安置的残疾人人数不少于5人(含5人)。

(二)依法与安置的每位残疾人签订了一年以上(含一年)的劳动合同或服务协议。

(三)为安置的每位残疾人按月足额缴纳了基本养老保险、基本医疗保险、失业保险、工伤保险和生育保险等社会保险。

(四)通过银行等金融机构向安置的每位残疾人,按月支付了不低于纳税人所在区县适用的经省人民政府批准的月最低工资标准的工资。

三、《财政部、国家税务总局关于教育税收政策的通知》(财税〔2004〕39号)第一条第7项规定的特殊教育学校举办的企业,只要符合本通知第二条第(一)项第一款规定的条件,即可享受本通知第一条规定的增值税优惠政策。这类企业在计算残疾人人数时可将在企业上岗工作的特殊教育学校的全日制在校学生计算在内,在计算企业在职职工人数时也要将上述学生计算在内。

四、纳税人中纳税信用等级为税务机关评定的C级或D级的,不得享受本通知第一条、第三条规定的政策。

五、纳税人按照纳税期限向主管国税机关申请退还增值税。本纳税期已交增值税额不足退还的,可在本纳税年度内以前纳税期已交增值税扣除已退增值税的余额中退还,仍不足退还的可结转本纳税年度内以后纳税期退还,但不得结转以后年度退还。纳税期限不为按月的,只能对其符合条件的月份退还增值税。

六、本通知第一条规定的增值税优惠政策仅适用于生产销售货物,提供加工、修理修配劳务,以及提供营改增现代服务和生活服务税目(不含文化体育服务和娱乐服务)范围的服务取得的收入之和,占其增值税收入的比例达到50%的纳税人,但不适用于上述纳税人直接销售外购货物(包括商品批发和零售)以及销售委托加工的货物取得的收入。

纳税人应当分别核算上述享受税收优惠政策和不得享受税收优惠政策业务的销售额,不能分别核算的,不得享受本通知规定的优惠政策。

七、如果既适用促进残疾人就业增值税优惠政策,又适用重点群体、退役士兵、随军家属、军转干部等支持就业的增值税优惠政策的,纳税人可自行选择适用的优惠政策,但不能累加执行。一经选定,36个月内不得变更。

八、残疾人个人提供的加工、修理修配劳务,免征增值税。

九、税务机关发现已享受本通知增值税优惠政策的纳税人,存在不符合本通知第二条、第三条规定条件,或者采用伪造或重复使用残疾人证、残疾军人证等手段骗取本通知规定的增值税优惠的,应将纳税人发生上述违法违规行为的纳税期内按本通知已享受到的退税全额追缴入库,并自发现当月起36个月内停止其享受本通知规定的各项税收优惠。

十、本通知有关定义

(一)残疾人,是指法定劳动年龄内,持有《中华人民共和国残疾人证》或者《中华人民共和国残疾军人证(1至8级)》的自然人,包括具有劳动条件和劳动意愿的精神残疾人。

(二)残疾人个人,是指自然人。

(三)在职职工人数,是指与纳税人建立劳动关系并依法签订劳动合同或者服务协议的雇员人数。

(四)特殊教育学校举办的企业,是指特殊教育学校主要为在校学生提供实习场所、并由学校出资自办、由学校负责经营管理、经营收入全部归学校所有的企业。

十一、本通知规定的增值税优惠政策的具体征收管理办法,由国家税务总局制定。

十二、本通知自2016年5月1日起执行,《财政部、国家税务总局关于促进残疾人就业税收优惠政策的通知》(财税〔2007〕92号)、《财政部、国家税务总局关于将铁路运输和邮政业纳入营业税改征增值税试点的通知》(财税〔2013〕106号)附件3第二条第(二)项同时废止。纳税人2016年5月1日前执行财税〔2007〕92号和财税〔2013〕106号文件发生的应退未退的增值税余额,可按照本通知第五条规定执行。

1-1-84

国家税务总局关于发布《营业税改征增值税跨境应税行为增值税免税管理办法(试行)》的公告

2016年5月6日　国家税务总局公告2016年第29号

国家税务总局制定了《营业税改征增值税跨境应税行为增值税免税管理办法(试行)》,现予以公布,自2016年5月1日起施行。《国家税务总局关于重新发布〈营业税改征增值税跨境应税服务增值税免税管理办法(试行)〉的公告》(国家税务总局公告2014年第49号)同时废止。

特此公告。

附件:1. 跨境应税行为免税备案表(编者略)

2. 放弃适用增值税零税率声明(编者略)

营业税改征增值税跨境应税行为增值税免税管理办法(试行)

第一条　中华人民共和国境内(以下简称境内)的单位和个人(以下称纳税人)发生跨境应税行为,适用本办法。

第二条 下列跨境应税行为免征增值税：

(一)工程项目在境外的建筑服务。

工程总承包方和工程分包方为施工地点在境外的工程项目提供的建筑服务，均属于工程项目在境外的建筑服务。

(二)工程项目在境外的工程监理服务。

(三)工程、矿产资源在境外的工程勘察勘探服务。

(四)会议展览地点在境外的会议展览服务。

为客户参加在境外举办的会议、展览而提供的组织安排服务，属于会议展览地点在境外的会议展览服务。

(五)存储地点在境外的仓储服务。

(六)标的物在境外使用的有形动产租赁服务。

(七)在境外提供的广播影视节目(作品)的播映服务。

在境外提供的广播影视节目(作品)播映服务，是指在境外的影院、剧院、录像厅及其他场所播映广播影视节目(作品)。

通过境内的电台、电视台、卫星通信、互联网、有线电视等无线或者有线装置向境外播映广播影视节目(作品)，不属于在境外提供的广播影视节目(作品)播映服务。

(八)在境外提供的文化体育服务、教育医疗服务、旅游服务。

在境外提供的文化体育服务和教育医疗服务，是指纳税人在境外现场提供的文化体育服务和教育医疗服务。

为参加在境外举办的科技活动、文化活动、文化演出、文化比赛、体育比赛、体育表演、体育活动而提供的组织安排服务，属于在境外提供的文化体育服务。

通过境内的电台、电视台、卫星通信、互联网、有线电视等媒体向境外单位或个人提供的文化体育服务或教育医疗服务，不属于在境外提供的文化体育服务、教育医疗服务。

(九)为出口货物提供的邮政服务、收派服务、保险服务。

1. 为出口货物提供的邮政服务，是指：

(1)寄递函件、包裹等邮件出境。

(2)向境外发行邮票。

(3)出口邮册等邮品。

2. 为出口货物提供的收派服务，是指为出境的函件、包裹提供的收件、分拣、派送服务。

纳税人为出口货物提供收派服务，免税销售额为其向寄件人收取的全部价款和价外费用。

3. 为出口货物提供的保险服务，包括出口货物保险和出口信用保险。

(十)向境外单位销售的完全在境外消费的电信服务。

纳税人向境外单位或者个人提供的电信服务，通过境外电信单位结算费用的，服务接受方为境外电信单位，属于完全在境外消费的电信服务。

(十一)向境外单位销售的完全在境外消费的知识产权服务。

服务实际接受方为境内单位或者个人的知识产权服务，不属于完全在境外消费的知识产权服务。

（十二）向境外单位销售的完全在境外消费的物流辅助服务（仓储服务、收派服务除外）。

境外单位从事国际运输和港澳台运输业务经停我国机场、码头、车站、领空、内河、海域时，纳税人向其提供的航空地面服务、港口码头服务、货运客运站场服务、打捞救助服务、装卸搬运服务，属于完全在境外消费的物流辅助服务。

（十三）向境外单位销售的完全在境外消费的鉴证咨询服务。

下列情形不属于完全在境外消费的鉴证咨询服务：

1. 服务的实际接受方为境内单位或者个人。

2. 对境内的货物或不动产进行的认证服务、鉴证服务和咨询服务。

（十四）向境外单位销售的完全在境外消费的专业技术服务。

下列情形不属于完全在境外消费的专业技术服务：

1. 服务的实际接受方为境内单位或者个人。

2. 对境内的天气情况、地震情况、海洋情况、环境和生态情况进行的气象服务、地震服务、海洋服务、环境和生态监测服务。

3. 为境内的地形地貌、地质构造、水文、矿藏等进行的测绘服务。

4. 为境内的城、乡、镇提供的城市规划服务。

（十五）向境外单位销售的完全在境外消费的商务辅助服务。

1. 纳税人向境外单位提供的代理报关服务和货物运输代理服务，属于完全在境外消费的代理报关服务和货物运输代理服务。

2. 纳税人向境外单位提供的外派海员服务，属于完全在境外消费的人力资源服务。外派海员服务，是指境内单位派出属于本单位员工的海员，为境外单位在境外提供的船舶驾驶和船舶管理等服务。

3. 纳税人以对外劳务合作方式，向境外单位提供的完全在境外发生的人力资源服务，属于完全在境外消费的人力资源服务。对外劳务合作，是指境内单位与境外单位签订劳务合作合同，按照合同约定组织和协助中国公民赴境外工作的活动。

4. 下列情形不属于完全在境外消费的商务辅助服务：

（1）服务的实际接受方为境内单位或者个人。

（2）对境内不动产的投资与资产管理服务、物业管理服务、房地产中介服务。

（3）拍卖境内货物或不动产过程中提供的经纪代理服务。

（4）为境内货物或不动产的物权纠纷提供的法律代理服务。

（5）为境内货物或不动产提供的安全保护服务。

（十六）向境外单位销售的广告投放地在境外的广告服务。

广告投放地在境外的广告服务，是指为在境外发布的广告提供的广告服务。

（十七）向境外单位销售的完全在境外消费的无形资产（技术除外）。

下列情形不属于向境外单位销售的完全在境外消费的无形资产：

1. 无形资产未完全在境外使用。

2. 所转让的自然资源使用权与境内自然资源相关。

3. 所转让的基础设施资产经营权、公共事业特许权与境内货物或不动产相关。

4. 向境外单位转让在境内销售货物、应税劳务、服务、无形资产或不动产的配额、经营权、经销权、分销权、代理权。

（十八）为境外单位之间的货币资金融通及其他金融业务提供的直接收费金融服务，且该服务与境内的货物、无形资产和不动产无关。

为境外单位之间、境外单位和个人之间的外币、人民币资金往来提供的资金清算、资金结算、金融支付、账户管理服务，属于为境外单位之间的货币资金融通及其他金融业务提供的直接收费金融服务。

（十九）属于以下情形的国际运输服务：

1. 以无运输工具承运方式提供的国际运输服务。

2. 以水路运输方式提供国际运输服务但未取得《国际船舶运输经营许可证》的。

3. 以公路运输方式提供国际运输服务但未取得《道路运输经营许可证》或者《国际汽车运输行车许可证》，或者《道路运输经营许可证》的经营范围未包括“国际运输”的。

4. 以航空运输方式提供国际运输服务但未取得《公共航空运输企业经营许可证》，或者其经营范围未包括“国际航空客货邮运输业务”的。

5. 以航空运输方式提供国际运输服务但未持有《通用航空经营许可证》，或者其经营范围未包括“公务飞行”的。

（二十）符合零税率政策但适用简易计税方法或声明放弃适用零税率选择免税的下列应税行为：

1. 国际运输服务。

2. 航天运输服务。

3. 向境外单位提供的完全在境外消费的下列服务：

（1）研发服务；

（2）合同能源管理服务；

（3）设计服务；

（4）广播影视节目（作品）的制作和发行服务；

（5）软件服务；

（6）电路设计及测试服务；

（7）信息系统服务；

（8）业务流程管理服务；

（9）离岸服务外包业务。

4. 向境外单位转让完全在境外消费的技术。

第三条　纳税人向国内海关特殊监管区域内的单位或者个人销售服务、无形资产，不属于跨境应税行为，应照章征收增值税。

第四条　2016 年 4 月 30 日前签订的合同，符合《财政部、国家税务总局关于将铁路运输和邮政业纳入营业税改征增值税试点的通知》（财税〔2013〕106 号）附件 4 和《财政部、国家税务总局关于影视等出口服务适用增值税零税率政策的通知》（财税〔2015〕118 号）规定的免税政策条件的，在合同到期前可以继续享受免税政策。

第五条　纳税人发生本办法第二条所列跨境应税行为，除第（九）项、第（二十）项外，必须签订跨境销售服务或无形资产书面合同。否则,不予免征增值税。

纳税人向外国航空运输企业提供空中飞行管理服务,以中国民用航空局下发的航班计划或者中国民用航空局清算中心临时来华飞行记录,为跨境销售服务书面合同。

纳税人向外国航空运输企业提供物流辅助服务(除空中飞行管理服务外),与经中国民用航空局批准设立的外国航空运输企业常驻代表机构签订的书面合同,属于与服务接受方签订跨境销售服务书面合同。外国航空运输企业临时来华飞行,未签订跨境服务书面合同的,以中国民用航空局清算中心临时来华飞行记录为跨境销售服务书面合同。

施工地点在境外的工程项目,工程分包方应提供工程项目在境外的证明、与发包方签订的建筑合同原件及复印件等资料,作为跨境销售服务书面合同。

第六条　纳税人向境外单位销售服务或无形资产,按本办法规定免征增值税的,该项销售服务或无形资产的全部收入应从境外取得,否则,不予免征增值税。

下列情形视同从境外取得收入:

(一)纳税人向外国航空运输企业提供物流辅助服务,从中国民用航空局清算中心、中国航空结算有限责任公司或者经中国民用航空局批准设立的外国航空运输企业常驻代表机构取得的收入。

(二)纳税人与境外关联单位发生跨境应税行为,从境内第三方结算公司取得的收入。上述所称第三方结算公司,是指承担跨国企业集团内部成员单位资金集中运营管理职能的资金结算公司,包括财务公司、资金池、资金结算中心等。

(三)纳税人向外国船舶运输企业提供物流辅助服务,通过外国船舶运输企业指定的境内代理公司结算取得的收入。

(四)国家税务总局规定的其他情形。

第七条　纳税人发生跨境应税行为免征增值税的,应单独核算跨境应税行为的销售额,准确计算不得抵扣的进项税额,其免税收入不得开具增值税专用发票。

纳税人为出口货物提供收派服务,按照下列公式计算不得抵扣的进项税额:

不得抵扣的进项税额=当期无法划分的全部进项税额×(当期简易计税方法计税项目销售额+免征增值税项目销售额-为出口货物提供收派服务支付给境外合作方的费用)÷当期全部销售额

第八条　纳税人发生免征增值税跨境应税行为,除提供第二条第(二十)项所列服务外,应在首次享受免税的纳税申报期内或在各省、自治区、直辖市和计划单列市国家税务局规定的申报征期后的其他期限内,到主管税务机关办理跨境应税行为免税备案手续,同时提交以下备案材料:

(一)《跨境应税行为免税备案表》(附件1);

(二)本办法第五条规定的跨境销售服务或无形资产的合同原件及复印件;

(三)提供本办法第二条第(一)项至第(八)项和第(十六)项服务,应提交服务地点在境外的证明材料原件及复印件;

(四)提供本办法第二条规定的国际运输服务,应提交实际发生相关业务的证明材料;

(五)向境外单位销售服务或无形资产,应提交服务或无形资产购买方的机构所在地在境外的证明材料;

（六）国家税务总局规定的其他资料。

第九条 纳税人发生第二条第（二十）项所列应税行为的，应在首次享受免税的纳税申报期内或在各省、自治区、直辖市和计划单列市国家税务局规定的申报征期后的其他期限内，到主管税务机关办理跨境应税行为免税备案手续，同时提交以下备案材料：

（一）已向办理增值税免抵退税或免退税的主管税务机关备案的《放弃适用增值税零税率声明》（附件2）；

（二）该项应税行为享受零税率到主管税务机关办理增值税免抵退税或免退税申报时需报送的材料和原始凭证。

第十条 按照本办法第八条规定提交备案的跨境销售服务或无形资产合同原件为外文的，应提供中文翻译件并由法定代表人（负责人）签字或者单位盖章。

纳税人无法提供本办法第八条规定的境外资料原件的，可只提供复印件，注明“复印件与原件一致”字样，并由法定代表人（负责人）签字或者单位盖章；境外资料原件为外文的，应提供中文翻译件并由法定代表人（负责人）签字或者单位盖章。

主管税务机关对提交的境外证明材料有明显疑义的，可以要求纳税人提供境外公证部门出具的证明材料。

第十一条 纳税人办理跨境应税行为免税备案手续时，主管税务机关应当根据以下情况分别作出处理：

（一）备案材料存在错误的，应当告知并允许纳税人更正。

（二）备案材料不齐全或者不符合规定形式的，应当场一次性告知纳税人补正。

（三）备案材料齐全、符合规定形式的，或者纳税人按照税务机关的要求提交全部补正备案材料的，应当受理纳税人的备案，并将有关资料原件退还纳税人。

（四）按照税务机关的要求补正后的备案材料仍不符合本办法第八、九、十条规定的，应当对纳税人的本次跨境应税行为免税备案不予受理，并将所有报送材料退还纳税人。

第十二条 主管税务机关受理或者不予受理纳税人跨境应税行为免税备案，应当出具加盖本机关专用印章和注明日期的书面凭证。

第十三条 原签订的跨境销售服务或无形资产合同发生变更，或者跨境销售服务或无形资产的有关情况发生变化，变化后仍属于本办法第二条规定的免税范围的，纳税人应向主管税务机关重新办理跨境应税行为免税备案手续。

第十四条 纳税人应当完整保存本办法第八、九、十条要求的各项材料。纳税人在税务机关后续管理中不能提供上述材料的，不得享受本办法规定的免税政策，对已享受的减免税款应予补缴，并依照《中华人民共和国税收征收管理法》的有关规定处理。

第十五条 纳税人发生跨境应税行为享受免税的，应当按规定进行纳税申报。纳税人享受免税到期或实际经营情况不再符合本办法规定的免税条件的，应当停止享受免税，并按照规定申报纳税。

第十六条 纳税人发生实际经营情况不符合本办法规定的免税条件、采用欺骗手段获取免税或者享受减免税条件发生变化未及时向税务机关报告，以及未按照本办法规定履行相关程序自行减免税的，税务机关依照《中华人民共和国税收征收管理法》有关规定予以处理。

第十七条 税务机关应高度重视跨境应税行为增值税免税管理工作，针对纳税人的备案材料，采取案头分析、日常检查、重点稽查等方式，加强对纳税人业务真实性的核实，发现问题的，按照现行有关规定处理。

第十八条 纳税人发生的与中国香港、中国澳门、中国台湾有关的应税行为，参照本办法执行。

第十九条 本办法自2016年5月1日起施行。此前，纳税人发生符合本办法第四条规定的免税跨境应税行为，已办理免税备案手续的，不再重新办理免税备案手续。纳税人发生符合本办法第二条和第四条规定的免税跨境应税行为，未办理免税备案手续但已进行免税申报的，按照本办法规定补办备案手续；未进行免税申报的，按照本办法规定办理跨境服务备案手续后，可以申请退还已缴税款或者抵减以后的应纳税额；已开具增值税专用发票的，应将全部联次追回后方可办理跨境应税行为免税备案手续。

注释：

条款修改。根据《第十三届全国人民代表大会第一次会议关于国务院机构改革方案的决定》等有关规定，税收规范性文件规定的国税地税机关的职责和工作由新的税务机关承担。国家税务总局依据《税收规范性文件制定管理办法》（国家税务总局令第41号公布），对税收规范性文件进行了清理。参见：《国家税务总局关于修改部分税收规范性文件的公告》（国家税务总局公告2018年第31号）。

1－1－85

国家税务总局关于进一步优化营改增纳税服务工作的通知

2016年5月25日　税总发〔2016〕75号

各省、自治区、直辖市和计划单列市国家税务局、地方税务局：

自3月5日营改增工作开展以来，通过各级税务机关的共同努力，各地办税服务厅秩序井然，开票系统运行正常，全面推开营改增试点取得了良好开局。为再接再厉打好全面推开营改增试点第二阶段战役，确保营改增纳税人顺利申报，现就进一步优化营改增纳税服务工作通知如下：

一、强化纳税申报的宣传培训

6月，营改增纳税人将迎来首个纳税申报期。针对部分纳税人初次填报增值税申报表、不熟悉申报流程的实际问题，各地税务机关要强化对纳税申报的辅导培训，提前制作各类申报表填写样表、辅导填报“二维码”等，通过网站、手机APP等方式主动推送给营改增纳税人，帮助其熟练掌握申报表的填报。同时要根据税收政策的调整，及时做好“二维码”的更新工作。

二、做好纳税申报的现场和上门辅导

要在办税服务厅组建辅导队、增设预审岗，强化现场辅导和现场审核，帮助纳税人正确填报增值税申报表。要组织税收管理员和业务骨干主动深入重点企业，尤其是对样本企业进行上门辅导，通过“一对一”、“面对面”的方式帮助纳税人正确填写增值税申报表或者辅导其进行网上申报，确保在6月10日前所有样本企业完成好申报。

三、确保减免税优惠政策不折不扣落实

各地税务机关要对营改增试点纳税人减免税申报、备案等工作进行重点辅导，确保纳税人全面、准确申报，确保减免税政策不折不扣得以落实。

四、做好取消增值税发票认证的宣传工作

纳入营改增试点的增值税一般纳税人暂不需要进行增值税发票认证，纳税信用A级、B级增值税一般纳税人取得销售方使用新系统开具的增值税发票，也可以不再进行扫描认证。各地国税机关要通过制作简便易懂的宣传资料、操作视频等，加大对取消增值税发票认证的宣传，帮助纳税人熟练掌握登录勾选方法，使取消认证这一便利措施落到实处，真正减少办税环节，减轻征纳双方办税负担。

五、积极引导营改增纳税人网上申报

各地税务机关要针对此次全面推开营改增试点涉及纳税人数量众多、业态差异大的实际情况，根据纳税人办税的不同习惯、不同方式，在尊重纳税人意愿的基础上，积极向纳税人提供网上办税、自助办税、移动办税等多元化办税方式。

六、设置办税服务厅首次申报专窗

各地国税机关要结合本地营改增纳税人数量和办税服务厅实际，在办税服务厅合理设置营改增纳税人专窗和专用通道，方便首次进行申报的营改增纳税人顺畅办理申报业务，避免纳税人因对办税流程及办税场所不熟悉而影响申报。

七、错峰预约纳税人申报

各地国税机关要对需到办税服务厅办理申报的纳税人进行科学预判，根据纳税人财务核算状况，合理划分申报时段，分批量主动预约纳税人，引导纳税人错峰申报，缓解申报高峰压力。特别要注意避免申报期最后几天办税服务厅过度拥挤现象的发生。

八、帮助纳税人合理选择办税地点

各地税务机关要充分发挥同城通办给纳税人办税带来的便利，建立办税服务厅等候状况实时发布机制，让纳税人通过官方网站、手机APP、微信、短信等多种渠道，实时了解各办税服务厅的等候状况，合理选择办税服务厅进行办税，避免因纳税人过度集中而造成办税不畅、效率不高等问题。

九、探索建设国税地税“一窗式”服务

各地国税机关、地税机关要加强沟通、密切协作，采取互设窗口、共建办税服务厅、共驻政务中心的方式，整合办税服务资源。已经实现联合办税的，要根据窗口业务量变化，适时调整业务办理窗口和服务人员数量，最大限度发挥好窗口资源的整体效能，缩短纳税人办税等候时间。各地税务机关要积极探索推进“全职能一窗式”办税服务，缓解办税服务厅窗口压力。

十、进驻窗口实现全流程办结

对进驻政务中心的税务窗口，要完善进驻职能、充分授权到位。积极争取当地政府的支持，通过增设窗口、增配人员等方式配齐配足窗口职能，努力达到规范化全职能办税服务厅的标准。在此基础上，按照“窗口受理、内部流转、限时办结、窗口出件”工作要求，确保同一事项能够全流程办结，不得以需要税务机关内部其他部门签字盖章为由，让纳税人往返于政务中心和税务机关。要采取多种方式向纳税人做好“三证合一”的宣传解释工作，重点讲明按照“三证合一”的有关规定，工商部门办理完毕后，工商、税务的登记事宜即已完成，不需要再到税务窗口办理税务登记手续。各地税务机关要强化督导落实，及时对进驻政务中心税务窗口的服务情况开展督导和检查，树立税务部门良好形象。

十一、确保服务制度和兜底责任落到实处

一线窗口单位要切实落实好首问责任、限时办结、延时服务、绿色通道、流动导税、领导值班等服务制度及兜底责任，确保纳税人业务有人办、咨询有人答、疑难有人解。6月申报期内，各地税务机关领导要亲临一线，坐镇办税服务厅统筹指挥协调，及时处理纳税服务工作中出现的问题和突发事件。

十二、提高12366热线咨询质效

针对营改增纳税人业务咨询量日益增加的实际，各地12366中心要进一步充实营改增咨询专线力量，增配设备、增加人员、科学排班、加强现场管理、严格质量监控，确保12366纳税服务热线畅通。同时，加大对座席人员的培训力度，强化对答复准确率和服务规范性的考核测评，确保做到答复问题口径一致，内容规范准确。

十三、建立疑难问题解答机制

各地税务机关要建立疑难问题解答机制，定期收集整理疑难问题和热点问题，送交业务部门研究确定答复口径，及时维护进12366税收知识库并推送至办税服务厅咨询岗，确保咨询答复及时精准。

十四、切实做好不动产交易代征、代开的导税服务工作

针对二手房交易和个人出租不动产增值税代征工作业务流程相对复杂且涉及自然人的实际情况，各地税务机关要加强导税力量的配备，在各代征场所设立导税人员，全程做好导税服务，维护好办税秩序，确保不动产交易申报工作顺利有序开展。同时，要通过办税服务厅、税务网站、官方微信等渠道，主动做好相关税收政策的宣传和纳税辅导。

十五、发挥各自优势做好纳税服务

各地国税机关、地税机关要切实发挥各自业务优势，进一步密切合作，加强沟通交流，共享涉税信息，共同解决营改增纳税人提出的疑难问题。要落实好首问责任制，纳税人无论到国税局、地税局办理涉税事项或寻求涉税帮助时，负责接洽的税务机关要全程负责涉税业务的指引、协调等工作。不能因合作不到位而造成纳税人在国税局、地税局之间“往返跑”。

十六、建立先收后办机制

各地税务机关要在突发事件发生的第一时间，立即启动应急预案。对因系统故障、停电等因素不能正常工作时，各办税服务厅可先行收取纳税人资料，并延时加班办理，办结后主动通知纳税人前来办理后续事项。

十七、强化对技术服务单位监管

各地国税机关要加强对税控系统服务单位的监督管理，督促其不断提高服务质量，满足纳税人对操作培训和技术服务的要求。对出现服务不到位、违规搭售设备、软件或乱收费等问题的服务单位，责令其立即纠正并限期整改。严格按照《增值税税控系统服务单位监督管理办法》执行，切实维护纳税人合法权益。

十八、加强增值税发票开具工作的宣传辅导

各地税务机关要认真做好增值税发票开具方面的政策宣传，消除社会上对增值税发票开具方面的误解。增值税纳税人购买货物、劳务、服务、无形资产或不动产，索取增值税专用发票时，须向销售方提供购买方名称（不得为自然人）、纳税人识别号、地址电话、开户行及账号信息，不需要提供营业执照、税务登记证、组织机构代码证、开户许可证、增值税一般纳税人登记表等相关证件或其他证明材料。个人消费者购买货物、劳务、服务、无形资产或不动产，索取增值税普通发票时，不需要向销售方提供纳税人识别号、地址电话、开户行及账号信息，也不需要提供相关证件或其他证明材料。

十九、严肃查处借营改增之名损害纳税人利益的行为

针对个别企业假借营改增之名刻意曲解政策、趁机涨价谋取不当利益的情况，各地税务机关要做好营改增政策的宣传解读工作，确保每个企业、每个纳税人都能充分了解营改增政策。对借营改增之名提价、违反价格诚信、涉嫌价格欺诈、联合串通涨价等违法违规行为，要主动向地方党委政府进行汇报，积极配合相关部门，加大监管力度，及时查处纠正。

二十、畅通投诉渠道维护纳税人权益

拓宽纳税人诉求表达渠道，畅通 12366 热线、税务网站、微信平台等多渠道投诉响应机制。进一步压缩投诉响应时间，提高投诉办理效率。当场投诉的，即时处理；事后投诉的，提速至 3 个工作日内办结，切实维护纳税人权益。

各地税务机关要高度重视，加强督导检查，对纳税服务工作落实不力的要严肃追责。税务总局将对各地的落实情况开展明察暗访。各地要于 2016 年 6 月 10 日前，将本通知的贯彻落实情况及改进建议报税务总局（纳税服务司）。

1－1－86

国家税务总局关于发布《促进残疾人就业增值税优惠政策管理办法》的公告

2016 年 5 月 27 日　国家税务总局公告 2016 年第 33 号

为规范和完善促进残疾人就业增值税优惠政策管理，国家税务总局制定了《促进残疾人就业增值税优惠政策管理办法》，现予以公布，自 2016 年 5 月 1 日起施行。

特此公告。

附件：安置残疾人纳税人申请增值税退税声明（编者略）

促进残疾人就业增值税优惠政策管理办法

第一条 为加强促进残疾人就业增值税优惠政策管理，根据《财政部、国家税务总局关于促进残疾人就业增值税优惠政策的通知》（财税〔2016〕52 号）、《国家税务总局关于发布〈税收减免管理办法〉的公告》（国家税务总局公告 2015 年第 43 号）及有关规定，制定本办法。

第二条 纳税人享受安置残疾人增值税即征即退优惠政策，适用本办法规定。

本办法所指纳税人，是指安置残疾人的单位和个体工商户。

第三条 纳税人首次申请享受税收优惠政策，应向主管税务机关提供以下备案资料：

（一）《税务资格备案表》。

（二）安置的残疾人的《中华人民共和国残疾人证》或者《中华人民共和国残疾军人证（1 至 8 级）》复印件，注明与原件一致，并逐页加盖公章。安置精神残疾人的，提供精神残疾人同意就业的书面声明以及其法定监护人签字或印章的证明精神残疾人具有劳动条件和劳动意愿的书面材料。

（三）安置的残疾人的身份证明复印件，注明与原件一致，并逐页加盖公章。

第四条 主管税务机关受理备案后，应将全部《中华人民共和国残疾人证》或者《中华人民共和国残疾军人证(1 至 8 级)》信息以及所安置残疾人的身份证明信息录入征管系统。

第五条 纳税人提供的备案资料发生变化的，应于发生变化之日起 15 日内就变化情况向主管税务机关办理备案。

第六条 纳税人申请退还增值税时，需报送如下资料：

（一）《退（抵）税申请审批表》。

（二）《安置残疾人纳税人申请增值税退税声明》（见附件）。

（三）当期为残疾人缴纳社会保险费凭证的复印件及由纳税人加盖公章确认的注明缴纳人员、缴纳金额、缴纳期间的明细表。

（四）当期由银行等金融机构或纳税人加盖公章的按月为残疾人支付工资的清单。

特殊教育学校举办的企业，申请退还增值税时，不提供资料（三）和资料（四）。

第七条 纳税人申请享受税收优惠政策，应对报送资料的真实性和合法性承担法律责任。主管税务机关对纳税人提供资料的完整性和增值税退税额计算的准确性进行审核。

第八条 主管税务机关受理退税申请后，查询纳税人的纳税信用等级，对符合信用条件的，审核计算应退增值税额，并按规定办理退税。

第九条 纳税人本期应退增值税额按以下公式计算：

本期应退增值税额 = 本期所含月份每月应退增值税额之和

月应退增值税额 = 纳税人本月安置残疾人员人数 × 本月月最低工资标准的 4 倍

月最低工资标准，是指纳税人所在区县（含县级市、旗）适用的经省（含自治区、直辖市、计划单列市）人民政府批准的月最低工资标准。

纳税人本期已缴增值税额小于本期应退税额不足退还的，可在本年度内以前纳税期已缴增值税额扣除已退增值税额的余额中退还，仍不足退还的可结转本年度内以后纳税期退还。年度已缴增值税额小于或等于年度应退税额的，退税额为年度已缴增值税额；年度已缴增值税额大于年度应退税额的，退税额为年度应退税额。年度已缴增值税额不足退还的，不得结转以后年度退还。

第十条　纳税人新安置的残疾人从签订劳动合同并缴纳社会保险的次月起计算，其他职工从录用的次月起计算；安置的残疾人和其他职工减少的，从减少当月计算。

第十一条　主管税务机关应于每年2月底之前，在其网站或办税服务厅，将本地区上一年度享受安置残疾人增值税优惠政策的纳税人信息，按下列项目予以公示：纳税人名称、纳税人识别号、法人代表、计算退税的残疾人职工人次等。

第十二条　享受促进残疾人就业增值税优惠政策的纳税人，对能证明或印证符合政策规定条件的相关材料负有留存备查义务。纳税人在税务机关后续管理中不能提供相关材料的，不得继续享受优惠政策。税务机关应追缴其相应纳税期内已享受的增值税退税，并依照税收征管法及其实施细则的有关规定处理。

第十三条　各地税务机关要加强税收优惠政策落实情况的后续管理，对纳税人进行定期或不定期检查。检查发现纳税人不符合财税〔2016〕52号文件规定的，按有关规定予以处理。

第十四条　本办法实施前已办理税收优惠资格备案的纳税人，主管税务机关应检查其已备案资料是否满足本办法第三条规定，残疾人信息是否已按第四条规定录入信息系统，如有缺失，应要求纳税人补充报送备案资料，补录信息。

第十五条　各省、自治区、直辖市和计划单列市国家税务局，应定期或不定期在征管系统中对残疾人信息进行比对，发现异常的，按相关规定处理。

第十六条　本办法自2016年5月1日起施行。

注释：

政策调整。根据新冠肺炎疫情防控工作需要，本文中规定的税务机关公示上一年度享受优惠政策的纳税人相关信息的完成时限，由2020年2月底前调整为疫情解除后30日内。参见：《国家税务总局关于延长税务机关公示纳税人享受部分增值税优惠政策信息工作时限的通知》（税总函〔2020〕38号）。

条款修改。根据《第十三届全国人民代表大会第一次会议关于国务院机构改革方案的决定》等有关规定，税收规范性文件规定的国税地税机关的职责和工作由新的税务机关承担。国家税务总局依据《税收规范性文件制定管理办法》（国家税务总局令第41号公布），对税收规范性文件进行了清理。参见：《国家税务总局关于修改部分税收规范性文件的公告》（国家税务总局公告2018年第31号）。

1－1－87

财政部　国家税务总局关于进一步明确全面推开营改增试点有关再保险不动产租赁和非学历教育等政策的通知

2016年6月18日　财税〔2016〕68号

各省、自治区、直辖市、计划单列市财政厅(局)、国家税务局、地方税务局,新疆生产建设兵团财务局:

经研究,现将营改增试点期间有关再保险、不动产租赁和非学历教育等政策补充通知如下:

一、再保险服务

(一)境内保险公司向境外保险公司提供的完全在境外消费的再保险服务,免征增值税。

(二)试点纳税人提供再保险服务(境内保险公司向境外保险公司提供的再保险服务除外),实行与原保险服务一致的增值税政策。再保险合同对应多个原保险合同的,所有原保险合同均适用免征增值税政策时,该再保险合同适用免征增值税政策。否则,该再保险合同应按规定缴纳增值税。

原保险服务,是指保险分出方与投保人之间直接签订保险合同而建立保险关系的业务活动。

二、不动产经营租赁服务

1. 房地产开发企业中的一般纳税人,出租自行开发的房地产老项目,可以选择适用简易计税方法,按照5%的征收率计算应纳税额。纳税人出租自行开发的房地产老项目与其机构所在地不在同一县(市)的,应按照上述计税方法在不动产所在地预缴税款后,向机构所在地主管税务机关进行纳税申报。

房地产开发企业中的一般纳税人,出租其2016年5月1日后自行开发的与机构所在地不在同一县(市)的房地产项目,应按照3%预征率在不动产所在地预缴税款后,向机构所在地主管税务机关进行纳税申报。

2. 房地产开发企业中的小规模纳税人,出租自行开发的房地产项目,按照5%的征收率计算应纳税额。纳税人出租自行开发的房地产项目与其机构所在地不在同一县(市)的,应按照上述计税方法在不动产所在地预缴税款后,向机构所在地主管税务机关进行纳税申报。

三、一般纳税人提供非学历教育服务,可以选择适用简易计税方法按照3%征收率计算应纳税额。

四、纳税人提供安全保护服务,比照劳务派遣服务政策执行。

五、各党派、共青团、工会、妇联、中科协、青联、台联、侨联收取党费、团费、会费,以及政府间国际组织收取会费,属于非经营活动,不征收增值税。

六、本通知自 2016 年 5 月 1 日起执行。

1 -1 -88

国家税务总局关于全面推进营改增试点分析工作优化纳税服务的通知

2016 年 6 月 20 日　税总发〔2016〕95 号

各省、自治区、直辖市和计划单列市国家税务局、地方税务局:

全面推开营改增试点即将进入全面分析阶段,为更好地推进各项试点工作,确保所有行业税负只减不增,各级税务机关要立足于"聚焦分析,精准服务",继续弘扬精益求精的工匠精神,以从严从实从细的工作态度,再接再厉打赢"分析好"这场战役,现就全面推进试点分析优化纳税服务工作通知如下:

一、全面推进试点分析工作

(一)深入开展试点运行情况分析。充分利用税收大数据,全面分析掌握建筑、房地产、金融、生活服务业纳入营改增试点后,在登记户数、行业动态等方面的基本情况;梳理分析纳税人在发票开具、纳税申报、政策适用等方面的运行情况;查找分析税务机关在发票供应、发票代开、申报受理、纳税服务、系统保障等方面工作情况和存在的问题,为有针对性地改进税务部门工作和更好地服务纳税人夯实基础。

(二)细致开展试点行业税负分析。准确把握行业税负分析的基本原则,采取点面结合的方法,全面跟踪和客观真实反映 4 大行业及其细分的小行业税负变化情况。对税负变化异常的企业和行业,要从税制特点、政策变化、征管状况、经营管理、投资周期等多个角度全面分析原因,积极帮助纳税人解决面临的问题。

(三)深入做好改革试点效应分析。加强营改增后税收收入总量和结构变化分析,细致掌握 4 个试点行业、"3 +7"试点行业和原增值税纳税人的税收变化情况。要以翔实的数据为基础,以真实的案例为依据,多维度、多层次、多视角地分析和反映营改增在促进经济结构转型升级、优化产业分工、扩大投资规模、提高就业水平等方面的效应,客观评价营改增工作成效。各级国税局、地税局要根据工作需求,建立联合分析团队,共同开展营改增效应专题分析,提高分析工作的全面性、有效性。

二、积极运用分析结果服务纳税人

(四)优化发票领用服务。针对 7 月增值税发票需求量将大幅增加的情况,提前制定预案,保障发票窗口和自助终端的票种、票量齐全充足。通过增设窗口、增配自助终端、提供网上预申请、运用二维码技术采集、完善信息系统功能、简化操作流程等方式提高发票发放和代开发票效率,缓解办税服务厅工作压力。

(五)延长 7 月纳税申报期。针对 7 月按月申报和按季申报叠加的实际,税务总局决定将 7 月增值税纳税申报期延长至 7 月 20 日。各地国税机关要提前做好应对申报业务量大幅增加的准备,改进服务措施,强化服务保障,采取网上办税、预约办税、设立专窗、提前预审等有效措施合理分流疏导,确保7月申报期平稳运行。

(六)细化申报表填报辅导。细致梳理归纳申报表填报中的问题,分类做好填报辅导,使纳税人准确掌握报表各项指标,尤其是《本期抵扣进项税额结构明细表》和《营改增税负分析测算明细表》有关指标的数据口径和表间逻辑关系,帮助纳税人准确完整填报。

(七)完善电子申报系统功能。进一步优化电子申报系统功能,着力为纳税人增进界面友好、操作简便的申报体验。对申报数据进行必要的电子化逻辑校验,对填写不准确、不规范的数据项,通过技术手段及时提示纳税人更正,降低申报差错,提高申报质量和效率。

(八)强化引导性政策培训。充分运用试点分析成果,加强对试点纳税人针对性、引导性、反复性培训,帮助纳税人强化对增值税制度的理解和政策掌握,促进内部管理更加规范、财务核算更加健全、经营方式更加优化、经营决策更加科学,充分享受改革带来的制度红利。

(九)开展同业税负比较分析服务。细致分析同一行业纳税人税负差异情况,积极帮助税负高于同业平均水平的纳税人深入查找原因,比较税负差距,促进其通过改善经营管理、落实进项抵扣政策等方式,合理降低税负水平。

(十)做好纳税人涉税风险提示。针对分析中发现纳税人在发票开具、纳税申报、政策适用等方面存在的不准确、不规范、不到位等问题,主管税务机关要及时主动提醒纳税人,并积极帮助纠正解决,防范可能引发的涉税风险。

(十一)健全税企沟通机制。通过座谈会、入户走访、征求意见等方式,加强与纳税人、行业协会之间的沟通。广泛听取纳税人意见建议,以纳税人需求为导向,主动为纳税人答疑解惑,提升纳税人对营改增工作的满意度。

(十二)深化服务资源共享。各地国税局、地税局要加大办税服务资源整合力度,统筹利用对方办税场所开展纳税服务工作。加快推出发票办理、申报纳税、证明开具等6大类业务24种表证单书免填单服务。各级地税局要积极争取当地政府支持,运用信息化手段,加强与房地产交易管理等部门的业务和技术融合,简化优化二手房交易办税办证流程,减少纳税人信息重复录入,提高办理效率。

(十三)推进国地税合作。升级推行《国家税务局、地方税务局合作工作规范(3.0版)》,合作事项由44个增加至51个,并完善合作内容,细化落实标准,实现国税、地税联合办税服务场所能够办理双方纳税人的税务登记信息补录、纳税申报、发票管理、税收优惠事项受理、税收证明等相关业务,增进纳税人办税便利的获得感。

(十四)强化服务单位监管和纳税人权益保护。充分尊重纳税人意见,允许自愿选择具有服务资格的增值税税控系统服务单位。各级国税部门要加强对服务单位的监管,对服务不到位、违规搭售设备或软件、乱收费的,依法依规严肃处理。进一步畅通12366热线等纳税人投诉反映渠道,严格执行《纳税服务投诉管理办法》,切实维护好纳税人合法权益。

三、积极运用分析结果服务经济发展

(十五)积极服务于优化营商环境。要通过试点分析进一步推动营改增政策落实落地,发挥好营改增促进税收经济秩序规范的作用,为纳税人营造更加公平的税收环境和更加优良的营商环境。

（十六）积极服务于培育经济发展新动能。充分挖掘试点分析数据与经济运行的内在联系，深入分析营改增带来的经济税源变化，把握经济结构变动特点，积极为拉动经济增长、促进经济结构转型升级、培育经济发展新动能建言献策。

（十七）积极服务于加强和改善社会治理。充分利用试点分析形成的大数据优势，及时妥善回应社会关切，推进涉税信息共享，拓展税收大数据在强化社会管理和公共服务中的作用领域，促进社会治理水平提升。

四、积极运用分析结果服务税收工作改进

（十八）精准推进政策调整完善。针对分析中发现的政策问题，要进一步畅通反馈渠道，健全解决机制。对需要完善调整的政策，税务部门要会同财政部门深入调研，广泛听取意见建议，为上级财税部门决策提供参考依据。

（十九）精准实施税收管理改进。适应全面推开营改增试点后的新要求，升级推行《全国税收征管规范（1.2 版）》。针对分析中发现的管理问题，细致研究、分类处理。属于操作执行方面的问题要立即纠正、全力整改；属于管理制度和信息系统方面的问题，要尽快组织对相关制度和系统进行调整完善。同时，建立健全经验交流机制，促进各地经验互鉴、管理互助。

（二十）精准加大督查考核力度。针对分析中反映的突出问题和薄弱环节，要进一步加大专项督查和考核力度，推动尽快加以改进。对有问题未及时整改，有短板未及时弥补的，该通报的通报，该问责的问责。通过严督实考，促进营改增试点工作持续提升、持续完善。

1－1－89

财政部　国家税务总局关于部分营业税和增值税政策到期延续问题的通知

2016 年 7 月 25 日　财税〔2016〕83 号

各省、自治区、直辖市、计划单列市财政厅（局）、国家税务局、地方税务局，新疆生产建设兵团财务局：

经国务院批准，现对继续执行农村金融、三农事业部涉农贷款、邮政代办金融保险和新疆国际大巴扎项目有关税收政策通知如下：

一、《财政部、国家税务总局关于农村金融有关税收政策的通知》（财税〔2010〕4 号）第三条规定的“对农村信用社、村镇银行、农村资金互助社、由银行业机构全资发起设立的贷款公司、法人机构所在地在县（含县级市、区、旗）及县以下地区的农村合作银行和农村商业银行的金融保险业收入减按 3% 的税率征收营业税”政策的执行期限延长至 2016 年 4 月30 日。

二、《财政部、国家税务总局关于中国农业银行三农金融事业部涉农贷款营业税优惠政策的通知》（财税〔2015〕67 号）的执行期限延长至 2016 年 4 月 30 日。

三、自 2016 年 1 月 1 日起，中国邮政集团公司及其所属邮政企业为金融机构代办金融保险业务取得的代理收入,在营改增试点期间免征增值税。

四、自2016年1月1日至2016年4月30日,新疆国际大巴扎物业服务有限公司和新疆国际大巴扎文化旅游产业有限公司从事与新疆国际大巴扎项目有关的营业税应税业务,免征营业税;自2016年5月1日至2016年12月31日,对上述营改增应税业务,免征增值税。

五、文到之日前,已征的按照本通知规定应予免征的营业税,予以退还;已征的应予免征的增值税,可抵减纳税人以后月份应缴纳的增值税或予以退还。

1-1-90

国家税务总局关于营改增试点若干征管问题的公告

2016年8月18日　国家税务总局公告2016年第53号

根据《财政部、国家税务总局关于全面推开营业税改征增值税试点的通知》(财税〔2016〕36号),现将营改增试点有关征管问题公告如下:

一、境外单位或者个人发生的下列行为不属于在境内销售服务或者无形资产:

(一)为出境的函件、包裹在境外提供的邮政服务、收派服务;

(二)向境内单位或者个人提供的工程施工地点在境外的建筑服务、工程监理服务;

(三)向境内单位或者个人提供的工程、矿产资源在境外的工程勘察勘探服务;

(四)向境内单位或者个人提供的会议展览地点在境外的会议展览服务。

二、其他个人采取一次性收取租金的形式出租不动产,取得的租金收入可在租金对应的租赁期内平均分摊,分摊后的月租金收入不超过3万元的,可享受小微企业免征增值税优惠政策。

三、单用途商业预付卡(以下简称"单用途卡")业务按照以下规定执行:

(一)单用途卡发卡企业或者售卡企业(以下统称"售卡方")销售单用途卡,或者接受单用途卡持卡人充值取得的预收资金,不缴纳增值税。售卡方可按照本公告第九条的规定,向购卡人、充值人开具增值税普通发票,不得开具增值税专用发票。

单用途卡,是指发卡企业按照国家有关规定发行的,仅限于在本企业、本企业所属集团或者同一品牌特许经营体系内兑付货物或者服务的预付凭证。

发卡企业,是指按照国家有关规定发行单用途卡的企业。售卡企业,是指集团发卡企业或者品牌发卡企业指定的,承担单用途卡销售、充值、挂失、换卡、退卡等相关业务的本集团或同一品牌特许经营体系内的企业。

(二)售卡方因发行或者销售单用途卡并办理相关资金收付结算业务取得的手续费、结算费、服务费、管理费等收入,应按照现行规定缴纳增值税。

(三)持卡人使用单用途卡购买货物或服务时,货物或者服务的销售方应按照现行规定缴纳增值税,且不得向持卡人开具增值税发票。

（四）销售方与售卡方不是同一个纳税人的，销售方在收到售卡方结算的销售款时，应向售卡方开具增值税普通发票，并在备注栏注明“收到预付卡结算款”，不得开具增值税专用发票。

售卡方从销售方取得的增值税普通发票，作为其销售单用途卡或接受单用途卡充值取得预收资金不缴纳增值税的凭证，留存备查。

四、支付机构预付卡（以下称“多用途卡”）业务按照以下规定执行：

（一）支付机构销售多用途卡取得的等值人民币资金，或者接受多用途卡持卡人充值取得的充值资金，不缴纳增值税。支付机构可按照本公告第九条的规定，向购卡人、充值人开具增值税普通发票，不得开具增值税专用发票。

支付机构，是指取得中国人民银行核发的《支付业务许可证》，获准办理“预付卡发行与受理”业务的发卡机构和获准办理“预付卡受理”业务的受理机构。

多用途卡，是指发卡机构以特定载体和形式发行的，可在发卡机构之外购买货物或服务的预付价值。

（二）支付机构因发行或者受理多用途卡并办理相关资金收付结算业务取得的手续费、结算费、服务费、管理费等收入，应按照现行规定缴纳增值税。

（三）持卡人使用多用途卡，向与支付机构签署合作协议的特约商户购买货物或服务，特约商户应按照现行规定缴纳增值税，且不得向持卡人开具增值税发票。

（四）特约商户收到支付机构结算的销售款时，应向支付机构开具增值税普通发票，并在备注栏注明“收到预付卡结算款”，不得开具增值税专用发票。

支付机构从特约商户取得的增值税普通发票，作为其销售多用途卡或接受多用途卡充值取得预收资金不缴纳增值税的凭证，留存备查。

五、单位将其持有的限售股在解禁流通后对外转让的，按照以下规定确定买入价：

（一）上市公司实施股权分置改革时，在股票复牌之前形成的原非流通股股份，以及股票复牌首日至解禁日期间由上述股份孳生的送、转股，以该上市公司完成股权分置改革后股票复牌首日的开盘价为买入价。

（二）公司首次公开发行股票并上市形成的限售股，以及上市首日至解禁日期间由上述股份孳生的送、转股，以该上市公司股票首次公开发行（IPO）的发行价为买入价。

（三）因上市公司实施重大资产重组形成的限售股，以及股票复牌首日至解禁日期间由上述股份孳生的送、转股，以该上市公司因重大资产重组股票停牌前一交易日的收盘价为买入价。

六、银行提供贷款服务按期计收利息的，结息日当日计收的全部利息收入，均应计入结息日所属期的销售额，按照现行规定计算缴纳增值税。

七、按照《中华人民共和国增值税暂行条例》、《营业税改征增值税试点实施办法》、《中华人民共和国消费税暂行条例》及相关文件规定，以 1 个季度为纳税期限的增值税纳税人，其取得的全部增值税应税收入、消费税应税收入，均可以 1 个季度为纳税期限。

八、《纳税人跨县（市、区）提供建筑服务增值税征收管理暂行办法》（国家税务总局公告 2016 年第 17 号发布）第七条规定调整为：

纳税人跨县（市、区）提供建筑服务，在向建筑服务发生地主管国税机关预缴税款时，需

填报《增值税预缴税款表》,并出示以下资料:

(一)与发包方签订的建筑合同复印件(加盖纳税人公章);

(二)与分包方签订的分包合同复印件(加盖纳税人公章);

(三)从分包方取得的发票复印件(加盖纳税人公章)。

九、《国家税务总局关于全面推开营业税改征增值税试点有关税收征收管理事项的公告》(国家税务总局公告2016年第23号)附件《商品和服务税收分类与编码(试行)》中的分类编码调整以下内容,纳税人应将增值税税控开票软件升级到最新版本(V2.0.11):

(一)3010203"水路运输期租业务"下分设301020301"水路旅客运输期租业务"和301020302"水路货物运输期租业务";3010204"水路运输程租业务"下设301020401"水路旅客运输程租业务"和301020402"水路货物运输程租业务";301030103"航空运输湿租业务"下设30103010301"航空旅客运输湿租业务"和30103010302"航空货物运输湿租业务"。

(二)30105"无运输工具承运业务"下新增3010502"无运输工具承运陆路运输业务"、3010503"无运输工具承运水路运输服务"、3010504"无运输工具承运航空运输服务"、3010505"无运输工具承运管道运输服务"和3010506"无运输工具承运联运运输服务"。

停用编码3010501"无船承运"。

(三)301"交通运输服务"下新增30106"联运服务",用于利用多种运输工具载运旅客、货物的业务活动。

30106"联运服务"下新增3010601"旅客联运服务"和3010602"货物联运服务"。

(四)30199"其他运输服务"下新增3019901"其他旅客运输服务"和3019902"其他货物运输服务"。

(五)30401"研发和技术服务"下新增3040105"专业技术服务"。

停止使用编码304010403"专业技术服务"。

(六)304050202"不动产经营租赁"下新增30405020204"商业营业用房经营租赁服务"。

(七)3040801"企业管理服务"下新增304080101"物业管理服务"和304080199"其他企业管理服务"。

(八)3040802"经纪代理服务"下新增304080204"人力资源外包服务"。

(九)3040803"人力资源服务"下新增304080301"劳务派遣服务"和304080399"其他人力资源服务"。

(十)30601"贷款服务"下新增3060110"客户贷款",用于向企业、个人等客户发放贷款以及票据贴现的情况;3060110"客户贷款"下新增306011001"企业贷款"、306011002"个人贷款"、306011003"票据贴现"。

(十一)增加6"未发生销售行为的不征税项目",用于纳税人收取款项但未发生销售货物、应税劳务、服务、无形资产或不动产的情形。

"未发生销售行为的不征税项目"下设601"预付卡销售和充值"、602"销售自行开发的房地产项目预收款"、603"已申报缴纳营业税未开票补开票"。

使用"未发生销售行为的不征税项目"编码,发票税率栏应填写"不征税",不得开具增值税专用发票。

十、本公告自2016年9月1日起施行,此前已发生未处理的事项,按照本公告规定执行。2016年5月1日前,纳税人发生本公告第二、五、六条规定的应税行为,此前未处理的,比照本公告规定缴纳营业税。

特此公告。

注释:

条款废止。第二条自2019年1月1日起废止。参见:《国家税务总局关于小规模纳税人免征增值税政策有关征管问题的公告》(国家税务总局公告2019年第4号)。

条款修改。根据《第十三届全国人民代表大会第一次会议关于国务院机构改革方案的决定》等有关规定,税收规范性文件规定的国税地税机关的职责和工作由新的税务机关承担。国家税务总局依据《税收规范性文件制定管理办法》(国家税务总局令第41号公布),对税收规范性文件进行了清理。参见:《国家税务总局关于修改部分税收规范性文件的公告》(国家税务总局公告2018年第31号)。

1-1-91

国家税务总局关于修订个体工商户税收定期定额征收管理文书的公告

2016年8月23日　国家税务总局公告2016年第56号

为配合全面推开营业税改征增值税试点工作顺利实施,国家税务总局对个体工商户税收定期定额征收管理文书进行了修订,现公告如下:

一、税务机关对营业税改征增值税试点的个体工商户实行定期定额征收方式的,在采集纳税人信息时应使用《个体工商户定额信息采集表(适用于营业税改征增值税试点纳税人)》(见附件)。

二、《国家税务总局关于印发个体工商户税收定期定额征收管理文书的通知》(国税函〔2006〕1199号)附件1中的《个体工商户定额信息采集表(适用于营业税纳税人)》同时废止。

三、本公告自2016年10月1日起施行。

特此公告。

附件:个体工商户定额信息采集表(适用于营业税改征增值税试点纳税人)(编者略)

注释:

条款废止。附件自2018年6月26日起废止。参见:《国家税务总局关于修订个体工商户定额信息采集相关文书的公告》(国家税务总局公告2018年第36号)。

1－1－92

国家税务总局关于纳税人转让不动产缴纳增值税差额扣除有关问题的公告

2016年11月24日　国家税务总局公告2016年第73号

现将纳税人转让不动产缴纳增值税差额扣除有关问题公告如下：

一、纳税人转让不动产，按照有关规定差额缴纳增值税的，如因丢失等原因无法提供取得不动产时的发票，可向税务机关提供其他能证明契税计税金额的完税凭证等资料，进行差额扣除。

二、纳税人以契税计税金额进行差额扣除的，按照下列公式计算增值税应纳税额：

（一）2016年4月30日及以前缴纳契税的

增值税应纳税额＝［全部交易价格（含增值税）－契税计税金额（含营业税）］÷（1＋5%）×5%

（二）2016年5月1日及以后缴纳契税的

增值税应纳税额＝［全部交易价格（含增值税）÷（1＋5%）－契税计税金额（不含增值税）］×5%

三、纳税人同时保留取得不动产时的发票和其他能证明契税计税金额的完税凭证等资料的，应当凭发票进行差额扣除。

本公告自发布之日起施行。此前已发生未处理的事项，按照本公告的规定执行。

特此公告。

1－1－93

国家税务总局关于调整增值税一般纳税人留抵税额申报口径的公告

2016年12月1日　国家税务总局公告2016年第75号

现将增值税一般纳税人留抵税额有关申报口径公告如下：

一、《国家税务总局关于全面推开营业税改征增值税试点后增值税纳税申报有关事项的公告》（国家税务总局公告2016年第13号）附件1《增值税纳税申报表（一般纳税人适用）》（以下称“申报表主表”）第13栏“上期留抵税额”、“一般项目”列“本年累计”和第20栏“期末留抵税额”、“一般项目”列“本年累计”栏次停止使用，不再填报数据。

二、本公告发布前，申报表主表第20栏“期末留抵税额”、“一般项目”列“本年累计”中有余额的增值税一般纳税人，在本公告发布之日起的第一个纳税申报期，将余额一次性转入第13栏“上期留抵税额”、“一般项目”列“本月数”中。

三、本公告自2016年12月1日起施行。

特此公告。

1－1－94

国务院关于实行中央对地方增值税定额返还的通知

2016年12月11日 国发〔2016〕71号

各省、自治区、直辖市人民政府，国务院各部委、各直属机构：

为进一步完善分税制财政体制，落实全面推开营改增试点后调整中央与地方增值税收入划分过渡方案，国务院决定，从2016年起，调整中央对地方原体制增值税返还办法，由1994年实行分税制财政体制改革时确定的增值税返还，改为以2015年为基数实行定额返还，对增值税增长或下降地区不再实行增量返还或扣减。返还基数的具体数额，由财政部核定。

1－1－95

国家税务总局关于土地价款扣除时间等增值税征管问题的公告

2016年12月24日 国家税务总局公告2016年第86号

为细化落实《财政部 国家税务总局关于明确金融、房地产开发、教育辅助服务等增值税政策的通知》（财税〔2016〕140号）和进一步明确营改增试点运行中反映的操作问题，现将有关事项公告如下：

一、房地产开发企业向政府部门支付的土地价款，以及向其他单位或个人支付的拆迁补偿费用，按照财税〔2016〕140号文件第七、八条规定，允许在计算销售额时扣除但未扣除的，从2016年12月份（税款所属期）起按照现行规定计算扣除。

二、财税〔2016〕140号文件第九、十、十一、十四、十五、十六条明确的税目适用问题，按以下方式处理：

（一）不涉及税率适用问题的不调整申报；

（二）纳税人原适用的税率高于财税〔2016〕140号文件所明确税目对应税率的，多申报的销项税额可以抵减以后月份的销项税额；

（三）纳税人原适用的税率低于财税〔2016〕140号文件所明确税目对应税率的，不调整申报，并从2016年12月份（税款所属期）起按照财税〔2016〕140号文件执行。

纳税人已就相关业务向购买方开具增值税专用发票的，应将增值税专用发票收回并重新开具；无法收回的不再调整。

三、财税〔2016〕140号文件第十八条规定的“此前已征的应予免征或不征的增值税，可抵减纳税人以后月份应缴纳的增值税”，按以下方式处理：

（一）应予免征或不征增值税业务已按照一般计税方法缴纳增值税的，以该业务对应的销项税额抵减以后月份的销项税额，同时按照现行规定计算不得从销项税额中抵扣的进项税额；

（二）应予免征或不征增值税业务已按照简易计税方法缴纳增值税的，以该业务对应的增值税应纳税额抵减以后月份的增值税应纳税额。

纳税人已就应予免征或不征增值税业务向购买方开具增值税专用发票的，应将增值税专用发票收回后方可享受免征或不征增值税政策。

四、保险公司开展共保业务时，按照以下规定开具增值税发票：

（一）主承保人与投保人签订保险合同并全额收取保费，然后再与其他共保人签订共保协议并支付共保保费的，由主承保人向投保人全额开具发票，其他共保人向主承保人开具发票；

（二）主承保人和其他共保人共同与投保人签订保险合同并分别收取保费的，由主承保人和其他共保人分别就各自获得的保费收入向投保人开具发票。

五、《国家税务总局关于发布〈房地产开发企业销售自行开发的房地产项目增值税征收管理暂行办法〉的公告》（国家税务总局公告2016年第18号）第五条中，“当期销售房地产项目建筑面积”、“房地产项目可供销售建筑面积”，是指计容积率地上建筑面积，不包括地下车位建筑面积。

六、纳税人办理无偿赠与或受赠不动产免征增值税的手续，按照《国家税务总局关于进一步简化和规范个人无偿赠与或受赠不动产免征营业税、个人所得税所需证明资料的公告》（国家税务总局公告2015年第75号，以下称《公告》）的规定执行。《公告》第一条第（四）项第2目“经公证的能够证明有权继承或接受遗赠的证明资料原件及复印件”，修改为“有权继承或接受遗赠的证明资料原件及复印件”。

七、纳税人出租不动产，租赁合同中约定免租期的，不属于《营业税改征增值税试点实施办法》（财税〔2016〕36号文件印发）第十四条规定的视同销售服务。

本公告自发布之日起施行。

特此公告。

1－1－96

财政部　税务总局关于简并增值税税率有关政策的通知

2017年4月28日　财税〔2017〕37号

各省、自治区、直辖市、计划单列市财政厅（局）、国家税务局、地方税务局，新疆生产建设兵团财务局：

自2017年7月1日起，简并增值税税率结构，取消13%的增值税税率。现将有关政策通知如下：

一、纳税人销售或者进口下列货物，税率为11%：

农产品（含粮食）、自来水、暖气、石油液化气、天然气、食用植物油、冷气、热水、煤气、居民用煤炭制品、食用盐、农机、饲料、农药、农膜、化肥、沼气、二甲醚、图书、报纸、杂志、音像制品、电子出版物。

上述货物的具体范围见本通知附件1。

二、纳税人购进农产品，按下列规定抵扣进项税额：

（一）除本条第（二）项规定外，纳税人购进农产品，取得一般纳税人开具的增值税专用发票或海关进口增值税专用缴款书的，以增值税专用发票或海关进口增值税专用缴款书上注明的增值税额为进项税额；从按照简易计税方法依照3%征收率计算缴纳增值税的小规模纳税人取得增值税专用发票的，以增值税专用发票上注明的金额和11%的扣除率计算进项税额；取得（开具）农产品销售发票或收购发票的，以农产品销售发票或收购发票上注明的农产品买价和11%的扣除率计算进项税额。

（二）营业税改征增值税试点期间，纳税人购进用于生产销售或委托受托加工17%税率货物的农产品维持原扣除力度不变。

（三）继续推进农产品增值税进项税额核定扣除试点，纳税人购进农产品进项税额已实行核定扣除的，仍按照《财政部　国家税务总局关于在部分行业试行农产品增值税进项税额核定扣除办法的通知》（财税〔2012〕38号）、《财政部　国家税务总局关于扩大农产品增值税进项税额核定扣除试点行业范围的通知》（财税〔2013〕57号）执行。其中，《农产品增值税进项税额核定扣除试点实施办法》（财税〔2012〕38号印发）第四条第（二）项规定的扣除率调整为11%；第（三）项规定的扣除率调整为按本条第（一）项、第（二）项规定执行。

（四）纳税人从批发、零售环节购进适用免征增值税政策的蔬菜、部分鲜活肉蛋而取得的普通发票，不得作为计算抵扣进项税额的凭证。

（五）纳税人购进农产品既用于生产销售或委托受托加工17%税率货物又用于生产销售其他货物服务的，应当分别核算用于生产销售或委托受托加工17%税率货物和其他货物服务的农产品进项税额。未分别核算的，统一以增值税专用发票或海关进口增值税专用缴款书上注明的增值税额为进项税额，或以农产品收购发票或销售发票上注明的农产品买价和11%的扣除率计算进项税额。

（六）《中华人民共和国增值税暂行条例》第八条第二款第（三）项和本通知所称销售发票，是指农业生产者销售自产农产品适用免征增值税政策而开具的普通发票。

三、本通知附件2所列货物的出口退税率调整为11%。出口货物适用的出口退税率，以出口货物报关单上注明的出口日期界定。

外贸企业2017年8月31日前出口本通知附件2所列货物，购进时已按13%税率征收增值税的，执行13%出口退税率；购进时已按11%税率征收增值税的，执行11%出口退税率。生产企业2017年8月31日前出口本通知附件2所列货物，执行13%出口退税率。出口货物的时间，按照出口货物报关单上注明的出口日期执行。

四、本通知自2017年7月1日起执行。此前有关规定与本通知规定的增值税税率、扣除率、相关货物具体范围不一致的,以本通知为准。《财政部　国家税务总局关于免征部分鲜活肉蛋产品流通环节增值税政策的通知》(财税〔2012〕75号)第三条同时废止。

五、各地要高度重视简并增值税税率工作,切实加强组织领导,周密安排,明确责任。做好实施前的各项准备以及实施过程中的监测分析、宣传解释等工作,确保简并增值税税率平稳、有序推进。遇到问题请及时向财政部和税务总局反映。

附件:1. 适用11%增值税税率货物范围注释

2. 出口退税率调整产品清单(编者略)

附件1

适用11%增值税税率货物范围注释

一、农产品

农产品,是指种植业、养殖业、林业、牧业、水产业生产的各种植物、动物的初级产品。具体征税范围暂继续按照《财政部　国家税务总局关于印发〈农业产品征税范围注释〉的通知》(财税字〔1995〕52号)及现行相关规定执行,并包括挂面、干姜、姜黄、玉米胚芽、动物骨粒、按照《食品安全国家标准—巴氏杀菌乳》(GB 19645—2010)生产的巴氏杀菌乳、按照《食品安全国家标准—灭菌乳》(GB 25190—2010)生产的灭菌乳。

二、食用植物油、自来水、暖气、冷气、热水、煤气、石油液化气、天然气、沼气、居民用煤炭制品、图书、报纸、杂志、化肥、农药、农机、农膜

上述货物的具体征税范围暂继续按照《国家税务总局关于印发〈增值税部分货物征税范围注释〉的通知》(国税发〔1993〕151号)及现行相关规定执行,并包括棕榈油、棉籽油、茴油、毛椰子油、核桃油、橄榄油、花椒油、杏仁油、葡萄籽油、牡丹籽油、由石油伴生气加工压缩而成的石油液化气、西气东输项目上游中外合作开采天然气、中小学课本配套产品(包括各种纸制品或图片)、国内印刷企业承印的经新闻出版主管部门批准印刷且采用国际标准书号编序的境外图书、农用水泵、农用柴油机、不带动力的手扶拖拉机、三轮农用运输车、密集型烤房设备、频振式杀虫灯、自动虫情测报灯、粘虫板、卷帘机、农用挖掘机、养鸡设备系列、养猪设备系列产品、动物尸体降解处理机、蔬菜清洗机。

三、饲料

饲料,是指用于动物饲养的产品或其加工品。具体征税范围按照《国家税务总局关于修订"饲料"注释及加强饲料征免增值税管理问题的通知》(国税发〔1999〕39号)执行,并包括豆粕、宠物饲料、饲用鱼油、矿物质微量元素舔砖、饲料级磷酸二氢钙产品。

四、音像制品

音像制品,是指正式出版的录有内容的录音带、录像带、唱片、激光唱盘和激光视盘。

五、电子出版物

电子出版物,是指以数字代码方式,使用计算机应用程序,将图文声像等内容信息编辑加工后存储在具有确定的物理形态的磁、光、电等介质上,通过内嵌在计算机、手机、电子阅读设备、电子显示设备、数字音/视频播放设备、电子游戏机、导航仪以及其他具有类似功能

的设备上读取使用,具有交互功能,用以表达思想、普及知识和积累文化的大众传播媒体。载体形态和格式主要包括只读光盘(CD 只读光盘 CD-ROM、交互式光盘 CD-I、照片光盘 Photo-CD、高密度只读光盘 DVD-ROM、蓝光只读光盘 HD-DVD ROM 和 BD ROM)、一次写入式光盘(一次写入 CD 光盘 CD-R、一次写入高密度光盘 DVD-R、一次写入蓝光光盘 HD-DVD/R,BD-R)、可擦写光盘(可擦写 CD 光盘 CD-RW、可擦写高密度光盘 DVD-RW、可擦写蓝光光盘 HDDVD-RW 和 BD-RW、磁光盘 MO)、软磁盘(FD)、硬磁盘(HD)、集成电路卡(CF 卡、MD 卡、SM 卡、MMC 卡、RR-MMC 卡、MS 卡、SD 卡、XD 卡、T-Flash 卡、记忆棒)和各种存储芯片。

六、二甲醚

二甲醚,是指化学分子式为 CH_3OCH_3,常温常压下为具有轻微醚香味,易燃、无毒、无腐蚀性的气体。

七、食用盐

食用盐,是指符合《食用盐》(GB/T 5461—2016)和《食用盐卫生标准》(GB 2721—2003)两项国家标准的食用盐。

1－1－97

国家税务总局关于跨境应税行为免税备案等增值税问题的公告

2017 年 8 月 14 日　国家税务总局公告 2017 年第 30 号

现将跨境应税行为免税备案等增值税问题公告如下:

一、纳税人发生跨境应税行为,按照《国家税务总局关于发布〈营业税改征增值税跨境应税行为增值税免税管理办法(试行)〉的公告》(国家税务总局公告 2016 年第 29 号)的规定办理免税备案手续后发生的相同跨境应税行为,不再办理备案手续。纳税人应当完整保存相关免税证明材料备查。纳税人在税务机关后续管理中不能提供上述材料的,不得享受相关免税政策,对已享受的减免税款应予补缴,并依照《中华人民共和国税收征收管理法》的有关规定处理。

二、纳税人以承运人身份与托运人签订运输服务合同,收取运费并承担承运人责任,然后委托实际承运人完成全部或部分运输服务时,自行采购并交给实际承运人使用的成品油和支付的道路、桥、闸通行费,同时符合下列条件的,其进项税额准予从销项税额中抵扣:

(一)成品油和道路、桥、闸通行费,应用于纳税人委托实际承运人完成的运输服务;

(二)取得的增值税扣税凭证符合现行规定。

三、其他个人委托房屋中介、住房租赁企业等单位出租不动产,需要向承租方开具增值税发票的,可以由受托单位代其向主管地税机关按规定申请代开增值税发票。

四、自 2018 年 1 月 1 日起,金融机构开展贴现、转贴现业务需要就贴现利息开具发票的,由贴现机构按照票据贴现利息全额向贴现人开具增值税普通发票,转贴现机构按照转贴现利息全额向贴现机构开具增值税普通发票。

五、本公告除第四条外，自2017年9月1日起施行，此前已发生未处理的事项，按照本公告规定执行。

特此公告。

注释：

条款修改。根据《第十三届全国人民代表大会第一次会议关于国务院机构改革方案的决定》等有关规定，税收规范性文件规定的国税地税机关的职责和工作由新的税务机关承担。国家税务总局依据《税收规范性文件制定管理办法》(国家税务总局令第41号公布)，对税收规范性文件进行了清理。参见：《国家税务总局关于修改部分税收规范性文件的公告》(国家税务总局公告2018年第31号)。

1－1－98

国家税务总局关于进一步优化增值税消费税有关涉税事项办理程序的公告

2017年10月13日　国家税务总局公告2017年第36号

为贯彻落实国务院关于简政放权、放管结合、优化服务的要求，现将增值税、消费税部分涉税事项办理问题公告如下：

一、自2018年1月1日起，逾期增值税扣税凭证继续抵扣事项由省国税局核准。允许继续抵扣的客观原因类型及报送资料等要求，按照修改后的《国家税务总局关于逾期增值税扣税凭证抵扣问题的公告》(国家税务总局公告2011年第50号)执行。

各省国税局应在修改后的国家税务总局公告2011年第50号附件《逾期增值税扣税凭证抵扣管理办法》(以下简称《管理办法》)相关规定基础上，按照进一步深化税务系统"放管服"改革、优化税收环境的要求，以方便纳税人、利于税收管理为原则，进一步细化流程、明确时限、简化资料、改进服务。

二、自2017年11月1日起，纳税人同时申请汇总缴纳增值税和消费税的，在汇总纳税申请资料中予以说明即可，不需要就增值税、消费税分别报送申请资料。

三、对《国家税务总局关于逾期增值税扣税凭证抵扣问题的公告》(国家税务总局公告2011年第50号)作如下修改：

(一)第一条第一款修改为："增值税一般纳税人发生真实交易但由于客观原因造成增值税扣税凭证(包括增值税专用发票、海关进口增值税专用缴款书和机动车销售统一发票)未能按照规定期限办理认证、确认或者稽核比对的，经主管税务机关核实、逐级上报，由省国税局认证并稽核比对后，对比对相符的增值税扣税凭证，允许纳税人继续抵扣其进项税额"。

(二)删去第一条第三款："本公告所称增值税扣税凭证，包括增值税专用发票、海关进口增值税专用缴款书和公路内河货物运输业统一发票”。

（三）将《管理办法》第四条第二款修改为：“主管税务机关核实无误后，应向上级税务机关上报，并将增值税扣税凭证逾期情况说明、第三方证明或说明、逾期增值税扣税凭证电子信息、逾期增值税扣税凭证复印件逐级上报至省国税局”。

（四）将《管理办法》第五条修改为：“省国税局对上报的资料进行案头复核，并对逾期增值税扣税凭证信息进行认证、稽核比对，对资料符合条件、稽核比对结果相符的，允许纳税人继续抵扣逾期增值税扣税凭证上所注明或计算的税额”。

上述修改自2018年1月1日起施行。《国家税务总局关于逾期增值税扣税凭证抵扣问题的公告》（国家税务总局公告2011年第50号）根据本公告作相应修改，个别文字进行调整，重新公布。

国家税务总局关于逾期增值税扣税凭证抵扣问题的公告

2011年9月14日国家税务总局公告2011年第50号公布，
根据2017年10月13日《国家税务总局关于进一步优化增值税、消费税有关涉税事项办理程序的公告》修正

为保障纳税人合法权益，经国务院批准，现将2007年1月1日以后开具的增值税扣税凭证未能按照规定期限办理认证或者稽核比对（以下简称逾期）抵扣问题公告如下：

一、增值税一般纳税人发生真实交易但由于客观原因造成增值税扣税凭证（包括增值税专用发票、海关进口增值税专用缴款书和机动车销售统一发票）未能按照规定期限办理认证、确认或者稽核比对的，经主管税务机关核实、逐级上报，由省国税局认证并稽核比对后，对比对相符的增值税扣税凭证，允许纳税人继续抵扣其进项税额。

增值税一般纳税人由于除本公告第二条规定以外的其他原因造成增值税扣税凭证逾期的，仍应按照增值税扣税凭证抵扣期限有关规定执行。

二、客观原因包括如下类型：

（一）因自然灾害、社会突发事件等不可抗力因素造成增值税扣税凭证逾期；

（二）增值税扣税凭证被盗、抢，或者因邮寄丢失、误递导致逾期；

（三）有关司法、行政机关在办理业务或者检查中，扣押增值税扣税凭证，纳税人不能正常履行申报义务，或者税务机关信息系统、网络故障，未能及时处理纳税人网上认证数据等导致增值税扣税凭证逾期；

（四）买卖双方因经济纠纷，未能及时传递增值税扣税凭证，或者纳税人变更纳税地点，注销旧户和重新办理税务登记的时间过长，导致增值税扣税凭证逾期；

（五）由于企业办税人员伤亡、突发危重疾病或者擅自离职，未能办理交接手续，导致增值税扣税凭证逾期；

（六）国家税务总局规定的其他情形。

三、增值税一般纳税人因客观原因造成增值税扣税凭证逾期的，可按照本公告附件《逾

期增值税扣税凭证抵扣管理办法》的规定,申请办理逾期抵扣手续。

四、本公告自2011年10月1日起执行。

特此公告。

附件:逾期增值税扣税凭证抵扣管理办法

附件

逾期增值税扣税凭证抵扣管理办法

一、增值税一般纳税人发生真实交易但由于客观原因造成增值税扣税凭证逾期的,可向主管税务机关申请办理逾期抵扣。

二、纳税人申请办理逾期抵扣时,应报送如下资料:

(一)《逾期增值税扣税凭证抵扣申请单》。

(二)增值税扣税凭证逾期情况说明。纳税人应详细说明未能按期办理认证、确认或者稽核比对的原因,并加盖企业公章。其中,对客观原因不涉及第三方的,纳税人应说明的情况具体为:发生自然灾害、社会突发事件等不可抗力原因的,纳税人应详细说明自然灾害或者社会突发事件发生的时间、影响地区、对纳税人生产经营的实际影响等;纳税人变更纳税地点,注销旧户和重新办理税务登记的时间过长,导致增值税扣税凭证逾期的,纳税人应详细说明办理搬迁时间、注销旧户和注册新户的时间、搬出及搬入地点等;企业办税人员擅自离职,未办理交接手续的,纳税人应详细说明事情经过、办税人员姓名、离职时间等,并提供解除劳动关系合同及企业内部相关处理决定。

(三)客观原因涉及第三方的,应提供第三方证明或说明。具体为:企业办税人员伤亡或者突发危重疾病的,应提供公安机关、交通管理部门或者医院证明;有关司法、行政机关在办理业务或者检查中,扣押增值税扣税凭证,导致纳税人不能正常履行申报义务的,应提供相关司法、行政机关证明;增值税扣税凭证被盗、抢的,应提供公安机关证明;买卖双方因经济纠纷,未能及时传递增值税扣税凭证的,应提供卖方出具的情况说明;邮寄丢失或者误递导致增值税扣税凭证逾期的,应提供邮政单位出具的说明。

(四)逾期增值税扣税凭证电子信息。

(五)逾期增值税扣税凭证复印件(复印件必须整洁、清晰,在凭证备注栏注明“与原件一致”并加盖企业公章,增值税专用发票复印件必须裁剪成与原票大小一致)。

三、由于税务机关自身原因造成纳税人增值税扣税凭证逾期的,主管税务机关应在上报文件中说明相关情况。具体为,税务机关信息系统或者网络故障,未能及时处理纳税人网上认证数据的,主管税务机关应详细说明信息系统或网络故障出现、持续的时间,故障原因及表现等。

四、主管税务机关应认真核实纳税人所报资料,重点核查纳税人所报送资料是否齐全、交易是否真实发生、造成增值税扣税凭证逾期的原因是否属于客观原因、第三方证明或说明所述时间是否具有逻辑性、资料信息是否一致、增值税扣税凭证复印件与原件是否一致等。

主管税务机关核实无误后，应向上级税务机关上报，并将增值税扣税凭证逾期情况说明、第三方证明或说明、逾期增值税扣税凭证电子信息、逾期增值税扣税凭证复印件逐级上报至省国税局。

五、省国税局对上报的资料进行案头复核，并对逾期增值税扣税凭证信息进行认证、稽核比对，对资料符合条件、稽核比对结果相符的，允许纳税人继续抵扣逾期增值税扣税凭证上所注明或计算的税额。

六、主管税务机关可定期或者不定期对已抵扣逾期增值税扣税凭证进项税额的纳税人进行复查，发现纳税人提供虚假信息，存在弄虚作假行为的，应责令纳税人将已抵扣进项税额转出，并按《中华人民共和国税收征收管理法》的有关规定进行处罚。

附表：1. 逾期增值税扣税凭证抵扣申请单（编者略）

2. 逾期增值税扣税凭证电子信息格式（编者略）

注释：

条款修改。根据《第十三届全国人民代表大会第一次会议关于国务院机构改革方案的决定》等有关规定，税收规范性文件规定的国税地税机关的职责和工作由新的税务机关承担。国家税务总局依据《税收规范性文件制定管理办法》（国家税务总局令第41号公布），对税收规范性文件进行了清理。参见：《国家税务总局关于修改部分税收规范性文件的公告》（国家税务总局公告2018年第31号）。

1－1－99

国家税务总局关于印发《增值税纳税申报比对管理操作规程（试行）》的通知

2017年10月30日　税总发〔2017〕124号

各省、自治区、直辖市和计划单列市国家税务局：

为进一步加强和规范增值税纳税申报比对管理，提高申报质量，优化纳税服务，税务总局制定了《增值税纳税申报比对管理操作规程（试行）》，现印发给你们，请遵照执行。

本通知自2018年3月1日起执行，《国家税务总局办公厅关于增值税一般纳税人纳税申报一窗式管理流程的通知》（国税办发〔2003〕34号）、《增值税一般纳税人纳税申报“一窗式”管理操作规程》（国税发〔2005〕61号）、《国家税务总局关于做好增值税普通发票一窗式票表比对准备工作的通知》（国税发〔2005〕141号）、《国家税务总局关于执行增值税一般纳税人纳税申报一窗式管理操作规程的通知》（国税函〔2006〕824号）、《国家税务总局关于实施增值税普通发票一窗式比对的通知》（国税函〔2006〕971号）、《国家税务总局关于调整增值税一般纳税人纳税申报“一窗式”管理操作规程有关事项的通知》（国税函〔2008〕1074号）同时废止。

增值税纳税申报比对管理操作规程(试行)

一、为进一步加强和规范增值税纳税申报比对(以下简称“申报比对”)管理,提高申报质量,优化纳税服务,根据《中华人民共和国税收征收管理法》和《中华人民共和国增值税暂行条例》等有关税收法律、法规规定,制定本规程。

二、申报比对管理是指税务机关以信息化为依托,通过优化整合现有征管信息资源,对增值税纳税申报信息进行票表税比对,并对比对结果进行相应处理。

三、主管税务机关应设置申报异常处理岗,主要负责异常比对结果的核实及相关处理工作。异常处理岗原则上不设置在办税服务厅前台。

四、申报比对范围及内容

(一)比对信息范围

1. 增值税纳税申报表及其附列资料(以下简称“申报表”)信息。

2. 增值税一般纳税人和小规模纳税人开具的增值税发票信息。

3. 增值税一般纳税人取得的进项抵扣凭证信息。

4. 纳税人税款入库信息。

5. 增值税优惠备案信息。

6. 申报比对所需的其他信息。

(二)比对内容

比对内容包括表表比对、票表比对和表税比对。表表比对是指申报表表内、表间逻辑关系比对。票表比对是指各类发票、凭证、备案资格等信息与申报表进行比对。表税比对是指纳税人当期申报的应纳税款与当期的实际入库税款进行比对。

五、申报比对规则

(一)申报表表内、表间逻辑关系比对,按照税务总局制定的申报表填写规则执行。

(二)增值税一般纳税人票表比对规则

1. 销项比对。

当期开具发票(不包含不征税发票)的金额、税额合计数应小于或者等于当期申报的销售额、税额合计数。

纳税人当期申报免税销售额、即征即退销售额的,应当比对其增值税优惠备案信息,按规定不需要办理备案手续的除外。

2. 进项比对。

(1)当期已认证或确认的进项增值税专用发票(以下简称“专用发票”)上注明的金额、税额合计数应大于或者等于申报表中本期申报抵扣的专用发票进项金额、税额合计数。

(2)经稽核比对相符的海关进口增值税专用缴款书上注明的税额合计数应大于或者等于申报表中本期申报抵扣的海关进口增值税专用缴款书的税额。

(3)取得的代扣代缴税收缴款凭证上注明的增值税税额合计数应大于或者等于申报表中本期申报抵扣的代扣代缴税收缴款凭证的税额。

(4)取得的《出口货物转内销证明》上注明的进项税额合计数应大于或者等于申报表中本期申报抵扣的外贸企业进项税额抵扣证明的税额。

(5)按照政策规定,依据相关凭证注明的金额计算抵扣进项税额的,计算得出的进项税额应大于或者等于申报表中本期申报抵扣的相应凭证税额。

(6)红字增值税专用发票信息表中注明的应作转出的进项税额应等于申报表中进项税额转出中的红字专用发票信息表注明的进项税额。

(7)申报表中进项税额转出金额不应小于零。

3. 应纳税额减征额比对。当期申报的应纳税额减征额应小于或者等于当期符合政策规定的减征税额。

4. 预缴税款比对。申报表中的预缴税额本期发生额应小于或者等于实际已预缴的税款。

5. 特殊规则。

(1)实行汇总缴纳增值税的总机构和分支机构可以不进行票表比对。

(2)按季申报的纳税人应当对其季度数据进行汇总比对。

(三)增值税小规模纳税人票表比对规则

1. 当期开具的增值税专用发票金额应小于或者等于申报表填报的增值税专用发票销售额。

2. 当期开具的增值税普通发票金额应小于或者等于申报表填报的增值税普通发票销售额。

3. 申报表中的预缴税额应小于或者等于实际已预缴的税款。

4. 纳税人当期申报免税销售额的,应当比对其增值税优惠备案信息,按规定不需要办理备案手续的除外。

(四)表税比对规则

纳税人当期申报的应纳税款应小于或者等于当期实际入库税款。

(五)申报比对其他规则

1. 税务总局可以根据增值税风险管理的需要,对申报表特定项目设置申报比对规则。

2. 各省国税机关可以根据申报比对管理实际,合理设置相关比对项目金额尾差的正负范围。

3. 主管税务机关可以结合申报比对管理实际,将征收方式、发票开具等业务存在特殊情形的纳税人列入白名单管理,并根据实际情况确定所适用的申报比对规则。白名单实行动态管理。

(六)本条第(一)至(三)项比对规则为基本规则,第(四)至(五)项比对规则为可选规则。各省税务机关可以在上述比对规则的基础上,根据申报管理的需要自主增加比对规则。

六、申报比对操作流程

申报比对环节可以设置在事中或者事后,由省税务机关根据申报管理需要进行确定。主管税务机关通过征管信息系统或网上申报系统进行申报比对,并根据比对结果分别采取以下处理流程:

(一)申报比对相符

申报比对相符后,主管税务机关对纳税人税控设备进行解锁。

(二)申报比对不相符

申报比对不相符的,向纳税人反馈比对不相符的内容,并按照下列流程进行处理:

1. 申报比对不符的,除符合本项第2点情形外,暂不对其税控设备进行解锁,并将异常比对结果转交申报异常处理岗。

2. 纳税人仅因为相关资格尚未备案,造成比对不符的,应当对税控设备进行解锁。

3. 异常比对结果经申报异常处理岗核实可以解除异常的,对纳税人税控设备进行解锁;核实后仍不能解除异常的,不得对税控设备解锁,由税源管理部门继续核实处理。

4. 异常比对结果经税源管理部门核实可以解除异常的,对纳税人税控设备进行解锁。核实后发现涉嫌虚开发票等严重涉税违法行为,经稽查部门分析判断认为需要稽查立案的,转交稽查部门处理,经处理可以解除异常的,对纳税人税控设备进行解锁。

5. 异常比对结果的处理期限,由主管税务机关根据实际情况确定。

七、由于出现信息系统异常等突发情形,影响正常纳税申报秩序时,省税务机关可以采取应急措施,暂停申报比对。在突发情形消除后,可以根据实际情况重新启动申报比对流程。

注释:

政策调整。本文执行时间由2018年3月1日调整为2018年5月1日。参见:《国家税务总局关于〈增值税纳税申报比对管理操作规程(试行)〉执行有关事项的通知》(税总函〔2018〕94号)。

1-1-100

增值税一般纳税人登记管理办法

2017年12月29日　国家税务总局令第43号

《增值税一般纳税人登记管理办法》已经2017年11月30日国家税务总局2017年度第2次局务会议审议通过,现予公布,自2018年2月1日起施行。

附件:1. 增值税一般纳税人登记表(编者略)

2. 选择按小规模纳税人纳税的情况说明(编者略)

国家税务总局局长:王　军

2017年12月29日

增值税一般纳税人登记管理办法

第一条 为了做好增值税一般纳税人(以下简称“一般纳税人”)登记管理,根据《中华人民共和国增值税暂行条例》及其实施细则有关规定,制定本办法。

第二条 增值税纳税人(以下简称“纳税人”),年应税销售额超过财政部、国家税务总局规定的小规模纳税人标准(以下简称“规定标准”)的,除本办法第四条规定外,应当向主管税务机关办理一般纳税人登记。

本办法所称年应税销售额,是指纳税人在连续不超过12个月或四个季度的经营期内累计应征增值税销售额,包括纳税申报销售额、稽查查补销售额、纳税评估调整销售额。

销售服务、无形资产或者不动产(以下简称“应税行为”)有扣除项目的纳税人,其应税行为年应税销售额按未扣除之前的销售额计算。纳税人偶然发生的销售无形资产、转让不动产的销售额,不计入应税行为年应税销售额。

第三条 年应税销售额未超过规定标准的纳税人,会计核算健全,能够提供准确税务资料的,可以向主管税务机关办理一般纳税人登记。

本办法所称会计核算健全,是指能够按照国家统一的会计制度规定设置账簿,根据合法、有效凭证进行核算。

第四条 下列纳税人不办理一般纳税人登记:

(一)按照政策规定,选择按照小规模纳税人纳税的;

(二)年应税销售额超过规定标准的其他个人。

第五条 纳税人应当向其机构所在地主管税务机关办理一般纳税人登记手续。

第六条 纳税人办理一般纳税人登记的程序如下:

(一)纳税人向主管税务机关填报《增值税一般纳税人登记表》(附件1),如实填写固定生产经营场所等信息,并提供税务登记证件;

(二)纳税人填报内容与税务登记信息一致的,主管税务机关当场登记;

(三)纳税人填报内容与税务登记信息不一致,或者不符合填列要求的,税务机关应当场告知纳税人需要补正的内容。

第七条 年应税销售额超过规定标准的纳税人符合本办法第四条第一项规定的,应当向主管税务机关提交书面说明(附件2)。

第八条 纳税人在年应税销售额超过规定标准的月份(或季度)的所属申报期结束后15日内按照本办法第六条或者第七条的规定办理相关手续;未按规定时限办理的,主管税务机关应当在规定时限结束后5日内制作《税务事项通知书》,告知纳税人应当在5日内向主管税务机关办理相关手续;逾期仍不办理的,次月起按销售额依照增值税税率计算应纳税额,不得抵扣进项税额,直至纳税人办理相关手续为止。

第九条 纳税人自一般纳税人生效之日起,按照增值税一般计税方法计算应纳税额,并可以按照规定领用增值税专用发票,财政部、国家税务总局另有规定的除外。

本办法所称的生效之日,是指纳税人办理登记的当月1日或者次月1日,由纳税人在办理登记手续时自行选择。

第十条 纳税人登记为一般纳税人后,不得转为小规模纳税人,国家税务总局另有规定的除外。

第十一条 主管税务机关应当加强对税收风险的管理。对税收遵从度低的一般纳税人,主管税务机关可以实行纳税辅导期管理,具体办法由国家税务总局另行制定。

第十二条 本办法自2018年2月1日起施行,《增值税一般纳税人资格认定管理办法》(国家税务总局令第22号公布)同时废止。

1－1－101

国家税务总局关于调整增值税纳税申报有关事项的公告

2017年12月29日 国家税务总局公告2017年第53号

为贯彻落实《国家税务总局关于进一步深化税务系统"放管服"改革 优化税收环境的若干意见》(税总发〔2017〕101号)精神,进一步优化纳税服务,减轻纳税人负担,国家税务总局对增值税纳税申报有关事项进行了调整,现公告如下:

一、废止《国家税务总局关于全面推开营业税改征增值税试点后增值税纳税申报有关事项的公告》(国家税务总局公告2016年第13号)附件1《固定资产(不含不动产)进项税额抵扣情况表》。

二、废止《国家税务总局关于调整增值税纳税申报有关事项的公告》(国家税务总局公告2016年第27号)附件1《本期抵扣进项税额结构明细表》。

三、本公告自2018年2月1日起施行。

特此公告。

1－1－102

国家税务总局关于增值税一般纳税人登记管理若干事项的公告

2018年1月29日 国家税务总局公告2018年第6号

为了贯彻实施《增值税一般纳税人登记管理办法》(国家税务总局令第43号,以下简称《办法》),现将有关事项公告如下:

一、《办法》第二条所称"经营期"是指在纳税人存续期内的连续经营期间,含未取得销售收入的月份或季度。

二、《办法》第二条所称"纳税申报销售额"是指纳税人自行申报的全部应征增值税销售额,其中包括免税销售额和税务机关代开发票销售额。"稽查查补销售额"和"纳税评估调整销售额"计入查补税款申报当月(或当季)的销售额,不计入税款所属期销售额。

三、《办法》第四条第二项所称的“其他个人”是指自然人。

四、《办法》第六条第一项所称的“固定生产经营场所”信息是指填写在《增值税一般纳税人登记表》“生产经营地址”栏次中的内容。

五、《办法》第六条第一项所称的“税务登记证件”，包括纳税人领取的由工商行政管理部门或者其他主管部门核发的加载法人和其他组织统一社会信用代码的相关证件。

六、《办法》第八条规定主管税务机关制作的《税务事项通知书》中，需告知纳税人的内容应当包括：纳税人年应税销售额已超过规定标准，应在收到《税务事项通知书》后5日内向税务机关办理增值税一般纳税人登记手续或者选择按照小规模纳税人纳税的手续；逾期未办理的，自通知时限期满的次月起按销售额依照增值税税率计算应纳税额，不得抵扣进项税额，直至纳税人办理相关手续为止。

七、纳税人兼有销售货物、提供加工修理修配劳务（以下称“应税货物及劳务”）和销售服务、无形资产、不动产（以下称“应税行为”）的，应税货物及劳务销售额与应税行为销售额分别计算，分别适用增值税一般纳税人登记标准，其中有一项销售额超过规定标准，就应当按照规定办理增值税一般纳税人登记相关手续。

八、经税务机关核对后退还纳税人留存的《增值税一般纳税人登记表》，可以作为证明纳税人成为增值税一般纳税人的凭据。

九、《办法》中所规定期限的最后一日是法定休假日的，以休假日期满的次日为期限的最后一日；在期限内有连续3日以上（含3日）法定休假日的，按休假日天数顺延。

十、本公告自2018年2月1日起施行。《国家税务总局关于明确〈增值税一般纳税人资格认定管理办法〉若干条款处理意见的通知》（国税函〔2010〕139号）、《国家税务总局关于调整增值税一般纳税人管理有关事项的公告》（国家税务总局公告2015年第18号）、《国家税务总局关于“三证合一”登记制度改革涉及增值税一般纳税人管理有关事项的公告》（国家税务总局公告2015年第74号）、《国家税务总局关于全面推开营业税改征增值税试点有关税收征收管理事项的公告》（国家税务总局公告2016年第23号）第二条同时废止。

特此公告。

注释：

条款废止。第七条自2018年5月1日起废止。参见：《国家税务总局关于统一小规模纳税人标准等若干增值税问题的公告》（国家税务总局公告2018年第18号）。

1－1－103

国家税务总局关于《增值税纳税申报比对管理操作规程（试行）》执行有关事项的通知

2018年2月27日　税总函〔2018〕94号

各省、自治区、直辖市和计划单列市国家税务局，国家税务总局驻各地特派员办事处：

为进一步做好《国家税务总局关于印发〈增值税纳税申报比对管理操作规程(试行)〉的通知》(税总发〔2017〕124号,以下简称《通知》)的执行工作,现将有关事项通知如下:

一、《通知》的执行时间由2018年3月1日调整为2018年5月1日。

二、各省国家税务局要加强统筹协调,认真做好相关软件系统调试、基层业务人员培训、纳税人宣传辅导等各项准备工作,确保《通知》的顺利执行。

1-1-104

财政部　税务总局关于调整增值税税率的通知

2018年4月4日　财税〔2018〕32号

各省、自治区、直辖市、计划单列市财政厅(局)、国家税务局、地方税务局,新疆生产建设兵团财政局:

完善增值税制度,现将调整增值税税率有关政策通知如下:

一、纳税人发生增值税应税销售行为或者进口货物,原适用17%和11%税率的,税率分别调整为16%、10%。

二、纳税人购进农产品,原适用11%扣除率的,扣除率调整为10%。

三、纳税人购进用于生产销售或委托加工16%税率货物的农产品,按照12%的扣除率计算进项税额。

四、原适用17%税率且出口退税率为17%的出口货物,出口退税率调整至16%。原适用11%税率且出口退税率为11%的出口货物、跨境应税行为,出口退税率调整至10%。

五、外贸企业2018年7月31日前出口的第四条所涉货物、销售的第四条所涉跨境应税行为,购进时已按调整前税率征收增值税的,执行调整前的出口退税率;购进时已按调整后税率征收增值税的,执行调整后的出口退税率。生产企业2018年7月31日前出口的第四条所涉货物、销售的第四条所涉跨境应税行为,执行调整前的出口退税率。

调整出口货物退税率的执行时间及出口货物的时间,以出口货物报关单上注明的出口日期为准,调整跨境应税行为退税率的执行时间及销售跨境应税行为的时间,以出口发票的开具日期为准。

六、本通知自2018年5月1日起执行。此前有关规定与本通知规定的增值税税率、扣除率、出口退税率不一致的,以本通知为准。

七、各地要高度重视增值税税率调整工作,做好实施前的各项准备以及实施过程中的监测分析、宣传解释等工作,确保增值税税率调整工作平稳、有序推进。如遇问题,请及时上报财政部和税务总局。

1－1－105

财政部　税务总局关于统一增值税小规模纳税人标准的通知

2018 年 4 月 4 日　财税〔2018〕33 号

各省、自治区、直辖市、计划单列市财政厅（局）、国家税务局、地方税务局，新疆生产建设兵团财政局：

为完善增值税制度，进一步支持中小微企业发展，现将统一增值税小规模纳税人标准有关事项通知如下：

一、增值税小规模纳税人标准为年应征增值税销售额 500 万元及以下。

二、按照《中华人民共和国增值税暂行条例实施细则》第二十八条规定已登记为增值税一般纳税人的单位和个人，在 2018 年 12 月 31 日前，可转登记为小规模纳税人，其未抵扣的进项税额作转出处理。

三、本通知自 2018 年 5 月 1 日起执行。

1－1－106

国家税务总局关于统一小规模纳税人标准等若干增值税问题的公告

2018 年 4 月 20 日　国家税务总局公告 2018 年第 18 号

现将统一小规模纳税人标准等若干增值税问题公告如下：

一、同时符合以下条件的一般纳税人，可选择按照《财政部　税务总局关于统一增值税小规模纳税人标准的通知》（财税〔2018〕33 号）第二条的规定，转登记为小规模纳税人，或选择继续作为一般纳税人：

（一）根据《中华人民共和国增值税暂行条例》第十三条和《中华人民共和国增值税暂行条例实施细则》第二十八条的有关规定，登记为一般纳税人。

（二）转登记日前连续 12 个月（以 1 个月为 1 个纳税期，下同）或者连续 4 个季度（以 1 个季度为 1 个纳税期，下同）累计应征增值税销售额（以下称应税销售额）未超过 500 万元。

转登记日前经营期不满 12 个月或者 4 个季度的，按照月（季度）平均应税销售额估算上款规定的累计应税销售额。

应税销售额的具体范围，按照《增值税一般纳税人登记管理办法》（国家税务总局令第 43 号）和《国家税务总局关于增值税一般纳税人登记管理若干事项的公告》（国家税务总局公告 2018 年第 6 号）的有关规定执行。

二、符合本公告第一条规定的纳税人，向主管税务机关填报《一般纳税人转为小规模纳税人登记表》(表样见附件),并提供税务登记证件;已实行实名办税的纳税人,无需提供税务登记证件。主管税务机关根据下列情况分别作出处理:

(一)纳税人填报内容与税务登记、纳税申报信息一致的,主管税务机关当场办理。

(二)纳税人填报内容与税务登记、纳税申报信息不一致,或者不符合填列要求的,主管税务机关应当场告知纳税人需要补正的内容。

三、一般纳税人转登记为小规模纳税人(以下称转登记纳税人)后,自转登记日的下期起,按照简易计税方法计算缴纳增值税;转登记日当期仍按照一般纳税人的有关规定计算缴纳增值税。

四、转登记纳税人尚未申报抵扣的进项税额以及转登记日当期的期末留抵税额,计入“应交税费——待抵扣进项税额”核算。

尚未申报抵扣的进项税额计入“应交税费——待抵扣进项税额”时:

(一)转登记日当期已经取得的增值税专用发票、机动车销售统一发票、收费公路通行费增值税电子普通发票,应当已经通过增值税发票选择确认平台进行选择确认或认证后稽核比对相符;经稽核比对异常的,应当按照现行规定进行核查处理。已经取得的海关进口增值税专用缴款书,经稽核比对相符的,应当自行下载《海关进口增值税专用缴款书稽核结果通知书》;经稽核比对异常的,应当按照现行规定进行核查处理。

(二)转登记日当期尚未取得的增值税专用发票、机动车销售统一发票、收费公路通行费增值税电子普通发票,转登记纳税人在取得上述发票以后,应当持税控设备,由主管税务机关通过增值税发票选择确认平台(税务局端)为其办理选择确认。尚未取得的海关进口增值税专用缴款书,转登记纳税人在取得以后,经稽核比对相符的,应当由主管税务机关通过稽核系统为其下载《海关进口增值税专用缴款书稽核结果通知书》;经稽核比对异常的,应当按照现行规定进行核查处理。

五、转登记纳税人在一般纳税人期间销售或者购进的货物、劳务、服务、无形资产、不动产,自转登记日的下期起发生销售折让、中止或者退回的,调整转登记日当期的销项税额、进项税额和应纳税额。

(一)调整后的应纳税额小于转登记日当期申报的应纳税额形成的多缴税款,从发生销售折让、中止或者退回当期的应纳税额中抵减;不足抵减的,结转下期继续抵减。

(二)调整后的应纳税额大于转登记日当期申报的应纳税额形成的少缴税款,从“应交税费——待抵扣进项税额”中抵减;抵减后仍有余额的,计入发生销售折让、中止或者退回当期的应纳税额一并申报缴纳。

转登记纳税人因税务稽查、补充申报等原因,需要对一般纳税人期间的销项税额、进项税额和应纳税额进行调整的,按照上述规定处理。

转登记纳税人应准确核算“应交税费——待抵扣进项税额”的变动情况。

六、转登记纳税人可以继续使用现有税控设备开具增值税发票,不需要缴销税控设备和增值税发票。

转登记纳税人自转登记日的下期起,发生增值税应税销售行为,应当按照征收率开具增值税发票;转登记日前已作增值税专用发票票种核定的,继续通过增值税发票管理系统自行开具增值税专用发票;销售其取得的不动产,需要开具增值税专用发票的,应当按照有关规定向税务机关申请代开。

七、转登记纳税人在一般纳税人期间发生的增值税应税销售行为，未开具增值税发票需要补开的，应当按照原适用税率或者征收率补开增值税发票；发生销售折让、中止或者退回等情形，需要开具红字发票的，按照原蓝字发票记载的内容开具红字发票；开票有误需要重新开具的，先按照原蓝字发票记载的内容开具红字发票后，再重新开具正确的蓝字发票。

转登记纳税人发生上述行为，需要按照原适用税率开具增值税发票的，应当在互联网连接状态下开具。按照有关规定不使用网络办税的特定纳税人，可以通过离线方式开具增值税发票。

八、自转登记日的下期起连续不超过12个月或者连续不超过4个季度的经营期内，转登记纳税人应税销售额超过财政部、国家税务总局规定的小规模纳税人标准的，应当按照《增值税一般纳税人登记管理办法》（国家税务总局令第43号）的有关规定，向主管税务机关办理一般纳税人登记。

转登记纳税人按规定再次登记为一般纳税人后，不得再转登记为小规模纳税人。

九、一般纳税人在增值税税率调整前已按原适用税率开具的增值税发票，发生销售折让、中止或者退回等情形需要开具红字发票的，按照原适用税率开具红字发票；开票有误需要重新开具的，先按照原适用税率开具红字发票后，再重新开具正确的蓝字发票。

一般纳税人在增值税税率调整前未开具增值税发票的增值税应税销售行为，需要补开增值税发票的，应当按照原适用税率补开。

增值税发票税控开票软件税率栏次默认显示调整后税率，一般纳税人发生上述行为可以手工选择原适用税率开具增值税发票。

十、国家税务总局在增值税发票管理系统中更新了《商品和服务税收分类编码表》，纳税人应当按照更新后的《商品和服务税收分类编码表》开具增值税发票。

转登记纳税人和一般纳税人应当及时完成增值税发票税控开票软件升级、税控设备变更发行和自身业务系统调整。

十一、本公告自2018年5月1日起施行。《国家税务总局关于增值税一般纳税人登记管理若干事项的公告》（国家税务总局公告2018年第6号）第七条同时废止。

特此公告。

附件：一般纳税人转为小规模纳税人登记表（编者略）

1-1-107

国家税务总局关于在全国推广一般纳税人登记网上办理的通知

2018年8月6日　税总函〔2018〕430号

国家税务总局各省、自治区、直辖市和计划单列市税务局，国家税务总局驻各地特派员办事处，局内各单位：

为贯彻落实《国务院关于做好自由贸易试验区第四批改革试点经验复制推广工作的通知》(国发〔2018〕12号)要求,税务总局决定在全国范围内推广一般纳税人登记网上办理,现就有关事项通知如下:

一、加强组织领导

在全国范围推广一般纳税人登记网上办理,是税务系统进一步落实国务院关于深化"放管服"改革的新要求,优化营商环境,减轻纳税人办税负担,激发市场活力的重要举措,各级税务机关务必高度重视,按照税务总局统一部署,加强统筹协调,精心组织实施,确保在2018年11月20日前,按照本通知和电子税务局建设规范有关要求,实现一般纳税人登记网上办理。

二、抓好工作实施

国家税务总局各省、自治区、直辖市和计划单列市税务局[以下简称"各省(区、市)税务局"]要结合本地区电子税务局建设实际,实现一般纳税人登记网上办理的功能,并列入"全程网上办"清单。在推广工作实施过程中,要按照一般纳税人登记有关规定,认真梳理业务流程,从方便纳税人的角度,实现《增值税一般纳税人登记表》填报、信息核对等登记事项的网上办理。网上办理流程清晰、明确,操作界面设计友好,易于操作。前期已经实现一般纳税人登记网上办理的地区,要对照文件要求优化和完善相关功能。推广工作由货物劳务税部门牵头,纳税服务、征管科技等相关部门配合。

三、强化宣传辅导

各省(区、市)税务局要通过税务机关网站、电子税务局、微信公众号、12366纳税服务热线等途径,做好一般纳税人登记网上办理的宣传辅导工作,帮助纳税人了解网上办理的具体流程,提醒纳税人需要注意的事项,及时解决纳税人在办理过程中可能遇到的问题。

四、有关工作要求

各省(区、市)税务局要按照推广工作要求,细化任务分工,制定时间表、路线图,扎实推进各项工作的开展。请各地于2018年11月30日前,将本地区推广一般纳税人登记网上办理落实情况上报税务总局(货物和劳务税司),报送路径:税务总局可控FTP/货物和劳务税司/申报评估处/推广一般纳税人登记网上办理情况。

1-1-108

财政部　税务总局　海关总署关于深化增值税改革有关政策的公告

2019年3月20日　财政部　税务总局　海关总署公告2019年第39号

为贯彻落实党中央、国务院决策部署,推进增值税实质性减税,现将2019年增值税改革有关事项公告如下:

一、增值税一般纳税人(以下称纳税人)发生增值税应税销售行为或者进口货物,原适用16%税率的,税率调整为13%;原适用10%税率的,税率调整为9%。

二、纳税人购进农产品，原适用10%扣除率的，扣除率调整为9%。纳税人购进用于生产或者委托加工13%税率货物的农产品，按照10%的扣除率计算进项税额。

三、原适用16%税率且出口退税率为16%的出口货物劳务，出口退税率调整为13%；原适用10%税率且出口退税率为10%的出口货物、跨境应税行为，出口退税率调整为9%。

2019年6月30日前（含2019年4月1日前），纳税人出口前款所涉货物劳务、发生前款所涉跨境应税行为，适用增值税免退税办法的，购进时已按调整前税率征收增值税的，执行调整前的出口退税率，购进时已按调整后税率征收增值税的，执行调整后的出口退税率；适用增值税免抵退税办法的，执行调整前的出口退税率，在计算免抵退税时，适用税率低于出口退税率的，适用税率与出口退税率之差视为零参与免抵退税计算。

出口退税率的执行时间及出口货物劳务、发生跨境应税行为的时间，按照以下规定执行：报关出口的货物劳务（保税区及经保税区出口除外），以海关出口报关单上注明的出口日期为准；非报关出口的货物劳务、跨境应税行为，以出口发票或普通发票的开具时间为准；保税区及经保税区出口的货物，以货物离境时海关出具的出境货物备案清单上注明的出口日期为准。

四、适用13%税率的境外旅客购物离境退税物品，退税率为11%；适用9%税率的境外旅客购物离境退税物品，退税率为8%。

2019年6月30日前，按调整前税率征收增值税的，执行调整前的退税率；按调整后税率征收增值税的，执行调整后的退税率。

退税率的执行时间，以退税物品增值税普通发票的开具日期为准。

五、自2019年4月1日起，《营业税改征增值税试点有关事项的规定》（财税〔2016〕36号印发）第一条第（四）项第1点、第二条第（一）项第1点停止执行，纳税人取得不动产或者不动产在建工程的进项税额不再分2年抵扣。此前按照上述规定尚未抵扣完毕的待抵扣进项税额，可自2019年4月税款所属期起从销项税额中抵扣。

六、纳税人购进国内旅客运输服务，其进项税额允许从销项税额中抵扣。

（一）纳税人未取得增值税专用发票的，暂按照以下规定确定进项税额：

1. 取得增值税电子普通发票的，为发票上注明的税额；

2. 取得注明旅客身份信息的航空运输电子客票行程单的，为按照下列公式计算进项税额：

航空旅客运输进项税额 =（票价 + 燃油附加费）÷（1 + 9%）× 9%

3. 取得注明旅客身份信息的铁路车票的，为按照下列公式计算的进项税额：

铁路旅客运输进项税额 = 票面金额 ÷（1 + 9%）× 9%

4. 取得注明旅客身份信息的公路、水路等其他客票的，按照下列公式计算进项税额：

公路、水路等其他旅客运输进项税额 = 票面金额 ÷（1 + 3%）× 3%

（二）《营业税改征增值税试点实施办法》（财税〔2016〕36号印发）第二十七条第（六）项和《营业税改征增值税试点有关事项的规定》（财税〔2016〕36号印发）第二条第（一）项第5点中“购进的旅客运输服务、贷款服务、餐饮服务、居民日常服务和娱乐服务”修改为“购进的贷款服务、餐饮服务、居民日常服务和娱乐服务”。

七、自2019年4月1日至2021年12月31日，允许生产、生活性服务业纳税人按照当期可抵扣进项税额加计10%,抵减应纳税额(以下称加计抵减政策)。

(一)本公告所称生产、生活性服务业纳税人,是指提供邮政服务、电信服务、现代服务、生活服务(以下称四项服务)取得的销售额占全部销售额的比重超过50%的纳税人。四项服务的具体范围按照《销售服务、无形资产、不动产注释》(财税〔2016〕36号印发)执行。

2019年3月31日前设立的纳税人,自2018年4月至2019年3月期间的销售额(经营期不满12个月的,按照实际经营期的销售额)符合上述规定条件的,自2019年4月1日起适用加计抵减政策。

2019年4月1日后设立的纳税人,自设立之日起3个月的销售额符合上述规定条件的,自登记为一般纳税人之日起适用加计抵减政策。

纳税人确定适用加计抵减政策后,当年内不再调整,以后年度是否适用,根据上年度销售额计算确定。

纳税人可计提但未计提的加计抵减额,可在确定适用加计抵减政策当期一并计提。

(二)纳税人应按照当期可抵扣进项税额的10%计提当期加计抵减额。按照现行规定不得从销项税额中抵扣的进项税额,不得计提加计抵减额;已计提加计抵减额的进项税额,按规定作进项税额转出的,应在进项税额转出当期,相应调减加计抵减额。计算公式如下:

当期计提加计抵减额 = 当期可抵扣进项税额 × 10%

当期可抵减加计抵减额 = 上期末加计抵减额余额 + 当期计提加计抵减额 - 当期调减加计抵减额

(三)纳税人应按照现行规定计算一般计税方法下的应纳税额(以下称抵减前的应纳税额)后,区分以下情形加计抵减:

1. 抵减前的应纳税额等于零的,当期可抵减加计抵减额全部结转下期抵减;

2. 抵减前的应纳税额大于零,且大于当期可抵减加计抵减额的,当期可抵减加计抵减额全额从抵减前的应纳税额中抵减;

3. 抵减前的应纳税额大于零,且小于或等于当期可抵减加计抵减额的,以当期可抵减加计抵减额抵减应纳税额至零。未抵减完的当期可抵减加计抵减额,结转下期继续抵减。

(四)纳税人出口货物劳务、发生跨境应税行为不适用加计抵减政策,其对应的进项税额不得计提加计抵减额。

纳税人兼营出口货物劳务、发生跨境应税行为且无法划分不得计提加计抵减额的进项税额,按照以下公式计算:

不得计提加计抵减额的进项税额 = 当期无法划分的全部进项税额 × 当期出口货物劳务和发生跨境应税行为的销售额 ÷ 当期全部销售额

(五)纳税人应单独核算加计抵减额的计提、抵减、调减、结余等变动情况。骗取适用加计抵减政策或虚增加计抵减额的,按照《中华人民共和国税收征收管理法》等有关规定处理。

(六)加计抵减政策执行到期后,纳税人不再计提加计抵减额,结余的加计抵减额停止抵减。

八、自2019年4月1日起,试行增值税期末留抵税额退税制度。

(一)同时符合以下条件的纳税人,可以向主管税务机关申请退还增量留抵税额:

1. 自2019年4月税款所属期起，连续六个月（按季纳税的，连续两个季度）增量留抵税额均大于零，且第六个月增量留抵税额不低于50万元；

2. 纳税信用等级为A级或者B级；

3. 申请退税前36个月未发生骗取留抵退税、出口退税或虚开增值税专用发票情形的；

4. 申请退税前36个月未因偷税被税务机关处罚两次及以上的；

5. 自2019年4月1日起未享受即征即退、先征后返（退）政策的。

（二）本公告所称增量留抵税额，是指与2019年3月底相比新增加的期末留抵税额。

（三）纳税人当期允许退还的增量留抵税额，按照以下公式计算：

允许退还的增量留抵税额 = 增量留抵税额 × 进项构成比例 × 60%

进项构成比例，为2019年4月至申请退税前一税款所属期内已抵扣的增值税专用发票（含税控机动车销售统一发票）、海关进口增值税专用缴款书、解缴税款完税凭证注明的增值税额占同期全部已抵扣进项税额的比重。

（四）纳税人应在增值税纳税申报期内，向主管税务机关申请退还留抵税额。

（五）纳税人出口货物劳务、发生跨境应税行为，适用免抵退税办法的，办理免抵退税后，仍符合本公告规定条件的，可以申请退还留抵税额；适用免退税办法的，相关进项税额不得用于退还留抵税额。

（六）纳税人取得退还的留抵税额后，应相应调减当期留抵税额。按照本条规定再次满足退税条件的，可以继续向主管税务机关申请退还留抵税额，但本条第（一）项第1点规定的连续期间，不得重复计算。

（七）以虚增进项、虚假申报或其他欺骗手段，骗取留抵退税款的，由税务机关追缴其骗取的退税款，并按照《中华人民共和国税收征收管理法》等有关规定处理。

（八）退还的增量留抵税额中央、地方分担机制另行通知。

九、本公告自2019年4月1日起执行。

特此公告。

注释：

政策调整。第七条规定的生产、生活性服务业增值税加计抵减政策执行期限延长至2022年12月31日。参见：《财政部　税务总局关于促进服务业领域困难行业纾困发展有关增值税政策的公告》（财政部　税务总局公告2022年第11号）。

1 - 1 - 109

国家税务总局关于深化增值税改革有关事项的公告

2019年3月21日　国家税务总局公告2019年第14号

现将深化增值税改革有关事项公告如下：

一、增值税一般纳税人（以下称纳税人）在增值税税率调整前已按原16%、10%适用税率开具的增值税发票，发生销售折让、中止或者退回等情形需要开具红字发票的，按照原适用税率开具红字发票；开票有误需要重新开具的，先按照原适用税率开具红字发票后，再重新开具正确的蓝字发票。

二、纳税人在增值税税率调整前未开具增值税发票的增值税应税销售行为，需要补开增值税发票的，应当按照原适用税率补开。

三、增值税发票税控开票软件税率栏次默认显示调整后税率，纳税人发生本公告第一条、第二条所列情形的，可以手工选择原适用税率开具增值税发票。

四、税务总局在增值税发票税控开票软件中更新了《商品和服务税收分类编码表》，纳税人应当按照更新后的《商品和服务税收分类编码表》开具增值税发票。

五、纳税人应当及时完成增值税发票税控开票软件升级和自身业务系统调整。

六、已抵扣进项税额的不动产，发生非正常损失，或者改变用途，专用于简易计税方法计税项目、免征增值税项目、集体福利或者个人消费的，按照下列公式计算不得抵扣的进项税额，并从当期进项税额中扣减：

不得抵扣的进项税额＝已抵扣进项税额×不动产净值率

不动产净值率＝（不动产净值÷不动产原值）×100%

七、按照规定不得抵扣进项税额的不动产，发生用途改变，用于允许抵扣进项税额项目的，按照下列公式在改变用途的次月计算可抵扣进项税额。

可抵扣进项税额＝增值税扣税凭证注明或计算的进项税额×不动产净值率

八、按照《财政部　税务总局　海关总署关于深化增值税改革有关政策的公告》（财政部　税务总局　海关总署公告2019年第39号）规定，适用加计抵减政策的生产、生活性服务业纳税人，应在年度首次确认适用加计抵减政策时，通过电子税务局（或前往办税服务厅）提交《适用加计抵减政策的声明》（见附件）。适用加计抵减政策的纳税人，同时兼营邮政服务、电信服务、现代服务、生活服务的，应按照四项服务中收入占比最高的业务在《适用加计抵减政策的声明》中勾选确定所属行业。

九、本公告自2019年4月1日起施行。《不动产进项税额分期抵扣暂行办法》（国家税务总局公告2016年第15号发布）同时废止。

附件：适用加计抵减政策的声明（编者略）

注释：

条款废止。第八条及附件《适用加计抵减政策的声明》自2023年1月1日起废止。参见：《国家税务总局关于增值税小规模纳税人减免增值税等政策有关征管事项的公告》（国家税务总局公告2023年第1号）。

1 -1 -110

国家税务总局关于调整增值税纳税申报有关事项的公告

2019 年 3 月 21 日 国家税务总局公告2019 年第 15 号

为贯彻落实党中央、国务院关于减税降费的决策部署，进一步优化纳税服务，减轻纳税人负担，现将调整增值税纳税申报有关事项公告如下：

一、根据国务院关于深化增值税改革的决定，修订并重新发布《增值税纳税申报表（一般纳税人适用）》《增值税纳税申报表附列资料（一）》《增值税纳税申报表附列资料（二）》《增值税纳税申报表附列资料（三）》《增值税纳税申报表附列资料（四）》。

二、截至 2019 年 3 月税款所属期，《国家税务总局关于全面推开营业税改征增值税试点后增值税纳税申报有关事项的公告》（国家税务总局公告 2016 年第 13 号）附件 1 中《增值税纳税申报表附列资料（五）》第 6 栏“期末待抵扣不动产进项税额”的期末余额，可以自本公告施行后结转填入《增值税纳税申报表附列资料（二）》第 8b 栏“其他”。

三、本公告施行后，纳税人申报适用 16%、10% 等原增值税税率应税项目时，按照申报表调整前后的对应关系，分别填写相关栏次。

四、修订后的《增值税纳税申报表（一般纳税人适用）》及其附列资料见附件 1，相关填写说明见附件 2。

五、本公告自 2019 年 5 月 1 日起施行，国家税务总局公告 2016 年第 13 号附件 1 中《增值税纳税申报表附列资料（五）》《国家税务总局关于营业税改征增值税部分试点纳税人增值税纳税申报有关事项调整的公告》（国家税务总局公告 2016 年第 30 号）、《国家税务总局关于调整增值税纳税申报有关事项的公告》（国家税务总局公告 2017 年第 19 号）、《国家税务总局关于调整增值税纳税申报有关事项的公告》（国家税务总局公告 2018 年第 17 号）同时废止。

特此公告。

附件：1.《增值税纳税申报表（一般纳税人适用）》及其附列资料（编者略）

2.《增值税纳税申报表（一般纳税人适用）》及其附列资料填写说明（编者略）

注释：

条款废止。附件 1、附件 2 自 2021 年 8 月 1 日起废止。参见：《国家税务总局关于增值税 消费税与附加税费申报表整合有关事项的公告》（国家税务总局公告 2021 年第20 号）。

条款失效。附件 1、附件 2 自 2021 年 5 月 1 日起暂停执行。参见：《国家税务总局关于简并税费申报有关事项的公告》（国家税务总局公告 2021 年第 9 号）。

1－1－111

国家税务总局关于办理增值税期末留抵税额退税有关事项的公告

2019年4月30日　国家税务总局公告2019年第20号

《财政部　税务总局　海关总署关于深化增值税改革有关政策的公告》(财政部　税务总局　海关总署公告2019年第39号)规定,自2019年4月1日起,试行增值税期末留抵税额退税(以下称留抵退税)制度。为方便纳税人办理留抵退税业务,现将有关事项公告如下:

一、同时符合以下条件(以下称符合留抵退税条件)的纳税人,可以向主管税务机关申请退还增量留抵税额:

(一)自2019年4月税款所属期起,连续六个月(按季纳税的,连续两个季度)增量留抵税额均大于零,且第六个月增量留抵税额不低于50万元;

(二)纳税信用等级为A级或者B级;

(三)申请退税前36个月未发生骗取留抵退税、出口退税或虚开增值税专用发票情形的;

(四)申请退税前36个月未因偷税被税务机关处罚两次及以上的;

(五)自2019年4月1日起未享受即征即退、先征后返(退)政策的。

增量留抵税额,是指与2019年3月底相比新增加的期末留抵税额。

二、纳税人当期允许退还的增量留抵税额,按照以下公式计算:

允许退还的增量留抵税额=增量留抵税额×进项构成比例×60%

进项构成比例,为2019年4月至申请退税前一税款所属期内已抵扣的增值税专用发票(含税控机动车销售统一发票)、海关进口增值税专用缴款书、解缴税款完税凭证注明的增值税额占同期全部已抵扣进项税额的比重。

三、纳税人申请办理留抵退税,应于符合留抵退税条件的次月起,在增值税纳税申报期(以下称申报期)内,完成本期增值税纳税申报后,通过电子税务局或办税服务厅提交《退(抵)税申请表》(见附件)。

四、纳税人出口货物劳务、发生跨境应税行为,适用免抵退税办法的,可以在同一申报期内,既申报免抵退税又申请办理留抵退税。

五、申请办理留抵退税的纳税人,出口货物劳务、跨境应税行为适用免抵退税办法的,应当按期申报免抵退税。当期可申报免抵退税的出口销售额为零的,应办理免抵退税零申报。

六、纳税人既申报免抵退税又申请办理留抵退税的,税务机关应先办理免抵退税。办理免抵退税后,纳税人仍符合留抵退税条件的,再办理留抵退税。

七、税务机关按照“窗口受理、内部流转、限时办结、窗口出件”的原则办理留抵退税。

税务机关对纳税人是否符合留抵退税条件、当期允许退还的增量留抵税额等进行审核确认,并将审核结果告知纳税人。

八、纳税人符合留抵退税条件且不存在本公告第十二条所列情形的,税务机关应自受理留抵退税申请之日起10个工作日内完成审核,并向纳税人出具准予留抵退税的《税务事项通知书》。

纳税人发生本公告第九条第二项所列情形的,上述10个工作日,自免抵退税应退税额核准之日起计算。

九、纳税人在办理留抵退税期间发生下列情形的,按照以下规定确定允许退还的增量留抵税额:

(一)因纳税申报、稽查查补和评估调整等原因,造成期末留抵税额发生变化的,按最近一期《增值税纳税申报表(一般纳税人适用)》期末留抵税额确定允许退还的增量留抵税额。

(二)纳税人在同一申报期既申报免抵退税又申请办理留抵退税的,或者在纳税人申请办理留抵退税时存在尚未经税务机关核准的免抵退税应退税额的,应待税务机关核准免抵退税应退税额后,按最近一期《增值税纳税申报表(一般纳税人适用)》期末留抵税额,扣减税务机关核准的免抵退税应退税额后的余额确定允许退还的增量留抵税额。

税务机关核准的免抵退税应退税额,是指税务机关当期已核准,但纳税人尚未在《增值税纳税申报表(一般纳税人适用)》第15栏"免、抵、退应退税额"中填报的免抵退税应退税额。

(三)纳税人既有增值税欠税,又有期末留抵税额的,按最近一期《增值税纳税申报表(一般纳税人适用)》期末留抵税额,抵减增值税欠税后的余额确定允许退还的增量留抵税额。

十、在纳税人办理增值税纳税申报和免抵退税申报后、税务机关核准其免抵退税应退税额前,核准其前期留抵退税的,以最近一期《增值税纳税申报表(一般纳税人适用)》期末留抵税额,扣减税务机关核准的留抵退税额后的余额,计算当期免抵退税应退税额和免抵税额。

税务机关核准的留抵退税额,是指税务机关当期已核准,但纳税人尚未在《增值税纳税申报表附列资料(二)(本期进项税额明细)》第22栏"上期留抵税额退税"填报的留抵退税额。

十一、纳税人不符合留抵退税条件的,不予留抵退税。税务机关应自受理留抵退税申请之日起10个工作日内完成审核,并向纳税人出具不予留抵退税的《税务事项通知书》。

十二、税务机关在办理留抵退税期间,发现符合留抵退税条件的纳税人存在以下情形,暂停为其办理留抵退税:

(一)存在增值税涉税风险疑点的;

(二)被税务稽查立案且未结案的;

(三)增值税申报比对异常未处理的;

(四)取得增值税异常扣税凭证未处理的;

(五)国家税务总局规定的其他情形。

十三、本公告第十二条列举的增值税涉税风险疑点等情形已排除,且相关事项处理完毕后，按以下规定办理：

（一）纳税人仍符合留抵退税条件的，税务机关继续为其办理留抵退税，并自增值税涉税风险疑点等情形排除且相关事项处理完毕之日起5个工作日内完成审核，向纳税人出具准予留抵退税的《税务事项通知书》。

（二）纳税人不再符合留抵退税条件的，不予留抵退税。税务机关应自增值税涉税风险疑点等情形排除且相关事项处理完毕之日起5个工作日内完成审核，向纳税人出具不予留抵退税的《税务事项通知书》。

税务机关对发现的增值税涉税风险疑点进行排查的具体处理时间，由各省（自治区、直辖市和计划单列市）税务局确定。

十四、税务机关对增值税涉税风险疑点进行排查时，发现纳税人涉嫌骗取出口退税、虚开增值税专用发票等增值税重大税收违法行为的，终止为其办理留抵退税，并自作出终止办理留抵退税决定之日起5个工作日内，向纳税人出具终止办理留抵退税的《税务事项通知书》。

税务机关对纳税人涉嫌增值税重大税收违法行为核查处理完毕后，纳税人仍符合留抵退税条件的，可按照本公告的规定重新申请办理留抵退税。

十五、纳税人应在收到税务机关准予留抵退税的《税务事项通知书》当期，以税务机关核准的允许退还的增量留抵税额冲减期末留抵税额，并在办理增值税纳税申报时，相应填写《增值税纳税申报表附列资料（二）（本期进项税额明细）》第22栏"上期留抵税额退税"。

十六、纳税人以虚增进项、虚假申报或其他欺骗手段骗取留抵退税的，由税务机关追缴其骗取的退税款，并按照《中华人民共和国税收征收管理法》等有关规定处理。

十七、本公告自2019年5月1日起施行。

特此公告。

附件：退（抵）税申请表（编者略）

注释：

条款废止。第二条自2022年4月1日起废止。参见：《国家税务总局关于进一步加大增值税期末留抵退税政策实施力度有关征管事项的公告》（国家税务总局公告2022年第4号）。

条款废止。附件自2021年5月1日起废止。参见：《国家税务总局关于明确先进制造业增值税期末留抵退税征管问题的公告》（国家税务总局公告2021年第10号）。

条款修改。附件自2022年4月1日起修改。参见：《国家税务总局关于国内旅客运输服务进项税抵扣等增值税征管问题的公告》（国家税务总局公告2019年第31号）。

1 -1 -112

国家税务总局关于异常增值税扣税凭证管理等有关事项的公告

2019 年 11 月 14 日　国家税务总局公告 2019 年第 38 号

现将异常增值税扣税凭证(以下简称“异常凭证”)管理等有关事项公告如下:

一、符合下列情形之一的增值税专用发票,列入异常凭证范围:

(一)纳税人丢失、被盗税控专用设备中未开具或已开具未上传的增值税专用发票;

(二)非正常户纳税人未向税务机关申报或未按规定缴纳税款的增值税专用发票;

(三)增值税发票管理系统稽核比对发现“比对不符”“缺联”“作废”的增值税专用发票;

(四)经税务总局、省税务局大数据分析发现,纳税人开具的增值税专用发票存在涉嫌虚开、未按规定缴纳消费税等情形的;

(五)属于《国家税务总局关于走逃(失联)企业开具增值税专用发票认定处理有关问题的公告》(国家税务总局公告 2016 年第 76 号)第二条第(一)项规定情形的增值税专用发票。

二、增值税一般纳税人申报抵扣异常凭证,同时符合下列情形的,其对应开具的增值税专用发票列入异常凭证范围:

(一)异常凭证进项税额累计占同期全部增值税专用发票进项税额 70%(含)以上的;

(二)异常凭证进项税额累计超过 5 万元的。

纳税人尚未申报抵扣、尚未申报出口退税或已作进项税额转出的异常凭证,其涉及的进项税额不计入异常凭证进项税额的计算。

三、增值税一般纳税人取得的增值税专用发票列入异常凭证范围的,应按照以下规定处理:

(一)尚未申报抵扣增值税进项税额的,暂不允许抵扣。已经申报抵扣增值税进项税额的,除另有规定外,一律作进项税额转出处理。

(二)尚未申报出口退税或者已申报但尚未办理出口退税的,除另有规定外,暂不允许办理出口退税。适用增值税免抵退税办法的纳税人已经办理出口退税的,应根据列入异常凭证范围的增值税专用发票上注明的增值税额作进项税额转出处理;适用增值税免退税办法的纳税人已经办理出口退税的,税务机关应按照现行规定对列入异常凭证范围的增值税专用发票对应的已退税款追回。

纳税人因骗取出口退税停止出口退(免)税期间取得的增值税专用发票列入异常凭证范围的,按照本条第(一)项规定执行。

(三)消费税纳税人以外购或委托加工收回的已税消费品为原料连续生产应税消费品,尚未申报扣除原料已纳消费税税款的,暂不允许抵扣;已经申报抵扣的,冲减当期允许抵扣的消费税税款，当期不足冲减的应当补缴税款。

（四）纳税信用A级纳税人取得异常凭证且已经申报抵扣增值税、办理出口退税或抵扣消费税的，可以自接到税务机关通知之日起10个工作日内，向主管税务机关提出核实申请。经税务机关核实，符合现行增值税进项税额抵扣、出口退税或消费税抵扣相关规定的，可不作进项税额转出、追回已退税款、冲减当期允许抵扣的消费税税款等处理。纳税人逾期未提出核实申请的，应于期满后按照本条第（一）项、第（二）项、第（三）项规定作相关处理。

（五）纳税人对税务机关认定的异常凭证存有异议，可以向主管税务机关提出核实申请。经税务机关核实，符合现行增值税进项税额抵扣或出口退税相关规定的，纳税人可继续申报抵扣或者重新申报出口退税；符合消费税抵扣规定且已缴纳消费税税款的，纳税人可继续申报抵扣消费税税款。

四、经税务总局、省税务局大数据分析发现存在涉税风险的纳税人，不得离线开具发票，其开票人员在使用开票软件时，应当按照税务机关指定的方式进行人员身份信息实名验证。

五、新办理增值税一般纳税人登记的纳税人，自首次开票之日起3个月内不得离线开具发票，按照有关规定不使用网络办税或不具备风险条件的特定纳税人除外。

六、本公告自2020年2月1日起施行。《国家税务总局关于走逃（失联）企业开具增值税专用发票认定处理有关问题的公告》（国家税务总局公告2016年第76号）第二条第（二）项、《国家税务总局关于建立增值税失控发票快速反应机制的通知》（国税发〔2004〕123号文件印发，国家税务总局公告2018年第31号修改）、《国家税务总局关于金税工程增值税征管信息系统发现的涉嫌违规增值税专用发票处理问题的通知》（国税函〔2006〕969号）第一条第（二）项和第二条、《国家税务总局关于认真做好增值税失控发票数据采集工作有关问题的通知》（国税函〔2007〕517号）、《国家税务总局关于失控增值税专用发票处理的批复》（国税函〔2008〕607号）、《国家税务总局关于外贸企业使用增值税专用发票办理出口退税有关问题的公告》（国家税务总局公告2012年第22号）第二条第（二）项同时废止。

特此公告。

1－1－113

财政部　税务总局　人民银行关于调整完善增值税留抵退税地方分担机制及预算管理有关事项的通知

2019年12月4日　财预〔2019〕205号

各省、自治区、直辖市、计划单列市财政厅（局），新疆生产建设兵团财政局，财政部各地监管局，国家税务总局各省、自治区、直辖市、计划单列市税务局，中国人民银行上海总部、各分行、营业管理部，各省会（首府）城市中心支行，各副省级城市中心支行：

根据《国务院关于印发实施更大规模减税降费后调整中央与地方收入划分改革推进方

案的通知》(国发〔2019〕21号)的有关规定,现将调整完善增值税留抵退税地方分担机制及预算管理的有关事项通知如下:

一、关于地方分担机制

自2019年9月1日起,增值税留抵退税地方分担的50%部分,15%由企业所在地分担,35%由各地按增值税分享额占地方分享总额比重分担,该比重由财政部根据上年各地区实际分享增值税收入情况计算确定。具体操作时,15%部分由企业所在省份直接退付,35%部分先由企业所在地省级财政垫付,垫付少于应分担的部分由企业所在地省级财政通过调库方式按月调给中央财政,垫付多于应分担的部分由中央财政通过调库方式按月调给企业所在地省级财政。各地区省级财政部门要结合省以下财政体制及财力状况,合理确定省以下留抵退税分担机制,提高效率,切实减轻基层财政退税压力,确保留抵退税及时退付。

二、关于预算科目设置

自2019年起,在《政府收支分类科目》"国内增值税"(1010101项)科目下增设"101010136 增值税留抵退税"目级科目,为中央与地方共用收入退库科目,反映税务部门按照增值税留抵退税政策退还的增值税;增设"101010137 增值税留抵退税省级调库"目级科目,为中央与地方共用收入科目,反映通过调库方式调整企业所在地省级财政垫付多(或少)于应分担的35%部分增值税留抵退税;增设"101010138 增值税留抵退税省级以下调库"目级科目,为地方收入科目,反映通过调库方式调整企业所在地市县财政垫付多(或少)于应分担的增值税留抵退税。在"改征增值税"(1010104项)科目下增设"101010426 改征增值税留抵退税"目级科目,为中央与地方共用收入退库科目,反映税务部门按照增值税留抵退税政策退还的改征增值税;增设"101010427 改征增值税留抵退税省级调库"日级科日,为中央与地方共用收入科目,反映通过调库方式调整企业所在地省级财政垫付多(或少)于应分担的35%部分改征增值税留抵退税;增设"101010428 改征增值税留抵退税省级以下调库"目级科目,为地方收入科目,反映通过调库方式调整企业所在地市县财政垫付多(或少)于应分担的改征增值税留抵退税。将"改征增值税国内退税"(101010429目)科目名称修改为"其他改征增值税国内退税"。

三、关于退库业务办理

(一)税务机关办理增值税留抵退税业务,税收收入退还书预算科目填列"增值税留抵退税"(101010136目)或"改征增值税留抵退税"(101010426目),预算级次按照中央50%、省级35%、15%部分按各省确定的省以下增值税留抵退税分担机制填列。

(二)对自2019年9月1日至本办法印发日期之间发生的留抵退税相应作调库处理。税务机关根据2019年9月1日后已办理留抵退税的情况,开具更正(调库)通知书,填列"增值税留抵退税"(101010136目)、"改征增值税留抵退税"(101010426目)以及原增值税留抵已退税款使用的科目。各级国库依据税务部门开具的更正(调库)通知书等凭证和文件审核办理相关业务。

四、关于财政调库

增值税留抵退税财政调库,根据地方应调库数额,分别由省级财政部门和财政部监管局发起,统一由省级国库按规定就地办理。其中:企业所在地省级财政垫付少于应分担的部分,由省级财政部门通过调库方式按月调为中央级;企业所在地省级财政垫付多于应分担的部分，由财政部监管局通过调库方式按月调为省级。地方应调库数额由财政部根据上年各地增值税分享比重、省级财政部门垫付部分及留抵退税地方分担35%部分的数额计算。

（一）省级财政部门调库。

每月前10个工作日内，企业所在地省级财政部门根据财政部提供的本地区少垫付的应调库数额，向省级国库按目级科目开具更正（调库）通知书，通过“增值税留抵退税省级调库”（101010137目）科目和“改征增值税留抵退税省级调库”（101010427目）科目，将少垫付部分由省级调整至中央级。

（二）财政部监管局调库。

在每月省级财政部门完成调库后的5个工作日内，财政部监管局根据财政部提供的当地多垫付的应调库数额，向省级国库按目级科目开具更正（调库）通知书，通过“增值税留抵退税省级调库”（101010137目）科目和“改征增值税留抵退税省级调库”（101010427目）科目，将相关地区多垫付部分由中央级调整至省级。

每年1月，省级财政部门和财政部监管局对上年12月发生的增值税留抵退税35%部分进行调库，调库收入统一作为本年度的收入处理，不计入上年收入。各省级国库在上年12月31日向中央总金库报解最后一份中央预算收入日报表后，整理期发生的增值税留抵退税，统一作为本年度的收入处理。

五、加强留抵退税监管

财政部各地监管局以抽审的方式对留抵退税政策执行情况进行监督管理。省级财政、税务、国库部门按照要求予以配合。每个季度，省级税务部门将全省留抵退税清单、省级国库部门将调（退）库清单或报表提供财政部当地监管局。财政部各地监管局发现虚报留抵税额、未按规定审核、未按规定调（退）库、未及时保障退库资金到位等问题，应及时向相关部门提出处理建议并上报财政部。每年财政部各地监管局须向财政部提交监管报告。

本通知自2019年9月1日起施行。自2019年9月1日起至本通知印发前，《关于退还部分项目进口设备增值税期末留抵退税的补充通知》（财预〔2011〕486号）、《关于利用石脑油和燃料油生产乙烯芳烃类产品有关增值税退税问题的通知》（财预〔2015〕3号）规定的中央与地方分担办法按本通知规定予以调整，以前年度中央财政垫付的地方应负担的留抵税额通过2019年及以后年度中央财政与地方财政年终结算扣回，上述文件自本通知印发之日起相应废止。

附件：2019年政府收支分类科目修订前后对照表（编者略）

1－1－114

国家税务总局关于取消增值税扣税凭证认证确认期限等增值税征管问题的公告

2019年12月31日　国家税务总局公告2019年第45号

现将取消增值税扣税凭证认证确认期限等增值税征管问题公告如下：

一、增值税一般纳税人取得2017年1月1日及以后开具的增值税专用发票、海关进口增值税专用缴款书、机动车销售统一发票、收费公路通行费增值税电子普通发票,取消认证确认、稽核比对、申报抵扣的期限。纳税人在进行增值税纳税申报时,应当通过本省(自治区、直辖市和计划单列市)增值税发票综合服务平台对上述扣税凭证信息进行用途确认。

增值税一般纳税人取得2016年12月31日及以前开具的增值税专用发票、海关进口增值税专用缴款书、机动车销售统一发票,超过认证确认、稽核比对、申报抵扣期限,但符合规定条件的,仍可按照《国家税务总局关于逾期增值税扣税凭证抵扣问题的公告》(2011年第50号,国家税务总局公告2017年第36号、2018年第31号修改)、《国家税务总局关于未按期申报抵扣增值税扣税凭证有关问题的公告》(2011年第78号,国家税务总局公告2018年第31号修改)规定,继续抵扣进项税额。

二、纳税人享受增值税即征即退政策,有纳税信用级别条件要求的,以纳税人申请退税税款所属期的纳税信用级别确定。申请退税税款所属期内纳税信用级别发生变化的,以变化后的纳税信用级别确定。

纳税人适用增值税留抵退税政策,有纳税信用级别条件要求的,以纳税人向主管税务机关申请办理增值税留抵退税提交《退(抵)税申请表》时的纳税信用级别确定。

三、按照《财政部　税务总局　海关总署关于深化增值税改革有关政策的公告》(2019年第39号)和《财政部　税务总局关于明确部分先进制造业增值税期末留抵退税政策的公告》(2019年第84号)的规定,在计算允许退还的增量留抵税额的进项构成比例时,纳税人在2019年4月至申请退税前一税款所属期内按规定转出的进项税额,无需从已抵扣的增值税专用发票、机动车销售统一发票、海关进口增值税专用缴款书、解缴税款完税凭证注明的增值税额中扣减。

四、中华人民共和国境内(以下简称"境内")单位和个人作为工程分包方,为施工地点在境外的工程项目提供建筑服务,从境内工程总承包方取得的分包款收入,属于《国家税务总局关于发布〈营业税改征增值税跨境应税行为增值税免税管理办法(试行)〉的公告》(2016年第29号,国家税务总局公告2018年第31号修改)第六条规定的"视同从境外取得收入"。

五、动物诊疗机构提供的动物疾病预防、诊断、治疗和动物绝育手术等动物诊疗服务,属于《营业税改征增值税试点过渡政策的规定》(财税〔2016〕36号附件3)第一条第十项所称"家禽、牲畜、水生动物的配种和疾病防治"。

动物诊疗机构销售动物食品和用品,提供动物清洁、美容、代理看护等服务,应按照现行规定缴纳增值税。

动物诊疗机构,是指依照《动物诊疗机构管理办法》(农业部令第19号公布,农业部令2016年第3号、2017年第8号修改)规定,取得动物诊疗许可证,并在规定的诊疗活动范围内开展动物诊疗活动的机构。

六、《货物运输业小规模纳税人申请代开增值税专用发票管理办法》(2017年第55号发布,国家税务总局公告2018年第31号修改)第二条修改为:

"第二条　同时具备以下条件的增值税纳税人(以下简称纳税人)适用本办法:

(一)在中华人民共和国境内(以下简称境内)提供公路或内河货物运输服务,并办理了税务登记(包括临时税务登记)。

(二)提供公路货物运输服务的(以4.5吨及以下普通货运车辆从事普通道路货物运输经营的除外),取得《中华人民共和国道路运输经营许可证》和《中华人民共和国道路运输证》;提供内河货物运输服务的,取得《国内水路运输经营许可证》和《船舶营业运输证》。

(三)在税务登记地主管税务机关按增值税小规模纳税人管理。"

七、纳税人取得的财政补贴收入,与其销售货物、劳务、服务、无形资产、不动产的收入或者数量直接挂钩的,应按规定计算缴纳增值税。纳税人取得的其他情形的财政补贴收入,不属于增值税应税收入,不征收增值税。

本公告实施前,纳税人取得的中央财政补贴继续按照《国家税务总局关于中央财政补贴增值税有关问题的公告》(2013年第3号)执行;已经申报缴纳增值税的,可以按现行红字发票管理规定,开具红字增值税发票将取得的中央财政补贴从销售额中扣减。

八、本公告第一条自2020年3月1日起施行,第二条至第七条自2020年1月1日起施行。此前已发生未处理的事项,按照本公告执行,已处理的事项不再调整。《国家税务总局关于中央财政补贴增值税有关问题的公告》(2013年第3号)、《国家税务总局关于国内旅客运输服务进项税抵扣等增值税征管问题的公告》(2019年第31号)第五条自2020年1月1日起废止。《国家税务总局关于增值税一般纳税人取得防伪税控系统开具的增值税专用发票进项税额抵扣问题的通知》(国税发〔2003〕第17号)第二条、《国家税务总局关于调整增值税扣税凭证抵扣期限有关问题的通知》(国税函〔2009〕617号)、《国家税务总局关于增值税一般纳税人抗震救灾期间增值税扣税凭证认证稽核有关问题的通知》(国税函〔2010〕173号)、《国家税务总局关于进一步明确营改增有关征管问题的公告》(2017年第11号,国家税务总局公告2018年第31号修改)第十条、《国家税务总局关于增值税发票管理等有关事项的公告》(2019年第33号)第四条自2020年3月1日起废止。《货物运输业小规模纳税人申请代开增值税专用发票管理办法》(2017年第55号发布,国家税务总局公告2018年第31号修改)根据本公告作相应修改,重新发布。

特此公告。

附件:货物运输业小规模纳税人申请代开增值税专用发票管理办法

附件

货物运输业小规模纳税人申请代开增值税专用发票管理办法

(国家税务总局公告2017年第55号发布,
根据国家税务总局公告2018年第31号、2019年第45号修正)

第一条 为进一步优化纳税服务,简化办税流程,方便货物运输业小规模纳税人代开增值税专用发票,根据《中华人民共和国税收征收管理法》及其实施细则、《中华人民共和国发票管理办法》及其实施细则等规定,制定本办法。

第二条 同时具备以下条件的增值税纳税人(以下简称纳税人)适用本办法:

（一）在中华人民共和国境内（以下简称境内）提供公路或内河货物运输服务，并办理了税务登记（包括临时税务登记）。

（二）提供公路货物运输服务的（以4.5吨及以下普通货运车辆从事普通道路货物运输经营的除外），取得《中华人民共和国道路运输经营许可证》和《中华人民共和国道路运输证》；提供内河货物运输服务的，取得《国内水路运输经营许可证》和《船舶营业运输证》。

（三）在税务登记地主管税务机关按增值税小规模纳税人管理。

第三条 纳税人在境内提供公路或内河货物运输服务，需要开具增值税专用发票的，可在税务登记地、货物起运地、货物到达地或运输业务承揽地（含互联网物流平台所在地）中任何一地，就近向税务机关（以下称代开单位）申请代开增值税专用发票。

第四条 纳税人应将营运资质和营运机动车、船舶信息向主管税务机关进行备案。

第五条 完成上述备案后，纳税人可向代开单位申请代开增值税专用发票，并向代开单位提供以下资料：

（一）《货物运输业代开增值税专用发票缴纳税款申报单》（以下简称《申报单》，见附件）。

（二）加载统一社会信用代码的营业执照（或税务登记证或组织机构代码证）复印件。

（三）经办人身份证件及复印件。

第六条 纳税人申请代开增值税专用发票时，应按机动车号牌或船舶登记号码分别填写《申报单》，挂车应单独填写《申报单》。《申报单》中填写的运输工具相关信息，必须与其向主管税务机关备案的信息一致。

第七条 纳税人对申请代开增值税专用发票时提交资料的真实性和合法性承担责任。

第八条 代开单位对纳税人提交资料的完整性和一致性进行核对。资料不符合要求的，应一次性告知纳税人补正资料；符合要求的，按规定代开增值税专用发票。

第九条 纳税人申请代开增值税专用发票时，应按照所代开增值税专用发票上注明的税额向代开单位全额缴纳增值税。

第十条 纳税人代开专用发票后，如发生服务中止、折让、开票有误等情形，需要作废增值税专用发票、开具增值税红字专用发票、重新代开增值税专用发票、办理退税等事宜的，应由原代开单位按照现行规定予以受理。

第十一条 纳税人在非税务登记地申请代开增值税专用发票，不改变主管税务机关对其实施税收管理。

第十二条 纳税人应按照主管税务机关核定的纳税期限，按期计算增值税应纳税额，抵减其申请代开增值税专用发票缴纳的增值税后，向主管税务机关申报缴纳增值税。

第十三条 纳税人代开增值税专用发票对应的销售额，一并计入该纳税人月（季、年）度销售额，作为主管税务机关对其实施税收管理的标准和依据。

第十四条 增值税发票管理新系统定期将纳税人异地代开发票、税款缴纳等数据信息清分至主管税务机关。主管税务机关应加强数据比对分析，对纳税人申请代开增值税专用发票金额明显超出其实际运输能力的，主管税务机关可暂停其在非税务登记地代开增值税专用发票并及时约谈纳税人。经约谈排除疑点的，纳税人可继续在非税务登记地申请代开增值税专用发票。

第十五条 各省、自治区、直辖市和计划单列市税务局可根据本办法制定具体实施办法。

第十六条 本办法未明确事项,按现行增值税专用发票使用规定及税务机关代开增值税专用发票有关规定执行。

第十七条 本办法自2018年1月1日起施行。《国家税务总局关于在全国开展营业税改征增值税试点有关征收管理问题的公告》(国家税务总局公告2013年第39号)第一条第(一)项和附件1同时废止。

附件:货物运输业代开增值税专用发票缴纳税款申报单(编者略)

注释:

条款废止。第三条自2022年4月1日起废止。参见:《国家税务总局关于进一步加大增值税期末留抵退税政策实施力度有关征管事项的公告》(国家税务总局公告2022年第4号)。

1－1－115

国家税务总局关于进一步优化增值税优惠政策办理程序及服务有关事项的公告

2021年3月29日　国家税务总局公告2021年第4号

为贯彻落实中共中央办公厅、国务院办公厅印发的《关于进一步深化税收征管改革的意见》,深化税务系统"放管服"改革,进一步优化税收营商环境,更好地为纳税人缴费人办实事,开展好便民办税春风行动,进一步精简享受优惠政策办理流程和手续,现将有关事项公告如下:

一、单位和个体工商户(以下统称纳税人)适用增值税减征、免征政策的,在增值税纳税申报时按规定填写申报表相应减免税栏次即可享受,相关政策规定的证明材料留存备查。

二、纳税人适用增值税即征即退政策的,应当在首次申请增值税退税时,按规定向主管税务机关提供退税申请材料和相关政策规定的证明材料。

纳税人后续申请增值税退税时,相关证明材料未发生变化的,无需重复提供,仅需提供退税申请材料并在退税申请中说明有关情况。纳税人享受增值税即征即退条件发生变化的,应当在发生变化后首次纳税申报时向主管税务机关书面报告。

三、除另有规定外,纳税人不再符合增值税优惠条件的,应当自不符合增值税优惠条件的当月起,停止享受增值税优惠。

本公告自2021年4月1日起施行。

特此公告。

1 - 1 - 116

财政部　税务总局关于完善资源综合利用增值税政策的公告

2021年12月30日　财政部　税务总局公告2021年第40号

为推动资源综合利用行业持续健康发展，现将有关增值税政策公告如下：

一、从事再生资源回收的增值税一般纳税人销售其收购的再生资源，可以选择适用简易计税方法依照3%征收率计算缴纳增值税，或适用一般计税方法计算缴纳增值税。

（一）本公告所称再生资源，是指在社会生产和生活消费过程中产生的，已经失去原有全部或部分使用价值，经过回收、加工处理，能够使其重新获得使用价值的各种废弃物。其中，加工处理仅限于清洗、挑选、破碎、切割、拆解、打包等改变再生资源密度、湿度、长度、粗细、软硬等物理性状的简单加工。

（二）纳税人选择适用简易计税方法，应符合下列条件之一：

1. 从事危险废物收集的纳税人，应符合国家危险废物经营许可证管理办法的要求，取得危险废物经营许可证。

2. 从事报废机动车回收的纳税人，应符合国家商务主管部门出台的报废机动车回收管理办法要求，取得报废机动车回收拆解企业资质认定证书。

3. 除危险废物、报废机动车外，其他再生资源回收纳税人应符合国家商务主管部门出台的再生资源回收管理办法要求，进行市场主体登记，并在商务部门完成再生资源回收经营者备案。

（三）各级财政、主管部门及其工作人员，存在违法违规给予从事再生资源回收业务的纳税人财政返还、奖补行为的，依法追究相应责任。

二、除纳税人聘用的员工为本单位或者雇主提供的再生资源回收不征收增值税外，纳税人发生的再生资源回收并销售的业务，均应按照规定征免增值税。

三、增值税一般纳税人销售自产的资源综合利用产品和提供资源综合利用劳务（以下称销售综合利用产品和劳务），可享受增值税即征即退政策。

（一）综合利用的资源名称、综合利用产品和劳务名称、技术标准和相关条件、退税比例等按照本公告所附《资源综合利用产品和劳务增值税优惠目录（2022年版）》（以下称《目录》）的相关规定执行。

（二）纳税人从事《目录》所列的资源综合利用项目，其申请享受本公告规定的增值税即征即退政策时，应同时符合下列条件：

1. 纳税人在境内收购的再生资源，应按规定从销售方取得增值税发票；适用免税政策的，应按规定从销售方取得增值税普通发票。销售方为依法依规无法申领发票的单位或者从事小额零星经营业务的自然人，应取得销售方开具的收款凭证及收购方内部凭证，或者税务机关代开的发票。本款所称小额零星经营业务是指自然人从事应税项目经营业务的销售额不超过增值税按次起征点的业务。

纳税人从境外收购的再生资源，应按规定取得海关进口增值税专用缴款书，或者从销售方取得具有发票性质的收款凭证、相关税费缴纳凭证。

纳税人应当取得上述发票或凭证而未取得的，该部分再生资源对应产品的销售收入不得适用本公告的即征即退规定。

不得适用本公告即征即退规定的销售收入 = 当期销售综合利用产品和劳务的销售收入 ×（纳税人应当取得发票或凭证而未取得的购入再生资源成本 ÷ 当期购进再生资源的全部成本）。

纳税人应当在当期销售综合利用产品和劳务销售收入中剔除不得适用即征即退政策部分的销售收入后，计算可申请的即征即退税额：

可申请退税额 = [（当期销售综合利用产品和劳务的销售收入 - 不得适用即征即退规定的销售收入）× 适用税率 - 当期即征即退项目的进项税额] × 对应的退税比例

各级税务机关要加强发票开具相关管理工作，纳税人应按规定及时开具、取得发票。

2. 纳税人应建立再生资源收购台账，留存备查。台账内容包括：再生资源供货方单位名称或个人姓名及身份证号、再生资源名称、数量、价格、结算方式、是否取得增值税发票或符合规定的凭证等。纳税人现有账册、系统能够包括上述内容的，无需单独建立台账。

3. 销售综合利用产品和劳务，不属于发展改革委《产业结构调整指导目录》中的淘汰类、限制类项目。

4. 销售综合利用产品和劳务，不属于生态环境部《环境保护综合名录》中的“高污染、高环境风险”产品或重污染工艺。“高污染、高环境风险”产品，是指在《环境保护综合名录》中标注特性为“GHW/GHF”的产品，但纳税人生产销售的资源综合利用产品满足“GHW/GHF”例外条款规定的技术和条件的除外。

5. 综合利用的资源，属于生态环境部《国家危险废物名录》列明的危险废物的，应当取得省级或市级生态环境部门颁发的《危险废物经营许可证》，且许可经营范围包括该危险废物的利用。

6. 纳税信用级别不为 C 级或 D 级。

7. 纳税人申请享受本公告规定的即征即退政策时，申请退税税款所属期前 6 个月（含所属期当期）不得发生下列情形：

（1）因违反生态环境保护的法律法规受到行政处罚（警告、通报批评或单次 10 万元以下罚款、没收违法所得、没收非法财物除外；单次 10 万元以下含本数，下同）。

（2）因违反税收法律法规被税务机关处罚（单次 10 万元以下罚款除外），或发生骗取出口退税、虚开发票的情形。

纳税人在办理退税事宜时，应向主管税务机关提供其符合本条规定的上述条件以及《目录》规定的技术标准和相关条件的书面声明，并在书面声明中如实注明未取得发票或相关凭证以及接受环保、税收处罚等情况。未提供书面声明的，税务机关不得给予退税。

（三）已享受本公告规定的增值税即征即退政策的纳税人，自不符合本公告“三”中第“（二）”部分规定的条件以及《目录》规定的技术标准和相关条件的当月起，不再享受本公告规定的增值税即征即退政策。

（四）已享受本公告规定的增值税即征即退政策的纳税人，在享受增值税即征即退政策后，出现本公告“三”中第“（二）”部分第“7”点规定情形的，自处罚决定作出的当月起6个月内不得享受本公告规定的增值税即征即退政策。如纳税人连续12个月内发生两次以上本公告“三”中第“（二）”部分第“7”点规定的情形，自第二次处罚决定作出的当月起36个月内不得享受本公告规定的增值税即征即退政策。相关处罚决定被依法撤销、变更、确认违法或者确认无效的，符合条件的纳税人可以重新申请办理退税事宜。

（五）各省、自治区、直辖市、计划单列市税务机关应于每年3月底之前在其网站上，将本地区上一年度所有享受本公告规定的增值税即征即退或免税政策的纳税人，按下列项目予以公示：纳税人名称、纳税人识别号、综合利用的资源名称、综合利用产品和劳务名称。各省、自治区、直辖市、计划单列市税务机关在对本地区上一年度享受本公告规定的增值税即征即退或免税政策的纳税人进行公示前，应会同本地区生态环境部门，再次核实纳税人受环保处罚情况。

四、纳税人从事《目录》2.15“污水处理厂出水、工业排水（矿井水）、生活污水、垃圾处理厂渗透（滤）液等”项目、5.1“垃圾处理、污泥处理处置劳务”、5.2“污水处理劳务”项目，可适用本公告“三”规定的增值税即征即退政策，也可选择适用免征增值税政策；一经选定，36个月内不得变更。选择适用免税政策的纳税人，应满足本公告“三”有关规定以及《目录》规定的技术标准和相关条件，相关资料留存备查。

五、按照本公告规定单个所属期退税金额超过500万元的，主管税务机关应在退税完成后30个工作日内，将退税资料送同级财政部门复查，财政部门逐级复查后，由省级财政部门送财政部当地监管局出具最终复查意见。复查工作应于退税后3个月内完成，具体复查程序由财政部当地监管局会同省级财税部门制定。

六、再生资源回收、利用纳税人应依法履行纳税义务。各级税务机关要加强纳税申报、发票开具、即征即退等事项的管理工作，保障纳税人按规定及时办理相关纳税事项。

七、本公告自2022年3月1日起执行。《财政部　国家税务总局关于印发〈资源综合利用产品和劳务增值税优惠目录〉的通知》（财税〔2015〕78号）、《财政部　税务总局关于资源综合利用增值税政策的公告》（财政部　税务总局公告2019年第90号）除“技术标准和相关条件”外同时废止，“技术标准和相关条件”有关规定可继续执行至2022年12月31日止。《目录》所列的资源综合利用项目适用的国家标准、行业标准，如在执行过程中有更新、替换，统一按新的国家标准、行业标准执行。

此前已发生未处理的事项，按本公告规定执行。已处理的事项，如执行完毕则不再调整；如纳税人受到环保、税收处罚已停止享受即征即退政策的时间超过6个月但尚未执行完毕的，则自本公告执行的当月起，可重新申请享受即征即退政策；如纳税人受到环保、税收处罚已停止享受即征即退政策的时间未超过6个月，则自6个月期满后的次月起，可重新申请享受即征即退政策。

特此公告。

附件：资源综合利用产品和劳务增值税优惠目录（2022年版）

附件

资源综合利用产品和劳务增值税优惠目录(2022年版)

类别	序号	综合利用的资源名称	综合利用产品和劳务名称	技术标准和相关条件	退税比例
一、共、伴生矿产资源	1.1	油母页岩	页岩油	产品原料95%以上来自所列资源。	70%
	1.2	煤炭开采过程中产生的煤层气(煤矿瓦斯)	电力	产品燃料95%以上来自所列资源。	100%
	1.3	油田采油过程中产生的油污泥(浮渣)	乳化油调和剂、防水卷材辅料产品	产品原料70%以上来自所列资源。	70%
二、废渣、废水(液)、废气	2.1	废渣	砖瓦(不含烧结普通砖)、砌块、陶粒、墙板、管材(管桩)、混凝土、砂浆、道路井盖、道路护栏、防火材料、耐火材料(镁铬砖除外)、保温材料、矿(岩)棉、微晶玻璃、U型玻璃	产品原料70%以上来自所列资源。	70%
	2.2	废渣	水泥、水泥熟料	1. 42.5及以上等级水泥的原料20%以上来自所列资源,其他水泥、水泥熟料的原料40%以上来自所列资源; 2. 纳税人符合《水泥工业大气污染物排放标准》(GB 4915—2013)规定的技术要求。	70%
	2.3	磷石膏	墙板、砂浆、砌块、水泥添加剂、建筑石膏、α型高强石膏、Ⅱ型无水石膏、嵌缝石膏、粘结石膏、现浇混凝土空心结构用石膏模盒、抹灰石膏、机械喷涂抹灰石膏、土壤调理剂、喷筑墙体石膏、装饰石膏材料、磷石膏制硫酸	产品原料40%以上来自磷石膏。	70%

续表

类别	序号	综合利用的资源名称	综合利用产品和劳务名称	技术标准和相关条件	退税比例
二、废渣、废水(液)、废气	2.4	建筑垃圾、煤矸石	建设用再生骨料、建筑垃圾制作烧结制品、道路材料、建设用回填材料	1. 产品原料70%以上来自所列资源; 2. 产品以建筑垃圾为原料的,符合《混凝土用再生粗骨料》(GB/T 25177—2010)或《混凝土和砂浆用再生细骨料》(GB/T 25176—2010)或《烧结普通砖》(GB/T 5101—2017)或《道路用建筑垃圾再生骨料无机混合料》(JC/T 2281—2014)或《再生骨料地面砖和透水砖》(CJ/T 400—2012)或《再生骨料透水混凝土应用技术规程》(CJJ/T 253—2016)或《水泥基回填材料》(JC/T 2468—2018)或《建筑垃圾再生骨料实心砖》(JG/T 505—2016)或《建筑用轻质隔墙条板》(GB/T 23451—2009)或《玻璃纤维增强水泥轻质多孔隔条板》(GB/T 19631—2005)或《混凝土和砂浆用再生微粉》(JG/T 573—2020)或《建筑固废再生砂粉》(JC/T 2548—2019)的技术要求;以煤矸石为原料的,符合《建设用砂》(GB/T 14684—2011)或《建设用卵石、碎石》(GB/T 14685—2011)规定的技术要求; 3. 建筑垃圾资源化项目年处置生产能力不低于25万吨。	50%
	2.5	粉煤灰、煤矸石	氧化铝、活性硅酸钙、瓷绝缘子、煅烧高岭土	氧化铝、活性硅酸钙生产原料25%以上来自所列资源,瓷绝缘子生产原料中煤矸石所占比重30%以上,煅烧高岭土生产原料中煤矸石所占比重90%以上。	50%
	2.6	煤矸石、煤泥、石煤、油母页岩	电力、热力	1. 产品燃料60%以上来自所列资源; 2. 纳税人符合《火电厂大气污染物排放标准》(GB 13223—2011)和《电力(燃煤发电企业)行业清洁生产评价指标体系》规定的技术要求。	50%
	2.7	氧化铝赤泥、电石渣	氧化铁、氢氧化钠溶液、铝酸钠、铝酸三钙、脱硫剂	1. 产品原料90%以上来自所列资源; 2. 生产过程中不产生二次废渣。	50%
	2.8	废旧石墨	石墨异形件、石墨块、石墨粉、石墨增碳剂	1. 产品原料90%以上来自所列资源; 2. 纳税人符合《工业炉窑大气污染物排放标准》(GB 9078—1996)规定的技术要求。	50%
	2.9	垃圾以及利用垃圾发酵产生的沼气	电力、热力	1. 产品燃料80%以上来自所列资源; 2. 纳税人符合《火电厂大气污染物排放标准》(GB 13223—2011)或《生活垃圾焚烧污染控制标准》(GB 18485—2014)规定的技术要求。	100%
	2.10	退役军用发射药	涂料用硝化棉粉	产品原料90%以上来自所列资源。	50%
	2.11	废旧沥青混凝土	再生沥青混凝土	1. 产品原料30%以上来自所列资源; 2. 产品符合《再生沥青混凝土》(GB/T 25033—2010)规定的技术要求。	50%

续表

类别	序号	综合利用的资源名称	综合利用产品和劳务名称	技术标准和相关条件	退税比例
二、废渣、废水(液)、废气	2.12	蔗渣	蔗渣浆、蔗渣刨花板和纸	1. 产品原料70%以上来自所列资源; 2. 生产蔗渣浆及各类纸的纳税人符合《制浆造纸行业清洁生产评价指标体系》规定的技术要求。	50%
	2.13	废矿物油	润滑油基础油、汽油、柴油等工业油料	1. 产品原料90%以上来自所列资源; 2. 纳税人符合《废矿物油回收利用污染控制技术规范》(HJ 607—2011)规定的技术要求; 3. 已建废矿物油综合利用单个建设项目的废矿物油年利用能力不得低于1万吨(已审批的地方危废中心除外)。新建、改扩建企业单个建设项目年利用能力不得低于3万吨。年利用能力依据该项目环境评价报告书和相应环评批文上批准的数量; 4. 废矿物油提炼再生润滑基础油综合能源消耗应低于900千瓦时/吨。	50%
	2.14	环己烷氧化废液(包括轻质油、皂化液、浓缩液等)	环氧环己烷、正戊醇、醇醚溶剂、水泥生料助磨剂	1. 产品原料90%以上来自所列资源; 2. 纳税人必须通过ISO 9000、ISO 14000认证。	50%
	2.15	污水处理厂出水、工业排水(矿井水)、生活污水、垃圾处理厂渗透(滤)液等	再生水	1. 产品原料100%来自所列资源; 2. 产品应达到相关用途的再生水水质标准。	70%
	2.16	废弃酒糟和酿酒底锅水,淀粉、粉丝加工废液、废渣	蒸汽、活性炭、白碳黑、乳酸、乳酸钙、沼气、饲料、植物蛋白	产品原料80%以上来自所列资源。	70%
	2.17	含油污水、有机废水、污水处理后产生的污泥,油田采油过程中产生的油污泥(浮渣),包括利用上述资源发酵产生的沼气	微生物蛋白、土壤调理剂、燃料、电力、热力	产品原料或燃料90%以上来自所列资源,其中利用油田采油过程中产生的油污泥(浮渣)生产燃料的原料60%以上来自所列资源。	90%
	2.18	煤焦油、荒煤气(焦炉煤气)	柴油、石脑油	1. 产品原料95%以上来自所列资源; 2. 纳税人必须通过ISO 9000、ISO 14000认证。	50%
	2.19	燃煤发电厂及各类工业企业生产过程中产生的烟气、高硫天然气	石膏、硫酸、硫酸铵、硫磺	1. 产品原料95%以上来自所列资源; 2. 石膏的二水硫酸钙含量85%以上,硫酸的浓度15%以上,硫酸铵的总氮含量18%以上。	50%

续表

类别	序号	综合利用的资源名称	综合利用产品和劳务名称	技术标准和相关条件	退税比例
二、废渣、废水(液)、废气	2.20	工业废气、氯化氢废气、工业副产氢	燃料电池用氢、纯氢、高纯氢和超纯氢、高纯度二氧化碳、工业氢气、甲烷、(液)氯气	1. 产品原料95%以上来自所列资源; 2. 高纯度二氧化碳符合《高纯二氧化碳》(GB/T 23938—2009),工业氢气符合《氢气 第1部 分工业氢》(GB/T 3634.1—2006),甲烷符合《纯甲烷和高纯甲烷》(GB/T 33102—2016),(液)氯气符合《氯气安全规程》(GB 11984—2008)规定的技术要求,燃料电池用氢符合《质子交换膜燃料电池汽车用燃料 氢气》(GB/T 37244—2018),纯氢、高纯氢和超纯氢符合《氢气 第2部分:纯氢、高纯氢和超纯氢》(GB/T 3634.2—2011)。	70%
	2.21	转炉煤气、高炉煤气等,化工尾气,生物质合成气、垃圾气化合成气等	变性燃料乙醇(纯度≥99.5%)	1. 产品原料85%以上来自所列资源; 2. 乙醇等符合《变性燃料乙醇》(GB 18350—2013)规定的技术要求。	70%
	2.22	工业生产过程中产生的余热、余压	电力、热力	产品原料100%来自所列资源。	100%
三、再生资源	3.1	废旧电池及其拆解物	金属及镍钴锰氢氧化物、镍钴锰酸锂、金属盐(碳酸锂、氯化锂、氟化锂、氯化钴、硫酸钴、硫酸镍、硫酸锰)、氢氧化锂、磷酸铁锂	1. 产品原料95%以上来自所列资源; 2. 镍钴锰氢氧化物符合《镍钴锰三元素复合氢氧化物》(GB/T 26300—2020),碳酸锂符合《碳酸锂》(GB/T 11075—2013),氯化锂符合《无水氯化锂》(GB/T 10575—2007),氟化锂符合《氟化锂》(GB/T 22666—2008),氯化钴符合《精制氯化钴》(GB/T 26525—2011),硫酸钴符合《精制硫酸钴》(GB/T 26523—2011),硫酸镍符合《精制硫酸镍》(GB/T 26524—2011),氢氧化锂符合《单水氢氧化锂》(GB/T 8766—2013)规定的技术要求; 3. 从事再生利用的企业,镍、钴、锰的综合回收率应不低于98%,锂的回收率不低于85%,稀土等其他主要有价金属综合回收率不低于97%。采用材料修复工艺的,材料回收率应不低于90%。工艺废水循环利用率应达90%以上。	50%
	3.2	废显(定)影液、废胶片、废像纸、废感光剂等废感光材料	银	1. 产品原料95%以上来自所列资源; 2. 纳税人必须通过ISO 9000、ISO 14000认证。	30%
	3.3	废旧电机、废旧电线电缆、废铝制易拉罐、报废汽车、报废摩托车、报废船舶、废旧电器电子产品、废旧太阳能光伏器件、废旧灯泡(管),及其拆解物	经冶炼、提纯生产的金属及合金(不包括铁及铁合金)	1. 产品原料70%以上来自所列资源; 2. 法律、法规或规章对相关废旧产品拆解规定了资质条件的,纳税人应当取得相应的资质。	30%

续表

类别	序号	综合利用的资源名称	综合利用产品和劳务名称	技术标准和相关条件	退税比例
三、再生资源	3.4	废催化剂、电解废弃物、电镀废弃物、废旧线路板、烟尘灰、湿法泥、熔炼渣、线路板蚀刻废液、锡箔纸灰	经冶炼、提纯或化合生产的金属、合金及金属化合物（不包括铁及铁合金）、冰晶石	1. 产品原料70%以上来自所列资源； 2. 纳税人必须通过ISO 9000、ISO 14000认证。	30%
	3.5	报废汽车、报废摩托车、报废船舶、废旧电器电子产品、废旧农机具、报废机器设备、废旧生活用品、工业边角余料、建筑拆解物等产生或拆解出来的废钢铁	炼钢炉料	1. 产品原料95%以上来自所列资源； 2. 炼钢炉料符合《废钢铁》（GB 4223—2017）规定的技术要求； 3. 法律、法规或规章对相关废旧产品拆解规定了资质条件的，纳税人应当取得相应的资质； 4. 纳税人符合工业和信息化部《废钢铁加工行业准入条件》的相关规定； 5. 炼钢炉料的销售对象应为符合工业和信息化部《钢铁行业规范条件》并公告的钢铁企业（不包含铸造企业）。	30%
	3.6	稀土产品加工废料，废弃稀土产品及拆解物	稀土金属及稀土氧化物	1. 产品原料95%以上来自所列资源； 2. 纳税人符合《稀土冶炼行业清洁生产评价指标体系》规定的技术要求。	30%
	3.7	废塑料、废的塑料复合材料	改性再生塑料、再生塑料颗粒、再生瓶片、塑料粉碎料、再生塑料制品、废的塑料复合材料再生的产物、塑料化学再生的产物	1. 产品原料70%以上来自所列资源； 2. 化纤用再生聚酯专用料杂质含量低于0.5 mg/g、水分含量低于1%，瓶用再生聚对苯二甲酸乙二醇酯（PET）树脂乙醛质量分数小于等于1μg/g； 3. 纳税人必须通过ISO 9000、ISO 14000认证； 4. 聚对苯二甲酸乙二醇酯（PET）再生瓶片类企业年废塑料处理能力不低于20000吨； 5. 塑料再生造粒类企业年废塑料处理能力不低于3000吨； 6. 塑料再生加工相关生产环节的综合电耗低于500千瓦时/吨废塑料； 7. 聚对苯二甲酸乙二醇酯（PET）再生瓶片类企业与废塑料破碎、清洗、分选类企业的综合新水消耗低于1.5吨/吨废塑料。塑料再生造粒类企业的综合新水消耗低于0.2吨/吨废塑料。	70%
	3.8	废农膜	再生塑料制品、再生塑料颗粒	1. 产品原料70%以上来自所列资源； 2. 纳税人必须通过ISO 9000、ISO 14000认证。	100%

续表

类别	序号	综合利用的资源名称	综合利用产品和劳务名称	技术标准和相关条件	退税比例
三、再生资源	3.9	废纸、农作物秸秆	纸浆、秸秆浆和纸	1. 产品原料 70% 以上来自所列资源； 2. 废水排放符合《制浆造纸工业水污染物排放标准》（GB 3544—2008）规定的技术要求； 3. 纳税人符合《制浆造纸行业清洁生产评价指标体系》规定的技术要求； 4. 纳税人必须通过 ISO 9000、ISO 14000 认证。	50%
	3.10	废旧轮胎、废橡胶制品	橡胶粉、翻新轮胎、再生橡胶、废旧轮胎/橡胶再生油、废旧轮胎/橡胶热裂解炭黑	1. 产品原料 70% 以上来自所列资源； 2. 橡胶粉符合《硫化橡胶粉》（GB/T 19208—2020）；翻新轮胎符合《载重汽车翻新轮胎》（GB 7037—2007）或《轿车翻新轮胎》（GB 14646—2007）或《工程机械翻新轮胎》（HG/T 3979—2007），再生橡胶符合《再生橡胶通用规范》（GB/T 13460—2016），废轮胎/橡胶再生油符合《废轮胎/橡胶再生油》（T/CTRA 01—2020），废轮胎/橡胶热裂解炭黑符合《废旧轮胎裂解炭黑》（HG/T 5459—2018）、《废轮胎、废橡胶热裂解技术规范》（GB/T 40009—2021）规定的技术要求； 3. 纳税人必须通过 ISO 9000、ISO 14000 认证； 4. 废旧轮胎综合利用企业厂区土地使用手续合法（租用合同应不少于 15 年）； 5. 轮胎翻新能源消耗：预硫化法综合能源消耗低于 15 千瓦时/标准折算条，模压法综合能源消耗低于 18 千瓦时/标准折算条。废轮胎加工处理能源消耗：从整胎破碎起计，再生橡胶生产综合能源消耗低于 850 千瓦时/吨（新型塑化装备除外）；橡胶粉生产综合能源消耗低于 350 千瓦时/吨（40 目以上除外）；热裂解处理综合能源消耗低于 200 千瓦时/吨，其中破碎工序能源消耗低于 120 千瓦时/吨，热裂解工序能源消耗低于 80 千瓦时/吨。	70%
	3.11	废弃天然纤维及其制品、化学纤维及其制品、多种废弃纤维混合物及其制品	纤维纱及织布、无纺布、毡、粘合剂及再生聚酯产品、浆粕、再生纤维、复合板材、生态修复材料	1. 生产再生聚酯产品原料 100% 来自所列资源； 2. 生产其他产品原料 70% 以上来自所列资源。	70%
	3.12	人发	档发	产品原料 90% 以上来自所列资源。	70%
	3.13	废玻璃	玻璃熟料	1. 产品原料 90% 以上来自所列资源； 2. 产品符合《废玻璃分类及代码》（GB/T 36577—2018）的技术要求； 3. 废玻璃分拣不得采用水洗方式。	90%
	3.14	镉渣	金属镉	产品原料 99% 以上来自所列资源。	100%

续表

类别	序号	综合利用的资源名称	综合利用产品和劳务名称	技术标准和相关条件	退税比例
四、农林剩余物及其他	4.1	厨余垃圾、畜禽粪污、稻壳、花生壳、玉米芯、油茶壳、棉籽壳、三剩物、次小薪材、农作物秸秆、蔗渣，以及利用上述资源发酵产生的沼气	生物质压块、生物质破碎料、生物天然气、热解燃气、沼气、生物油、电力、热力	1. 产品原料或者燃料80%以上来自所列资源； 2. 纳税人符合《锅炉大气污染物排放标准》（GB 13271—2014）、《火电厂大气污染物排放标准》（GB 13223—2011）或《生活垃圾焚烧污染控制标准》（GB 18485—2014）规定的技术要求。	100%
	4.2	三剩物、次小薪材、农作物秸秆、沙柳、玉米芯	纤维板、刨花板、细木工板、生物炭、活性炭、栲胶、水解酒精、纤维素、木质素、木糖、阿拉伯糖、糠醛、箱板纸	产品原料95%以上来自所列资源。	90%
	4.3	废弃动物油和植物油	生物柴油、工业级混合油	1. 产品原料70%以上来自所列资源； 2. 工业级混合油的销售对象须为化工企业。	70%
五、资源综合利用劳务	5.1	垃圾处理、污泥处理处置劳务		生活垃圾处理应满足《生活垃圾焚烧污染控制标准》（GB 18485—2014）或《生活垃圾填埋场污染控制标准》（GB 16889—2008）规定的技术要求。	70%
	5.2	污水处理劳务		污水经加工处理后符合《城镇污水处理厂污染物排放标准》（GB 18918—2002）规定的技术要求或达到相应的国家或地方水污染物排放标准中的直接排放限值。	70%
	5.3	工业废气处理劳务		工业废气经治理、处理后符合《大气污染物综合排放标准》（GB 16297—1996）规定的技术要求或达到相应的国家或地方大气污染物排放标准中的直接排放限值。	70%

备注：

1. 概念和定义。

“纳税人”，是指从事表中所列的资源综合利用项目的增值税一般纳税人。

“废渣”，是指采矿选矿废渣、冶炼废渣、化工废渣和其他废渣。其中，采矿选矿废渣（不包括石灰石废渣），是指在矿产资源开采加工过程中产生的煤矸石、粉末、粉尘和污泥；冶炼废渣，是指转炉渣、电炉渣、铁合金炉渣、氧化铝赤泥、电解金属锰浸出渣和有色金属灰渣，但不包括高炉水渣；化工废渣，是指硫铁矿渣、硫铁矿煅烧渣、硫酸渣、硫石膏、磷石膏、磷矿煅烧渣、含氰废渣、电石渣、磷肥渣、硫磺渣、碱渣、含钡废渣、铬渣、盐泥、总溶剂渣、黄磷渣、柠檬酸渣、脱硫石膏、氟石膏、钛石膏和废石膏模、锰渣；其他废渣，是指粉煤灰、燃煤炉渣、江河（湖、海、渠）道淤泥、淤沙、建筑垃圾、废玻璃、污水处理厂处理污水产生的污泥。

“蔗渣”，是指以甘蔗为原料的制糖生产过程中产生的含纤维50%左右的固体废弃物。

“再生水”，是指对污水处理厂出水、工业排水（矿井水）、生活污水、垃圾处理厂渗透（滤）液等水源进行回收，经适当处理后达到一定水质标准，并在一定范围内重复利用的水资源。

“冶炼”，是指通过焙烧、熔炼、电解以及使用化学药剂等方法把原料中的金属提取出来，减少金属中所含的杂质或增加金属中某种成分，炼成所需要的金属。冶炼包括火法冶炼、湿法提取或电化学沉积。

“烟尘灰”，是指金属冶炼厂火法冶炼过程中，为保护环境经除尘器（塔）收集的粉灰状及泥状残料物。

“湿法泥”，是指湿法冶炼生产排出的污泥，经集中环保处置后产生的中和渣，且具有一定回收价值的污泥状废弃物。

“熔炼渣”，是指有色金属火法冶炼过程中，由于比重的差异，金属成分因比重大沉底形成金属锭，而比重较小的硅、铁、钙等化合物浮在金属表层形成的废渣。

“农作物秸秆”，是指农业生产过程中，收获了粮食作物（指稻谷、小麦、玉米、薯类等）、油料作物（指油菜籽、花生、大豆、葵花籽、芝麻籽、胡麻籽等）、棉花、麻类、糖料、烟叶、药材、花卉、蔬菜和水果等以后残留的茎秆。

“三剩物”，是指采伐剩余物（指枝丫、树梢、树皮、树叶、树根及藤条、灌木等）、造材剩余物（指造材截头）和加工剩余物（指板皮、板条、木竹截头、锯沫、碎单板、木芯、刨花、木块、篾黄、边角余料等）。

“次小薪材”，是指次加工材［指材质低于针、阔叶树加工用原木最低等级但具有一定利用价值的次加工原木，按《次加工原木》（LY/T 1369—2011）标准执行］、小径材（指长度在2米以下或径级8厘米以下的小原木条、松木杆、脚手杆、杂木杆、短原木等）和薪材。

“垃圾”，是指城市生活垃圾、农作物秸秆、树皮废渣、污泥、合成革及化纤废弃物、病死畜禽等养殖废弃物等垃圾。

“垃圾处理”，是指运用填埋、焚烧、综合处理和回收利用等形式，对垃圾进行减量化、资源化和无害化处理处置的业务，其中包括砷碱渣、含砷废渣处置劳务。

“污水处理”，是指将污水（包括城镇污水、农村污水和工业废水）处理后达到《城镇污水处理厂污染物排放标准》（GB 18918—2002），或达到相应的国家或地方水污染物排放标准中的直接排放限值的业务。其中，城镇污水是指城镇居民生活污水，机关、学校、医院、商业服务机构及各种公共设施排水，以及允许排入城镇污水收集系统的工业废水和初期雨水。农村污水主要是指农村居民生活产生的污水，主要包括厕所污水和生活杂排水。工业废水是指工业生产过程中产生的，不允许排入城镇污水收集系统的废水和废液。

“污泥处理处置”，是指对污水处理后产生的污泥进行稳定化、减量化和无害化处理处置的业务。

2. 综合利用的资源比例计算方式。

（1）综合利用的资源占生产原料或者燃料的比重，以重量比例计算。其中，水泥、水泥熟料原料中掺兑废渣的比重，按以下方法计算：

①对经生料烧制和熟料研磨阶段生产的水泥，其掺兑废渣比例计算公式为：掺兑废渣比例 =（生料烧制阶段掺兑废渣数量 + 熟料研磨阶段掺兑废渣数量）÷（除废渣以外的生料数量 + 生料烧制和熟料研磨阶段掺兑废渣数量 + 其他材料数量）×100%；

②对外购水泥熟料采用研磨工艺生产的水泥，其掺兑废渣比例计算公式为：掺兑废渣比例 = 熟料研磨阶段掺兑废渣数量 ÷（熟料数量 + 熟料研磨阶段掺兑废渣数量 + 其他材料数量）×100%；

③对生料烧制的水泥熟料，其掺兑废渣比例计算公式为：掺兑废渣比例 = 生料烧制阶段掺兑废渣数量 ÷（除废渣以外的生料数量 + 生料烧制阶段掺兑废渣数量 + 其他材料数量）×100%。

（2）综合利用的资源为余热、余压的，按其占生产电力、热力消耗的能源比例计算。

3. 表中所列综合利用产品，应当符合相应的国家或行业标准。既有国家标准又有行业标准的，应当符合相对高的标准；没有国家标准或行业标准的，应当符合按规定向质量技术监督部门备案的企业标准。

4. 表中所称"以上"均含本数。

1-1-117

财政部　税务总局关于进一步加大增值税期末留抵退税政策实施力度的公告

2022年3月21日　财政部　税务总局公告2022年第14号

为支持小微企业和制造业等行业发展，提振市场主体信心、激发市场主体活力，现将进一步加大增值税期末留抵退税实施力度有关政策公告如下：

一、加大小微企业增值税期末留抵退税政策力度，将先进制造业按月全额退还增值税增量留抵税额政策范围扩大至符合条件的小微企业（含个体工商户，下同），并一次性退还小微企业存量留抵税额。

（一）符合条件的小微企业，可以自2022年4月纳税申报期起向主管税务机关申请退还增量留抵税额。在2022年12月31日前，退税条件按照本公告第三条规定执行。

（二）符合条件的微型企业，可以自2022年4月纳税申报期起向主管税务机关申请一次性退还存量留抵税额；符合条件的小型企业，可以自2022年5月纳税申报期起向主管税务机关申请一次性退还存量留抵税额。

二、加大"制造业"、"科学研究和技术服务业"、"电力、热力、燃气及水生产和供应业"、"软件和信息技术服务业"、"生态保护和环境治理业"和"交通运输、仓储和邮政业"（以下称制造业等行业）增值税期末留抵退税政策力度，将先进制造业按月全额退还增值税增量留抵税额政策范围扩大至符合条件的制造业等行业企业（含个体工商户，下同），并一次性退还制造业等行业企业存量留抵税额。

（一）符合条件的制造业等行业企业，可以自2022年4月纳税申报期起向主管税务机关申请退还增量留抵税额。

（二）符合条件的制造业等行业中型企业，可以自2022年7月纳税申报期起向主管税务机关申请一次性退还存量留抵税额；符合条件的制造业等行业大型企业，可以自2022年10月纳税申报期起向主管税务机关申请一次性退还存量留抵税额。

三、适用本公告政策的纳税人需同时符合以下条件：

（一）纳税信用等级为A级或者B级；

（二）申请退税前36个月未发生骗取留抵退税、骗取出口退税或虚开增值税专用发票情形；

（三）申请退税前36个月未因偷税被税务机关处罚两次及以上；

（四）2019年4月1日起未享受即征即退、先征后返（退）政策。

四、本公告所称增量留抵税额，区分以下情形确定：

（一）纳税人获得一次性存量留抵退税前，增量留抵税额为当期期末留抵税额与2019年3月31日相比新增加的留抵税额。

（二）纳税人获得一次性存量留抵退税后，增量留抵税额为当期期末留抵税额。

五、本公告所称存量留抵税额，区分以下情形确定：

（一）纳税人获得一次性存量留抵退税前，当期期末留抵税额大于或等于2019年3月31日期末留抵税额的，存量留抵税额为2019年3月31日期末留抵税额；当期期末留抵税额小于2019年3月31日期末留抵税额的，存量留抵税额为当期期末留抵税额。

（二）纳税人获得一次性存量留抵退税后，存量留抵税额为零。

六、本公告所称中型企业、小型企业和微型企业，按照《中小企业划型标准规定》（工信部联企业〔2011〕300号）和《金融业企业划型标准规定》（银发〔2015〕309号）中的营业收入指标、资产总额指标确定。其中，资产总额指标按照纳税人上一会计年度年末值确定。营业收入指标按照纳税人上一会计年度增值税销售额确定；不满一个会计年度的，按照以下公式计算：

增值税销售额（年）= 上一会计年度企业实际存续期间增值税销售额/企业实际存续月数 × 12

本公告所称增值税销售额，包括纳税申报销售额、稽查查补销售额、纳税评估调整销售额。适用增值税差额征税政策的，以差额后的销售额确定。

对于工信部联企业〔2011〕300号和银发〔2015〕309号文件所列行业以外的纳税人，以及工信部联企业〔2011〕300号文件所列行业但未采用营业收入指标或资产总额指标划型确定的纳税人，微型企业标准为增值税销售额（年）100万元以下（不含100万元）；小型企业标准为增值税销售额（年）2000万元以下（不含2000万元）；中型企业标准为增值税销售额（年）1亿元以下（不含1亿元）。

本公告所称大型企业，是指除上述中型企业、小型企业和微型企业外的其他企业。

七、本公告所称制造业等行业企业，是指从事《国民经济行业分类》中"制造业"、"科学研究和技术服务业"、"电力、热力、燃气及水生产和供应业"、"软件和信息技术服务业"、"生态保护和环境治理业"和"交通运输、仓储和邮政业"业务相应发生的增值税销售额占全部增值税销售额的比重超过50%的纳税人。

上述销售额比重根据纳税人申请退税前连续12个月的销售额计算确定；申请退税前经营期不满12个月但满3个月的，按照实际经营期的销售额计算确定。

八、适用本公告政策的纳税人，按照以下公式计算允许退还的留抵税额：

允许退还的增量留抵税额 = 增量留抵税额 × 进项构成比例 × 100%

允许退还的存量留抵税额 = 存量留抵税额 × 进项构成比例 × 100%

进项构成比例，为2019年4月至申请退税前一税款所属期已抵扣的增值税专用发票（含带有"增值税专用发票"字样全面数字化的电子发票、税控机动车销售统一发票）、收费公路通行费增值税电子普通发票、海关进口增值税专用缴款书、解缴税款完税凭证注明的增值税额占同期全部已抵扣进项税额的比重。

九、纳税人出口货物劳务、发生跨境应税行为，适用免抵退税办法的，应先办理免抵退税。免抵退税办理完毕后，仍符合本公告规定条件的，可以申请退还留抵税额；适用免退税办法的，相关进项税额不得用于退还留抵税额。

十、纳税人自2019年4月1日起已取得留抵退税款的，不得再申请享受增值税即征即退、先征后返（退）政策。纳税人可以在2022年10月31日前一次性将已取得的留抵退税款全部缴回后，按规定申请享受增值税即征即退、先征后返（退）政策。

纳税人自2019年4月1日起已享受增值税即征即退、先征后返（退）政策的，可以在2022年10月31日前一次性将已退还的增值税即征即退、先征后返（退）税款全部缴回后，按规定申请退还留抵税额。

十一、纳税人可以选择向主管税务机关申请留抵退税，也可以选择结转下期继续抵扣。纳税人应在纳税申报期内，完成当期增值税纳税申报后申请留抵退税。2022年4月至6月的留抵退税申请时间，延长至每月最后一个工作日。

纳税人可以在规定期限内同时申请增量留抵退税和存量留抵退税。同时符合本公告第一条和第二条相关留抵退税政策的纳税人，可任意选择申请适用上述留抵退税政策。

十二、纳税人取得退还的留抵税额后，应相应调减当期留抵税额。

如果发现纳税人存在留抵退税政策适用有误的情形，纳税人应在下个纳税申报期结束前缴回相关留抵退税款。

以虚增进项、虚假申报或其他欺骗手段，骗取留抵退税款的，由税务机关追缴其骗取的退税款，并按照《中华人民共和国税收征收管理法》等有关规定处理。

十三、适用本公告规定留抵退税政策的纳税人办理留抵退税的税收管理事项，继续按照现行规定执行。

十四、除上述纳税人以外的其他纳税人申请退还增量留抵税额的规定，继续按照《财政部　税务总局　海关总署关于深化增值税改革有关政策的公告》（财政部　税务总局　海关总署公告2019年第39号）执行，其中，第八条第三款关于“进项构成比例”的相关规定，按照本公告第八条规定执行。

十五、各级财政和税务部门务必高度重视留抵退税工作，摸清底数、周密筹划、加强宣传、密切协作、统筹推进，并分别于2022年4月30日、6月30日、9月30日、12月31日前，在纳税人自愿申请的基础上，集中退还微型、小型、中型、大型企业存量留抵税额。税务部门结合纳税人留抵退税申请情况，规范高效便捷地为纳税人办理留抵退税。

十六、本公告自2022年4月1日施行。《财政部　税务总局关于明确部分先进制造业增值税期末留抵退税政策的公告》（财政部　税务总局公告2019年第84号）、《财政部　税务总局关于明确国有农用地出租等增值税政策的公告》（财政部　税务总局公告2020年第2号）第六条、《财政部　税务总局关于明确先进制造业增值税期末留抵退税政策的公告》（财政部　税务总局公告2021年第15号）同时废止。

特此公告。

注释：

条款修改。第二条第二项规定的“符合条件的制造业等行业大型企业，可以自2022年10月纳税申报期起向主管税务机关申请一次性退还存量留抵税额”调整为“符合条件的制造业等行业大型企业，可以自2022年6月纳税申报期起向主管税务机关申请一次性退还存量留抵税额”。参见:《财政部　税务总局关于进一步持续加快增值税期末留抵退税政策实施进度的公告》(财政部　税务总局公告2022年第19号)。

1－1－118

国家税务总局关于进一步加大增值税期末留抵退税政策实施力度有关征管事项的公告

2022年3月22日　国家税务总局公告2022年第4号

为认真贯彻落实党中央、国务院关于实施大规模增值税留抵退税的决策部署,按照《政府工作报告》要求,根据《财政部　税务总局关于进一步加大增值税期末留抵退税政策实施力度的公告》(财政部　税务总局公告2022年第14号,以下简称14号公告)规定,为方便纳税人办理增值税期末留抵税额退税(以下简称留抵退税)业务,现将有关事项公告如下:

一、纳税人申请留抵退税,应在规定的留抵退税申请期间,完成本期增值税纳税申报后,通过电子税务局或办税服务厅提交《退(抵)税申请表》(见附件1)。

二、在计算允许退还的留抵税额的进项构成比例时,纳税人在2019年4月至申请退税前一税款所属期内按规定转出的进项税额,无需从已抵扣的增值税专用发票(含带有“增值税专用发票”字样全面数字化的电子发票、税控机动车销售统一发票)、收费公路通行费增值税电子普通发票、海关进口增值税专用缴款书、解缴税款完税凭证注明的增值税额中扣减。

三、纳税人按照14号公告第十条的规定,需要申请缴回已退还的全部留抵退税款的,可通过电子税务局或办税服务厅提交《缴回留抵退税申请表》(见附件2)。税务机关应自受理之日起5个工作日内,依申请向纳税人出具留抵退税款缴回的《税务事项通知书》。纳税人在缴回已退还的全部留抵退税款后,办理增值税纳税申报时,将缴回的全部退税款在《增值税及附加税费申报表附列资料(二)》(本期进项税额明细)第22栏“上期留抵税额退税”填写负数,并可继续按规定抵扣进项税额。

四、适用增值税一般计税方法的个体工商户,可自本公告发布之日起,自愿向主管税务机关申请参照企业纳税信用评价指标和评价方式参加评价,并在以后的存续期内适用国家税务总局纳税信用管理相关规定。对于已按照省税务机关公布的纳税信用管理办法参加纳税信用评价的,也可选择沿用原纳税信用级别,符合条件的可申请办理留抵退税。

五、对符合条件、低风险的纳税人,税务机关进一步优化留抵退税办理流程,提升留抵退税服务水平,简化退税审核程序,帮助纳税人快捷获取留抵退税。

六、纳税人办理留抵退税的其他事项,按照《国家税务总局关于办理增值税期末留抵税额退税有关事项的公告》(2019年第20号)的规定执行,其中办理增量留抵退税的相关征管规定适用于存量留抵退税。

七、本公告自2022年4月1日起施行。《国家税务总局关于办理增值税期末留抵税额退税有关事项的公告》(2019年第20号)第二条、《国家税务总局关于国内旅客运输服务进项税抵扣等增值税征管问题的公告》(2019年第31号)第三条、《国家税务总局关于取消增值税扣税凭证认证确认期限等增值税征管问题的公告》(2019年第45号)第三条和《国家税务总局关于明确先进制造业增值税期末留抵退税征管问题的公告》(2021年第10号)同时废止。

附件:1.《退(抵)税申请表》(编者略)

2.《缴回留抵退税申请表》(编者略)

注释:

条款废止。附件1自2022年7月1日起废止。参见:《国家税务总局关于扩大全额退还增值税留抵税额政策行业范围有关征管事项的公告》(国家税务总局公告2022年第11号)。

1-1-119

国家税务总局关于小规模纳税人免征增值税等征收管理事项的公告

2022年3月24日　国家税务总局公告2022年第6号

为深入贯彻党中央、国务院关于实施新的组合式税费支持政策的重大决策部署,进一步支持小微企业发展,按照《财政部　税务总局关于对增值税小规模纳税人免征增值税的公告》(2022年第15号)的规定,现就将有关征管事项公告如下:

一、增值税小规模纳税人适用3%征收率应税销售收入免征增值税的,应按规定开具免税普通发票。纳税人选择放弃免税并开具增值税专用发票的,应开具征收率为3%的增值税专用发票。

二、增值税小规模纳税人取得应税销售收入,纳税义务发生时间在2022年3月31日前,已按3%或者1%征收率开具增值税发票,发生销售折让、中止或者退回等情形需要开具红字发票的,应按照对应征收率开具红字发票;开票有误需要重新开具的,应按照对应征收率开具红字发票,再重新开具正确的蓝字发票。

三、增值税小规模纳税人发生增值税应税销售行为,合计月销售额未超过15万元(以1个季度为1个纳税期的,季度销售额未超过45万元,下同)的,免征增值税的销售额等项目应当填写在《增值税及附加税费申报表(小规模纳税人适用)》"小微企业免税销售额"或者"未达起征点销售额"相关栏次。

合计月销售额超过15万元的,免征增值税的全部销售额等项目应当填写在《增值税及附加税费申报表(小规模纳税人适用)》"其他免税销售额"栏次及《增值税减免税申报明细表》对应栏次。

四、此前已按照《财政部　税务总局关于统一增值税小规模纳税人标准的通知》(财税

〔2018〕33 号）第二条、《国家税务总局关于小规模纳税人免征增值税政策有关征管问题的公告》（2019 年第 4 号）第五条、《国家税务总局关于明确二手车经销等若干增值税征管问题的公告》（2020 年第 9 号）第六条规定转登记的纳税人，根据《国家税务总局关于统一小规模纳税人标准等若干增值税问题的公告》（2018 年第 18 号）相关规定计入“应交税费——待抵扣进项税额”科目核算、截至 2022 年 3 月 31 日的余额，在 2022 年度可分别计入固定资产、无形资产、投资资产、存货等相关科目，按规定在企业所得税或个人所得税税前扣除，对此前已税前扣除的折旧、摊销不再调整；对无法划分的部分，在 2022 年度可一次性在企业所得税或个人所得税税前扣除。

五、已经使用金税盘、税控盘等税控专用设备开具增值税发票的小规模纳税人，可以继续使用现有设备开具发票，也可以自愿向税务机关免费换领税务 UKey 开具发票。

六、本公告自 2022 年 4 月 1 日起施行。

特此公告。

注释：

条款废止。第一条至第三条自 2023 年 1 月 1 日起废止。参见：《国家税务总局关于增值税小规模纳税人减免增值税等政策有关征管事项的公告》（国家税务总局公告 2023 年第 1 号）。

1 －1 －120

财政部　税务总局关于进一步加快增值税期末留抵退税政策实施进度的公告

2022 年 4 月 17 日　财政部　税务总局公告 2022 年第 17 号

为尽快释放大规模增值税留抵退税政策红利，在帮扶市场主体渡难关上产生更大政策效应，现将进一步加快增值税期末留抵退税政策实施进度有关政策公告如下：

一、加快小微企业留抵退税政策实施进度，按照《财政部　税务总局关于进一步加大增值税期末留抵退税政策实施力度的公告》（财政部　税务总局公告 2022 年第 14 号，以下称 2022 年第 14 号公告）规定，抓紧办理小微企业留抵退税，在纳税人自愿申请的基础上，加快退税进度，积极落实微型企业、小型企业存量留抵税额分别于 2022 年 4 月 30 日前、6 月 30 日前集中退还的退税政策。

二、提前退还中型企业存量留抵税额，将 2022 年第 14 号公告第二条第二项规定的“符合条件的制造业等行业中型企业，可以自 2022 年 7 月纳税申报期起向主管税务机关申请一次性退还存量留抵税额”调整为“符合条件的制造业等行业中型企业，可以自 2022 年 5 月纳税申报期起向主管税务机关申请一次性退还存量留抵税额”。2022 年 6 月 30 日前，在纳税人自愿申请的基础上，集中退还中型企业存量留抵税额。

三、各级财政和税务部门要进一步增强工作责任感和紧迫感,高度重视留抵退税工作,建立健全工作机制,密切配合,上下协同,加强政策宣传辅导,优化退税服务,提高审核效率,加快留抵退税办理进度,强化资金保障,对符合条件、低风险的纳税人,要最大程度优化留抵退税办理流程,简化退税审核程序,高效便捷地为纳税人办理留抵退税,同时,严密防范退税风险,严厉打击骗税行为,确保留抵退税措施不折不扣落到实处、见到实效。

特此公告。

1－1－121

财政部　税务总局关于进一步持续加快增值税期末留抵退税政策实施进度的公告

2022年5月17日　财政部　税务总局公告2022年第19号

为进一步加快释放大规模增值税留抵退税政策红利,现将有关政策公告如下:

一、提前退还大型企业存量留抵税额,将《财政部　税务总局关于进一步加大增值税期末留抵退税政策实施力度的公告》(财政部　税务总局公告2022年第14号,以下称2022年第14号公告)第二条第二项规定的"符合条件的制造业等行业大型企业,可以自2022年10月纳税申报期起向主管税务机关申请一次性退还存量留抵税额"调整为"符合条件的制造业等行业大型企业,可以自2022年6月纳税申报期起向主管税务机关申请一次性退还存量留抵税额"。2022年6月30日前,在纳税人自愿申请的基础上,集中退还大型企业存量留抵税额。

二、各级财政和税务部门要坚决贯彻党中央、国务院决策部署,充分认识实施好大规模留抵退税政策的重要意义,按照2022年第14号公告、《财政部　税务总局关于进一步加快增值税期末留抵退税政策实施进度的公告》(财政部　税务总局公告2022年第17号)和本公告有关要求,持续加快留抵退税进度,进一步抓紧办理小微企业、个体工商户留抵退税,加大帮扶力度,在纳税人自愿申请的基础上,积极落实存量留抵退税在2022年6月30日前集中退还的退税政策。同时,严密防范退税风险,严厉打击骗税行为,确保留抵退税退得快、退得准、退得稳、退得好。

特此公告。

1 –1 –122

国家税务总局关于扩大全额退还增值税留抵税额政策行业范围有关征管事项的公告

2022 年 6 月 7 日　国家税务总局公告 2022 年第 11 号

为深入贯彻落实党中央、国务院关于实施大规模增值税留抵退税的决策部署，按照《财政部　税务总局关于扩大全额退还增值税留抵税额政策行业范围的公告》（财政部　税务总局公告 2022 年第 21 号，以下称 21 号公告）的规定，现将有关征管事项公告如下：

符合 21 号公告规定的纳税人申请退还留抵税额，应按照《国家税务总局关于办理增值税期末留抵税额退税有关事项的公告》（2019 年第 20 号）和《国家税务总局关于进一步加大增值税期末留抵退税政策实施力度有关征管事项的公告》（2022 年第 4 号）等规定办理相关留抵退税业务。同时，对《退（抵）税申请表》进行修订并重新发布（见附件）。

本公告自 2022 年 7 月 1 日起施行。《国家税务总局关于进一步加大增值税期末留抵退税政策实施力度有关征管事项的公告》（2022 年第 4 号）附件 1 同时废止。

特此公告。

附件：退（抵）税申请表

附件

退（抵）税申请表

金额单位：元，至角分

<table>
<tr><td colspan="2">申请人名称</td><td></td><td colspan="3">纳税人□　扣缴义务人□</td></tr>
<tr><td colspan="2">纳税人名称</td><td></td><td colspan="2">统一社会信用代码
（纳税人识别号）</td><td></td></tr>
<tr><td colspan="2">联系人</td><td></td><td colspan="2">联系电话</td><td></td></tr>
<tr><td colspan="2">申请退税类型</td><td>汇算结算退税　□
误收退税　□
留抵退税　□</td><td colspan="2">纳税信用等级</td><td></td></tr>
<tr><td colspan="6">一、汇算结算、误收税款退税</td></tr>
<tr><td rowspan="5">原完税情况</td><td>税种</td><td>品目名称</td><td>税款所属时期</td><td>税票号码</td><td>实缴金额</td></tr>
<tr><td></td><td></td><td></td><td></td><td></td></tr>
<tr><td></td><td></td><td></td><td></td><td></td></tr>
<tr><td></td><td></td><td></td><td></td><td></td></tr>
<tr><td>合计（小写）</td><td></td><td></td><td></td><td></td></tr>
<tr><td colspan="2">申请退税金额（小写）</td><td colspan="4"></td></tr>
</table>

续表

<table>
<tr><td colspan="7">二、留抵退税</td></tr>
<tr><td>留抵退税申请文件依据</td><td colspan="3">□《财政部　税务总局　海关总署关于深化增值税改革有关政策的公告》(2019 年第 39 号)

□《财政部　税务总局关于进一步加大增值税期末留抵退税政策实施力度的公告》(2022 年第 14 号)

□《财政部　税务总局关于扩大全额退还增值税留抵税额政策行业范围的公告》(2022 年第 21 号)</td><td>退税企业类型</td><td colspan="2">□小微企业
□微型企业
□小型企业
□特定行业
□制造业
□科学研究和技术服务业
□电力、热力、燃气及水生产和供应业
□软件和信息技术服务业
□生态保护和环境治理业
□交通运输、仓储和邮政业
□批发和零售业
□农、林、牧、渔业
□住宿和餐饮业
□居民服务、修理和其他服务业
□教育
□卫生和社会工作
□文化、体育和娱乐业
□一般企业</td></tr>
<tr><td>申请退还项目</td><td colspan="6">□存量留抵税额　　□增量留抵税额</td></tr>
<tr><td rowspan="2">企业经营情况</td><td>国民经济行业</td><td></td><td>营业收入</td><td></td><td>资产总额</td><td></td></tr>
<tr><td>企业划型</td><td colspan="5">□微型企业　□小型企业　□中型企业　□大型企业</td></tr>
<tr><td rowspan="2">留抵退税申请类型</td><td colspan="2">1. 退税企业类型勾选“一般企业”</td><td colspan="4">连续六个月(按季纳税的,连续两个季度)增量留抵税额均大于零的起止时间:
______年____月至______年____月</td></tr>
<tr><td colspan="2">2. 退税企业类型勾选“特定行业”</td><td colspan="4">______年____月至______年____月,从事《国民经济行业分类》中“制造业”、“科学研究和技术服务业”、“电力、热力、燃气及水生产和供应业”、“软件和信息技术服务业”、“生态保护和环境治理业”、“交通运输、仓储和邮政业”、“批发和零售业”、“农、林、牧、渔业”、“住宿和餐饮业”、“居民服务、修理和其他服务业”、“教育”、“卫生和社会工作”、“文化、体育和娱乐业”业务相应发生的增值税销售额____元,同期全部销售额____元,占比____%。</td></tr>
<tr><td rowspan="4">留抵退税申请条件</td><td colspan="5">申请退税前 36 个月未发生骗取留抵退税、骗取出口退税或虚开增值税专用发票情形</td><td>是□　否□</td></tr>
<tr><td colspan="5">申请退税前 36 个月未因偷税被税务机关处罚两次及以上</td><td>是□　否□</td></tr>
<tr><td colspan="5">2019 年 4 月 1 日起未享受即征即退、先征后返(退)政策</td><td>是□　否□</td></tr>
<tr><td colspan="5">出口货物劳务、发生跨境应税行为,适用免抵退税办法</td><td>是□　否□</td></tr>
</table>

续表

<table>
<tr><td rowspan="12">留抵退税计算</td><td colspan="2">本期已申报免抵退税应退税额</td><td></td></tr>
<tr><td colspan="2">申请退税前一税款所属期的增值税期末留抵税额</td><td></td></tr>
<tr><td colspan="2">2019 年 3 月期末留抵税额</td><td></td></tr>
<tr><td colspan="2">存量留抵税额</td><td></td></tr>
<tr><td rowspan="5">2019 年 4 月至申请退税前一税款所属期</td><td>已抵扣的增值税专用发票(含带有“增值税专用发票”字样全面数字化的电子发票、税控机动车销售统一发票)、收费公路通行费增值税电子普通发票注明的增值税额</td><td></td></tr>
<tr><td>已抵扣的海关进口增值税专用缴款书注明的增值税额</td><td></td></tr>
<tr><td>已抵扣的解缴税款完税凭证注明的增值税额</td><td></td></tr>
<tr><td>全部已抵扣的进项税额</td><td></td></tr>
<tr><td>进项构成比例</td><td></td></tr>
<tr><td colspan="2">本期申请退还的期末留抵税额</td><td></td></tr>
<tr><td colspan="2">其中:本期申请退还的存量留抵税额</td><td></td></tr>
<tr><td colspan="2">本期申请退还的增量留抵税额</td><td></td></tr>
<tr><td>退税申请理由</td><td colspan="3">经办人(签章):
年　月　日</td></tr>
<tr><td colspan="2">经办人:
经办人身份证号:
代理机构签章:
代理机构统一社会信用代码:</td><td>申请人声明</td><td>本申请表是根据国家税收法律法规及相关规定填写的,我确定它是真实的、可靠的、完整的。
申请人(签章):</td></tr>
<tr><td colspan="4">以下由税务机关填写</td></tr>
<tr><td>受理情况</td><td colspan="3">受理人:
年　月　日</td></tr>
<tr><td colspan="2">核实部门意见:
退还方式:退库□　抵扣欠税□
退税类型:汇算结算退税□
误收退税□
留抵退税□
退税发起方式:纳税人自行申请□
税务机关发现并通知□
退(抵)税金额:
经办人:　负责人:
年　月　日　年　月　日</td><td colspan="2">税务机关负责人意见:
签字(公章)
年　月　日</td></tr>
</table>

《退(抵)税申请表》填表说明

一、本表适用于办理汇算结算、误收税款退税、留抵退税。

二、纳税人退税账户与原缴税账户不一致的,须另行提交资料,并经税务机关确认。

三、本表一式四联,纳税人一联、税务机关三联。

四、申请人名称:填写纳税人或扣缴义务人名称。如申请留抵退税,应填写纳税人名称。

五、申请人身份:选择"纳税人"或"扣缴义务人"。如申请留抵退税,应选择"纳税人"。

六、纳税人名称:填写税务登记证所载纳税人的全称。

七、统一社会信用代码(纳税人识别号):填写纳税人统一社会信用代码或税务机关统一核发的税务登记证号码。

八、申请退税类型:纳税人根据需要办理的事项,选择"汇算结算退税"、"误收退税"或"留抵退税"。

九、纳税信用等级:填写申请退税时的纳税信用等级。

十、原完税情况:填写与汇算结算和误收税款退税相关信息。分税种、品目名称、税款所属时期、税票号码、实缴金额等项目,填写申请办理退税的已入库信息,上述信息应与完税费(缴款)凭证复印件、完税费(缴款)凭证原件或完税电子信息一致。

十一、申请退税金额:填写与汇算结算和误收税款退税相关的申请退(抵)税的金额,应小于等于原完税情况实缴金额合计。

十二、留抵退税申请文件依据:根据申请留抵退税的文件依据,选择《财政部　税务总局　海关总署关于深化增值税改革有关政策的公告》(2019 年第 39 号)、《财政部　税务总局关于进一步加大增值税期末留抵退税政策实施力度的公告》(2022 年第 14 号,以下称 14 号公告)或《财政部　税务总局关于扩大全额退还增值税留抵税额政策行业范围的公告》(2022 年第 21 号,以下称 21 号公告)。

十三、退税企业类型:勾选"《财政部　税务总局　海关总署关于深化增值税改革有关政策的公告》(2019 年第 39 号)"的,"退税企业类型"选择"一般企业"。

勾选"《财政部　税务总局关于进一步加大增值税期末留抵退税政策实施力度的公告》(2022 年第 14 号)"或"《财政部　税务总局关于扩大全额退还增值税留抵税额政策行业范围的公告》(2022 年第 21 号)"的,"退税企业类型"按照企业实际经营情况选择"小微企业"或"特定行业"。其中:

"小微企业"按照 14 号公告规定的划型标准勾选"微型企业""小型企业"其中一项;

"特定行业"按照销售收入占比最高的主营业务勾选"制造业"、"科学研究和技术服务业"、"电力、热力、燃气及水生产和供应业"、"软件和信息技术服务业"、"生态保护和环境治理业"、"交通运输、仓储和邮政业"、"批发和零售业"、"农、林、牧、渔业"、"住宿和餐饮业"、"居民服务、修理和其他服务业"、"教育"、"卫生和社会工作"、"文化、体育和娱乐业"其中一项。

同时符合"小微企业"和"特定行业"退税条件的,可勾选"小微企业"其中一项或"特定行业"其中一项。

十四、申请退还项目:纳税人根据其选择退还的留抵税额类型,可同时勾选"存量留抵税额"和"增量留抵税额"或其中一项。

十五、企业经营情况

(一)国民经济行业:对照《2017 年国民经济行业分类(GB/T 4754—2017)》中列明的行业小类填写。

(二)营业收入:按照上一会计年度增值税销售额确定;不满一个会计年度的,按照以下公式计算:增值税销售额(年)= 上一会计年度企业实际存续期间增值税销售额 ÷ 企业实际存续月数 ×12。增值税销售额包括纳税申报销售额、稽查查补销售额、纳税评估调整销售额,适用增值税差额征税政策的,以差额后的销售额确定。

(三)资产总额:按照上一会计年度年末值填写。

(四)企业划型:按照 14 号公告和 21 号公告的规定,根据本表填报的"国民经济行业"、"营业收入"、"资产总额"信息,勾选"微型企业"、"小型企业"、"中型企业"或"大型企业"中的一项。

十六、留抵退税申请类型:纳税人根据勾选的退税企业类型选择对应的项目填写。

退税企业类型勾选"一般企业":应填写"连续六个月(按季纳税的,连续两个季度)增量留抵税额均大于零的起止时间:______年____月至______年____月"栏次,本栏填写纳税人自 2019 年 4 月税款所属期起,连续六个月(按季纳税的,连续两个季度)增量留抵税额均大于零,且第六个月增量留抵税额不低于 50 万元的起止时间。

退税企业类型勾选“特定行业”：应填写“______年____月至______年____月，从事《国民经济行业分类》中‘制造业’、‘科学研究和技术服务业’、‘电力、热力、燃气及水生产和供应业’、‘软件和信息技术服务业’、‘生态保护和环境治理业’、‘交通运输、仓储和邮政业’、‘批发和零售业’、‘农、林、牧、渔业’、‘住宿和餐饮业’、‘居民服务、修理和其他服务业’、‘教育’、‘卫生和社会工作’、‘文化、体育和娱乐业’业务相应发生的增值税销售额____元，同期全部销售额____元，占比____%。”栏次。如申请退税前经营期满12个月，本栏起止时间填写申请退税前12个月的起止时间，本栏销售额填写申请退税前12个月的销售额；如申请退税前经营期不满12个月但满3个月的，本栏起止时间填写实际经营期的起止时间，本栏销售额填写实际经营期的销售额。

十七、留抵退税申请条件：根据企业实际经营情况，逐项勾选“是”或“否”。

十八、留抵退税计算：

（一）本期已申报免抵退税应退税额：填写适用免抵退税政策的纳税人本期申请退还的免抵退税额。

（二）申请退税前一税款所属期的增值税期末留抵税额：根据申请退税前一税款所属期的《增值税及附加税费申报表（一般纳税人适用）》主表“一般项目”期末留抵税额栏次填写。

（三）2019年3月期末留抵税额：根据2019年3月税款所属期的《增值税及附加税费申报表（一般纳税人适用）》主表“一般项目”期末留抵税额栏次填写，如2019年3月所属期未进行增值税一般纳税人申报，则该栏次金额为0。

（四）存量留抵税额：

1. 获得过一次性存量留抵退税前，填写本表“申请退税前一税款所属期的增值税期末留抵税额”栏次与“2019年3月期末留抵税额”栏次孰小值。

2. 获得过一次性存量留抵退税后，本栏为0。

（五）已抵扣的增值税专用发票（含带有“增值税专用发票”字样全面数字化的电子发票、税控机动车销售统一发票）、收费公路通行费增值税电子普通发票注明的增值税额：填写2019年4月至申请退税前一税款所属期抵扣的增值税专用发票（含带有“增值税专用发票”字样全面数字化的电子发票、税控机动车销售统一发票）、收费公路通行费增值税电子普通发票注明的增值税额。取得不动产或者不动产在建工程的进项税额不再分2年抵扣后一次性转入的进项税额，视同取得增值税专用发票抵扣的进项税额，也填入本栏。

（六）已抵扣的海关进口增值税专用缴款书注明的增值税额：填写2019年4月至申请退税前一税款所属期抵扣的海关进口增值税专用缴款书注明的增值税额。

（七）已抵扣的解缴税款完税凭证注明的增值税额：填写2019年4月至申请退税前一税款所属期抵扣的解缴税款完税凭证注明的增值税额。

（八）全部已抵扣的进项税额：填写2019年4月至申请退税前一税款所属期全部已抵扣进项税额。

（九）进项构成比例：

进项构成比例＝本表[已抵扣的增值税专用发票（含带有“增值税专用发票”字样全面数字化的电子发票、税控机动车销售统一发票）、收费公路通行费增值税电子普通发票注明的增值税额＋已抵扣的海关进口增值税专用缴款书注明的增值税额＋已抵扣的解缴税款完税凭证注明的增值税额]÷全部已抵扣的进项税额

（十）本期申请退还的期末留抵税额：

1. 退税企业类型勾选为“小微企业”和“特定行业”

（1）申请退还项目仅勾选“存量留抵税额”

本期申请退税的期末留抵税额＝本表“存量留抵税额”×“进项构成比例”×100%

（2）申请退还项目仅勾选“增量留抵税额”

本期申请退税的期末留抵税额＝本表（“申请退税前一税款所属期的增值税期末留抵税额”－“存量留抵税额”）×“进项构成比例”×100%

（3）申请退还项目同时勾选“存量留抵税额”以及“增量留抵税额”

本期申请退税的期末留抵税额＝本表“申请退税前一税款所属期的增值税期末留抵税额”×“进项构成比例”×100%

2. 退税企业类型勾选为“一般企业”

本期申请退税的期末留抵税额＝本表（“申请退税前一税款所属期的增值税期末留抵税额”－“存量留抵税额”）×进项构成比例×60%

（十一）本期申请退还的存量留抵税额：

1. 申请退还项目勾选"存量留抵税额"

本期申请退还的存量留抵税额 = 本表"存量留抵税额" ×"进项构成比例" ×100%；

2. 申请退还项目仅勾选"增量留抵税额"

本期申请退还的存量留抵税额 = 0。

（十二）本期申请退还的增量留抵税额：

本期申请退还的增量留抵税额 = 本表"本期申请退还的期末留抵税额" -"本期申请退还的存量留抵税额"

十九、退税申请理由：简要概述退税申请理由，如果本次退税账户与原缴税账户不一致，需在此说明，并另行提交资料，报经税务机关确认。

二十、受理情况：填写核对接受纳税人、扣缴义务人资料的情况。

二十一、退还方式：申请汇算结算或误收税款退税的，退还方式可以单选或多选，对于有欠税的纳税人，一般情况应勾选"抵扣欠税"，对于勾选"抵扣欠税"情况，可以取消该选择，将全部申请退税的金额，以"退库"方式办理。申请留抵退税的，可同时勾选"退库"和"抵扣欠税"。如果纳税人既有增值税欠税，又有期末留抵税额，按照《国家税务总局关于办理增值税期末留抵税额退税有关事项的公告》（国家税务总局公告 2019 年第 20 号）第九条第三项规定，以最近一期增值税纳税申报表期末留抵税额，抵减增值税欠税后的余额确定允许退还的增量留抵税额。

二十二、退税类型：税务机关依据纳税人申请事项，勾选"汇算结算退税"、"误收退税"或"留抵退税"。

二十三、退税发起方式：纳税人申请汇算结算或误收税款退税的，税务机关勾选"纳税人自行申请"或"税务机关发现并通知"；纳税人申请留抵退税的，税务机关勾选"纳税人自行申请"。

二十四、退（抵）税金额：填写税务机关核准后的退（抵）税额。

1 -1 -123

财政部　税务总局关于扩大全额退还增值税留抵税额政策行业范围的公告

2022 年 6 月 7 日　财政部　税务总局公告 2022 年第 21 号

为进一步加大增值税留抵退税政策实施力度，着力稳市场主体稳就业，现将扩大全额退还增值税留抵税额政策行业范围有关政策公告如下：

一、扩大全额退还增值税留抵税额政策行业范围，将《财政部　税务总局关于进一步加大增值税期末留抵退税政策实施力度的公告》（财政部　税务总局公告 2022 年第 14 号，以下称 2022 年第 14 号公告）第二条规定的制造业等行业按月全额退还增值税增量留抵税额、一次性退还存量留抵税额的政策范围，扩大至"批发和零售业"、"农、林、牧、渔业"、"住宿和餐饮业"、"居民服务、修理和其他服务业"、"教育"、"卫生和社会工作"和"文化、体育和娱乐业"（以下称批发零售业等行业）企业（含个体工商户，下同）。

（一）符合条件的批发零售业等行业企业，可以自 2022 年 7 月纳税申报期起向主管税务机关申请退还增量留抵税额。

（二）符合条件的批发零售业等行业企业，可以自 2022 年 7 月纳税申报期起向主管税务机关申请一次性退还存量留抵税额。

二、2022 年第 14 号公告和本公告所称制造业、批发零售业等行业企业，是指从事《国民经济行业分类》中“批发和零售业”、“农、林、牧、渔业”、“住宿和餐饮业”、“居民服务、修理和其他服务业”、“教育”、“卫生和社会工作”、“文化、体育和娱乐业”、“制造业”、“科学研究和技术服务业”、“电力、热力、燃气及水生产和供应业”、“软件和信息技术服务业”、“生态保护和环境治理业”和“交通运输、仓储和邮政业”业务相应发生的增值税销售额占全部增值税销售额的比重超过50%的纳税人。

上述销售额比重根据纳税人申请退税前连续12个月的销售额计算确定；申请退税前经营期不满12个月但满3个月的，按照实际经营期的销售额计算确定。

三、按照2022年第14号公告第六条规定适用《中小企业划型标准规定》（工信部联企业〔2011〕300号）和《金融业企业划型标准规定》（银发〔2015〕309号）时，纳税人的行业归属，根据《国民经济行业分类》关于以主要经济活动确定行业归属的原则，以上一会计年度从事《国民经济行业分类》对应业务增值税销售额占全部增值税销售额比重最高的行业确定。

四、制造业、批发零售业等行业企业申请留抵退税的其他规定，继续按照2022年第14号公告等有关规定执行。

五、本公告第一条和第二条自2022年7月1日起执行；第三条自公告发布之日起执行。

各级财政和税务部门要坚决贯彻党中央、国务院决策部署，按照2022年第14号公告、《财政部　税务总局关于进一步加快增值税期末留抵退税政策实施进度的公告》（财政部　税务总局公告2022年第17号）、《财政部　税务总局关于进一步持续加快增值税期末留抵退税政策实施进度的公告》（财政部　税务总局公告2022年第19号）和本公告有关要求，在纳税人自愿申请的基础上，狠抓落实，持续加快留抵退税进度。同时，严密防范退税风险，严厉打击骗税行为。

特此公告。

1－1－124

财政部　税务总局关于明确增值税小规模纳税人减免增值税等政策的公告

2023年1月9日　财政部　税务总局公告2023年第1号

现将增值税小规模纳税人减免增值税等政策公告如下：

一、自2023年1月1日至2023年12月31日，对月销售额10万元以下（含本数）的增值税小规模纳税人，免征增值税。

二、自2023年1月1日至2023年12月31日，增值税小规模纳税人适用3%征收率的应税销售收入，减按1%征收率征收增值税；适用3%预征率的预缴增值税项目，减按1%预征率预缴增值税。

三、自2023年1月1日至2023年12月31日，增值税加计抵减政策按照以下规定执行：

(一)允许生产性服务业纳税人按照当期可抵扣进项税额加计5%抵减应纳税额。生产性服务业纳税人,是指提供邮政服务、电信服务、现代服务、生活服务取得的销售额占全部销售额的比重超过50%的纳税人。

(二)允许生活性服务业纳税人按照当期可抵扣进项税额加计10%抵减应纳税额。生活性服务业纳税人,是指提供生活服务取得的销售额占全部销售额的比重超过50%的纳税人。

(三)纳税人适用加计抵减政策的其他有关事项,按照《财政部　税务总局　海关总署关于深化增值税改革有关政策的公告》(财政部　税务总局　海关总署公告2019年第39号)、《财政部　税务总局关于明确生活性服务业增值税加计抵减政策的公告》(财政部　税务总局公告2019年第87号)等有关规定执行。

四、按照本公告规定,应予减免的增值税,在本公告下发前已征收的,可抵减纳税人以后纳税期应缴纳税款或予以退还。

特此公告。

1－1－125

国家税务总局关于增值税小规模纳税人减免增值税等政策有关征管事项的公告

2023年1月9日　国家税务总局公告2023年第1号

按照《财政部　税务总局关于明确增值税小规模纳税人减免增值税等政策的公告》(2023年第1号,以下简称1号公告)的规定,现将有关征管事项公告如下:

一、增值税小规模纳税人(以下简称小规模纳税人)发生增值税应税销售行为,合计月销售额未超过10万元(以1个季度为1个纳税期的,季度销售额未超过30万元,下同)的,免征增值税。

小规模纳税人发生增值税应税销售行为,合计月销售额超过10万元,但扣除本期发生的销售不动产的销售额后未超过10万元的,其销售货物、劳务、服务、无形资产取得的销售额免征增值税。

二、适用增值税差额征税政策的小规模纳税人,以差额后的销售额确定是否可以享受1号公告第一条规定的免征增值税政策。

《增值税及附加税费申报表(小规模纳税人适用)》中的"免税销售额"相关栏次,填写差额后的销售额。

三、《中华人民共和国增值税暂行条例实施细则》第九条所称的其他个人,采取一次性收取租金形式出租不动产取得的租金收入,可在对应的租赁期内平均分摊,分摊后的月租金收入未超过10万元的,免征增值税。

四、小规模纳税人取得应税销售收入,适用1号公告第一条规定的免征增值税政策的,纳税人可就该笔销售收入选择放弃免税并开具增值税专用发票。

五、小规模纳税人取得应税销售收入，适用1号公告第二条规定的减按1%征收率征收增值税政策的，应按照1%征收率开具增值税发票。纳税人可就该笔销售收入选择放弃减税并开具增值税专用发票。

六、小规模纳税人取得应税销售收入，纳税义务发生时间在2022年12月31日前并已开具增值税发票，如发生销售折让、中止或者退回等情形需要开具红字发票，应开具对应征收率红字发票或免税红字发票；开票有误需要重新开具的，应开具对应征收率红字发票或免税红字发票，再重新开具正确的蓝字发票。

七、小规模纳税人发生增值税应税销售行为，合计月销售额未超过10万元的，免征增值税的销售额等项目应填写在《增值税及附加税费申报表（小规模纳税人适用）》“小微企业免税销售额”或者“未达起征点销售额”相关栏次；减按1%征收率征收增值税的销售额应填写在《增值税及附加税费申报表（小规模纳税人适用）》“应征增值税不含税销售额（3%征收率）”相应栏次，对应减征的增值税应纳税额按销售额的2%计算填写在《增值税及附加税费申报表（小规模纳税人适用）》“本期应纳税额减征额”及《增值税减免税申报明细表》减税项目相应栏次。

八、按固定期限纳税的小规模纳税人可以选择以1个月或1个季度为纳税期限，一经选择，一个会计年度内不得变更。

九、按照现行规定应当预缴增值税税款的小规模纳税人，凡在预缴地实现的月销售额未超过10万元的，当期无需预缴税款。在预缴地实现的月销售额超过10万元的，适用3%预征率的预缴增值税项目，减按1%预征率预缴增值税。

十、小规模纳税人中的单位和个体工商户销售不动产，应按其纳税期、本公告第九条以及其他现行政策规定确定是否预缴增值税；其他个人销售不动产，继续按照现行规定征免增值税。

十一、符合《财政部　税务总局　海关总署关于深化增值税改革有关政策的公告》（2019年第39号）、1号公告规定的生产性服务业纳税人，应在年度首次确认适用5%加计抵减政策时，通过电子税务局或办税服务厅提交《适用5%加计抵减政策的声明》（见附件1）；符合《财政部　税务总局关于明确生活性服务业增值税加计抵减政策的公告》（2019年第87号）、1号公告规定的生活性服务业纳税人，应在年度首次确认适用10%加计抵减政策时，通过电子税务局或办税服务厅提交《适用10%加计抵减政策的声明》（见附件2）。

十二、纳税人适用加计抵减政策的其他征管事项，按照《国家税务总局关于国内旅客运输服务进项税抵扣等增值税征管问题的公告》（2019年第31号）第二条等有关规定执行。

十三、纳税人按照1号公告第四条规定申请办理抵减或退还已缴纳税款，如果已经向购买方开具了增值税专用发票，应先将增值税专用发票追回。

十四、本公告自2023年1月1日起施行。《国家税务总局关于深化增值税改革有关事项的公告》（2019年第14号）第八条及附件《适用加计抵减政策的声明》、《国家税务总局关于增值税发票管理等有关事项的公告》（2019年第33号）第一条及附件《适用15%加计抵减政策的声明》、《国家税务总局关于支持个体工商户复工复业等税收征收管理事项的公告》（2020年第5号）第一条至第五条、《国家税务总局关于小规模纳税人免征增值税征管问题的公告》（2021年第5号）、《国家税务总局关于小规模纳税人免征增值税等征收管理事项的公告》(2022 年第 6 号)第一、二、三条同时废止。

特此公告。

附件:1. 适用 5% 加计抵减政策的声明

2. 适用 10% 加计抵减政策的声明

附件 1

适用 5%加计抵减政策的声明

纳税人名称:__________________

纳税人识别号(统一社会信用代码):__________________

本纳税人符合《财政部 税务总局 海关总署关于深化增值税改革有关政策的公告》(2019 年第 39 号)、《财政部 税务总局关于明确增值税小规模纳税人减免增值税等政策的公告》(2023 年第 1 号)规定,确定适用加计抵减政策。行业属于(按照销售额占比最高的行业子项勾选,只能选择其一):

行业	选项
邮政服务业	
电信服务业	—
其中:1. 基础电信业	
2. 增值电信业	
现代服务业	—
其中:1. 研发和技术服务业	
2. 信息技术服务业	
3. 文化创意服务业	
4. 物流辅助服务业	
5. 租赁服务业	
6. 鉴证咨询服务业	
7. 广播影视服务业	
8. 商务辅助服务业	
9. 其他现代服务业	
生活服务业	—
其中:1. 文化体育服务业	
2. 教育医疗服务业	
3. 旅游娱乐服务业	
4. 餐饮住宿服务业	
5. 居民日常服务业	
6. 其他生活服务业	

本纳税人用于判断是否符合加计抵减政策条件的销售额占比计算期为______年____月至______年____月,此期间提供邮政服务、电信服务、现代服务、生活服务销售额合计______元,全部销售额______元,占比为______%。

以上声明根据实际经营情况作出,我确定它是真实的、准确的、完整的。

(纳税人签章)

年 月 日

附件 2

适用 10％加计抵减政策的声明

纳税人名称：____________________

纳税人识别号（统一社会信用代码）：____________________

本纳税人符合《财政部　税务总局关于明确生活性服务业增值税加计抵减政策的公告》（2019 年第 87 号）、《财政部　税务总局关于明确增值税小规模纳税人减免增值税等政策的公告》（2023 年第 1 号）规定，确定适用加计抵减政策。行业属于（按照销售额占比最高的生活服务业子项勾选，只能选择其一）：

行业	选项
生活服务业	—
其中：1. 文化体育服务业	
2. 教育医疗服务业	
3. 旅游娱乐服务业	
4. 餐饮住宿服务业	
5. 居民日常服务业	
6. 其他生活服务业	

本纳税人用于判断是否符合加计抵减政策条件的销售额占比计算期为______年____月至______年____月，此期间提供生活服务销售额合计______元，全部销售额______元，占比为______％。

以上声明根据实际经营情况作出，我确定它是真实的、准确的、完整的。

（纳税人签章）

年　月　日

1－1－126

财政部　税务总局关于增值税小规模纳税人减免增值税政策的公告

2023 年 8 月 1 日　财政部　税务总局公告 2023 年第 19 号

为进一步支持小微企业和个体工商户发展，现将延续小规模纳税人增值税减免政策公告如下：

一、对月销售额 10 万元以下（含本数）的增值税小规模纳税人，免征增值税。

二、增值税小规模纳税人适用 3％征收率的应税销售收入，减按 1％征收率征收增值税；适用 3％预征率的预缴增值税项目，减按 1％预征率预缴增值税。

三、本公告执行至 2027 年 12 月 31 日。

特此公告。

特殊规定

1－1－127

国家税务总局关于涉外税收实施增值税有关征管问题的通知

1993年11月6日　国税发〔1993〕138号

为了做好实行增值税的准备工作，保证新税制的顺利执行，1993年11月18日，国家税务总局电报下发了"关于印发《增值税一般纳税人申请认定办法》的通知"，现将外商投资企业和外国企业贯彻执行该通知的几个具体问题明确如下：

一、各地应按照通知的要求，积极做好增值税一般纳税人的认定工作。但是，考虑到外商投资企业和外国企业执行增值税还需履行法律程序，因此，涉外税收增值税一般纳税人的申请认定工作，应在全国人大常委会通过关于废止工商统一税的议案后进行。在此之前，各级涉外税务部门要认真做好一切准备工作，务求保证增值税条例在明年顺利实施。

二、为了便于加强对增值税一般纳税人的税收管理，在办理增值税一般纳税人认定的同时，统一纳税人代码，考虑到以往代码的连续性，暂定纳税人代码为15位。按照纳税人所在行政区域和所属经济性质、行业分类进行编制。第一至第六位数代表纳税人所在的行政区域，采用"中华人民共和国行政区划代码表(GB 2260)"；第七、第八两位数代表纳税人经济性质，按照国家统计局、国家工商行政管理局1992年10月20日颁发的《关于经济类型划分的暂行规定》的代码编制。(一)外商投资经济7。1. 中外合资经营企业71；2. 中外合作经营企业72；3. 外资企业73。(二)港、澳、台投资经济8。1. 港、澳、台与大陆合资经营企业81；2. 港、澳、台与大陆合作经营企业82；3. 港、澳、台资企业83。(三)其他经济9。1. 外国企业91；2. 外商投资企业分支机构92。第九、第十两位数代表纳税人所属的行业分类，按照1993年统计年报用"国民经济行业分类和代码"编制(具体代码请参阅会计司计算机处下发的"税收业务分类代码")。第十一至第十五位数代表纳税人，按顺序编码。

三、各地主管涉外税收的部门，要及时掌握增值税专用发票的印制情况，并按规定做好发放、管理和检查工作。

四、当前进行的税制改革是我国深化改革的重要内容，时间紧、任务重，各地涉外税收部门要主动与有关处室加强联系，及时沟通情况，做好学习、宣传和贯彻执行的各项准备工作。

附件：增值税一般纳税人申请认定表(中英文对照)(编者略)

1－1－128

全国人民代表大会常务委员会关于外商投资企业和外国企业适用增值税、消费税、营业税等税收暂行条例的决定

1993年12月29日第八届全国人民代表大会常务委员会第五次会议通过　同日中华人民共和国主席令第18号公布

第八届全国人民代表大会常务委员会第五次会议审议了国务院关于提请审议外商投资企业和外国企业适用增值税、消费税、营业税等税收暂行条例的议案，为了统一税制，公平税负，改善我国的投资环境，适应建立和发展社会主义市场经济的需要，特作如下决定：

一、在有关税收法律制定以前，外商投资企业和外国企业自一九九四年一月一日起适用国务院发布的增值税暂行条例、消费税暂行条例和营业税暂行条例。一九五八年九月十一日全国人民代表大会常务委员会第一百零一次会议原则通过、一九五八年九月十三日国务院公布试行的《中华人民共和国工商统一税条例（草案）》同时废止。

中外合作开采海洋石油、天然气，按实物征收增值税，其税率和征收办法由国务院另行规定。

二、一九九二年十二月二十一日前已批准设立的外商投资企业，由于依照本决定第条的规定改征增值税、消费税、营业税而增加税负的，经企业申请，税务机关批准，在已批准的经营期限内，最长不超过五年，退还其因税负增加而多缴纳的税款；没有经营期限的，经企业申请，税务机关批准，在最长不超过五年的期限内，退还其因税负增加而多缴纳的税款。具体办法由国务院规定。

三、除增值税、消费税、营业税外，其他税种对外商投资企业和外国企业的适用，法律有规定的，依照法律的规定执行；法律未作规定的，依照国务院的规定执行。

本决定所称外商投资企业，是指在中国境内设立的中外合资经营企业、中外合作经营企业和外资企业。

本决定所称外国企业，是指在中国境内设立机构、场所，从事生产、经营和虽未设立机构、场所，而有来源于中国境内所得的外国公司、企业和其他经济组织。

本决定自公布之日起施行。

1－1－129

国家税务总局关于国家物资储备局系统销售储备物资统一缴纳增值税问题的通知

1994年4月13日　国税发〔1994〕90号

根据国务院国阅〔1994〕42号《关于研究财税体制改革方案出台后有关问题的会议纪要》对国家物资储备局系统销售的储备物资，采取先征税后返还的办法的决定，现就国家储备局系统缴纳增值税的具体问题，通知如下：

一、国家物资储备局的物资收储、销售业务，由于实行统一管理、统一结算的体制，为了便于税款征收及财政返还处理，对国家物资储备局所取得的储备物资销售收入，由国家物资储备局在北京向国家税务总局直属征收局集中缴纳增值税。

二、国家物资储备局可向税务征收单位申请办理税务登记、一般纳税人认定手续和购买增值税专用发票，并正确地履行纳税义务。

三、国家物资储备局购买的增值税专用发票只限于在京办理结算时开具，不得提供给所属基层单位使用。

四、国家物资储备局系统（包括省级局及下属仓库）从事的多种经营业务仍应在经营行为所在地按规定缴纳各种应纳的税收。

1－1－130

国家税务总局关于中外合作开采石油资源缴纳增值税有关问题的通知

1994年4月28日　国税发〔1994〕114号

根据国务院国发〔1994〕10号《国务院关于外商投资企业和外国企业适用增值税、消费税、营业税等税收暂行条例有关问题的通知》第三条的规定，现就中外合作油（气）田（以下简称合作油（气）田）开采原油、天然气征收增值税的有关问题通知如下：

一、合作油（气）田开采的原油、天然气按实物缴纳增值税，以该油（气）田开采的原油、天然气扣除了石油作业用油（气）量和损耗量之后的原油、天然气产量作为计税依据。

二、鉴于目前合作油（气）田开采的原油、天然气实行统一销售，其增值税暂按合作油（气）田每次用于销售的总量计算征税。计征增值税的原油、天然气实物随同合作油（气）田的原油、天然气一起销售。

三、增值税的原油、天然气实物，按实际销售额扣除其本身所发生的实际销售费用后入库。原油、天然气销售的定价方法，应事先报经主管税务机关审查。

四、合作油（气）田的原油、天然气按次纳税，每次销售款划入销售方银行账户之日（最迟不得超过合同规定的付款期限最后一日)起5日内申报纳税(如最后一天为法定节、假日可按规定顺延)。逾期未办理申报纳税的,依据《中华人民共和国税收征收管理法》的有关规定处理。

五、合作油(气)田销售的原油、天然气按外汇结算销售额的,其销售额的人民币折合率可以选择销售发生的当天或当月1日的国家外汇牌价。选择确定后1年内不得变更。

六、增值税的申报缴纳事宜,由参与合作的中国石油公司负责办理。在办理纳税申报时,应同时附送本次原油、天然气的销售价格、销售费用、销售去向等明细资料。并按月或按季向主管税务机关报送合作油(气)田的产量、存量、分配量、销售量以及主管税务机关所需要的其他有关资料。

七、合作油(气)田销售原油、天然气时,应按规定向购买方开具增值税专用发票。增值税专用发票的具体填开方法是:“价税合计栏”按含税销售额填写;“税额栏”按含税销售额乘以征收率5%计算出的税额填写;“金额栏”按价税合计数额减去税额后的余额填写;“数量栏”按销售总量填写;“单价栏”按实际销售单价填写;“税率栏”不填。“税额栏”中所列税额为购买方的增值税进项扣除额。

八、中国海洋石油总公司海上自营油(气)田比照上述有关规定执行。

九、本通知自1994年1月1日起实行。

注释:

条款废止。第六条中的“在办理纳税申报时,应同时附送本次原油、天然气的销售价格、销售费用、销售去向等明细资料。”自2023年2月1日起废止。参见:《国家税务总局关于部分税务事项实行容缺办理和进一步精简涉税费资料报送的公告》(国家税务总局公告2022年第26号)。

1-1-131

国家税务总局关于军队物资供应机构征收增值税有关问题的通知

1994年5月7日 国税发〔1994〕121号

各省、自治区、直辖市税务局,各计划单列税务局:

根据财税字〔1994〕11号《关于军队、军工系统所属单位征收流转税、资源税问题的规定》,军队物资部门也要按税法规定纳税。为了使军队物资部门正确地履行纳税义务,现就有关问题通知如下:

一、军队物资供应机构(是指在银行开设账户,单独办理结算业务的各级物资主管部门、物资供应站、物资仓库、军需材料供应站、军需材料仓库,下同)可以持单位名称、业务范围、银行账号等有关证明材料到主管税务机关直接办理税务登记和增值税一般纳税人认定手续,领购、使用增值税专用发票和普通发票,并按规定缴纳增值税。

二、军队物资供应机构在军队系统(包括军队各级机关、部队、院校、医院、科研文化单位、干休所、仓库、供应站、企业化工厂、军办厂矿、农场、马场、招待所等各类单位)内部调拨供应物资,原则上使用军队的物资调拨计价单,军队内部调拨供应物资免征增值税。其中调拨供应给军队企业化工厂、军办厂矿等单位的生产用物资,购货方要求开具增值税专用发票的,可予开具增值税专用发票,但开具增值税专用发票的销售收入均应按规定缴纳增值税。

三、军队物资供应机构应根据要求对一九九三年十二月三十一日库存物资进行全面清理核实,作为一九九四年期初库存,于一九九四年六月一日前报主管税务部门备案。

四、有关新旧税制的衔接问题,按我局下发的有关规定办理。

五、一九九四年一月一日以后至军队物资供应机构办理一般纳税人认定前,购进货物所取得的普通进货发票,一律不再计算抵扣税款,但可向供货企业调换增值税专用发票,并可按增值税专用发票上注明的税款扣税。

六、办理一般纳税人认定的军队物资供应机构,必须对征、免税业务分别进行核算,否则按规定征税。

1－1－132

国家税务总局关于军队物资供应机构征收增值税有关问题的补充通知

1994年5月25日　国税发〔1994〕129号

各省、自治区、直辖市税务局,各计划单列市税务局:

根据财税字〔1994〕11号文件的规定,五月七日,我局以国税发〔1994〕121号发出了《关于军队物资供应机构征收增值税有关问题的通知》,对军队物资供应机构征免增值税问题作出了具体规定。但由于文件下发时间推迟,原规定军队物资供应机构在一九九四年六月一日前将期初库存物资核实报主管税务部门备案,有关部门反映来不及办理。为了让军队物资供应机构有足够时间进行期初存货的清理核实工作,现将报主管税务机关的时间由六月一日前改为七月一日前。特此通知,请遵照执行。

1－1－133

国家税务总局关于下发《货物期货征收增值税具体办法》的通知

1994年11月9日　国税发〔1994〕244号

(通知略)

货物期货征收增值税具体办法

根据国家税务总局《增值税若干具体问题的规定》,“货物期货应当征收增值税”。现将对货物期货征收增值税的具体办法规定如下:

一、货物期货交易增值税的纳税环节为期货的实物交割环节。

二、货物期货交易增值税的计税依据为交割时的不含税价格(不含增值税的实际成交额)。

不含税价格 = 含税价格 ÷(1 + 增值税税率)

三、货物期货交易增值税的纳税人为:

(一)交割时采取由期货交易所开具发票的,以期货交易所为纳税人。

期货交易所增值税按次计算,其进项税额为该货物交割时供货会员单位开具的增值税专用发票上注明的销项税额,期货交易所本身发生的各种进项不得抵扣。

(二)交割时采取由供货的会员单位直接将发票开给购货会员单位的,以供货会员单位为纳税人。

1－1－134

财政部 国家税务总局关于印发《农业产品征税范围注释》的通知

1995 年 6 月 15 日 财税字〔1995〕52 号

根据《财政部、国家税务总局关于调整农业产品增值税税率和若干项目征免增值税的通知》[(94)财税字第 4 号]的规定,从 1994 年 5 月 1 日起,农业产品增值税税率已由 17%调整为 13%。现将《农业产品征税范围注释》(以下简称注释)印发给你们,并就有关问题明确如下:

一、《中华人民共和国增值税暂行条例》第十六条所列免税项目的第一项所称的“农业生产者销售的自产农业产品”,是指直接从事植物的种植、收割和动物的饲养、捕捞的单位和个人销售的注释所列的自产农业产品;对上述单位和个人销售的外购的农业产品,以及单位和个人外购农业产品生产、加工后销售的仍然属于注释所列的农业产品,不属于免税的范围,应当按照规定税率征收增值税。

二、农业生产者用自产的茶青再经筛分、风选、拣剔、碎块、干燥、匀堆等工序精制而成的精制茶,不得按照农业生产者销售的自产农业产品免税的规定执行,应当按照规定的税率征税。

本通知从 1995 年 7 月 1 日起执行,原各地国家税务局规定的农业产品范围同时废止。

附件:农业产品征税范围注释

附件

农业产品征税范围注释

农业产品是指种植业、养殖业、林业、牧业、水产业生产的各种植物、动物的初级产品。农业产品的征税范围包括:

一、植物类

植物类包括人工种植和天然生长的各种植物的初级产品。具体征税范围为:

(一)粮食

粮食是指各种主食食科植物果实的总称。本货物的征税范围包括小麦、稻谷、玉米、高粱、谷子和其他杂粮(如:大麦、燕麦等),以及经碾磨、脱壳等工艺加工后的粮食(如:面粉,米,玉米面、渣等)。

切面、饺子皮、馄饨皮、面皮、米粉等粮食复制品,也属于本货物的征税范围。

以粮食为原料加工的速冻食品、方便面、副食品和各种熟食品,不属于本货物的征税范围。

(二)蔬菜

蔬菜是指可作副食的草本、木本植物的总称。本货物的征税范围包括各种蔬菜、菌类植物和少数可作副食的木本植物。

经晾晒、冷藏、冷冻、包装、脱水等工序加工的蔬菜,腌菜、咸菜、酱菜和盐渍蔬菜等,也属于本货物的征税范围。

各种蔬菜罐头(罐头是指以金属罐、玻璃瓶和其他材料包装,经排气密封的各种食品。下同)不属于本货物的征税范围。

(三)烟叶

烟叶是指各种烟草的叶片和经过简单加工的叶片。本货物的征税范围包括晒烟叶、晾烟叶和初烤烟叶。

1. 晒烟叶。是指利用太阳能露天晒制的烟叶。

2. 晾烟叶。是指在晾房内自然干燥的烟叶。

3. 初烤烟叶。是指烟草种植者直接烤制的烟叶。不包括专业复烤厂烤制的复烤烟叶。

(四)茶叶

茶叶是指从茶树上采摘下来的鲜叶和嫩芽(即茶青),以及经吹干、揉拌、发酵、烘干等工序初制的茶。本货物的征税范围包括各种毛茶(如红毛茶、绿毛茶、乌龙毛茶、白毛茶、黑毛茶等)。

精制茶、边销茶及掺对各种药物的茶和茶饮料,不属于本货物的征税范围。

(五)园艺植物

园艺植物是指可供食用的果实,如水果、果干(如荔枝干、桂圆干、葡萄干等)、干果、果仁、果用瓜(如甜瓜、西瓜、哈密瓜等),以及胡椒、花椒、大料、咖啡豆等。

经冷冻、冷藏、包装等工序加工的园艺植物,也属于本货物的征税范围。

各种水果罐头,果脯,蜜饯,炒制的果仁、坚果,碾磨后的园艺植物(如胡椒粉、花椒粉等)，不属于本货物的征税范围。

(六)药用植物

药用植物是指用作中药原药的各种植物的根、茎、皮、叶、花、果实等。

利用上述药用植物加工制成的片、丝、块、段等中药饮片，也属于本货物的征税范围。

中成药不属于本货物的征税范围。

(七)油料植物

油料植物是指主要用作榨取油脂的各种植物的根、茎、叶、果实、花或者胚芽组织等初级产品，如菜子(包括芥菜子)、花生、大豆、葵花子、蓖麻子、芝麻子、胡麻子、茶子、桐子、橄榄仁、棕榈仁、棉籽等。

提取芳香油的芳香油料植物，也属于本货物的征税范围。

(八)纤维植物

纤维植物是指利用其纤维作纺织、造纸原料或者绳索的植物，如棉(包括籽棉、皮棉、絮棉)、大麻、黄麻、槿麻、苎麻、苘麻、亚麻、罗布麻、蕉麻、剑麻等。

棉短绒和麻纤维经脱胶后的精干(洗)麻，也属于本货物的征税范围。

(九)糖料植物

糖料植物是指主要用作制糖的各种植物，如甘蔗、甜菜等。

(十)林业产品

林业产品是指乔木、灌木和竹类植物，以及天然树脂、天然橡胶。林业产品的征税范围包括：

1. 原木。是指将砍伐倒的乔木去其枝芽、梢头或者皮的乔木、灌木，以及锯成一定长度的木段。

锯材不属于本货物的征税范围。

2. 原竹。是指将砍倒的竹去其枝、梢或者叶的竹类植物，以及锯成一定长度的竹段。

3. 天然树脂。是指木科植物的分泌物，包括生漆、树脂和树胶，如松脂、桃胶、樱胶、阿拉伯胶、古巴胶和天然橡胶(包括乳胶和干胶)等。

4. 其他林业产品。是指除上述列举林业产品以外的其他各种林业产品，如竹笋、笋干、棕竹、棕榈衣、树枝、树叶、树皮、藤条等。

盐水竹笋也属于本货物的征税范围。

竹笋罐头不属于本货物的征税范围。

(十一)其他植物

其他植物是指除上述列举植物以外的其他各种人工种植和野生的植物，如树苗、花卉、植物种子、植物叶子、草、麦秸、豆类、薯类、藻类植物等。

干花、干草、薯干、干制的藻类植物，农业产品的下脚料等，也属于本货物的征税范围。

二、动物类

动物类包括人工养殖和天然生长的各种动物的初级产品。具体征税范围为：

(一)水产品

水产品是指人工放养和人工捕捞的鱼、虾、蟹、鳖、贝类、棘皮类、软体类、腔肠类、海兽类动物。本货物的征税范围包括鱼、虾、蟹、鳖、贝类、棘皮类、软体类、腔肠类、海兽类、鱼苗

(卵)、虾苗、蟹苗、贝苗(秧),以及经冷冻、冷藏、盐渍等防腐处理和包装的水产品。

干制的鱼、虾、蟹、贝类、棘皮类、软体类、腔肠类,如干鱼、干虾、干虾仁、干贝等,以及未加工成工艺品的贝壳、珍珠,也属于本货物的征税范围。

熟制的水产品和各类水产品的罐头,不属于本货物的征税范围。

(二)畜牧产品

畜牧产品是指人工饲养、繁殖取得和捕获的各种畜禽。本货物的征税范围包括:

1. 兽类、禽类和爬行类动物,如牛、马、猪、羊、鸡、鸭等。

2. 兽类、禽类和爬行类动物的肉产品,包括整块或者分割的鲜肉、冷藏或者冷冻肉、盐渍肉,兽类、禽类和爬行类动物的内脏、头、尾、蹄等组织。

各种兽类、禽类和爬行类动物的肉类生制品,如腊肉、腌肉、熏肉等,也属于本货物的征税范围。

各种肉类罐头、肉类熟制品,不属于本货物的征税范围。

3. 蛋类产品。是指各种禽类动物和爬行类动物的卵,包括鲜蛋、冷藏蛋。

经加工的咸蛋、松花蛋、腌制的蛋等,也属于本货物的征税范围。

各种蛋类的罐头不属于本货物的征税范围。

4. 鲜奶。是指各种哺乳类动物的乳汁和经净化、杀菌等加工工序生产的乳汁。

用鲜奶加工的各种奶制品,如酸奶、奶酪、奶油等,不属于本货物的征税范围。

(三)动物皮张

动物皮张是指从各种动物(兽类、禽类和爬行类动物)身上直接剥取的,未经鞣制的生皮、生皮张。

将生皮、生皮张用清水、盐水或者防腐药水浸泡、刮里、脱毛、晒干或者熏干,未经鞣制的,也属于本货物的征税范围。

(四)动物毛绒

动物毛绒是指未经洗净的各种动物的毛发、绒发和羽毛。

洗净毛、洗净绒等不属于本货物的征税范围。

(五)其他动物组织

其他动物组织是指上述列举以外的兽类、禽类、爬行类动物的其他组织,以及昆虫类动物。

1. 蚕茧。包括鲜茧和干茧,以及蚕蛹。

2. 天然蜂蜜。是指采集的未经加工的天然蜂蜜、鲜蜂王浆等。

3. 动物树脂,如虫胶等。

4. 其他动物组织,如动物骨、壳、兽角、动物血液、动物分泌物、蚕种等。

1－1－135

财政部　国家税务总局关于对铁路工附业单位恢复征收增值税问题的通知

1996年5月30日　财税字〔1996〕35号

经国务院批准，现对铁路工附业单位征收增值税问题通知如下：

自1996年6月1日起，对铁路工附业单位向其所在路局内部其他单位提供货物或应税劳务恢复征收增值税。《关于增值税若干过渡性优惠政策问题的通知》（财税明电〔1995〕1号）中第一条的规定相应废止。

请依照执行。

1－1－136

国家税务总局关于原油管理费征收增值税问题的通知

1996年6月26日　国税发〔1996〕111号

根据国务院批准下发的《关于进一步完善原油、成品油流通体制改革意见的通知》精神，经国家计委批准，自1996年1月1日起，中国石油天然气总公司在国家规定的原油一、二档出厂价格的基础上，每吨收取4元的原油管理费。对原油管理费如何征税问题，经研究，现明确如下：

按照《中华人民共和国增值税暂行条例》的有关规定，纳税人销售货物或者应税劳务的销售额包括向购买方收取的全部价款和价外费用。原油管理费是在国家规定的原油一、二档出厂价格的基础上按销售原油数量收取的，属于价外费用的一部分，因此，应按增值税的有关规定征收增值税。原油管理费征税后集中到总公司的部分，按《国家税务总局关于原油管理费缴纳营业税问题的复函》（国税函发〔1996〕101号）文件的规定不再征收营业税。

特此通知，请依照执行。

1－1－137

财政部　国家税务总局关于金银首饰等货物征收增值税问题的通知

1996年9月14日　财税字〔1996〕74号

近期,各地陆续反映了一些增值税政策执行中遇到的问题。经研究,现将有关政策问题明确如下:

一、考虑到金银首饰以旧换新业务的特殊情况,对金银首饰以旧换新业务,可以按销售方实际收取的不含增值税的全部价款征收增值税。

二、骨粉、鱼粉按照“饲料”征收增值税。

1－1－138

国家税务总局关于铁路支线维护费征收增值税问题的通知

1996年9月24日　国税函发〔1996〕561号

安徽省国家税务局:

你局《关于煤炭生产企业收取的铁路支线维护费如何征税问题的请示》(皖国税流〔1996〕205号)收悉。现就煤炭生产企业自备铁路专用线收取铁路支线维护费如何征税问题明确如下:

按照《中华人民共和国增值税暂行条例》的有关规定,纳税人销售货物或者应税劳务的销售额包括向购买方收取的全部价款和价外费用。你省煤炭生产企业用自备铁路专用线运输煤炭取得的“铁路支线维护费”是在销售煤炭环节收取的,属于增值税条例规定的价外费用,因此,应按增值税的有关规定征收增值税。

1－1－139

国家税务总局关于农牧业救灾柴油征收增值税问题的批复

1996年10月29日　国税函发〔1996〕612号

青海省国家税务局:

你局《关于对农牧业救灾柴油征税问题的请示》(青国税流字〔1996〕378号)收悉,关于要求对农牧业救灾柴油免征增值税的问题,考虑到我国地域广阔,各种自然灾害时有发生,为了税制完整,按照国务院批准的《关于停止审批救灾物资减免税的请示》(财税政字〔1995〕10 号)精神,我们意见,不宜对救灾物资免征增值税。

特此批复。

1 －1 －140

财政部　国家税务总局关于供电工程贴费不征收增值税和营业税的通知

1997 年 9 月 5 日　财税字〔1997〕102 号

最近,一些地区和部门来文,要求对供电企业收取的供电工程贴费是否征收增值税或营业税的问题予以明确,经研究,现通知如下:

供电工程贴费是指在用户申请用电或增加用电容量时,供电企业向用户收取的用于建设 110 千伏及以下各级电压外部供电工程建设和改造等费用的总称,包括供电和配电贴费两部分。经国务院批准同意的国家计委《关于调整供电贴费标准和加强贴费管理的请示》(计投资〔1992〕2569 号)附件一规定:“根据贴费的性质和用途,凡电力用户新建的工程项目所支付的贴费,应从该工程的基建投资中列支:凡电力用户改建、扩建的工程项目所支付的贴费,从单位自有资金中列支”。同时,用贴费建设的工程项目由电力用户交由电力部门统一管理使用。根据贴费和用贴费建设的工程项目的性质以及增值税、营业税有关法规政策的规定,供电工程贴费不属于增值税销售货物和收取价外费用的范围,不应当征收增值税,也不属于营业税的应税劳务收入,不应当征收营业税。

注释:

条款废止或失效。本文有关营业税的规定废止或失效。参见:《财政部　国家税务总局关于公布若干废止和失效的营业税规范性文件目录的通知》(财税〔2009〕61 号)。

1 －1 －141

国家税务总局关于中国海洋石油总公司油气增值税销售费用问题的批复

1997 年 9 月 15 日　国税函〔1997〕512 号

天津市国家税务局:

你局《关于中国海洋石油总公司油气增值税按比例扣除销售费用的请示》(津国税二〔1996〕118 号)收悉。经研究,现答复如下:

一、鉴于目前各油(气)田发生的销售费用项目标准不一致,个别油(气)田实际发生的销售费用与按比例计算出的数额差异较大，尚难确定一个既符合各油(气)田实际又能统一适用的费用比例，因此，对销售的增值税油(气)实物所发生的销售费用，仍应按照《国家税务总局关于中外合作开采石油资源缴纳增值税有关问题的通知》(国税发〔1994〕114号)的规定，按实际发生的销售费用计算扣除额。

二、销售增值税油(气)实物所发生的实际销售费用，是指增值税油(气)实物在销售过程中实际发生的商检费(包括由卖方负担的商检人员的交通费)和销售机构管理费。

三、允许扣除的销售机构管理费，应是符合现行财务制度实际发生并与销售增值税油(气)实际有关的机构管理费，如在实际操作中确实难以划分，也可以按销售收入比例扣除。

计算公式如下：可扣除的销售机构管理费 = 油(气)销售机构管理费 ×［应纳增值税油(气)销售收入 ÷ 总收入］×5%

总收入指油(气)销售机构取得的全部油(气)销售收入及本机构取得的其他各种收入的总和。

四、有特殊情况需要调整费用扣除项目的必须报经国家税务总局批准。

1－1－142

财政部　国家税务总局关于连锁经营企业增值税纳税地点问题的通知

1997年11月11日　财税字〔1997〕97号

为支持连锁经营的发展，根据《增值税暂行条例》第二十二条的有关规定，现对连锁经营企业实行统一缴纳增值税的有关问题通知如下：

一、对跨地区经营的直营连锁企业，即连锁店的门店均由总部全资或控股开设，在总部领导下统一经营的连锁企业，凡按照国内贸易部《连锁店经营管理规范意见》(内贸政体法字〔1997〕第24号)的要求，采取微机联网，实行统一采购配送商品，统一核算，统一规范化管理和经营，并符合以下条件的，可对总店和分店实行由总店向其所在地主管税务机关统一申报缴纳增值税：

1. 在直辖市范围内连锁经营的企业，报经直辖市国家税务局会同市财政局审批同意；

2. 在计划单列市范围内连锁经营的企业，报经计划单列市国家税务局会同市财政局审批同意；

3. 在省(自治区)范围内连锁经营的企业，报经省(自治区)国家税务局会同省财政厅审批同意；

4. 在同一县(市)范围内连锁经营的企业，报经县(市)国家税务局会同县(市)财政局审批同意。

二、连锁企业实行由总店向总店所在地主管税务机关统一缴纳增值税后，财政部门应研究采取妥善办法，保证分店所在地的财政利益在纳税地点变化后不受影响。涉及省内地、市间利益转移的，由省级财政部门确定；涉及地、市内县(市)间利益转移的，由地、市财政部门确定;县(市)范围内的利益转移,由县(市)财政部门确定。

三、对自愿连锁企业,即连锁店的门店均为独立法人,各自的资产所有权不变的连锁企业和特许连锁企业,即连锁店的门店同总部签订合同,取得使用总部商标、商号、经营技术及销售总部开发商品的特许权的连锁企业,其纳税地点不变,仍由各独立核算门店分别向所在地主管税务机关申报缴纳增值税。

1-1-143

财政部 国家税务总局关于免征农村电网维护费增值税问题的通知

1998年3月5日 财税字〔1998〕47号

根据国务院的指示精神,经研究决定,从1998年1月1日起,对农村电管站在收取电价时一并向用户收取的农村电网维护费(包括低压线路损耗和维护费以及电工经费)给予免征增值税的照顾。对1998年1月1日前未征收入库的增值税税款,不再征收入库。

1-1-144

国家税务总局关于修订“饲料”注释及加强饲料征免增值税管理问题的通知

1999年3月8日 国税发〔1999〕39号

随着我国饲料工业的发展,饲料的品种和生产特点发生了较大变化,为了支持饲料工业发展,进一步明确和规范饲料的征免增值税范围,加强对饲料免征增值税的管理,现将对《增值税部分货物征税范围注释》(国税发〔1993〕151号)中饲料注释的修订及饲料免征增值税的管理办法明确如下:

一、饲料指用于动物饲养的产品或其加工品。

本货物的范围包括:

1. 单一大宗饲料。指以一种动物、植物、微生物或矿物质为来源的产品或其副产品。其范围仅限于糠麸、酒糟、油饼、骨粉、鱼粉、饲料级磷酸氢钙。

2. 混合饲料。指由两种以上单一大宗饲料、粮食、粮食副产品及饲料添加剂按照一定比例配置,其中单一大宗饲料、粮食及粮食副产品的参兑比例不低于95%的饲料。

3. 配合饲料。指根据不同的饲养对象,饲养对象的不同生长发育阶段的营养需要,将多种饲料原料按饲料配方经工业生产后,形成的能满足饲养动物全部营养需要(除水分外)的饲料。

4. 复合预混料。指能够按照国家有关饲料产品的标准要求量,全面提供动物饲养相应阶段所需微量元素(4种或以上)、维生素(8种或以上),由微量元素、维生素、氨基酸和非营养性添加剂中任何两类或两类以上的组分与载体或稀释剂按一定比例配置的均匀混合物。

5. 浓缩饲料。指由蛋白质、复合预混料及矿物质等按一定比例配制的均匀混合物。

用于动物饲养的粮食、饲料添加剂不属于本货物的范围。

二、原有的饲料生产企业及新办的饲料生产企业,应凭省级饲料质量检测机构出具的饲料产品合格证明及饲料工业管理部门审核意见,向所在地主管税务机关提出免税申请,经省级国家税务局审核批准后,由企业所在地主管税务机关办理免征增值税手续。

三、本通知自1999年1月1日起执行。此前,各地执行的饲料免税范围与本通知不一致的,可按饲料的销售对象确定征免,即:凡销售给饲料生产企业、饲养单位及个体养殖户的饲料,免征增值税,销售给其他单位的一律征税。

1－1－145

财政部　国家税务总局关于粮食企业增值税征免问题的通知

1999年6月29日　财税字〔1999〕198号

为支持和配合粮食流通体制改革,经国务院批准,现就粮食增值税政策调整的有关问题通知如下:

一、国有粮食购销企业必须按顺价原则销售粮食。对承担粮食收储任务的国有粮食购销企业销售的粮食免征增值税。免征增值税的国有粮食购销企业,由县(市)国家税务局会同同级财政、粮食部门审核确定。

审批享受免税优惠的国有粮食购销企业时,税务机关应按规定缴销其《增值税专用发票领购簿》,并收缴其库存未用的增值税专用发票予以注销;兼营其他应税货物的,须重新核定其增值税专用发票用量。

二、对其他粮食企业经营粮食,除下列项目免征增值税外,一律征收增值税。

(一)军队用粮:指凭军用粮票和军粮供应证按军供价供应中国人民解放军和中国人民武装警察部队的粮食。

(二)救灾救济粮:指经县(含)以上人民政府批准,凭救灾救济粮食(证)按规定的销售价格向需救助的灾民供应的粮食。

(三)水库移民口粮:指经县(含)以上人民政府批准,凭水库移民口粮票(证)按规定的销售价格供应给水库移民的粮食。

三、对销售食用植物油业务,除政府储备食用植物油的销售继续免征增值税外,一律照章征收增值税。

四、对粮油加工业务,一律照章征收增值税。

五、承担粮食收储任务的国有粮食购销企业和经营本通知所列免税项目的其他粮食经营企业,以及有政府储备食用植物油销售业务的企业,均需经主管税务机关审核认定免税资格,未报经主管税务机关审核认定,不得免税。享受免税优惠的企业,应按期进行免税申报，违反者取消其免税资格。

粮食部门应向同级国家税务局提供军队用粮、救灾救济粮、水库移民口粮的单位、供应数量等有关资料，经国家税务局审核无误后予以免税。

六、属于增值税一般纳税人的生产、经营单位从国有粮食购销企业购进的免税粮食，可依据购销企业开具的销售发票注明的销售额按13%的扣除率计算抵扣进项税额；购进的免税食用植物油，不得计算抵扣进项税额。

七、各省、自治区、直辖市、计划单列市国家税务局可依据本通知和增值税法规的有关规定制定具体执行办法，并报财政部、国家税务总局备案。

本通知从1999年8月1日起执行。

注释：

条款废止。第一条中“免征增值税的国有粮食购销企业，由县（市）国家税务局会同同级财政、粮食部门审核确定”的内容废止。参见：《国家税务总局关于国有粮食购销企业销售粮食免征增值税审批事项取消后有关管理事项的公告》（国家税务总局公告2015年第42号）。

条款废止。第五条中“承担粮食收储任务的国有粮食购销企业和经营本通知所列免税项目的其他粮食经营企业，以及有政府储备食用植物油销售业务的企业，均需经主管税务机关审核认定免税资格，未报经主管税务机关审核认定，不得免税”及“经国家税务局审核无误后予以免税”内容废止。参见：《国家税务总局关于明确部分增值税优惠政策审批事项取消后有关管理事项的公告》（国家税务总局公告2015年第38号）。

政策调整。“对承担粮食收储任务的国有粮食购销企业免征增值税审核”“对承担粮食收储任务的国有粮食购销企业和经营免税项目的粮食经营企业以及有政府储备食用植物油销售业务的企业增值税免税资格审核”取消。参见：《国务院关于取消和调整一批行政审批项目等事项的决定》（国发〔2015〕11号）。

1－1－146

国家税务总局关于加强国有粮食购销企业增值税管理有关问题的通知

1999年8月18日　国税函〔1999〕560号

财政部、国家税务总局《关于粮食企业增值税征免问题的通知》（财税字〔1999〕198号）及国家税务总局《关于国有粮食购销企业开具粮食销售发票有关问题的通知》（国税明电〔1999〕10号）规定国有粮食购销企业销售粮食免征增值税并可向购货方开具增值税专用发票。为保证此项政策的落实，加强国有粮食购销企业增值税管理，现就有关问题通知如下：

一、凡享受免征增值税的国有粮食购销企业，均按增值税一般纳税人认定，并进行纳税申报、日常检查及有关增值税专用发票的各项管理。

二、经税务机关认定为增值税一般纳税人的国有粮食购销企业，1999 年内要全部纳入增值税防伪税控系统管理，自 2000 年 1 月 1 日起，其粮食销售业务必须使用防伪税控系统开具增值税专用发票。对违反本条规定，逾期未使用防伪税控系统，擅自开具增值税专用发票的，按照《中华人民共和国发票管理办法》及其实施细则的有关规定进行处罚。

三、各地要将享受免征增值税的国有粮食购销企业户数于 1999 年 9 月 15 日前上报总局。

1－1－147

国家税务总局关于白银生产环节征收增值税的通知

2000 年 3 月 17 日　国税发〔2000〕51 号

根据国务院关于白银管理体制改革的指示，现就白银产品有关增值税政策规定如下：

自 2000 年 1 月 1 日起，对企业生产销售的银精矿含银、其他有色金属精矿含银、冶炼中间产品含银及成品银恢复征收增值税。

1－1－148

国家税务总局关于计算机软件征收流转税若干问题的通知

2000 年 7 月 20 日　国税发〔2000〕133 号

财政部、国家税务总局印发的《关于贯彻落实〈中共中央　国务院关于加强技术创新、发展高科技、实现产业化的决定〉有关税收问题的通知》（财税字〔1999〕273 号），对于 1999 年 10 月 1 日以后计算机软件征收营业税、增值税的问题作了具体规定。近据部分地区反映，在该通知下发前，由于原有税收政策对计算机软件如何征税规定得不够明确，各地在对计算机软件如何征税的问题上理解和执行不尽一致，另有部分地区反映由于收到文件较晚，能否推迟执行文件。为了规范税务机关的执法行为，经研究，现对上述问题明确如下：

一、1999 年 10 月 1 日前，纳税人销售计算机软件或销售机器设备附带的计算机软件（以下简称计算机软件），已征税的，无论是只征收营业税、增值税中的一种税，还是既征收了营业税又征收了增值税，均不作纳税调整；未征税的，按照财税字〔1999〕273 号文件的规定补征营业税或增值税。

二、1999 年 10 月 1 日前，纳税人进口计算机软件自己使用的，无论进口环节缴纳了增值税还是按规定免征了增值税，向境外支付的软件费凡未征收营业税的不再补征营业税；进口后在境内销售的，其征税问题依照本通知第一条的规定办理。

三、各级税务机关应严格执行财税字〔1999〕273 号文件所规定的执行时间。1999 年 10 月 1 日以后,纳税人销售计算机软件,凡未按该文件有关营业税、增值税征收范围的规定而征收营业税或增值税的,必须纠正并做税款补、退库处理。

四、财税字〔1999〕273 号文件第一条第(四)款所称"经过国家版权局注册登记",是指经国家版权局中国软件登记中心核准登记并取得该中心发放的著作权登记证书。

1－1－149

财政部 国家税务总局 中国人民银行关于配售出口黄金有关税收规定的通知

2000 年 7 月 28 日 财税〔2000〕3 号

经国务院批准,现就配售出口黄金的有关税收规定通知如下:

一、停止执行《财政部、国家税务总局、中国人民银行关于人民银行配售黄金征税问题的通知》[(94)财税字第 18 号]第四条的有关规定。

二、对按国际市场价格配售的黄金免征增值税,银行不开具增值税专用发票。

三、对出口黄金及出口金饰品的黄金原料部分不再予以出口退税,对此前已经报关出口的仍按原规定办理退税。

四、本通知自 2000 年 6 月 20 日起执行。此前规定凡与本通知规定不符的,一律按本通知规定执行。

1－1－150

财政部 国家税务总局关于校办企业免税问题的通知

2000 年 9 月 28 日 财税〔2000〕92 号

《关于校办企业有关税收政策问题的通知》(财税字〔2000〕33 号)下发以后,许多地方询问对校办企业为本校提供货物和服务的免税政策如何执行,经研究,现通知如下:

一、校办企业生产的应税货物,凡用于本校教学、科研方面的,经严格审核确认后,免征增值税。

二、校办企业为本校教学、科研服务所提供的应税劳务("服务业"税目中的旅店业、饮食业和"娱乐业"税目除外),经严格审核确认后,免征营业税。

三、享受优惠政策的校办企业标准,继续按照国税发〔1994〕156 号文件的规定执行。

四、本通知自 2000 年 1 月 1 日起执行。

1－1－151

财政部　国家税务总局关于飞机维修增值税问题的通知

2000年10月12日　财税〔2000〕102号

经国务院批准,现将有关飞机维修劳务的增值税政策问题通知如下:

为支持飞机维修行业的发展,决定自2000年1月1日起对飞机维修劳务增值税实际税负超过6%的部分实行由税务机关即征即退的政策。

请遵照执行。

1－1－152

财政部　国家税务总局关于铁路货车修理免征增值税的通知

2001年4月3日　财税〔2001〕54号

为支持我国铁路建设,经国务院批准,从2001年1月1日起对铁路系统内部单位为本系统修理货车的业务免征增值税。

请遵照执行。

1－1－153

财政部　国家税务总局关于停止执行商业企业批发肉、禽、蛋、水产品和蔬菜业务增值税先征后返政策的通知

2001年4月18日　财税〔2001〕46号

经国务院批准,自2001年1月1日起,对以下文件规定的商业企业批发肉、禽、蛋、水产品和蔬菜业务增值税先征后返政策停止执行:

一、《关于对商业企业批发肉、禽、蛋、水产品和蔬菜的业务实行“先征后返”的若干问题的通知》[(94)财税字第71号]

二、《关于继续对商业企业批发肉、禽、蛋、水产品和蔬菜的业务实行增值税先征后返政

策问题的通知》(财税字〔1998〕31 号)

三、《关于对商业企业批发肉、禽、蛋、水产品和蔬菜的业务如何征收增值税问题的通知》[(94)财预明电字第 3 号]

四、《关于商业企业批发肉、禽、蛋、水产品和蔬菜增值税先征后退有关预算管理问题的通知》(财预字〔1997〕108 号)

根据上述文件规定享受优惠政策的企业,凡 2000 年度及以前尚未办理的税款返还手续,应于 2001 年 6 月 30 日之前抓紧办理,逾期不再办理。

特此通知。

1 - 1 - 154

财政部 国家税务总局关于污水处理费有关增值税政策的通知

2001 年 6 月 19 日 财税〔2001〕97 号

各省、自治区、直辖市、计划单列市财政厅(局)、国家税务局、新疆生产建设兵团财务局:

为了切实加强和改进城市供水、节水和水污染防治工作,促进社会经济的可持续发展,加快城市污水处理设施的建设步伐,根据《国务院关于加强城市供水节水和水污染防治工作的通知》(国发〔2000〕36 号)的规定,对各级政府及主管部门委托自来水厂(公司)随水费收取的污水处理费,免征增值税。

本通知自 2001 年 7 月 1 日起执行,此前对上述污水处理费未征税的一律不再补征。

1 - 1 - 155

财政部 国家税务总局关于饲料产品免征增值税问题的通知

2001 年 7 月 12 日 财税〔2001〕121 号

根据国务院关于部分饲料产品继续免征增值税的指示,现将免税饲料产品范围及国内环节饲料免征增值税的管理办法明确如下:

一、免税饲料产品范围包括:

(一)单一大宗饲料。指以一种动物、植物、微生物或矿物质为来源的产品或其副产品。其范围仅限于糠麸、酒糟、鱼粉、草饲料、饲料级磷酸氢钙及除豆粕以外的菜子粕、棉子粕、向日葵粕、花生粕等粕类产品。

(二)混合饲料。指由两种以上单一大宗饲料、粮食、粮食副产品及饲料添加剂按照一定比例配置,其中单一大宗饲料、粮食及粮食副产品的参兑比例不低于 95% 的饲料。

(三)配合饲料。指根据不同的饲养对象,饲养对象的不同生长发育阶段的营养需要,将多种饲料原料按饲料配方经工业生产后，形成的能满足饲养动物全部营养需要（除水分外）的饲料。

（四）复合预混料。指能够按照国家有关饲料产品的标准要求量，全面提供动物饲养相应阶段所需微量元素（4 种或以上）、维生素（8 种或以上），由微量元素、维生素、氨基酸和非营养性添加剂中任何两类或两类以上的组分与载体或稀释剂按一定比例配置的均匀混合物。

（五）浓缩饲料。指由蛋白质、复合预混料及矿物质等按一定比例配制的均匀混合物。

二、原有的饲料生产企业及新办的饲料生产企业，应凭省级税务机关认可的饲料质量检测机构出具的饲料产品合格证明，向所在地主管税务机关提出免税申请，经省级国家税务局审核批准后，由企业所在地主管税务机关办理免征增值税手续。饲料生产企业饲料产品需检测品种由省级税务机关根据本地区的具体情况确定。

三、本通知自2001 年8 月1 日起执行。2001 年8 月1 日前免税饲料范围及豆粕的征税问题，仍按照《国家税务总局关于修订“饲料”注释及加强饲料征免增值税管理问题的通知》（国税发〔1999〕39 号）执行。

注释：

政策调整。第二条中“对饲料产品需检测品种由省级税务机关根据本地区的具体情况确定”的规定被列入取消的行政审批项目。参见：1.《国家税务总局关于调整饲料生产企业饲料免征增值税审批程序的通知》（国税发〔2003〕114 号）。2.《国务院关于取消第二批行政审批项目和改变一批行政审批项目管理方式的决定》（国发〔2003〕5 号）。

1 －1 －156

财政部　国家税务总局关于农业生产资料征免增值税政策的通知

2001 年7 月20 日　财税〔2001〕113 号

为支持农业生产发展，经国务院批准，现就若干农业生产资料征免增值税的政策通知如下：

一、下列货物免征增值税：

1. 农膜。

2. 生产销售的除尿素以外的氮肥、除磷酸二铵以外的磷肥、钾肥以及免税化肥为主要原料的复混肥（企业生产复混肥产品所用的免税化肥成本占原料中全部化肥成本的比重高于70%）。“复混肥”是指用化学方法或物理方法加工制成的氮、磷、钾三种养分中至少有两种养分标明量的肥料，包括仅用化学方法制成的复合肥和仅用物理方法制成的混配肥（也称掺合肥）。

3. 生产销售的阿维菌素、胺菊酯、百菌清、苯噻酰草胺、苄嘧磺隆、草除灵、吡虫啉、丙烯菊酯、哒螨灵、代森锰锌、稻瘟灵、敌百虫、丁草胺、啶虫脒、多抗霉素、二甲戊乐灵、二嗪磷、氟乐灵、高效氯氰菊酯、炔螨特、甲多丹、甲基硫菌灵、甲基异柳磷、甲(乙)基毒死蜱、甲(乙)基嘧啶磷、精恶唑禾草灵、精喹禾灵、井冈霉素、咪鲜胺、灭多威、灭蝇胺、苜蓿银纹夜蛾核型多角体病毒、噻磺隆、三氟氯氰菊酯、三唑磷、三唑酮、杀虫单、杀虫双、顺式氯氰菊酯、涕灭威、烯唑醇、辛硫磷、辛酰溴苯精、异丙甲草胺、乙阿合剂、乙草胺、乙酰甲胺磷、莠去津。

4. 批发和零售的种子、种苗、化肥、农药、农机。

二、对生产销售的尿素统一征收增值税,并在2001、2002年两年内实行增值税先征后退的政策。2001年对征收的税款全额退还,2002年退还50%,自2003年起停止退还政策。增值税具体退税事宜,由财政部驻各地财政监察专员办事处按财政部、国家税务总局、中国人民银行《关于税制改革后对某些企业实行"先征后退"有关预算管理问题的暂行规定的通知》[(94)财预字第55号]的有关规定办理。

三、对原征收增值税的尿素生产企业生产销售的尿素,实行增值税先征后退政策从2001年1月1日起执行;对原免征增值税的尿素生产企业生产销售的尿素,恢复征收增值税和实行先征后退政策以及对农业生产资料免征增值税政策,自2001年8月1日起执行,《关于延续若干增值税免税政策的通知》(财税明电〔2000〕6号)第四条同时停止执行。

注释:

条款失效。第一条第2项和第4项"化肥"的规定自2015年9月1日起停止执行。参见:《财政部 海关总署 国家税务总局关于对化肥恢复征收增值税政策的通知》(财税〔2015〕90号)。

条款失效。第一条第3项失效。参见:《财政部 海关总署 国家税务总局关于农药税收政策的通知》(财税〔2003〕186号)。

1-1-157

财政部 国家税务总局关于豆粕等粕类产品征免增值税政策的通知

2001年8月7日 财税〔2001〕30号

经国务院批准,现将饲料产品征免增值税问题通知如下:

一、自2000年6月1日起,饲料产品分为征收增值税和免征增值税两类。

二、进口和国内生产的饲料,一律执行同样的征税或免税政策。

三、自2000年6月1日起,豆粕属于征收增值税的饲料产品,进口或国内生产豆粕,均按13%的税率征收增值税。其他粕类属于免税饲料产品,免征增值税,已征收入库的税款做退库处理。

四、为保护纳税人的经济利益,对纳税人2000年6月1日至9月30日期间销售的国内生产的豆粕以及在此期间定货并进口的豆粕,凭有效凭证,仍免征增值税,已征收入库的增值税给予退还。

五、自2000年6月1日起,《国家税务总局关于修改〈国家税务总局关于修订“饲料”注释及加强饲料征免增值税管理问题的通知〉的通知》(国税发〔2000〕93号)第二条的规定停止执行。

1－1－158

国家税务总局关于退耕还林还草补助粮免征增值税问题的通知

2001年11月26日　国税发〔2001〕131号

按照国务院规定,退耕还林还草试点工作实行“退耕还林、封山绿化、以粮代赈,个体承包”的方针,对退耕户根据退耕面积由国家无偿提供粮食补助。因此,对粮食部门经营的退耕还林还草补助粮,凡符合国家规定标准的,比照“救灾救济粮”免征增值税。

1－1－159

国家税务总局关于中国北方机车车辆工业集团公司所属企业的铁路货车修理业务免征增值税的通知

2001年11月26日　国税函〔2001〕862号

《财政部、国家税务总局关于铁路货车修理免征增值税的通知》(财税〔2001〕54号)中所指的“铁路系统内部单位”包括中国北方机车车辆工业集团公司所属企业,其为铁路系统修理铁路货车的业务免征增值税。

1－1－160

国家税务总局关于加油站一律按照增值税一般纳税人征税的通知

2001年12月3日　国税函〔2001〕882号

为了加强对加油站成品油销售的增值税征收管理,经研究决定,从2002年1月1日起,对从事成品油销售的加油站,无论其年应税销售额是否超过180万元,一律按增值税一般纳税人征税。目前按照小规模纳税人征税的加油站,其增值税一般纳税人资格的认定,各地须于2001年12月31日前完成,并于2002年1月15日前将加油站户数报国家税务总局(流转税管理司)。

1－1－161

财政部　国家税务总局　外经贸部关于外国政府和国际组织无偿援助项目在华采购物资免征增值税问题的通知

2002年1月11日　财税〔2002〕2号

为促进我国接受外国政府和国际组织无偿援助工作的开展,保证援助项目的顺利实施,经国务院批准,自2001年8月1日起,对外国政府和国际组织无偿援助项目在国内采购的货物免征增值税,同时允许销售免税货物的单位,将免税货物的进项税额在其他内销货物的销项税额中抵扣。现将《外国政府和国际组织无偿援助项目在国内采购货物免征增值税的管理办法》印发给你们,请遵照执行。

附件:外国政府和国际组织无偿援助项目在国内采购货物免征增值税的管理办法(试行)

附件

外国政府和国际组织无偿援助项目在国内采购货物免征增值税的管理办法(试行)

一、为促进我国接受外国政府和国际组织无偿援助工作的开展,做好外国政府和国际组织无偿援助项目在国内采购货物免征增值税的工作,特制定本办法。

二、本办法适用于外国政府和国际组织(具体名单见附件一)对我国提供的无偿援助项目在我国关境内所采购的货物,以及为此提供货物的国内企业(以下简称供货方)。

三、在无偿援助项目确立之后,援助项目所需物资的采购方(以下简称购货方)通过项目单位共同向对外贸易经济合作部和国家税务总局同时提交免税采购申请,内容包括:援助项目名称、援助方、受援单位、购货方与供货方签订的销售合同(复印件)等,并填报《外国政府和国际组织无偿援助项目在华采购货物明细表》(见附件二)。如委托他人采购,需提交委托协议和实际购货方的情况,包括购货方的单位名称、地址、联系人及联系电话等。

供货方在销售合同签订后,将合同(复印件)送交企业所在地税务机关备案。

四、对外贸易经济合作部在接到购货方和项目单位的免税采购申请后,对项目有关内容的真实性、采购货物是否属援助项目所需等内容进行审核。审核无误后,对外贸易经济合作部向国家税务总局出具申请内容无误的证明材料。

五、国家税务总局接到购货方和项目单位的免税采购申请和对外贸易经济合作部出具的证明材料后,通过供货方所在地主管税务部门对免税申请所购货物的有关情况进行核实。如主管税务部门出具的证明材料与对外贸易经济合作部出具的证明材料的相关内容一致,国家税务总局向供货方所在地主管税务机关下发供货方销售有关货物免征增值税的文件,同时抄送财政部、对外贸易经济合作部和购货方。

六、供货方凭购货方出示的免税文件,按照文件的规定,以不含增值税的价格向购货方销售货物。

供货方应向其主管税务机关提出免税申请。供货方所在地主管税务机关凭国家税务总局下发的免税文件为供货方办理免征销项税及进项税额抵扣手续。

七、购货方和项目单位提交免税采购申请和《外国政府和国际组织无偿援助项目在华采购货物明细表》后,其内容不允许随意变更。如确需变更,应按本办法规定程序另行报送审批。

八、免税采购的货物必须用于规定的援助项目,不得销售或用于其他项目,否则视同骗税,依照《中华人民共和国税收征收管理法》第六十六条的有关规定处理。

九、本办法自 2001 年 8 月 1 日起执行。

附件:一、国际组织名单(编者略)

二、外国政府和国际组织无偿援助项目在华采购货物明细表(编者略)

1 – 1 – 162

成品油零售加油站增值税征收管理办法

2002 年 4 月 2 日　国家税务总局令第 2 号

第一条　为加强成品油零售加油站的增值税征收管理,堵塞税收管理漏洞,根据《中华人民共和国税收征收管理法》、《中华人民共和国增值税暂行条例》及有关税收政策规定,制定本办法。

第二条　凡经经贸委批准从事成品油零售业务,并已办理工商、税务登记,有固定经营场所,使用加油机自动计量销售成品油的单位和个体经营者(以下简称加油站),适用本办法。

第三条　本办法第一条所称加油站,一律按照《国家税务总局关于加油站一律按照增值税一般纳税人征税的通知》(国税函〔2001〕882 号)认定为增值税一般纳税人;并根据《中华人民共和国增值税暂行条例》有关规定进行征收管理。

第四条　采取统一配送成品油方式设立的非独立核算的加油站,在同一县市的,由总机构汇总缴纳增值税。在同一省内跨县市经营的,是否汇总缴纳增值税,由省级税务机关确定。跨省经营的,是否汇总缴纳增值税,由国家税务总局确定。

对统一核算,且经税务机关批准汇总缴纳增值税的成品油销售单位跨县市调配成品油的,不征收增值税。

第五条　加油站无论以何种结算方式(如收取现金、支票、汇票、加油凭证(簿)、加油卡等)收取售油款,均应征收增值税。加油站销售成品油必须按不同品种分别核算,准确计算应税销售额。加油站以收取加油凭证(簿)、加油卡方式销售成品油,不得向用户开具增值税专用发票。

第六条 加油站应税销售额包括当月成品油应税销售额和其他应税货物及劳务的销售额。其中成品油应税销售额的计算公式为:

$$\text{成品油应税销售额}=\left(\text{当月全部成品油销售数量}-\text{允许扣除的成品油数量}\right)\times\text{油品单价}$$

第七条 加油站必须按规定建立《加油站日销售油品台账》(附表1,以下简称台账)登记制度。加油站应按日登记台账,按日或交接班次填写,完整、详细地记录当日或本班次的加油情况,月终汇总登记《加油站月销售油品汇总表》(附表2)。台账须按月装订成册,按会计原始账证的期限保管,以备主管税务机关检查。

第八条 加油站除按月向主管税务机关报送增值税一般纳税人纳税申报办法规定的申报资料外,还应报送以下资料:

(一)《加油站________月份加油信息明细表》(附表3)或加油IC卡;

(二)《加油站月销售油品汇总表》;

(三)《成品油购销存数量明细表》(附表4)。

第九条 加油站通过加油机加注成品油属于以下情形的,允许在当月成品油销售数量中扣除:

(一)经主管税务机关确定的加油站自有车辆自用油。

(二)外单位购买的,利用加油站的油库存放的代储油。

加油站发生代储油业务时,应凭委托代储协议及委托方购油发票复印件向主管税务机关申报备案。

(三)加油站本身倒库油。

加油站发生成品油倒库业务时,须提前向主管税务机关报告说明,由主管税务机关派专人实地审核监控。

(四)加油站检测用油(回罐油)。

上述允许扣除的成品油数量,加油站月终应根据《加油站月销售油品汇总表》统计的数量向主管税务机关申报。

第十条 成品油生产、批发单位所在地税务机关应按月将其销售成品油信息通过金税工程网络传递到购油企业所在地主管税务机关。

第十一条 对财务核算不健全的加油站,如已全部安装税控加油机,应按照税控加油机所记录的数据确定计税销售额征收增值税。对未全部安装税控加油机(包括未安装)或税控加油机运行不正常的加油站,主管税务机关应要求其严格执行台账制度,并按月报送《成品油购销存数量明细表》。按月对其成品油库存数量进行盘点,定期联合有关执法部门对其进行检查。

主管税务机关应将财务核算不健全的加油站全部纳入增值税纳税评估范围,结合通过金税工程网络所掌握的企业购油信息以及本地区同行业的税负水平等相关信息,按照《国家税务总局关于加强商贸企业增值税纳税评估工作的通知》(国税发〔2001〕140号)的有关规定进行增值税纳税评估。对纳税评估有异常的,应立即移送稽查部门进行税务稽查。

主管税务机关对财务核算不健全的加油站可以根据所掌握的企业实际经营状况,核定征收增值税。

财务核算不健全的加油站,主管税务机关应根据其实际经营情况和专用发票使用管理规定限量供应专用发票。

第十二条 发售加油卡、加油凭证销售成品油的纳税人(以下简称“预售单位”)在售卖加油卡、加油凭证时,应按预收账款方法作相关账务处理,不征收增值税。

预售单位在发售加油卡或加油凭证时可开具普通发票,如购油单位要求开具增值税专用发票,待用户凭卡或加油凭证加油后,根据加油卡或加油凭证回笼记录,向购油单位开具增值税专用发票。接受加油卡或加油凭证销售成品油的单位与预售单位结算油款时,接受加油卡或加油凭证销售成品油的单位根据实际结算的油款向预售单位开具增值税专用发票。

第十三条 主管税务机关每季度应对所辖加油站运用稽查卡进行1次加油数据读取,并将读出的数据与该加油站的《增值税纳税申报表》、《加油站日销售油品台账》、《加油站月销售油品汇总表》等资料进行核对,同时应对加油站的应扣除油量的确定、成品油购销存等情况进行全面纳税检查。

第十四条 本办法自2002年5月1日起执行。

附表:1. 加油站日销售油品台账(编者略)

2. 加油站月销售油品汇总表(编者略)

3. 加油站________月份加油信息明细表(编者略)

4. 成品油购销存数量明细表(编者略)

1－1－163

财政部　国家税务总局关于不带动力的手扶拖拉机和三轮农用运输车增值税政策的通知

2002年6月6日　财税〔2002〕89号

各省、自治区、直辖市、计划单列市财政厅(局)、国家税务局:

近来接到部分地区反映,要求对不带动力的手扶拖拉机和三轮农用运输车是否属于“农机”的问题予以明确,经研究,现明确如下:

不带动力的手扶拖拉机(也称“手扶拖拉机底盘”)和三轮农用运输车(指以单缸柴油机为动力装置的三个车轮的农用运输车辆)属于“农机”,应按有关“农机”的增值税政策规定征免增值税。

本通知自2002年6月1日起执行。

1－1－164

财政部　国家税务总局关于黄金税收政策问题的通知

2002年9月12日　财税〔2002〕142号

各省、自治区、直辖市、计划单列市财政厅（局）、国家税务局、地方税务局，新疆生产建设兵团财务局：

为了贯彻国务院关于黄金体制改革决定的要求，规范黄金交易，加强黄金交易的税收管理，现将黄金交易的有关税收政策明确如下：

一、黄金生产和经营单位销售黄金（不包括以下品种：成色为AU9999、AU9995、AU999、AU995；规格为50克、100克、1公斤、3公斤、12.5公斤的黄金，以下简称标准黄金）和黄金矿砂（含伴生金），免征增值税；进口黄金（含标准黄金）和黄金矿砂免征进口环节增值税。

二、黄金交易所会员单位通过黄金交易所销售标准黄金（持有黄金交易所开具的《黄金交易结算凭证》），未发生实物交割的，免征增值税；发生实物交割的，由税务机关按照实际成交价格代开增值税专用发票，并实行增值税即征即退的政策，同时免征城市维护建设税、教育费附加。增值税专用发票中的单价、金额和税额的计算公式分别为：

单价＝实际成交单价÷（1＋增值税税率）

金额＝数量×单价

税额＝金额×税率

实际成交单价是指不含黄金交易所收取的手续费的单位价格。

纳税人不通过黄金交易所销售的标准黄金不享受增值税即征即退和免征城市维护建设税、教育费附加政策。

三、黄金出口不退税；出口黄金饰品，对黄金原料部分不予退税，只对加工增值部分退税。

四、对黄金交易所收取的手续费等收入照章征收营业税。

五、黄金交易所黄金交易的增值税征收管理办法及增值税专用发票管理办法由国家税务总局另行制定。

注释：

条款失效。第三条失效。参见：《国家税务总局关于出口含金成分产品有关税收政策的通知》（国税发〔2005〕125号）。

1－1－165

国家税务总局关于印发《黄金交易增值税征收管理办法》的通知

2002年10月23日　国税发明电〔2002〕47号

各省、自治区、直辖市、计划单列市国家税务局：

为了贯彻国务院关于黄金体制改革决定的要求，加强黄金交易的增值税征收管理，并根据财政部、国家税务总局《关于黄金税收政策问题的通知》的规定，现将《黄金交易所黄金交易增值税征收管理办法》印发给你们，请遵照执行。各地在对黄金征收增值税的过程中如发现问题，应及时上报国家税务总局。

附件：《黄金交易所黄金交易增值税征收管理办法》

附件

《黄金交易所黄金交易增值税征收管理办法》

一、关于黄金交易的品种

1. 标准黄金产品

四种成色：AU9999、AU9995、AU999、AU995。

五种规格：50克、100克、1公斤、3公斤、12.5公斤。

2. 非标准黄金产品

除上述四种成色、五种规格以外的黄金产品。

二、关于黄金交易的有关征税规定

1. 为便于增值税的征收管理，按照黄金交易所章程规定注册登记的会员以及按照黄金交易所章程规定登记备案的客户，通过黄金交易所进行的标准黄金产品交易［并持有黄金交易所开具的《黄金交易结算发票》（结算联）］，未发生实物交割的，由卖出方会员单位或客户按实际成交价格向黄金交易所开具普通发票，并免征增值税；如发生实物交割的，由黄金交易所主管税务机关代黄金交易所按照实际成交价格向具有增值税一般纳税人资格的提货方会员单位或客户开具增值税专用发票（增值税专用发票的发票联、记账联、存根联由黄金交易所留存，抵扣联传递给提货方会员单位）。对提货方会员单位或客户为非增值税一般纳税人的，不得开具增值税专用发票。

“标准黄金实物交割”是指：会员单位或客户将在黄金交易所已成交的黄金从黄金交易所指定的金库提取黄金的行为。

2. 黄金交易所交易环节发生标准黄金实物交割，应按实际成交价格开具增值税专用发票，实际成交价格为所提取黄金买卖双方按规定报价方式所成交的价格，不包括交易费、仓储费等费用。为准确计算所提黄金的实际成交价格，黄金交易所应按后进先出法原则确定。

3. 为便于增值税的征收管理，在黄金交易所开业初期，对非黄金生产会员单位或客户（不包括银行系统），应按本单位的黄金实际使用量从黄金交易所的指定金库提取黄金。对没有按本单位黄金实际使用量而从黄金交易所指定金库多提取的黄金，不得再向黄金交易所指定的金库存入黄金进行交易，包括黄金交易所开业之前非黄金生产会员单位或客户（不包括银行系统）在本单位的库存黄金。

4. 黄金交易所可享受增值税即征即返的优惠政策，同时免征城市建设维护税、教育费附加。

5. 对纳税人不通过黄金交易所销售标准黄金的，不享受增值税即征即退和免征城市建设维护税、教育费附加的政策。

三、会员单位和客户增值税进项税额的核算

1. 对会员单位（中国人民银行和黄金生产企业除外）或客户应对在黄金交易所黄金交易的进项税额实行单独核算，对按取得的黄金交易所开具的增值税专用发票上注明的增值税税额（包括相对应的买入量）单独记账。对会员或客户从黄金交易所购入黄金（指发生实物交割）再通过黄金交易所卖出时，应计算通过黄金交易所卖出黄金进项税额的转出额，并从当期进项税额中转出，同时计入成本；对企业当期账面进项税额小于通过下列公式计算出的应转出的进项税额，其差额部分应当立即补征入库。

应转出的进项税额 = 单位进项税额 × 当期黄金卖出量。

单位进项税额 = 购入黄金的累计进项税额 ÷ 累计黄金购入额。

2. 对会员单位（中国人民银行和黄金生产企业除外）或客户通过黄金交易所销售企业原有库存黄金，应按实际成交价格计算相应的进项税金转出额，并从当期进项税额中转出，计入成本。

应转出的进项税额 = 销售库存黄金实际成交价格 ÷（1 + 17%）× 17%

四、增值税一般纳税人的认定

1. 为便于增值税的征收管理，黄金交易所应向所在地的主管税务机关申请办理增值税一般纳税人的认定手续，并申请印制《黄金交易结算发票》。

2. 会员单位和客户符合增值税一般纳税人认定资格的，可向其所在地的主管税务机关申请办理增值税一般纳税人的认定手续。

会员和客户在黄金交易所所在地设有分支机构的，并由分支机构进行黄金交易的，对符合增值税一般纳税人资格的分支机构可向黄金交易所的主管税务机关申请办理一般纳税人的认定手续。

五、关于税务机关代开增值税专用发票

黄金交易所主管税务机关代开增值税专用发票中的单价、金额和税额的计算公式：

单价 = 实际成交单价 ÷（1 + 增值税税率）

金额 = 数额 × 单价

税额 = 金额 × 税率

单价小数点后保留四位。

六、对会员单位和客户应按黄金交易所开具的《黄金交易结算发票》作为会计记账凭证进行财务核算;对买入方会员单位和客户取得税务部门代开的增值税专用发票(增值税专用发票的发票联、记账联、存根联由黄金交易所留存,抵扣联传递给提货方会员单位),只作为核算进项税额的凭证,不得作为财务核算的凭证。

七、会员单位和客户未发生实物交割的,应凭黄金交易所开具的《黄金交易结算发票》(结算联),向会员单位和客户所在地税务机关办理免税手续。

八、为便于增值税的征收管理,黄金交易所应加强对会员单位和客户的基础管理工作,会员单位的自营黄金交易与代理客户的黄金交易应分别进行核算。

1－1－166

财政部　国家税务总局关于停止经济特区地产地销货物增值税优惠政策的通知

2002 年 11 月 23 日　财税〔2002〕164 号

海南省财政厅、国家税务局,深圳市财政局、国家税务局:

为进一步适应 WTO 规则的要求,规范增值税制度,经国务院批准,现就经济特区地产地销货物增值税优惠政策问题通知如下:

自 2003 年 1 月 1 日起,《关于经济特区征免流转税问题的通知》(国税明电〔1993〕78 号)第一条、第二条关于经济特区的税收优惠政策停止执行,在经济特区范围内生产并销售的货物,恢复按照规范办法征收增值税。请认真做好宣传解释工作,确保政策调整的平稳过渡。

请遵照执行。

1－1－167

财政部　国家税务总局关于铂金及其制品税收政策的通知

2003 年 4 月 28 日　财税〔2003〕86 号

为规范铂金交易,加强铂金交易的税收管理,经国务院批准,现将铂金及铂金制品的税收政策明确如下:

一、对进口铂金免征进口环节增值税。

二、对中博世金科贸有限责任公司通过上海黄金交易所销售的进口铂金,以上海黄金交易所开具的《上海黄金交易所发票》(结算联)为依据,实行增值税即征即退政策。采取按照进口铂金价格计算退税的办法，具体如下：

即征即退的税额计算公式：

$$\text{进口铂金平均单价}=\frac{\sum\left(\text{当月进口铂金报关单价}\times\text{当月进口铂金数量}\right)+\text{上月末库存进口铂金总价值}}{\text{当月进口铂金数量}+\text{上月末库存进口铂金数量}}$$

金额 = 销售数量 × 进口铂金平均单价 ÷ (1 + 17%)

即征即退的税额 = 金额 × 17%

中博世金科贸有限责任公司进口的铂金没有通过上海黄金交易所销售的，不得享受增值税即征即退政策。

三、中博世金科贸有限责任公司通过上海黄金交易所销售的进口铂金，由上海黄金交易所主管税务机关按照实际成交价格代开增值税专用发票。增值税专用发票中的单价、金额和税额的计算公式为：

单价 = 实际成交单价 ÷ (1 + 17%)

金额 = 成交数量 × 单价

税额 = 金额 × 17%

实际成交单价是指不含黄金交易所收取的手续费的单位价格。

四、国内铂金生产企业自产自销的铂金也实行增值税即征即退政策。

五、对铂金制品加工企业和流通企业销售的铂金及其制品仍按现行规定征收增值税。

六、铂金出口不退税；出口铂金制品，对铂金原料部分的进项增值税不实行出口退税，只对铂金制品加工环节的加工费按规定退税率退税。

七、铂金首饰消费税的征收环节由现行在生产环节和进口环节征收改为在零售环节征收，消费税税率调整为5%。具体征收管理比照财政部、国家税务总局《关于调整金银首饰消费税纳税环节有关问题的通知》[(94)财税字第95号]和国家税务总局关于印发《金银首饰消费税征收管理办法的通知》规定执行。

八、对黄金交易所收取的手续费等收入照章征收营业税。

九、黄金交易所铂金交易的增值税征收管理及增值税专用发票管理由国家税务总局另行制定。

十、本通知自2003年5月1日起执行。

注释：

条款废止。第六条自2012年7月1日起废止。参见：《财政部 国家税务总局关于出口货物劳务增值税和消费税政策的通知》(财税〔2012〕39号)。

条款失效。第六条“出口铂金制品对铂金原料部分的进项增值税不实行出口退税，只对铂金制品加工环节的加工费按规定退税率退税”的规定自2005年5月1日起停止执行。参见：《国家税务总局关于含金产品出口实行免税政策有关问题的补充通知》(国税发〔2006〕10号)。

1－1－168

财政部　海关总署　国家税务总局关于农药税收政策的通知

2003年9月23日　财税〔2003〕186号

各省、自治区、直辖市、计划单列市财政厅（局）、国家税务局、新疆生产建设兵团财务局、广东分署、各直属海关：

经国务院批准，现将有关农药的税收政策问题通知如下：

一、自2003年1月1日起，停止执行对部分列名进口农药（成药、原药）免征进口环节增值税的政策，已征收的保证金转为税款。

二、自2004年1月1日起，停止执行对部分进口农药原料及中间体进口环节增值税先征后返的政策。

三、自2004年1月1日起，《财政部、国家税务总局关于若干农业生产资料征免增值税政策通知》（财税〔2001〕113号）第一条第3项关于对国产农药免征生产环节增值税的政策停止执行。

1－1－169

国家税务总局关于中国石油天然气集团公司所属石油工程技术服务公司增值税管理问题的通知

2003年10月27日　国税函〔2003〕1193号

各省、自治区、直辖市和计划单列市国家税务局：

为提高石油工程技术服务的整体竞争能力，中国石油天然气集团公司从2002年开始进行石油工程技术服务业务跨地区专业化重组，成立了中国石油天然气集团东方地球物理勘探有限责任公司（以下简称东方物探公司）和中国石油集团测井有限公司（以下简称中油集团测井公司），主要提供地球物理勘探设计、数据处理、信息技术和测井、射孔等油气勘探开发技术服务。为加强对重组企业的增值税管理，促进油气田企业持续重组改制，现对上述两户企业的增值税管理问题通知如下。

一、东方物探公司、中油集团测井公司属于中国石油天然气集团公司的存续公司，其增值税管理应按照《财政部、国家税务总局关于印发〈油气田企业增值税暂行管理办法〉的通知》（财税字〔2000〕32号）和《国家税务总局关于油气田企业增值税问题的补充通知》（国税发〔2000〕195号）的规定执行。

二、东方物探公司、中油集团测井公司以独立核算的公司为增值税纳税义务人,由总机构统一计算缴纳增值税。所需发票由公司统一集中领购、开具和管理。

三、东方物探公司、中油集团测井公司所属的非独立核算机构以及向其他油气田企业提供生产性劳务的活动场所,应接受机构所在地和劳务发生地税务机关的税务管理。公司所属非独立核算机构应在其机构所在地办理税务登记。在外县(市)提供生产性劳务,累计施工时间不超过180天的,应凭原办理税务登记所在地税务机关开具的《外出经营活动税收管理证明》,到劳务发生地税务机关报验登记,超过180天的,应办理临时税务登记。设立分(子)公司的,应办理增值税一般纳税人认定手续。

四、东方物探公司、中油集团测井公司向其他油气田企业提供生产性劳务的,在劳务发生地按6%的预征率计算缴纳增值税,不得抵扣进项税额,预征的税款可在公司的应纳税额中抵减。

五、东方物探公司、中油集团测井公司单项生产性劳务跨省、自治区、直辖市、计划单列市的,可按照在各省、自治区、直辖市、计划单列市发生的生产性劳务的工作量计算应分配的税额。

六、中国石油天然气集团公司今后重组成立的同类公司,可比照上述规定执行。

注释:

条款废止。第四条废止。参见:《国家税务总局关于公布全文失效废止 部分条款失效废止的税收规范性文件目录的公告》(国家税务总局公告2011年第2号)。

1－1－170

国家税务总局关于进一步加强加油站增值税征收管理有关问题的通知

2003年11月26日 国税发〔2003〕142号

为了进一步加强对加油站增值税的征收管理,现就有关问题通知如下:

一、成品油零售加油站应严格执行2002年国家税务总局发布的《成品油零售加油站增值税征收管理办法》(国家税务总局令第2号)的各项规定,建立、登记《加油站日销售油品台账》,在纳税申报期向主管税务机关报送《加油站月份加油信息明细表》或加油IC卡、《加油站月销售油品汇总表》、《成品油购销存数量明细表》。凡未按规定建立台账、不准确登记台账的,主管税务机关应责令其限期改正,逾期仍不改正的,主管税务机关可根据企业的实际经营状况核定其增值税销售额,按适用税率征税,不得抵扣进项税额。

二、主管税务机关要加强对加油站的日常管理,应每月对所辖加油站运用稽查卡进行一次加油数据读取,将读取的数据与加油站所报送的《增值税纳税申报表》、《加油站月销售油品汇总表》等资料进行核对,核对有问题且无正当理由的,应立即移交稽查部门进行税务稽查。稽查部门对加油站的纳税情况要按季进行稽查。

对汇总缴纳增值税的一般纳税人，自2004年1月1日起，其下属零售加油站所在地税务机关应每月运用稽查卡进行一次加油数据读取，并负责将采集的数据传送给受理申报的税务机关进行比对。

三、凡不通过已安装税控装置的加油机或税控加油机加油，擅自改变税控装置或破坏铅封，导致机器记录失真或无法记录，造成少缴或不缴应纳税款的，按《税收征管法》有关规定从重处罚。

四、主管税务机关应定期配合技术监督部门对所辖加油站的税控加油机进行检查，对采用技术手段擅自修改加油数量的，除严格按照《税收征管法》有关规定进行处罚外，还应提请经贸委等部门吊销其成品油经营许可证。

1－1－171

国家税务总局关于债转股企业实物投资免征增值税政策有关问题的批复

2003年12月29日　国税函〔2003〕1394号

江西省国家税务局：

你局《关于债转股企业实物资产投入新公司免征增值税有关问题的请示》（赣国税发〔2003〕90号）收悉。经研究，现批复如下：

《中华人民共和国增值税暂行条例》第21条规定，纳税人销售免税货物不得开具增值税专用发票。鉴于债转股企业投入到新公司的实物资产享受免征增值税政策，因此债转股企业将实物资产投入到新公司时不得开具增值税专用发票。

特此批复。

1－1－172

国家税务总局关于饲用鱼油产品免征增值税的批复

2003年12月29日　国税函〔2003〕1395号

福建省国家税务局：

你局《关于"饲用鱼油"产品免征增值税问题的请示》（闽国税发〔2003〕214号）收悉。经研究，现批复如下：

饲用鱼油是鱼粉生产过程中的副产品，主要用于水产养殖和肉鸡饲养，属于单一大宗饲料。经研究，自2003年1月1日起，对饲用鱼油产品按照现行"单一大宗饲料"的增值税政策规定，免予征收增值税。

特此批复。

1 -1 -173

国家税务总局关于血液制品增值税政策的批复

2004年3月8日 国税函〔2004〕335号

海南省国家税务局：

你省《关于血液制品增值税政策的请示》（琼国税发〔2003〕261号）收悉，经研究，现批复如下：

增值税一般纳税人购进人体血液不属于购进免税农产品，也不得比照购进免税农业产品按照买价和13%的扣除率计算抵扣进项税额。

1 -1 -174

财政部　国家税务总局关于中国科技资料进出口总公司销售进口图书享受免征国内销售环节增值税政策的通知

2004年3月30日 财税〔2004〕69号

天津市财政局、国家税务局：

经国务院批准，自2004年1月1日起，对中国科技资料进出口总公司为科研单位、大专院校进口的用于科研、教学的图书、文献、报刊及其他资料（包括只读光盘、缩微平片、胶卷、地球资源卫星照片、科技和教学声像制品）免征国内销售环节增值税。

请遵照执行。

1 -1 -175

国家税务总局关于增值税一般纳税人销售软件产品向购买方收取的培训费等费用享受增值税即征即退政策的批复

2004年5月12日 国税函〔2004〕553号

北京市国家税务局：

你局《关于增值税一般纳税人销售软件产品向购买方收取培训费、维护费等价外费用

可否享受增值税即征即退政策的请示》(京国税发〔2003〕32号)收悉。现批复如下:

增值税一般纳税人在销售软件产品的同时向购买方收取的培训费、维护费等费用,应按现行规定征收增值税,也应享受软件产品增值税即征即退的政策。

1－1－176

国家税务总局关于电力公司过网费收入征收增值税问题的批复

2004年5月19日 国税函〔2004〕607号

四川省国家税务局、地方税务局:

你局《关于电力公司过网费收入征收增值税问题的请示》(川国税发〔2004〕52号)收悉。经研究,现批复如下:

鉴于电力公司利用自身电网为发电企业输送电力过程中,需要利用输变电设备进行调压,属于提供加工劳务。根据《中华人民共和国增值税暂行条例》有关规定,电力公司向发电企业收取的过网费,应当征收增值税,不征收营业税。

1－1－177

国家税务总局关于取消饲料产品免征增值税审批程序后加强后续管理的通知

2004年7月7日 国税函〔2004〕884号

各省、自治区、直辖市和计划单列市国家税务局,局内各单位:

根据《国务院关于第三批取消和调整行政审批项目的决定》(国发〔2004〕16号),《财政部、国家税务总局关于饲料产品免征增值税的通知》(财税〔2001〕121号)第二条有关饲料生产企业向所在地主管税务机关提出申请,经省级国家税务局审核批准后办理免税的规定予以取消。为了加强对免税饲料产品的后续管理,现将有关问题明确如下:

一、符合免税条件的饲料生产企业,取得有计量认证资质的饲料质量检测机构(名单由省级国家税务局确认)出具的饲料产品合格证明后即可按规定享受免征增值税优惠政策,并将饲料产品合格证明报其所在地主管税务机关备案。

二、饲料生产企业应于每月纳税申报期内将免税收入如实向其所在地主管税务机关申报。

三、主管税务机关应加强对饲料免税企业的监督检查,凡不符合免税条件的要及时纠正,依法征税。对采取弄虚作假手段骗取免税资格的,应依照《中华人民共和国税收征收管理法》及有关税收法律、法规的规定予以处罚。

注释：

条款废止。第一条废止。参见：《国家税务总局关于废止和修改部分税收规范性文件的公告》（国家税务总局公告2018年第67号）。

条款修改。根据《第十三届全国人民代表大会第一次会议关于国务院机构改革方案的决定》等有关规定，税收规范性文件规定的国税地税机关的职责和工作由新的税务机关承担。国家税务总局依据《税收规范性文件制定管理办法》（国家税务总局令第41号公布），对税收规范性文件进行了清理。参见：《国家税务总局关于修改部分税收规范性文件的公告》（国家税务总局公告2018年第31号）。

1－1－178

财政部　国家税务总局关于中国石油化工集团公司转让茂名乙烯产权流转税问题的通知

2004年7月12日　财税〔2004〕130号

广东省财政厅、国家税务局、地方税务局：

中国石油化工集团公司（以下简称“中石化集团”）来文反映，经国务院批准，2000年中石化集团进行了重组改制，创立了中国石油化工股份有限公司（以下简称“中石化股份”），并将生产经营性资产剥离到中石化股份。但由于效益等原因，2000年重组时，茂名乙烯暂未实行剥离。为兑现中石化股份上市时的承诺，中石化股份与中石化集团于2003年10月签署《收购协议》，规定茂名乙烯的主业资产全部产权和原有人员一并转入中石化股份，此项交割工作已于2003年12月31日完成，目前茂名乙烯已在中石化股份管理之下正常生产。中石化集团要求对其将茂名乙烯产权转让给中石化股份行为是否征收增值税和营业税予以明确。经研究，现通知如下：

中石化集团将茂名乙烯主业资产、土地使用权等转让给中石化股份，是对2000年中石化集团重组改制时遗留问题的处理，其转让货物、不动产、无形资产的行为，属于对企业重组改制中尚未划分清楚的资产的重新划定，不是一般意义的企业间转让货物、不动产、无形资产的行为，对中石化集团取得的收入，不征收增值税、营业税。

1－1－179

国家税务总局关于商业企业向货物供应方收取的部分费用征收流转税问题的通知

2004年10月13日　国税发〔2004〕136号

各省、自治区、直辖市和计划单列市国家税务局、地方税务局：

据部分地区反映，商业企业向供货方收取的部分收入如何征收流转税的问题，现行政策规定不够统一，导致不同地区之间政策执行不平衡。经研究，现规定如下：

一、商业企业向供货方收取的部分收入，按照以下原则征收增值税或营业税：

（一）对商业企业向供货方收取的与商品销售量、销售额无必然联系，且商业企业向供货方提供一定劳务的收入，例如进场费、广告促销费、上架费、展示费、管理费等，不属于平销返利，不冲减当期增值税进项税金，应按营业税的适用税目税率征收营业税。

（二）对商业企业向供货方收取的与商品销售量、销售额挂钩（如以一定比例、金额、数量计算）的各种返还收入，均应按照平销返利行为的有关规定冲减当期增值税进项税金，不征收营业税。

二、商业企业向供货方收取的各种收入，一律不得开具增值税专用发票。

三、应冲减进项税金的计算公式调整为：

$$\text{当期应冲减进项税金} = \text{当期取得的返还资金} \Big/ \left(1 + \text{所购货物适用增值税税率}\right) \times \text{所购货物适用增值税税率}$$

四、本通知自2004年7月1日起执行。本通知发布前已征收入库税款不再进行调整。其他增值税一般纳税人向供货方收取的各种收入的纳税处理，比照本通知的规定执行。

1－1－180

财政部　国家税务总局关于停止集成电路增值税退税政策的通知

2004年10月25日　财税〔2004〕174号

各省、自治区、直辖市、计划单列市财政厅（局）、国家税务局，新疆生产建设兵团财务局：

经国务院批准，现就集成电路产品增值税退税政策的问题通知如下：

《财政部　国家税务总局关于进一步鼓励软件产业和集成电路产业发展税收政策的通知》（财税〔2002〕70号）第一条有关增值税退税政策，自2005年4月1日起停止执行。

2005年3月31日以前，财税〔2002〕70号文的第一条有关增值税退税政策仅适用于在

2004 年 7 月 14 日前已认定的集成电路企业和 2004 年 7 月 14 日前已认定的集成电路产品(含单晶硅片)。

请遵照执行。

1－1－181

电力产品增值税征收管理办法

2004 年 12 月 22 日　国家税务总局令第 10 号

第一条　为了加强电力产品增值税的征收管理,根据《中华人民共和国税收征收管理法》、《中华人民共和国增值税暂行条例》、《中华人民共和国增值税暂行条例实施细则》及其有关规定,结合电力体制改革以及电力产品生产、销售特点,制定本办法。

第二条　生产、销售电力产品的单位和个人为电力产品增值税纳税人,并按本办法规定缴纳增值税。

第三条　电力产品增值税的计税销售额为纳税人销售电力产品向购买方收取的全部价款和价外费用,但不包括收取的销项税额。价外费用是指纳税人销售电力产品在目录电价或上网电价之外向购买方收取的各种性质的费用。

供电企业收取的电费保证金,凡逾期(超过合同约定时间)未退还的,一律并入价外费用缴纳增值税。

第四条　电力产品增值税的征收,区分不同情况,分别采取以下征税办法:

(一)发电企业(电厂、电站、机组,下同)生产销售的电力产品,按照以下规定计算缴纳增值税:

1. 独立核算的发电企业生产销售电力产品,按照现行增值税有关规定向其机构所在地主管税务机关申报纳税;具有一般纳税人资格或具备一般纳税人核算条件的非独立核算的发电企业生产销售电力产品,按照增值税一般纳税人的计算方法计算增值税,并向其机构所在地主管税务机关申报纳税。

2. 不具有一般纳税人资格且不具有一般纳税人核算条件的非独立核算的发电企业生产销售的电力产品,由发电企业按上网电量,依核定的定额税率计算发电环节的预缴增值税,且不得抵扣进项税额,向发电企业所在地主管税务机关申报纳税。计算公式为:

预征税额 = 上网电量 × 核定的定额税率

(二)供电企业销售电力产品,实行在供电环节预征、由独立核算的供电企业统一结算的办法缴纳增值税,具体办法如下:

1. 独立核算的供电企业所属的区县级供电企业,凡能够核算销售额的,依核定的预征率计算供电环节的增值税,不得抵扣进项税额,向其所在地主管税务机关申报纳税;不能核算销售额的,由上一级供电企业预缴供电环节的增值税。计算公式为:

预征税额 = 销售额 × 核定的预征率

2. 供电企业随同电力产品销售取得的各种价外费用一律在预征环节依照电力产品适用的增值税税率征收增值税,不得抵扣进项税额。

（三）实行预缴方式缴纳增值税的发、供电企业按照隶属关系由独立核算的发、供电企业结算缴纳增值税，具体办法为：

独立核算的发、供电企业月末依据其全部销售额和进项税额，计算当期增值税应纳税额，并根据发电环节或供电环节预缴增值税税额，计算应补（退）税额，向其所在地主管税务机关申报纳税。计算公式为：

应纳税额＝销项税额－进项税额

应补（退）税额＝应纳税额－发（供）电环节预缴增值税税额

独立核算的发、供电企业当期销项税额小于进项税额不足抵扣，或应纳税额小于发、供电环节预缴增值税税额形成多交增值税时，其不足抵扣部分和多交增值税额可结转下期抵扣或抵减下期应纳税额。

（四）发、供电企业的增值税预征率（含定额税率，下同），应根据发、供电企业上期财务核算和纳税情况、考虑当年变动因素测算核定，具体权限如下：

1. 跨省、自治区、直辖市的发、供电企业增值税预征率由预缴增值税的发、供电企业所在地和结算增值税的发、供电企业所在地省级国家税务局共同测算，报国家税务总局核定；

2. 省、自治区、直辖市范围内的发、供电企业增值税预征率由省级国家税务局核定。

发、供电企业预征率的执行期限由核定预征率的税务机关根据企业生产经营的变化情况确定。

（五）不同投资、核算体制的机组，由于隶属于各自不同的独立核算企业，应按上述规定分别缴纳增值税。

（六）对其他企事业单位销售的电力产品，按现行增值税有关规定缴纳增值税。

（七）实行预缴方式缴纳增值税的发、供电企业，销售电力产品取得的未并入上级独立核算发、供电企业统一核算的销售收入，应单独核算并按增值税的有关规定就地申报缴纳增值税。

第五条 实行预缴方式缴纳增值税的发、供电企业生产销售电力产品以外的其他货物和应税劳务，如果能准确核算销售额的，在发、供电企业所在地依适用税率计算缴纳增值税。不能准确核算销售额的，按其隶属关系由独立核算的发、供电企业统一计算缴纳增值税。

第六条 发、供电企业销售电力产品的纳税义务发生时间的具体规定如下：

（一）发电企业和其他企事业单位销售电力产品的纳税义务发生时间为电力上网并开具确认单据的当天。

（二）供电企业采取直接收取电费结算方式的，销售对象属于企事业单位，为开具发票的当天；属于居民个人，为开具电费缴纳凭证的当天。

（三）供电企业采取预收电费结算方式的，为发行电量的当天。

（四）发、供电企业将电力产品用于非应税项目、集体福利、个人消费，为发出电量的当天。

（五）发、供电企业之间互供电力，为双方核对计数量，开具抄表确认单据的当天。

（六）发、供电企业销售电力产品以外其他货物，其纳税义务发生时间按《中华人民共和国增值税暂行条例》及其实施细则的有关规定执行。

第七条 发、供电企业应按现行增值税的有关规定办理税务登记，进行增值税纳税申报。

实行预缴方式缴纳增值税的发、供电企业应按以下规定办理：

（一）实行预缴方式缴纳增值税的发、供电企业在办理税务开业、变更、注销登记时，应将税务登记证正本复印件按隶属关系逐级上报其独立核算的发、供电企业所在地主管税务机关留存。

独立核算的发、供电企业也应将税务登记证正本复印件报其所属的采用预缴方式缴纳增值税的发、供电企业所在地主管税务机关留存。

（二）采用预缴方式缴纳增值税的发、供电企业在申报纳税的同时，应将增值税进项税额和上网电量、电力产品销售额、其他产品销售额、价外费用、预征税款和查补税款分别归集汇总，填写《电力企业增值税销项税额和进项税额传递单》（样式附后，以下简称传递单）报送主管税务机关签章确认后，按隶属关系逐级汇总上报给独立核算发、供电企业；预征地主管税务机关也必须将确认后的《传递单》于收到当月传递给结算缴纳增值税的独立核算发、供电企业所在地主管税务机关。

（三）结算缴纳增值税的发、供电企业应按增值税纳税申报的统一规定，汇总计算本企业的全部销项税额、进项税额、应纳税额、应补（退）税额，于本月税款所属期后第二个月征期内向主管税务机关申报纳税。

（四）实行预缴方式缴纳增值税的发、供电企业所在地主管税务机关应定期对其所属企业纳税情况进行检查。发现申报不实，一律就地按适用税率全额补征税款，并将检查情况及结果发函通知结算缴纳增值税的独立核算发、供电企业所在地主管税务机关。

独立核算发、供电企业所在地主管税务机关收到预征地税务机关的发函后，应督促发、供电企业调整申报表。对在预缴环节查补的增值税，独立核算的发、供电企业在结算缴纳增值税时可以予以抵减。

第八条 发、供电企业销售电力产品，应按《中华人民共和国发票管理办法》和增值税专用发票使用管理规定领购、使用和管理发票。

第九条 电力产品增值税的其他征税事项，按《中华人民共和国税收征收管理法》、《中华人民共和国税收征收管理法实施细则》、《中华人民共和国增值税暂行条例》和《中华人民共和国增值税暂行条例实施细则》及其他有关规定执行。

第十条 本办法由国家税务总局负责解释。

第十一条 本办法自 2005 年 2 月 1 日起施行。

附件：1.《电力增值税销项税额和进项税额传递单》（编者略）

2.《发、供电企业税收检查情况通报单》（编者略）

注释：

条款修改。将第四条第四项第 1 目中“省级国家税务局”修改为“省、自治区、直辖市、计划单列市税务局”；将第四条第四项第 2 目中“省级国家税务局”修改为“省、自治区、直辖市、计划单列市税务局”；将“附件 2：发、供电企业税收检查情况通报单____区（县）国家税务局”修改为“附件 2：发、供电企业税收检查情况通报单____区（县）税务局”；将“附件 2：发、供电企业税收检查情况通报单____区（县）国家税务局（公章）”修改为“附件 2：发、供电企业税收检查情况通报单____区(县)税务局(公章)”。参见:《国家税务总局关于修改部分税务部门规章的决定》(国家税务总局令第44号)。

1-1-182

国家税务总局关于农户手工编织的竹制和竹芒藤柳坯具征收增值税问题的批复

2005年1月18日　国税函〔2005〕56号

广东省国家税务局:

你局《关于农民手工编织的竹芒藤柳坯具是否属于自产农产品问题的请示》(粤国税发〔2001〕226号)收悉。经研究,批复如下:

对于农民个人按照竹器企业提供样品规格,自产或购买竹、芒、藤、木条等,再通过手工简单编织成竹制或竹芒藤柳混合坯具的,属于自产农业初级产品,应当免征销售环节增值税。收购坯具的竹器企业可以凭开具的农产品收购凭证计算进项税额抵扣。

1-1-183

国家税务总局关于中国国际图书贸易总公司广州分公司销售进口图书资料免征增值税的通知

2005年4月21日　国税函〔2005〕360号

广东省国家税务局:

对中国国际图书贸易总公司广州分公司销售给高等学校、教育科研单位和北京图书馆的进口图书、报刊资料,可按照《财政部、国家税务总局关于中国国际图书贸易总公司销售给高等学校教育科研单位和北京图书馆的进口图书、报刊资料免征增值税问题的通知》(财税〔1998〕68号)有关规定,免征国内销售环节增值税。

纳税人所销售的免税图书资料,应一律开具普通发票,不得开具增值税专用发票,已开具增值税专用发票的必须全部追回后,方可免税。

请遵照执行。

1 －1 －184

国家税务总局关于由石油伴生气加工压缩成的石油液化气适用增值税税率的通知

2005 年 5 月 18 日　国税发〔2005〕83 号

各省、自治区、直辖市和计划单列市国家税务局：

近接部分地区请示，要求明确部分液化气产品适用增值税税率，现明确如下：

对由石油伴生气加工压缩而成的石油液化气，应当按照 13% 的增值税税率征收增值税。

1 －1 －185

国家税务总局关于加强农产品增值税抵扣管理有关问题的通知

2005 年 5 月 27 日　国税函〔2005〕545 号

各省、自治区、直辖市和计划单列市国家税务局：

为防范利用农产品收购凭证偷骗税的违法犯罪活动，堵塞征管漏洞，强化增值税管理，现将有关加强农产品增值税抵扣管理的问题通知如下：

一、各级税务机关要进一步加强对农产品增值税抵扣管理，要经常深入企业，全面掌握和了解有关生产企业的生产经营特点、农产品原料的消耗、采购规律以及纳税申报情况，检查农产品收购凭证的开具情况是否正常，查找征管的薄弱环节，积极采取有针对性的管理措施，堵塞漏洞，切实加强管理。

二、对纳税人发生大宗农产品收购业务的，主管税务机关应派专人深入现场核查，审核该项业务发生的真实性。

三、对有条件的地区，税务机关可运用信息化管理手段促进农产品收购凭证的使用管理。

四、税务机关应当积极引导和鼓励纳税人通过银行或农村信用社等金融机构支付农产品货款，对采用现金方式结算且支付数额较大的，应作为重点评估对象，严格审核，防止发生虚假收购行为，骗取国家税款。

五、税务机关应对农产品经销和生产加工企业定期开展增值税纳税评估，特别是要加强以农产品为主要原料的生产企业的纳税评估，发现问题的，要及时移交稽查部门处理。

六、税务机关应根据日常管理掌握的情况，有计划地组织开展对农产品经销和生产加工企业的重点稽查，凡查有偷骗税问题的，应依法严肃查处。

注释：

条款失效或废止。第二条失效或废止。参见：《国家税务总局关于发布已失效或废止有关增值税规范性文件清单的通知》(国税发〔2009〕7号)。

1－1－186

国家税务总局关于供电企业收取的免税农村电网维护费有关增值税问题的通知

2005年8月5日　国税函〔2005〕778号

各省、自治区、直辖市和计划单列市国家税务局：

近接部分地区反映，要求明确供电企业收取免税农村电网维护费，其进项税额是否转出问题。经研究，现明确如下：

一、对供电企业收取的免征增值税的农村电网维护费，不应分摊转出外购电力产品所支付的进项税额。

二、《国家税务总局关于农村体制改革中农村电网维护费征免增值税问题的批复》(国税函〔2002〕421号)第三条关于"供电企业应按规定计算农村电网维护费应分担的不得抵扣的进项税额，已计提进项税额的要做进项税额转出处理"的规定同时废止。

1－1－187

国家税务总局关于废旧物资回收经营企业增值税问题的批复

2005年9月14日　国税函〔2005〕839号

湖南省国家税务局：

你局《关于"7·23"专案湖南涉案企业经营业务适用税收政策问题的请示》(湘国税发〔2005〕7号)收悉。经研究，批复如下：

一、对废旧物资经营企业经营方式与《国家税务总局关于废旧物资经营业务有关税收问题的批复》(国税函〔2002〕893号)所列情形一致的，可依照国税函〔2002〕893号文件办理。

二、国税函〔2002〕893号文件是针对废旧物资回收经营行业某一种特定经营方式的个案批复，不能作为判定该行业其他经营行为是否涉嫌虚开专用发票的政策依据。根据你局提供的有关情况，你省涉案企业的实际做法与该文件所列情形不尽一致，不应按该文件办理。

1－1－188

国家税务总局关于金融机构开展个人实物黄金交易业务增值税有关问题的通知

2005年11月7日　国税发〔2005〕178号

各省、自治区、直辖市和计划单列市国家税务局：

近接部分金融机构来文，反映其经中国人民银行、中国银行业监督管理委员会批准，在所属分理处、储蓄所等营业场所内开展个人实物黄金交易业务，即向社会公开销售刻有不同字样的特制实物金条等黄金制品，并依照市场价格向购买者购回所售金条，由分行统一清算交易情况。对于金融机构销售实物黄金的行为，应当照章征收增值税，考虑到金融机构征收管理的特殊性，为加强税收管理，促进交易发展，现将有关问题通知如下：

一、对于金融机构从事的实物黄金交易业务，实行金融机构各省级分行和直属一级分行所属地市级分行、支行按照规定的预征率预缴增值税，由省级分行和直属一级分行统一清算缴纳的办法。

（一）发生实物黄金交易行为的分理处、储蓄所等应按月计算实物黄金的销售数量、金额，上报其上级支行。

（二）各支行、分理处、储蓄所应依法向机构所在地主管国家税务局申请办理税务登记。各支行应按月汇总所属分理处、储蓄所上报的实物黄金销售额和本支行的实物黄金销售额，按照规定的预征率计算增值税预征税额，向主管税务机关申报缴纳增值税。

预征税额＝销售额×预征率

（三）各省级分行和直属一级分行应向机构所在地主管国家税务局申请办理税务登记，申请认定增值税一般纳税人资格。按月汇总所属地市分行或支行上报的实物黄金销售额和进项税额，按照一般纳税人方法计算增值税应纳税额，根据已预征税额计算应补税额，向主管税务机关申报缴纳。

应纳税额＝销项税额－进项税额

应补税额＝应纳税额－预征税额

当期进项税额大于销项税额的，其留抵税额结转下期抵扣，预征税额大于应纳税额的，在下期增值税应纳税额中抵减。

（四）从事实物黄金交易业务的各级金融机构取得的进项税额，应当按照现行规定划分不可抵扣的进项税额，作进项税额转出处理。

（五）预征率由各省级分行和直属一级分行所在地省级国家税务局确定。

二、金融机构所属分行、支行、分理处、储蓄所等销售实物黄金时，应当向购买方开具国家税务总局统一监制的普通发票，不得开具银行自制的金融专业发票，普通发票领购事宜由各分行、支行办理。

三、各地在执行中遇到的问题，应及时向总局（流转税管理司）报告。

注释：

条款修改。根据《第十三届全国人民代表大会第一次会议关于国务院机构改革方案的决定》等有关规定，税收规范性文件规定的国税地税机关的职责和工作由新的税务机关承担。国家税务总局依据《税收规范性文件制定管理办法》（国家税务总局令第 41 号公布），对税收规范性文件进行了清理。参见：《国家税务总局关于修改部分税收规范性文件的公告》（国家税务总局公告 2018 年第 31 号）。

1－1－189

国家税务总局关于增值税一般纳税人期货交易有关增值税问题的通知

2005 年 11 月 9 日　国税函〔2005〕1060 号

各省、自治区、直辖市和计划单列市国家税务局：

为合理解决期货交易升贴水有关税款征收与专用发票开具问题，现将增值税一般纳税人期货交易有关增值税政策通知如下：

一、增值税一般纳税人在商品交易所通过期货交易销售货物的，无论发生升水或贴水，均可按照标准仓单持有凭证（式样见附件 1）所注明货物的数量和交割结算价开具增值税专用发票。

二、对于期货交易中仓单注册人注册货物时发生升水的，该仓单注销（即提取货物退出期货流通）时，注册人应当就升水部分款项向注销人开具增值税专用发票，同时计提销项税额，注销人凭取得的专用发票计算抵扣进项税额。

发生贴水的，该仓单注销时，注册人应当就贴水部分款项向注销人开具负数增值税专用发票，同时冲减销项税额，注销人凭取得的专用发票调减进项税额，不得由仓单注销人向仓单注册人开具增值税专用发票。注册人开具负数专用发票时，应当取得商品交易所出具的《标准仓单注册升贴水单》或《标准仓单注销升贴水单》（式样见附件 2、附件 3），按照所注明的升贴水金额向注销人开具，并将升贴水单留存以备主管税务机关检查。

三、本通知自 2005 年 12 月 1 日起执行。12 月 1 日前注册的期货仓单交易增值税征管问题仍按《国家税务总局关于印发〈货物期货征收增值税具体办法〉的通知》（国税发〔1994〕244 号）及有关规定执行。

四、本通知所称升水，是指按照规定的期货交易规则，所注册货物的等级、重量、类别、仓库位置等相比基准品、基准仓库为优的，交易所通过升贴水账户支付给货物注册方的一定差价金额。发生升水时，经多次交易后，标准仓单持有人提取货物注销仓单时，交易所需通过升贴水账户向注销人收取与升水额相等的金额。

所称贴水，是指按照规定的期货交易规则，所注册货物的等级、重量、类别、仓库位置等相比基准品、基准仓库为劣的，交易所通过升贴水账户向货物注册方收取的一定差价金额。发生贴水时，经多次交易后，标准仓单持有人提取货物注销仓单时，交易所需通过升贴水账户向注销人支付与贴水额相等的金额。

五、本通知执行中遇有问题，请及时上报总局（流转税管理司）。

附件：1. ××商品交易所标准仓单持有凭证（式样）（编者略）

2. ××商品交易所标准仓单注册升贴水单（式样）（编者略）

3. ××商品交易所标准仓单注销升贴水单（式样）（编者略）

1－1－190

国家税务总局关于矿物质微量元素舔砖免征增值税问题的批复

2005 年 11 月 30 日　国税函〔2005〕1127 号

内蒙古自治区国家税务局：

你局《关于企业进口饲料国内销售如何免征增值税问题的请示》（内国税流字〔2005〕1 号）收悉。经研究，批复如下：

矿物质微量元素舔砖，是以四种以上微量元素、非营养性添加剂和载体为原料，经高压浓缩制成的块状预混物，可供牛、羊等牲畜直接食用，应按照“饲料”免征增值税。

1－1－191

财政部　国家税务总局关于到期停止执行重水和钒钛产品的增值税优惠政策的通知

2006 年 8 月 3 日　财税〔2006〕95 号

四川省财政厅、国家税务局，财政部驻四川省财政监察专员办事处：

经国务院批准，以下税收优惠政策到 2005 年 12 月 31 日执行期满，自 2006 年 1 月 1 日起停止执行：

一、《财政部　国家税务总局关于四川火炬化工厂生产销售重水产品有关税收政策的通知》（财税〔2001〕47 号）。

二、《财政部　国家税务总局关于继续对攀枝花钢铁（集团）公司钒钛产品实行增值税先征后返政策的通知》（财税〔2001〕52 号）。

请遵照执行。

1－1－192

国家税务总局关于水洗猪鬃征收增值税问题的批复

2006年8月15日　国税函〔2006〕773号

重庆市国家税务局：

你局《关于水洗猪鬃是否属于农业产品的请示》（渝国税发〔2006〕109号）收悉。经研究，批复如下：

根据《财政部、国家税务总局关于印发〈农业产品征税范围注释〉的通知》（财税字〔1995〕52号）有关规定，水洗猪鬃是生猪鬃经过浸泡（脱脂）、打洗、分绒等加工过程生产的产品，已不属于农业产品征税范围，应按“洗净毛、洗净绒”征收增值税。

1－1－193

国家税务总局关于印发《钻石交易增值税征收管理办法》的通知

2006年8月28日　国税发〔2006〕131号

各省、自治区、直辖市和计划单列市国家税务局：

为加强钻石交易增值税征收管理，总局制定了《钻石交易增值税征收管理办法》，现印发给你们，自2006年7月1日起执行。执行中发现问题，请及时向总局（流转税管理司）报告。

钻石交易增值税征收管理办法

第一条　为了加强钻石交易的增值税征收管理，根据《中华人民共和国税收征收管理法》、《中华人民共和国增值税暂行条例》及有关税收政策规定，制定本办法。

第二条　上海钻石交易所（以下简称钻交所）是经国务院批准设立，办理钻石进出口手续和对钻石交易实行保税政策的交易场所。

第三条　本办法所称钻石，包括毛坯石和成品钻石。

第四条　钻交所应根据《中华人民共和国进/出境货物备案清单》（以下简称：备案清单）或《中华人民共和国海关进/出口货物报关单》（以下简称：报关单）及对海关开具的进出钻交所的《钻石交易核准单位》（以下简称：核准单）进行编号登记。

第五条　按照《上海钻石交易所章程》和《上海钻石交易所交易规则》注册登记的专门

经营钻石的所有会员单位应当在规定的时间内，向钻交所所在地的税务机关申请办理税务登记和申请办理增值税一般纳税人资格认定。税务机关对经审核符合条件的，认定为一般纳税人，不纳入辅导期管理。

第六条 会员单位通过钻交所进口销往国内市场的毛坯钻石，免征国内环节增值税，并可通过防伪税控"一机多票"系统开具普通发票；会员单位通过钻交所进口销往国内市场的成品钻石，凭海关完税凭证和核准单(需一一对应)，通过税务机关或税务机关指定的专业从事税务代理业务的中介机构使用增值税防伪税控主机共享服务系统开具增值税专用发票。如发生退货，需要开具红字增值税专用发票的，除按现行有关规定处理外，还应收回核准单(原件)；钻石出口不得开具增值税专用发票。

国内开采或加工的钻石，通过钻交所销售的，在国内销售环节免征增值税，可凭核准单开具普通发票；不通过钻交所销售的，在国内销售环节照章征收增值税，并可按规定开具专用发票。

第七条 会员单位通过钻交所进口成品钻石，凭海关完税凭证上注明的代征增值税税额抵扣，并将对应的核准单编号后，按规定向主管税务机关备案登记。

第八条 会员单位应根据增值税专用发票、核准单、备案清单或报关单等对成品钻石销售进行编号登记，并按规定报送主管税务机关。登记的主要内容是：进口单位名称、国际代码、商品名称及规格型号、数量及单位、报关单或备案清单号码、进口日期、原产国(地区)、总价、购买方单位名称、税务登记代码、专用发票代码、号码、核准单号等。会员单位主管税务机关应于每季度终了15日内向购买方的主管税务机关发送其从钻交所购入钻石的发票清单，主要内容是：所属期限、进口单位名称、专用发票代码和号码、商品名称及规格型号、数量及单位等。

第九条 从钻交所会员单位购进成品钻石的增值税一般纳税人，在向会员单位索取增值税专用发票抵扣联的同时，必须向其索取核准单(第三联)，以备税务机关核查。

第十条 从钻交所会员单位购进成品钻石的所有单位(包括加工钻石饰品等单位)应当按规定对钻石交易、库存、委托加工等情况设置明细账簿，按月向其主管税务机申报钻石购、销、损、存的明细情况。购买方主管税务机关应根据钻交所会员单位主管税务机关发送来的发票清单信息与核准单相关信息按季进行核实，发现异常的，应立即移送稽查部门实施税务稽查。

第十一条 违反本办法，由主管税务机关按照有关法律、行政法规处理。

第十二条 本办法由国家税务总局负责解释。

1－1－194

国家税务总局关于诺基亚公司实行统一结算方式增值税进项税额抵扣问题的批复

2006年12月15日　国税函〔2006〕1211号

北京市国家税务局：

你局《关于诺基亚公司采用总公司对北京、江苏和东莞三个地区分公司的购销业务实行统一结算方式涉及增值税进项税额抵扣问题的请示》（京国税发〔2004〕379号）收悉。经研究，批复如下：

对诺基亚各分公司购买货物从供应商取得的增值税专用发票，由总公司统一支付货款，造成购进货物的实际付款单位与发票上注明的购货单位名称不一致的，不属于《国家税务总局关于加强增值税征收管理若干问题的通知》（国税发〔1995〕192号）第一条第（三）款有关规定的情形，允许其抵扣增值税进项税额。

1－1－195

国家税务总局关于燃油电厂取得发电补贴有关增值税政策的通知

2006年12月19日　国税函〔2006〕1235号

各省、自治区、直辖市和计划单列市国家税务局：

现将燃油电厂从政府财政专户取得的发电补贴是否征收增值税的问题明确如下：

根据《中华人民共和国增值税暂行条例》第六条规定，应税销售额是指纳税人销售货物或者应税劳务向购买方收取的全部价款和价外费用。因此，各燃油电厂从政府财政专户取得的发电补贴不属于规定的价外费用，不计入应税销售额，不征收增值税。

1－1－196

国家税务总局关于饲料级磷酸二氢钙产品增值税政策问题的通知

2007年1月8日　国税函〔2007〕10号

各省、自治区、直辖市和计划单列市国家税务局：

近接部分地区询问，饲料级磷酸二氢钙产品用于水产品饲养、补充水产品所需的钙、磷等微量元素,与饲料级磷酸氢钙产品的生产用料、工艺等基本相同,是否应按照饲料级磷酸氢钙免税。现将饲料级磷酸二氢钙产品增值税政策通知如下:

一、对饲料级磷酸二氢钙产品可按照现行“单一大宗饲料”的增值税政策规定,免征增值税。

二、纳税人销售饲料级磷酸二氢钙产品,不得开具增值税专用发票;凡开具专用发票的,不得享受免征增值税政策,应照章全额缴纳增值税。

本通知自2007年1月1日起执行。

1－1－197

财政部　国家税务总局关于明确硝酸铵适用增值税税率的通知

2007年1月10日　财税〔2007〕7号

各省、自治区、直辖市、计划单列市财政厅(局)、国家税务局,新疆生产建设兵团财务局:

为贯彻落实《国务院办公厅关于进一步加强民用爆炸物品安全管理的通知》(国办发〔2002〕52号)精神,经研究,现将硝酸铵增值税政策通知如下:

一、自2007年2月1日起,硝酸铵适用的增值税税率统一调整为17%,同时不再享受化肥产品免征增值税政策。

二、自2007年2月1日起,出口企业出口的硝酸铵(税号:31023000)统一执行13%的退税率(以出口退税专用的出口货物报关单上注明的出口日期为准)。在此之前,出口企业已经出口的硝酸铵,按17%计算征收增值税的,按13%计算办理退税(含免抵退税,下同);按13%计算征收增值税的,按11%计算办理退税。

三、外贸企业在2007年2月1日后出口的硝酸铵,取得的增值税专用发票是在2007年2月1日前开具,且注明的税率为13%的,准予继续按11%计算办理退税;增值税专用发票是在2007年2月1日后开具,且注明税率仍为13%的,不予办理退税。

四、税务机关对外贸企业上述出口退税申报,可采取人机结合的办法予以审核处理。

1－1－198

国家税务总局关于粉煤灰(渣)征收增值税问题的批复

2007年2月5日　国税函〔2007〕158号

深圳市国家税务局:

你局《关于粉煤灰(渣)增值税问题的请示》(深国税发〔2006〕173号)收悉。经研究,批复如下:

粉煤灰(渣)是煤炭燃烧后的残留物,可以用作部分建材产品的生产原料,属于废渣产品,不属于建材产品。纳税人生产销售的粉煤灰(渣)不属于《财政部、国家税务总局关于对部分资源综合利用产品免征增值税的通知》(财税〔1995〕44 号)规定的免征增值税产品的范围,也不属于《财政部、国家税务总局关于调整农业产品增值税税率和若干项目征免增值税的通知》(财税字〔1994〕4 号)规定的按照简易办法征收增值税产品的范围。对纳税人生产销售的粉煤灰(渣)应当按照增值税适用税率征收增值税,不得免征增值税,也不得按照简易办法征收增值税。

1 - 1 - 199

国家税务总局关于中国石油化工集团公司油气田企业提供生产性劳务增值税问题的通知

2007 年 2 月 14 日　国税函〔2007〕214 号

江苏、山东、河南、新疆、湖北省(区)国家税务局:

近据中国石油化工集团公司反映,胜利石油管理局、中原石油勘探局、河南石油勘探局、江汉石油管理局、江苏石油勘探局和华东石油局(以下简称勘探企业)为新疆油气田企业提供生产性劳务,在机构所在地全额缴纳了增值税,在劳务发生地又按 6% 预征率重复缴纳了增值税。为合理解决重复征税问题,现将有关问题明确如下:

一、按现行增值税规定油气田企业在劳务发生地未设立分(子)公司但向外省、自治区、直辖市其他油气田企业提供生产性劳务的,应当在劳务发生地按 6% 的预征率计算缴纳增值税,按预征率预缴的税款可在油气田企业的应纳增值税中抵减。

二、对勘探企业缴纳的税款,可按以下不同情况进行处理:

(一)勘探企业实现的 2005 年以前年度增值税已在机构所在地全额缴纳,未在劳务发生地缴纳的,劳务发生地税务机关不再征收。但勘探企业必须向劳务发生地税务机关提供由机构所在地主管税务机关出具的已缴纳税款的证明材料。

(二)勘探企业实现的增值税(包括 2005 年以前年度实现的增值税)已在机构所在地全额缴纳,又在劳务发生地按 6% 预征率缴纳增值税的,对其在劳务发生地缴纳部分,可在其机构所在地以后年度的应纳税额中抵减。

1－1－200

国家税务总局关于中国电信集团公司和中国电信股份有限公司所属子公司业务销售附带赠送行为征收流转税问题的通知

2007年4月6日　国税函〔2007〕414号

各省、自治区、直辖市和计划单列市国家税务局、地方税务局：

现将中国电信集团公司和中国电信股份有限公司所属子公司（以下简称中国电信子公司）开展的以业务销售附带赠送服务或实物形式的业务有关流转税政策问题明确如下：

中国电信子公司开展以业务销售附带赠送电信服务业务（包括赠送用户一定的业务使用时长、流量或业务使用费额度，赠送有价卡预存款或者有价卡）的过程中，其附带赠送的电信服务是无偿提供电信业劳务的行为，不属于营业税征收范围，不征收营业税。

中国电信子公司开展的以业务销售附带赠送实物业务（包括赠送用户小灵通（手机）、电话机、SIM卡、网络终端或有价物品等实物），属于电信单位提供电信业劳务的同时赠送实物的行为，按照现行流转税政策规定，不征收增值税，其进项税额不得予以抵扣；其附带赠送实物的行为是电信单位无偿赠与他人实物的行为，不属于营业税征收范围，不征收营业税。

1－1－201

财政部　国家税务总局关于免征滴灌带和滴灌管产品增值税的通知

2007年5月30日　财税〔2007〕83号

各省、自治区、直辖市、计划单列市财政厅（局）、国家税务局，新疆生产建设兵团财务局：

为节约水资源，促进农业节水灌溉，发展农业生产，经国务院批准，现将滴灌带和滴灌管产品有关增值税政策问题通知如下：

一、自2007年7月1日起，纳税人生产销售和批发、零售滴灌带和滴灌管产品免征增值税。

滴灌带和滴灌管产品是指农业节水滴灌系统专用的、具有制造过程中加工的孔口或其他出流装置、能够以滴状或连续流状出水的水带和水管产品。滴灌带和滴灌管产品按照国家有关质量技术标准要求进行生产，并与PVC管（主管）、PE管（辅管）、承插管件、过滤器等部件组成为滴灌系统。

二、享受免税政策的纳税人应按照《中华人民共和国增值税暂行条例》及其实施细则等规定,单独核算滴灌带和滴灌管产品的销售额。未单独核算销售额的,不得免税。

三、纳税人销售免税的滴灌带和滴灌管产品,应一律开具普通发票,不得开具增值税专用发票。

四、生产滴灌带和滴灌管产品的纳税人申请办理免征增值税时,应向主管税务机关报送由产品质量检验机构出具的质量技术检测合格报告,出具报告的产品质量检验机构须通过省以上质量技术监督部门的相关资质认定。批发和零售滴灌带和滴灌管产品的纳税人申请办理免征增值税时,应向主管税务机关报送由生产企业提供的质量技术检测合格报告原件或复印件。未取得质量技术检测合格报告的,不得免税。

五、税务机关应加强对享受免税政策纳税人的后续管理,不定期对企业经营情况进行核实,凡经核实产品质量不符合有关质量技术标准要求的,应停止其继续享受免税政策的资格,依法恢复征税。

请遵照执行。

1 -1 -202

国家税务总局关于纳税人加工和销售珠宝玉石征收增值税问题的批复

2007 年 12 月 23 日　国税函〔2007〕1286 号

云南省国家税务局:

你局《关于珠宝玉石企业认定为增值税一般纳税人后增值税适用税率的紧急请示》(云国税发〔2007〕126 号)收悉。经研究,批复如下:

对于加工、销售珠宝玉石的纳税人应按现行有关增值税一般纳税人认定管理规定办理认定手续。凡认定为一般纳税人的,应依照适用税率征收增值税,不得实行简易征收办法征收增值税。

1 -1 -203

财政部关于首钢搬迁有关税收政策问题的通知

2007 年 12 月 29 日　财税〔2007〕174 号

北京市财政局,财政部驻北京市财政监察专员办事处:

根据国务院有关决定精神,为支持首钢总公司政策性搬迁工作,现就有关税收政策问题明确如下:

一、对首钢总公司所属北京地区 18 户企业(具体名单见附件)2006 ~2009 年应缴纳并实际入库的增值税税款全部返还给首钢总公司,具体退税手续按照《财政部、国家税务总局、中国人民银行关于税制改革后对某些企业实行"先征后退"有关预算管理问题的暂行规定的通知》[(94)财预字第55号]的有关规定办理。

二、对首钢总公司所属北京地区18户企业2006~2009年应缴纳并实际入库的所得税税款全部返还给首钢总公司,具体返还手续按《财政部、国家税务总局、中国人民银行关于所得税收入分享改革后有关所得税退库管理的通知》(财预〔2002〕322号)的有关规定办理。

三、上述税款专项用于解决首钢总公司对京唐钢铁项目投资以及因企业搬迁带来的安置职工、支付离退休人员费用等政策性资金缺口。

附件:首钢总公司税收"先征后返"企业名单(编者略)

1-1-204

财政部　国家税务总局关于黄金期货交易有关税收政策的通知

2008年1月29日　财税〔2008〕5号

上海市财政局、国家税务局:

经国务院批准,自2008年1月1日起,上海期货交易黄金期货交易发生实物交割时,比照现行上海黄金交易所黄金交易的税收政策执行。现将有关政策明确如下:

一、上海期货交易所会员和客户通过上海期货交易所销售标准黄金(持上海期货交易所开具的《黄金结算专用发票》),发生实物交割但未出库的,免征增值税;发生实物交割并已出库的,由税务机关按照实际交割价格代开增值税专用发票,并实行增值税即征即退的政策,同时免征城市维护建设税和教育费附加。增值税专用发票中的单价、金额和税额的计算公式分别如下:

单价=实际交割单价÷(1+增值税税率)

金额=数量×单价

税额=金额×税率

实际交割单价是指不含上海期货交易所收取的手续费的单位价格。

其中,标准黄金是指:成色为AU9999、AU9995、AU999、AU995;规格为50克、100克、1公斤、3公斤、12.5公斤的黄金。

二、上海期货交易所黄金期货交易的增值税征收管理办法及增值税专用发票管理办法由国家税务总局另行制订。

1－1－205

国家税务总局关于林木销售和管护征收流转税问题的通知

2008年2月27日　国税函〔2008〕212号

各省、自治区、直辖市和计划单列市国家税务局、地方税务局：

近接部分地区反映销售林木和提供林木管护行为如何征收流转税问题，经研究，现将有关问题明确如下：

纳税人销售林木以及销售林木的同时提供林木管护劳务的行为，属于增值税征收范围，应征收增值税。纳税人单独提供林木管护劳务行为属于营业税征收范围，其取得的收入中，属于提供农业机耕、排灌、病虫害防治、植保劳务取得的收入，免征营业税；属于其他收入的，应照章征收营业税。

1－1－206

国家税务总局关于中国粮油食品（集团）有限公司临时储备进口小麦增值税进项余额转入成本问题的通知

2008年3月22日　国税函〔2008〕70号

北京市国家税务局：

现就中国粮油食品（集团）有限公司（以下简称中粮公司）临时储备进口小麦增值税进项余额转入成本问题明确如下：

根据《国家税务总局关于印发〈企业所得税税前扣除办法〉的通知》（国税发〔2000〕84号）第十条第二款的规定，计入存货成本的税金是指购买、自制或委托加工存货发生的消费税、关税、资源税和不能从销项税额中抵扣的增值税进项税额。中粮公司2004年按照国家发展和改革委员会的要求进口小麦861万吨，2006年又按照财政部的要求将这批小麦转为中央临时储备，这一过程中产生的增值税进项余额220066696.70元，可以转入2007年度的商品销售成本并税前扣除。

你局可根据本通知意见对此类问题进行处理。

1－1－207

财政部　国家税务总局关于核电行业税收政策有关问题的通知

2008年4月3日　财税〔2008〕38号

各省、自治区、直辖市、计划单列市财政厅(局)、国家税务局,财政部驻各省、自治区、直辖市、计划单列市财政监察专员办事处:

为支持核电事业的发展,统一核电行业税收政策,经国务院批准,现将有关税收政策问题通知如下:

一、关于核力发电企业的增值税政策

(一)核力发电企业生产销售电力产品,自核电机组正式商业投产次月起15个年度内,统一实行增值税先征后退政策,返还比例分三个阶段逐级递减。具体返还比例为:

1. 自正式商业投产次月起5个年度内,返还比例为已入库税款的75%;2. 自正式商业投产次月起的第6至第10个年度内,返还比例为已入库税款的70%;3. 自正式商业投产次月起的第11至第15个年度内,返还比例为已入库税款的55%;4. 自正式商业投产次月起满15个年度以后,不再实行增值税先征后退政策。

(二)核力发电企业采用按核电机组分别核算增值税退税额的办法,企业应分别核算核电机组电力产品的销售额,未分别核算或不能准确核算的,不得享受增值税先征后退政策。单台核电机组增值税退税额可以按以下公式计算:

单台核电机组增值税退税额=(单台核电机组电力产品销售额÷核力发电企业电力产品销售额合计)×核力发电企业实际缴纳增值税额×退税比例

(三)原已享受增值税先征后退政策但该政策已于2007年内到期的核力发电企业,自该政策执行到期后次月起按上述统一政策核定剩余年度相应的返还比例;对2007年内新投产的核力发电企业,自核电机组正式商业投产日期的次月起按上述统一政策执行。

二、自2008年1月1日起,核力发电企业取得的增值税退税款,专项用于还本付息,不征收企业所得税。

三、关于大亚湾核电站和广东核电投资有限公司税收政策

大亚湾核电站和广东核电投资有限公司在2014年12月31日前继续执行以下政策,不适用本通知第一、第二条规定的政策:

(一)对大亚湾核电站销售给广东核电投资有限公司的电力免征增值税。

(二)对广东核电投资有限公司销售给广东电网公司的电力实行增值税先征后退政策,并免征城市维护建设税和教育费附加。

(三)对大亚湾核电站出售给香港核电投资有限公司的电力及广东核电投资有限公司转售给香港核电投资有限公司的大亚湾核电站生产的电力免征增值税。

(四)自2008年1月1日起财政部和国家税务总局《关于广东大亚湾核电站有关税收

政策问题的通知》(财税字〔1998〕173号)停止执行。

四、增值税先征后退具体操作办法由财政部驻当地财政监察专员办事处按《财政部、税务总局、中国人民银行关于税制改革后对某些企业实行“先征后退”有关预算管理问题的暂行规定的通知》[(94)财预字第55号]有关规定办理。

1-1-208

财政部　国家税务总局关于有机肥产品免征增值税的通知

2008年4月29日　财税〔2008〕56号

各省、自治区、直辖市、计划单列市财政厅(局)、国家税务局,新疆生产建设兵团财务局:

为科学调整农业施肥结构,改善农业生态环境,经国务院批准,现将有机肥产品有关增值税政策通知如下:

一、自2008年6月1日起,纳税人生产销售和批发、零售有机肥产品免征增值税。

二、享受上述免税政策的有机肥产品是指有机肥料、有机—无机复混肥料和生物有机肥。

(一)有机肥料

指来源于植物和(或)动物,施于土壤以提供植物营养为主要功能的含碳物料。

(二)有机—无机复混肥料

指由有机和无机肥料混合和(或)化合制成的含有一定量有机肥料的复混肥料。

(三)生物有机肥

指特定功能微生物与主要以动植物残体(如禽畜粪便、农作物秸秆等)为来源并经无害化处理、腐熟的有机物料复合而成的一类兼具微生物肥料和有机肥效应的肥料。

三、享受免税政策的纳税人应按照《中华人民共和国增值税暂行条例》(国务院令第134号)、《中华人民共和国增值税暂行条例实施细则》(财法字〔1993〕第38号)等规定,单独核算有机肥产品的销售额。未单独核算销售额的,不得免税。

四、纳税人销售免税的有机肥产品,应按规定开具普通发票,不得开具增值税专用发票。

五、纳税人申请免征增值税,应向主管税务机关提供以下资料,凡不能提供的,一律不得免税。

(一)生产有机肥产品的纳税人

1. 由农业部或省、自治区、直辖市农业行政主管部门批准核发的在有效期内的肥料登记证复印件,并出示原件。

2. 由肥料产品质量检验机构一年内出具的有机肥产品质量技术检测合格报告原件。出具报告的肥料产品质量检验机构须通过相关资质认定。

3. 在省、自治区、直辖市外销售有机肥产品的,还应提供在销售使用地省级农业行政主管部门办理备案的证明原件。

(二)批发、零售有机肥产品的纳税人

1. 生产企业提供的在有效期内的肥料登记证复印件。

2. 生产企业提供的产品质量技术检验合格报告原件。

3. 在省、自治区、直辖市外销售有机肥产品的,还应提供在销售使用地省级农业行政主管部门办理备案的证明复印件。

六、主管税务机关应加强对享受免征增值税政策纳税人的后续管理,不定期对企业经营情况进行核实。凡经核实所提供的肥料登记证、产品质量技术检测合格报告、备案证明失效的,应停止其享受免税资格,恢复照章征税。

请遵照执行。

注释:

条款废止或失效。第三条废止或失效。参见:《财政部 国家税务总局关于公布若干废止和失效的增值税规范性文件目录的通知》(财税〔2009〕17 号)。

1 -1 -209

国家税务总局关于印发《上海期货交易所黄金期货交易增值税征收管理办法》的通知

2008 年 5 月 4 日 国税发〔2008〕46 号

各省、自治区、直辖市和计划单列市国家税务局:

为了促进黄金期货交易市场发展,加强黄金期货交易增值税征收管理,根据《财政部、国家税务总局关于黄金期货交易有关税收政策的通知》(财税〔2008〕5 号)规定,国家税务总局制定了《上海期货交易所黄金期货交易增值税征收管理办法》,现印发给你们,请遵照执行。各地在黄金期货交易增值税征管过程中发现问题,应及时上报国家税务总局(流转税管理司)。

上海期货交易所黄金期货交易增值税征收管理办法

第一条 根据《中华人民共和国税收征收管理法》及实施细则、《中华人民共和国增值税暂行条例》及实施细则、《财政部、国家税务总局关于黄金期货交易有关税收政策的通知》(财税〔2008〕5 号)等规定,制定本办法。

第二条 本办法所规定的“黄金”是指标准黄金,即成色与规格同时符合以下标准的金锭、金条及金块等黄金原料:

成色:AU9999,AU9995,AU999,AU995。

规格:50克,100克,1公斤,3公斤,12.5公斤。

非标准黄金,即成色与规格不同时符合以上标准的黄金原料,不适用本办法。

第三条 上海期货交易所黄金期货交易增值税的征收管理按以下规定执行:

(一)上海期货交易所应向主管税务机关申请印制《黄金结算专用发票》(一式三联,分为结算联、发票联和存根联)。

(二)上海期货交易所会员和客户,通过上海期货交易所进行黄金期货交易并发生实物交割的,按照以下规定办理:

1. 卖方会员或客户按交割结算价向上海期货交易所开具普通发票,对其免征增值税。上海期货交易所按交割结算价向卖方提供《黄金结算专用发票》结算联,发票联、存根联由交易所留存。

2. 买方会员或客户未提取黄金出库的,由上海期货交易所按交割结算价开具《黄金结算专用发票》并提供发票联,存根联、结算联由上海期货交易所留存。

3. 买方会员或客户提取黄金出库的,应向上海期货交易所主管税务机关出具期货交易交割结算单、标准仓单出库确认单、溢短结算单,由税务机关按实际交割价和提货数量,代上海期货交易所向具有增值税一般纳税人资格的买方会员或客户(提货方)开具增值税专用发票(抵扣联),增值税专用发票的发票联和记账联由上海期货交易所留存,抵扣联传递给提货方会员或客户。

买方会员或客户(提货方)不属于增值税一般纳税人的,不得向其开具增值税专用发票。

(三)上海期货交易所应对黄金期货交割并提货环节的增值税税款实行单独核算,并享受增值税即征即退政策,同时免征城市维护建设税、教育费附加。

第四条 会员和客户按以下规定核算增值税进项税额:

(一)上海期货交易所会员或客户(中国人民银行除外)应对在上海期货交易所或黄金交易所办理黄金实物交割提取出库时取得的进项税额实行单独核算,按取得的税务机关代开的增值税专用发票上注明的增值税税额(包括相对应的买入量)单独记账。

对会员或客户从上海期货交易所或黄金交易所购入黄金(指提货出库后)再通过上海期货交易所卖出的,应计算通过上海期货交易所卖出黄金进项税额的转出额,并从当期进项税额中转出,同时计入成本;对当期账面进项税额小于通过下列公式计算出的应转出的进项税额,其差额部分应当立即补征入库。

应转出的进项税额 = 单位进项税额 × 当期黄金卖出量

单位进项税额 = 购入黄金的累计进项税额 ÷ 累计黄金购入额

(二)对上海期货交易所会员或客户(中国人民银行除外)通过上海期货交易所销售企业原有库存黄金,应按实际成交价格计算相应进项税额的转出额,并从当期进项税额中转出,计入成本。

应转出的进项税额 = 销售库存黄金实际成交价格 ÷ (1 + 增值税税率) × 增值税税率

(三)买方会员或客户(提货方)取得增值税专用发票抵扣联后,应按发票上注明的税额从黄金材料成本科目中转入"应缴税金——进项税额"科目,核算进项税额。

第五条 增值税专用发票的单价和金额、税额按以下规定确定:

上海期货交易所买方会员或客户(提货方)提货出库时,主管税务机关代开增值税专用发票上注明的单价,应由实际交割货款和提货数量确定,但不包括手续费、仓储费等其他费用。其中,实际交割货款由交割货款和溢短结算货款组成,交割货款按后进先出法原则确定。具体计算公式如下:

税额 = 金额 × 增值税税率

金额 = 数量 × 单价

单价 = 实际交割价 ÷(1 + 增值税税率)

实际交割价 = 实际交割货款 ÷ 提货数量

实际交割货款 = 交割货款 + 溢短结算货款

交割货款 = 标准仓单张数 × 每张仓单标准数量 × 交割结算价

溢短结算货款 = 溢短 × 溢短结算日前一交易日上海期货交易所挂牌交易的最近月份黄金期货合约的结算价

其中,单价小数点后至少保留6位。

第六条　会员和客户应将上海期货交易所开具的《黄金结算专用发票》(发票联)作为会计记账凭证进行财务核算;买方会员和客户(提货方)取得税务部门代开的增值税专用发票(抵扣联),仅作为核算进项税额的凭证。

第七条　卖方会员或客户应凭上海期货交易所开具的《黄金结算专用发票》(结算联),向卖方会员或客户主管税务机关办理免税手续。

第八条　上海期货交易所会员应分别核算自营黄金期货交易、代理客户黄金期货交易与黄金实物交割业务的销售额以及增值税销项税额、进项税额、应纳税额。

第九条　本办法所规定的"提取黄金出库",是指期货交易所会员或客户从指定的金库中提取在期货交易所已交割的黄金的行为。

第十条　本办法由国家税务总局解释。

第十一条　本办法自2008年1月1日起执行。

1－1－210

财政部　国家税务总局关于农民专业合作社有关税收政策的通知

2008年6月24日　财税〔2008〕81号

各省、自治区、直辖市、计划单列市财政厅(局)、国家税务局、地方税务局,新疆生产建设兵团财务局:

经国务院批准,现将农民专业合作社有关税收政策通知如下:

一、对农民专业合作社销售本社成员生产的农业产品,视同农业生产者销售自产农业产品免征增值税。

二、增值税一般纳税人从农民专业合作社购进的免税农业产品,可按13%的扣除率计算抵扣增值税进项税额。

三、对农民专业合作社向本社成员销售的农膜、种子、种苗、化肥、农药、农机,免征增值税。

四、对农民专业合作社与本社成员签订的农业产品和农业生产资料购销合同,免征印花税。

本通知所称农民专业合作社,是指依照《中华人民共和国农民专业合作社法》规定设立和登记的农民专业合作社。

本通知自2008年7月1日起执行。

注释:

条款废止。第四条废止。参见:《财政部　税务总局关于印花税法实施后有关优惠政策衔接问题的公告》(财政部　税务总局公告2022年第23号)。

条款失效。第三条关于"化肥"的规定自2015年9月1日起停止执行。参见:《财政部　国家税务总局关于对化肥恢复征收增值税政策的补充通知》(财税〔2015〕97号)。

1－1－211

财政部　国家税务总局关于再生资源增值税政策的通知

2008年12月9日　财税〔2008〕157号

各省、自治区、直辖市、计划单列市财政厅(局)、国家税务局,财政部驻各省、自治区、直辖市、计划单列市财政监察专员办事处,新疆生产建设兵团财务局:

为了促进再生资源的回收利用,促进再生资源回收行业的健康有序发展,节约资源,保护环境,促进税收公平和税制规范,经国务院批准,决定调整再生资源回收与利用的增值税政策,现通知如下:

一、取消"废旧物资回收经营单位销售其收购的废旧物资免征增值税"和"生产企业增值税一般纳税人购入废旧物资回收经营单位销售的废旧物资,可按废旧物资回收经营单位开具的由税务机关监制的普通发票上注明的金额,按10%计算抵扣进项税额"的政策。

二、单位和个人销售再生资源,应当依照《中华人民共和国增值税暂行条例》(以下简称增值税条例)、《中华人民共和国增值税暂行条例实施细则》及财政部、国家税务总局的相关规定缴纳增值税。但个人(不含个体工商户)销售自己使用过的废旧物品免征增值税。增值税一般纳税人购进再生资源,应当凭取得的增值税条例及其细则规定的扣税凭证抵扣进项税额,原印有"废旧物资"字样的专用发票停止使用,不再作为增值税扣税凭证抵扣进项税额。

三、在2008年12月31日前,各地主管税务机关应注销企业在防伪税控系统中"废旧物资经营单位"的档案信息,收缴企业尚未开具的专用发票,重新核定企业增值税专用发票的最高开票限额和最大购票数量,做好增值税专用发票的发售工作。

四、在2010年底以前,对符合条件的增值税一般纳税人销售再生资源缴纳的增值税实行先征后退政策。

(一)适用退税政策的纳税人范围。

适用退税政策的增值税一般纳税人应当同时满足以下条件:

1. 按照《再生资源回收管理办法》(商务部令2007年第8号)第七条、第八条规定应当向有关部门备案的,已经按照有关规定备案;

2. 有固定的再生资源仓储、整理、加工场地;

3. 通过金融机构结算的再生资源销售额占全部再生资源销售额的比重不低于80%;

4. 自2007年1月1日起,未因违反《中华人民共和国反洗钱法》、《中华人民共和国环境保护法》、《中华人民共和国税收征收管理法》、《中华人民共和国发票管理办法》或者《再生资源回收管理办法》受到刑事处罚或者县级以上工商、商务、环保、税务、公安机关相应的行政处罚(警告和罚款除外)。

(二)退税比例。

对符合退税条件的纳税人2009年销售再生资源实现的增值税,按70%的比例退回给纳税人;对其2010年销售再生资源实现的增值税,按50%的比例退回给纳税人。

(三)纳税人申请退税时,除按有关规定提交的相关资料外,应提交下列资料:

1. 按照《再生资源回收管理办法》第七条、第八条规定应当向有关部门备案的,商务主管部门核发的备案登记证明的复印件;

2. 再生资源仓储、整理、加工场地的土地使用证和房屋产权证或者其租赁合同的复印件;

3. 通过金融机构结算的再生资源销售额及全部再生资源销售额的有关数据及资料。为保护纳税人的商业秘密,不要求纳税人提交其与客户通过银行交易的详细记录,对于有疑问的,可到纳税人机构所在地等场所进行现场核实;

4. 自2007年1月1日起,未因违反《中华人民共和国反洗钱法》、《中华人民共和国环境保护法》、《中华人民共和国税收征收管理法》、《中华人民共和国发票管理办法》或者《再生资源回收管理办法》受到刑事处罚或者县级以上工商、商务、环保、税务、公安机关相应的行政处罚(警告和罚款除外)的书面申明。

(四)退税业务由财政部驻当地财政监察专员办事处及负责初审和复审的财政部门按照本通知及相关规定办理。

1. 退税申请办理时限。(1)纳税人一般按季申请退税,申请退税金额较大的,也可以按月申请,具体时限由财政部驻当地财政监察专员办事处确定;(2)负责初审的财政机关应当在收到退税申请之日起10个工作日内,同时向负责复审和终审的财政机关提交初审意见;(3)负责复审的财政机关应当在收到初审意见之日起5个工作日内向负责终审的财政机关提交复审意见;(4)负责终审的财政机关是财政部驻当地财政监察专员办事处,其应当在收到复审意见之日的10个工作日内完成终审并办理妥当有关退税手续。

2. 负责初审的财政机关对于纳税人第一次申请退税的,应当在上报初审意见前派人到现场审核有关条件的满足情况;有特殊原因不能做到的,应在提交初审意见后2个月内派人到现场审核有关条件的满足情况,发现有不满足条件的,及时通知负责复审或者终审的财政机关。

3. 负责初审、复审的财政机关应当定期（自收到纳税人第一次退税申请之日起至少每12个月一次）向同级公安、商务、环保和税务部门及人民银行对纳税人申明的内容进行核实，对经查实的与申明不符的问题要严肃处理。凡问题在初次申请退税之日前发生的，应当追缴纳税人此前骗取的退税款，根据《财政违法行为处罚处分条例》的相关规定进行处罚，并取消其以后申请享受本通知规定退税政策的资格；凡问题在初次申请退税之日后发生的，取消其刑事处罚和行政处罚生效之日起申请享受本通知规定退税政策的资格。

五、报废船舶拆解和报废机动车拆解企业，适用本通知的各项规定。

六、本通知所称再生资源，是指《再生资源回收管理办法》（商务部令2007年第8号）第二条所称的再生资源，即在社会生产和生活消费过程中产生的，已经失去原有全部或部分使用价值，经过回收、加工处理，能够使其重新获得使用价值的各种废弃物。上述加工处理，仅指清洗、挑选、整理等简单加工。

七、各级国家税务机关要加强与财政、公安、商务、环保、人民银行等部门的信息沟通，加强对重点行业的纳税评估，采取有效措施，强化对再生资源的产生、回收经营、加工处理等各个环节的税收管理，堵塞偷逃税收的漏洞，保证增值税链条机制的正常运行。

八、本通知自2009年1月1日起执行。《财政部、国家税务总局关于废旧物资回收经营业务有关增值税政策的通知》（财税〔2001〕78号）、《国家税务总局关于加强废旧物资回收经营单位和使用废旧物资生产企业增值税征收管理的通知》（国税发〔2004〕60号）、《国家税务总局关于中国再生资源开发公司废旧物资回收经营业务中有关税收问题的通知》（国税函〔2004〕736号）、《国家税务总局关于中国再生资源开发公司废旧物资回收经营业务有关增值税问题的批复》（国税函〔2006〕1227号）、《国家税务总局关于加强海关进口增值税专用缴款书和废旧物资发票管理有关问题的通知》（国税函〔2004〕128号）关于废旧物资发票管理的规定、《国家税务总局关于加强废旧物资增值税管理有关问题的通知》（国税函〔2005〕544号）、《国家税务总局关于废旧物资回收经营企业使用增值税防伪税控一机多票系统开具增值税专用发票有关问题的通知》（国税发〔2007〕43号）同时废止。

1－1－212

财政部　国家税务总局关于金属矿、非金属矿采选产品增值税税率的通知

2008年12月19日　财税〔2008〕171号

各省、自治区、直辖市、计划单列市财政厅（局）、国家税务局，新疆生产建设兵团财务局：

根据国务院的决定，现将金属矿、非金属矿采选产品增值税税率问题通知如下：

一、金属矿采选产品、非金属矿采选产品增值税税率由13%恢复到17%。

二、食用盐仍适用13%的增值税税率，其具体范围是指符合《食用盐》（GB 5461—2000）和《食用盐卫生标准》（GB 2721—2003）两项国家标准的食用盐。

三、本通知所称金属矿采选产品，包括黑色和有色金属矿采选产品；非金属矿采选产品，包括除金属矿采选产品以外的非金属矿采选产品、煤炭和盐。

四、本通知自2009年1月1日起执行，《财政部、国家税务总局关于调整金属矿、非金属矿采选产品增值税税率的通知》[（94）财税字第22号]、《财政部、国家税务总局关于调整工业盐和食用盐增值税税率的通知》（财税〔2007〕101号）和《国家税务总局关于有色金属焙烧矿增值税适用税率问题的通知》（国税函〔1994〕621号）同时废止。

1－1－213

国家税务总局关于废旧物资发票抵扣增值税有关事项的公告

2008年12月31日　国家税务总局公告2008年第1号

为促进再生资源（废旧物资）的回收利用，规范废旧物资回收经营行业发展，《财政部、国家税务总局关于再生资源增值税政策的通知》（财税〔2008〕157号）调整了现行废旧物资回收经营业务有关增值税政策，取消了生产企业增值税一般纳税人凭废旧物资发票抵扣增值税进项税额的规定。为做好相关增值税政策的过渡与衔接工作，现将有关事项公告如下：

一、自2009年1月1日起，从事废旧物资回收经营业务的增值税一般纳税人销售废旧物资，不得开具印有“废旧物资”字样的增值税专用发票（以下简称废旧物资专用发票）。

纳税人取得的2009年1月1日以后开具的废旧物资专用发票，不再作为增值税扣税凭证。

二、纳税人取得的2008年12月31日以前开具的废旧物资专用发票，应在开具之日起90天内办理认证，并在认证通过的当月核算当期增值税进项税额申报抵扣。

自2009年4月1日起，废旧物资专用发票一律不得作为增值税扣税凭证计算抵扣进项税额。

特此公告。

1－1－214

财政部　国家税务总局关于印发《油气田企业增值税管理办法》的通知

2009年1月19日　财税〔2009〕8号

各省、自治区、直辖市、计划单列市财政厅（局）、国家税务局、地方税务局，新疆生产建设兵团财务局：

根据国务院批准的石油天然气企业增值税政策和增值税转型改革方案，财政部和国家税务总局对现行油气田企业增值税管理办法作了修改和完善。现将修订后的《油气田企业增值税管理办法》印发给你们,请遵照执行。

附件:油气田企业增值税管理办法

附件

油气田企业增值税管理办法

第一条 根据国务院批准的石油天然气企业增值税政策,为加强石油天然气企业的增值税征收管理工作,制定本办法。

第二条 本办法适用于在中华人民共和国境内从事原油、天然气生产的企业。包括中国石油天然气集团公司(以下简称中石油集团)和中国石油化工集团公司(以下简称中石化集团)重组改制后设立的油气田分(子)公司、存续公司和其他石油天然气生产企业(以下简称油气田企业),不包括经国务院批准适用5%征收率缴纳增值税的油气田企业。

存续公司是指中石油集团和中石化集团重组改制后留存的企业。

其他石油天然气生产企业是指中石油集团和中石化集团以外的石油天然气生产企业。

油气田企业持续重组改制继续提供生产性劳务的企业,以及2009年1月1日以后新成立的油气田企业参股、控股的企业,按照本办法缴纳增值税。

第三条 油气田企业为生产原油、天然气提供的生产性劳务应缴纳增值税。

生产性劳务是指油气田企业为生产原油、天然气,从地质普查、勘探开发到原油天然气销售的一系列生产过程所发生的劳务(具体见本办法所附的《增值税生产性劳务征税范围注释》)。

缴纳增值税的生产性劳务仅限于油气田企业间相互提供属于《增值税生产性劳务征税范围注释》内的劳务。油气田企业与非油气田企业之间相互提供的生产性劳务不缴纳增值税。

第四条 油气田企业将承包的生产性劳务分包给其他油气田企业或非油气田企业,应当就其总承包额计算缴纳增值税。非油气田企业将承包的生产性劳务分包给油气田企业或其他非油气田企业,其提供的生产性劳务不缴纳增值税。油气田企业分包非油气田企业的生产性劳务,也不缴纳增值税。

第五条 油气田企业提供的生产性劳务,增值税税率为17%。

第六条 油气田企业与其所属非独立核算单位之间以及其所属非独立核算单位之间移送货物或者提供应税劳务,不缴纳增值税。

本办法规定的应税劳务,是指加工、修理修配劳务和生产性劳务(下同)。

第七条 油气田企业提供的应税劳务和非应税劳务应当分别核算销售额,未分别核算的,由主管税务机关核定应税劳务的销售额。

第八条 油气田企业下列项目的进项税额不得从销项税额中抵扣:

(一)用于非增值税应税项目、免征增值税项目、集体福利或者个人消费的购进货物或者应税劳务。

本办法规定的非增值税应税项目,是指提供非应税劳务、转让无形资产、销售不动产、建造非生产性建筑物及构筑物。

本办法规定的非应税劳务，是指属于应缴营业税的交通运输业、建筑业、金融保险业、邮电通信业、文化体育业、娱乐业、服务业税目征收范围的劳务，但不包括本办法规定的生产性劳务。

用于集体福利或个人消费的购进货物或者应税劳务，包括所属的学校、医院、宾馆、饭店、招待所、托儿所（幼儿园）、疗养院、文化娱乐单位等部门购进的货物或应税劳务。

（二）非正常损失的购进货物及相关的应税劳务。

（三）非正常损失的在产品、产成品所耗用的购进货物或者应税劳务。

（四）国务院财政、税务主管部门规定的纳税人自用消费品。

（五）本条第（一）项至第（四）项规定的货物的运输费用和销售免税货物的运输费用。

第九条 油气田企业为生产原油、天然气接受其他油气田企业提供的生产性劳务，可凭劳务提供方开具的增值税专用发票注明的增值税额予以抵扣。

第十条 跨省、自治区、直辖市开采石油、天然气的油气田企业，由总机构汇总计算应纳增值税税额，并按照各油气田（井口）石油、天然气产量比例进行分配，各油气田按所分配的应纳增值税额向所在地税务机关缴纳。石油、天然气应纳增值税额的计算办法由总机构所在地省级税务部门商各油气田所在地同级税务部门确定。

在省、自治区、直辖市内的油气田企业，其增值税的计算缴纳方法由各省、自治区、直辖市财政和税务部门确定。

第十一条 油气田企业跨省、自治区、直辖市提供生产性劳务，应当在劳务发生地按3%预征率计算缴纳增值税。在劳务发生地预缴的税款可从其应纳增值税中抵减。

第十二条 油气田企业为生产原油、天然气提供的生产性劳务的纳税义务发生时间为油气田企业收讫劳务收入款或者取得索取劳务收入款项凭据的当天；先开具发票的，为开具发票的当天。

收讫劳务收入款的当天，是指油气田企业应税行为发生过程中或者完成后收取款项的当天；采取预收款方式的，为收到预收款的当天。

取得索取劳务收入款项凭据的当天，是指书面合同确定的付款日期的当天；未签订书面合同或者书面合同未确定付款日期的，为应税行为完成的当天。

第十三条 油气田企业所需发票，经主管税务机关审核批准后，可以采取纳税人统一集中领购、发放和管理的方法，也可以由机构内部所属非独立核算单位分别领购。

第十四条 油气田企业应统一申报货物及应税劳务应缴纳的增值税。

第十五条 现行规定与本办法有抵触的，按本办法执行；本办法未尽事宜，按现行税收法律、法规执行。

第十六条 各省、自治区、直辖市税务机关可根据本规定制定具体实施办法，并报国家税务总局备案。

第十七条 本办法自2009年1月1日起执行。《财政部、国家税务总局关于油气田企业增值税计算缴纳方法问题的通知》[（94）财税字第073号]、《财政部、国家税务关于印发〈油气田企业增值税管理暂行办法〉的通知》（财税字〔2000〕32号）和《国家税务总局关于油气田企业增值税问题的补充通知》（国税发〔2000〕195号）同时废止。

附:增值税生产性劳务征收范围注释

附:

增值税生产性劳务征收范围注释

一、地质勘探

是指根据地质学、物理学和化学原理,凭借各种仪器设备观测地下情况,研究地壳的性质与结构,借以寻找原油、天然气的工作。种类包括:地质测量;控制地形测量;重力法;磁力法;电法;陆地海滩二维(或三维、四维)地震勘探;垂直地震测井法(即vsp测井法);卫星定位;地球化学勘探;井间地震;电磁勘探;多波地震勘探;遥感和遥测;探井;资料(数据)处理、解释和研究。

二、钻井(含侧钻)

是指初步探明储藏有油气水后,通过钻具(钻头、钻杆、钻铤)对地层钻孔,然后用套、油管联接并向下延伸到油气水层,并将油气水分离出来的过程。钻井工程分为探井和开发井。探井包括地质井、参数井、预探井、评价井、滚动井等;开发井包括采油井、采气井、注水(气)井以及调整井、检查研究井、扩边井、油藏评价井等,其有关过程包括:

(一)新老区临时工程建设。是指为钻井前期准备而进行的临时性工程。含临时房屋修建、临时公路和井场道路的修建、供水(电)工程的建设、保温及供热工程建设、维护、管理。

(二)钻前准备工程。指为钻机开钻创造必要条件而进行的各项准备工程。含钻机、井架、井控、固控设施、井口工具的安装及维修。

(三)钻井施工工程。包括钻井、井控、固控所需设备、材料及新老区临时工程所需材料的装卸及搬运。

(四)包括定向井技术、水平井技术、打捞技术、欠平衡技术、泥浆技术、随钻测量、陀螺测量、电子多点、电子单点、磁性单多点、随钻、通井、套管开窗、老井侧钻、数据处理、小井眼加深、钻井液、顶部驱动钻井、化学监测、分支井技术、气体(泡沫)钻井技术、套管钻井技术、膨胀管技术、垂直钻井技术、地质导向钻井技术、旋冲钻井技术,取芯、下套管作业、钻具服务、井控服务、固井服务、钻井工程技术监督、煤层气钻井技术等。

(五)海洋钻井:包括钻井船拖航定位、海洋环保、安全求生设备的保养检查、试油点火等特殊作业。

三、测井

是指在井孔中利用测试仪器,根据物理和化学原理,间接获取地层和井眼信息,包括信息采集、处理、解释和油(气)井射孔。根据测井信息,评价储(产)层岩性、物性、含油性、生产能力及固井质量、射孔质量、套管质量、井下作业效果等。按物理方法,主要有电法测井、声波测井、核(放射性)测井、磁测井、力测井、热测井、化学测井;按完井方式分裸眼井测井和套管井测井;按开采阶段分勘探测井和开发测井,开发测井包括生产测井、工程测井和产层参数测井。

四、录井

是指钻井过程中随着钻井录取各种必要资料的工艺过程。有关项目包括:地质设计;地质录井;气测录井;综合录井;地化录井;轻烃色谱录井;定量荧光录井;核磁共振录井;离子色谱录井;伽马录井;岩心扫描录井;录井信息传输;录井资料处理及解释;地质综合研究;测量工程;单井评价;古生物、岩矿、色谱分析;录井新技术开发;非地震方法勘探;油层工程研究;数据处理;其他技术服务项目。

五、试井

是指确定井的生产能力和研究油层参数及地下动态,对井进行的专门测试工作。应用试井测试手段可以确定油气藏压力系统、储层特性、生产能力和进行动态预测,判断油气藏边界、评价井下作业效果和估算储量等。包括高压试井和低压试井。

六、固井

是指向井内下入一定尺寸的套管柱,并在周围注入水泥,将井壁与套管的空隙固定,以封隔疏松易塌易漏等地层、封隔油气水层,防止互相窜漏并形成油气通道。具体项目包括:表面固井、技术套管固井、油层固井、套管固井、特殊固井。

七、试油(气)

是油气层评价的一种直接手段。是指在钻井过程中或完井后,利用地层测试等手段,获取储层油、气、水产量、液性、压力、温度等资料,为储层评价、油气储量计算和制定油气开发方案提供依据。包括:中途测试、原钻机试油(气)、完井试油(气)、压裂改造、酸化改造、地层测试和抽汲排液求产、封堵等特种作业。

八、井下作业

是指在油气开发过程中,根据油气田投产、调整、改造、完善、挖潜的需要,利用地面和井下设备、工具,对油、气、水井采取各种井下作业技术措施,以达到维护油气水井正常生产或提高注采量,改善油层渗透条件及井的技术状况,提高采油速度和最终采收率。具体项目包括:新井投产、投注、维护作业、措施作业、油水井大修、试油测试、试采、数据解释。

九、油(气)集输

是指把油(气)井生产的原油(天然气)收集起来,再进行初加工并输送出去而修建井(平)台、井口装置、管线、计量站、接转站、联合站、油库、油气稳定站、净化厂(站)、污水处理站、中间加热加压站、长输管线、集气站、增压站、气体处理厂等设施及维持设施正常运转发生的运行、保养、维护等劳务。

十、采油采气

是指为确保油田企业正常生产,通过自然或机械力将油气从油气层提升到地面并输送到联合站、集输站整个过程而发生的工程及劳务。主要包括采油采气、注水注气、三次采油、防腐、为了提高采收率采取的配套技术服务等。

(一)采油采气。是指钻井完钻后,通过试采作业,采取自然或机械力将油气从油气层提升到地面而进行的井场、生产道路建设、抽油机安装、采油树配套、单井管线铺设、动力设备安装、气层排液等工程及维持正常生产发生的运行、保养、维护等劳务。

(二)注水注气。是指为保持油气层压力而建设的水源井、取水设施、操作间、水源管线、配水间、配气站、注水注气站、注水增压站、注水注气管线等设施以及维持正常注水注气发生的运行、保养、维护等劳务。

（三）稠油注汽。是指为开采稠油而修建的向油层注入高压蒸汽的设施工程及维持正常注汽发生的运行、保养、维护等劳务。

（四）三次采油。是指为提高原油采收率，确保油田采收率而向油层内注聚合物、酸碱、表面活性剂、二氧化碳、微生物等其他新技术，进行相关的技术工艺配套和地面设施工程。包括修建注入和采出各场站、管网及相应的各系统工程；产出液处理的净化场（站）及管网工程等。

（五）防腐。是指为解决现场问题，保证油田稳产，解决腐蚀问题而进行的相关药剂、防腐方案、腐蚀监测网络等的配套工程。

（六）技术服务。是指为确保油气田的正常生产，为采油气工程提供的各种常规技术服务及新技术服务等。主要包括采油采气方案的编制、注水注气方案编制、三次采油方案的编制设计、油井管柱优化设计、相关软件的开发、采油气新工艺的服务、油气水井测试服务等。

十一、海上油田建设

是指为勘探开发海上油田而修建的人工岛、海上平台、海堤、滩海路、海上电力通讯、海底管缆、海上运输、应急系统、弃置等海上生产设施及维持正常生产发生的运行、保养、维护等劳务。

十二、供排水、供电、供热、通讯

（一）供排水。是指为维持油（气）田正常生产及保证安全所建设的调节水源、管线、泵站等系统工程以及防洪排涝工程以及运行、维护、改造等劳务。

（二）供电。是指为保证油（气）田正常生产和照明而建设的供、输、变电的系统工程以及运行、维护、改造等劳务。

（三）供热。是指为保证油气田正常生产而建设的集中热源、供热管网等设施以及运行、维护、改造等劳务。

（四）通讯。是指在油（气）田建设中为保持电信联络而修建的发射台、线路、差转台（站）等设施以及运行、维护、改造等劳务。

十三、油田基本建设

是指根据油气田生产的需要，在油气田内部修建的道路、桥涵、河堤、输卸油（气）专用码头、海堤、生产指挥场所建设等设施以及维护和改造。

十四、环境保护

是油气田企业为保护生态环境，落实环境管理而发生的生态保护、污染防治、清洁生产、污染处置、环境应急等项目建设的工程与劳务，及施工结束、资源枯竭后应及时恢复自然生态而建设的工程及劳务。

十五、其他

是指油气田企业之间为维持油气田的正常生产而互相提供的其他劳务。包括：运输、设计、提供信息、检测、计量、监督、监理、消防、安全、异体监护、数据处理、租赁生产所需的仪器、材料、设备等服务。

1 -1 -215

国家税务总局关于停止执行中国远洋运输(集团)总公司增值税优惠政策的通知

2009年3月4日 国税函〔2009〕100号

各省、自治区、直辖市和计划单列市国家税务局:

为规范增值税税制,促进税收公平,现将中国远洋运输(集团)总公司(以下简称中远集团)有关增值税问题通知如下:

自2009年4月1日起,对中远集团的轮船修理业务,恢复征收增值税。《国家税务总局关于中国远洋运输(集团)总公司有关税收问题的通知》(国税函〔2002〕366号)第一条同时停止执行。

1 -1 -216

国家税务总局关于部分饲料产品征免增值税政策问题的批复

2009年6月15日 国税函〔2009〕324号

陕西省国家税务局:

你局《关于部分饲料产品征免增值税问题的请示》(陕国税发〔2008〕286号)收悉。经研究,批复如下:

根据《财政部、国家税务总局关于饲料产品免征增值税问题的通知》(财税〔2001〕121号)及相关文件的规定,单一大宗饲料产品仅限于财税〔2001〕121号文件所列举的糠麸等饲料产品。膨化血粉、膨化肉粉、水解羽毛粉不属于现行增值税优惠政策所定义的单一大宗饲料产品,应对其照章征收增值税。混合饲料是指由两种以上单一大宗饲料、粮食、粮食副产品及饲料添加剂按照一定比例配置,其中单一大宗饲料、粮食及粮食副产品的掺兑比例不低于95%的饲料。添加其他成分的膨化血粉、膨化肉粉、水解羽毛粉等饲料产品,不符合现行增值税优惠政策有关混合饲料的定义,应对其照章征收增值税。

1－1－217

财政部　国家税务总局关于油气田企业增值税问题的补充通知

2009年7月9日　财税〔2009〕97号

各省、自治区、直辖市、计划单列市财政厅(局)、国家税务局、地方税务局，新疆生产建设兵团财务局：

《财政部、国家税务总局关于印发〈油气田企业增值税管理办法〉的通知》(财税〔2009〕8号)下发后，个别特殊地区反映对税收收入影响较大。经研究，现将有关问题通知如下：

一、油气田企业向外省、自治区、直辖市其他油气田企业提供生产性劳务，应当在劳务发生地税务机关办理税务登记或注册税务登记。在劳务发生地设立分(子)公司的，应当申请办理增值税一般纳税人认定手续，经劳务发生地税务机关认定为一般纳税人后，按照增值税一般纳税人的计算方法在劳务发生地计算缴纳增值税。

子公司是指具有企业法人资格，实行独立核算的企业；分公司是指不具有企业法人资格，但领取了工商营业执照的企业。

二、新疆以外地区在新疆未设立分(子)公司的油气田企业，在新疆提供的生产性劳务应按5%的预征率计算缴纳增值税，预缴的税款可在油气田企业的应纳增值税中抵减。

三、本通知自2009年1月1日执行。

1－1－218

国家税务总局关于氨化硝酸钙免征增值税问题的批复

2009年8月13日　国税函〔2009〕430号

山西省国家税务局：

你局《关于氨化硝酸钙免征增值税问题的请示》(晋国税发〔2009〕112号)已悉。经研究，批复如下：

氨化硝酸钙属于氮肥。根据《财政部、国家税务总局关于若干农业生产资料征免增值税政策的通知》(财税〔2001〕113号)第一条第二款规定，对氨化硝酸钙免征增值税。

1 -1 -219

财政部　国家税务总局关于再生资源增值税退税政策若干问题的通知

2009 年 9 月 29 日　财税〔2009〕119 号

各省、自治区、直辖市、计划单列市财政厅(局)、国家税务局,新疆生产建设兵团财务局,财政部驻各省、自治区、直辖市、计划单列市财政监察专员办事处:

根据各地的反映,现对《财政部、国家税务总局关于再生资源增值税政策的通知》(财税〔2008〕157 号)的有关政策问题明确如下:

一、财税〔2008〕157 号第四条第(一)款“通过金融机构结算”,是指纳税人销售再生资源时按照中国人民银行《关于印发〈支付结算办法〉的通知》(银发〔1997〕393 号)规定的票据、信用卡和汇兑、托收承付、委托收款等结算方式进行货币给付及其资金清算。

纳税人销售再生资源发生的应收账款,应在纳税人按照银发〔1997〕393 号文件规定进行资金清算后方可计入通过金融机构结算的再生资源销售额。

纳税人销售再生资源按照银发〔1997〕393 号文件规定取得的预收货款,应在销售实现后方可计入通过金融机构结算的再生资源销售额。

纳税人之间发生的互抵货款,不应计入通过金融机构计算的再生资源销售额。

纳税人通过金融机构结算的再生资源销售额占全部再生资源销售额的比重是否不低于 80% 的要求,应按纳税人退税申请办理时限(按月、按季等)进行核定。

二、财税〔2008〕157 号文件所称再生资源的具体范围,操作时按照 2008 年底以前税务机关批准适用免征增值税政策的再生资源的具体范围执行,但必须符合财税〔2008〕157 号文件第六条的规定,其中加工处理仅限于清洗、挑选、破碎、切割、拆解、打包等改变再生资源密度、湿度、长度、粗细、软硬等物理性状的简单加工。

三、财税〔2008〕157 号文件第四条第(一)款规定按照《再生资源回收管理办法》(商务部令 2007 年第 8 号)第七条、第八条规定应当向有关部门备案的,应当自备案当月 1 日起享受退税政策。

四、纳税人申请退税时提供的 2009 年 10 月 1 日以后开具的再生资源收购凭证、扣税凭证或销售发票,除符合现行发票管理有关规定外,还应注明购进或销售的再生资源的具体种类(从废旧金属、报废电子产品、报废机电设备及其零部件、废造纸原料、废轻化工原料、废塑料、废玻璃和其他再生资源等 8 类之中选择填写),否则不得享受退税。

五、负责初审的财政机关和税务主管机关应当加强联系,及时就纳税人的征税和退税等情况进行沟通。负责初审的财政机关应当定期向税务主管机关通报受理和审批的申请退税纳税人名单及批准的退税额,税务主管机关对在日常税收征管、纳税检查、纳税评估、稽查等过程中发现的纳税人的异常情况及时通报给负责初审的财政机关。

对于税务主管机关通报有异常情况的纳税人,负责初审的财政机关应将有关情况及时上报负责复审和终审的财政机关,各级财政机关应暂停办理该纳税人的退税,并会同税务主管机关进一步查明情况。对于查实存在将非再生资源混作再生资源购进或销售等骗取退税行为的,除追缴其此前骗取的退税款并根据《财政违法行为处罚处分条例》(国务院令第427号)的规定进行处罚外,取消其以后享受再生资源退税政策的资格。

六、本通知自2009年10月1日起执行。

1-1-220

国家税务总局关于农村电网维护费征免增值税问题的通知

2009年10月23日　国税函〔2009〕591号

各省、自治区、直辖市和计划单列市国家税务局:

据反映,部分地区的农村电管站改制后,农村电网维护费原由农村电管站收取改为由电网公司或者农电公司等其他单位收取(以下称其他单位)。对其他单位收取的农村电网维护费是否免征增值税问题,现明确如下:

根据《财政部、国家税务总局关于免征农村电网维护费增值税问题的通知》(财税字〔1998〕47号)规定,对农村电管站在收取电价时一并向用户收取的农村电网维护费(包括低压线路损耗和维护费以及电工经费)免征增值税。鉴于部分地区农村电网维护费改由其他单位收取后,只是收费的主体发生了变化,收取方法、对象以及使用用途均未发生变化,为保持政策的一致性,对其他单位收取的农村电网维护费免征增值税,不得开具增值税专用发票。

1-1-221

国家税务总局关于供电企业收取并网服务费征收增值税问题的批复

2009年11月19日　国税函〔2009〕641号

河南省国家税务局:

你局《关于供电行业收取并网服务费征收增值税问题的请示》(豫国税发〔2009〕232号)收悉。经研究,批复如下:

供电企业利用自身输变电设备对并入电网的企业自备电厂生产的电力产品进行电压调节,属于提供加工劳务。根据《中华人民共和国增值税暂行条例》和《中华人民共和国营业税暂行条例》有关规定,对于上述供电企业进行电力调压并按电量向电厂收取的并网服务费,应当征收增值税,不征收营业税。

1－1－222

国家税务总局关于粕类产品征免增值税问题的通知

2010年2月20日　国税函〔2010〕75号

各省、自治区、直辖市和计划单列市国家税务局：

近接部分地区反映，各地对粕类产品征免增值税政策存在理解不一致的问题。经研究，现明确如下：

一、豆粕属于征收增值税的饲料产品，除豆粕以外的其他粕类饲料产品，均免征增值税。

二、本通知自2010年1月1日起执行。《国家税务总局关于出口甜菜粕准予退税的批复》（国税函〔2002〕716号）同时废止。

1－1－223

国家税务总局关于人工合成牛胚胎适用增值税税率问题的通知

2010年3月4日　国税函〔2010〕97号

各省、自治区、直辖市和计划单列市国家税务局：

现就销售合成牛胚胎征免增值税问题，通知如下：

人工合成牛胚胎属于《农业产品征税范围注释》（财税字〔1995〕52号）第二条第（五）款规定的动物类"其他动物组织"，人工合成牛胚胎的生产过程属于农业生产，纳税人销售自产人工合成牛胚胎应免征增值税。

1－1－224

国家税务总局关于肉桂油、桉油、香茅油增值税适用税率问题的公告

2010年7月27日　国家税务总局公告2010年第5号

为统一政策，公平税负，现将肉桂油、桉油、香茅油的增值税适用税率问题公告如下：

肉桂油、桉油、香茅油不属于《财政部、国家税务总局关于印发〈农业产品征税范围注释〉的通知》（财税字〔1995〕52号）中农业产品的范围，其增值税适用税率为17%。

本公告自2010年9月1日起施行。

特此公告。

1-1-225

国家税务总局关于项目运营方利用信托资金融资过程中增值税进项税额抵扣问题的公告

2010年8月9日　国家税务总局公告2010年第8号

现就项目运营方利用信托资金融资进行项目建设开发过程中增值税进项税额抵扣问题公告如下：

项目运营方利用信托资金融资进行项目建设开发是指项目运营方与经批准成立的信托公司合作进行项目建设开发，信托公司负责筹集资金并设立信托计划，项目运营方负责项目建设与运营，项目建设完成后，项目资产归项目运营方所有。该经营模式下项目运营方在项目建设期内取得的增值税专用发票和其他抵扣凭证，允许其按现行增值税有关规定予以抵扣。

本公告自2010年10月1日起施行。此前未抵扣的进项税额允许其抵扣，已抵扣的不作进项税额转出。

特此公告。

1-1-226

国家税务总局关于干姜姜黄增值税适用税率问题的公告

2010年8月19日　国家税务总局公告2010年第9号

为统一政策，公平税负，现将干姜、姜黄增值税适用税率问题公告如下：

干姜、姜黄属于《财政部、国家税务总局关于印发〈农业产品征税范围注释〉的通知》(财税字〔1995〕52号)中农业产品的范围，根据《财政部、国家税务总局关于部分货物适用增值税低税率和简易办法征收增值税政策的通知》(财税〔2009〕9号)规定，其增值税适用税率为13%。

干姜是将生姜经清洗、刨皮、切片、烘烤、晾晒、熏硫等工序加工后制成的产品。

姜黄包括生姜黄，以及将生姜黄经去泥、清洗、蒸煮、晾晒、烤干、打磨等工序加工后制成的产品。

本公告自2010年10月1日起执行。

特此公告。

1 －1 －227

国家税务总局关于制种行业增值税有关问题的公告

2010 年 10 月 25 日　国家税务总局公告 2010 年第 17 号

现就制种企业销售种子增值税有关问题公告如下:

制种企业在下列生产经营模式下生产销售种子,属于农业生产者销售自产农业产品,应根据《中华人民共和国增值税暂行条例》有关规定免征增值税。

一、制种企业利用自有土地或承租土地,雇佣农户或雇工进行种子繁育,再经烘干、脱粒、风筛等深加工后销售种子。

二、制种企业提供亲本种子委托农户繁育并从农户手中收回,再经烘干、脱粒、风筛等深加工后销售种子。

本公告自 2010 年 12 月 1 日起施行。

特此公告。

1 －1 －228

财政部　国家税务总局关于上海期货交易所开展期货保税交割业务有关增值税问题的通知

2010 年 12 月 2 日　财税〔2010〕108 号

各省、自治区、直辖市、计划单列市财政厅(局)、国家税务局:

根据《国务院关于推进上海加快发展现代服务业和先进制造业建设国际金融中心和国际航运中心的意见》(国发〔2009〕19 号)有关精神,上海期货交易所将试点开展期货保税交割业务。现将有关增值税问题通知如下:

一、期货保税交割是指以海关特殊监管区域或场所内处于保税监管状态的货物为期货实物交割标的物的期货实物交割。

二、上海期货交易所的会员和客户通过上海期货交易所交易的期货保税交割标的物,仍按保税货物暂免征收增值税。

期货保税交割的销售方,在向主管税务机关申报纳税时,应出具当期期货保税交割的书面说明及上海期货交易所交割单、保税仓单等资料。

三、非保税货物发生的期货实物交割仍按《国家税务总局关于下发〈货物期货征收增值税具体办法〉的通知》(国税发〔1994〕244 号)的规定执行。

四、本通知自2010年12月1日起执行。

1－1－229

国家税务总局关于纳税人销售伴生金有关增值税问题的公告

2011年1月24日　国家税务总局公告2011年第8号

现将纳税人销售伴生金有关增值税问题公告如下：

《财政部、国家税务总局关于黄金税收政策问题的通知》(财税〔2002〕142号)第一条所称伴生金，是指黄金矿砂以外的其他矿产品、冶炼中间产品和其他可以提炼黄金的原料中所伴生的黄金。

纳税人销售含有伴生金的货物并申请伴生金免征增值税的，应当出具伴生金含量的有效证明，分别核算伴生金和其他成分的销售额。

本公告自2011年2月1日起执行。此前执行与本公告不一致的，按照本公告的规定调整。

特此公告。

1－1－230

财政部　国家税务总局关于收购烟叶支付的价外补贴进项税额抵扣问题的通知

2011年3月2日　财税〔2011〕21号

各省、自治区、直辖市、计划单列市财政厅(局)、国家税务局、地方税务局，新疆生产建设兵团财务局：

根据有关方面的反映，现将收购烟叶给烟农的生产投入补贴增值税进项税额抵扣问题明确如下：

烟叶收购单位收购烟叶时按照国家有关规定以现金形式直接补贴烟农的生产投入补贴(以下简称价外补贴)，属于农产品买价，为《中华人民共和国增值税暂行条例实施细则》(财政部、国家税务总局令第50号)第十七条中“价款”的一部分。烟叶收购单位，应将价外补贴与烟叶收购价格在同一张农产品收购发票或者销售发票上分别注明，否则，价外补贴不得计算增值税进项税额进行抵扣。

本通知自2009年1月1日起执行。

1 -1 -231

国家税务总局关于皂脚适用增值税税率问题的公告

2011 年 3 月 16 日 国家税务总局公告 2011 年第 20 号

关于皂脚适用增值税税率问题,现公告如下:

皂脚是碱炼动植物油脂时的副产品,不能食用,主要用作化学工业原料。因此,皂脚不属于食用植物油,也不属于《财政部、国家税务总局关于印发〈农业产品征税范围注释〉的通知》(财税字〔1995〕52 号)中农业产品的范围,应按照 17% 的税率征收增值税。

本公告自公布之日起施行。

特此公告。

1 -1 -232

国家税务总局关于云南盈江地震灾后增值税一般纳税人增值税扣税凭证认证稽核有关问题的批复

2011 年 5 月 13 日 国税函〔2011〕266 号

云南省国家税务局:

你局《关于云南盈江县"3 · 10"地震灾后一般纳税人增值税扣税凭证认证稽核有关问题的请示》(云国税发〔2011〕84 号)收悉。2011 年 3 月 10 日,云南省德宏州盈江县(以下称受灾地区)发生地震灾害后,由于受灾地区部分增值税一般纳税人增值税专用发票和增值税防伪税控系统专用设备损毁丢失,不能按照规定期限办理正常的报税,导致纳税人增值税进项税额无法正常抵扣。经研究,批复如下:

一、增值税一般纳税人取得的增值税专用发票、机动车销售统一发票经稽核系统比对结果为"缺联票"的,由主管税务机关通过增值税抵扣凭证审核检查系统进行核查。属于地震灾害造成销售方不能按期报税的,由销售方主管税务机关或其上级税务机关出具证明,购买方出具付款凭证,据以抵扣进项税额。

二、增值税一般纳税人取得公路、内河货物运输业统一发票经稽核系统比对结果为"缺联票"的,可比照本批复第一条规定办理。

三、受灾地区增值税一般纳税人以及税务机关发生增值税专用发票(包括相应电子数据)和防伪税控专用设备损毁丢失的,主管税务机关应及时将损毁丢失的增值税专用发票通过防伪税控发票发售子系统采集录入失控发票数据,将损毁丢失的专用设备登记后重新办理发行。

1-1-233

国家税务总局关于纳税人无偿赠送粉煤灰征收增值税问题的公告

2011年5月19日　国家税务总局公告2011年第32号

现将纳税人无偿赠送粉煤灰征收增值税问题公告如下：

纳税人将粉煤灰无偿提供给他人，应根据《中华人民共和国增值税暂行条例实施细则》第四条的规定征收增值税。销售额应根据《中华人民共和国增值税暂行条例实施细则》第十六条的规定确定。

本公告自2011年6月1日起执行。此前执行与本公告不一致的，按照本公告的规定调整。

特此公告。

1-1-234

国家税务总局关于花椒油增值税适用税率问题的公告

2011年6月2日　国家税务总局公告2011年第33号

现将花椒油的增值税适用税率公告如下：

花椒油按照食用植物油13%的税率征收增值税。

本公告自2011年7月1日开始执行。

特此公告。

1-1-235

国家税务总局关于部分液体乳增值税适用税率问题的公告

2011年7月6日　国家税务总局公告2011年第38号

为明确政策，公平税负，现就巴氏杀菌乳、灭菌乳和调制乳的增值税适用税率问题公告如下：

按照《食品安全国家标准—巴氏杀菌乳》(GB19645—2010)生产的巴氏杀菌乳和按照《食品安全国家标准—灭菌乳》(GB25190—2010)生产的灭菌乳，均属于初级农业产品，可依照《农业产品征收范围注释》中的鲜奶按13%的税率征收增值税；按照《食品安全国家标准—调制乳》(GB25191—2010)生产的调制乳，不属于初级农业产品，应按照17%税率征收增值税。

本公告自公布之日起施行。《国家税务总局关于营养强化奶适用增值税税率问题的批复》(国税函〔2005〕676号)同时废止。

特此公告。

1－1－236

国家税务总局关于环氧大豆油、氢化植物油增值税适用税率问题的公告

2011年7月25日　国家税务总局公告2011年第43号

现将环氧大豆油、氢化植物油增值税适用税率问题公告如下：

环氧大豆油、氢化植物油不属于食用植物油的征税范围，应适用17%增值税税率。

环氧大豆油是将大豆油滴加双氧水后经过环氧反应、水洗、减压脱水等工序后形成的产品。

氢化植物油是将普通植物油在一定温度和压力下经过加氢、催化等工序后形成的产品。

本公告自2011年8月1日起执行。

特此公告。

1－1－237

财政部　国家税务总局关于软件产品增值税政策的通知

2011年10月13日　财税〔2011〕100号

各省、自治区、直辖市、计划单列市财政厅(局)、国家税务局、地方税务局，新疆生产建设兵团财务局：

为落实《国务院关于印发进一步鼓励软件产业和集成电路产业发展若干政策的通知》(国发〔2011〕4号)的有关精神，进一步促进软件产业发展，推动我国信息化建设，现将软件产品增值税政策通知如下：

一、软件产品增值税政策

(一)增值税一般纳税人销售其自行开发生产的软件产品，按17%税率征收增值税后，对其增值税实际税负超过3%的部分实行即征即退政策。

(二)增值税一般纳税人将进口软件产品进行本地化改造后对外销售，其销售的软件产

品可享受本条第一款规定的增值税即征即退政策。

本地化改造是指对进口软件产品进行重新设计、改进、转换等，单纯对进口软件产品进行汉字化处理不包括在内。

（三）纳税人受托开发软件产品，著作权属于受托方的征收增值税，著作权属于委托方或属于双方共同拥有的不征收增值税；对经过国家版权局注册登记，纳税人在销售时一并转让著作权、所有权的，不征收增值税。

二、软件产品界定及分类

本通知所称软件产品，是指信息处理程序及相关文档和数据。软件产品包括计算机软件产品、信息系统和嵌入式软件产品。嵌入式软件产品是指嵌入在计算机硬件、机器设备中并随其一并销售，构成计算机硬件、机器设备组成部分的软件产品。

三、满足下列条件的软件产品，经主管税务机关审核批准，可以享受本通知规定的增值税政策：

1. 取得省级软件产业主管部门认可的软件检测机构出具的检测证明材料；

2. 取得软件产业主管部门颁发的《软件产品登记证书》或著作权行政管理部门颁发的《计算机软件著作权登记证书》。

四、软件产品增值税即征即退税额的计算

（一）软件产品增值税即征即退税额的计算方法：

即征即退税额 = 当期软件产品增值税应纳税额 - 当期软件产品销售额 × 3%

当期软件产品增值税应纳税额 = 当期软件产品销项税额 - 当期软件产品可抵扣进项税额

当期软件产品销项税额 = 当期软件产品销售额 × 17%

（二）嵌入式软件产品增值税即征即退税额的计算：

1. 嵌入式软件产品增值税即征即退税额的计算方法

即征即退税额 = 当期嵌入式软件产品增值税应纳税额 - 当期嵌入式软件产品销售额 × 3%

当期嵌入式软件产品增值税应纳税额 = 当期嵌入式软件产品销项税额 - 当期嵌入式软件产品可抵扣进项税额

当期嵌入式软件产品销项税额 = 当期嵌入式软件产品销售额 × 17%

2. 当期嵌入式软件产品销售额的计算公式

当期嵌入式软件产品销售额 = 当期嵌入式软件产品与计算机硬件、机器设备销售额合计 - 当期计算机硬件、机器设备销售额

计算机硬件、机器设备销售额按照下列顺序确定：

①按纳税人最近同期同类货物的平均销售价格计算确定；

②按其他纳税人最近同期同类货物的平均销售价格计算确定；

③按计算机硬件、机器设备组成计税价格计算确定。

计算机硬件、机器设备组成计税价格 = 计算机硬件、机器设备成本 × (1 + 10%)。

五、按照上述办法计算，即征即退税额大于零时，税务机关应按规定，及时办理退税手续。

六、增值税一般纳税人在销售软件产品的同时销售其他货物或者应税劳务的，对于无法划分的进项税额，应按照实际成本或销售收入比例确定软件产品应分摊的进项税额；对专用于软件产品开发生产设备及工具的进项税额，不得进行分摊。纳税人应将选定的分摊方式报主管税务机关备案，并自备案之日起一年内不得变更。

专用于软件产品开发生产的设备及工具，包括但不限于用于软件设计的计算机设备、读写打印器具设备、工具软件、软件平台和测试设备。

七、对增值税一般纳税人随同计算机硬件、机器设备一并销售嵌入式软件产品，如果适用本通知规定按照组成计税价格计算确定计算机硬件、机器设备销售额的，应当分别核算嵌入式软件产品与计算机硬件、机器设备部分的成本。凡未分别核算或者核算不清的，不得享受本通知规定的增值税政策。

八、各省、自治区、直辖市、计划单列市税务机关可根据本通知规定，制定软件产品增值税即征即退的管理办法。主管税务机关可对享受本通知规定增值税政策的纳税人进行定期或不定期检查。纳税人凡弄虚作假骗取享受本通知规定增值税政策的，税务机关除根据现行规定进行处罚外，自发生上述违法违规行为年度起，取消其享受本通知规定增值税政策的资格，纳税人三年内不得再次申请。

九、本通知自2011年1月1日起执行。《财政部、国家税务总局关于贯彻落实〈中共中央、国务院关于加强技术创新，发展高科技，实现产业化的决定〉有关税收问题的通知》（财税字〔1999〕273号）第一条、《财政部、国家税务总局、海关总署关于鼓励软件产业和集成电路产业发展有关税收政策问题的通知》（财税〔2000〕25号）第一条第一款、《国家税务总局关于明确电子出版物属于软件征税范围的通知》（国税函〔2000〕168号）、《财政部、国家税务总局关于增值税若干政策的通知》（财税〔2005〕165号）第十一条第一款和第三款、《财政部、国家税务总局关于嵌入式软件增值税政策问题的通知》（财税〔2006〕174号）、《财政部、国家税务总局关于嵌入式软件增值税政策的通知》（财税〔2008〕92号）、《财政部、国家税务总局关于扶持动漫产业发展有关税收政策问题的通知》（财税〔2009〕65号）第一条同时废止。

1-1-238

国家税务总局关于纳税人为其他单位和个人开采矿产资源提供劳务有关货物和劳务税问题的公告

2011年11月7日　国家税务总局公告2011年第56号

现将纳税人为其他单位和个人开采矿产资源提供劳务有关货物和劳务税问题公告如下：

纳税人提供的矿山爆破、穿孔、表面附着物（包括岩层、土层、沙层等）剥离和清理劳务，以及矿井、巷道构筑劳务，属于营业税应税劳务，应当缴纳营业税。

纳税人提供的矿产资源开采、挖掘、切割、破碎、分拣、洗选等劳务，属于增值税应税劳务，应当缴纳增值税。

本公告自2011年12月1日起执行。此前未处理的，按照本公告的规定处理。

特此公告。

1－1－239

财政部　国家税务总局关于退还集成电路企业采购设备增值税期末留抵税额的通知

2011年11月14日　财税〔2011〕107号

北京、天津、内蒙古、大连、上海、江苏、安徽、厦门、湖北、深圳、重庆、广东省(自治区、直辖市、计划单列市)财政厅(局)、国家税务局，财政部驻北京、天津、内蒙古、大连、上海、江苏、安徽、厦门、湖北、深圳、重庆、广东省(自治区、直辖市、计划单列市)财政监察专员办事处：

为落实《国务院关于印发进一步鼓励软件产业和集成电路产业发展若干政策的通知》(国发〔2011〕4号)有关要求，解决集成电路重大项目企业采购设备引起的增值税进项税额占用资金问题，决定对其因购进设备形成的增值税期末留抵税额予以退还。现将有关事项通知如下：

一、对国家批准的集成电路重大项目企业(具体名单见附件)因购进设备形成的增值税期末留抵税额(以下称购进设备留抵税额)准予退还。购进的设备应属于《中华人民共和国增值税暂行条例实施细则》第二十一条第二款规定的固定资产范围。

二、准予退还的购进设备留抵税额的计算

企业当期购进设备进项税额大于当期增值税纳税申报表"期末留抵税额"的，当期准予退还的购进设备留抵税额为期末留抵税额；企业当期购进设备进项税额小于当期增值税纳税申报表"期末留抵税额"的，当期准于退还的购进设备留抵税额为当期购进设备进项税额。

当期购进设备进项税额，是指企业取得的按照现行规定允许在当期抵扣的增值税专用发票或海关进口增值税专用缴款书(限于2009年1月1日及以后开具的)上注明的增值税额。

三、退还购进设备留抵税额的申请和审批

(一)企业应于每月申报期结束后10个工作日内向主管税务机关申请退还购进设备留抵税额。

主管税务机关接到企业申请后，应审核企业提供的增值税专用发票或海关进口增值税专用缴款书是否符合现行政策规定，其注明的设备名称与企业实际购进的设备是否一致，申请退还的购进设备留抵税额是否正确。审核无误后，由县(区、市)级主管税务机关审批。

(二)企业收到退税款项的当月，应将退税额从增值税进项税额中转出。未转出的，按照《中华人民共和国税收征收管理法》有关规定承担相应法律责任。

（三）企业首次申请退还购进设备留抵税额时，可将2009年以来形成的购进设备留抵税额，按照上述规定一次性申请退还。

四、退还的购进设备留抵税额由中央和地方按照现行增值税分享比例共同负担。

五、本通知自2011年11月1日起执行。

附件：国家批准的集成电路重大项目企业名单（编者略）

1－1－240

国家税务总局关于旅店业和饮食业纳税人销售食品有关税收问题的公告

2011年11月24日　国家税务总局公告2011年第62号

现将旅店业和饮食业纳税人销售食品有关税收问题公告如下：

旅店业和饮食业纳税人销售非现场消费的食品应当缴纳增值税，不缴纳营业税。

旅店业和饮食业纳税人发生上述应税行为，符合《中华人民共和国增值税暂行条例实施细则》（财政部、国家税务总局令第50号）第二十九条规定的，可选择按照小规模纳税人缴纳增值税。

本公告自2012年1月1日起执行。《国家税务总局关于饮食业征收流转税问题的通知》（国税发〔1996〕202号）、《国家税务总局关于烧卤熟制食品征收流转税问题的批复》（国税函〔1996〕261号）同时废止。

特此公告。

1－1－241

财政部　国家税务总局关于免征蔬菜流通环节增值税有关问题的通知

2011年12月31日　财税〔2011〕137号

各省、自治区、直辖市、计划单列市财政厅（局）、国家税务局，新疆生产建设兵团财务局：

经国务院批准，自2012年1月1日起，免征蔬菜流通环节增值税。现将有关事项通知如下：

一、对从事蔬菜批发、零售的纳税人销售的蔬菜免征增值税。

蔬菜是指可作副食的草本、木本植物，包括各种蔬菜、菌类植物和少数可作副食的木本植物。蔬菜的主要品种参照《蔬菜主要品种目录》（见附件）执行。

经挑选、清洗、切分、晾晒、包装、脱水、冷藏、冷冻等工序加工的蔬菜，属于本通知所述蔬菜的范围。

各种蔬菜罐头不属于本通知所述蔬菜的范围。蔬菜罐头是指蔬菜经处理、装罐、密封、杀菌或无菌包装而制成的食品。

二、纳税人既销售蔬菜又销售其他增值税应税货物的,应分别核算蔬菜和其他增值税应税货物的销售额;未分别核算的,不得享受蔬菜增值税免税政策。

附件:蔬菜主要品种目录(编者略)

1-1-242

国家税务总局关于部分玉米深加工产品增值税税率问题的公告

2012年3月27日　国家税务总局公告2012年第11号

为统一政策,公平税负,现将部分玉米深加工产品增值税税率问题公告如下:

根据现行增值税政策规定,玉米胚芽属于《农业产品征税范围注释》中初级农产品的范围,适用13%的增值税税率;玉米浆、玉米皮、玉米纤维(又称喷浆玉米皮)和玉米蛋白粉不属于初级农产品,也不属于《财政部、国家税务总局关于饲料产品免征增值税问题的通知》(财税〔2001〕121号)中免税饲料的范围,适用17%的增值税税率。

本公告自2012年5月1日起施行。

特此公告。

1-1-243

财政部　国家税务总局关于在部分行业试行农产品增值税进项税额核定扣除办法的通知

2012年4月6日　财税〔2012〕38号

各省、自治区、直辖市、计划单列市财政厅(局)、国家税务局,新疆生产建设兵团财务局:

为调整和完善农产品增值税抵扣机制,经国务院批准,决定在部分行业开展增值税进项税额核定扣除试点。现将有关事项通知如下:

一、自2012年7月1日起,以购进农产品为原料生产销售液体乳及乳制品、酒及酒精、植物油的增值税一般纳税人,纳入农产品增值税进项税额核定扣除试点范围,其购进农产品无论是否用于生产上述产品,增值税进项税额均按照《农产品增值税进项税额核定扣除试点实施办法》(附件1)的规定抵扣。

二、除本通知第一条规定以外的纳税人,其购进农产品仍按现行增值税的有关规定抵扣农产品进项税额。

三、对部分液体乳及乳制品实行全国统一的扣除标准(附件2)。

四、各级财税机关要认真组织试点各项工作,及时总结试点经验,并向财政部和国家税务总局报告试点过程中发现的问题。

附件:1. 农产品增值税进项税额核定扣除试点实施办法

2. 全国统一的部分液体乳及乳制品扣除标准表

附件1

农产品增值税进项税额核定扣除试点实施办法

一、为加强农产品增值税进项税额抵扣管理,经国务院批准,对财政部和国家税务总局纳入试点范围的增值税一般纳税人(以下称试点纳税人)购进农产品增值税进项税额,实施核定扣除办法。

二、购进农产品抵扣增值税进项税额的试点纳税人均适用本办法。

农产品是指列入《农业产品征税范围注释》(财税字〔1995〕52号)的初级农业产品。

三、试点纳税人购进农产品不再凭增值税扣税凭证抵扣增值税进项税额,购进除农产品以外的货物、应税劳务和应税服务,增值税进项税额仍按现行有关规定抵扣。

四、农产品增值税进项税额核定方法

(一)试点纳税人以购进农产品为原料生产货物的,农产品增值税进项税额可按照以下方法核定:

1. 投入产出法:参照国家标准、行业标准(包括行业公认标准和行业平均耗用值)确定销售单位数量货物耗用外购农产品的数量(以下称农产品单耗数量)。

当期允许抵扣农产品增值税进项税额依据农产品单耗数量、当期销售货物数量、农产品平均购买单价(含税,下同)和农产品增值税进项税额扣除率(以下简称"扣除率")计算。公式为:

当期允许抵扣农产品增值税进项税额 = 当期农产品耗用数量 × 农产品平均购买单价 × 扣除率/(1 + 扣除率)

当期农产品耗用数量 = 当期销售货物数量(不含采购除农产品以外的半成品生产的货物数量) × 农产品单耗数量

对以单一农产品原料生产多种货物或者多种农产品原料生产多种货物的,在核算当期农产品耗用数量和平均购买单价时,应依据合理的方法归集和分配。

平均购买单价是指购买农产品期末平均买价,不包括买价之外单独支付的运费和入库前的整理费用。期末平均买价计算公式:

期末平均买价 = (期初库存农产品数量 × 期初平均买价 + 当期购进农产品数量 × 当期买价)/(期初库存农产品数量 + 当期购进农产品数量)

2. 成本法:依据试点纳税人年度会计核算资料,计算确定耗用农产品的外购金额占生产成本的比例(以下称农产品耗用率)。当期允许抵扣农产品增值税进项税额依据当期主营业务成本、农产品耗用率以及扣除率计算。公式为:

当期允许抵扣农产品增值税进项税额=当期主营业务成本×农产品耗用率×扣除率/(1+扣除率)

农产品耗用率=上年投入生产的农产品外购金额/上年生产成本

农产品外购金额(含税)不包括不构成货物实体的农产品(包括包装物、辅助材料、燃料、低值易耗品等)和在购进农产品之外单独支付的运费、入库前的整理费用。

对以单一农产品原料生产多种货物或者多种农产品原料生产多种货物的,在核算当期主营业务成本以及核定农产品耗用率时,试点纳税人应依据合理的方法进行归集和分配。

农产品耗用率由试点纳税人向主管税务机关申请核定。

年度终了,主管税务机关应根据试点纳税人本年实际对当年已抵扣的农产品增值税进项税额进行纳税调整,重新核定当年的农产品耗用率,并作为下一年度的农产品耗用率。

3. 参照法:新办的试点纳税人或者试点纳税人新增产品的,试点纳税人可参照所属行业或者生产结构相近的其他试点纳税人确定农产品单耗数量或者农产品耗用率。次年,试点纳税人向主管税务机关申请核定当期的农产品单耗数量或者农产品耗用率,并据此计算确定当年允许抵扣的农产品增值税进项税额,同时对上一年增值税进项税额进行调整。核定的进项税额超过实际抵扣增值税进项税额的,其差额部分可以结转下期继续抵扣;核定的进项税额低于实际抵扣增值税进项税额的,其差额部分应按现行增值税的有关规定将进项税额做转出处理。

(二)试点纳税人购进农产品直接销售的,农产品增值税进项税额按照以下方法核定扣除:

当期允许抵扣农产品增值税进项税额=当期销售农产品数量/(1-损耗率)×农产品平均购买单价×13%/(1+13%)

损耗率=损耗数量/购进数量

(三)试点纳税人购进农产品用于生产经营且不构成货物实体的(包括包装物、辅助材料、燃料、低值易耗品等),增值税进项税额按照以下方法核定扣除:

当期允许抵扣农产品增值税进项税额=当期耗用农产品数量×农产品平均购买单价×13%/(1+13%)

农产品单耗数量、农产品耗用率和损耗率统称为农产品增值税进项税额扣除标准(以下称扣除标准)。

五、试点纳税人销售货物,应合并计算当期允许抵扣农产品增值税进项税额。

六、试点纳税人购进农产品取得的农产品增值税专用发票和海关进口增值税专用缴款书,按照注明的金额及增值税额一并计入成本科目;自行开具的农产品收购发票和取得的农产品销售发票,按照注明的买价直接计入成本。

七、本办法规定的扣除率为销售货物的适用税率。

八、省级(包括计划单列市,下同)税务机关应根据本办法第四条规定的核定方法顺序,确定试点纳税人适用的农产品增值税进项税额核定扣除方法。

九、试点纳税人应自执行本办法之日起,将期初库存农产品以及库存半成品、产成品耗用的农产品增值税进项税额作转出处理。

十、试点纳税人应当按照本办法第四条的规定准确计算当期允许抵扣农产品增值税进项税额,并从相关科目转入"应交税金——应交增值税(进项税额)"科目。未能准确计算的,由主管税务机关核定。

十一、试点纳税人购进的农产品价格明显偏高或偏低,且不具有合理商业目的的,由主管税务机关核定。

十二、试点纳税人在计算农产品增值税进项税额时,应按照下列顺序确定适用的扣除标准:

(一)财政部和国家税务总局不定期公布的全国统一的扣除标准。

(二)省级税务机关商同级财政机关根据本地区实际情况,报经财政部和国家税务总局备案后公布的适用于本地区的扣除标准。

(三)省级税务机关依据试点纳税人申请,按照本办法第十三条规定的核定程序审定的仅适用于该试点纳税人的扣除标准。

十三、试点纳税人扣除标准核定程序。

(一)试点纳税人以农产品为原料生产货物的扣除标准核定程序:

1. 申请核定。以农产品为原料生产货物的试点纳税人应于当年1月15日前(2012年为7月15日前)或者投产之日起30日内,向主管税务机关提出扣除标准核定申请并提供有关资料。申请资料的范围和要求由省级税务机关确定。

2. 审定。主管税务机关应对试点纳税人的申请资料进行审核,并逐级上报给省级税务机关。

省级税务机关应由货物和劳务税处牵头,会同政策法规处等相关部门组成扣除标准核定小组,核定结果应由省级税务机关下达,主管税务机关通过网站、报刊等多种方式及时向社会公告核定结果。未经公告的扣除标准无效。

省级税务机关尚未下达核定结果前,试点纳税人可按上年确定的核定扣除标准计算申报农产品进项税额。

(二)试点纳税人购进农产品直接销售、购进农产品用于生产经营且不构成货物实体扣除标准的核定采取备案制,抵扣农产品增值税进项税额的试点纳税人应在申报缴纳税款时向主管税务机关备案。备案资料的范围和要求由省级税务机关确定。

十四、试点纳税人对税务机关根据本办法第十三条规定核定的扣除标准有疑义或者生产经营情况发生变化的,可以自税务机关发布公告或者收到主管税务机关《税务事项通知书》之日起30日内,向主管税务机关提出重新核定扣除标准申请,并提供说明其生产、经营真实情况的证据,主管税务机关应当自接到申请之日起30日内书面答复。

十五、试点纳税人在申报期内,除向主管税务机关报送《增值税一般纳税人纳税申报办法》规定的纳税申报资料外,还应报送《农产品核定扣除增值税进项税额计算表》(见附表)。

十六、各级税务机关应加强对试点纳税人农产品增值税进项税额计算扣除情况的监管,防范和打击虚开发票行为,定期进行纳税评估,及时发现申报纳税中存在的问题。

附:农产品核定扣除增值税进项税额计算表

附：

农产品核定扣除增值税进项税额计算表

税款所属时间：　　　年　　月

纳税人识别号：

纳税人名称：(公章)

序号	产品名称	投入产出法			成本法		购进农产品直接销售			购进农产品不构成货物实体		当期准予抵扣的农产品进项税额(元)
		当期销售货物数量(吨)	农产品名称及核定的单耗数量(吨)	平均购买单价(元/吨)	当期主营业务成本(元)	农产品耗用率(%)	当期销售农产品数量(吨)	农产品损耗率(%)	农产品平均购买单价(元)	当期耗用农产品数量(吨)	农产品平均购买单价(元)	
		1	2	3	4	5	6	7	8	9	10	11
合　　计												

说明：1. 本表"产品名称"栏分别填写不同扣除标准的产品名称。

2. 本表"当期准予抵扣的农产品进项税额"栏 11 = 1 × 2 × 3；11 = 4 × 5；11 = 6 × 7 × 8；11 = 9 × 10。

附件 2

全国统一的部分液体乳及乳制品扣除标准表

扣除标准 产品类型	原乳单耗数量(吨)
超高温灭菌牛乳(每吨)	1.068
超高温灭菌牛乳(蛋白质含量≥3.3%)(每吨)	1.124
巴氏杀菌牛乳(每吨)	1.055
巴氏杀菌牛乳(蛋白质含量≥3.3%)(每吨)	1.196
超高温灭菌羊乳(每吨)	1.023
巴氏杀菌羊乳(每吨)	1.062

注释：

条款修改。《农产品增值税进项税额核定扣除试点实施办法》第四条第二项规定的扣除率调整为 11%，第三项规定的扣除率调整为按财税〔2017〕37 号第二条第一项、第二项规定执行。参见：《财政部　税务总局关于简并增值税税率有关政策的通知》(财税〔2017〕37 号)。

1－1－244

国家税务总局关于外贸企业出口视同内销货物进项税额抵扣有关问题的公告

2012 年 5 月 25 日　国家税务总局公告 2012 年第 21 号

现将外贸企业未按期申请开具《外贸企业出口视同内销征税货物进项税额抵扣证明》（以下简称《证明》）有关问题公告如下：

外贸企业出口视同内销货物，凡须按照《国家税务总局关于外贸企业出口视同内销货物进项税额抵扣有关问题的通知》（国税函〔2008〕265 号）的规定向税务机关申请开具《证明》的，如未按国税函〔2008〕265 号文件规定的期限申请开具《证明》，外贸企业可在各项单证收集齐全后继续向主管税务机关申请开具《证明》。

本公告自 2012 年 6 月 1 日起施行。

特此公告。

1－1－245

国家税务总局关于药品经营企业销售生物制品有关增值税问题的公告

2012 年 5 月 28 日　国家税务总局公告 2012 年第 20 号

现将药品经营企业销售生物制品有关增值税问题公告如下：

一、属于增值税一般纳税人的药品经营企业销售生物制品，可以选择简易办法按照生物制品销售额和 3% 的征收率计算缴纳增值税。

药品经营企业，是指取得（食品）药品监督管理部门颁发的《药品经营许可证》，获准从事生物制品经营的药品批发企业和药品零售企业。

二、属于增值税一般纳税人的药品经营企业销售生物制品，选择简易办法计算缴纳增值税的，36 个月内不得变更计税方法。

三、本公告自 2012 年 7 月 1 日起施行。

特此公告。

1－1－246

国家税务总局关于二手车经营业务有关增值税问题的公告

2012年6月1日　国家税务总局公告2012年第23号

为加强管理,现将二手车经营业务有关增值税问题公告如下:

经批准允许从事二手车经销业务的纳税人按照《机动车登记规定》的有关规定,收购二手车时将其办理过户登记到自己名下,销售时再将该二手车过户登记到买家名下的行为,属于《中华人民共和国增值税暂行条例》规定的销售货物的行为,应按照现行规定征收增值税。

除上述行为以外,纳税人受托代理销售二手车,凡同时具备以下条件的,不征收增值税;不同时具备以下条件的,视同销售征收增值税。

(一)受托方不向委托方预付货款;

(二)委托方将《二手车销售统一发票》直接开具给购买方;

(三)受托方按购买方实际支付的价款和增值税额(如系代理进口销售货物则为海关代征的增值税额)与委托方结算货款,并另外收取手续费。

本公告自2012年7月1日起开始施行。

特此公告。

1－1－247

国家税务总局关于卷帘机适用增值税税率问题的公告

2012年6月29日　国家税务总局公告2012年第29号

现对卷帘机是否属于农机范围及其适用增值税税率问题公告如下:

卷帘机属于《国家税务总局关于印发〈增值税部分货物征税范围注释〉的通知》(国税发〔1993〕151号)规定的农机范围,应适用13%的增值税税率。

卷帘机是指用于农业温室、大棚,以电机驱动,对保温被或草帘进行自动卷放的机械设备,一般由电机、变速箱、联轴器、卷轴、悬臂、控制装置等部分组成。

本公告自2012年8月1日起施行。此前已发生并处理的事项,不再作调整;未处理的,按本公告规定执行。

特此公告。

1－1－248

国家税务总局关于在部分行业试行农产品增值税进项税额核定扣除办法有关问题的公告

2012年7月17日　国家税务总局公告2012年第35号

为进一步规范农产品增值税进项税额核定扣除政策，加强税收征管，根据《财政部、国家税务总局关于在部分行业试行农产品增值税进项税额核定扣除办法的通知》（财税〔2012〕38号，以下简称《通知》）的有关规定，现将在部分行业试行农产品增值税进项税额核定扣除办法有关问题公告如下：

一、《通知》第一条所述“液体乳及乳制品”的行业范围按《国民经济行业分类》（GB/T 4754—2011）中“乳制品制造”类别（代码C1440）执行；“酒及酒精”的行业范围按《国民经济行业分类》（GB/T 4754—2011）中“酒的制造”类别（代码C151）执行；“植物油”的行业范围按《国民经济行业分类》（GB/T 4754—2011）中“植物油加工”类别（代码C133）执行。

二、增值税一般纳税人委托其他单位和个人加工液体乳及乳制品、酒及酒精、植物油，其购进的农产品均适用《通知》的有关规定。

三、纳入试点范围的增值税一般纳税人（以下简称试点纳税人）按照《通知》附件1《农产品增值税进项税额核定扣除试点实施办法》（以下简称《实施办法》）第四条中“投入产出法”的有关规定核定农产品增值税进项税额时，如果期初没有库存农产品，当期也未购进农产品的，农产品“期末平均买价”以该农产品上期期末平均买价计算；上期期末仍无农产品买价的依此类推。

按照“成本法”的有关规定核定试点纳税人农产品增值税进项税额时，“主营业务成本”、“生产成本”中不包括其未耗用农产品的产品的成本。

四、试点纳税人按照《实施办法》第九条有关规定作进项税额转出形成应纳税款一次性缴纳入库确有困难的，可于2012年12月31日前将进项税额应转出额分期转出，具体办法由省级税务机关确定。

五、主管税务机关按照《实施办法》第四条“成本法”的有关规定重新核定试点纳税人农产品耗用率，以及按照《实施办法》第十四条有关规定重新核定试点纳税人扣除标准时，均应按程序报经省级税务机关批准。

六、试点纳税人应按照本公告所附表样按月向主管税务机关报送《农产品核定扣除增值税进项税额计算表（汇总表）》、《投入产出法核定农产品增值税进项税额计算表》、《成本法核定农产品增值税进项税额计算表》、《购进农产品直接销售核定农产品增值税进项税额计算表》、《购进农产品用于生产经营且不构成货物实体核定农产品增值税进项税额计算表》（表样详见附件），不再按照《实施办法》中所附《农产品核定扣除增值税进项税额计算表》表样填报。

七、试点纳税人纳税申报时,应将《农产品核定扣除增值税进项税额计算表(汇总表)》中“当期允许抵扣农产品增值税进项税额”合计数填入《增值税纳税申报表附列资料(表二)》第6栏的“税额”栏,不填写第6栏“份数”和“金额”数据。

《增值税纳税申报表附列资料(表二)》第1、2、3、5栏有关数据中不反映农产品的增值税进项税额。

当期按照《实施办法》第九条及本公告第四条有关规定应转出的增值税进项税额,填入《增值税纳税申报表附列资料(表二)》第17栏“按简易征收办法征税货物用”“税额”栏。

八、本公告自2012年7月1日起施行。

特此公告。

附件:1. 农产品核定扣除增值税进项税额计算表(汇总表)(编者略)

2. 投入产出法核定农产品增值税进项税额计算表(编者略)

3. 成本法核定农产品增值税进项税额计算表(编者略)

4. 购进农产品直接销售核定农产品增值税进项税额计算表(编者略)

5. 购进农产品用于生产经营且不构成货物实体核定农产品增值税进项税额计算表(编者略)

1-1-249

财政部　国家税务总局关于免征部分鲜活肉蛋产品流通环节增值税政策的通知

2012年9月27日　财税〔2012〕75号

各省、自治区、直辖市、计划单列市财政厅(局)、国家税务局,新疆生产建设兵团财务局:

经国务院批准,自2012年10月1日起,免征部分鲜活肉蛋产品流通环节增值税。现将有关事项通知如下:

一、对从事农产品批发、零售的纳税人销售的部分鲜活肉蛋产品免征增值税。

免征增值税的鲜活肉产品,是指猪、牛、羊、鸡、鸭、鹅及其整块或者分割的鲜肉、冷藏或者冷冻肉,内脏、头、尾、骨、蹄、翅、爪等组织。

免征增值税的鲜活蛋产品,是指鸡蛋、鸭蛋、鹅蛋,包括鲜蛋、冷藏蛋以及对其进行破壳分离的蛋液、蛋黄和蛋壳。

上述产品中不包括《中华人民共和国野生动物保护法》所规定的国家珍贵、濒危野生动物及其鲜活肉类、蛋类产品。

二、从事农产品批发、零售的纳税人既销售本通知第一条规定的部分鲜活肉蛋产品又销售其他增值税应税货物的,应分别核算上述鲜活肉蛋产品和其他增值税应税货物的销售额;未分别核算的,不得享受部分鲜活肉蛋产品增值税免税政策。

三、《中华人民共和国增值税暂行条例》第八条所列准予从销项税额中扣除的进项税额的第(三)项所称的“销售发票”,是指小规模纳税人销售农产品依照3%征收率按简易办法计算缴纳增值税而自行开具或委托税务机关代开的普通发票。批发、零售纳税人享受免税政策后开具的普通发票不得作为计算抵扣进项税额的凭证。

注释：

条款废止。第三条自2017年7月1日起废止。参见：《财政部　税务总局关于简并增值税税率有关政策的通知》（财税〔2017〕37号）。

1－1－250

国家税务总局关于硝基复合肥有关增值税问题的公告

2012年12月7日　国家税务总局公告2012年第52号

为明确政策，加强管理，现将硝基复合肥有关增值税问题公告如下：

根据《财政部、国家税务总局关于若干农业生产资料征免增值税政策的通知》（财税〔2001〕113号）的有关规定，生产含硝态氮的复合肥（俗称硝基复合肥）的中间产品熔融态氮肥属于氮肥的一种，在此基础上生产的硝基复合肥，应根据财税〔2001〕113号文件中免税化肥成本占该硝基复合肥原料中全部化肥成本的比重是否高于70%的规定，确定其是否属于免税的复合肥。

硝基复合肥，是以煤、天然气为原料生产合成氨，经氨氧化、吸收、浓缩后与氨反应生成熔融态氮肥，再加入磷肥、钾肥后造粒，最终形成的氮、磷二元素复合肥或氮、磷、钾三元素复合肥。

本公告自2013年1月1日起施行。此前已发生但尚未处理事项可按本公告规定执行。

特此公告。

1－1－251

财政部　国家税务总局关于熊猫普制金币免征增值税政策的通知

2012年12月28日　财税〔2012〕97号

各省、自治区、直辖市、计划单列市财政厅（局）、国家税务局，新疆生产建设兵团财务局：

为完善投资性黄金相关税收政策，经国务院批准，自2012年1月1日起，对符合条件的纳税人销售的熊猫普制金币免征增值税。现将有关政策通知如下：

一、熊猫普制金币是指由黄金制成并同时符合以下条件的法定货币：

1. 由中国人民银行发行；

2. 生产质量为普制；

3. 正面主体图案为天坛祈年殿,并刊国名、年号。背面主体图案为熊猫,并刊面额、规格及成色。规格包括1盎司、1/2盎司、1/4盎司、1/10盎司和1/20盎司,对应面额分别为500元、200元、100元、50元、20元。黄金成色为99.9%。

二、纳税人的具体条件以及熊猫普制金币免征增值税的具体管理办法由国家税务总局另行制定。

三、文到之日前,纳税人已缴纳的应予免征的增值税税款,可在今后增值税应纳税额中抵减,或者按规定办理退库。纳税人已向购买方开具了增值税专用发票的,应将增值税专用发票追回后方可申请免税;凡增值税专用发票未追回的,不予免税。

1-1-252

国家税务总局关于发布《熊猫普制金币免征增值税管理办法(试行)》的公告

2013年2月5日　国家税务总局公告2013年第6号

为促进我国黄金市场健康发展,加强熊猫普制金币的增值税征收管理,根据《财政部、国家税务总局关于熊猫普制金币免征增值税政策的通知》(财税〔2012〕97号)的规定,现制定《熊猫普制金币免征增值税管理办法(试行)》。

本公告自2012年1月1日起执行。

特此公告。

熊猫普制金币免征增值税管理办法(试行)

一、为加强熊猫普制金币增值税管理,根据《中华人民共和国税收征收管理法》、《中华人民共和国增值税暂行条例》、《国家税务总局关于印发〈税收减免管理办法(试行)〉的通知》(国税发〔2005〕129号)及有关税收政策规定,制定本办法。

二、下列纳税人销售熊猫普制金币免征增值税:

(一)中国人民银行下属中国金币总公司(以下简称金币公司)及其控股子公司。

(二)经中国银行业监督管理委员会批准,允许开办个人黄金买卖业务的金融机构。

(三)经金币公司批准,获得"中国熊猫普制金币授权经销商"资格,并通过金币交易系统销售熊猫普制金币的纳税人。第一批符合条件的纳税人名单附后。

三、免征增值税的熊猫普制金币是指2012年(含)以后发行的熊猫普制金币。

四、纳税人既销售免税的熊猫普制金币又销售其他增值税应税货物的,应分别核算免税的熊猫普制金币和其他增值税应税货物的销售额;未分别核算的,不得享受熊猫普制金币增值税免税政策。销售熊猫普制金币免税收入不得开具增值税专用发票。

五、申请享受本办法规定的熊猫普制金币增值税优惠政策的纳税人,应当在初次申请时按照要求向主管税务机关提交以下资料办理免税备案手续：

（一）纳税人税务登记证原件及复印件；

（二）属于“中国熊猫普制金币授权经销商”的纳税人应提供相关资格证书原件及复印件和《中国熊猫普制金币经销协议》原件及复印件；金融机构应提供中国银行业监督管理委员会批准其开办个人黄金买卖业务的相关批件材料。

六、纳税人办理熊猫普制金币免税备案手续时，主管税务机关应当根据以下情况分别做出处理：

（一）报送的材料不详或存在错误，应当即时告知并允许纳税人更正；

（二）报送的材料不齐或不符合法定形式的，应当在 5 个工作日内告知纳税人需要补正的全部内容；

（三）报送的材料齐全、符合规定的，或者纳税人按照税务机关的要求补正报送全部材料的，应当受理纳税人的备案，并将有关材料原件退还纳税人。

七、属于“中国熊猫普制金币授权经销商”的纳税人应在办理熊猫普制金币免税备案以后每年 2 月 15 日前将以下材料报主管税务机关备查：

（一）上一年度从金币交易系统中出具的《金币交易系统熊猫普制金币销售汇总表》及明细（加盖纳税人的财务专用章）；

（二）上一年度从金币交易系统中出具的《金币交易系统熊猫普制金币采购及库存汇总表》（加盖纳税人的财务专用章）；

（三）上一年度销售熊猫普制金币开具的销售发票记账联复印件。

八、属于金融机构的纳税人应在办理熊猫普制金币免税备案以后每年 2 月 15 日前将以下材料报主管税务机关备查：

（一）上一年度从金币交易系统中出具的《金币交易系统熊猫普制金币采购汇总表》及明细（加盖纳税人的财务专用章）；

（二）上一年度销售熊猫普制金币开具的销售发票记账联复印件。

九、税务机关应对享受本办法规定增值税政策的纳税人进行定期或不定期检查。发现问题的，税务机关应根据现行规定对其进行处理，且自纳税人发生违规行为年度起，取消其享受本办法规定增值税政策的资格。

十、各地税务机关在对熊猫普制金币免征增值税的过程中如发现问题，应及时上报国家税务总局。

十一、本办法自 2012 年 1 月 1 日起执行。

附件：第一批符合条件的纳税人名单（编者略）

注释：

条款废止。“《国家税务总局关于印发税收减免管理办法（试行）的通知》（国税发〔2005〕129 号）”废止。参见：《国家税务总局关于公布全文失效废止和部分条款废止的税收规范性文件目录的公告》（国家税务总局公告 2016 年第 34 号）。

1－1－253

国家税务总局关于纳税人采取“公司＋农户”经营模式销售畜禽有关增值税问题的公告

2013年2月6日　国家税务总局公告2013年第8号

现就纳税人采取“公司＋农户”经营模式销售畜禽有关增值税问题公告如下：

目前，一些纳税人采取“公司＋农户”经营模式从事畜禽饲养，即公司与农户签订委托养殖合同，向农户提供畜禽苗、饲料、兽药及疫苗等（所有权属于公司），农户饲养畜禽苗至成品后交付公司回收，公司将回收的成品畜禽用于销售。在上述经营模式下，纳税人回收再销售畜禽，属于农业生产者销售自产农产品，应根据《中华人民共和国增值税暂行条例》的有关规定免征增值税。

本公告中的畜禽是指属于《财政部、国家税务总局关于印发〈农业产品征税范围注释〉的通知》（财税字〔1995〕52号）文件中规定的农业产品。

本公告自2013年4月1日起施行。

特此公告。

1－1－254

国家税务总局关于承印境外图书增值税适用税率问题的公告

2013年2月22日　国家税务总局公告2013年第10号

现将承印境外图书增值税适用税率公告如下：

国内印刷企业承印的经新闻出版主管部门批准印刷且采用国际标准书号编序的境外图书，属于《中华人民共和国增值税暂行条例》第二条规定的“图书”，适用13%增值税税率。

本公告自2013年4月1日起施行。此前已发生但尚未处理的事项，可以按本公告规定执行。

特此公告。

1－1－255

国家税务总局关于金融机构销售贵金属增值税有关问题的公告

2013年3月15日　国家税务总局公告2013年第13号

现将金融机构销售贵金属产品增值税有关问题公告如下：

、金融机构从事经其行业主管部门（中国人民银行或中国银行业监督管理委员会）允许的金、银、铂等贵金属交易业务，可比照《国家税务总局关于金融机构开展个人实物黄金交易业务增值税有关问题的通知》（国税发〔2005〕178号）规定，实行金融机构各省级分行和直属一级分行所在地市级分行、支行按照规定的预征率预缴增值税，省级分行和直属一级分行统一清算缴纳的办法。

经其行业主管部门允许，是指金融机构能够提供行业主管部门批准其从事贵金属交易业务的批复文件，或向行业主管部门报备的备案文件，或行业主管部门未限制其经营贵金属业务的有关证明文件。

二、已认定为增值税一般纳税人的金融机构，开展经其行业主管部门允许的贵金属交易业务时，可根据《增值税专用发票使用规定》（国税发〔2006〕156号）及相关规定领购、使用增值税专用发票。

本公告自2013年4月1日起施行。

1－1－256

国家税务总局关于旅店业和饮食业纳税人销售非现场消费食品增值税有关问题的公告

2013年4月22日　国家税务总局公告2013年第17号

现将旅店业和饮食业纳税人销售非现场消费食品增值税有关问题公告如下：

旅店业和饮食业纳税人销售非现场消费的食品，属于不经常发生增值税应税行为，根据《中华人民共和国增值税暂行条例实施细则》（财政部、国家税务总局令第50号）第二十九条的规定，可以选择按小规模纳税人缴纳增值税。

本公告自2013年5月1日起施行。

特此公告。

1－1－257

国家税务总局关于油气田企业开发煤层气 页岩气增值税有关问题的公告

2013年5月30日 国家税务总局公告2013年第27号

现将油气田企业开发煤层气、页岩气增值税有关问题公告如下：

油气田企业从事煤层气、页岩气生产，以及为生产煤层气、页岩气提供生产性劳务，按照《油气田企业增值税管理办法》(财税〔2009〕8号文件印发)缴纳增值税。

本公告自2013年7月1日起施行。

特此公告。

1－1－258

财政部 国家税务总局关于停止执行民航国际航班使用进口保税航空燃油政策的通知

2013年7月29日 财税〔2013〕42号

北京、天津、上海、江苏、浙江、厦门、青岛、河南、广东、深圳、重庆、四川省(直辖市、计划单列市)财政厅(局)、国家税务局：

随着交通运输业营业税改征增值税改革在全国范围内实施，航空公司购进航空燃油所含的增值税将允许抵扣。经国务院批准，现将民航国际航班使用进口保税航空燃油增值税政策调整如下：

自2013年8月1日起，对中国航空油料有限责任公司在北京首都国际机场、天津滨海国际机场、广州新白云国际机场、重庆江北国际机场、杭州萧山国际机场、青岛流亭国际机场、南京禄口国际机场、上海虹桥机场、成都双流国际机场、厦门高崎国际机场、郑州新郑国际机场等11个机场设立的航空油料保税仓库，上海浦东国际机场航空油料有限责任公司在上海浦东国际机场设立的航空油料保税仓库和深圳承远航空油料有限公司在深圳宝安国际机场设立的航空油料保税仓库，销售给民航国际航班的进口保税航空燃油恢复征收增值税，原免征增值税的政策停止执行。

《财政部、国家税务总局关于民航国际航班使用保税航空燃油有关税收事宜的通知》(财税〔2013〕218号)、《财政部、国家税务总局关于重庆江北等5家机场民航国际航班使用进口保税航空燃油有关税收政策的通知》(财税〔2011〕123号)和《财政部、国家税务总局关于成都双流等3个机场民航国际航班使用保税航空燃油有关税收政策的通知》(财税〔2013〕1号)同时废止。

1－1－259

国家税务总局关于精料补充料免征增值税问题的公告

2013年8月19日　国家税务总局公告2013年第46号

现将精料补充料增值税有关问题公告如下：

精料补充料属于《财政部、国家税务总局关于饲料产品免征增值税问题的通知》(财税〔2001〕121号,以下简称“通知”)文件中“配合饲料”范畴,可按照该通知及相关规定免征增值税。

精料补充料是指为补充草食动物的营养,将多种饲料和饲料添加剂按照一定比例配制的饲料。

本公告自2013年9月1日起执行。此前已发生并处理的事项,不再做调整;未处理的,按本公告规定执行。

1－1－260

财政部　国家税务总局关于扩大农产品增值税进项税额核定扣除试点行业范围的通知

2013年8月28日　财税〔2013〕57号

各省、自治区、直辖市、计划单列市财政厅(局)、国家税务局,新疆生产建设兵团财务局：

为进一步推进农产品增值税进项税额核定扣除试点(以下简称核定扣除试点)工作,经研究决定,扩大实行核定扣除试点的行业范围。现将有关事项通知如下：

一、自2013年9月1日起,各省、自治区、直辖市、计划单列市税务部门可商同级财政部门,根据《农产品增值税进项税额核定扣除试点实施办法》(财税〔2012〕38号)的有关规定,结合本省(自治区、直辖市、计划单列市)特点,选择部分行业开展核定扣除试点工作。

二、各省、自治区、直辖市、计划单列市税务和财政部门制定的关于核定扣除试点行业范围、扣除标准等内容的文件,需报经财政部和国家税务总局备案后公布。财政部和国家税务总局将根据各地区试点工作进展情况,不定期公布部分产品全国统一的扣除标准。

三、核定扣除试点工作政策性强、涉及面广,各地财税机关要积极推进试点各项工作,妥善解决试点过程中出现的问题。

1－1－261

财政部　国家税务总局关于调整进口飞机有关增值税政策的通知

2013年8月29日　财关税〔2013〕53号

海关总署、民航局：

经国务院批准，自2013年8月30日起，对按此前规定所有减按4%征收进口环节增值税的空载重量在25吨以上的进口飞机，调整为按5%征收进口环节增值税。同时，停止执行《财政部、国家税务总局关于调整国内航空公司进口飞机有关增值税政策的通知》（财关税〔2013〕43号）。

1－1－262

国家税务总局关于发布《航空运输企业增值税征收管理暂行办法》的公告

2013年11月28日　国家税务总局公告2013年第68号

为解决营业税改征增值税试点期间航空运输企业总分机构缴纳增值税问题，国家税务总局制定了《航空运输企业增值税征收管理暂行办法》，现予以发布。

《财政部、国家税务总局关于部分航空运输企业总分机构增值税计算缴纳问题的通知》（财税〔2013〕86号）附件1列明的航空运输企业总分机构，自2013年8月1日起按本办法计算缴纳增值税；附件2列明的航空运输企业总分机构，自2013年10月1日起按本办法计算缴纳增值税。

《国家税务总局关于发布〈营业税改征增值税试点期间航空运输企业增值税征收管理暂行办法〉的公告》（2013第7号）自2013年10月1日起废止。

特此公告。

航空运输企业增值税征收管理暂行办法

第一条　为规范营业税改征增值税试点期间航空运输企业增值税征收管理，根据《总分机构试点纳税人增值税计算缴纳暂行办法》（财税〔2013〕74号文件印发）和现行增值税有关规定，制定本办法。

第二条　经财政部和国家税务总局批准，按照《总分机构试点纳税人增值税计算缴纳暂行办法》计算缴纳增值税的航空运输企业，适用本办法。

第三条 航空运输企业的总机构(以下简称总机构),应当汇总计算总机构及其分支机构发生《应税服务范围注释》所列业务的应纳税额,抵减分支机构发生《应税服务范围注释》所列业务已缴纳(包括预缴和补缴,下同)的税额后,向主管税务机关申报纳税。

总机构销售货物和提供加工修理修配劳务,按照增值税暂行条例及相关规定就地申报纳税。

第四条 总机构汇总的销售额,为总机构及其分支机构发生《应税服务范围注释》所列业务的销售额。总机构应当按照增值税现行规定核算汇总的销售额。

第五条 总机构汇总的销项税额,按照本办法第四条规定的销售额和增值税适用税率计算。

第六条 总机构汇总的进项税额,是指总机构及其分支机构因发生《应税服务范围注释》所列业务而购进货物或者接受加工修理修配劳务和应税服务,支付或者负担的增值税税额。

总机构和分支机构用于《应税服务范围注释》所列业务之外的进项税额不得汇总。

第七条 分支机构发生《应税服务范围注释》所列业务,按照销售额和预征率计算应预缴税额,按月向主管税务机关申报纳税,不得抵扣进项税额。计算公式为:

应预缴税额 = 销售额 × 预征率

分支机构销售货物和提供加工修理修配劳务,按照增值税暂行条例及相关规定就地申报纳税。

第八条 分支机构应按月将《应税服务范围注释》所列业务的销售额、进项税额和已缴纳税额归集汇总,填写《航空运输企业分支机构传递单》(见附件 1),报送主管税务机关签章确认后,于次月 10 日前传递给总机构。

第九条 总机构的纳税期限为一个季度。

第十条 总机构应当依据《航空运输企业分支机构传递单》,汇总计算当期发生《应税服务范围注释》所列业务的应纳税额,抵减分支机构发生《应税服务范围注释》所列业务当期已缴纳的税额后,向主管税务机关申报纳税。抵减不完的,可以结转下期继续抵减。计算公式为:

总机构当期汇总应纳税额 = 当期汇总销项税额 - 当期汇总进项税额

总机构当期应补(退)税额 = 总机构当期汇总应纳税额 - 分支机构当期已缴纳税额

第十一条 航空运输企业汇总缴纳的增值税实行年度清算。

第十二条 年度终了后 25 个工作日内,总机构应当计算分支机构发生《应税服务范围注释》所列业务年度清算的应纳税额,并向主管税务机关报送《______年度航空运输企业年度清算表》(附件 2)。计算公式为:分支机构年度清算的应纳税额 =(分支机构发生《应税服务范围注释》所列业务的年度销售额 ÷ 总机构汇总的年度销售额)× 总机构汇总的年度应纳税额

总机构汇总的年度应纳税额,为总机构年度内各季度汇总应纳税额的合计数。

第十三条 年度终了后 40 个工作日内,总机构主管税务机关应将《______年度航空运输企业年度清算表》逐级报送国家税务总局。

第十四条 分支机构年度清算的应纳税额小于分支机构已预缴税额,且差额较大的,

由国家税务总局通知分支机构所在地的省税务机关,在一定时期内暂停分支机构预缴增值税。

分支机构年度清算的应纳税额大于分支机构已预缴税额,差额部分由国家税务总局通知分支机构所在地的省税务机关,在分支机构预缴增值税时一并补缴入库。

第十五条 总机构及其分支机构,一律由主管税务机关认定为增值税一般纳税人。

第十六条 总机构应当在开具增值税专用发票(含货物运输业增值税专用发票)的次月申报期结束前向主管税务机关报税。

总机构及其分支机构取得的增值税扣税凭证,应当按照有关规定到主管税务机关办理认证或者申请稽核比对。

总机构汇总的进项税额,应当在季度终了后的第一个申报期内申报抵扣。

第十七条 主管税务机关应定期或不定期对分支机构纳税情况进行检查。

分支机构发生《应税服务范围注释》所列业务申报不实的,就地按适用税率全额补征增值税。主管税务机关应将检查情况及结果发函通知总机构主管税务机关。

第十八条 总机构及其分支机构的其他增值税涉税事项,按照现行增值税有关政策执行。

附件:1. 航空运输企业分支机构传递单(编者略)

2. ______年度航空运输企业年度清算表(编者略)

1－1－263

国家税务总局关于纳税人无偿赠送煤矸石征收增值税问题的公告

2013年12月3日　国家税务总局公告2013年第70号

现将纳税人无偿赠送煤矸石征收增值税问题公告如下:

纳税人将煤矸石无偿提供给他人,应根据《中华人民共和国增值税暂行条例实施细则》第四条的规定征收增值税,销售额应根据《中华人民共和国增值税暂行条例实施细则》第十六条的规定确定。

本公告自2014年1月1日起施行。此前已发生并处理的事项,不再做调整;未处理的,按本公告规定执行。

特此公告。

1－1－264

国家税务总局关于动物骨粒适用增值税税率的公告

2013 年 12 月 3 日　国家税务总局公告 2013 年第 71 号

现对动物骨粒适用增值税税率问题公告如下：

动物骨粒属于《农业产品征税范围注释》（财税字〔1995〕52 号）第二条第（五）款规定的动物类“其他动物组织”，其适用的增值税税率为 13%。

动物骨粒是指将动物骨经筛选、破碎、清洗、晾晒等工序加工后的产品。

本公告自 2014 年 1 月 1 日起执行。此前已发生并处理的事项，不再做调整；未处理的，按本公告规定执行。

特此公告。

1－1－265

国家税务总局关于发布《邮政企业增值税征收管理暂行办法》的公告

2014 年 1 月 20 日　国家税务总局公告 2014 年第 5 号

为明确营业税改征增值税后邮政企业总分机构缴纳增值税问题，国家税务总局制定了《邮政企业增值税征收管理暂行办法》，现予以发布，自 2014 年 1 月 1 日起施行。

特此公告。

附件：邮政企业分支机构增值税汇总纳税信息传递单（编者略）

邮政企业增值税征收管理暂行办法

第一条　为规范营业税改征增值税后邮政企业增值税征收管理，根据《中华人民共和国增值税暂行条例》（以下称增值税条例）、《营业税改征增值税试点实施办法》（以下称试点实施办法）及现行增值税有关规定，制定本办法。

邮政企业，是指中国邮政集团公司所属提供邮政服务的企业。

第二条　经省、自治区、直辖市或者计划单列市财政厅（局）和国家税务局批准，可以汇总申报缴纳增值税的邮政企业，适用本办法。

第三条　各省、自治区、直辖市和计划单列市邮政企业（以下称总机构）应当汇总计算总机构及其所属邮政企业（以下称分支机构）提供邮政服务的增值税应纳税额，抵减分支机构提供邮政服务已缴纳(包括预缴和查补,下同)的增值税额后,向主管税务机关申报纳税。

总机构发生除邮政服务以外的增值税应税行为,按照增值税条例、试点实施办法及相关规定就地申报纳税。

第四条 总机构汇总的销售额,为总机构及其分支机构提供邮政服务的销售额。

第五条 总机构汇总的销项税额,按照本办法第四条规定的销售额和增值税适用税率计算。

第六条 总机构汇总的进项税额,是指总机构及其分支机构提供邮政服务而购进货物、接受加工修理修配劳务和应税服务,支付或者负担的增值税额。

总机构及其分支机构取得的与邮政服务相关的固定资产、专利技术、非专利技术、商誉、商标、著作权、有形动产租赁的进项税额,由总机构汇总缴纳增值税时抵扣。

总机构及其分支机构用于邮政服务以外的进项税额不得汇总。

第七条 总机构及其分支机构用于提供邮政服务的进项税额与不得汇总的进项税额无法准确划分的,按照试点实施办法第二十六条确定的原则执行。

第八条 分支机构提供邮政服务,按照销售额和预征率计算应预缴税额,按月向主管税务机关申报纳税,不得抵扣进项税额。计算公式为:

应预缴税额 =(销售额 + 预订款)× 预征率

销售额为分支机构对外(包括向邮政服务接受方和本总、分支机构外的其他邮政企业)提供邮政服务取得的收入;预订款为分支机构向邮政服务接受方收取的预订款。

销售额不包括免税项目的销售额;预订款不包括免税项目的预订款。

分支机构发生除邮政服务以外的增值税应税行为,按照增值税条例、试点实施办法及相关规定就地申报纳税。

第九条 分支机构应按月将提供邮政服务的销售额、预订款、进项税额和已缴纳增值税额归集汇总,填写《邮政企业分支机构增值税汇总纳税信息传递单》(见附件),报送主管税务机关签章确认后,于次月 10 日前传递给总机构。

汇总的销售额包括免税项目的销售额。

汇总的进项税额包括用于免税项目的进项税额。

第十条 总机构的纳税期限为一个季度。

第十一条 总机构应当依据《邮政企业分支机构增值税汇总纳税信息传递单》,汇总计算当期提供邮政服务的应纳税额,抵减分支机构提供邮政服务当期已缴纳的增值税额后,向主管税务机关申报纳税。抵减不完的,可以结转下期继续抵减。计算公式为:

总机构当期汇总应纳税额 = 当期汇总销项税额 - 当期汇总的允许抵扣的进项税额

总机构当期应补(退)税额 = 总机构当期汇总应纳税额 - 分支机构当期已缴纳税额

第十二条 邮政企业为中国邮政速递物流股份有限公司及其所属机构代办速递物流类业务,从寄件人取得的收入,由总机构并入汇总的销售额计算缴纳增值税。

分支机构收取的上述收入不预缴税款。

寄件人索取增值税专用发票的,邮政企业应向寄件人开具增值税专用发票。

第十三条 总机构及其分支机构,一律由主管税务机关认定为增值税一般纳税人。

第十四条 总机构应当在开具增值税专用发票(含货物运输业增值税专用发票)的次

月申报期结束前向主管税务机关报税。

总机构及其分支机构取得的增值税扣税凭证,应当按照有关规定到主管税务机关办理认证或者申请稽核比对。

总机构汇总的允许抵扣的进项税额,应当在季度终了后的第一个申报期内申报抵扣。

第十五条 分支机构的预征率由省、自治区、直辖市或者计划单列市国家税务局商同级财政部门确定。

第十六条 总机构和分支机构所在地主管税务机关应定期或不定期对其纳税情况进行检查。

分支机构提供邮政服务申报不实的,由其主管税务机关按适用税率全额补征增值税。

第十七条 总机构及其分支机构的其他增值税涉税事项,按照增值税条例、试点实施办法及相关规定执行。

注释:

条款修改。根据《第十三届全国人民代表大会第一次会议关于国务院机构改革方案的决定》等有关规定,税收规范性文件规定的国税地税机关的职责和工作由新的税务机关承担。国家税务总局依据《税收规范性文件制定管理办法》(国家税务总局令第41号公布),对税收规范性文件进行了清理。参见:《国家税务总局关于修改部分税收规范性文件的公告》(国家税务总局公告2018年第31号)。

1-1-266

国家税务总局关于发布《铁路运输企业增值税征收管理暂行办法》的公告

2014年1月20日 国家税务总局公告2014年第6号

为明确营业税改征增值税后铁路运输企业总分机构缴纳增值税问题,国家税务总局制定了《铁路运输企业增值税征收管理暂行办法》,现予以发布,自2014年1月1日起施行。

特此公告。

附件:铁路运输企业分支机构增值税汇总纳税信息传递单(编者略)

铁路运输企业增值税征收管理暂行办法

第一条 为规范营业税改征增值税后铁路运输企业增值税征收管理,根据《中华人民共和国增值税暂行条例》(以下称增值税条例)、《营业税改征增值税试点实施办法》(以下称试点实施办法)、《总分机构试点纳税人增值税计算缴纳暂行办法》及现行增值税有关规定,结合铁路运输企业特点,制定本办法。

第二条 经财政部、国家税务总局批准，汇总申报缴纳增值税的中国铁路总公司及其所属运输企业（含下属站段，下同）适用本办法。

第三条 中国铁路总公司所属运输企业按照本办法规定预缴增值税，中国铁路总公司汇总向机构所在地主管税务机关申报纳税。

第四条 中国铁路总公司应当汇总计算本部及其所属运输企业提供铁路运输服务以及与铁路运输相关的物流辅助服务（以下称铁路运输及辅助服务）的增值税应纳税额，抵减所属运输企业提供上述应税服务已缴纳（包括预缴和查补，下同）的增值税额后，向主管税务机关申报纳税。

中国铁路总公司发生除铁路运输及辅助服务以外的增值税应税行为，按照增值税条例、试点实施办法及相关规定就地申报纳税。

第五条 中国铁路总公司汇总的销售额，为中国铁路总公司及其所属运输企业提供铁路运输及辅助服务的销售额。

第六条 中国铁路总公司汇总的销项税额，按照本办法第五条规定的销售额和增值税适用税率计算。

第七条 中国铁路总公司汇总的进项税额，是指中国铁路总公司及其所属运输企业为提供铁路运输及辅助服务而购进货物、接受加工修理修配劳务和应税服务，支付或者负担的增值税额。

中国铁路总公司及其所属运输企业取得与铁路运输及辅助服务相关的固定资产、专利技术、非专利技术、商誉、商标、著作权、有形动产租赁的进项税额，由中国铁路总公司汇总缴纳增值税时抵扣。

中国铁路总公司及其所属运输企业用于铁路运输及辅助服务以外的进项税额不得汇总。

第八条 中国铁路总公司及其所属运输企业用于提供铁路运输及辅助服务的进项税额与不得汇总的进项税额无法准确划分的，按照试点实施办法第二十六条确定的原则执行。

第九条 中国铁路总公司所属运输企业提供铁路运输及辅助服务，按照除铁路建设基金以外的销售额和预征率计算应预缴税额，按月向主管税务机关申报纳税，不得抵扣进项税额。计算公式为：

应预缴税额 =（销售额 − 铁路建设基金）× 预征率

销售额是指为旅客、托运人、收货人和其他铁路运输企业提供铁路运输及辅助服务取得的收入。

其他铁路运输企业，是指中国铁路总公司及其所属运输企业以外的铁路运输企业。

中国铁路总公司所属运输企业发生除铁路运输及辅助服务以外的增值税应税行为，按照增值税条例、试点实施办法及相关规定就地申报纳税。

第十条 中国铁路总公司所属运输企业，应按月将当月提供铁路运输及辅助服务的销售额、进项税额和已缴纳增值税额归集汇总，填写《铁路运输企业分支机构增值税汇总纳税信息传递单》（见附件），报送主管税务机关签章确认后，于次月 10 日前传递给中国铁路总公司。

第十一条 中国铁路总公司的增值税纳税期限为一个季度。

第十二条 中国铁路总公司应当根据《铁路运输企业分支机构增值税汇总纳税信息传递单》,汇总计算当期提供铁路运输及辅助服务的增值税应纳税额,抵减其所属运输企业提供铁路运输及辅助服务当期已缴纳的增值税额后,向主管税务机关申报纳税。抵减不完的,可以结转下期继续抵减。计算公式为:

当期汇总应纳税额 = 当期汇总销项税额 - 当期汇总进项税额

当期应补(退)税额 = 当期汇总应纳税额 - 当期已缴纳税额

第十三条 中国铁路总公司及其所属运输企业,一律由主管税务机关认定为增值税一般纳税人。

第十四条 中国铁路总公司应当在开具增值税专用发票(含货物运输业增值税专用发票)的次月申报期结束前向主管税务机关报税。

中国铁路总公司及其所属运输企业取得的增值税扣税凭证,应当按照有关规定到主管税务机关办理认证或者申请稽核比对。

中国铁路总公司汇总的进项税额,应当在季度终了后的第一个申报期内申报抵扣。

第十五条 中国铁路总公司及其所属运输企业所在地主管税务机关应定期或不定期对其纳税情况进行检查。

中国铁路总公司所属铁路运输企业提供铁路运输及辅助服务申报不实的,由其主管税务机关按适用税率全额补征增值税。

第十六条 铁路运输企业的其他增值税涉税事项,按照增值税条例、试点实施办法及相关规定执行。

1 - 1 - 267

财政部　国家税务总局关于利用石脑油和燃料油生产乙烯　芳烃类产品有关增值税政策的通知

2014 年 2 月 17 日　财税〔2014〕17 号

各省、自治区、直辖市、计划单列市财政厅(局)、国家税务局:

为解决因石脑油、燃料油征收消费税形成的增值税进项税额无法抵扣的问题,经国务院批准,决定对外购(含进口,下同)石脑油、燃料油生产乙烯、芳烃类化工产品的企业实行增值税退税政策。现将有关事项通知如下:

一、自 2014 年 3 月 1 日起,对外购用于生产乙烯、芳烃类化工产品(以下称特定化工产品)的石脑油、燃料油(以下称 2 类油品),且使用 2 类油品生产特定化工产品的产量占本企业用石脑油、燃料油生产各类产品总量 50%(含)以上的企业,其外购 2 类油品的价格中消费税部分对应的增值税额,予以退还。

予以退还的增值税额 = 已缴纳消费税的 2 类油品数量 ×2 类油品消费税单位税

额×17%

二、对符合本通知第一条规定条件的企业,在2014年2月28日前形成的增值税期末留抵税额,可在不超过其购进2类油品的价格中消费税部分对应的增值税额的规模下,申请一次性退还。

2类油品的价格中消费税部分对应的增值税额,根据国家对2类油品开征消费税以来企业购进的已缴纳消费税的2类油品数量和消费税单位税额计算。

增值税期末留抵税额,根据主管税务机关认可的增值税纳税申报表的金额计算。

三、退还增值税的申请和审批

符合本通知第一条规定条件的企业,应于每月纳税申报期结束后10个工作日内向主管税务机关申请退税。

企业申请退税时,应提交下列资料:购进合同、进口协议、增值税专用发票、进口货物报关单、海关进口增值税专用缴款书、外购的2类油品已缴纳消费税的证明材料等购进2类油品相关的资料。

主管税务机关接到企业申请后,应认真审核企业提供的相关资料和申请退还的增值税额的正确与否。审核无误后,由县(区、市)级主管税务机关审批。

四、企业收到退税款项的当月,应将退税额从增值税进项税额中转出。未按规定转出的,按《中华人民共和国税收征收管理法》有关规定承担相应法律责任。

五、退还的增值税税额由中央和地方按照现行增值税分享比例共同负担。

六、各地财政、税务机关应密切跟踪政策执行情况,对发现的问题,及时向财政部和国家税务总局反映。

1-1-268

国家税务总局关于农用挖掘机养鸡设备系列　养猪设备系列产品增值税适用税率问题的公告

2014年2月27日　国家税务总局公告2014年第12号

现将农用挖掘机、养鸡设备系列、养猪设备系列产品增值税适用税率公告如下:

农用挖掘机、养鸡设备系列、养猪设备系列产品属于农机,适用13%增值税税率。

农用挖掘机是指型式和相关参数符合《农用挖掘机质量评价技术规范》(NY/T 1774—2009)要求,用于农田水利建设和小型土方工程作业的挖掘机械,包括拖拉机挖掘机组和专用动力挖掘机。拖拉机挖掘机组是指挖掘装置安装在轮式拖拉机三点悬挂架上,且以轮式拖拉机为动力的挖掘机械;专用动力挖掘机指挖掘装置回转角度小于270°,以专用动力和行走装置组成的挖掘机械。

养鸡设备系列包括喂料设备(系统)、送料设备(系统)、刮粪清粪设备、集蛋分蛋装置(系统)、鸡只生产性能测定设备(系统)、产品标示鸡脚环、孵化机、小鸡保温装置、环境控制设备(鸡只)等。

养猪设备系列包括猪只群养管理设备(系统)、猪只生产性能测定设备(系统)、自动喂养系统、刮粪清粪设备、定位栏、分娩栏、保育栏(含仔猪保温装置)、环境控制设备(猪)等。

本公告自2014年4月1日起施行。此前已发生并处理的事项,不再做调整;未处理的,按本公告规定执行。

特此公告。

1-1-269

国家税务总局关于杏仁油　葡萄籽油增值税适用税率问题的公告

2014年4月11日　国家税务总局公告2014年第22号

现将杏仁油、葡萄籽油的增值税适用税率公告如下:

杏仁油、葡萄籽油属于食用植物油,适用13%增值税税率。

本公告自2014年6月1日起执行。

1-1-270

财政部　国家税务总局关于免征储备大豆增值税政策的通知

2014年5月8日　财税〔2014〕38号

各省、自治区、直辖市、计划单列市财政厅(局)、国家税务局,新疆生产建设兵团财务局:

经国务院批准,现就储备大豆增值税政策通知如下:

一、《财政部、国家税务总局关于粮食企业增值税征免问题的通知》(财税字〔1999〕198号)第一条规定的增值税免税政策适用范围由粮食扩大到粮食和大豆,并可对免税业务开具增值税专用发票。

二、本通知自2014年5月1日起执行。本通知执行前发生的大豆销售行为,税务机关已处理的,不再调整;尚未处理的,按本通知第一条规定执行。

1－1－271

国家税务总局关于发布《电信企业增值税征收管理暂行办法》的公告

2014年5月14日　国家税务总局公告2014年第26号

为明确营业税改征增值税后电信企业总分机构缴纳增值税问题，国家税务总局制定了《电信企业增值税征收管理暂行办法》，现予以发布，自2014年6月1日起施行。

本办法所称的电信企业总机构2014年6月所属期的增值税应纳税额，与2014年第三季度合并为一个申报期汇总申报。

特此公告。

附件：1. 各省、自治区、直辖市和计划单列市电信企业名单（编者略）

2. 电信企业分支机构增值税汇总纳税信息传递单（编者略）

电信企业增值税征收管理暂行办法

第一条　为规范营业税改征增值税后电信企业增值税征收管理，根据《中华人民共和国增值税暂行条例》（以下简称增值税条例）、《营业税改征增值税试点实施办法》（以下简称试点实施办法）及现行增值税有关规定，制定本办法。

电信企业，是指中国电信集团公司、中国移动通信集团公司、中国联合网络通信集团有限公司所属提供电信服务的企业。

第二条　经省、自治区、直辖市或者计划单列市财政厅（局）和国家税务局批准，可以汇总申报缴纳增值税的电信企业，适用本办法。

第三条　各省、自治区、直辖市和计划单列市电信企业（以下简称总机构，具体名单见附件1）应当汇总计算总机构及其所属电信企业（以下简称分支机构）提供电信服务及其他应税服务的增值税应纳税额，抵减分支机构提供电信服务及其他应税服务已缴纳（包括预缴和查补，下同）的增值税额后，向主管税务机关申报纳税。

总机构发生除电信服务及其他应税服务以外的增值税应税行为，按照增值税条例及相关规定就地申报纳税。

第四条　总机构汇总的销售额，为总机构及其分支机构提供电信服务及其他应税服务的销售额。

第五条　总机构汇总的销项税额，按照本办法第四条规定的销售额和增值税适用税率计算。

第六条　总机构汇总的进项税额，是指总机构及其分支机构提供电信服务及其他应税服务而购进货物、接受加工修理修配劳务和应税服务，支付或者负担的增值税额。

总机构及其分支机构取得的与电信服务及其他应税服务相关的固定资产、专利技术、非专利技术、商誉、商标、著作权、有形动产租赁的进项税额，由总机构汇总缴纳增值税时抵扣。

总机构及其分支机构用于电信服务及其他应税服务以外的进项税额不得汇总。

第七条 总机构及其分支机构用于提供电信服务及其他应税服务的进项税额与不得汇总的进项税额无法准确划分的，按照试点实施办法第二十六条确定的原则执行。

第八条 分支机构提供电信服务及其他应税服务，按照销售额和预征率计算应预缴税额，按月向主管税务机关申报纳税，不得抵扣进项税额。计算公式为：

应预缴税额 =（销售额 + 预收款）× 预征率

销售额为分支机构对外（包括向电信服务及其他应税服务接受方和本总机构、分支机构外的其他电信企业）提供电信服务及其他应税服务取得的收入；预收款为分支机构以销售电信充值卡（储值卡）、预存话费等方式收取的预收性质的款项。

销售额不包括免税项目的销售额；预收款不包括免税项目的预收款。

分支机构发生除电信服务及其他应税服务以外的增值税应税行为，按照增值税条例及相关规定就地申报纳税。

第九条 分支机构应按月将提供电信服务及其他应税服务的销售额、预收款、进项税额和已缴纳增值税额归集汇总，填写《电信企业分支机构增值税汇总纳税信息传递单》（见附件 2），报送主管税务机关签章确认后，于次月 10 日前传递给总机构。

汇总的销售额包括免税项目的销售额。

汇总的进项税额包括用于免税项目的进项税额。

第十条 总机构的纳税期限为一个季度。

第十一条 总机构应当依据《电信企业分支机构增值税汇总纳税信息传递单》，汇总计算当期提供电信服务及其他应税服务的应纳税额，抵减分支机构提供电信服务及其他应税服务当期已缴纳的增值税额后，向主管税务机关申报纳税。抵减不完的，可以结转下期继续抵减。计算公式为：

总机构当期汇总应纳税额 = 当期汇总销项税额 - 当期汇总的允许抵扣的进项税额

总机构当期应补（退）税额 = 总机构当期汇总应纳税额 - 分支机构当期已缴纳税额

第十二条 总机构及其分支机构，一律由主管税务机关认定为增值税一般纳税人。

第十三条 总机构应当在开具增值税专用发票的次月申报期结束前向主管税务机关报税。

总机构及其分支机构取得的增值税扣税凭证，应当按照有关规定到主管税务机关办理认证或者申请稽核比对。

总机构汇总的允许抵扣的进项税额，应当在季度终了后的第一个申报期内申报抵扣。

第十四条 分支机构的预征率由省、自治区、直辖市或者计划单列市国家税务局商同级财政部门确定。

第十五条 电信企业通过手机短信公益特服号为公益机构接受捐款提供服务，如果捐款人索取增值税专用发票的，应按照捐款人支付的全部价款和价外费用，扣除支付给公益性机构捐款后的余额开具增值税专用发票。

第十六条 总机构和分支机构所在地主管税务机关应定期或不定期对其纳税情况进行检查。

分支机构提供电信服务及其他应税服务申报不实的,由其主管税务机关按适用税率全额补征增值税。

第十七条 电信企业普通发票的适用暂由各省、自治区、直辖市和计划单列市国家税务局确定。

各省、自治区分支机构可以使用上级分支机构统一领取的增值税专用发票和普通发票;各直辖市、计划单列市分支机构可以使用总机构统一领取的增值税专用发票和普通发票。

总机构"一窗式"比对内容中,不含分支机构按照本办法第八条规定就地申报纳税的专用发票销项金额和税额。

第十八条 总机构及其分支机构的其他增值税涉税事项,按照增值税条例、试点实施办法及相关规定执行。

注释:

条款修改。根据《第十三届全国人民代表大会第一次会议关于国务院机构改革方案的决定》等有关规定,税收规范性文件规定的国税地税机关的职责和工作由新的税务机关承担。国家税务总局依据《税收规范性文件制定管理办法》(国家税务总局令第41号公布),对税收规范性文件进行了清理。参见:《国家税务总局关于修改部分税收规范性文件的公告》(国家税务总局公告2018年第31号)。

1-1-272

财政部 国家发展改革委 国土资源部 住房和城乡建设部 中国人民银行 国家税务总局 新闻出版广电总局关于支持电影发展若干经济政策的通知

2014年5月31日 财教〔2014〕56号

各省、自治区、直辖市、计划单列市财政厅(局)、发展改革委、国土资源厅(局)、住房和城乡建设厅(委)、国家税务局、广播影视局,中国人民银行上海总部,各分行、营业管理部、省会(首府)城市中心支行、副省级城市中心支行:

为贯彻落实党的十八大和十八届三中全会精神,丰富人民群众文化生活,促进中国电影繁荣发展,提高中国电影的整体实力和竞争力,推动中国电影在关键时期迈上一个新的台阶,实现由电影大国向电影强国的跨越,现就支持电影发展若干经济政策通知如下:

一、加强电影事业发展专项资金的管理

加强电影事业发展专项资金的征缴、使用和管理,支持电影事业产业发展,切实提高资金使用效益。

二、加大电影精品专项资金支持力度

中央财政继续安排电影精品专项资金促进电影创作生产，其中每年安排1亿元资金，采取重点影片个案报批的方式，用于扶持5～10部有影响力的重点题材影片。

三、通过文化产业发展专项资金重点支持电影产业发展

在文化产业发展专项资金中，专门安排资金支持电影产业发展，主要用于五个方面，一是推动高新技术在电影制作中的应用；二是支持中国电影企业走出去；三是支持重要电影工业项目和高科技核心基地建设；四是资助具有较强市场竞争力的重点影片；五是加强重点专业性电影网站建设。

四、对电影产业实行税收优惠政策

对电影制片企业销售电影拷贝（含数字拷贝）、转让版权取得的收入，电影发行企业取得的电影发行收入，电影放映企业在农村的电影放映收入，自2014年1月1日至2018年12月31日免征增值税。

一般纳税人提供的城市电影放映服务，可以按现行政策规定，选择按照简易计税办法计算缴纳增值税。

五、实施中西部地区县级城市影院建设资金补贴政策

中央财政通过电影事业发展专项资金安排补贴资金，重点支持中西部地区及东部困难地区县级城市数字影院建设。地方财政根据本地经济发展实际情况，合理安排资金，促进县城数字影院建设的均衡发展。

六、加强和完善电影发行放映的公共服务和监管体系建设

适应电影技术革新、产业升级的发展趋势，加强和完善电影发行放映的公共服务和监管体系建设，推动电影发行放映的运营、服务和管理向现代化、智能化转变。

七、对电影产业实行金融支持政策

鼓励银行业金融机构加快推动适合电影产业需求特点的信贷产品创新，在有效控制风险的前提下，逐步扩大融资租赁贷款、应收账款质押融资、产业链融资、股权质押贷款等适应电影企业特点的信贷创新产品的规模，探索开展无形资产抵质押贷款业务，拓宽电影企业贷款抵质押物的范围。

积极推动适合电影产业需求特点的服务模式创新，支持银行业金融机构根据电影企业的不同发展阶段和金融需求特点，有效衔接信贷业务与结算业务、国际业务、投行业务，有效整合银行公司业务、零售业务、资产负债业务与中间业务；鼓励银行、投资基金、保险等机构联合采取投资企业股权、债券、资产支持计划等多种形式为电影企业提供综合性金融服务。

大力推进电影企业直接融资。支持符合条件的电影企业上市，鼓励电影企业发行公司债、企业债、集合信托和集合债、中小企业私募债等非金融企业债务融资工具；引导私募股权投资资金、创业投资基金等各类投资机构投资电影产业；中央财政对国家重点支持的电影基地、企业和项目，给予一定比例的贷款贴息和保费补贴。

八、实行支持影院建设的差别化用地政策

鉴于影院用地来源形式多样，放映方式多样，为鼓励影院建设，可通过单独新建、项目

配建、原地改建、异地迁建等多种形式增加观影设施,并针对不同情况分别实行协议、挂牌等差别化的土地供应政策。一是新建单体影院建设用地实行挂牌出让政策。政府供应影院用地时,可提出影院建设标准要求,通过公开挂牌方式确定土地使用权人。二是积极探索在商服设施项目中配建影院等建设途径及土地供应方式。市、县在供应商服用地或其他房地产用地时,可将在项目中配套建设影院相关要求纳入出让条件,并依法明确影院建成后的处置方式。三是支持现有影院实行改造建设。在符合规划的前提下,现有影院改造可兼容一定规模的商业、服务、办公等其他用途,并按协议方式补充办理用地手续。四是鼓励其他公益场所建设适应电影放映的设施。对图书馆、博物馆、文化馆和青少年活动场所等非营利性公共文化设施中建设适用电影放映设备和场地的,因主用途符合《划拨用地目录》,经批准以划拨方式供应用地的,影院用地部分可按文体娱乐用途采取协议方式办理供应手续。五是鼓励利用现有工业、仓储等存量建设用地建设影院。经出让方和规划管理部门同意,可按文体娱乐用途采取协议方式办理用地手续。六是严格影院用地供后监管。严格影院用地改变用途的审批程序。影院用地使用者应按土地出让合同约定开发、利用、经营土地,需改变合同约定的土地用途的,必须取得出让方和市、县人民政府城市规划行政主管部门同意。对新供单体影院建设用地,应在出让合同中明确,如改变土地用途的,需由政府依法收回后重新供应。

各地应根据当地影院建设和发展实际,科学规划影院建设布局和总量,防止低水平重复建设和过度竞争,确保影院建设有序进行。影院建设过多的地区应严格控制新建影院数量,以调整优化影院布局、结构作为重点;影院建设滞后的地区,应按相关规划,积极推进影院建设。

九、狠抓落实,加强管理

各级发展改革、财税、金融、国土资源、住房城乡建设部门要认真落实关于支持电影发展的各项经济政策,尽快制定完善各项配套政策措施和办法,建立健全专项资金使用管理制度,加强对资金的宏观调控和评估监管力度。各级新闻出版广电部门要切实强化责任意识,认真抓好具体实施工作,及时研究解决新情况、新问题。

特此通知。

1-1-273

国家税务总局关于牡丹籽油增值税适用税率问题的公告

2014年12月31日　国家税务总局公告2014年第75号

现将牡丹籽油的增值税适用税率公告如下:

牡丹籽油属于食用植物油,适用13%增值税税率。

牡丹籽油是以丹凤牡丹和紫斑牡丹的籽仁为原料,经压榨、脱色、脱臭等工艺制成的产品。

本公告自2015年2月1日起施行。

特此公告。

1－1－274

财政部　国家税务总局关于创新药后续免费使用有关增值税政策的通知

2015年1月26日　财税〔2015〕4号

各省、自治区、直辖市、计划单列市财政厅（局）、国家税务局，新疆生产建设兵团财务局：

为鼓励创新药的研发和使用，结合其大量存在“后续免费用药临床研究”的特点，现将有关增值税政策通知如下：

一、药品生产企业销售自产创新药的销售额，为向购买方收取的全部价款和价外费用，其提供给患者后续免费使用的相同创新药，不属于增值税视同销售范围。

二、本通知所称创新药，是指经国家食品药品监督管理部门批准注册、获批前未曾在中国境内外上市销售，通过合成或者半合成方法制得的原料药及其制剂。

三、药品生产企业免费提供创新药，应保留如下资料，以备税务机关查验：

（一）国家食品药品监督管理部门颁发的注明注册分类为1.1类的药品注册批件；

（二）后续免费提供创新药的实施流程；

（三）第三方（创新药代保管的医院、药品经销单位等）出具免费用药确认证明，以及患者在第三方登记、领取创新药的记录。

四、本通知自2015年1月1日起执行。此前已发生并处理的事项，不再作调整；未处理的，按本通知规定执行。

1－1－275

财政部　国家税务总局关于原油和铁矿石期货保税交割业务增值税政策的通知

2015年4月8日　财税〔2015〕35号

各省、自治区、直辖市、计划单列市财政厅（局）、国家税务局：

根据国务院批复精神，现将原油和铁矿石期货保税交割业务有关增值税政策通知如下：

一、上海国际能源交易中心股份有限公司的会员和客户通过上海国际能源交易中心股份有限公司交易的原油期货保税交割业务，大连商品交易所的会员和客户通过大连商品交易所交易的铁矿石期货保税交割业务,暂免征收增值税。

二、期货保税交割的销售方,在向主管税务机关申报纳税时,应出具当期期货保税交割的书面说明、上海国际能源交易中心股份有限公司或大连商品交易所的交割结算单、保税仓单等资料。

三、上述期货交易中实际交割的原油和铁矿石,如果发生进口或者出口的,统一按照现行货物进出口税收政策执行。非保税货物发生的期货实物交割仍按《国家税务总局关于下发〈货物期货征收增值税具体办法〉的通知》(国税发〔1994〕244 号)的规定执行。

四、本通知自 2015 年 4 月 1 日起执行。

1 -1 -276

国家税务总局关于国有粮食购销企业销售粮食免征增值税审批事项取消后有关管理事项的公告

2015 年 5 月 22 日　国家税务总局公告 2015 年第 42 号

根据《国务院关于取消和调整一批行政审批项目等事项的决定》(国发〔2015〕11 号),承担粮食收储任务的国有粮食购销企业销售粮食免征增值税的审核确定工作程序已取消。经商财政部、国家粮食局,现将其后续管理事项公告如下:

一、承担粮食收储任务的国有粮食购销企业销售粮食享受免征增值税优惠政策时,其涉及的审核确定工作程序取消,改为备案管理。

二、享受免征增值税优惠政策的国有粮食购销企业(以下统称纳税人),按以下规定,分别向所在地县(市)国家税务局及同级粮食管理部门备案。

(一)纳税人应在享受税收优惠政策的首个纳税申报期内,将备案材料送所在地县(市)国家税务局及同级粮食管理部门备案。

(二)纳税人在符合减免税条件期间内,备案资料内容不发生变化的,可进行一次性备案。

(三)纳税人提交的备案资料内容发生变化,如仍符合免税规定,应在发生变化的次月纳税申报期内,向所在地县(市)国家税务局及同级粮食管理部门进行变更备案。如不再符合免税规定,应当停止享受免税,按照规定进行纳税申报。

三、纳税人对备案资料的真实性和合法性承担责任。

四、纳税人提交的备案资料包括以下内容:

(一)免税的项目、依据、范围、期限等;

(二)免税依据的相关法律、法规、规章和规范性文件要求报送的材料。

五、所在地县(市)国家税务局及同级粮食管理部门对纳税人提供的备案材料的完整性进行审核,不改变纳税人真实申报的责任。

六、本公告施行前,纳税人享受免征增值税优惠政策已经履行了相关审核确定程序的,可不再办理资料备案。但本公告施行后,纳税人免税条件、内容发生改变的,则应按本公告规定,重新办理享受优惠政策备案手续。

七、各省、自治区、直辖市和计划单列市国家税务局,可按本公告规定,补充制定本地区承担粮食收储任务的国有粮食购销企业享受免征增值税优惠政策审核确定工作程序取消后的后续管理措施。

八、本公告自公布之日起施行。《财政部、国家税务总局关于粮食企业增值税征免问题的通知》(财税字〔1999〕198 号)第一条中"免征增值税的国有粮食购销企业,由县(市)国家税务局会同同级财政、粮食部门审核确定"内容同时废止。

特此公告。

注释:

条款修改。根据《第十三届全国人民代表大会第一次会议关于国务院机构改革方案的决定》等有关规定,税收规范性文件规定的国税地税机关的职责和工作由新的税务机关承担。国家税务总局依据《税收规范性文件制定管理办法》(国家税务总局令第 41 号公布),对税收规范性文件进行了清理。参见:《国家税务总局关于修改部分税收规范性文件的公告》(国家税务总局公告 2018 年第 31 号)。

1－1－277

财政部　国家税务总局关于新型墙体材料增值税政策的通知

2015 年 6 月 12 日　财税〔2015〕73 号

各省、自治区、直辖市、计划单列市财政厅(局)、国家税务局,新疆生产建设兵团财务局:

为加快推广新型墙体材料,促进能源节约和耕地保护,现就部分新型墙体材料增值税政策明确如下:

一、对纳税人销售自产的列入本通知所附《享受增值税即征即退政策的新型墙体材料目录》(以下简称《目录》)的新型墙体材料,实行增值税即征即退 50% 的政策。

二、纳税人销售自产的《目录》所列新型墙体材料,其申请享受本通知规定的增值税优惠政策时,应同时符合下列条件:

(一)销售自产的新型墙体材料,不属于国家发展和改革委员会《产业结构调整指导目录》中的禁止类、限制类项目。

(二)销售自产的新型墙体材料,不属于环境保护部《环境保护综合名录》中的"高污染、高环境风险"产品或者重污染工艺。

(三)纳税信用等级不属于税务机关评定的 C 级或 D 级。

纳税人在办理退税事宜时,应向主管税务机关提供其符合上述条件的书面声明材料,未提供书面声明材料或者出具虚假材料的,税务机关不得给予退税。

三、已享受本通知规定的增值税即征即退政策的纳税人，自不符合本通知第二条规定条件的次月起，不再享受本通知规定的增值税即征即退政策。

四、纳税人应当单独核算享受本通知规定的增值税即征即退政策的新型墙体材料的销售额和应纳税额。未按规定单独核算的，不得享受本通知规定的增值税即征即退政策。

五、各省、自治区、直辖市、计划单列市税务机关应于每年2月底之前在其网站上，将享受本通知规定的增值税即征即退政策的纳税人按下列项目予以公示：纳税人名称、纳税人识别号、新型墙体材料的名称。

六、已享受本通知规定的增值税即征即退政策的纳税人，因违反税收、环境保护的法律法规受到处罚（警告或单次1万元以下罚款除外），自处罚决定下达的次月起36个月内，不得享受本通知规定的增值税即征即退政策。

七、《目录》所列新型墙体材料适用的国家标准、行业标准，如在执行过程中有更新、替换，统一按新的国家标准、行业标准执行。

八、本通知自2015年7月1日起执行。

附件：享受增值税即征即退政策的新型墙体材料目录

附件

享受增值税即征即退政策的新型墙体材料目录

一、砖类

（一）非粘土烧结多孔砖（符合GB 13544—2011技术要求）和非粘土烧结空心砖（符合GB 13545—2014技术要求）。

（二）承重混凝土多孔砖（符合GB 25779—2010技术要求）和非承重混凝土空心砖（符合GB/T 24492—2009技术要求）。

（三）蒸压粉煤灰多孔砖（符合GB 26541—2011技术要求）、蒸压泡沫混凝土砖（符合GB/T 29062—2012技术要求）。

（四）烧结多孔砖（仅限西部地区，符合GB 13544—2011技术要求）和烧结空心砖（仅限西部地区，符合GB 13545—2014技术要求）。

二、砌块类

（一）普通混凝土小型空心砌块（符合GB/T 8239—2014技术要求）。

（二）轻集料混凝土小型空心砌块（符合GB/T 15229—2011技术要求）。

（三）烧结空心砌块（以煤矸石、江河湖淤泥、建筑垃圾、页岩为原料，符合GB 13545—2014技术要求）和烧结多孔砌块（以页岩、煤矸石、粉煤灰、江河湖淤泥及其他固体废弃物为原料，符合GB 13544—2011技术要求）。

（四）蒸压加气混凝土砌块（符合GB 11968—2006技术要求）、蒸压泡沫混凝土砌块（符合GB/T 29062—2012技术要求）。

（五）石膏砌块（以脱硫石膏、磷石膏等化学石膏为原料，符合JC/T 698—2010技术要求）。

（六）粉煤灰混凝土小型空心砌块（符合 JC/T 862—2008 技术要求）。

三、板材类

（一）蒸压加气混凝土板（符合 GB 15762—2008 技术要求）。

（二）建筑用轻质隔墙条板（符合 GB/T 23451—2009 技术要求）和建筑隔墙用保温条板（符合 GB/T 23450—2009 技术要求）。

（三）外墙外保温系统用钢丝网架模塑聚苯乙烯板（符合 GB 26540—2011 技术要求）。

（四）石膏空心条板（符合 JC/T 829—2010 技术要求）。

（五）玻璃纤维增强水泥轻质多孔隔墙条板（简称 GRC 板，符合 GB/T 19631—2005 技术要求）。

（六）建筑用金属面绝热夹芯板（符合 GB/T 23932—2009 技术要求）。

（七）建筑平板。其中：纸面石膏板（符合 GB/T 9775—2008 技术要求）；纤维增强硅酸钙板（符合 JC/T 564.1—2008、JC/T 564.2—2008 技术要求）；纤维增强低碱度水泥建筑平板（符合 JC/T 626—2008 技术要求）；维纶纤维增强水泥平板（符合 JC/T 671—2008 技术要求）；纤维水泥平板（符合 JC/T 412.1—2006、JC/T 412.2—2006 技术要求）。

四、符合国家标准、行业标准和地方标准的混凝土砖、烧结保温砖（砌块）（以页岩、煤矸石、粉煤灰、江河湖淤泥及其他固体废弃物为原料，加入成孔材料焙烧而成）、中空钢网内模隔墙、复合保温砖（砌块）、预制复合墙板（体），聚氨酯硬泡复合板及以专用聚氨酯为材料的建筑墙体。

注释：

条款修改。第二条第一项中“《产业结构调整指导目录》中的禁止类、限制类项目”修改为“《产业结构调整指导目录》中的淘汰类、限制类项目”。参见：《财政部　税务总局关于资源综合利用增值税政策的公告》（财政部　税务总局公告 2019 年第 90 号）。

1－1－278

财政部　国家税务总局关于风力发电增值税政策的通知

2015 年 6 月 12 日　财税〔2015〕74 号

各省、自治区、直辖市、计划单列市财政厅（局）、国家税务局，新疆生产建设兵团财务局：

为鼓励利用风力发电，促进相关产业健康发展，现将风力发电增值税政策通知如下：

自 2015 年 7 月 1 日起，对纳税人销售自产的利用风力生产的电力产品，实行增值税即征即退 50% 的政策。

请遵照执行。

1－1－279

财政部　国家税务总局关于航天发射有关增值税政策的通知

2015年6月15日　财税〔2015〕66号

各省、自治区、直辖市、计划单列市财政厅(局)、国家税务局、地方税务局,新疆生产建设兵团财务局:

根据航天运输服务增值税政策执行情况,结合航天发射业务特点,现将有关增值税政策通知如下:

一、境内单位提供航天运输服务适用增值税零税率政策,实行免退税办法。其提供的航天运输服务免征增值税,相应购进航天运输器及相关货物,以及接受发射运行保障服务取得的进项税额予以退还。增值税应退税额按下列公式计算:

增值税应退税额＝购进航天运输器及相关货物的增值税专用发票注明的金额或海关(进口增值税)专用缴款书注明的完税价格×适用的增值税税率或征收率＋接受发射运行保障服务的增值税专用发票注明的金额×适用的增值税税率或征收率。

航天运输器及相关货物,包括火箭、航天飞机等航天运输器及其组件、元器件,推进剂等。

发射运行保障服务,包括与发射业务及在轨交付相关的测控、研发、设计、试验、检测、监造、航天系统集成服务,技术转让、技术协调、技术咨询、空间飞行器全寿命周期服务,轨位(频率)申请、咨询、租赁服务,卫星有效载荷的合作、购销、租赁服务,航天产品运输、航天相关培训服务,航天产品设施和技术的展览展示及其他相关服务等。

二、境内单位在轨交付的空间飞行器及相关货物视同出口货物,适用增值税出口退税政策,实行免退税办法。其在轨交付的空间飞行器及相关货物免征增值税,相应购进空间飞行器及相关货物取得的进项税额予以退还。增值税应退税额按下列公式计算:

增值税应退税额＝购进空间飞行器及相关货物的增值税专用发票注明的金额或海关(进口增值税)专用缴款书注明的完税价格×适用的增值税税率或征收率

在轨交付,是指将空间飞行器及相关货物发射到预定轨道后再交付给境内、境外单位和个人使用的业务活动。

空间飞行器及相关货物,包括卫星、空间探测器等空间飞行器及其组件、元器件,卫星有效载荷,卫星测控系统设备、软件、设施等。

三、境内单位凭发射合同或在轨交付合同(包括补充合同,下同),发射合同或在轨交付合同对应的项目清单项下购进航天运输器及相关货物和空间飞行器及相关货物的增值税专用发票或海关(进口增值税)专用缴款书、接受发射运行保障服务的增值税专用发票,以及主管税务机关要求出具的其他要件,向主管税务机关申请办理退税手续。为简化退税手续,对于同时提供航天运输服务和在轨交付空间飞行器及相关货物的境内单位,可合并计算其增值税应退税额。

境内单位在发射合同或在轨交付合同注明的发射日期或合同交付日期等合同义务完成前购进或接受上述货物服务取得的进项税额，可向主管税务机关按月申请退税，主管税务机关对境内单位提供的材料审核无误后办理退税。接受空间飞行器全寿命周期服务取得的进项税额按实际发生时间申请退税。

四、本通知自2014年1月1日起执行，在轨交付合同注明交付日期在2013年的，可比照本通知规定享受出口退税政策。

1－1－280

财政部　海关总署　国家税务总局
关于对化肥恢复征收增值税政策的通知

2015年8月10日　财税〔2015〕90号

各省、自治区、直辖市、计划单列市财政厅（局）、国家税务局，海关总署广东分署、各直属海关，新疆生产建设兵团财务局：

为优化农业生产投入结构，促进农业可持续发展，经国务院批准，化肥增值税优惠政策停止执行。现就有关政策明确如下：

一、自2015年9月1日起，对纳税人销售和进口化肥统一按13%税率征收国内环节和进口环节增值税。钾肥增值税先征后返政策同时停止执行。

二、化肥的具体范围，仍然按照《国家税务总局关于印发〈增值税部分货物征税范围注释〉的通知》（国税发〔1993〕151号）的规定执行。进口环节恢复征收增值税的化肥税号见附件。

三、财政部、国家税务总局《关于若干农业生产资料征免增值税政策的通知》（财税〔2001〕113号）第一条第2项和第4项“化肥”的规定、《财政部、国家税务总局关于进口化肥税收政策问题的通知》（财税〔2002〕44号）、《财政部、国家税务总局关于钾肥增值税有关问题的通知》（财税〔2004〕197号）、《财政部、国家税务总局关于暂免征收尿素产品增值税的通知》（财税〔2005〕87号）、《财政部、国家税务总局关于免征磷酸二铵增值税的通知》（财税〔2007〕171号）自2015年9月1日起停止执行。

附件：进口环节恢复征收增值税的化肥税号（编者略）

1－1－281

国家税务总局关于动物尸体降解处理机蔬菜清洗机增值税适用税率问题的公告

2015年10月15日　国家税务总局公告2015年第72号

现将动物尸体降解处理机、蔬菜清洗机增值税适用税率公告如下：

动物尸体降解处理机、蔬菜清洗机属于农机，适用13%增值税税率。

动物尸体降解处理机是指采用生物降解技术将病死畜禽尸体处理成粉状有机肥原料，实现无害化处理的设备。

蔬菜清洗机是指用于农副产品加工生产的采用喷淋清洗、毛刷清洗、气泡清洗、淹没水射流清洗技术对完整或鲜切蔬菜进行清洗，以去除蔬菜表面污物、微生物及农药残留的设备。

本公告自2015年12月1日起施行。此前已发生未处理的事项，按本公告规定执行。

特此公告。

1－1－282

财政部　国家税务总局关于煤炭采掘企业增值税进项税额抵扣有关事项的通知

2015年11月2日　财税〔2015〕117号

各省、自治区、直辖市、计划单列市财政厅（局）、国家税务局，新疆生产建设兵团财务局：

为统一煤炭采掘企业增值税进项税额抵扣政策，便于政策理解和执行，经研究，现就有关事项明确如下：

一、煤炭采掘企业购进的下列项目，其进项税额允许从销项税额中抵扣：

（一）巷道附属设备及其相关的应税货物、劳务和服务；

（二）用于除开拓巷道以外的其他巷道建设和掘进，或者用于巷道回填、露天煤矿生态恢复的应税货物、劳务和服务。

二、本通知所称的巷道，是指为采矿提升、运输、通风、排水、动力供应、瓦斯治理等而掘进的通道，包括开拓巷道和其他巷道。其中，开拓巷道，是指为整个矿井或一个开采水平（阶段）服务的巷道。所称的巷道附属设备，是指以巷道为载体的给排水、采暖、降温、卫生、通风、照明、通讯、消防、电梯、电气、瓦斯抽排等设备。

三、本通知自2015年11月1日起执行。

1 -1 -283

国家税务总局关于明确有机肥产品执行标准的公告

2015 年 12 月 1 日 国家税务总局公告 2015 年第 86 号

为便于有机肥产品增值税政策的执行，现就享受增值税免税政策的有机肥产品执行标准公告如下：

《财政部、国家税务总局关于有机肥产品免征增值税的通知》(财税〔2008〕56 号)规定享受增值税免税政策的有机肥产品中，有机肥料按《有机肥料》(NY 525—2012)标准执行，有机 - 无机复混肥料按《有机 - 无机复混肥料》(GB 18877—2009)标准执行，生物有机肥按《生物有机肥》(NY 884—2012)标准执行。不符合上述标准的有机肥产品，不得享受财税〔2008〕56 号文件规定的增值税免税政策。上述有机肥产品的国家标准、行业标准，如在执行过程中有更新、替换，统一按最新的国家标准、行业标准执行。

本公告自 2016 年 1 月 1 日起施行，此前未处理的事项，按本公告规定执行。《国家税务总局关于有机肥产品免征增值税问题的批复》(国税函〔2008〕1020 号)同时废止。

特此公告。

1 -1 -284

国家税务总局关于兽用药品经营企业销售兽用生物制品有关增值税问题的公告

2016 年 2 月 4 日 国家税务总局公告 2016 年第 8 号

现将兽用药品经营企业销售兽用生物制品有关增值税问题公告如下：

一、属于增值税一般纳税人的兽用药品经营企业销售兽用生物制品，可以选择简易办法按照兽用生物制品销售额和 3% 的征收率计算缴纳增值税。

兽用药品经营企业，是指取得兽医行政管理部门颁发的《兽药经营许可证》，获准从事兽用生物制品经营的兽用药品批发和零售企业。

二、属于增值税一般纳税人的兽用药品经营企业销售兽用生物制品，选择简易办法计算缴纳增值税的，36 个月内不得变更计税方法。

三、本公告自 2016 年 4 月 1 日起施行。

特此公告。

1－1－285

财政部　国家税务总局关于进一步明确全面推开营改增试点金融业有关政策的通知

2016年4月29日　财税〔2016〕46号

各省、自治区、直辖市、计划单列市财政厅(局)、国家税务局、地方税务局，新疆生产建设兵团财务局：

经研究，现将营改增试点期间有关金融业政策补充通知如下：

一、金融机构开展下列业务取得的利息收入，属于《营业税改征增值税试点过渡政策的规定》(财税〔2016〕36号，以下简称《过渡政策的规定》)第一条第(二十三)项所称的金融同业往来利息收入：

(一)质押式买入返售金融商品

质押式买入返售金融商品，是指交易双方进行的以债券等金融商品为权利质押的一种短期资金融通业务。

(二)持有政策性金融债券

政策性金融债券，是指开发性、政策性金融机构发行的债券。

二、《过渡政策的规定》第一条第(二十一)项中，享受免征增值税的一年期及以上返还本利的人身保险包括其他年金保险，其他年金保险是指养老年金以外的年金保险。

三、农村信用社、村镇银行、农村资金互助社、由银行业机构全资发起设立的贷款公司、法人机构在县(县级市、区、旗)及县以下地区的农村合作银行和农村商业银行提供金融服务收入，可以选择适用简易计税方法按照3%的征收率计算缴纳增值税。

村镇银行，是指经中国银行业监督管理委员会依据有关法律、法规批准，由境内外金融机构、境内非金融机构企业法人、境内自然人出资，在农村地区设立的主要为当地农民、农业和农村经济发展提供金融服务的银行业金融机构。

农村资金互助社，是指经银行业监督管理机构批准，由乡(镇)、行政村农民和农村小企业自愿入股组成，为社员提供存款、贷款、结算等业务的社区互助性银行业金融机构。

由银行业机构全资发起设立的贷款公司，是指经中国银行业监督管理委员会依据有关法律、法规批准，由境内商业银行或农村合作银行在农村地区设立的专门为县域农民、农业和农村经济发展提供贷款服务的非银行业金融机构。

县(县级市、区、旗)，不包括直辖市和地级市所辖城区。

四、对中国农业银行纳入"三农金融事业部"改革试点的各省、自治区、直辖市、计划单列市分行下辖的县域支行和新疆生产建设兵团分行下辖的县域支行(也称县事业部)，提供农户贷款、农村企业和农村各类组织贷款(具体贷款业务清单见附件)取得的利息收入，可以选择适用简易计税方法按照3%的征收率计算缴纳增值税。

农户贷款，是指金融机构发放给农户的贷款，但不包括按照《过渡政策的规定》第一条第（十九）项规定的免征增值税的农户小额贷款。

农户，是指《过渡政策的规定》第一条第（十九）项所称的农户。

农村企业和农村各类组织贷款，是指金融机构发放给注册在农村地区的企业及各类组织的贷款。

五、本通知自2016年5月1日起执行。

附件：享受增值税优惠的涉农贷款业务清单

附件

享受增值税优惠的涉农贷款业务清单

1. 法人农业贷款
2. 法人林业贷款
3. 法人畜牧业贷款
4. 法人渔业贷款
5. 法人农林牧渔服务业贷款
6. 法人其他涉农贷款（煤炭、烟草、采矿业、房地产业、城市基础设施建设和其他类的法人涉农贷款除外）
7. 小型农田水利设施贷款
8. 大型灌区改造
9. 中低产田改造
10. 防涝抗旱减灾体系建设
11. 农产品加工贷款
12. 农业生产资料制造贷款
13. 农业物资流通贷款
14. 农副产品流通贷款
15. 农产品出口贷款
16. 农业科技贷款
17. 农业综合生产能力建设
18. 农田水利设施建设
19. 农产品流通设施建设
20. 其他农业生产性基础设施建设
21. 农村饮水安全工程
22. 农村公路建设
23. 农村能源建设
24. 农村沼气建设
25. 其他农村生活基础设施建设
26. 农村教育设施建设
27. 农村卫生设施建设
28. 农村文化体育设施建设
29. 林业和生态环境建设
30. 个人农业贷款
31. 个人林业贷款
32. 个人畜牧业贷款
33. 个人渔业贷款
34. 个人农林牧渔服务业贷款
35. 农户其他生产经营贷款
36. 农户助学贷款
37. 农户医疗贷款
38. 农户住房贷款
39. 农户其他消费贷款

1－1－286

财政部　国家税务总局关于外国驻华使(领)馆及其馆员在华购买货物和服务增值税退税政策的通知

2016年4月29日　财税〔2016〕51号

各省、自治区、直辖市、计划单列市财政厅(局)、国家税务局,新疆生产建设兵团财务局:

根据《维也纳外交关系公约》、《维也纳领事关系公约》、《中华人民共和国外交特权与豁免条例》、《中华人民共和国领事特权与豁免条例》、《中华人民共和国增值税暂行条例》和《财政部、国家税务总局关于全面推开营业税改征增值税试点的通知》(财税〔2016〕36号)等有关规定,现就外国驻华使(领)馆及其馆员在华购买货物和服务增值税退税政策通知如下:

一、中华人民共和国政府在互惠对等原则的基础上,对外国驻华使(领)馆及其馆员在中华人民共和国境内购买的货物和服务,实行增值税退税政策。

二、本通知第一条所称货物和服务,是指按规定征收增值税、属于合理自用范围内的生活办公类货物和服务。生活办公类货物和服务,是指为满足日常生活、办公需求购买的货物和服务。工业用机器设备、金融服务以及其他财政部和国家税务总局规定的货物和服务,不属于生活办公类货物和服务。

三、外国驻华使(领)馆及其馆员申请增值税退税的生活办公类货物和服务,应符合以下要求:

1. 除自来水、电、燃气、暖气、汽油、柴油外,购买货物申请退税单张发票的销售金额(含税价格)应当超过800元(含800元)人民币;购买服务申请退税单张发票的销售金额(含税价格)应当超过300元(含300元)人民币。

2. 使(领)馆馆员个人购买货物和服务,除车辆外,每人每年申报退税销售金额(含税价格)不超过12万元人民币。

3. 非增值税免税货物和服务。

四、增值税退税额,为增值税发票上注明的税额。增值税发票上未注明税额的,为按照不含税销售额和增值税征收率计算的税额。

五、本通知所称馆员,是指外国驻华使(领)馆的外交代表(领事官员)及行政技术人员,但是中国公民的或在中国永久居留的除外。外交代表(领事官员)和行政技术人员是指《中华人民共和国外交特权与豁免条例》第二十八条第(五)、(六)项和《中华人民共和国领事特权与豁免条例》第二十八条第(四)、(五)项规定的人员。

六、各国际组织驻华代表机构及其人员按照有关协定享有免税待遇的,可参照执行上述政策。

七、外国驻华使(领)馆及其馆员、国际组织驻华代表机构及其人员在华购买货物和服务增值税退税的具体管理办法，由国家税务总局商财政部、外交部另行制定。如中外双方需就退税问题另行制定协议的，由外交部商财政部、国家税务总局予以明确。

八、本通知自2016年5月1日起执行。《财政部、国家税务总局关于外国驻华使领馆及外交人员购买的自用汽柴油增值税实行零税率的通知》（财税字〔1994〕100号）、《财政部、国家税务总局关于外国驻华使（领）馆及其外交人员购买中国产物品有关退税问题的通知》（财税字〔1997〕81号）和《财政部、国家税务总局关于国际组织驻华代表机构及其官员购买中国产物品有关退税问题的通知》（财税字〔1998〕71号）同时废止。

注释：

条款失效。第三条第2点和第四条自2017年10月1日起停止执行。参见：《财政部 税务总局关于外国驻华使（领）馆及其馆员在华购买货物和服务增值税退税政策有关问题的补充通知》（财税〔2017〕74号）。

1－1－287

财政部 国家税务总局关于金融机构同业往来等增值税政策的补充通知

2016年6月30日 财税〔2016〕70号

各省、自治区、直辖市、计划单列市财政厅（局）、国家税务局、地方税务局，新疆生产建设兵团财务局：

经研究，现将营改增试点期间有关金融业政策补充通知如下：

一、金融机构开展下列业务取得的利息收入，属于《营业税改征增值税试点过渡政策的规定》（财税〔2016〕36号，以下简称《过渡政策的规定》）第一条第（二十三）项所称的金融同业往来利息收入：

（一）同业存款。

同业存款，是指金融机构之间开展的同业资金存入与存出业务，其中资金存入方仅为具有吸收存款资格的金融机构。

（二）同业借款。

同业借款，是指法律法规赋予此项业务范围的金融机构开展的同业资金借出和借入业务。此条款所称“法律法规赋予此项业务范围的金融机构”主要是指农村信用社之间以及在金融机构营业执照列示的业务范围中有反映为“向金融机构借款”业务的金融机构。

（三）同业代付。

同业代付，是指商业银行（受托方）接受金融机构（委托方）的委托向企业客户付款，委托方在约定还款日偿还代付款项本息的资金融通行为。

（四）买断式买入返售金融商品。

买断式买入返售金融商品，是指金融商品持有人（正回购方）将债券等金融商品卖给债券购买方(逆回购方)的同时,交易双方约定在未来某一日期,正回购方再以约定价格从逆回购方买回相等数量同种债券等金融商品的交易行为。

(五)持有金融债券。

金融债券,是指依法在中华人民共和国境内设立的金融机构法人在全国银行间和交易所债券市场发行的、按约定还本付息的有价证券。

(六)同业存单。

同业存单,是指银行业存款类金融机构法人在全国银行间市场上发行的记账式定期存款凭证。

二、商业银行购买央行票据、与央行开展货币掉期和货币互存等业务属于《过渡政策的规定》第一条第(二十三)款第1项所称的金融机构与人民银行所发生的资金往来业务。

三、境内银行与其境外的总机构、母公司之间,以及境内银行与其境外的分支机构、全资子公司之间的资金往来业务属于《过渡政策的规定》第一条第(二十三)款第2项所称的银行联行往来业务。

四、人民币合格境外投资者(RQFII)委托境内公司在我国从事证券买卖业务,以及经人民银行认可的境外机构投资银行间本币市场取得的收入属于《过渡政策的规定》第一条第(二十二)款所称的金融商品转让收入。

银行间本币市场包括货币市场、债券市场以及衍生品市场。

五、本通知自2016年5月1日起执行。

1－1－288

财政部　国家税务总局关于延长边销茶增值税政策执行期限的通知

2016年7月25日　财税〔2016〕73号

各省、自治区、直辖市、计划单列市财政厅(局)、国家税务局、地方税务局,新疆生产建设兵团财务局:

经国务院批准,《财政部、国家税务总局关于继续执行边销茶增值税政策的通知》(财税〔2011〕89号)规定的增值税政策继续执行至2018年12月31日。

文到之日前,已征的按照本通知规定应予免征的增值税,可抵减纳税人以后月份应缴纳的增值税或予以退还。

1-1-289

国家税务总局关于物业管理服务中收取的自来水水费增值税问题的公告

2016年8月19日 国家税务总局公告2016年第54号

现将物业管理服务中收取的自来水水费增值税有关问题公告如下：

提供物业管理服务的纳税人，向服务接受方收取的自来水水费，以扣除其对外支付的自来水水费后的余额为销售额，按照简易计税方法依3%的征收率计算缴纳增值税。

本公告自发布之日起施行。2016年5月1日以后已发生并处理的事项，不再作调整；未处理的，按本公告规定执行。

特此公告。

1-1-290

国家税务总局 外交部关于发布《外国驻华使(领)馆及其馆员在华购买货物和服务增值税退税管理办法》的公告

2016年8月31日 国家税务总局 外交部公告2016年第58号

根据《财政部、国家税务总局关于外国驻华使(领)馆及其馆员在华购买货物和服务增值税退税政策的通知》(财税〔2016〕51号)等有关规定，经商财政部，国家税务总局、外交部制定了《外国驻华使(领)馆及其馆员在华购买货物和服务增值税退税管理办法》。现予发布，自2016年5月1日起执行。

特此公告。

附件：1. 外国驻华使(领)馆及国际组织退税申报汇总表(编者略)

2. 外国驻华使(领)馆及国际组织退税申报明细表(编者略)

外国驻华使(领)馆及其馆员在华购买货物和服务增值税退税管理办法

根据《中华人民共和国外交特权与豁免条例》、《中华人民共和国领事特权与豁免条例》、《中华人民共和国税收征收管理法》及实施细则、《中华人民共和国增值税暂行条例》、《中华人民共和国发票管理办法》、《财政部、国家税务总局关于全面推开营业税改征增值税试点的通知》(财税〔2016〕36号)和《财政部、国家税务总局关于外国驻华使(领)馆及其馆员在华购买货物和服务增值税退税政策的通知》(财税〔2016〕51号)等有关规定,制定本办法。

一、外国驻华使(领)馆及其馆员(以下称享受退税的单位和人员)在中华人民共和国境内购买货物和服务增值税退税适用本办法。

享受退税的单位和人员,包括外国驻华使(领)馆的外交代表(领事官员)及行政技术人员,中国公民或者在中国永久居留的人员除外。外交代表(领事官员)和行政技术人员是指《中华人民共和国外交特权与豁免条例》第二十八条第五、六项和《中华人民共和国领事特权与豁免条例》第二十八条第四、五项规定的人员。

实行增值税退税政策的货物与服务范围,包括按规定征收增值税、属于合理自用范围内的生活办公类货物和服务(含修理修配劳务,下同)。生活办公类货物和服务,是指为满足日常生活、办公需求购买的货物和服务。工业用机器设备、金融服务以及财政部和国家税务总局规定的其他货物和服务,不属于生活办公类货物和服务。

二、下列情形不适用增值税退税政策:

(一)购买非合理自用范围内的生活办公类货物和服务;

(二)购买货物单张发票销售金额(含税价格)不足800元人民币(自来水、电、燃气、暖气、汽油、柴油除外),购买服务单张发票销售金额(含税价格)不足300元人民币;

(三)个人购买除车辆外的货物和服务,每人每年申报退税的销售金额(含税价格)超过12万元人民币的部分;

(四)增值税免税货物和服务。

三、申报退税的应退税额,为增值税发票上注明的税额。增值税发票上未注明税额的,按下列公式计算应退税额:

应退税额=发票或客运凭证上列明的金额(含增值税)÷(1+增值税征收率)×增值税征收率

四、外国驻华使(领)馆应在首次申报退税前,将使(领)馆馆长或其授权的外交人员(领事官员)签字字样及授权文件、享受退税人员范围、使(领)馆退税账户报外交部礼宾司备案;如有变化,应及时变更备案。外交部礼宾司将使(领)馆退税账户转送北京市国家税务局备案。

五、享受退税的单位和人员,应使用外交部指定的电子信息系统,真实、准确填报退税数据。申报退税时除提供电子申报数据外,还须提供以下资料:

(一)《外国驻华使(领)馆及国际组织退税申报汇总表》(附件1,以下简称《汇总表》)一式两份;

(二)《外国驻华使(领)馆及国际组织退税申报明细表》(附件2,以下简称《明细表》)一式两份;

(三)购买货物和服务的增值税发票原件,或纳入税务机关发票管理的客运凭证原件(国际运输客运凭证除外,以下简称退税凭证)。

享受退税的单位和人员如需返还发票原件,还应同时报送发票复印件一份,经外交部礼宾司转送北京市国家税务局。北京市国家税务局对原件审核后加盖印章,经外交部礼宾司予以退还，将复印件留存。

六、享受退税的单位和人员申报退税提供的发票应符合《中华人民共和国发票管理办法》的要求，并注明付款单位（个人）、商品名称、数量、金额、开票日期等；客运凭证应注明旅客姓名、金额、日期等。

七、享受退税的单位和人员报送的退税资料应符合以下要求：

（一）《汇总表》应由使（领）馆馆长或其授权的外交人员（领事官员）签字。

（二）《汇总表》与《明细表》逻辑关系一致。

（三）电子申报数据与纸质资料内容一致。

（四）退税凭证应按《明细表》申报顺序装订。

（五）应退税额计算准确。

八、享受退税的单位和人员，应按季度向外交部礼宾司报送退税凭证和资料申报退税，报送时间为每年的 1 月、4 月、7 月、10 月；本年度购买的货物和服务（以发票开具日期为准），最迟申报不得迟于次年 1 月。逾期报送的，外交部礼宾司不予受理。

九、外交部礼宾司受理使（领）馆退税申报后，10 个工作日内，对享受退税的单位和人员的范围进行确认，对申报时限及其他内容进行审核、签章，将各使（领）馆申报资料一并转送北京市国家税务局办理退税，并履行交接手续。

十、北京市国家税务局在接到外交部礼宾司转来的退税申报资料及电子申报数据后，10 个工作日内对其完整性、规范性、准确性、合理性进行审核，并将审核通过的税款退付给使（领）馆退税账户。经审核暂缓办理、不予办理退税的，应将具体原因在电子系统中注明。

十一、对享受退税的单位和人员申报的货物与服务是否属合理自用范围或者申报凭证真实性有疑问的，税务机关应暂缓办理退税，并通过外交部礼宾司对其进行问询。

十二、税务机关如发现享受退税的单位和人员申报的退税凭证虚假或所列内容与实际交易不符的，不予退税，并通过外交部礼宾司向其通报；情况严重的，外交部礼宾司将不再受理其申报。

十三、享受退税的单位和人员购买货物和服务办理退税后，如发生退货或转让所有权、使用权等情形，须经外交部礼宾司向北京市国家税务局办理补税手续。如转让需外交部礼宾司核准的货物，外交部礼宾司应在确认转让货物未办理退税或已办理补税手续后，办理核准转让手续。

十四、如中外双方需就退税问题另行制定协议的，由外交部商财政部、国家税务总局予以明确。

十五、各国际组织驻华代表机构及其人员按照有关协定享有免税待遇的，可参照本办法执行。

本办法自 2016 年 5 月 1 日起执行，以发票开具日期或客运凭证载明的乘运日期为准。《国家税务总局、外交部关于印发〈外国驻华使（领）馆及其人员在华购买物品和劳务退还增值税管理办法〉的通知》（国税发〔2003〕20 号）同时废止。《国家税务总局关于调整外国驻华使领馆及外交人员自用免税汽柴油管理办法的通知》（国税函〔2003〕1346 号）自 2016 年 10 月 1 日起停止执行。

注释：

条款修改。根据《第十三届全国人民代表大会第一次会议关于国务院机构改革方案的决定》等有关规定，税收规范性文件规定的国税地税机关的职责和工作由新的税务机关承担。国家税务总局依据《税收规范性文件制定管理办法》（国家税务总局令第41号公布），对税收规范性文件进行了清理。参见：《国家税务总局关于修改部分税收规范性文件的公告》（国家税务总局公告2018年第31号）。

条款废止。第二条第三项自2017年10月1日起废止。参见：《国家税务总局　外交部关于外国驻华使（领）馆及其馆员在华购买货物和服务增值税退税管理有关问题的公告》（国家税务总局　外交部公告2017年第39号）。

1－1－291

财政部　国家税务总局关于延续免征国产抗艾滋病病毒药品增值税政策的通知

2016年9月1日　财税〔2016〕97号

各省、自治区、直辖市、计划单列市财政厅（局）、国家税务局，新疆生产建设兵团财务局：

为继续支持艾滋病防治工作，经国务院批准，现将国产抗艾滋病病毒药品增值税政策通知如下：

一、自2016年1月1日至2018年12月31日，继续对国产抗艾滋病病毒药品免征生产环节和流通环节增值税（国产抗艾滋病病毒药物品种清单见附件）。

二、享受上述免征增值税政策的国产抗艾滋病病毒药品，为国家卫生计生委委托中国疾病预防控制中心通过公开招标方式统一采购、各省（自治区、直辖市）艾滋病药品管理部门分散签约支付的抗艾滋病病毒药品。药品生产企业申请办理免税时，应向主管税务机关提交加盖企业公章的药品供货合同复印件、中标通知书复印件及中国政府网中标公告。

三、抗艾滋病病毒药品的生产企业和流通企业应分别核算免税药品和其他货物的销售额；未分别核算的，不得享受增值税免税政策。

四、纳税人销售本通知规定的享受免税政策的国产抗艾滋病病毒药品，如果已向购买方开具了增值税专用发票，应将专用发票追回后方可就已售药品申请办理免税。凡专用发票无法追回的，一律按照规定征收增值税，不予免税。

附件：国产抗艾滋病病毒药物品种清单（编者略）

1 -1 -292

国家税务总局关于在境外提供建筑服务等有关问题的公告

2016 年 11 月 4 日　国家税务总局公告 2016 年第 69 号

为进一步推进全面营改增试点平稳运行,现将在境外提供建筑服务等有关征管问题公告如下:

一、境内的单位和个人为施工地点在境外的工程项目提供建筑服务,按照《国家税务总局关于发布〈营业税改征增值税跨境应税行为增值税免税管理办法(试行)〉的公告》(国家税务总局公告 2016 年第 29 号)第八条规定办理免税备案手续时,凡与发包方签订的建筑合同注明施工地点在境外的,可不再提供工程项目在境外的其他证明材料。

二、境内的单位和个人在境外提供旅游服务,按照国家税务总局公告 2016 年第 29 号第八条规定办理免税备案手续时,以下列材料之一作为服务地点在境外的证明材料:

(一)旅游服务提供方派业务人员随同出境的,出境业务人员的出境证件首页及出境记录页复印件。

出境业务人员超过 2 人的,只需提供其中 2 人的出境证件复印件。

(二)旅游服务购买方的出境证件首页及出境记录页复印件。

旅游服务购买方超过 2 人的,只需提供其中 2 人的出境证件复印件。

三、享受国际运输服务免征增值税政策的境外单位和个人,到主管税务机关办理免税备案时,提交的备案资料包括:

(一)关于纳税人基本情况和业务介绍的说明;

(二)依据的税收协定或国际运输协定复印件。

四、纳税人提供建筑服务,被工程发包方从应支付的工程款中扣押的质押金、保证金,未开具发票的,以纳税人实际收到质押金、保证金的当天为纳税义务发生时间。

五、纳税人以长(短)租形式出租酒店式公寓并提供配套服务的,按照住宿服务缴纳增值税。

六、境外单位通过教育部考试中心及其直属单位在境内开展考试,教育部考试中心及其直属单位应以取得的考试费收入扣除支付给境外单位考试费后的余额为销售额,按提供“教育辅助服务”缴纳增值税;就代为收取并支付给境外单位的考试费统一扣缴增值税。教育部考试中心及其直属单位代为收取并支付给境外单位的考试费,不得开具增值税专用发票,可以开具增值税普通发票。

七、纳税人提供签证代理服务,以取得的全部价款和价外费用,扣除向服务接受方收取并代为支付给外交部和外国驻华使(领)馆的签证费、认证费后的余额为销售额。向服务接受方收取并代为支付的签证费、认证费,不得开具增值税专用发票,可以开具增值税普通发票。

八、纳税人代理进口按规定免征进口增值税的货物，其销售额不包括向委托方收取并代为支付的货款。向委托方收取并代为支付的款项，不得开具增值税专用发票，可以开具增值税普通发票。

九、纳税人提供旅游服务，将火车票、飞机票等交通费发票原件交付给旅游服务购买方而无法收回的，以交通费发票复印件作为差额扣除凭证。

十、全面开展住宿业小规模纳税人自行开具增值税专用发票试点。月销售额超过3万元（或季销售额超过9万元）的住宿业小规模纳税人提供住宿服务、销售货物或发生其他应税行为，需要开具增值税专用发票的，可以通过增值税发票管理新系统自行开具，主管国税机关不再为其代开。

住宿业小规模纳税人销售其取得的不动产，需要开具增值税专用发票的，仍须向地税机关申请代开。

住宿业小规模纳税人自行开具增值税专用发票应缴纳的税款，应在规定的纳税申报期内，向主管税务机关申报纳税。在填写增值税纳税申报表时，应将当期开具专用发票的销售额，按照3%和5%的征收率，分别填写在《增值税纳税申报表》（小规模纳税人适用）第2栏和第5栏“税务机关代开的增值税专用发票不含税销售额”的“本期数”相应栏次中。

十一、本公告自发布之日起施行，此前已发生未处理的事项，按照本公告规定执行。《国家税务总局关于部分地区开展住宿业增值税小规模纳税人自开增值税专用发票试点工作有关事项的公告》（国家税务总局公告2016年第44号）同时废止。

特此公告。

注释：

条款废止。第十条自2019年3月1日起废止。参见：《国家税务总局关于扩大小规模纳税人自行开具增值税专用发票试点范围等事项的公告》（国家税务总局公告2019年第8号）。

条款修改。根据《第十三届全国人民代表大会第一次会议关于国务院机构改革方案的决定》等有关规定，税收规范性文件规定的国税地税机关的职责和工作由新的税务机关承担。国家税务总局依据《税收规范性文件制定管理办法》（国家税务总局令第41号公布），对税收规范性文件进行了清理。参见：《国家税务总局关于修改部分税收规范性文件的公告》（国家税务总局公告2018年第31号）。

1 -1 -293

财政部　国家税务总局关于明确金融　房地产开发　教育辅助服务等增值税政策的通知

2016 年 12 月 21 日　财税〔2016〕140 号

各省、自治区、直辖市、计划单列市财政厅(局)、国家税务局,地方税务局,新疆生产建设兵团财务局:

现将营改增试点期间有关金融、房地产开发、教育辅助服务等政策补充通知如下:

一、《销售服务、无形资产、不动产注释》(财税〔2016〕36 号)第一条第(五)项第 1 点所称"保本收益、报酬、资金占用费、补偿金",是指合同中明确承诺到期本金可全部收回的投资收益。金融商品持有期间(含到期)取得的非保本的上述收益,不属于利息或利息性质的收入,不征收增值税。

二、纳税人购入基金、信托、理财产品等各类资产管理产品持有至到期,不属于《销售服务、无形资产、不动产注释》(财税〔2016〕36 号)第一条第(五)项第 4 点所称的金融商品转让。

三、证券公司、保险公司、金融租赁公司、证券基金管理公司、证券投资基金以及其他经人民银行、银监会、证监会、保监会批准成立且经营金融保险业务的机构发放贷款后,自结息日起 90 天内发生的应收未收利息按现行规定缴纳增值税,自结息日起 90 天后发生的应收未收利息暂不缴纳增值税,待实际收到利息时按规定缴纳增值税。

四、资管产品运营过程中发生的增值税应税行为,以资管产品管理人为增值税纳税人。

五、纳税人 2016 年 1—4 月转让金融商品出现的负差,可结转下一纳税期,与 2016 年 5—12 月转让金融商品销售额相抵。

六、《财政部　国家税务总局关于全面推开营业税改征增值税试点的通知》(财税〔2016〕36 号)所称"人民银行、银监会或者商务部批准"、"商务部授权的省级商务主管部门和国家经济技术开发区批准"从事融资租赁业务(含融资性售后回租业务)的试点纳税人(含试点纳税人中的一般纳税人),包括经上述部门备案从事融资租赁业务的试点纳税人。

七、《营业税改征增值税试点有关事项的规定》(财税〔2016〕36 号)第一条第(三)项第 10 点中"向政府部门支付的土地价款",包括土地受让人向政府部门支付的征地和拆迁补偿费用、土地前期开发费用和土地出让收益等。

房地产开发企业中的一般纳税人销售其开发的房地产项目(选择简易计税方法的房地产老项目除外),在取得土地时向其他单位或个人支付的拆迁补偿费用也允许在计算销售额时扣除。纳税人按上述规定扣除拆迁补偿费用时,应提供拆迁协议、拆迁双方支付和取得拆迁补偿费用凭证等能够证明拆迁补偿费用真实性的材料。

八、房地产开发企业(包括多个房地产开发企业组成的联合体)受让土地向政府部门支付土地价款后,设立项目公司对该受让土地进行开发,同时符合下列条件的,可由项目公司按规定扣除房地产开发企业向政府部门支付的土地价款。

(一)房地产开发企业、项目公司、政府部门三方签订变更协议或补充合同,将土地受让人变更为项目公司;

(二)政府部门出让土地的用途、规划等条件不变的情况下,签署变更协议或补充合同时,土地价款总额不变;

(三)项目公司的全部股权由受让土地的房地产开发企业持有。

九、提供餐饮服务的纳税人销售的外卖食品,按照"餐饮服务"缴纳增值税。

十、宾馆、旅馆、旅社、度假村和其他经营性住宿场所提供会议场地及配套服务的活动,按照"会议展览服务"缴纳增值税。

十一、纳税人在游览场所经营索道、摆渡车、电瓶车、游船等取得的收入,按照"文化体育服务"缴纳增值税。

十二、非企业性单位中的一般纳税人提供的研发和技术服务、信息技术服务、鉴证咨询服务,以及销售技术、著作权等无形资产,可以选择简易计税方法按照3%征收率计算缴纳增值税。

非企业性单位中的一般纳税人提供《营业税改征增值税试点过渡政策的规定》(财税〔2016〕36号)第一条第(二十六)项中的"技术转让、技术开发和与之相关的技术咨询、技术服务",可以参照上述规定,选择简易计税方法按照3%征收率计算缴纳增值税。

十三、一般纳税人提供教育辅助服务,可以选择简易计税方法按照3%征收率计算缴纳增值税。

十四、纳税人提供武装守护押运服务,按照"安全保护服务"缴纳增值税。

十五、物业服务企业为业主提供的装修服务,按照"建筑服务"缴纳增值税。

十六、纳税人将建筑施工设备出租给他人使用并配备操作人员的,按照"建筑服务"缴纳增值税。

十七、自2017年1月1日起,生产企业销售自产的海洋工程结构物,或者融资租赁企业及其设立的项目子公司、金融租赁公司及其设立的项目子公司购买并以融资租赁方式出租的国内生产企业生产的海洋工程结构物,应按规定缴纳增值税,不再适用《财政部 国家税务总局关于出口货物劳务增值税和消费税政策的通知》(财税〔2012〕39号)或者《财政部 国家税务总局关于在全国开展融资租赁货物出口退税政策试点的通知》(财税〔2014〕62号)规定的增值税出口退税政策,但购买方或者承租方为按实物征收增值税的中外合作油(气)田开采企业的除外。

2017年1月1日前签订的海洋工程结构物销售合同或者融资租赁合同,在合同到期前,可继续按现行相关出口退税政策执行。

十八、本通知除第十七条规定的政策外,其他均自2016年5月1日起执行。此前已征的应予免征或不征的增值税,可抵减纳税人以后月份应缴纳的增值税。

注释:

政策调整。第十七条"中外合作油(气)田开采企业"按根据财税〔2023〕51号调整后的企业名单执行。参见:《财政部　税务总局关于更新中外合作油(气)田开采企业名单的通知》(财税〔2023〕51号)。

1－1－294

财政部　国家税务总局关于资管产品增值税政策有关问题的补充通知

2017年1月6日　财税〔2017〕2号

各省、自治区、直辖市、计划单列市财政厅(局)、国家税务局,地方税务局,新疆生产建设兵团财务局:

现就《财政部　国家税务总局关于明确金融、房地产开发、教育辅助服务等增值税政策的通知》(财税〔2016〕140号)第四条规定的"资管产品运营过程中发生的增值税应税行为,以资管产品管理人为增值税纳税人"问题补充通知如下:

2017年7月1日(含)以后,资管产品运营过程中发生的增值税应税行为,以资管产品管理人为增值税纳税人,按照现行规定缴纳增值税。

对资管产品在2017年7月1日前运营过程中发生的增值税应税行为,未缴纳增值税的,不再缴纳;已缴纳增值税的,已纳税额从资管产品管理人以后月份的增值税应纳税额中抵减。

资管产品运营过程中发生增值税应税行为的具体征收管理办法,由国家税务总局另行制定。

1－1－295

财政部　税务总局关于资管产品增值税有关问题的通知

2017年6月30日　财税〔2017〕56号

各省、自治区、直辖市、计划单列市财政厅(局)、国家税务局、地方税务局,新疆生产建设兵团财务局:

现将资管产品增值税有关问题通知如下:

一、资管产品管理人(以下称管理人)运营资管产品过程中发生的增值税应税行为(以下称资管产品运营业务),暂适用简易计税方法,按照3%的征收率缴纳增值税。

资管产品管理人,包括银行、信托公司、公募基金管理公司及其子公司、证券公司及其子公司、期货公司及其子公司、私募基金管理人、保险资产管理公司、专业保险资产管理机构、养老保险公司。

资管产品,包括银行理财产品、资金信托(包括集合资金信托、单一资金信托)、财产权信托、公开募集证券投资基金、特定客户资产管理计划、集合资产管理计划、定向资产管理计划、私募投资基金、债权投资计划、股权投资计划、股债结合型投资计划、资产支持计划、组合类保险资产管理产品、养老保障管理产品。

财政部和税务总局规定的其他资管产品管理人及资管产品。

二、管理人接受投资者委托或信托对受托资产提供的管理服务以及管理人发生的除本通知第一条规定的其他增值税应税行为(以下称其他业务),按照现行规定缴纳增值税。

三、管理人应分别核算资管产品运营业务和其他业务的销售额和增值税应纳税额。未分别核算的,资管产品运营业务不得适用本通知第一条规定。

四、管理人可选择分别或汇总核算资管产品运营业务销售额和增值税应纳税额。

五、管理人应按照规定的纳税期限,汇总申报缴纳资管产品运营业务和其他业务增值税。

六、本通知自 2018 年 1 月 1 日起施行。

对资管产品在 2018 年 1 月 1 日前运营过程中发生的增值税应税行为,未缴纳增值税的,不再缴纳;已缴纳增值税的,已纳税额从资管产品管理人以后月份的增值税应纳税额中抵减。

1－1－296

财政部　税务总局关于建筑服务等营改增试点政策的通知

2017 年 7 月 11 日　财税〔2017〕58 号

各省、自治区、直辖市、计划单列市财政厅(局)、国家税务局、地方税务局,新疆生产建设兵团财务局:

现将营改增试点期间建筑服务等政策补充通知如下:

一、建筑工程总承包单位为房屋建筑的地基与基础、主体结构提供工程服务,建设单位自行采购全部或部分钢材、混凝土、砌体材料、预制构件的,适用简易计税方法计税。

地基与基础、主体结构的范围,按照《建筑工程施工质量验收统一标准》(GB 50300—2013)附录B《建筑工程的分部工程、分项工程划分》中的“地基与基础”、“主体结构”分部工程的范围执行。

二、《营业税改征增值税试点实施办法》(财税〔2016〕36 号印发)第四十五条第(二)项修改为“纳税人提供租赁服务采取预收款方式的,其纳税义务发生时间为收到预收款的当天”。

三、纳税人提供建筑服务取得预收款,应在收到预收款时,以取得的预收款扣除支付的分包款后的余额,按照本条第三款规定的预征率预缴增值税。

按照现行规定应在建筑服务发生地预缴增值税的项目,纳税人收到预收款时在建筑服务发生地预缴增值税。按照现行规定无需在建筑服务发生地预缴增值税的项目,纳税人收到预收款时在机构所在地预缴增值税。

适用一般计税方法计税的项目预征率为2%，适用简易计税方法计税的项目预征率为3%。

四、纳税人采取转包、出租、互换、转让、入股等方式将承包地流转给农业生产者用于农业生产，免征增值税。

五、自2018年1月1日起，金融机构开展贴现、转贴现业务，以其实际持有票据期间取得的利息收入作为贷款服务销售额计算缴纳增值税。此前贴现机构已就贴现利息收入全额缴纳增值税的票据，转贴现机构转贴现利息收入继续免征增值税。

六、本通知除第五条外，自2017年7月1日起执行。《营业税改征增值税试点实施办法》（财税〔2016〕36号印发）第七条自2017年7月1日起废止。《营业税改征增值税试点过渡政策的规定》（财税〔2016〕36号印发）第一条第（二十三）项第4点自2018年1月1日起废止。

1－1－297

国家税务总局关于上海国际能源交易中心原油期货保税交割业务增值税管理问题的公告

2017年7月28日　国家税务总局公告2017年第29号

根据《财政部　国家税务总局关于原油和铁矿石期货保税交割业务增值税政策的通知》（财税〔2015〕35号），上海国际能源交易中心股份有限公司（以下简称“上海国际能源交易中心”）开展的原油期货保税交割业务暂免征收增值税。现将有关增值税管理问题公告如下：

一、上海国际能源交易中心开展的原油期货保税交割业务（以下简称“原油期货保税交割业务”）是指参与原油期货保税交割业务的境内机构、境外机构，通过上海国际能源交易中心，以海关特殊监管区域或场所内处于保税监管状态的原油货物为期货实物交割标的物，开展的原油期货实物交割业务。

二、境内机构包括上海国际能源交易中心的会员单位（含期货公司会员和非期货公司会员），以及通过会员单位在上海国际能源交易中心开展原油期货保税交割业务的境内客户；

境外机构包括在上海国际能源交易中心开展原油期货保税交割业务的境外经纪机构和境外参与者。

三、对境内机构的增值税管理按以下规定执行：

（一）境内机构均应注册登记为增值税纳税人。

（二）境内机构应在首次申报原油期货保税交割业务免税时，向主管税务机关提交从事原油期货保税交割业务的书面说明，办理免税备案。

（三）原油期货保税交割业务的卖方为境内机构时，应向买方开具增值税普通发票。即境内卖方客户应向卖方会员单位开具增值税普通发票，卖方会员单位应向上海国际能源交易中心开具增值税普通发票，上海国际能源交易中心应向买方会员单位开具增值税普通发票，买方会员单位应向境内或境外买方客户开具增值税普通发票。开票金额均为上海国际能源交易中心保税交割结算单上注明的保税交割结算金额。

（四）境内机构应将免税业务对应的保税交割结算单及开具和收取的发票、收付款凭证以及保税标准仓单清单等资料按月整理成册，留存备查。

四、原油期货保税交割业务的卖方为境外机构时，卖方会员单位应向卖方索取相应的收款凭证，并以此作为免税依据。

五、上海国际能源交易中心的增值税管理规定，参照本公告第三条对境内机构的增值税管理规定执行。

六、上海期货交易所与上海国际能源交易中心其他期货品种的保税交割业务，适用免征增值税政策的，其增值税管理参照本公告执行。

七、本公告自发布之日起施行。

特此公告。

1－1－298

财政部　税务总局关于外国驻华使（领）馆及其馆员在华购买货物和服务增值税退税政策有关问题的补充通知

2017年9月29日　财税〔2017〕74号

各省、自治区、直辖市、计划单列市财政厅（局）、国家税务局，新疆生产建设兵团财务局：

经研究，现就《财政部　国家税务总局关于外国驻华使（领）馆及其馆员在华购买货物和服务增值税退税政策的通知》（财税〔2016〕51号）有关问题补充通知如下：

一、使（领）馆馆员个人购买货物和服务，除车辆和房租外，每人每年申报退税销售金额（含税价格）不超过18万元人民币。

二、使（领）馆及其馆员购买货物和服务，增值税退税额为发票上注明的税额，发票上未注明税额的，为按照不含税销售额和增值税征收率计算的税额。购买电力、燃气、汽油、柴油，发票上未注明税额的，增值税退税额为按照不含税销售额和相关产品增值税适用税率计算的税额。

三、本通知自2017年10月1日起执行。具体以退税申报受理的时间为准。《财政部　国家税务总局关于外国驻华使（领）馆及其馆员在华购买货物和服务增值税退税政策的通知》（财税〔2016〕51号）第三条第2点和第四条同时停止执行。

1 -1 -299

国家税务总局 外交部关于外国驻华使(领)馆及其馆员在华购买货物和服务增值税退税管理有关问题的公告

2017 年 10 月 31 日 国家税务总局 外交部公告 2017 年第 39 号

根据《财政部 国家税务总局关于外国驻华使(领)馆及其馆员在华购买货物和服务增值税退税政策有关问题的补充通知》(财税〔2017〕74 号)规定,现将外国驻华使(领)馆及其馆员在华购买货物和服务增值税退税有关管理事项公告如下:

一、使(领)馆馆员个人购买货物和服务,除车辆和房租外,每人每年申报退税销售金额(含税价格)超过 18 万元人民币的部分,不适用增值税退税政策。

二、使(领)馆及其馆员购买电力、燃气、汽油、柴油,发票上未注明税额的,增值税应退税额按不含税销售额和相关产品增值税适用税率计算,计算公式为:

增值税应退税额 = 发票金额(含增值税) ÷ (1 + 增值税适用税率) × 增值税适用税率

三、本公告自 2017 年 10 月 1 日起执行。具体以退税申报受理的时间为准。《外国驻华使(领)馆及其馆员在华购买货物和服务增值税退税管理办法》(国家税务总局 外交部公告 2016 年第 58 号发布)第二条第(三)项同时废止。

特此公告。

1 -1 -300

财政部 税务总局关于租入固定资产进项税额抵扣等增值税政策的通知

2017 年 12 月 25 日 财税〔2017〕90 号

各省、自治区、直辖市、计划单列市财政厅(局)、国家税务局、地方税务局,新疆生产建设兵团财务局:

现将租入固定资产进项税额抵扣等增值税政策通知如下:

一、自 2018 年 1 月 1 日起,纳税人租入固定资产、不动产,既用于一般计税方法计税项目,又用于简易计税方法计税项目、免征增值税项目、集体福利或者个人消费的,其进项税额准予从销项税额中全额抵扣。

二、自 2018 年 1 月 1 日起,纳税人已售票但客户逾期未消费取得的运输逾期票证收入,按照“交通运输服务”缴纳增值税。纳税人为客户办理退票而向客户收取的退票费、手续费等收入,按照“其他现代服务”缴纳增值税。

三、自 2018 年 1 月 1 日起，航空运输销售代理企业提供境外航段机票代理服务，以取得的全部价款和价外费用，扣除向客户收取并支付给其他单位或者个人的境外航段机票结算款和相关费用后的余额为销售额。其中，支付给境内单位或者个人的款项，以发票或行程单为合法有效凭证；支付给境外单位或者个人的款项，以签收单据为合法有效凭证，税务机关对签收单据有疑义的，可以要求其提供境外公证机构的确认证明。

航空运输销售代理企业，是指根据《航空运输销售代理资质认可办法》取得中国航空运输协会颁发的"航空运输销售代理业务资质认可证书"，接受中国航空运输企业或通航中国的外国航空运输企业委托，依照双方签订的委托销售代理合同提供代理服务的企业。

四、自 2016 年 5 月 1 日至 2017 年 6 月 30 日，纳税人采取转包、出租、互换、转让、入股等方式将承包地流转给农业生产者用于农业生产，免征增值税。本通知下发前已征的增值税，可抵减以后月份应缴纳的增值税，或办理退税。

五、根据《财政部　税务总局关于资管产品增值税有关问题的通知》（财税〔2017〕56 号）有关规定，自 2018 年 1 月 1 日起，资管产品管理人运营资管产品提供的贷款服务、发生的部分金融商品转让业务，按照以下规定确定销售额：

（一）提供贷款服务，以 2018 年 1 月 1 日起产生的利息及利息性质的收入为销售额；

（二）转让 2017 年 12 月 31 日前取得的股票（不包括限售股）、债券、基金、非货物期货，可以选择按照实际买入价计算销售额，或者以 2017 年最后一个交易日的股票收盘价（2017 年最后一个交易日处于停牌期间的股票，为停牌前最后一个交易日收盘价）、债券估值（中债金融估值中心有限公司或中证指数有限公司提供的债券估值）、基金份额净值、非货物期货结算价格作为买入价计算销售额。

六、自 2018 年 1 月 1 日至 2019 年 12 月 31 日，纳税人为农户、小型企业、微型企业及个体工商户借款、发行债券提供融资担保取得的担保费收入，以及为上述融资担保（以下称"原担保"）提供再担保取得的再担保费收入，免征增值税。再担保合同对应多个原担保合同的，原担保合同应全部适用免征增值税政策。否则，再担保合同应按规定缴纳增值税。

纳税人应将相关免税证明材料留存备查，单独核算符合免税条件的融资担保费和再担保费收入，按现行规定向主管税务机关办理纳税申报；未单独核算的，不得免征增值税。

农户，是指长期（一年以上）居住在乡镇（不包括城关镇）行政管理区域内的住户，还包括长期居住在城关镇所辖行政村范围内的住户和户口不在本地而在本地居住一年以上的住户，国有农场的职工。位于乡镇（不包括城关镇）行政管理区域内和在城关镇所辖行政村范围内的国有经济的机关、团体、学校、企事业单位的集体户；有本地户口，但举家外出谋生一年以上的住户，无论是否保留承包耕地均不属于农户。农户以户为统计单位，既可以从事农业生产经营，也可以从事非农业生产经营。农户担保、再担保的判定应以原担保生效时的被担保人是否属于农户为准。

小型企业、微型企业，是指符合《中小企业划型标准规定》（工信部联企业〔2011〕300 号）的小型企业和微型企业。其中，资产总额和从业人员指标均以原担保生效时的实际状态确定；营业收入指标以原担保生效前 12 个自然月的累计数确定，不满 12 个自然月的，按照以下公式计算：

营业收入（年）= 企业实际存续期间营业收入／企业实际存续月数 ×12

《财政部　国家税务总局关于全面推开营业税改征增值税试点的通知》(财税〔2016〕36号)附件3《营业税改征增值税试点过渡政策的规定》第一条第(二十四)款规定的中小企业信用担保增值税免税政策自2018年1月1日起停止执行。纳税人享受中小企业信用担保增值税免税政策在2017年12月31日前未满3年的,可以继续享受至3年期满为止。

七、自2018年1月1日起,纳税人支付的道路、桥、闸通行费,按照以下规定抵扣进项税额:

(一)纳税人支付的道路通行费,按照收费公路通行费增值税电子普通发票上注明的增值税额抵扣进项税额。

2018年1月1日至6月30日,纳税人支付的高速公路通行费,如暂未能取得收费公路通行费增值税电子普通发票,可凭取得的通行费发票(不含财政票据,下同)上注明的收费金额按照下列公式计算可抵扣的进项税额:

高速公路通行费可抵扣进项税额 = 高速公路通行费发票上注明的金额 ÷ (1 + 3%) ×3%

2018年1月1日至12月31日,纳税人支付的一级、二级公路通行费,如暂未能取得收费公路通行费增值税电子普通发票,可凭取得的通行费发票上注明的收费金额按照下列公式计算可抵扣进项税额:

一级、二级公路通行费可抵扣进项税额 = 一级、二级公路通行费发票上注明的金额 ÷ (1 +5%) ×5%

(二)纳税人支付的桥、闸通行费,暂凭取得的通行费发票上注明的收费金额按照下列公式计算可抵扣的进项税额:

桥、闸通行费可抵扣进项税额 = 桥、闸通行费发票上注明的金额 ÷ (1 +5%) ×5%

(三)本通知所称通行费,是指有关单位依法或者依规设立并收取的过路、过桥和过闸费用。

《财政部　国家税务总局关于收费公路通行费增值税抵扣有关问题的通知》(财税〔2016〕86号)自2018年1月1日起停止执行。

八、自2016年5月1日起,社会团体收取的会费,免征增值税。本通知下发前已征的增值税,可抵减以后月份应缴纳的增值税,或办理退税。

社会团体,是指依照国家有关法律法规设立或登记并取得《社会团体法人登记证书》的非营利法人。会费,是指社会团体在国家法律法规、政策许可的范围内,依照社团章程的规定,收取的个人会员、单位会员和团体会员的会费。

社会团体开展经营服务性活动取得的其他收入,一律照章缴纳增值税。

注释:

政策调整。于2019年12月31日执行到期的税收优惠政策实施期限延长至2023年12月31日。参见:《财政部　税务总局关于延续实施普惠金融有关税收优惠政策的公告》(财政部　税务总局公告2020年第22号)。

1－1－301

财政部　税务总局关于延续动漫产业增值税政策的通知

2018年4月19日　财税〔2018〕38号

各省、自治区、直辖市、计划单列市财政厅（局）、国家税务局、地方税务局，新疆生产建设兵团财政局：

为促进我国动漫产业发展，继续实施动漫产业增值税政策。现将有关事项通知如下：

一、自2018年1月1日至2018年4月30日，对动漫企业增值税一般纳税人销售其自主开发生产的动漫软件，按照17%的税率征收增值税后，对其增值税实际税负超过3%的部分，实行即征即退政策。

二、自2018年5月1日至2020年12月31日，对动漫企业增值税一般纳税人销售其自主开发生产的动漫软件，按照16%的税率征收增值税后，对其增值税实际税负超过3%的部分，实行即征即退政策。

三、动漫软件出口免征增值税。

四、动漫软件，按照《财政部　国家税务总局关于软件产品增值税政策的通知》（财税〔2011〕100号）中软件产品相关规定执行。

动漫企业和自主开发、生产动漫产品的认定标准和认定程序，按照《文化部　财政部　国家税务总局关于印发〈动漫企业认定管理办法（试行）〉的通知》（文市发〔2008〕51号）的规定执行。

五、《财政部　国家税务总局关于动漫产业增值税和营业税政策的通知》（财税〔2013〕98号）到期停止执行。

注释：

政策调整。税收优惠政策已经到期的，执行期限延长至2023年12月31日。参见：《财政部　税务总局关于延长部分税收优惠政策执行期限的公告》（财政部　税务总局公告2021年第6号）。

1－1－302

国家税务总局关于大连商品交易所铁矿石期货保税交割业务增值税管理问题的公告

2018年4月20日 国家税务总局公告2018年第19号

根据《财政部 国家税务总局关于原油和铁矿石期货保税交割业务增值税政策的通知》(财税〔2015〕35号)，大连商品交易所开展的铁矿石期货保税交割业务暂免征收增值税。现将有关增值税管理问题公告如下：

一、大连商品交易所开展的铁矿石期货保税交割业务(以下简称"铁矿石期货保税交割业务")是指参与铁矿石期货保税交割业务的境内机构、境外机构，通过大连商品交易所，以海关特殊监管区域或场所内处于保税监管状态的铁矿石货物为期货实物交割标的物，开展的铁矿石期货实物交割业务。

二、境内机构包括大连商品交易所的会员单位(含期货公司会员和非期货公司会员)，以及通过会员单位在大连商品交易所开展铁矿石期货保税交割业务的境内客户；

境外机构包括在大连商品交易所开展铁矿石期货保税交割业务的境外经纪机构和境外参与者。

三、对境内机构的增值税管理按以下规定执行：

(一)境内机构均应注册登记为增值税纳税人。

(二)境内机构应在首次申报铁矿石期货保税交割业务免税时，向主管税务机关提交从事铁矿石期货保税交割业务的书面说明，办理免税备案。

(三)铁矿石期货保税交割业务的卖方为境内机构时，应向买方开具增值税普通发票。即境内卖方客户应向卖方会员单位开具增值税普通发票，卖方会员单位应向大连商品交易所开具增值税普通发票，大连商品交易所应向买方会员单位开具增值税普通发票，买方会员单位应向境内或境外买方客户开具增值税普通发票。开票金额均为大连商品交易所保税交割结算单上注明的保税交割结算金额。

(四)境内机构应将免税业务对应的保税交割结算单及开具和收取的发票、收付款凭证以及保税标准仓单清单等资料按月整理成册，留存备查。

四、铁矿石期货保税交割业务的卖方为境外机构时，卖方会员单位应向卖方索取相应的收款凭证，并以此作为免税依据。

五、大连商品交易所的增值税管理规定，参照本公告第三条对境内机构的增值税管理规定执行。

六、大连商品交易所其他期货品种的保税交割业务，适用免征增值税政策的，其增值税管理参照本公告执行。

七、本公告自发布之日起施行。

特此公告。

1－1－303

财政部　海关总署　税务总局国家药品监督管理局关于抗癌药品增值税政策的通知

2018年4月27日　财税〔2018〕47号

各省、自治区、直辖市、计划单列市财政厅(局)、国家税务局,海关总署广东分署、各直属海关,新疆生产建设兵团财政局:

为鼓励抗癌制药产业发展,降低患者用药成本,现将抗癌药品增值税政策通知如下:

一、自2018年5月1日起,增值税一般纳税人生产销售和批发、零售抗癌药品,可选择按照简易办法依照3%征收率计算缴纳增值税。上述纳税人选择简易办法计算缴纳增值税后,36个月内不得变更。

二、自2018年5月1日起,对进口抗癌药品,减按3%征收进口环节增值税。

三、纳税人应单独核算抗癌药品的销售额。未单独核算的,不得适用本通知第一条规定的简易征收政策。

四、本通知所称抗癌药品,是指经国家药品监督管理部门批准注册的抗癌制剂及原料药。抗癌药品清单(第一批)见附件。抗癌药品范围实行动态调整,由财政部、海关总署、税务总局、国家药品监督管理局根据变化情况适时明确。

附件:抗癌药品清单(第一批)(编者略)

1－1－304

国家税务总局　海关总署关于进口租赁飞机有关增值税问题的公告

2018年5月11日　国家税务总局公告2018年第24号

现将进口租赁飞机有关增值税问题公告如下:

自2018年6月1日起,对申报进口监管方式为1500(租赁不满一年)、1523(租赁贸易)、9800(租赁征税)的租赁飞机(税则品目:8802),海关停止代征进口环节增值税。进口租赁飞机增值税的征收管理,由税务机关按照现行增值税政策组织实施。

特此公告。

1－1－305

国家发展改革委关于电力行业增值税税率调整相应降低一般工商业电价的通知

2018年5月15日　发改价格〔2018〕732号

各省、自治区、直辖市发展改革委、物价局、电力公司：

为进一步贯彻落实中央经济工作会议关于降低企业用能成本和《政府工作报告》关于一般工商业电价平均下降10%的目标要求，现就电力行业增值税税率调整相应降低一般工商业电价有关事项通知如下。

一、电力行业增值税税率由17%调整到16%后，省级电网企业含税输配电价水平和政府性基金及附加标准降低、期末留抵税额一次性退返等腾出的电价空间，全部用于降低一般工商业电价。

二、以上规定自2018年5月1日起执行。

三、各省（区、市）价格主管部门要按照本通知规定，抓紧研究提出增值税税率调整相应降低一般工商业电价具体方案，经同级人民政府同意并报我委（价格司）备案后实施。相应降低各省（区、市）一般工商业输配电价水平。

四、各省（区、市）价格主管部门、电网企业要精心组织、周密安排，做好宣传解释工作，确保上述电价政策平稳实施。执行中遇到的情况和问题，请及时报送我委（价格司）。

1－1－306

国家税务总局关于明确中外合作办学等若干增值税征管问题的公告

2018年7月25日　国家税务总局公告2018年第42号

现将中外合作办学等增值税征管问题公告如下：

一、境外教育机构与境内从事学历教育的学校开展中外合作办学，提供学历教育服务取得的收入免征增值税。中外合作办学，是指中外教育机构按照《中华人民共和国中外合作办学条例》（国务院令第372号）的有关规定，合作举办的以中国公民为主要招生对象的教育教学活动。上述“学历教育”、“从事学历教育的学校”、“提供学历教育服务取得的收入”的范围，按照《营业税改征增值税试点过渡政策的规定》（财税〔2016〕36号文件附件3）第一条第（八）项的有关规定执行。

二、航空运输销售代理企业提供境内机票代理服务，以取得的全部价款和价外费用，扣除向客户收取并支付给航空运输企业或其他航空运输销售代理企业的境内机票净结算款和相关费用后的余额为销售额。其中，支付给航空运输企业的款项，以国际航空运输协会（IATA）开账与结算计划（BSP）对账单或航空运输企业的签收单据为合法有效凭证；支付给其他航空运输销售代理企业的款项，以代理企业间的签收单据为合法有效凭证。航空运输销售代理企业就取得的全部价款和价外费用，向购买方开具行程单，或开具增值税普通发票。

三、纳税人通过省级土地行政主管部门设立的交易平台转让补充耕地指标，按照销售无形资产缴纳增值税，税率为6%。本公告所称补充耕地指标，是指根据《中华人民共和国土地管理法》及国务院土地行政主管部门《耕地占补平衡考核办法》的有关要求，经省级土地行政主管部门确认，用于耕地占补平衡的指标。

四、上市公司因实施重大资产重组形成的限售股，以及股票复牌首日至解禁日期间由上述股份孳生的送、转股，因重大资产重组停牌的，按照《国家税务总局关于营改增试点若干征管问题的公告》（国家税务总局公告2016年第53号）第五条第（三）项的规定确定买入价；在重大资产重组前已经暂停上市的，以上市公司完成资产重组后股票恢复上市首日的开盘价为买入价。

五、拍卖行受托拍卖取得的手续费或佣金收入，按照"经纪代理服务"缴纳增值税。《国家税务总局关于拍卖行取得的拍卖收入征收增值税、营业税有关问题的通知》（国税发〔1999〕40号）停止执行。

六、一般纳税人销售自产机器设备的同时提供安装服务，应分别核算机器设备和安装服务的销售额，安装服务可以按照甲供工程选择适用简易计税方法计税。

一般纳税人销售外购机器设备的同时提供安装服务，如果已经按照兼营的有关规定，分别核算机器设备和安装服务的销售额，安装服务可以按照甲供工程选择适用简易计税方法计税。

纳税人对安装运行后的机器设备提供的维护保养服务，按照"其他现代服务"缴纳增值税。

七、纳税人2016年5月1日前发生的营业税涉税业务，包括已经申报缴纳营业税或补缴营业税的业务，需要补开发票的，可以开具增值税普通发票。纳税人应完整保留相关资料备查。

本公告自发布之日起施行，《国家税务总局关于简并增值税征收率有关问题的公告》（国家税务总局公告2014年第36号）第二条和《国家税务总局关于进一步明确营改增有关征管问题的公告》（国家税务总局公告2017年第11号）第四条同时废止。此前已发生未处理的事项，按照本公告的规定执行。2016年5月1日前，纳税人发生本公告第四条规定的应税行为，已缴纳营业税的，不再调整，未缴纳营业税的，比照本公告规定缴纳营业税。

特此公告。

1－1－307

财政部　税务总局关于金融机构小微企业贷款利息收入免征增值税政策的通知

2018 年 9 月 5 日　财税〔2018〕91 号

各省、自治区、直辖市、计划单列市财政厅(局)，国家税务总局各省、自治区、直辖市、计划单列市税务局，新疆生产建设兵团财政局：

为进一步加大对小微企业的支持力度，现将金融机构小微企业贷款利息收入免征增值税政策通知如下：

一、自 2018 年 9 月 1 日至 2020 年 12 月 31 日，对金融机构向小型企业、微型企业和个体工商户发放小额贷款取得的利息收入，免征增值税。金融机构可以选择以下两种方法之一适用免税：

(一)对金融机构向小型企业、微型企业和个体工商户发放的，利率水平不高于人民银行同期贷款基准利率 150%(含本数)的单笔小额贷款取得的利息收入，免征增值税；高于人民银行同期贷款基准利率 150% 的单笔小额贷款取得的利息收入，按照现行政策规定缴纳增值税。

(二)对金融机构向小型企业、微型企业和个体工商户发放单笔小额贷款取得的利息收入中，不高于该笔贷款按照人民银行同期贷款基准利率 150%(含本数)计算的利息收入部分，免征增值税；超过部分按照现行政策规定缴纳增值税。

金融机构可按会计年度在以上两种方法之间选定其一作为该年的免税适用方法，一经选定，该会计年度内不得变更。

二、本通知所称金融机构，是指经人民银行、银保监会批准成立的已通过监管部门上一年度“两增两控”考核的机构(2018 年通过考核的机构名单以 2018 年上半年实现“两增两控”目标为准)，以及经人民银行、银保监会、证监会批准成立的开发银行及政策性银行、外资银行和非银行业金融机构。“两增两控”是指单户授信总额 1000 万元以下(含)小微企业贷款同比增速不低于各项贷款同比增速，有贷款余额的户数不低于上年同期水平，合理控制小微企业贷款资产质量水平和贷款综合成本(包括利率和贷款相关的银行服务收费)水平。金融机构完成“两增两控”情况，以银保监会及其派出机构考核结果为准。

三、本通知所称小型企业、微型企业，是指符合《中小企业划型标准规定》(工信部联企业〔2011〕300 号)的小型企业和微型企业。其中，资产总额和从业人员指标均以贷款发放时的实际状态确定；营业收入指标以贷款发放前 12 个自然月的累计数确定，不满 12 个自然月的，按照以下公式计算：

营业收入(年)＝企业实际存续期间营业收入/企业实际存续月数×12

四、本通知所称小额贷款，是指单户授信小于 1000 万元(含本数)的小型企业、微型企业或个体工商户贷款；没有授信额度的，是指单户贷款合同金额且贷款余额在 1000 万元

（含本数）以下的贷款。

五、金融机构应将相关免税证明材料留存备查，单独核算符合免税条件的小额贷款利息收入，按现行规定向主管税务机构办理纳税申报；未单独核算的，不得免征增值税。

金融机构应依法依规享受增值税优惠政策，一经发现存在虚报或造假骗取本项税收优惠情形的，停止享受本通知有关增值税优惠政策。

金融机构应持续跟踪贷款投向，确保贷款资金真正流向小型企业、微型企业和个体工商户，贷款的实际使用主体与申请主体一致。

六、银保监会按年组织开展免税政策执行情况督察，并将督察结果及时通报财税主管部门。鼓励金融机构发放小微企业信用贷款，减少抵押担保的中间环节，切实有效降低小微企业综合融资成本。

各地税务部门要加强免税政策执行情况后续管理，对金融机构开展小微金融免税政策专项检查，发现问题的，按照现行税收法律法规进行处理，并将有关情况逐级上报国家税务总局（货物和劳务税司）。

财政部驻各地财政监察专员办要组织开展免税政策执行情况专项检查。

七、金融机构向小型企业、微型企业及个体工商户发放单户授信小于100万元（含本数），或者没有授信额度，单户贷款合同金额且贷款余额在100万元（含本数）以下的贷款取得的利息收入，可继续按照《财政部　税务总局关于支持小微企业融资有关税收政策的通知》（财税〔2017〕77号）的规定免征增值税。

注释：

政策调整。税收优惠政策已经到期的，执行期限延长至2023年12月31日。参见：《财政部　税务总局关于延长部分税收优惠政策执行期限的公告》（财政部　税务总局公告2021年第6号）。

条款修改。第一条“人民银行同期贷款基准利率”修改为“中国人民银行授权全国银行间同业拆借中心公布的贷款市场报价利率”。参见：《财政部　税务总局关于明确国有农用地出租等增值税政策的公告》（财政部　税务总局公告2020年第2号）。

1－1－308

财政部　税务总局关于冬奥会和冬残奥会企业赞助有关增值税政策的通知

2019年1月18日　财税〔2019〕6号

各省、自治区、直辖市、计划单列市财政厅（局），新疆生产建设兵团财政局，国家税务总局各省、自治区、直辖市、计划单列市税务局：

根据《财政部　税务总局　海关总署关于北京2022年冬奥会和冬残奥会税收政策的通知》（财税〔2017〕60号）第三条第（二）款规定，现就冬奥会和冬残奥会企业赞助有关增值税政策明确如下：

一、对赞助企业及参与赞助的下属机构根据赞助协议及补充赞助协议向北京冬奥组委免费提供的，与北京2022年冬奥会、冬残奥会、测试赛有关的服务，免征增值税。

赞助企业及下属机构按照本通知所附《北京2022年冬奥会、冬残奥会、测试赛赞助企业及参与赞助的下属机构名单》（第一批）执行。

二、适用免征增值税政策的服务，仅限于赞助企业及下属机构与北京冬奥组委签订的赞助协议及补充赞助协议中列明的服务。

三、赞助企业及下属机构应对上述服务单独核算，未单独核算的，不得适用免税政策。

四、本通知自2017年7月12日起执行。按照本通知应予免征的增值税，凡在本通知下发以前已经征收入库的，从纳税人以后纳税期应缴纳的增值税税款中抵减。纳税人如果已经向购买方开具了增值税专用发票，应将专用发票追回后方可申请办理免税。凡专用发票无法追回的，一律照章征收增值税。

附件：北京2022年冬奥会、冬残奥会、测试赛赞助企业及参与赞助的下属机构名单（第一批）（编者略）

1-1-309

财政部　税务总局关于明确养老机构免征增值税等政策的通知

2019年2月2日　财税〔2019〕20号

各省、自治区、直辖市、计划单列市财政厅（局），国家税务总局各省、自治区、直辖市、计划单列市税务局，新疆生产建设兵团财政局：

现将养老机构免征增值税等政策通知如下：

一、《营业税改征增值税试点过渡政策的规定》（财税〔2016〕36号印发）第一条第（二）项中的养老机构，包括依照《中华人民共和国老年人权益保障法》依法办理登记，并向民政部门备案的为老年人提供集中居住和照料服务的各类养老机构。

二、自2019年2月1日至2020年12月31日，医疗机构接受其他医疗机构委托，按照不高于地（市）级以上价格主管部门会同同级卫生主管部门及其他相关部门制定的医疗服务指导价格（包括政府指导价和按照规定由供需双方协商确定的价格等），提供《全国医疗服务价格项目规范》所列的各项服务，可适用《营业税改征增值税试点过渡政策的规定》（财税〔2016〕36号印发）第一条第（七）项规定的免征增值税政策。

三、自2019年2月1日至2020年12月31日，对企业集团内单位（含企业集团）之间的资金无偿借贷行为，免征增值税。

四、保险公司开办一年期以上返还性人身保险产品，按照以下规定执行：

（一）保险公司开办一年期以上返还性人身保险产品，在保险监管部门出具备案回执或批复文件前依法取得的保费收入，属于《财政部　国家税务总局关于一年期以上返还性人身保险产品营业税免税政策的通知》(财税〔2015〕86号)第一条、《营业税改征增值税试点过渡政策的规定》(财税〔2016〕36号印发)第一条第(二十一)项规定的保费收入。

(二)保险公司符合财税〔2015〕86号第一条、第二条规定免税条件,且未列入财政部、税务总局发布的免征营业税名单的,可向主管税务机关办理备案手续。

(三)保险公司开办一年期以上返还性人身保险产品,在列入财政部和税务总局发布的免征营业税名单或办理免税备案手续后,此前已缴纳营业税中尚未抵减或退还的部分,可抵减以后月份应缴纳的增值税。

五、本通知自发布之日起执行。此前已发生未处理的事项,按本通知规定执行。

注释:

政策调整。税收优惠政策已经到期的,执行期限延长至2023年12月31日。参见:《财政部　税务总局关于延长部分税收优惠政策执行期限的公告》(财政部　税务总局公告2021年第6号)。

1－1－310

财政部　税务总局关于继续实施支持文化企业发展增值税政策的通知

2019年2月13日　财税〔2019〕17号

各省、自治区、直辖市、计划单列市财政厅(局),新疆生产建设兵团财政局,国家税务总局各省、自治区、直辖市、计划单列市税务局:

为贯彻落实《国务院办公厅关于印发文化体制改革中经营性文化事业单位转制为企业和进一步支持文化企业发展两个规定的通知》(国办发〔2018〕124号)有关规定,进一步深化文化体制改革,促进文化企业发展,现就继续实施支持文化企业发展的增值税政策通知如下:

一、对电影主管部门(包括中央、省、地市及县级)按照各自职能权限批准从事电影制片、发行、放映的电影集团公司(含成员企业)、电影制片厂及其他电影企业取得的销售电影拷贝(含数字拷贝)收入、转让电影版权(包括转让和许可使用)收入、电影发行收入以及在农村取得的电影放映收入,免征增值税。一般纳税人提供的城市电影放映服务,可以按现行政策规定,选择按照简易计税办法计算缴纳增值税。

二、对广播电视运营服务企业收取的有线数字电视基本收视维护费和农村有线电视基本收视费,免征增值税。

三、本通知执行期限为2019年1月1日至2023年12月31日。《财政部　税务总局关于继续执行有线电视收视费增值税政策的通知》(财税〔2017〕35号)同时废止。《财政部　税务总局关于继续实施支持文化企业发展若干税收政策的通知》(财税〔2014〕85号)自2019年1月1日起停止执行。

文化企业按照本通知规定应予减免的增值税税款,在本通知下发以前已经征收入库的,可抵减以后纳税期应缴税款或办理退库。

1 -1 -311

财政部 海关总署 税务总局 药监局 关于罕见病药品增值税政策的通知

2019 年 2 月 20 日 财税〔2019〕24 号

各省、自治区、直辖市、计划单列市财政厅(局),新疆生产建设兵团财政局,海关总署广东分署、各直属海关,国家税务总局各省、自治区、直辖市、计划单列市税务局:

为鼓励罕见病制药产业发展,降低患者用药成本,现将罕见病药品增值税政策通知如下:

一、自 2019 年 3 月 1 日起,增值税一般纳税人生产销售和批发、零售罕见病药品,可选择按照简易办法依照 3% 征收率计算缴纳增值税。上述纳税人选择简易办法计算缴纳增值税后,36 个月内不得变更。

二、自 2019 年 3 月 1 日起,对进口罕见病药品,减按 3% 征收进口环节增值税。

三、纳税人应单独核算罕见病药品的销售额。未单独核算的,不得适用本通知第一条规定的简易征收政策。

四、本通知所称罕见病药品,是指经国家药品监督管理部门批准注册的罕见病药品制剂及原料药。罕见病药品清单(第一批)见附件。罕见病药品范围实行动态调整,由财政部、海关总署、税务总局、药监局根据变化情况适时明确。

附件:罕见病药品清单(第一批)(编者略)

1 -1 -312

财政部 税务总局 国务院扶贫办 关于扶贫货物捐赠免征增值税政策的公告

2019 年 4 月 10 日 财政部 税务总局 国务院扶贫办公告 2019 年第 55 号

为支持脱贫攻坚,现就扶贫货物捐赠免征增值税政策公告如下:

一、自 2019 年 1 月 1 日至 2022 年 12 月 31 日,对单位或者个体工商户将自产、委托加工或购买的货物通过公益性社会组织、县级及以上人民政府及其组成部门和直属机构,或直接无偿捐赠给目标脱贫地区的单位和个人,免征增值税。在政策执行期限内,目标脱贫地区实现脱贫的,可继续适用上述政策。

"目标脱贫地区"包括 832 个国家扶贫开发工作重点县、集中连片特困地区县(新疆阿克苏地区 6 县 1 市享受片区政策)和建档立卡贫困村。

二、在2015年1月1日至2018年12月31日期间已发生的符合上述条件的扶贫货物捐赠，可追溯执行上述增值税政策。

三、在本公告发布之前已征收入库的按上述规定应予免征的增值税税款，可抵减纳税人以后月份应缴纳的增值税税款或者办理税款退库。已向购买方开具增值税专用发票的，应将专用发票追回后方可办理免税。无法追回专用发票的，不予免税。

四、各地扶贫办公室与税务部门要加强沟通，明确当地“目标脱贫地区”具体范围，确保政策落实落地。

特此公告。

注释：

政策调整。税收优惠政策执行期限延长至2025年12月31日。参见：《财政部　税务总局　人力资源社会保障部　国家乡村振兴局关于延长部分扶贫税收优惠政策执行期限的公告》（财政部　税务总局　人力资源社会保障部　国家乡村振兴局公告2021年第18号）。

1－1－313

财政部　税务总局关于延续免征国产抗艾滋病病毒药品增值税政策的公告

2019年6月5日　财政部　税务总局公告2019年第73号

为继续支持艾滋病防治工作，现将国产抗艾滋病病毒药品增值税政策公告如下：

一、自2019年1月1日至2020年12月31日，继续对国产抗艾滋病病毒药品免征生产环节和流通环节增值税（国产抗艾滋病病毒药物品种清单见附件）。

二、享受上述免征增值税政策的国产抗艾滋病病毒药品，须为各省（自治区、直辖市）艾滋病药品管理部门按照政府采购有关规定采购的，并向艾滋病病毒感染者和病人免费提供的抗艾滋病病毒药品。药品生产企业和流通企业应将药品供货合同留存，以备税务机关查验。

三、抗艾滋病病毒药品的生产企业和流通企业应分别核算免税药品和其他货物的销售额；未分别核算的，不得享受增值税免税政策。

四、在本公告发布之前已征收入库的按上述规定应予免征的增值税税款，可抵减纳税人以后月份应缴纳的增值税税款或者办理税款退库。已向购买方开具增值税专用发票的，应将专用发票追回后方可办理免税。无法追回专用发票的，不予免税。

特此公告。

附件：国产抗艾滋病病毒药物品种清单（编者略）

注释：

政策调整。税收优惠政策已经到期的，执行期限延长至2023年12月31日。参见：《财

政部　税务总局关于延长部分税收优惠政策执行期限的公告》(财政部　税务总局公告2021年第6号)。

1－1－314

财政部　税务总局关于继续执行边销茶增值税政策的公告

2019年8月28日　财政部　税务总局公告2019年第83号

现将继续执行边销茶增值税政策公告如下:

一、自2019年1月1日起至2020年12月31日,对边销茶生产企业(企业名单见附件)销售自产的边销茶及经销企业销售的边销茶免征增值税。

本公告所称边销茶,是指以黑毛茶、老青茶、红茶末、绿茶为主要原料,经过发酵、蒸制、加压或者压碎、炒制,专门销往边疆少数民族地区的紧压茶、方包茶(马茶)。

二、在本公告发布之前已征的按上述规定应予免征的增值税税款,可抵减纳税人以后月份应缴纳的增值税税款或予以退还。已向购买方开具增值税专用发票的,应将专用发票追回后方可办理免税。无法追回专用发票的,不予免税。

特此公告。

附件:适用增值税免税政策的边销茶生产企业名单(编者略)

1－1－315

国家税务总局关于国内旅客运输服务进项税抵扣等增值税征管问题的公告

2019年9月16日　国家税务总局公告2019年第31号

现将国内旅客运输服务进项税抵扣等增值税征管问题公告如下:

一、关于国内旅客运输服务进项税抵扣

(一)《财政部　税务总局　海关总署关于深化增值税改革有关政策的公告》(财政部　税务总局　海关总署公告2019年第39号)第六条所称“国内旅客运输服务”,限于与本单位签订了劳动合同的员工,以及本单位作为用工单位接受的劳务派遣员工发生的国内旅客运输服务。

(二)纳税人购进国内旅客运输服务,以取得的增值税电子普通发票上注明的税额为进项税额的,增值税电子普通发票上注明的购买方“名称”“纳税人识别号”等信息,应当与实际抵扣税款的纳税人一致,否则不予抵扣。

(三)纳税人允许抵扣的国内旅客运输服务进项税额,是指纳税人2019年4月1日及以后实际发生,并取得合法有效增值税扣税凭证注明的或依据其计算的增值税税额。以增值税专用发票或增值税电子普通发票为增值税扣税凭证的，为2019年4月1日及以后开具的增值税专用发票或增值税电子普通发票。

二、关于加计抵减

（一）《财政部　税务总局　海关总署关于深化增值税改革有关政策的公告》（财政部　税务总局　海关总署公告2019年第39号）第七条关于加计抵减政策适用所称"销售额"，包括纳税申报销售额、稽查查补销售额、纳税评估调整销售额。其中，纳税申报销售额包括一般计税方法销售额，简易计税方法销售额，免税销售额，税务机关代开发票销售额，免、抵、退办法出口销售额，即征即退项目销售额。

稽查查补销售额和纳税评估调整销售额，计入查补或评估调整当期销售额确定适用加计抵减政策；适用增值税差额征收政策的，以差额后的销售额确定适用加计抵减政策。

（二）2019年3月31日前设立，且2018年4月至2019年3月期间销售额均为零的纳税人，以首次产生销售额当月起连续3个月的销售额确定适用加计抵减政策。

2019年4月1日后设立，且自设立之日起3个月的销售额均为零的纳税人，以首次产生销售额当月起连续3个月的销售额确定适用加计抵减政策。

（三）经财政部和国家税务总局或者其授权的财政和税务机关批准，实行汇总缴纳增值税的总机构及其分支机构，以总机构本级及其分支机构的合计销售额，确定总机构及其分支机构适用加计抵减政策。

三、关于部分先进制造业增值税期末留抵退税

自2019年6月1日起，符合《财政部　税务总局关于明确部分先进制造业增值税期末留抵退税政策的公告》（财政部　税务总局公告2019年第84号）规定的纳税人申请退还增量留抵税额，应按照《国家税务总局关于办理增值税期末留抵税额退税有关事项的公告》（国家税务总局公告2019年第20号）的规定办理相关留抵退税业务。《退（抵）税申请表》（国家税务总局公告2019年第20号附件）修订并重新发布（附件1）。

四、关于经营期不足一个纳税期的小规模纳税人免税政策适用

自2019年1月1日起，以1个季度为纳税期限的增值税小规模纳税人，因在季度中间成立或注销而导致当期实际经营期不足1个季度，当期销售额未超过30万元的，免征增值税。《国家税务总局关于全面推开营业税改征增值税试点有关税收征收管理事项的公告》（国家税务总局公告2016年第23号发布，国家税务总局公告2018年第31号修改）第六条第（三）项同时废止。

五、关于货物运输业小规模纳税人申请代开增值税专用发票

适用《货物运输业小规模纳税人申请代开增值税专用发票管理办法》（国家税务总局公告2017年第55号发布，国家税务总局公告2018年第31号修改并发布）的增值税纳税人、《国家税务总局关于开展互联网物流平台企业代开增值税专用发票试点工作的通知》（税总函〔2017〕579号）规定的互联网物流平台企业为其代开增值税专用发票并代办相关涉税事项的货物运输业小规模纳税人，应符合以下条件：

提供公路货物运输服务的（以4.5吨及以下普通货运车辆从事普通道路货物运输经营的除外），取得《中华人民共和国道路运输经营许可证》和《中华人民共和国道路运输证》；提供内河货物运输服务的，取得《国内水路运输经营许可证》和《船舶营业运输证》。

六、关于运输工具舱位承包和舱位互换业务适用税目

（一）在运输工具舱位承包业务中，发包方以其向承包方收取的全部价款和价外费用为销售额，按照"交通运输服务"缴纳增值税。承包方以其向托运人收取的全部价款和价外费用为销售额，按照"交通运输服务"缴纳增值税。

运输工具舱位承包业务，是指承包方以承运人身份与托运人签订运输服务合同，收取运费并承担承运人责任，然后以承包他人运输工具舱位的方式，委托发包方实际完成相关运输服务的经营活动。

（二）在运输工具舱位互换业务中，互换运输工具舱位的双方均以各自换出运输工具舱位确认的全部价款和价外费用为销售额，按照"交通运输服务"缴纳增值税。

运输工具舱位互换业务，是指纳税人之间签订运输协议，在各自以承运人身份承揽的运输业务中，互相利用对方交通运输工具的舱位完成相关运输服务的经营活动。

七、关于建筑服务分包款差额扣除

纳税人提供建筑服务，按照规定允许从其取得的全部价款和价外费用中扣除的分包款，是指支付给分包方的全部价款和价外费用。

八、关于取消建筑服务简易计税项目备案

提供建筑服务的一般纳税人按规定适用或选择适用简易计税方法计税的，不再实行备案制。以下证明材料无需向税务机关报送，改为自行留存备查：

（一）为建筑工程老项目提供的建筑服务，留存《建筑工程施工许可证》或建筑工程承包合同；

（二）为甲供工程提供的建筑服务、以清包工方式提供的建筑服务，留存建筑工程承包合同。

九、关于围填海开发房地产项目适用简易计税

房地产开发企业中的一般纳税人以围填海方式取得土地并开发的房地产项目，围填海工程《建筑工程施工许可证》或建筑工程承包合同注明的围填海开工日期在 2016 年 4 月 30 日前的，属于房地产老项目，可以选择适用简易计税方法按照 5% 的征收率计算缴纳增值税。

十、关于限售股买入价的确定

（一）纳税人转让因同时实施股权分置改革和重大资产重组而首次公开发行股票并上市形成的限售股，以及上市首日至解禁日期间由上述股份孳生的送、转股，以该上市公司股票上市首日开盘价为买入价，按照"金融商品转让"缴纳增值税。

（二）上市公司因实施重大资产重组多次停牌的，《国家税务总局关于营改增试点若干征管问题的公告》（国家税务总局公告 2016 年第 53 号发布，国家税务总局公告 2018 年第 31 号修改）第五条第（三）项所称的"股票停牌"，是指中国证券监督管理委员会就上市公司重大资产重组申请作出予以核准决定前的最后一次停牌。

十一、关于保险服务进项税抵扣

（一）提供保险服务的纳税人以实物赔付方式承担机动车辆保险责任的，自行向车辆修理劳务提供方购进的车辆修理劳务，其进项税额可以按规定从保险公司销项税额中抵扣。

（二）提供保险服务的纳税人以现金赔付方式承担机动车辆保险责任的，将应付给被保

险人的赔偿金直接支付给车辆修理劳务提供方,不属于保险公司购进车辆修理劳务,其进项税额不得从保险公司销项税额中抵扣。

(三)纳税人提供的其他财产保险服务,比照上述规定执行。

十二、关于餐饮服务税目适用

纳税人现场制作食品并直接销售给消费者,按照“餐饮服务”缴纳增值税。

十三、关于开具原适用税率发票

(一)自2019年9月20日起,纳税人需要通过增值税发票管理系统开具17%、16%、11%、10%税率蓝字发票的,应向主管税务机关提交《开具原适用税率发票承诺书》(附件2),办理临时开票权限。临时开票权限有效期限为24小时,纳税人应在获取临时开票权限的规定期限内开具原适用税率发票。

(二)纳税人办理临时开票权限,应保留交易合同、红字发票、收讫款项证明等相关材料,以备查验。

(三)纳税人未按规定开具原适用税率发票的,主管税务机关应按照现行有关规定进行处理。

十四、关于本公告的执行时间

本公告第一条、第二条自公告发布之日起施行,本公告第五条至第十二条自2019年10月1日起施行。此前已发生未处理的事项,按照本公告执行,已处理的事项不再调整。《货物运输业小规模纳税人申请代开增值税专用发票管理办法》(国家税务总局公告2017年第55号发布,国家税务总局公告2018年第31号修改并发布)第二条第(二)项、《国家税务总局关于开展互联网物流平台企业代开增值税专用发票试点工作的通知》(税总函〔2017〕579号)第一条第(二)项、《国家税务总局关于简化建筑服务增值税简易计税方法备案事项的公告》(国家税务总局公告2017年第43号发布,国家税务总局公告2018年第31号修改)自2019年10月1日起废止。

特此公告。

附件:1. 退(抵)税申请表(编者略)

2. 开具原适用税率发票承诺书(编者略)

注释:

条款废止。第三条自2022年4月1日起废止。参见:《国家税务总局关于进一步加大增值税期末留抵退税政策实施力度有关征管事项的公告》(国家税务总局公告2022年第4号)。

条款废止。附件1自2021年5月1日起废止。参见:《国家税务总局关于明确先进制造业增值税期末留抵退税征管问题的公告》(国家税务总局公告2021年第10号)。

条款废止。第五条自2020年1月1日起废止。参见:《国家税务总局关于取消增值税扣税凭证认证确认期限等增值税征管问题的公告》(国家税务总局公告2019年第45号)。

1－1－316

财政部　税务总局关于资源综合利用增值税政策的公告

2019年10月24日　财政部　税务总局公告2019年第90号

经研究，现将磷石膏资源综合利用等增值税政策公告如下：

一、自2019年9月1日起，纳税人销售自产磷石膏资源综合利用产品，可享受增值税即征即退政策，退税比例为70%。

本公告所称磷石膏资源综合利用产品，包括墙板、砂浆、砌块、水泥添加剂、建筑石膏、α型高强石膏、Ⅱ型无水石膏、嵌缝石膏、粘结石膏、现浇混凝土空心结构用石膏模盒、抹灰石膏、机械喷涂抹灰石膏、土壤调理剂、喷筑墙体石膏、装饰石膏材料、磷石膏制硫酸，且产品原料40%以上来自磷石膏。

纳税人利用磷石膏生产水泥、水泥熟料，继续按照《财政部　国家税务总局关于印发〈资源综合利用产品和劳务增值税优惠目录〉的通知》（财税〔2015〕78号，以下称财税〔2015〕78号文件）附件《资源综合利用产品和劳务增值税优惠目录》2.2“废渣”项目执行。

纳税人适用磷石膏资源综合利用增值税即征即退政策的其他有关事项，按照财税〔2015〕78号文件执行。

二、自2019年9月1日起，将财税〔2015〕78号文件附件《资源综合利用产品和劳务增值税优惠目录》3.12“废玻璃”项目退税比例调整为70%。

三、《财政部　国家税务总局关于新型墙体材料增值税政策的通知》（财税〔2015〕73号，以下称财税〔2015〕73号文件）第二条第一项和财税〔2015〕78号文件第二条第二项中，“《产业结构调整指导目录》中的禁止类、限制类项目”修改为“《产业结构调整指导目录》中的淘汰类、限制类项目”。

四、财税〔2015〕73号文件第二条第二项和财税〔2015〕78号文件第二条第三项中“高污染、高环境风险”产品，是指在《环境保护综合名录》中标注特性为“GHW/GHF”的产品，但纳税人生产销售的资源综合利用产品满足“GHW/GHF”例外条款规定的技术和条件的除外。

特此公告。

注释：

条款废止。除“技术标准和相关条件”外自2022年3月1日起废止，“技术标准和相关条件”有关规定可继续执行至2022年12月31日止。参见：《财政部　税务总局关于完善资源综合利用增值税政策的公告》（财政部　税务总局公告2021年第40号）。

1－1－317

财政部　商务部　税务总局关于继续执行研发机构采购设备增值税政策的公告

2019年11月11日　财政部　商务部　税务总局公告2019年第91号

为了鼓励科学研究和技术开发,促进科技进步,继续对内资研发机构和外资研发中心采购国产设备全额退还增值税。现将有关事项公告如下:

一、适用采购国产设备全额退还增值税政策的内资研发机构和外资研发中心包括:

(一)科技部会同财政部、海关总署和税务总局核定的科技体制改革过程中转制为企业和进入企业的主要从事科学研究和技术开发工作的机构;

(二)国家发展改革委会同财政部、海关总署和税务总局核定的国家工程研究中心;

(三)国家发展改革委会同财政部、海关总署、税务总局和科技部核定的企业技术中心;

(四)科技部会同财政部、海关总署和税务总局核定的国家重点实验室(含企业国家重点实验室)和国家工程技术研究中心;

(五)科技部核定的国务院部委、直属机构所属从事科学研究工作的各类科研院所,以及各省、自治区、直辖市、计划单列市科技主管部门核定的本级政府所属从事科学研究工作的各类科研院所;

(六)科技部会同民政部核定或者各省、自治区、直辖市、计划单列市及新疆生产建设兵团科技主管部门会同同级民政部门核定的科技类民办非企业单位;

(七)工业和信息化部会同财政部、海关总署、税务总局核定的国家中小企业公共服务示范平台(技术类);

(八)国家承认学历的实施专科及以上高等学历教育的高等学校(以教育部门户网站公布名单为准);

(九)符合本公告第二条规定的外资研发中心;

(十)财政部会同国务院有关部门核定的其他科学研究机构、技术开发机构和学校。

二、外资研发中心,根据其设立时间,应分别满足下列条件:

(一)2009年9月30日及其之前设立的外资研发中心,应同时满足下列条件:

1. 研发费用标准:(1)对外资研发中心,作为独立法人的,其投资总额不低于500万美元;作为公司内设部门或分公司的非独立法人的,其研发总投入不低于500万美元;(2)企业研发经费年支出额不低于1000万元。

2. 专职研究与试验发展人员不低于90人。

3. 设立以来累计购置的设备原值不低于1000万元。

(二)2009年10月1日及其之后设立的外资研发中心,应同时满足下列条件:

1. 研发费用标准:作为独立法人的,其投资总额不低于800万美元;作为公司内设部门或分公司的非独立法人的,其研发总投入不低于800万美元。

2. 专职研究与试验发展人员不低于150人。

3. 设立以来累计购置的设备原值不低于2000万元。

外资研发中心须经商务主管部门会同有关部门按照上述条件进行资格审核认定。具体审核认定办法见附件1。在2018年12月31日(含)以前,初次取得退税资格或通过资格复审未满2年的,可继续享受至2年期满。

三、经核定的内资研发机构、外资研发中心,发生重大涉税违法失信行为的,不得享受退税政策。具体退税管理办法由税务总局会同财政部另行制定。相关研发机构的牵头核定部门应及时将内资研发机构、外资研发中心的新设、变更及撤销名单函告同级税务部门,并注明相关资质起止时间。

四、本公告的有关定义。

(一)本公告所述“投资总额”,是指商务主管部门发放的外商投资企业批准证书或设立、变更备案回执等文件所载明的金额。

(二)本公告所述“研发总投入”,是指外商投资企业专门为设立和建设本研发中心而投入的资产,包括即将投入并签订购置合同的资产(应提交已采购资产清单和即将采购资产的合同清单)。

(三)本公告所述“研发经费年支出额”,是指近两个会计年度研发经费年均支出额;不足两个完整会计年度的,可按外资研发中心设立以来任意连续12个月的实际研发经费支出额计算;现金与实物资产投入应不低于60%。

(四)本公告所述“专职研究与试验发展人员”,是指企业科技活动人员中专职从事基础研究、应用研究和试验发展三类项目活动的人员,包括直接参加上述三类项目活动的人员以及相关专职科技管理人员和为项目提供资料文献、材料供应、设备的直接服务人员,上述人员须与外资研发中心或其所在外商投资企业签订1年以上劳动合同,以外资研发中心提交申请的前一日人数为准。

(五)本公告所述“设备”,是指为科学研究、教学和科技开发提供必要条件的实验设备、装置和器械。在计算累计购置的设备原值时,应将进口设备和采购国产设备的原值一并计入,包括已签订购置合同并于当年内交货的设备(应提交购置合同清单及交货期限),上述采购国产设备应属于本公告《科技开发、科学研究和教学设备清单》所列设备(见附件2)。对执行中国产设备范围存在异议的,由主管税务机关逐级上报税务总局商财政部核定。

五、本公告规定的税收政策执行期限为2019年1月1日至2020年12月31日,具体从内资研发机构和外资研发中心取得退税资格的次月1日起执行。《财政部 商务部 国家税务总局关于继续执行研发机构采购设备增值税政策的通知》(财税〔2016〕121号)同时废止。

附件:1. 外资研发中心采购国产设备退税资格审核认定办法

2. 科技开发、科学研究和教学设备清单

附件1

外资研发中心采购国产设备退税资格审核认定办法

为落实好外资研发中心(包括独立法人和非独立法人研发中心,以下简称研发中心)采购国产设备相关税收政策,特制定以下资格审核认定办法:

一、资格条件的审核

(一)各省、自治区、直辖市、计划单列市及新疆生产建设兵团商务主管部门会同同级财政、税务部门(以下简称审核部门),根据本地情况,制定审核流程和具体办法。研发中心应按本通知有关要求向其所在地商务主管部门提交申请材料。

(二)商务主管部门牵头召开审核部门联席会议,对研发中心上报的申请材料进行审核,按照本通知正文第二条所列条件和本审核认定办法要求,确定符合退税资格条件的研发中心名单。

(三)经审核,对符合退税资格条件的研发中心,由审核部门以公告形式联合发布,并将名单抄送商务部(外资司)、财政部(税政司)、国家税务总局(货物和劳务税司)备案。对不符合有关规定的,由商务主管部门根据联席会议的决定出具书面审核意见,并说明理由。上述公告或审核意见应在审核部门受理申请之日起45个工作日之内做出。

(四)审核部门每两年对已获得退税资格的研发中心进行资格复审。对于不再符合条件的研发中心取消其享受退税优惠政策的资格。

二、需报送的材料

研发中心申请采购国产设备退税资格,应提交以下材料:

(一)研发中心采购国产设备退税资格申请书和审核表;

(二)研发中心为独立法人的,应提交外商投资企业批准证书或设立、变更备案回执及营业执照复印件;研发中心为非独立法人的,应提交其所在外商投资企业的外商投资企业批准证书或设立、变更备案回执及营业执照复印件;

(三)验资报告及上一年度审计报告复印件;

(四)研发费用支出明细、设备购置支出明细和清单以及通知规定应提交的材料;

(五)专职研究与试验发展人员名册(包括姓名、工作岗位、劳动合同期限、联系方式);

(六)审核部门要求提交的其他材料。

三、相关工作的管理

(一)在公告发布后,列入公告名单的研发中心,可按有关规定直接向其所在地税务部门申请办理采购国产设备退税手续。

(二)审核部门在共同审核认定研发中心资格的过程中,可到研发中心查阅有关资料,了解情况,核实其报送的申请材料的真实性。同时应注意加强对研发中心的政策指导和服务,提高工作效率。

(三)省级商务主管部门应将《外资研发中心采购设备免、退税资格审核表》有关信息及时录入外商投资综合管理信息系统研发中心选项。

附:外资研发中心采购设备免、退税资格审核表附：

外资研发中心采购设备免、退税资格审核表

编码：________

<table>
<tr><td>研发中心名称</td><td colspan="4"></td></tr>
<tr><td>设立批准/备案机关</td><td colspan="4"></td></tr>
<tr><td>组织机构代码/
统一社会信用代码</td><td colspan="2"></td><td>研发中心
设立日期</td><td>年　月　日</td></tr>
<tr><td>研发中心性质</td><td colspan="4">□独立法人　□分公司　□内设部门</td></tr>
<tr><td>联系人</td><td></td><td>电话</td><td></td><td>传真</td></tr>
<tr><td>经营范围</td><td colspan="4"></td></tr>
<tr><td>研发领域(可多选)</td><td colspan="4">□电子　□生物医药　□新能源　□新材料　□环保　□汽车　□化工
□农业　□软件开发　□专用设备　□轻工　□其他</td></tr>
<tr><td>投资总额/研发
总投入(万美元)</td><td colspan="2"></td><td>专职研究与试验
发展人员人数</td><td></td></tr>
<tr><td>研发经费年支出额
(万元)</td><td colspan="2"></td><td>已缴税金
(元)</td><td></td></tr>
<tr><td rowspan="3">累计采购设备原值
(万元)</td><td>进口设备</td><td colspan="3"></td></tr>
<tr><td>采购国产设备</td><td colspan="3"></td></tr>
<tr><td>总计</td><td colspan="3"></td></tr>
<tr><td colspan="5">以下由审核部门填写</td></tr>
<tr><td>审核意见</td><td colspan="3"></td><td>□通过
□未通过</td></tr>
<tr><td rowspan="2">各部门签字
(盖章)</td><td>商务</td><td>财政</td><td>海关</td><td>税务</td></tr>
<tr><td>年　月　日</td><td>年　月　日</td><td>年　月　日</td><td>年　月　日</td></tr>
<tr><td>公告日期</td><td colspan="4">年　月　日</td></tr>
</table>

注:1. 外资研发中心为分公司或内设机构的，企业名称和组织机构代码/统一社会信用代码均填写其所在外商投资企业。

2. 币种以表内标注为准，金额根据当年人民币汇率平均价计算。

3. 已缴税金为自 2019 年 1 月 1 日起，外资研发中心采购符合条件的设备所缴纳的增值税。

附件 2

科技开发、科学研究和教学设备清单

科技开发、科学研究和教学设备，是指符合《中华人民共和国增值税暂行条例实施细则》(财政部　国家税务总局令第 50 号)第二十一条“固定资产”的相关规定，为科学研究、教学和科技开发提供必要条件的实验设备、装置和器械(不包括中试设备)。具体包括以下

四类：

一、实验环境方面

（一）教学实验仪器及装置；

（二）教学示教、演示仪器及装置；

（三）超净设备（如换气、灭菌、纯水、净化设备等）；

（四）特殊实验环境设备（如超低温、超高温、高压、低压、强腐蚀设备等）；

（五）特殊电源、光源设备；

（六）清洗循环设备；

（七）恒温设备（如水浴、恒温箱、灭菌仪等）；

（八）小型粉碎、研磨制备设备。

二、样品制备设备和装置

（一）特种泵类（如分子泵、离子泵、真空泵、蠕动泵、蜗轮泵、干泵等）；

（二）培养设备（如培养箱、发酵罐等）；

（三）微量取样设备（如取样器、精密天平等）；

（四）分离、纯化、浓缩设备（如离心机、层析、色谱、萃取、结晶设备、旋转蒸发器等）；

（五）气体、液体、固体混合设备（如旋涡混合器等）；

（六）制气设备、气体压缩设备；

（七）专用制样设备（如切片机、压片机、镀膜机、减薄仪、抛光机等），实验用注射、挤出、造粒、膜压设备，实验室样品前处理设备。

三、实验室专用设备

（一）特殊照相和摄影设备（如水下、高空、高温、低温等）；

（二）科研飞机、船舶用关键设备；

（三）特种数据记录设备（如大幅面扫描仪、大幅面绘图仪、磁带机、光盘机等）；

（四）材料科学专用设备（如干胶仪、特种坩埚、陶瓷、图形转换设备、制版用干板、特种等离子体源、离子源、外延炉、扩散炉、溅射仪、离子刻蚀机，材料实验机等），可靠性试验设备，微电子加工设备，通信模拟仿真设备，通信环境试验设备；

（五）小型熔炼设备（如真空、粉末、电渣等），特殊焊接设备；

（六）小型染整、纺丝试验专用设备；

（七）电生理设备。

四、计算机工作站，中型、大型计算机。

注释：

政策调整。税收优惠政策已经到期的，执行期限延长至2023年12月31日。参见：《财政部　税务总局关于延长部分税收优惠政策执行期限的公告》（财政部　税务总局公告2021年第6号）。

1－1－318

财政部 海关总署 税务总局关于有源矩阵有机发光二极管显示器件项目进口设备增值税分期纳税政策的通知

2019年12月16日 财关税〔2019〕47号

各省、自治区、直辖市、计划单列市财政厅(局),新疆生产建设兵团财政局,海关总署广东分署、各直属海关,国家税务总局各省、自治区、直辖市、计划单列市税务局,财政部各地监管局,国家税务总局驻各地特派员办事处:

为支持新型显示产业发展,现将有源矩阵有机发光二极管(AMOLED)显示器件项目进口设备增值税分期纳税的有关政策通知如下:

一、对有源矩阵有机发光二极管(AMOLED)显示器件项目于2019年1月1日至2020年12月31日期间进口的关键新设备,准予在首台设备进口之后的6年(连续72个月)期限内,分期缴纳进口环节增值税,6年内每年(连续12个月)依次缴纳进口环节增值税总额的0%、20%、20%、20%、20%、20%,期间允许企业缴纳税款超过上述比例。

二、有源矩阵有机发光二极管(AMOLED)显示器件生产企业在分期纳税期间,按海关事务担保的规定,对未缴纳的税款提供海关认可的银行保证金或银行保函形式的税款担保,不予征收缓税利息和滞纳金。

三、对企业已经缴纳的进口环节增值税不予退还。

四、上述分期纳税有关政策的具体操作办法依照《关于有源矩阵有机发光二极管显示器件项目进口设备增值税分期纳税的暂行规定》(见附件)执行。

附件:关于有源矩阵有机发光二极管显示器件项目进口设备增值税分期纳税的暂行规定

附件

关于有源矩阵有机发光二极管显示器件项目进口设备增值税分期纳税的暂行规定

一、根据对有源矩阵有机发光二极管(AMOLED)显示器件项目实施进口设备增值税分期纳税有关政策的精神,特制定本规定。

二、承建有源矩阵有机发光二极管(AMOLED)显示器件项目的企业,向省级(含自治区、直辖市、计划单列市,下同)财政部门提交进口设备增值税分期纳税的申请,并抄送企业所在地直属海关、省级税务局。(一)企业申请文件需说明企业及项目有关情况,如项目建设进度、产能设计和初期产量、投产和量产时间、产品类型等,并附投资主管部门出具的项目备案(或核准)文件,如已取得鼓励类项目确认书应一并报送。(二)企业申报享受分期纳税政策的进口环节增值税总额,同时说明有关进口关键新设备的种类、金额以及进口起止时间等相关信息。(三)按照海关事务担保的规定,企业还应申报在分期纳税期间提供税款担保的具体方案,包括拟提供税款担保的种类、担保机构的名称、担保金额、次数、期限等内容。(四)经企业所在地直属海关同意后,企业在申报时可选择按季度或按月分期缴纳进口环节增值税的方式。

三、省级财政部门在接到相关企业申请文件后,会同企业所在地直属海关、省级税务局应在1个月内完成对企业申请文件的完备性和合规性的初审,并出具审核意见。初审应确保企业申请享受政策的设备属于2019年1月1日至2020年12月31日期间进口的关键新设备。企业申请及初审材料齐全后,由省级财政部门会同企业所在地直属海关、省级税务局将上述材料及时报送财政部、海关总署、税务总局。

四、财政部会同海关总署、税务总局对申报材料进行审核,确定准予分期纳税的总税额,并按此税额分期征缴。自企业申报的首台设备进口时间开始,第一年(即前12个月)不需缴纳设备进口环节增值税。从第二年开始,按季度或按月分期缴纳进口环节增值税:即从首台设备进口时间的次年所对应的季度开始,于每季度的最后15日内向企业所在地直属海关至少缴纳准予分期纳税总税额的1/20;或从首台设备进口时间的次年所对应的月份开始,于每月的最后10日内向企业所在地直属海关至少缴纳准予分期纳税总税额的1/60;期间允许企业缴纳税款超过上述比例。

五、财政部会同海关总署、税务总局对申请材料审核同意后,正式通知相关省级财政部门、企业所在地直属海关、省级税务局,由省级财政部门告知相关企业。相关企业按照申请文件中载明的税款担保方案提供海关认可的银行保证金或银行保函,到企业所在地直属海关办理准予分期纳税的有关手续。

六、在准予分期纳税的6个年度内,对经核定的准予分期缴纳的税款,不征收缓税利息和滞纳金。企业应主动配合海关履行纳税义务,否则不能享受分期纳税的有关优惠政策。

七、企业在分期纳税期间,如实际进口金额超出原申报金额20%时,须及时向省级财政部门提交变更申请,并抄送企业所在地直属海关、省级税务局。省级财政部门会同企业所在地直属海关、省级税务局审核后,上报财政部、海关总署、税务总局。财政部会同海关总署、税务总局负责审核,若审核同意,则通知相关省级财政部门、企业所在地直属海关、省级税务局纳税方案的变更,由省级财政部门告知相关企业。如企业实际进口金额低于原申报金额80%时,也可依照上述流程提交分期纳税方案的变更申请。

八、企业在最后一次纳税时,海关应对该项目全部应纳税款进行汇算清缴,并完成项目实际应纳税额的计征工作。企业所在地直属海关会同省级财政部门、省级税务局将企业在分期纳税期间的实际纳税情况汇总报送财政部、海关总署、税务总局。

九、财政、海关、税务部门及其工作人员在政策执行过程中,存在违反执行政策规定的行为,以及滥用职权、玩忽职守、徇私舞弊等违法违纪行为的,依照《中华人民共和国预算法》《中华人民共和国公务员法》《中华人民共和国监察法》《财政违法行为处罚处分条例》等国家有关规定追究相应责任;涉嫌犯罪的,依法移送司法机关处理。

十、本规定由财政部会同海关总署、税务总局负责解释。

1－1－319

财政部 税务总局关于明确国有农用地出租等增值税政策的公告

2020年1月20日 财政部 税务总局公告2020年第2号

现将国有农用地出租等增值税政策公告如下：

一、纳税人将国有农用地出租给农业生产者用于农业生产，免征增值税。

二、房地产开发企业中的一般纳税人购入未完工的房地产老项目继续开发后，以自己名义立项销售的不动产，属于房地产老项目，可以选择适用简易计税方法按照5%的征收率计算缴纳增值税。

三、保险公司按照《财政部 税务总局关于明确养老机构免征增值税等政策的通知》（财税〔2019〕20号）第四条第（三）项规定抵减以后月份应缴纳增值税，截至2020年12月31日抵减不完的，可以向主管税务机关申请一次性办理退税。

四、纳税人出口货物劳务、发生跨境应税行为，未在规定期限内申报出口退（免）税或者开具《代理出口货物证明》的，在收齐退（免）税凭证及相关电子信息后，即可申报办理出口退（免）税；未在规定期限内收汇或者办理不能收汇手续的，在收汇或者办理不能收汇手续后，即可申报办理退（免）税。

《财政部 国家税务总局关于出口货物劳务增值税和消费税政策的通知》（财税〔2012〕39号）第六条第（一）项第3点、第七条第（一）项第6点"出口企业或其他单位未在国家税务总局规定期限内申报免税核销"及第九条第（二）项第2点的规定相应停止执行。

五、自2019年8月20日起，将《财政部 税务总局关于金融机构小微企业贷款利息收入免征增值税政策的通知》（财税〔2018〕91号）第一条"人民银行同期贷款基准利率"修改为"中国人民银行授权全国银行间同业拆借中心公布的贷款市场报价利率"。

六、纳税人按照《财政部 税务总局 海关总署关于深化增值税改革有关政策的公告》（财政部 税务总局 海关总署公告2019年第39号）、《财政部 税务总局关于明确部分先进制造业增值税期末留抵退税政策的公告》（财政部 税务总局公告2019年第84号）规定取得增值税留抵退税款的，不得再申请享受增值税即征即退、先征后返（退）政策。

本公告发布之日前，纳税人已按照上述规定取得增值税留抵退税款的，在2020年6月30日前将已退还的增值税留抵退税款全部缴回，可以按规定享受增值税即征即退、先征后返（退）政策；否则，不得享受增值税即征即退、先征后返（退）政策。

七、本公告自发布之日起执行。此前已发生未处理的事项，按本公告规定执行。

特此公告。

注释：

条款废止。第六条自2022年4月1日起废止。参见：《财政部 税务总局关于进一步加大增值税期末留抵退税政策实施力度的公告》(财政部　税务总局公告2022年第14号)。

1－1－320

财政部　税务总局关于支持货物期货市场对外开放增值税政策的公告

2020年2月18日　财政部　税务总局公告2020年第12号

为支持货物期货市场对外开放,现将有关增值税政策公告如下:

自2018年11月30日至2023年11月29日,对经国务院批准对外开放的货物期货品种保税交割业务,暂免征收增值税。

上述期货交易中实际交割的货物,如果发生进口或者出口的,统一按照现行货物进出口税收政策执行。非保税货物发生的期货实物交割仍按《国家税务总局关于下发〈货物期货征收增值税具体办法〉的通知》(国税发〔1994〕244号)的规定执行。

特此公告。

1－1－321

财政部　税务总局关于二手车经销有关增值税政策的公告

2020年4月8日　财政部　税务总局公告2020年第17号

为促进汽车消费,现就二手车经销有关增值税政策公告如下:

自2020年5月1日至2023年12月31日,从事二手车经销的纳税人销售其收购的二手车,由原按照简易办法依3%征收率减按2%征收增值税,改为减按0.5%征收增值税。

本公告所称二手车,是指从办理完注册登记手续至达到国家强制报废标准之前进行交易并转移所有权的车辆,具体范围按照国务院商务主管部门出台的二手车流通管理办法执行。

特此公告。

1－1－322

国家税务总局关于明确二手车经销等若干增值税征管问题的公告

2020年4月23日　国家税务总局公告2020年第9号

现将二手车经销等增值税征管问题公告如下:

一、自2020年5月1日至2023年12月31日，从事二手车经销业务的纳税人销售其收购的二手车，按以下规定执行：

（一）纳税人减按0.5%征收率征收增值税，并按下列公式计算销售额：

销售额＝含税销售额/（1＋0.5%）

本公告发布后出台新的增值税征收率变动政策，比照上述公式原理计算销售额。

（二）纳税人应当开具二手车销售统一发票。购买方索取增值税专用发票的，应当再开具征收率为0.5%的增值税专用发票。

（三）一般纳税人在办理增值税纳税申报时，减按0.5%征收率征收增值税的销售额，应当填写在《增值税纳税申报表附列资料（一）》（本期销售情况明细）"二、简易计税方法计税"中"3%征收率的货物及加工修理修配劳务"相应栏次；对应减征的增值税应纳税额，按销售额的2.5%计算填写在《增值税纳税申报表（一般纳税人适用）》"应纳税额减征额"及《增值税减免税申报明细表》减税项目相应栏次。

小规模纳税人在办理增值税纳税申报时，减按0.5%征收率征收增值税的销售额，应当填写在《增值税纳税申报表（小规模纳税人适用）》"应征增值税不含税销售额（3%征收率）"相应栏次；对应减征的增值税应纳税额，按销售额的2.5%计算填写在《增值税纳税申报表（小规模纳税人适用）》"本期应纳税额减征额"及《增值税减免税申报明细表》减税项目相应栏次。

二、纳税人受托对垃圾、污泥、污水、废气等废弃物进行专业化处理，即运用填埋、焚烧、净化、制肥等方式，对废弃物进行减量化、资源化和无害化处理处置，按照以下规定适用增值税税率：

（一）采取填埋、焚烧等方式进行专业化处理后未产生货物的，受托方属于提供《销售服务、无形资产、不动产注释》（财税〔2016〕36号文件印发）"现代服务"中的"专业技术服务"，其收取的处理费用适用6%的增值税税率。

（二）专业化处理后产生货物，且货物归属委托方的，受托方属于提供"加工劳务"，其收取的处理费用适用13%的增值税税率。

（三）专业化处理后产生货物，且货物归属受托方的，受托方属于提供"专业技术服务"，其收取的处理费用适用6%的增值税税率。受托方将产生的货物用于销售时，适用货物的增值税税率。

三、拍卖行受托拍卖文物艺术品，委托方按规定享受免征增值税政策的，拍卖行可以自己名义就代为收取的货物价款向购买方开具增值税普通发票，对应的货物价款不计入拍卖行的增值税应税收入。

拍卖行应将以下纸质或电子证明材料留存备查：拍卖物品的图片信息、委托拍卖合同、拍卖成交确认书、买卖双方身份证明、价款代收转付凭证、扣缴委托方个人所得税相关资料。

文物艺术品，包括书画、陶瓷器、玉石器、金属器、漆器、竹木牙雕、佛教用具、古典家具、紫砂茗具、文房清供、古籍碑帖、邮品钱币、珠宝等收藏品。

四、单位将其持有的限售股在解禁流通后对外转让，按照《国家税务总局关于营改增试点若干征管问题的公告》（2016年第53号）第五条规定确定的买入价，低于该单位取得限售股的实际成本价的,以实际成本价为买入价计算缴纳增值税。

五、一般纳税人可以在增值税免税、减税项目执行期限内,按照纳税申报期选择实际享受该项增值税免税、减税政策的起始时间。

一般纳税人在享受增值税免税、减税政策后,按照《营业税改征增值税试点实施办法》(财税〔2016〕36号文件印发)第四十八条的有关规定,要求放弃免税、减税权的,应当以书面形式提交纳税人放弃免(减)税权声明,报主管税务机关备案。一般纳税人自提交备案资料的次月起,按照规定计算缴纳增值税。

六、一般纳税人符合以下条件的,在2020年12月31日前,可选择转登记为小规模纳税人:转登记日前连续12个月(以1个月为1个纳税期)或者连续4个季度(以1个季度为1个纳税期)累计销售额未超过500万元。

一般纳税人转登记为小规模纳税人的其他事宜,按照《国家税务总局关于统一小规模纳税人标准等若干增值税问题的公告》(2018年第18号)、《国家税务总局关于统一小规模纳税人标准有关出口退(免)税问题的公告》(2018年第20号)的相关规定执行。

七、一般纳税人在办理增值税纳税申报时,《增值税减免税申报明细表》“二、免税项目”第4栏“免税销售额对应的进项税额”和第5栏“免税额”不需填写。

八、本公告第一条至第五条自2020年5月1日起施行;第六条、第七条自发布之日起施行。此前已发生未处理的事项,按照本公告执行,已处理的事项不再调整。

特此公告。

1-1-323

财政部　税务总局关于航空运输企业汇总缴纳增值税总分机构名单的通知

2020年6月4日　财税〔2020〕30号

各省、自治区、直辖市、计划单列市财政厅(局),新疆生产建设兵团财政局,国家税务总局各省、自治区、直辖市、计划单列市税务局:

现将航空运输企业汇总缴纳增值税事宜通知如下:

本通知附件列明的航空运输企业总分机构,自列明的汇总纳税时间起,按照《总分机构试点纳税人增值税计算缴纳暂行办法》(财税〔2013〕74号)的规定计算缴纳增值税。

上述航空运输企业分支机构的预征率为1%。

附件:航空运输企业总分机构名单(编者略)

注释:

政策调整。附件《航空运输企业总分机构名单》增补财税〔2023〕15号附件2所列的分支机构。参见:《财政部　税务总局关于调整铁路和航空运输企业汇总缴纳增值税分支机构名单的通知》(财税〔2023〕15号)。

政策调整。附件《航空运输企业总分机构名单》增补、变更财税〔2021〕51 号附件 3 所列的分支机构。参见:《财政部 税务总局关于调整铁路和航空运输企业汇总缴纳增值税分支机构名单的通知》(财税〔2021〕51 号)。

1 -1 -324

财政部 交通运输部 税务总局关于海南自由贸易港国际运输船舶有关增值税政策的通知

2020 年 9 月 3 日 财税〔2020〕41 号

海南省财政厅,交通运输厅,国家税务总局海南省税务局,海南省海事局:

为支持海南自由贸易港建设,根据《海南自由贸易港建设总体方案》,现将国际运输船舶有关增值税政策通知如下:

一、对境内建造船舶企业向运输企业销售且同时符合下列条件的船舶,实行增值税退税政策,由购进船舶的运输企业向主管税务机关申请退税。

1. 购进船舶在"中国洋浦港"登记。2. 购进船舶从事国际运输和港澳台运输业务。

二、购进船舶运输企业的应退税额,为其购进船舶时支付的增值税额。

三、购进船舶的运输企业向主管税务机关申请退税时应提供以下资料:1. 船舶登记管理部门出具的表明船籍港为"中国洋浦港"的《船舶所有权登记证书》。2. 运输企业及购进船舶从事国际运输和港澳台运输业务的证明文件。从事国际散装液体危险货物和旅客运输的,应提交有效的《国际船舶运输经营许可证》和《国际海上运输船舶备案证明书》,从事国际集装箱和普通货物运输的,应提交有效的交通运输管理部门备案证明材料;从事内地往返港澳散装液体危险货物和普通货物运输的,应提交有效的交通运输管理部门备案证明材料;从事大陆与台湾地区间运输的,应提交有效的《台湾海峡两岸间水路运输许可证》和《台湾海峡两岸间船舶营运证》。3. 主管税务机关要求提供的其他材料。

四、运输企业购进船舶支付的增值税额,已从销项税额中抵扣的,不得申请退税;已申请退税的,不得从销项税额中抵扣。

五、运输企业不再符合该《通知》退税条件的,应向交通运输部门办理业务变更,并在条件变更次月纳税申报期内向主管税务机关办理补缴已退税款手续。应补缴增值税额 = 购进船舶的增值税专用发票注明的税额 × (净值 ÷ 原值)。

净值 = 原值 - 累计折旧。

六、运输企业按照本通知第五条规定补缴税款的,自税务机关取得解缴税款的完税凭证上注明的增值税额,准予从销项税额中抵扣。

七、税务总局可在本通知基础上制定具体的税收管理办法。

八、海南省交通、海事、税务部门要建立联系配合机制,共享监管信息,共同做好后续相关工作。

九、本通知自2020年10月1日起执行至2024年12月31日。适用政策的具体时间以《船舶所有权登记证书》的签发日期为准。

1－1－325

财政部　税务总局关于明确无偿转让股票等增值税政策的公告

2020年9月29日　财政部　税务总局公告2020年第40号

现将无偿转让股票等增值税政策公告如下：

一、纳税人无偿转让股票时，转出方以该股票的买入价为卖出价，按照“金融商品转让”计算缴纳增值税；在转入方将上述股票再转让时，以原转出方的卖出价为买入价，按照“金融商品转让”计算缴纳增值税。

二、自2019年8月20日起，金融机构向小型企业、微型企业和个体工商户发放1年期以上（不含1年）至5年期以下（不含5年）小额贷款取得的利息收入，可选择中国人民银行授权全国银行间同业拆借中心公布的1年期贷款市场报价利率或5年期以上贷款市场报价利率，适用《财政部　税务总局关于金融机构小微企业贷款利息收入免征增值税政策的通知》（财税〔2018〕91号）规定的免征增值税政策。

三、土地所有者依法征收土地，并向土地使用者支付土地及其相关有形动产、不动产补偿费的行为，属于《营业税改征增值税试点过渡政策的规定》（财税〔2016〕36号印发）第一条第（三十七）项规定的土地使用者将土地使用权归还给土地所有者的情形。

四、本公告自发布之日起执行。此前已发生未处理的事项，按本公告规定执行。

特此公告。

1－1－326

财政部　海关总署　税务总局　药监局关于发布第二批适用增值税政策的抗癌药品和罕见病药品清单的公告

2020年9月30日　财政部　海关总署　税务总局　药监局公告2020年第39号

为鼓励制药产业发展，降低患者用药成本，自2020年10月1日起，本公告附件1中的抗癌药品和罕见病药品，按照《财政部　海关总署　税务总局　国家药品监督管理局关于抗癌药品增值税政策的通知》（财税〔2018〕47号）、《财政部　海关总署　税务总局　药监局关于罕见病药品增值税政策的通知》（财税〔2019〕24号）规定执行相关增值税政策。上述通知已发布的部分抗癌药品和罕见病药品按附件2确定税号。

特此公告。

附件：1. 抗癌药品和罕见病药品清单（第二批）（编者略）

2. 抗癌药品和罕见病药品（第一批）税号修正清单（编者略）

1－1－327

财政部　海关总署　税务总局关于在粤港澳大湾区实行有关增值税政策的通知

2020 年 10 月 26 日　财税〔2020〕48 号

各省、自治区、直辖市、计划单列市财政厅（局），新疆生产建设兵团财政局，海关总署广东分署、各直属海关，国家税务总局各省、自治区、直辖市、计划单列市税务局：

为支持粤港澳大湾区建设，现将粤港澳大湾区有关增值税政策通知如下：

一、自 2020 年 10 月 1 日至 2023 年 12 月 31 日，对注册在广州市的保险企业向注册在南沙自贸片区的企业提供国际航运保险业务取得的收入，免征增值税。

二、自 2020 年 10 月 1 日起，对符合条件的出口企业从启运地口岸（以下称启运港，见附件）启运报关出口，由符合条件的运输企业承运，从水路转关直航，自广州南沙保税港区、深圳前海保税港区（以下称离境港）离境的集装箱货物，实行启运港退税政策。

（一）适用政策的运输企业及运输工具。

运输企业为在海关的信用等级为一般信用企业或认证企业，并且纳税信用级别为 B 级及以上的航运企业。

运输工具为配备导航定位、全程视频监控设备并且符合海关对承运海关监管货物运输工具要求的船舶。

税务总局定期向海关总署传送纳税信用等级为 B 级及以上的企业名单。企业纳税信用等级发生变化的，定期传送变化企业名单。海关总署根据上述纳税信用等级等信息确认符合条件的运输企业和运输工具。

（二）适用政策的出口企业。

出口企业的出口退（免）税分类管理类别为一类或二类，并且在海关的信用等级为一般信用企业或认证企业。

海关总署定期向税务总局传送一般信用企业或认证企业名单。企业信用等级发生变化的，定期传送变化企业名单。税务总局根据上述名单等信息确认符合条件的出口企业。

（三）办理流程。

1. 启运地海关依出口企业申请，对从启运港启运的符合条件的货物办理放行手续后，生成启运港出口货物报关单电子信息。

2. 海关总署按日将启运港出口货物报关单电子信息（加启运港退税标识）通过电子口岸传输给税务总局。

3. 出口企业凭启运港出口货物报关单电子信息及相关材料到主管退税的税务机关申

请办理退税。出口企业首次申请办理退税前,应向主管出口退税的税务机关进行启运港退税备案。

4. 主管出口退税的税务机关,根据企业出口退(免)税分类管理类别信息、税务总局清分的企业海关信用等级信息和启运港出口货物报关单信息,为出口企业办理退税。出口企业在申请退税时,上述信息显示其不符合启运港退税条件的,主管税务机关根据税务总局清分的结关核销的报关单数据(加启运港退税标识)办理退税。

5. 启运港启运的出口货物自离境港实际离境后,海关总署按日将正常结关核销的报关单数据(加启运港退税标识)传送给税务总局,税务总局按日将已退税的报关单数据(加启运港退税标识)反馈海关总署。

6. 货物如未运抵离境港不再出口,启运地海关应撤销出口货物报关单,并由海关总署向税务总局提供相关电子数据。上述不再出口货物如已办理出口退税手续,出口企业应补缴税款,并向启运地海关提供税务机关出具的货物已补税证明。

对已办理出口退税手续但自启运日起超过2个月仍未办理结关核销手续的货物,除因不可抗力或属于上述第6项情形且出口企业已补缴税款外,视为未实际出口,税务机关应追缴已退税款,不再适用启运港退税政策。

7. 主管出口退税的税务机关,根据税务总局清分的正常结关核销的报关单数据,核销或调整已退税额。

(四)海关、税务部门应加强沟通,建立联系配合机制,互通企业守法诚信信息和货物异常出运情况。财政、海关和税务部门要密切跟踪启运港退税政策运行情况,对工作中出现的问题及时上报财政部(税政司)、海关总署(综合司)和税务总局(货物和劳务税司)。

附件:适用启运港退税政策的启运港(编者略)

1-1-328

财政部　国家税务总局关于铁路运输企业汇总缴纳增值税的通知

2020年10月30日　财税〔2020〕56号

各省、自治区、直辖市、计划单列市财政厅(局),国家税务总局各省、自治区、直辖市、计划单列市税务局:

现将铁路运输企业汇总缴纳增值税事宜通知如下:

一、自2014年1月1日起,中国国家铁路集团有限公司及其分支机构提供铁路运输服务以及与铁路运输相关的物流辅助服务,按照《总分机构试点纳税人增值税计算缴纳暂行办法》(财税〔2013〕74号,以下简称《暂行办法》)的规定计算缴纳增值税,具体时间以附件1和附件2列明的汇总纳税时间为准。

附件3所列分支机构,自列明的取消汇总纳税时间起,不再按照《暂行办法》的规定汇总缴纳增值税。

二、附件1所列分支机构的预征率为1%。附件2所列的分支机构,实行由合资铁路运输企业总部汇总预缴增值税,具体办法如下:

1. 合资铁路运输企业总部本级及其下属站段(含委托运输管理的站段,下同)本级的销售额适用的预征率为1%。

本级应预缴的增值税 = 本级应征增值税销售额 × 1%

2. 合资铁路运输企业总部及其下属站段汇总的销售额适用的预征率为3%。

汇总应预缴的增值税 =(总部本级应征增值税销售额 + 下属站段本级应征增值税销售额)× 3% -(总部本级应预缴的增值税 + 下属站段本级应预缴的增值税)

三、中国国家铁路集团有限公司及其分支机构不适用《暂行办法》第八条年度清算的规定。

四、本通知自发布之日起执行,《财政部　国家税务总局关于部分航空运输企业总分机构增值税计算缴纳问题的通知》(财税〔2013〕86号)、《财政部　国家税务总局关于铁路运输企业汇总缴纳增值税的通知》(财税〔2013〕111号)、《财政部　国家税务总局关于铁路运输企业汇总缴纳增值税的补充通知》(财税〔2014〕54号)、《财政部　国家税务总局关于华夏航空有限公司及其分支机构增值税计算缴纳问题的通知》(财税〔2014〕76号)、《国家税务总局关于部分航空运输企业总分机构增值税计算缴纳问题的公告》(国家税务总局公告2014年第55号)、《财政部　国家税务总局关于调整铁路和航空运输企业汇总缴纳增值税分支机构名单的通知》(财税〔2015〕87号)、《财政部　税务总局关于调整铁路和航空运输企业汇总缴纳增值税分支机构名单的通知》(财税〔2017〕67号)、《财政部　税务总局关于调整铁路和航空运输企业汇总缴纳增值税总分机构名单的通知》(财税〔2019〕1号)同时废止。

附件:1. 国铁集团增值税汇总纳税分支机构名单(一)(编者略)

2. 国铁集团增值税汇总纳税分支机构名单(二)(编者略)

3. 国铁集团取消汇总纳税分支机构名单(编者略)

注释:

政策调整。附件2《国铁集团增值税汇总纳税分支机构名单(二)》增补、取消、变更财税〔2023〕15号附件1所列的分支机构。参见:《财政部　税务总局关于调整铁路和航空运输企业汇总缴纳增值税分支机构名单的通知》(财税〔2023〕15号)。

政策调整。附件1《国铁集团增值税汇总纳税分支机构名单(一)》增补财税〔2021〕51号附件1所列的分支机构,附件2《国铁集团增值税汇总纳税分支机构名单(二)》增补、取消、变更财税〔2021〕51号附件2所列的分支机构。参见:《财政部　税务总局关于调整铁路和航空运输企业汇总缴纳增值税分支机构名单的通知》(财税〔2021〕51号)。

1－1－329

财政部　税务总局关于发布第二批适用北京2022年冬奥会、冬残奥会和测试赛企业赞助增值税政策的企业名单的公告

2020年11月14日　财政部　税务总局公告2020年第42号

现将北京2022年冬奥会、冬残奥会和测试赛赞助企业及参与赞助的下属机构名单（第二批）有关增值税政策公告如下：

本公告附件所列北京2022年冬奥会、冬残奥会、测试赛赞助企业及参与赞助的下属机构，可以按照《财政部　税务总局　海关总署关于北京2022年冬奥会和冬残奥会税收政策的通知》（财税〔2017〕60号）第三条第（二）项和《财政部　税务总局关于冬奥会和冬残奥会企业赞助有关增值税政策的通知》（财税〔2019〕6号）的规定适用相关增值税政策。

附件：北京2022年冬奥会、冬残奥会、测试赛赞助企业及参与赞助的下属机构名单（第二批）（编者略）

1－1－330

国家税务总局关于发布《国际运输船舶增值税退税管理办法》的公告

2020年12月2日　国家税务总局公告2020年第18号

根据《财政部　交通运输部　税务总局关于海南自由贸易港国际运输船舶有关增值税政策的通知》（财税〔2020〕41号）、《财政部　交通运输部　税务总局关于中国（上海）自由贸易试验区临港新片区国际运输船舶有关增值税政策的通知》（财税〔2020〕52号）规定，税务总局制定了《国际运输船舶增值税退税管理办法》，现予以发布。

特此公告。

国际运输船舶增值税退税管理办法

第一条　为规范国际运输船舶增值税退税管理，根据《财政部　交通运输部　税务总局关于海南自由贸易港国际运输船舶有关增值税政策的通知》（财税〔2020〕41号）、《财政部　交通运输部　税务总局关于中国（上海）自由贸易试验区临港新片区国际运输船舶有关增值税政策的通知》（财税〔2020〕52号）规定，制定本办法。

第二条　运输企业购进符合财税〔2020〕41 号文件第一条或者财税〔2020〕52 号文件第一条规定条件的船舶，按照本办法退还增值税（以下简称“船舶退税”）。

应予退还的增值税额，为运输企业购进船舶取得的增值税专用发票上注明的税额。

第三条　主管运输企业退税的税务机关（以下简称“主管税务机关”）负责船舶退税的备案、办理及后续管理工作。

第四条　适用船舶退税政策的运输企业，应于首次申报船舶退税时，凭以下资料及电子数据向主管税务机关办理船舶退税备案：

（一）内容填写真实、完整的《出口退（免）税备案表》及其电子数据。该备案表由《国家税务总局关于出口退（免）税申报有关问题的公告》（2018 年第 16 号）发布。其中，“是否提供零税率应税服务”填写“是”；“提供零税率应税服务代码”填写“01（国际运输服务）”；“出口退（免）税管理类型”填写“船舶退税运输企业”；其他栏次按填表说明填写。

（二）运输企业从事国际运输和港澳台运输业务的证明文件。从事国际散装液体危险货物和旅客运输业务的，应当提供交通运输管理部门出具的《国际船舶运输经营许可证》复印件（复印件上应注明“与原件一致”，并加盖企业公章，下同）；从事国际集装箱和普通货物运输的，应提供交通运输管理部门的备案证明材料复印件。从事内地往返港澳散装液体危险货物和旅客运输业务的，应提供交通运输管理部门出具的批准文件复印件；从事内地往返港澳集装箱和普通货物运输的，应提供交通运输管理部门出具的备案证明材料复印件；从事大陆与台湾地区间运输的，应提供《台湾海峡两岸间水路运输许可证》及《台湾海峡两岸间船舶营运证》复印件。

上述资料运输企业可通过电了化方式提交。

第五条　本办法施行前，已办理出口退（免）税备案的运输企业，无需重新办理出口退（免）税备案，按照本办法第四条规定办理备案变更即可。

运输企业适用船舶退税政策的同时，出口货物劳务或者发生增值税零税率跨境应税行为，且未办理过出口退（免）税备案的，在办理出口退（免）税备案时，除本办法第四条规定的资料外，还应按照现行规定提供其他相关资料。

第六条　运输企业备案资料齐全，《出口退（免）税备案表》填写内容符合要求，签字、印章完整的，主管税务机关应当予以备案。备案资料或填写内容不符合要求的，主管税务机关应一次性告知运输企业，待其补正后再予以备案。

第七条　已办理船舶退税备案的运输企业，发生船籍所有人变更、船籍港变更或不再从事国际运输（或港澳台运输）业务等情形，不再符合财税〔2020〕41 号文件、财税〔2020〕52 号文件退税条件的，应自条件变化之日起 30 日内，持相关资料向主管税务机关办理备案变更。自条件变更之日起，运输企业停止适用船舶退税政策。

未按照本办法规定办理退税备案变更并继续申报船舶退税的，主管税务机关应按照本办法第十四条规定进行处理。

第八条　运输企业船舶退税的申报期限，为购进船舶之日（以发票开具日期为准）次月 1 日起至次年 4 月 30 日前的各增值税纳税申报期。

第九条　运输企业在退税申报期内，凭下列资料及电子数据向主管税务机关申请办理船舶退税：

(一)财税〔2020〕41号文件第三条第1项、第2项规定的资料复印件,或者财税〔2020〕52号文件第三条第1项、第2项规定的资料复印件。其中,已向主管税务机关提供过的资料,如无变化,可不再重复提供。

(二)《购进自用货物退税申报表》及其电子数据。该表在《国家税务总局关于发布〈出口货物劳务增值税和消费税管理办法〉的公告》(2012年第24号)发布。填写该表时,应在业务类型栏填写“CBTS”,备注栏填写“船舶退税”。

(三)境内建造船舶企业开具的增值税专用发票及其电子信息。

(四)主管税务机关要求提供的其他资料。

上述增值税专用发票,应当已通过增值税发票综合服务平台确认用途为“用于出口退税”。上述资料运输企业可通过电子化方式提交。

第十条 运输企业申报船舶退税,主管税务机关经审核符合规定的,应按规定及时办理退税。审核中发现疑点,主管税务机关应在确认运输企业购进船舶取得的增值税专用发票真实、发票所列船舶已按规定申报纳税后,方可办理退税。

第十一条 运输企业购进船舶取得的增值税专用发票,已用于进项税额抵扣的,不得申报船舶退税;已用于船舶退税的,不得用于进项税额抵扣。

第十二条 已办理增值税退税的船舶发生船籍所有人变更、船籍港变更或不再从事国际运输(或港澳台运输)业务等情形,不再符合财税〔2020〕41号文件、财税〔2020〕52号文件退税条件的,运输企业应在条件变更次月纳税申报期内,向主管税务机关补缴已退税款。未按规定补缴的,税务机关应当按照现行规定追回已退税款。

应补缴税款=购进船舶的增值税专用发票注明的税额×(净值÷原值)

净值=原值-累计折旧

第十三条 已办理增值税退税的船舶发生船籍所有人变更、船籍港变更或不再从事国际运输(或港澳台运输)业务等情形,不再符合财税〔2020〕41号文件、财税〔2020〕52号文件规定,并已经向主管税务机关补缴已退税款的运输企业,自取得完税凭证当期起,可凭从税务机关取得解缴税款的完税凭证,从销项税额中抵扣完税凭证上注明的增值税额。

第十四条 运输企业采取提供虚假退税申报资料等手段,骗取船舶退税的,主管税务机关应追回已退税款,并依照《中华人民共和国税收征收管理法》有关规定处理。

第十五条 本办法未明确的其他退税管理事项,按照现行出口退(免)税相关规定执行。

第十六条 符合财税〔2020〕41号文件规定情形且《船舶所有权登记证书》的签发日期在2020年10月1日至2024年12月31日期间的运输企业,以及符合财税〔2020〕52号文件规定情形且《船舶所有权登记证书》的签发日期在2020年11月1日至2024年12月31日期间的运输企业,按照本办法办理船舶退税相关事项。

1－1－331

财政部　税务总局关于继续执行边销茶增值税政策的公告

2021年2月19日　财政部　税务总局公告2021年第4号

为更好满足边境少数民族生活消费，现将继续执行边销茶增值税政策有关事项公告如下：

一、自2021年1月1日起至2023年12月31日，对边销茶生产企业（企业名单见附件）销售自产的边销茶及经销企业销售的边销茶免征增值税。

本公告所称边销茶，是指以黑毛茶、老青茶、红茶末、绿茶为主要原料，经过发酵、蒸制、加压或者压碎、炒制，专门销往边疆少数民族地区的紧压茶。

二、在本公告发布之前已征的按上述规定应予免征的增值税税款，可抵减纳税人以后月份应缴纳的增值税税款或予以退还。已向购买方开具增值税专用发票的，应将专用发票追回后方可办理免税。无法追回专用发票的，不予免税。

特此公告。

附件：适用增值税免税政策的边销茶生产企业名单（编者略）

1－1－332

财政部　税务总局关于延续宣传文化增值税优惠政策的公告

2021年3月22日　财政部　税务总局公告2021年第10号

为促进我国宣传文化事业的发展，继续实施宣传文化增值税优惠政策。现将有关事项公告如下：

一、自2021年1月1日起至2023年12月31日，执行下列增值税先征后退政策。

（一）对下列出版物在出版环节执行增值税100%先征后退的政策：

1. 中国共产党和各民主党派的各级组织的机关报纸和机关期刊，各级人大、政协、政府、工会、共青团、妇联、残联、科协的机关报纸和机关期刊，新华社的机关报纸和机关期刊，军事部门的机关报纸和机关期刊。

上述各级组织不含其所属部门。机关报纸和机关期刊增值税先征后退范围掌握在一个单位一份报纸和一份期刊以内。

2. 专为少年儿童出版发行的报纸和期刊，中小学的学生教科书。

3. 专为老年人出版发行的报纸和期刊。

4. 少数民族文字出版物。

5. 盲文图书和盲文期刊。

6. 经批准在内蒙古、广西、西藏、宁夏、新疆五个自治区内注册的出版单位出版的出版物。

7. 列入本公告附件1的图书、报纸和期刊。

（二）对下列出版物在出版环节执行增值税先征后退50%的政策：

1. 各类图书、期刊、音像制品、电子出版物，但本公告第一条第（一）项规定执行增值税100%先征后退的出版物除外。

2. 列入本公告附件2的报纸。

（三）对下列印刷、制作业务执行增值税100%先征后退的政策：

1. 对少数民族文字出版物的印刷或制作业务。

2. 列入本公告附件3的新疆维吾尔自治区印刷企业的印刷业务。

二、自2021年1月1日起至2023年12月31日，免征图书批发、零售环节增值税。

三、自2021年1月1日起至2023年12月31日，对科普单位的门票收入，以及县级及以上党政部门和科协开展科普活动的门票收入免征增值税。

四、享受本公告第一条第（一）项、第（二）项规定的增值税先征后退政策的纳税人，必须是具有相关出版物出版许可证的出版单位（含以“租型”方式取得专有出版权进行出版物印刷发行的出版单位）。承担省级及以上出版行政主管部门指定出版、发行任务的单位，因进行重组改制等原因尚未办理出版、发行许可证变更的单位，经财政部各地监管局（以下简称财政监管局）商省级出版行政主管部门核准，可以享受相应的增值税先征后退政策。

纳税人应当将享受上述税收优惠政策的出版物在财务上实行单独核算，不进行单独核算的不得享受本公告规定的优惠政策。违规出版物、多次出现违规的出版单位及图书批发零售单位不得享受本公告规定的优惠政策。上述违规出版物、出版单位及图书批发零售单位的具体名单由省级及以上出版行政主管部门及时通知相应财政监管局和主管税务机关。

五、已按软件产品享受增值税退税政策的电子出版物不得再按本公告申请增值税先征后退政策。

六、本公告规定的各项增值税先征后退政策由财政监管局根据财政部、税务总局、中国人民银行《关于税制改革后对某些企业实行“先征后退”有关预算管理问题的暂行规定的通知》〔（94）财预字第55号〕的规定办理。

七、本公告的有关定义

（一）本公告所述“出版物”，是指根据国务院出版行政主管部门的有关规定出版的图书、报纸、期刊、音像制品和电子出版物。所述图书、报纸和期刊，包括随同图书、报纸、期刊销售并难以分离的光盘、软盘和磁带等信息载体。

（二）图书、报纸、期刊（即杂志）的范围，按照《国家税务总局关于印发〈增值税部分货物征税范围注释〉的通知》（国税发〔1993〕151号）的规定执行；音像制品、电子出版物的范围，按照《财政部　税务总局关于简并增值税税率有关政策的通知》（财税〔2017〕37号）的规定执行。

（三）本公告所述“专为少年儿童出版发行的报纸和期刊”，是指以初中及初中以下少年儿童为主要对象的报纸和期刊。

（四）本公告所述“中小学的学生教科书”，是指普通中小学学生教科书和中等职业教育教科书。普通中小学学生教科书是指根据中小学国家课程方案和课程标准编写的，经国务院教育行政部门审定或省级教育行政部门审定的，由取得国务院出版行政主管部门批准的教科书出版、发行资质的单位提供的中小学学生上课使用的正式教科书，具体操作时按国务院和省级教育行政部门每年下达的“中小学教学用书目录”中所列“教科书”的范围掌握。中等职业教育教科书是指按国家规定设置标准和审批程序批准成立并在教育行政部门备案的中等职业学校，及在人力资源社会保障行政部门备案的技工学校学生使用的教科书，具体操作时按国务院和省级教育、人力资源社会保障行政部门发布的教学用书目录认定。中小学的学生教科书不包括各种形式的教学参考书、图册、读本、课外读物、练习册以及其他各类教辅材料。

（五）本公告所述“专为老年人出版发行的报纸和期刊”，是指以老年人为主要对象的报纸和期刊，具体范围见附件4。

（六）本公告第一条第（一）项和第（二）项规定的图书包括“租型”出版的图书。

（七）本公告所述“科普单位”，是指科技馆、自然博物馆，对公众开放的天文馆（站、台）、气象台（站）、地震台（站），以及高等院校、科研机构对公众开放的科普基地。

本公告所述“科普活动”，是指利用各种传媒以浅显的、让公众易于理解、接受和参与的方式，向普通大众介绍自然科学和社会科学知识，推广科学技术的应用，倡导科学方法，传播科学思想，弘扬科学精神的活动。

八、本公告自2021年1月1日起执行。《财政部　税务总局关于延续宣传文化增值税优惠政策的通知》（财税〔2018〕53号）同时废止。

按照本公告第二条和第三条规定应予免征的增值税，凡在接到本公告以前已经征收入库的，可抵减纳税人以后月份应缴纳的增值税税款或者办理税款退库。纳税人如果已向购买方开具了增值税专用发票，应当将专用发票追回后方可申请办理免税。凡专用发票无法追回的，一律照章征收增值税。

特此公告。

附件：1. 适用增值税100%先征后退政策的特定图书、报纸和期刊名单（编者略）

2. 适用增值税50%先征后退政策的报纸名单（编者略）

3. 适用增值税100%先征后退政策的新疆维吾尔自治区印刷企业名单（编者略）

4. 专为老年人出版发行的报纸和期刊名单（编者略）

1－1－333

国家税务总局关于发布《北京2022年冬奥会和冬残奥会及其测试赛增值税退税管理办法》的公告

2021年5月27日　国家税务总局公告2021年第13号

为支持举办北京2022年冬奥会和冬残奥会及其测试赛,优化税收营商环境,根据《财政部　税务总局　海关总署关于北京2022年冬奥会和冬残奥会税收优惠政策的公告》(2019年第92号)规定,税务总局制定了《北京2022年冬奥会和冬残奥会及其测试赛增值税退税管理办法》,现予以发布。

特此公告。

附件:1. 北京2022年冬奥会和冬残奥会及其测试赛增值税退税申请表(编者略)

2. 北京2022年冬奥会和冬残奥会及其测试赛增值税退税证明(编者略)

3. 北京2022年冬奥会和冬残奥会及其测试赛增值税退税办理委托协议(编者略)

北京2022年冬奥会和冬残奥会及其测试赛增值税退税管理办法

第一条　为规范北京2022年冬奥会和冬残奥会及其测试赛增值税退税管理,根据《财政部　税务总局　海关总署关于北京2022年冬奥会和冬残奥会税收优惠政策的公告》(2019年第92号,以下简称92号公告)第五条的规定,制定本办法。

第二条　2019年6月1日至2022年12月31日期间,国际奥委会及其相关实体和国际残奥委会及其相关实体(以下称退税实体)因从事与北京2022年冬奥会和冬残奥会及其测试赛相关的工作,在中国境内(以下简称境内)发生的指定清单内的货物或服务采购支出对应的增值税额,可按照本办法的规定向税务机关申请退还(以下称冬奥会退税)。

指定清单内的货物或服务,是指《国际奥委会及其相关实体采购货物或服务的指定清单》(92号公告附件,以下简称《指定清单》)列明的货物或服务项目。

退税实体清单(包括境内单位和境外单位),由财政部、国家税务总局、海关总署按照92号公告第十条规定另行确定。

第三条　退税实体可以自行申请冬奥会退税,也可以自愿委托涉税专业服务机构或其他单位及个人作为税务代理人代其申请冬奥会退税。

第四条　冬奥会退税的申请时间,为2021年7月1日至2023年3月31日。

第五条　国家税务总局北京市税务局(以下简称北京市税务局)负责统一受理冬奥会

退税申请。

《指定清单》内货物和服务的销售方主管税务机关(以下简称销售方主管税务机关),负责办理冬奥会退税以及后续管理工作。

第六条 退税实体应通过国家税务总局北京市电子税务局(以下简称北京市电子税务局)或国家税务总局指定的办税服务厅,向北京市税务局提交退税申请资料,首次申请时应提交:

(一)开具时间在2019年6月1日至2022年12月31日间的注明税额的发票;

(二)《北京2022年冬奥会和冬残奥会及其测试赛增值税退税申请表》(附件1);

(三)《北京2022年冬奥会和冬残奥会及其测试赛增值税退税证明》(加盖北京2022年冬奥会和冬残奥会组织委员会税务证明专用章,以下简称《退税证明》,附件2);

(四)委托税务代理人申请退税的,或者以第三方境内人民币银行结算账户收取冬奥会退税款的,应同时提交《北京2022年冬奥会和冬残奥会及其测试赛增值税退税办理委托协议》(以下简称《委托协议》,附件3)。

退税实体通过电子税务局提交退税申请的,提交上述资料的电子件;通过办税服务厅提交退税申请的,提交上述资料的纸质件(原件或复印件)或电子件。

退税实体再次申请退税时,《退税证明》和《委托协议》未发生变化的,无需再次提供。

第七条 本办法第六条所称国家税务总局指定的办税服务厅,包括:

(一)国家税务总局北京市朝阳区税务局第一税务所

地址:北京市朝阳区宏泰东街望京东园4区绿地中心5号楼

(二)国家税务总局北京市石景山区税务局第一税务所

地址:北京市石景山区城兴街255号院2号楼(中海大厦A座)

(三)国家税务总局北京市延庆区税务局第一税务所

地址:北京市延庆区庆园街60号

(四)国家税务总局张家口市崇礼区税务局第一税务分局

地址:河北省张家口市崇礼区西湾子镇迎宾路人民政府政务服务中心(行政审批局)二楼

(五)国家税务总局张家口市桥东区税务局第一税务分局

地址:河北省张家口市桥东区胜利中路1号桥东政务服务中心五楼

第八条 本办法第六条第一项所称发票,是指增值税专用发票、增值税普通发票和机动车销售统一发票。上述发票包括纸质发票和电子发票。

申请冬奥会退税的发票上记载的购买方名称栏次应填写退税实体的中文名称。

未在境内办理税务登记的退税实体,发票上记载的购买方纳税人识别号栏次应填写其退税实体代码;已在境内办理税务登记的退税实体,按照现行规定填写纳税人识别号。

退税实体代码,由财政部、国家税务总局、海关总署按照92号公告第十条规定确定退税实体清单时一并确定。

第九条 退税实体提交的冬奥会退税申请资料齐全、填写内容符合要求的,北京市税务局应当予以受理;申请资料不齐全、填写内容不符合要求的,北京市税务局应一次性告知,待其补正后再予以受理。

第十条 北京市税务局受理的退税实体退税申请信息，经国家税务总局传递至销售方主管税务机关。

销售方主管税务机关收到冬奥会退税申请后，应按照92号公告和本办法的规定审核办理。

退税实体可登录北京市电子税务局查询退税办理进展和结果，并下载《税务事项通知书》。

第十一条 发票符合冬奥会退税条件且不存在增值税涉税风险疑点的，销售方主管税务机关应自其收到退税申请之日起10个工作日内完成审核，并出具准予退税的《税务事项通知书》。

第十二条 发票符合冬奥会退税条件但存在增值税涉税风险疑点的，销售方主管税务机关应暂停办理退税，并进行风险疑点排查。风险疑点已排除的，继续按照本办法第十一条的规定办理退税；风险疑点无法排除的，按照本办法第十三条的规定处理。

风险疑点排查时间不计入冬奥会退税办理时间，但自发现风险疑点之日起20个工作日内，销售方主管税务机关应明确风险疑点排查结果。

第十三条 发票存在以下情形的不予退税，销售方主管税务机关应自其收到退税申请之日起10个工作日内完成审核，并出具不予退税的《税务事项通知书》：

（一）发票上记载的采购支出项目不属于或不全部属于《指定清单》列明的货物或服务项目范围的；

（二）被定性为虚开发票的；

（三）已用于进项税额抵扣、增值税差额扣除、申报出口退税、申请留抵退税或其他退税的；

（四）已作废或已相应开具红字发票的；

（五）存在增值税风险疑点且无法排除的；

（六）国家税务总局规定的其他情形。

销售方主管税务机关对上述发票不予退税，不影响对其他符合冬奥会退税条件的发票办理退税。

第十四条 已在境内办理税务登记的退税实体，可以选择凭发票申请冬奥会退税，或者按照现行规定抵扣进项税额、适用增值税差额扣除、申报出口退税、申请留抵退税以及其他退税。发票已用于冬奥会退税的，不得用于进项税额抵扣、增值税差额扣除、出口退税、留抵退税以及其他退税。

第十五条 按照本办法规定予以退还的增值税额，为发票上注明的税额。

第十六条 退税实体应以其境内人民币银行结算账户或其委托的第三方的境内人民币银行结算账户收取冬奥会退税款。

第十七条 本办法自2021年7月1日起执行。

1－1－334

国家税务总局关于修订发布《研发机构采购国产设备增值税退税管理办法》的公告

2021年6月22日 国家税务总局公告2021年第18号

根据《财政部 税务总局关于延长部分税收优惠政策执行期限的公告》(2021年第6号)和《财政部 商务部 税务总局关于继续执行研发机构采购设备增值税政策的公告》(2019年第91号)规定,经商财政部,现修订发布《研发机构采购国产设备增值税退税管理办法》。《国家税务总局关于发布〈研发机构采购国产设备增值税退税管理办法〉的公告》(2020年第6号)到期停止执行。

特此公告。

研发机构采购国产设备增值税退税管理办法

第一条 为规范研发机构采购国产设备增值税退税管理,根据《财政部 税务总局关于延长部分税收优惠政策执行期限的公告》(2021年第6号)和《财政部 商务部 税务总局关于继续执行研发机构采购设备增值税政策的公告》(2019年第91号,以下简称91号公告)规定,制定本办法。

第二条 符合条件的研发机构(以下简称研发机构)采购国产设备,按照本办法全额退还增值税(以下简称采购国产设备退税)。

第三条 本办法第二条所称研发机构、国产设备的具体条件和范围,按照91号公告规定执行。

第四条 主管研发机构退税的税务机关(以下简称主管税务机关)负责办理研发机构采购国产设备退税的备案、审核及后续管理工作。

第五条 研发机构享受采购国产设备退税政策,应于首次申报退税时,持以下资料向主管税务机关办理退税备案手续:

(一)符合91号公告第一条、第二条规定的研发机构资质证明资料。

(二)内容填写真实、完整的《出口退(免)税备案表》。该备案表在《国家税务总局关于出口退(免)税申报有关问题的公告》(2018年第16号)发布。其中,"企业类型"选择"其他单位";"出口退(免)税管理类型"依据资质证明材料填写"内资研发机构"或"外资研发中心";其他栏次按填表说明填写。

(三)主管税务机关要求提供的其他资料。

本办法下发前,已办理采购国产设备退税备案的研发机构,无需再次办理备案。

第六条 研发机构备案资料齐全,《出口退(免)税备案表》填写内容符合要求,签字、印章完整的,主管税务机关应当予以备案。备案资料或填写内容不符合要求的,主管税务机关应一次性告知研发机构,待其补正后再予备案。

第七条 已办理备案的研发机构,《出口退(免)税备案表》中内容发生变更的,应自变更之日起30日内,持相关资料向主管税务机关办理备案变更。

第八条 研发机构发生解散、破产、撤销以及其他依法应终止采购国产设备退税事项的,应持相关资料向主管税务机关办理备案撤回。主管税务机关应按规定结清退税款后,办理备案撤回。

研发机构办理注销税务登记的,应先向主管税务机关办理退税备案撤回。

第九条 外资研发中心因自身条件发生变化不再符合91号公告第二条规定条件的,应自条件变化之日起30日内办理退税备案撤回,并自条件变化之日起,停止享受采购国产设备退税政策。未按照规定办理退税备案撤回,并继续申报采购国产设备退税的,依照本办法第十九条规定处理。

第十条 研发机构新设、变更或者撤销的,主管税务机关应根据核定研发机构的牵头部门提供的名单及注明的相关资质起止时间,办理有关退税事项。

第十一条 研发机构采购国产设备退税的申报期限,为采购国产设备之日(以发票开具日期为准)次月1日起至次年4月30日前的各增值税纳税申报期。

研发机构未在规定期限内申报办理退税的,根据《财政部 税务总局关于明确国有农用地出租等增值税政策的公告》(2020年第2号)第四条的规定,在收齐相关凭证及电子信息后,即可申报办理退税。

第十二条 已备案的研发机构应在退税申报期内,凭下列资料向主管税务机关办理采购国产设备退税:

(一)《购进自用货物退税申报表》。该申报表在《国家税务总局关于优化整合出口退税信息系统 更好服务纳税人有关事项的公告》(2021年第15号)发布。填写该表时,应在备注栏填写“科技开发、科学研究、教学设备”。

(二)采购国产设备合同。

(三)增值税专用发票,或者开具时间为2021年1月1日至本办法发布之日前的增值税普通发票(不含增值税普通发票中的卷票,下同)。

(四)主管税务机关要求提供的其他资料。

上述增值税专用发票,应当已通过增值税发票综合服务平台确认用途为“用于出口退税”。

第十三条 属于增值税一般纳税人的研发机构申报采购国产设备退税,主管税务机关经审核符合规定的,应按规定办理退税。

研发机构申报采购国产设备退税,属于下列情形之一的,主管税务机关应采取发函调查或其他方式调查,在确认增值税发票真实、发票所列设备已按规定申报纳税后,方可办理退税:

(一)审核中发现疑点,经核实仍不能排除疑点的。

(二)增值税一般纳税人使用增值税普通发票申报退税的。

（三）非增值税一般纳税人申报退税的。

第十四条　研发机构采购国产设备的应退税额，为增值税发票上注明的税额。

第十五条　研发机构采购国产设备取得的增值税专用发票，已用于进项税额抵扣的，不得申报退税；已用于退税的，不得用于进项税额抵扣。

第十六条　主管税务机关应建立研发机构采购国产设备退税情况台账，记录国产设备的型号、发票开具时间、价格、已退税额等情况。

第十七条　已办理增值税退税的国产设备，自增值税发票开具之日起3年内，设备所有权转移或移作他用的，研发机构须按照下列计算公式，向主管税务机关补缴已退税款。

应补缴税款＝增值税发票上注明的税额×（设备折余价值÷设备原值）

设备折余价值＝增值税发票上注明的金额－累计已提折旧

累计已提折旧按照企业所得税法的有关规定计算。

第十八条　研发机构涉及重大税收违法失信案件，按照《国家税务总局关于发布〈重大税收违法失信案件信息公布办法〉的公告》（2018年第54号）被公布信息的，研发机构应自案件信息公布之日起，停止享受采购国产设备退税政策，并在30日内办理退税备案撤回。研发机构违法失信案件信息停止公布并从公告栏撤出的，自信息撤出之日起，研发机构可重新办理采购国产设备退税备案，其采购的国产设备可继续享受退税政策。未按照规定办理退税备案撤回，并继续申报采购国产设备退税的，依照本办法第十九条规定处理。

第十九条　研发机构采取假冒采购国产设备退税资格、虚构采购国产设备业务、增值税发票既申报抵扣又申报退税、提供虚假退税申报资料等手段，骗取采购国产设备退税的，主管税务机关应追回已退税款，并依照税收征收管理法的有关规定处理。

第二十条　本办法未明确的其他退税管理事项，比照出口退税有关规定执行。

第二十一条　本办法施行期限为2021年1月1日至2023年12月31日，以增值税发票的开具日期为准。

1－1－335

财政部　税务总局关于调整铁路和航空运输企业汇总缴纳增值税分支机构名单的通知

2021年9月5日　财税〔2021〕51号

各省、自治区、直辖市、计划单列市财政厅（局），国家税务总局各省、自治区、直辖市、计划单列市税务局：

现将调整铁路和航空运输企业汇总缴纳增值税分支机构名单有关内容通知如下：

一、铁路运输企业

（一）对《财政部　国家税务总局关于铁路运输企业汇总缴纳增值税的通知》（财税〔2020〕56号）附件1《国铁集团增值税汇总纳税分支机构名单（一）》，增补本通知附件1所列的分支机构。

（二）对《财政部　国家税务总局关于铁路运输企业汇总缴纳增值税的通知》（财税〔2020〕56号）附件2《国铁集团增值税汇总纳税分支机构名单（二）》，增补、取消、变更本通知附件2所列的分支机构。

上述增补、变更的铁路运输企业分支机构，自本通知附件1、附件2列明的汇总纳税时间、变更时间起，按照财税〔2020〕56号文件的规定缴纳增值税。

上述取消的铁路运输企业分支机构，自本通知附件2列明的取消时间起，不再按照财税〔2020〕56号文件的规定缴纳增值税。

二、航空运输企业

对《财政部　税务总局关于航空运输企业汇总缴纳增值税总分机构名单的通知》（财税〔2020〕30号）附件《航空运输企业总分机构名单》，增补、变更本通知附件3所列的分支机构。

上述增补、变更的航空运输企业分支机构，自本通知附件3列明的汇总纳税时间、变更时间起，按照财税〔2020〕30号文件的规定缴纳增值税。

附件：1. 国铁集团增值税汇总纳税分支机构名单（一）（编者略）

2. 国铁集团增值税汇总纳税分支机构名单（二）（编者略）

3. 航空运输企业分支机构名单（编者略）

1－1－336

财政部　税务总局关于杭州2022年亚运会和亚残运会企业赞助有关增值税政策的公告

2022年1月20日　财政部　税务总局公告2022年第1号

根据《财政部　税务总局　海关总署关于杭州2022年亚运会和亚残运会税收政策的公告》（财政部　税务总局　海关总署公告2020年第18号）第十条规定，现就亚运会和亚残运会及其测试赛企业赞助有关增值税政策明确如下：

一、对企业根据赞助协议向杭州亚运会组委会（以下简称组委会）免费提供的与杭州亚运会有关的服务，免征增值税。

赞助企业按照本公告所附《杭州2022年亚运会、亚残运会及其测试赛赞助企业名单（第一批）》执行。

二、适用免征增值税政策的服务，仅限于赞助企业与组委会签订的赞助协议中列明的服务。

三、赞助企业应对上述服务单独核算，未单独核算的，不得适用免税政策。

四、本公告自2020年4月9日起执行。按照本公告应予免征的增值税，凡在本公告下发以前已经征收入库的，从纳税人以后纳税期应缴纳的增值税税款中抵减。纳税人如果已经向购买方开具了增值税专用发票,应将专用发票追回后方可申请办理免税。凡专用发票无法追回的,一律照章征收增值税。

特此公告。

附件:杭州2022年亚运会、亚残运会及其测试赛赞助企业名单(第一批)(编者略)

1－1－337

财政部　税务总局关于发布第三批适用北京2022年冬奥会、冬残奥会和测试赛企业赞助增值税政策的企业名单的公告

2022年2月18日　财政部　税务总局公告2022年第9号

现将北京2022年冬奥会、冬残奥会和测试赛赞助企业及参与赞助的下属机构名单(第三批)有关增值税政策公告如下:

本公告附件所列北京2022年冬奥会、冬残奥会、测试赛赞助企业及参与赞助的下属机构,可以按照《财政部　税务总局　海关总署关于北京2022年冬奥会和冬残奥会税收政策的通知》(财税〔2017〕60号)第三条第(二)项和《财政部　税务总局关于冬奥会和冬残奥会企业赞助有关增值税政策的通知》(财税〔2019〕6号)的规定适用相关增值税政策。

附件:北京2022年冬奥会、冬残奥会、测试赛赞助企业及参与赞助的下属机构名单(第三批)(编者略)

1－1－338

财政部　税务总局关于切实落实燃煤发电企业增值税留抵退税政策做好电力保供工作的通知

2022年6月24日　财税〔2022〕25号

各省、自治区、直辖市、计划单列市财政厅(局),新疆生产建设兵团财政局,国家税务总局各省、自治区、直辖市、计划单列市税务局:

为进一步做好能源电力保供工作,现就落实燃煤发电企业增值税留抵退税政策有关事项通知如下:

对购买使用进口煤炭的燃煤发电企业,符合《财政部　税务总局关于进一步加大增值税期末留抵退税政策实施力度的公告》(财政部　税务总局公告2022年第14号)规定的,在纳税人自愿申请的基础上,进一步加快留抵退税办理进度,规范高效便捷为其办理留抵

退税。

各地财政和税务部门要高度重视燃煤发电企业留抵退税工作，密切部门间协作，加强政策宣传辅导，及时掌握企业经营和税收情况，重点做好购买使用进口煤炭的燃煤发电企业留抵退税落实工作。

1－1－339

财政部　海关总署　税务总局　药监局关于发布第三批适用增值税政策的抗癌药品和罕见病药品清单的公告

2022年11月14日　财政部　海关总署　税务总局　药监局公告2022年第35号

为鼓励制药产业发展，降低患者用药成本，现将第三批适用增值税政策的抗癌药品和罕见病药品清单等公告如下：

一、自2022年12月1日起，本公告附件1中的抗癌药品和罕见病药品，按照《财政部　海关总署　税务总局　国家药品监督管理局关于抗癌药品增值税政策的通知》(财税〔2018〕47号)、《财政部　海关总署　税务总局　药监局关于罕见病药品增值税政策的通知》(财税〔2019〕24号)规定执行相关增值税政策。

二、自2022年12月1日起，《财政部　海关总署　税务总局　药监局关于发布第二批适用增值税政策的抗癌药品和罕见病药品清单的公告》(财政部　海关总署　税务总局　药监局公告2020年第39号)所附“抗癌药品和罕见病药品清单(第二批)”中罕见病药品制剂序号9“氘丁苯那嗪”按本公告附件2确定的税号执行。

三、各批清单中的抗癌药品和罕见病药品制剂需已获准上市，对应剂型以国家药品监督管理部门实际批准上市剂型为准。

四、本公告附件3所列药品应视为与《财政部　海关总署　税务总局　国家药品监督管理局关于抗癌药品增值税政策的通知》(财税〔2018〕47号)、《财政部　海关总署　税务总局　药监局关于发布第二批适用增值税政策的抗癌药品和罕见病药品清单的公告》(财政部　海关总署　税务总局　药监局公告2020年第39号)所附清单中对应药品活性成分名称/活性成分通用名称一致，并按上述政策规定的实施日期及要求执行相关增值税政策。

特此公告。

附件：1. 抗癌药品和罕见病药品清单(第三批)(编者略)

2. 抗癌药品和罕见病药品(第二批)税号修正清单(编者略)

3. 部分药品活性成分通用名称情况(编者略)

1－1－340

财政部　税务总局关于民用飞机增值税适用政策的公告

2022年12月30日　财政部　税务总局公告2022年第38号

现将民用飞机有关增值税政策公告如下：

自本公告发布之日起至2023年12月31日止，纳税人生产销售空载重量大于25吨的民用喷气式飞机，按照《财政部　税务总局关于民用航空发动机、新支线飞机和大型客机税收政策的公告》（财政部　税务总局公告2019年第88号）第二条、第五条、第七条和《财政部　税务总局关于延长部分税收优惠政策执行期限的公告》（财政部　税务总局公告2021年第6号）第一条有关规定执行。

特此公告。

1－1－341

财政部　税务总局关于调整铁路和航空运输企业汇总缴纳增值税分支机构名单的通知

2023年4月7日　财税〔2023〕15号

各省、自治区、直辖市、计划单列市财政厅（局），国家税务总局各省、自治区、直辖市、计划单列市税务局：

现将调整铁路和航空运输企业汇总缴纳增值税分支机构名单有关问题通知如下：

一、铁路运输企业

对《财政部　国家税务总局关于铁路运输企业汇总缴纳增值税的通知》（财税〔2020〕56号）附件2《国铁集团增值税汇总纳税分支机构名单（二）》，增补、取消、变更本通知附件1所列的分支机构。

上述增补、变更的铁路运输企业分支机构，自本通知附件1列明的汇总纳税时间、变更时间起，按照财税〔2020〕56号文件的规定缴纳增值税。

上述取消的铁路运输企业分支机构，自本通知附件1列明的取消时间起，不再按照财税〔2020〕56号文件的规定缴纳增值税。

二、航空运输企业

对《财政部　税务总局关于航空运输企业汇总缴纳增值税总分机构名单的通知》（财税〔2020〕30号）附件《航空运输企业总分机构名单》，增补本通知附件2所列的分支机构。

上述增补的航空运输企业分支机构，自本通知附件2列明的汇总纳税时间起，按照财税〔2020〕30号文件的规定缴纳增值税。

附件：1. 中国国家铁路集团有限公司增值税汇总纳税分支机构名单（编者略）

2. 航空运输企业分支机构名单（编者略）

1－1－342

财政部　税务总局关于发布第二批适用杭州2022年亚运会和亚残运会赞助服务免征增值税政策企业名单的公告

2023年7月30日　财政部　税务总局公告2023年第20号

现将第二批适用杭州2022年亚运会、亚残运会赞助服务免征增值税政策企业名单公告如下：

本公告附件所列杭州2022年亚运会、亚残运会及其测试赛赞助企业，可以按照《财政部　税务总局　海关总署关于杭州2022年亚运会和亚残运会税收政策的公告》（财政部　税务总局　海关总署公告2020年第18号）第十条和《财政部　税务总局关于杭州2022年亚运会和亚残运会企业赞助有关增值税政策的公告》（财政部　税务总局公告2022年第1号）的规定适用相关增值税政策。

特此公告。

附件：杭州2022年亚运会、亚残运会及其测试赛赞助企业名单（第二批）（编者略）

1－1－343

财政部　税务总局关于金融机构小微企业贷款利息收入免征增值税政策的公告

2023年8月1日　财政部　税务总局公告2023年第16号

现将支持小微企业、个体工商户融资有关税收政策公告如下：

一、对金融机构向小型企业、微型企业和个体工商户发放小额贷款取得的利息收入，免征增值税。金融机构可以选择以下两种方法之一适用免税：

（一）对金融机构向小型企业、微型企业和个体工商户发放的，利率水平不高于全国银行间同业拆借中心公布的贷款市场报价利率（LPR）150%（含本数）的单笔小额贷款取得的利息收入，免征增值税；高于全国银行间同业拆借中心公布的贷款市场报价利率（LPR）150%的单笔小额贷款取得的利息收入，按照现行政策规定缴纳增值税。

（二）对金融机构向小型企业、微型企业和个体工商户发放单笔小额贷款取得的利息收入中,不高于该笔贷款按照全国银行间同业拆借中心公布的贷款市场报价利率(LPR)150%(含本数)计算的利息收入部分,免征增值税;超过部分按照现行政策规定缴纳增值税。

金融机构可按会计年度在以上两种方法之间选定其一作为该年的免税适用方法,一经选定,该会计年度内不得变更。

二、本条公告所称金融机构,是指经中国人民银行、金融监管总局批准成立的已实现监管部门上一年度提出的小微企业贷款增长目标的机构,以及经中国人民银行、金融监管总局、中国证监会批准成立的开发银行及政策性银行、外资银行和非银行业金融机构。金融机构实现小微企业贷款增长目标情况,以金融监管总局及其派出机构考核结果为准。

三、本公告所称小型企业、微型企业,是指符合《中小企业划型标准规定》(工信部联企业〔2011〕300号)的小型企业和微型企业。其中,资产总额和从业人员指标均以贷款发放时的实际状态确定;营业收入指标以贷款发放前12个自然月的累计数确定,不满12个自然月的,按照以下公式计算:

营业收入(年)=企业实际存续期间营业收入÷企业实际存续月数×12

四、本公告所称小额贷款,是指单户授信小于1000万元(含本数)的小型企业、微型企业或个体工商户贷款;没有授信额度的,是指单户贷款合同金额且贷款余额在1000万元(含本数)以下的贷款。

五、金融机构应将相关免税证明材料留存备查,单独核算符合免税条件的小额贷款利息收入,按现行规定向主管税务机构办理纳税申报;未单独核算的,不得免征增值税。

金融机构应依法依规享受增值税优惠政策,一经发现存在虚报或造假骗取本项税收优惠情形的,停止享受本公告有关增值税优惠政策。

金融机构应持续跟踪贷款投向,确保贷款资金真正流向小型企业、微型企业和个体工商户,贷款的实际使用主体与申请主体一致。

六、金融机构向小型企业、微型企业及个体工商户发放单户授信小于100万元(含本数),或者没有授信额度,单户贷款合同金额且贷款余额在100万元(含本数)以下的贷款取得的利息收入,可按照《财政部 税务总局关于支持小微企业融资有关税收政策的公告》(财政部 税务总局公告2023年第13号)的规定免征增值税。

七、本公告执行至2027年12月31日。

特此公告。

1-1-344

财政部 税务总局关于延续执行农户、小微企业和个体工商户融资担保增值税政策的公告

2023年8月1日 财政部 税务总局公告2023年第18号

为进一步支持农户、小微企业和个体工商户融资,现将有关税收政策公告如下:

一、纳税人为农户、小型企业、微型企业及个体工商户借款、发行债券提供融资担保取得的担保费收入,以及为上述融资担保(以下称原担保)提供再担保取得的再担保费收入,免征增值税。再担保合同对应多个原担保合同的,原担保合同应全部适用免征增值税政策。否则,再担保合同应按规定缴纳增值税。

二、本公告所称农户,是指长期(一年以上)居住在乡镇(不包括城关镇)行政管理区域内的住户,还包括长期居住在城关镇所辖行政村范围内的住户和户口不在本地而在本地居住一年以上的住户,国有农场的职工。位于乡镇(不包括城关镇)行政管理区域内和在城关镇所辖行政村范围内的国有经济的机关、团体、学校、企事业单位的集体户;有本地户口,但举家外出谋生一年以上的住户,无论是否保留承包耕地均不属于农户。农户以户为统计单位,既可以从事农业生产经营,也可以从事非农业生产经营。农户担保、再担保的判定应以原担保生效时的被担保人是否属于农户为准。

本公告所称小型企业、微型企业,是指符合《中小企业划型标准规定》(工信部联企业〔2011〕300号)的小型企业和微型企业。其中,资产总额和从业人员指标均以原担保生效时的实际状态确定;营业收入指标以原担保生效前12个自然月的累计数确定,不满12个自然月的,按照以下公式计算:

营业收入(年)=企业实际存续期间营业收入÷企业实际存续月数×12

纳税人应将相关免税证明材料留存备查,单独核算符合免税条件的融资担保费和再担保费收入,按现行规定向主管税务机关办理纳税申报;未单独核算的,不得免征增值税。

三、本公告执行至2027年12月31日。

特此公告。

1-1-345

财政部　税务总局关于支持货物期货市场对外开放有关增值税政策的公告

2023年8月17日　财政部　税务总局公告2023年第21号

为继续支持货物期货市场对外开放,现将有关增值税政策公告如下:

对经国务院批准对外开放的货物期货品种保税交割业务,暂免征收增值税。

上述期货交易中实际交割的货物,如果发生进口或者出口的,统一按照现行货物进出口税收政策执行。非保税货物发生的期货实物交割仍按《国家税务总局关于下发〈货物期货征收增值税具体办法〉的通知》(国税发〔1994〕244号)的规定执行。

本公告执行至2027年12月31日。

特此公告。

1 -1 -346

财政部　商务部　税务总局关于研发机构采购设备增值税政策的公告

2023 年 8 月 28 日　财政部　商务部　税务总局公告 2023 年第 41 号

为鼓励科学研究和技术开发,促进科技进步,继续对内资研发机构和外资研发中心采购国产设备全额退还增值税。现将有关事项公告如下:

一、适用采购国产设备全额退还增值税政策的内资研发机构和外资研发中心包括:

(一)科技部会同财政部、海关总署和税务总局核定的科技体制改革过程中转制为企业和进入企业的主要从事科学研究和技术开发工作的机构;

(二)国家发展改革委会同财政部、海关总署和税务总局核定的国家工程研究中心;

(三)国家发展改革委会同财政部、海关总署、税务总局和科技部核定的企业技术中心;

(四)科技部会同财政部、海关总署和税务总局核定的国家重点实验室(含企业国家重点实验室)和国家工程技术研究中心;

(五)科技部核定的国务院部委、直属机构所属从事科学研究工作的各类科研院所,以及各省、自治区、直辖市、计划单列市科技主管部门核定的本级政府所属从事科学研究工作的各类科研院所;

(六)科技部会同民政部核定或者各省、自治区、直辖市、计划单列市及新疆生产建设兵团科技主管部门会同同级民政部门核定的科技类民办非企业单位;

(七)工业和信息化部会同财政部、海关总署、税务总局核定的国家中小企业公共服务示范平台(技术类);

(八)国家承认学历的实施专科及以上高等学历教育的高等学校(以教育部门户网站公布名单为准);

(九)符合本公告第二条规定的外资研发中心;

(十)财政部会同国务院有关部门核定的其他科学研究机构、技术开发机构和学校。

二、外资研发中心应同时满足下列条件:

(一)研发费用标准:作为独立法人的,其投资总额不低于 800 万美元;作为公司内设部门或分公司的非独立法人的,其研发总投入不低于 800 万美元。

(二)专职研究与试验发展人员不低于 80 人。

(三)设立以来累计购置的设备原值不低于 2000 万元。

外资研发中心须经商务主管部门会同有关部门按照上述条件进行资格审核认定。具体审核认定办法见附件 1。

三、经核定的内资研发机构、外资研发中心,发生重大涉税违法失信行为的,不得享受退税政策。具体退税管理办法由税务总局会同财政部另行制定。相关研发机构的牵头核定部门应及时将内资研发机构、外资研发中心的新设、变更及撤销名单函告同级税务部门,并注明相关资质起止时间。

四、本公告的有关定义:

(一)本公告所述“投资总额”,是指商务主管部门出具或发放的外商投资信息报告回执或企业批准证书或设立、变更备案回执等文件所载明的金额。

(二)本公告所述“研发总投入”,是指外商投资企业专门为设立和建设本研发中心而投入的资产,包括即将投入并签订购置合同的资产(应提交已采购资产清单和即将采购资产的合同清单)。

(三)本公告所述“研发经费年支出额”,是指近两个会计年度研发经费年均支出额;不足两个完整会计年度的,可按外资研发中心设立以来任意连续12个月的实际研发经费支出额计算;现金与实物资产投入应不低于60%。

(四)本公告所述“专职研究与试验发展人员”,是指企业科技活动人员中专职从事基础研究、应用研究和试验发展三类项目活动的人员,包括直接参加上述三类项目活动的人员以及相关专职科技管理人员和为项目提供资料文献、材料供应、设备的直接服务人员,上述人员须与外资研发中心或其所在外商投资企业签订1年以上劳动合同,以外资研发中心提交申请的前一日人数为准。

(五)本公告所述“设备”,是指为科学研究、教学和科技开发提供必要条件的实验设备、装置和器械。在计算累计购置的设备原值时,应将进口设备和采购国产设备的原值一并计入,包括已签订购置合同并于当年内交货的设备(应提交购置合同清单及交货期限),上述采购国产设备应属于本公告《科技开发、科学研究和教学设备清单》所列设备(见附件2)。对执行中国产设备范围存在异议的,由主管税务机关逐级上报税务总局商财政部核定。

五、本公告执行至2027年12月31日,具体从内资研发机构和外资研发中心取得退税资格的次月1日起执行。

特此公告。

附件:1. 外资研发中心采购国产设备退税资格审核认定办法

2. 科技开发、科学研究和教学设备清单

附件1

外资研发中心采购国产设备退税资格审核认定办法

为落实好外资研发中心(包括独立法人和非独立法人研发中心,以下简称研发中心)采购国产设备相关税收政策,特制定以下资格审核认定办法:

一、资格条件的审核

(一)各省、自治区、直辖市、计划单列市及新疆生产建设兵团商务主管部门会同同级财政、税务部门(以下简称审核部门),根据本地情况,制定审核流程和具体办法。研发中心应按本通知有关要求向其所在地商务主管部门提交申请材料。

(二)商务主管部门牵头召开审核部门联席会议,对研发中心上报的申请材料进行审核,按照本通知正文第二条所列条件和本审核认定办法要求,确定符合退税资格条件的研发中心名单。

（三）经审核，对符合退税资格条件的研发中心，由审核部门以公告形式联合发布，并将名单抄送商务部（外资司）、财政部（税政司）、国家税务总局（货物和劳务税司）备案。对不符合有关规定的，由商务主管部门根据联席会议的决定出具书面审核意见，并说明理由。上述公告或审核意见应在审核部门受理申请之日起45个工作日之内做出。

（四）审核部门每两年对已获得退税资格的研发中心进行资格复审。对于不再符合条件的研发中心取消其享受退税优惠政策的资格。

二、需报送的材料

研发中心申请采购国产设备退税资格，应提交以下材料：

（一）研发中心采购国产设备退税资格申请书和审核表；

（二）研发中心为独立法人的，应提交外商投资信息报告回执或企业批准证书或设立、变更备案回执，及营业执照复印件；研发中心为非独立法人的，应提交其所在外商投资企业的外商投资信息报告回执或企业批准证书或设立、变更备案回执，及营业执照复印件；

（三）验资报告及上一年度审计报告复印件；

（四）研发费用支出明细、设备购置支出明细和清单以及通知规定应提交的材料；

（五）专职研究与试验发展人员名册（包括姓名、工作岗位、劳动合同期限、联系方式）；

（六）审核部门要求提交的其他材料。

三、相关工作的管理

（一）在公告发布后，列入公告名单的研发中心，可按有关规定直接向其所在地税务部门申请办理采购国产设备退税手续。

（二）审核部门在共同审核认定研发中心资格的过程中，可到研发中心查阅有关资料，了解情况，核实其报送的申请材料的真实性。同时应注意加强对研发中心的政策指导和服务，提高工作效率。

（三）省级商务主管部门应将《外资研发中心采购设备免、退税资格审核表》有关信息及时录入外商投资综合管理信息系统研发中心选项。

附：外资研发中心采购设备免、退税资格审核表（编者略）

附件2

科技开发、科学研究和教学设备清单

科技开发、科学研究和教学设备，是指符合《中华人民共和国增值税暂行条例实施细则》（财政部　国家税务总局令第50号）第二十一条“固定资产”的相关规定，为科学研究、教学和科技开发提供必要条件的实验设备、装置和器械（不包括中试设备）。具体包括以下四类：

一、实验环境方面

（一）教学实验仪器及装置；

（二）教学示教、演示仪器及装置；

（三）超净设备（如换气、灭菌、纯水、净化设备等）；

（四）特殊实验环境设备（如超低温、超高温、高压、低压、强腐蚀设备等）；

（五）特殊电源、光源设备；

（六）清洗循环设备；

（七）恒温设备（如水浴、恒温箱、灭菌仪等）；

（八）小型粉碎、研磨制备设备。

二、样品制备设备和装置

（一）特种泵类（如分子泵、离子泵、真空泵、蠕动泵、蜗轮泵、干泵等）；

（二）培养设备（如培养箱、发酵罐等）；

（三）微量取样设备（如取样器、精密天平等）；

（四）分离、纯化、浓缩设备（如离心机、层析、色谱、萃取、结晶设备、旋转蒸发器等）；

（五）气体、液体、固体混合设备（如旋涡混合器等）；

（六）制气设备、气体压缩设备；

（七）专用制样设备（如切片机、压片机、镀膜机、减薄仪、抛光机等），实验用注射、挤出、造粒、膜压设备，实验室样品前处理设备。

三、实验室专用设备

（一）特殊照相和摄影设备（如水下、高空、高温、低温等）；

（二）科研飞机、船舶用关键设备；

（三）特种数据记录设备（如大幅面扫描仪、大幅面绘图仪、磁带机、光盘机等）；

（四）材料科学专用设备（如干胶仪、特种坩埚、陶瓷、图形转换设备、制版用干板、特种等离子体源、离子源、外延炉、扩散炉、溅射仪、离子刻蚀机，材料实验机等），可靠性试验设备，微电子加工设备，通信模拟仿真设备，通信环境试验设备；

（五）小型熔炼设备（如真空、粉末、电渣等），特殊焊接设备；

（六）小型染整、纺丝试验专用设备；

（七）电生理设备。

四、计算机工作站，中型、大型计算机

1－1－347

财政部　税务总局关于先进制造业企业增值税加计抵减政策的公告

2023年9月3日　财政部　税务总局公告2023年第43号

现将先进制造业企业增值税加计抵减政策公告如下：

一、自2023年1月1日至2027年12月31日，允许先进制造业企业按照当期可抵扣进项税额加计5%抵减应纳增值税税额（以下称加计抵减政策）。

本公告所称先进制造业企业是指高新技术企业（含所属的非法人分支机构）中的制造

业一般纳税人，高新技术企业是指按照《科技部　财政部　国家税务总局关于修订印发〈高新技术企业认定管理办法〉的通知》（国科发火〔2016〕32 号）规定认定的高新技术企业。先进制造业企业具体名单，由各省、自治区、直辖市、计划单列市工业和信息化部门会同同级科技、财政、税务部门确定。

二、先进制造业企业按照当期可抵扣进项税额的 5% 计提当期加计抵减额。按照现行规定不得从销项税额中抵扣的进项税额，不得计提加计抵减额；已计提加计抵减额的进项税额，按规定作进项税额转出的，应在进项税额转出当期，相应调减加计抵减额。

三、先进制造业企业按照现行规定计算一般计税方法下的应纳税额（以下称抵减前的应纳税额）后，区分以下情形加计抵减：

1. 抵减前的应纳税额等于零的，当期可抵减加计抵减额全部结转下期抵减；

2. 抵减前的应纳税额大于零，且大于当期可抵减加计抵减额的，当期可抵减加计抵减额全额从抵减前的应纳税额中抵减；

3. 抵减前的应纳税额大于零，且小于或等于当期可抵减加计抵减额的，以当期可抵减加计抵减额抵减应纳税额至零；未抵减完的当期可抵减加计抵减额，结转下期继续抵减。

四、先进制造业企业可计提但未计提的加计抵减额，可在确定适用加计抵减政策当期一并计提。

五、先进制造业企业出口货物劳务、发生跨境应税行为不适用加计抵减政策，其对应的进项税额不得计提加计抵减额。

先进制造业企业兼营出口货物劳务、发生跨境应税行为且无法划分不得计提加计抵减额的进项税额，按照以下公式计算：

不得计提加计抵减额的进项税额 = 当期无法划分的全部进项税额 × 当期出口货物劳务和发生跨境应税行为的销售额 ÷ 当期全部销售额

六、先进制造业企业应单独核算加计抵减额的计提、抵减、调减、结余等变动情况。骗取适用加计抵减政策或虚增加计抵减额的，按照《中华人民共和国税收征收管理法》等有关规定处理。

七、先进制造业企业同时符合多项增值税加计抵减政策的，可以择优选择适用，但在同一期间不得叠加适用。

特此公告。

1－1－348

财政部　税务总局关于延续实施边销茶增值税政策的公告

2023 年 9 月 22 日　财政部　税务总局公告 2023 年第 59 号

现将延续实施边销茶增值税政策有关事项公告如下：

一、对边销茶生产企业（企业名单见附件）销售自产的边销茶及经销企业销售的边销茶免征增值税。

本公告所称边销茶，是指以黑毛茶、老青茶、红茶末、绿茶为主要原料，经过发酵、蒸制、加压或者压碎、炒制，专门销往边疆少数民族地区的紧压茶。

二、本公告自发文之日起执行至2027年12月31日。

特此公告。

附件：适用增值税免税政策的边销茶生产企业名单（编者略）

1－1－349

财政部　税务总局关于延续实施宣传文化增值税优惠政策的公告

2023年9月22日　财政部　税务总局公告2023年第60号

为促进我国宣传文化事业发展，现将实施宣传文化增值税优惠政策有关事项公告如下：

一、2027年12月31日前，执行下列增值税先征后退政策。

（一）对下列出版物在出版环节执行增值税100%先征后退的政策：

1. 中国共产党和各民主党派的各级组织的机关报纸和机关期刊，各级人大、政协、政府、工会、共青团、妇联、残联、科协的机关报纸和机关期刊，新华社的机关报纸和机关期刊，军事部门的机关报纸和机关期刊。

上述各级组织不含其所属部门。机关报纸和机关期刊增值税先征后退范围掌握在一个单位一份报纸和一份期刊以内。

2. 专为少年儿童出版发行的报纸和期刊，中小学的学生教科书。

3. 专为老年人出版发行的报纸和期刊。

4. 少数民族文字出版物。

5. 盲文图书和盲文期刊。

6. 经批准在内蒙古、广西、西藏、宁夏、新疆五个自治区内注册的出版单位出版的出版物。

7. 列入本公告附件1的图书、报纸和期刊。

（二）对下列出版物在出版环节执行增值税50%先征后退的政策：

1. 各类图书、期刊、音像制品、电子出版物，但本公告第一条第（一）项规定执行增值税100%先征后退的出版物除外。

2. 列入本公告附件2的报纸。

（三）对下列印刷、制作业务执行增值税100%先征后退的政策：

1. 对少数民族文字出版物的印刷或制作业务。

2. 列入本公告附件3的新疆维吾尔自治区印刷企业的印刷业务。

二、2027年12月31日前，免征图书批发、零售环节增值税。

三、2027年12月31日前，对科普单位的门票收入，以及县级及以上党政部门和科协开展科普活动的门票收入免征增值税。

四、享受本公告第一条第(一)项、第(二)项规定的增值税先征后退政策的纳税人,必须是具有相关出版物出版许可证的出版单位(含以“租型”方式取得专有出版权进行出版物印刷发行的出版单位)。承担省级及以上出版行政主管部门指定出版、发行任务的单位,因进行重组改制等原因尚未办理出版、发行许可证变更的单位,经财政部各地监管局(以下简称财政监管局)商省级出版行政主管部门核准,可以享受相应的增值税先征后退政策。

纳税人应当将享受上述税收优惠政策的出版物在财务上实行单独核算,不进行单独核算的不得享受本公告规定的优惠政策。违规出版物、多次出现违规的出版单位及图书批发零售单位不得享受本公告规定的优惠政策。上述违规出版物、出版单位及图书批发零售单位的具体名单由省级及以上出版行政主管部门及时通知相应财政监管局和主管税务机关。

五、已按软件产品享受增值税退税政策的电子出版物不得再按本公告申请增值税先征后退政策。

六、本公告规定的各项增值税先征后退政策由财政监管局根据财政部、税务总局、中国人民银行《关于税制改革后对某些企业实行“先征后退”有关预算管理问题的暂行规定的通知》〔(94)财预字第55号〕的规定办理。

七、本公告的有关定义

(一)本公告所述“出版物”,是指根据国务院出版行政主管部门的有关规定出版的图书、报纸、期刊、音像制品和电子出版物。所述图书、报纸和期刊,包括随同图书、报纸、期刊销售并难以分离的光盘、软盘和磁带等信息载体。

(二)图书、报纸、期刊(即杂志)的范围,按照《国家税务总局关于印发〈增值税部分货物征税范围注释〉的通知》(国税发〔1993〕151号)的规定执行;音像制品、电子出版物的范围,按照《财政部　税务总局关于简并增值税税率有关政策的通知》(财税〔2017〕37号)的规定执行。

(三)本公告所述“专为少年儿童出版发行的报纸和期刊”,是指以初中及初中以下少年儿童为主要对象的报纸和期刊。

(四)本公告所述“中小学的学生教科书”,是指普通中小学学生教科书和中等职业教育教科书。普通中小学学生教科书是指根据中小学国家课程方案和课程标准编写的,经国务院教育行政部门审定或省级教育行政部门审定的,由取得国务院出版行政主管部门批准的教科书出版、发行资质的单位提供的中小学学生上课使用的正式教科书,具体操作时按国务院和省级教育行政部门每年下达的“中小学教学用书目录”中所列“教科书”的范围掌握。中等职业教育教科书是指按国家规定设置标准和审批程序批准成立并在教育行政部门备案的中等职业学校,及在人力资源社会保障行政部门备案的技工学校学生使用的教科书,具体操作时按国务院和省级教育、人力资源社会保障行政部门发布的教学用书目录认定。中小学的学生教科书不包括各种形式的教学参考书、图册、读本、课外读物、练习册以及其他各类教辅材料。

(五)本公告所述“专为老年人出版发行的报纸和期刊”,是指以老年人为主要对象的报纸和期刊,具体范围见附件4。

(六)本公告第一条第(一)项和第(二)项规定的图书包括“租型”出版的图书。

（七）本公告所述“科普单位”，是指科技馆、自然博物馆，对公众开放的天文馆（站、台）、气象台（站）、地震台（站），以及高等院校、科研机构对公众开放的科普基地。

本公告所述“科普活动”，是指利用各种传媒以浅显的、让公众易于理解、接受和参与的方式，向普通大众介绍自然科学和社会科学知识，推广科学技术的应用，倡导科学方法，传播科学思想，弘扬科学精神的活动。

本公告自发文之日起执行。

特此公告。

附件：1. 适用增值税100%先征后退政策的特定图书、报纸和期刊名单

2. 适用增值税50%先征后退政策的报纸名单

3. 适用增值税100%先征后退政策的新疆维吾尔自治区印刷企业名单

4. 专为老年人出版发行的报纸和期刊名单

附件1

适用增值税100%先征后退政策的特定图书、报纸和期刊名单

1.《半月谈》（CN11－1271/D）和《半月谈内部版》（CN11－1599/D）

2. 新华通讯社的刊号为CN11－1363/D、CN11－4165/D、CN11－4166/D、CN11－4164/D、CN11－4139/D和CN11－4140/D的期刊

3.《法制日报》（CN11－0080）

4.《检察日报》（CN11－0187）

5.《人民法院报》（CN11－0194）

6.《中国日报》（CN11－0091）

7.《中国纪检监察报》（CN11－0176）

8.《光明日报》（CN11－0026）

9.《经济日报》（CN11－0014）

10.《农民日报》（CN11－0055）

11.《人民公安报》（CN11－0090）

12.《中国妇女》[CN11－1245/C，CN11－1704/C（英文）]

13.《长安》（CN11－3295/D）

14.《中国火炬》（CN11－3316/C）

15.《中国纪检监察》（CN10－1269/D）

16.《环球时报》[CN11－0215，CN11－0272（英文版）]

17.《中共中央办公厅通讯》[CN11－4129/D]

18.《科技日报》[CN11－0078]

19. 国务院侨务办公室组织编写的背面印有“本书国务院侨办推展海外华文教育免费赠送”字样的华文教材（含多媒体教材）。

附件 2

适用增值税 50%先征后退政策的报纸名单

类别	享受政策的报纸	代码
一、综合类报纸	1. 国际时政类报纸	133
	2. 外宣类报纸	134
	3. 其他类报纸	135
二、行业专业类报纸	1. 经济类报纸	201
	2. 工业产业类报纸	202
	3. 农业类报纸	203
	4. 文化艺术类报纸	206
	5. 法制公安类报纸	207
	6. 科技类报纸	208
	7. 教育类报纸	209
	8. 新闻出版类报纸	214
	9. 信息技术类报纸	215
	10. 其他类报纸	216

说明:1. 根据《新闻出版署关于印发〈报纸期刊年度核验办法〉的通知》(新出报刊〔2006〕181 号),报纸类别由各省出版行政主管部门根据报纸审批、变更时所认定的类别或根据报纸办报宗旨确定。具体类别或代码以出版行政主管部门出具的《报纸出版许可证》中“类别”栏标明的内容为准。

2. 对2008 年底以前颁发的《报纸出版许可证》,如果没有标明相应报纸类别或代码的,应在报经国务院出版行政主管部门确认并出具证明后,再根据相应类别确定是否适用退税政策。

附件 3

适用增值税 100%先征后退政策的新疆维吾尔自治区印刷企业名单

序号	企业名称
1	新疆新华印务有限责任公司
2	新疆日报社印务中心
3	新疆金版印务有限公司
4	新疆二新华印刷有限责任公司
5	乌鲁木齐市海洋彩印有限公司
6	新疆兴华夏彩印有限公司
7	新疆双星彩印有限责任公司
8	乌鲁木齐旭鸿工贸有限公司
9	新疆育人教育招生考试印务有限公司
10	新疆大众彩印有限责任公司
11	新疆财正嘉印务有限责任公司
12	新疆翼百丰印务有限公司

续表

序号	企业名称
13	乌鲁木齐晚报印务有限公司
14	新疆恒远中汇彩印包装股份有限公司
15	乌鲁木齐市一龙祥瑞包装印务有限公司
16	乌鲁木齐大路印务有限公司
17	新疆统计印务有限责任公司
18	新疆兴东印刷包装有限公司
19	乌鲁木齐精彩阳光印刷包装有限公司
20	伊犁日报印务有限责任公司
21	哈密日报社印务中心有限公司
22	阿克苏飞达印务有限责任公司
23	新疆阿克苏新华印务有限责任公司
24	新疆天利人印务有限公司
25	昌吉州升华印刷有限责任公司
26	新疆朝阳印刷有限责任公司
27	巴州日报印务有限责任公司
28	巴州好彩彩印有限责任公司
29	喀什日报印务有限责任公司
30	新疆日报社南疆印务中心
31	和田翔龙印务有限责任公司
32	阿勒泰地区泰昇报业印务有限责任公司
33	博尔塔拉蒙古自治州博报印务有限责任公司
34	克州盛东印刷有限责任公司
35	新疆塔城中信天成印刷有限责任公司
36	乌鲁木齐大金马印务有限责任公司
37	新疆八艺印刷厂
38	新疆新华华龙印务有限责任公司
39	新疆超亚印刷有限公司
40	乌鲁木齐红色印务包装有限公司
41	乌鲁木齐市博文印务有限公司
42	乌鲁木齐八家户彩印有限公司
43	新疆思源印务有限公司
44	阿克苏声远彩印有限公司
45	新疆红圣彤彩印包装有限公司
46	新疆华中图数字印务有限公司
47	乌鲁木齐光大印刷有限公司艺林印务中心

续表

序号	企业名称
48	乌鲁木齐美好景象图文制作有限公司
49	乌鲁木齐市心同兴源彩印有限公司
50	乌鲁木齐绿色寰宝印刷有限公司
51	克拉玛依日报传媒有限责任公司
52	新疆生产建设兵团印刷厂
53	石河子报社印刷厂
54	新疆伊力特印务有限责任公司
55	乌鲁木齐市科恒彩印有限公司
56	新疆三五九印务有限公司
57	巴州兵地光彩印务有限责任公司
58	新疆丝路文化传媒有限公司
59	乌鲁木齐市鑫五方包装彩印有限公司
60	乌鲁木齐市鑫国芳印务有限公司

附件4

专为老年人出版发行的报纸和期刊名单

类别	序号	名称	刊号
一、报纸	1	中国老年报	CN11－0031
	2	中老年时报	CN12－0024
	3	燕赵老年报	CN13－0027
	4	老友导报	CN14－0064
	5	辽宁老年报	CN21－0023
	6	晚晴报	CN21－0025
	7	老年日报	CN23－0018
	8	上海老年报	CN31－0026
	9	老年周报	CN32－0004
	10	浙江老年报	CN33－0097
	11	安徽老年报	CN34－0051
	12	福建老年报	CN35－0008
	13	老年生活报	CN37－0099
	14	老年文汇报	CN42－0074
	15	广州市老人报	CN44－0099
	16	广西老年报	CN45－0058
	17	晚霞报	CN51－0056
	18	贵州老年报	CN52－0033

续表

类别	序号	名称	刊号
一、报纸	19	云南老年报	CN53－0035
	20	陕西老年报	CN61－0041
	21	老年康乐报	CN65－0064
	22	老年康乐报(维文版)	CN65－0064/－W
	23	益寿文摘	CN34－0042
	24	老年文摘报	CN15－0062
	25	快乐老人报	CN43－0024
	26	生活晚报	CN65－0023
二、期刊	27	中国老年	CN11－1146/C
	28	老人世界	CN13－1123/C
	29	山西老年	CN14－1009/C
	30	老年世界	CN15－1013/C
	31	老同志之友	CN21－1006/C
	32	夕阳红	CN22－1325/C
	33	退休生活	CN23－1003/C
	34	老年学习生活	CN23－1090/C
	35	银潮	CN32－1385/C
	36	老友	CN36－1240/C
	37	老年教育	CN37－1007/G4
	38	老人春秋	CN41－1217/C
	39	当代老年	CN42－1297/D
	40	老年人	CN43－1261/C
	41	秋光	CN44－1493/C
	42	老年知音	CN45－1252/G0
	43	晚霞	CN51－1449/C
	44	晚晴	CN52－1006/C
	45	金秋	CN61－1385/C
	46	老年博览	CN62－1174/C
	47	金色年代	CN31－1994/C
	48	老干部之家	CN37－1507/C
	49	新天地	CN11－5523/C
	50	乐活老年	CN21－1595/C

1 －1 －350

财政部　税务总局关于延续实施支持文化企业发展增值税政策的公告

2023 年 9 月 22 日　财政部　税务总局公告 2023 年第 61 号

为支持文化企业发展，现就延续实施有关增值税政策公告如下：

一、对电影主管部门（包括中央、省、地市及县级）按照职能权限批准从事电影制片、发行、放映的电影集团公司（含成员企业）、电影制片厂及其他电影企业取得的销售电影拷贝（含数字拷贝）收入、转让电影版权（包括转让和许可使用）收入、电影发行收入以及在农村取得的电影放映收入，免征增值税。一般纳税人提供的城市电影放映服务，可以按现行政策规定，选择按照简易计税办法计算缴纳增值税。

二、对广播电视运营服务企业收取的有线数字电视基本收视维护费和农村有线电视基本收视费，免征增值税。

三、本公告执行至 2027 年 12 月 31 日。

特此公告。

1 －1 －351

财政部　税务总局关于延续免征国产抗艾滋病病毒药品增值税政策的公告

2023 年 9 月 22 日　财政部　税务总局公告 2023 年第 62 号

为继续支持艾滋病防治工作，现将国产抗艾滋病病毒药品增值税政策公告如下：

一、继续对国产抗艾滋病病毒药品免征生产环节和流通环节增值税（国产抗艾滋病病毒药物免税品种清单见附件）。

二、享受上述免征增值税政策的国产抗艾滋病病毒药品，须为各省（自治区、直辖市）艾滋病药品管理部门按照政府采购有关规定采购的，并向艾滋病病毒感染者和病人免费提供的抗艾滋病病毒药品。药品生产企业和流通企业应将药品供货合同留存，以备税务机关查验。

三、抗艾滋病病毒药品的生产企业和流通企业应分别核算免税药品和其他货物的销售额；未分别核算的，不得享受增值税免税政策。

四、本公告自发文之日起执行至 2027 年 12 月 31 日。

特此公告。

附件：国产抗艾滋病病毒药物免税品种清单

附件

国产抗艾滋病病毒药物免税品种清单

序号	药物品种
1	齐多夫定
2	拉米夫定
3	奈韦拉平
4	依非韦伦
5	富马酸替诺福韦二吡呋酯
6	洛匹那韦
7	利托那韦
8	阿巴卡韦
9	恩曲他滨
10	利匹韦林

注:以上国产抗艾滋病病毒药物,包括上表中所列药物及其制剂,以及由两种或三种药物组成的复合制剂。

1－1－352

财政部　税务总局关于延续实施二手车经销有关增值税政策的公告

2023年9月22日　财政部　税务总局公告2023年第63号

现就延续实施二手车经销有关增值税政策公告如下:

一、对从事二手车经销的纳税人销售其收购的二手车,按照简易办法依3%征收率减按0.5%征收增值税。

二、本公告所称二手车,是指从办理完注册登记手续至达到国家强制报废标准之前进行交易并转移所有权的车辆,具体范围按照国务院商务主管部门出台的二手车流通管理办法执行。

三、本公告执行至2027年12月31日。

特此公告。

1－1－353

财政部　税务总局关于延续实施中国邮政储蓄银行三农金融事业部涉农贷款增值税政策的公告

2023年9月26日　财政部　税务总局公告2023年第66号

现将中国邮政储蓄银行"三农金融事业部"涉农贷款有关增值税政策公告如下：

一、中国邮政储蓄银行纳入"三农金融事业部"改革的各省、自治区、直辖市、计划单列市分行下辖的县域支行，提供农户贷款、农村企业和农村各类组织贷款（具体贷款业务清单见附件）取得的利息收入，可以选择适用简易计税方法按照3%的征收率计算缴纳增值税。

二、本公告所称农户，是指长期（一年以上）居住在乡镇（不包括城关镇）行政管理区域内的住户，还包括长期居住在城关镇所辖行政村范围内的住户和户口不在本地而在本地居住一年以上的住户，国有农场的职工和农村个体工商户。位于乡镇（不包括城关镇）行政管理区域内和在城关镇所辖行政村范围内的国有经济的机关、团体、学校、企事业单位的集体户；有本地户口，但举家外出谋生一年以上的住户，无论是否保留承包耕地均不属于农户。农户以户为统计单位，既可以从事农业生产经营，也可以从事非农业生产经营。农户贷款的判定应以贷款发放时的借款人是否属于农户为准。

三、本公告所称农村企业和农村各类组织贷款，是指金融机构发放给注册在农村地区的企业及各类组织的贷款。

四、本公告执行至2027年12月31日。

特此公告。

附件：享受增值税优惠的涉农贷款业务清单

附件

享受增值税优惠的涉农贷款业务清单

1. 法人农业贷款
2. 法人林业贷款
3. 法人畜牧业贷款
4. 法人渔业贷款
5. 法人农林牧渔服务业贷款
6. 法人其他涉农贷款（煤炭、烟草、采矿业、房地产业、城市基础设施建设和其他类的法人涉农贷款除外）
7. 小型农田水利设施贷款
8. 大型灌区改造
9. 中低产田改造
10. 防涝抗旱减灾体系建设
11. 农产品加工贷款
12. 农业生产资料制造贷款
13. 农业物资流通贷款
14. 农副产品流通贷款

15. 农产品出口贷款
16. 农业科技贷款
17. 农业综合生产能力建设
18. 农田水利设施建设
19. 农产品流通设施建设
20. 其他农业生产性基础设施建设
21. 农村饮水安全工程
22. 农村公路建设
23. 农村能源建设
24. 农村沼气建设
25. 其他农村生活基础设施建设
26. 农村教育设施建设
27. 农村卫生设施建设
28. 农村文化体育设施建设
29. 林业和生态环境建设
30. 个人农业贷款
31. 个人林业贷款
32. 个人畜牧业贷款
33. 个人渔业贷款
34. 个人农林牧渔服务业贷款
35. 农户其他生产经营贷款
36. 农户助学贷款
37. 农户医疗贷款
38. 农户住房贷款
39. 农户其他消费贷款

1－1－354

财政部　税务总局关于延续实施金融机构农户贷款利息收入免征增值税政策的公告

2023 年 9 月 26 日　财政部　税务总局公告 2023 年第 67 号

为支持金融机构发放农户贷款，现将有关增值税政策公告如下：

一、对金融机构向农户发放小额贷款取得的利息收入，免征增值税。金融机构应将相关免税证明材料留存备查，单独核算符合免税条件的小额贷款利息收入，按现行规定向主管税务机关办理纳税申报；未单独核算的，不得免征增值税。

二、本公告所称农户，是指长期（一年以上）居住在乡镇（不包括城关镇）行政管理区域内的住户，还包括长期居住在城关镇所辖行政村范围内的住户和户口不在本地而在本地居住一年以上的住户，国有农场的职工。位于乡镇（不包括城关镇）行政管理区域内和在城关镇所辖行政村范围内的国有经济的机关、团体、学校、企事业单位的集体户；有本地户口，但举家外出谋生一年以上的住户，无论是否保留承包耕地均不属于农户。农户以户为统计单位，既可以从事农业生产经营，也可以从事非农业生产经营。农户贷款的判定应以贷款发放时的借款人是否属于农户为准。

三、本公告所称小额贷款，是指单户授信小于 100 万元（含本数）的农户贷款；没有授信额度的，是指单户贷款合同金额且贷款余额在 100 万元（含本数）以下的贷款。

四、本公告执行至 2027 年 12 月 31 日。

特此公告。

1－1－355

财政部　税务总局关于延续实施医疗服务免征增值税等政策的公告

2023 年 9 月 26 日　财政部　税务总局公告 2023 年第 68 号

为进一步支持医疗服务机构发展，现将医疗服务免征增值税等政策公告如下：

一、医疗机构接受其他医疗机构委托，按照不高于地（市）级以上价格主管部门会同同级卫生主管部门及其他相关部门制定的医疗服务指导价格（包括政府指导价和按照规定由供需双方协商确定的价格等），提供《全国医疗服务价格项目规范》所列的各项服务，可适用《营业税改征增值税试点过渡政策的规定》（财税〔2016〕36 号）第一条第（七）项规定的免征增值税政策。

二、对企业集团内单位（含企业集团）之间的资金无偿借贷行为，免征增值税。

三、本公告执行至 2027 年 12 月 31 日。

特此公告。

1－1－356

国家税务总局关于修订《研发机构采购国产设备增值税退税管理办法》的公告

2023 年 12 月 26 日　国家税务总局公告 2023 年第 20 号

为落实研发机构采购国产设备增值税退税政策，规范研发机构采购国产设备增值税退税管理，根据《财政部　商务部　税务总局关于研发机构采购设备增值税政策的公告》（2023 年第 41 号）规定，经商财政部，现修订发布《研发机构采购国产设备增值税退税管理办法》。

特此公告。

研发机构采购国产设备增值税退税管理办法

第一条　为规范研发机构采购国产设备增值税退税管理，根据现行研发机构采购设备增值税政策规定，制定本办法。

第二条　符合条件的研发机构（以下简称研发机构）采购国产设备，按照本办法全额退还增值税（以下简称采购国产设备退税）。

第三条 本办法第二条所称研发机构、国产设备的具体条件和范围,按照现行研发机构采购设备增值税政策规定执行。

第四条 主管研发机构退税的税务机关(以下简称主管税务机关)负责办理研发机构采购国产设备退税的备案、审核及后续管理工作。

第五条 研发机构享受采购国产设备退税政策,应于首次申报退税时,持以下资料向主管税务机关办理退税备案手续:

(一)符合现行规定的研发机构资质证明资料。

(二)内容填写真实、完整的《出口退(免)税备案表》。该备案表在《国家税务总局关于出口退(免)税申报有关问题的公告》(2018 年第 16 号)发布。其中,“企业类型”选择“其他单位”;“出口退(免)税管理类型”依据资质证明材料填写“内资研发机构”或“外资研发中心”;其他栏次按填表说明填写。

本办法下发前,已办理采购国产设备退税备案的研发机构,无需再次办理备案。

第六条 研发机构备案资料齐全,《出口退(免)税备案表》填写内容符合要求,签字、印章完整的,主管税务机关应当予以备案。备案资料或填写内容不符合要求的,主管税务机关应一次性告知研发机构,待其补正后再予备案。

第七条 已办理备案的研发机构,《出口退(免)税备案表》中内容发生变更的,应自变更之日起 30 日内,持相关资料向主管税务机关办理备案变更。

第八条 研发机构发生解散、破产、撤销以及其他依法应终止采购国产设备退税事项的,应持相关资料向主管税务机关办理备案撤回。主管税务机关应按规定结清退税款后,办理备案撤回。

研发机构办理注销税务登记的,应先向主管税务机关办理退税备案撤回。

第九条 外资研发中心因自身条件发生变化不再符合现行规定条件的,应自条件变化之日起 30 日内办理退税备案撤回,并自条件变化之日起,停止享受采购国产设备退税政策。未按照规定办理退税备案撤回,并继续申报采购国产设备退税的,依照本办法第十九条规定处理。

第十条 研发机构新设、变更或者撤销的,主管税务机关应根据核定研发机构的牵头部门提供的名单及注明的相关资质起止时间,办理有关退税事项。

第十一条 研发机构采购国产设备退税的申报期限,为采购国产设备之日(以发票开具日期为准)次月 1 日起至次年 4 月 30 日前的各增值税纳税申报期。

研发机构未在规定期限内申报办理退税的,根据《财政部　税务总局关于明确国有农用地出租等增值税政策的公告》(2020 年第 2 号)第四条的规定,在收齐相关凭证及电子信息后,即可申报办理退税。

第十二条 已备案的研发机构应在退税申报期内,凭下列资料向主管税务机关办理采购国产设备退税:

(一)《购进自用货物退税申报表》。该申报表在《国家税务总局关于优化整合出口退税信息系统　更好服务纳税人有关事项的公告》(2021 年第 15 号)发布。填写该表时,应在备注栏填写“科技开发、科学研究、教学设备”。

(二)采购国产设备合同。

（三）增值税专用发票。

上述增值税专用发票，应当已通过电子发票服务平台税务数字账户或者增值税发票综合服务平台确认用途为“用于出口退税”。

第十三条　属于增值税一般纳税人的研发机构申报采购国产设备退税，主管税务机关经审核符合规定的，应按规定办理退税。

研发机构申报采购国产设备退税，属于下列情形之一的，主管税务机关应采取发函调查或其他方式调查，在确认增值税专用发票真实、发票所列设备已按规定申报纳税后，方可办理退税：

（一）审核中发现疑点，经核实仍不能排除疑点的。

（二）非增值税一般纳税人申报退税的。

第十四条　研发机构采购国产设备的应退税额，为增值税专用发票上注明的税额。

第十五条　研发机构采购国产设备取得的增值税专用发票，已用于进项税额抵扣的，不得申报退税；已用于退税的，不得用于进项税额抵扣。

第十六条　主管税务机关应建立研发机构采购国产设备退税情况台账，记录国产设备的型号、发票开具时间、价格、已退税额等情况。

第十七条　已办理增值税退税的国产设备，自增值税专用发票开具之日起3年内，设备所有权转移或移作他用的，研发机构须按照下列计算公式，向主管税务机关补缴已退税款。

应补缴税款＝增值税专用发票上注明的税额×（设备折余价值÷设备原值）

设备折余价值＝增值税专用发票上注明的金额－累计已提折旧

累计已提折旧按照企业所得税法的有关规定计算。

第十八条　研发机构涉及重大税收违法失信案件，按照《重大税收违法失信主体信息公布管理办法》（国家税务总局令第54号）被公布信息的，研发机构应自案件信息公布之日起，停止享受采购国产设备退税政策，并在30日内办理退税备案撤回。研发机构违法失信案件信息停止公布并从公告栏撤出的，自信息撤出之日起，研发机构可重新办理采购国产设备退税备案，其采购的国产设备可继续享受退税政策。未按照规定办理退税备案撤回，并继续申报采购国产设备退税的，依照本办法第十九条规定处理。

第十九条　研发机构采取假冒采购国产设备退税资格、虚构采购国产设备业务、增值税专用发票既申报抵扣又申报退税、提供虚假退税申报资料等手段，骗取采购国产设备退税的，主管税务机关应追回已退税款，并依照税收征收管理法的有关规定处理。

第二十条　本办法未明确的其他退税管理事项，比照出口退税有关规定执行。

第二十一条　本办法自2024年1月1日起实施，具体以增值税发票开具日期为准。

2

消费税

基本法律法规

1－2－1

中华人民共和国消费税暂行条例

1993年12月13日中华人民共和国国务院令第135号发布　2008年11月5日国务院第34次常务会议修订通过 2008年11月10日中华人民共和国国务院令第539号公布

第一条　在中华人民共和国境内生产、委托加工和进口本条例规定的消费品的单位和个人，以及国务院确定的销售本条例规定的消费品的其他单位和个人，为消费税的纳税人，应当依照本条例缴纳消费税。

第二条　消费税的税目、税率，依照本条例所附的《消费税税目税率表》执行。

消费税税目、税率的调整，由国务院决定。

第三条　纳税人兼营不同税率的应当缴纳消费税的消费品（以下简称应税消费品），应当分别核算不同税率应税消费品的销售额、销售数量；未分别核算销售额、销售数量，或者将不同税率的应税消费品组成成套消费品销售的，从高适用税率。

第四条　纳税人生产的应税消费品，于纳税人销售时纳税。纳税人自产自用的应税消费品，用于连续生产应税消费品的，不纳税；用于其他方面的，于移送使用时纳税。

委托加工的应税消费品，除受托方为个人外，由受托方在向委托方交货时代收代缴税款。委托加工的应税消费品，委托方用于连续生产应税消费品的，所纳税款准予按规定抵扣。

进口的应税消费品，于报关进口时纳税。

第五条　消费税实行从价定率、从量定额，或者从价定率和从量定额复合计税（以下简称复合计税）的办法计算应纳税额。应纳税额计算公式：

实行从价定率办法计算的应纳税额＝销售额×比例税率

实行从量定额办法计算的应纳税额＝销售数量×定额税率

实行复合计税办法计算的应纳税额＝销售额×比例税率＋销售数量×定额税率

纳税人销售的应税消费品，以人民币计算销售额。纳税人以人民币以外的货币结算销售额的，应当折合成人民币计算。

第六条　销售额为纳税人销售应税消费品向购买方收取的全部价款和价外费用。

第七条　纳税人自产自用的应税消费品，按照纳税人生产的同类消费品的销售价格计算纳税；没有同类消费品销售价格的，按照组成计税价格计算纳税。

实行从价定率办法计算纳税的组成计税价格计算公式：

组成计税价格=(成本+利润)÷(1-比例税率)

实行复合计税办法计算纳税的组成计税价格计算公式:

组成计税价格=(成本+利润+自产自用数量×定额税率)÷(1-比例税率)

第八条 委托加工的应税消费品,按照受托方的同类消费品的销售价格计算纳税;没有同类消费品销售价格的,按照组成计税价格计算纳税。

实行从价定率办法计算纳税的组成计税价格计算公式:

组成计税价格=(材料成本+加工费)÷(1-比例税率)

实行复合计税办法计算纳税的组成计税价格计算公式:

组成计税价格=(材料成本+加工费+委托加工数量×定额税率)÷(1-比例税率)

第九条 进口的应税消费品,按照组成计税价格计算纳税。

实行从价定率办法计算纳税的组成计税价格计算公式:

组成计税价格=(关税完税价格+关税)÷(1-消费税比例税率)

实行复合计税办法计算纳税的组成计税价格计算公式:

组成计税价格=(关税完税价格+关税+进口数量×消费税定额税率)÷(1-消费税比例税率)

第十条 纳税人应税消费品的计税价格明显偏低并无正当理由的,由主管税务机关核定其计税价格。

第十一条 对纳税人出口应税消费品,免征消费税;国务院另有规定的除外。出口应税消费品的免税办法,由国务院财政、税务主管部门规定。

第十二条 消费税由税务机关征收,进口的应税消费品的消费税由海关代征。

个人携带或者邮寄进境的应税消费品的消费税,连同关税一并计征。具体办法由国务院关税税则委员会会同有关部门制定。

第十三条 纳税人销售的应税消费品,以及自产自用的应税消费品,除国务院财政、税务主管部门另有规定外,应当向纳税人机构所在地或者居住地的主管税务机关申报纳税。

委托加工的应税消费品,除受托方为个人外,由受托方向机构所在地或者居住地的主管税务机关解缴消费税税款。

进口的应税消费品,应当向报关地海关申报纳税。

第十四条 消费税的纳税期限分别为1日、3日、5日、10日、15日、1个月或者1个季度。纳税人的具体纳税期限,由主管税务机关根据纳税人应纳税额的大小分别核定;不能按照固定期限纳税的,可以按次纳税。

纳税人以1个月或者1个季度为1个纳税期的,自期满之日起15日内申报纳税;以1日、3日、5日、10日或者15日为1个纳税期的,自期满之日起5日内预缴税款,于次月1日起15日内申报纳税并结清上月应纳税款。

第十五条 纳税人进口应税消费品,应当自海关填发海关进口消费税专用缴款书之日起15日内缴纳税款。

第十六条 消费税的征收管理,依照《中华人民共和国税收征收管理法》及本条例有关规定执行。

第十七条 本条例自2009年1月1日起施行。

附件

消费税税目税率表

税 目	税 率
一、烟	
1. 卷烟	
(1)甲类卷烟	45%加0.003元/支
(2)乙类卷烟	30%加0.003元/支
2. 雪茄烟	25%
3. 烟丝	30%
二、酒及酒精	
1. 白酒	20%加0.5元/500克(或者500毫升)
2. 黄酒	240元/吨
3. 啤酒	
(1)甲类啤酒	250元/吨
(2)乙类啤酒	220元/吨
4. 其他酒	10%
5. 酒精	5%
三、化妆品	30%
四、贵重首饰及珠宝玉石	
1. 金银首饰、铂金首饰和钻石及钻石饰品	5%
2. 其他贵重首饰和珠宝玉石	10%
五、鞭炮、焰火	15%
六、成品油	
1. 汽油	
(1)含铅汽油	0.28元/升
(2)无铅汽油	0.20元/升
2. 柴油	0.10元/升
3. 航空煤油	0.10元/升
4. 石脑油	0.20元/升
5. 溶剂油	0.20元/升
6. 润滑油	0.20元/升
7. 燃料油	0.10元/升
七、汽车轮胎	3%
八、摩托车	
1. 气缸容量(排气量,下同)在250毫升(含250毫升)以下的	3%
2. 气缸容量在250毫升以上的	10%
九、小汽车	
1. 乘用车	
(1)气缸容量(排气量,下同)在1.0升(含1.0升)以下的	1%
(2)气缸容量在1.0升以上至1.5升(含1.5升)的	3%
(3)气缸容量在1.5升以上至2.0升(含2.0升)的	5%
(4)气缸容量在2.0升以上至2.5升(含2.5升)的	9%
(5)气缸容量在2.5升以上至3.0升(含3.0升)的	12%
(6)气缸容量在3.0升以上至4.0升(含4.0升)的	25%
(7)气缸容量在4.0升以上的	40%
2. 中轻型商用客车	5%

续表

税　　目	税　　率
十、高尔夫球及球具	10%
十一、高档手表	20%
十二、游艇	10%
十三、木制一次性筷子	5%
十四、实木地板	5%

1－2－2

中华人民共和国消费税暂行条例实施细则

2008年12月15日　财政部　国家税务总局令第51号

第一条　根据《中华人民共和国消费税暂行条例》(以下简称条例),制定本细则。

第二条　条例第一条所称单位,是指企业、行政单位、事业单位、军事单位、社会团体及其他单位。

条例第一条所称个人,是指个体工商户及其他个人。

条例第一条所称在中华人民共和国境内,是指生产、委托加工和进口属于应当缴纳消费税的消费品的起运地或者所在地在境内。

第三条　条例所附《消费税税目税率表》中所列应税消费品的具体征税范围,由财政部、国家税务总局确定。

第四条　条例第三条所称纳税人兼营不同税率的应当缴纳消费税的消费品,是指纳税人生产销售两种税率以上的应税消费品。

第五条　条例第四条第一款所称销售,是指有偿转让应税消费品的所有权。

前款所称有偿,是指从购买方取得货币、货物或者其他经济利益。

第六条　条例第四条第一款所称用于连续生产应税消费品,是指纳税人将自产自用的应税消费品作为直接材料生产最终应税消费品,自产自用应税消费品构成最终应税消费品的实体。

条例第四条第一款所称用于其他方面,是指纳税人将自产自用应税消费品用于生产非应税消费品、在建工程、管理部门、非生产机构、提供劳务、馈赠、赞助、集资、广告、样品、职工福利、奖励等方面。

第七条　条例第四条第二款所称委托加工的应税消费品,是指由委托方提供原料和主要材料,受托方只收取加工费和代垫部分辅助材料加工的应税消费品。对于由受托方提供原材料生产的应税消费品,或者受托方先将原材料卖给委托方,然后再接受加工的应税消费品,以及由受托方以委托方名义购进原材料生产的应税消费品,不论在财务上是否作销售处理,都不得作为委托加工应税消费品,而应当按照销售自制应税消费品缴纳消费税。

委托加工的应税消费品直接出售的,不再缴纳消费税。

委托个人加工的应税消费品，由委托方收回后缴纳消费税。

第八条 消费税纳税义务发生时间，根据条例第四条的规定，分列如下：

（一）纳税人销售应税消费品的，按不同的销售结算方式分别为：

1. 采取赊销和分期收款结算方式的，为书面合同约定的收款日期的当天，书面合同没有约定收款日期或者无书面合同的，为发出应税消费品的当天；

2. 采取预收货款结算方式的，为发出应税消费品的当天；

3. 采取托收承付和委托银行收款方式的，为发出应税消费品并办妥托收手续的当天；

4. 采取其他结算方式的，为收讫销售款或者取得索取销售款凭据的当天。

（二）纳税人自产自用应税消费品的，为移送使用的当天。

（三）纳税人委托加工应税消费品的，为纳税人提货的当天。

（四）纳税人进口应税消费品的，为报关进口的当天。

第九条 条例第五条第一款所称销售数量，是指应税消费品的数量。具体为：

（一）销售应税消费品的，为应税消费品的销售数量；

（二）自产自用应税消费品的，为应税消费品的移送使用数量；

（三）委托加工应税消费品的，为纳税人收回的应税消费品数量；

（四）进口应税消费品的，为海关核定的应税消费品进口征税数量。

第十条 实行从量定额办法计算应纳税额的应税消费品，计量单位的换算标准如下：

（一）黄酒 1 吨 = 962 升

（二）啤酒 1 吨 = 988 升

（三）汽油 1 吨 = 1388 升

（四）柴油 1 吨 = 1176 升

（五）航空煤油 1 吨 = 1246 升

（六）石脑油 1 吨 = 1385 升

（七）溶剂油 1 吨 = 1282 升

（八）润滑油 1 吨 = 1126 升

（九）燃料油 1 吨 = 1015 升

第十一条 纳税人销售的应税消费品，以人民币以外的货币结算销售额的，其销售额的人民币折合率可以选择销售额发生的当天或者当月 1 日的人民币汇率中间价。纳税人应在事先确定采用何种折合率，确定后 1 年内不得变更。

第十二条 条例第六条所称销售额，不包括应向购货方收取的增值税税款。如果纳税人应税消费品的销售额中未扣除增值税税款或者因不得开具增值税专用发票而发生价款和增值税税款合并收取的，在计算消费税时，应当换算为不含增值税税款的销售额。其换算公式为：

应税消费品的销售额 = 含增值税的销售额 ÷（1 + 增值税税率或者征收率）

第十三条 应税消费品连同包装物销售的，无论包装物是否单独计价以及在会计上如何核算，均应并入应税消费品的销售额中缴纳消费税。如果包装物不作价随同产品销售，而是收取押金，此项押金则不应并入应税消费品的销售额中征税。但对因逾期未收回的包装物不再退还的或者已收取的时间超过 12 个月的押金，应并入应税消费品的销售额，按照应税消费品的适用税率缴纳消费税。

对既作价随同应税消费品销售,又另外收取押金的包装物的押金,凡纳税人在规定的期限内没有退还的,均应并入应税消费品的销售额,按照应税消费品的适用税率缴纳消费税。

第十四条 条例第六条所称价外费用,是指价外向购买方收取的手续费、补贴、基金、集资费、返还利润、奖励费、违约金、滞纳金、延期付款利息、赔偿金、代收款项、代垫款项、包装费、包装物租金、储备费、优质费、运输装卸费以及其他各种性质的价外收费。但下列项目不包括在内:

(一)同时符合以下条件的代垫运输费用:

1. 承运部门的运输费用发票开具给购买方的;

2. 纳税人将该项发票转交给购买方的。

(二)同时符合以下条件代为收取的政府性基金或者行政事业性收费:

1. 由国务院或者财政部批准设立的政府性基金,由国务院或者省级人民政府及其财政、价格主管部门批准设立的行政事业性收费;

2. 收取时开具省级以上财政部门印制的财政票据;

3. 所收款项全额上缴财政。

第十五条 条例第七条第一款所称纳税人自产自用的应税消费品,是指依照条例第四条第一款规定于移送使用时纳税的应税消费品。

条例第七条第一款、第八条第一款所称同类消费品的销售价格,是指纳税人或者代收代缴义务人当月销售的同类消费品的销售价格,如果当月同类消费品各期销售价格高低不同,应按销售数量加权平均计算。但销售的应税消费品有下列情况之一的,不得列入加权平均计算:

(一)销售价格明显偏低并无正当理由的;

(二)无销售价格的。

如果当月无销售或者当月未完结,应按照同类消费品上月或者最近月份的销售价格计算纳税。

第十六条 条例第七条所称成本,是指应税消费品的产品生产成本。

第十七条 条例第七条所称利润,是指根据应税消费品的全国平均成本利润率计算的利润。应税消费品全国平均成本利润率由国家税务总局确定。

第十八条 条例第八条所称材料成本,是指委托方所提供加工材料的实际成本。

委托加工应税消费品的纳税人,必须在委托加工合同上如实注明(或者以其他方式提供)材料成本,凡未提供材料成本的,受托方主管税务机关有权核定其材料成本。

第十九条 条例第八条所称加工费,是指受托方加工应税消费品向委托方所收取的全部费用(包括代垫辅助材料的实际成本)。

第二十条 条例第九条所称关税完税价格,是指海关核定的关税计税价格。

第二十一条 条例第十条所称应税消费品的计税价格的核定权限规定如下:

(一)卷烟、白酒和小汽车的计税价格由国家税务总局核定,送财政部备案;

(二)其他应税消费品的计税价格由省、自治区和直辖市国家税务局核定;

(三)进口的应税消费品的计税价格由海关核定。

第二十二条 出口的应税消费品办理退税后,发生退关,或者国外退货进口时予以免税的,报关出口者必须及时向其机构所在地或者居住地主管税务机关申报补缴已退的消费税税款。

纳税人直接出口的应税消费品办理免税后,发生退关或者国外退货,进口时已予以免税的,经机构所在地或者居住地主管税务机关批准,可暂不办理补税,待其转为国内销售时,再申报补缴消费税。

第二十三条 纳税人销售的应税消费品,如因质量等原因由购买者退回时,经机构所在地或者居住地主管税务机关审核批准后,可退还已缴纳的消费税税款。

第二十四条 纳税人到外县(市)销售或者委托外县(市)代销自产应税消费品的,于应税消费品销售后,向机构所在地或者居住地主管税务机关申报纳税。

纳税人的总机构与分支机构不在同一县(市)的,应当分别向各自机构所在地的主管税务机关申报纳税;经财政部、国家税务总局或者其授权的财政、税务机关批准,可以由总机构汇总向总机构所在地的主管税务机关申报纳税。

委托个人加工的应税消费品,由委托方向其机构所在地或者居住地主管税务机关申报纳税。

进口的应税消费品,由进口人或者其代理人向报关地海关申报纳税。

第二十五条 本细则自2009年1月1日起施行。

注释:

政策调整。“销货退回的消费税退税审批”“出口应税消费品办理免税后发生退关或国外退货补缴消费税审批”取消。参见:《国务院关于取消和调整一批行政审批项目等事项的决定》(国发〔2014〕50号)。

一般规定

1－2－3

国家税务总局关于印发《消费税征收范围注释》的通知

1993年12月27日　国税发〔1993〕153号

（通知略）

消费税征收范围注释

一、烟

凡是以烟叶为原料加工生产的产品，不论使用何种辅料，均属于本税目的征收范围。本税目下设甲类卷烟、乙类卷烟、雪茄烟、烟丝四个子目。

卷烟是指将各种烟叶切成烟丝，按照配方要求均匀混合，加入糖、酒、香料等辅料，用白色盘纸、棕色盘纸、涂布纸或烟草薄片经机器或手工卷制的普通卷烟和雪茄型卷烟。

（一）甲类卷烟

甲类卷烟是指每大箱（5万支）销售价格在780元（含780元）以上的卷烟。

不同包装规格卷烟的销售价格均按每大箱（5万支）折算。

（二）乙类卷烟

乙类卷烟是指每大箱（5万支）销售价格在780元以下的卷烟。

不同包装规格卷烟的销售价格均按每大箱（5万支）折算。

（三）雪茄烟

雪茄烟是指以晾晒烟为原料或者以晾晒烟和烤烟为原料，用烟叶或卷烟纸、烟草薄片作为烟支内包皮，再用烟叶作为烟支外包皮，经机器或手工卷制而成的烟草制品。按内包皮所用材料的不同可分为全叶卷雪茄烟和半叶卷雪茄烟。

雪茄烟的征收范围包括各种规格、型号的雪茄烟。

（四）烟丝

烟丝是指将烟叶切成丝状、粒状、片状、末状或其他形状，再加入辅料，经过发酵、储存，不经卷制即可供销售吸用的烟草制品。

烟丝的征收范围包括以烟叶为原料加工生产的不经卷制的散装烟，如斗烟、莫合烟、烟末、水烟、黄红烟丝等等。

二、酒及酒精

本税目下设粮食白酒、薯类白酒、黄酒、啤酒、其他酒、酒精六个子目。

(一)粮食白酒

粮食白酒是指以高粱、玉米、大米、糯米、大麦、小麦、小米、青稞等各种粮食为原料,经过糖化、发酵后,采用蒸馏方法酿制的白酒。

(二)薯类白酒

薯类白酒是指以白薯(红薯、地瓜)、木薯、马铃薯(土豆)、芋头、山药等各种干鲜薯类为原料,经过糖化、发酵后,采用蒸馏方法酿制的白酒。

用甜菜酿制的白酒,比照薯类白酒征税。

(三)黄酒

黄酒是指以糯米、粳米、籼米、大米、黄米、玉米、小麦、薯类等为原料,经加温、糖化、发酵、压榨酿制的酒。由于工艺、配料和含糖量的不同,黄酒分为干黄酒、半干黄酒、半甜黄酒、甜黄酒四类。

黄酒的征收范围包括各种原料酿制的黄酒和酒度超过12度(含12度)的土甜酒。

(四)啤酒

啤酒是指以大麦或其他粮食为原料,加入啤酒花,经糖化、发酵、过滤酿制的含有二氧化碳的酒。啤酒按照杀菌方法的不同,可分为熟啤酒和生啤酒或鲜啤酒。

啤酒的征收范围包括各种包装和散装的啤酒。

无醇啤酒比照啤酒征税。

(五)其他酒

其他酒是指除粮食白酒、薯类白酒、黄酒、啤酒以外,酒度在1度以上的各种酒。其征收范围包括糠麸白酒、其他原料白酒、土甜酒、复制酒、果木酒、汽酒、药酒等等。

1. 糠麸白酒是指用各种粮食的糠麸酿制的白酒。

用稗子酿制的白酒,比照糠麸酒征税。

2. 其他原料白酒是指用醋糟、糖渣、糖漏水、甜菜渣、粉渣、薯皮等各种下脚料,葡萄、桑椹、橡子仁等各种果实、野生植物等代用品,以及甘蔗、糖等酿制的白酒。

3. 土甜酒是指用糯米、大米、黄米等为原料,经加温、糖化、发酵(通过酒曲发酵),采用压榨酿制的酒度不超过12度的酒。

酒度超过12度的应按黄酒征税。

4. 复制酒是指以白酒、黄酒、酒精为酒基,加入果汁、香料、色素、药材、补品、糖、调料等配制或泡制的酒,如各种配制酒、泡制酒、滋补酒等等。

5. 果木酒是指以各种果品为主要原料,经发酵过滤酿制的酒。

6. 汽酒是指以果汁、香精、色素、酸料、酒(或酒精)、糖(或糖精)等调配,冲加二氧化碳制成的酒度在1度以上的酒。

7. 药酒是指按照医药卫生部门的标准,以白酒、黄酒为酒基,加入各种药材泡制或配制的酒。

(六)酒精

酒精又名乙醇,是指以含有淀粉或糖分的原料,经糖化和发酵后,用蒸馏方法生产的酒精度数在95度以上的无色透明液体；也可以石油裂解气中的乙烯为原料，用合成方法制成。

酒精的征收范围包括用蒸馏法和合成方法生产的各种工业酒精、医药酒精、食用酒精。

三、化妆品

化妆品是日常生活中用于修饰美化人体表面的用品。化妆品品种较多，所用原料各异，按其类别划分，可分为美容和芳香两类。美容类有香粉、口红、指甲油、胭脂、眉笔、蓝眼油、眼睫毛及成套化妆品等；芳香类有香水、香水精等。

本税目的征收范围包括：

香水、香水精、香粉、口红、指甲油、胭脂、眉笔、唇笔、蓝眼油、眼睫毛、成套化妆品等等。

（一）香水、香水精是指以酒精和香精为主要原料混合配制而成的液体芳香类化妆品。

（二）香粉是指用于粉饰面颊的化妆品。按其形态有粉状、块状和液状。高级香粉盒内附有的彩色丝绒粉扑，花色香粉粉盒内附有的小盒胭脂和胭脂扑，均应按"香粉"征税。

（三）口红又称唇膏，是涂饰于嘴唇的化妆品。口红的颜色一般以红色为主，也有白色的（俗称口白），还有一种变色口红，是用曙红酸等染料调制而成的。

（四）指甲油又名"美指油"，是用于修饰保护指甲的一种有色或无色的油性液态化妆品。

（五）胭脂是擦敷于面颊皮肤上的化妆品。有粉质块状胭脂、透明状胭脂膏及乳化状胭脂膏等。

（六）眉笔是修饰眉毛用的化妆品。有铅笔式和推管式两种。

（七）唇笔是修饰嘴唇用的化妆品。

（八）蓝眼油是涂抹于眼窝周围和眼皮的化妆品。它是以油脂、蜡和颜料为主要原材料制成。色彩有蓝色、绿色、棕色等等，因蓝色使用最为普遍，故俗称"蓝眼油"。眼影膏、眼影霜、眼影粉应按照蓝眼油征税。

（九）眼睫毛商品名称叫"眼毛膏"或"睫毛膏"，是用于修饰眼睫毛的化妆品。其产品形态有固体块状、乳化状。颜色以黑色及棕色为主。

（十）成套化妆品是指由各种用途的化妆品配套盒装而成的系列产品。一般采用精制的金属或塑料盒包装，盒内常备有镜子、梳子等化妆工具，具有多功能性和使用方便的特点。舞台、戏剧、影视演员化妆用的上妆油、卸妆油、油彩、发胶和头发漂白剂等，不属于本税目征收范围。

四、护肤护发品

护肤护发品是用于人体皮肤、毛发，起滋润、防护、整洁作用的产品。

本税目征收范围包括：雪花膏、面油、花露水、头油、发乳、烫发水、染发精、洗面奶、磨砂膏、焗油膏、面膜、按摩膏、洗发水、护发素、香皂、浴液、发胶、摩丝以及其他各种护肤护发品等。

（一）雪花膏是一种"水包油"型的乳化体。雪花膏品种繁多，按其膏体结构、性能和用途不同，大体可分为微碱性、微酸性粉质雪花膏及药物性和营养性雪花膏四类。

（二）面油又称"润面油"或"润肤油"，是一种强油性的"油包水"型乳化体，含有大量油脂成分，能起抗寒、润肤及防裂作用。

（三）花露水是一种芳香护肤用品，有杀菌、除臭、止痒和爽身效用。它是以酒精、水、香精等为主要原料混合配制而成。花露水与香水的主要区别是：花露水香精用量少，在5%（含5%）以下，酒精用量多，但浓度低，且要加入少量桂皮油、藿香油等原料；香水香精用量大，在5%以上，酒精用量少，但浓度高。

（四）头油也称“生发油”或“发油”，是一种护发美发用品。

（五）发乳是一种乳化膏体护发用品，按其乳化体的结构可分为“水包油”型发乳和“油包水”型发乳。

（六）烫发水是使头发卷曲保持发型的日用化学品。用于电烫（或冷烫）的叫烫发剂；用于冷却处理的叫冷卷发剂。定型发水也按烫发水征税。

（七）染发精又称染发剂，是用于染发、使头发保持一定颜色和光泽的产品。根据染料染发后保留时间的长短，染发精分为暂时性染发精、半永久性染发精和永久性染发精三类。

（八）洗发水又称洗发液或洗发精、洗发香波。一般采用硫酸脂肪醇的三乙醇胺与氢氧化胺的混合盐、十二酸异丙醇酰胺、甲醛、聚氧乙烯、羊毛脂、香料、色料和水作为原料。

洗发块、洗发粉应按洗发水征税。

（九）香皂（包括液体香皂），又叫化妆皂，是具芳香气味较浓的中高级洗涤用品。是以动植物油、烧碱、松香和香精等为主要原材料，在一定温度下经化学（皂化）反应而成。其花色品种较多，按其成分组成可分为一般香皂、多脂香皂和药物香皂三种。

征收范围为各种香皂。

（十）其他各种护肤护发品指本类产品中列举品名以外的具有润肤护肤护发功能的各种护肤护发品。

五、贵重首饰及珠宝玉石

本税目征收范围包括：各种金银珠宝首饰和经采掘、打磨、加工的各种珠宝玉石。

（一）金银珠宝首饰包括：

凡以金、银、白金、宝石、珍珠、钻石、翡翠、珊瑚、玛瑙等高贵稀有物质以及其他金属、人造宝石等制作的各种纯金银首饰及镶嵌首饰（含人造金银、合成金银首饰等）。

（二）珠宝玉石的种类包括：

1. 钻石：钻石是完全由单一元素碳元素所结晶而成的晶体矿物，也是宝石中唯一由单元素组成的宝石。钻石为八面体解理，即平面八面体晶面的四个方向，一般呈阶梯状。钻石的化学性质很稳定，不易溶于酸和碱。但在纯氧中，加热到1770度左右时，就会发生分解。在真空中，加热到1700度时，就会把它分解为石墨。钻石有透明的、半透明的，也有不透明的。宝石级的钻石，应该是无色透明的，无瑕疵或极少瑕疵，也可以略有淡黄色或极浅的褐色，最珍贵的颜色是天然粉色，其次是蓝色和绿色。

2. 珍珠：海水或淡水中的贝类软体动物体内进入细小杂质时，外套膜受到刺激便分泌出一种珍珠质（主要是碳酸钙），将细小杂质层层包裹起来，逐渐成为一颗小圆珠，就是珍珠。珍珠颜色主要为白色、粉色及浅黄色，具珍珠光泽，其表面隐约闪烁着虹一样的晕彩珠光。颜色白润、皮光明亮、形状精圆、粒度硬大者价值最高。

3. 松石：松石是一种自色宝石，是一种完全水化的铜铝磷酸盐。分子式为 $CuAl_6(PO_4)_4(OH)_8 \cdot 5H_2O$。松石的透明度为不透明、薄片下部分呈半透明。抛光面为油脂玻璃光泽，断口为油脂暗淡光泽。松石种类包括波斯松石、美国松石和墨西哥松石、埃及松石和带铁线的绿松石。

4. 青金石:青金石是方钠石族的一种矿物;青金石的分子式为$(Na,Ca)_{7-8}(Al,Si)_{12}(O,S)_{24}(SO_4),Cl_2Cl_2\cdot(OH)_2(OH)_2$,其中钠经常部分地为钾置换,硫则部分地为硫酸根、氯或硒所置换。青金石的种类包括波斯青金石、苏联青金石或西班牙青金石、智利青金石。

5. 欧泊石:矿物质中属蛋白石类,分子式为$SiO_2\cdot nH_2O$。由于蛋白石中SiO_2小圆珠整齐排列像光栅一样,当白光射在上面后发生衍射,散成彩色光谱,所以欧泊石具有绚丽夺目的变幻色彩,尤以红色多者最为珍贵。欧泊石的种类包括白欧泊石、黑欧泊石、晶质欧泊石、火欧泊石、胶状欧泊石或玉滴欧泊石、漂砾欧泊石、脉石欧泊石或基质中欧泊石。

6. 橄榄石:橄榄石是自色宝石,一般常见的颜色有纯绿色、黄绿色到棕绿色。橄榄石没有无色的。分子式为:$(Mg,Fe)_2SiO_4$。橄榄石的种类包括贵橄榄石、黄玉、镁橄榄石、铁橄榄石、"黄昏祖母绿"和硼铝镁石。

7. 长石:按矿物学分类长石分为两个主要类型:钾长石和斜长石。分子式分别为:$KAlSi_3O_8$、$NaAlSi_3O_8$。长石的种类包括月光石或冰长石、日光石或砂金石的长石、拉长石、天河石或亚马逊石。

8. 玉:硬玉(也叫翡翠)、软玉。硬玉是一种钠和铝的硅酸盐,分子式为:$NaAl(SiO_3)_2$。软玉是一种含水的钙镁硅酸盐,分子式为:$CaMg_5(OH)_2(Si_4O_{11})_2$。

9. 石英:石英是一种它色的宝石,纯石英为无色透明。分子式为SiO_2。石英的种类包括水晶、晕彩或彩红石英、金红石斑点或网金红石石英、紫晶、黄晶、烟石英或烟晶、芙蓉石、东陵石、蓝线石石英、乳石英、蓝石英或蓝宝石石英、虎眼石、鹰眼或猎鹰眼、石英猫眼、带星的或星光石英。

10. 玉髓:也叫隐晶质石英。分子式为SiO_2。玉髓的种类包括月光石、绿玉髓、红玛瑙、肉红玉髓、鸡血石、葱绿玉髓、玛瑙、缟玛瑙、碧玉、深绿玉髓、硅孔雀石玉髓、硅化木。

11. 石榴石:其晶体与石榴籽的形状、颜色十分相似而得名。石榴石的一般分子式为$R_3M_2(SiO_4)_3$。石榴石的种类包括铁铝榴石、镁铝榴石、镁铁榴石、锰铝榴石、钙铁榴石、钙铬榴石。

12. 锆石:颜色呈红、黄、蓝、紫色等。分子式为$ZrSiO_4$。

13. 尖晶石:颜色呈黄色、绿色和无色。分子式为$MgAl_2O_4$。尖晶石的种类包括红色尖晶石、红宝石色的尖晶石或红宝石尖晶石、紫色的或类似贵榴石色泽的尖晶石、粉或玫瑰色尖晶石、桔红色尖晶石、蓝色尖晶石、蓝宝石色尖晶石或蓝宝石尖晶石、象变石的尖晶石、黑色尖晶石、铁镁尖晶石或镁铁尖晶石。

14. 黄玉:黄玉是铝的氟硅酸盐,斜方晶系。分子式为$Al_2(F,OH)_2SiO_4$。黄玉的种类包括棕黄至黄棕、浅蓝至淡蓝、粉红、无色的、其他品种。

15. 碧玺:极为复杂的硼铝硅酸盐,其中可含一种或数种以下成分:镁、钠、锂、铁、钾或其他金属。这些元素比例不同,颜色也不同。碧玺的种类包括红色的、绿色的、蓝色的、黄和橙色、无色或白色、黑色、杂色宝石、猫眼碧玺、变色石似的碧玺。

16. 金绿玉:属尖晶石族矿物,铝酸盐类。主要成分是氧化铝铍,属斜方晶系。分子式为$BeAl_2O_4$。金绿玉的种类包括变石、猫眼石、变石猫眼宝石及其他一些变种。

17. 绿柱石:绿柱石在其纯净状态是无色的;不同的变种之所以有不同的颜色是由于微

量金属氧化物的存在。在存在氧化铬或氧化钒时通常就成了祖母绿,而海蓝宝石则是由于氧化亚铁着色而成的。成为铯绿柱石是由于镁的存在,而金绿柱石则是因氧化铁着色而成的。分子式为:$Be_3Al_2(SiO_3)_6$。绿柱石的种类包括祖母绿、海蓝宝石、MAXIXE 型绿柱石、金绿柱石、铯绿柱石、其他透明的品种、猫眼绿柱石、星光绿柱石。

18. 刚玉:刚玉是一种很普通的矿物,除了星光宝石外,只有半透明到透明的变种才能叫作宝石。分子式为 Al_2O_3,含氧化铬呈红色,含钛和氧化铁呈蓝色,含氧化铁呈黄色,含铬和氧化铁呈橙色,含铁和氧化钛呈绿色,含铬、钛和氧化铁呈紫色。刚玉的种类包括红宝石、星光红宝石、蓝宝石、艳色蓝宝石、星光蓝宝石。

19. 琥珀:一种有机物质。它是一种含一些有关松脂的古代树木的石化松脂。分子式为 $C_{40}H_{64}O_4$。琥珀的种类包括海珀、坑珀、洁珀、块珀、脂珀、浊珀、泡珀、骨珀。

20. 珊瑚:是生物成因的另一种宝石原料。它是珊瑚虫的树枝状钙质骨架随着极细小的海生动物群体增生而形成。

21. 煤玉:煤玉是褐煤的一个变种(成分主要是碳,并含氢和氧)。它是由漂木经压实作用而成,漂木沉降到海底,变成埋藏的细粒淤泥,然后转变为硬质页岩,称为"煤玉岩",煤玉是生物成因的。煤玉为非晶质,在粗糙表面上呈暗淡光泽,在磨光面上为玻璃光泽。

22. 龟甲:是非晶质的,具有油脂光泽至蜡状光泽,硬度 2.5。

23. 合成刚玉:指与有关天然刚玉对比,具有基本相同的物理、光学及化学性能的人造材料。

24. 合成宝石:指与有关天然宝石对比,具有基本相同的物理、光学及化学性能的人造宝石。合成宝石种类包括合成金红石、钛酸锶、钇铝榴石、轧镓榴石、合成立方锆石、合成蓝宝石、合成尖晶石、合成金红石、合成变石、合成钻石、合成祖母绿、合成欧泊、合成石英。

25. 双合石:也称复合石,这是一种由两种不同的材料粘结而成的宝石。双合石的种类是根据粘合时所用的材料性质划分的。双合石的种类有石榴石与玻璃双合石、祖母绿的代用品、欧泊石代用品、星光蓝宝石代用品、钻石代用品、其他各种仿宝石复合石。

26. 玻璃仿制品。

六、鞭炮、焰火

鞭炮,又称爆竹。是用多层纸密裹火药,接以药引线,制成的一种爆炸品。

焰火,指烟火剂,一般系包扎品,内装药剂,点燃后烟火喷射,呈各种颜色,有的还变幻成各种景象,分平地小焰火和空中大焰火两类。

本税目征收范围包括各种鞭炮、焰火。通常分为 13 类,即喷花类、旋转类、旋转升空类、火箭类、吐珠类、线香类、小礼花类、烟雾类、造型玩具类、炮竹类、摩擦炮类、组合烟花类、礼花弹类。

体育上用的发令纸,鞭炮药引线,不按本税目征收。

七、汽油

汽油是轻质石油产品的一大类。由天然或人造石油经脱盐、初馏、催化裂化,调合而得。为无色到淡黄色的液体,易燃易爆,挥发性强。按生产装置可分为直馏汽油、裂化汽油等类。经调合后制成各种用途的汽油。按用途可分为车用汽油、航空汽油、起动汽油和工业汽油(溶剂汽油)。

本税目征收范围包括：车用汽油、航空汽油、起动汽油。

工业汽油（溶剂汽油）主要作溶剂使用，不属本税目征收范围。

八、柴油

柴油是轻质石油产品的一大类。由天然或人造石油经脱盐、初馏、催化裂化，调合而得。易燃易爆，挥发性低于汽油。柴油按用途分为轻柴油、重柴油、军用柴油和农用柴油。

本税目征收范围包括：轻柴油、重柴油、农用柴油、军用轻柴油。

九、汽车轮胎

汽车轮胎是指用于各种汽车、挂车、专用车和其他机动车上的内、外胎。

本税目征收范围包括：

（一）轻型乘用汽车轮胎；

（二）载重及公共汽车、无轨电车轮胎；

（三）矿山、建筑等车辆用轮胎；

（四）特种车辆用轮胎（指行驶于无路面或雪地、沙漠等高越野轮胎）；

（五）摩托车轮胎；

（六）各种挂车用轮胎；

（七）工程车轮胎；

（八）其他机动车轮胎；

（九）汽车与农用拖拉机、收割机、手扶拖拉机通用轮胎。

十、摩托车

本税目征收范围包括：

（一）轻便摩托车：最大设计车速不超过50公里/小时、发动机气缸总工作容积不超过50毫升的两轮机动车。

（二）摩托车：最大设计车速超过50公里/小时、发动机气缸总工作容积超过50毫升、空车质量不超过400公斤（带驾驶室的正三轮车及特种车的空车质量不受此限）的两轮和三轮机动车。

1. 两轮车：装有一个驱动轮与一个从动轮的摩托车。

（1）普通车：骑式车架，双人座垫，轮辋基本直径不小于304毫米，适应在公路或城市道路上行驶的摩托车。

（2）微型车：坐式或骑式车架，单人或双人座垫，轮辋基本直径不大于254毫米，适应在公路或城市道路上行驶的摩托车。

（3）越野车：骑式车架，宽型方向把，越野型轮胎，剩余垂直轮隙及离地间隙大，适应在非公路地区行驶的摩托车。

（4）普通赛车：骑式车架，狭型方向把，座垫偏后，装有大功率高转速发动机，在专用跑道上比赛车速的一种摩托车。

（5）微型赛车：坐式或骑式车架，轮辋基本直径不大于254毫米，装有大功率高转速发动机，在专用跑道上比赛车速的一种摩托车。

（6）越野赛车：具有越野性能，装有大功率发动机，用于非公路地区比赛车速的一种摩托车。

(7)特种车:一种经过改装之后用于完成特定任务的两轮摩托车。如开道车。

2. 边三轮车:在两轮车的一侧装有边车的三轮摩托车。

(1)普通边三轮车:具有边三轮车结构,用于载运乘员或货物的摩托车。

(2)特种边三轮车:装有专用设备,用于完成特定任务的边三轮车。如警车、消防车。

3. 正三轮车:装有与前轮对称分布的两个后轮和固定车厢的三轮摩托车。

(1)普通正三轮车:具有正三轮车结构,用于载运乘员或货物的摩托车。如客车、货车。

(2)特种正三轮车:装有专用设备,用于完成特定任务的正三轮车。如容罐车、自卸车、冷藏车。

十一、小汽车

小汽车是指由动力装置驱动,具有四个和四个以上车轮的非轨道无架线的、主要用于载送人员及其随身物品的车辆。

本税目征收范围包括:

(一)小轿车:是指用于载送人员及其随身物品且座位布置在两轴之间的四轮汽车。

小轿车的征收范围包括微型轿车(气缸容量,即排气量,下同 <1000 毫升);普通轿车(1000 毫升≤气缸容量 <2200 毫升);高级轿车(气缸容量≥2200 毫升)及赛车。

(二)越野车:是指四轮驱动、具有高通过性的车辆。

越野车的征收范围包括轻型越野车(气缸容量 <2400 毫升);高级越野车(气缸容量≥2400 毫升)及赛车。

(三)小客车,又称旅行车:是指具有长方箱形车厢、车身长度大于 3.5 米、小于 7 米的、乘客座位(不含驾驶员座位)在 22 座以下的车辆。

小客车的征收范围包括微型客车(气缸容量 <2000 毫升)、中型客车(气缸容量≥2000 毫升)。

用上述应税车辆的底盘组装、改装、改制的各种货车、特种用车(如急救车、抢修车)等不属于本税目征收范围。

注释:

条款废止。范围注释第二条第六款、第九条废止。参见:《国家税务总局关于公布全文失效废止和部分条款废止的税收规范性文件目录的公告》(国家税务总局公告 2016 年第 34 号)。

条款失效或废止。范围注释第一条第一款、第二款,第七条,第八条失效或废止。参见:《国家税务总局关于公布若干废止和失效的消费税规范性文件目录的通知》(国税发〔2009〕45 号)。

条款废止。范围注释第七条、第八条废止。参见:1.《国家税务总局关于发布已失效或废止的税收规范性文件目录的通知》(国税发〔2006〕62 号)。2.《国家税务总局关于印发修订后的〈汽油、柴油消费税征收范围注释〉的通知》(国税发〔1998〕192 号)。

条款失效。范围注释第四条、第十一条失效。参见:《财政部　国家税务总局关于调整和完善消费税政策的通知》(财税〔2006〕33 号)。

1－2－4

国家税务总局关于印发《消费税若干具体问题的规定》的通知

1993年12月28日　国税发〔1993〕156号

（通知略）

消费税若干具体问题的规定

一、关于卷烟分类计税标准问题

（一）纳税人销售的卷烟因放开销售价格而经常发生价格上下浮动的，应以该牌号规格卷烟销售当月的加权平均销售价格确定征税类别和适用税率。但销售的卷烟有下列情况之一者，不得列入加权平均计算：

1. 销售价格明显偏低而无正当理由的；

2. 无销售价格的。

在实际执行中，月初可先按上月或者离销售当月最近月份的征税类别和适用税率预缴税款，月份终了再按实际销售价格确定征税类别和适用税率，并结算应纳税款。

（二）卷烟由于接装过滤嘴、改变包装或其他原因提高销售价格后，应按照新的销售价格确定征税类别和适用税率。

（三）纳税人自产自用的卷烟应当按照纳税人生产的同牌号规格的卷烟销售价格确定征税类别和适用税率。没有同牌号规格卷烟销售价格的，一律按照甲类卷烟税率征税。

（四）委托加工的卷烟按照受托方同牌号规格卷烟的征税类别和适用税率征税。没有同牌号规格卷烟的，一律按照甲类卷烟的税率征税。

（五）残次品卷烟应当按照同牌号规格正品卷烟的征税类别确定适用税率。

（六）下列卷烟不分征税类别一律按照甲类卷烟税率征税：

1. 进口卷烟；

2. 白包卷烟；

3. 手工卷烟；

4. 未经国务院批准纳入计划的企业和个人生产的卷烟。国家计划内卷烟生产企业名单附后。

（七）卷烟分类计税标准的调整，由国家税务总局确定。

二、关于酒的征收范围问题

（一）外购酒精生产的白酒，应按酒精所用原料确定白酒的适用税率。凡酒精所用原料无法确定的，一律按照粮食白酒的税率征税。

（二）外购两种以上酒精生产的白酒，一律从高确定税率征税。

（三）以外购白酒加浆降度，或外购散酒装瓶出售，以及外购白酒以曲香、香精进行调香、调味生产的白酒，按照外购白酒所用原料确定适用税率。凡白酒所用原料无法确定的，一律按照粮食白酒的税率征税。

（四）以外购的不同品种白酒勾兑的白酒，一律按照粮食白酒的税率征税。

（五）对用粮食和薯类、糠麸等多种原料混合生产的白酒，一律按照粮食白酒的税率征税。

（六）对用薯类和粮食以外的其他原料混合生产的白酒，一律按照薯类白酒的税率征税。

三、关于计税依据问题

（一）纳税人销售的甲类卷烟和粮食白酒，其计税价格显著低于产地市场零售价格的，主管税务机关应逐级上报国家税务总局核定计税价格，并按照国家税务总局核定的计税价格征税。

甲类卷烟和粮食白酒计税价格的核定办法另行规定。

（二）根据《中华人民共和国消费税暂行条例实施细则》第十七条的规定，应税消费品全国平均成本利润率规定如下：

1. 甲类卷烟 10%；

2. 乙类卷烟 5%；

3. 雪茄烟 5%；

4. 烟丝 5%；

5. 粮食白酒 10%；

6. 薯类白酒 5%；

7. 其他酒 5%；

8. 酒精 5%；

9. 化妆品 5%；

10. 护肤护发品 5%；

11. 鞭炮、焰火 5%；

12. 贵重首饰及珠宝玉石 6%；

13. 汽车轮胎 5%；

14. 摩托车 6%；

15. 小轿车 8%；

16. 越野车 6%；

17. 小客车 5%。

（三）下列应税消费品可以销售额扣除外购已税消费品买价后的余额作为计税价格计征消费税：

1. 外购已税烟丝生产的卷烟；

2. 外购已税酒和酒精生产的酒（包括以外购已税白酒加浆降度，用外购已税的不同品种的白酒勾兑的白酒，用曲香、香精对外购已税白酒进行调香、调味以及外购散装白酒装瓶出售等等)；

3. 外购已税化妆品生产的化妆品；

4. 外购已税护肤护发品生产的护肤护发品；

5. 外购已税珠宝玉石生产的贵重首饰及珠宝玉石；

6. 外购已税鞭炮、焰火生产的鞭炮、焰火。

外购已税消费品的买价是指购货发票上注明的销售额(不包括增值税税款)。

(四)下列应税消费品准予从应纳消费税税额中扣除原料已纳消费税税款：

1. 以委托加工收回的已税烟丝为原料生产的卷烟；

2. 以委托加工收回的已税酒和酒精为原料生产的酒；

3. 以委托加工收回的已税化妆品为原料生产的化妆品；

4. 以委托加工收回的已税护肤护发品为原料生产的护肤护发品；

5. 以委托加工收回已税珠宝玉石为原料生产的贵重首饰及珠宝玉石；

6. 以委托加工收回已税鞭炮、焰火为原料生产的鞭炮、焰火。

已纳消费税税款是指委托加工的应税消费品由受托方代收代缴的消费税。

(五)纳税人通过自设非独立核算门市部销售的自产应税消费品，应当按照门市部对外销售额或者销售数量征收消费税。

(六)纳税人用于换取生产资料和消费资料，投资入股和抵偿债务等方面的应税消费品，应当以纳税人同类应税消费品的最高销售价格作为计税依据计算消费税。

四、关于纳税地点问题

根据《中华人民共和国消费税暂行条例实施细则》第二十五条的规定，对纳税人的总机构与分支机构不在同一省(自治区、直辖市)的，如需改由总机构汇总在总机构所在地纳税的，需经国家税务总局批准；对纳税人的总机构与分支机构在同一省(自治区、直辖市)内，而不在同一县(市)的，如需改由总机构汇总在总机构所在地纳税的，需经国家税务总局所属分局批准。

五、关于报缴税款问题

纳税人报缴税款的办法，由所在地主管税务机关视不同情况，于下列办法中核定一种：

(一)纳税人按期向税务机关填报纳税申报表，并填开纳税缴款书，向所在地代理金库的银行缴纳税款。

(二)纳税人按期向税务机关填报纳税申报表，由税务机关审核后填发缴款书，按期缴纳。

(三)对会计核算不健全的小型业户，税务机关可根据其产销情况，按季或按年核定其应纳税额，分月缴纳。

六、本规定自1994年1月1日起执行。

附件：国家计划内卷烟生产企业名单(编者略)

注释：

条款失效。第一条、第四条、第五条失效。参见：《税务部门现行有效、失效、废止规章目录》(国家税务总局令第23号)。

条款修改。本文件有如下错误,请予更正:"三、关于计税依据问题"第(二)项中"根据《中华人民共和国消费税条例实施细则》……",应改为"根据《中华人民共和国消费税暂行条例实施细则》……"。"四、关于纳税地点问题"中"根据《中华人民共和国消费税条例实施细则》……,"应改为"根据《中华人民共和国消费税暂行条例实施细则》……"。国家计划内卷烟生产企业名单中应增加下列烟厂:1. 湖北巴东卷烟厂;2. 四川巫山卷烟厂;3. 广西浦北卷烟厂。另外,四川中山雪茄烟厂应改为中江雪茄烟厂。参见:《国家税务总局关于〈消费税若干具体问题的规定〉的更正通知》(国税发〔1994〕84号)。

1-2-5

国家税务总局关于《消费税若干具体问题的规定》的更正通知

1994年3月22日 国税发〔1994〕84号

国税函发〔1993〕156号《国家税务总局关于印发〈消费税若干具体问题的规定〉的通知》有如下错误,请予更正:

一、"三、关于计税依据问题"第(二)项中"根据《中华人民共和国消费税条例实施细则》……",应改为"根据《中华人民共和国消费税暂行条例实施细则》……"。

二、"四、关于纳税地点问题"中"根据《中华人民共和国消费税条例实施细则》……,"应改为"根据《中华人民共和国消费税暂行条例实施细则》……"。

三、国家计划内卷烟生产企业名单中应增加下列烟厂:

1. 湖北 巴东卷烟厂
2. 四川 巫山卷烟厂
3. 广西 浦北卷烟厂

另外四川中山雪茄烟厂应改为中江雪茄烟厂。

特此通知。

注释:

条款失效。第三条失效。参见:《国家税务总局关于公布全文失效废止 部分条款失效废止的税收规范性文件目录的公告》(国家税务总局公告2011年第2号)。

1－2－6

国家税务总局关于消费税若干征税问题的通知

1994年5月26日　国税发〔1994〕130号

《中华人民共和国消费税暂行条例》及其有关规定实施以来，各地在贯彻执行中陆续反映出了一些问题，要求予以明确。现根据消费税问题座谈会讨论的意见，就几个具体征税问题通知如下：

一、关于委托加工征税问题

（一）对纳税人委托个体经营者加工的应税消费品，一律于委托方收回后在委托方所在地缴纳消费税。

（二）对消费者个人委托加工的金银首饰及珠宝玉石，可暂按加工费征收消费税。

二、关于已税消费品的扣除问题

（一）根据消费税法的规定，对于用外购或委托加工的已税消费品连续生产应税消费品，在计征消费税时可以扣除外购已税消费品的买价或委托加工已税消费品代收代缴的消费税。此项按规定可以扣除的买价或消费税，是指当期所实际耗用的外购或委托加工的已税消费品的买价或代收代缴的消费税。

（二）对企业用1993年底以前库存的已税消费品连续生产的应税消费品，在计征消费税时，允许按照已税消费品的实际采购成本（不含增值税）予以扣除。

（三）对企业用外购或委托加工的已税汽车轮胎（内胎或外胎）连续生产汽车轮胎；用外购或委托加工的已税摩托车连续生产摩托车（如用外购两轮摩托车改装三轮摩托车），在计征消费税时，允许扣除外购或委托加工的已税汽车轮胎和摩托车的买价或已纳消费税税款计征消费税。

本通知从文到之日起执行。

注释：

条款失效或废止。第二条（一）“根据消费税法的规定，对于用外购或委托加工的已税消费品连续生产应税消费品，在计征消费税时可以扣除外购已税消费品的买价或委托加工已税消费品代收代缴的消费税。”、（三）失效或废止。参见：《国家税务总局关于发布已失效或废止的税收规范性文件目录的通知》（国税发〔2006〕62号）。

1-2-7

国家税务总局关于加强委托加工应税消费品征收管理的通知

1995年6月26日　国税发〔1995〕122号

根据《中华人民共和国消费税暂行条例》的规定，委托加工应税消费品，应由受托方在向委托方交货时代收代缴税款。但是，据调查，目前有相当一部分受托加工应税消费品的企业未履行代扣代缴义务，造成了税款的严重流失。为加强委托加工应税消费品的征收管理，总局决定：

一、各地要在1995年8月至9月间组织一次对委托加工应税消费品代扣代缴税款情况的专项检查，对于那些不按规定履行代扣代缴税款义务的企业，必须按有关规定予以严肃处理。并要针对检查中发现的问题，制定专项征收管理办法或措施，以期从根本上堵塞委托加工应税消费品代扣代缴税款制度中的漏洞。对于此次专项检查，各地务必要认真组织，并写出总结报告，于今年10月底前以正式文件报送总局。

二、为了有利于堵塞税收流失漏洞，各地除对受托加工应税消费品的企业加强监督检查外，对于委托方也应加强监督检查（不包括改在零售环节征收消费税的金银首饰）。对于受托方未按规定代扣代缴税款，并经委托方所在地国税机关发现的，则应由委托方所在地国税机关对委托方补征税款，受托方所在地国税机关不得重复征税。

三、对委托方补征税款的计税依据规定如下：

如果在检查时，收回的应税消费品已经直接销售的，按销售额计税；收回的应税消费品尚未销售或不能直接销售的（如收回后用于连续生产等），按组成计税价格计税。组成计税价格的计算公式为：

$$组成计税价格=\frac{材料成本+加工费}{1-消费税税率}$$

四、本通知第二、三两条自1995年1月1日起执行。

注释：

条款修改。根据《第十三届全国人民代表大会第一次会议关于国务院机构改革方案的决定》等有关规定，税收规范性文件规定的国税地税机关的职责和工作由新的税务机关承担。国家税务总局依据《税收规范性文件制定管理办法》（国家税务总局令第41号公布），对税收规范性文件进行了清理。参见：《国家税务总局关于修改部分税收规范性文件的公告》（国家税务总局公告2018年第31号）。

条款废止。第三条废止。参见：《国家税务总局关于公布全文失效废止　部分条款失效废止的税收规范性文件目录的公告》（国家税务总局公告2011年第2号）。

条款失效或废止。第一条失效或废止。参见:《国家税务总局关于发布已失效或废止的税收规范性文件目录的通知》(国税发〔2006〕62号)。

1-2-8

国家税务总局关于印发《消费税问题解答》的通知

1997年5月21日　国税函发〔1997〕306号

(通知略)

消费税问题解答

问:用购进已税烟丝生产的出口卷烟,能否扣除外购已税烟丝的已纳税款?

答:按照现行税收法规规定,国家对卷烟出口一律实行在生产环节免税的办法,即免征卷烟加工环节的增值税和消费税,而对出口卷烟所耗用的原辅材料已缴纳的增值税和消费税则不予退、免税。据此,为生产出口卷烟而购进的已税烟丝的已纳税款不能给予扣除。

问:为了堵塞税收漏洞,财政部、国家税务总局下发了《关于酒类产品包装物押金征税问题的通知》(财税字〔1995〕53号),规定从1995年6月1日起,对酒类产品生产企业销售酒类产品而收取的包装物押金,无论押金是否返还和在会计上如何核算,均需并入酒类产品销售额中,依据酒类产品的适用税率计征消费税。这一规定是否包括啤酒和黄酒产品?

答:根据《中华人民共和国消费税暂行条例》的规定,对啤酒和黄酒实行从量定额的办法征收消费税,即按照应税数量和单位税额计算应纳税额。按照这一办法征税的消费品的计税依据为应税消费品的数量,而非应税消费品的销售额,征税的多少与应税消费品的数量成正比,而与应税消费品的销售金额无直接关系。因此,对酒类包装物押金征税的规定只适用于实行从价定率办法征收消费税的粮食白酒、薯类白酒和其他酒,而不适用于实行从量定额办法征收消费税的啤酒和黄酒产品。

问:出国人员免税商店销售的金银首饰是否征收消费税?

答:对出国人员免税商店销售的金银首饰应当征收消费税。

问:"啤酒源"是否征收消费税?

答:啤酒源是以大麦或其他粮食为原料,加入啤酒花,经糖化、发酵酿制而成的含二氧化碳的酒。在产品特性、使用原料和生产工艺流程上,啤酒源与啤酒一致,只缺少过滤过程。因此,对啤酒源应按啤酒征收消费税。

问:菠萝啤酒是否征收消费税?

答:经向主管部门了解,菠萝啤酒是以大麦或其他粮食为原料,加入啤酒花,经糖化、发酵,并在过滤时加入菠萝精(汁)、糖酿制的含有二氧化碳的酒。其在产品特性、使用原料和生产工艺流程上与啤酒相同,只是在过滤时加上适量的菠萝精(汁)和糖,因此,对菠萝啤酒应按啤酒征收消费税。

问:“金刚石”是否征收消费税?

答:金刚石又称钻石,属于贵重首饰及珠宝玉石的征收范围,应按规定征收消费税。

问:“宝石坯”是否征收消费税?

答:根据《消费税征收范围注释》规定,珠宝玉石的征税范围为经采掘、打磨、加工的各种珠宝玉石。宝石坯是经采掘、打磨、初级加工的珠宝玉石半成品,因此,对宝石坯应按规定征收消费税。

问:两轮驱动的吉普型车是否属于越野车的征税范围税?

答:根据《消费税征收范围注释》规定,越野车是指四轮驱动,具有高通过性的车辆。两轮驱动的吉普型车不属于越野车范围,应按小轿车的适用税率征收消费税。

问:根据《消费税征收范围注释》规定,轻便摩托车的征税范围为最大设计车速不超过50km/h,发动机气缸总工作容量不超过50ml的两轮摩托车。对最大设计车速不超过50km/h,发动机汽缸总工作容量不超过50ml的三轮摩托车是否征收消费税?

答:对最大设计车速不超过50km/h,发动机气缸总工作容量不超过50ml的三轮摩托车不征收消费税。

注释:

条款失效。问题8失效。参见:《国家税务总局关于发布已失效或废止有关消费税规范性文件的通知》(国税发〔2009〕45号)。

1-2-9

财政部 国家税务总局关于调整和完善消费税政策的通知

2006年3月20日 财税〔2006〕33号

各省、自治区、直辖市、计划单列市财政厅(局)、国家税务局,新疆生产建设兵团财务局:

为适应社会经济形势的客观发展需要,进一步完善消费税制,经国务院批准,对消费税税目、税率及相关政策进行调整。现将有关内容通知如下:

一、关于新增税目

(一)新增高尔夫球及球具、高档手表、游艇、木制一次性筷子、实木地板税目。适用税率分别为:

1. 高尔夫球及球具税率为10%;
2. 高档手表税率为20%;
3. 游艇税率为10%;
4. 木制一次性筷子税率为5%;
5. 实木地板税率为5%。

(二)取消汽油、柴油税目,增列成品油税目。汽油、柴油改为成品油税目下的子目(税率不变)。另外新增石脑油、溶剂油、润滑油、燃料油、航空煤油五个子目。

1. 上述新增子目的适用税率(单位税额)分别为:

(1)石脑油,单位税额为0.2元/升;

(2)溶剂油,单位税额为0.2元/升;

(3)润滑油,单位税额为0.2元/升;

(4)燃料油,单位税额为0.1元/升;

(5)航空煤油,单位税额为0.1元/升。

2. 上述新增子目的计量单位换算标准分别为:

(1)石脑油　1吨=1385升;

(2)溶剂油　1吨=1282升;

(3)润滑油　1吨=1126升;

(4)燃料油　1吨=1015升;

(5)航空煤油　1吨=1246升。

计量单位换算标准的调整由财政部、国家税务总局确定。

二、关于纳税人

在中华人民共和国境内生产、委托加工、进口上述新增应税消费品的单位和个人为消费税的纳税义务人,均应按《中华人民共和国消费税暂行条例》(以下简称条例)和本通知的规定申报缴纳消费税。

三、关于取消税目

取消护肤护发品税目,将原属于护肤护发品征税范围的高档护肤类化妆品列入化妆品税目。

四、关于调整税目税率

(一)调整小汽车税目税率。

取消小汽车税目下的小轿车、越野车、小客车子目。在小汽车税目下分设乘用车、中轻型商用客车子目。适用税率分别为:

1. 乘用车。

(1)气缸容量(排气量,下同)在1.5升(含)以下的,税率为3%;

(2)气缸容量在1.5升以上至2.0升(含)的,税率为5%;

(3)气缸容量在2.0升以上至2.5升(含)的,税率为9%;

(4)气缸容量在2.5升以上至3.0升(含)的,税率为12%;

(5)气缸容量在3.0升以上至4.0升(含)的,税率为15%;

(6)气缸容量在4.0升以上的,税率为20%。

2. 中轻型商用客车,税率为5%。

(二)调整摩托车税率。

将摩托车税率改为按排量分档设置:

1. 气缸容量在250毫升(含)以下的,税率为3%;

2. 气缸容量在250毫升以上的,税率为10%。

(三)调整汽车轮胎税率。

将汽车轮胎10%的税率下调到3%。

(四)调整白酒税率。

粮食白酒、薯类白酒的比例税率统一为20%。定额税率为0.5元/斤(500克)或0.5元/500毫升。从量定额税的计量单位按实际销售商品重量确定,如果实际销售商品是按体积标注计量单位的,应按500毫升为1斤换算,不得按酒度折算。

五、关于组成套装销售的计税依据

纳税人将自产的应税消费品与外购或自产的非应税消费品组成套装销售的,以套装产品的销售额(不含增值税)为计税依据。

六、关于以自产石脑油用于本企业连续生产的纳税问题

生产企业将自产石脑油用于本企业连续生产汽油等应税消费品的,不缴纳消费税;用于连续生产乙烯等非应税消费品或其他方面的,于移送使用时缴纳消费税。

七、关于已纳税款的扣除

下列应税消费品准予从消费税应纳税额中扣除原料已纳的消费税税款:

(一)以外购或委托加工收回的已税杆头、杆身和握把为原料生产的高尔夫球杆。

(二)以外购或委托加工收回的已税木制一次性筷子为原料生产的木制一次性筷子。

(三)以外购或委托加工收回的已税实木地板为原料生产的实木地板。

(四)以外购或委托加工收回的已税石脑油为原料生产的应税消费品。

(五)以外购或委托加工收回的已税润滑油为原料生产的润滑油。

已纳消费税税款抵扣的管理办法由国家税务总局另行制定。

八、关于新增和调整税目的全国平均成本利润率

新增和调整税目全国平均成本利润率暂定如下:

(一)高尔夫球及球具为10%;

(二)高档手表为20%;

(三)游艇为10%;

(四)木制一次性筷子为5%;

(五)实木地板为5%;

(六)乘用车为8%;

(七)中轻型商用客车为5%。

九、关于出口

出口应税消费品的退(免)税政策,按调整后的税目税率以及条例和有关规定执行。

十、关于减税免税

(一)石脑油、溶剂油、润滑油、燃料油暂按应纳税额的30%征收消费税;航空煤油暂缓征收消费税。

(二)子午线轮胎免征消费税。

十一、其他相关问题

(一)本通知实施以后,属于新增税目、取消税目和调整税目税率的应税消费品,因质量原因发生销货退回的,依照条例实施细则的规定执行。具体操作办法由国家税务总局另行

制定。

（二）商业企业2006年3月31日前库存的属于本通知规定征税范围的应税消费品，不需申报补缴消费税。

（三）对单位和个人欠缴的消费税，主管税务机关应依据《中华人民共和国税收征收管理法》及其实施细则的规定及时清缴。

（四）出口企业收购出口应税消费品的应退税额的计算，以消费税税收（出口货物专用）缴款书注明的税额为准。

（五）出口企业在2006年3月31日前收购的出口应税消费品，并取得消费税税收（出口货物专用）缴款书的，在2006年4月1日以后出口的，仍可按原税目税率办理退税。具体执行时间以消费税税收（出口货物专用）缴款书开具日期为准。

十二、关于执行时间

本通知自2006年4月1日起执行。以下文件或规定同时废止：

（一）《关于印发〈消费税征收范围注释〉的通知》（国税发〔1993〕153号）第四条、第十一条。

（二）《关于〈消费税征收范围注释〉的补充通知》（国税发〔1994〕26号）。

（三）《关于CH1010微型厢式货车等有关征收消费税问题的批复》（国税函发〔1994〕303号）。

（四）《国家税务总局关于消费税若干征税问题的通知》（国税发〔1997〕84号）第四条。

（五）《国家税务总局关于对部分油品征收消费税问题的批复》（国税函〔2004〕1078号）第一条、第二条。

（六）《国家税务总局关于"皮卡"改装的"旅行车"征收消费税问题的批复》（国税函〔2005〕217号）。

（七）《国家税务总局关于美宝莲全天候粉底液等产品征收消费税问题的批复》（国税函〔2005〕1231号）。

附件：消费税新增和调整税目征收范围注释

附件

消费税新增和调整税目征收范围注释

一、高尔夫球及球具

高尔夫球及球具是指从事高尔夫球运动所需的各种专用装备，包括高尔夫球、高尔夫球杆及高尔夫球包（袋）等。

高尔夫球是指重量不超过45.93克、直径不超过42.67毫米的高尔夫球运动比赛、练习用球；高尔夫球杆是指被设计用来打高尔夫球的工具，由杆头、杆身和握把三部分组成；高尔夫球包（袋）是指专用于盛装高尔夫球及球杆的包（袋）。

本税目征收范围包括高尔夫球、高尔夫球杆、高尔夫球包（袋）。高尔夫球杆的杆头、杆身和握把属于本税目的征收范围。

二、高档手表

高档手表是指销售价格(不含增值税)每只在10000元(含)以上的各类手表。

本税目征收范围包括符合以上标准的各类手表。

三、游艇

游艇是指长度大于8米小于90米,船体由玻璃钢、钢、铝合金、塑料等多种材料制作,可以在水上移动的水上浮载体。按照动力划分,游艇分为无动力艇、帆艇和机动艇。

本税目征收范围包括艇身长度大于8米(含)小于90米(含),内置发动机,可以在水上移动,一般为私人或团体购置,主要用于水上运动和休闲娱乐等非牟利活动的各类机动艇。

四、木制一次性筷子

木制一次性筷子,又称卫生筷子,是指以木材为原料经过锯段、浸泡、旋切、刨切、烘干、筛选、打磨、倒角、包装等环节加工而成的各类一次性使用的筷子。

本税目征收范围包括各种规格的木制一次性筷子。未经打磨、倒角的木制一次性筷子属于本税目征税范围。

五、实木地板

实木地板是指以木材为原料,经锯割、干燥、刨光、截断、开榫、涂漆等工序加工而成的块状或条状的地面装饰材料。实木地板按生产工艺不同,可分为独板(块)实木地板、实木指接地板、实木复合地板三类;按表面处理状态不同,可分为未涂饰地板(白坯板、素板)和漆饰地板两类。

本税目征收范围包括各类规格的实木地板、实木指接地板、实木复合地板及用于装饰墙壁、天棚的侧端面为榫、槽的实木装饰板。未经涂饰的素板属于本税目征税范围。

六、成品油

本税目包括汽油、柴油、石脑油、溶剂油、航空煤油、润滑油、燃料油七个子目。

汽油、柴油的征收范围仍按原规定执行。

(一)石脑油。

石脑油又叫轻汽油、化工轻油。是以石油加工生产的或二次加工汽油经加氢精制而得的用于化工原料的轻质油。

石脑油的征收范围包括除汽油、柴油、煤油、溶剂油以外的各种轻质油。

(二)溶剂油。

溶剂油是以石油加工生产的用于涂料和油漆生产、食用油加工、印刷油墨、皮革、农药、橡胶、化妆品生产的轻质油。

溶剂油的征收范围包括各种溶剂油。

(三)航空煤油。

航空煤油也叫喷气燃料,是以石油加工生产的用于喷气发动机和喷气推进系统中作为能源的石油燃料。

航空煤油的征收范围包括各种航空煤油。

(四)润滑油。

润滑油是用于内燃机、机械加工过程的润滑产品。润滑油分为矿物性润滑油、植物性润滑油、动物性润滑油和化工原料合成润滑油。

润滑油的征收范围包括以石油为原料加工的矿物性润滑油，矿物性润滑油基础油。植物性润滑油、动物性润滑油和化工原料合成润滑油不属于润滑油的征收范围。

（五）燃料油。

燃料油也称重油、渣油。

燃料油征收范围包括用于电厂发电、船舶锅炉燃料、加热炉燃料、冶金和其他工业炉燃料的各类燃料油。

七、小汽车

汽车是指由动力驱动，具有四个或四个以上车轮的非轨道承载的车辆。

本税目征收范围包括含驾驶员座位在内最多不超过9个座位（含）的，在设计和技术特性上用于载运乘客和货物的各类乘用车和含驾驶员座位在内的座位数在10至23座（含23座）的在设计和技术特性上用于载运乘客和货物的各类中轻型商用客车。

用排气量小于1.5升（含）的乘用车底盘（车架）改装、改制的车辆属于乘用车征收范围。用排气量大于1.5升的乘用车底盘（车架）或用中轻型商用客车底盘（车架）改装、改制的车辆属于中轻型商用客车征收范围。

含驾驶员人数（额定载客）为区间值的（如8～10人；17～26人）小汽车，按其区间值下限人数确定征收范围。

电动汽车不属于本税目征收范围。

八、化妆品

本税目征收范围包括各类美容、修饰类化妆品、高档护肤类化妆品和成套化妆品。

美容、修饰类化妆品是指香水、香水精、香粉、口红、指甲油、胭脂、眉笔、唇笔、蓝眼油、眼睫毛以及成套化妆品。

舞台、戏剧、影视演员化妆用的上妆油、卸装油、油彩、不属于本税目的征收范围。

高档护肤类化妆品征收范围另行制定。

注释：

条款失效。第一条第二款第1项，第四条第一款第1项，第十条第一款“石脑油、溶剂油、润滑油、燃料油暂按应纳税额的30%征收消费税”的规定，附件第六条失效。参见：《财政部　国家税务总局关于公布若干废止和失效的消费税规范性文件目录的通知》（财税〔2009〕18号）。

条款废止。第一条第二款的第1项成品油新增子目的适用税率（单位税额）和附件的第六条废止。参见：《财政部　国家税务总局关于提高成品油消费税税率后相关成品油消费税政策的通知》（财税〔2008〕168号）。

1－2－10

国家税务总局关于印发《调整和完善消费税政策征收管理规定》的通知

2006年3月31日 国税发〔2006〕49号

各省、自治区、直辖市和计划单列市国家税务局，扬州税务进修学院，局内各单位：

现将《调整和完善消费税政策征收管理规定》印发给你们，请遵照执行。

附件：1. 应税消费品生产经营情况登记表（编者略）

2. 生产企业生产经营情况表（编者略）

3. 生产企业产品销售明细表（油品）（编者略）

4. 抵扣税款台账（外购从价定率征收应税消费品）（编者略）

5. 抵扣税款台账（委托加工收回、进口从价定率征收的应税消费品）（编者略）

6. 抵扣税款台账（从量定额征收应税消费品）（编者略）

调整和完善消费税政策征收管理规定

为了贯彻落实《财政部、国家税务总局关于调整和完善消费税政策的通知》（财税〔2006〕33号，以下简称通知），规范征收管理，现将有关调整和完善消费税政策涉及的税收征收管理问题规定如下：

一、关于税种登记

生产销售属于通知第一条、第四条征税范围的应税消费品的单位和个人，均应在2006年4月30日前到所在地主管税务机关办理税种登记，填写“应税消费品生产经营情况登记表”（见附件1）。

“应税消费品生产经营情况登记表”仅限于此次政策调整所涉及的应税消费品生产企业使用。

主管税务机关应根据纳税人上报的资料，及时进行实地查验、核实，了解本地区税源分布情况。

二、关于纳税申报

（一）在中华人民共和国境内生产、委托加工、进口属于通知第一条、第四条征税范围的应税消费品的单位和个人，均应按规定到主管税务机关办理消费税纳税申报。

（二）生产石脑油、溶剂油、航空煤油、润滑油、燃料油的纳税人在办理纳税申报时还应提供《生产企业生产经营情况表》（见附件2）和《生产企业产品销售明细表（油品）》（见附件3）。

（三）纳税人在办理纳税申报时，如需办理消费税税款抵扣手续，除应按有关规定提供

纳税申报所需资料外,还应当提供以下资料:

1. 外购应税消费品连续生产应税消费品的,提供外购应税消费品增值税专用发票(抵扣联)原件和复印件。

如果外购应税消费品的增值税专用发票属于汇总填开的,除提供增值税专用发票(抵扣联)原件和复印件外,还应提供随同增值税专用发票取得的由销售方开具并加盖财务专用章或发票专用章的销货清单原件和复印件。

2. 委托加工收回应税消费品连续生产应税消费品的,提供"代扣代收税款凭证"原件和复印件。

3. 进口应税消费品连续生产应税消费品的,提供"海关进口消费税专用缴款书"原件和复印件。

主管税务机关在受理纳税申报后将以上原件退还纳税人,复印件留存。

三、关于自产石脑油连续生产问题

纳税人应对自产的用于连续生产的石脑油,建立中间产品移送使用台账。用于连续生产应税消费品的,记录石脑油的领用数量;用于连续生产非应税消费品或其他方面的,记录石脑油的移送使用数量。

主管税务机关应加强对石脑油中间产品移送使用台账的管理,并定期对纳税人申报的石脑油销售数量与台账记录的领用数量、移送使用数量进行对比分析开展纳税评估。

四、关于消费税税款抵扣

(一)抵扣凭证

通知第七条规定的准予从消费税应纳税额中扣除原料已纳消费税税款的凭证按照不同行为分别规定如下:

1. 外购应税消费品连续生产应税消费品

(1)纳税人从增值税一般纳税人(仅限生产企业,下同)购进应税消费品,外购应税消费品的抵扣凭证为本规定第二条第(三)款规定的发票(含销货清单)。纳税人未提供本规定第二条第(三)款规定的发票和销货清单的不予扣除外购应税消费品已纳消费税。

(2)纳税人从增值税小规模纳税人购进应税消费品,外购应税消费品的抵扣凭证为主管税务机关代开的增值税专用发票。主管税务机关在为纳税人代开增值税专用发票时,应同时征收消费税。

2. 委托加工收回应税消费品连续生产应税消费品

委托加工收回应税消费品的抵扣凭证为《代扣代收税款凭证》。纳税人未提供《代扣代收税款凭证》的,不予扣除受托方代收代缴的消费税。

3. 进口应税消费品连续生产应税消费品

进口应税消费品的抵扣凭证为《海关进口消费税专用缴款书》,纳税人不提供《海关进口消费税专用缴款书》的,不予抵扣进口应税消费品已缴纳的消费税。

(二)抵扣税款的计算方法

通知第七条规定的准予从消费税应纳税额中扣除原料已纳消费税税款的计算公式按照不同行为分别规定如下:

1. 外购应税消费品连续生产应税消费品

(1)实行从价定率办法计算应纳税额的

当期准予扣除外购应税消费品已纳税款 = 当期准予扣除外购应税消费品买价 × 外购应税消费品适用税率

当期准予扣除外购应税消费品买价 = 期初库存外购应税消费品买价 + 当期购进的外购应税消费品买价 - 期末库存的外购应税消费品买价

外购应税消费品买价为纳税人取得的本规定第二条第(三)款规定的发票(含销货清单)注明的应税消费品的销售额(增值税专用发票必须是2006年4月1日以后开具的,下同)。

(2)实行从量定额办法计算应纳税额的

当期准予扣除的外购应税消费品已纳税款 = 当期准予扣除外购应税消费品数量 × 外购应税消费品单位税额 ×30%

当期准予扣除外购应税消费品数量 = 期初库存外购应税消费品数量 + 当期购进外购应税消费品数量 - 期末库存外购应税消费品数量

外购应税消费品数量为本规定第二条第(三)款规定的发票(含销货清单)注明的应税消费品的销售数量。

2. 委托加工收回应税消费品连续生产应税消费品

当期准予扣除的委托加工应税消费品已纳税款 = 期初库存的委托加工应税消费品已纳税款 + 当期收回的委托加工应税消费品已纳税款 - 期末库存的委托加工应税消费品已纳税款

委托加工应税消费品已纳税款为代扣代收税款凭证注明的受托方代收代缴的消费税。

3. 进口应税消费品

当期准予扣除的进口应税消费品已纳税款 = 期初库存的进口应税消费品已纳税款 + 当期进口应税消费品已纳税款 - 期末库存的进口应税消费品已纳税款

进口应税消费品已纳税款为《海关进口消费税专用缴款书》注明的进口环节消费税。

(三)其他规定

2006年3月31日前库存的货物,如果属于通知第一条、第四条征税范围且在2006年4月1日后用于连续生产应税消费品的,凡本规定第二条第(三)款规定的发票(含销货清单)开票日期是2006年3月31日前的,一律不允许抵扣消费税。

(四)纳税人应建立抵扣税款台账(台账参考式样见附件4、5、6)。纳税人既可以根据本规定附件4、5、6的台账参考式样设置台账,也可以根据实际需要另行设置台账。另行设置的台账只能在本规定附件4、5、6内容基础上增加内容,不得删减内容。

主管税务机关应加强对税款抵扣台账核算的管理。

五、关于减税免税

(一)通知第十条第(二)款免征消费税的子午线轮胎仅指外胎。子午线轮胎的内胎与外胎成套销售的,依照《中华人民共和国消费税暂行条例》第三条规定执行。

(二)石脑油、溶剂油、润滑油、燃料油应根据实际销售数量按通知规定税率申报纳税。按消费税应纳税额的30%缴税。

六、关于销货退回

通知第十一条第(一)款发生销货退回的处理规定如下:

(一)2006年3月31日前销售的护肤护发品,2006年4月1日后因质量原因发生销货退回的,纳税人可向主管税务机关申请退税。

(二)税率调整的税目,纳税人可按照调整前的税率向主管税务机关申请退税。

(三)属2006年3月31日前发票开具错误重新开具专用发票情形的,不按销货退回处理。纳税人开具红字发票时,按照红字发票注明的销售额冲减当期销售收入,按照该货物原适用税率计提消费税冲减当期"应缴税金——应缴消费税";纳税人重新开具正确的蓝字发票时,按蓝字发票注明的销售额计算当期销售收入,按照该货物原适用税率计提消费税记入当期"应缴税金——应缴消费税"。

主管税务机关在受理纳税人有关销货退回的退税申请时,应认真审核货物及资金的流向。

本规定由国家税务总局负责解释。

本规定自2006年4月1日起实施。各地在执行中如有问题,应及时向国家税务总局(流转税管理司)汇报。

注释:

条款废止。第一条、第二条第三项废止。参见:《国家税务总局关于公布全文和部分条款失效废止的税务规范性文件目录的公告》(国家税务总局公告2023年第8号)。

条款废止。第二条第三项第1目、第2目自2023年2月1日起废止。参见:《国家税务总局关于部分税务事项实行容缺办理和进一步精简涉税费资料报送的公告》(国家税务总局公告2022年第26号)。

条款废止。第五条第一款废止。参见:《国家税务总局关于公布全文失效废止和部分条款废止的税收规范性文件目录的公告》(国家税务总局公告2016年第34号)。

条款废止。附件6自2014年12月13日起废止。参见:《国家税务总局关于进一步调整成品油消费税有关征收管理问题的公告》(国家税务总局公告2014年第71号)。

条款废止。第二条第二款废止。参见:《国家税务总局关于公布全文失效废止　部分条款失效废止的税收规范性文件目录的公告》(国家税务总局公告2011年第2号)。

条款失效或废止。第五条第二款失效或废止。参见:《国家税务总局关于公布若干废止和失效的消费税规范性文件目录的通知》(国税发〔2009〕45号)。

1 -2 -11

财政部　国家税务总局关于消费税若干具体政策的通知

2006 年 8 月 30 日　财税〔2006〕125 号

各省、自治区、直辖市、计划单列市财政厅(局)、国家税务局,新疆生产建设兵团财务局:

《财政部、国家税务总局关于调整和完善消费税政策的通知》(财税字〔2006〕33 号,以下简称《通知》)下发后,一些地区要求进一步明确部分应税消费品的征税范围、计税依据等问题。经研究,现将有关问题明确如下:

一、关于若干油品的征税范围

(一)重整生成油、拔头油、戊烷原料油、轻裂解料(减压柴油 VGO 和常压柴油 AGO)、重裂解料、加氢裂化尾油、芳烃抽余油均属轻质油,根据《通知》石脑油征收范围的注释,属于石脑油征收范围。

(二)蜡油、船用重油、常压重油、减压重油、180CTS 燃料油、7 号燃料油、糠醛油、工业燃料、4 ~6 号燃料油等油品的主要用途是作为燃料燃烧,根据《通知》关于燃料油征收范围注释,属于燃料油征收范围。

(三)橡胶填充油、溶剂油原料,根据《通知》关于溶剂油征收范围的注释,属于溶剂油征收范围。

(四)以植物性、动物性和矿物性基础油(或矿物性润滑油)混合掺配而成的“混合性”润滑油,不论矿物性基础油(或矿物性润滑油)所占比例高低,均属润滑油的征税范围。

二、关于改装改制车辆的界定

改装改制车辆是指经省级发展改革委审核批准,并报国家发展改革委备案、列入国家发展改革委《车辆生产企业及产品公告》的公告车辆类别代码(产品型号或车辆型号代码数字字段的第一位数)为 5 的专用汽车(特种汽车)。

三、关于实木复合地板的界定

实木复合地板是以木材为原料,通过一定的工艺将木材刨切加工成单板(刨切薄木)或旋切加工成单板,然后将多层单板经过胶压复合等工艺生产的实木地板。目前,实木复合地板主要为三层实木复合地板和多层实木复合地板。

四、关于对外购润滑油大包装改小包装、贴标等简单加工的征税

单位和个人外购润滑油大包装经简单加工改成小包装或者外购润滑油不经加工只贴商标的行为,视同应税消费税品的生产行为。单位和个人发生的以上行为应当申报缴纳消费税。准予扣除外购润滑油已纳的消费税税款。

五、关于外购石脑油为原料在同一生产过程中既生产应税消费品又同时生产非应税消费品的,外购石脑油已缴纳的消费税税款抵扣额的计算

以外购或委托加工收回石脑油为原料生产乙烯或其他化工产品,在同一生产过程中既

可以生产出乙烯或其他化工产品等非应税消费品同时又生产出裂解汽油等应税消费品的，外购或委托加工收回石脑油允许抵扣的已纳税款计算公式如下：

（一）外购石脑油。

$$\frac{\text{当期准予扣除外购}}{\text{石脑油已纳税款}} = \frac{\text{当期准予扣除}}{\text{外购石脑油数量}} \times \text{收率} \times \text{单位税额} \times 30\%$$

收率 = 当期应税消费品产出量 ÷ 生产当期应税消费品所有原料投入数量 ×100%

（二）委托加工收回的石脑油。

$$\frac{\text{当期准予扣除的委托}}{\text{加工成品油已纳税款}} = \text{当期准予扣除的委托加工石脑油已纳税款} \times \text{收率}$$

收率 = 当期应税消费品产出量 ÷ 生产当期应税消费品所有原料投入数量 ×100%

以外购或委托加工收回石脑油为原料生产乙烯或其他化工产品的生产企业，应按照上述计算公式分别计算 2003 年、2004 年、2005 年年平均收率，将计算出的年平均收率报主管税务机关备案。

六、关于当期投入生产的原材料可抵扣的已纳消费税大于当期应纳消费税的不足抵扣部分的处理

对当期投入生产的原材料可抵扣的已纳消费税大于当期应纳消费税情形的，在目前消费税纳税申报表未增加上期留抵消费税填报栏目的情况下，采用按当期应纳消费税的数额申报抵扣，不足抵扣部分结转下一期申报抵扣的方式处理。

七、关于中轻型商用客车和征税范围

车身长度大于 7 米（含），并且座位在 10 至 23 座（含）以下的商用客车，不属于中轻型商用客车征税范围，不征收消费税。

注释：

条款废止或失效。第一条、第五条废止或失效。参见：《财政部　国家税务总局关于公布若干废止和失效的消费税规范性文件目录的通知》（财税〔2009〕18 号）。

条款废止。第五条废止。参见：《财政部　国家税务总局关于提高成品油消费税税率后相关成品油消费税政策的通知》（财税〔2008〕168 号）。

1 -2 -12

财政部　国家税务总局关于消费税纳税人总分支机构汇总缴纳消费税有关政策的通知

2012 年 4 月 13 日　财税〔2012〕42 号

各省、自治区、直辖市、计划单列市财政厅（局）、国家税务局，新疆生产建设兵团财务局：

根据《中华人民共和国消费税暂行条例实施细则》第二十四条有关规定，现将纳税人总

分机构汇总缴纳消费税政策通知如下：

纳税人的总机构与分支机构不在同一县（市），但在同一省（自治区、直辖市）范围内，经省（自治区、直辖市）财政厅（局）、国家税务局审批同意，可以由总机构汇总向总机构所在地的主管税务机关申报缴纳消费税。

省（自治区、直辖市）财政厅（局）、国家税务局应将审批同意的结果，上报财政部、国家税务总局备案。

1－2－13

财政部　国家税务总局关于《中华人民共和国消费税暂行条例实施细则》有关条款解释的通知

2012年7月13日　财法〔2012〕8号

各省、自治区、直辖市、计划单列市财政厅（局）、国家税务局，新疆生产建设兵团财务局：

《中华人民共和国消费税暂行条例实施细则》（财政部令第51号）第七条第二款规定，“委托加工的应税消费品直接出售的，不再缴纳消费税”。现将这一规定的含义解释如下：

委托方将收回的应税消费品，以不高于受托方的计税价格出售的，为直接出售，不再缴纳消费税；委托方以高于受托方的计税价格出售的，不属于直接出售，需按照规定申报缴纳消费税，在计税时准予扣除受托方已代收代缴的消费税。

本规定自2012年9月1日起施行。

1－2－14

国家税务总局关于消费税有关政策问题的公告

2012年11月6日　国家税务总局公告2012年第47号

现将消费税有关政策公告如下：

一、纳税人以原油或其他原料生产加工的在常温常压条件下（25℃/一个标准大气压）呈液态状（沥青除外）的产品，按以下原则划分是否征收消费税：

（一）产品符合汽油、柴油、石脑油、溶剂油、航空煤油、润滑油和燃料油征收规定的，按相应的汽油、柴油、石脑油、溶剂油、航空煤油、润滑油和燃料油的规定征收消费税；

（二）本条第（一）项规定以外的产品，符合该产品的国家标准或石油化工行业标准的相应规定（包括产品的名称、质量标准与相应的标准一致），且纳税人事先将省级以上（含）质量技术监督部门出具的相关产品质量检验证明报主管税务机关进行备案的，不征收消费税;否则,视同石脑油征收消费税。

二、纳税人以原油或其他原料生产加工的产品如以沥青产品对外销售时,该产品符合沥青产品的国家标准或石油化工行业标准的相应规定(包括名称、型号和质量标准等与相应标准一致),且纳税人事先将省级以上(含)质量技术监督部门出具的相关产品质量检验证明报主管税务机关进行备案的,不征收消费税;否则,视同燃料油征收消费税。

三、工业企业以外的单位和个人的下列行为视为应税消费品的生产行为,按规定征收消费税:

(一)将外购的消费税非应税产品以消费税应税产品对外销售的;

(二)将外购的消费税低税率应税产品以高税率应税产品对外销售的。

四、本公告自2013年1月1日起执行。

特此公告。

注释:

条款废止。第一条第(二)款及第二条中"且纳税人事先将省级以上(含)质量技术监督部门出具的相关产品质量检验证明报主管税务机关进行备案的"内容废止。参见:《国家税务总局关于取消两项消费税审批事项后有关管理问题的公告》(国家税务总局公告2015年第39号)。

政策调整。"成品油消费税征税范围认定"取消。参见:《国务院关于取消和调整一批行政审批项目等事项的决定》(国发〔2015〕11号)。

1-2-15

国家税务总局关于消费税有关政策问题补充规定的公告

2013年9月9日　国家税务总局公告2013年第50号

现对《国家税务总局关于消费税有关政策问题的公告》(国家税务总局公告2012年第47号)有关问题补充规定如下:

一、国家税务总局公告2012年第47号第一条和第二条所称"其他原料"是指除原油以外可用于生产加工成品油的各种原料。

二、纳税人生产加工符合国家税务总局公告2012年第47号第一条第(一)项规定的产品,无论以何种名称对外销售或用于非连续生产应征消费税产品,均应按规定缴纳消费税。

三、国家税务总局公告2012年第47号第一条第(二)项所称"本条第(一)项规定以外的产品"是指产品名称虽不属于成品油消费税税目列举的范围,但外观形态与应税成品油相同或相近,且主要原料可用于生产加工应税成品油的产品。

前款所称产品不包括:

(一)环境保护部发布《中国现有化学物质名录》中列明分子式的产品和纳税人取得环

境保护部颁发的《新化学物质环境管理登记证》中列名的产品；

（二）纳税人取得省级（含）以上质量技术监督部门颁发的《全国工业产品生产许可证》中除产品名称注明为“石油产品”外的各明细产品。

本条第一款规定的产品，如根据国家标准、行业标准或其他方法可以确认属于应征消费税的产品，适用本公告第二条规定。

四、国家税务总局公告2012年第47号第二条所称“纳税人以原油或其他原料生产加工的产品”是指常温常压状态下呈暗褐色或黑色的液态或半固态产品。

其他呈液态状产品以沥青名称对外销售或用于非连续生产应征消费税产品，适用国家税务总局公告2012年第47号第一条和本公告第三条规定。

沥青产品的行业标准，包括石油化工以及交通、建筑、电力等行业适用的行业性标准。

五、国家税务总局公告2012年第47号所称“相关产品质量检验证明”是指经国家认证认可监督管理委员会或省级质量技术监督部门依法授予实验室资质认定的检测机构出具的相关产品达到国家或行业标准的检验证明，且该检测机构对相关产品的检测能力在其资质认定证书附表规定的范围之内。

纳税人委托检测机构对相关产品进行检验的项目应为该产品国家或行业标准中列明的全部项目。在向主管税务机关提交检验证明备案时，应一并提供受检产品的国家或行业标准以及检测机构具备检测资质和该产品检测能力的证明材料，包括资质认定证书及检测能力附表复印件等。

本省（自治区、直辖市、计划单列市，以下简称省市）范围内的检测机构对相关产品不能检验的，纳税人可委托其他省市符合条件的检测机构对产品进行检验，并按前款规定提供产品检验证明和检测机构资质能力证明等材料。

六、对国家税务总局公告2012年第47号和本公告规定可不提供检验证明或已提供检验证明而不缴纳消费税的产品，税务机关可根据需要组织进行抽检，核实纳税人实际生产加工的产品是否符合不征收消费税的规定。

七、纳税人发生下列情形之一且未缴纳消费税的，主管税务机关应依法补征税款并予以相应处理：

（一）应提供而未提供检验证明；

（二）虽提供检验证明，但实际生产加工的产品不符合检验证明所依据的国家或行业标准。

八、下列产品准予按规定从消费税应纳税额中扣除其原料已纳的消费税税款，但可享受原料所含消费税退税政策的产品除外：

（一）按国家税务总局公告2012年第47号和本公告规定视同石脑油、燃料油缴纳消费税的产品；

（二）以外购或委托加工收回本条第（一）项规定的产品为原料生产的应税消费品；

（三）按国家税务总局公告2012年第47号第三条第（二）项规定缴纳消费税的产品。

九、纳税人生产、销售或受托加工本公告第八条第（一）项规定的产品，应在向购货方或委托方开具的增值税专用发票品名后注明“视同石脑油（或燃料油）”或“视同石脑油（或燃料油）加工”。购货方或委托方以该产品为原料生产应税消费品，需凭上述凭证按规定办理原料已纳消费税税款的扣除手续。

十、各地税务机关应加强消费税的日常管理和纳税评估，加大对纳税人不同名称产品销量异常变动情况的监管，并可根据需要对视同石脑油、燃料油征收消费税的产品，制定具体管理办法。

十一、本公告自2013年1月1日起施行。本公告施行前，纳税人向主管税务机关提交备案的产品检验证明，如所检项目为该产品国家或行业标准中列明的全部项目，可不做调整，如所检项目仅为部分项目，需补充提供其他项目的检验证明备案，对不提供全部项目检验证明的，视同不符合该产品的国家或行业标准；对已缴纳消费税的产品，根据本公告规定不属于消费税征税范围的，纳税人可按规定申请退税或抵减以后期间的应纳消费税。

特此公告。

注释：

条款废止。第九条自2018年3月1日起废止。参见：《国家税务总局关于成品油消费税征收管理有关问题的公告》（国家税务总局公告2018年第1号）。

1－2－16

财政部　国家税务总局关于调整消费税政策的通知

2014年11月25日　财税〔2014〕93号

各省、自治区、直辖市、计划单列市财政厅（局）、国家税务局，新疆生产建设兵团财务局：

经国务院批准，现将消费税政策调整事项通知如下：

一、取消气缸容量250毫升（不含）以下的小排量摩托车消费税。气缸容量250毫升和250毫升（不含）以上的摩托车继续分别按3%和10%的税率征收消费税。

二、取消汽车轮胎税目。

三、取消车用含铅汽油消费税，汽油税目不再划分二级子目，统一按照无铅汽油税率征收消费税。

四、取消酒精消费税。取消酒精消费税后，“酒及酒精”品目相应改为“酒”，并继续按现行消费税政策执行。

五、本通知自2014年12月1日起执行。

1－2－17

国家税务总局关于取消销货退回消费税退税等两项消费税审批事项后有关管理问题的公告

2015年12月23日　国家税务总局公告2015年第91号

根据《国务院关于取消和调整一批行政审批项目等事项的决定》(国发〔2014〕50号)规定,现就取消“销货退回的消费税退税审批”和“出口应税消费品办理免税后发生退关或国外退货补缴消费税审批”两项审批事项后有关管理问题公告如下：

一、纳税人销售的应税消费品,因质量等原因发生退货的,其已缴纳的消费税税款可予以退还。

纳税人办理退税手续时,应将开具的红字增值税发票、退税证明等资料报主管税务机关备案。主管税务机关核对无误后办理退税。

二、纳税人直接出口的应税消费品办理免税后,发生退关或者国外退货,复进口时已予以免税的,可暂不办理补税,待其转为国内销售的当月申报缴纳消费税。

三、本公告自发布之日起施行。

特此公告。

特殊规定

1－2－18

国家税务总局关于痱子粉、爽身粉不征消费税问题的通知

1994年6月9日　国税发〔1994〕142号

最近一些地区和部门提出，在实行新税制之前，痱子粉、爽身粉是单独设置子目征收增值税的，不属于护肤护发品的征收范围。实行新税制后，对痱子粉、爽身粉是否征收消费税，《消费税征收范围注释》中不够明确。经研究，鉴于过去这两种产品不属于护肤护发品的征收范围，因此，实行新税制后对痱子粉、爽身粉不征收消费税。

特此通知，请依照执行。

1－2－19

财政部　国家税务总局关于调整金银首饰消费税纳税环节有关问题的通知

1994年12月24日　(94)财税字第95号

经国务院批准，金银首饰消费税由生产销售环节征收改为零售环节征收。现将有关规定通知如下：

一、改为零售环节征收消费税的金银首饰范围

这次改为零售环节征收消费税的金银首饰范围仅限于：金、银和金基、银基合金首饰，以及金、银和金基、银基合金的镶嵌首饰（以下简称金银首饰）。

不属于上述范围的应征消费税的首饰（以下简称非金银首饰），仍在生产销售环节征收消费税。

对既销售金银首饰，又销售非金银首饰的生产、经营单位，应将两类商品划分清楚，分别核算销售额。凡划分不清楚或不能分别核算的，在生产环节销售的，一律从高适用税率征收消费税；在零售环节销售的，一律按金银首饰征收消费税。

金银首饰与其他产品组成成套消费品销售的，应按销售额全额征收消费税。

二、税率

金银首饰消费税税率为5%。

三、纳税义务人

在中华人民共和国境内从事金银首饰零售业务的单位和个人，为金银首饰消费税的纳税义务人（以下简称纳税人），应按本通知的规定缴纳消费税。委托加工（另有规定者除外）、委托代销金银首饰的，受托方也是纳税人。

四、纳税环节

纳税人销售（指零售，下同）的金银首饰（含以旧换新），于销售时纳税；用于馈赠、赞助、集资、广告、样品、职工福利、奖励等方面的金银首饰，于移送时纳税；带料加工、翻新改制的金银首饰，于受托方交货时纳税。

五、纳税义务发生时间

纳税人销售金银首饰，其纳税义务发生时间为收讫销货款或取得索取销货凭据的当天；用于馈赠、赞助、集资、广告、样品、职工福利、奖励等方面的金银首饰，其纳税义务发生时间为移送的当天；带料加工、翻新改制的金银首饰，其纳税义务发生时间为受托方交货的当天。

六、金银首饰消费税改变征税环节后，经营单位进口金银首饰的消费税，由进口环节征收改为在零售环节征收；出口金银首饰由出口退税改为出口不退消费税。

个人携带、邮寄金银首饰进境，仍按海关现行规定征税。

七、计税依据

（一）纳税人销售金银首饰，其计税依据为不含增值税的销售额。如果纳税人销售金银首饰的销售额中未扣除增值税税款，在计算消费税时，应按以下公式换算为不含增值税税款的销售额。

$$金银首饰的销售额=\frac{含增值税的销售额}{(1+增值税税率或征收率)}$$

（二）金银首饰连同包装物销售的，无论包装是否单独计价，也无论会计上如何核算，均应并入金银首饰的销售额，计征消费税。

（三）带料加工的金银首饰，应按受托方销售同类金银首饰的销售价格确定计税依据征收消费税。没有同类金银首饰销售价格的，按照组成计税价格计算纳税。组成计税价格的计算公式为：

$$组成计税价格=\frac{材料成本+加工费}{1-金银首饰消费税税率}$$

（四）纳税人采用以旧换新（含翻新改制）方式销售的金银首饰，应按实际收取的不含增值税的全部价款确定计税依据征收消费税。

（五）生产、批发、零售单位用于馈赠、赞助、集资、广告、样品、职工福利、奖励等方面的金银首饰，应按纳税人销售同类金银首饰的销售价格确定计税依据征收消费税；没有同类金银首饰销售价格的，按照组成计税价格计算纳税。组成计税价格的计算公式为：

$$组成计税价格=\frac{购进原价\times(1+利润率)}{(1-金银首饰消费税税率)}$$

纳税人为生产企业时，公式中的“购进原价”为生产成本。公式中的“利润率”一律定为6%。

八、纳税人应向其核算地主管国家税务局申报纳税。

九、金银首饰消费税改变纳税环节以后,用已税珠宝玉石生产的本通知范围内的镶嵌首饰,在计税时一律不得扣除买价或已纳的消费税税款。

十、对改变征税环节后,商业零售企业销售以前年度库存的金银首饰,按调整后的税率照章征收消费税。

十一、金银首饰消费税征收管理办法,由国家税务总局另行制定。

十二、本通知于1995年1月1日起执行。

注释:

条款废止或失效。第一条第二款废止或失效。参见:《财政部　国家税务总局关于公布若干废止和失效的消费税规范性文件目录的通知》(财税〔2009〕18号)。

1－2－20

国家税务总局关于印发《金银首饰消费税征收管理办法》的通知

1994年12月26日　国税发〔1994〕267号

现将《金银首饰消费税征收管理办法》发给你们,自1995年1月1日起执行。

金银首饰消费税征收管理办法

根据财政部、国家税务总局《关于调整金银首饰消费税纳税环节有关问题的通知》(以下简称《通知》)[(94)财税字第95号]的有关规定,特制定本办法。

一、金银首饰的范围

《通知》第一条所称"金银首饰的范围"不包括镀金(银)、包金(银)首饰,以及镀金(银)、包金(银)的镶嵌首饰。

二、零售业务的范围

《通知》第三条所称"金银首饰的零售业务"是指将金银首饰销售给中国人民银行批准的金银首饰生产、加工、批发、零售单位(以下简称经营单位)以外的单位和个人的业务(另有规定者除外)。

下列行为视同零售业务:

(一)为经营单位以外的单位和个人加工金银首饰。加工包括带料加工、翻新改制、以旧换新等业务,不包括修理、清洗业务。

(二)经营单位将金银首饰用于馈赠、赞助、集资、广告、样品、职工福利、奖励等方面。

(三)未经中国人民银行总行批准经营金银首饰批发业务的单位将金银首饰销售给经营单位。

三、应税与非应税的划分

（一）经中国人民银行总行批准经营金银首饰批发业务的单位将金银首饰销售给同时持有《经营金银制品业务许可证》（以下简称《许可证》）影印件及《金银首饰购货（加工）管理证明单》（以下简称《证明单》，样式及填写说明附后）的经营单位，不征收消费税，但其必须保留购货方的上述证件，否则一律视同零售征收消费税。

（二）经中国人民银行批准从事金银首饰加工业务的单位为同时持有《许可证》影印件及《证明单》的经营单位加工金银首饰，不征收消费税，但其必须保留委托方的上述证件，否则一律视同零售征收消费税。

（三）经营单位兼营生产、加工、批发、零售业务的，应分别核算销售额，未分别核算销售额或者划分不清的，一律视同零售征收消费税。

四、纳税地点

纳税人总机构与分支机构不在同一县（市）的，分支机构应纳税款应在所在地缴纳。但经国家税务总局及省级国家税务局批准，纳税人分支机构应纳消费税税款也可由总机构汇总向总机构所在地主管国家税务局缴纳。

固定业户到外县（市）临时销售金银首饰，应当向其机构所在地主管国家税务局申请开具外出经营活动税收管理证明，回其机构所在地向主管国家税务局申报纳税。未持有其机构所在地主管国家税务局核发的外出经营活动税收管理证明的，销售地主管国家税务局一律按规定征收消费税。其在销售地发生的销售额，回机构所在地后仍应按规定申报纳税，在销售地缴纳的消费税款不得从应纳税额中扣减。

五、金银首饰消费税纳税人的认定

（一）申请办理金银首饰消费税纳税人认定（以下简称消费税认定）的经营单位，应自领取《营业执照》之日起30日内，持中国人民银行准予其经营金银制品业务的批件及有关证件、资料，向核算地县以上国家税务局申请办理税务登记，并同时申请办理消费税认定登记。

原有的经营单位，应自接到中国人民银行重新审核《许可证》准予继续经营的通知之日起30日内，到核算地县以上国家税务局申请办理消费税认定登记。

经营单位办理消费税认定时，应如实填写《金银首饰消费税纳税人认定登记表》（表样附后），并提供下列有关证件、资料：

1. 申请办理消费税认定的书面报告；

2. 中国人民银行准予从事金银首饰经营业务的批件或《许可证》；

3.《营业执照》；

4.《税务登记证》；

5. 开户银行账号；

6. 金银首饰会计核算方法和会计科目设置说明；

7. 会计人员、办税人员会计资格证明；

8. 经营金银首饰购销存台账式样；

9. 税务机关要求提供的其他有关证件、资料。

税务机关审核后发给消费税认定登记证件（样式附后）。

（二）消费税认定登记内容发生变化的，应自工商行政管理机关办理变更登记之日起30日内或者在向工商行政管理机关申请办理注销登记之前，持有关证件向税务机关申报办理变更或者注销消费税认定登记证件。

（三）对办理消费税认定登记后，转入正常经营的经营单位，不能如实提供第一款所列资料的，主管国家税务局可责令其限期改正，在规定的期限内仍不能改正的，主管国家税务局应取消其消费税认定登记证件。

六、申报资料

纳税人办理纳税申报时，除应按《中华人民共和国税收征收管理法》（以下简称《征管法》）的规定报送有关资料外，还应报送下列资料：

（一）《金银饰品购销存月报表》（另行下发）；

（二）从事批发、加工业务的经营单位应报送《证明单》。

七、《证明单》的使用管理

《证明单》是划分金银首饰批发、零售业务的主要凭证。

（一）《证明单》的使用。

1.《证明单》的基本联次。《证明单》共四联，第一联由售货单位留存，并附在售货发票存根联之后；第二联由售货单位进行纳税申报时报送其主管国家税务局；第三联由购货单位留存；第四联由购货方购货后交回其主管国家税务局，注销领取记录。

2.《证明单》由购货单位在购货前向其主管国家税务局申请领用。

3. 购货单位携《证明单》购货。

4.《证明单》中的“购进（加工）金银首饰情况”由售货（加工）单位填写，其金额应与增值税专用发票金额一致。售货（加工）单位填写、盖章后，第三联、第四联交购货单位带回。

（二）《证明单》的管理。

1.《证明单》的样式，由国家税务总局统一制定。

2.《证明单》由省级国家税务局印制和管理，省级国家税务局可结合本地区实际情况制定具体管理办法。

3.《证明单》由县以上国家税务局（分局）盖章有效。

八、违章处理

（一）纳税人未按规定的期限申请办理消费税认定登记的，依《中华人民共和国税收征收管理法》第三十七条的规定予以处罚。

（二）纳税人转借、涂改、损毁、丢失、买卖、伪造消费税认定登记证件、《证明单》的，依《中华人民共和国税收征收管理法》第三十七条的规定予以处罚。

九、其他征管事项，按《中华人民共和国税收征收管理法》的有关规定办理。

附件：1. 金银首饰消费税纳税人认定登记表（编者略）

2. 省（市）金银首饰购货（加工）管理证明单（编者略）

3. 金银首饰消费税纳税人认定登记证（编者略）

注释：

条款修改。将第四条第二款中“国家税务局”修改为“税务局”，并改为第三条。参见：

《国家税务总局关于修改部分税务部门规章的决定》(国家税务总局令第44号)。

条款废止。第三条第一款、第二款,第四条第一款,第六条第二款废止。参见:《税务部门现行有效、失效、废止规章目录》(国家税务总局令第23号)。

条款失效或废止。第二条、第八条失效或废止。参见:《国家税务总局关于发布已失效或废止的税收规范性文件目录的通知》(国税发〔2006〕62号)。

条款失效。第七条失效。参见:《国家税务总局关于停止执行〈金银首饰购货(加工)管理证明单〉使用规定的批复》(国税函〔2005〕193号)。

条款失效。第五条失效。参见:《国家税务总局关于取消金银首饰消费税纳税人认定行政审批后有关问题的通知》(国税函〔2004〕826号)。

1-2-21

国家税务总局关于用外购和委托加工收回的应税消费品连续生产应税消费品征收消费税问题的通知

1995年5月19日　国税发〔1995〕94号

根据《国家税务总局关于印发〈消费税若干具体问题的规定〉的通知》(国税发〔1993〕156号)和《国家税务总局关于消费税若干征税问题的通知》(国税发〔1994〕130号)的规定,纳税人用外购或委托加工收回的已税烟丝、已税酒及酒精等8种应税消费品连续生产应税消费品,在计征消费税时可以扣除外购已税应税消费品的买价或委托加工收回应税消费品的已纳消费税税款。各地税务机关反映,这一规定在执行中存在着以下两方面问题:第一,两种扣除方法之间税收负担不平衡,而且用外购应税消费品连续生产应税消费品与用自产应税消费品连续生产应税消费品这两种生产经营方式之间,也存在着税收负担不平衡的矛盾。第二,在确定当期扣除数额方面,没有明确是按当期销售所实际耗用的数量计算,还是按当期投入生产的数量计算,因此而导致各地在政策执行上的不统一。为解决存在的问题,现通知如下:

一、对于用外购的已税烟丝、已税酒及酒精等8种应税消费品连续生产的应税消费品,在计税时准予扣除外购的应税消费品已纳的消费税税款,停止实行以销售额扣除外购应税消费品买价后的余额为计税依据计征消费税的办法。

二、当期准予扣除的外购或委托加工收回的应税消费品的已纳消费税税款,应按当期生产领用数量计算。计算公式如下:

(一)当期准予扣除的外购应税消费品已纳税款=当期准予扣除的外购应税消费品买价×外购应税消费品适用税率

当期准予扣除的外购应税消费品买价=期初库存的外购应税消费品的买价+当期购进的应税消费品的买价-期末库存的外购应税消费品的买价

(二)当期准予扣除的委托加工应税消费品已纳税款=期初库存的委托加工应税消费

品已纳税款+当期收回的委托加工应税消费品已纳税款-期末库存的委托加工应税消费品已纳税款

三、纳税人用外购或委托加工收回的已税珠宝玉石生产的改在零售环节征收消费税的金银首饰，仍按《财政部、国家税务总局关于调整金银首饰消费税纳税环节有关问题的通知》[(94)财税字第95号]的规定执行。

四、本规定自1995年6月1日起执行。以前规定与本规定有抵触的，以本规定为准。

1-2-22

财政部　国家税务总局关于酒类产品包装物押金征税问题的通知

1995年6月9日　财税字〔1995〕53号

为了确保国家的财政收入，堵塞税收漏洞，经研究决定：从1995年6月1日起，对酒类产品生产企业销售酒类产品而收取的包装物押金，无论押金是否返还与会计上如何核算，均需并入酒类产品销售额中，依酒类产品的适用税率征收消费税。

请依照执行。

1-2-23

国家税务总局关于锻压金首饰在零售环节征收消费税问题的批复

1996年12月23日　国税函发〔1996〕727号

北京市国家税务局：

你局《关于对锻压金首饰在零售环节征收消费税问题的请示》(京国税一〔1996〕424号)收悉。经研究，现批复如下：

鉴于你局经过大量调查已经核实，目前市场上销售的一些含金饰品如锻压金、铸金、复合金等，其生产工艺与包金、镀金首饰有明显区别，且这类含金饰品在进口环节均未征收消费税。为严密征税规定，公平税负，避免纳税人以饰品名称的不同钻空子，进行偷税、逃税，现对在零售环节征收消费税的金银首饰的范围重申如下：

在零售环节征收消费税的金银首饰的范围不包括镀金(银)、包金(银)首饰，以及镀金(银)、包金(银)的镶嵌首饰，凡采用包金、镀金工艺以外的其他工艺制成的含金、银首饰及镶嵌首饰，如锻压金、铸金、复合金首饰等，都应在零售环节征收消费税。

1 -2 -24

财政部　国家税务总局关于调整酒类产品消费税政策的通知

2001 年 5 月 11 日　财税〔2001〕84 号

经国务院批准,调整酒类产品消费税政策。现将有关问题通知如下:

一、调整粮食白酒、薯类白酒消费税税率。

粮食白酒、薯类白酒消费税税率由《中华人民共和国消费税暂行条例》规定的比例税率调整为定额税率和比例税率。

(一)定额税率:粮食白酒、薯类白酒每斤(500 克)0. 5 元。

(二)比例税率:

1. 粮食白酒(含果木或谷物为原料的蒸馏酒,下同)25% 。

下列酒类产品比照粮食白酒适用 25% 比例税率:

——粮食和薯类、糠麸等多种原料混合生产的白酒

——以粮食白酒为酒基的配置酒、泡制酒

——以白酒或酒精为酒基,凡酒基所用原料无法确定的配置酒、泡制酒

2. 薯类白酒 15% 。

二、调整酒类产品消费税计税办法。

粮食白酒、薯类白酒计税办法由《中华人民共和国消费税暂行条例》规定的实行从价定率计算应纳税额的办法调整为实行从量定额和从价定率相结合计算应纳税额的复合计税办法。应纳税额计算公式:

应纳税额 = 销售数量 × 定额税率 + 销售额 × 比例税率

凡在中华人民共和国境内生产、委托加工、进口粮食白酒、薯类白酒的单位和个人,都应依照本通知的规定缴纳从量定额消费税和从价定率消费税。

三、粮食白酒、薯类白酒计税依据。

(一)生产销售粮食白酒、薯类白酒,从量定额计税办法的计税依据为粮食白酒、薯类白酒的实际销售数量。

(二)进口、委托加工、自产自用粮食白酒、薯类白酒,从量定额计税办法的计税依据分别为海关核定的进口征税数量、委托方收回数量、移送使用数量。

(三)生产销售、进口、委托加工、自产自用粮食白酒,薯类白酒从价定率计税办法的计税依据按《中华人民共和国消费税暂行条例》及其有关规定执行。

四、调整啤酒消费税单位税额。

(一)每吨啤酒出厂价格(含包装物及包装物押金)在 3000 元(含 3000 元,不含增值税)以上的,单位税额 250 元/吨;

(二)每吨啤酒出厂价格在 3000 元(不含 3000 元,不含增值税)以下的,单位税额 220

元/吨。

（三）娱乐业、饮食业自制啤酒，单位税额250元/吨。

（四）每吨啤酒出厂价格以2000年全年销售的每一牌号、规格啤酒产品平均出厂价格为准。2000年每一牌号、规格啤酒的平均出厂价格确定之后即作为确定各牌号、规格啤酒2001年适用单位税额的依据，无论2001年啤酒的出厂价格是否变动，当年适用单位税额原则上不再进行调整。

啤酒计税价格管理办法另行制定。

五、停止执行外购或委托加工已税酒和酒精生产的酒（包括以外购已税白酒加浆降度，用外购已税的不同品种的白酒勾兑的白酒，用曲香、香精对外购已税白酒进行调香、调味以及外购散装白酒装瓶出售等）外购酒及酒精已纳税款或受托方代收代缴税款准予抵扣政策。2001年5月1日以前购进的已税酒及酒精，已纳消费税税款没有抵扣完的一律停止抵扣。

六、停止执行对小酒厂定额、定率的双定征税办法，一律实行查实征收。小酒厂指会计核算不健全的小型业户。

七、依据《中华人民共和国税收征收管理法》及有关规定，制定酒类关联企业征税办法。具体办法由国家税务总局商财政部另行制定。

八、本《通知》自2001年5月1日起执行。原有规定与本《通知》有抵触的，以本《通知》为准。

注释：

条款废止或失效。第一条第二款废止或失效。参见：《财政部　国家税务总局关于公布若干废止和失效的消费税规范性文件目录的通知》（财税〔2009〕18号）。

1－2－25

财政部　国家税务总局关于调整烟类产品消费税政策的通知

2001年6月4日　财税〔2001〕91号

经国务院批准，调整卷烟产品消费税政策。现将有关问题通知如下：

一、调整卷烟消费税税率

卷烟消费税税率由《中华人民共和国消费税暂行条例》规定的比例税率调整为定额税率和比例税率。税率具体调整如下：

（一）定额税率：每标准箱（50000支，下同）150元。

（二）比例税率：

1. 每标准条（200支，下同）调拨价格在50元（含50元，不含增值税）以上的卷烟税率为45%。

2. 每标准条调拨价格在50元(不含增值税)以下的卷烟税率为30%。

3. 下列卷烟一律适用45%的比例税率：

——进口卷烟

——白包卷烟

——手工卷烟

——自产自用没有同牌号、规格调拨价格的卷烟

——委托加工没有同牌号、规格调拨价格的卷烟

——未经国务院批准纳入计划的企业和个人生产的卷烟

二、调整卷烟消费税计税办法

卷烟消费税计税办法由《中华人民共和国消费税暂行条例》规定的实行从价定率计算应纳税额的办法调整为实行从量定额和从价定率相结合计算应纳税额的复合计税办法。应纳税额计算公式：

应纳税额 = 销售数量 × 定额税率 + 销售额 × 比例税率

凡在中华人民共和国境内生产、委托加工、进口卷烟的单位和个人，都应当依照本通知的规定缴纳从量定额消费税和从价定率消费税。

三、计税依据

(一)生产销售卷烟

1. 从量定额计税办法的计税依据为卷烟的实际销售数量。

2. 从价定率计税办法的计税依据为卷烟的调拨价格或者核定价格。

调拨价格是指卷烟生产企业通过卷烟交易市场与购货方签订的卷烟交易价格。调拨价格由国家税务总局按照中国烟草交易中心(以下简称交易中心)和各省烟草交易(定货)会(以下简称交易会)2000年各牌号、规格卷烟的调拨价格确定，并作为卷烟计税价格对外公布(见附件)。

核定价格是指不进入交易中心和交易会交易、没有调拨价格的卷烟，应由税务机关按其零售价倒算一定比例的办法核定计税价格。核定价格的计算公式：

$$\frac{\text{某牌号规格}}{\text{卷烟核定价格}} = \frac{\text{该牌号规格卷烟}}{\text{市场零售价格}} \div (1 + 35\%)$$

2000年11月以后生产销售的新牌号规格卷烟，暂按生产企业自定的调拨价格征收消费税。新牌号规格卷烟的概念界定、计税价格管理办法由国家税务总局商财政部另行制定。

3. 计税价格和核定价格确定以后，执行计税价格的卷烟，国家每年根据卷烟实际交易价格的情况，对个别市场交易价格变动较大的卷烟，以交易中心或者交易会的调拨价格为基础对其计税价格进行适当调整。执行核定价格的卷烟，由税务机关按照零售价格变动情况进行调整。

4. 实际销售价格高于计税价格和核定价格的卷烟，按实际销售价格征收消费税；实际销售价格低于计税价格和核定价格的卷烟，按计税价格或核定价格征收消费税。

5. 非标准条包装卷烟应当折算成标准条包装卷烟的数量，依其实际销售收入计算确定其折算成标准条包装后的实际销售价格，并确定适用的比例税率。折算的实际销售价格高

于计税价格的,应按照折算的实际销售价格确定适用比例税率;折算的实际销售价格低于计税价格的,应按照同牌号规格标准条包装卷烟的计税价格和适用税率征税。

非标准条包装卷烟是指每条包装多于或者少于200支的条包装卷烟。

(二)进口卷烟、委托加工卷烟、自产自用卷烟从量定额计税的依据分别为海关核定的进口征税数量、委托方收回数量、移送使用数量;从价定率计税的计税依据按《中华人民共和国消费税暂行条例》及其有关的规定执行。

四、本《通知》规定调整的烟类产品仅限于卷烟。雪茄烟、烟丝的消费税税率和计税方法仍按照《中华人民共和国消费税暂行条例》的有关规定执行。

五、本《通知》自2001年6月1日起执行。卷烟生产企业2001年4月1日至5月31日销售的卷烟,凡已经国家税务总局核定计税价格的,按照核定的计税价格征收消费税;未核定计税价格的,按照实际出厂价格征收消费税。

1-2-26

国家税务总局关于卷烟生产企业购进卷烟直接销售不再征收消费税的批复

2001年12月20日　国税函〔2001〕955号

江西省国家税务局:

你局《关于卷烟生产企业购进卷烟直接销售是否征收消费税问题的请示》(赣国税发〔2001〕302号)收悉。关于卷烟生产企业购进卷烟直接销售是否征收消费税问题,经研究,现批复如下:

对既有自产卷烟,同时又委托联营企业加工与自产卷烟牌号、规格相同卷烟的工业企业(以下简称卷烟回购企业),从联营企业购进后再直接销售的卷烟,对外销售时不论是否加价,凡是符合下述条件的,不再征收消费税;不符合下述条件的,则征收消费税:

一、回购企业在委托联营企业加工卷烟时,除提供给联营企业所需加工卷烟牌号外,还须同时提供税务机关已公示的消费税计税价格。联营企业必须按照已公示的调拨价格申报缴纳消费税。

二、回购企业将联营企业加工卷烟回购后再销售的卷烟,其销售收入应与自产卷烟的销售收入分开核算,以备税务机关检查;如不分开核算,则一并计入自产卷烟销售收入征收消费税。

本规定自文到之日起执行。

1－2－27

国家税务总局关于啤酒计征消费税有关问题的批复

2002年2月22日　国税函〔2002〕166号

宁波市国家税务局：

你局《关于啤酒计征消费税有关问题的请示》（甬国税发〔2001〕61号）收悉。经研究，现批复如下：

按照《中华人民共和国税收征收管理法》中“企业或者外国企业在中国境内设立的从事生产、经营的机构、场所与其关联企业之间的业务往来，应当按照独立企业之间的业务往来收取或者支付价款、费用；不按照独立企业之间的业务往来收取或者支付价款、费用，而减少其应纳税的收入或者所得额的，税务机关有权进行合理调整”和《财政部、国家税务总局关于调整酒类产品消费税政策的通知》（财税〔2001〕84号）的有关规定，对啤酒生产企业销售的啤酒，不得以向其关联企业的啤酒销售公司销售的价格作为确定消费税税额的标准，而应当以其关联企业的啤酒销售公司对外的销售价格（含包装物及包装物押金）作为确定消费税税额的标准，并依此确定该啤酒消费税单位税额。

请遵照执行。

1－2－28

国家税务总局关于啤酒集团内部企业间销售（调拨）啤酒液征收消费税问题的批复

2003年4月9日　国税函〔2003〕382号

青岛市国家税务局：

你局《关于青岛啤酒股份有限公司内部调拨酒液征收消费税问题的请示》（青国税发〔2002〕57号）收悉。关于啤酒生产集团为解决下属企业之间糖化能力和包装能力不匹配，优化各企业间资源配置，将有糖化能力而无包装能力的企业生产的啤酒液销售（调拨）给异地企业进行灌装，对此如何征收消费税问题，经研究，现批复如下：

一、啤酒生产集团内部企业间调拨销售的啤酒液，应由啤酒液生产企业按现行规定申报缴纳消费税。

二、购入方企业应依据取得的销售方销售啤酒液所开具的增值税专用发票上记载的销售数量、销售额、销售单价确认销售方啤酒液适用的消费税单位税额，单独建立外购啤酒液购入使用台账，计算外购啤酒液已纳消费税额。

三、购入方使用啤酒液连续灌装生产并对外销售的啤酒，应依据其销售价格确定适用单位税额计算缴纳消费税,但其外购啤酒液已纳的消费税额,可以从其当期应纳消费税额中抵减。

请遵照执行。

1－2－29

国家税务总局关于取消金银首饰消费税纳税人认定行政审批后有关问题的通知

2004年6月25日　国税函〔2004〕826号

各省、自治区、直辖市和计划单列市国家税务局:

根据《国务院关于第三批取消和调整行政审批项目的决定》(国发〔2004〕16号),“金银首饰消费税纳税人认定”属于被取消的行政审批项目。按照国务院要求,现将有关问题通知如下:

一、停止执行《国家税务总局关于印发〈金银首饰消费税征收管理办法〉的通知》(国税发〔1994〕267号)中《金银首饰消费税征收管理办法》的第五条“金银首饰消费税纳税人的认定”。

二、“金银首饰消费税纳税人的认定”程序取消后,各级税务机关要加大征管力度,对金银首饰经营单位申报纳税情况进行经常性专项检查。

1－2－30

国家税务总局关于停止执行《金银首饰购货(加工)管理证明单》使用规定的批复

2005年3月4日　国税函〔2005〕193号

北京市国家税务局:

你局《关于停止执行〈金银首饰购货(加工)管理证明单〉使用规定的请示》(京国税发〔2004〕374号)收悉,批复如下:

根据《国家税务总局关于取消金银首饰消费税纳税人认定行政审批后有关问题的通知》(国税函〔2004〕826号)的规定,金银首饰消费税纳税人的认定程序已被取消。鉴于该认定程序取消后,《金银首饰购货(加工)管理证明单》(以下简称证明单)领用对象的确认已经失去了依据,同意你局意见,停止执行《金银首饰消费税征收管理办法》(国税发〔1994〕267号)等文件中有关证明单的使用规定。

1－2－31

国家税务总局关于果啤征收消费税的批复

2005年4月18日 国税函〔2005〕333号

你局《关于青岛啤酒汉中有限责任公司生产销售“汉斯果啤”有关消费税问题的请示》(陕国税发〔2004〕224号)收悉。经研究,批复如下:

经向中国酿酒协会啤酒分会了解,果啤是一种口味介于啤酒和饮料之间的低度酒精饮料,主要成份为啤酒和果汁。尽管果啤在口味和成份上与普通啤酒有所区别,但无论是从产品名称,还是从产品含啤酒的本质上看,果啤均属于啤酒,应按规定征收消费税。

1－2－32

国家税务总局关于印发《汽油、柴油消费税管理办法(试行)》的通知

2005年8月25日 国税发〔2005〕133号

各省、自治区、直辖市和计划单列市国家税务局,扬州税务进修学院:

为了加强汽油、柴油消费税管理,提高征管质量和效率,实现消费税重点税源专人现场集中管理的目标,总局制定了《汽油、柴油消费税管理办法(试行)》,现印发给你们,请结合实际情况认真贯彻执行。对在试行过程中遇到的情况和问题,请及时报告总局。

汽油、柴油消费税管理办法(试行)

第一条 根据《中华人民共和国税收征收管理法》、《中华人民共和国税收征收管理法实施细则》(以下简称征管法及其实施细则)、《中华人民共和国消费税暂行条例》、《中华人民共和国消费税暂行条例实施细则》(以下简称条例及其实施细则)制定本办法。

第二条 在中华人民共和国境内生产、委托加工、进口汽油、柴油的单位和个人,均为汽油、柴油消费税纳税人(以下简称纳税人)。无铅汽油适用税率每升0.2元,含铅汽油(铅含量每升超过0.013克)适用税率每升0.28元,柴油适用税率每升0.1元。

第三条 汽油是指由天然或人造原油经蒸馏所得的直馏汽油组分,二次加工汽油组分及其他高辛烷值组分按比例调合而成的或用其他原料、工艺生产的辛烷值不小于66的各种汽油和以汽油组分为主,辛烷值大于50的经调合可用作汽油发动机燃料的非标油。

第四条 柴油是指由天然或人造原油经减压蒸馏在一定温度下切割的馏分,或用于二次加工柴油组分调合而成的倾点在－50号至30号的各种柴油和以柴油组分为主、经调和精制可用作柴油发动机的非标油。

第五条 纳税人应按照征管法及其实施细则的有关规定办理税务登记,纳税人除依照有关规定提供相关资料外,还必须提供下列资料:

(一)生产企业基本情况表(以下简称基本情况表,见附件一);

(二)生产装置及工艺路线的简要说明;

(三)企业生产的所有油品名称、产品标准及用途;

(四)税务机关要求报送的其他资料。

第六条 已经办理税务登记的纳税人,其原油加工能力、生产装置、储油设施、油品名称、产品标准及用途发生变化的,应自发生变化之日起30日内向主管税务机关报告。

第七条 主管税务机关应在纳税人办理税务登记后或接到本办法第六条规定的报告后,及时到纳税人所在地实地查验、核实。

第八条 纳税人应按照条例及其实施细则的规定办理消费税纳税申报。纳税人在办理消费税纳税申报时应填写《消费税纳税申报表》及附表并提供下列资料:

(一)生产企业生产经营情况表(油品)(以下简称经营表,见附件二);

(二)生产企业产品销售明细表(油品)(以下简称销售表,见附件三);

(三)主管部门下达的月度生产计划;

(四)企业根据生产计划制定的月份排产计划;

(五)税务机关要求报送的其他资料。

第九条 主管税务机关应对纳税人实行专责管理。

第十条 主管税务机关应定期委派管理员到生产企业所在地了解纳税人的生产经营情况及与纳税有关的情况。向纳税人宣传贯彻税收法律、法规和各项税收政策,开展纳税服务,为纳税人提供税法咨询和办税辅导,督促纳税人正确履行纳税义务、建立健全财务会计制度、加强账簿凭证管理。

第十一条 主管税务机关应当掌握纳税人生产经营、财务核算的基本情况。掌握纳税人原油、原料油品输入、输出管道、炼化装置、燃料油品运输口岸(管道运输、火车运输、船舶运输、罐车运输)等储运部门的具体位置,燃料油品流量计(表、检尺)的安装位置。了解产品重量单位的计算方法(在一定温度下重量 = 体积 × 密度),统计部门燃料油品产量计算方式、商品量的调整依据。

第十二条 主管税务机关应定期将依据纳税人储运部门的油品收发台账统计的油品发出量与流量表的流量总计或通过检尺检测后计算的流量总计进行核对。

第十三条 主管税务机关应对纳税人油品销售对象进行监控。定期将纳税人统计的油品发出量与销售对象(如石油公司等)的流量计记录情况进行核对。

第十四条 主管税务机关应定期对纳税人开展纳税评估。综合运用纳税人申报资料及第三方信息资料(如原油加工损失等)和本办法附件四评估指标定义及比对方法,对纳税人纳税申报的真实性、准确性做出初步判断,根据评估分析发现的问题,约谈纳税人。

第十五条 汽油、柴油消费税纳税评估指标包括:原油及原料油加工量、原油库存能力、汽油库存能力、柴油库存能力、综合商品率、轻油收率、汽油收率、柴油收率、柴油、汽油产出比、税务机关计算的汽油销售数量、税务机关计算的柴油销售数量。

第十六条 主管税务机关应对纳税人开具的除汽油、柴油以外的所有油品销售发票

(增值税专用发票、有效凭证)按照销售对象进行清分,将有疑点的发票信息及时传递给销售对象所在地主管税务机关,由销售对象所在地主管税务机关进行协查。

第十七条 销售对象所在地主管税务机关应对本环节购进货物用途、再销售对象进行核查,于收到核查信息后15日内将核查结论反馈给生产企业所在地主管税务机关。

对于本环节仍有疑点的发票,销售对象所在地主管税务机关应继续向下一环节购货方所在地主管税务机关发出协查信息。

第十八条 主管税务机关应加强对纳税人以化工原料名义销售的可用于调和为汽油、柴油的石脑油、溶剂油计划及调整计划(以下简称计划)的管理。计划每年由中国石油天然气集团(股份)公司、中国石油化工集团(股份)公司提出,经国家税务总局核准后下发给各省、自治区、直辖市、计划单列市国家税务局。

第十九条 以化工原料名义销售的可用于调和为汽油、柴油的石脑油、溶剂油的生产企业(以下简称供应单位)所在地主管税务机关应对计划执行情况进行监督,于次年1月31日前将计划执行情况逐级上报至国家税务总局。

第二十条 使用计划内可用于调和汽油、柴油的石脑油、溶剂油单位(以下简称使用单位)所在地的主管税务机关应对使用单位计划使用情况进行监督。对使用单位销售的汽油、柴油征收消费税。

第二十一条 主管税务机关应根据税收管理的需要,对纳税人销售、自用、受托加工的除汽油、柴油以外的油品进行取样备检,可以要求纳税人于销售货物前提供备检样品。

第二十二条 本办法实施前已经办理税务登记的纳税人,无需重新办理税务登记。但必须在本办法实施后的第一个征期内向主管税务机关提供本办法第五条规定需要提供的证件资料。

第二十三条 本办法自2005年9月1日起实施。

附件:1. 生产企业基本情况表(编者略)

2. 生产企业生产经营情况表(油品)(编者略)

3. 生产企业产品销售明细表(油品)(编者略)

4. 评估指标定义及比对方法(编者略)

注释:

条款失效。第十八条、第十九条和第二十条失效。参见:《国家税务总局关于部分税务行政审批事项取消后有关管理问题的公告》(国家税务总局公告2015年第8号)。

政策调整。"可用于调和为汽油、柴油的石脑油、溶剂油计划及调整计划核准"取消。参见:《国家税务总局关于贯彻落实〈国务院关于取消和下放一批行政审批项目的决定〉的通知》(税总发〔2014〕6号)。

条款失效或废止。第二条、第三条、第四条、第八条失效或废止。参见:《国家税务总局关于公布若干废止和失效的消费税规范性文件目录的通知》(国税发〔2009〕45号)。

1－2－33

财政部　国家税务总局关于变性燃料乙醇定点生产企业有关税收政策问题的通知

2005年12月14日　财税〔2005〕174号

吉林、河南、安徽、黑龙江省财政厅、国家税务局，财政部驻吉林、河南、安徽、黑龙江省财政监察专员办事处：

根据国家发展改革委、财政部等八部委联合下发的《关于印发〈车用乙醇汽油扩大试点方案〉和〈车用乙醇汽油扩大试点工作实施细则〉的通知》（发改工业〔2004〕230号）的有关规定，现将变性燃料乙醇定点生产企业生产用于调配车用乙醇汽油的变性燃料乙醇消费税、增值税政策通知如下：

一、对吉林燃料乙醇有限责任公司、河南天冠集团、安徽丰原生物化学股份有限公司和黑龙江华润酒精有限公司生产用于调配车用乙醇汽油的变性燃料乙醇免征消费税，以前年度已征的消费税退还给企业。

二、对上述四个企业生产用于调配车用乙醇汽油的变性燃料乙醇，增值税实行先征后退办法，具体由财政部驻当地财政监察专员办事处按照（94）财预字第55号文件的规定办理。

请遵照执行。

1－2－34

财政部　国家税务总局关于明确啤酒包装物押金消费税政策的通知

2006年2月27日　财税〔2006〕20号

各省、自治区、直辖市、计划单列市财政厅（局）、国家税务局，新疆生产建设兵团财务局：

近接一些地方来文，要求明确啤酒包装物押金的有关范围问题。经研究，现明确如下：

财政部和国家税务总局《关于调整酒类产品消费税政策的通知》（财税〔2001〕84号）规定啤酒消费税单位税额按照出厂价格（含包装物及包装物押金）划分档次，上述包装物押金不包括供重复使用的塑料周转箱的押金。

本文自2006年1月1日起执行。

1 -2 -35

国家税务总局关于购进整车改装汽车征收消费税问题的批复

2006 年 8 月 15 日　国税函〔2006〕772 号

重庆市国家税务局：

你局《关于购进整车改装的专用汽车是否征收消费税的请示》（渝国税发〔2006〕98 号）收悉，批复如下：

《财政部、国家税务总局关于调整和完善消费税政策的通知》（财税〔2006〕33 号）中有关用车辆底盘（车架）改装、改制的车辆征收消费税的规定是为了解决用不同种类车辆的底盘（车架）改装、改制的车辆应按照何种子目（乘用车或中轻型商用客车）征收消费税的问题，并非限定只对这类改装车辆征收消费税。对于购进乘用车和中轻型商用客车整车改装生产的汽车，应按规定征收消费税。

1 -2 -36

国家税务总局关于依据柴油质量标准认定消费税征税范围问题的批复

2007 年 7 月 16 日　国税函〔2007〕767 号

山东省国家税务局：

你局《关于柴油消费税质量标准认定问题的请示》（鲁国税发〔2007〕56 号）收悉，批复如下：

倾点和凝点虽然是衡量柴油性质的同一类指标，并且在数值上比较接近，但属于两个不同的指标。将“凝点”等同于“倾点”来确定消费税征税范围，在税法上缺乏依据，并且会引起征税范围的变化。“倾点”指标既然有国家规定的检测标准（GB/T 3535），必然可以通过检测取得。柴油的征收范围仍应按照《国家税务总局关于印发修订后的〈汽油、柴油消费税征收范围注释〉的通知》（国税发〔1998〕192 号）确定。

1－2－37

国家税务总局关于沙滩车等车辆征收消费税问题的批复

2007年11月2日　国税函〔2007〕1071号

重庆市国家税务局：

你局《关于"沙滩车"类产品征收消费税问题的请示》（渝国税发〔2007〕208号）收悉。经研究，批复如下：

沙滩车、雪地车、卡丁车、高尔夫车不属于消费税征收范围，不征收消费税。

1－2－38

财政部　国家税务总局关于调整部分成品油消费税政策的通知

2008年2月2日　财税〔2008〕19号

各省、自治区、直辖市、计划单列市财政厅（局）、国家税务局，新疆生产建设兵团财务局：

为促进以石脑油为原料的国产乙烯和芳烃类产品与进口同类产品的公平竞争，经国务院批准，现将石脑油等部分成品油消费税政策调整如下：

一、自2008年1月1日起，对石脑油、溶剂油、润滑油按每升0.2元征收消费税，燃料油按每升0.1元征收消费税。

二、自2008年1月1日起至2010年12月31日止，进口石脑油和国产的用作乙烯、芳烃类产品原料的石脑油免征消费税。生产企业直接对外销售的石脑油应按规定征收消费税。石脑油消费税的具体征、免税管理办法由财政部、国家税务总局另行制定。

三、以外购或委托加工收回的已税石脑油、润滑油、燃料油为原料生产的应税消费品，准予从消费税应纳税额中扣除原料已纳的消费税税款。抵扣税款的计算公式为：当期准予扣除的外购应税消费品已纳税款＝当期准予扣除外购应税消费品数量×外购应税消费品单位税额。

四、本通知自2008年1月1日起执行。在2007年12月31日以前石脑油应缴未缴的消费税，各地主管税务机关应抓紧进行清缴。原《财政部、国家税务总局关于调整和完善消费税政策的通知》（财税〔2006〕33号）、《国家税务总局关于印发〈调整和完善消费税政策征收管理规定〉的通知》（国税发〔2006〕49号）规定与本通知有抵触的，以本通知规定为准。

注释：

条款废止或失效。第一条、第二条中关于进口石脑油免征消费税的规定废止或失效。

参见:《财政部　国家税务总局关于公布若干废止和失效的消费税规范性文件目录的通知》(财税〔2009〕18号)。

条款废止。第二条中关于进口石脑油免征消费税的规定废止。参见:《财政部　国家税务总局关于提高成品油消费税税率后相关成品油消费税政策的通知》(财税〔2008〕168号)。

1－2－39

国家税务总局关于厢式货车改装生产的汽车征收消费税问题的批复

2008年5月21日　国税函〔2008〕452号

浙江省国家税务局:

你局《关于对进口厢式货车改装生产汽车征收消费税问题的请示》(浙国税流〔2008〕21号)收悉。经研究,批复如下:

根据《财政部、国家税务总局关于调整和完善消费税政策的通知》(财税〔2006〕33号)规定,对于企业购进货车或厢式货车改装生产的商务车、卫星通讯车等专用汽车不属于消费税征税范围,不征收消费税。

1－2－40

财政部　国家税务总局关于调整乘用车消费税政策的通知

2008年8月1日　财税〔2008〕105号

各省、自治区、直辖市、计划单列市财政厅(局)、国家税务局,新疆生产建设兵团财务局:

为促进节能减排,进一步完善消费税税制,经国务院批准,现将乘用车消费税政策做如下调整:

一、气缸容量(排气量,下同)在1.0升以下(含1.0升)的乘用车,税率由3%下调至1%;

二、气缸容量在3.0升以上至4.0升(含4.0升)的乘用车,税率由15%上调至25%;

三、气缸容量在4.0升以上的乘用车,税率由20%上调至40%。

调整后的乘用车消费税税率见附件。

本通知自2008年9月1日起执行。生产企业在2008年9月1日前销出的乘用车发生退货的,按政策调整前的原税率退税。出口企业在2008年9月1日前收购的出口应税乘用车,并取得消费税税收缴款书(出口货物专用)的,在2008年9月1日以后出口的,按原税率退税。

附件:乘用车消费税税目税率表

附件

乘用车消费税税目税率表

税　　目	税　率
小汽车:	
乘用车:	
(1)气缸容量(排气量,下同)在1.0升以下(含1.0升)的	1%
(2)气缸容量在1.0升以上至1.5升(含1.5升)的	3%
(3)气缸容量在1.5升以上至2.0升(含2.0升)的	5%
(4)气缸容量在2.0升以上至2.5升(含2.5升)的	9%
(5)气缸容量在2.5升以上至3.0升(含3.0升)的	12%
(6)气缸容量在3.0升以上至4.0升(含4.0升)的	25%
(7)气缸容量在4.0升以上的	40%

1－2－41

财政部　国家税务总局关于调整部分乘用车进口环节消费税的通知

2008年8月11日　财关税〔2008〕73号

海关总署:

经国务院批准,自2008年9月1日起,对部分乘用车进口环节消费税进行调整,现将有关事项通知如下:

一、将气缸容量(排气量,下同)1.0升以下(含1.0升)的乘用车进口环节消费税税率由3%下调至1%;

二、将气缸容量3.0升以上(不含3.0升)至4.0升(含4.0升)的乘用车进口环节消费税税率由15%上调至25%;

三、将气缸容量4.0升以上的乘用车进口环节消费税税率由20%上调至40%。

乘用车进口环节消费税税目、税率调整对照表见附件。

附件:乘用车进口环节消费税税目、税率调整对照表

附件

乘用车进口环节消费税税目、税率调整对照表

税则号列	商品名称（简称）	调整前税率（%）	调整后税率（%）	备　注
ex87021092	20≤座≤23 柴油客车	5	5	*
87021093	10≤座≤19 柴油客车	5	5	*
ex87029020	20≤座≤23 非柴油客车	5	5	*
87029030	10≤座≤19 非柴油客车	5	5	*
87032130	排气量≤1 升的小轿车	3	1	降低税率
87032190	排气量≤1 升的其他车辆	3	1	降低税率
87032230	1 升 < 排气量≤1.5 升的小轿车	3	3	*
87032240	1 升 < 排气量≤1.5 升的越野车	3	3	*
87032250	1 升 < 排气量≤1.5 升，≤9 座的小客车	3	3	*
87032290	1 升 < 排气量≤1.5 升的其他载人车辆	3	3	*
87032314	1.5 升 < 排气量≤2 升的小轿车	5	5	*
	2 升 < 排气量≤2.5 升的小轿车	9	9	*
87032315	1.5 升 < 排气量≤2 升的越野车	5	5	*
	2 升 < 排气量≤2.5 升的越野车	9	9	*
87032316	1.5 升 < 排气量≤2 升，≤9 座的小客车	5	5	*
	2 升 < 排气量≤2.5 升，≤9 座的小客车	9	9	*
87032319	1.5 升 < 排气量≤2 升的其他载人车辆	5	5	*
	2 升 < 排气量≤2.5 升的其他载人车辆	9	9	*
87032334	2.5 升 < 排气量≤3 升的小轿车	12	12	*
87032335	2.5 升 < 排气量≤3 升的越野车	12	12	*
87032336	2.5 升 < 排气量≤3 升，≤9 座的小客车	12	12	*
87032339	2.5 升 < 排气量≤3 升的其他载人车辆	12	12	*
87032430	3 升 < 排气量≤4 升的小轿车	15	25	提高税率
	4 升 < 排气量的小轿车	20	40	提高税率
87032440	3 升 < 排气量≤4 升的越野车	15	25	提高税率
	4 升 < 排气量的越野车	20	40	提高税率
87032450	3 升 < 排气量≤4 升，≤9 座的小客车	15	25	提高税率
	4 升 < 排气量，≤9 座的小客车	20	40	提高税率
87032490	3 升 < 排气量≤4 升的其他载人车辆	15	25	提高税率
	4 升 < 排气量的其他载人车辆	20	40	提高税率
87033130	排气量≤1 升的小轿车	3	1	降低税率
	1 升 < 排气量≤1.5 升的小轿车	3	3	*

续表

税则号列	商品名称(简称)	调整前税率(%)	调整后税率(%)	备　注
87033140	排气量≤1 升的越野车	3	1	降低税率
	1 升<排气量≤1.5 升的越野车	3	3	*
87033150	排气量≤1 升,≤9 座的小客车	3	1	降低税率
	1 升<排气量≤1.5 升,≤9 座的小客车	3	3	*
87033190	排气量≤1 升的其他载人车辆	3	1	降低税率
	1 升<排气量≤1.5 升的其他载人车辆	3	3	*
87033230	1.5 升<排气量≤2 升的小轿车	5	5	*
	2 升<排气量≤2.5 升的小轿车	9	9	*
87033240	1.5 升<排气量≤2 升的越野车	5	5	*
	2 升<排气量≤2.5 升的越野车	9	9	*
87033250	1.5 升<排气量≤2 升,≤9 座的小客车	5	5	*
	2 升<排气量≤2.5 升,≤9 座的小客车	9	9	*
87033290	1.5 升<排气量≤2 升的其他载人车辆	5	5	*
	2 升<排气量≤2.5 升的其他载人车辆	9	9	*
87033330	2.5 升<排气量≤3 升的小轿车	12	12	*
	3 升<排气量≤4 升的小轿车	15	25	提高税率
	4 升<排气量的小轿车	20	40	提高税率
87033340	2.5 升<排气量≤3 升的越野车	12	12	*
	3 升<排气量≤4 升的越野车	15	25	提高税率
	4 升<排气量的越野车	20	40	提高税率
87033350	2.5 升<排气量≤3 升,≤9 座的小客车	12	12	*
	3 升<排气量≤4 升,≤9 座的小客车	15	25	提高税率
	4 升<排气量,≤9 座的小客车	20	40	提高税率
87033390	2.5 升<排气量≤3 升的其他载人车辆	12	12	*
	3 升<排气量≤4 升的其他载人车辆	15	25	提高税率
	4 升<排气量的其他载人车辆	20	40	提高税率
87039000	其他型排气量≤1 升的其他载人车辆	3	1	降低税率
	其他型 1 升<排气量≤1.5 升的其他载人车辆	3	3	*
	其他型 1.5 升<排气量≤2 升的其他载人车辆	5	5	*
	其他型 2 升<排气量≤2.5 升的其他载人车辆	9	9	*
	其他型 2.5 升<排气量≤3 升的其他载人车辆	12	12	*
	其他型 3 升<排气量≤4 升的其他载人车辆	15	25	提高税率
	其他型 4 升<排气量的其他载人车辆	20	40	提高税率
	电动汽车和其他无法区分排气量的载人车辆	0	0	*

续表

税则号列	商品名称(简称)	调整前税率(%)	调整后税率(%)	备 注
87111000	排气量≤50 毫升摩托车及脚踏两用车	3	3	*
87112010	50 毫升<排气量≤100 毫升摩托车及脚踏两用车	3	3	*
87112020	100 毫升<排气量≤125 毫升摩托车及脚踏两用车	3	3	*
87112030	125 毫升<排气量≤150 毫升摩托车及脚踏两用车	3	3	*
87112040	150 毫升<排气量≤200 毫升摩托车及脚踏两用车	3	3	*
87112050	200 毫升<排气量≤250 毫升摩托车及脚踏两用车	3	3	*
87113010	250 毫升<排气量≤400 毫升摩托车及脚踏两用车	10	10	*
87113020	400 毫升<排气量≤500 毫升摩托车及脚踏两用车	10	10	*
87114000	500 毫升<排气量≤800 毫升摩托车及脚踏两用车	10	10	*
87115000	排气量>800 毫升摩托车及脚踏两用车	10	10	*
87119010	电动摩托车及脚踏两用车	0	0	*
87119090	排气量≤250 毫升摩托车及脚踏两用车	3	3	*
	排气量>250 毫升摩托车及脚踏两用车	10	10	*
	其他无法区分排气量的摩托车及脚踏两用车	3	3	*

注:1. “ex”标识表示非全税目商品。

2. 备注栏中 * 号表示税率未作调整。

1 -2 -42

国家税务总局关于调味料酒征收消费税问题的通知

2008 年 8 月 21 日　国税函〔2008〕742 号

各省、自治区、直辖市和计划单列市国家税务局:

现将调味料酒征收消费税的有关问题通知如下:

鉴于国家已经出台了调味品分类国家标准,按照国家标准调味料酒属于调味品,不属于配置酒和泡制酒,对调味料酒不再征收消费税。

调味料酒是指以白酒、黄酒或食用酒精为主要原料,添加食盐、植物香辛料等配制加工而成的产品名称标注(在食品标签上标注)为调味料酒的液体调味品。

1－2－43

财政部　国家税务总局关于提高成品油消费税税率的通知

2008年12月19日　财税〔2008〕167号

各省、自治区、直辖市、计划单列市财政厅(局)、国家税务局，新疆生产建设兵团财务局：

按照《国务院关于实施成品油价格和税费改革的通知》(国发〔2008〕37号)，现将提高成品油消费税税率问题通知如下：

一、将无铅汽油的消费税单位税额由每升0.2元提高到每升1.0元；将含铅汽油的消费税单位税额由每升0.28元提高到每升1.4元。

二、将柴油的消费税单位税额由每升0.1元提高到每升0.8元。

三、将石脑油、溶剂油和润滑油的消费税单位税额由每升0.2元提高到每升1.0元。

四、将航空煤油和燃料油的消费税单位税额由每升0.1元提高到每升0.8元。

五、本通知自2009年1月1日起执行。原消费税的政策规定与本通知有抵触的，依照本通知执行。

附件：1. 成品油消费税税目税率表

2. 成品油消费税征收范围注释

附件1

成品油消费税税目税率表

税　目	税　率
成品油：	
1. 汽油	
(1)无铅汽油	1.0元/升
(2)含铅汽油	1.4元/升
2. 柴油	0.8元/升
3. 航空煤油	0.8元/升
4. 石脑油	1.0元/升
5. 溶剂油	1.0元/升
6. 润滑油	1.0元/升
7. 燃料油	0.8元/升

附件 2

成品油消费税征收范围注释

一、汽油

汽油是指用原油或其他原料加工生产的辛烷值不小于66的可用作汽油发动机燃料的各种轻质油。含铅汽油是指铅含量每升超过0.013克的汽油。汽油分为车用汽油和航空汽油。

以汽油、汽油组分调和生产的甲醇汽油、乙醇汽油也属于本税目征收范围。

二、柴油

柴油是指用原油或其他原料加工生产的倾点或凝点在-50至30的可用作柴油发动机燃料的各种轻质油和以柴油组分为主、经调和精制可用作柴油发动机燃料的非标油。

以柴油、柴油组分调和生产的生物柴油也属于本税目征收范围。

三、石脑油

石脑油又叫化工轻油，是以原油或其他原料加工生产的用于化工原料的轻质油。

石脑油的征收范围包括除汽油、柴油、航空煤油、溶剂油以外的各种轻质油。非标汽油、重整生成油、拔头油、戊烷原料油、轻裂解料（减压柴油VGO和常压柴油AGO）、重裂解料、加氢裂化尾油、芳烃抽余油均属轻质油，属于石脑油征收范围。

四、溶剂油

溶剂油是用原油或其他原料加工生产的用于涂料、油漆、食用油、印刷油墨、皮革、农药、橡胶、化妆品生产和机械清洗、胶粘行业的轻质油。

橡胶填充油、溶剂油原料，属于溶剂油征收范围。

五、航空煤油

航空煤油也叫喷气燃料，是用原油或其他原料加工生产的用作喷气发动机和喷气推进系统燃料的各种轻质油。

六、润滑油

润滑油是用原油或其他原料加工生产的用于内燃机、机械加工过程的润滑产品。润滑油分为矿物性润滑油、植物性润滑油、动物性润滑油和化工原料合成润滑油。

润滑油的征收范围包括矿物性润滑油、矿物性润滑油基础油、植物性润滑油、动物性润滑油和化工原料合成润滑油。以植物性、动物性和矿物性基础油（或矿物性润滑油）混合掺配而成的“混合性”润滑油，不论矿物性基础油（或矿物性润滑油）所占比例高低，均属润滑油的征收范围。

七、燃料油

燃料油也称重油、渣油，是用原油或其他原料加工生产，主要用作电厂发电、锅炉用燃料、加热炉燃料、冶金和其他工业炉燃料。腊油、船用重油、常压重油、减压重油、180CTS燃料油、7号燃料油、糠醛油、工业燃料、4-6号燃料油等油品的主要用途是作为燃料燃烧，属于燃料油征收范围。

1－2－44

财政部　国家税务总局关于提高成品油消费税税率后相关成品油消费税政策的通知

2008 年 12 月 19 日　财税〔2008〕168 号

各省、自治区、直辖市、计划单列市财政厅（局）、国家税务局，新疆生产建设兵团财务局：

根据《国务院关于实施成品油价格和税费改革的通知》（国发〔2008〕37 号），现将提高成品油消费税税率后相关成品油消费税政策问题通知如下：

一、自 2009 年 1 月 1 日起对进口石脑油恢复征收消费税。

二、2009 年 1 月 1 日至 2010 年 12 月 31 日，对国产的用作乙烯、芳烃类产品原料的石脑油免征消费税，生产企业直接对外销售的不作为乙烯、芳烃类产品原料的石脑油应按规定征收消费税；对进口的用作乙烯、芳烃类产品原料的石脑油已缴纳的消费税予以返还，具体办法由财政部会同海关总署和国家税务总局另行制定。

乙烯类产品具体是指乙烯、丙烯和丁二烯；芳烃类产品具体是指苯、甲苯、二甲苯。

三、航空煤油暂缓征收消费税。

四、对用外购或委托加工收回的已税汽油生产的乙醇汽油免税。用自产汽油生产的乙醇汽油，按照生产乙醇汽油所耗用的汽油数量申报纳税。

五、对外购或委托加工收回的汽油、柴油用于连续生产甲醇汽油、生物柴油，准予从消费税应纳税额中扣除原料已纳的消费税税款。

六、2008 年 12 月 31 日以前生产企业库存的用于生产应税消费品的外购或委托加工收回的石脑油、润滑油、燃料油原料，其已缴纳的消费税，准予在 2008 年 12 月税款所属期按照石脑油、润滑油每升 0.2 元和燃料油每升 0.1 元一次性计算扣除。

七、本通知自 2009 年 1 月 1 日起执行，原消费税政策规定与本通知有抵触的按照本通知的规定执行。下列文件或文件的部分内容自本通知执行之日起同时废止：

（一）财政部、国家税务总局《关于调整含铅汽油消费税税率的通知》（财税字〔1998〕163 号）

（二）国家税务总局《关于印发修订后的〈汽油、柴油消费税征税范围注释〉的通知》（国税发〔1998〕192 号）

（三）国家税务总局《关于生物柴油征收消费税问题的批复》（国税函〔2005〕39 号）

（四）财政部、国家税务总局《关于调整和完善消费税政策的通知》（财税〔2006〕33 号）第一条第二款的第 1 项成品油新增子目的适用税率（单位税额）和附件的第六条

（五）财政部、国家税务总局《关于消费税若干具体政策的通知》（财税〔2006〕125 号）第五条

（六）国家税务总局《关于生物柴油征收消费税问题的批复》（国税函〔2006〕1183 号）

（七）财政部、国家税务总局《关于调整部分成品油消费税政策的通知》（财税〔2008〕19号）第二条中关于进口石脑油免征消费税的规定

（八）国家税务总局《关于印发〈石脑油消费税免税管理办法〉的通知》（国税发〔2008〕45号）第四条

注释：

政策调整。自2011年10月1日起，对生产石脑油、燃料油的企业对外销售的用于生产乙烯、芳烃类化工产品的石脑油、燃料油，恢复征收消费税。参见：《财政部　中国人民银行　国家税务总局关于延续执行部分石脑油燃料油消费税政策的通知》（财税〔2011〕87号）。

政策调整。政策延续至2010年12月31日。参见：《财政部　国家税务总局关于调整部分燃料油消费税政策的通知》（财税〔2010〕66号）。

1－2－45

国家税务总局关于加强成品油消费税征收管理有关问题的通知

2008年12月30日　国税函〔2008〕1072号

各省、自治区、直辖市和计划单列市国家税务局：

经国务院批准，自2009年1月1日起，提高成品油消费税税率。财政部、国家税务总局联合下发了《财政部、国家税务总局关于提高成品油消费税税率的通知》（财税字〔2008〕167号）和《财政部、国家税务总局关于调整和完善成品油消费税政策的通知》（财税字〔2008〕168号）。现将有关成品油消费税征收管理规定如下：

一、下列纳税人应于2009年1月24日前到所在地主管税务机关办理消费税税种管理事项。

（一）以原油以外的其他原料加工汽油、柴油、石脑油、溶剂油、航空煤油、润滑油和燃料油的。

（二）用外购汽油和乙醇调和乙醇汽油的。

二、纳税人应按调整后的成品油消费税纳税申报表及附报资料（见附件），办理消费税纳税申报。

三、纳税人既生产销售汽油又生产销售乙醇汽油的，应分别核算，未分别核算的，生产销售的乙醇汽油不得按照生产乙醇汽油所耗用的汽油数量申报纳税，一律按照乙醇汽油的销售数量征收消费税。

四、外购或委托加工收回的汽油、柴油用于连续生产甲醇汽油、生物柴油的，税款抵扣凭证依照《国家税务总局关于印发〈调整和完善消费税政策征收管理规定〉的通知》（国税发〔2006〕49号）第四条第（一）款执行。2009年1月1日前的增值税专用发票，不得作为抵

扣凭证。抵扣税款的计算方法,依照国税发〔2006〕49 号文件第四条第(二)款执行。

五、纳税人应依照国税发〔2006〕49 号文件第四条第(四)款规定建立抵扣税款台账。主管税务机关应加强对税款抵扣台账核算的管理。

六、2008 年 12 月 31 日以前生产企业库存的外购或委托加工收回的用于连续生产应税消费品的已税原料(石脑油、润滑油、燃料油),在 2008 年 12 月税款所属期内按照生产原料一次性领用处理。一次性计算的税款扣除金额大于当期应纳税额部分,可结转到下期扣除。

七、2009 年 1 月 1 日后,生产企业在记录前款一次性领用原料税款抵扣台账时,可按照先进先出法记录原料领用数量(领用数量不再作为计算扣税金额)。待一次性领用原料数量用完后,再将发生的原料领用数量作为当期计算税款抵扣的领用原料数量。

本通知自 2009 年 1 月 1 日起执行。

附件:成品油消费税纳税申报表(编者略)

注释:

条款废止。第一条废止。参见:《国家税务总局关于公布全文和部分条款失效废止的税务规范性文件目录的公告》(国家税务总局公告 2023 年第 8 号)。

条款废止。附件自 2014 年 12 月 13 日起废止。参见:《国家税务总局关于进一步调整成品油消费税有关征收管理问题的公告》(国家税务总局公告 2014 年第 71 号)。

1 -2 -46

财政部　国家税务总局关于调整烟产品消费税政策的通知

2009 年 5 月 26 日　财税〔2009〕84 号

各省、自治区、直辖市、计划单列市财政厅(局)、国家税务局、新疆生产建设兵团财务局:

为了适当增加财政收入,完善烟产品消费税制度,经国务院批准,现将调整烟产品消费税政策问题通知如下:

一、调整烟产品生产环节消费税政策

(一)调整卷烟生产环节消费税计税价格

新的卷烟生产环节消费税最低计税价格由国家税务总局核定并下达。

(二)调整卷烟生产环节(含进口)消费税的从价税税率。

1. 甲类卷烟,即每标准条(200 支,下同)调拨价格在 70 元(不含增值税)以上(含 70 元)的卷烟,税率调整为 56%。

2. 乙类卷烟,即每标准条调拨价格在 70 元(不含增值税)以下的卷烟,税率调整为 36%。

卷烟的从量定额税率不变,即 0.003 元/支。

（三）调整雪茄烟生产环节（含进口）消费税的从价税税率。

将雪茄烟生产环节的税率调整为36%。

二、在卷烟批发环节加征一道从价税

（一）纳税义务人：在中华人民共和国境内从事卷烟批发业务的单位和个人。

（二）征收范围：纳税人批发销售的所有牌号规格的卷烟。

（三）计税依据：纳税人批发卷烟的销售额（不含增值税）。

（四）纳税人应将卷烟销售额与其他商品销售额分开核算，未分开核算的，一并征收消费税。

（五）适用税率：5%。

（六）纳税人销售给纳税人以外的单位和个人的卷烟于销售时纳税。纳税人之间销售的卷烟不缴纳消费税。

（七）纳税义务发生时间：纳税人收讫销售款或者取得索取销售款凭据的当天。

（八）纳税地点：卷烟批发企业的机构所在地，总机构与分支机构不在同一地区的，由总机构申报纳税。

（九）卷烟消费税在生产和批发两个环节征收后，批发企业在计算纳税时不得扣除已含的生产环节的消费税税款。

本通知自2009年5月1日起执行。此前有关文件规定与本通知相抵触的，以本通知为准。

附件：调整后的烟产品消费税税目税率表

附件

调整后的烟产品消费税税目税率表

税　　目	税　　率	征收环节
烟		
1. 卷烟	56%加0.003元/支	生产环节
工业		
(1)甲类卷烟 ［调拨价70元(不含增值税)/条以上(含70元)］		
(2)乙类卷烟 ［调拨价70元(不含增值税)/条以下］	36%加0.003元/支	生产环节
商业批发	5%	批发环节
2. 雪茄	36%	生产环节
3. 烟丝	30%	生产环节

注释：

政策调整。自2015年5月10日起，将卷烟批发环节从价税税率由5%提高至11%，并按0.005元/支加征从量税。参见：《财政部　国家税务总局关于调整卷烟消费税的通知》（财税〔2015〕60号）。

1-2-47

国家税务总局关于加强白酒消费税征收管理的通知

2009年7月17日　国税函〔2009〕380号

各省、自治区、直辖市和计划单列市国家税务局：

为落实《国家税务总局关于进一步加强税收征管工作的通知》(国税发〔2009〕16号)文件精神，加强白酒消费税征收管理，现将有关事项通知如下：

一、各地要组织开展白酒消费税政策执行情况检查，及时纠正税率适用错误等政策问题。

二、各地要加强白酒消费税日常管理，确保税款按时入库。加大白酒消费税清欠力度，杜绝新欠发生。

三、加强纳税评估，有效监控生产企业的生产、销售情况，堵塞漏洞，增加收入。

四、为保全税基，对设立销售公司的白酒生产企业，税务总局制定了《白酒消费税最低计税价格核定管理办法(试行)》(见附件)，对计税价格偏低的白酒核定消费税最低计税价格。

各地要集中力量做好白酒消费税最低计税价格核定工作，确保自2009年8月1日起，执行核定的白酒消费税最低计税价格。

五、各地要加强小酒厂白酒消费税的征管，对账证不全的，采取核定征收方式。

六、各级税务机关要加强领导，加强对本通知提出的白酒消费税征收管理各项工作要求的监督检查，发现问题及时纠正、及时上报。

附件：白酒消费税最低计税价格核定管理办法(试行)

附件

白酒消费税最低计税价格核定管理办法(试行)

第一条　根据《中华人民共和国税收征收管理法》、《中华人民共和国消费税暂行条例》以及相关法律法规制定本办法。

第二条　白酒生产企业销售给销售单位的白酒，生产企业消费税计税价格低于销售单位对外销售价格(不含增值税，下同)70%以下的，税务机关应核定消费税最低计税价格。

第三条　办法第二条销售单位是指，销售公司、购销公司以及委托境内其他单位或个人包销本企业生产白酒的商业机构。销售公司、购销公司是指，专门购进并销售白酒生产企业生产的白酒，并与该白酒生产企业存在关联性质。包销是指，销售单位依据协定价格从白酒生产企业购进白酒，同时承担大部分包装材料等成本费用，并负责销售白酒。

第四条 白酒生产企业应将各种白酒的消费税计税价格和销售单位销售价格,按照本办法附件1的式样及要求,在主管税务机关规定的时限内填报。

第五条 白酒消费税最低计税价格由白酒生产企业自行申报,税务机关核定。

第六条 主管税务机关应将白酒生产企业申报的销售给销售单位的消费税计税价格低于销售单位对外销售价格70%以下、年销售额1000万元以上的各种白酒,按照本办法附件2的式样及要求,在规定的时限内逐级上报至国家税务总局。税务总局选择其中部分白酒核定消费税最低计税价格。

第七条 除税务总局已核定消费税最低计税价格的白酒外,其他符合本办法第二条需要核定消费税最低计税价格的白酒,消费税最低计税价格由各省、自治区、直辖市和计划单列市国家税务局核定。

第八条 白酒消费税最低计税价格核定标准如下:

(一)白酒生产企业销售给销售单位的白酒,生产企业消费税计税价格高于销售单位对外销售价格70%(含70%)以上的,税务机关暂不核定消费税最低计税价格。

(二)白酒生产企业销售给销售单位的白酒,生产企业消费税计税价格低于销售单位对外销售价格70%以下的,消费税最低计税价格由税务机关根据生产规模、白酒品牌、利润水平等情况在销售单位对外销售价格50%至70%范围内自行核定。其中生产规模较大,利润水平较高的企业生产的需要核定消费税最低计税价格的白酒,税务机关核价幅度原则上应选择在销售单位对外销售价格60%至70%范围内。

第九条 已核定最低计税价格的白酒,生产企业实际销售价格高于消费税最低计税价格的,按实际销售价格申报纳税;实际销售价格低于消费税最低计税价格的,按最低计税价格申报纳税。

第十条 已核定最低计税价格的白酒,销售单位对外销售价格持续上涨或下降时间达到3个月以上、累计上涨或下降幅度在20%(含)以上的白酒,税务机关重新核定最低计税价格。

第十一条 白酒生产企业在办理消费税纳税申报时,应附已核定最低计税价格白酒清单,式样见附件3。

第十二条 白酒生产企业未按本办法规定上报销售单位销售价格的,主管国家税务局应按照销售单位销售价格征收消费税。

第十三条 本办法自2009年8月1日起执行。

附件:1. 白酒相关经济指标申报表(编者略)

2. 白酒消费税最低计税价格核定申请表(编者略)

3. 已核定最低计税价格白酒清单(编者略)

注释:

条款废止。附件第十一条及其附件3自2021年8月1日起废止。参见:《国家税务总局关于增值税 消费税与附加税费申报表整合有关事项的公告》(国家税务总局公告2021年第20号)。

条款失效。附件第十一条及其附件3自2021年5月1日起暂停执行。参见:《国家税务总局关于简并税费申报有关事项的公告》(国家税务总局公告2021年第9号)。

条款修改。根据《第十三届全国人民代表大会第一次会议关于国务院机构改革方案的决定》等有关规定,税收规范性文件规定的国税地税机关的职责和工作由新的税务机关承担。国家税务总局依据《税收规范性文件制定管理办法》(国家税务总局令第41号公布),对税收规范性文件进行了清理。参见:《国家税务总局关于修改部分税收规范性文件的公告》(国家税务总局公告2018年第31号)。

1-2-48

国家税务总局关于部分白酒消费税计税价格核定及相关管理事项的通知

2009年8月5日　国税函〔2009〕416号

国家税务局:

根据《国家税务总局关于加强白酒消费税征收管理的通知》(国税函〔2009〕380号)第六条规定,现将由税务总局核价的白酒消费税计税价格核定及相关管理事项通知如下:

一、税务总局核定消费税计税价格的白酒(具体生产企业及品牌、规格见附件),核定比例暂统一确定为60%。

二、纳税人应按下列公式计算确定白酒消费税计税价格。

当月该品牌、规格白酒消费税计税价格=该品牌、规格白酒销售单位上月平均销售价格×核定比例

当月该品牌、规格白酒出厂价格大于按本公式计算确定的白酒消费税计税价格的,按出厂价格申报纳税。

三、纳税人应按下列公式计算确定白酒消费税应纳税额。

当月该品牌、规格白酒消费税应纳税额=销售数量×当月该品牌、规格白酒消费税计税价格×适用税率

四、主管税务机关应做好纳税人计算确定白酒消费税计税价格和消费税应纳税额的辅导工作。

五、主管税务机关应对纳税人计算确定的白酒消费税计税价格和消费税应纳税额做好日常检查工作,定期开展白酒消费税纳税评估,税务总局将不定期地进行抽查。

附件:税务总局核定消费税计税价格白酒生产企业及品牌、规格名单(编者略)

1 -2 -49

国家税务总局关于下发卷烟批发单位名单的通知

2009 年 8 月 24 日　国税函〔2009〕459 号

各省、自治区、直辖市和计划单列市国家税务局:

现将具有卷烟批发资质单位名单下发给你们(见附件),主管税务机关应参照名单对卷烟批发环节消费税纳税人进行核实,加强对卷烟批发环节消费税纳税人的管理。各地在执行过程中遇到情况和问题,请及时报告国家税务总局(货物和劳务税司)。

附件:卷烟批发单位名单(编者略)

1 -2 -50

国家税务总局关于稳定轻烃产品征收消费税问题的批复

2010 年 5 月 13 日　国税函〔2010〕205 号

山东省国家税务局:

你局《关于中石化胜利油田分公司稳定轻烃产品征收消费税问题的请示》(鲁国税发〔2010〕54 号)收悉。经研究,批复如下:

油气田企业在生产石油、天然气过程中,通过加热、增压、冷却、制冷等方法回收、以戊烷和以上重烃组分组成的稳定轻烃属于原油范畴,不属于成品油消费税征税范围。

1 -2 -51

国家税务总局关于绝缘油类产品不征收消费税问题的公告

2010 年 8 月 30 日　国家税务总局公告 2010 年第 12 号

现将有关消费税征收范围问题公告如下:

变压器油、导热类油等绝缘油类产品不属于《财政部、国家税务总局关于提高成品油消费税税率的通知》(财税〔2008〕167 号)规定的应征消费税的“润滑油”,不征收消费税。

本公告自 2010 年 10 月 1 日起执行。《国家税务总局关于对绝缘油类产品征收消费税问题的批复》(国税函〔2010〕76 号)文件同时废止。此前未征消费税的不得补征,已征的消费税税款可抵顶以后纳税期其他货物的应交消费税。

特此公告。

1－2－52

财政部　国家税务总局关于对成品油生产企业生产自用油免征消费税的通知

2010年11月1日　财税〔2010〕98号

各省、自治区、直辖市、计划单列市财政厅(局)、国家税务局,新疆生产建设兵团财务局:

经国务院批准,对成品油生产企业生产自用油免征消费税。现将有关政策通知如下:

一、从2009年1月1日起,对成品油生产企业在生产成品油过程中,作为燃料、动力及原料消耗掉的自产成品油,免征消费税。对用于其他用途或直接对外销售的成品油照章征收消费税。

二、从2009年1月1日到本通知下发前,成品油生产企业生产自用油已经缴纳的消费税,符合上述免税规定的,予以退还。

1－2－53

财政部　国家税务总局关于对利用废弃的动植物油生产纯生物柴油免征消费税的通知

2010年12月17日　财税〔2010〕118号

各省、自治区、直辖市、计划单列市财政厅(局)、国家税务局,新疆生产建设兵团财务局:

经国务院批准,对利用废弃的动物油和植物油为原料生产的纯生物柴油免征消费税。现将有关政策通知如下:

一、从2009年1月1日起,对同时符合下列条件的纯生物柴油免征消费税:

(一)生产原料中废弃的动物油和植物油用量所占比重不低于70%。

(二)生产的纯生物柴油符合国家《柴油机燃料调合生物柴油(BD100)》标准。

二、对不符合本通知第一条规定的生物柴油,或者以柴油、柴油组分调合生产的生物柴油照章征收消费税。

三、从2009年1月1日至本通知下发前,生物柴油生产企业已经缴纳的消费税,符合本通知第一条免税规定的予以退还。

1－2－54

财政部　国家税务总局关于对油(气)田企业生产自用成品油先征后返消费税的通知

2011年2月25日　财税〔2011〕7号

各省、自治区、直辖市、计划单列市财政厅(局)、国家税务局,新疆生产建设兵团财务局:

经国务院批准,现对油(气)田企业生产自用成品油先征后返消费税问题通知如下:

一、自2009年1月1日起,对油(气)田企业在开采原油过程中耗用的内购成品油,暂按实际缴纳成品油消费税的税额,全额返还所含消费税。

二、享受税收返还政策的成品油必须同时符合以下三个条件:

(一)由油(气)田企业所隶属的集团公司(总厂)内部的成品油生产企业生产;

(二)从集团公司(总厂)内部购买;

(三)油(气)田企业在地质勘探、钻井作业和开采作业过程中,作为燃料、动力(不含运输)耗用。

三、油(气)田企业所隶属的集团公司(总厂)向财政部驻当地财政监察专员办事处统一申请税收返还。具体退税办法由财政部另行制定。

1－2－55

财政部　国家税务总局关于明确废弃动植物油生产纯生物柴油免征消费税适用范围的通知

2011年6月15日　财税〔2011〕46号

各省、自治区、直辖市、计划单列市财政厅(局)、国家税务局,新疆生产建设兵团财务局,财政部驻各省、自治区、直辖市、计划单列市监察专员办事处:

为方便税收征管,现将《财政部、国家税务总局关于对利用废弃的动植物油生产纯生物柴油免征消费税的通知》(财税〔2010〕118号)所称"废弃的动物油和植物油"的范围明确如下:

一、餐饮、食品加工单位及家庭产生的不允许食用的动植物油脂。主要包括泔水油、煎炸废弃油、地沟油和抽油烟机凝析油等。

二、利用动物屠宰分割和皮革加工修削的废弃物处理提炼的油脂,以及肉类加工过程中产生的非食用油脂。

三、食用油脂精炼加工过程中产生的脂肪酸、甘油酯及含少量杂质的混合物。主要包括酸化油、脂肪酸、棕榈酸化油、棕榈油脂肪酸、白土油及脱臭馏出物等。

四、油料加工或油脂储存过程中产生的不符合食用标准的油脂。

特此通知,请遵照执行。

1－2－56

财政部　中国人民银行　国家税务总局关于延续执行部分石脑油燃料油消费税政策的通知

2011年9月15日　财税〔2011〕87号

各省、自治区、直辖市、计划单列市财政厅(局)、国家税务局,中国人民银行上海总部,各分行、营业管理部,省会(首府)城市中心支行,各副省级城市中心支行:

为促进我国烯烃类化工行业的发展,经国务院批准,现将用于生产乙烯、芳烃类化工产品的石脑油、燃料油消费税退(免)税政策延续问题明确如下:

一、自2011年10月1日起,对生产石脑油、燃料油的企业(以下简称生产企业)对外销售的用于生产乙烯、芳烃类化工产品的石脑油、燃料油,恢复征收消费税。

二、自2011年10月1日起,生产企业自产石脑油、燃料油用于生产乙烯、芳烃类化工产品的,按实际耗用数量暂免征消费税。

三、自2011年10月1日起,对使用石脑油、燃料油生产乙烯、芳烃的企业(以下简称使用企业)购进并用于生产乙烯、芳烃类化工产品的石脑油、燃料油,按实际耗用数量暂退还所含消费税。

退还石脑油、燃料油所含消费税计算公式为:

应退还消费税税额＝石脑油、燃料油实际耗用数量×石脑油、燃料油消费税单位税额

使用企业所在地主管国家税务局(以下简称主管税务机关)负责退税工作。主管税务机关根据使用企业石脑油、燃料油实际耗用量核定应退税金额,并开具"收入退还书"(预算科目为:101020121　成品油消费税退税),后附退税审批表、退税申请书等,送交当地国库部门。国库部门审核后从中央预算收入中退付税款。

四、2011年1月1日至9月30日,生产企业销售给使用企业用于生产乙烯、芳烃类化工产品的石脑油、燃料油,仍按《财政部、国家税务总局关于提高成品油消费税税率后相关成品油消费税政策的通知》(财税〔2008〕168号)、《财政部、国家税务总局关于调整部分燃料油消费税政策的通知》(财税〔2010〕66号)和《国家税务总局关于印发〈石脑油消费税免税管理办法〉的通知》(国税发〔2008〕45号)规定免征消费税。

五、在2011年1月1日至9月30日期间,对使用企业购进的用于生产乙烯、芳烃类化工产品的已含消费税石脑油、燃料油,按照本通知第三条规定退还。

六、主管税务机关要对使用企业2011年1月1日至9月30日购进石脑油、燃料油的库存情况认真检查核实,对耗用库存的已享受退(免)消费税的石脑油、燃料油,不得退税。

七、2010年12月31日前，生产企业自营进口或委托代理进口的石脑油、燃料油消费税应退未退的，仍按《财政部、国家税务总局关于提高成品油消费税税率后相关成品油消费税政策的通知》（财税〔2008〕168号）、《财政部、国家税务总局关于调整部分燃料油消费税政策的通知》（财税〔2010〕66号）、《财政部、国家税务总局关于调整成品油进口环节消费税的通知》（财关税〔2008〕103号）、《财政部关于调整部分进口燃料油消费税政策的通知》（财关税〔2010〕56号）和《财政部、海关总署、国家税务总局关于进口石脑油消费税先征后返有关问题的通知》（财预〔2009〕347号）继续退还。

八、用石脑油、燃料油生产乙烯、芳烃类化工产品的产量占本企业用石脑油、燃料油生产产品总量的50%以上（含50%）的企业，享受本通知规定的退（免）消费税政策。符合本条规定条件的企业，应在本通知下发后到主管税务机关提请退（免）税资格认定。

九、乙烯类化工产品是指乙烯、丙烯、丁二烯及衍生品；芳烃类化工产品是指苯、甲苯、二甲苯、重芳烃、混合芳烃及衍生品。

十、使用企业生产乙烯、芳烃类化工产品过程中所生产的消费税应税产品，照章缴纳消费税。

十一、用于生产乙烯、芳烃类化工产品的石脑油、燃料油消费税具体退（免）税管理办法，由国家税务总局另行制定。

十二、财政部驻各地财政监察专员办事处要加强对消费税退（免）税政策执行情况的监督检查。各级国家税务局要加强对消费税退（免）税的组织、监督，严格管理，堵塞漏洞。对于发现并经查实的骗取退（免）税的行为，依法处罚，并取消退（免）消费税的资格。

1－2－57

国家税务总局关于配制酒消费税适用税率问题的公告

2011年9月28日　国家税务总局公告2011年第53号

根据《中华人民共和国消费税暂行条例》及其实施细则，现将配制酒消费税适用税率问题公告如下：

一、配制酒（露酒）是指以发酵酒、蒸馏酒或食用酒精为酒基，加入可食用或药食两用的辅料或食品添加剂，进行调配、混合或再加工制成的、并改变了其原酒基风格的饮料酒。

二、配制酒消费税适用税率

（一）以蒸馏酒或食用酒精为酒基，同时符合以下条件的配制酒，按消费税税目税率表“其他酒”10%适用税率征收消费税。

1. 具有国家相关部门批准的国食健字或卫食健字文号；

2. 酒精度低于38度（含）。

（二）以发酵酒为酒基，酒精度低于20度（含）的配制酒，按消费税税目税率表“其他酒”10%适用税率征收消费税。

(三)其他配制酒,按消费税税目税率表“白酒”适用税率征收消费税。

上述蒸馏酒或食用酒精为酒基是指酒基中蒸馏酒或食用酒精的比重超过80%(含);发酵酒为酒基是指酒基中发酵酒的比重超过80%(含)。

三、本公告自2011年10月1日起执行。《国家税务总局关于消费税若干征税问题的通知》(国税发〔1997〕84号)第三条规定同时废止。

特此公告。

1-2-58

卷烟消费税计税价格信息采集和核定管理办法

2011年10月27日　国家税务总局令第26号

第一条　根据《中华人民共和国税收征收管理法》、《中华人民共和国消费税暂行条例》和《中华人民共和国消费税暂行条例实施细则》的规定,制定本办法。

第二条　卷烟价格信息采集范围为在中华人民共和国境内销售的所有牌号、规格的卷烟。

卷烟消费税最低计税价格(以下简称计税价格)核定范围为卷烟生产企业在生产环节销售的所有牌号、规格的卷烟。

第三条　卷烟价格信息采集的内容包括:卷烟牌号规格、卷烟类别、卷烟条包装商品条码、销售数量、销售价格和销售额及其他相关信息。

第四条　卷烟批发企业所在地主管税务机关负责卷烟价格信息采集和审核工作。

第五条　《卷烟批发企业月份销售明细清单》(以下简称《清单》,见附件),为卷烟批发企业申报缴纳消费税(以下简称申报纳税)的附报资料,由卷烟批发企业按月填写,于每月申报纳税时一并向主管税务机关报送。

第六条　《卷烟生产企业年度销售明细表》(以下简称《明细表》,见附件),由卷烟生产企业于次年的1月份填写,于填报当月申报纳税时一并向主管税务机关报送。

第七条　《清单》和《明细表》由主管税务机关审核后,于申报期结束后10个工作日内逐级上报至省(自治区、直辖市和计划单列市)国家税务局(以下简称省国家税务局)。省国家税务局应于次月15日前,上报国家税务总局。

第八条　新牌号、新规格卷烟信息,由国家烟草专卖局于批准生产企业新牌号、新规格卷烟执行销售价格的当月,将卷烟牌号规格、类别、卷烟条包装商品条码、调拨价格、批发价格及建议计税价格等信息送国家税务总局。

卷烟生产企业应于新牌号、新规格卷烟实际销售的当月将上述信息报送主管税务机关。

第九条　本办法第三条所称卷烟条包装商品条码按以下标准采集:

(一)标准条(200支/条)包装的卷烟,为条包装卷烟的商品标识代码;

（二）非标准条包装的卷烟，为卷烟实际外包装商品标识代码。

第十条 计税价格由国家税务总局按照卷烟批发环节销售价格扣除卷烟批发环节批发毛利核定并发布。计税价格的核定公式为：

某牌号、规格卷烟计税价格 = 批发环节销售价格 ×（1 - 适用批发毛利率）

第十一条 卷烟批发环节销售价格，按照税务机关采集的所有卷烟批发企业在价格采集期内销售的该牌号、规格卷烟的数量、销售额进行加权平均计算。计算公式为：

$$批发环节销售价格 = \frac{\sum 该牌号规格卷烟各采集点的销售额}{\sum 该牌号规格卷烟各采集点的销售数量}$$

第十二条 卷烟批发毛利率具体标准为：

（一）调拨价格满 146.15 元的一类烟 34%；

（二）其他一类烟 29%；

（三）二类烟 25%；

（四）三类烟 25%；

（五）四类烟 20%；

（六）五类烟 15%。

调整后的卷烟批发毛利率，由国家税务总局另行发布。

第十三条 已经核定计税价格的卷烟，发生下列情况，国家税务总局将重新核定计税价格：

（一）卷烟价格调整的；

（二）卷烟批发毛利率调整的；

（三）通过《清单》采集的卷烟批发环节销售价格扣除卷烟批发毛利后，卷烟平均销售价格连续 6 个月高于国家税务总局已核定计税价格 10%，且无正当理由的。

第十四条 计税价格核定时限分别为：

（一）新牌号、新规格的卷烟，国家税务总局于收到国家烟草专卖局相关信息满 8 个月或信息采集期满 6 个月后的次月核定并发布。

（二）已经核定计税价格的卷烟：

1. 全行业卷烟价格或毛利率调整的，由国家烟草专卖局向国家税务总局提请重新调整计税价格。国家税务总局于收到申请调整计税价格文件后 1 个月内核定并发布；

2. 个别牌号、规格卷烟价格调整的，由卷烟生产企业向主管税务机关提出重新核定计税价格的申请，主管税务机关逐级上报至国家税务总局。国家税务总局于收到申请调整计税价格文件后 1 个月内核定并发布；

3. 连续 6 个月高于计税价格的，经相关省国家税务局核实后，且无正当理由的，国家税务总局于收到省国家税务局核实文件后 1 个月内核定并发布。

第十五条 未经国家税务总局核定计税价格的新牌号、新规格卷烟，生产企业应按卷烟调拨价格申报纳税。

已经国家税务总局核定计税价格的卷烟，生产企业实际销售价格高于计税价格的，按实际销售价格确定适用税率，计算应纳税款并申报纳税；实际销售价格低于计税价格的，按计税价格确定适用税率，计算应纳税款并申报纳税。

第十六条 对于在6个月内未按规定向国家税务总局报送信息资料的新牌号、新规格卷烟,国家税务总局将按照《清单》采集的实际销售价格适用最低档批发毛利率核定计税价格。

第十七条 卷烟批发企业编制虚假批发环节实际销售价格信息的,由主管税务机关按照《中华人民共和国税收征收管理法》有关规定处理。

第十八条 卷烟生产企业套用其他牌号、规格卷烟已核定计税价格,造成企业少缴消费税税款的,由主管税务机关自新牌号、新规格卷烟投放市场之日起调整卷烟生产企业应纳税收入,追缴少缴消费税税款,并按照《中华人民共和国税收征收管理法》有关规定处理。

第十九条 国家税务总局依据国家烟草专卖局备案信息及《清单》,建立全国统一的卷烟信息库,记录各牌号规格卷烟核价的相关信息。

第二十条 本办法下列用语的含义:

"卷烟牌号规格",是指经国家烟草专卖局批准生产的卷烟商标牌号规格。

"卷烟类别",是指国家烟草专卖局划分的卷烟类别,即一类卷烟、二类卷烟、三类卷烟、四类卷烟和五类卷烟。

一类卷烟:是指每标准条(200支,下同)调拨价格满100元的卷烟。

二类卷烟:是指每标准条调拨价格满70元不满100元的卷烟。

三类卷烟:是指每标准条调拨价格满30元不满70元的卷烟。

四类卷烟:是指每标准条调拨价格满16.5元不满30元的卷烟。

五类卷烟:是指每标准条调拨价格不满16.5元的卷烟。

"卷烟条包装商品条码",是指经国家烟草专卖局批准并下发的,符合国家标准规定的13位条包装卷烟的商品标识代码和非标准包装(如听、扁盒等)卷烟的外包装商品标识代码。

"新牌号卷烟",是指在国家工商行政管理总局商标局新注册商标牌号,且未经国家税务总局核定计税价格的卷烟。

"新规格卷烟",是指2009年5月1日卷烟消费税政策调整后,卷烟名称、产品类型、条与盒包装形式、包装支数等主要信息发生变更时,必须作为新产品重新申请新的卷烟商品条码的卷烟。

"卷烟调拨价格",是指卷烟生产企业向商业企业销售卷烟的价格,不含增值税。

本办法所称的销售价格、销售额均不含增值税。

第二十一条 本办法自2012年1月1日起施行。2003年1月23日国家税务总局公布的《卷烟消费税计税价格信息采集和核定管理办法》(国家税务总局令第5号)同时废止。

附件:表1. 卷烟批发企业月份销售明细清单及填表说明(编者略)

表2. 卷烟批发企业月份销售明细汇总表及填表说明(编者略)

表3. 卷烟生产企业年度销售明细表及填表说明(编者略)

表4. 卷烟生产企业年度销售明细汇总表及填表说明(编者略)

注释:

条款修改。将第七条中"国家税务局"修改为"税务局";将第十四条第二项第3目中"国家税务局"修改为"税务局";将附件表2:卷烟批发企业月份销售明细汇总表填表说明中"1. 本表为月报,由省(自治区、直辖市、计划单列市)国家税务局汇总填报"修改为"1. 本表为月报,由省(自治区、直辖市、计划单列市)税务局汇总填报”;将附件表4:卷烟生产企业年度销售明细汇总表填表说明中“1. 本表为年报,由省(自治区、直辖市、计划单列市)国家税务局汇总填报”修改为“1. 本表为年报,由省(自治区、直辖市、计划单列市)税务局汇总填报”。参见:《国家税务总局关于修改部分税务部门规章的决定》(国家税务总局令第44号)。

1-2-59

国家税务总局关于卷烟消费税计税价格信息采集有关问题的通知

2012年1月21日 国税函〔2012〕31号

各省、自治区、直辖市和计划单列市国家税务局:

为贯彻实施《卷烟消费税计税价格信息采集和核定管理办法》(国家税务总局令第26号,以下简称26号令)有关规定,确保卷烟消费税计税价格信息(以下简称价格信息)采集工作顺利进行,现将有关问题通知如下:

一、价格信息采集上传工作分为两个阶段运行:第一阶段为2012年5月31日以前,为试运行期。第二阶段自2012年6月1日起,为正式运行期。

(一)第一阶段价格信息上传工作通过税务总局可控FTP方式实现。

据国家烟草专卖局反映,现阶段,卷烟批发企业消费税纳税人对于残损、罚没等特殊类型卷烟无法按照26号令第五条规定,填报《卷烟批发企业月份销售明细清单》(以下简称明细清单)中所有明细项目,考虑到这一实际情况,经研究,在试运行期间,对于纳税人填报的明细清单中,“卷烟类型”项为“罚没卷烟”和“其他”的卷烟允许只填写合计数,无需提供明细项对应内容,试运行期结束后,纳税人应严格按照26号令有关规定填报。对于明细清单中“卷烟类型”项为“国产卷烟”和“进口卷烟”的部分,仍应严格执行文件规定。

在试运行期间,主管税务机关应严格按照26号令有关规定,在指定时间内,将纳税人报送的明细清单电子数据文件上传至省(自治区、直辖市和计划单列市)国家税务局(以下简称省局)。省局货物和劳务税处应将本省全部数据在规定的时间内,通过税务总局可控FTP上传至“可控FTP://100.16.92.60/center/货物劳务税司/消费税处/卷烟/核价信息”对应省份项下。电子文件数据格式及接收和上传要求详见附件1。

(二)第二阶段价格信息上传工作,通过税务总局电子申报软件和综合征管软件实现。其“卷烟消费税计税价格信息采集”功能启用时间另行通知。

二、现将卷烟生产和批发企业名单(见附件2)下发给你们,如名单中的任何一项信息发生变更的,请省局货物和劳务税处在信息变更当月,及时将变更后的信息上传至“可控FTP://100.16.92.60/center/货物劳务税司/消费税处/卷烟/企业信息变更”对应省份项下。

附件:1. 接收电子数据文件说明(编者略)

2. 全国卷烟生产企业名单(编者略)

3. 全国卷烟批发企业名单(对下只发电子文件)(编者略)

1－2－60

国家税务总局关于发布《用于生产乙烯、芳烃类化工产品的石脑油、燃料油退(免)消费税暂行办法》的公告

2012年7月12日　国家税务总局公告2012年第36号

根据《财政部、中国人民银行、国家税务总局关于延续执行部分石脑油、燃料油消费税政策的通知》(财税〔2011〕87号)的规定,现将国家税务总局制定的《用于生产乙烯、芳烃类化工产品的石脑油、燃料油退(免)消费税暂行办法》(以下简称暂行办法)予以发布,自2011年10月1日起施行。同时对有关问题明确如下:

一、石脑油、燃料油生产企业(以下简称生产企业)在2011年1月1日至9月30日期间(以增值税专用发票开具日期为准,下同)销售给乙烯、芳烃类产品生产企业(以下简称使用企业)的石脑油、燃料油,仍按《国家税务总局关于印发〈石脑油消费税免税管理办法〉的通知》(国税发〔2008〕45号)执行。补办《石脑油使用管理证明单》(以下简称证明单)的工作应于2012年8月31日前完成。

生产企业取得《证明单》并已缴纳消费税的,税务机关予以退还消费税或准予抵减下期消费税;未缴纳消费税并未取得《证明单》的,生产企业应补缴消费税。

使用企业在2011年1月1日至9月30日期间购入的国产石脑油、燃料油不得申请退税。

二、2012年8月31日前,主管税务机关应将资格备案的石脑油、燃料油退(免)消费税的使用企业名称和纳税人识别号逐级上报国家税务总局(货物和劳务税司)。

三、在石脑油、燃料油汉字防伪版专用发票开票系统推行之前,《暂行办法》第十七条中有关开具“DDZG”汉字防伪版专用发票的规定和开具普通版增值税专用发票先征税后核实再抵顶之规定暂不执行。生产企业执行定点直供计划销售石脑油、燃料油,并开具普通版增值税专用发票的,免征消费税。

四、生产企业应于2012年8月15日前将2011年10月1日至2012年7月31日期间销售石脑油、燃料油开具的增值税专用发票填报《过渡期生产企业销售石脑油、燃料油缴纳消费税明细表》(见附表)报送主管税务机关。主管税务机关审核后于2012年8月31日前逐级上报国家税务总局。

五、使用企业主管税务机关应根据国家税务总局下发的《过渡期生产企业销售石脑油、燃料油缴纳消费税明细表》与企业报送的《使用企业外购石脑油、燃料油凭证明细表》信息进行比对,比对相符的按《暂行办法》第十五条规定办理退税。比对不符的应进行核查,核查相符后方可办理退税。

六、主管税务机关应认真核实使用企业2011年9月30日和2012年7月31日的石脑

油、燃料油库存情况。使用企业申请2011年10月至2012年7月期间消费税退税时，应将2011年9月30日采购国产石脑油、燃料油的库存数量填报《石脑油、燃料油生产、外购、耗用、库存月度统计表》"二、外购数量统计"项"期初库存数量"的"免税油品"栏内。

各地对执行中遇到的情况和问题，请及时报告税务总局（货物和劳务税司）。

特此公告。

附件：过渡期生产企业销售石脑油、燃料油缴纳消费税明细表（编者略）

用于生产乙烯、芳烃类化工产品的石脑油、燃料油退（免）消费税暂行办法

第一条 根据《中华人民共和国税收征收管理法》及其实施细则、《中华人民共和国消费税暂行条例》及其实施细则、《国家税务总局关于印发〈税收减免管理办法〉（试行）的通知》（国税发〔2005〕129号）、《财政部、中国人民银行、国家税务总局关于延续执行部分石脑油、燃料油消费税政策的通知》（财税〔2011〕87号）以及相关规定，制定本办法。

第二条 本办法所称石脑油、燃料油消费税适用《中华人民共和国消费税暂行条例》之《消费税税目税率（税额）表》中"成品油"税目项下"石脑油"、"燃料油"子目。

第三条 境内使用石脑油、燃料油生产乙烯、芳烃类化工产品的企业，包括将自产石脑油、燃料油用于连续生产乙烯、芳烃类化工产品的企业（以下简称使用企业），符合财税〔2011〕87号文件退（免）消费税规定且需要申请退（免）消费税的，须按本办法规定向当地主管国家税务局（以下简称主管税务机关）办理退（免）消费税资格备案（以下简称资格备案）。未经资格备案的使用企业，不得申请退（免）消费税。

第四条 境内生产石脑油、燃料油的企业（以下简称生产企业）对外销售（包括对外销售用于生产乙烯、芳烃类化工产品的石脑油、燃料油）或用于其他方面的石脑油、燃料油征收消费税。但下列情形免征消费税：

（一）生产企业将自产的石脑油、燃料油用于本企业连续生产乙烯、芳烃类化工产品的；

（二）生产企业按照国家税务总局下发石脑油、燃料油定点直供计划（以下简称：定点直供计划）销售自产石脑油、燃料油的。

第五条 使用企业将外购的含税石脑油、燃料油用于生产乙烯、芳烃类化工产品，且生产的乙烯、芳烃类化工产品产量占本企业用石脑油、燃料油生产全部产品总量的50%以上（含）的，按实际耗用量计算退还所含消费税。

第六条 符合下列条件的使用企业可以提请资格备案：

（一）营业执照登记的经营范围包含生产乙烯、芳烃类化工产品；

（二）持有省级以上安全生产监督管理部门颁发的相关产品《危险化学品安全生产许可证》；

（三）拥有生产乙烯、芳烃类化工产品的生产装置或设备，包括裂解装置、连续重整装置、芳烃抽提装置、PX装置等；

（四）用石脑油、燃料油生产乙烯、芳烃类化工产品的产量占本企业用石脑油、燃料油生

产全部产品总量的50%以上(含);

(五)承诺接受税务机关对产品的抽检;

(六)国家税务总局规定的其他情形。

第七条 使用企业提请资格备案,应向主管税务机关申报《石脑油、燃料油消费税退(免)税资格备案表》(附件1),并提供下列资料:

(一)石脑油、燃料油用于生产乙烯、芳烃类化工产品的工艺设计方案、装置工艺流程以及相关生产设备情况;

(二)石脑油、燃料油用于生产乙烯、芳烃类化工产品的物料平衡图,要求标注每套生产装置的投入产出比例及年处理能力;

(三)原料储罐、产成品储罐和产成品仓库的分布图、用途、储存容量的相关资料;

(四)乙烯、芳烃类化工产品生产装置的全部流量计的安装位置图和计量方法说明,以及原材料密度的测量和计算方法说明;

(五)上一年度用石脑油、燃料油生产乙烯、芳烃类化工产品的分品种的销售明细表;

(六)本办法第六条所列相关部门批件(证书)的原件及复印件;

(七)税务机关要求的其他相关资料。

第八条 本办法颁布后的新办企业,符合本办法第六条第一、二、三、五、六项的要求,且能够提供本办法第七条第一、二、三、四、六、七项所列资料的,可申请资格备案。

第九条 使用单位申报的备案资料被税务机关受理,即取得退(免)消费税资格。主管税务机关有权对备案资料的真实性进行检查。

第十条 《石脑油、燃料油消费税退(免)税资格备案表》所列以下备案事项发生变化的,使用企业应于30日内向主管税务机关办理备案事项变更:

(一)单位名称(不包括变更纳税人识别号);

(二)产品类型;

(三)原材料类型;

(四)生产装置、流量计数量;

(五)石脑油、燃料油库容;

(六)附列资料目录所含的资质证件。

第十一条 主管税务机关每月底将资格备案信息(包括已备案、变更和注销)上报地市国家税务局,由地市国家税务局汇总上报省国家税务局备案。省国家税务局次月底前汇总报国家税务总局(货物和劳务税司)备案。

第十二条 退还用于生产乙烯、芳烃类化工产品的石脑油、燃料油消费税工作,由使用企业所在地主管税务机关负责。

第十三条 资格备案的使用企业每月应向主管税务机关填报《石脑油、燃料油生产、外购、耗用、库存月度统计表》(附件2)、《乙烯、芳烃生产装置投入产出流量计统计表》(附件3)和《使用企业外购石脑油、燃料油凭证明细表》(附件4)。申请退税的使用企业,在纳税申报期结束后,应向主管税务机关填报《用于生产乙烯、芳烃类化工产品的石脑油、燃料油消费税退税申请表》(附件5)。

第十四条 退还使用企业石脑油、燃料油所含消费税计算公式为:

应退还消费税税额 = 实际耗用石脑油或燃料油数量 × 石脑油或燃料油消费税单位税额

其中:实际耗用石脑油、燃料油数量 = 当期投入乙烯、芳烃生产装置的全部数量 - 当期耗用的自产数量 - 当期耗用的外购免税数量

第十五条　主管税务机关受理使用企业退税申请资料后,应在15个工作日内完成以下工作:

(一)开展消费税"一窗式"比对工作,具体比对指标为:

1.《石脑油、燃料油生产、外购、耗用、库存月度统计表》中填报的石脑油、燃料油生产乙烯、芳烃类化工产品的产量占本企业用石脑油、燃料油生产全部产品总量的比例是否达到50%;

2.《使用企业外购石脑油、燃料油凭证明细表》中"免税购入"和"含税购入"项的"汉字防伪版增值税专用发票"的"货物名称、数量"与主管税务机关采集认证的汉字防伪版增值税专用发票的货物名称、数量比对是否一致;

3.《使用企业外购石脑油、燃料油凭证明细表》中"免税购入"和"含税购入"项的"普通版增值税专用发票"的"发票代码、发票号码、认证日期、销货方纳税人识别号"与主管税务机关采集认证的普通版增值税专用发票信息比对是否一致;

4.《使用企业外购石脑油、燃料油凭证明细表》中"含税购入"项的"海关进口消费税专用缴款书"所关联的"进口增值税专用缴款书号码"与主管税务机关采集的海关进口增值税专用缴款书信息比对,是否存在和一致;

5.《石脑油、燃料油生产、外购、耗用、库存月度统计表》、《乙烯、芳烃生产装置投入产出流量计统计表》、《使用企业外购石脑油、燃料油凭证明细表》、《用于生产乙烯、芳烃类化工产品的石脑油、燃料油消费税退税申请表》表内、表间数据关系计算是否准确。

(二)消费税"一窗式"比对相符的,开具"收入退还书"(预算科目:101020121 成品油消费税退税),后附《用于生产乙烯、芳烃类化工产品的石脑油、燃料油消费税退税申请表》,转交当地国库部门。国库部门按规定从中央预算收入中退付税款。

(三)消费税"一窗式"比对不符的,主管税务机关应当及时告知使用企业并退还其资料。

第十六条　生产企业将自产石脑油、燃料油用于本企业连续生产乙烯、芳烃类化工产品的,按当期投入生产装置的实际移送量免征消费税。

第十七条　生产企业执行定点直供计划,销售石脑油、燃料油的数量在计划限额内,且开具有"DDZG"标识的汉字防伪版增值税专用发票的,免征消费税。

开具普通版增值税专用发票的,应当先行申报缴纳消费税。经主管税务机关核实,确认使用企业购进的石脑油、燃料油已作免税油品核算的,其已申报缴纳消费税的数量可抵顶下期应纳消费税的应税数量。

未开具增值税专用发票或开具其他发票的,不得免征消费税。

第十八条　生产企业发生将自产的石脑油、燃料油用于本企业连续生产乙烯、芳烃类化工产品的,应按月填报《石脑油、燃料油生产、外购、耗用、库存月度统计表》和《乙烯、芳烃生产装置投入产出流量计统计表》;如执行定点直供计划销售石脑油、燃料油,且开具普通

版增值税专用发票的,应按月填报《生产企业定点直供石脑油、燃料油开具普通版增值税专用发票明细表》(附件6),作为《成品油消费税纳税申报表》的附列资料一同报送。

第十九条 主管税务机关在受理生产企业纳税申报资料时,应核对以下内容:

(一)《成品油消费税纳税申报表》、《石脑油、燃料油生产、外购、耗用、库存月度统计表》和《乙烯、芳烃生产装置投入产出流量计统计表》、《生产企业定点直供石脑油、燃料油开具普通版增值税专用发票明细表》表内、表间数据关系计算是否准确;

(二)《石脑油、燃料油生产、外购、耗用、库存月度统计表》中"本期执行定点直供计划数量"的累计数是否超过定点直供计划限额;

(三)《石脑油、燃料油生产、外购、耗用、库存月度统计表》中"其中:汉字防伪版增值税专用发票的油品数量"与当期开具有"DDZG"标识的汉字防伪版增值税专用发票记载的数量是否一致;

(四)将《生产企业定点直供石脑油、燃料油开具普通版增值税专用发票明细表》中发票信息发送给使用企业主管税务机关进行核查;根据反馈的核查结果,对使用企业已作免税油品核算的,将允许抵顶下期应纳消费税应税数量的具体数量书面通知生产企业。

第二十条 生产企业对外销售和用于其他方面的石脑油、燃料油耗用量,减去用于本企业连续生产乙烯、芳烃类化工产品的耗用量,减去执行定点直供计划且开具"DDZG"标识的汉字防伪版增值税专用发票的数量,为应当缴纳消费税的数量。

生产企业实际执行定点直供计划时,超出国家税务总局核发定点直供计划量的,或将自产石脑油、燃料油未用于生产乙烯、芳烃类化工产品的,不得免征消费税。

第二十一条 每年11月30日前,企业总部应将下一年度的《石脑油、燃料油定点直供计划表》(附件7)上报国家税务总局(货物和劳务税司)。年度内定点直供计划的调整,需提前30日报国家税务总局。

第二十二条 生产企业、使用企业应建立石脑油、燃料油移送使用台账(以下简称台账)。分别记录自产、外购(分别登记外购含税数量和外购免税数量)、移送使用石脑油、燃料油数量。

第二十三条 使用企业将外购的免税石脑油、燃料油未用于生产乙烯、芳烃类化工产品(不包库存)或者对外销售的,应按规定征收消费税。

第二十四条 使用企业生产乙烯、芳烃类化工产品过程中所生产的应税产品,应按规定征收消费税。外购的含税石脑油、燃料油生产乙烯、芳烃类化工产品且已经退税的,在生产乙烯、芳烃类化工产品过程中生产的应税产品不得再扣除外购石脑油、燃料油应纳消费税税额。

第二十五条 使用企业用于生产乙烯、芳烃类化工产品的石脑油、燃料油既有免税又有含税的,应分别核算,未分别核算或未准确核算的不予退税。

第二十六条 使用企业申请退税的国内采购的含税石脑油、燃料油,应取得经主管税务机关认证的汉字防伪版增值税专用发票或普通版增值税专用发票,发票应注明石脑油、燃料油及数量。未取得、未认证或发票未注明石脑油、燃料油及数量的,不予退税。

使用企业申请退税的进口的含税石脑油、燃料油,必须取得海关进口消费税、增值税专用缴款书,且申报抵扣了增值税进项税,专用缴款书应注明石脑油、燃料油及数量。未取得、未申报抵扣或专用缴款书未注明石脑油、燃料油及数量的，不予退税。

第二十七条 主管税务机关按月填制《用于生产乙烯、芳烃类化工产品的石脑油、燃料油退(免)税汇总表》(附件8)，逐级上报至国家税务总局。

第二十八条 主管税务机关应加强石脑油、燃料油退(免)消费税的日常管理，对已办理退税的乙烯、芳烃生产企业，当地国税稽查部门和货物劳务税管理部门，每季度要对其退税业务的真实性进行检查，防止企业骗取退税款。检查的内容主要包括：

(一)使用企业申报的实际耗用量与全部外购量、库存量进行比对，应当符合实际耗用量≤期初库存+本期外购量(含自产)-本期销售-期末库存量；

使用企业申报的退税额应不大于外购含税石脑油、燃料油所含消费税税额；

(二)将使用企业实际产成品数据信息与利用产品收率计算原材料实际投入量信息进行比对，两者符合投入产出比例关系；

(三)将使用企业申报的实际耗用信息与石脑油、燃料油的出入库信息、生产计量信息及财务会计信息进行比对，符合逻辑关系；

(四)将使用企业申报的实际耗用信息与装置生产能力信息进行比对，符合逻辑关系；

(五)将使用企业本期外购石脑油、燃料油数量与相关增值税专用发票的抵扣信息进行比对，符合逻辑关系；

(六)生产企业免税销售石脑油、燃料油开具的增值税专用发票信息与总局定点直供计划规定的销售对象、供应数量等信息进行比对，两者销售对象应当一致，销售数量应等于或小于定点直供计划数量；

(七)使用企业外购免税的石脑油、燃料油数量信息与定点直供计划信息及相关的增值税专用发票信息进行比对，增值税专用发票开具的销售对象应当与定点直供计划规定的一致，其数量应等于或小于定点直供计划数量；

(八)使用企业申报的外购免税石脑油、燃料油数量信息与定点直供计划数量信息进行比对，免税数量应等于或小于定点直供计划。

第二十九条 被检查企业与主管税务机关在产品界定上如果发生歧义，企业应根据税务机关的要求实施对其产品的抽检。

检验样品由税务人员与企业财务人员、技术人员共同实地提取样品一式两份，经双方确认签封，其中一份交具有检测资质的第三方检测机构检测，检测报告由企业提供给主管税务机关；另一份由主管税务机关留存。

第三十条 使用企业发生下列行为之一的，主管税务机关应暂停或取消使用企业的退(免)税资格：

(一)注销税务登记的，取消退(免)税资格；

(二)主管税务机关实地核查结果与使用企业申报的备案资料不一致的，暂停或取消退(免)资格；

(三)使用企业不再以石脑油、燃料油生产乙烯、芳烃类化工产品或不再生产乙烯、芳烃类化工产品的，经申请取消退(免)税资格；

(四)经税务机关检查发现存在骗取国家退税款的，取消退(免)税资格；

(五)未办理备案变更登记备案事项，经主管税务机关通知在30日内仍未改正的，暂停

退(免)税资格;

(六)未按月向主管税务机关报送《石脑油、燃料油生产、外购、耗用、库存月度统计表》和《乙烯、芳烃生产装置投入产出流量计统计表》、《使用企业外购石脑油、燃料油凭证明细表》的,暂停退(免)税资格;

(七)不接受税务机关的产品抽检,不能提供税务机关要求的检测报告的,暂停退(免)税资格。

第三十一条 使用企业被取消退(免)税资格的,其库存的免税石脑油、燃料油应当征收消费税。

第三十二条 本办法由国家税务总局负责解释。各省、自治区、直辖市、计划单列市国家税务局可依据本办法制定具体实施办法。

第三十三条 本办法自 2011 年 10 月 1 日起执行。《国家税务总局关于印发〈石脑油消费税免税管理办法〉的通知》(国税发〔2008〕45 号)同时废止。

附件:用于生产乙烯、芳烃类化工产品的石脑油、燃料油退(免)消费税暂行办法(附表1—8)(编者略)

注释:

条款修改。根据《第十三届全国人民代表大会第一次会议关于国务院机构改革方案的决定》等有关规定,税收规范性文件规定的国税地税机关的职责和工作由新的税务机关承担。国家税务总局依据《税收规范性文件制定管理办法》(国家税务总局令第 41 号公布),对税收规范性文件进行了清理。参见:《国家税务总局关于修改部分税收规范性文件的公告》(国家税务总局公告 2018 年第 31 号)。

条款废止。办法第十一条、第二十七条自 2018 年 3 月 1 日起废止。参见:《国家税务总局关于成品油消费税征收管理有关问题的公告》(国家税务总局公告 2018 年第 1 号)。

条款废止。办法第三条废止。参见:《国家税务总局关于取消乙烯、芳烃生产企业退税资格认定审批事项有关管理问题的公告》(国家税务总局公告 2015 年第 54 号)。

政策调整。“乙烯、芳烃生产企业退税资格认定”取消。参见:1.《国家税务总局关于贯彻落实〈国务院关于取消非行政许可审批事项的决定〉的通知》(税总发〔2015〕74 号)。2.《国务院关于取消非行政许可审批事项的决定》(国发〔2015〕27 号)。

条款废止。办法第一条第三款,第六条、第十二条、第十三条、第十五条、第二十二条、第二十六条第二款以及附件 1、附件 2、附件 3、附件 4、附件 5 自 2013 年 7 月 1 日起废止。参见:《国家税务总局 海关总署关于石脑油 燃料油生产乙烯 芳烃类化工产品消费税退税问题的公告》(国家税务总局 海关总署公告 2013 年第 29 号)。

1 -2 -61

国家税务总局关于催化料、焦化料征收消费税的公告

2012 年 9 月 27 日 国家税务总局公告 2012 年第 46 号

现将催化料、焦化料征收消费税的政策公告如下：

催化料、焦化料属于燃料油的征收范围，应当征收消费税。

本公告自 2012 年 11 月 1 日起执行。

特此公告。

1 -2 -62

国家税务总局 海关总署关于石脑油燃料油 生产乙烯 芳烃类化工产品消费税退税问题的公告

2013 年 5 月 29 日 国家税务总局 海关总署公告 2013 年第 29 号

根据《财政部、中国人民银行、国家税务总局关于延续执行部分石脑油、燃料油消费税政策的通知》（财税〔2011〕87 号）、《财政部、中国人民银行、海关总署、国家税务总局关于完善石脑油、燃料油生产乙烯、芳烃类化工产品消费税退税政策的通知》（财税〔2013〕2 号）和《国家税务总局关于发布〈用于生产乙烯、芳烃类化工产品的石脑油、燃料油退（免）消费税暂行办法〉的公告》（国家税务总局公告 2012 年第 36 号），现就用于生产乙烯、芳烃类化工产品的石脑油、燃料油消费税退税问题公告如下：

一、用石脑油、燃料油生产乙烯、芳烃类化工产品的企业（以下简称使用企业），符合下列条件的，可提请消费税退税资格备案：

（一）营业执照登记的经营范围包含生产乙烯、芳烃类化工产品；

（二）持有省级（含）以上安全生产监督管理部门颁发的危险化学品《安全生产许可证》。如使用企业处于试生产阶段，应提供省级以上安全生产监督管理部门出具的试生产备案意见书；

（三）拥有生产乙烯、芳烃类化工产品的生产装置或设备，乙烯生产企业必须具备（蒸汽）裂解装置，芳烃生产企业必须具备芳烃抽提装置；

（四）用石脑油、燃料油生产乙烯、芳烃类化工产品的产量占本企业用石脑油、燃料油生产全部产品总量的 50% 以上（含）；

（五）书面承诺接受税务机关和海关对产品的抽检；

（六）国家税务总局和海关总署规定的其他情形。

二、使用企业提请消费税退税资格备案，按下列规定提交《石脑油、燃料油消费税退税资格备案表》（附件1）和国家税务总局2012年第36号公告发布的《用于生产乙烯、芳烃类化工产品的石脑油、燃料油退（免）消费税暂行办法》（以下简称《暂行办法》）第七条规定的备案资料：

（一）仅以自营或委托方式进口石脑油、燃料油生产乙烯、芳烃类化工产品的，应向进口地海关提请资格备案，涉及多个进口地的，应分别向各进口地海关提请资格备案；

（二）仅以国产石脑油、燃料油生产乙烯、芳烃类化工产品的，应向主管税务机关提请资格备案；

（三）既以国产又以进口石脑油、燃料油生产乙烯、芳烃类化工产品的，应分别向主管税务机关和进口地海关提请资格备案，涉及多个进口地的，应分别向各进口地海关提请资格备案。

三、石脑油、燃料油生产企业（以下简称生产企业）销售含税石脑油、燃料油，应根据购买方企业的需要提供该油品所对应的消费税完税凭证复印件，并填制《生产企业销售含税石脑油、燃料油完税情况明细表》（附件2），于次月纳税申报期报送至主管税务机关。主管税务机关及时将此表信息录入相关系统，供使用企业主管税务机关退税核对。

生产企业销售石脑油、燃料油发生消费税欠税（包括办理消费税缓缴手续）的，未交税油品对应的增值税专用发票信息不得填写在《生产企业销售含税石脑油、燃料油完税情况明细表》中。

四、使用企业取得生产企业消费税完税凭证复印件后，应填写《使用企业外购石脑油、燃料油凭证明细表》（附件3）。

使用企业未取得生产企业消费税完税凭证复印件的，其外购油品的增值税专用发票信息不得填写在《使用企业外购石脑油、燃料油凭证明细表》中。

五、使用企业从非生产企业购进国产含税石脑油、燃料油的，应向主管税务机关提供该油品对应的增值税专用发票和消费税完税凭证复印件。经主管税务机关核实确已缴纳消费税的，使用企业应将该油品对应的增值税专用发票和消费税完税凭证等信息填写在《使用企业外购石脑油、燃料油凭证明细表》中。

上述供油企业（含生产企业和非生产企业）主管税务机关应协助使用企业主管税务机关，做好对该油品是否已缴纳消费税的核实工作。

六、使用企业应区分不同情形，按以下规定报送退税资料：

（一）仅以进口石脑油、燃料油生产乙烯、芳烃类化工产品的，应每月向进口地海关报送以下资料：

1.《使用企业外购石脑油、燃料油凭证明细表》；

2.《石脑油、燃料油生产、外购、耗用、库存月度统计表》（附件4）；

3.《乙烯、芳烃生产装置投入产出流量计统计表》（附件5）；

4. 进口货物报关单、海关进口消费税专用缴款书、自动进口许可证等材料复印件。

上述企业在申请退还进口消费税时，应向进口地海关提供《用于生产乙烯、芳烃类化工产品的石脑油、燃料油进口消费税退税申请表》（附件6）。

既以国产又以进口石脑油、燃料油生产乙烯、芳烃类化工产品的使用企业，按照本公告规定经主管税务机关对进口石脑油、燃料油退税提出核对意见后，也应向进口地海关提供《用于生产乙烯、芳烃类化工产品的石脑油、燃料油进口消费税退税申请表》。

（二）仅以国产石脑油、燃料油或既以国产又以进口石脑油、燃料油生产乙烯、芳烃类化工产品的，应向主管税务机关报送以下资料：

1. 在每月纳税申报期报送的资料：

（1）《使用企业外购石脑油、燃料油凭证明细表》；

（2）《石脑油、燃料油生产、外购、耗用、库存月度统计表》；

（3）《乙烯、芳烃生产装置投入产出流量计统计表》；

（4）《使用企业外购石脑油、燃料油凭证明细表》中"外购含税油品"项"消费税完税凭证号码"所对应的消费税完税凭证的复印件；

（5）当期外购石脑油、燃料油取得的已认证普通版增值税专用发票复印件；

（6）进口货物报关单、海关进口消费税专用缴款书、自动进口许可证等材料复印件。

2. 申请退还消费税的，在当月纳税申报期结束后应报送以下资料：

（1）《用于生产乙烯、芳烃类化工产品的石脑油、燃料油消费税应退税额计算表》（附件7）；

（2）使用企业初次向主管税务机关申请进口消费税退税的，如前期已向海关申请办理过退税事项，应提供上月进口地海关受理的《石脑油、燃料油生产、外购、耗用、库存月度统计表》。

七、主管税务机关和进口地海关受理使用企业退税申请后，应及时完成以下工作：

（一）主管税务机关核对、退税工作

1. 消费税退税资料的核对

（1）《石脑油、燃料油生产、外购、耗用、库存月度统计表》中填报的乙烯类、芳烃类产品的本年累计产量占全部产品（本企业用石脑油、燃料油生产全部产品总量）的比例是否达到50%；

（2）《使用企业外购石脑油、燃料油凭证明细表》中"外购免税油品"和"外购含税油品"项的"汉字防伪版增值税专用发票"的"石脑油数量"、"燃料油数量"与主管税务机关采集认证的汉字防伪版增值税专用发票的货物名称、数量比对是否相符；

（3）《使用企业外购石脑油、燃料油凭证明细表》中"外购免税油品"和"外购含税油品"项的"普通版增值税专用发票"的"发票代码"、"发票号码"、"销货方纳税人识别号"与主管税务机关采集认证的普通版增值税专用发票信息比对是否相符。"石脑油数量、燃料油数量"与普通版增值税专用发票复印件的货物名称、数量比对是否相符；

（4）《使用企业外购石脑油、燃料油凭证明细表》中"外购含税油品"项的"销货方纳税人识别号"、"消费税完税凭证号码"与使用企业提供的生产企业消费税完税凭证复印件信息比对是否相符。使用企业从非生产企业购进油品的，《使用企业外购石脑油、燃料油凭证明细表》中"外购含税油品"项的增值税专用发票、消费税完税凭证信息与税务机关核实情况是否一致；

（5）《使用企业外购石脑油、燃料油凭证明细表》中"外购含税油品"的"发票代码"、"发票号码”、“石脑油数量”、“燃料油数量”、“消费税完税凭证号码”与《生产企业销售含税石脑油、燃料油完税情况明细表》信息比对是否相符；

(6)《使用企业外购石脑油、燃料油凭证明细表》中“外购含税油品”项“海关进口消费税专用缴款书”的“缴款书号码、税款金额、数量”与使用企业提供进口货物报关单、海关进口消费税专用缴款书、自动进口许可证等材料复印件信息比对是否相符；

(7)当期申报的《石脑油、燃料油生产、外购、耗用、库存月度统计表》“外购数量统计”项的进口石脑油、燃料油的期初库存油品数量的本期数和累计数与前一期进口地海关办理退税的期末数据是否一致；

(8)《石脑油、燃料油生产、外购、耗用、库存月度统计表》、《乙烯、芳烃生产装置投入产出流量计统计表》、《使用企业外购石脑油、燃料油凭证明细表》、《用于生产乙烯、芳烃类化工产品的石脑油、燃料油消费税应退税额计算表》表内、表间数据逻辑关系是否准确。

2. 消费税退税资料核对相符的，在《用于生产乙烯、芳烃类化工产品的石脑油、燃料油消费税应退税额计算表》中填写国产油品的本期应退税数量和本期应退税额，并签署意见；在《退(抵)税申请审批表(通用)》签署意见；根据国产石脑油、燃料油的本期应退税额开具收入退还书(预算科目:101020121)；转交当地国库部门。

3. 使用企业申请进口石脑油、燃料油退税的，主管税务机关在《用于生产乙烯、芳烃类化工产品的石脑油、燃料油消费税应退税额计算表》中填写进口油品的本期应退税数量和本期应退税额，并于签署“表书信息比对相符，表内、表间数据关系计算准确”的意见后，及时将该表及其他相关资料直接转交进口地海关；如涉及2个或2个以上进口地海关的，将以上退税资料直接转交海关总署(关税征管司)。

(二)进口地海关核对、退税工作

1. 消费税退税资料的核对

(1)对税务机关出具初核意见的退税资料进行复核；

(2)《使用企业外购石脑油、燃料油凭证明细表》中“外购含税油品”项“海关进口消费税专用缴款书”的“缴款书号码、税款金额、数量”及所对应的进口货物报关单、海关进口消费税专用缴款书、自动进口许可证等复印件信息与海关记录的相关信息比对是否相符；

(3)《石脑油、燃料油生产、外购、耗用、库存月度统计表》、《乙烯、芳烃生产装置投入产出流量计统计表》、《使用企业外购石脑油、燃料油凭证明细表》、《用于生产乙烯、芳烃类化工产品的石脑油、燃料油消费税应退税额计算表》涉及进口油品的表内、表间数据关系计算是否准确。

2. 消费税退税资料核对相符的，进口地海关在《用于生产乙烯、芳烃类化工产品的石脑油、燃料油进口消费税退税申请表》签署意见，开具收入退还书(预算科目:101020221)，转交当地国库部门。

(三)消费税退税核对不符的，主管税务机关和进口地海关应及时告知使用企业并退还其退税资料。

八、生产企业、使用企业应建立石脑油、燃料油移送使用台账。分别记录自产、外购(分别登记外购含税国产、进口数量和外购国产免税数量)、移送使用石脑油、燃料油数量。

九、使用企业2011年1月1日至9月30日期间购进并用于乙烯、芳烃类化工产品生产的已税石脑油、燃料油,可申请办理消费税退税。

十、本公告自2013年7月1日起施行。此前已办理退税的,不予调整,未办理退税的,按本公告规定执行。国家税务总局2012年第36号公告第一条第三款,《暂行办法》第六条、第十二条、第十三条、第十五条、第二十二条、第二十六条第二款以及《暂行办法》的附件1、附件2、附件3、附件4、附件5同时废止。

特此公告。

附件:1. 石脑油、燃料油消费税退税资格备案表(编者略)
2. 生产企业销售含税石脑油、燃料油完税情况明细表(编者略)
3. 使用企业外购石脑油、燃料油凭证明细表(编者略)
4. 石脑油、燃料油生产、外购、耗用、库存月度统计表(编者略)
5. 乙烯、芳烃生产装置投入产出流量计统计表(编者略)
6. 用于生产乙烯、芳烃类化工产品的石脑油、燃料油进口消费税退税申请表(编者略)
7. 用于生产乙烯、芳烃类化工产品的石脑油、燃料油消费税应退税额计算表(编者略)

1-2-63

财政部　国家税务总局关于钻石消费税有关问题的通知

2013年7月4日　财税〔2013〕40号

各省、自治区、直辖市、计划单列市财政厅(局)、国家税务局,新疆生产建设兵团财务局:

根据《国务院办公厅关于钻石进出口管理和税收政策调整问题的复函》(国办函〔2001〕45号)和《财政部关于钻石及上海钻石交易所有关税收政策的通知》(财税〔2001〕177号)、《财政部关于钻石及上海钻石交易所有关税收政策的补充通知》(财税〔2001〕190号)。钻石及钻石饰品消费税的纳税环节从2002年1月1日起,由生产环节、进口环节后移到零售环节,对未镶嵌的成品钻石和钻石饰品的消费税按5%的税率征收。

1-2-64

财政部　国家税务总局关于以外购或委托加工汽　柴油连续生产汽　柴油允许抵扣消费税政策问题的通知

2014年2月19日　财税〔2014〕15号

各省、自治区、直辖市、计划单列市财政厅（局）、国家税务局，新疆生产建设兵团财务局：

为支持汽油、柴油质量升级，应对大气污染问题，经国务院批准，自2014年1月1日起，以外购或委托加工收回的已税汽油、柴油为原料连续生产汽油、柴油，准予从汽、柴油消费税应纳税额中扣除原料已纳的消费税税款。自2014年1月1日起至本通知下发前，纳税人符合本通知规定准予抵扣的消费税，可以从后续月份应纳消费税税款中抵减。

请遵照执行。

1-2-65

国家税务总局关于印发《石脑油、燃料油退（免）消费税管理操作规程（试行）》的通知

2014年8月29日　税总函〔2014〕412号

各省、自治区、直辖市和计划单列市国家税务局：

根据《国家税务总局关于发布〈用于生产乙烯、芳烃类化工产品的石脑油、燃料油退（免）消费税暂行办法〉的公告》（国家税务总局公告2012年第36号）、《国家税务总局、海关总署关于石脑油、燃料油生产乙烯、芳烃类化工产品消费税退税问题的公告》（国家税务总局公告2013年第29号）、《国家税务总局关于成品油生产企业开具增值税发票纳入防伪税控系统汉字防伪项目管理的公告》（国家税务总局公告2013年第79号）、《国家税务总局关于成品油经销企业开具的增值税发票纳入防伪税控系统汉字防伪版管理的公告》（国家税务总局公告2014年第33号）等有关规定，国家税务总局制定了《石脑油、燃料油退（免）消费税管理工作规程（试行）》，现印发给你们，请遵照执行。

石脑油、燃料油退(免)消费税管理操作规程(试行)

第一条 为了规范石脑油、燃料油退(免)消费税管理工作,提高石脑油、燃料油退(免)消费税工作质量和效率,提升纳税服务水平,制定本规程。

第二条 本规程适用于以国产或既以国产又以进口石脑油、燃料油生产乙烯、芳烃类化工产品企业的消费税退(免)税管理工作。

第三条 本规程所称生产企业是指以原油或其他原料生产加工石脑油、燃料油的企业;使用企业是指用石脑油、燃料油生产乙烯、芳烃类化工产品的企业。

第四条 部门职责

(一)国家税务总局货物劳务税管理部门负责制定、完善石脑油、燃料油退(免)消费税政策,发布石脑油、燃料油定点直供计划;

(二)省市国家税务局货物劳务税管理部门负责监督指导下级税务机关石脑油、燃料油退(免)消费税管理;

(三)县区国家税务局负责石脑油、燃料油退(免)消费税申报资料受理、变更、审核及退税管理,具体职责包括:

1. 税源管理部门负责石脑油、燃料油退(免)消费税资格备案及变更、数据采集、审核、归档、退税追踪管理;

2. 货物劳务税管理部门负责石脑油、燃料油退(免)消费税复核及退税管理;

3. 收入核算部门负责石脑油、燃料油消费税退库管理。

第五条 主管税务机关通过石脑油、燃料油退(免)消费税管理系统(以下简称退(免)税系统)通过采集生产企业和使用企业退(免)税相关信息,完成退税审批和追踪管理。各级税务机关通过退(免)税系统监督本级和下级退(免)税管理情况。

第六条 使用企业资格备案及备案事项变更的资料包括:

(一)《石脑油、燃料油消费税退(免)税资格备案表》;

(二)石脑油、燃料油用于生产乙烯、芳烃类化工产品的工艺设计方案、装置工艺流程以及相关生产设备情况;

(三)石脑油、燃料油用于生产乙烯、芳烃类化工产品的物料平衡图,要求标注每套生产装置的投入产出比例及年处理能力;

(四)原料储罐、产成品储罐和产成品仓库的分布图、用途、储存容量的相关资料;

(五)乙烯、芳烃类化工产品生产装置的全部流量计的安装位置图和计量方法说明,以及原材料密度的测量和计算方法说明;

(六)上一年度用石脑油、燃料油生产乙烯、芳烃类化工产品的分品种的销售明细表;

(七)营业执照登记、省级以上安全生产监督管理部门颁发的危险化学品《安全生产许可证》、如使用企业处于试生产阶段,应提供省级以上安全生产监督管理部门出具的试生产备案意见书原件及复印件;

(八)《石脑油、燃料油消费税退税资格备案表》。

第七条 文书受理岗对资格备案及备案事项变更资料进行完整性审核,资料齐全的,向使用企业开具受理通知书,并于2个工作日内将受理资料传递税源管理岗;对资料不齐全的,应告知纳税人并退还资料。

第八条 税源管理岗收到资格备案及变更资料后,在退(免)税系统进行资格备案及备案事项变更的电子信息录入,纸质备案资料归档。

第九条 消费税退(免)税申报资料包括:

(一)生产企业按月报送《生产企业销售含税石脑油、燃料油完税情况明细表》;

(二)使用企业按月报送的申报资料包括:

1.《使用企业外购石脑油、燃料油凭证明细表》;

2.《石脑油、燃料油生产、外购、耗用、库存月度统计表》;

3.《乙烯、芳烃生产装置投入产出流量计统计表》;

4.《使用企业外购石脑油、燃料油凭证明细表》中"外购含税油品"项"消费税完税凭证号码"所对应的消费税完税凭证的复印件;

5. 当期外购石脑油、燃料油取得认证相符的普通版及汉字防伪版(非DDZG)增值税专用发票复印件;

6. 进口货物报关单、海关进口消费税专用缴款书、自动进口许可证等材料复印件。

(三)使用企业申请退还消费税的,需报送《用于生产乙烯、芳烃类化工产品的石脑油、燃料油消费税应退税额计算表》。

第十条 文书受理岗对消费税退(免)税申报资料进行完整性审核,并于2个工作日内将申报资料传递至税源管理岗。

第十一条 税源管理岗收到消费税退(免)税申报资料后,将数据录入或导入退(免)税系统,并开展以下审核工作:

(一)生产企业申报资料的审核

1. 完税凭证号码是否符合要求;

2.《生产企业销售含税石脑油、燃料油完税情况明细表》发票中石脑油、燃料油数量是否小于或等于完税凭证石脑油、燃料油数量;

3. 生产企业销售免税石脑油、燃料油数量是否超过定点直供计划规定的数量。

(二)使用企业申报资料的审核

1.《石脑油、燃料油生产、外购、耗用、库存月度统计表》中填报的乙烯类、芳烃类产品的本年累计产量占全部产品(本企业用石脑油、燃料油生产全部产品总量)的比例是否达到50%。

2.《使用企业外购石脑油、燃料油凭证明细表》中"外购免税油品"和"外购含税油品"项的"汉字防伪版增值税专用发票"的"石脑油数量"、"燃料油数量"与主管税务机关采集认证的汉字防伪版增值税专用发票的货物名称、数量比对是否相符。

3.《使用企业外购石脑油、燃料油凭证明细表》中"外购免税油品"和"外购含税油品"项的"普通版增值税专用发票"的"发票代码"、"发票号码"、"销货方纳税人识别号"与主管税务机关采集认证的普通版增值税专用发票信息比对是否相符。"石脑油数量、燃料油数量"与普通版增值税专用发票复印件的货物名称、数量比对是否相符。

4.《使用企业外购石脑油、燃料油凭证明细表》中"外购含税油品"项的"销货方纳税人识别号”、“消费税完税凭证号码”与使用企业提供的生产企业消费税完税凭证复印件信息比对是否相符。使用企业从非生产企业购进油品的,《使用企业外购石脑油、燃料油凭证明细表》中“外购含税油品”项的增值税专用发票、消费税完税凭证信息与税务机关核实情况是否一致。

5.《使用企业外购石脑油、燃料油凭证明细表》中“外购含税油品”的“发票代码”、“发票号码”、“石脑油数量”、“燃料油数量”、“消费税完税凭证号码”与《生产企业销售含税石脑油、燃料油完税情况明细表》信息比对是否相符。

6.《使用企业外购石脑油、燃料油凭证明细表》中“外购含税油品”项“海关进口消费税专用缴款书”的“缴款书号码、税款金额、数量”与使用企业提供进口货物报关单、海关进口消费税专用缴款书、自动进口许可证等材料复印件信息比对是否相符。

7. 当期申报的《石脑油、燃料油生产、外购、耗用、库存月度统计表》“外购数量统计”项的进口石脑油、燃料油的期初库存油品数量的本期数和累计数与前一期进口地海关办理退税的期末数据是否一致。

8.《石脑油、燃料油生产、外购、耗用、库存月度统计表》、《乙烯、芳烃生产装置投入产出流量计统计表》、《使用企业外购石脑油、燃料油凭证明细表》、《用于生产乙烯、芳烃类化工产品的石脑油、燃料油消费税应退税额计算表》表内、表间数据逻辑关系是否准确。

第十二条 申报资料审核未通过的情况处理:

(一)主管税务机关确认申报资料审核未通过属于数据填报错误的,应要求纳税人重新上报。

(二)生产企业销售免税石脑油、燃料油数量超过定点直供计划规定数量的,应当补缴消费税。

(三)因《生产企业销售含税石脑油、燃料油完税情况明细表》数据错误或不完整,造成数据比对不符的,使用企业主管税务机关通过退(免)税系统向对应的生产企业主管税务机关发送“完税信息提醒”,生产企业税务机关据此应开展数据核实,属于数据采集不完整的应及时补录相关数据;属于数据采集错误的,逐级提交国家税务总局修改数据。

(四)使用企业从非生产企业购进国产含税石脑油、燃料油,主管税务机关根据其提供的增值税专用发票和消费税完税凭证复印件,向上环节供油企业主管税务机关发函逐级核实确认是否缴纳消费税,经核实该油品确已完税的,将消费税完税凭证号码和回函信息录入退(免)税系统,审核通过。

第十三条 退税资料审核通过后,税源管理岗在纸质《用于生产乙烯、芳烃类化工产品的石脑油、燃料油消费税应退税额计算表》签署审核意见,传递至货物劳务税管理岗复核,经主管局长签署意见后,转收入核算岗审核退税。

第十四条 收入核算岗办理退税后,应将收入退还书复印件传递至税源管理岗。税源管理岗将收入退还书号码和退税金额录入退(免)税系统,纸质资料存档。

第十五条 货物劳务税管理岗将签署进口油品审核意见的《用于生产乙烯、芳烃类化工产品的石脑油、燃料油消费税应退税额计算表》连同其他资料,转交进口地海关或海关总署。

第十六条 使用企业发生下列行为之一的,主管税务机关应暂停或取消使用企业的退

(免)税资格:

(一)注销税务登记的,取消退(免)税资格;

(二)主管税务机关实地核查结果与使用企业申报的备案资料不一致的,暂停或取消退(免)资格;

(三)使用企业不再以石脑油、燃料油生产乙烯、芳烃类化工产品或不再生产乙烯、芳烃类化工产品的,经申请取消退(免)税资格;

(四)经税务机关检查发现存在骗取国家退税款的,取消退(免)税资格;

(五)未办理备案变更登记备案事项,经主管税务机关通知在30日内仍未改正的,暂停退(免)税资格;

(六)未按月向主管税务机关报送《石脑油、燃料油生产、外购、耗用、库存月度统计表》、《乙烯、芳烃生产装置投入产出流量计统计表》和《使用企业外购石脑油、燃料油凭证明细表》的,暂停退(免)税资格;

(七)不接受税务机关的产品抽检,不能提供税务机关要求的检测报告的,暂停退(免)税资格。

第十七条 暂停或取消退(免)税资格的企业,由主管税务机关税源管理岗及时录入系统。

第十八条 本操作规程自2014年9月1日起施行。

1-2-66

财政部 国家税务总局关于提高成品油消费税的通知

2014年11月28日 财税〔2014〕94号

各省、自治区、直辖市、计划单列市财政厅(局)、国家税务局,新疆生产建设兵团财务局:

为促进环境治理和节能减排,经国务院批准,现将提高成品油消费税问题通知如下:

一、将汽油、石脑油、溶剂油和润滑油的消费税单位税额在现行单位税额基础上提高0.12元/升。

二、将柴油、航空煤油和燃料油的消费税单位税额在现行单位税额基础上提高0.14元/升。航空煤油继续暂缓征收。

三、本通知自2014年11月29日起执行。

1 -2 -67

财政部　国家税务总局关于进一步提高成品油消费税的通知

2014 年 12 月 12 日　财税〔2014〕106 号

各省、自治区、直辖市、计划单列市财政厅(局)、国家税务局,新疆生产建设兵团财务局:

为促进环境治理和节能减排,现将提高成品油消费税问题通知如下:

一、将汽油、石脑油、溶剂油和润滑油的消费税单位税额由 1.12 元/升提高到 1.4 元/升。

二、将柴油、航空煤油和燃料油的消费税单位税额由 0.94 元/升提高到 1.1 元/升。航空煤油继续暂缓征收。

三、本通知自 2014 年 12 月 13 日起执行。

附件:1. 成品油消费税税目税率表(编者略)

2. 成品油进口环节消费税税率表(编者略)

1 -2 -68

财政部　国家税务总局关于继续提高成品油消费税的通知

2015 年 1 月 12 日　财税〔2015〕11 号

各省、自治区、直辖市、计划单列市财政厅(局)、国家税务局,新疆生产建设兵团财务局:

为促进环境治理和节能减排,现将提高成品油消费税问题通知如下:

一、将汽油、石脑油、溶剂油和润滑油的消费税单位税额由 1.4 元/升提高到 1.52 元/升。

二、将柴油、航空煤油和燃料油的消费税单位税额由 1.1 元/升提高到 1.2 元/升。航空煤油继续暂缓征收。

三、本通知自 2015 年 1 月 13 日起执行。

附件:1. 成品油消费税税目税率表

2. 成品油进口环节消费税税率表

附件1

成品油消费税税目税率表

单位:元/升

税 目	税 率
成品油:	
1. 汽油	1.52
2. 石脑油	1.52
3. 溶剂油	1.52
4. 润滑油	1.52
5. 柴油	1.2
6. 航空煤油	1.2
7. 燃料油	1.2

附件2

成品油进口环节消费税税率表

单位:元/升

税则号列	商品名称(简称)	税 率
27101210	车用汽油及航空汽油	1.52
27101220	石脑油	1.52
27101230	橡胶溶剂油、油漆溶剂油、抽提溶剂油	1.52
27101911	航空煤油	1.2
27101912	灯用煤油	1.2
27101919	其他煤油馏分产品	1.2
27101922	5—7号燃料油	1.2
27101923	柴油	1.2
27101929	其他燃料油	1.2
27101991	润滑油	1.52
27101992	润滑脂	1.52
27101993	润滑油基础油	1.52
27101999	其他重油及重油制品	1.2
27102000	石油及从沥青矿物提取的油类以及以上述油为基本成分(按重量计不低于70%)的其他税目未列名制品,含有生物柴油,但废油除外	1.2
ex38260000	不符合国家《柴油机燃料调合用生物柴油(BD100)》标准的生物柴油及其混合物	1.2

1 -2 -69

财政部　国家税务总局关于对电池　涂料征收消费税的通知

2015 年 1 月 26 日　财税〔2015〕16 号

各省、自治区、直辖市、计划单列市财政厅(局)、国家税务局、新疆生产建设兵团财务局:

为促进节能环保,经国务院批准,自 2015 年 2 月 1 日起对电池、涂料征收消费税。现将有关事项通知如下:

一、将电池、涂料列入消费税征收范围(具体税目注释见附件),在生产、委托加工和进口环节征收,适用税率均为 4%。

二、对无汞原电池、金属氢化物镍蓄电池(又称“氢镍蓄电池”或“镍氢蓄电池”)、锂原电池、锂离子蓄电池、太阳能电池、燃料电池和全钒液流电池免征消费税。

2015 年 12 月 31 日前对铅蓄电池缓征消费税;自 2016 年 1 月 1 日起,对铅蓄电池按 4% 税率征收消费税。

对施工状态下挥发性有机物(Volatile Organic Compounds,VOC)含量低于 420 克/升(含)的涂料免征消费税。

三、除上述规定外,电池、涂料消费税征收管理的其他事项依照《中华人民共和国消费税暂行条例》、《中华人民共和国消费税暂行条例实施细则》等相关规定执行。

附件:1. 电池税目征收范围注释

2. 涂料税目征收范围注释

附件 1

电池税目征收范围注释

电池,是一种将化学能、光能等直接转换为电能的装置,一般由电极、电解质、容器、极端,通常还有隔离层组成的基本功能单元,以及用一个或多个基本功能单元装配成的电池组。范围包括:原电池、蓄电池、燃料电池、太阳能电池和其他电池。

一、原电池

原电池又称一次电池,是按不可以充电设计的电池。按照电极所含的活性物质分类,原电池包括锌原电池、锂原电池和其他原电池。

(一)锌原电池。以锌做负极的原电池,包括锌二氧化锰原电池、碱性锌二氧化锰原电池、锌氧原电池(又称“锌空气原电池”)、锌氧化银原电池(又称“锌银原电池”)、锌氧化汞原电池(又称“汞电池”、“氧化汞原电池”)等。

(二)锂原电池。以锂做负极的原电池,包括锂二氧化锰原电池、锂亚硫酰氯原电池、锂二硫化铁原电池、锂二氧化硫原电池、锂氧原电池（又称“锂空气原电池”）、锂氟化碳原电池等。

（三）其他原电池。指锌原电池、锂原电池以外的原电池。

原电池又可分为无汞原电池和含汞原电池。汞含量低于电池重量的0.0001%（扣式电池按0.0005%）的原电池为无汞原电池；其他原电池为含汞原电池。

二、蓄电池

蓄电池又称二次电池，是按可充电、重复使用设计的电池；包括酸性蓄电池、碱性或其他非酸性蓄电池、氧化还原液流蓄电池和其他蓄电池。

（一）酸性蓄电池。一种含酸性电解质的蓄电池，包括铅蓄电池（又称“铅酸蓄电池”）等。

铅蓄电池，指含以稀硫酸为主电解质、二氧化铅正极和铅负极的蓄电池。

（二）碱性或其他非酸性蓄电池。一种含碱性或其他非酸性电解质的蓄电池，包括金属锂蓄电池、锂离子蓄电池、金属氢化物镍蓄电池（又称“氢镍蓄电池”或“镍氢蓄电池”）、镉镍蓄电池、铁镍蓄电池、锌氧化银蓄电池（又称“锌银蓄电池”）、碱性锌二氧化锰蓄电池（又称“可充碱性锌二氧化锰电池”）、锌氧蓄电池（又称“锌空气蓄电池”）、锂氧蓄电池（又称“锂空气蓄电池”）等。

（三）氧化还原液流电池。一种通过正负极电解液中不同价态离子的电化学反应来实现电能和化学能互相转化的储能装置，目前主要包括全钒液流电池。全钒液流电池是通过正负极电解液中不同价态钒离子的电化学反应来实现电能和化学能互相转化的储能装置。

（四）其他蓄电池。除上述（一）、（二）、（三）外的蓄电池。

三、燃料电池

燃料电池，指通过一个电化学过程，将连续供应的反应物和氧化剂的化学能直接转换为电能的电化学发电装置。

四、太阳能电池

太阳能电池，是将太阳光能转换成电能的装置，包括晶体硅太阳能电池、薄膜太阳能电池、化合物半导体太阳能电池等，但不包括用于太阳能发电储能用的蓄电池。

五、其他电池

除原电池、蓄电池、燃料电池、太阳能电池以外的电池。

附件2

涂料税目征收范围注释

涂料是指涂于物体表面能形成具有保护、装饰或特殊性能的固态涂膜的一类液体或固体材料之总称。

涂料由主要成膜物质、次要成膜物质等构成。按主要成膜物质涂料可分为油脂类、天然树脂类、酚醛树脂类、沥青类、醇酸树脂类、氨基树脂类、硝基类、过滤乙烯树脂类、烯类树脂类、丙烯酸酯类树脂类、聚酯树脂类、环氧树脂类、聚氨酯树脂类、元素有机类、橡胶类、纤维素类、其他成膜物类等。

1 -2 -70

国家税务总局关于电池　涂料消费税征收管理有关问题的公告

2015 年 1 月 30 日　国家税务总局公告 2015 年第 5 号

根据《财政部、国家税务总局关于对电池、涂料征收消费税的通知》(财税〔2015〕16 号，以下简称《通知》)的规定，自 2015 年 2 月 1 日起对电池和涂料(以下简称应税消费品)征收消费税。现将有关征收管理事项公告如下：

一、符合《通知》第一条规定的纳税人，应当按规定到所在地主管税务机关办理税种登记。

税种登记的办理流程和时限要求由各省、自治区、直辖市、计划单列市国家税务局确定。

二、纳税人委托加工收回应税消费品，以高于受托方的计税价格出售的，应当按规定申报缴纳消费税，在计税时准予扣除受托方已代收代缴的消费税。

税款扣除凭证为《税收缴款书(代扣代收专用)》，纳税人应当将税款扣除凭证复印件按月装订备查。

三、纳税人应当建立《电池、涂料税款抵扣台账》(附件 1)，作为申报扣除委托加工收回应税消费品已纳消费税税款的备查资料。

四、纳税人生产、委托加工符合《通知》中第二条有关税收优惠政策规定的应税消费品，应当持有省级以上质量技术监督部门认定的检测机构出具的产品检测报告(以下简称检测报告)，并按主管税务机关的要求报送相关产品的检测报告。

五、符合《通知》第一条规定的纳税人，生产、委托加工应税消费品(含免税)应当按规定填报《电池消费税纳税申报表》(附件 2)或《涂料消费税纳税申报表》(附件 3)，办理消费税纳税申报。

本公告自 2015 年 2 月 1 日起施行。

特此公告。

附件：1. 电池、涂料税款抵扣台账(编者略)

2. 电池消费税纳税申报表(编者略)

3. 涂料消费税纳税申报表(编者略)

注释：

条款废止。第五条及附件 3 自 2021 年 8 月 1 日起废止。参见：《国家税务总局关于增值税消费税与附加税费申报表整合有关事项的公告》(国家税务总局公告 2021 年第 20 号)。

条款失效。第五条及附件 3 自 2021 年 5 月 1 日起暂停执行。参见：《国家税务总局关于简并税费申报有关事项的公告》(国家税务总局公告2021年第9号)。

条款修改。根据《第十三届全国人民代表大会第一次会议关于国务院机构改革方案的决定》等有关规定,税收规范性文件规定的国税地税机关的职责和工作由新的税务机关承担。国家税务总局依据《税收规范性文件制定管理办法》(国家税务总局令第41号公布),对税收规范性文件进行了清理。参见:《国家税务总局关于修改部分税收规范性文件的公告》(国家税务总局公告2018年第31号)。

条款废止。附件2自2016年1月1日起废止。参见:《国家税务总局关于明确电池涂料消费税征收管理有关事项的公告》(国家税务总局公告2015年第95号)。

1-2-71

国家税务总局关于修订《葡萄酒消费税管理办法(试行)》的公告

2015年2月28日　国家税务总局公告2015年第15号

为贯彻落实《国务院关于取消和调整一批行政审批项目等事项的决定》(国发〔2014〕50号),国家税务总局修订了《葡萄酒消费税管理办法(试行)》,现予以发布,并就有关税收管理事项公告如下:

一、自2015年5月1日起,《国家税务总局关于印发〈葡萄酒消费税管理办法(试行)〉的通知》(国税发〔2006〕66号)规定的《葡萄酒购货证明单》停止领用和开具,在此之前纳税人应将未开具的《葡萄酒购货证明单》退回主管税务机关。

2015年4月30日(含)前已开具的《葡萄酒购货证明单》,应于2015年7月31日前办理完毕葡萄酒消费税退税相关事宜。

二、纳税人办理税款所属期2015年5月及以后的酒类应税消费品纳税申报时,启用新的《酒类应税消费品消费税纳税申报表》附1《本期准予抵减(扣)税额计算表》(表式及填表说明见附件1)。

本公告自2015年5月1日起施行。《国家税务总局关于印发〈葡萄酒消费税管理办法(试行)〉的通知》(国税发〔2006〕66号)、《国家税务总局关于〈葡萄酒购货管理证明单〉编码规则的通知》(国税函〔2006〕620号)同时废止。《国家税务总局关于调整消费税纳税申报表有关问题的公告》(国家税务总局公告2014年第72号)附件1《酒类应税消费品消费税纳税申报表》附1《本期准予抵减税额计算表》停止使用。

特此公告。

附件:1. 本期准予抵减(扣)税额计算表(编者略)

　　2. 葡萄酒消费税抵扣税款台账(编者略)

注释:

条款废止。第二条及附件1自2021年8月1日起废止。参见:《国家税务总局关于增

值税 消费税与附加税费申报表整合有关事项的公告》(国家税务总局公告2021年第20号)。

条款失效。第二条及附件1自2021年5月1日起暂停执行。参见:《国家税务总局关于简并税费申报有关事项的公告》(国家税务总局公告2021年第9号)。

1-2-72

财政部 国家税务总局关于调整卷烟消费税的通知

2015年5月7日 财税〔2015〕60号

各省、自治区、直辖市、计划单列市财政厅(局)、国家税务局,新疆生产建设兵团财务局:

经国务院批准,现将调整卷烟消费税政策问题通知如下:

一、将卷烟批发环节从价税税率由5%提高至11%,并按0.005元/支加征从量税。

二、纳税人兼营卷烟批发和零售业务的,应当分别核算批发和零售环节的销售额、销售数量;未分别核算批发和零售环节销售额、销售数量的,按照全部销售额、销售数量计征批发环节消费税。

三、本通知自2015年5月10日起执行。此前有关文件规定与本通知相抵触的,以本通知为准。

附件:调整后的烟消费税税目税率表

附件

调整后的烟消费税税目税率表

税 目	税率	征收环节
烟		
1. 卷烟		
工业		
(1)甲类卷烟	56%加0.003元/支	生产环节
[调拨价70元(不含增值税)/条以上(含70元)]		
(2)乙类卷烟	36%加0.003元/支	生产环节
[调拨价70元(不含增值税)/条以下]		
商业批发	11%加0.005元/支	批发环节
2. 雪茄	36%	生产环节
3. 烟丝	30%	生产环节

1-2-73

国家税务总局关于卷烟消费税政策调整有关问题的通知

2015年5月12日　税总函〔2015〕255号

各省、自治区、直辖市和计划单列市国家税务局：

根据《财政部、国家税务总局关于调整卷烟消费税的通知》(财税〔2015〕60号)和《国家税务总局关于卷烟消费税政策调整后纳税申报有关问题的公告》(国家税务总局公告2015年第35号)，现就做好卷烟批发环节消费税税率调整后的征收管理工作通知如下：

一、纳税申报调整安排

为确保纳税人顺利完成纳税申报，卷烟批发环节消费税税率调整后涉及的纳税申报表及征管系统调整工作分两个阶段进行。对税款所属期为2015年5月的卷烟批发环节消费税，适用过渡期纳税申报安排；对税款所属期为2015年6月及以后的卷烟批发环节消费税，使用调整后的征管系统办理纳税申报。

二、卷烟批发环节消费税纳税申报过渡期管理

(一)纳税申报资料受理

主管税务机关在2015年6月申报期内，按照国家税务总局公告2015年第35号附件受理卷烟批发环节消费税纳税人(以下简称纳税人)所报送纳税申报资料，包括：纸质《卷烟批发环节消费税纳税申报表(过渡期)》和《卷烟批发企业月份销售明细清单》电子数据。对纳税申报资料不符合要求的，告知纳税人更正后重新报送。

(二)纳税申报表逻辑关系校验

主管税务机关对纳税人报送的纳税申报表表内适用税率及逻辑关系进行校验，对适用税率不准确和逻辑关系不符的，告知纳税人修改后重新报送。

(三)申报数据录入及税款征收

对纳税人报送纸质申报资料校验无误的，主管税务机关受理纳税申报。税务总局已取消征管系统中《卷烟消费税纳税申报表(批发)》中各栏次逻辑关系校验，表中"销售数量"、"销售额"、"应纳税额"项目下各栏次数据，主管税务机关应依据纳税人纸质《卷烟批发环节消费税纳税申报表(过渡期)》中"合计"项对应"销售数量"、"销售额"、"应纳税额"中的数据完成申报数据录入，办理消费税税款征收事宜。

(四)纳税申报资料归档

主管税务机关受理纳税人纳税申报后，将纸质纳税申报资料归档备查。

三、工作要求

(一)加强组织领导

各地税务机关要高度重视卷烟批发环节消费税税率调整和征管工作，由货物劳务税部门牵头，征管科技、纳税服务、收入规划、信息中心等部门密切配合，加大统筹力度，保证相

关工作顺利实施。

（二）加强宣传辅导

各地税务机关要迅速将卷烟批发环节消费税税率调整及纳税申报变更事项告知纳税人，细致解答纳税人疑问，确保政策平稳顺利实施。

（三）加强跟踪分析

各地税务机关要密切跟踪掌握卷烟批发环节消费税税率调整的实施情况，做好动态评估分析，加强风险疑点排查，有效应对各类突发情况，对政策执行中发现的问题，及时提出建议并向税务总局（货物劳务税司）报告。

（四）完善考核机制

卷烟批发环节消费税政策调整执行情况已纳入2015年度绩效考核。各省、自治区、直辖市和计划单列市国家税务局应于2015年6月22日前，将政策贯彻执行情况以正式报告（含纸质和电子）上报税务总局，报告内容应包含政策调整后首个申报期政策贯彻落实情况、政策执行效果、政策落实过程中发现的相关问题及工作建议，同时填报《卷烟批发环节消费税统计表》（附件1），作为报告附件一并上报。税务总局将根据绩效管理有关要求，对各地相关工作开展情况进行绩效考核。

附件：卷烟批发环节消费税统计表（编者略）

1－2－74

国家税务总局关于白酒消费税最低计税价格核定问题的公告

2015年5月19日　国家税务总局公告2015年第37号

现将白酒消费税最低计税价格核定问题公告如下：

纳税人将委托加工收回的白酒销售给销售单位，消费税计税价格低于销售单位对外销售价格（不含增值税）70%以下，属于《中华人民共和国消费税暂行条例》第十条规定的情形，应该按照《国家税务总局关于加强白酒消费税征收管理的通知》（国税函〔2009〕380号）规定的核价办法，核定消费税最低计税价格。

上述销售单位是指《国家税务总局关于加强白酒消费税征收管理的通知》（国税函〔2009〕380号）附件《白酒消费税最低计税价格核定管理办法（试行）》第三条规定的情形。

本公告自2015年6月1日起施行。此前已发生但尚未处理的事项，按照本公告规定执行。

特此公告。

1－2－75

国家税务总局关于取消两项消费税审批事项后有关管理问题的公告

2015年5月22日　国家税务总局公告2015年第39号

根据《国务院关于取消和调整一批行政审批项目等事项的决定》(国发〔2015〕11号)规定,现就取消“消费税税款抵扣审核”和“成品油消费税征税范围认定”审批事项后有关管理问题公告如下:

一、纳税人以外购、进口、委托加工收回的应税消费品(以下简称外购应税消费品)为原料连续生产应税消费品,准予按现行政策规定抵扣外购应税消费品已纳消费税税款。

经主管税务机关核实上述外购应税消费品未缴纳消费税的,纳税人应将已抵扣的消费税税款,从核实当月允许抵扣的消费税中冲减。

二、纳税人生产《国家税务总局关于消费税有关政策问题的公告》(国家税务总局公告2012年第47号)第一条第(二)款符合国家标准、石化行业标准的产品和第二条沥青产品的,在取得省级以上(含)质量技术监督部门出具的相关产品质量检验证明的当月起,不征收消费税。

经主管税务机关核实纳税人在取得产品质量检验证明之前未申报缴纳消费税的,应按规定补缴消费税。

三、本公告自发布之日起施行。《国家税务总局关于进一步加强消费税纳税申报及税款抵扣管理的通知》(国税函〔2006〕769号)第二条第(二)款、《国家税务总局关于消费税有关政策问题的公告》(国家税务总局公告2012年第47号)第一条第(二)款及第二条中“且纳税人事先将省级以上(含)质量技术监督部门出具的相关产品质量检验证明报主管税务机关进行备案的”内容同时废止。

特此公告。

1－2－76

国家税务总局关于明确电池　涂料消费税征收管理有关事项的公告

2015年12月29日　国家税务总局公告2015年第95号

现将电池、涂料消费税征收管理有关事项公告如下:

一、根据《财政部、国家税务总局关于对电池、涂料征收消费税的通知》(财税〔2015〕16号,以下简称《通知》)规定,铅蓄电池自2016年1月1日起按4%税率征收消费税。

二、生产、委托加工电池的纳税人办理税款所属期2016年1月及以后的电池消费税纳税申报,使用调整后的《电池消费税纳税申报表》(见附件)。

三、根据《中华人民共和国消费税暂行条例实施细则》第十七条的规定和我国电池、涂料行业生产经营的实际情况,电池、涂料全国平均成本利润率为:

(一)电池4%;

(二)涂料7%。

四、外购电池、涂料大包装改成小包装或者外购电池、涂料不经加工只贴商标的行为,视同应税消费税品的生产行为。发生上述生产行为的单位和个人应按规定申报缴纳消费税。

五、《国家税务总局关于电池、涂料消费税征收管理有关问题的公告》(国家税务总局公告2015年第5号)第四条所称"省级以上质量技术监督部门认定的检测机构"是指具有国家认证认可监督管理委员会或省级质量技术监督部门依法颁发、现行有效的《资质认定计量认证证书》(使用CMA徽标),且《资质认定计量认证证书》附表中具备相应电池、涂料检测项目的检测机构。

六、纳税人生产、委托加工《通知》第二条规定的电池、涂料,可按类别提供检测报告,但纳税人在提供检测报告时应一并报送该类产品明细清单,且明细清单的货物名称、规格、型号应与会计核算、销售发票内容相一致。

七、本公告自2016年1月1日起施行。《国家税务总局关于电池、涂料消费税征收管理有关问题的公告》(国家税务总局公告2015年第5号)附件2同时废止。

特此公告。

附件:电池消费税纳税申报表(编者略)

注释:

条款废止。第二条及附件自2021年8月1日起废止。参见:《国家税务总局关于增值税 消费税与附加税费申报表整合有关事项的公告》(国家税务总局公告2021年第20号)。

条款失效。第二条及附件自2021年5月1日起暂停执行。参见:《国家税务总局关于简并税费申报有关事项的公告》(国家税务总局公告2021年第9号)。

1-2-77

财政部 国家税务总局关于调整化妆品消费税政策的通知

2016年9月30日 财税〔2016〕103号

各省、自治区、直辖市、计划单列市财政厅(局)、国家税务局,新疆生产建设兵团财务局:

为了引导合理消费,经国务院批准,现将化妆品消费税政策调整有关事项通知如下:

一、取消对普通美容、修饰类化妆品征收消费税,将"化妆品"税目名称更名为"高档化妆品”。征收范围包括高档美容、修饰类化妆品、高档护肤类化妆品和成套化妆品。税率调整为15%。

高档美容、修饰类化妆品和高档护肤类化妆品是指生产(进口)环节销售(完税)价格(不含增值税)在10元/毫升(克)或15元/片(张)及以上的美容、修饰类化妆品和护肤类化妆品。

二、本通知自2016年10月1日起执行。

1－2－78

国家税务总局关于高档化妆品消费税征收管理事项的公告

2016年10月19日　国家税务总局公告2016年第66号

根据《财政部、国家税务总局关于调整化妆品消费税政策的通知》(财税〔2016〕103号),现将高档化妆品消费税征收管理事项公告如下:

一、调整《国家税务总局关于调整消费税纳税申报表有关问题的公告》(国家税务总局公告2014年第72号)附件2《其他应税消费品消费税纳税申报表》填写说明中“化妆品”相关内容,调整后的表式及填写说明见附件。

二、自2016年10月1日起,高档化妆品消费税纳税人(以下简称“纳税人”)以外购、进口和委托加工收回的高档化妆品为原料继续生产高档化妆品,准予从高档化妆品消费税应纳税额中扣除外购、进口和委托加工收回的高档化妆品已纳消费税税款。

三、纳税人外购、进口和委托加工收回已税化妆品用于生产高档化妆品的,其取得2016年10月1日前开具的抵扣凭证,应于2016年11月30日前按原化妆品消费税税率计提待抵扣消费税,逾期不得计提。

四、纳税人应按《国家税务总局关于印发〈调整和完善消费税政策征收管理规定〉的通知》(国税发〔2006〕49号)规定,设立高档化妆品消费税抵扣税款台账。

五、本公告自发布之日起施行。《国家税务总局关于调整消费税纳税申报表有关问题的公告》(国家税务总局公告2014年第72号)附件2同时废止。

特此公告。

附件:其他应税消费品消费税纳税申报表(编者略)

注释:

条款废止。第一条废止。参见:《国家税务总局关于公布全文和部分条款失效废止的税务规范性文件目录的公告》(国家税务总局公告2023年第8号)。

条款废止。附件自2016年12月1日起废止。参见:《国家税务总局关于超豪华小汽车消费税征收管理有关事项的公告》(国家税务总局公告2016年第74号)。

1－2－79

国家税务总局关于超豪华小汽车消费税征收管理有关事项的公告

2016 年 11 月 30 日　国家税务总局公告 2016 年第 74 号

根据《财政部　国家税务总局关于对超豪华小汽车加征消费税有关事项的通知》(财税〔2016〕129 号)规定,自 2016 年 12 月 1 日起,对超豪华小汽车在零售环节加征 10% 的消费税。现将有关事项公告如下:

一、从事超豪华小汽车零售的消费税纳税人(以下简称"纳税人"),未办理消费税税种登记的,应按主管税务机关的要求及时办理税种登记。

二、2016 年 12 月 1 日起纳税人销售超豪华小汽车,应按月填报《其他应税消费品消费税纳税申报表》(见附件),向主管税务机关申报缴纳消费税。

三、2016 年 11 月 30 日(含)之前已签订汽车销售合同但未交付实物的超豪华小汽车,纳税人自 2016 年 12 月 1 日(含)起 5 个工作日内,应持已签订的汽车销售合同原件及复印件到主管税务机关备案。主管税务机关对合同原件和复印件内容核对无误后,复印件留存,原件退回纳税人。

对 2016 年 11 月 30 日(含)之前已签订汽车销售合同但未备案以及未按规定时限备案的,应当缴纳零售环节消费税。

四、备案的汽车销售合同中的"购车人、厂牌型号"等内容,应与纳税人交付实物时开具的《机动车销售统一发票》中的"购买方名称及身份证号码/组织机构代码、厂牌型号"栏目内容对应一致。不一致的,应当缴纳零售环节消费税。

五、本公告自 2016 年 12 月 1 日起施行。《国家税务总局关于高档化妆品消费税征收管理事项的公告》(国家税务总局公告 2016 年第 66 号)附件同时废止。

特此公告。

附件:其他应税消费品消费税纳税申报表(编者略)

注释:

条款废止。第二条及附件自 2021 年 8 月 1 日起废止。参见:《国家税务总局关于增值税消费税与附加税费申报表整合有关事项的公告》(国家税务总局公告 2021 年第20 号)。

条款失效。第二条及附件自 2021 年 5 月 1 日起暂停执行。参见:《国家税务总局关于简并税费申报有关事项的公告》(国家税务总局公告 2021 年第 9 号)。

1－2－80

海关总署关于对小汽车消费税政策进行调整的公告

2016 年 11 月 30 日　海关总署公告 2016 年第 74 号

经国务院批准,自 12 月 1 日起对小汽车消费税政策进行调整(详见财政部网站)。现就进口环节执行事宜公告如下:

收货人及其代理人向海关申报进口小汽车时,应按规定如实、准确填制报关单。自 12 月 1 日起,我国驻外使领馆工作人员、外国驻华机构及人员、非居民常驻人员、政府间协议规定等应税(消费税)进口自用小汽车,并且单台完税价格 130 万元及以上的,报关单征免性质栏需填报“特案”。上述范围之外的进口小汽车,有关报关单填制规定不变。

特此公告。

1－2－81

财政部　国家税务总局关于对超豪华小汽车加征消费税有关事项的通知

2016 年 11 月 30 日　财税〔2016〕129 号

各省、自治区、直辖市、计划单列市财政厅(局)、国家税务局,新疆生产建设兵团财务局:

为了引导合理消费,促进节能减排,经国务院批准,对超豪华小汽车加征消费税。现将有关事项通知如下:

一、“小汽车”税目下增设“超豪华小汽车”子税目。征收范围为每辆零售价格 130 万元(不含增值税)及以上的乘用车和中轻型商用客车,即乘用车和中轻型商用客车子税目中的超豪华小汽车。对超豪华小汽车,在生产(进口)环节按现行税率征收消费税基础上,在零售环节加征消费税,税率为 10%。

二、将超豪华小汽车销售给消费者的单位和个人为超豪华小汽车零售环节纳税人。

三、超豪华小汽车零售环节消费税应纳税额计算公式:

应纳税额＝零售环节销售额(不含增值税,下同)×零售环节税率

国内汽车生产企业直接销售给消费者的超豪华小汽车,消费税税率按照生产环节税率和零售环节税率加总计算。消费税应纳税额计算公式:

应纳税额＝销售额×(生产环节税率＋零售环节税率)

四、上述规定自 2016 年 12 月 1 日起执行。对于 11 月 30 日(含)之前已签订汽车销售合同,但未交付实物的超豪华小汽车,自 12 月 1 日(含)起 5 个工作日内,纳税人持已签订的汽车销售合同,向其主管税务机关备案。对按规定备案的不征收零售环节消费税,未备

案以及未按规定期限备案的，征收零售环节消费税。

附件：调整后的小汽车税目税率表

附件

调整后的小汽车税目税率表

税　　目	税　率	
	生产（进口）环节	零售环节
小汽车		
1. 乘用车		
（1）气缸容量（排气量，下同）在1.0升（含1.0升）以下的	1%	
（2）气缸容量在1.0升以上至1.5升（含1.5升）的	3%	
（3）气缸容量在1.5升以上至2.0升（含2.0升）的	5%	
（4）气缸容量在2.0升以上至2.5升（含2.5升）的	9%	
（5）气缸容量在2.5升以上至3.0升（含3.0升）的	12%	
（6）气缸容量在3.0升以上至4.0升（含4.0升）的	25%	
（7）气缸容量在4.0升以上的	40%	
2. 中轻型商用客车	5%	
3. 超豪华小汽车	按子税目1和子税目2的规定征收	10%

1－2－82

国家税务总局关于卷烟消费税计税价格核定管理有关问题的公告

2017年8月29日　国家税务总局公告2017年第32号

为进一步规范卷烟消费税计税价格（以下简称“计税价格”）核定管理工作，现将有关问题公告如下：

一、对于未按照《卷烟消费税计税价格信息采集和核定管理办法》（国家税务总局令第26号公布，以下简称《办法》）规定报送信息资料的新牌号、新规格卷烟，卷烟生产企业消费税纳税人（以下简称“纳税人”）按照税务总局核定的计税价格计算缴纳消费税满1年后，可向主管税务机关提出调整计税价格的申请。主管税务机关应于收到申请后15日内，将申请调整计税价格文件逐级上报至税务总局。税务总局收到文件后30日内，根据当期已采集的该牌号规格卷烟批发环节连续6个月的销售价格，调整并发布计税价格。

二、对于因卷烟批发企业申报《卷烟批发企业月份销售明细清单》中销售价格信息错误，造成纳税人对税务总局核定的计税价格有异议的，纳税人可自计税价格执行之日起向主管税务机关提出调整计税价格的申请。主管税务机关收到申请后，应核实纳税人该牌号规格卷烟的生产经营情况，计算该牌号规格卷烟自正式投产以来的加权平均销售价格，对确需调整计税价格的，应于收到申请后25日内，将申请调整计税价格文件逐级上报至税务总局。税务总局收到文件后，重新采集该牌号规格卷烟批发环节销售价格，采集期为已核定计税价格执行之日起连续6个月，采集期满后调整并发布计税价格。

三、对于纳税人套用其他牌号、规格卷烟计税价格，造成少缴消费税税款的，主管税务机关按照《办法》第十八条规定，调整纳税人应纳税收入时，应按照采集的该牌号、规格卷烟市场零售价格适用最低档批发毛利率确定计税价格，追缴纳税人少缴消费税税款。

四、本公告自2017年10月1日起施行。

特此公告。

1－2－83

国家税务总局关于成品油消费税征收管理有关问题的公告

2018年1月2日　国家税务总局公告2018年第1号

为加强汽油、柴油、航空煤油、石脑油、溶剂油、润滑油、燃料油等成品油消费税的征收管理，维护公平的税收秩序，营造良好营商环境，现将有关问题公告如下：

一、所有成品油发票均须通过增值税发票管理新系统中成品油发票开具模块开具。

（一）成品油发票是指销售汽油、柴油、航空煤油、石脑油、溶剂油、润滑油、燃料油等成品油所开具的增值税专用发票（以下称“成品油专用发票”）和增值税普通发票。

（二）纳税人需要开具成品油发票的，由主管税务机关开通成品油发票开具模块。

（三）开具成品油发票时，应遵守以下规则：

1. 正确选择商品和服务税收分类编码。

2. 发票“单位”栏应选择“吨”或“升”，蓝字发票的“数量”栏为必填项且不为“0”。

3. 开具成品油专用发票后，发生销货退回、开票有误以及销售折让等情形的，应按规定开具红字成品油专用发票。

销货退回、开票有误等原因涉及销售数量的，应在《开具红字增值税专用发票信息表》中填写相应数量，销售折让的不填写数量。

4. 成品油经销企业某一商品和服务税收分类编码的油品可开具成品油发票的总量，应不大于所取得的成品油专用发票、海关进口消费税专用缴款书对应的同一商品和服务税收分类编码的油品总量。

成品油经销企业开具成品油发票前，应登录增值税发票选择确认平台确认已取得的成品油专用发票、海关进口消费税专用缴款书信息，并通过成品油发票开具模块下载上述信息。

二、外购、进口和委托加工收回的汽油、柴油、石脑油、燃料油、润滑油用于连续生产应税成品油的，应凭通过增值税发票选择确认平台确认的成品油专用发票、海关进口消费税专用缴款书，以及税收缴款书（代扣代收专用），按规定计算扣除已纳消费税税款，其他凭证不得作为消费税扣除凭证。

外购石脑油、燃料油用于生产乙烯、芳烃类化工产品的，应凭取得的成品油专用发票所载明的石脑油、燃料油的数量，按规定计算退还消费税，其他发票或凭证不得作为计算退还消费税的凭证。

三、自税款所属期2018年3月起，纳税人申报成品油消费税时应填写新的《成品油消费税纳税申报表》及其附列资料（见附件）。享受成品油消费税减免税优惠政策的纳税人，在纳税申报时应同时填写《国家税务总局关于调整消费税纳税申报有关事项的公告》（国家税务总局公告2015年第32号）公布的《本期减（免）税额明细表》。

纳税人申报的某一类成品油销售数量，应大于或等于开具的该同一类成品油发票所载明的数量；申报扣除的成品油数量，应小于或等于取得的扣除凭证载明数量。申报比对相符后，主管税务机关对纳税人的税控设备进行解锁；比对不相符的，待解除异常后，方可解锁。

四、成品油经销企业应于2018年3月10日前（包括3月10日），将截至2018年2月28日的成品油库存情况（不包括未取得增值税专用发票、海关进口消费税专用缴款书的成品油库存）录入增值税发票选择确认平台。

五、外购用于连续生产的成品油，取得2018年2月28日前（包括2月28日）开具的增值税专用发票且符合扣除规定的，纳税人应于税款所属期2018年4月前申报，计入《本期准予扣除税额计算表》"本期外购入库数量"中，连续生产耗用后，按规定计算扣除已纳消费税税款。

六、本公告自2018年3月1日起施行，《用于生产乙烯、芳烃类化工产品的石脑油、燃料油退（免）消费税暂行办法》（国家税务总局公告2012年第36号发布）第十一条、第二十七条、《国家税务总局关于消费税有关政策问题补充规定的公告》（国家税务总局公告2013年第50号）第九条、《国家税务总局关于成品油生产企业开具的增值税发票纳入防伪税控系统汉字防伪项目管理的公告》（国家税务总局公告2013年第79号）、《国家税务总局关于成品油经销企业开具的增值税发票纳入防伪税控系统汉字防伪版管理的公告》（国家税务总局公告2014年第33号）、《国家税务总局关于成品油消费税有关问题的公告》（国家税务总局公告2014年第65号）、《国家税务总局关于进一步调整成品油消费税有关征收管理问题的公告》（国家税务总局公告2014年第71号）同时废止。《国家税务总局关于成品油消费税纳税申报有关问题的公告》（国家税务总局公告2015年第3号）自2018年4月1日起废止。

特此公告。

附件：成品油消费税纳税申报表（编者略）

注释：

条款废止。第三条第一款及附件自2021年8月1日起废止。参见：《国家税务总局关于增值税　消费税与附加税费申报表整合有关事项的公告》（国家税务总局公告2021年第20号）。

条款失效。第三条第一款及附件自2021年5月1日起暂停执行。参见：《国家税务总局关于简并税费申报有关事项的公告》（国家税务总局公告2021年第9号）。

1－2－84

财政部　海关总署　税务总局关于对电子烟征收消费税的公告

2022年10月2日　财政部　海关总署　税务总局公告2022年第33号

为完善消费税制度，维护税制公平统一，更好发挥消费税引导健康消费的作用，现就对电子烟征收消费税有关事项公告如下：

一、关于税目和征税对象

将电子烟纳入消费税征收范围，在烟税目下增设电子烟子目。

电子烟是指用于产生气溶胶供人抽吸等的电子传输系统，包括烟弹、烟具以及烟弹与烟具组合销售的电子烟产品。烟弹是指含有雾化物的电子烟组件。烟具是指将雾化物雾化为可吸入气溶胶的电子装置。

电子烟进出口税则号列及商品名称见附件。

二、关于纳税人

在中华人民共和国境内生产（进口）、批发电子烟的单位和个人为消费税纳税人。

电子烟生产环节纳税人，是指取得烟草专卖生产企业许可证，并取得或经许可使用他人电子烟产品注册商标（以下称持有商标）的企业。通过代加工方式生产电子烟的，由持有商标的企业缴纳消费税。电子烟批发环节纳税人，是指取得烟草专卖批发企业许可证并经营电子烟批发业务的企业。电子烟进口环节纳税人，是指进口电子烟的单位和个人。

三、关于适用税率

电子烟实行从价定率的办法计算纳税。生产（进口）环节的税率为36%，批发环节的税率为11%。

四、关于计税价格

纳税人生产、批发电子烟的，按照生产、批发电子烟的销售额计算纳税。电子烟生产环节纳税人采用代销方式销售电子烟的，按照经销商（代理商）销售给电子烟批发企业的销售额计算纳税。纳税人进口电子烟的，按照组成计税价格计算纳税。

电子烟生产环节纳税人从事电子烟代加工业务的，应当分开核算持有商标电子烟的销售额和代加工电子烟的销售额；未分开核算的，一并缴纳消费税。

五、关于进、出口政策

纳税人出口电子烟，适用出口退（免）税政策。

将电子烟增列至边民互市进口商品不予免税清单并照章征税。

除上述规定外，个人携带或者寄递进境电子烟的消费税征收，按照国务院有关规定执行。电子烟消费税其他事项依照《中华人民共和国消费税暂行条例》和《中华人民共和国消费税暂行条例实施细则》等规定执行。

本公告自2022年11月1日起执行。

特此公告。

附件:电子烟进出口税则号列及商品名称

附件

电子烟进出口税则号列及商品名称

序号	税则号列①	商品名称②
1	24041200	不含烟草或再造烟草、含尼古丁的非经燃烧吸用的产品
2	ex85434000③	可将税目24041200所列产品中的雾化物雾化为可吸入气溶胶的设备及装置,无论是否配有烟弹

注:①为《中华人民共和国进出口税则(2022)》的税则号列。

②除标注ex的税则号列外,商品名称仅供参考,具体商品范围以《中华人民共和国进出口税则(2022)》中的税则号列对应的商品范围为准。

③ex表示进口商品应在该税则号列范围内,以具体商品描述为准。

1-2-85

国家税务总局关于电子烟消费税征收管理有关事项的公告

2022年10月25日　国家税务总局公告2022年第22号

根据《财政部　海关总署　税务总局关于对电子烟征收消费税的公告》(2022年第33号,以下简称33号公告)规定,自2022年11月1日起对电子烟征收消费税。现将征收管理有关事项公告如下:

一、税务总局在税控开票软件中更新了《商品和服务税收分类编码表》,纳税人销售电子烟应当选择“电子烟”类编码开具发票。

二、《消费税及附加税费申报表》[《国家税务总局关于增值税　消费税与附加税费申报表整合有关事项的公告》(2021年第20号)附件7]附注1《应税消费品名称、税率和计量单位对照表》中新增“电子烟”子目,调整后的表式见附件。

三、符合33号公告第二条规定的纳税人,从事生产、批发电子烟业务应当按规定填报《消费税及附加税费申报表》,办理消费税纳税申报。

四、根据《中华人民共和国消费税暂行条例实施细则》第十七条的规定和我国电子烟行业生产经营的实际情况,电子烟全国平均成本利润率暂定为10%。

五、本公告自2022年11月1日起施行。《国家税务总局关于增值税　消费税与附加税费申报表整合有关事项的公告》(2021年第20号)附件7的附注1同时废止。各级税务机关要根据33号公告和本公告的规定,对相关纳税人做好政策宣传和辅导工作,及时为其办理消费税税种认定。

特此公告。

附件:应税消费品名称、税率和计量单位对照表

附件

应税消费品名称、税率和计量单位对照表

应税消费品名称	比例税率	定额税率	计量单位
一、烟			
1. 卷烟			
(1)工业			
①甲类卷烟[调拨价70元(不含增值税)/条以上(含70元)]	56%	30元/万支	万支
②乙类卷烟[调拨价70元(不含增值税)/条以下]	36%	30元/万支	
(2)商业批发	11%	50元/万支	
2. 雪茄烟	36%	—	支
3. 烟丝	30%	—	千克
4. 电子烟			
(1)工业	36%	—	盒
(2)商业批发	11%	—	盒
二、酒			
1. 白酒	20%	0.5元/500克(毫升)	500克(毫升)
2. 黄酒	—	240元/吨	吨
3. 啤酒			
(1)甲类啤酒[出厂价格3000元(不含增值税)/吨以上(含3000元)]	—	250元/吨	吨
(2)乙类啤酒[出厂价格3000元(不含增值税)/吨以下]	—	220元/吨	
4. 其他酒	10%	—	吨
三、高档化妆品	15%	—	实际使用计量单位
四、贵重首饰及珠宝玉石			
1. 金银首饰、铂金首饰和钻石及钻石饰品	5%	—	实际使用计量单位
2. 其他贵重首饰和珠宝玉石	10%	—	
五、鞭炮、焰火	15%	—	实际使用计量单位
六、成品油			
1. 汽油	—	1.52元/升	升
2. 柴油	—	1.20元/升	
3. 航空煤油	—	1.20元/升	
4. 石脑油	—	1.52元/升	
5. 溶剂油	—	1.52元/升	
6. 润滑油	—	1.52元/升	
7. 燃料油	—	1.20元/升	

续表

应税消费品名称	比例税率	定额税率	计量单位
七、摩托车			
1. 气缸容量(排气量,下同)=250毫升	3%	—	辆
2. 气缸容量>250毫升	10%	—	
八、小汽车			
1. 乘用车			
(1)气缸容量(排气量,下同)≤1.0升	1%	—	辆
(2)1.0升<气缸容量≤1.5升	3%	—	
(3)1.5升<气缸容量≤2.0升	5%	—	
(4)2.0升<气缸容量≤2.5升	9%	—	
(5)2.5升<气缸容量≤3.0升	12%	—	
(6)3.0升<气缸容量≤4.0升	25%	—	
(7)气缸容量>4.0升	40%	—	
2. 中轻型商用客车	5%	—	
3. 超豪华小汽车	10%	—	
九、高尔夫球及球具	10%	—	实际使用计量单位
十、高档手表	20%	—	只
十一、游艇	10%	—	艘
十二、木制一次性筷子	5%	—	万双
十三、实木地板	5%	—	平方米
十四、电池	4%	—	只
十五、涂料	4%	—	吨

1－2－86

财政部　税务总局关于部分成品油消费税政策执行口径的公告

2023年6月30日　财政部　税务总局公告2023年第11号

为促进成品油行业规范健康发展,根据《财政部　国家税务总局关于提高成品油消费税税率的通知》(财税〔2008〕167号),现将符合《成品油消费税征收范围注释》规定的部分成品油消费税政策执行口径公告如下:

一、对烷基化油(异辛烷)按照汽油征收消费税。

二、对石油醚、粗白油、轻质白油、部分工业白油(5号、7号、10号、15号、22号、32号、46号)按照溶剂油征收消费税。

三、对混合芳烃、重芳烃、混合碳八、稳定轻烃、轻油、轻质煤焦油按照石脑油征收消费税。

四、对航天煤油参照航空煤油暂缓征收消费税。

五、本公告自发布之日起执行。本公告所列油品,在公告发布前已经发生的事项,不再进行税收调整。

1-2-87

财政部　税务总局关于继续对废矿物油再生油品免征消费税的公告

2023年9月27日　财政部　税务总局公告2023年第69号

为继续支持促进资源综合利用和环境保护,现对以回收的废矿物油为原料生产的润滑油基础油、汽油、柴油等工业油料免征消费税政策公告如下:

一、废矿物油,是指工业生产领域机械设备及汽车、船舶等交通运输设备使用后失去或降低功效更换下来的废润滑油。

二、纳税人利用废矿物油生产的润滑油基础油、汽油、柴油等工业油料免征消费税,应同时符合下列条件:

(一)纳税人必须取得生态环境部门颁发的《危险废物(综合)经营许可证》,且该证件上核准生产经营范围应包括"利用"或"综合经营"字样。生产经营范围为"综合经营"的纳税人,还应同时提供颁发《危险废物(综合)经营许可证》的生态环境部门出具的能证明其生产经营范围包括"利用"的材料。

纳税人在申请办理免征消费税备案时,应同时提交污染物排放地生态环境部门确定的该纳税人应予执行的污染物排放标准,以及污染物排放地生态环境部门在此前6个月以内出具的该纳税人的污染物排放符合上述标准的证明材料。

纳税人回收的废矿物油应具备能显示其名称、特性、数量、接受日期等项目的《危险废物转移联单》。

(二)生产原料中废矿物油重量必须占到90%以上。产成品中必须包括润滑油基础油,且每吨废矿物油生产的润滑油基础油应不少于0.65吨。

(三)利用废矿物油生产的产品与利用其他原料生产的产品应分别核算。

三、符合本公告第二条规定的纳税人销售免税油品时,应在增值税专用发票上注明产品名称,并在产品名称后加注"(废矿物油)"。

四、符合本公告第二条规定的纳税人利用废矿物油生产的润滑油基础油连续加工生产润滑油,或纳税人(包括符合本公告第二条规定的纳税人及其他纳税人)外购利用废矿物油生产的润滑油基础油加工生产润滑油,在申报润滑油消费税额时按当期销售的润滑油数量扣减其耗用的符合本公告规定的润滑油基础油数量的余额计算缴纳消费税。

五、对未达到相应的污染物排放标准或被取消《危险废物(综合)经营许可证》的纳税人，自发生违规排放行为之日或《危险废物（综合）经营许可证》被取消之日起，取消其享受本公告规定的免征消费税政策的资格，且三年内不得再次申请。纳税人自发生违规排放行为之日起已申请并办理免税的，应予追缴。

六、各级税务机关应采取严密措施，对享受本公告规定的免征消费税政策的纳税人加强动态监管。凡经核实纳税人弄虚作假骗取享受本公告规定的免征消费税政策的，税务机关追缴其此前骗取的免税税款，并自纳税人发生上述违法违规行为年度起，取消其享受本公告规定的免征消费税政策的资格，且纳税人三年内不得再次申请。

发生违规排放行为之日，是指已由污染物排放地生态环境部门查证确认的、纳税人发生未达到应予执行的污染物排放标准行为的当日。

七、本公告执行至 2027 年 12 月 31 日。

3

车辆购置税

1－3－1

中华人民共和国车辆购置税法

2018年12月29日第十三届全国人民代表大会常务委员会
第七次会议通过　同日中华人民共和国主席令第19号公布

第一条　在中华人民共和国境内购置汽车、有轨电车、汽车挂车、排气量超过一百五十毫升的摩托车（以下统称应税车辆）的单位和个人，为车辆购置税的纳税人，应当依照本法规定缴纳车辆购置税。

第二条　本法所称购置，是指以购买、进口、自产、受赠、获奖或者其他方式取得并自用应税车辆的行为。

第三条　车辆购置税实行一次性征收。购置已征车辆购置税的车辆，不再征收车辆购置税。

第四条　车辆购置税的税率为百分之十。

第五条　车辆购置税的应纳税额按照应税车辆的计税价格乘以税率计算。

第六条　应税车辆的计税价格，按照下列规定确定：

（一）纳税人购买自用应税车辆的计税价格，为纳税人实际支付给销售者的全部价款，不包括增值税税款；

（二）纳税人进口自用应税车辆的计税价格，为关税完税价格加上关税和消费税；

（三）纳税人自产自用应税车辆的计税价格，按照纳税人生产的同类应税车辆的销售价格确定，不包括增值税税款；

（四）纳税人以受赠、获奖或者其他方式取得自用应税车辆的计税价格，按照购置应税车辆时相关凭证载明的价格确定，不包括增值税税款。

第七条　纳税人申报的应税车辆计税价格明显偏低，又无正当理由的，由税务机关依照《中华人民共和国税收征收管理法》的规定核定其应纳税额。

第八条　纳税人以外汇结算应税车辆价款的，按照申报纳税之日的人民币汇率中间价折合成人民币计算缴纳税款。

第九条　下列车辆免征车辆购置税：

（一）依照法律规定应当予以免税的外国驻华使馆、领事馆和国际组织驻华机构及其有关人员自用的车辆；

（二）中国人民解放军和中国人民武装警察部队列入装备订货计划的车辆；

（三）悬挂应急救援专用号牌的国家综合性消防救援车辆；

（四）设有固定装置的非运输专用作业车辆；

（五）城市公交企业购置的公共汽电车辆。

根据国民经济和社会发展的需要，国务院可以规定减征或者其他免征车辆购置税的情形，报全国人民代表大会常务委员会备案。

第十条　车辆购置税由税务机关负责征收。

第十一条 纳税人购置应税车辆,应当向车辆登记地的主管税务机关申报缴纳车辆购置税;购置不需要办理车辆登记的应税车辆的,应当向纳税人所在地的主管税务机关申报缴纳车辆购置税。

第十二条 车辆购置税的纳税义务发生时间为纳税人购置应税车辆的当日。纳税人应当自纳税义务发生之日起六十日内申报缴纳车辆购置税。

第十三条 纳税人应当在向公安机关交通管理部门办理车辆注册登记前,缴纳车辆购置税。

公安机关交通管理部门办理车辆注册登记,应当根据税务机关提供的应税车辆完税或者免税电子信息对纳税人申请登记的车辆信息进行核对,核对无误后依法办理车辆注册登记。

第十四条 免税、减税车辆因转让、改变用途等原因不再属于免税、减税范围的,纳税人应当在办理车辆转移登记或者变更登记前缴纳车辆购置税。计税价格以免税、减税车辆初次办理纳税申报时确定的计税价格为基准,每满一年扣减百分之十。

第十五条 纳税人将已征车辆购置税的车辆退回车辆生产企业或者销售企业的,可以向主管税务机关申请退还车辆购置税。退税额以已缴税款为基准,自缴纳税款之日至申请退税之日,每满一年扣减百分之十。

第十六条 税务机关和公安、商务、海关、工业和信息化等部门应当建立应税车辆信息共享和工作配合机制,及时交换应税车辆和纳税信息资料。

第十七条 车辆购置税的征收管理,依照本法和《中华人民共和国税收征收管理法》的规定执行。

第十八条 纳税人、税务机关及其工作人员违反本法规定的,依照《中华人民共和国税收征收管理法》和有关法律法规的规定追究法律责任。

第十九条 本法自2019年7月1日起施行。2000年10月22日国务院公布的《中华人民共和国车辆购置税暂行条例》同时废止。

1-3-2

财政部　税务总局关于车辆购置税有关具体政策的公告

2019年5月23日　财政部　税务总局公告2019年第71号

为贯彻落实《中华人民共和国车辆购置税法》,现就车辆购置税有关具体政策公告如下:

一、地铁、轻轨等城市轨道交通车辆,装载机、平地机、挖掘机、推土机等轮式专用机械车,以及起重机(吊车)、叉车、电动摩托车,不属于应税车辆。

二、纳税人购买自用应税车辆实际支付给销售者的全部价款,依据纳税人购买应税车辆时相关凭证载明的价格确定,不包括增值税税款。

三、纳税人进口自用应税车辆，是指纳税人直接从境外进口或者委托代理进口自用的应税车辆，不包括在境内购买的进口车辆。

四、纳税人自产自用应税车辆的计税价格，按照同类应税车辆（即车辆配置序列号相同的车辆）的销售价格确定，不包括增值税税款；没有同类应税车辆销售价格的，按照组成计税价格确定。组成计税价格计算公式如下：

组成计税价格 = 成本 ×（1 + 成本利润率）

属于应征消费税的应税车辆，其组成计税价格中应加计消费税税额。

上述公式中的成本利润率，由国家税务总局各省、自治区、直辖市和计划单列市税务局确定。

五、城市公交企业购置的公共汽电车辆免征车辆购置税中的城市公交企业，是指由县级以上（含县级）人民政府交通运输主管部门认定的，依法取得城市公交经营资格，为公众提供公交出行服务，并纳入《城市公共交通管理部门与城市公交企业名录》的企业；公共汽电车辆是指按规定的线路、站点票价营运，用于公共交通服务，为运输乘客设计和制造的车辆，包括公共汽车、无轨电车和有轨电车。

六、车辆购置税的纳税义务发生时间以纳税人购置应税车辆所取得的车辆相关凭证上注明的时间为准。

七、已经办理免税、减税手续的车辆因转让、改变用途等原因不再属于免税、减税范围的，纳税人、纳税义务发生时间、应纳税额按以下规定执行：

（一）发生转让行为的，受让人为车辆购置税纳税人；未发生转让行为的，车辆所有人为车辆购置税纳税人。

（二）纳税义务发生时间为车辆转让或者用途改变等情形发生之日。

（三）应纳税额计算公式如下：

应纳税额 = 初次办理纳税申报时确定的计税价格 ×（1 − 使用年限 ×10%）×10% − 已纳税额

应纳税额不得为负数。

使用年限的计算方法是，自纳税人初次办理纳税申报之日起，至不再属于免税、减税范围的情形发生之日止。使用年限取整计算，不满一年的不计算在内。

八、已征车辆购置税的车辆退回车辆生产或销售企业，纳税人申请退还车辆购置税的，应退税额计算公式如下：

应退税额 = 已纳税额 ×（1 − 使用年限 ×10%）

应退税额不得为负数。

使用年限的计算方法是，自纳税人缴纳税款之日起，至申请退税之日止。

九、本公告自 2019 年 7 月 1 日起施行。

1－3－3

财政部　税务总局关于继续执行的车辆购置税优惠政策的公告

2019年6月28日　财政部　税务总局公告2019年第75号

为贯彻落实《中华人民共和国车辆购置税法》,现将继续执行的车辆购置税优惠政策公告如下：

1. 回国服务的在外留学人员用现汇购买1辆个人自用国产小汽车和长期来华定居专家进口1辆自用小汽车免征车辆购置税。防汛部门和森林消防部门用于指挥、检查、调度、报汛(警)、联络的由指定厂家生产的设有固定装置的指定型号的车辆免征车辆购置税。具体操作按照《财政部　国家税务总局关于防汛专用等车辆免征车辆购置税的通知》(财税〔2001〕39号)有关规定执行。

2. 自2018年1月1日至2020年12月31日,对购置新能源汽车免征车辆购置税。具体操作按照《财政部　税务总局　工业和信息化部　科技部关于免征新能源汽车车辆购置税的公告》(财政部　税务总局　工业和信息化部　科技部公告2017年第172号)有关规定执行。

3. 自2018年7月1日至2021年6月30日,对购置挂车减半征收车辆购置税。具体操作按照《财政部　税务总局　工业和信息化部关于对挂车减征车辆购置税的公告》(财政部　税务总局　工业和信息化部公告2018年第69号)有关规定执行。

4. 中国妇女发展基金会"母亲健康快车"项目的流动医疗车免征车辆购置税。

5. 北京2022年冬奥会和冬残奥会组织委员会新购置车辆免征车辆购置税。

6. 原公安现役部队和原武警黄金、森林、水电部队改制后换发地方机动车牌证的车辆(公安消防、武警森林部队执行灭火救援任务的车辆除外),一次性免征车辆购置税。

本公告自2019年7月1日起施行。

※　※　※　※

1－3－4

国家税务总局关于发放车辆购置税完税证明的紧急通知

2000年9月28日　国税函〔2000〕757号

为了确保车辆购置税如期开征,车辆购置税完税证明(以下简称"车购税证明")由国家税务总局统一制发。现就发放和领用的有关问题通知如下：

一、车购税证明是依法缴纳车辆购置税的车辆，凭完税证或缴款书开具的具有公示力的法定凭证，每车一证，随车携带，以备检查。

二、车购税证明共分汽车、摩托车、挂车、农用车、电车和免税车六种，分别适用于购置不同车种的单位和个人。

三、车购税证明由国家税务总局确定的防伪印制单位通过专车发运或机要运输方式，直接发往各省、自治区、直辖市和计划单列市国家税务局，因时间紧迫又逢国庆假日，各单位务必指定专人值班，负责验收、分类登记数量以及起止号码，并出具收据。发现车购税证明有任何质量问题，均应及时上报。

四、各单位验收合格的车购税证明立即存入票证仓库，专箱存放，标签注明车购税证明种类和存量，并确保安全。

五、车购税证明由各省、自治区、直辖市和计划单列市国家税务局逐级下发至市、县国家税务局，车辆购置税各征收单位所需车购税证明直接向市、县国家税务局领取。

六、车购税证明的具体领用、开具、保管、销毁以及收发交接、账簿设置、报表编制、使用检查等，暂由省、自治区、直辖市和计划单列市国家税务局参照《税收票证管理办法》的有关规定执行。

1 -3 -5

财政部　国家计委　交通部　国家税务总局关于开征车辆购置税取代车辆购置附加费等有关问题的通知

2000 年 12 月 20 日　财综〔2000〕10 号

根据《国务院批转财政部、国家计委等部门〈交通和车辆税费改革实施方案〉的通知》（国发〔2000〕34 号）和《中华人民共和国车辆购置税暂行条例》（国务院令第 294 号）的规定，从 2001 年 1 月 1 日起开征车辆购置税取代车辆购置附加费。现就有关事项通知如下：

一、自开征车辆购置税之日起，车辆购置附加费同时停止征收，除国家税务总局、交通部另有规定外，过去有关车辆购置附加费的文件规定同时废止。

二、开征车辆购置税后，有关部门、单位或个人欠缴、漏缴的车辆购置附加费，由车辆购置税征收机构继续做好清缴工作，清缴收入按规定上缴中央国库。

三、为确保交通和车辆税费改革的顺利进行，切实减轻车主负担，促进汽车工业发展，自开征车辆购置税之日起，各地区、各部门不得在购车环节对机动车辆征收任何费用。一些地方或部门目前已在购车环节对机动车辆征收的各种费用，包括车辆增容费、新增车辆附加费等，一律要在 2001 年 1 月 1 日前公布取消或停止执行，并将公布取消或停止执行有关收费的情况于 2001 年 1 月 31 日前报财政部、国家计委、交通部、国家税务总局。

对不按本通知规定执行，继续乱收费的，一经查实，即予公开曝光，并按照《违反行政事业性收费和罚没收入收支两条线管理规定行政处分暂行规定》（国务院令第 281 号）的规定,追究有关负责人和直接责任人的责任。同时,将其非法所得没收上缴中央国库。公民、法人和其他社会组织有权拒交在购车环节对机动车辆征收的各种费用,有权举报乱收费行为,有权要求对乱收费造成的损失获得赔偿。

1-3-6

财政部 国家税务总局关于防汛专用等车辆免征车辆购置税的通知

2001年3月16日 财税〔2001〕39号

经国务院批准,对下列车辆免征车辆购置税:

一、防汛部门和森林消防部门用于指挥、检查、调度、报汛(警)、联络的由指定厂家生产的设有固定装置的指定型号的车辆(以下简称防汛专用车和森林消防专用车);

二、回国服务的在外留学人员用现汇购买1辆个人自用国产小汽车;

三、长期来华定居专家进口1辆自用小汽车。

防汛专用车和森林消防专用车的型号和配置数量、流向,每年由财政部和国家税务总局共同下达。车辆注册登记地车辆购置税征收部门据此办理免征车辆购置税手续。

本通知自发文之日起执行。

1-3-7

国家税务总局关于车辆购置税有关问题的通知

2002年9月11日 国税发〔2002〕118号

各省、自治区、直辖市和计划单列市国家税务局,交通厅(局、委),天津、上海市市政工程局:

根据《中华人民共和国车辆购置税暂行条例》(以下简称条例)的规定,现将车辆购置税(以下简称车购税)实施中出现的一些问题明确如下:

一、已经缴纳车购税的车辆,因质量问题需将该车辆退回车辆生产厂家的,可凭生产厂家的退车证明办理退税;退税时必须交回该车车购税原始完税凭证;不能交回该车原始完税凭证的,不予退税。

二、已经缴纳车购税的车辆,因质量问题需由车辆生产厂家为车主更换车辆的,可凭生产厂家的换车证明及所更换的新车发票办理车购税变更手续,并交回原车车购税原始完税凭证,不能交回原始完税凭证的,不予办理车购税变更手续。

更换新车后,当新车辆的计税价格等于原车辆的计税价格的,则只需办理车购税变更手续;当新车辆的计税价格高于或者低于原车辆计税价格的,则按差额补税或者退税后办理变更手续。

三、已经缴纳车购税的车辆因被盗抢或者其他原因，车辆的发动机号、底盘号或车辆识别号被涂改、破坏的，凭该车车购税原始完税凭证、公安机关车辆管理机构的相关证明，办理车购税变更手续。

四、非贸易渠道进口的旧车，车购税计税价格按下列公式确定：

计税价格＝关税完税价格＋关税＋消费税

关税完税价格、关税和消费税的相关资料，可以凭海关相关的完税证明取得。

五、对于动力装置和拖斗连接成整体、且以该整体进行车辆登记注册的各种变形拖拉机等农用车辆，按照“农用运输车”征收车购税；动力装置和拖斗不是连接成整体、且动力装置和拖斗是分别进行车辆登记注册的，只对拖斗部分按“挂车”征收车购税，动力部分不征税。

六、回国留学生购买国产小汽车，凭下列证明文件办理免征车购税手续：

（一）中华人民共和国驻留学生学习所在国的大使馆、领事馆出具的留学证明；

（二）国内用人单位的聘用证明；

（三）国内公安部门出具的境内居住证明、有效的入境申报单证；

（四）主管征收机关需要提供的其他证明。

七、国家税务总局、交通部《关于车辆购置税若干政策及管理问题的通知》（国税发〔2001〕27 号），第一条第三项因文字校对有误，导致基层理解出现歧义，现更正为：“对已经缴纳车辆购置税并办理了登记注册手续的车辆，其发动机和底盘发生更换的，其最低计税价格按同类型新车最低计税价格的 70% 计算。”

注释：

条款废止或失效。第五条关于“变形拖拉机”征税的有关规定有效，其他条款自 2015 年 2 月 1 日起废止或失效。参见：《国家税务总局关于车辆购置税征收管理有关问题的公告》（国家税务总局公告 2015 年第 4 号）。

1－3－8

国家税务总局关于军队移交的保障性企业免征车辆购置税的通知

2002 年 11 月 12 日　国税函〔2002〕963 号

根据《全国军队保障性企业交接工作部门联席会议办公室、公安部、交通部、国家税务总局、总后勤部关于做好军队移交的保障性企业使用军车号牌车辆改挂地方车辆号牌工作的通知》（国联席办〔2001〕6 号，以下简称《通知》）的有关规定，现将《军队移交的保障性企业使用军车号牌车辆改挂地方车辆号牌汇总表》（以下简称《汇总表》）转发你们。同时，就办理军队移交的保障性企业车辆免征车辆购置税的问题一并明确如下：

一、对列入《汇总表》的车辆，请按照《通知》的规定审查，对不符合《通知》规定的车辆，一律不得办理免税手续；对未列入《汇总表》的车辆，也不得办理免税手续。

二、经审核符合免税条件的车辆,凭填写、盖章完毕的《军队移交的保障性企业使用军车号牌车辆改挂地方车辆号牌审批表》(以下简称《审批表》)办理免征车辆购置税的手续。对《审批表》内容不全或《审批表》与《汇总表》内容不符的车辆,不予办理免征车辆购置税的手续。

三、军车号牌改挂地方车辆号牌的车辆必须在其落籍地办理免征或者缴纳车辆购置税的手续。

1-3-9

国家税务总局关于北京市“母亲健康快车”免征车辆购置税的通知

2003年7月7日　国税函〔2003〕809号

北京市国家税务局:

根据《中华人民共和国车辆购置税暂行条例》第九条的规定,对中国妇女发展基金会申请的7辆设有固定装置的“母亲健康快车”(车型为金杯 SY5031XJH-AC-ME)免征车辆购置税,免税指标的使用最后期限为2003年12月31日,过期作废。

上述车辆如转让或者改变用途,则不再属于免税范围,应按照《中华人民共和国车辆购置税暂行条例》第十五条的规定补缴车辆购置税。

附件:“母亲健康快车”项目实施单位(编者略)

1-3-10

国家税务总局关于车辆购置税机构设置及有关问题的通知

2005年7月29日　国税函〔2005〕756号

各省、自治区、直辖市和计划单列市国家税务局:

根据党中央、国务院关于税费改革的决策部署,2005年1月1日起,车辆购置税(以下简称车购税)正式由国家税务局征收。为保证车购税征管工作正常运转,现将过渡期内车购税机构设置及有关问题通知如下:

一、设置原则

在国家税务总局《关于进一步规范国家税务局系统机构设置明确职责分工的意见》(国税发〔2004〕125号)指导下,按照精简效能、统一规范和方便纳税、便于征管的原则设置车购税征收管理机构。

二、设置模式

(一)省、自治区(以下简称省)国家税务局不再设置独立的车购税管理机构。原由省车购办负责管理的车购税政策、收入计划、征收、票证、人事、经费等业务分别归省国家税务局各相关处室负责管理。原省车购办的人员原则上划转到省会城市国税局车购税征收机构工作;根据工作需要,亦可划转2~3人到省国家税务局工作。

(二)直辖市、副省级市和市、地区、自治州、盟(以下简称市)国家税务局在过渡期内,结合本市原已形成的机构设置布局,可采取以下几种形式:

1. 市、城市的区原有车购税征收机构及独立场所,可以暂时保留,名称规范为"××市国家税务局办税服务厅(车辆购置税)"或"××市××区国家税务局办税服务厅(车辆购置税)",其级别与所属国家税务局内设机构级别一致。

2. 设置在汽车专业市场的车购税征收窗口,可作为所属市或城市的区国家税务局办税服务厅的征收窗口延伸,其隶属关系由市国家税务局予以明确。

3. 直辖市、副省级市和省会城市原有车购税管理机构同时管辖多个车购税征收场所的,该机构在过渡期内可暂时保留,名称规范为"××市国家税务局车辆购置税征收管理办公室",级别与所属国家税务局内设机构一致,负责车辆购置税的日常征收工作。其管辖的车购税征收场所的隶属关系由市国家税务局予以明确。

(三)县国家税务局不再设置独立的车购税征收机构,车购税征收工作由当地国家税务局办税服务厅负责。

三、工作要求

(一)各省、自治区、直辖市国家税务局应于2005年8月31日前将省内各级车购税机构设置情况报总局人事司备案。

(二)保留车辆购置税征收管理办公室的,应于2005年8月31日前报总局审批。省以下国家税务局根据本地区实际情况如需作调整的,要根据国税发〔2004〕125号文件规定,按照管理权限履行报批手续。

(三)随着国税系统征管软件的逐步更新、征管手段的逐步完善和征管能力的逐步加强,各级国家税务局应积极创造条件,将车购税征收管理工作的各项职能纳入现有税收征管体系之中。

1-3-11

国家税务总局关于印发《车辆购置税征管软件及"一条龙"清分比对系统操作规程》的通知

2005年8月3日 国税函〔2005〕768号

各省、自治区、直辖市和计划单列市国家税务局、地方税务局:

现将《车辆购置税征管软件及"一条龙"清分比对系统操作规程》印发给你们,请遵照执行。

车辆购置税征管软件及“一条龙”清分比对系统操作规程

为了加强对机动车辆各环节税收的管理，增强各部门、各环节之间协调配合，实现车辆涉税信息共享，总局决定，对机动车辆有关税收采取“一条龙”管理办法，即通过“以票控税、协同管理”，堵塞税收流失的漏洞，提高机动车辆各环节税种的征收效率。

目前，现有的信息管理系统尚不能完全满足车辆税收“一条龙”管理需要，根据实际工作需要，总局对已有的涉及车辆税收“一条龙”管理软件进行了修改完善，结合人工采集、软件清分和利用软盘、网络传递信息等方式，实施车辆税收“一条龙”管理。相关操作规程如下：

一、异常发票采集、传递、清分相关操作规程

（一）异常发票信息采集

车辆购置税管理岗位人员，应对已经办理了车辆购置税纳税申报，但发票的购车价格低于最低计税价格的异常发票信息进行采集生成《车辆购置税发票价格异常清单》电子信息。

（二）异常发票信息清分及传递

在每月3日前，各地车辆购置税征收单位通过数据导出工具导出上月异常发票电子信息，通过软盘或网络传递给所属国家税务局技术部门。

在每月5日前，直辖市和计划单列市国家税务局所属的区县国家税务局技术部门向直辖市和计划单列市国家税务局技术部门传递。

在每月5日前，省、自治区国家税务局所属的县（区）国家税务局技术部门向地市国家税务局技术部门传递；每月7日前，地市国家税务局技术部门通过异常发票清分工具对汇总后的异常发票进行清分以后，将异地异常发票信息传递至省局FTP服务器技术部门目录下。

每月10日前，省级（自治区、直辖市、计划单列市）国家税务局技术部门对全省异常发票信息进行清分后，放在省局FTP服务器规定下载目录下，供各地市读取。同时将异地异常发票信息传递至总局FTP服务器技术部门目录下。

每月15日前，总局信息中心将各省级单位上传异常发票信息清分后，放在总局FTP服务器规定下载目录下，供各省级单位技术部门和管理部门读取。

（三）异常发票信息查询统计

每月20日前，各级税源管理部门根据由FTP服务器下载的异常发票信息，查询统计异常发票相关信息。

（四）相关工作

各省、自治区、直辖市及计划单列市国家税务局技术部门负责搭建和维护“机动车辆税收管理信息FTP服务器”，供辖区内地市级国家税务局上传异常发票信息。

地市级国家税务局税源管理部门将上述各次清分获得的异常发票信息统一下发给各区县国家税务局。

二、车辆识别代码采集、清分、比对相关操作规程

（一）车辆识别代码采集

机动车辆生产企业所在地主管税务机关在受理纳税申报时负责接收生产企业报送的

《车辆识别代码清单》电子信息，并加以保存。

车辆购置税征收单位按月采集生成《车辆购置税车辆识别代码清单》。

（二）车购税代码信息传递

在每月3日前，各地车辆购置税征收单位通过数据导出工具导出上月《车辆购置税车辆识别代码清单》电子信息，通过软盘或网络传递给所属国家税务局技术部门。

在每月5日前，直辖市和计划单列市国家税务局所属的区县国家税务局技术部门向直辖市和计划单列市国家税务局技术部门传递。

在每月5日前，省、自治区国家税务局所属的县（区）国家税务局技术部门向地市国家税务局技术部门传递；每月7日前，地市国家税务局技术部门将汇总信息传递至省局FTP服务器技术部门目录下。

每月10日前，省级（自治区、直辖市、计划单列市）国家税务局技术部门对全省车购税代码电子信息进行清分后，放在省局FTP服务器规定下载目录下，供各地市技术部门和管理部门读取。同时将异地车购税代码电子信息传递至总局FTP服务器技术部门目录下。

每月15日前，总局信息中心将各省级单位上传车购税代码电子信息清分后，放在总局FTP服务器规定下载目录下，供各省级单位技术部门和管理部门读取。

（三）车购税代码信息比对及查询

每月20日前，机动车辆生产企业所在地主管税务机关的税源管理部门定期将生产企业报送的《车辆识别代码清单》中的车辆识别代码与上级税务机关下发的《车辆购置税车辆识别代码清单》中的车辆识别代码进行比对。

三、部门信息交换

（一）直辖市、计划单列市和地市级国家税务局技术部门按照与公安车辆管理部门商定的方式获取车辆入籍信息。将获取的信息传递给各辖区内车辆购置税征收单位，以供查询比对已登记注册但未缴纳车辆购置税的机动车辆信息。

（二）直辖市、计划单列市和地市级国家税务局车辆购置税征收单位，可利用纳税人基础信息数据导出工具，定期从车辆购置税征收档案库和公安车管机构交换的车辆入籍信息导出购车纳税人基础信息，编制《纳税人和车辆基础信息表》，通过网络、软盘介质等形式传递给同级地方税务局。直辖市、计划单列市和地市级地方税务局，将上述数据下发给区县级地方税务局。

总局正在抓紧开发和完善车辆购置税管理系统，新的管理系统将基于省级数据集中模式运行，投入使用后，相应操作规程将另文下发。

上述相关软件及具体操作步骤参见总局技术支持网站（130.9.1.248）。

各地每月15日前，登陆总局FTP服务器下载异常发票和车辆识别代码的具体方法，总局将另文通知。

1-3-12

国家税务总局　外交部关于驻外使领馆工作人员离任回国进境自用车辆缴纳车辆购置税有关问题的通知

2005年11月9日　国税发〔2005〕180号

各省、自治区、直辖市和计划单列市国家税务局,扬州税务进修学院,各驻外使领馆、团、处:

经国务院批准,自2005年2月1日起,我驻外使领馆工作人员离任回国入境携带的进口自用车辆(以下简称馆员进口自用车辆),免征关税。现对馆员进口自用车辆申报缴纳车辆购置税计税依据如何确定问题通知如下:

一、馆员进口自用车辆在申报缴纳车辆购置税时,主管税务机关应按照海关《专用缴款书》核定的车辆完税价格,确定车辆购置税计税依据。

二、馆员是指我驻外使领馆享受常驻人员待遇的工作人员,不包括驻港澳地区内派机构的工作人员和其他我驻境外机构的工作人员。

三、馆员在办理车辆购置税纳税申报时,除按照法律、法规、规章及规范性文件规定提供相关资料外,还应提供以下资料:

(一)我驻外使领馆出具的《驻外使领馆人员身份证明》第三联(见附件)原件;

(二)本人有效护照的原件和复印件。

四、主管税务机关对纳税申报资料审核无误后,将《驻外使领馆人员身份证明》第三联原件、护照复印件以及文件规定的其他资料一并留存,并为纳税人办理纳税申报事宜。

五、馆员进口自用车辆如发生过户或转籍行为,主管税务机关不再就关税差价补征车辆购置税。

六、国家税务总局每年初定期将上年度馆员名单在总局服务器FTP://CENTRE/流转税司/消费税处/车购税/驻外使领馆回国人员名单上公布,请各省、区、市国家税务局及时将本地区人员名单下载,作为事后检查的核对资料。

七、本通知自2005年2月1日起执行。

附件:驻外使领馆人员身份证明(编者略)

注释:

条款修改。根据《第十三届全国人民代表大会第一次会议关于国务院机构改革方案的决定》等有关规定,税收规范性文件规定的国税地税机关的职责和工作由新的税务机关承担。国家税务总局依据《税收规范性文件制定管理办法》(国家税务总局令第41号公布),对税收规范性文件进行了清理。参见:《国家税务总局关于修改部分税收规范性文件的公告》(国家税务总局公告2018年第31号)。

1 -3 -13

交通部　国家税务总局关于密切配合加强车辆购置税征管工作的通知

2006年5月15日　交财发〔2006〕216号

各省、自治区、直辖市、计划单列市交通厅(局、委)、国家税务局,天津、上海市政工程管理局:

加快农村公路建设,改善农村基础设施是建设社会主义新农村的重要内容。加强车辆购置税(以下简称车购税)征收管理工作,对应税车辆努力做到应征尽征,争取使车购税收入有新的增长,是加大对农村公路建设资金投入的有效措施。现就各级交通主管部门与国税部门密切配合,齐心协力加强车购税征管工作有关事宜通知如下:

一、提高认识,加强领导。各级交通主管部门和国税部门要充分认识到加强车购税征管工作,对加大农村公路建设投入,促进社会主义新农村建设的重要意义。交通主管部门要从大局出发,提高认识,积极配合国税部门做好车购税征管工作。交通、国税部门要将互相配合、做好车购税征管工作纳入议事日程,加强领导,并按照本通知要求将该项工作落到实处。

二、密切配合,信息共享。各级交通主管部门与国税部门要密切配合,实现应缴车购税和交通规费车辆信息共享。交通和国税部门应将交通征稽机构建立的车辆档案数据库和国税部门掌握的纳税车辆档案及车购税收入情况等信息数据定期交换;通过信息共享与数据核对,由国税部门会同交通部门建立完整的应缴未缴纳车购税车辆名单。对纳入该名单的车辆,国税部门可通过短信、信函等方式进行逐辆催缴和追缴,并将催缴、追缴未缴税车辆信息通报交通部门;交通征稽机构在实施交通规费征收或办理有关征稽业务时,应积极配合做好催缴和追缴工作。对于超过规定期限仍然不按规定缴税的车主,税务机关除了要通过新闻媒体向社会公布曝光外,还要严格依照《中华人民共和国税收征收管理法》及其实施细则的有关规定加收滞纳金,并处罚款,必要时可通知公安车辆管理机构暂扣纳税人的车辆牌照。

三、齐心协力,加强稽查。各级交通主管部门进行交通规费上路稽查和治超站点稽查时,对发现的未缴纳车购税的车辆,应及时向国税部门通报;国税部门在接到交通部门的通报后,应按照规定对未缴税车辆进行处理,并将处理结果通报交通部门。有条件的地方,国税部门也可派人会同交通部门组成联合稽查组,稽查未缴税车辆。

各地国税、交通部门在执行本通知过程中有何经验和意见,请及时报告国家税务总局和交通部。

1－3－14

国家税务总局　财政部　中国人民银行关于征收车辆购置税有关问题的通知

2007年2月12日　国税发〔2007〕16号

各省、自治区、直辖市和计划单列市国家税务局、财政厅(局),中国人民银行上海总部,各分行、营业管理部、省会(首府)城市中心支行,大连、青岛、宁波、厦门、深圳市中心支行:

现将新版车辆购置税征收管理系统推行过程中税票开具、税款退库的有关问题明确如下:

一、关于实行财政直接支付方式划缴车购税税票开具的问题

购车单位因实行财政直接支付,通过财政零余额账户划缴车购税,出现税收缴款书中购买车辆的实际纳税人名称与缴款账户名称不一致的,可在《税收通用缴款书》缴款单位(人)代码栏填写实际纳税人的纳税人识别号(纳税人识别号按"区域码＋国家技术监督部门设定的组织机构代码"填写),在缴款单位(人)全称栏按"财政零余额账户全称"和"(纳税人全称)"填写,在开户银行、账号栏分别填写财政零余额账户的开户银行、账号。

二、关于税款退库的问题

税务机关办理车购税退库业务时,应按规定开具《税收收入退还书》送国库办理退税。通过财政零余额账户缴税的,将税款退至财政零余额账户;纳税人从其开户银行账户转账缴税的,将税款退至纳税人缴税的开户银行账户;个人现金退税,按照《国家税务总局、中国人民银行、财政部关于现金退税问题的紧急通知》(国税发〔2004〕47号)有关规定执行。

各地税务机关、财政部门、人民银行国库、商业银行在车购税征收缴库工作过程中,要加强配合,提高效率,确保车购税及时、安全入库。

1－3－15

国家税务总局关于印发《设有固定装置免税车辆图册(2007年第一册、总第八册)》的通知

2007年4月26日　国税函〔2007〕448号

各省、自治区、直辖市和计划单列市国家税务局:

为落实《车辆购置税征收管理办法》(国家税务总局令第15号),国家税务总局印制了《设有固定装置免税车辆图册(2007年第一册、总第八册)》(见附件),现印发给你们,作为

各地税务机关办理设有固定装置非运输车辆免税的依据，自2006年7月1日起执行。

附件：设有固定装置免税车辆图册（2007年第一册、总第八册）（编者略）

1－3－16

国家税务总局关于印发《设有固定装置免税车辆图册（2008年第三册、总第十四册）》的通知

2008年10月21日　国税函〔2008〕854号

各省、自治区、直辖市和计划单列市国家税务局：

为落实《车辆购置税征收管理办法》（国家税务总局令第15号），国家税务总局印制了《设有固定装置免税车辆图册（2008年第三册、总第十四册）》（见附件），现印发给你们，作为各地税务机关办理设有固定装置非运输车辆免税的依据。

附件：设有固定装置免税车辆图册（2008年第三册、总第十四册）（编者略）

1－3－17

国家税务总局关于印发《设有固定装置免税车辆图册（2009年第一册、总第十六册）》的通知

2009年3月20日　国税函〔2009〕140号

各省、自治区、直辖市和计划单列市国家税务局：

为落实《车辆购置税征收管理办法》（国家税务总局令第15号），国家税务总局印制了《设有固定装置免税车辆图册（2009年第一册、总第十六册）》（见附件），现印发给你们，作为各地税务机关办理设有固定装置非运输车辆免税的依据。

附件：设有固定装置免税车辆图册（2009年第一册、总第十六册）（编者略）

1－3－18

财政部　国家税务总局关于2009年第一批森林消防专用指挥车和森林消防运兵车免征车辆购置税的通知

2009年6月22日　财税〔2009〕82号

河北、山西、内蒙古、辽宁、吉林、黑龙江、江苏、浙江、安徽、福建、江西、山东、河南、湖南、广东、深圳、广西、重庆、四川、云南、陕西、甘肃、宁夏、新疆、青海省(自治区、直辖市、计划单列市)财政厅(局)、国家税务局、新疆生产建设兵团财务局：

根据《财政部、国家税务总局关于防汛专用等车辆免征车辆购置税的通知》(财税〔2001〕39号)第一条规定,对国家林业局申请的2009年第一批350辆设有固定装置的森林消防专用指挥车和176辆森林消防运兵车免征车辆购置税(具体免税范围见附件)。免税指标的使用截止期限为2009年12月31日,过期失效。

购车单位在办理车辆购置税申报手续时,需向所在地主管税务机关提供车辆内观、外观彩色5寸照片1套、出示国家林业局森林防火办公室配发的“森林消防专用车证”和“森林消防车辆调拨分配通知单”。主管税务机关依据本通知所附的免税车辆指标、免税车辆型号以及车辆内观、外观彩色照片、“森林消防专用车证”、“森林消防车辆调拨分配通知单”(照片及证单式样从国家税务总局FTP服务器的“LOCAL/货物和劳务税司/车辆购置税处/森林消防专用指挥车免税图册”地址下载)为购车单位办理免税手续。

免税车辆因转让、改变用途等原因不再属于免税范围的,应按照《中华人民共和国车辆购置税暂行条例》第十五条的规定补缴车辆购置税。

附件:1. 2009年第一批森林消防专用指挥车免税指标分配表(编者略)

2. 2009年第一批森林消防运兵车免税指标分配表(编者略)

1－3－19

国家税务总局关于印发《设有固定装置免税车辆图册(2009年第二册、总第十七册)》的通知

2009年7月2日　国税函〔2009〕351号

各省、自治区、直辖市和计划单列市国家税务局：

为落实《车辆购置税征收管理办法》(国家税务总局令第15号),国家税务总局印制了《设有固定装置免税车辆图册(2009年第二册、总第十七册)》(见附件),现印发给你们,作

为各地税务机关办理设有固定装置非运输车辆免税的依据。

附件：设有固定装置免税车辆图册（2009 年第二册、总第十七册）（编者略）

1－3－20

国家税务总局　财政部　中国人民银行 关于车辆购置税征缴管理有关问题的通知

2009 年 8 月 28 日　国税发〔2009〕127 号

各省、自治区、直辖市和计划单列市国家税务局，财政部驻各省、自治区、直辖市、计划单列市财政监察专员办事处，西藏自治区财政厅，中国人民银行上海总部，各分行、营业管理部、省会（首府）城市中心支行，大连、青岛、宁波、厦门、深圳市中心支行：

根据《财政部办公厅关于车辆购置税征缴管理有关问题的复函》（财办库〔2007〕198 号）、《国家税务总局关于车辆购置税征缴有关问题的通知》（国税函〔2007〕787 号）有关规定，国税系统开立的车辆购置税专用账户于 2009 年 6 月 30 日到期。为进一步加强车辆购置税（以下简称车购税）征缴管理工作，规范银行账户管理，实现税款直接入库，现就车购税征缴管理有关问题通知如下：

一、关于车购税缴税方式

为方便纳税人，提高征缴效率，税务机关应向纳税人提供多元化缴税方式，包括银行卡刷卡缴税、转账缴税、现金缴税等，特别要大力推广应用 POS 机刷卡缴税，将车购税从纳税人银行卡账户直接划缴入库。已实施财税库银横向联网电子缴税的地区，要积极创造条件，逐步推广运用横向联网系统办理车购税缴库。

二、关于车购税缴税基本流程

（一）银行卡刷卡缴税基本流程

银行卡刷卡缴税包括采用商业银行布设 POS 机具刷卡缴税和采用银联子公司布设 POS 机具刷卡缴税两种模式。

对确定由商业银行布设 POS 机具的，刷卡缴税流程为：

1. 各市（包括直辖市、计划单列市、省会城市、地级市、县级市）或县人民银行分支机构和国税部门共同确定在车购税征收大厅布设 POS 机具的商业银行（即国库经收处，以下简称指定国库经收处）。

2. 指定国库经收处在“待结算财政款项”科目下开设“待报解车购税专户”，专门用于核算纳税人使用 POS 机刷卡方式缴纳车购税的收纳、报解，不得用于办理税款的退付。

3. 指定国库经收处在车购税征收大厅布设 POS 机具，其刷卡缴纳的车购税的收款账户名称和账号分别为“待报解车购税专户”的名称及账号。

4. 纳税人按照应纳税额在车购税征收大厅布设的 POS 机刷卡缴税，税务机关对相关信息审核无误后，为纳税人开具税收完税证（通用完税证或转账专用完税证，下同），作为完税证明。

5. 每日工作终了,税务机关将当日 POS 机收款总额与税收完税证的票面金额核对一致后,开具税收缴款书(通用缴款书或汇总专用缴款书,下同),于当日、最迟下一工作日上午交指定国库经收处办理就地缴库手续。

6. 指定国库经收处收到税收缴款书后,将税收缴款书金额与“待报解车购税专户”收款金额进行核对,经核对一致的,于当日、最迟下一工作日划缴国库。经核对不一致的,及时与税务机关沟通联系。

7. 国库收到缴款书和资金,办理入库手续后,向税务机关返回税款入库报表和缴款书回执。

8. 税务机关根据国库返回的税款入库报表和缴款书回执,在税务征管系统做税款入库销号。

对确定由银联子公司布设 POS 机具的,刷卡缴税流程为:

1. 国库在“国库待结算款项”科目下设置“待缴库车购税专户”,专门用于核算纳税人使用银联子公司 POS 机刷卡方式缴纳车购税的收纳、报解,不得用于办理税款的退付。

2. 银联子公司在车购税征收大厅布设 POS 机具,其刷卡缴纳的车购税的收款账户名称和账号分别为国库“待缴库车购税专户”的名称及账号。

3. 纳税人按照应纳税额在车购税征收大厅布设的 POS 机刷卡缴税,税务机关对相关信息审核无误后,为纳税人开具税收完税证,作为完税证明。

4. 每日工作终了,税务机关将当日 POS 机收款总额与税收完税证的票面金额核对一致后,开具税收缴款书,于当日、最迟下一工作日上午交国库办理入库手续。

5. 银联于纳税人刷卡缴税的下一工作日将资金直接划缴国库“待缴库车购税专户”。

6. 国库将税收缴款书与银联划来的资金核对一致后,办理入库手续。经核对不一致的,及时与税务机关、银联沟通联系。

7. 国库办理入库手续后,向税务机关返回税款入库报表和缴款书回执。

8. 税务机关根据国库返回的税款入库报表和缴款书回执,在税务征管系统做税款入库销号。

(二)转账缴税和现金缴税基本流程

1. 税务机关根据纳税人应纳税额逐笔开具税收通用缴款书。

2. 纳税人持税收通用缴款书到国库经收处办理缴款手续。

3. 国库经收处经对税收通用缴款书要素审核无误后,通过“待结算财政款项”科目下的“待报解预算收入专户”办理资金收纳手续,并于收纳当日、最迟下一工作日划缴国库。

4. 国库收到缴款书和资金后,办理入库手续,并向税务机关返回税款入库报表和缴款书回执。

5. 税务机关根据国库返回的税款入库报表和缴款书回执,在税务征管系统做税款入库销号。

三、关于撤并原车购税专用账户问题

(一)各级国税部门要结合推广应用 POS 机刷卡缴税工作,抓紧撤并原车购税专用账户。2009 年 7 月 1 日至 2010 年 3 月 31 日,每个市(包括直辖市、计划单列市、省会城市、地级市、县级市)或县可保留一个车购税专用账户,用于现金税款的收纳和缴库,其余车购税专用账户自 2009 年 7 月 1 日起给予六个月的过渡期,期满须即时办理销户手续。

(二)2010 年 4 月 1 日起,所有车购税专用账户一律撤销。对于纳税人采用现金缴纳税款的,原则上由纳税人持税务机关开具的税收通用缴款书到国库经收处自行办理就地缴库,特殊情况可由税务机关收纳后开具税收缴款书于当日、最迟下一工作日上午到国库经收处办理就地缴库。

四、工作要求

(一)财政部驻各省、自治区、直辖市、计划单列市财政监察专员办事处和西藏自治区财政厅,要加强对车购税专用账户使用的监督管理,做好专用账户延期的审批、备案管理工作,督促税务机关及时办理撤户手续。

(二)税务机关在车购税专用账户尚未撤销前,仍按现行规定在每月的 5 日、10 日、15 日、20 日、25 日和月末最后一天(遇法定节假日顺延),将车购税专用账户中的到账税款全额缴入国库。

(三)在车购税专用账户撤销时,税务机关要做好与开户银行的对账工作,务必保证税务与银行、账与证、账与账、账与表数字一致、准确无误;账户清空后,要做好结账、封账和销户工作。

(四)各地税务机关和人民银行分支机构要根据当地实际情况,共同确定 POS 机刷卡缴税方式,以确保纳税人顺利通过 POS 机刷卡方式缴纳车购税。税务机关要会同当地有关部门,抓紧组织做好 POS 机具布设、调试工作。

(五)各地税务机关应积极对 POS 机刷卡缴税方式进行宣传引导。车购税征缴方式进行调整前,税务机关要提前向社会公告,并实行至少一个月的公告期,同时做好有关宣传工作,尤其要注意对汽车销售点的宣传,以便让纳税人预知。

(六)各地人民银行分支机构应当按照有关规定,加强对国库经收处、银联及其子公司的业务指导和监督管理。

(七)税务机关、国库、布设 POS 机具的国库经收处(或银联)要认真做好对账工作,发现问题及时查明原因,并跟踪处理,确保税款及时安全入库。

(八)商业银行、银联子公司办理银行卡刷卡缴税业务的相关费用问题,由国家税务总局会同财政部、中国人民银行另行研究解决。

(九)各地税务、财政、人民银行、商业银行、银联等部门要加强沟通与协作,共同做好车购税征缴管理工作,并制定有关特殊情况的处理预案。执行中有何情况,请及时向国家税务总局(收入规划核算司)、财政部(国库司)、中国人民银行(国库局)报告。

1－3－21

财政部　国家税务总局关于2009年第二批森林消防专用指挥车和森林消防运兵车免征车辆购置税的通知

2009年12月22日　财税〔2009〕153号

内蒙古、辽宁、吉林、黑龙江、江苏、浙江、福建、江西、河南、湖南、广东、深圳、重庆、四川、贵州、云南、宁夏、新疆、陕西省（自治区、直辖市、计划单列市）财政厅（局）、国家税务局，新疆生产建设兵团财务局：

根据《财政部、国家税务总局关于防汛专用等车辆免征车辆购置税的通知》（财税〔2001〕39号）第一条的规定，对国家林业局申请的2009年第二批280辆设有固定装置的森林消防专用指挥车和210辆森林消防运兵车免征车辆购置税（具体免税范围见附件），免税指标的使用截止期限为2010年6月30日，过期失效。

购车单位在办理车辆购置税纳税申报手续时，需向所在地主管税务机关提供车辆内观、外观彩色5寸照片1套，出示国家林业局森林防火办公室配发的“森林消防专用车证”和“森林消防车辆调拨分配通知单”。主管税务机关依据本通知所附的免税车辆指标、免税车辆型号以及车辆内观、外观彩色照片、“森林消防专用车证”、“森林消防车辆调拨分配通知单”（照片及证单式样从国家税务总局FTP服务器的“LOCAL/货物和劳务税司/车辆购置税处/森林消防专用指挥车免税图册”地址下载）为购车单位办理免税手续。

免税车辆因转让、改变用途等原因不再属于免税范围的，应按照《中华人民共和国车辆购置税暂行条例》第十五条的规定补缴车辆购置税。

附件：1. 2009年第二批森林消防专用指挥车免税指标分配表（编者略）

2. 2009年第二批森林消防运兵车免税指标分配表（编者略）

1－3－22

财政部　国家税务总局关于2010年防汛专用车免征车辆购置税的通知

2010年6月15日　财税〔2010〕52号

国家防汛抗旱总指挥部，各省、自治区、直辖市、计划单列市（不含上海市）财政厅（局）、国家税务局，新疆生产建设兵团财务局：

根据《财政部、国家税务总局关于防汛专用等车辆免征车辆购置税的通知》（财税〔2001〕39号）第一条规定，对国家防汛抗旱总指挥部申请的2010年780辆防汛专用车免征车辆购置税(具体免税车辆指标详见附件),免税指标的使用截止期限为 2011 年 3 月 31 日,过期失效。

购车单位在办理车辆购置税纳税申报手续时,需向所在地主管税务机关提供车辆内观、外观彩色 5 寸照片 1 套,出示国家防汛抗旱总指挥部办公室随车配发的"防汛专用车证",主管税务机关依据本通知所附的免税车辆指标分配表及车辆内观、外观彩色照片、"防汛专用车证"(照片及证单式样从国家税务总局 FTP 服务器的"LOCAL/货物和劳务税司/车辆购置税处/国家防汛抗旱总指挥部防汛专用车免税图册"地址下载)为购车单位办理免税手续。

免税车辆因转让、改变用途等原因不再属于免税范围的,应按照《中华人民共和国车辆购置税暂行条例》第十五条的规定补缴车辆购置税。

附件:2010 年防汛专用车免征车辆购置税指标分配表(编者略)

1 -3 -23

财政部　国家税务总局关于 1.6 升及以下排量乘用车车辆购置税减征政策到期停止执行的通知

2010 年 12 月 27 日　财税〔2010〕127 号

各省、自治区、直辖市、计划单列市财政厅(局)、国家税务局,新疆生产建设兵团财务局:

经国务院批准,对 1.6 升及以下排量乘用车减按 7.5% 的税率征收车辆购置税的政策于 2010 年 12 月 31 日到期后停止执行,自 2011 年 1 月 1 日起,对 1.6 升及以下排量乘用车统一按 10% 的税率征收车辆购置税。

1 -3 -24

财政部　国家税务总局关于调整部分地区计划生育流动服务车免税车辆车型的通知

2010 年 12 月 31 日　财税〔2010〕123 号

河北、山西、辽宁、贵州、西藏、云南省(自治区)财政厅、国家税务局:

现对《财政部、国家税务总局关于免征计划生育流动服务车车辆购置税的通知》(财税〔2010〕78 号)附件"'十一五'计划生育流动服务车免税指标分配表"做相应调整,将流动服务车中车型为北汽陆霸 BJ5030XSY21 的车辆调整为北汽陆霸 BJ5030XSY23 和 BJ5030XSY24(见附件),其他车型不变。调整车型免税指标的使用截止期限延长至 2011 年

3月31日。

附件:计划生育流动服务车免税车辆车型调整表(编者略)

1-3-25

国家税务总局关于印发《设有固定装置免税车辆图册(2011年第二册、总第二十五册)》的通知

2011年7月25日　国税函〔2011〕398号

各省、自治区、直辖市和计划单列市国家税务局:

为落实《车辆购置税征收管理办法》(国家税务总局令第15号),税务总局印制了《设有固定装置免税车辆图册》。现将有关事项通知如下:

一、《设有固定装置免税车辆图册》(2011年第二册、总第二十五册)(见附件)已印制完毕,现下发给你们,作为税务机关办理设有固定装置非运输车辆免税的依据。

二、《设有固定装置免税车辆图册》电子数据(以下简称电子图册)将通过车辆购置税征管系统自动下发。各省、自治区、直辖市和计划单列市国家税务局应保证本局内网与税务总局正常连通,确保车辆购置税征管系统数据库服务器、MQ中间件正常运行,以便电子图册自动下发的正常完成。

三、为了防止车辆购置税征收管理系统自动下发不成功影响电子图册的更新,各省、自治区、直辖市和计划单列市国家税务局车辆购置税业务人员应在接到本通知后,检查新的电子图册是否接收成功。

如果接收不成功,仍可按照过去的做法,通过数据库脚本形式更新。登录税务总局金税工程运维网(网址:http://130.9.1.248)"应用支持/软件库/车购税/数据"目录下载新的电子图册更新包。

四、电子图册更新过程中,如遇问题,请及时联系税务总局呼叫中心车辆购置税征收管理系统技术支持(服务电话:4008112366-1-3-2)。对于重大问题,应按照税务信息系统运行维护体系的重大事项报告流程及时上报税务总局(电子税务管理中心)。

附件:设有固定装置免税车辆图册(2011年第二册、总第二十五册)(编者略)

1－3－26

国家税务总局关于下发《设有固定装置免税车辆图册(2011年第三册、总第二十六册)》的通知

2011年8月26日 国税函〔2011〕481号

各省、自治区、直辖市和计划单列市国家税务局:

根据《车辆购置税征收管理办法》(国家税务总局令第15号)的规定,税务总局已将本期符合免税条件的车辆列入了《设有固定装置免税车辆图册(2011年第三册、总第二十六册)》并下发各地执行。现将有关事项通知如下:

一、《设有固定装置免税车辆图册》(以下简称《免税图册》)(2011年第三册、总第二十六册)将通过车辆购置税征管系统自动下发,作为税务机关办理设有固定装置非运输车辆免税的依据。税务总局不再印发纸质《免税图册》。

二、各省、自治区、直辖市和计划单列市国家税务局应保证本局内网与税务总局正常联通,确保车辆购置税征管系统数据库服务器、MQ中间件正常运行,以便《免税图册》自动下发的正常完成。

三、为了防止车辆购置税征收管理系统自动下发不成功影响《免税图册》的更新,各省、自治区、直辖市和计划单列市国家税务局车辆购置税业务人员应在接到本通知后,检查新的《免税图册》是否接收成功。如果接收不成功,仍可通过数据库脚本形式更新。登录税务总局金税工程运维网(网址:http://130.9.1.248)"应用支持/软件库/车购税/数据"目录下载新的《免税图册》更新包。

四、《免税图册》更新过程中,如遇问题,请及时联系税务总局呼叫中心车辆购置税征收管理系统技术支持(服务电话:4008112366－1－3－2)。

1－3－27

国家税务总局关于下发《设有固定装置免税车辆图册(2011年第四册、总第二十七册)》的通知

2011年12月2日 国税函〔2011〕676号

各省、自治区、直辖市和计划单列市国家税务局:

根据《车辆购置税征收管理办法》(国家税务总局令第15号)的规定,税务总局已将本期符合免税条件的车辆列入了《设有固定装置免税车辆图册(2011年第四册、总第二十七

册)》并下发各地执行。现将有关事项通知如下:

一、《设有固定装置免税车辆图册》(以下简称《免税图册》)(2011年第四册、总第二十七册)将通过车辆购置税征管系统自动下发,作为税务机关办理设有固定装置非运输车辆免税的依据。

二、各省、自治区、直辖市和计划单列市国家税务局应保证本局内网与税务总局正常联通,确保车辆购置税征管系统数据库服务器、MQ中间件正常运行,以便《免税图册》自动下发的正常完成。

三、为了防止车辆购置税征收管理系统自动下发不成功影响《免税图册》的更新,各省、自治区、直辖市和计划单列市国家税务局车辆购置税业务人员应在收到本通知后,检查新的《免税图册》是否接收成功。

如果接收不成功,仍可通过数据库脚本形式更新。登录税务总局金税工程运维网(网址:http://130.9.1.248)"应用支持/软件库/车购税/数据"目录下载新的《免税图册》更新包。

四、《免税图册》更新过程中,如遇问题,请及时联系税务总局呼叫中心车辆购置税征收管理系统技术支持(服务电话:4008112366-1-3-2)。对于重大问题,应按照税务信息系统运行维护体系的重大事项报告流程及时上报税务总局(电子税务管理中心)。

1-3-28

国家税务总局关于下发《设有固定装置免税车辆图册(2012年第一册、总第二十八册)》的通知

2012年2月6日　国税函〔2012〕43号

各省、自治区、直辖市和计划单列市国家税务局:

根据《车辆购置税征收管理办法》(国家税务总局令第15号)的规定,税务总局已将本期符合免税条件的车辆列入了《设有固定装置免税车辆图册(2012年第一册、总第二十八册)》并下发各地执行。现将有关事项通知如下:

一、《设有固定装置免税车辆图册》(以下简称《免税图册》)(2012年第一册、总第二十八册)将通过车辆购置税征管系统自动下发,作为税务机关办理设有固定装置非运输车辆免税的依据。

二、各省、自治区、直辖市和计划单列市国家税务局应保证本局内网与税务总局正常联通,确保车辆购置税征管系统数据库服务器、MQ中间件正常运行,以便《免税图册》自动下发的正常完成。

三、为了防止车辆购置税征收管理系统自动下发不成功影响《免税图册》的更新,各省、自治区、直辖市和计划单列市国家税务局车辆购置税业务人员应在收到本通知后,检查新的《免税图册》是否接收成功。

如果接收不成功，仍可通过数据库脚本形式更新。登录税务总局金税工程运维网（网址：http://130.9.1.248）“应用支持/软件库/车购税/数据”目录下载新的《免税图册》更新包。

四、《免税图册》更新过程中，如遇问题，请及时联系税务总局呼叫中心车辆购置税征收管理系统技术支持（服务电话：4008112366－1－3－2）。对于重大问题，应按照税务信息系统运行维护体系的重大事项报告流程及时上报税务总局（电子税务管理中心）。

1－3－29

国家税务总局关于下发《设有固定装置免税车辆图册（2012年第二册、总第二十九册）》的通知

2012年2月6日　国税函〔2012〕181号

各省、自治区、直辖市和计划单列市国家税务局：

根据《车辆购置税征收管理办法》（国家税务总局令第15号）的规定，税务总局已将本期符合免税条件的车辆列入了《设有固定装置免税车辆图册（2012年第二册、总第二十九册）》并下发各地执行。现将有关事项通知如下：

一、《设有固定装置免税车辆图册》（以下简称《免税图册》）（2012年第二册、总第二十九册）将通过车辆购置税征管系统自动下发，作为税务机关办理设有固定装置非运输车辆免税的依据。

二、各省、自治区、直辖市和计划单列市国家税务局应保证本局内网与税务总局正常联通，确保车辆购置税征管系统数据库服务器、MQ中间件正常运行，以便《免税图册》自动下发的正常完成。

三、为了防止车辆购置税征收管理系统自动下发不成功影响《免税图册》的更新，各省、自治区、直辖市和计划单列市国家税务局车辆购置税业务人员应在收到本通知后，检查新的《免税图册》是否接收成功。

如果接收不成功，仍可通过数据库脚本形式更新。登录税务总局金税工程运维网（网址：http://130.9.1.248）“应用支持/软件库/车购税/数据”目录下载新的《免税图册》更新包。

四、《免税图册》更新过程中，如遇问题，请及时联系税务总局呼叫中心车辆购置税征收管理系统技术支持（服务电话：4008112366－1－3－2）。对于重大问题，应按照税务信息系统运行维护体系的重大事项报告流程及时上报税务总局（电子税务管理中心）。

1－3－30

财政部　国家税务总局关于城市公交企业购置公共汽电车辆免征车辆购置税的通知

2012年6月25日　财税〔2012〕51号

各省、自治区、直辖市、计划单列市财政厅（局）、国家税务局，新疆生产建设兵团财务局：

为减轻城市公交企业负担，促进道路运输行业健康稳定发展，经国务院批准，现将城市公交企业购置公共汽电车辆免征车辆购置税政策通知如下：

一、对城市公交企业自2012年1月1日起至2015年12月31日止购置的公共汽电车辆，免征车辆购置税。

上述城市公交企业是指：由县级以上（含县级）人民政府交通运输主管部门认定的，依法取得城市公交经营资格，为公众提供公交出行服务的企业。

上述公共汽电车辆是指：由县级以上（含县级）人民政府交通运输主管部门按照车辆实际经营范围和用途等界定的，在城市中按照核定的线路、站点、票价和时刻表营运，供公众乘坐的经营性客运汽车和无轨电车。

二、免税车辆因转让，改变用途等原因不再属于免税范围的，应按照《中华人民共和国车辆购置税暂行条例》第十五条的规定补缴车辆购置税。

三、城市公交企业在办理车辆购置税纳税申报时，需向所在地主管税务机关提供所在地县级以上（含县级）交通运输主管部门出具的城市公交企业和公共汽电车辆认定证明，主管税务机关依据证明文件为企业办理免税手续。

城市公交企业办理免税手续的截止日期为2016年3月31日，逾期不办理的，不予免税。

四、城市公交企业2012年1月1日后购置的公共汽电车辆，在本通知下发前已缴纳车辆购置税的，主管税务机关按规定退还已征税款。

1－3－31

国家税务总局　交通运输部关于城市公交企业购置公共汽电车辆免征车辆购置税有关问题的通知

2012年6月26日　国税发〔2012〕61号

各省、自治区、直辖市和计划单列市国家税务局、交通运输厅（局、委），新疆生产建设兵团交通局，天津、上海市交通运输和港口管理局：

根据《财政部、国家税务总局关于城市公交企业购置公共汽电车辆免征车辆购置税的通知》（财税〔2012〕51 号）规定，对城市公交企业自 2012 年 1 月 1 日起至 2015 年 12 月 31 日止购置的公共汽电车辆免征车辆购置税。现就有关问题通知如下：

一、各省、自治区、直辖市和计划单列市（以下简称各省、区、市）国家税务局与交通运输主管部门应互相配合，共同做好此项工作。各省、区、市交通运输厅（局、委）负责编制本地区《城市公共交通管理部门（包括县及县级以上公交行政管理部门、交通运输管理部门等）与城市公交企业名录》，于 2012 年 7 月 20 日前交各省、区、市国家税务局备案。

二、各省、区、市国家税务局应于 2012 年 8 月 1 日前将本省、区、市《城市公共交通管理部门与城市公交企业名录》下发至各地（市）级国家税务局。

三、县级以上（含县级）交通运输主管部门应向所在地地（市）级国家税务局报送本地区城市公交企业公共汽电车辆购置计划、采购合同或税务机关要求提供的其他资料。报送资料中应包括城市公交企业名称、新购置公共汽电车辆型号、数量、购置价格与用途等项内容。车辆购置税征收管理机关依据地（市）级国家税务局审核意见，为城市公交企业办理车辆购置税免税手续。对于因特殊情况确需调整车辆购置计划的，县级以上（含县级）交通运输主管部门应说明理由，并重新向所在地地（市）级国家税务局报送公共汽电车辆购置计划、采购合同或税务机关要求提供的其他资料。

四、城市公交企业到车辆购置税征收管理机关申请办理车辆购置税免税手续，除应按照《车辆购置税征收管理办法》规定提供相关资料外，还应提供所在地县级以上（含县级）交通运输主管部门出具的城市公交企业和公共汽电车辆认定证明、公共汽电车辆购置计划、采购合同或税务机关要求提供的其他证明材料的原件与复印件，原件经税务机关核对后退还申请人，复印件由税务机关留存。

五、城市公交企业为新购置的公共汽电车辆办理免税手续后，因车辆转让、改变用途等原因导致免税条件消失的，应当到税务机关重新办理申报缴税手续。未按规定办理的，依据征管法的规定处理。

六、城市公交企业购置公共汽电车辆日期以《机动车销售统一发票》开具日期为准。

注释：

条款废止。第三条、第四条废止。参见：《国家税务总局　交通运输部关于城市公交企业购置公共汽电车辆办理免征车辆购置税手续问题的公告》（国家税务总局　交通运输部公告 2015 年第 57 号）。

政策调整。“公共汽电车辆免征车辆购置税的审核”取消。参见：1.《国家税务总局关于贯彻落实〈国务院关于取消非行政许可审批事项的决定〉的通知》（税总发〔2015〕74 号）。2.《国务院关于取消非行政许可审批事项的决定》（国发〔2015〕27 号）。

1－3－32

国家税务总局　工业和信息化部关于完善机动车整车出厂合格证信息管理系统加强车辆购置税征收管理和优化纳税服务工作的通知

2012年11月16日　国税发〔2012〕107号

各省、自治区、直辖市和计划单列市国家税务局、工业和信息化主管部门，新疆生产建设兵团工业和信息化主管部门，机动车生产企业：

为加强机动车生产企业及产品生产一致性管理，促进机动车行业持续、健康发展；提高车辆购置税征收管理效率，优化纳税服务；规范机动车生产企业车辆合格证电子信息报送工作，国家税务总局、工业和信息化部决定完善机动车整车出厂合格证信息管理系统（以下简称合格证信息管理系统）。现就有关事项通知如下：

一、"合格证信息管理系统"的运行维护与升级

根据机动车生产一致性管理工作的要求和车辆购置税征收管理及纳税服务工作需要，国家税务总局、工业和信息化部将联合委托合格证信息日常管理工作机构，对现行"合格证信息管理系统"软件进行完善和升级。升级后的合格证系统将新增车辆配置信息报送等功能，方便行业管理和税收征管工作。

（一）"合格证信息管理系统"的日常管理工作机构

国家税务总局、工业和信息化部委托中机车辆技术服务中心作为合格证信息日常管理工作机构（以下简称工作机构），负责合格证信息管理系统的日常维护、软件升级与使用培训等有关工作。

工作机构应切实加强内部管理，健全制度，规范业务流程，严格依法依规开展工作；要加强诚信体系建设，做到诚信自律；要切实做好系统安全和数据保密工作，未经许可不得擅自将有关数据用于其他任何用途；要增强服务意识，改进工作作风，及时解决企业、消费者及管理部门所反映的问题，不断提高服务水平。

（二）新版"合格证信息管理系统"软件升级

工作机构应在2012年12月31日前完成"合格证信息管理系统"的升级。新版"合格证信息管理系统"应根据我国国产及进口机动车车辆特点对相关功能进行完善，具有反映车辆配置信息的功能。工作机构应确保国内机动车生产企业及进口机动车生产企业驻我国办事机构或总授权代理机构（以下简称为进口机动车生产企业）能够正常使用该系统填报车辆相关信息。

工作机构应在2013年4月1日前完成上述机动车生产企业的软件使用培训工作，国内机动车生产企业和已在工作机构备案的进口机动车生产企业（以下简称机动车生产企业）可通过工作机构网站免费下载新版"合格证信息管理系统"。

（三）新版“合格证信息管理系统”启用时间

新版“合格证信息管理系统”于2013年4月1日起启用，届时工作机构将不再接收旧版系统上传数据。

二、新版“合格证信息管理系统”的使用要求

（一）国内机动车生产企业应在新版“合格证信息管理系统”启用之日前对“合格证信息管理系统”进行升级。

（二）进口机动车生产企业应于2012年12月31日前向工作机构递交使用新版“合格证信息管理系统”书面申请材料（申请材料内容见附件）。经工作机构备案后，方可下载、安装新版“合格证信息管理系统”。2012年12月31日后设立的进口机动车生产企业应于设立之日起60日内向工作机构递交书面申请材料。

（三）新版“合格证信息管理系统”填报要求

自2013年4月1日起机动车生产企业应按照规定使用新版“合格证信息管理系统”填报及上传包括车辆配置序列号的车辆合格证电子信息或进口车辆电子信息。

国家税务总局定期根据各地税务机关采集的国产和进口机动车车价信息（含车辆价格信息与车辆配置信息），对各类机动车的车辆配置序列号进行审核、确定。工作机构将经国家税务总局核定的车辆配置序列号及其对应的车辆配置信息分发至机动车生产企业（具体内容详见工作机构网站说明）。

尚未核定车辆配置序列号或已核定车辆配置序列号但其配置发生变化的车辆，机动车生产企业可通过升级后的合格证信息管理系统，填写车辆配置信息后，获取临时车辆配置序列号进行填报。

具体要求如下：

1. 国内机动车生产企业应在配发机动车出厂合格证后48小时内，通过合格证信息管理系统向工作机构传送车辆合格证电子信息。

2. 进口机动车生产企业进口车辆，应在取得进口车辆《中华人民共和国海关货物进口证明书》后2个工作日内，通过合格证信息管理系统向工作机构传送车辆电子信息。

3. 非进口机动车生产企业进口车辆，车辆进口单位或个人应在取得进口车辆《中华人民共和国海关货物进口证明书》或《中华人民共和国海关监管车辆进（出）境领（销）牌照通知书》后，通过工作机构指定网站，按照规定的流程和要求传送车辆电子信息。

4. 工作机构应向税务总局实时传送车辆购置税征管工作所需的车辆合格证电子信息。

三、车辆购置税征收管理工作要求

自2013年7月1日起，各地税务机关对2013年4月1日之后生产的国产机动车（或报关的进口机动车），依据车辆购置税征管系统中车辆合格证电子信息办理车辆购置税纳税申报、减免税等相关业务。

自2014年7月1日起，各地税务机关对所有机动车均应依据车辆购置税征管系统中车辆合格证电子信息办理车辆购置税纳税申报、减免税等相关业务。无车辆合格证电子信息的不予办理。

四、监督管理

国家税务总局、工业和信息化部将定期对国产机动车和进口机动车生产企业上传的车

辆合格证电子信息进行核查,对未按要求填报或上传车辆合格证电子信息的企业,国税机关将依据《中华人民共和国税收征收管理法》有关规定进行处罚。

对未按要求填报或上传车辆合格证电子信息的国产机动车生产企业,工业和信息化部将依据机动车生产企业和产品准入管理的有关规定给予相关企业通报批评、限期整改直至撤销机动车产品生产许可等处罚。限期整改期间,暂停国产机动车生产企业产品《公告》申报或合格证信息上传。

各地税务机关在利用车辆合格证电子信息办理车辆购置税纳税申报、减免税等相关业务中发现的问题,应及时上报国家税务总局。

工作机构咨询电话:010 -63702511

工作机构网址:http://www. cvtsc. org. cn

附件:进口机动车生产企业使用新版“合格证信息管理系统”书面申请材料(编者略)

1 -3 -33

免征车辆购置税的新能源汽车车型目录(第一批)

2014 年 8 月 27 日　工业和信息化部　国家税务总局公告 2014 年第 54 号

为促进我国交通能源战略转型、推进生态文明建设、支持新能源汽车产业发展,根据《财政部、国家税务总局、工业和信息化部关于免征新能源汽车车辆购置税的公告》(公告 2014 年第 53 号)的要求,工业和信息化部会同国家税务总局等部门对企业提交的申请材料进行了审查。现将《免征车辆购置税的新能源汽车车型目录》(第一批)予以公告,自 2014 年 9 月 1 日起开始实施。

附件:免征车辆购置税的新能源汽车车型目录(第一批)(编者略)

1 -3 -34

免征车辆购置税的新能源汽车车型目录(第二批)

2014 年 10 月 29 日　工业和信息化部　国家税务总局公告 2014 年第 66 号

为促进我国交通能源战略转型、推进生态文明建设、支持新能源汽车产业发展,根据《财政部　国家税务总局　工业和信息化部关于免征新能源汽车车辆购置税的公告》(公告 2014 年第 53 号)的要求,工业和信息化部会同国家税务总局等部门对企业提交的申请材料进行了审查。现将《免征车辆购置税的新能源汽车车型目录》(第二批)予以公告。

附件:免征车辆购置税的新能源汽车车型目录(第二批)(编者略)

1－3－35

免征车辆购置税的新能源汽车车型目录(第三批)

2014年12月19日　工业和信息化部　国家税务总局公告2014年第81号

为促进我国交通能源战略转型、推进生态文明建设、支持新能源汽车产业发展,根据《财政部　国家税务总局　工业和信息化部关于免征新能源汽车车辆购置税的公告》(公告2014年第53号)的要求,工业和信息化部会同国家税务总局等部门对企业提交的申请材料进行了审查。现将《免征车辆购置税的新能源汽车车型目录》(第三批)予以公告。

附件:免征车辆购置税的新能源汽车车型目录(第三批)(编者略)

1－3－36

财政部　国家税务总局关于2014年防汛专用车免征车辆购置税的通知

2014年12月29日　财税〔2014〕111号

内蒙古、黑龙江、福建、江苏、安徽、江西、山东、湖北、广西、四川、贵州、西藏、陕西、甘肃省(自治区)财政厅(局)、国家税务局:

根据《财政部、国家税务总局关于防汛专用等车辆免征车辆购置税的通知》(财税〔2001〕39号)的规定,对列入各省、自治区2014年防汛专用车配置计划,并经国家防汛抗旱总指挥部办公室核定的146辆防汛专用车免征车辆购置税(具体免税车辆指标详见附件)。免税指标的使用截止期限为2015年6月30日,过期失效。

购车单位在办理车辆购置税纳税申报手续时,需向所在地主管税务机关提供车辆内观、外观彩色5寸照片1套,出示国家防汛抗旱总指挥部办公室随车配发的“防汛专用车证”。主管税务机关依据本通知所附的免税车辆指标分配表及车辆内观、外观彩色照片、“防汛专用车证”(照片及证单式样从国家税务总局FTP服务器的“LOCAL/货物和劳务税司/车辆购置税处/国家防汛抗旱总指挥部防汛专用车免税图册”地址下载)为购车单位办理免税手续。

免税车辆因转让、改变用途等原因不再属于免税范围的,应按照《中华人民共和国车辆购置税暂行条例》第十五条的规定补缴车辆购置税。

附件:2014年防汛专用车免征车辆购置税指标分配表(编者略)

1 -3 -37

财政部　国家税务总局关于2014年森林消防专用车免征车辆购置税的通知

2014年12月29日　财税〔2014〕112号

山西、内蒙古、吉林、江苏、浙江、安徽、江西、山东、广东、广西、重庆、四川、贵州、云南、新疆、陕西省(自治区、直辖市)财政厅(局)、国家税务局:

根据《财政部、国家税务总局关于防汛专用等车辆免征车辆购置税的通知》(财税〔2001〕39号)的规定,对国家林业局申请的2014年427辆森林消防指挥车、252辆森林消防运兵车和91辆森林消防运水车免征车辆购置税(具体免税车辆指标详见附件)。免税指标的使用截止期限为2015年6月30日。

购车单位在办理车辆购置税纳税申报手续时,需向所在地主管税务机关提供车辆内观、外观彩色5寸照片1套,出示国家林业局森林防火办公室配发的“森林消防专用车证”和“森林消防车辆调拨分配通知单”。主管税务机关依据本通知所附的免税车辆指标分配表以及车辆内观、外观彩色照片、“森林消防专用车证”和“森林消防车辆调拨分配通知单”(照片及证单式样从国家税务总局FTP服务器的“LOCAL/货物和劳务税司/车辆购置税处/森林消防专用指挥车免税图册”地址下载)为购车单位办理免税手续。

免税车辆因转让、改变用途等原因不再属于免税范围的,应按照《中华人民共和国车辆购置税暂行条例》第十五条的规定补缴车辆购置税。

附件:1. 2014年森林消防指挥车免征车辆购置税指标分配表(编者略)

2. 2014年森林消防运兵车免征车辆购置税指标分配表(编者略)

3. 2014年森林消防运水车免征车辆购置税指标分配表(编者略)

1 -3 -38

财政部　国家税务总局关于2014年“母亲健康快车”项目流动医疗车免征车辆购置税的通知

2014年12月29日　财税〔2014〕113号

河北、山西、内蒙古、吉林、黑龙江、安徽、江西、山东、河南、湖北、湖南、广西、海南、四川、贵州、云南、西藏、甘肃、宁夏、新疆、陕西省(自治区)财政厅(局)、国家税务局,新疆生产建设兵团财务局:

根据《财政部、国家税务总局关于“母亲健康快车”项目专用车辆免征车辆购置税的通知》(财税〔2006〕176号)的规定,对中国妇女发展基金会2014年申请的325辆用于“母亲健康快车”项目的流动医疗车免征车辆购置税(详见附件)。免税指标的使用截止期限为2015年6月30日。

购车单位在办理车辆购置税纳税申报手续时,需向所在地主管税务机关提供车辆内观、外观彩色5寸照片1套,出示中国妇女发展基金会随车配发的“母亲健康快车”专用车证。主管税务机关依据本通知所附的免税车辆指标、免税车辆型号以及车辆内观、外观彩色照片、“母亲健康快车”专用车证(照片及专用车证式样请从国家税务总局FTP服务器的“LOCAL/货物和劳务税司/车辆购置税处/母亲健康快车项目专用车免税图册”地址下载)为购车单位办理免税手续。

免税车辆因转让、改变用途等原因不再属于免税范围的,应按照《中华人民共和国车辆购置税暂行条例》第十五条的规定补缴车辆购置税。

对本次下达的免税指标中已征税的车辆,主管税务机关按照《车辆购置税征收管理办法》第二十七条规定,为购车单位办理退税手续。

附件:2014年“母亲健康快车”项目流动医疗车免征车辆购置税指标分配表(编者略)

1-3-39

免征车辆购置税的新能源汽车车型目录(第四批)

2015年5月8日　工业和信息化部　国家税务总局公告2015年第30号

为促进我国交通能源战略转型、推进生态文明建设、支持新能源汽车产业发展,根据《财政部、国家税务总局、工业和信息化部关于免征新能源汽车车辆购置税的公告》(工业和信息化部、国家税务总局公告2014年第53号)的要求,工业和信息化部会同国家税务总局等部门对企业提交的申请材料进行了审查。现将《免征车辆购置税的新能源汽车车型目录》(第四批)予以公告。

附件:免征车辆购置税的新能源汽车车型目录(第四批)(编者略)

1-3-40

国家税务总局　交通运输部关于城市公交企业购置公共汽电车辆办理免征车辆购置税手续问题的公告

2015年8月4日　国家税务总局　交通运输部公告2015年第57号

根据《国务院关于取消非行政许可审批事项的决定》(国发〔2015〕27号),公共汽电车辆免征车辆购置税的审核项目予以取消。为落实《财政部、国家税务总局关于城市公交企业购置公共汽电车辆免征车辆购置税的通知》(财税〔2012〕51 号)要求,现就城市公交企业办理相关免税手续问题公告如下:

一、城市公交企业到车辆购置税征收管理机关办理车辆购置税免税手续,应当提供《车辆购置税征收管理办法》规定的相关资料,以及所在地县级以上(含县级)交通运输主管部门出具的城市公交企业和公共汽电车辆认定证明、公共汽电车辆购置计划、采购合同或税务机关要求提供的其他证明材料的原件与复印件,原件经税务机关核对后退还,复印件由税务机关留存。车辆购置税征收管理机关依据上述材料为城市公交企业办理车辆购置税免税手续。

二、本公告自公布之日起施行。《国家税务总局、交通运输部关于城市公交企业购置公共汽电车辆免征车辆购置税有关问题的通知》(国税发〔2012〕61 号)第三条、第四条规定同时废止。

特此公告。

1 -3 -41

免征车辆购置税的新能源汽车车型目录(第五批)

2015 年 9 月 9 日　工业和信息化部　国家税务总局公告 2015 年第 58 号

为促进我国交通能源战略转型、推进生态文明建设、支持新能源汽车产业发展,根据《财政部、国家税务总局、工业和信息化部关于免征新能源汽车车辆购置税的公告》(公告 2014 年第 53 号)的要求,工业和信息化部会同国家税务总局等部门对企业提交的申请材料进行了审查。现将《免征车辆购置税的新能源汽车车型目录》(第五批)予以公告。

附件:《免征车辆购置税的新能源汽车车型目录》(第五批)(编者略)

1 -3 -42

国家税务总局关于贯彻落实减征 1.6 升及以下排量乘用车车辆购置税有关问题的通知

2015 年 9 月 30 日　税总函〔2015〕527 号

各省、自治区、直辖市和计划单列市国家税务局:

根据《财政部、国家税务总局关于减征 1.6 升及以下排量乘用车车辆购置税的通知》(财税〔2015〕104 号)规定,对纳税人自 2015 年 10 月 1 日至 2016 年 12 月 31 日期间购置的排气量在1.6升及以下的乘用车，暂减按5%的税率征收车辆购置税(以下简称车购税)。为保证政策的贯彻落实和征收管理工作的顺利进行，现将有关问题通知如下：

一、加强部门协作，按时完成系统升级

税务总局已对车购税征收系统进行升级完善，各地要在2015年9月30日前完成系统升级和相关人员培训工作，并对涉及到的全部相关外围系统进行排查、调整、测试、升级，确保政策调整后征收管理工作的正常进行。

二、准确执行税收政策，加强减税审核管理

各级税务机关在征收管理工作中要依托系统，加强审核、确保政策执行到位。要严格审核《机动车销售统一发票》或《海关关税专用缴款书》等价格证明的开具时间，准确比对《中华人民共和国机动车整车出厂合格证》等车辆合格证明上的排气量等技术参数，界定减征范围，确定适用税率。

三、加大政策宣传力度，强化政策执行跟踪及效果分析

各级税务机关要高度重视车购税政策的调整工作，采取适当形式做好政策宣传解释工作。要充分利用互联网优势，在税务机关网站及相关网站上进行政策宣传及解释工作；在税务征收大厅、自助办税终端、受托代征机构等车购税征收相关地点的醒目位置张贴政策调整相关宣传材料。

车购税征收管理部门要针对可能出现的突发事件制定应急预案，在人员、设备和组织上做好充分准备。要积极创造条件，为纳税人提供更加优质的服务。要切实关注政策执行情况，对执行中遇到的问题，要及时与有关部门沟通协调，并向税务总局报告。要高度重视政策实施的效果分析，收集第一手数据资料，为政策调整完善提供依据。

1-3-43

免征车辆购置税的新能源汽车车型目录(第六批)

2015年11月25日　工业和信息化部　国家税务总局公告2015年第76号

为促进我国交通能源战略转型、推进生态文明建设、支持新能源汽车产业发展，根据《财政部、国家税务总局、工业和信息化部关于免征新能源汽车车辆购置税的公告》(公告2014年第53号)的要求，工业和信息化部会同国家税务总局等部门对企业提交的申请材料进行了审查。现将《免征车辆购置税的新能源汽车车型目录》(第六批)予以公告。

附件：免征车辆购置税的新能源汽车车型目录(第六批)(编者略)

1－3－44

免征车辆购置税的新能源汽车车型目录（第七批）

2016年4月15日　工业和信息化部　国家税务总局公告2016年第18号

为促进我国交通能源战略转型、推进生态文明建设、支持新能源汽车产业发展，根据《财政部　国家税务总局　工业和信息化部关于免征新能源汽车车辆购置税的公告》（公告2014年第53号）的要求，工业和信息化部、国家税务总局等部门对企业提交的申请材料进行了审查。现将《免征车辆购置税的新能源汽车车型目录》（第七批）予以公告。

附件：免征车辆购置税的新能源汽车车型目录（第七批）（编者略）

1－3－45

免征车辆购置税的新能源汽车车型目录（第八批）

2016年6月16日　工业和信息化部　国家税务总局公告2016年第29号

为促进我国交通能源战略转型、推进生态文明建设、支持新能源汽车产业发展，根据《财政部　国家税务总局　工业和信息化部关于免征新能源汽车车辆购置税的公告》（公告2014年第53号）的要求，工业和信息化部会同国家税务总局等部门对企业提交的申请材料进行了审查。现将《免征车辆购置税的新能源汽车车型目录》（第八批）予以公告。

附件：免征车辆购置税的新能源汽车车型目录（第八批）（编者略）

1－3－46

免征车辆购置税的新能源汽车车型目录（第九批）

2016年11月24日　工业和信息化部　国家税务总局公告2016年第61号

为促进我国交通能源战略转型、推进生态文明建设、支持新能源汽车产业发展，根据《财政部　国家税务总局　工业和信息化部关于免征新能源汽车车辆购置税的公告》（公告2014年第53号）的要求，工业和信息化部会同国家税务总局等部门对企业提交的申请材料进行了审查。现将《免征车辆购置税的新能源汽车车型目录》（第九批）予以公告。

附件：1. 免征车辆购置税的新能源汽车车型目录（第九批）（编者略）

2. 企业名称变更(编者略)
3. 产品撤销(编者略)

1 -3 -47

国家税务总局 公安部关于建立车辆购置税完税证明和机动车销售发票信息共享核查机制有关工作的通知

2017 年 1 月 20 日 税总发〔2017〕12 号

各省、自治区、直辖市和计划单列市国家税务局,各省、自治区、直辖市公安厅(局):

为加强国税机关和公安机关交通管理部门协作,建立车辆购置税完税证明、机动车销售发票(包括机动车销售统一发票和二手车销售发票,下同)信息共享及核查工作机制,优化便民服务,现就有关工作通知如下:

一、建立车辆购置税完税证明信息共享和核查工作机制。各地省级国税机关和公安机关交通管理部门要建立协作工作机制,加强车辆购置税完税证明信息共享和核查。省级国税机关要在 2017 年 2 月底前开设至同级公安机关交通管理部门的数据传输专线,计划单列市国税机关向本省省级国税机关开设数据传输专线。自 2017 年 5 月 1 日起实时(每 5 分钟)将本省(含计划单列市)国税机关签发的车辆购置税的完税证明电子信息传输给公安机关交通管理部门,公安机关交通管理部门要做好信息接收工作。省级国税机关向同级公安机关交通管理部门传输信息的范围暂限于汽车、挂车的车辆购置税完税证明电子信息。

二、严格审核车辆购置税完税证明。公安机关交通管理部门在办理机动车注册登记业务时,要对照国税机关传输的车辆购置税完税证明电子信息,严格审查车主提供的车辆购置税完税证明。对比对无误的,公安机关交通管理部门按规定程序办理车辆登记手续;对比对信息不符的,启动嫌疑车辆调查程序,向当地国税机关核实,待核实无误后再办理车辆登记手续;对因技术原因导致信息传输故障或者未收到信息暂时无法进行信息比对的,公安机关交通管理部门可先依据车主提供的车辆购置税完税证明办理车辆登记手续,待传输故障排除或者收到相关信息后,再履行比对程序。省级公安机关交通管理部门要每周汇总传输故障、未收到信息和比对不符的车辆信息,并传输至对应的省级国税机关。省级国税机关收到公安机关交通管理部门传输的已办理车辆登记手续但因传输故障、未收到信息而未履行比对程序的车辆信息,应会同公安机关交通管理部门及时核查,排除技术故障,补传相关信息。

三、加强对嫌疑车辆购置税完税证明的稽查。省级国税机关要将公安机关交通管理部门通报的比对不符的车辆信息清分至纳税人所在地主管国税机关依法处理,并及时传输补办的车辆完税证明信息。各地国税机关要配合公安机关交通管理部门开展针对车辆购置税信息比对不一致情况的调查核实,并在收到核实请求后 10 个工作日内反馈核查结果。对因信息传输故障或者未收到信息而未履行比对程序直接办理车辆登记手续、后经比对仍缺失完税信息的车辆，国税机关要及时与当事人联系核查。经核查，国税机关发现纳税人未按照规定缴纳车辆购置税的，责令其补税；纳税人拒绝缴纳的，或者经核查发现伪造变造车辆购置税完税证明的，国税机关按照《中华人民共和国税收征收管理法》依法处罚；构成犯罪的，依法追究刑事责任；公安机关交通管理部门依法撤销机动车登记，收缴机动车牌证。

四、加强机动车销售发票核查管理。公安部和国家税务总局已建立数据传输专线，国家税务总局每周汇总全国机动车销售发票信息传输至公安部，交通管理信息系统自动比对机动车销售发票信息。对销售发票票面信息同国税机关传输的电子信息比对不符或者未查到销售发票电子信息的，公安部定期清分至车辆登记地公安机关交通管理部门，各地国税机关要配合公安机关交通管理部门核查。具体工作机制由各省公安机关交通管理部门与各省国税机关协商确定。经核查发现伪造变造机动车销售发票的，国税机关按照《中华人民共和国税收征收管理法》和《中华人民共和国发票管理办法》依法处罚；构成犯罪的，依法追究刑事责任；公安机关交通管理部门依法撤销机动车登记，收缴机动车牌证。

五、优化便民服务。为进一步提高便民服务水平，各地国税机关要与当地公安机关交通管理部门加强合作，及时互相通报政策，协调车辆购置税征收权限设置层级和相应的业务范围、办理条件，加快向县级国税机关下放业务权限，确保车辆登记与车辆购置税征收权限设置层级、业务范围一致。各地国税机关要结合实际情况，在当地公安机关车辆登记部门设置车辆购置税征收点，并在机动车登记服务站点增设业务代办网点和自助缴税机，逐步推行通过互联网缴纳车辆购置税，方便群众缴税。

本通知自2017年5月1日起执行。

1－3－48

免征车辆购置税的新能源汽车车型目录（第十批）

2017年4月27日　工业和信息化部　国家税务总局公告2017年第19号

为促进我国交通能源战略转型、推进生态文明建设、支持新能源汽车产业发展，根据《财政部　国家税务总局　工业和信息化部关于免征新能源汽车车辆购置税的公告》（公告2014年第53号）的要求，工业和信息化部会同国家税务总局等部门对企业提交的申请材料进行了审查。现将《免征车辆购置税的新能源汽车车型目录》（第十批）予以公告。

附件：1. 免征车辆购置税的新能源汽车车型目录（第十批）（编者略）

2. 汽车生产企业名称变更名单（编者略）

3. 新能源汽车产品撤销名单（编者略）

1－3－49

免征车辆购置税的新能源汽车车型目录(第十一批)

2017年7月6日 工业和信息化部 国家税务总局公告2017年第29号

为促进我国交通能源战略转型、推进生态文明建设、支持新能源汽车产业发展,根据《财政部 国家税务总局 工业和信息化部关于免征新能源汽车车辆购置税的公告》(公告2014年第53号)的要求,工业和信息化部会同国家税务总局等部门对企业提交的申请材料进行了审查。现将《免征车辆购置税的新能源汽车车型目录》(第十一批)予以公告。

附件:1. 免征车辆购置税的新能源汽车车型目录(第十一批)(编者略)

2. 汽车生产企业名称变更名单(编者略)

1－3－50

免征车辆购置税的新能源汽车车型目录(第十二批)

2017年8月29日 工业和信息化部 国家税务总局公告2017年第38号

为促进我国交通能源战略转型、推进生态文明建设、支持新能源汽车产业发展,根据《财政部 国家税务总局 工业和信息化部关于免征新能源汽车车辆购置税的公告》(公告2014年第53号)的要求,工业和信息化部会同国家税务总局等部门对企业提交的申请材料进行了审查。现将《免征车辆购置税的新能源汽车车型目录》(第十二批)予以公告。

附件:1. 免征车辆购置税的新能源汽车车型目录(第十二批)(编者略)

2. 企业名称变更(编者略)

1－3－51

免征车辆购置税的新能源汽车车型目录(第十三批)

2017年10月27日 工业和信息化部 国家税务总局公告2017年第46号

为促进我国交通能源战略转型、推进生态文明建设、支持新能源汽车产业发展,根据《财政部 国家税务总局 工业和信息化部关于免征新能源汽车车辆购置税的公告》(公告2014年第53号)的要求,工业和信息化部会同国家税务总局等部门对企业提交的申请材料进行了审查。现将《免征车辆购置税的新能源汽车车型目录》(第十三批)予以公告。

附件:1. 免征车辆购置税的新能源汽车车型目录(第十三批)(编者略)

2. 企业名称变更(编者略)

1 -3 -52

免征车辆购置税的新能源汽车车型目录(第十四批)

2017 年 12 月 4 日　工业和信息化部　国家税务总局公告 2017 年第 56 号

为促进我国交通能源战略转型、推进生态文明建设、支持新能源汽车产业发展,根据《财政部　国家税务总局　工业和信息化部关于免征新能源汽车车辆购置税的公告》(公告 2014 年第 53 号)的要求,工业和信息化部会同国家税务总局等部门对企业提交的申请材料进行了审查。现将《免征车辆购置税的新能源汽车车型目录》(第十四批)予以公告。

附件:1. 免征车辆购置税的新能源汽车车型目录(第十四批)(编者略)

2. 汽车生产企业名称变更名单(编者略)

3. 新能源汽车产品撤销名单(编者略)

1 -3 -53

免征车辆购置税的新能源汽车车型目录(第十五批)

2017 年 12 月 19 日　工业和信息化部　国家税务总局公告 2017 年第 58 号

为促进我国交通能源战略转型、推进生态文明建设、支持新能源汽车产业发展,根据《财政部　国家税务总局　工业和信息化部关于免征新能源汽车车辆购置税的公告》(公告 2014 年第 53 号)的要求,工业和信息化部会同国家税务总局等部门对企业提交的申请材料进行了审查。现将《免征车辆购置税的新能源汽车车型目录》(第十五批)予以公告。

附件:1. 免征车辆购置税的新能源汽车车型目录(第十五批)(编者略)

2. 汽车生产企业名称变更名单(编者略)

1 - 3 - 54

财政部　税务总局　工业和信息化部 科技部关于免征新能源汽车车辆购置税的公告

2017 年 12 月 26 日　财政部　税务总局
工业和信息化部　科技部公告 2017 年第 172 号

为贯彻落实党的十九大精神,进一步支持新能源汽车创新发展,经国务院同意,现将免征新能源汽车车辆购置税有关事项公告如下:

一、自 2018 年 1 月 1 日至 2020 年 12 月 31 日,对购置的新能源汽车免征车辆购置税。

二、对免征车辆购置税的新能源汽车,通过发布《免征车辆购置税的新能源汽车车型目录》(以下简称《目录》)实施管理。2017 年 12 月 31 日之前已列入《目录》的新能源汽车,对其免征车辆购置税政策继续有效。

三、2018 年 1 月 1 日起列入《目录》的新能源汽车须同时符合以下条件:

(一)获得许可在中国境内销售的纯电动汽车、插电式(含增程式)混合动力汽车、燃料电池汽车。

(二)符合新能源汽车产品技术要求(附件 1)。

(三)通过新能源汽车专项检测,达到新能源汽车产品专项检验标准(附件 2)。

(四)新能源汽车生产企业或进口新能源汽车经销商(以下简称企业)在产品质量保证、产品一致性、售后服务、安全监测、动力电池回收利用等方面符合相关要求(附件 3)。

财政部、税务总局、工业和信息化部、科技部根据新能源汽车标准体系发展、技术进步和车型变化等情况,适时调整列入《目录》的新能源汽车条件。

四、企业应当向工业和信息化部提交《目录》申请报告(附件 4),并对申报材料的真实性和产品质量负责。工业和信息化部会同税务总局组织技术专家进行审查,通过审查的车型列入《目录》,并由工业和信息化部、税务总局发布。

五、对列入《目录》的新能源汽车,企业上传机动车整车出厂合格证信息时,在“是否列入《免征车辆购置税的新能源汽车车型目录》”字段标注“是”(即免税标识)。工业和信息化部对企业上传的机动车整车出厂合格证信息中的免税标识进行审核,并将通过审核的信息传送税务总局。税务机关依据工业和信息化部审核后的免税标识和机动车统一销售发票(或有效凭证)办理免税手续。

六、对产品与申报材料不符、产品性能指标未达到要求、提供其他虚假信息等手段骗取列入《目录》车型资格的企业,取消免征车辆购置税申请资格,并依照相关法律法规规定予以处理处罚。对已销售产品在使用中存在安全隐患、发生安全事故的,视事故性质、严重程度等依法采取停止生产、责令立即改正、暂停或者取消免征车辆购置税申请资格等处理处罚措施。

七、从事《目录》申请报告审查、审核，办理免税审核的工作人员履行职责时，存在滥用职权、玩忽职守、徇私舞弊等违法违纪行为的，按照《公务员法》、《行政监察法》等国家有关规定追究相应责任；涉嫌犯罪的，移送司法机关处理。

附件：1. 新能源汽车产品技术要求（编者略）

2. 新能源汽车产品专项检验标准目录（编者略）

3. 新能源汽车企业要求（编者略）

4.《免征车辆购置税的新能源汽车车型目录》申请报告（编者略）

1－3－55

国家税务总局关于长期来华定居专家免征车辆购置税有关问题的公告

2018年1月2日　国家税务总局公告2018年第2号

《财政部　国家税务总局关于防汛专用等车辆免征车辆购置税的通知》（财税〔2001〕39号）规定，长期来华定居专家进口1辆自用小汽车免征车辆购置税。《国家税务总局关于车辆购置税征收管理有关问题的公告》（国家税务总局公告2015年第4号）进一步明确，长期来华定居专家办理进口自用小汽车免税手续，除了按《车辆购置税征收管理办法》（国家税务总局令第33号公布，第38号修改）规定提供申报资料外，还应当提供国家外国专家局或者其授权单位核发的专家证。

国家外国专家局、人力资源社会保障部、外交部、公安部联合印发的《关于全面实施外国人来华工作许可制度的通知》（外专发〔2017〕40号），决定自2017年4月1日起，在全国实施外国人来华工作许可制度，并将原《外国人就业证》和《外国专家证》统一变更为《中华人民共和国外国人工作许可证》（以下简称《外国人工作许可证》）。《外国人工作许可证》分为A、B、C三类，A类发予外国高端人才，B类发予外国专业人才，C类发予其他普通外国人员。依据此项规定，持有A类和B类《外国人工作许可证》（含试点版）的外国人，为财税〔2001〕39号文件第三条所规定的来华定居专家。因此，国家税务总局公告2015年第4号第十七条规定的“国家外国专家局或者其授权单位核发的专家证”指：国家外国专家局或者其授权单位，在2017年3月31日以前，核发的专家证，或者在青岛等试点地区核发的相关证件；在2017年4月1日以后，国家外国专家局或者其授权单位核发的A类和B类《外国人工作许可证》。

特此公告。

注释：

条款废止。第一段废止。参见：《国家税务总局关于公布全文和部分条款失效废止的税务规范性文件目录的公告》（国家税务总局公告2023年第8号）。

1－3－56

免征车辆购置税的新能源汽车车型目录（第十六批）

2018年2月13日　工业和信息化部　国家税务总局公告2018年第11号

为贯彻落实党的十九大精神，进一步支持新能源汽车创新发展，根据《财政部　国家税务总局　工业和信息化部　科技部关于免征新能源汽车车辆购置税的公告》（2017年第172号）的要求，工业和信息化部会同国家税务总局等部门对企业提交的申请材料进行了审查。现将《免征车辆购置税的新能源汽车车型目录》（第十六批）予以公告。

附件：1. 免征车辆购置税的新能源汽车车型目录（第十六批）（编者略）

2. 企业名称变更（编者略）

1－3－57

工业和信息化部　财政部　国家税务总局公告2018年第17号

2018年3月30日　工业和信息化部　财政部
国家税务总局公告2018年第17号

为进一步加强《免征车辆购置税的新能源汽车车型目录》（以下简称《目录》）管理，建立健全动态管理机制，现将有关事项公告如下：

一、《目录》实施动态管理

（一）为加强《目录》动态管理，工业和信息化部、税务总局对2017年1月1日以前列入《目录》后截至本公告发布之日无产量或进口量的车型、2017年1月1日及以后列入《目录》后12个月内无产量或进口量的车型，经公示5个工作日无异议后，从《目录》中予以撤销。

（二）从《目录》撤销的车型，自公告发布之日起，机动车合格证信息管理系统将不再接收带有免税标识的撤销车型信息，税务机关不再为其办理免征车辆购置税优惠手续。

（三）已从《目录》撤销但需恢复资格的车型，企业要按政策要求重新申报，经审查通过后列入《目录》。

（四）购置新车时已享受购置税优惠的车辆，后续转让、交易时不再补缴车辆购置税。

（五）工业和信息化部将对《目录》内企业、车型加强事后监督检查，如发现存在违反相关标准法规的，工业和信息化部、税务总局将按照相关要求予以处理处罚。

二、其他事项

（一）列入《目录》的车型，自公告发布之日起，企业上传机动车整车出厂合格证信息应进行标注免税标识。如未标注，机动车合格证信息管理系统将不予接收。

（二）《目录》组织申报、宣贯培训，及具体技术审查、监督检查工作，现委托工业和信息化部装备工业发展中心承担。

1－3－58

免征车辆购置税的新能源汽车车型目录（第十七批）

2018年4月13日　工业和信息化部　国家税务总局公告2018年第20号

为进一步支持新能源汽车产业发展，根据《财政部　国家税务总局　工业和信息化部　科技部关于免征新能源汽车车辆购置税的公告》（2017年第172号）的要求，工业和信息化部会同国家税务总局等部门对企业提交的申请材料进行了审查。现将《免征车辆购置税的新能源汽车车型目录》（第十七批）予以公告。

附件：免征车辆购置税的新能源汽车车型目录（第十七批）（编者略）

1－3－59

工业和信息化部　国家税务总局关于撤销《免征车辆购置税的新能源汽车车型目录》车型的公告

2018年5月21日　工业和信息化部　国家税务总局公告2018年第27号

根据《中华人民共和国工业和信息化部　财政部　国家税务总局公告》（公告2018年17号）的要求，工业和信息化部会同国家税务总局对2017年1月1日以前列入《免征车辆购置税的新能源汽车车型目录》的车型的产量或进口量进行了核查，对无产量或进口量的车型予以撤销。现将撤销《免征车辆购置税的新能源汽车车型目录》的车型名单予以公告。

附件：撤销《免征车辆购置税的新能源汽车车型目录》的车型名单（编者略）

1－3－60

财政部　税务总局　工业和信息化部关于对挂车减征车辆购置税的公告

2018年5月25日　财政部　税务总局　工业和信息化部公告2018年第69号

为促进甩挂运输发展，提高物流效率和降低物流成本，现将减征挂车车辆购置税有关事项公告如下：

一、自 2018 年 7 月 1 日至 2021 年 6 月 30 日，对购置挂车减半征收车辆购置税。购置日期按照《机动车销售统一发票》、《海关关税专用缴款书》或者其他有效凭证的开具日期确定。

二、本公告所称挂车，是指由汽车牵引才能正常使用且用于载运货物的无动力车辆。

三、对挂车产品通过标注减征车辆购置税标识进行管理，具体要求如下：

（一）标注减税标识。

1. 国产挂车：企业上传《机动车整车出厂合格证》信息时，在“是否属于减征车辆购置税挂车”字段标注“是”（即减税标识）。

2. 进口挂车：汽车经销商或个人上传《进口机动车车辆电子信息单》时，在“是否属于减征车辆购置税挂车”字段标注“是”（即减税标识）。

（二）工业和信息化部对企业和个人上传的《机动车整车出厂合格证》或者《进口机动车车辆电子信息单》中减税标识进行核实，并将核实的信息传送给国家税务总局。

（三）税务机关依据工业和信息化部核实后的减税标识以及办理车辆购置税纳税申报需提供的其他资料，办理车辆购置税减征手续。

四、在《机动车整车出厂合格证》或者《进口机动车车辆电子信息单》中标注挂车减税标识的企业和个人，应当保证车辆产品与合格证信息或者车辆电子信息相一致。对提供虚假信息等手段骗取减征车辆购置税的企业和个人，经查实后，依照相关法律法规规定予以处罚。

注释：

政策调整。本文件规定的税收优惠政策于 2021 年 6 月 30 日到期后，执行期限延长至 2023 年 12 月 31 日。参见：《财政部　税务总局关于延长部分税收优惠政策执行期限的公告》（财政部　税务总局公告 2021 年第 6 号）。

1 -3 -61

免征车辆购置税的新能源汽车车型目录（第十八批）

2018 年 6 月 19 日　工业和信息化部　国家税务总局公告 2018 年第 33 号

根据《财政部　国家税务总局　工业和信息化部　科技部关于免征新能源汽车车辆购置税的公告》（2017 年第 172 号）、《中华人民共和国工业和信息化部　财政部　国家税务总局公告》（2018 年第 17 号）的要求，工业和信息化部会同国家税务总局等部门对企业提交的申请材料、无产量或进口量的车型进行了审查。现将《免征车辆购置税的新能源汽车车型目录》（第十八批）、汽车生产企业名称变更名单、撤销《免征车辆购置税的新能源汽车车型目录》的车型名单予以公告。

附件：1. 免征车辆购置税的新能源汽车车型目录（第十八批）（编者略）

2. 汽车生产企业名称变更名单(编者略)
3. 撤销《免征车辆购置税的新能源汽车车型目录》的车型名单(编者略)

1－3－62

免征车辆购置税的新能源汽车车型目录(第十九批)

2018年7月30日　工业和信息化部　国家税务总局公告2018年第38号

根据《财政部　国家税务总局　工业和信息化部　科技部关于免征新能源汽车车辆购置税的公告》(2017年第172号)的要求,工业和信息化部会同国家税务总局等部门对企业提交的申请材料进行了审查。现将《免征车辆购置税的新能源汽车车型目录》(第十九批)予以公告。

附件:免征车辆购置税的新能源汽车车型目录(第十九批)(编者略)

1－3－63

免征车辆购置税的新能源汽车车型目录(第二十批)

2018年9月17日　工业和信息化部　国家税务总局公告2018年第45号

根据《财政部　国家税务总局　工业和信息化部　科技部关于免征新能源汽车车辆购置税的公告》(2017年第172号)、《中华人民共和国工业和信息化部　财政部　国家税务总局公告》(2018年第17号)的要求,工业和信息化部会同国家税务总局等部门对企业提交的申请材料、无产量或进口量的车型进行了审查。现将《免征车辆购置税的新能源汽车车型目录》(第二十批)、汽车生产企业名称变更名单、撤销《免征车辆购置税的新能源汽车车型目录》的车型名单予以公告。

附件:1. 免征车辆购置税的新能源汽车车型目录(第二十批)(编者略)
2. 汽车生产企业名称变更名单(编者略)
3. 撤销《免征车辆购置税的新能源汽车车型目录》的车型名单(编者略)

1 -3 -64

免征车辆购置税的新能源汽车车型目录(第二十一批)

2018 年 11 月 5 日　工业和信息化部　国家税务总局公告 2018 年第 58 号

根据《财政部　国家税务总局　工业和信息化部　科技部关于免征新能源汽车车辆购置税的公告》(2017 年第 172 号)、《中华人民共和国工业和信息化部　财政部　国家税务总局公告》(2018 年第 17 号)的要求,工业和信息化部会同国家税务总局等部门对企业提交的申请材料、无产量或进口量的车型进行了审查。现将《免征车辆购置税的新能源汽车车型目录》(第二十一批)、撤销《免征车辆购置税的新能源汽车车型目录》的车型名单予以公告。

附件:1. 免征车辆购置税的新能源汽车车型目录(第二十一批)(编者略)

2. 撤销《免征车辆购置税的新能源汽车车型目录》的车型名单(编者略)

1 -3 -65

免征车辆购置税的新能源汽车车型目录(第二十二批)

2018 年 12 月 14 日　工业和信息化部　国家税务总局公告 2018 年第 64 号

根据《财政部　国家税务总局　工业和信息化部　科技部关于免征新能源汽车车辆购置税的公告》(2017 年第 172 号)、《中华人民共和国工业和信息化部　财政部　国家税务总局公告》(2018 年第 17 号)的要求,工业和信息化部会同国家税务总局等部门对企业提交的申请材料、无产量或进口量的车型进行了审查。现将《免征车辆购置税的新能源汽车车型目录》(第二十二批)、汽车生产企业名称变更名单、撤销《免征车辆购置税的新能源汽车车型目录》的车型名单予以公告。

附件:1. 免征车辆购置税的新能源汽车车型目录(第二十二批)(编者略)

2. 汽车生产企业名称变更名单(编者略)

3. 撤销《免征车辆购置税的新能源汽车车型目录》的车型名单(编者略)

1－3－66

免征车辆购置税的新能源汽车车型目录(第二十三批)

2019年3月11日　工业和信息化部　国家税务总局公告2019年第10号

根据《财政部　国家税务总局　工业和信息化部　科技部关于免征新能源汽车车辆购置税的公告》(2017年第172号)、《中华人民共和国工业和信息化部　财政部　国家税务总局公告》(2018年第17号)的要求,工业和信息化部会同国家税务总局等部门对企业提交的申请材料、无产量或进口量的车型进行了审查。现将《免征车辆购置税的新能源汽车车型目录》(第二十三批)、撤销《免征车辆购置税的新能源汽车车型目录》的车型名单予以公告。

附件:1. 免征车辆购置税的新能源汽车车型目录(第二十三批)(编者略)

2. 撤销《免征车辆购置税的新能源汽车车型目录》的车型名单(编者略)

1－3－67

国家税务总局　公安部关于应用车辆购置税电子完税信息办理车辆注册登记业务的公告

2019年4月12日　国家税务总局　公安部公告2019年第18号

为深入贯彻中共中央办公厅、国务院办公厅《关于深入推进审批服务便民化的指导意见》,深化"放管服"改革,进一步提升车辆购置税纳税以及公安机关交通管理部门车辆注册登记业务便利化,为《中华人民共和国车辆购置税法》的顺利实施奠定基础,决定自2019年6月1日起,将应用车辆购置税电子完税信息办理车辆注册登记业务的试点扩大到全国范围。现就有关问题公告如下:

一、自2019年6月1日起,纳税人在全国范围内办理车辆购置税纳税业务时,税务机关不再打印和发放纸质车辆购置税完税证明。纳税人办理完成车辆购置税纳税业务后,在公安机关交通管理部门办理车辆注册登记时,不需向公安机关交通管理部门提交纸质车辆购置税完税证明。

纳税人办理完成车辆购置税纳税业务(免税业务除外)的具体情形如下:纳税人到银行办理车辆购置税税款缴纳(转账或者现金)、由银行将税款缴入国库的,国库已传回《税收缴款书(银行经收专用)》联次;纳税人通过横向联网电子缴税系统等电子方式缴纳税款的,税款划缴已成功;纳税人在办税服务厅以现金方式缴纳税款的,主管税务机关已收取税款。

二、纳税人申请注册登记的车辆识别代号信息与完税或者免税电子信息不符的,公安机关交通管理部门不予办理车辆注册登记。

三、自2019年7月1日起，纳税人在全国范围内办理车辆购置税补税、完税证明换证或者更正等业务时，税务机关不再出具纸质车辆购置税完税证明。

四、下列纳税业务，纳税人如果在试点实施后办理车辆注册登记，税务机关仍然出具纸质车辆购置税完税证明，纳税人仍然可以凭纸质车辆购置税完税证明到公安机关交通管理部门办理车辆注册登记；但公安机关交通管理部门已接收到税务机关车辆购置税电子完税信息的，不再要求提交纸质车辆购置税完税证明。

（一）纳税人2018年10月31日以前（含10月31日）在浙江省（含宁波市）、广东省（含深圳市）、重庆市、甘肃省办理的车辆购置税纳税业务；

（二）纳税人2019年5月31日以前（含5月31日）在除浙江省（含宁波市）、广东省（含深圳市）、重庆市、甘肃省以外的地区办理的车辆购置税纳税业务；

（三）纳税人在2019年6月30日以前（含6月30日）办理车辆购置税补税、完税证明换证或者更正等业务。

五、下列纳税业务，纳税人如果在2019年6月30日以前（含6月30日）办理车辆购置税退税业务，不再提交纸质车辆购置税完税证明正本、副本。

（一）纳税人2018年11月1日至2019年6月30日期间内在浙江省（含宁波市）、广东省（含深圳市）、重庆市、甘肃省办理的车辆购置税纳税业务；

（二）纳税人2019年6月1日至2019年6月30日期间内在除浙江省（含宁波市）、广东省（含深圳市）、重庆市、甘肃省以外的地区办理的车辆购置税纳税业务。

六、纳税人如需纸质车辆购置税完税证明，可向主管税务机关提出，由主管税务机关打印《车辆购置税完税证明（电子版）》（见附件），亦可自行通过本省（自治区、直辖市和计划单列市）电子税务局等官方互联网平台查询和打印。

七、本公告自2019年6月1日起施行，《国家税务总局　公安部关于试点应用车辆购置税电子完税信息办理车辆登记业务的公告》（国家税务总局　公安部公告2018年第49号）同时废止。

特此公告。

附件：车辆购置税完税证明（电子版）（编者略）

1－3－68

免征车辆购置税的新能源汽车车型目录（第二十四批）

2019年4月29日　工业和信息化部　国家税务总局公告2019年第15号

根据《财政部　国家税务总局　工业和信息化部　科技部关于免征新能源汽车车辆购置税的公告》（2017年第172号）、《中华人民共和国工业和信息化部　财政部　国家税务总局公告》（2018年第17号）的要求，工业和信息化部会同国家税务总局等部门对企业提交的申请材料、无产量或进口量的车型进行了审查。现将《免征车辆购置税的新能源汽车车型目录》(第二十四批)、汽车生产企业名称变更、撤销《免征车辆购置税的新能源汽车车型目录》的车型名单予以公告。

附件:1. 免征车辆购置税的新能源汽车车型目录(第二十四批)(编者略)

2. 汽车生产企业名称变更名单(编者略)

3. 撤销《免征车辆购置税的新能源汽车车型目录》的车型名单(编者略)

1 -3 -69

国家税务总局　交通运输部关于城市公交企业购置公共汽电车辆免征车辆购置税有关事项的公告

2019 年 6 月 6 日　国家税务总局　交通运输部公告 2019 年第 22 号

根据《中华人民共和国车辆购置税法》《财政部　税务总局关于车辆购置税有关具体政策的公告》(财政部　税务总局公告 2019 年第 71 号)的相关规定,现就城市公交企业购置的公共汽电车辆免征车辆购置税有关事项公告如下:

一、国家税务总局各省、自治区、直辖市和计划单列市税务局(以下简称“省税务局”)与本地区交通运输主管部门应当相互配合,共同做好城市公交企业购置公共汽电车辆免征车辆购置税工作。

二、《城市公共交通管理部门与城市公交企业名录》(以下简称《名录》,见附件 1)是税务机关确定申报企业是否为城市公交企业的依据,各省、自治区、直辖市交通运输厅(委)(以下简称省交通厅)负责组织编制本地区《名录》。

三、各县级以上(含县级)人民政府交通运输主管部门认定城市公交企业并逐级报送《名录》信息。省交通厅定期汇总、公示本地区城市公交企业新增、退出、变更等信息,并及时将调整后的《名录》函送省税务局。《名录》的函送时间和方式由省税务局和省交通厅共同商定。

省税务局应当及时将《名录》下发至所属各级税务机关。

四、城市公交企业所在地县级以上(含县级)交通运输主管部门按照财政部、税务总局 2019 年第 71 号公告的有关规定,依据公共汽电车辆购置计划和采购合同等资料,为城市公交企业购置的符合《公共汽车类型划分及等级评定》标准的公共汽车、无轨电车和有轨电车出具《公共汽电车辆认定表》(见附件 2)。

五、税务机关依据《公共汽电车辆认定表》以及办理车辆购置税纳税申报需要提供的其他资料,为已经列入《名录》的城市公交企业购置的公共汽电车辆,办理车辆购置税免税手续。

六、城市公交企业为新购置的公共汽电车辆办理免税手续后,因车辆转让、改变用途等导致免税条件消失的,纳税人应当到税务机关重新办理申报纳税手续。未按规定办理的,依据相关规定处理。

七、本公告自 2019 年 7 月 1 日起施行。为做好本公告实施工作,省交通厅应当按照本公告《名录》格式重新汇总编制《名录》,并于2019年7月1日之前函送省税务局。

《国家税务总局 交通运输部关于城市公交企业购置公共汽电车辆免征车辆购置税有关问题的通知》(税总发〔2016〕157号),自2019年7月1日起停止执行。

特此公告。

附件:1. 城市公共交通管理部门与城市公交企业名录(编者略)

2. 公共汽电车辆认定表(编者略)

1-3-70

免征车辆购置税的新能源汽车车型目录(第二十五批)

2019年6月12日 工业和信息化部 国家税务总局公告2019年第21号

根据《财政部 国家税务总局 工业和信息化部 科技部关于免征新能源汽车车辆购置税的公告》(2017年第172号)、《中华人民共和国工业和信息化部 财政部 国家税务总局公告》(2018年第17号)的要求,工业和信息化部会同国家税务总局等部门对企业提交的申请材料进行了审查。现将《免征车辆购置税的新能源汽车车型目录》(第二十五批)予以公告。

附件:免征车辆购置税的新能源汽车车型目录(第二十五批)(编者略)

1-3-71

国家税务总局 工业和信息化部关于加强车辆配置序列号管理有关事项的公告

2019年6月21日 国家税务总局 工业和信息化部公告2019年第25号

为提高车辆购置税征收管理效率,规范机动车合格证电子信息及进口车辆电子信息(以下统称车辆电子信息)和车辆分类管理,国家税务总局、工业和信息化部决定调整车辆配置序列号编码规则,对车辆配置序列号的申请和使用加强管理。现就有关事项公告如下:

一、自2019年7月1日起,车辆生产(改装)企业或者进口车辆的单位和个人(以下简称"企业")不再向税务机关报送车辆价格信息,保留车辆配置序列号管理机制。

二、车辆配置序列号由企业通过机动车合格证信息管理系统中的车辆配置信息管理系统编制,用于区分相同厂牌型号、不同配置的车型。2019年12月31日前,仍按《国家税务总局关于印发〈车辆购置税价格信息管理办法(试行)〉的通知》(国税发〔2006〕93号,国家税务总局公告2018年第31号修改)的附件3《"序列号"编码规则》(以下简称"旧编码规则")编制。

同类别同品牌同型号、配置相同的车型,不应重复编制车辆配置序列号。

三、自2020年1月1日起,车辆配置信息管理系统依据企业填写的车辆信息(车辆配置序列号填报说明见附件1),按照《车辆配置序列号编码规则》(以下简称"新编码规则",见附件2)自动编制车辆配置序列号。

四、企业初次编制车辆配置序列号前,应当申请生产企业代码。自2019年7月1日起,新增企业的生产企业代码由企业通过车辆配置信息管理系统申请。

车辆生产(改装)企业名称发生变更的,生产企业代码不变。

进口车辆已经由进口单位和个人申请了境外生产(改装)企业代码的,其他进口单位和个人可以直接调用境外生产(改装)企业代码,车辆配置信息管理系统不再重复编制生产企业代码。

五、属于工业和信息化部"道路机动车辆生产企业及产品准入许可"(以下简称"车辆产品准入公告")管理范围的车型,企业应当在车辆产品准入公告批准发布后编制车辆配置序列号。

不属于车辆产品准入公告管理范围的车型,企业应当在首次提交车辆电子信息前编制车辆配置序列号。

六、企业提交车辆电子信息时,应当根据车辆配置、参数,选择相应的配置序列号,不得混用。

从未在车辆电子信息中使用过的车辆配置序列号,企业可以申请作废,已经在车辆电子信息中使用过的车辆配置序列号不得作废。

七、2019年12月31日前已经按旧编码规则编制但尚未使用的车辆配置序列号,2020年1月1日起不再有效,企业按照新编码规则重新编制;2019年12月31日前已经按旧编码规则编制且已经使用的车辆配置序列号,2020年1月1日起仍然有效并可以继续使用。

八、国家税务总局、工业和信息化部委托工业和信息化部装备工业发展中心负责车辆配置信息管理系统建设运维及宣传培训工作。

九、国家税务总局、工业和信息化部将不定期对生产企业上传的车辆电子信息进行核查,对未按照要求编制和使用车辆配置序列号的,工业和信息化部将责令其限期整改,逾期不整改或情节严重的将按照相关规定进行处理。因生产企业原因造成少缴税款的,税务机关将依据《中华人民共和国税收征收管理法》及其实施细则等有关规定处理。

特此公告。

附件:1. 车辆配置序列号填报说明(编者略)

2. 车辆配置序列号编码规则(编者略)

1-3-72

国家税务总局关于车辆购置税征收管理有关事项的公告

2019年6月21日　国家税务总局公告2019年第26号

为落实《中华人民共和国车辆购置税法》(以下简称《车辆购置税法》),规范车辆购置税征收管理,现就有关事项公告如下:

一、车辆购置税实行一车一申报制度。

二、《车辆购置税法》第六条第四项所称的购置应税车辆时相关凭证，是指原车辆所有人购置或者以其他方式取得应税车辆时载明价格的凭证。无法提供相关凭证的，参照同类应税车辆市场平均交易价格确定其计税价格。

原车辆所有人为车辆生产或者销售企业，未开具机动车销售统一发票的，按照车辆生产或者销售同类应税车辆的销售价格确定应税车辆的计税价格。无同类应税车辆销售价格的，按照组成计税价格确定应税车辆的计税价格。

三、购置应税车辆的纳税人，应当到下列地点申报纳税：

（一）需要办理车辆登记的，向车辆登记地的主管税务机关申报纳税。

（二）不需要办理车辆登记的，单位纳税人向其机构所在地的主管税务机关申报纳税，个人纳税人向其户籍所在地或者经常居住地的主管税务机关申报纳税。

四、《车辆购置税法》第十二条所称纳税义务发生时间，按照下列情形确定：

（一）购买自用应税车辆的为购买之日，即车辆相关价格凭证的开具日期。

（二）进口自用应税车辆的为进口之日，即《海关进口增值税专用缴款书》或者其他有效凭证的开具日期。

（三）自产、受赠、获奖或者以其他方式取得并自用应税车辆的为取得之日，即合同、法律文书或者其他有效凭证的生效或者开具日期。

五、纳税人办理纳税申报时应当如实填报《车辆购置税纳税申报表》（见附件1），同时提供车辆合格证明和车辆相关价格凭证。

六、纳税人在办理车辆购置税免税、减税时，除按本公告第五条规定提供资料外，还应当根据不同的免税、减税情形，分别提供相关资料的原件、复印件。

（一）外国驻华使馆、领事馆和国际组织驻华机构及其有关人员自用车辆，提供机构证明和外交部门出具的身份证明。

（二）城市公交企业购置的公共汽电车辆，提供所在地县级以上（含县级）交通运输主管部门出具的公共汽电车辆认定表。

（三）悬挂应急救援专用号牌的国家综合性消防救援车辆，提供中华人民共和国应急管理部批准的相关文件。

（四）回国服务的在外留学人员购买的自用国产小汽车，提供海关核发的《中华人民共和国海关回国人员购买国产汽车准购单》。

（五）长期来华定居专家进口自用小汽车，提供国家外国专家局或者其授权单位核发的专家证或者A类和B类《外国人工作许可证》。

七、免税、减税车辆因转让、改变用途等原因不再属于免税、减税范围的，纳税人在办理纳税申报时，应当如实填报《车辆购置税纳税申报表》。发生二手车交易行为的，提供二手车销售统一发票；属于其他情形的，按照相关规定提供申报材料。

八、已经缴纳车辆购置税的，纳税人向原征收机关申请退税时，应当如实填报《车辆购置税退税申请表》（见附件2），提供纳税人身份证明，并区别不同情形提供相关资料。

（一）车辆退回生产企业或者销售企业的，提供生产企业或者销售企业开具的退车证明和退车发票。

（二）其他依据法律法规规定应当退税的，根据具体情形提供相关资料。

九、纳税人应当如实申报应税车辆的计税价格，税务机关应当按照纳税人申报的计税价格征收税款。纳税人编造虚假计税依据的，税务机关应当依照《税收征管法》及其实施细则的相关规定处理。

十、本公告要求纳税人提供的资料，税务机关能够通过政府信息共享等手段获取相关资料信息的，纳税人不再提交。

十一、税务机关应当在税款足额入库或者办理免税手续后，将应税车辆完税或者免税电子信息，及时传送给公安机关交通管理部门。

税款足额入库包括以下情形：纳税人到银行缴纳车辆购置税税款（转账或者现金），由银行将税款缴入国库的，国库已传回《税收缴款书（银行经收专用）》联次；纳税人通过横向联网电子缴税系统等电子方式缴纳税款的，税款划缴已成功；纳税人在办税服务厅以现金方式缴纳税款的，主管税务机关已收取税款。

十二、纳税人名称、车辆厂牌型号、发动机号、车辆识别代号（车架号）、证件号码等应税车辆完税或者免税电子信息与原申报资料不一致的，纳税人可以到税务机关办理完税或者免税电子信息更正，但是不包括以下情形：

（一）车辆识别代号（车架号）和发动机号同时与原申报资料不一致。

（二）完税或者免税信息更正影响到车辆购置税税款。

（三）纳税人名称和证件号码同时与原申报资料不一致。

税务机关核实后，办理更正手续，重新生成应税车辆完税或者免税电子信息，并且及时传送给公安机关交通管理部门。

十三、《车辆购置税法》第九条所称“设有固定装置的非运输专用作业车辆”，是指列入国家税务总局下发的《设有固定装置的非运输专用作业车辆免税图册》（以下简称免税图册）的车辆。

纳税人在办理设有固定装置的非运输专用作业车辆免税申报时，除按照本公告第五条规定提供资料外，还应当提供车辆内、外观彩色5寸照片，主管税务机关依据免税图册办理免税手续。

十四、本公告所称车辆合格证明，是指整车出厂合格证或者《车辆电子信息单》（见附件3）。

本公告所称车辆相关价格凭证是指：境内购置车辆为机动车销售统一发票或者其他有效凭证；进口自用车辆为《海关进口关税专用缴款书》或者海关进出口货物征免税证明，属于应征消费税车辆的还包括《海关进口消费税专用缴款书》。

本公告所称纳税人身份证明是指：单位纳税人为《统一社会信用代码证书》，或者营业执照或者其他有效机构证明；个人纳税人为居民身份证，或者居民户口簿或者入境的身份证件。

十五、《车辆购置税纳税申报表》《车辆购置税退税申请表》，样式由国家税务总局统一规定，国家税务总局各省、自治区、直辖市和计划单列市税务局自行印制，纳税人也可以在税务机关网站下载、提交。

十六、纳税人2019年6月30日（含）前购置属于《中华人民共和国车辆购置税暂行条例》规定的应税车辆，在2019年7月1日前未申报纳税的，应当按照规定的申报纳税期限申报纳税。

十七、本公告自2019年7月1日起施行。《车辆购置税全文废止和部分条款废止的文件目录》(见附件4)同日生效。

特此公告。

附件:1. 车辆购置税纳税申报表

2. 车辆购置税退税申请表

3. 车辆电子信息单(编者略)

4. 车辆购置税全文废止和部分条款废止的文件目录

附件1

车辆购置税纳税申报表

填表日期: 年 月 日 金额单位:元

<table>
<tr><td>纳税人名称</td><td colspan="2"></td><td>申报类型</td><td colspan="2">□征税 □免税 □减税</td></tr>
<tr><td>证件名称</td><td colspan="2"></td><td>证件号码</td><td colspan="2"></td></tr>
<tr><td>联系电话</td><td colspan="2"></td><td>地 址</td><td colspan="2"></td></tr>
<tr><td>合格证编号
(货物进口
证明书号)</td><td colspan="2"></td><td>车辆识别代号
/车架号</td><td colspan="2"></td></tr>
<tr><td>厂牌型号</td><td colspan="5"></td></tr>
<tr><td>排量(cc)</td><td colspan="2"></td><td>机动车销售
统一发票代码</td><td colspan="2"></td></tr>
<tr><td>机动车销售
统一发票号码</td><td colspan="2"></td><td>不含税价</td><td colspan="2"></td></tr>
<tr><td colspan="4">海关进口关税专用缴款书(进出口货物征免税证明)号码</td><td colspan="2"></td></tr>
<tr><td>关税完税价格</td><td></td><td>关 税</td><td></td><td>消费税</td><td></td></tr>
<tr><td>其他有效
凭证名称</td><td></td><td>其他有效
凭证号码</td><td></td><td>其他有效
凭证价格</td><td></td></tr>
<tr><td>购置日期</td><td></td><td>申报计税
价格</td><td></td><td>申报免(减)税
条件或者代码</td><td></td></tr>
<tr><td>是否办理
车辆登记</td><td></td><td>车辆拟登记
地点</td><td colspan="3"></td></tr>
<tr><td colspan="6">纳税人声明:
本纳税申报表是根据国家税收法律法规及相关规定填报的,我确定它是真实的、可靠的、完整的。
纳税人(签名或盖章):</td></tr>
<tr><td colspan="6">委托声明:
现委托(姓名)________(证件号码)____________________办理车辆购置税涉税事宜,提供的凭证、资料是真实、可靠、完整的。任何与本申报表有关的往来文件,都可交予此人。
委托人(签名或盖章): 被委托人(签名或盖章):</td></tr>
<tr><td colspan="6">以下由税务机关填写</td></tr>
<tr><td colspan="2">免(减)税条件代码</td><td colspan="4"></td></tr>
<tr><td>计税价格</td><td>税率</td><td>应纳税额</td><td>免(减)税额</td><td>实纳税额</td><td>滞纳金金额</td></tr>
<tr><td></td><td></td><td></td><td></td><td></td><td></td></tr>
<tr><td colspan="2">受理人:
年 月 日</td><td colspan="2">复核人(适用于免、减税申报):
年 月 日</td><td colspan="2">主管税务机关(章)</td></tr>
</table>

《车辆购置税纳税申报表》填表说明

1. 本表由车辆购置税纳税人在办理纳(免、减)税申报时填写(打印),由纳税人签章确认。

2. “纳税人名称”栏,填写办理申报时提供的车辆相关价格凭证注明的车辆购买方名称。

3. “证件名称”栏,单位纳税人填写《统一社会信用代码证书》或者《营业执照》或者其他有效机构证明;个人纳税人填写《居民身份证》或者其他身份证明名称。

4. “证件号码”栏,填写“证件名称”栏填写的证件的号码。

5. “合格证编号(货物进口证明书号)”“车辆识别代号/车架号”“厂牌型号”“排量(cc)”栏,分别按照车辆合格证或者《中华人民共和国海关货物进口证明书》或者《中华人民共和国海关监管车辆进(出)境领(销)牌照通知书》或者《没收走私汽车、摩托车证明书》中对应的编号、车辆识别代号/车架号、车辆品牌和车辆型号、排量填写。

6. “机动车销售统一发票代码”“机动车销售统一发票号码”“不含税价”栏,分别按照机动车销售统一发票相应项目填写。

7. 下列栏次由进口自用车辆的纳税人填写:

(1)“海关进口关税专用缴款书(进出口货物征免税证明)号码”栏,填写《海关进口关税专用缴款书》中注明的号码;免征关税应税车辆填写《进出口货物征免税证明》中注明的编号。

(2)“关税完税价格”栏,通过《海关进口关税专用缴款书》《海关进口消费税专用缴款书》《海关进口增值税专用缴款书》或者其他资料进行采集,顺序如下:

①《海关进口关税专用缴款书》中注明的关税完税价格;

②在免关税的情况下,通过《海关进口消费税专用缴款书》中注明的完税价格和消费税税额计算关税完税价格;

③在免关税和免或者不征消费税的情况下,采用《海关进口增值税专用缴款书》中注明的完税价格;

④在关税、消费税和增值税均免征或者不征的情况下,通过其他资料采集关税完税价格。

(3)“关税”栏,填写《海关进口关税专用缴款书》中注明的关税税额。

(4)“消费税”栏,填写《海关进口消费税专用缴款书》中注明的消费税税额。

8. “其他有效凭证名称”“其他有效凭证号码”“其他有效凭证价格”栏由未取得机动车销售统一发票且非进口自用的纳税人按取得的相应证明资料内容填写。

9. “购置日期”栏,填写机动车销售统一发票或者海关进口关税专用缴款书(进出口货物征免税证明)或者其他有效凭证的开具或者生效日期。

10. “申报计税价格”栏,分别按照下列要求填写:

(1)购买自用应税车辆,填写购买应税车辆时相关凭证载明的不含税价格;

(2)进口自用应税车辆,填写计税价格,计税价格 = 关税完税价格 + 关税 + 消费税;

(3)自产自用应税车辆,填写纳税人生产的同类应税车辆的销售价格,不包括增值税税款;

(4)受赠、获奖或者其他方式取得自用应税车辆,填写原车辆所有人购置或者以其他方式取得应税车辆时相关凭证载明的价格,不包括增值税税款。

11. “申报免(减)税条件或者代码”栏,分别按照下列情形填写字母代码或者文字:

(1)依照法律规定应当予以免税的外国驻华使馆、领事馆和国际组织驻华机构及其有关人员自用的车辆

A1. 外国驻华使领馆和国际组织驻华机构自用车辆

A2. 外国驻华使领馆和国际组织有关人员自用车辆

(2)中国人民解放军和中国人民武装警察部队列入装备订货计划的车辆

B. 部队列入装备订货计划的车辆

(3)悬挂应急救援专用号牌的国家综合性消防救援车辆

C. 悬挂专用号牌国家综合性消防救援车辆

(4)设有固定装置的非运输专用作业车辆

D. 设有固定装置的非运输专用作业车辆

(5)城市公交企业购置的公共汽电车辆

E1. 城市公交企业购置公共汽电车辆(汽车)

E2. 城市公交企业购置公共汽电车辆(有轨电车)

(6)根据国民经济和社会发展的需要,国务院可以规定减征或者其他免征车辆购置税的情形,报全国人民代表大会

常务委员会备案。

F1. 防汛车辆

F2. 森林消防车辆

F3. 留学人员购买车辆

F4. 来华专家购置车辆

F5.“母亲健康快车”项目专用车辆

F6. 北京冬奥会新购车辆

F7. 新能源汽车

F8. 减半征收挂车

F9. 部队改挂车辆

F10. 国务院规定其他减征或者免征车辆

※1. 设有固定装置非运输车辆免税，申报时直接填写“设有固定装置非运输车辆”。

※2. F1－F10，根据减、免税政策变化公告调整。

12.“是否办理车辆登记”栏，如填写“是”，则“车辆拟登记地点”栏应填写具体县(市、区)。

13. 本表一式二份(一车一表)，一份由纳税人留存，一份由主管税务机关留存。

附件2

车辆购置税退税申请表

填表日期：　　年　月　日　　　　　　　　　　　　　　　　　　　　金额单位：元

<table>
<tr><td colspan="2">纳税人名称</td><td colspan="2"></td><td>证件名称</td><td colspan="2"></td></tr>
<tr><td colspan="2">联系电话</td><td colspan="2"></td><td>证件号码</td><td colspan="2"></td></tr>
<tr><td colspan="2">开户银行</td><td></td><td>开户账号</td><td></td><td>户名</td><td></td></tr>
<tr><td colspan="2">车辆识别代号/车架号</td><td colspan="2"></td><td>已缴纳车辆购置税税款</td><td colspan="2"></td></tr>
<tr><td colspan="2">购置日期</td><td colspan="2"></td><td>申请退税额</td><td colspan="2"></td></tr>
<tr><td rowspan="12">退税原因代码</td><td colspan="2" rowspan="2">A. 车辆退回生产企业或者销售企业：按照已缴纳税款每满1年扣减10%计算退税额；未满1年的，按已缴纳税款全额退税。</td><td>购车已满年限</td><td>扣减比例</td><td>退车发票代码</td><td>退车发票号码</td></tr>
<tr><td></td><td></td><td></td><td></td></tr>
<tr><td rowspan="10">B. 其他原因退税</td><td rowspan="2">B1. 计税价格错误：按照新申报的计税价格重新计算应退税额。</td><td>原申报计税价格</td><td colspan="3">现申报计税价格</td></tr>
<tr><td></td><td colspan="3"></td></tr>
<tr><td rowspan="2">B2. 厂牌型号或配置选择错误：按照新的车辆型号或配置重新计算应退税额。</td><td>原选型号或配置</td><td colspan="3">现选型号或配置</td></tr>
<tr><td></td><td colspan="3"></td></tr>
<tr><td>B3. 重复缴税退税：按已缴纳税款全额退税。</td><td colspan="4">—</td></tr>
<tr><td rowspan="2">B4. 税率选择错误：重新按照正确税率计算应退税额。</td><td>原申报适用税率</td><td colspan="3">现申报适用税率</td></tr>
<tr><td></td><td colspan="3"></td></tr>
<tr><td>B5. 误收退税：按照误收税额申请退税。</td><td colspan="4">—</td></tr>
<tr><td>B6. 符合免、减税条件但已征税，按照应免、减税额申请退税。</td><td colspan="4">免、减税条件或者字母代码：</td></tr>
<tr><td>B7. 其他。</td><td colspan="4">—</td></tr>
</table>

续表

<table>
<tr><td colspan="4">纳税人声明：
本表是根据国家税收法律法规及相关规定填报的，我确定它是真实的、可靠的、完整的。
纳税人（签名或盖章）：</td></tr>
<tr><td colspan="4">委托声明：
现委托（姓名）______（证件号码）____________________办理车辆购置税涉税事宜，提供的凭证、资料是真实、可靠、完整的。任何与本申报表有关的往来文件，都可交予此人。
委托人（签名或盖章）：　　　　　　　　被委托人（签名或盖章）：</td></tr>
<tr><td colspan="4">以下由税务机关填写</td></tr>
<tr><td>实际退税额</td><td></td><td>核定退税原因代码</td><td></td></tr>
<tr><td>经办人：
年　月　日</td><td>审核人：
年　月　日</td><td colspan="2">负责人：
主管税务机关（章）
年　月　日</td></tr>
</table>

注："退税原因代码"栏：按表中右侧对应原因选择相应的字母填写。

《车辆购置税退税申请表》填表说明

1. 本表由车辆购置税纳税人在办理退税申请时填写（打印），由纳税人签章确认。

2. "纳税人名称"栏，填写办理退税申报时提供的纳税人证件上注明的名称。

3. "证件名称"栏，单位纳税人填写《统一社会信用代码证书》或者《营业执照》或者其他有效机构证明；个人纳税人填写《居民身份证》或者其他身份证明名称。

4. "证件号码"栏，填写"证件名称"栏填写的证件的号码。

5. "开户银行""账号""户名"栏，填写纳税人用来接收国库退税税款的开户银行、账号及开户名称。

6. "车辆识别代号/车架号"栏，按车辆合格证或者《中华人民共和国海关货物进口证明书》或者《中华人民共和国海关监管车辆进（出）境领（销）牌照通知书》或者《没收走私汽车、摩托车证明书》中对应的车辆识别代号（车架号）填写。

7. "已缴纳车辆购置税税款"栏，填写主管税务机关开具的车辆购置税缴税凭证上注明的缴税金额。

8. "购置日期"栏，填写机动车销售统一发票（或者有效凭证）上注明的开票日期。

9. "申请退税额"栏，填写纳税人向税务机关申请的退税金额。

10. "退税原因代码"栏，按表中右侧对应原因选择相应的字母填写。对退税原因为"B6. 符合免、减税条件但已征税，按照应免、减税额申请退税。"的，请区分免、减税种类，填写免、减税条件或者字母代码。

（1）依照法律规定应当予以免税的外国驻华使馆、领事馆和国际组织驻华机构及其有关人员自用的车辆

A1. 外国驻华使领馆和国际组织驻华机构自用车辆

A2. 外国驻华使领馆和国际组织有关人员自用车辆

（2）中国人民解放军和中国人民武装警察部队列入装备订货计划的车辆

B. 部队列入装备订货计划的车辆

（3）悬挂应急救援专用号牌的国家综合性消防救援车辆

C. 悬挂专用号牌国家综合性消防救援车辆

（4）设有固定装置的非运输专用作业车辆

D. 设有固定装置的非运输专用作业车辆

（5）城市公交企业购置的公共汽电车辆

E1. 城市公交企业购置公共汽电车辆（汽车）

E2. 城市公交企业购置公共汽电车辆（有轨电车）

（6）根据国民经济和社会发展的需要，国务院可以规定减征或者其他免征车辆购置税的情形，报全国人民代表大会常务委员会备案。

F1. 防汛车辆

F2. 森林消防车辆

F3. 留学人员购买车辆

F4. 来华专家购置车辆

F5.“母亲健康快车”项目专用车辆

F6. 北京冬奥会新购车辆

F7. 新能源汽车

F8. 减半征收挂车

F9. 部队改挂车辆

F10. 国务院规定其他减征或者免征车辆

※1. 符合设有固定装置非运输车辆免税但已征税的,直接填写“设有固定装置非运输车辆”。

※2. F1－F10,根据减、免税政策变化公告调整。

11. 本表(一车一表)一式三份,一份由纳税人留存;一份由国库留存;一份由主管税务机关留存。

附件 4

车辆购置税全文废止和部分条款废止的文件目录

表一　2019 年 7 月 1 日全文废止和部分条款废止的文件目录

序号	文号	文件名称	备注
1	国税发〔2006〕123 号	国家税务总局关于车辆购置税征收管理有关问题的通知	全文废止
2	国税函〔2006〕160 号	国家税务总局关于驻外使领馆工作人员离任回国进境自用车辆缴纳车辆购置税问题的补充通知	废止第一条、第二条,附件 1、附件 2、附件 3
3	国税发〔2006〕93 号 国家税务总局公告 2018 年第 31 号修改	国家税务总局关于印发《车辆购置税价格信息管理办法(试行)》的通知	废止《车辆购置税价格信息管理办法(试行)》和附件 1、附件 2
4	国家税务总局公告 2015 年第 4 号 国家税务总局公告 2018 年第 31 号修改	国家税务总局关于车辆购置税征收管理有关问题的公告	废止第一条至第三条、第六条至第十二条、第十五条、第十七条、第十八条、第二十条至第二十三条
5	国家税务总局公告 2015 年第 56 号 国家税务总局公告 2018 年第 31 号修改	国家税务总局关于部分税务行政审批事项取消后有关管理问题的公告	废止第四条
6	国家税务总局公告 2016 年第 52 号	国家税务总局关于车辆购置税征收管理有关问题的补充公告	全文废止

表二　2020 年 1 月 1 日部分条款废止的文件目录

序号	文号	文件名称	备注
1	国税发〔2006〕93 号 国家税务总局公告 2018 年第 31 号修改	国家税务总局关于印发《车辆购置税价格信息管理办法(试行)》的通知	废止附件 3“序列号”编码规则

注释:

条款废止。税务机关对 2020 年 12 月 31 日之前申报的、符合免税条件的车辆编列下发最后一期《免税图册》后,废止第十三条。参见:《国家税务总局　工业和信息化部关于设有固定装置的非运输专用作业车辆免征车辆购置税有关管理事项的公告》(国家税务总局 工业和信息化部公告2020年第20号)。

1-3-73

国家税务总局关于废止《车辆购置税征收管理办法》的决定

2019年7月1日 国家税务总局令第47号

《国家税务总局关于废止〈车辆购置税征收管理办法〉的决定》,已经2019年6月24日国家税务总局2019年度第2次局务会议审议通过,现予公布。

国家税务总局局长:王 军

2019年7月1日

国家税务总局关于废止《车辆购置税征收管理办法》的决定

根据第十三届全国人民代表大会常务委员会第七次会议通过的《中华人民共和国车辆购置税法》,国家税务总局决定自2019年7月1日起废止《车辆购置税征收管理办法》(国家税务总局令第33号公布,第38号、第44号修改)。

1-3-74

免征车辆购置税的新能源汽车车型目录(第二十六批)

2019年8月30日 工业和信息化部 国家税务总局公告2019年第32号

根据《财政部 国家税务总局 工业和信息化部 科技部关于免征新能源汽车车辆购置税的公告》(2017年第172号)、《中华人民共和国工业和信息化部 财政部 国家税务总局公告》(2018年第17号)的要求,工业和信息化部会同国家税务总局等部门对企业提交的申请进入《免征车辆购置税的新能源汽车车型目录》的材料和对列入《免征车辆购置税的新能源汽车车型目录》后12个月内无产量或进口量的车型进行了审查。现将《免征车辆购置税的新能源汽车车型目录》(第二十六批)、汽车生产企业名称变更名单、撤销《免征车辆购置税的新能源汽车车型目录》的车型名单予以公告。

附件:1. 免征车辆购置税的新能源汽车车型目录(第二十六批)(编者略)

2. 汽车生产企业名称变更名单(编者略)
3. 撤销《免征车辆购置税的新能源汽车车型目录》的车型名单(编者略)

1－3－75

免征车辆购置税的新能源汽车车型目录(第二十七批)

2019年10月25日 工业和信息化部 国家税务总局公告2019年第45号

根据《财政部 国家税务总局 工业和信息化部 科技部关于免征新能源汽车车辆购置税的公告》(2017年第172号)、《中华人民共和国工业和信息化部 财政部 国家税务总局公告》(2018年第17号)的要求,工业和信息化部会同国家税务总局等部门对企业提交的申请进入《免征车辆购置税的新能源汽车车型目录》的材料和对列入《免征车辆购置税的新能源汽车车型目录》后12个月内无产量或进口量的车型进行了审查。现将《免征车辆购置税的新能源汽车车型目录》(第二十七批)、汽车生产企业名称变更名单、撤销《免征车辆购置税的新能源汽车车型目录》的车型名单予以公告。

附件:1. 免征车辆购置税的新能源汽车车型目录(第二十七批)(编者略)
2. 汽车生产企业名称变更名单(编者略)
3. 撤销《免征车辆购置税的新能源汽车车型目录》的车型名单(编者略)

1－3－76

免征车辆购置税的新能源汽车车型目录(第二十八批)

2019年12月6日 工业和信息化部 国家税务总局公告2019年第57号

根据《财政部 国家税务总局 工业和信息化部 科技部关于免征新能源汽车车辆购置税的公告》(2017年第172号)、《中华人民共和国工业和信息化部 财政部 国家税务总局公告》(2018年第17号)的要求,工业和信息化部会同国家税务总局等部门对企业提交的申请进入《免征车辆购置税的新能源汽车车型目录》的材料和对列入《免征车辆购置税的新能源汽车车型目录》后12个月内无产量或进口量的车型进行了审查。现将《免征车辆购置税的新能源汽车车型目录》(第二十八批)、撤销《免征车辆购置税的新能源汽车车型目录》的车型名单予以公告。

附件:1. 免征车辆购置税的新能源汽车车型目录(第二十八批)(编者略)
2. 撤销《免征车辆购置税的新能源汽车车型目录》的车型名单(编者略)

1 –3 –77

免征车辆购置税的新能源汽车车型目录(第二十九批)

2019 年 12 月 25 日　工业和信息化部　国家税务总局公告 2019 年第 62 号

根据《财政部　国家税务总局　工业和信息化部　科技部关于免征新能源汽车车辆购置税的公告》(2017 年第 172 号)、《中华人民共和国工业和信息化部　财政部　国家税务总局公告》(2018 年第 17 号)的要求,工业和信息化部会同国家税务总局等部门对企业提交的申请进入《免征车辆购置税的新能源汽车车型目录》的材料进行了审查。现将《免征车辆购置税的新能源汽车车型目录》(第二十九批)、汽车生产企业名称变更名单予以公告。

附件:1. 免征车辆购置税的新能源汽车车型目录(第二十九批)(编者略)

2. 汽车生产企业名称变更名单(编者略)

1 –3 –78

国家税务总局关于应用机动车销售统一发票电子信息办理车辆购置税业务的公告

2020 年 1 月 21 日　国家税务总局公告 2020 年第 3 号

为进一步深化“放管服”改革,优化纳税服务,国家税务总局决定,对开具机动车销售统一发票的应税车辆,自 2020 年 2 月 1 日起,在上海市、江苏省、浙江省、宁波市四个地区(以下简称“试点地区”)试点应用机动车销售统一发票电子信息(以下简称“发票电子信息”)办理车辆购置税业务;自 2020 年 6 月 1 日起,将应用发票电子信息办理车辆购置税业务的机制扩大到全国其他地区(以下简称“其他地区”)。现将有关事项公告如下:

一、试点地区自 2020 年 2 月 1 日起、其他地区自 2020 年 6 月 1 日起,纳税人购置应税车辆办理车辆购置税纳税申报时,以发票电子信息中的不含税价作为申报计税价格。纳税人依据相关规定提供其他有效价格凭证的情形除外。

应税车辆存在多条发票电子信息或者没有发票电子信息的,纳税人应当持机动车销售统一发票、购车合同及其他能够反映真实交易的材料到税务机关办理车辆购置税纳税申报,按照购置应税车辆实际支付给销售方的全部价款(不包括增值税税款)申报纳税。

发票电子信息与纳税人提供的机动车销售统一发票的内容不一致、纳税人提供的机动车销售统一发票已经作废或者开具了红字发票的,纳税人应换取合规的发票后申报纳税。

二、试点地区自 2020 年 2 月 1 日起、其他地区自 2020 年 6 月 1 日起,纳税人购置并已完税的应税车辆，纳税人申请车辆购置税退税时，税务机关核对纳税人提供的退车发票与发票电子信息无误后，按规定办理退税；核对不一致的，纳税人换取合规的发票后，依法办理退税申报；没有发票电子信息的，销售方向税务机关传输有效发票电子信息后，纳税人依法办理退税申报。

三、试点地区纳税人2020年2月1日后办理于2020年1月31日前购置应税车辆的车辆购置税纳税申报、其他地区纳税人2020年6月1日后办理于2020年5月31日前购置应税车辆的车辆购置税纳税申报，税务机关能够调取发票电子信息的，按照本公告第一条流程办理；税务机关无法调取发票电子信息的，按原流程办理。

四、纳税人对所提交材料的真实性和合法性承担法律责任。

五、本公告所述购置日期以机动车销售统一发票上注明的日期为准。

特此公告。

1－3－79

免征车辆购置税的新能源汽车车型目录（第三十批）

2020年3月12日　工业和信息化部　国家税务总局公告2020年第11号

根据《财政部　国家税务总局　工业和信息化部　科技部关于免征新能源汽车车辆购置税的公告》（2017年第172号）、《中华人民共和国工业和信息化部　财政部　国家税务总局公告》（2018年第17号）的要求，工业和信息化部会同国家税务总局等部门对企业提交的申请进入《免征车辆购置税的新能源汽车车型目录》的材料进行了审查。现将《免征车辆购置税的新能源汽车车型目录》（第三十批）、汽车生产企业名称变更名单予以公告。

附件：1. 免征车辆购置税的新能源汽车车型目录（第三十批）（编者略）

2. 汽车生产企业名称变更名单（编者略）

1－3－80

财政部　税务总局　工业和信息化部关于新能源汽车免征车辆购置税有关政策的公告

2020年4月16日　财政部　税务总局　工业和信息化部公告2020年第21号

为支持新能源汽车产业发展，促进汽车消费，现就新能源汽车免征车辆购置税有关政策公告如下：

一、自2021年1月1日至2022年12月31日，对购置的新能源汽车免征车辆购置税。

免征车辆购置税的新能源汽车是指纯电动汽车、插电式混合动力(含增程式)汽车、燃料电池汽车。

二、免征车辆购置税的新能源汽车,通过工业和信息化部、税务总局发布《免征车辆购置税的新能源汽车车型目录》(以下简称《目录》)实施管理。自《目录》发布之日起,购置列入《目录》的新能源汽车免征车辆购置税;购置时间为机动车销售统一发票(或有效凭证)上注明的日期。

三、对已列入《目录》的新能源汽车,新能源汽车生产企业或进口新能源汽车经销商(以下简称汽车企业)在上传《机动车整车出厂合格证》或进口机动车《车辆电子信息单》(以下简称车辆电子信息)时,在"是否符合免征车辆购置税条件"字段标注"是"(即免税标识)。工业和信息化部对汽车企业上传的车辆电子信息中的免税标识进行审核,并将通过审核的信息传送至税务总局。税务机关依据工业和信息化部审核后的免税标识和机动车统一销售发票(或有效凭证),办理车辆购置税免税手续。

四、汽车企业应当保证车辆电子信息与车辆产品相一致,对因提供虚假信息或资料造成车辆购置税税款流失的,依照《中华人民共和国税收征收管理法》及其实施细则予以处理。

五、从事《目录》管理、免税标识审核和办理免税手续的工作人员履行职责时,存在滥用职权、玩忽职守、徇私舞弊等违法违纪行为的,按照《中华人民共和国公务员法》《中华人民共和国监察法》等国家有关规定追究相应责任;涉嫌犯罪的,移送司法机关处理。

六、本公告自2021年1月1日起施行。2020年12月31日前已列入《目录》的新能源汽车免征车辆购置税政策继续有效。

1-3-81

免征车辆购置税的新能源汽车车型目录(第三十一批)

2020年4月20日 工业和信息化部 国家税务总局公告2020年第16号

根据《财政部 国家税务总局 工业和信息化部 科技部关于免征新能源汽车车辆购置税的公告》(2017年第172号)、《中华人民共和国工业和信息化部 财政部 国家税务总局公告》(2018年第17号)的要求,工业和信息化部会同国家税务总局等部门对企业提交的申请进入《免征车辆购置税的新能源汽车车型目录》的材料进行了审查。现将《免征车辆购置税的新能源汽车车型目录》(第三十一批)、《汽车生产企业名称变更名单》予以公告。

附件:1.《免征车辆购置税的新能源汽车车型目录》(第三十一批)(编者略)

2. 汽车生产企业名称变更名单(编者略)

1－3－82

免征车辆购置税的新能源汽车车型目录(第三十二批)

2020 年 5 月 26 日 工业和信息化部 国家税务总局公告 2020 年第 23 号

根据《财政部 国家税务总局 工业和信息化部 科技部关于免征新能源汽车车辆购置税的公告》(2017 年第 172 号)、《中华人民共和国工业和信息化部 财政部 国家税务总局公告》(2018 年第 17 号)的要求,工业和信息化部会同国家税务总局等部门对企业提交的申请进入《免征车辆购置税的新能源汽车车型目录》的材料进行了审查。现将《免征车辆购置税的新能源汽车车型目录》(第三十二批)、《汽车生产企业名称变更名单》予以公告。

附件:1. 免征车辆购置税的新能源汽车车型目录(第三十二批)(编者略)

2. 汽车生产企业名称变更名单(编者略)

1－3－83

财政部 税务总局 工业和信息化部关于设有固定装置的非运输专用作业车辆免征车辆购置税有关政策的公告

2020 年 7 月 1 日 财政部 税务总局 工业和信息化部公告 2020 年第 35 号

为贯彻落实《中华人民共和国车辆购置税法》,现就设有固定装置的非运输专用作业车辆免征车辆购置税有关政策公告如下:

一、设有固定装置的非运输专用作业车辆,是指采用焊接、铆接或者螺栓连接等方式固定安装专用设备或者器具,不以载运人员或者货物为主要目的,在设计和制造上用于专项作业的车辆。

二、免征车辆购置税的设有固定装置的非运输专用作业车辆,通过发布《免征车辆购置税的设有固定装置的非运输专用作业车辆目录》(以下简称《目录》)实施管理。有关列入《目录》车辆的技术要求、《目录》的编列与管理等事项,由税务总局会同工业和信息化部另行规定。

三、列入《目录》的设有固定装置的非运输专用作业车辆,车辆生产企业、进口车辆经销商或个人(以下简称"申请人")在上传《机动车整车出厂合格证》或进口机动车《车辆电子信息单》(以下简称车辆电子信息)时,将"是否列入《免征车辆购置税的设有固定装置的非运输专用作业车辆目录》"字段标注"是"(即免税标识)。工业和信息化部对申请人上传的车辆电子信息中的免税标识进行审核,并将通过审核的信息传送给税务总局。税务机关依据工业和信息化部审核后的免税标识以及办理车辆购置税纳税申报需要提供的其他资料,为纳税人办理车辆购置税免税手续。

四、申请人应当保证车辆电子信息与车辆产品相一致,对因提供虚假信息等造成车辆购置税税款流失的,依照《中华人民共和国税收征收管理法》及其实施细则予以处理。

五、从事《目录》管理、免税标识审核和办理免税手续的工作人员履行职责时,存在滥用职权、玩忽职守、徇私舞弊等违法违纪行为的,按照《中华人民共和国公务员法》、《中华人民共和国监察法》等国家有关规定追究相应责任;涉嫌犯罪的,移送司法机关处理。

六、本公告自2021年1月1日起施行。

1-3-84

国家税务总局　工业和信息化部关于设有固定装置的非运输专用作业车辆免征车辆购置税有关管理事项的公告

2020年12月5日　国家税务总局　工业和信息化部公告2020年第20号

根据《中华人民共和国车辆购置税法》(以下简称《车辆购置税法》)、《财政部　税务总局　工业和信息化部关于设有固定装置的非运输专用作业车辆免征车辆购置税有关政策的公告》(2020年第35号),现就设有固定装置的非运输专用作业车辆(以下简称"专用车辆")免征车辆购置税有关管理事项公告如下:

一、申请列入《免征车辆购置税的设有固定装置的非运输专用作业车辆目录》(以下简称《目录》)的车型,应当符合《设有固定装置的非运输专用作业车辆技术要求》(见附件1,以下简称《技术要求》)。

二、申请列入《目录》的车型,车辆生产企业、进口车辆经销商或个人(以下简称"申请人")需在纳税人办理车辆购置税申报前,通过工业和信息化部"免征车辆购置税的设有固定装置的非运输专用作业车辆管理系统"提交列入《目录》的申请材料。

三、申请列入《目录》的车型,申请人应当提交下列材料:

(一)《设有固定装置的非运输专用作业车辆信息采集表》(见附件2)。

(二)车辆照片及固定装置布置简图。照片及简图应当符合《设有固定装置的非运输专用作业车辆照片及资料扫描图片要求》(见附件3)。

(三)证明进口车辆合法进口的材料,包括但不限于《车辆一致性证书》或《中华人民共和国海关货物进口证明书》或《中华人民共和国海关监管车辆进(出)境领(销)牌照通知书》或《没收走私汽车、摩托车证明书》。

四、税务总局、工业和信息化部委托工业和信息化部装备工业发展中心组织技术审查,并将通过审查的车型列入《目录》。税务总局、工业和信息化部联合发布《目录》。

五、为减轻企业负担、简化操作流程,《目录》中附设《免申请列入〈免征车辆购置税的设有固定装置的非运输专用作业车辆目录〉车辆名称清单》(见附件4,以下简称《清单》)。

六、已经列入《目录》或《清单》的专用车辆,申请人在工业和信息化部合格证信息管理系统上传《机动车整车出厂合格证》或进口机动车《车辆电子信息单》(以下简称"车辆电子信息")时,将"是否列入《免征车辆购置税的设有固定装置的非运输专用作业车辆目录》"字段标注"是"(即免税标识)。工业和信息化部对申请人上传的车辆电子信息中的免税标识进行审核,并将通过审核的信息传送给税务总局。税务总局将接收到的上述信息推送至各省、自治区、直辖市和计划单列市税务机关,税务机关依据工业和信息化部审核后的免税标识以及办理车辆购置税纳税申报所需要提供的其他资料,为纳税人办理车辆购置税免税手续。

七、《目录》或《清单》发布前已出厂销售的车辆,申请人可以在所销售车辆的车型列入《目录》或《清单》后,在所销售车辆的车辆电子信息中重新标注免税标识并重新上传;工业和信息化部、税务机关按本公告第六条的规定传输信息、办理免税手续。

八、税务总局、工业和信息化部根据相关变化,适时调整《技术要求》、《目录》和《清单》。

从《目录》或《清单》撤销的车型,自撤销公告发布之日起,合格证信息管理系统不再接收该车型带有免税标识的车辆电子信息。

九、纳税人在2020年12月31日(含)前已购置的专用车辆,税务机关在2021年1月1日后继续依据《设有固定装置的非运输专用作业车辆免税图册》(以下简称《免税图册》)以及办理车辆购置税纳税申报所需要提供的其他资料,为纳税人办理车辆购置税免税手续。

纳税人在2021年1月1日(含)后购置的专用车辆,税务机关依据车辆电子信息中标注的免税标识以及办理车辆购置税纳税申报所需要提供的其他资料,为纳税人办理车辆购置税免税手续。

税务机关对2020年12月31日之前申报的、符合免税条件的车辆编列下发最后一期《免税图册》后,不再更新《免税图册》。

十、纳税人在2020年12月31日(含)前购置的专用车辆,已经缴纳车辆购置税但尚未办理退税的,纳税人在2021年1月1日后可以继续依据《中华人民共和国税收征收管理法》等相关规定申请退还已缴税款,税务机关继续依据《免税图册》及相关资料依法退还纳税人已缴税款。

十一、申请人对申请资料的真实性、合法性和完整性负责。对发现申请人利用虚假信息骗取列入《目录》的车型,税务总局、工业和信息化部将违规车型从《目录》中撤销,并依照相关法律法规予以处理。

十二、本公告自2021年1月1日起施行。施行时间以车辆相关价格凭证的开具日期或者其他有效凭证生效或者开具日期为准。《车辆购置税全文废止和部分条款废止的文件目录》(见附件5)同日生效。

特此公告。

附件:1. 设有固定装置的非运输专用作业车辆技术要求(编者略)

2. 设有固定装置的非运输专用作业车辆信息采集表(编者略)

3. 设有固定装置的非运输专用作业车辆照片及资料扫描图片要求(编者略)
4. 免申请列入《免征车辆购置税的设有固定装置的非运输专用作业车辆目录》车辆名称清单(编者略)
5. 车辆购置税全文废止和部分条款废止的文件目录

附件 5

车辆购置税全文废止和部分条款废止的文件目录

序号	文　号	文件名称	备注
1	国家税务总局公告 2014 年第 53 号	国家税务总局关于自卸式垃圾车车辆购置税有关问题的公告	全文废止
2	国家税务总局　工业和信息化部公告 2015 年第 96 号	国家税务总局　工业和信息化部关于设有固定装置非运输车辆信息采集的公告	全文废止
3	国家税务总局公告 2016 年第 43 号	国家税务总局关于设有固定装置非运输车辆免征车辆购置税有关事项的公告	全文废止
4	国家税务总局　工业和信息化部公告 2016 年第 55 号	国家税务总局　工业和信息化部关于修改设有固定装置非运输车辆信息采集表和车辆图片要求的公告	全文废止
5	国家税务总局公告 2017 年第 22 号	国家税务总局关于设有固定装置非运输车辆免税图册有关事项的公告	全文废止
6	国家税务总局公告 2019 年第 26 号	《国家税务总局关于车辆购置税征收管理有关事项的公告》	税务机关对 2020 年 12 月 31 日之前申报的、符合免税条件的车辆编列下发最后一期《免税图册》后,废止第十三条

1 - 3 - 85

国家税务总局　工业和信息化部关于发布《免征车辆购置税的设有固定装置的非运输专用作业车辆目录》(第一批)的公告

2021 年 3 月 31 日　国家税务总局　工业和信息化部公告 2021 年第 7 号

为贯彻落实中办、国办印发的《关于进一步深化税收征管改革的意见》,深入开展 2021 年“我为纳税人缴费人办实事暨便民办税春风行动”,推进税务领域“放管服”改革,更好服务市场主体,根据《财政部　税务总局　工业和信息化部关于设有固定装置的非运输专用作业车辆免征车辆购置税有关政策的公告》(2020 年第 35 号)、《国家税务总局　工业和信息化部关于设有固定装置的非运输专用作业车辆免征车辆购置税有关管理事项的公告》(2020 年第 20 号)相关规定,现将《免征车辆购置税的设有固定装置的非运输专用作业车辆目录》(第一批)予以发布。

附件：免征车辆购置税的设有固定装置的非运输专用作业车辆目录（第一批）（编者略）

1－3－86

工业和信息化部　财政部　税务总局关于调整免征车辆购置税新能源汽车产品技术要求的公告

2021年4月30日　工业和信息化部　财政部　税务总局公告2021年第13号

为适应新能源汽车技术标准变化，做好新能源汽车免征车辆购置税政策执行工作，现就免征车辆购置税新能源汽车产品技术要求有关事项公告如下：

一、自2021年10月1日起，《插电式混合动力电动乘用车技术条件》（GB/T 32694—2021）、《轻型混合动力电动汽车能量消耗量试验方法》（GB/T 19753—2021）、《电动汽车能量消耗量和续驶里程试验方法第1部分：轻型汽车》（GB/T 18386.1—2021）等标准（以下简称新版标准）正式实施。《关于免征新能源汽车车辆购置税的公告》（财政部　税务总局　工业和信息化部　科技部公告2017年第172号，以下简称第172号公告）有关技术要求作如下调整：

（1）插电式（含增程式）混合动力乘用车纯电动续驶里程应满足有条件的等效全电里程不低于43公里。

（2）插电式（含增程式）混合动力乘用车电量保持模式试验的燃料消耗量（不含电能转化的燃料消耗量）与《乘用车燃料消耗量限值》（GB 19578—2021）中车型对应的燃料消耗量限值相比应当小于70%；电量消耗模式试验的电能消耗量应小于电能消耗量目标值的135%。按整备质量（m，kg）的不同，百公里电能消耗量目标值（Y）应满足以下要求：

$m \leq 1000$ 时，$Y = 0.0112 \times m + 0.4$；$1000kg < m \leq 1600$ 时，$Y = 0.0078 \times m + 3.8$；$m > 1600$ 时，$Y = 0.0048 \times m + 8.60$。

二、免征车辆购置税新能源汽车产品的其他技术要求继续适用第172号公告规定。

三、本公告发布之日起至2021年10月1日前，按新版标准进行测试且满足第一条和第二条技术要求的插电式（含增程式）混合动力乘用车，可以纳入《免征车辆购置税的新能源汽车车型目录》。

注释：

条款废止。本文件中的技术要求自2024年6月1日起废止。参见：《工业和信息化部　财政部　税务总局关于调整减免车辆购置税新能源汽车产品技术要求的公告》（工业和信息化部　财政部　税务总局公告2023年第32号）。

1－3－87

国家税务总局　工业和信息化部关于发布《免征车辆购置税的设有固定装置的非运输专用作业车辆目录》（第二批）的公告

2021年6月3日　国家税务总局　工业和信息化部公告2021年第14号

为贯彻落实中办、国办印发的《关于进一步深化税收征管改革的意见》，深入开展2021年“我为纳税人缴费人办实事暨便民办税春风行动”，推进税务领域“放管服”改革，更好服务市场主体，根据《财政部　税务总局　工业和信息化部关于设有固定装置的非运输专用作业车辆免征车辆购置税有关政策的公告》（2020年第35号）、《国家税务总局　工业和信息化部关于设有固定装置的非运输专用作业车辆免征车辆购置税有关管理事项的公告》（2020年第20号）相关规定，现将《免征车辆购置税的设有固定装置的非运输专用作业车辆目录》（第二批）予以发布。

特此公告。

附件：免征车辆购置税的设有固定装置的非运输专用作业车辆目录（第二批）（编者略）

1－3－88

国家税务总局　工业和信息化部关于发布《免征车辆购置税的设有固定装置的非运输专用作业车辆目录》（第三批）的公告

2021年9月22日　国家税务总局　工业和信息化部公告2021年第29号

为贯彻落实中办、国办印发的《关于进一步深化税收征管改革的意见》，深入开展2021年“我为纳税人缴费人办实事暨便民办税春风行动”，推进税务领域“放管服”改革，更好服务市场主体，根据《财政部　税务总局　工业和信息化部关于设有固定装置的非运输专用作业车辆免征车辆购置税有关政策的公告》（2020年第35号）、《国家税务总局　工业和信息化部关于设有固定装置的非运输专用作业车辆免征车辆购置税有关管理事项的公告》（2020年第20号）相关规定，现将《免征车辆购置税的设有固定装置的非运输专用作业车辆目录》（第三批）予以发布。

特此公告。

附件:免征车辆购置税的设有固定装置的非运输专用作业车辆目录(第三批)(编者略)

1－3－89

国家税务总局　工业和信息化部关于发布《免征车辆购置税的设有固定装置的非运输专用作业车辆目录》(第四批)的公告

2021年12月14日　国家税务总局　工业和信息化部公告2021年第32号

为贯彻落实中办、国办印发的《关于进一步深化税收征管改革的意见》,深入开展2021年"我为纳税人缴费人办实事暨便民办税春风行动",推进税务领域"放管服"改革,更好服务市场主体,根据《财政部　税务总局　工业和信息化部关于设有固定装置的非运输专用作业车辆免征车辆购置税有关政策的公告》(2020年第35号)、《国家税务总局　工业和信息化部关于设有固定装置的非运输专用作业车辆免征车辆购置税有关管理事项的公告》(2020年第20号)相关规定,现将《免征车辆购置税的设有固定装置的非运输专用作业车辆目录》(第四批,附设《免申请列入〈免征车辆购置税的设有固定装置的非运输专用作业车辆目录〉车辆名称清单》)予以发布。

特此公告。

附件:免征车辆购置税的设有固定装置的非运输专用作业车辆目录(第四批)(编者略)

1－3－90

国家税务总局　工业和信息化部关于发布《免征车辆购置税的设有固定装置的非运输专用作业车辆目录》(第五批)的公告

2022年4月21日　国家税务总局　工业和信息化部公告2022年第8号

为贯彻落实中办、国办印发的《关于进一步深化税收征管改革的意见》,更好服务市场主体,根据《财政部　税务总局　工业和信息化部关于设有固定装置的非运输专用作业车辆免征车辆购置税有关政策的公告》(2020年第35号)、《国家税务总局　工业和信息化部关于设有固定装置的非运输专用作业车辆免征车辆购置税有关管理事项的公告》(2020年第20号)相关规定,现将《免征车辆购置税的设有固定装置的非运输专用作业车辆目录》(第五批,附《免申请列入〈免征车辆购置税的设有固定装置的非运输专用作业车辆目录〉车辆名称清单》)予以发布。

特此公告。

附件:免征车辆购置税的设有固定装置的非运输专用作业车辆目录(第五批)(编者略)

1－3－91

财政部　税务总局关于减征部分乘用车车辆购置税的公告

2022年5月31日　财政部　税务总局公告2022年第20号

为促进汽车消费,支持汽车产业发展,现就减征部分乘用车车辆购置税有关政策公告如下:

一、对购置日期在2022年6月1日至2022年12月31日期间内且单车价格(不含增值税)不超过30万元的2.0升及以下排量乘用车,减半征收车辆购置税。

二、本公告所称乘用车,是指在设计、制造和技术特性上主要用于载运乘客及其随身行李和(或)临时物品,包括驾驶员座位在内最多不超过9个座位的汽车。

三、本公告所称单车价格,以车辆购置税应税车辆的计税价格为准。

四、乘用车购置日期按照机动车销售统一发票或海关关税专用缴款书等有效凭证的开具日期确定。

五、乘用车排量、座位数,按照《中华人民共和国机动车整车出厂合格证》电子信息或者进口机动车《车辆电子信息单》电子信息所载的排量、额定载客(人)数确定。

特此公告。

1－3－92

财政部　税务总局　工业和信息化部关于延续新能源汽车免征车辆购置税政策的公告

2022年9月18日　财政部　税务总局　工业和信息化部公告2022年第27号

为支持新能源汽车产业发展,促进汽车消费,现就延续新能源汽车免征车辆购置税政策有关事项公告如下:

一、对购置日期在2023年1月1日至2023年12月31日期间内的新能源汽车,免征车辆购置税。

二、免征车辆购置税的新能源汽车,通过工业和信息化部、税务总局发布《免征车辆购置税的新能源汽车车型目录》(以下简称《目录》)实施管理。自《目录》发布之日起购置的,列入《目录》的纯电动汽车、插电式混合动力(含增程式)汽车、燃料电池汽车,属于符合免税条件的新能源汽车。

三、购置日期按照机动车销售统一发票或海关关税专用缴款书等有效凭证的开具日期确定。

四、2022年12月31日前已列入《目录》的新能源汽车可按照本公告继续适用免征车辆购置税政策。新能源汽车免征车辆购置税的其他事项,按照《财政部　税务总局　工业和信息化部关于新能源汽车免征车辆购置税有关政策的公告》(财政部　税务总局　工业和信息化部公告2020年第21号)、《工业和信息化部　财政部　税务总局关于调整免征车辆购置税新能源汽车产品技术要求的公告》(工业和信息化部　财政部　税务总局公告2021年第13号)等文件有关规定执行。

特此公告。

1-3-93

国家税务总局　工业和信息化部关于发布《免征车辆购置税的设有固定装置的非运输专用作业车辆目录》(第六批)的公告

2022年9月23日　国家税务总局　工业和信息化部公告2022年第18号

为深入贯彻落实中共中央办公厅、国务院办公厅印发的《关于进一步深化税收征管改革的意见》,更好服务市场主体,根据《财政部　税务总局　工业和信息化部关于设有固定装置的非运输专用作业车辆免征车辆购置税有关政策的公告》(2020年第35号)、《国家税务总局　工业和信息化部关于设有固定装置的非运输专用作业车辆免征车辆购置税有关管理事项的公告》(2020年第20号)相关规定,现将《免征车辆购置税的设有固定装置的非运输专用作业车辆目录》(第六批)予以发布。

特此公告。

附件:免征车辆购置税的设有固定装置的非运输专用作业车辆目录(第六批)(编者略)

1－3－94

国家税务总局　工业和信息化部关于发布《免征车辆购置税的设有固定装置的非运输专用作业车辆目录》（第七批）的公告

2022年11月1日　国家税务总局　工业和信息化部公告2022年第23号

为深入贯彻落实中共中央办公厅、国务院办公厅印发的《关于进一步深化税收征管改革的意见》，更好服务市场主体，根据《财政部　税务总局　工业和信息化部关于设有固定装置的非运输专用作业车辆免征车辆购置税有关政策的公告》（2020年第35号）、《国家税务总局　工业和信息化部关于设有固定装置的非运输专用作业车辆免征车辆购置税有关管理事项的公告》（2020年第20号）相关规定，现将《免征车辆购置税的设有固定装置的非运输专用作业车辆目录》（第七批）予以发布。

特此公告。

附件：免征车辆购置税的设有固定装置的非运输专用作业车辆目录（第七批）（编者略）

1－3－95

国家税务总局　工业和信息化部关于发布《免征车辆购置税的设有固定装置的非运输专用作业车辆目录》（第八批）的公告

2023年2月2日　国家税务总局　工业和信息化部公告2023年第4号

为深入贯彻落实中共中央办公厅、国务院办公厅印发的《关于进一步深化税收征管改革的意见》，更好服务市场主体，根据《财政部　税务总局　工业和信息化部关于设有固定装置的非运输专用作业车辆免征车辆购置税有关政策的公告》（2020年第35号）、《国家税务总局　工业和信息化部关于设有固定装置的非运输专用作业车辆免征车辆购置税有关管理事项的公告》（2020年第20号）相关规定，现将《免征车辆购置税的设有固定装置的非运输专用作业车辆目录》（第八批）予以发布。

特此公告。

附件：免征车辆购置税的设有固定装置的非运输专用作业车辆目录（第八批）（编者略）

1－3－96

国家税务总局　工业和信息化部关于发布《免征车辆购置税的设有固定装置的非运输专用作业车辆目录》（第九批）的公告

2023年5月4日　国家税务总局　工业和信息化部公告2023年第7号

为深入贯彻落实中共中央办公厅、国务院办公厅印发的《关于进一步深化税收征管改革的意见》，更好服务市场主体，根据《财政部　税务总局　工业和信息化部关于设有固定装置的非运输专用作业车辆免征车辆购置税有关政策的公告》（2020年第35号）、《国家税务总局　工业和信息化部关于设有固定装置的非运输专用作业车辆免征车辆购置税有关管理事项的公告》（2020年第20号）相关规定，现将《免征车辆购置税的设有固定装置的非运输专用作业车辆目录》（第九批，附设《免申请列入〈免征车辆购置税的设有固定装置的非运输专用作业车辆目录〉车辆名称清单》）予以发布。

特此公告。

附件：免征车辆购置税的设有固定装置的非运输专用作业车辆目录（第九批）（编者略）

1－3－97

财政部　税务总局　工业和信息化部关于延续和优化新能源汽车车辆购置税减免政策的公告

2023年6月19日　财政部　税务总局　工业和信息化部公告2023年第10号

为支持新能源汽车产业发展，促进汽车消费，现就延续和优化新能源汽车车辆购置税减免政策有关事项公告如下：

一、对购置日期在2024年1月1日至2025年12月31日期间的新能源汽车免征车辆购置税，其中，每辆新能源乘用车免税额不超过3万元；对购置日期在2026年1月1日至2027年12月31日期间的新能源汽车减半征收车辆购置税，其中，每辆新能源乘用车减税额不超过1.5万元。

购置日期按照机动车销售统一发票或海关关税专用缴款书等有效凭证的开具日期确定。

享受车辆购置税减免政策的新能源汽车，是指符合新能源汽车产品技术要求的纯电动汽车、插电式混合动力（含增程式）汽车、燃料电池汽车。新能源汽车产品技术要求由工业和信息化部会同财政部、税务总局根据新能源汽车技术进步、标准体系发展和车型变化情况制定。

新能源乘用车，是指在设计、制造和技术特性上主要用于载运乘客及其随身行李和（或）临时物品，包括驾驶员座位在内最多不超过9个座位的新能源汽车。

二、销售方销售“换电模式”新能源汽车时，不含动力电池的新能源汽车与动力电池分别核算销售额并分别开具发票的，依据购车人购置不含动力电池的新能源汽车取得的机动车销售统一发票载明的不含税价作为车辆购置税计税价格。

“换电模式”新能源汽车应当满足换电相关技术标准和要求，且新能源汽车生产企业能够自行或委托第三方为用户提供换电服务。

三、为加强和规范管理，工业和信息化部、税务总局通过发布《减免车辆购置税的新能源汽车车型目录》（以下简称《目录》）对享受减免车辆购置税的新能源汽车车型实施管理。《目录》发布后，购置列入《目录》的新能源汽车可按规定享受车辆购置税减免政策。

对已列入《目录》的新能源汽车，新能源汽车生产企业或进口新能源汽车经销商（以下简称汽车企业）在上传《机动车整车出厂合格证》或进口机动车《车辆电子信息单》（以下简称车辆电子信息）时，在“是否符合减免车辆购置税条件”字段标注“是”（即减免税标识）；对已列入《目录》的“换电模式”新能源汽车，还应在“是否为‘换电模式’新能源汽车”字段标注“是”（即换电模式标识）。工业和信息化部对汽车企业上传的车辆电子信息中的减免税标识和换电模式标识进行校验，并将通过校验的信息传送至税务总局。税务机关依据工业和信息化部校验后的减免税标识、换电模式标识和机动车销售统一发票（或有效凭证），办理车辆购置税减免税手续。

四、汽车企业应当保证车辆电子信息与车辆产品相一致，销售方应当如实开具发票，对因提供虚假信息或资料造成车辆购置税税款流失的，依照《中华人民共和国税收征收管理法》及其实施细则予以处理。

特此公告。

1－3－98

国家税务总局　工业和信息化部关于发布《免征车辆购置税的设有固定装置的非运输专用作业车辆目录》（第十批）的公告

2023年8月15日　国家税务总局　工业和信息化部公告2023年第13号

根据《财政部　税务总局　工业和信息化部关于设有固定装置的非运输专用作业车辆免征车辆购置税有关政策的公告》（2020年第35号）、《国家税务总局　工业和信息化部关于设有固定装置的非运输专用作业车辆免征车辆购置税有关管理事项的公告》（2020年第20号）相关规定，现将《免征车辆购置税的设有固定装置的非运输专用作业车辆目录》（第十批）予以发布。

特此公告。

附件：免征车辆购置税的设有固定装置的非运输专用作业车辆目录（第十批）（编者略）

1－3－99

国家税务总局　工业和信息化部关于发布《免征车辆购置税的设有固定装置的非运输专用作业车辆目录》（第十一批）的公告

2023年9月1日　国家税务总局　工业和信息化部公告2023年第15号

根据《财政部　税务总局　工业和信息化部关于设有固定装置的非运输专用作业车辆免征车辆购置税有关政策的公告》（2020年第35号）、《国家税务总局　工业和信息化部关于设有固定装置的非运输专用作业车辆免征车辆购置税有关管理事项的公告》（2020年第20号）相关规定，现将《免征车辆购置税的设有固定装置的非运输专用作业车辆目录》（第十一批）予以发布。

特此公告。

附件：免征车辆购置税的设有固定装置的非运输专用作业车辆目录（第十一批）（编者略）

1－3－100

财政部　税务总局　工业和信息化部关于继续对挂车减征车辆购置税的公告

2023年9月22日　财政部　税务总局　工业和信息化部公告2023年第47号

为促进甩挂运输发展，提高物流效率和降低物流成本，现将减征挂车车辆购置税有关事项公告如下：

一、继续对购置挂车减半征收车辆购置税。购置日期按照《机动车销售统一发票》、《海关关税专用缴款书》或者其他有效凭证的开具日期确定。

二、本公告所称挂车，是指由汽车牵引才能正常使用且用于载运货物的无动力车辆。

三、对挂车产品通过标注减征车辆购置税标识进行管理，具体要求如下：

（一）标注减税标识。

1. 国产挂车：企业上传《机动车整车出厂合格证》信息时，在“是否属于减征车辆购置税挂车”字段标注“是”（即减税标识）。

2. 进口挂车:汽车经销商或个人上传《进口机动车车辆电子信息单》时,在“是否属于减征车辆购置税挂车”字段标注“是”(即减税标识)。

(二)工业和信息化部对企业和个人上传的《机动车整车出厂合格证》或者《进口机动车车辆电子信息单》中减税标识进行核实,并将核实的信息传送给税务总局。

(三)税务机关依据工业和信息化部核实后的减税标识以及办理车辆购置税纳税申报需提供的其他资料,办理车辆购置税减征手续。

四、在《机动车整车出厂合格证》或者《进口机动车车辆电子信息单》中标注挂车减税标识的企业和个人,应当保证车辆产品与合格证信息或者车辆电子信息相一致。对提供虚假信息等手段骗取减征车辆购置税的企业和个人,经查实后,依照相关法律法规规定予以处罚。

五、本公告执行至2027年12月31日。

1－3－101

国家税务总局　工业和信息化部关于发布《免征车辆购置税的设有固定装置的非运输专用作业车辆目录》(第十二批)的公告

2023年11月20日　国家税务总局　工业和信息化部公告2023年第18号

根据《财政部　税务总局　工业和信息化部关于设有固定装置的非运输专用作业车辆免征车辆购置税有关政策的公告》(2020年第35号)、《国家税务总局　工业和信息化部关于设有固定装置的非运输专用作业车辆免征车辆购置税有关管理事项的公告》(2020年第20号)相关规定,现将《免征车辆购置税的设有固定装置的非运输专用作业车辆目录》(第十二批)予以发布。

特此公告。

附件:免征车辆购置税的设有固定装置的非运输专用作业车辆目录(第十二批)(编者略)

1 -3 -102

国家税务总局　工业和信息化部关于发布《免征车辆购置税的设有固定装置的非运输专用作业车辆目录》（第十三批）的公告

2023 年 12 月 22 日　国家税务总局　工业和信息化部公告 2023 年第 19 号

根据《财政部　税务总局　工业和信息化部关于设有固定装置的非运输专用作业车辆免征车辆购置税有关政策的公告》（2020 年第 35 号）、《国家税务总局　工业和信息化部关于设有固定装置的非运输专用作业车辆免征车辆购置税有关管理事项的公告》（2020 年第 20 号）相关规定，现将《免征车辆购置税的设有固定装置的非运输专用作业车辆目录》（第十三批）予以发布。

特此公告。

附件：免征车辆购置税的设有固定装置的非运输专用作业车辆目录（第十三批）（编者略）

中华人民共和国税法

第Ⅰ卷

货物和劳务税

下 册

国家税务总局 ◎ 编

中国税务出版社

目　　录

（接续上册：1 增值税　2 消费税　3 车辆购置税）

下　册

4　关税和进出口税收

关税

目　　录

（接续上册：1 增值税　2 消费税　3 车辆购置税）

下　册

4　关税和进出口税收

关税

进口税收

出口税收

出口税收

4

关税和进出口税收

关　税

1-4-1

中华人民共和国关税法*

2024年4月26日第十四届全国人民代表大会常务委员会
第九次会议通过　同日中华人民共和国主席令第23号公布

目　录

第一章　总　则

第一条　为了规范关税的征收和缴纳，维护进出口秩序，促进对外贸易，推进高水平对外开放，推动高质量发展，维护国家主权和利益，保护纳税人合法权益，根据宪法，制定本法。

第二条　中华人民共和国准许进出口的货物、进境物品，由海关依照本法和有关法律、行政法规的规定征收关税。

第三条　进口货物的收货人、出口货物的发货人、进境物品的携带人或者收件人，是关税的纳税人。

从事跨境电子商务零售进口的电子商务平台经营者、物流企业和报关企业，以及法律、行政法规规定负有代扣代缴、代收代缴关税税款义务的单位和个人，是关税的扣缴义务人。

第四条　进出口货物的关税税目、税率以及税目、税率的适用规则等，依照本法所附《中华人民共和国进出口税则》（以下简称《税则》）执行。

第五条　个人合理自用的进境物品，按照简易征收办法征收关税。超过个人合理自用

---

* 本文件级次高，适用广，新近公布，即期收录。本丛书各卷，其他收录2023年12月31日后文件亦然。

数量的进境物品，按照进口货物征收关税。

个人合理自用的进境物品，在规定数额以内的免征关税。

进境物品关税简易征收办法和免征关税数额由国务院规定，报全国人民代表大会常务委员会备案。

第六条 关税工作坚持中国共产党的领导，贯彻落实党和国家路线方针政策、决策部署，为国民经济和社会发展服务。

第七条 国务院设立关税税则委员会，履行下列职责：

（一）审议关税工作重大规划，拟定关税改革发展方案，并组织实施；

（二）审议重大关税政策和对外关税谈判方案；

（三）提出《税则》调整建议；

（四）定期编纂、发布《税则》；

（五）解释《税则》的税目、税率；

（六）决定征收反倾销税、反补贴税、保障措施关税，实施国务院决定的其他关税措施；

（七）法律、行政法规和国务院规定的其他职责。

国务院关税税则委员会的组成和工作规则由国务院规定。

第八条 海关及其工作人员对在履行职责中知悉的纳税人、扣缴义务人的商业秘密、个人隐私、个人信息，应当依法予以保密，不得泄露或者非法向他人提供。

第二章　税目和税率

第九条 关税税目由税则号列和目录条文等组成。

关税税目适用规则包括归类规则等。进出口货物的商品归类，应当按照《税则》规定的目录条文和归类总规则、类注、章注、子目注释、本国子目注释，以及其他归类注释确定，并归入相应的税则号列。

根据实际需要，国务院关税税则委员会可以提出调整关税税目及其适用规则的建议，报国务院批准后发布执行。

第十条 进口关税设置最惠国税率、协定税率、特惠税率、普通税率。

出口关税设置出口税率。

对实行关税配额管理的进出口货物，设置关税配额税率。

对进出口货物在一定期限内可以实行暂定税率。

第十一条 关税税率的适用应当符合相应的原产地规则。

完全在一个国家或者地区获得的货物，以该国家或者地区为原产地；两个以上国家或者地区参与生产的货物，以最后完成实质性改变的国家或者地区为原产地。国务院根据中华人民共和国缔结或者共同参加的国际条约、协定对原产地的确定另有规定的，依照其规定。

进口货物原产地的具体确定，依照本法和国务院及其有关部门的规定执行。

第十二条 原产于共同适用最惠国待遇条款的世界贸易组织成员的进口货物，原产于与中华人民共和国缔结或者共同参加含有相互给予最惠国待遇条款的国际条约、协定的国家或者地区的进口货物，以及原产于中华人民共和国境内的进口货物，适用最惠国税率。

原产于与中华人民共和国缔结或者共同参加含有关税优惠条款的国际条约、协定的国家或者地区且符合国际条约、协定有关规定的进口货物,适用协定税率。

原产于中华人民共和国给予特殊关税优惠安排的国家或者地区且符合国家原产地管理规定的进口货物,适用特惠税率。

原产于本条第一款至第三款规定以外的国家或者地区的进口货物,以及原产地不明的进口货物,适用普通税率。

第十三条 适用最惠国税率的进口货物有暂定税率的,适用暂定税率。

适用协定税率的进口货物有暂定税率的,从低适用税率;其最惠国税率低于协定税率且无暂定税率的,适用最惠国税率。

适用特惠税率的进口货物有暂定税率的,从低适用税率。

适用普通税率的进口货物,不适用暂定税率。

适用出口税率的出口货物有暂定税率的,适用暂定税率。

第十四条 实行关税配额管理的进出口货物,关税配额内的适用关税配额税率,有暂定税率的适用暂定税率;关税配额外的,其税率的适用按照本法第十二条、第十三条的规定执行。

第十五条 关税税率的调整,按照下列规定执行:

(一)需要调整中华人民共和国在加入世界贸易组织议定书中承诺的最惠国税率、关税配额税率和出口税率的,由国务院关税税则委员会提出建议,经国务院审核后报全国人民代表大会常务委员会决定。

(二)根据实际情况,在中华人民共和国加入世界贸易组织议定书中承诺的范围内调整最惠国税率、关税配额税率和出口税率,调整特惠税率适用的国别或者地区、货物范围和税率,或者调整普通税率的,由国务院决定,报全国人民代表大会常务委员会备案。

(三)特殊情况下最惠国税率的适用,由国务院决定,报全国人民代表大会常务委员会备案。

协定税率在完成有关国际条约、协定的核准或者批准程序后,由国务院关税税则委员会组织实施。

实行暂定税率的货物范围、税率和期限由国务院关税税则委员会决定。

与关税税目调整相关的税率的技术性转换,由国务院关税税则委员会提出建议,报国务院批准后执行。

关税税率依照前四款规定调整的,由国务院关税税则委员会发布。

第十六条 依法对进口货物征收反倾销税、反补贴税、保障措施关税的,其税率的适用按照有关反倾销、反补贴和保障措施的法律、行政法规的规定执行。

第十七条 任何国家或者地区不履行与中华人民共和国缔结或者共同参加的国际条约、协定中的最惠国待遇条款或者关税优惠条款,国务院关税税则委员会可以提出按照对等原则采取相应措施的建议,报国务院批准后执行。

第十八条 任何国家或者地区违反与中华人民共和国缔结或者共同参加的国际条约、协定,对中华人民共和国在贸易方面采取禁止、限制、加征关税或者其他影响正常贸易的措施的,对原产于该国家或者地区的进口货物可以采取征收报复性关税等措施。

征收报复性关税的货物范围、适用国别或者地区、税率、期限和征收办法,由国务院关税税则委员会提出建议,报国务院批准后执行。

第十九条 涉及本法第十六条、第十七条、第十八条规定措施的进口货物,纳税人未提供证明材料,或者提供了证明材料但经海关审核仍无法排除该货物原产于被采取规定措施的国家或者地区的,对该货物适用下列两项税率中较高者:

(一)因采取规定措施对相关货物所实施的最高税率与按照本法第十二条、第十三条、第十四条规定适用的税率相加后的税率;

(二)普通税率。

第二十条 进出口货物、进境物品,应当适用纳税人、扣缴义务人完成申报之日实施的税率。

进口货物到达前,经海关核准先行申报的,应当适用装载该货物的运输工具申报进境之日实施的税率。

第二十一条 有下列情形之一的,应当适用纳税人、扣缴义务人办理纳税手续之日实施的税率:

(一)保税货物不复运出境,转为内销;

(二)减免税货物经批准转让、移作他用或者进行其他处置;

(三)暂时进境货物不复运出境或者暂时出境货物不复运进境;

(四)租赁进口货物留购或者分期缴纳税款。

第二十二条 补征或者退还关税税款,应当按照本法第二十条或者第二十一条的规定确定适用的税率。

因纳税人、扣缴义务人违反规定需要追征税款的,应当适用违反规定行为发生之日实施的税率;行为发生之日不能确定的,适用海关发现该行为之日实施的税率。

第三章 应纳税额

第二十三条 关税实行从价计征、从量计征、复合计征的方式征收。

实行从价计征的,应纳税额按照计税价格乘以比例税率计算。

实行从量计征的,应纳税额按照货物数量乘以定额税率计算。

实行复合计征的,应纳税额按照计税价格乘以比例税率与货物数量乘以定额税率之和计算。

第二十四条 进口货物的计税价格以成交价格以及该货物运抵中华人民共和国境内输入地点起卸前的运输及其相关费用、保险费为基础确定。

进口货物的成交价格,是指卖方向中华人民共和国境内销售该货物时买方为进口该货物向卖方实付、应付的,并按照本法第二十五条、第二十六条规定调整后的价款总额,包括直接支付的价款和间接支付的价款。

进口货物的成交价格应当符合下列条件:

(一)对买方处置或者使用该货物不予限制,但法律、行政法规规定的限制、对货物转售地域的限制和对货物价格无实质性影响的限制除外;

(二)该货物的成交价格没有因搭售或者其他因素的影响而无法确定;

(三)卖方不得从买方直接或者间接获得因该货物进口后转售、处置或者使用而产生的任何收益,或者虽有收益但能够按照本法第二十五条、第二十六条的规定进行调整;

（四）买卖双方没有特殊关系，或者虽有特殊关系但未对成交价格产生影响。

第二十五条 进口货物的下列费用应当计入计税价格：

（一）由买方负担的购货佣金以外的佣金和经纪费；

（二）由买方负担的与该货物视为一体的容器的费用；

（三）由买方负担的包装材料费用和包装劳务费用；

（四）与该货物的生产和向中华人民共和国境内销售有关的，由买方以免费或者以低于成本的方式提供并可以按适当比例分摊的料件、工具、模具、消耗材料及类似货物的价款，以及在中华人民共和国境外开发、设计等相关服务的费用；

（五）作为该货物向中华人民共和国境内销售的条件，买方必须支付的、与该货物有关的特许权使用费；

（六）卖方直接或者间接从买方获得的该货物进口后转售、处置或者使用的收益。

第二十六条 进口时在货物的价款中列明的下列费用、税收，不计入该货物的计税价格：

（一）厂房、机械、设备等货物进口后进行建设、安装、装配、维修和技术服务的费用，但保修费用除外；

（二）进口货物运抵中华人民共和国境内输入地点起卸后的运输及其相关费用、保险费；

（三）进口关税及国内税收。

第二十七条 进口货物的成交价格不符合本法第二十四条第三款规定条件，或者成交价格不能确定的，海关经了解有关情况，并与纳税人进行价格磋商后，依次以下列价格估定该货物的计税价格：

（一）与该货物同时或者大约同时向中华人民共和国境内销售的相同货物的成交价格；

（二）与该货物同时或者大约同时向中华人民共和国境内销售的类似货物的成交价格；

（三）与该货物进口的同时或者大约同时，将该进口货物、相同或者类似进口货物在中华人民共和国境内第一级销售环节销售给无特殊关系买方最大销售总量的单位价格，但应当扣除本法第二十八条规定的项目；

（四）按照下列各项总和计算的价格：生产该货物所使用的料件成本和加工费用，向中华人民共和国境内销售同等级或者同种类货物通常的利润和一般费用，该货物运抵中华人民共和国境内输入地点起卸前的运输及其相关费用、保险费；

（五）以合理方法估定的价格。

纳税人可以向海关提供有关资料，申请调整前款第三项和第四项的适用次序。

第二十八条 按照本法第二十七条第一款第三项规定估定计税价格，应当扣除下列项目：

（一）同等级或者同种类货物在中华人民共和国境内第一级销售环节销售时通常的利润和一般费用以及通常支付的佣金；

（二）进口货物运抵中华人民共和国境内输入地点起卸后的运输及其相关费用、保险费；

（三）进口关税及国内税收。

第二十九条 出口货物的计税价格以该货物的成交价格以及该货物运至中华人民共

和国境内输出地点装载前的运输及其相关费用、保险费为基础确定。

出口货物的成交价格，是指该货物出口时卖方为出口该货物应当向买方直接收取和间接收取的价款总额。

出口关税不计入计税价格。

第三十条 出口货物的成交价格不能确定的，海关经了解有关情况，并与纳税人进行价格磋商后，依次以下列价格估定该货物的计税价格：

（一）与该货物同时或者大约同时向同一国家或者地区出口的相同货物的成交价格；

（二）与该货物同时或者大约同时向同一国家或者地区出口的类似货物的成交价格；

（三）按照下列各项总和计算的价格：中华人民共和国境内生产相同或者类似货物的料件成本、加工费用，通常的利润和一般费用，境内发生的运输及其相关费用、保险费；

（四）以合理方法估定的价格。

第三十一条 海关可以依申请或者依职权，对进出口货物、进境物品的计税价格、商品归类和原产地依法进行确定。

必要时，海关可以组织化验、检验，并将海关认定的化验、检验结果作为确定计税价格、商品归类和原产地的依据。

第四章 税收优惠和特殊情形关税征收

第三十二条 下列进出口货物、进境物品，免征关税：

（一）国务院规定的免征额度内的一票货物；

（二）无商业价值的广告品和货样；

（三）进出境运输工具装载的途中必需的燃料、物料和饮食用品；

（四）在海关放行前损毁或者灭失的货物、进境物品；

（五）外国政府、国际组织无偿赠送的物资；

（六）中华人民共和国缔结或者共同参加的国际条约、协定规定免征关税的货物、进境物品；

（七）依照有关法律规定免征关税的其他货物、进境物品。

第三十三条 下列进出口货物、进境物品，减征关税：

（一）在海关放行前遭受损坏的货物、进境物品；

（二）中华人民共和国缔结或者共同参加的国际条约、协定规定减征关税的货物、进境物品；

（三）依照有关法律规定减征关税的其他货物、进境物品。

前款第一项减征关税，应当根据海关认定的受损程度办理。

第三十四条 根据维护国家利益、促进对外交往、经济社会发展、科技创新需要或者由于突发事件等原因，国务院可以制定关税专项优惠政策，报全国人民代表大会常务委员会备案。

第三十五条 减免税货物应当依法办理手续。需由海关监管使用的减免税货物应当接受海关监管，在监管年限内转让、移作他用或者进行其他处置，按照国家有关规定需要补税的，应当补缴关税。

对需由海关监管使用的减免税进境物品,参照前款规定执行。

第三十六条 保税货物复运出境的,免征关税;不复运出境转为内销的,按照规定征收关税。加工贸易保税进口料件或者其制成品内销的,除按照规定征收关税外,还应当征收缓税利息。

第三十七条 暂时进境或者暂时出境的下列货物、物品,可以依法暂不缴纳关税,但该货物、物品应当自进境或者出境之日起六个月内复运出境或者复运进境;需要延长复运出境或者复运进境期限的,应当根据海关总署的规定向海关办理延期手续:

(一)在展览会、交易会、会议以及类似活动中展示或者使用的货物、物品;

(二)文化、体育交流活动中使用的表演、比赛用品;

(三)进行新闻报道或者摄制电影、电视节目使用的仪器、设备及用品;

(四)开展科研、教学、医疗卫生活动使用的仪器、设备及用品;

(五)在本款第一项至第四项所列活动中使用的交通工具及特种车辆;

(六)货样;

(七)供安装、调试、检测设备时使用的仪器、工具;

(八)盛装货物的包装材料;

(九)其他用于非商业目的的货物、物品。

前款所列货物、物品在规定期限内未复运出境或者未复运进境的,应当依法缴纳关税。

第三十八条 本法第三十七条规定以外的其他暂时进境的货物、物品,应当根据该货物、物品的计税价格和其在境内滞留时间与折旧时间的比例计算缴纳进口关税;该货物、物品在规定期限届满后未复运出境的,应当补足依法应缴纳的关税。

本法第三十七条规定以外的其他暂时出境货物,在规定期限届满后未复运进境的,应当依法缴纳关税。

第三十九条 因品质、规格原因或者不可抗力,出口货物自出口之日起一年内原状复运进境的,不征收进口关税。因品质、规格原因或者不可抗力,进口货物自进口之日起一年内原状复运出境的,不征收出口关税。

特殊情形下,经海关批准,可以适当延长前款规定的期限,具体办法由海关总署规定。

第四十条 因残损、短少、品质不良或者规格不符原因,进出口货物的发货人、承运人或者保险公司免费补偿或者更换的相同货物,进出口时不征收关税。被免费更换的原进口货物不退运出境或者原出口货物不退运进境的,海关应当对原进出口货物重新按照规定征收关税。

纳税人应当在原进出口合同约定的请求赔偿期限内且不超过原进出口放行之日起三年内,向海关申报办理免费补偿或者更换货物的进出口手续。

第五章 征收管理

第四十一条 关税征收管理可以实施货物放行与税额确定相分离的模式。

关税征收管理应当适应对外贸易新业态新模式发展需要,提升信息化、智能化、标准化、便利化水平。

第四十二条 进出口货物的纳税人、扣缴义务人可以按照规定选择海关办理申报纳税。

纳税人、扣缴义务人应当按照规定的期限和要求如实向海关申报税额，并提供相关资料。必要时，海关可以要求纳税人、扣缴义务人补充申报。

第四十三条 进出口货物的纳税人、扣缴义务人应当自完成申报之日起十五日内缴纳税款；符合海关规定条件并提供担保的，可以于次月第五个工作日结束前汇总缴纳税款。因不可抗力或者国家税收政策调整，不能按期缴纳的，经向海关申请并提供担保，可以延期缴纳，但最长不得超过六个月。

纳税人、扣缴义务人未在前款规定的纳税期限内缴纳税款的，自规定的期限届满之日起，按日加收滞纳税款万分之五的滞纳金。

税款尚未缴纳，纳税人、扣缴义务人依照有关法律、行政法规的规定申请提供担保要求放行货物的，海关应当依法办理担保手续。

第四十四条 进出口货物的纳税人在规定的纳税期限内有转移、藏匿其应税货物以及其他财产的明显迹象，或者存在其他可能导致无法缴纳税款风险的，海关可以责令其提供担保；纳税人不提供担保的，经直属海关关长或者其授权的隶属海关关长批准，海关可以实施下列强制措施：

（一）书面通知银行业金融机构冻结纳税人金额相当于应纳税款的存款、汇款；

（二）查封、扣押纳税人价值相当于应纳税款的货物或者其他财产。

纳税人在规定的纳税期限内缴纳税款的，海关应当立即解除强制措施。

第四十五条 自纳税人、扣缴义务人缴纳税款或者货物放行之日起三年内，海关有权对纳税人、扣缴义务人的应纳税额进行确认。

海关确认的应纳税额与纳税人、扣缴义务人申报的税额不一致的，海关应当向纳税人、扣缴义务人出具税额确认书。纳税人、扣缴义务人应当按照税额确认书载明的应纳税额，在海关规定的期限内补缴税款或者办理退税手续。

经海关确认应纳税额后需要补缴税款但未在规定的期限内补缴的，自规定的期限届满之日起，按日加收滞纳税款万分之五的滞纳金。

第四十六条 因纳税人、扣缴义务人违反规定造成少征或者漏征税款的，海关可以自缴纳税款或者货物放行之日起三年内追征税款，并自缴纳税款或者货物放行之日起，按日加收少征或者漏征税款万分之五的滞纳金。

第四十七条 对走私行为，海关追征税款、滞纳金的，不受前条规定期限的限制，并有权核定应纳税额。

第四十八条 海关发现海关监管货物因纳税人、扣缴义务人违反规定造成少征或者漏征税款的，应当自纳税人、扣缴义务人应缴纳税款之日起三年内追征税款，并自应缴纳税款之日起按日加收少征或者漏征税款万分之五的滞纳金。

第四十九条 海关可以对纳税人、扣缴义务人欠缴税款的情况予以公告。

纳税人未缴清税款、滞纳金且未向海关提供担保的，经直属海关关长或者其授权的隶属海关关长批准，海关可以按照规定通知移民管理机构对纳税人或者其法定代表人依法采取限制出境措施。

第五十条 纳税人、扣缴义务人未按照规定的期限缴纳或者解缴税款的，由海关责令其限期缴纳；逾期仍未缴纳且无正当理由的，经直属海关关长或者其授权的隶属海关关长批准，海关可以实施下列强制执行措施：

（一）书面通知银行业金融机构划拨纳税人、扣缴义务人金额相当于应纳税款的存款、汇款；

（二）查封、扣押纳税人、扣缴义务人价值相当于应纳税款的货物或者其他财产，依法拍卖或者变卖所查封、扣押的货物或者其他财产，以拍卖或者变卖所得抵缴税款，剩余部分退还纳税人、扣缴义务人。

海关实施强制执行时，对未缴纳的滞纳金同时强制执行。

第五十一条　海关发现多征税款的，应当及时通知纳税人办理退还手续。

纳税人发现多缴税款的，可以自缴纳税款之日起三年内，向海关书面申请退还多缴的税款。海关应当自受理申请之日起三十日内查实并通知纳税人办理退还手续，纳税人应当自收到通知之日起三个月内办理退还手续。

第五十二条　有下列情形之一的，纳税人自缴纳税款之日起一年内，可以向海关申请退还关税：

（一）已征进口关税的货物，因品质、规格原因或者不可抗力，一年内原状复运出境；

（二）已征出口关税的货物，因品质、规格原因或者不可抗力，一年内原状复运进境，并已重新缴纳因出口而退还的国内环节有关税收；

（三）已征出口关税的货物，因故未装运出口，申报退关。

申请退还关税应当以书面形式提出，并提供原缴款凭证及相关资料。海关应当自受理申请之日起三十日内查实并通知纳税人办理退还手续。纳税人应当自收到通知之日起三个月内办理退还手续。

按照其他有关法律、行政法规规定应当退还关税的，海关应当依法予以退还。

第五十三条　按照规定退还关税的，应当加算银行同期活期存款利息。

第五十四条　对规避本法第二章、第三章有关规定，不具有合理商业目的而减少应纳税额的行为，国家可以采取调整关税等反规避措施。

第五十五条　报关企业接受纳税人的委托，以纳税人的名义办理报关纳税手续，因报关企业违反规定造成海关少征、漏征税款的，报关企业对少征或者漏征的税款及其滞纳金与纳税人承担纳税的连带责任。

报关企业接受纳税人的委托，以报关企业的名义办理报关纳税手续的，报关企业与纳税人承担纳税的连带责任。

第五十六条　除不可抗力外，在保管海关监管货物期间，海关监管货物损毁或者灭失的，对海关监管货物负有保管义务的单位或者个人应当承担相应的纳税责任。

第五十七条　未履行纳税义务的纳税人有合并、分立情形的，在合并、分立前，应当向海关报告，依法缴清税款、滞纳金或者提供担保。纳税人合并时未缴清税款、滞纳金或者未提供担保的，由合并后的法人或者非法人组织继续履行未履行的纳税义务；纳税人分立时未缴清税款、滞纳金或者未提供担保的，分立后的法人或者非法人组织对未履行的纳税义务承担连带责任。

纳税人在减免税货物、保税货物监管期间，有合并、分立或者其他资产重组情形的，应当向海关报告；按照规定需要缴税的，应当依法缴清税款、滞纳金或者提供担保；按照规定可以继续享受减免税、保税的，应当向海关办理变更纳税人的手续。

纳税人未履行纳税义务或者在减免税货物、保税货物监管期间，有解散、破产或者其他依法终止经营情形的，应当在清算前向海关报告。海关应当依法清缴税款、滞纳金。

第五十八条 海关征收的税款优先于无担保债权，法律另有规定的除外。纳税人欠缴税款发生在纳税人以其财产设定抵押、质押之前的，税款应当先于抵押权、质权执行。

纳税人欠缴税款，同时被行政机关处以罚款、没收违法所得，其财产不足以同时支付的，应当先缴纳税款。

第五十九条 税款、滞纳金应当按照国家有关规定及时缴入国库。

退还税款、利息涉及从国库中退库的，按照法律、行政法规有关国库管理的规定执行。

第六十条 税款、滞纳金、利息等应当以人民币计算。

进出口货物、进境物品的价格以及有关费用以人民币以外的货币计算的，按照纳税人完成申报之日的计征汇率折合为人民币计算。

前款所称计征汇率，是指按照海关总署规定确定的日期当日的人民币汇率中间价。

第六十一条 海关因关税征收的需要，可以依法向有关政府部门和机构查询纳税人的身份、账户、资金往来等涉及关税的信息，有关政府部门和机构应当在职责范围内予以协助和配合。海关获取的涉及关税的信息只能用于关税征收目的。

第六章 法律责任

第六十二条 有下列情形之一的，由海关给予警告；情节严重的，处三万元以下的罚款：

（一）未履行纳税义务的纳税人有合并、分立情形，在合并、分立前，未向海关报告；

（二）纳税人在减免税货物、保税货物监管期间，有合并、分立或者其他资产重组情形，未向海关报告；

（三）纳税人未履行纳税义务或者在减免税货物、保税货物监管期间，有解散、破产或者其他依法终止经营情形，未在清算前向海关报告。

第六十三条 纳税人欠缴应纳税款，采取转移或者藏匿财产等手段，妨碍海关依法追征欠缴的税款的，除由海关追征欠缴的税款、滞纳金外，处欠缴税款百分之五十以上五倍以下的罚款。

第六十四条 扣缴义务人应扣未扣、应收未收税款的，由海关向纳税人追征税款，对扣缴义务人处应扣未扣、应收未收税款百分之五十以上三倍以下的罚款。

第六十五条 对本法第六十二条、第六十三条、第六十四条规定以外其他违反本法规定的行为，由海关依照《中华人民共和国海关法》等法律、行政法规的规定处罚。

第六十六条 纳税人、扣缴义务人、担保人对海关确定纳税人、商品归类、货物原产地、纳税地点、计征方式、计税价格、适用税率或者汇率，决定减征或者免征税款，确认应纳税额、补缴税款、退还税款以及加收滞纳金等征税事项有异议的，应当依法先向上一级海关申请行政复议；对行政复议决定不服的，可以依法向人民法院提起行政诉讼。

当事人对海关作出的前款规定以外的行政行为不服的，可以依法申请行政复议，也可以依法向人民法院提起行政诉讼。

第六十七条　违反本法规定，滥用职权、玩忽职守、徇私舞弊或者泄露、非法向他人提供在履行职责中知悉的商业秘密、个人隐私、个人信息的，依法给予处分。

第六十八条　违反本法规定，构成犯罪的，依法追究刑事责任。

第七章　附　　则

第六十九条　《中华人民共和国海南自由贸易港法》对海南自由贸易港的关税事宜另有规定的，依照其规定。

第七十条　进口环节海关代征税的征收管理，适用关税征收管理的规定。

船舶吨税的征收，《中华人民共和国船舶吨税法》未作规定的，适用关税征收管理的规定。

第七十一条　从事免税商品零售业务应当经过批准，具体办法由国务院规定。

第七十二条　本法自 2024 年 12 月 1 日起施行。《中华人民共和国进出口关税条例》同时废止。

附：中华人民共和国进出口税则（注：《中华人民共和国进出口税则》由国务院关税税则委员会发布）（编者略）

1－4－2

国务院关税税则委员会关于发布《中华人民共和国关税法》所附《中华人民共和国进出口税则》的公告

2024 年 4 月 26 日　税委会公告 2024 年第 2 号

《中华人民共和国关税法》已由中华人民共和国第十四届全国人民代表大会常务委员会第九次会议于 2024 年 4 月 26 日通过。现将《中华人民共和国关税法》所附《中华人民共和国进出口税则》予以发布，与《中华人民共和国关税法》同步施行。

附件：中华人民共和国进出口税则（编者略）

※　※　※　※

1－4－3

海关总署关于进出口税收的起退点的公告

2008 年 12 月 27 日　海关总署公告 2008 年第 90 号

按照《中华人民共和国海关法》、《中华人民共和国关税条例》和《中华人民共和国海关进出口货物征税管理办法》有关规定，关税、进口环节增值税、消费税、滞纳金起征点均为每票货物50元。现就海关执行中的有关问题公告如下：

一、补征税款及加工贸易补税缓税利息的，均比照有关关税、进口环节增值税起征点的规定，每票不足50元的，免予补征或征收。

二、进出口税收的起退点为0元。

本公告自发布之日起施行。

1－4－4

中华人民共和国海关税收保全和强制措施暂行办法

2009年8月19日　海关总署令第184号

第一条　为了规范海关实施税收保全和强制措施，保障国家税收，维护纳税义务人的合法权益，根据《中华人民共和国海关法》、《中华人民共和国进出口关税条例》，制定本办法。

第二条　海关实施税收保全和强制措施，适用本办法。

第三条　进出口货物的纳税义务人在规定的纳税期限内有明显的转移、藏匿其应税货物以及其他财产迹象的，海关应当制发《中华人民共和国海关责令提供担保通知书》，要求纳税义务人在海关规定的期限内提供海关认可的担保。

纳税义务人不能在海关规定的期限内按照海关要求提供担保的，经直属海关关长或者其授权的隶属海关关长批准，海关应当采取税收保全措施。

第四条　依照本办法第三条规定采取税收保全措施的，海关应当书面通知纳税义务人开户银行或者其他金融机构（以下统称金融机构）暂停支付纳税义务人相当于应纳税款的存款。

因无法查明纳税义务人账户、存款数额等情形不能实施暂停支付措施的，应当扣留纳税义务人价值相当于应纳税款的货物或者其他财产。

纳税义务人的货物或者其他财产本身不可分割，又没有其他财产可以扣留的，被扣留货物或者其他财产的价值可以高于应纳税款。

第五条　海关通知金融机构暂停支付纳税义务人存款的，应当向金融机构制发《中华人民共和国海关暂停支付通知书》，列明暂停支付的款项和期限。

海关确认金融机构已暂停支付相应款项的，应当向纳税义务人制发《中华人民共和国海关暂停支付告知书》。

第六条　纳税义务人在规定的纳税期限内缴纳税款的，海关应当向金融机构制发《中华人民共和国海关暂停支付解除通知书》，解除对纳税义务人相应存款实施的暂停支付措施。

本条第一款规定情形下，海关还应当向纳税义务人制发《中华人民共和国海关暂停支付解除告知书》。

第七条 纳税义务人自海关填发税款缴款书之日起15内未缴纳税款的，经直属海关关长或者其授权的隶属海关关长批准，海关应当向金融机构制发《中华人民共和国海关扣缴税款通知书》，通知其从暂停支付的款项中扣缴相应税款。

海关确认金融机构已扣缴税款的，应当向纳税义务人制发《中华人民共和国海关扣缴税款告知书》。

第八条 海关根据本办法第四条规定扣留纳税义务人价值相当于应纳税款的货物或者其他财产的，应当向纳税义务人制发《中华人民共和国海关扣留通知书》，并随附扣留清单。

扣留清单应当列明被扣留货物或者其他财产的品名、规格、数量、重量等，品名、规格、数量、重量等当场无法确定的，应当尽可能完整地描述其外在特征。扣留清单应当由纳税义务人或者其代理人、保管人确认，并签字或者盖章。

第九条 纳税义务人自海关填发税款缴款书之日起15日内缴纳税款的，海关应当解除扣留措施，并向纳税义务人制发《中华人民共和国海关解除扣留通知书》，随附发还清单，将有关货物、财产发还纳税义务人。发还清单应当由纳税义务人或者其代理人确认，并签字或者盖章。

第十条 纳税义务人自海关填发税款缴款书之日起15内未缴纳税款的，海关应当向纳税义务人制发《中华人民共和国海关抵缴税款通知书》，依法变卖被扣留的货物或者其他财产，并以变卖所得抵缴税款。

本条第一款规定情形下，变卖所得不足以抵缴税款的，海关应当继续采取强制措施抵缴税款的差额部分；变卖所得抵缴税款及扣除相关费用后仍有余款的，应当发还纳税义务人。

第十一条 进出口货物的纳税义务人、担保人自规定的纳税期限届满之日起超过3个月未缴纳税款的，经直属海关关长或者其授权的隶属海关关长批准，海关可以依次采取下列强制措施：

（一）书面通知金融机构从其存款中扣缴税款；

（二）将应税货物依法变卖，以变卖所得抵缴税款；

（三）扣留并依法变卖其价值相当于应纳税款的货物或者其他财产，以变卖所得抵缴税款。

第十二条 有本办法第十一条规定情形，海关通知金融机构扣缴税款的，应当向金融机构制发《中华人民共和国海关扣缴税款通知书》，通知其从纳税义务人、担保人的存款中扣缴相应税款。

金融机构扣缴税款的，海关应当向纳税义务人、担保人制发《中华人民共和国海关扣缴税款告知书》。

第十三条 有本办法第十一条规定情形的，滞纳金按照自规定的纳税期限届满之日起至扣缴税款之日计征，并同时扣缴。

第十四条 有本办法第十一条规定情形，海关决定以应税货物、被扣留的价值相当于应纳税款的货物或者其他财产变卖并抵缴税款的，应当向纳税义务人、担保人制发《中华人民共和国海关抵缴税款告知书》。

本条第一款规定情形下,变卖所得不足以抵缴税款的,海关应当继续采取强制措施抵缴税款的差额部分;变卖所得抵缴税款及扣除相关费用后仍有余款的,应当发还纳税义务人、担保人。

第十五条 依照本办法第八条、第十四条扣留货物或者其他财产的,海关应当妥善保管被扣留的货物或者其他财产,不得擅自使用或者损毁。

第十六条 无法采取税收保全措施、强制措施,或者依照本办法规定采取税收保全措施、强制措施仍无法足额征收税款的,海关应当依法向人民法院申请强制执行,并按照法院要求提交相关材料。

第十七条 依照本办法第八条、第十四条扣留货物或者其他财产的,实施扣留的海关工作人员不得少于2人,并且应当出示执法证件。

第十八条 纳税义务人、担保人对海关采取税收保全措施、强制措施不服的,可以依法申请行政复议或者提起行政诉讼。

第十九条 纳税义务人在规定的纳税期限内已缴纳税款,海关未解除税收保全措施,或者采取税收保全措施、强制措施不当,致使纳税义务人、担保人的合法权益受到损失的,海关应当承担赔偿责任。

第二十条 送达本办法所列法律文书,应当由纳税义务人或者其代理人、担保人、保管人等签字或者盖章;纳税义务人或者其代理人、担保人、保管人等拒绝签字、盖章的,海关工作人员应当在有关法律文书上注明,并且由见证人签字或者盖章。

第二十一条 海关工作人员未依法采取税收保全措施、强制措施,损害国家利益或者纳税义务人、担保人合法权益,造成严重后果的,依法给予处分。构成犯罪的,依法追究刑事责任。

第二十二条 纳税义务人、担保人抗拒、阻碍海关依法采取税收保全措施、强制措施的,移交地方公安机关依法处理。构成犯罪的,依法追究刑事责任。

第二十三条 本办法所列法律文书由海关总署另行制定并公布。

第二十四条 本办法由海关总署负责解释。

第二十五条 本办法自2009年9月1日起施行。

1-4-5

海关总署关于公布海关特殊监管区域有关管理事宜的公告

2010年3月30日　海关总署公告2010年第22号

为配合海关总署2010年第10号公告(以下简称10号公告)的实施,现将海关特殊监管区域有关管理事宜公告如下:

一、对已经被整合到国务院新批准设立的综合保税区或保税港区内的出口加工区、保税物流园区、保税区或保税物流中心，且已按照综合保税区或保税港区模式验收运作的，区（中心）内企业（包括双重身份企业）应按照保税港区或综合保税区企业编码规则重新设置企业编码（即经营单位十位数编码中的第5位为“6”），企业的类别维持不变，《注册登记证书》作相应变更；对已整合纳入综合保税区或保税港区，但尚未按照综合保税区或保税港区验收运作的，区（中心）内企业经营单位十位数编码保持不变，待验收运作后再按照上述规定进行变更。

二、自2010年4月1日起，企业按照《海关特殊监管区域进出口货物报关单、进出境货物备案清单填制规范》（见附件）填制相应单证，《海关总署关于增列海关监管方式代码和明确出口加工区进出境货物备案清单填制要求的通知》（署通〔2000〕747号）同时废止。

三、自2010年7月1日起，海关对进出综合保税区、保税港区的货物实行电子账册（电子账册第一位标记代码为“H”，以下简称H账册；减免税货物对应电子账册第六位标记代码为“D”，以下简称HD账册）管理。海关在2010年6月30日前完成建立电子账册和导入数据等前期工作。

四、对2010年6月30日前已按照综合保税区或保税港区模式运作的保税物流中心，海关自2011年1月1日起对其进出货物实行电子账册管理，海关在2010年12月31日前完成建立H账册、HD账册和数据导入等工作。对于2010年6月30日之后纳入综合保税区或保税港区的保税物流中心，海关在综合保税区或保税港区验收后6个月内实行H账册、HD账册管理，并完成建立H账册、HD账册和数据导入等工作。

五、目前，部分已验收运作的保税港区、综合保税区，其进出境货物沿用了保税区管理模式下的监管方式代码“1234”、“2025”、“2225”，为了保证平稳过渡，上述3个监管方式代码可以在保税港区、综合保税区继续并行使用至2010年6月30日，海关将在2010年7月15日前完成其报关单（备案清单）的结关手续。从2010年7月1日起保税港区、综合保税区企业不再使用保税区管理模式下的监管方式代码“1234”、“2025”、“2225”填报。

六、对于上述情况，在建立H账册和数据导入等工作中，监管方式代码“1234”项下进出区的货物比照监管方式代码“5034”项下进出区货物结转到H账册。在2010年7月1日前以监管方式代码“2025”、“2225”申报进区的减免税货物，海关仍按原模式监管，不纳入HD账册管理。

特此公告。

附件：海关特殊监管区域进出口货物报关单、进出境货物备案清单填制规范

附件

海关特殊监管区域进出口货物报关单、进出境货物备案清单填制规范

一、海关特殊监管区域（以下简称特殊区域）企业向海关申报货物进出境、进出区，以及在同一特殊区域内或者不同特殊区域之间流转货物的双方企业，应填制《中华人民共和国海关进（出）境货物备案清单》。特殊区域与境内（区外）之间进出的货物，区外企业应同时

填制《中华人民共和国海关进(出)口货物报关单》,向特殊区域主管海关办理进出口报关手续。

货物在同一特殊区域企业之间、不同特殊区域企业之间或特殊区域与区外之间流转的,应先办理进口报关手续,后办理出口报关手续。

二、《中华人民共和国海关进(出)境货物备案清单》原则上按《中华人民共和国海关进出口货物报关单填制规范》的要求填制,对部分栏目说明如下:

(一)进口口岸/出口口岸

实际进出境货物,填报实际进(出)境的口岸海关名称及关区代码;

特殊区域与区外之间进出的货物,填报本特殊区域海关名称及关区代码;

在特殊区域内流转的货物,填报本特殊区域海关名称及关区代码;

不同特殊区域之间、特殊区域与保税监管场所之间相互流转的货物,填报对方特殊区域或保税监管场所海关名称及关区代码。

(二)备案号

进出特殊区域的保税货物,应填报标记代码为 H 的电子账册备案号;

进出特殊区域的企业自用设备、基建物资、自用合理数量的办公用品,应填报标记代码为 H 的电子账册(第六位为 D)备案号。

(三)运输方式

实际进出境货物,应根据实际运输方式,按海关规定的《运输方式代码表》选择填报相应的运输方式;

同一特殊区域或不同特殊区域之间、特殊区域与保税监管场所之间流转的货物,区内企业填报“其他运输”(代码 9);

特殊区域与境内(区外)(非特殊区域、保税监管场所)之间进出的货物,区内、区外企业应根据实际运输方式分别填报,“保税港区/综合保税区”(代码 Y),“出口加工区”(代码 Z)。

(四)运输工具名称

同一特殊区域或不同特殊区域之间、特殊区域与保税监管场所之间流转的货物,在出口备案清单本栏目填报转入方关区代码(前两位)及进口报关单(备案清单)号,即转入 × ×(关区代码)× × × × × × × × ×(报关单/备案清单号)。

(五)贸易方式(监管方式)

特殊区域企业根据实际情况,区内企业选择填报下列不同性质的海关监管方式:

1. 下列进出特殊区域的货物,填报“料件进出区”(代码 5000):

(1)区内物流、加工企业与境内(区外)之间进出的料件(不包括经过区内企业实质性加工的成品);

(2)上述料件因故退运、退换的。

2. 区内企业从境外购进的用于研发的料件、成品,或者研发后将上述货物、物品退回境外,但不包括企业自用或其他用途的设备,填报“特殊区域研发货物”(代码 5010)。

3. 区内加工企业在来料加工贸易业务项下的料件从境外进口及制成品申报出境的,填报“区内来料加工”(代码 5014)。

4. 区内加工企业在进料加工贸易业务项下的料件从境外进口及制成品申报出境的，填报“区内进料加工”（代码 5015）。

5. 下列进出特殊区域的货物，填报“区内物流货物”（代码 5034），不得再使用“5033”填报：

（1）区内物流企业与境外进出的用于仓储、分拨、配送、转口的物流货物；

（2）区内加工企业将境内入区且未经加工的料件申报出境。

6. 下列进出特殊区域的成品，填报“成品进出区”（代码 5100）。

（1）区内企业加工后的成品（包括研发成品和物流企业简单加工的成品）进入境内（区外）的；

（2）上述成品因故在境内（区外）退运、退换的。

7. 下列进出特殊区域的企业自用设备、物资，填报“设备进出区”（代码 5300）。

（1）区内企业从境内（区外）购进的自用设备、物资，以及将上述设备、物资从特殊区域销往境内（区外）、结转到同一特殊区域或者另一特殊区域的企业，或在境内（区外）退运、退换；

（2）区内企业从境外进口的自用设备、物资，申报进入境内（区外）。

8. 区内企业从境外进口的用于区内业务所需的设备、基建物资，以及区内企业和行政管理机构自用合理数量的办公用品等，填报“境外设备进区”（代码 5335）。

9. 区内企业将监管方式代码“5335”项下的货物退运境外，填报“区内设备退运”（代码 5361）。

10. 区内企业经营来料加工业务，从境外进口的料件复出境的，填报“来料料件复出”（代码 0265）。

11. 区内企业经营来料加工业务，进境的料件出境退换的，填报“来料料件退换”（代码 0300）。

12. 区内企业经营来料加工业务，出境的成品返回区内退换的，填报“来料成品退换”（代码 4400）。

13. 区内企业经营进料加工业务，从境外进口的料件复出境的，填报“进料料件复出”（代码 0664）。

14. 区内企业经营进料加工业务，进境的料件出境退换的，填报“进料料件退换”（代码 0700）。

15. 区内企业经营进料加工业务，出境的成品返回区内退换的，填报“进料成品退换”（代码 4600）。

16. 特殊区域与境外之间进出的检测、维修货物，以及特殊区域与境内（区外）之间进出的检测、维修货物，区内企业填报“修理物品”（代码 1300）。

17. 区内企业将来料加工项下的边角料销往境内（区外）的，填报“来料边角料内销”（代码“0844”），将进料加工项下的边角料销往境内（区外）的，填报“进料边角料内销”（代码“0845”），不得再使用“5200”填报。

18. 区内企业将来料加工项下的边角料复出境的，填报“来料边角料复出”（代码“0864”），将进料加工项下的边角料复出境的，填报“进料边角料复出”（代码“0865”）。

19. 区内企业产品、设备运往境内（区外）测试、检验或委托加工产品，以及复运回区内，填报“暂时进出货物”(代码“2600”)。

20. 区内企业产品运出境内(区外)展览及展览完毕运回区内,填报“展览品”(代码“2700”)。

21. 无原始报关单的后续补税,填报“后续补税”(代码“9700”)。

三、上述填制规范适用于保税港区、综合保税区、出口加工区、珠澳跨境工业区(珠海园区)、中哈霍尔果斯边境合作区(中方配套区),保税区、保税物流园仍按现行规定填报。

1-4-6

海关总署关于进出口货样和广告品监管有关事项的公告

2010年5月25日　海关总署公告2010年第33号

为规范进出口贸易秩序,加强对进出口货样和广告品的管理,现就有关事项公告如下:

一、进出口货样系指进出口专供订货参考的货物样品;进出口广告品系指进出口用以宣传有关商品内容的广告宣传品。

二、进出口货样和广告品,不论是否免费提供,均应由在海关注册登记的进出口收发货人或其代理人向海关申报,由海关按规定审核验放。

三、进出口货样和广告品属于国家禁止进出口或者进出口实行许可证件管理的商品,应按照国家有关管理规定办理。

四、进出口无商业价值的货样和广告品准予免征关税和进口环节海关代征税,其他进出口货样和广告品一律照章征税。

五、本公告自2010年7月1日起实行。原《中华人民共和国海关对进出口货样、广告品监管办法》(〔86〕署货字第496号)、《关于修改〈海关对进出口货样、广告品监管办法〉第七条的通知》(署监一〔1990〕698号)同时废止。

特此公告。

1-4-7

海关总署关于调整进出境个人邮递物品管理措施有关事宜的公告

2010年7月2日　海关总署公告2010年第43号

为进一步规范对进出境个人邮递物品的监管,照顾收件人、寄件人合理需要,现就有关事项公告如下:

一、个人邮寄进境物品,海关依法征收进口税,但应征进口税税额在人民币50元(含50元)以下的,海关予以免征。

二、个人寄自或寄往港、澳、台地区的物品，每次限值为800元人民币；寄自或寄往其他国家和地区的物品，每次限值为1000元人民币。

三、个人邮寄进出境物品超出规定限值的，应办理退运手续或者按照货物规定办理通关手续。但邮包内仅有一件物品且不可分割的，虽超出规定限值，经海关审核确属个人自用的，可以按照个人物品规定办理通关手续。

四、邮运进出口的商业性邮件，应按照货物规定办理通关手续。

五、本公告内容自2010年9月1日起实行。原《海关总署关于调整进出境邮件中个人物品的限值和免税额的通知》（署监〔1994〕774号）同时废止。

特此公告。

1－4－8

海关总署关于进境旅客所携行李物品验放标准有关事宜的公告

2010年8月19日　海关总署公告2010年第54号

为进一步增强海关执法透明度，方便旅客进出境，明确进境旅客行李物品征免税规定，规范和统一海关验放标准，现就有关事项公告如下：

一、进境居民旅客携带在境外获取的个人自用进境物品，总值在5000元人民币以内（含5000元）的；非居民旅客携带拟留在中国境内的个人自用进境物品，总值在2000元人民币以内（含2000元）的，海关予以免税放行，单一品种限自用、合理数量，但烟草制品、酒精制品以及国家规定应当征税的20种商品等另按有关规定办理。

二、进境居民旅客携带超出5000元人民币的个人自用进境物品，经海关审核确属自用的；进境非居民旅客携带拟留在中国境内的个人自用进境物品，超出人民币2000元的，海关仅对超出部分的个人自用进境物品征税，对不可分割的单件物品，全额征税。

三、有关短期内多次来往旅客行李物品征免税规定、验放标准等事项另行规定。

特此公告。

1－4－9

海关总署关于开展报关单证企业暂存试点的公告

2010年8月30日　海关总署公告2010年第59号

为进一步深化分类通关改革，提高通关效率，降低企业通关成本，海关总署决定在全国海关出口货物领域和部分海关进口货物领域开展报关单证企业暂存试点。现就有关事项公告如下：

一、企业暂存报关单证是指进出口货物收发货人或其代理人按照分类通关作业模式，经海关批准免于现场递交并由企业暂行保管的，不涉及许可证件，不涉及征税、减免税且无需查验的报关单及其随附单证（以下简称报关单证）。

二、企业暂存报关单证分为进出口货物收发货人“自行暂存”和报关企业“集中代存”两种类型。

三、出口报关单证企业自行暂存和集中代存试点在全国海关全面开展；进口报关单证企业自行暂存和集中代存试点在上海、南京、青岛、黄埔海关开展。

四、试点海关范围内A类及以上类别进出口货物收发货人申请并经注册地海关认证和验收后，可自行暂存在注册地海关申报的报关单证；试点海关范围内A类及以上类别报关企业申请并经注册地海关认证和验收后，可暂存其代理的注册地在本关区（指企业注册地所在直属海关）范围内的A类及以上类别进出口货物收发货人（须代理报关企业与被代理进出口货物收发货人签订代理协议）在报关企业主管地海关申报的报关单证。

五、海关对自愿申请开展报关单证自行暂存的进出口货物收发货人和集中代存的报关企业进行审核评估，并对企业单证保管的硬件设施和单证管理制度进行实地验收。企业必须有满足纸质单证档案保管要求的专用场所和设施，配备计算机和软件用于单证理单和档案管理，并制订报关单证管理制度，安排专人负责报关单证的归档、保管、接待查阅和安全防范工作。

六、海关对单证暂存企业的报关单证管理状况进行检查，检查内容包括企业暂存单证保管库房的安全性、理单归档的及时性、纸质单证档案的完整性、所存单证内容与海关电子数据的一致性以及相关管理制度的落实情况等。

本公告内容自发布之日起施行。

特此公告。

附件：1. 报关单证企业自行暂存和集中代存管理办法（试行）（编者略）

2. 报关单证企业自行暂存和集中代存准入条件和验收标准（试行）（编者略）

1-4-10

中华人民共和国海关对加工贸易货物监管办法

2004年2月26日海关总署令第113号发布　2008年1月14日海关总署令第168号第一次修正　2010年11月1日海关总署令第195号第二次修正

第一章　总　　则

第一条　为了促进加工贸易健康发展，规范海关对加工贸易货物管理，根据《中华人民共和国海关法》及其他有关法律、行政法规，制定本办法。

第二条　本办法适用于办理加工贸易货物备案、进出口报关、加工、监管、核销手续。

加工贸易货物的备案、进出口报关、核销，应当采用纸质单证和电子数据的形式。

第三条 本办法下列用语的含义：

加工贸易，是指经营企业进口全部或者部分原辅材料、零部件、元器件、包装物料（以下简称料件），经加工或者装配后，将制成品复出口的经营活动，包括来料加工和进料加工。

来料加工，是指进口料件由境外企业提供，经营企业不需要付汇进口，按照境外企业的要求进行加工或者装配，只收取加工费，制成品由境外企业销售的经营活动。

进料加工，是指进口料件由经营企业付汇进口，制成品由经营企业外销出口的经营活动。

加工贸易货物，是指加工贸易项下的进口料件、加工成品以及加工过程中产生的边角料、残次品、副产品等。

加工贸易企业，包括经海关注册登记的经营企业和加工企业。

经营企业，是指负责对外签订加工贸易进出口合同的各类进出口企业和外商投资企业，以及经批准获得来料加工经营许可的对外加工装配服务公司。

加工企业，是指接受经营企业委托，负责对进口料件进行加工或者装配，且具有法人资格的生产企业，以及由经营企业设立的虽不具有法人资格，但实行相对独立核算并已经办理工商营业证（执照）的工厂。

单位耗料量，是指加工贸易企业在正常生产条件下加工生产单位出口成品所耗用的进口料件的数量，简称单耗。

深加工结转，是指加工贸易企业将保税进口料件加工的产品转至另一加工贸易企业进一步加工后复出口的经营活动。

承揽企业，是指与经营企业签订加工合同，承接经营企业委托的外发加工业务的生产企业。承揽企业须经海关注册登记，具有相应的加工生产能力。

外发加工，是指经营企业因受自身生产特点和条件限制，经海关批准并办理有关手续，委托承揽企业对加工贸易货物进行加工，在规定期限内将加工后的产品运回本企业并最终复出口的行为。

核销，是指加工贸易经营企业加工复出口或者办理内销等海关手续后，凭规定单证向海关申请解除监管，海关经审查、核查属实且符合有关法律、行政法规、规章的规定，予以办理解除监管手续的行为。

第四条 除国家另有规定外，加工贸易进口料件属于国家对进口有限制性规定的，经营企业免于向海关提交进口许可证件；加工贸易出口制成品属于国家对出口有限制性规定的，经营企业应当向海关提交出口许可证件。

第五条 经海关批准，加工贸易项下进口料件实行保税监管的，待加工成品出口后，海关根据核定的实际加工复出口的数量予以核销；对按照规定进口时先征收税款的，待加工成品出口后，海关根据核定的实际加工复出口的数量退还已征收的税款。

加工贸易项下的出口产品属于应当征收出口关税的，海关按照有关规定征收出口关税。

第六条 海关按照国家规定对加工贸易货物实行担保制度。

第七条 未经海关批准，加工贸易货物不得抵押。

第八条 海关根据监管需要，可以对加工贸易企业进行核查，企业应当予以配合。海关核查不得影响企业的正常经营活动。

第九条 加工贸易企业应当根据《中华人民共和国会计法》及国家有关法律、行政法规、规章的规定，设置符合海关监管要求的账簿、报表及其他有关单证，记录与本企业加工贸易货物有关的进口、存储、转让、转移、销售、加工、使用、损耗和出口等情况，凭合法、有效凭证记账并进行核算。

加工贸易企业应当按照规定向海关提交上年度企业生产经营活动的年度报表等资料。

加工贸易企业应当将加工贸易货物与非加工贸易货物分开管理。加工贸易货物应当存放在经海关备案的场所，实行专料专放。企业变更加工贸易货物存放场所的，应当经海关批准。

第二章　加工贸易货物备案

第十条 经营企业应当向加工企业所在地主管海关办理加工贸易货物备案手续。

经营企业与加工企业不在同一直属海关管辖的区域范围的，应当按照海关对异地加工贸易的管理规定办理货物备案手续。

第十一条 经营企业办理加工贸易货物备案手续，应当如实申报贸易方式、单耗、进出口口岸，以及进口料件和出口成品的商品名称、商品编号、规格型号、价格和原产地等。

第十二条 经营企业办理加工贸易货物备案手续，应当提交下列单证：

（一）主管部门签发的同意开展加工贸易业务的有效批准文件；

（二）经营企业自身有加工能力的，应当提交主管部门签发的《加工贸易加工企业生产能力证明》；

（三）经营企业委托加工的，应当提交经营企业与加工企业签订的委托加工合同、主管部门签发的加工企业的《加工贸易加工企业生产能力证明》；

（四）经营企业对外签订的合同；

（五）海关认为需要提交的其他证明文件和材料。

第十三条 经海关审核，单证齐全有效，并且符合本办法第十条至第十二条规定的，海关应当自接受企业备案申请之日起5个工作日内予以备案，并核发加工贸易手册。

需要办理担保手续的，经营企业按照规定办理担保手续后，海关核发加工贸易手册。

第十四条 有下列情形之一的，海关不予备案并且书面告知经营企业：

（一）进口料件或者出口成品属于国家禁止进出口的；

（二）加工产品属于国家禁止在我国境内加工生产的；

（三）进口料件属于海关无法实行保税监管的；

（四）经营企业或者加工企业属于国家规定不允许开展加工贸易的；

（五）经营企业未在规定期限内向海关报核已到期的加工贸易手册，又向海关申请备案的。

第十五条 经营企业或者加工企业有下列情形之一的，海关可以在经营企业提供相当于应缴税款金额的保证金或者银行保函后予以备案：

（一）涉嫌走私、违规，已被海关立案调查、侦查，案件未审结的；

（二）因为管理混乱被海关要求整改，在整改期内的。

经营企业或者加工企业有下列情形之一，海关有理由认为其存在较高监管风险的，可以比照前款规定办理，并书面告知有关企业：

（一）租赁厂房或者设备的；

（二）首次开展加工贸易业务的；

（三）加工贸易手册申请两次或者两次以上延期的；

（四）办理加工贸易异地备案的。

第十六条　海关发现经营企业办理加工贸易货物备案手续提交的单证与事实不符的，应当按照下列规定处理：

（一）货物尚未进口的，海关注销其备案；

（二）货物已进口的，企业可以申请退运，也可以向海关提供相当于应缴税款金额的保证金或者银行保函后继续履行合同。

第十七条　已经办理加工贸易货物备案的经营企业可以向海关申领加工贸易手册分册、续册。

第十八条　加工贸易货物备案内容发生变更的，经营企业应当在加工贸易手册有效期内办理变更手续。需要报原审批机关批准的，还应当报原审批机关批准。

第三章　加工贸易货物进出口、加工

第十九条　经营企业进口加工贸易货物，可以从境外或者海关特殊监管区域、保税仓库进口，也可以通过深加工结转方式转入。

经营企业出口加工贸易货物，可以向境外或者海关特殊监管区域、出口监管仓库出口，也可以通过深加工结转方式转出。

第二十条　经营企业应当持加工贸易手册、加工贸易进出口货物专用报关单等有关单证办理加工贸易货物进出口报关手续。

第二十一条　经营企业以加工贸易方式进出口的货物，列入海关统计。

第二十二条　经营企业经主管部门批准，可以开展深加工结转业务，并按照海关对加工贸易货物深加工结转的管理规定办理有关手续。

第二十三条　经营企业经海关批准可以开展外发加工业务，并按照外发加工的相关管理规定办理。

经营企业开展外发加工业务，不得将加工贸易货物转卖给承揽企业。承揽企业不得将加工贸易货物再次外发至其他企业进行加工。

第二十四条　有下列情形之一的，申请开展外发加工业务的经营企业应当向海关提供相当于外发加工货物应缴税款金额的保证金或者银行保函：

（一）外发加工业务跨关区的；

（二）全部工序外发加工的；

（三）外发加工后的货物不运回直接出口的；

（四）申请外发加工的货物未涉案，但经营企业或者承揽企业涉嫌走私、违规，已被海关立案调查、侦查且未审结的。

申请外发加工的货物之前已向海关提供不低于应缴税款金额的保证金或者银行保函

的,经营企业无需再按照本条前款规定向海关提供保证金或者银行保函。

经营企业或者承揽企业生产经营管理不符合海关监管要求以及申请外发的货物属于涉案货物且案件未审结的,海关不予批准外发加工业务。

第二十五条 外发加工的成品、剩余料件以及生产过程中产生的边角料、残次品、副产品等加工贸易货物,经经营企业所在地主管海关批准,可以不运回本企业。

第二十六条 经营企业和承揽企业应当共同接受海关监管。经营企业应当根据海关要求如实报告外发加工货物的发运、加工、单耗、存储等情况。

第二十七条 加工贸易货物应当专料专用。

因加工出口产品急需,经海关核准,经营企业保税料件之间、保税料件与非保税料件之间可以进行串换,但料件串换限于同一企业,并应当遵循同品种、同规格、同数量、不牟利的原则。

来料加工保税进口料件不得串换。

第二十八条 经营企业因加工工艺需要,必须使用非保税料件的,应当事先向海关如实申报使用非保税料件的比例、品种、规格、型号、数量,海关核销时在出口成品总耗用量中予以核扣。

第二十九条 经营企业进口料件因质量问题、规格型号与合同不符等原因,需返还原供货商进行退换的,可以直接向口岸海关办理报关手续。已经加工的保税进口料件不得进行退换。

第四章　加工贸易货物核销

第三十条 经营企业应当在规定的期限内将进口料件加工复出口,并自加工贸易手册项下最后一批成品出口或者加工贸易手册到期之日起30日内向海关报核。

经营企业对外签订的合同因故提前终止的,应当自合同终止之日起30日内向海关报核。

第三十一条 经营企业报核时应当向海关如实申报进口料件、出口成品、边角料、剩余料件、残次品、副产品以及单耗等情况,并向海关提交加工贸易手册、加工贸易进出口货物专用报关单以及海关要求提交的其他单证。

第三十二条 经审核单证齐全有效的,海关受理报核;海关不予受理的,应当书面告知企业原因,企业应当按照规定重新报核。

第三十三条 海关核销可以采取纸质单证核销和电子数据核销的方式,必要时可以下厂核查,企业应当予以配合。

海关应当自受理报核之日起30日内予以核销。特殊情况需要延长的,经直属海关关长或者其授权的隶属海关关长批准可延长30日。

第三十四条 加工贸易保税进口料件或者成品因故转为内销的,海关凭主管部门准予内销的有效批准文件,对保税进口料件依法征收税款并加征缓税利息;进口料件属于国家对进口有限制性规定的,经营企业还应当向海关提交进口许可证件。

第三十五条 经营企业因故将加工贸易进口料件退运出境的,海关凭有关退运单证核销。

经海关批准，经营企业放弃加工贸易货物的，按照海关对放弃进口货物的管理规定办理，海关凭接受放弃的有关单证核销。

第三十六条 经营企业在生产过程中产生的边角料、剩余料件、残次品、副产品和受灾保税货物，按照海关对加工贸易边角料、剩余料件、残次品、副产品和受灾保税货物的管理规定办理，海关凭有关单证核销。

第三十七条 经营企业遗失加工贸易手册的，应当及时向海关报告。

海关在按照有关规定处理后对遗失的加工贸易手册予以核销。

第三十八条 对经核销准予结案的加工贸易手册，海关向经营企业签发《核销结案通知书》。

第三十九条 经营企业已经办理担保的，海关在核销结案后按照规定解除担保。

第四十条 加工贸易货物备案和核销单证自加工贸易手册核销结案之日起留存3年。

第四十一条 加工贸易企业出现分立、合并、破产的，应当及时向海关报告，并办结海关手续。

加工贸易货物被人民法院或者有关行政执法部门封存的，加工贸易企业应当自加工贸易货物被封存之日起5个工作日内向海关报告。

第五章 法律责任

第四十二条 违反本办法，构成走私行为、违反海关监管规定行为或者其他违反海关法行为的，由海关依照海关法和《中华人民共和国海关行政处罚实施条例》的有关规定予以处理；构成犯罪的，依法追究刑事责任。

第六章 附　　则

第四十三条 保税工厂开展加工贸易业务，按照海关对加工贸易保税工厂的管理规定办理。

第四十四条 进料加工保税集团开展加工贸易业务，按照海关对进料加工保税集团的管理规定办理。

第四十五条 实施联网监管的加工贸易企业开展加工贸易业务，按照海关对加工贸易企业实施计算机联网监管的管理规定办理。

第四十六条 加工贸易企业在保税区、出口加工区等海关特殊监管区域内开展加工贸易业务，按照海关对保税区、出口加工区等海关特殊监管区域的管理规定办理。

第四十七条 单耗的申报与核定，按照海关对加工贸易单耗的管理规定办理。

第四十八条 海关对加工贸易货物进口时先征收税款出口后予以退税的管理规定另行制定。

第四十九条 本办法由海关总署负责解释。

第五十条 本办法自2004年4月1日起施行。

1 -4 -11

中华人民共和国海关对高层次留学人才回国和海外科技专家来华工作进出境物品管理办法

2006 年 12 月 26 日海关总署令第 154 号公布
2010 年 11 月 26 日海关总署令第 198 号修正

第一条 为了鼓励高层次留学人才回国和海外科技专家来华工作,推动国家科学、技术进步,根据《中华人民共和国海关法》和国家有关法律、行政法规及其他有关规定,制定本办法。

第二条 由人事部、教育部或者其授权部门认定的高层次留学人才和海外科技专家(以下统称高层次人才),以随身携带、分离运输、邮递、快递等方式进出境科研、教学和自用物品,适用本办法。

第三条 回国定居或者来华工作连续 1 年以上(含 1 年,下同)的高层次人才进境本办法所附清单(见附件 1)范围内合理数量的科研、教学物品,海关依据有关规定予以免税验放。

第四条 回国定居或者来华工作连续 1 年以上的高层次人才进境本办法所附清单(见附件 2)范围内合理数量的自用物品,海关依据有关规定予以免税验放。

上述人员可以依据有关规定申请从境外运进自用机动车辆 1 辆(限小轿车、越野车、9 座及以下的小客车),海关依据有关规定予以征税验放。

第五条 高层次人才进境本办法第三条、第四条所列物品,除应当向海关提交人事部、教育部或者其授权部门出具的高层次人才身份证明外,还应当按照下列规定办理海关手续:

(一)以随身携带、分离运输方式进境科研、教学物品的,应当如实向海关书面申报,并提交本人有效入出境身份证件;

(二)以邮递、快递方式进境科研、教学用品的,应当如实向海关申报,并提交本人有效入出境身份证件;

(三)回国定居或者来华工作连续 1 年以上的高层次人才进境自用物品的,应当填写《中华人民共和国海关进出境自用物品申请表》,并提交本人有效入出境身份证件、境内长期居留证件或者《回国(来华)定居专家证》,由本人或者委托他人向主管海关提出书面申请。

经主管海关审核批准后,进境地海关凭主管海关的审批单证和其他相关单证对上述物品予以验放。

第六条 高层次人才回国、来华后,因工作需要从境外运进少量消耗性的试剂、原料、配件等,应当由其所在单位按照《科学研究和教学用品免征进口税收规定》办理有关手续。

上述人员因工作需要从境外临时运进少量非消耗性科研、教学物品的，可以由其所在单位向海关出具保函，海关按照暂时进境物品办理有关手续，并监管其按期复运出境。

第七条 已获人事部、教育部或者其授权部门批准回国定居或者来华工作连续1年以上，但尚未取得境内长期居留证件或者《回国（来华）定居专家证》的高层次人才，对其已经运抵口岸的自用物品，海关可以凭人事部、教育部或者其授权部门出具的书面说明文件先予放行。

上述高层次人才应当在物品进境之日起6个月内补办有关海关手续。

第八条 高层次人才依据有关规定从境外运进的自用机动车辆，属于海关监管车辆，依法接受海关监管。

自海关放行之日起1年后，高层次人才可以向主管海关申请解除监管。

对高层次人才进境自用机动车辆的其他监管事项，按照《中华人民共和国海关对非居民长期旅客进出境自用物品监管办法》有关规定办理。

第九条 高层次人才在华工作完毕返回境外时，以随身携带、分离运输、邮递、快递等方式出境原进境物品的，应当按照规定办理相关海关手续。

第十条 高层次人才因出境参加各种学术交流等活动需要，以随身携带、分离运输、邮递、快递等方式出境合理数量的科研、教学物品，除国家禁止出境的物品外，海关按照暂时出境物品办理有关手续。

第十一条 高层次人才进出境时，海关给予通关便利。对其随身携带的进出境物品，除特殊情况外，海关可以不予开箱查验。

海关在办理高层次人才进出境物品审批、验放等手续时，应当由指定的专门机构和专人及时办理。对在节假日或者非正常工作时间内以分离运输、邮递或者快递方式进出境的物品，有特殊情况需要及时验放的，海关可以预约加班，在约定的时间内为其办理物品通关手续。

第十二条 违反本办法，构成走私或者违反海关监管规定行为的，由海关依照《中华人民共和国海关法》和《中华人民共和国海关行政处罚实施条例》的有关规定予以处理；构成犯罪的，依法追究刑事责任。

第十三条 本办法由海关总署负责解释。

第十四条 本办法自2007年1月1日起施行。

附件：1. 免税科研、教学物品清单

2. 免税自用物品清单

附件1

免税科研、教学物品清单

一、科学研究、科学试验和教学用的少量的小型检测、分析、测量、检查、计量、观测、发生信号的仪器、仪表及其附件；

二、为科学研究和教学提供必要条件的少量的小型实验设备；

三、各种载体形式的图书、报刊、讲稿、计算机软件；

四、标本、模型；

五、教学用幻灯片；

六、实验用材料。

附件2

免税自用物品清单

一、首次进境的个人生活、工作自用的家用摄像机、照相机、便携式收录机、便携式激光唱机、便携式计算机每种1件；

二、日常生活用品（衣物、床上用品、厨房用品等）；

三、其他自用物品（国家规定应当征税的20种商品除外）。

1－4－12

海关总署关于修订《中华人民共和国进境物品归类表》和《中华人民共和国进境物品完税价格表》的公告

2012年3月26日　海关总署公告2012年第15号

为适应市场发展需要，根据《中华人民共和国进出口关税条例》和国务院2011年1月批准调整的《中华人民共和国进境物品进口税率表》（海关总署公告2011年第6号公布），海关总署重新修订了《中华人民共和国进境物品归类表》（以下简称《归类表》，详见附件1）及《中华人民共和国进境物品完税价格表》（以下简称《完税价格表》，详见附件2），现予以公布，自2012年4月15日起执行。海关总署2007年6月修订的《入境旅客行李物品和个人邮递物品进口税税则归类表》及《入境旅客行李物品和个人邮递物品完税价格表》（海关总署公告2007年第25号公布）同时废止。现就有关事宜公告如下：

一、进境物品依次遵循以下原则归类：

（一）《归类表》已列名的物品，归入其列名类别；

（二）《归类表》未列名的物品，按其主要功能（或用途）归入相应类别；

（三）不能按照上述原则归入相应类别的物品，归入“其他物品”类别。

二、进境物品完税价格遵循以下原则确定：

（一）进境物品的完税价格由海关依法遵循以下原则确定：

1.《完税价格表》已列明完税价格的物品，按照《完税价格表》确定；

2.《完税价格表》未列明完税价格的物品，按照相同物品相同来源地最近时间的主要市场零售价格确定其完税价格；

3. 实际购买价格是《完税价格表》列明完税价格的2倍及以上，或是《完税价格表》列明完税价格的1/2及以下的物品，进境物品所有人应向海关提供销售方依法开具的真实交易的购物发票或收据，并承担相关责任。海关可以根据物品所有人提供的上述相关凭证，依法确定应税物品完税价格。

（二）边疆地区民族特需商品的完税价格按照海关总署另行审定的完税价格表执行。

三、纳税义务人对进境物品的归类、完税价格的确定持有异议的，可以依法提请行政复议。

特此公告。

附件：1. 中华人民共和国进境物品归类表（编者略）

2. 中华人民共和国进境物品完税价格表（编者略）

1－4－13

中华人民共和国海关审定进出口货物完税价格办法

2013年12月25日　海关总署令第213号

第一章　总　　则

第一条　为了正确审查确定进出口货物的完税价格，根据《中华人民共和国海关法》（以下简称《海关法》）、《中华人民共和国进出口关税条例》的规定，制定本办法。

第二条　海关审查确定进出口货物的完税价格，应当遵循客观、公平、统一的原则。

第三条　海关审查确定进出口货物的完税价格，适用本办法。

内销保税货物完税价格的确定，准许进口的进境旅客行李物品、个人邮递物品以及其他个人自用物品的完税价格的确定，涉嫌走私的进出口货物、物品的计税价格的核定，不适用本办法。

第四条　海关应当按照国家有关规定，妥善保管纳税义务人提供的涉及商业秘密的资料，除法律、行政法规另有规定外，不得对外提供。

纳税义务人可以书面向海关提出为其保守商业秘密的要求，并且具体列明需要保密的内容，但是不得以商业秘密为理由拒绝向海关提供有关资料。

第二章　进口货物的完税价格

第一节　进口货物完税价格确定方法

第五条　进口货物的完税价格，由海关以该货物的成交价格为基础审查确定，并且应当包括货物运抵中华人民共和国境内输入地点起卸前的运输及其相关费用、保险费。

第六条　进口货物的成交价格不符合本章第二节规定的，或者成交价格不能确定的，

海关经了解有关情况,并且与纳税义务人进行价格磋商后,依次以下列方法审查确定该货物的完税价格:

(一)相同货物成交价格估价方法;

(二)类似货物成交价格估价方法;

(三)倒扣价格估价方法;

(四)计算价格估价方法;

(五)合理方法。

纳税义务人向海关提供有关资料后,可以提出申请,颠倒前款第三项和第四项的适用次序。

第二节 成交价格估价方法

第七条 进口货物的成交价格,是指卖方向中华人民共和国境内销售该货物时买方为进口该货物向卖方实付、应付的,并且按照本章第三节的规定调整后的价款总额,包括直接支付的价款和间接支付的价款。

第八条 进口货物的成交价格应当符合下列条件:

(一)对买方处置或者使用进口货物不予限制,但是法律、行政法规规定实施的限制、对货物销售地域的限制和对货物价格无实质性影响的限制除外;

(二)进口货物的价格不得受到使该货物成交价格无法确定的条件或者因素的影响;

(三)卖方不得直接或者间接获得因买方销售、处置或者使用进口货物而产生的任何收益,或者虽然有收益但是能够按照本办法第十一条第一款第四项的规定做出调整;

(四)买卖双方之间没有特殊关系,或者虽然有特殊关系但是按照本办法第十七条、第十八条的规定未对成交价格产生影响。

第九条 有下列情形之一的,应当视为对买方处置或者使用进口货物进行了限制:

(一)进口货物只能用于展示或者免费赠送的;

(二)进口货物只能销售给指定第三方的;

(三)进口货物加工为成品后只能销售给卖方或者指定第三方的;

(四)其他经海关审查,认定买方对进口货物的处置或者使用受到限制的。

第十条 有下列情形之一的,应当视为进口货物的价格受到了使该货物成交价格无法确定的条件或者因素的影响:

(一)进口货物的价格是以买方向卖方购买一定数量的其他货物为条件而确定的;

(二)进口货物的价格是以买方向卖方销售其他货物为条件而确定的;

(三)其他经海关审查,认定货物的价格受到使该货物成交价格无法确定的条件或者因素影响的。

第三节 成交价格的调整项目

第十一条 以成交价格为基础审查确定进口货物的完税价格时,未包括在该货物实付、应付价格中的下列费用或者价值应当计入完税价格:

(一)由买方负担的下列费用:

1. 除购货佣金以外的佣金和经纪费；

2. 与该货物视为一体的容器费用；

3. 包装材料费用和包装劳务费用。

（二）与进口货物的生产和向中华人民共和国境内销售有关的，由买方以免费或者以低于成本的方式提供，并且可以按适当比例分摊的下列货物或者服务的价值：

1. 进口货物包含的材料、部件、零件和类似货物；

2. 在生产进口货物过程中使用的工具、模具和类似货物；

3. 在生产进口货物过程中消耗的材料；

4. 在境外进行的为生产进口货物所需的工程设计、技术研发、工艺及制图等相关服务。

（三）买方需向卖方或者有关方直接或者间接支付的特许权使用费，但是符合下列情形之一的除外：

1. 特许权使用费与该货物无关；

2. 特许权使用费的支付不构成该货物向中华人民共和国境内销售的条件。

（四）卖方直接或者间接从买方对该货物进口后销售、处置或者使用所得中获得的收益。

纳税义务人应当向海关提供本条所述费用或者价值的客观量化数据资料。纳税义务人不能提供的，海关与纳税义务人进行价格磋商后，按照本办法第六条列明的方法审查确定完税价格。

第十二条 在根据本办法第十一条第一款第二项确定应当计入进口货物完税价格的货物价值时，应当按照下列方法计算有关费用：

（一）由买方从与其无特殊关系的第三方购买的，应当计入的价值为购入价格；

（二）由买方自行生产或者从有特殊关系的第三方获得的，应当计入的价值为生产成本；

（三）由买方租赁获得的，应当计入的价值为买方承担的租赁成本；

（四）生产进口货物过程中使用的工具、模具和类似货物的价值，应当包括其工程设计、技术研发、工艺及制图等费用。

如果货物在被提供给卖方前已经被买方使用过，应当计入的价值为根据国内公认的会计原则对其进行折旧后的价值。

第十三条 符合下列条件之一的特许权使用费，应当视为与进口货物有关：

（一）特许权使用费是用于支付专利权或者专有技术使用权，且进口货物属于下列情形之一的：

1. 含有专利或者专有技术的；

2. 用专利方法或者专有技术生产的；

3. 为实施专利或者专有技术而专门设计或者制造的。

（二）特许权使用费是用于支付商标权，且进口货物属于下列情形之一的：

1. 附有商标的；

2. 进口后附上商标直接可以销售的；

3. 进口时已含有商标权，经过轻度加工后附上商标即可以销售的。

（三）特许权使用费是用于支付著作权，且进口货物属于下列情形之一的：

1. 含有软件、文字、乐曲、图片、图像或者其他类似内容的进口货物，包括磁带、磁盘、光盘或者其他类似载体的形式；

2. 含有其他享有著作权内容的进口货物。

（四）特许权使用费是用于支付分销权、销售权或者其他类似权利，且进口货物属于下列情形之一的：

1. 进口后可以直接销售的；

2. 经过轻度加工即可以销售的。

第十四条 买方不支付特许权使用费则不能购得进口货物，或者买方不支付特许权使用费则该货物不能以合同议定的条件成交的，应当视为特许权使用费的支付构成进口货物向中华人民共和国境内销售的条件。

第十五条 进口货物的价款中单独列明的下列税收、费用，不计入该货物的完税价格：

（一）厂房、机械或者设备等货物进口后发生的建设、安装、装配、维修或者技术援助费用，但是保修费用除外；

（二）进口货物运抵中华人民共和国境内输入地点起卸后发生的运输及其相关费用、保险费；

（三）进口关税、进口环节海关代征税及其他国内税；

（四）为在境内复制进口货物而支付的费用；

（五）境内外技术培训及境外考察费用。

同时符合下列条件的利息费用不计入完税价格：

（一）利息费用是买方为购买进口货物而融资所产生的；

（二）有书面的融资协议的；

（三）利息费用单独列明的；

（四）纳税义务人可以证明有关利率不高于在融资当时当地此类交易通常应当具有的利率水平，且没有融资安排的相同或者类似进口货物的价格与进口货物的实付、应付价格非常接近的。

第四节 特殊关系

第十六条 有下列情形之一的，应当认为买卖双方存在特殊关系：

（一）买卖双方为同一家族成员的；

（二）买卖双方互为商业上的高级职员或者董事的；

（三）一方直接或者间接地受另一方控制的；

（四）买卖双方都直接或者间接地受第三方控制的；

（五）买卖双方共同直接或者间接地控制第三方的；

（六）一方直接或者间接地拥有、控制或者持有对方5%以上（含5%）公开发行的有表决权的股票或者股份的；

（七）一方是另一方的雇员、高级职员或者董事的；

（八）买卖双方是同一合伙的成员的。

买卖双方在经营上相互有联系，一方是另一方的独家代理、独家经销或者独家受让人，如果符合前款的规定，也应当视为存在特殊关系。

第十七条 买卖双方之间存在特殊关系，但是纳税义务人能证明其成交价格与同时或者大约同时发生的下列任何一款价格相近的，应当视为特殊关系未对进口货物的成交价格产生影响：

（一）向境内无特殊关系的买方出售的相同或者类似进口货物的成交价格；

（二）按照本办法第二十三条的规定所确定的相同或者类似进口货物的完税价格；

（三）按照本办法第二十五条的规定所确定的相同或者类似进口货物的完税价格。

海关在使用上述价格进行比较时，应当考虑商业水平和进口数量的不同，以及买卖双方有无特殊关系造成的费用差异。

第十八条 海关经对与货物销售有关的情况进行审查，认为符合一般商业惯例的，可以确定特殊关系未对进口货物的成交价格产生影响。

第五节 除成交价格估价方法以外的其他估价方法

第十九条 相同货物成交价格估价方法，是指海关以与进口货物同时或者大约同时向中华人民共和国境内销售的相同货物的成交价格为基础，审查确定进口货物的完税价格的估价方法。

第二十条 类似货物成交价格估价方法，是指海关以与进口货物同时或者大约同时向中华人民共和国境内销售的类似货物的成交价格为基础，审查确定进口货物的完税价格的估价方法。

第二十一条 按照相同或者类似货物成交价格估价方法的规定审查确定进口货物的完税价格时，应当使用与该货物具有相同商业水平且进口数量基本一致的相同或者类似货物的成交价格。使用上述价格时，应当以客观量化的数据资料，对该货物与相同或者类似货物之间由于运输距离和运输方式不同而在成本和其他费用方面产生的差异进行调整。

在没有前款所述的相同或者类似货物的成交价格的情况下，可以使用不同商业水平或者不同进口数量的相同或者类似货物的成交价格。使用上述价格时，应当以客观量化的数据资料，对因商业水平、进口数量、运输距离和运输方式不同而在价格、成本和其他费用方面产生的差异做出调整。

第二十二条 按照相同或者类似货物成交价格估价方法审查确定进口货物的完税价格时，应当首先使用同一生产商生产的相同或者类似货物的成交价格。

没有同一生产商生产的相同或者类似货物的成交价格的，可以使用同一生产国或者地区其他生产商生产的相同或者类似货物的成交价格。

如果有多个相同或者类似货物的成交价格，应当以最低的成交价格为基础审查确定进口货物的完税价格。

第二十三条 倒扣价格估价方法，是指海关以进口货物、相同或者类似进口货物在境内的销售价格为基础，扣除境内发生的有关费用后，审查确定进口货物完税价格的估价方法。该销售价格应当同时符合下列条件：

（一）是在该货物进口的同时或者大约同时，将该货物、相同或者类似进口货物在境内销售的价格；

（二）是按照货物进口时的状态销售的价格；

（三）是在境内第一销售环节销售的价格；

（四）是向境内无特殊关系方销售的价格；

（五）按照该价格销售的货物合计销售总量最大。

第二十四条 按照倒扣价格估价方法审查确定进口货物完税价格的，下列各项应当扣除：

（一）同等级或者同种类货物在境内第一销售环节销售时，通常的利润和一般费用（包括直接费用和间接费用）以及通常支付的佣金；

（二）货物运抵境内输入地点起卸后的运输及其相关费用、保险费；

（三）进口关税、进口环节海关代征税及其他国内税。

如果该货物、相同或者类似货物没有按照进口时的状态在境内销售，应纳税义务人要求，可以在符合本办法第二十三条规定的其他条件的情形下，使用经进一步加工后的货物的销售价格审查确定完税价格，但是应当同时扣除加工增值额。

前款所述的加工增值额应当依据与加工成本有关的客观量化数据资料、该行业公认的标准、计算方法及其他的行业惯例计算。

按照本条的规定确定扣除的项目时，应当使用与国内公认的会计原则相一致的原则和方法。

第二十五条 计算价格估价方法，是指海关以下列各项的总和为基础，审查确定进口货物完税价格的估价方法：

（一）生产该货物所使用的料件成本和加工费用；

（二）向境内销售同等级或者同种类货物通常的利润和一般费用（包括直接费用和间接费用）；

（三）该货物运抵境内输入地点起卸前的运输及相关费用、保险费。

按照前款的规定审查确定进口货物的完税价格时，海关在征得境外生产商同意并且提前通知有关国家或者地区政府后，可以在境外核实该企业提供的有关资料。

按照本条第一款的规定确定有关价值或者费用时，应当使用与生产国或者地区公认的会计原则相一致的原则和方法。

第二十六条 合理方法，是指当海关不能根据成交价格估价方法、相同货物成交价格估价方法、类似货物成交价格估价方法、倒扣价格估价方法和计算价格估价方法确定完税价格时，海关根据本办法第二条规定的原则，以客观量化的数据资料为基础审查确定进口货物完税价格的估价方法。

第二十七条 海关在采用合理方法确定进口货物的完税价格时，不得使用以下价格：

（一）境内生产的货物在境内的销售价格；

（二）可供选择的价格中较高的价格；

（三）货物在出口地市场的销售价格；

（四）以本办法第二十五条规定之外的价值或者费用计算的相同或者类似货物的价格；

（五）出口到第三国或者地区的货物的销售价格；

（六）最低限价或者武断、虚构的价格。

第三章 特殊进口货物的完税价格

第二十八条 运往境外修理的机械器具、运输工具或者其他货物，出境时已向海关报明，并且在海关规定的期限内复运进境的，应当以境外修理费和料件费为基础审查确定完税价格。

出境修理货物复运进境超过海关规定期限的，由海关按照本办法第二章的规定审查确定完税价格。

第二十九条 运往境外加工的货物，出境时已向海关报明，并且在海关规定期限内复运进境的，应当以境外加工费和料件费以及该货物复运进境的运输及其相关费用、保险费为基础审查确定完税价格。

出境加工货物复运进境超过海关规定期限的，由海关按照本办法第二章的规定审查确定完税价格。

第三十条 经海关批准的暂时进境货物，应当缴纳税款的，由海关按照本办法第二章的规定审查确定完税价格。经海关批准留购的暂时进境货物，以海关审查确定的留购价格作为完税价格。

第三十一条 租赁方式进口的货物，按照下列方法审查确定完税价格：

（一）以租金方式对外支付的租赁货物，在租赁期间以海关审查确定的租金作为完税价格，利息应当予以计入；

（二）留购的租赁货物以海关审查确定的留购价格作为完税价格；

（三）纳税义务人申请一次性缴纳税款的，可以选择申请按照本办法第六条列明的方法确定完税价格，或者按照海关审查确定的租金总额作为完税价格。

第三十二条 减税或者免税进口的货物应当补税时，应当以海关审查确定的该货物原进口时的价格，扣除折旧部分价值作为完税价格，其计算公式如下：

$$完税价格 = \frac{海关审查确定的该}{货物原进口时的价格} \times \left(1 - \frac{补税时实际已进口的时间(月)}{监管年限 \times 12}\right)$$

上述计算公式中“补税时实际已进口的时间”按月计算，不足 1 个月但是超过 15 日的，按照 1 个月计算；不超过 15 日的，不予计算。

第三十三条 易货贸易、寄售、捐赠、赠送等不存在成交价格的进口货物，海关与纳税义务人进行价格磋商后，按照本办法第六条列明的方法审查确定完税价格。

第三十四条 进口载有专供数据处理设备用软件的介质，具有下列情形之一的，应当以介质本身的价值或者成本为基础审查确定完税价格：

（一）介质本身的价值或者成本与所载软件的价值分列；

（二）介质本身的价值或者成本与所载软件的价值虽未分列，但是纳税义务人能够提供介质本身的价值或者成本的证明文件，或者能提供所载软件价值的证明文件。

含有美术、摄影、声音、图像、影视、游戏、电子出版物的介质不适用前款规定。

第四章 进口货物完税价格中的运输及其相关费用、保险费的计算

第三十五条 进口货物的运输及其相关费用，应当按照由买方实际支付或者应当支付

的费用计算。如果进口货物的运输及其相关费用无法确定的,海关应当按照该货物进口同期的正常运输成本审查确定。

运输工具作为进口货物,利用自身动力进境的,海关在审查确定完税价格时,不再另行计入运输及其相关费用。

第三十六条 进口货物的保险费,应当按照实际支付的费用计算。如果进口货物的保险费无法确定或者未实际发生,海关应当按照“货价加运费”两者总额的3‰计算保险费,其计算公式如下:

保险费 =(货价 + 运费)×3‰

第三十七条 邮运进口的货物,应当以邮费作为运输及其相关费用、保险费。

第五章 出口货物的完税价格

第三十八条 出口货物的完税价格由海关以该货物的成交价格为基础审查确定,并且应当包括货物运至中华人民共和国境内输出地点装载前的运输及其相关费用、保险费。

第三十九条 出口货物的成交价格,是指该货物出口销售时,卖方为出口该货物应当向买方直接收取和间接收取的价款总额。

第四十条 下列税收、费用不计入出口货物的完税价格:

(一)出口关税;

(二)在货物价款中单独列明的货物运至中华人民共和国境内输出地点装载后的运输及其相关费用、保险费。

第四十一条 出口货物的成交价格不能确定的,海关经了解有关情况,并且与纳税义务人进行价格磋商后,依次以下列价格审查确定该货物的完税价格:

(一)同时或者大约同时向同一国家或者地区出口的相同货物的成交价格;

(二)同时或者大约同时向同一国家或者地区出口的类似货物的成交价格;

(三)根据境内生产相同或者类似货物的成本、利润和一般费用(包括直接费用和间接费用)、境内发生的运输及其相关费用、保险费计算所得的价格;

(四)按照合理方法估定的价格。

第六章 完税价格的审查确定

第四十二条 纳税义务人向海关申报时,应当按照本办法的有关规定,如实向海关提供发票、合同、提单、装箱清单等单证。

根据海关要求,纳税义务人还应当如实提供与货物买卖有关的支付凭证以及证明申报价格真实、准确的其他商业单证、书面资料和电子数据。

货物买卖中发生本办法第二章第三节所列的价格调整项目的,或者发生本办法三十五条所列的运输及其相关费用的,纳税义务人应当如实向海关申报。

前款规定的价格调整项目或者运输及其相关费用如果需要分摊计算的,纳税义务人应当根据客观量化的标准进行分摊,并且同时向海关提供分摊的依据。

第四十三条 海关为审查申报价格的真实性、准确性,可以行使下列职权进行价格核查:

（一）查阅、复制与进出口货物有关的合同、发票、账册、结付汇凭证、单据、业务函电、录音录像制品和其他反映买卖双方关系及交易活动的商业单证、书面资料和电子数据；

（二）向进出口货物的纳税义务人及与其有资金往来或者有其他业务往来的公民、法人或者其他组织调查与进出口货物价格有关的问题；

（三）对进出口货物进行查验或者提取货样进行检验或者化验；

（四）进入纳税义务人的生产经营场所、货物存放场所，检查与进出口活动有关的货物和生产经营情况；

（五）经直属海关关长或者其授权的隶属海关关长批准，凭《中华人民共和国海关账户查询通知书》（见附件1）及有关海关工作人员的工作证件，可以查询纳税义务人在银行或者其他金融机构开立的单位账户的资金往来情况，并且向银行业监督管理机构通报有关情况；

（六）向税务部门查询了解与进出口货物有关的缴纳国内税情况。

海关在行使前款规定的各项职权时，纳税义务人及有关公民、法人或者其他组织应当如实反映情况，提供有关书面资料和电子数据，不得拒绝、拖延和隐瞒。

第四十四条 海关对申报价格的真实性、准确性有疑问时，或者认为买卖双方之间的特殊关系影响成交价格时，应当制发《中华人民共和国海关价格质疑通知书》（以下简称《价格质疑通知书》，见附件2），将质疑的理由书面告知纳税义务人或者其代理人，纳税义务人或者其代理人应当自收到《价格质疑通知书》之日起5个工作日内，以书面形式提供相关资料或者其他证据，证明其申报价格真实、准确或者双方之间的特殊关系未影响成交价格。

纳税义务人或者其代理人确有正当理由无法在规定时间内提供前款资料的，可以在规定期限届满前以书面形式向海关申请延期。

除特殊情况外，延期不得超过10个工作日。

第四十五条 海关制发《价格质疑通知书》后，有下列情形之一的，海关与纳税义务人进行价格磋商后，按照本办法第六条或者第四十一条列明的方法审查确定进出口货物的完税价格：

（一）纳税义务人或者其代理人在海关规定期限内，未能提供进一步说明的；

（二）纳税义务人或者其代理人提供有关资料、证据后，海关经审核其所提供的资料、证据，仍然有理由怀疑申报价格的真实性、准确性的；

（三）纳税义务人或者其代理人提供有关资料、证据后，海关经审核其所提供的资料、证据，仍然有理由认为买卖双方之间的特殊关系影响成交价格的。

第四十六条 海关经过审查认为进口货物无成交价格的，可以不进行价格质疑，经与纳税义务人进行价格磋商后，按照本办法第六条列明的方法审查确定完税价格。

海关经过审查认为出口货物无成交价格的，可以不进行价格质疑，经与纳税义务人进行价格磋商后，按照本办法第四十一条列明的方法审查确定完税价格。

第四十七条 按照本办法规定需要价格磋商的，海关应当依法向纳税义务人制发《中华人民共和国海关价格磋商通知书》（见附件3）。纳税义务人应当自收到通知之日起5个工作日内与海关进行价格磋商。纳税义务人在海关规定期限内与海关进行价格磋商的，海关应当制作《中华人民共和国海关价格磋商记录表》（见附件4）。

纳税义务人未在通知规定的时限内与海关进行磋商的，视为其放弃价格磋商的权利，海关可以直接使用本办法第六条或者第四十一条列明的方法审查确定进出口货物的完税价格。

第四十八条 对符合下列情形之一的，经纳税义务人书面申请，海关可以不进行价格质疑以及价格磋商，按照本办法第六条或者第四十一条列明的方法审查确定进出口货物的完税价格：

（一）同一合同项下分批进出口的货物，海关对其中一批货物已经实施估价的；

（二）进出口货物的完税价格在人民币10万元以下或者关税及进口环节海关代征税总额在人民币2万元以下的；

（三）进出口货物属于危险品、鲜活品、易腐品、易失效品、废品、旧品等的。

第四十九条 海关审查确定进出口货物的完税价格期间，纳税义务人可以在依法向海关提供担保后，先行提取货物。

第五十条 海关审查确定进出口货物的完税价格后，纳税义务人可以提出书面申请，要求海关就如何确定其进出口货物的完税价格做出书面说明。海关应当根据要求出具《中华人民共和国海关估价告知书》（见附件5）。

第七章　附　　则

第五十一条 本办法中下列用语的含义：

境内，是指中华人民共和国海关关境内。

完税价格，是指海关在计征关税时使用的计税价格。

买方，是指通过履行付款义务，购入货物，并且为此承担风险，享有收益的自然人、法人或者其他组织。其中进口货物的买方是指向中华人民共和国境内购入进口货物的买方。

卖方，是指销售货物的自然人、法人或者其他组织。其中进口货物的卖方是指向中华人民共和国境内销售进口货物的卖方。

向中华人民共和国境内销售，是指将进口货物实际运入中华人民共和国境内，货物的所有权和风险由卖方转移给买方，买方为此向卖方支付价款的行为。

实付、应付价格，是指买方为购买进口货物而直接或者间接支付的价款总额，即作为卖方销售进口货物的条件，由买方向卖方或者为履行卖方义务向第三方已经支付或者将要支付的全部款项。

间接支付，是指买方根据卖方的要求，将货款全部或者部分支付给第三方，或者冲抵买卖双方之间的其他资金往来的付款方式。

购货佣金，是指买方为购买进口货物向自己的采购代理人支付的劳务费用。

经纪费，是指买方为购买进口货物向代表买卖双方利益的经纪人支付的劳务费用。

相同货物，是指与进口货物在同一国家或者地区生产的，在物理性质、质量和信誉等所有方面都相同的货物，但是表面的微小差异允许存在。

类似货物，是指与进口货物在同一国家或者地区生产的，虽然不是在所有方面都相同，但是却具有相似的特征，相似的组成材料，相同的功能，并且在商业中可以互换的货物。

大约同时,是指海关接受货物申报之日的大约同时,最长不应当超过前后 45 日。按照倒扣价格法审查确定进口货物的完税价格时,如果进口货物、相同或者类似货物没有在海关接受进口货物申报之日前后45 日内在境内销售,可以将在境内销售的时间延长至接受货物申报之日前后 90 日内。

公认的会计原则,是指在有关国家或者地区会计核算工作中普遍遵循的原则性规范和会计核算业务的处理方法。包括对货物价值认定有关的权责发生制原则、配比原则、历史成本原则、划分收益性与资本性支出原则等。

特许权使用费,是指进口货物的买方为取得知识产权权利人及权利人有效授权人关于专利权、商标权、专有技术、著作权、分销权或者销售权的许可或者转让而支付的费用。

技术培训费用,是指基于卖方或者与卖方有关的第三方对买方派出的技术人员进行与进口货物有关的技术指导,进口货物的买方支付的培训师资及人员的教学、食宿、交通、医疗保险等其他费用。

软件,是指《计算机软件保护条例》规定的用于数据处理设备的程序和文档。

专有技术,是指以图纸、模型、技术资料和规范等形式体现的尚未公开的工艺流程、配方、产品设计、质量控制、检测以及营销管理等方面的知识、经验、方法和诀窍等。

轻度加工,是指稀释、混合、分类、简单装配、再包装或者其他类似加工。

同等级或者同种类货物,是指由特定产业或者产业部门生产的一组或者一系列货物中的货物,包括相同货物或者类似货物。

介质,是指磁带、磁盘、光盘。

价格核查,是指海关为确定进出口货物的完税价格,依法行使本办法第四十三条规定的职权,通过审查单证、核实数据、核对实物及相关账册等方法,对进出口货物申报成交价格的真实性、准确性以及买卖双方之间是否存在特殊关系影响成交价格进行的审查。

价格磋商,是指海关在使用除成交价格以外的估价方法时,在保守商业秘密的基础上,与纳税义务人交换彼此掌握的用于确定完税价格的数据资料的行为。

起卸前,是指货物起卸行为开始之前。

装载前,是指货物装载行为开始之前。

第五十二条 纳税义务人对海关确定完税价格有异议的,应当按照海关作出的相关行政决定依法缴纳税款,并且可以依法向上一级海关申请复议。对复议决定不服的,可以依法向人民法院提起行政诉讼。

第五十三条 违反本办法规定,构成走私行为、违反海关监管规定行为或者其他违反《海关法》行为的,由海关依照《海关法》和《中华人民共和国海关行政处罚实施条例》的有关规定予以处理;构成犯罪的,依法追究刑事责任。

第五十四条 本办法由海关总署负责解释。

第五十五条 本办法自 2014 年 2 月 1 日起施行。2006 年 3 月 28 日海关总署令第 148 号发布的《中华人民共和国海关审定进出口货物完税价格办法》同时废止。

附件:1. 中华人民共和国海关账户查询通知书(编者略)

2. 中华人民共和国海关价格质疑通知书(编者略)

3. 中华人民共和国海关价格磋商通知书(编者略)

4. 中华人民共和国海关价格磋商记录表(编者略)

5. 中华人民共和国海关估价告知书(样式)(编者略)

1－4－14

海关总署关于修改部分规章的决定

2014年3月13日　海关总署令第218号

为了有效推动简政放权、转变职能,深化行政审批制度改革,根据《全国人民代表大会常务委员会关于修改〈中华人民共和国海洋环境保护法〉等七部法律的决定》(主席令第8号)以及《国务院关于修改部分行政法规的决定》(国务院令第645号)、《国务院关于取消和下放一批行政审批项目的决定》(国发〔2013〕44号),海关总署决定对《中华人民共和国海关对进料加工保税集团管理办法》等15部规章进行修改,具体内容如下:

一、《中华人民共和国海关对进料加工保税集团管理办法》(海关总署令第41号公布)作如下修改:

(一)将第八条"保税集团在为加工出口产品所需进口料、件前,其牵头企业应持凭经贸主管部门颁发的《进料加工批准书》连同合同副本或订货卡片向海关办理合同登记备案手续。海关审核无误后,向其签发《进料加工登记手册》(以下简称《登记手册》),并在右上角加盖'保税集团货物'戳记。"修改为"保税集团在为加工出口产品所需进口料、件前,其牵头企业应当凭经贸主管部门颁发的《进料加工批准书》连同合同副本或者订货卡片向海关办理手册设立手续,海关发放《进料加工登记手册》(以下简称《登记手册》),并在右上角加盖'保税集团货物'戳记。"

(二)将第十条"海关对保税集团进口的料、件予以全额保税,集团的牵头企业应按规定向海关交纳监管手续费。进口的料、件应存入指定的保税仓库,料、件出库加工时,海关按对保税仓库及所存货物的管理办法进行监管。保税进口料、件进入加工环节时,海关按对保税工厂的管理办法进行监管。加工的成品出口,免征出口关税,如属出口许可证管理商品,还应向海关交验出口货物许可证。"修改为"海关对保税集团进口的料、件予以全额保税,集团的牵头企业应当按照规定向海关办理手续。进口的料、件应存入指定的保税仓库,料、件出库加工时,海关按照对保税仓库及所存货物的管理办法进行监管。保税进口料、件进入加工环节时,海关按照对保税工厂的管理办法进行监管。加工的成品出口,免征出口关税,如果属于出口许可证管理商品,还应当向海关交验出口货物许可证。"

(三)将第十四条"保税进口的料、件,应自进口之日起一年内加工成品返销出口。如有特殊情况需要延长期限的,保税集团的牵头企业应向海关提出书面申请,但延期最长不得超过一年。如期满仍未加工成品复出口或转为进口的,由海关按《海关法》有关规定处理。"修改为"保税进口的料、件,应当自进口之日起一年内加工成品返销出口。如果有特殊情况需要延长期限的,保税集团的牵头企业应当向海关办理延期变更手续,但是延期最长不得超过一年。如果期满仍未加工成品复出口或者转为进口的,由海关按照有关规定依法处理。"

二、对《中华人民共和国海关关于异地加工贸易的管理办法》(海关总署令第 74 号发布)作如下修改:

(一)将第五条“经营单位开展异地加工贸易,须凭其所在地外经贸主管部门核发的《加工贸易业务批准证》和加工企业所在地外经贸主管部门出具的《加工贸易加工企业生产能力证明》,填制《中华人民共和国海关异地加工贸易申请表》(格式见附件 1,以下简称《申请表》),向经营单位主管海关提出异地加工申请。”修改为“经营单位开展异地加工贸易,应当凭其所在地外经贸主管部门核发的《加工贸易业务批准证》和加工企业所在地外经贸主管部门出具的《加工贸易加工企业生产能力证明》,填制《中华人民共和国海关异地加工贸易申报表》(格式见附件 1,以下简称《申报表》),向经营单位主管海关办理异地加工手续。”

(二)将第六条“经营单位主管海关在核准其异地加工申请时,对于办理过异地加工贸易业务的经营单位,须查阅由加工企业主管海关反馈的《中华人民共和国海关异地加工贸易回执》(格式见附件 2,以下简称《回执》)。经核实合同执行情况正常的,在《申请表》(一式二联)内批注签章,与《加工贸易业务批准证》、《加工贸易加工企业生产能力证明》一并制作关封,交经营单位凭以向加工企业主管海关办理合同登记备案。”修改为“经营单位主管海关在办理异地加工手续时,对于办理过异地加工贸易业务的经营单位,应当查阅由加工企业主管海关反馈的《中华人民共和国海关异地加工贸易回执》(格式见附件 2,以下简称《回执》)。经核实合同执行情况正常的,在《申报表》(一式二联)内批注签章,与《加工贸易业务批准证》、《加工贸易加工企业生产能力证明》一并制作关封,交经营单位凭以向加工企业主管海关办理手册设立手续。”

(三)将第七条“加工企业主管海关凭经营单位提供的《加工贸易业务批准证》、‘委托加工合同’、《加工贸易加工企业生产能力证明》、《申请表》及其他有关单证办理合同登记备案。如由加工企业向海关办理合同备案手续的,必须持有经营单位出具的委托书。”修改为“加工企业主管海关凭经营单位提供的《加工贸易业务批准证》、委托加工合同、《加工贸易加工企业生产能力证明》、《申报表》及其他有关单证办理手册设立手续。如果由加工企业向海关办理手册设立手续的,应当持有经营单位出具的委托书。”

(四)将附件中“申请表”修改为“申报表”,“办理了合同登记备案”修改为“设立手册”。

三、对《中华人民共和国海关关于转关货物监管办法》(海关总署令第 89 号公布)作如下修改:

将第八条第一款的“转关货物申报的电子数据与书面单证具有同等的法律效力。对确因填报或传输错误的数据,有正当理由并经海关同意,可作修改或者撤销。对海关已决定查验的转关货物,不再允许修改或撤销申报内容。”修改为“转关货物申报的电子数据与书面单证具有同等的法律效力。对确因填报或者传输错误的数据,符合进出口货物报关单修改和撤销管理相关规定的,可以进行修改或者撤销。对海关已经决定查验的转关货物,不再允许修改或者撤销申报内容。”

四、对《中华人民共和国海关关于超期未报关进口货物、误卸或者溢卸的进境货物和放弃进口货物的处理办法》(海关总署令第 91 号发布)作如下修改:

将第三条第一款的“由进境运输工具载运进境并因故卸至海关监管区或者其他经海关批准的场所,未列入进口载货清单、运单向海关申报进境的误卸或者溢卸的进境货物,经海关审定确实的,由载运该货物的原运输工具负责人,自该运输工具卸货之日起三个月内,向海关申请办理退运出境手续;或者由该货物的收发货人,自该运输工具卸货之日起三个月内,向海关申请办理退运或者申报进口手续。”修改为“由进境运输工具载运进境并因故卸至海关监管区或者其他经海关批准的场所,未列入进口载货清单、运单向海关申报进境的误卸或者溢卸的进境货物,经海关审定确实的,由载运该货物的原运输工具负责人,自该运输工具卸货之日起三个月内,向海关办理直接退运出境手续;或者由该货物的收发货人,自该运输工具卸货之日起三个月内,向海关办理退运或者申报进口手续。”

五、对《中华人民共和国海关进出口货物申报管理规定》(海关总署令第103号公布)作如下修改:

(一)将第六条“为进出口货物的收发货人、受委托的报关企业办理申报手续的人员,应当是取得报关员资格并在海关注册的报关员。未取得报关员资格且未在海关注册的人员不得办理进出口货物申报手续。报关员应当按照国家和海关的法律法规规定和要求开展报关活动。除法律、行政法规和规章另有规定外,报关员及其所属企业应对报关员的申报行为承担相应的法律责任。”修改为“为进出口货物的收发货人、受委托的报关企业办理申报手续的人员,应当是在海关备案的报关人员。”

(二)将第十条第二款的“海关已接受申报的报关单电子数据,经人工审核后,需要对部分内容修改的,进出口货物收发货人、受委托的报关企业应当按照海关规定进行修改并重新发送,申报日期仍为海关原接受申报的日期。”修改为“海关已接受申报的报关单电子数据,人工审核确认需要退回修改的,进出口货物收发货人、受委托的报关企业应当在10日内完成修改并重新发送报关单电子数据,申报日期仍为海关接受原报关单电子数据的日期;超过10日的,原报关单无效,进出口货物收发货人、受委托的报关企业应当另行向海关申报,申报日期为海关再次接受申报的日期。”

(三)将第十四条“海关接受进出口货物的申报后,申报内容不得修改,报关单证不得撤销;确有如下正当理由的,收发货人、受委托的报关企业向海关递交书面申请,经海关审核批准后,可以进行修改或撤销:

1. 由于计算机、网络系统等方面的原因导致电子数据申报错误的;

2. 海关在办理出口货物的放行手续后,由于装运、配载等原因造成原申报货物部分或全部退关需要修改或撤销报关单证及其内容的;

3. 报关人员由于操作或书写失误造成申报差错,但未对国家贸易管制政策的实施、税费征收及海关统计指标等造成危害的;

4. 海关审价、归类审核或专业认定后需对原申报数据进行修改的;

5. 根据贸易惯例先行采用暂时价格成交、实际结算时按商检品质认定或国际市场实际价格付款方式需要修改原申报数据的;海关已经决定布控、查验进出口货物的,进出口货物的收发货人、受委托的报关企业不得修改报关单内容或撤销报关单证。”修改为“海关接受进出口货物的申报后,报关单证及其内容不得修改或者撤销;符合规定情形的,应当按照进出口货物报关单修改和撤销的相关规定办理。”

六、对《中华人民共和国海关关于加工贸易边角料、剩余料件、残次品、副产品和受灾保税货物的管理办法》(海关总署令第111号发布)作如下修改:

（一）将第五条修改为“加工贸易企业申报将剩余料件结转到另一个加工贸易合同使用，限同一经营企业、同一加工企业、同样进口料件和同一加工贸易方式。凡具备条件的，海关按规定核定单耗后，企业可以办理该合同核销及其剩余料件结转手续。剩余料件转入合同已经商务主管部门审批的，由原审批部门按变更方式办理相关手续，如剩余料件的转入量不增加已批合同的进口总量，则免于办理变更手续；转入合同为新建合同的，由商务主管部门按现行加工贸易审批管理规定办理。

加工贸易企业申报剩余料件结转有下列情形之一的，企业缴纳不超过结转保税料件应缴纳税款金额的风险担保金后，海关予以办理：

1. 同一经营企业申报将剩余料件结转到另一加工企业的；

2. 剩余料件转出金额达到该加工贸易合同项下实际进口料件总额 50% 及以上的；

3. 剩余料件所属加工贸易合同办理两次以及两次以上延期手续的；

剩余料件结转涉及不同主管海关的，在双方海关办理相关手续，并由转入地海关收取风险担保金。

前款所列须缴纳风险担保金的加工贸易企业有下列情形之一的，免于缴纳风险担保金：

1. 适用加工贸易 A 类管理的；

2. 已实行台账实转的合同，台账实转金额不低于结转保税料件应缴税款金额的；

3. 原企业发生搬迁、合并、分立、重组、改制、股权变更等法律规定的情形，且现企业继承原企业主要权利义务或者债权债务关系的，剩余料件结转不受同一经营企业、同一加工企业、同一贸易方式限制。”

（二）将第八条第一款的“加工贸易企业在加工生产过程中产生或者经回收能够提取的副产品，未复出口的，加工贸易企业在向海关备案或者核销时应当如实申报。”修改为“加工贸易企业在加工生产过程中产生或者经回收能够提取的副产品，未复出口的，加工贸易企业在向海关办理手册设立或者核销手续时应当如实申报。”

（三）将第九条第（一）项中的“报请核销”修改为“报核”。

（四）将第十一条修改为“加工贸易企业因故无法内销或者退运的边角料、剩余料件、残次品、副产品或者受灾保税货物，由加工贸易企业委托具有法定资质的单位进行销毁处置，海关凭相关单证、处置单位出具的接收单据和处置证明等资料办理核销手续。

海关可以派员监督处置，加工贸易企业以及有关处置单位应当给予配合。加工贸易企业因处置获得的收入，应当向海关如实申报，海关比照边角料内销征税的管理规定办理征税手续。”

七、对《中华人民共和国海关实施〈中华人民共和国行政许可法〉办法》（海关总署令第 117 号公布）作如下修改：

删去第四十八条第（一）项、第四十九条。

八、对《中华人民共和国海关进出口货物征税管理办法》（海关总署令第 124 号公布）作如下修改：

（一）将第二十四条第一款的“纳税义务人因不可抗力或者国家税收政策调整不能按期缴纳税款的，应当在货物进出口前向办理进出口申报纳税手续的海关所在的直属海关提出延期缴纳税款的书面申请并随附相关材料，同时还应当提供缴税计划。”修改为“纳税义务人因不可抗力或者国家税收政策调整不能按期缴纳税款的，应当在货物进出口前向申报地的直属海关或者其授权的隶属海关提出延期缴纳税款的书面申请并随附相关材料，同时还应当提供缴税计划。”

（二）将第二十五条第一款的“直属海关应当自接到纳税义务人延期缴纳税款的申请之日起 10 日内审核情况是否属实，情况属实的，应当立即将有关申请材料报送海关总署。海关总署接到申请材料后，应当在 20 日内作出是否同意延期缴纳税款的决定以及延期缴纳税款的期限，并通知报送申请材料的直属海关。因特殊情况在 20 日内不能作出决定的，可以延长 10 日。”修改为“直属海关或者其授权的隶属海关应当自接到纳税义务人延期缴纳税款的申请之日起 30 日内审核情况是否属实，并作出是否同意延期缴纳税款的决定以及延期缴纳税款的期限。由于特殊情况在 30 日内不能作出决定的，可以延长 10 日。”

（三）将第二十六条第一款的“经海关总署审核未批准延期缴纳税款的，直属海关应当自接到海关总署未批准延期缴纳税款的决定之日起 3 个工作日内通知纳税义务人，并填发税款缴款书。”修改为“直属海关或者其授权的隶属海关经审核未批准延期缴纳税款的，应当自作出决定之日起 3 个工作日内通知纳税义务人，并填发税款缴款书。”

九、对《中华人民共和国海关征收进口货物滞报金办法》（海关总署令第 128 号公布）作如下修改：

（一）将第六条“进口货物收货人在向海关传送报关单电子数据申报后，未在规定期限或核准的期限内递交纸质报关单，海关予以撤销电子数据报关单处理、进口货物收货人重新向海关申报，产生滞报的，按照本办法第四条规定计算滞报金起征日。进口货物收货人申报并经海关依法审核，必须撤销原电子数据报关单重新申报的，经进口货物收货人申请并经海关审核同意，以撤销原报关单之日起第十五日为起征日。”修改为“进口货物收货人向海关传送报关单电子数据申报后，未在规定期限或者核准的期限内递交纸质报关单以及随附单证，海关予以撤销报关单电子数据处理。进口货物收货人重新向海关申报，产生滞报的，按照本办法第四条规定计算滞报金起征日。

进口货物收货人申报后依法撤销原报关单电子数据重新申报的，以撤销原报关单之日起第十五日为起征日”。

（二）将第十二条中的“进口货物收货人可以向海关申请减免滞报金”修改为“进口货物收货人可以向申报地海关申请减免滞报金”。

第十二条第（四）项中的“因海关及相关执法部门工作原因致使收货人无法在规定期限内申报，从而产生滞报的”修改为“因海关及相关司法、行政执法部门工作原因致使收货人无法在规定期限内申报，从而产生滞报的”。

（三）删去第十四条，其他条款次序作相应调整。

（四）对第十五条作以下修改：

1. 将第十五条第（三）项的“进口货物收货人申报并经海关依法审核，必须撤销原电子数据报关单重新申报，因删单重报产生滞报的”修改为“进口货物收货人申报后依法撤销原报关单电子数据重新申报，因删单重报产生滞报的”。

2. 将第十五条第（四）项的“进口货物经海关批准直接退运的”修改为“进口货物办理

直接退运的”。

相应将本条的条款顺序调整为第十四条。

(五)将第十七条“本办法规定的滞报金起征日如遇法定节假日,则顺延至其后第一个工作日。”修改为“本办法规定的滞报金起征日遇有休息日或者法定节假日的,顺延至休息日或者法定节假日之后的第一个工作日。国务院临时调整休息日与工作日的,海关应当按照调整后的情况确定滞报金的起征日。”

相应将本条的条款顺序调整为第十六条。

十、对《中华人民共和国海关行政处罚听证办法》(海关总署令第145号公布)作如下修改:

删去第三条中“暂停报关执业”和“取消报关从业资格”的表述。

十一、对《中华人民共和国海关加工贸易单耗管理办法》(海关总署令第155号公布)作如下修改:

将第四条“加工贸易企业应当在加工贸易备案环节向海关进行单耗备案。”修改为“加工贸易企业应当在加工贸易手册设立环节向海关进行单耗备案。”

十二、对《中华人民共和国海关进出口货物商品归类管理规定》(海关总署令第158号公布)作如下修改:

将第十三条“收发货人或者其代理人申报的商品编码需要修改的,应当按照《中华人民共和国海关进出口货物报关单修改和撤销管理办法》等规定向海关提出申请。”修改为“收发货人或者其代理人申报的商品编码需要修改的,应当按照进出口货物报关单修改和撤销的相关规定办理。”

十三、对《中华人民共和国海关办理行政处罚案件程序规定》(海关总署令第159号公布)作如下修改:

(一)删去第六十条第二款中“暂停报关执业”和“取消报关从业资格”的表述。

(二)删去第七十五条第二款中“或者执业”和“取消报关从业资格”的表述。

十四、对《中华人民共和国海关行政复议办法》(海关总署令第166号公布)作如下修改:

删去第九条第(一)项中“或者执业”和“取消报关从业资格”的表述。

十五、对《中华人民共和国海关进出口货物集中申报管理办法》(海关总署令第169号公布)作如下修改:

将第十二条“收发货人在清单申报后申请修改或者撤销《集中申报清单》的,比照《中华人民共和国海关报关单修改和撤销管理办法》的相关规定办理。”修改为“收发货人在清单申报后修改或者撤销集中申报清单的,参照进出口货物报关单修改和撤销的相关规定办理。”

本决定自公布之日起施行。

《中华人民共和国海关对进料加工保税集团管理办法》、《中华人民共和国海关关于异地加工贸易的管理办法》、《中华人民共和国海关关于转关货物监管办法》、《中华人民共和国海关关于超期未报关进口货物、误卸或者溢卸的进境货物和放弃进口货物的处理办法》、《中华人民共和国海关进出口货物申报管理规定》、《中华人民共和国海关关于加工贸易边角料、剩余料件、残次品、副产品和受灾保税货物的管理办法》、《中华人民共和国海关实施〈中华人民共和国行政许可法〉办法》、《中华人民共和国海关进出口货物征税管理办法》、《中华人民共和国海关征收进口货物滞报金办法》、《中华人民共和国海关行政处罚听证办法》、《中华人民共和国海关加工贸易单耗管理办法》、《中华人民共和国海关进出口货物商品归类管理规定》、《中华人民共和国海关办理行政处罚案件程序规定》、《中华人民共和国海关行政复议办法》、《中华人民共和国海关进出口货物集中申报管理办法》根据本决定作相应修改,重新公布。

附件:1. 中华人民共和国海关对进料加工保税集团管理办法(编者略)
2. 中华人民共和国海关关于异地加工贸易的管理办法(编者略)
3. 中华人民共和国海关关于转关货物监管办法(编者略)
4. 中华人民共和国海关关于超期未报关进口货物、误卸或者溢卸的进境货物和放弃进口货物的处理办法(编者略)
5. 中华人民共和国海关进出口货物申报管理规定(编者略)
6. 中华人民共和国海关关于加工贸易边角料、剩余料件、残次品、副产品和受灾保税货物的管理办法(编者略)
7. 中华人民共和国海关实施《中华人民共和国行政许可法》办法(编者略)
8. 中华人民共和国海关进出口货物征税管理办法(编者略)
9. 中华人民共和国海关征收进口货物滞报金办法(编者略)
10. 中华人民共和国海关行政处罚听证办法(编者略)
11. 中华人民共和国海关加工贸易单耗管理办法(编者略)
12. 中华人民共和国海关进出口货物商品归类管理规定(编者略)
13. 中华人民共和国海关办理行政处罚案件程序规定(编者略)
14. 中华人民共和国海关行政复议办法(编者略)
15. 中华人民共和国海关进出口货物集中申报管理办法(编者略)

1－4－15

中华人民共和国海关企业信用管理暂行办法

2014年10月8日　海关总署令第225号

第一章　总　　则

第一条　为了推进社会信用体系建设,建立企业进出口信用管理制度,保障贸易安全与便利,根据《中华人民共和国海关法》及其他有关法律、行政法规的规定,制定本办法。

第二条　海关注册登记企业信用信息的采集、公示,企业信用状况的认定、管理等适用本办法。

第三条　海关根据企业信用状况将企业认定为认证企业、一般信用企业和失信企业,按照诚信守法便利、失信违法惩戒原则,分别适用相应的管理措施。

第四条 认证企业是中国海关经认证的经营者(AEO),中国海关依法开展与其他国家或者地区海关的 AEO 互认,并给予互认 AEO 企业相应通关便利措施。

第五条 海关根据社会信用体系建设和国际合作需要,与国家有关部门以及其他国家或者地区海关建立合作机制,推进信息互换、监管互认、执法互助。

第二章 企业信用信息采集和公示

第六条 海关应当采集能够反映企业进出口信用状况的下列信息,建立企业信用信息管理系统:

(一)企业在海关注册登记信息;

(二)企业进出口经营信息;

(三)AEO 互认信息;

(四)企业在其他行政管理部门的信息;

(五)其他与企业进出口相关的信息。

第七条 海关应当在保护国家秘密、商业秘密和个人隐私的前提下,公示企业下列信用信息:

(一)企业在海关注册登记信息;

(二)海关对企业信用状况的认定结果;

(三)企业行政处罚信息;

(四)其他应当公示的企业信息。

海关对企业行政处罚信息的公示期限为 5 年。

海关应当公布企业信用信息的查询方式。

第八条 公民、法人或者其他组织认为海关公示的企业信用信息不准确的,可以向海关提出异议,并提供相关资料或者证明材料。海关应当自收到异议申请之日起 20 日内复核。公民、法人或者其他组织提出异议的理由成立的,海关应当采纳。

第三章 企业信用状况的认定标准和程序

第九条 认证企业应当符合《海关认证企业标准》。

《海关认证企业标准》分为一般认证企业标准和高级认证企业标准,由海关总署制定并对外公布。

第十条 企业有下列情形之一的,海关认定为失信企业:

(一)有走私犯罪或者走私行为的;

(二)非报关企业 1 年内违反海关监管规定行为次数超过上年度报关单、进出境备案清单等相关单证总票数千分之一且被海关行政处罚金额超过 10 万元的违规行为 2 次以上的,或者被海关行政处罚金额累计超过 100 万元的;

报关企业 1 年内违反海关监管规定行为次数超过上年度报关单、进出境备案清单总票数万分之五的,或者被海关行政处罚金额累计超过 10 万元的;

(三)拖欠应缴税款、应缴罚没款项的;

(四)上一季度报关差错率高于同期全国平均报关差错率 1 倍以上的;

（五）经过实地查看，确认企业登记的信息失实且无法与企业取得联系的；

（六）被海关依法暂停从事报关业务的；

（七）涉嫌走私、违反海关监管规定拒不配合海关进行调查的；

（八）假借海关或者其他企业名义获取不当利益的；

（九）弄虚作假、伪造企业信用信息的；

（十）其他海关认定为失信企业的情形。

第十一条 企业有下列情形之一的，海关认定为一般信用企业：

（一）首次注册登记的企业；

（二）认证企业不再符合本办法第九条规定条件，且未发生本办法第十条所列情形的；

（三）适用失信企业管理满 1 年，且未再发生本办法第十条规定情形的。

第十二条 企业向海关申请成为认证企业的，海关按照《海关认证企业标准》对企业实施认证。

海关或者申请企业可以委托具有法定资质的社会中介机构对企业进行认证；中介机构认证结果经海关认可的，可以作为认定企业信用状况的参考依据。

第十三条 海关应当自收到企业书面认证申请之日起 90 日内作出认证结论。特殊情形下，海关认证时限可以延长 30 日。

第十四条 企业有下列情形之一的，海关应当终止认证：

（一）发生涉嫌走私或者违反海关监管规定的行为被海关立案侦查或者调查的；

（二）主动撤回认证申请的；

（三）其他应当终止认证的情形。

第十五条 海关对企业信用状况的认定结果实施动态调整。

海关对高级认证企业应当每 3 年重新认证一次，对一般认证企业不定期重新认证。认证企业未通过重新认证适用一般信用企业管理的，1 年内不得再次申请成为认证企业；高级认证企业未通过重新认证但符合一般认证企业标准的，适用一般认证企业管理。

适用失信企业管理满 1 年，且未再发生本办法第十条规定情形的，海关应当将其调整为一般信用企业管理。

失信企业被调整为一般信用企业满 1 年的，可以向海关申请成为认证企业。

第四章 管理原则和措施

第十六条 一般认证企业适用下列管理原则和措施：

（一）较低进出口货物查验率；

（二）简化进出口货物单证审核；

（三）优先办理进出口货物通关手续；

（四）海关总署规定的其他管理原则和措施。

第十七条 高级认证企业除适用一般认证企业管理原则和措施外，还适用下列管理措施：

（一）在确定进出口货物的商品归类、海关估价、原产地或者办结其他海关手续前先行办理验放手续；

(二)海关为企业设立协调员;

(三)对从事加工贸易的企业,不实行银行保证金台账制度;

(四)AEO 互认国家或者地区海关提供的通关便利措施。

第十八条 失信企业适用海关下列管理原则和措施:

(一)较高进出口货物查验率;

(二)进出口货物单证重点审核;

(三)加工贸易等环节实施重点监管;

(四)海关总署规定的其他管理原则和措施。

第十九条 高级认证企业适用的管理措施优于一般认证企业。

因企业信用状况认定结果不一致导致适用的管理措施相抵触的,海关按照就低原则实施管理。

认证企业涉嫌走私被立案侦查或者调查的,海关暂停适用相应管理措施,按照一般信用企业进行管理。

第二十条 企业名称或者海关注册编码发生变更的,海关对企业信用状况的认定结果和管理措施继续适用。

企业有下列情形之一的,按照以下原则作出调整:

(一)企业发生存续分立,分立后的存续企业承继分立前企业的主要权利义务的,适用海关对分立前企业的信用状况认定结果和管理措施,其余的分立企业视为首次注册企业;

(二)企业发生解散分立,分立企业视为首次注册企业;

(三)企业发生吸收合并,合并企业适用海关对合并后存续企业的信用状况认定结果和管理措施;

(四)企业发生新设合并,合并企业视为首次注册企业。

第五章 附 则

第二十一条 作为企业信用状况认定依据的走私犯罪,以刑事判决书生效时间为准进行认定。

作为企业信用状况认定依据的走私行为、违反海关监管规定行为,以海关行政处罚决定书作出时间为准进行认定。

第二十二条 本办法下列用语的含义是:

“处罚金额”,指因发生违反海关监管规定的行为,被海关处以罚款、没收违法所得或者没收货物、物品价值的金额之和。

“拖欠应纳税款”,指自缴纳税款期限届满之日起超过 3 个月仍未缴纳进出口货物、物品应当缴纳的进出口关税、进出口环节海关代征税之和,包括经海关认定违反海关监管规定,除给予处罚外,尚需缴纳的税款。

“拖欠应缴罚没款项”,指自海关行政处罚决定规定的期限届满之日起超过 3 个月仍未缴纳海关罚款、没收的违法所得和追缴走私货物、物品等值价款。

“1 年”,指连续的 12 个月。

“年度”,指 1 个公历年度。

"以上"、"以下",均包含本数。

"经认证的经营者(AEO)",是指以任何一种方式参与货物国际流通,符合本办法规定的条件及《海关认证企业标准》并通过海关认证的企业。

第二十三条 本办法由海关总署负责解释。

第二十四条 本办法自2014年12月1日起施行。2010年11月15日海关总署令第197号公布的《中华人民共和国海关企业分类管理办法》同时废止。

1-4-16

海关总署关于调整煤炭进口关税税率的公告

2014年10月14日 海关总署公告2014年第73号

经国务院批准,自2014年10月15日起,取消无烟煤(税号:27011100)、炼焦煤(税号:27011210)、炼焦煤以外的其他烟煤(税号:27011290)、其他煤(税号:27011900)、煤球等燃料(税号:27012000)的零进口暂定税率,分别恢复实施3%(无烟煤)、3%(炼焦煤)、6%(炼焦煤以外的其他烟煤)、5%(其他煤)、5%(煤球等燃料)的最惠国税率。

特此公告。

1-4-17

海关总署关于明确进出口货物提前申报管理要求的公告

2014年10月22日 海关总署公告2014年第74号

进出口货物的收发货人、受委托的报关企业向海关提前申报的,应当符合以下规定:

一、进出口货物的收发货人、受委托的报关企业提前申报的,应当先取得提(运)单或载货清单(舱单)数据。其中,提前申报进口货物应于装载货物的进境运输工具启运后、运抵海关监管场所前向海关申报;提前申报出口货物应于货物运抵海关监管场所前3日内向海关申报。

二、进出口货物的收发货人、受委托的报关企业应当如实申报,并对申报内容的真实性、准确性、完整性和规范性承担相应法律责任。

三、进出口货物的收发货人、受委托的报关企业应当按照海关要求交验有关随附单证、进出口货物批准文件及其他需提供的证明文件。

四、进口提前申报货物因故未到或者所到货物与提前申报内容不一致的,进口货物的收货人或其代理人需向海关提交说明材料,有关报关单修改或撤销按照《中华人民共和国海关进出口货物报关单修改和撤销管理办法》(海关总署令第220号)及相关规定办理。

出口提前申报货物因故未在海关规定的期限内运抵海关监管场所的,海关撤销原提前申报的报关单。因故运抵海关监管场所的货物与提前申报内容不一致的,出口货物的发货人或其代理人需向海关提交说明材料,有关报关单修改或撤销按照《中华人民共和国海关进出口货物报关单修改和撤销管理办法》(海关总署令第220号)及相关规定办理。

五、进出口货物许可证件在海关接受申报之日应当有效。货物提前申报之后、实际进出之前国家贸易管制政策发生调整的,适用货物实际进出之日的贸易管制政策。

六、提前申报的进口货物,应当适用装载该货物的运输工具申报进境之日实施的税率和汇率;提前申报的进口转关货物,应当适用装载该货物的运输工具抵达指运地之日实施的税率。

提前申报的出口货物,适用海关接受申报之日实施的汇率和税率;提前申报的出口转关货物,应当适用启运地海关接受该货物申报出口之日实施的税率。

七、进出海关特殊监管区域货物和转关货物的提前申报比照上述要求办理,提前申报转关货物的转关手续按照《中华人民共和国海关关于转关货物监管办法》(海关总署令第89号)有关规定办理。

特此公告。

1－4－18

财政部　海关总署　国家税务总局关于在苏州工业园综合保税区　重庆两路寸滩保税港区开展促进贸易多元化试点有关政策问题的通知

2014年12月19日　财关税〔2014〕65号

江苏省、重庆市财政厅(局)、国家税务局,南京海关、重庆海关:

为贯彻落实《国务院关于同意在苏州工业园综合保税区、重庆两路寸滩保税港区开展调整相关税收规定促进贸易多元化试点的批复》(国函〔2014〕125号)精神,现就在苏州工业园综合保税区、重庆两路寸滩保税港区开展调整相关税收规定促进贸易多元化试点的有关事项通知如下:

一、在苏州工业园综合保税区、重庆两路寸滩保税港区开展调整相关税收规定促进贸易多元化的试点。

二、在苏州工业园综合保税区、重庆两路寸滩保税港区现有规划面积内划出专门区域作为贸易功能区,开展贸易、物流和流通性简单加工等业务,实行以下税收政策:

(一)除法律、法规和现行政策另有规定外,从境外、海关特殊监管区域以及保税监管场所进入贸易功能区的货物予以保税。

(二)允许非保税货物进入贸易功能区运作,从境内区外进入贸易功能区的货物在其实际离境后凭出口货物报关单(出口退税专用)予以退税,给予贸易功能区内符合条件的企业增值税一般纳税人资格。

（三）从境外、海关特殊监管区域以及保税监管场所进入贸易功能区内的保税货物（以下简称保税货物）在贸易功能区内销售时，继续予以保税；保税货物内销时，海关按其进入贸易功能区时的状态征收进口税款，同时税务部门按国内销售货物的规定征收增值税。

（四）除保税货物外，货物（包括含有保税货物的货物）在贸易功能区内销售或内销时，税务部门按国内销售货物的规定征收增值税；内销的货物中含有保税货物的，海关按保税货物进入贸易功能区时的状态征收进口税款。

（五）贸易功能区不再执行综合保税区、保税港区进口机器、设备、基建物资等的免税政策。

三、苏州工业园综合保税区、重庆两路寸滩保税港区贸易功能区范围的确定、隔离监管设施及管理系统的验收等工作，由海关总署会同财政部、税务总局组织实施。上述税收政策在贸易功能区正式通过验收后执行。

四、江苏省、重庆市财政厅（局）、国家税务局和南京海关、重庆海关要积极推进落实上述税收政策，并切实做好相关监管和服务工作。海关、税务等部门要加强信息共享、互换。税务部门要加强对贸易功能区增值税的征管。财政部、海关总署、税务总局将及时对试点情况进行总结、评估，不断完善政策措施和具体监管办法，经实践检验政策可行、措施成熟后，适时研究提出在其他综合保税区、保税港区扩大试点的意见。

1－4－19

财政部　海关总署　国家税务总局
关于调整进口天然气税收优惠
政策有关问题的通知

2014年12月26日　财关税〔2014〕67号

各省、自治区、直辖市、计划单列市财政厅（局）、国家税务局，海关总署广东分署、各直属海关：

根据2014年8月国家发展改革委对非居民用存量天然气价格调整情况，现对《财政部、海关总署、国家税务总局关于对2011—2020年期间进口天然气及2010年底前“中亚气”项目进口天然气按比例返还进口环节增值税有关问题的通知》（财关税〔2011〕39号）和《财政部、海关总署、国家税务总局关于调整进口天然气税收优惠政策有关问题的通知》（财关税〔2013〕74号）有关事项进行调整，具体通知如下：

一、自2014年10月1日起，将液化天然气销售定价调整为38.82元/GJ，将管道天然气销售定价调整为1.37元/立方米。

二、2014年7—9月期间，液化天然气销售定价适用35.14元/GJ，管道天然气销售定价适用1.24元/立方米。

三、自2014年7月1日起，《财政部、海关总署、国家税务总局关于调整进口天然气税收优惠政策有关问题的通知》(财关税〔2013〕74号)第一条停止执行。

特此通知。

1－4－20

财政部关于实施境外旅客购物离境退税政策的公告

2015年1月6日 财政部公告2015年第3号

为落实《国务院关于促进旅游业改革发展的若干意见》(国发〔2014〕31号)中"研究完善境外旅客购物离境退税政策,将实施范围扩大至全国符合条件的地区"的要求,完善增值税制度,促进旅游业发展,决定在全国符合条件的地区实施境外旅客购物离境退税政策(以下称离境退税政策)。经商海关总署和国家税务总局,现将有关事项公告如下:

一、离境退税政策,是指境外旅客在离境口岸离境时,对其在退税商店购买的退税物品退还增值税的政策。

境外旅客,是指在我国境内连续居住不超过183天的外国人和港澳台同胞。

离境口岸,是指实施离境退税政策的地区正式对外开放并设有退税代理机构的口岸,包括航空口岸、水运口岸和陆地口岸。

退税物品,是指由境外旅客本人在退税商店购买且符合退税条件的个人物品,但不包括下列物品:

(一)《中华人民共和国禁止、限制进出境物品表》所列的禁止、限制出境物品;

(二)退税商店销售的适用增值税免税政策的物品;

(三)财政部、海关总署、国家税务总局规定的其他物品。

二、境外旅客申请退税,应当同时符合以下条件:

(一)同一境外旅客同一日在同一退税商店购买的退税物品金额达到500元人民币;

(二)退税物品尚未启用或消费;

(三)离境日距退税物品购买日不超过90天;

(四)所购退税物品由境外旅客本人随身携带或随行托运出境。

三、退税物品的退税率为11%。应退增值税额的计算公式:

应退增值税额＝退税物品销售发票金额(含增值税)×退税率

四、离境退税的具体流程。

(一)退税物品购买。境外旅客在退税商店购买退税物品后,需要申请退税的,应当向退税商店索取境外旅客购物离境退税申请单和销售发票。

(二)海关验核确认。境外旅客在离境口岸离境时,应当主动持退税物品、境外旅客购物离境退税申请单、退税物品销售发票向海关申报并接受海关监管。海关验核无误后,在境外旅客购物离境退税申请单上签章。

(三)代理机构退税。无论是本地购物本地离境还是本地购物异地离境,离境退税均由设在办理境外旅客离境手续的离境口岸隔离区内的退税代理机构统一办理。境外旅客凭护照等本人有效身份证件、海关验核签章的境外旅客购物离境退税申请单、退税物品销售发票向退税代理机构申请办理增值税退税。

退税代理机构对相关信息审核无误后，为境外旅客办理增值税退税，并先行垫付退税资金。退税代理机构可在增值税退税款中扣减必要的退税手续费。

（四）税务部门结算。退税代理机构应定期向省级（即省、自治区、直辖市、计划单列市，下同）税务部门申请办理增值税退税结算。省级税务部门对退税代理机构提交的材料审核无误后，按规定向退税代理机构退付其垫付的增值税退税款，并将退付情况通报省级财政部门。

五、退税币种为人民币。退税方式包括现金退税和银行转账退税两种方式。

退税额未超过10000元的，可自行选择退税方式。退税额超过10000元的，以银行转账方式退税。

六、省级税务部门会同财政、海关等相关部门按照公平、公开、公正的原则选择退税代理机构，充分发挥市场作用，引入竞争机制，提高退税代理机构提供服务的水平。退税代理机构的具体条件，由国家税务总局商财政部和海关总署制定。未选择退税代理机构的，由税务部门直接办理增值税退税。

七、符合条件的商店报经省级税务部门备案即可成为退税商店。退税商店的具体条件由国家税务总局商财政部制定。

八、离境退税政策退税管理办法由国家税务总局会同财政部和海关总署制定，并由国家税务总局公布实施。离境退税业务海关监管办法由海关总署会同财政部和国家税务总局制定，并由海关总署公布实施。

九、同时符合以下条件的地区，省级人民政府将离境退税政策实施方案（包括拟实施日期、离境口岸、退税代理机构、办理退税场所、退税手续费负担机制、退税商店选择情况和离境退税信息管理系统试运行情况等）报财政部、海关总署和国家税务总局备案：

（一）省级人民政府同意实施离境退税政策，提交实施方案，自行负担必要的费用支出，并为海关、税务监管提供相关条件；

（二）建立有效的部门联合工作机制，在省级人民政府统一领导下，由财政部门会同海关、税务等有关部门共同协调推进，确保本地区工作平稳有序开展；

（三）使用国家税务总局商海关总署确定的跨部门、跨地区的互联互通的离境退税信息管理系统；

（四）财政部、海关总署和国家税务总局要求的其他条件。

十、离境旅客购物所退增值税款，由中央与实际办理退税地按现行出口退税负担机制共同负担。

十一、本公告公布之日起，财政部、海关总署和国家税务总局开始受理符合条件的地区的备案，并及时发布纳入离境退税政策范围的地区名单和实施日期。纳入离境退税政策范围的地区应按照本公告的规定组织落实，并可结合本地区实际情况对相关内容予以进一步明确。

1 -4 -21

海关总署关于进一步明确进出口货物征税计征汇率适用日期问题的公告

2015 年 2 月 27 日 海关总署公告 2015 年第 5 号

《国务院关于修改〈全国年节及纪念日放假办法〉的决定》(国务院第 644 号令)规定，春节作为“法定节假日”的具体时间，修改为农历正月初一、初二、初三。为规范进出口货物征税计征汇率的适用，现对《中华人民共和国海关进出口货物征税管理办法》(海关总署第124 号令)第十六条第二款“法定节假日”重新明确如下：

“法定节假日”是指《全国年节及纪念日放假办法》第二条规定的“全体公民放假的节日”，具体包括(不含调休日)：

一、新年(1 月 1 日)。

二、春节(农历正月初一、初二、初三)。

三、清明节(农历清明当日)。

四、劳动节(5 月 1 日)。

五、端午节(农历端午当日)。

六、中秋节(农历中秋当日)。

七、国庆节(10 月 1 日、2 日、3 日)。

自本公告发布之日起，海关总署公告 2010 年第 18 号废止。

特此公告。

1 -4 -22

海关总署关于修订 2012 版《进出口税则商品及品目注释》的公告

2015 年 3 月 11 日 海关总署公告 2015 年第 6 号

《进出口税则商品及品目注释》(以下简称《税则注释》)是商品归类的法律依据之一。我国是《商品名称及编码协调制度公约》(以下简称《公约》)的缔约方，按照《公约》的规定，中国海关根据世界海关组织编制的 2012 年版《商品名称及编码协调制度注释》，编制了我国 2012 年版《税则注释》，并已于 2012 年 1 月 1 日起执行。

此后，世界海关组织对 2012 年版《商品名称及编码协调制度注释》进行了部分修订。中国海关根据世界海关组织已发布的修订内容，同步调整了我国 2012 年版《税则注释》，具体内容详见附件 1 -4。

现予以公告，自 2015 年 4 月 1 日起执行。

特此公告。

附件:1. 2012 版《进出口税则商品及品目注释》修订本(第一期)(编者略)
2. 2012 版《进出口税则商品及品目注释》修订本(第二期)(编者略)
3. 2012 版《进出口税则商品及品目注释》修订本(第三期)(编者略)
4. 2012 版《进出口税则商品及品目注释》修订本(第四期)(编者略)

1-4-23

国务院关税税则委员会关于调整部分产品出口关税的通知

2015 年 4 月 14 日　税委会〔2015〕3 号

海关总署:

经国务院批准,调整部分产品出口关税,具体如下:

一、取消钢铁颗粒粉末、稀土、钨、钼等产品的出口关税。

二、对铝加工材等产品出口实施零税率。

三、以上调整自 2015 年 5 月 1 日起实施。

以上调整详见附件。

附件:出口关税调整表(编者略)

1-4-24

国务院关税税则委员会关于 2015 年下半年 CEPA 项下部分货物实施零关税的通知

2015 年 6 月 28 日　税委会〔2015〕8 号

海关总署:

根据《内地与香港关于建立更紧密经贸关系的安排》和《内地与澳门关于建立更紧密经贸关系的安排》及其补充协议的规定,国务院关税税则委员会决定,对新完成原产地标准磋商的 3 项香港原产商品和 4 项澳门原产商品,自 2015 年 7 月 1 日起实施零关税。具体清单分别见附件 1、附件 2。

附件:1. 内地与香港更紧密经贸关系安排 2015 年下半年已完成原产地标准核准商品税目税率表(编者略)
2. 内地与澳门更紧密经贸关系安排 2015 年下半年已完成原产地标准核准商品税目税率表(编者略)

1 -4 -25

海关总署关于2016年关税实施方案的公告

2015年12月28日　海关总署公告2015年第69号

经国务院批准,《2016年关税实施方案》自2016年1月1日起实施。现将有关情况公告如下:

一、进口关税调整

(一)最惠国税率。

1. 对冻格陵兰庸鲽鱼等部分进口商品实施暂定税率(见附件1);

2. 对冻的整只鸡等46种商品继续实施从量税或复合税(见附件2);

3. 对小麦等8类47个税目的商品实施关税配额管理,税率不变(见附件3);

4. 对10个非全税目信息技术产品继续实行海关核查管理(见附件4);

5. 其他最惠国税率维持不变。

(二)协定税率。

根据我国与有关国家或地区签署的贸易或关税优惠协定,对有关国家或地区实施协定税率(见附件5、附件6、附件7)。

(三)特惠税率。

根据我国与有关国家或地区签署的贸易或关税优惠协定、双边换文情况以及国务院有关决定,对有关国家继续实施特惠税率,特惠税率的商品范围和税率水平维持不变(见附件7)。

(四)普通税率维持不变。

二、出口关税调整

降低高纯生铁等商品出口关税,对磷酸等商品不再征收出口关税。调整后征收出口关税的商品见附件8。

三、税则税目调整

根据国内需要对部分税则税目进行调整。调整后,2016年《中华人民共和国进出口税则》税目数共计8294个(见附件9)。

四、其他事项

《中华人民共和国进出口税则》(2016年版)、《中华人民共和国海关统计商品目录》(2016年版)、《中华人民共和国海关进出口商品规范申报目录》(2016年版)将由中国海关出版社对外发行。海关总署已公布的《中华人民共和国海关总署商品归类决定》、《中华人民共和国海关进出口税则本国子目注释》按照本公告附件9的内容对照执行。

特此公告。

附件:1. 进口商品暂定税率表(编者略)

2. 进口商品从量税及复合税税率表(编者略)

3. 关税配额商品进口税率表(编者略)

4. 非全税目信息技术产品税率表(编者略)
5. 中国—韩国、中国—澳大利亚自由贸易协定2016年协定税率表(编者略)
6. 2016年实施进一步降税的自由贸易协定协定税率表(编者略)
7. 2016年不实施进一步降税的自由贸易协定协定税率及特惠税率表(编者略)
8. 出口商品税率表(编者略)
9. 进出口税则税目调整表(编者略)

1－4－26

财政部　海关总署　国家税务总局关于扩大内销选择性征收关税政策试点的通知

2016年8月1日　财关税〔2016〕40号

天津市、上海市、福建省、河南省、湖北省、广东省、重庆市、四川省、陕西省财政厅(局)、国家税务局,海关总署广东分署、天津海关、上海海关、福州海关、厦门海关、郑州海关、武汉海关、广州海关、深圳海关、拱北海关、汕头海关、黄埔海关、湛江海关、江门海关、重庆海关、成都海关、西安海关:

为贯彻落实《国务院关于促进外贸回稳向好的若干意见》(国发〔2016〕27号)中"在自贸试验区的海关特殊监管区域积极推进选择性征收关税政策先行先试,及时总结评估,在公平税负原则下适时研究扩大试点"的要求,现就扩大内销选择性征收关税政策试点有关问题通知如下:

一、将内销选择性征收关税政策试点扩大到天津、上海、福建、广东四个自贸试验区所在省(市)的其他海关特殊监管区域(保税区、保税物流园区除外),以及河南新郑综合保税区、湖北武汉出口加工区、重庆西永综合保税区、四川成都高新综合保税区和陕西西安出口加工区5个海关特殊监管区域。

二、内销选择性征收关税政策是指对海关特殊监管区域内企业生产、加工并经"二线"内销的货物,根据企业申请,按其对应进口料件或按实际报验状态征收关税,进口环节增值税、消费税照章征收。企业选择按进口料件征收关税时,应一并补征关税税款缓税利息。

三、本通知自2016年9月1日起执行。

特此通知。

1 -4 -27

国务院关税税则委员会关于 2017 年关税调整方案的通知

2016 年 12 月 19 日　税委会〔2016〕31 号

海关总署:

《2017 年关税调整方案》已经国务院关税税则委员会第七次全体会议审议通过,并报国务院批准,自 2017 年 1 月 1 日起实施。

特此通知。

附件:2017 年关税调整方案

附件

2017 年关税调整方案

一、进口关税税率

(一)最惠国税率。

1. 对《中华人民共和国加入世界贸易组织关税减让表修正案》附表所列信息技术产品最惠国税率自 2017 年 1 月 1 日至 2017 年 6 月 30 日继续实施首次降税,自 2017 年 7 月 1 日起实施第二次降税(详见附表 1)。

2. 自 2017 年 1 月 1 日起对 822 项进口商品实施暂定税率,自 2017 年 7 月 1 日起,将实施进口商品暂定税率的商品范围调减至 805 项(详见附表 2)。

(二)关税配额税率。

继续对小麦等 8 类商品实施关税配额管理,税率不变。其中,对尿素、复合肥、磷酸氢铵 3 种化肥的配额税率继续实施 1% 的暂定税率。继续对配额外进口的一定数量棉花实施滑准税(详见附表 3)。

(三)协定税率。

根据我国与有关国家或地区签署的贸易或关税优惠协定,对有关国家或地区实施协定税率:

1. 中国与澳大利亚、巴基斯坦、瑞士、哥斯达黎加、冰岛、韩国、新西兰、秘鲁的自贸协定以及内地分别与港澳的更紧密经贸安排(CEPA)项下的部分产品的协定税率进一步降低(详见附表 4)。

2. 中国与东盟、智利、新加坡的自贸协定、亚太贸易协定以及海峡两岸经济合作框架协议(ECFA)项下商品继续实施协定税率,商品范围和税率水平均维持不变(详见附表 4)。

(四)特惠税率。

对有关最不发达国家继续实施特惠税率,商品范围和税率水平均维持不变(详见附表5)。

二、出口关税税率

对铬铁等213项出口商品征收出口关税,其中有50项暂定税率为零(详见附表6)。

三、税则税目

2017年,我国进出口税则税目与《商品名称及编码协调制度》同步转版(详见附表7)。根据国内需要对部分税则税目进行调整(详见附表8)。经转版和调整后,2017年税则税目数共计8547个。

附表:1. 部分信息技术产品最惠国税率表(编者略)

2. 进口商品最惠国暂定税率表(编者略)

3. 关税配额商品税目税率表(编者略)

4. 进口商品协定税率表(编者略)

5. 进口商品特惠税率表(编者略)

6. 出口商品税率表(编者略)

7. 2016—2017税则转版对应表(一)、(二)(编者略)

8. 进出口税则税目调整表(编者略)

1-4-28

海关总署关于进一步扩大税收征管方式改革试点范围的公告

2017年3月16日　海关总署公告2017年第12号

为加快推进税收征管方式改革,海关总署决定进一步扩大税收征管方式改革试点范围。现将有关事项公告如下:

试点范围扩大至在全国口岸海运、陆运、空运进口,且以无纸化方式申报的《中华人民共和国进出口税则》第72至85章、第90章商品。

涉及公式定价、特案(包括实施反倾销反补贴措施和保障措施)以及尚未实现电子联网的优惠贸易协定项下原产地证书或者原产地声明的,不纳入试点范围。

其他事项按照海关总署2016年第62号公告执行。

本公告自2017年4月1日起施行。

特此公告。

1 -4 -29

国务院关税税则委员会关于 2017 年下半年 CEPA 项下部分货物实施零关税的通知

2017 年 6 月 29 日　税委会〔2017〕10 号

海关总署：

根据《内地与香港关于建立更紧密经贸关系的安排》和《内地与澳门关于建立更紧密经贸关系的安排》及其补充协议的规定，国务院关税税则委员会决定，对新完成原产地标准磋商的 6 项香港原产商品和 27 项澳门原产商品，自 2017 年 7 月 1 日起实施零关税。具体清单分别见附件 1、附件 2。

附件：1. 内地与香港更紧密经贸关系安排 2017 年下半年已完成原产地标准核准商品税目税率表（编者略）

2. 内地与澳门更紧密经贸关系安排 2017 年下半年已完成原产地标准核准商品税目税率表（编者略）

1 -4 -30

国务院关税税则委员会关于给予冈比亚共和国　圣多美和普林西比民主共和国 97%税目产品零关税待遇的通知

2017 年 10 月 27 日　税委会〔2017〕22 号

海关总署：

按照经国务院批准的《关于对最不发达国家 97% 税目产品实施零关税的方案》（税委会〔2014〕5 号）及有关实施程序（税委会〔2014〕31 号），根据最新签署的换文情况，从 2017 年 12 月 1 日起，对原产于冈比亚共和国、圣多美和普林西比民主共和国的 97% 税目产品实施最不发达国家零关税。97% 税目产品零关税待遇货品清单按照《国务院关税税则委员会关于 2017 年关税调整方案的通知》（税委会〔2016〕31 号）附表 5 执行。

特此通知。

1-4-31

海关总署关于实施冈比亚共和国圣多美和普林西比民主共和国97%税目产品零关税待遇的公告

2017年11月8日　海关总署公告2017年第53号

经国务院批准，我国将对原产于冈比亚共和国、圣多美和普林西比民主共和国进口产品实施最不发达国家特别优惠关税待遇（即零关税）。现将有关事宜公告如下：

一、自2017年12月1日起，对原产于上述两国的97%税目产品进口实施零关税。有关产品清单按照《国务院关税税则委员会关于2017年关税调整方案的通知》（税委会〔2016〕31号，详见财政部网站）附表5执行。

二、进口货物收货人或其代理人进口原产于上述国家货物并申请享受零关税的，应按照海关总署公告2016年第51号的有关规定填制报关单，并按照《海关总署关于公布〈中华人民共和国海关关于最不发达国家特别优惠关税待遇进口货物原产地管理办法〉的令》（海关总署令第231号）的相关规定向海关提交有关单证。

特此公告。

1-4-32

国务院关税税则委员会关于调整部分消费品进口关税的通知

2017年11月22日　税委会〔2017〕25号

海关总署：

自2017年12月1日起，以暂定税率方式降低部分消费品进口关税。具体税目及税率调整情况见附件。

特此通知。

附件：部分消费品进口暂定税率调整表（编者略）

1－4－33

海关总署关于调整部分消费品进口关税的公告

2017年11月27日　海关总署公告2017年第57号

根据《国务院关税税则委员会关于调整部分消费品进口关税的通知》(税委会〔2017〕25号),自2017年12月1日起,以暂定税率方式降低部分消费品进口关税。具体税目及税率调整情况详见财政部网站。

特此公告。

1－4－34

国务院关税税则委员会关于2018年关税调整方案的通知

2017年12月12日　税委会〔2017〕27号

海关总署:

根据《中华人民共和国进出口关税条例》相关规定,自2018年1月1日起,对部分商品的进出口关税进行调整,具体内容见《2018年关税调整方案》。

特此通知。

附件:2018年关税调整方案

附件

2018年关税调整方案

一、进口关税税率

(一)最惠国税率。

1. 自2018年1月1日起对948项进口商品实施暂定税率,其中27项信息技术产品暂定税率实施至2018年6月30日止(见附表1)。

2. 对《中华人民共和国加入世界贸易组织关税减让表修正案》附表所列信息技术产品最惠国税率自2018年1月1日至2018年6月30日继续实施第二次降税,自2018年7月1日起实施第三次降税(见附表2)。

3. 自2018年7月1日起,对碎米(税号10064010、10064090)实施10%的最惠国税率。

(二)关税配额税率。

继续对小麦等8类商品实施关税配额管理,税率不变。其中,对尿素、复合肥、磷酸氢铵3种化肥的配额税率继续实施1%的暂定税率。继续对配额外进口的一定数量棉花实施滑准税(见附表3)。

(三)协定税率。

根据我国与有关国家或地区签署的贸易或关税优惠协定,对中国与格鲁吉亚自贸协定项下的部分产品开始实施协定税率,对中国与东盟、巴基斯坦、韩国、冰岛、瑞士、哥斯达黎加、秘鲁、澳大利亚、新西兰的自贸协定以及内地分别与港澳的更紧密经贸安排(CEPA)项下的部分商品的协定税率进一步降低(见附表6)。

二、出口关税税率

对铬铁等202项出口商品征收出口关税或实行出口暂定税率(见附表4)。

三、税则税目

根据国内需要对部分税则税目进行调整(见附表5)。经调整后,2018年税则税目数共计8549个。

以上方案,除另有规定外,自2018年1月1日起实施。

附表:1. 进口商品最惠国暂定税率表(编者略)
2. 部分信息技术产品最惠国税率表(编者略)
3. 关税配额商品税目税率表(编者略)
4. 出口商品税率表(编者略)
5. 进出口税则税目调整表(编者略)
6. 进一步降税的进口商品协定税率表(另附)(编者略)

注释:

政策调整。附件《2018年关税调整方案》附表6《进一步降税的进口商品协定税率表》中菜籽油2个税号(15149110、15149900)的税率恢复为9%。参见:《国务院关税税则委员会办公室关于中国—东盟自贸协定有关商品税率问题的函》(税委办〔2018〕11号)。

1-4-35

中华人民共和国海关对保税物流园区的管理办法

2005年11月28日海关总署令第134号发布　2010年3月15日海关总署令第190号第一次修正　2017年12月20日海关总署令第235号第二次修正

第一章　总　　则

第一条　为了规范海关对保税物流园区及其进出货物、保税物流园区企业及其经营行为的管理,根据《中华人民共和国海关法》和有关法律、行政法规的规定,制定本办法。

第二条　本办法所称的保税物流园区(以下简称园区)是指经国务院批准,在保税区规划面积或者毗邻保税区的特定港区内设立的、专门发展现代国际物流业的海关特殊监管区域。

第三条　海关在园区派驻机构,依照本办法对进出园区的货物、运输工具、个人携带物品及园区内相关场所实施监管。

第四条　园区与中华人民共和国境内的其他地区(以下简称区外)之间,应当设置符合海关监管要求的卡口、围网隔离设施、视频监控系统及其他海关监管所需的设施。

第五条　园区内设立仓库、堆场、查验场和必要的业务指挥调度操作场所,不得建立工业生产加工场所和商业性消费设施。

海关、园区行政管理机构及其经营主体、在园区内设立的企业(以下简称园区企业)等单位的办公场所应当设置在园区规划面积内、围网外的园区综合办公区内。除安全保卫人员和相关部门、企业值班人员外,其他人员不得在园区内居住。

第六条　经海关总署会同国务院有关部门对本办法第四条、第五条第一款规定的有关设施、场所验收合格后,园区可以开展有关业务。

第七条　园区可以开展下列业务:

(一)存储进出口货物及其他未办结海关手续货物;

(二)对所存货物开展流通性简单加工和增值服务;

(三)国际转口贸易;

(四)国际采购、分销和配送;

(五)国际中转;

(六)检测、维修;

(七)商品展示;

(八)经海关批准的其他国际物流业务。

第八条　园区内不得开展商业零售、加工制造、翻新、拆解及其他与园区无关的业务。

第九条　有下列情形的,园区企业应当在规定的时间内书面报告园区主管海关并办理相关手续:

(一)遭遇不可抗力等灾害;

(二)海关监管货物被行政执法部门或者司法机关采取查封、扣押等强制措施;

(三)海关监管货物被盗窃;

(四)法律、行政法规规定的其他情形。

上述情形的报告时间,第(一)项在发生之日起5个工作日内,第(二)至(四)项在发生之日起3个工作日内。

第十条　对园区与区外之间进出的海关监管货物,园区主管海关可以要求企业提供相应的担保。

第十一条　法律、行政法规禁止进出口的货物、物品不得进出园区。

第二章　海关对园区企业的管理

第十二条　园区企业应当具备下列条件:

（一）具有企业法人资格；

（二）在园区内拥有专门的营业场所。

第十三条 特殊情况下，经园区主管海关核准，区外法人企业可以依法在园区内设立分支机构。

第十四条 园区企业变更营业场所面积、地址、名称、组织机构、性质、法定代表人等注册登记内容的，应当在变更后5个工作日内向主管海关书面报告。

园区企业有前款以外的其他变更情形的，应当按照法律、行政法规的有关规定向园区主管海关报告并办理相关手续。

第十五条 海关对园区企业实行电子账册监管制度和计算机联网管理制度。

园区行政管理机构或者其经营主体应当在海关指导下通过“电子口岸”建立供海关、园区企业及其他相关部门进行电子数据交换和信息共享的计算机公共信息平台。

园区企业应当建立符合海关监管要求的计算机管理系统，提供供海关查阅数据的终端设备，按照海关规定的认证方式和数据标准与海关进行联网。

第十六条 园区企业应当依照《中华人民共和国会计法》及有关法律、行政法规的规定，规范财务管理，设置符合海关监管要求的账簿、报表，记录本企业的财务状况和有关进出园区货物、物品的库存、转让、转移、销售、简单加工、使用等情况，如实填写有关单证、账册，凭合法、有效的凭证记账和核算。

园区企业应当编制月度货物进、出、转、存情况表和年度财务会计报告，并定期报送园区主管海关。

第三章　海关对进出园区货物的监管

第一节　对园区与境外之间进出货物的监管

第十七条 海关对园区与境外之间进、出的货物实行备案制管理，但园区自用的免税进口货物、国际中转货物或者法律、行政法规另有规定的货物除外。境外货物到港后，园区企业（或者其代理人）可以先凭舱单将货物直接运至园区，再凭进境货物备案清单向园区主管海关办理申报手续。

第十八条 园区与境外之间进出的货物，应当按照规定向海关办理相关手续。

第十九条 园区内开展整箱进出、二次拼箱等国际中转业务的，由开展此项业务的企业向海关发送电子舱单数据，园区企业向园区主管海关申请提箱、集运等，凭舱单等单证办理进出境申报手续。

第二十条 从园区运往境外的货物，除法律、行政法规另有规定外，免征出口关税。

第二十一条 下列货物、物品从境外进入园区，海关予以办理免税手续：

（一）园区的基础设施建设项目所需的设备、物资等；

（二）园区企业为开展业务所需的机器、装卸设备、仓储设施、管理设备及其维修用消耗品、零配件及工具；

（三）园区行政管理机构及其经营主体和园区企业自用合理数量的办公用品。

第二十二条 下列货物从境外进入园区，海关予以办理保税手续：

（一）园区企业为开展业务所需的货物及其包装物料；
（二）加工贸易进口货物；
（三）转口贸易货物；
（四）外商暂存货物；
（五）供应国际航行船舶和航空器的物料、维修用零配件；
（六）进口寄售货物；
（七）进境检测、维修货物及其零配件；
（八）供看样订货的展览品、样品；
（九）未办结海关手续的一般贸易货物；
（十）经海关批准的其他进境货物。

第二十三条 园区行政管理机构及其经营主体和园区企业从境外进口的自用交通运输工具、生活消费用品，按一般贸易进口货物的有关规定向海关办理申报手续。

第二十四条 园区与境外之间进出的货物，不实行进出口许可证件管理，但法律、行政法规、规章另有规定的除外。

第二节 对园区与区外之间进出货物的监管

第二十五条 园区与区外之间进出的货物，由园区企业或者区外收、发货人（或者其代理人）按照规定向海关办理相关手续。

第二十六条 园区货物运往区外视同进口，园区企业或者区外收货人（或者其代理人）按照规定向海关办理相关手续，海关按照货物出园区时的实际监管方式的有关规定办理。

第二十七条 园区企业跨关区配送货物或者异地企业跨关区到园区提取货物的，应当按照规定向海关办理相关手续。

第二十八条 除法律、行政法规、规章规定不得集中申报的货物外，园区企业少批量、多批次进、出货物的，经园区主管海关批准可以办理集中申报手续，并适用每次货物进出口时海关接受该货物申报之日实施的税率、汇率。集中申报的期限不得超过1个月，且不得跨年度办理。

第二十九条 区外货物运入园区视同出口，由园区企业或者区外发货人（或者其代理人）按照规定向海关办理相关手续。属于应当征收出口关税的商品，海关按照有关规定征收出口关税；属于许可证件管理的商品，应当同时向海关出具有效的出口许可证件，但法律、行政法规、规章另有规定在出境申报环节提交出口许可证件的除外。

境内区外货物、设备以出口报关方式进入园区的，其出口退税按照国家有关规定办理。境内区外货物、设备属于原进口货物、设备的，原已缴纳的关税、进口环节海关代征税海关不予退还。

第三十条 从园区到区外的货物涉及免税的，海关按照进口免税货物的有关规定办理。

第三十一条 经园区主管海关批准，园区企业可以在园区综合办公区专用的展示场所举办商品展示活动。展示的货物应当在园区主管海关备案，并接受海关监管。

园区企业在区外其他地方举办商品展示活动的，应当比照海关对暂时进口货物的管理规定办理有关手续。

第三十二条 园区行政管理机构及其经营主体和园区企业使用的机器、设备和办公用品等,需要运往区外进行检测、维修的,应当向园区主管海关提出申请,经园区主管海关核准、登记后可以运往区外。

第三十三条 运往区外检测、维修的机器、设备和办公用品等不得留在区外使用,并自运出之日起60日内运回园区。因特殊情况不能如期运回的,园区行政管理机构及其经营主体和园区企业应当于期满前10日内,以书面形式向园区主管海关申请延期,延长期限不得超过30日。

第三十四条 检测、维修完毕运回园区的机器、设备等应当为原物。有更换新零配件或者附件的,原零配件或者附件应当一并运回园区。

对在区外更换的国产零配件或者附件,如需退税,由企业按照出口货物的有关规定办理手续。

第三十五条 区外原进口货物需要退运出境或者原出口货物需要复运进境的,不得经过园区进出境或者进入园区存储。

根据无代价抵偿货物规定进行更换的区外原进口货物,留在区外不退运出境的,也不得进入园区。

第三节 对园区内货物的监管

第三十六条 园区内货物可以自由流转。园区企业转让、转移货物时应当将货物的具体品名、数量、金额等有关事项向海关进行电子数据备案,并在转让、转移后向海关办理报核手续。

第三十七条 未经园区主管海关许可,园区企业不得将所存货物抵押、质押、留置、移作他用或者进行其他处置。

按照本办法第二十一条规定免税进入园区的货物、物品,适用本条前款的规定。

第三十八条 园区企业可以对所存货物开展流通性简单加工和增值服务,包括分级分类、分拆分拣、分装、计量、组合包装、打膜、加刷唛码、刷贴标志、改换包装、拼装等具有商业增值的辅助性作业。

第三十九条 申请在园区内开展维修业务的企业应当具有企业法人资格,并在园区主管海关登记备案。在园区内开展保税维修业务的企业,海关按照相关规定进行监管。

第四十条 园区企业自开展业务之日起,应当每年向园区主管海关办理报核手续。园区主管海关应当自受理报核申请之日起30日内予以核库。企业有关账册、原始数据应当自核库结束之日起至少保留3年。

第四十一条 进入园区的国内出口货物尚未办理退税手续的,因品质或者规格原因需要退还出口企业时,园区企业应当在货物申报进入园区之日起1年内提出申请,并提供出口企业所在地主管税务部门出具的未办理出口退税证明,经园区主管海关批准后,可以办理退运手续,且无需缴纳进口关税、进口环节增值税和消费税;海关已征收出口关税的,应当予以退还。货物以转关方式进入园区的,园区企业出具启运地海关退运联系单后,园区主管海关办理相关手续。

进境货物未经流通性简单加工,需原状退运出境的,园区企业可以向园区主管海关申请办理退运手续。

已办理出口退税的货物或者已经流通性简单加工的货物(包括进境货物)如需退运,按照进出口货物的有关规定办理海关手续。

第四十二条 除已经流通性简单加工的货物外,区外进入园区的货物,因质量、规格型号与合同不符等原因,需原状返还出口企业进行更换的,园区企业应当在货物申报进入园区之日起1年内向园区主管海关申请办理退换手续。海关按照《中华人民共和国海关进出口货物征税管理办法》的有关规定办理。

更换的货物进入园区时,可以免领出口许可证件,免征出口关税。

第四十三条 除法律、行政法规规定不得声明放弃的货物外,园区企业可以申请放弃货物。

放弃货物由园区主管海关依法提取变卖,变卖收入由海关按照有关规定处理。依法变卖后,企业凭放弃该批货物的申请和园区主管海关提取变卖该货物的有关单证办理核销手续;确因无使用价值无法变卖并经海关核准的,由企业自行处理,园区主管海关直接办理核销手续。放弃货物在海关提取变卖前所需的仓储等费用,由企业自行承担。

对按照规定应当销毁的放弃货物,由企业负责销毁,园区主管海关可以派员监督。园区主管海关凭有关主管部门的证明材料办理核销手续。

第四十四条 因不可抗力造成园区货物损坏、损毁、灭失的,园区企业应当及时书面报告园区主管海关,说明理由并提供保险、灾害鉴定部门的有关证明。经园区主管海关核实确认后,按照下列规定处理:

(一)货物灭失,或者虽未灭失但完全失去使用价值的,海关予以办理核销和免税手续。

(二)进境货物损坏、损毁,失去原使用价值但可以再利用的,园区企业可以向园区主管海关办理退运手续。如不退运出境并要求运往区外的,由园区企业提出申请,并经园区主管海关核准,根据受灾货物的使用价值进行估价、征税后运出园区外。

(三)区外进入园区的货物损坏、损毁,失去原使用价值但可以再利用,且需向出口企业进行退换的,可以退换为与损坏货物同一品名、规格、数量、价格的货物,并向园区主管海关办理退运手续。

需退运到区外的,如属于尚未办理出口退税手续的,可以向园区主管海关办理退运手续;如属已经办理出口退税手续的,按照本条第(二)项进境货物运往区外的有关规定办理。

第四十五条 因保管不善等非不可抗力因素造成货物损坏、损毁、灭失的,按下列规定办理:

(一)对于从境外进入园区的货物,园区企业应当按照一般贸易进口货物的规定,以货物进入园区时海关接受申报之日适用的税率、汇率,依法向海关缴纳损毁、灭失货物原价值的关税、进口环节增值税和消费税;

(二)对于从区外进入园区的货物,园区企业应当重新缴纳因出口而退还的国内环节有关税收,海关据此办理核销手续。

第四十六条 除国家另有规定外,园区货物不设存储期限。

第四节 对园区与其他海关特殊监管区域、保税监管场所之间往来货物的监管

第四十七条 海关对于园区与海关特殊监管区域或者保税监管场所之间往来的货物,继续实行保税监管。但货物从未实行国内货物入区(仓)环节出口退税制度的海关特殊监管区域或者保税监管场所转入园区的,按照货物实际离境的有关规定办理申报手续。

第四十八条 园区与其他海关特殊监管区域、保税监管场所之间的货物交易、流转,不征收进出口环节和国内流通环节的有关税收。

第四章 对进出园区运输工具和人员携带货物、物品的监管

第四十九条 运输工具和人员应当经海关指定的专用通道进出园区。

第五十条 对园区和其他口岸、海关特殊监管区域或者保税监管场所之间进出的货物,应当由经海关备案或者核准的运输工具承运。承运人应当遵守海关有关运输工具及其所载货物的管理规定。

第五十一条 园区与区外非海关特殊监管区域或者保税监管场所之间货物的往来,企业可以使用其他非海关监管车辆承运。承运车辆进出园区通道时应当经海关登记,海关可以对货物和承运车辆进行查验、检查。

第五十二条 下列货物进出园区时,按照海关规定办理相关手续并经园区主管海关查验后,可以由园区企业指派专人携带或者自行运输:

(一)价值1万美元及以下的小额货物;

(二)因品质不合格复运区外退换的货物;

(三)已办理进口纳税手续的货物;

(四)企业不要求出口退税的货物;

(五)其他经海关核准的货物。

第五章 附 则

第五十三条 除国际中转货物和其他另有规定的货物外,从境外运入园区的货物和从园区运往境外的货物列入海关进出口统计。从区外运入园区和从园区运往区外的货物,列入海关单项统计。

园区企业之间转让、转移的货物,以及园区与其他海关特殊监管区域或者保税监管场所之间往来的货物,不列入海关统计。

第五十四条 本办法下列用语的含义:

园区综合办公区,是指园区行政管理机构或者其经营主体在园区围网外投资建立,供海关、园区企业和其他有关机构使用的具有办公、商务、报关、商品展示等功能的场所。

拼箱,是指从境外启运的国际集装箱中转货物,在中转港存放期间由园区企业根据收发货人指令单独进行流通性简单加工和增值服务,或者与中转港所在国、地区的其他进口或者出口货物重新组合拼箱后,再次装船集中运往境外同一目的港的物流活动。

核库,是指经企业申请,由海关盘查企业实际库存,并对海关及企业电子账册进、出、转、存的数据进行比对确认的行为。

保税监管场所，是指经海关批准设立的保税物流中心（A、B型）、保税仓库、出口监管仓库及其他保税监管场所。

第五十五条　违反本办法规定，构成走私或者违反海关监管规定行为的，海关按照《中华人民共和国海关法》、《中华人民共和国海关行政处罚实施条例》的有关规定进行处理；构成犯罪的，依法追究刑事责任。

第五十六条　本办法由海关总署负责解释。

第五十七条　本办法自2006年1月1日起施行。

1－4－36

财政部　商务部　文化和旅游部　海关总署国家税务总局关于印发口岸进境免税店管理暂行办法补充规定的通知

2018年3月29日　财关税〔2018〕4号

各省、自治区、直辖市、计划单列市财政厅（局）、商务主管部门、旅游主管部门、国家税务局，新疆生产建设兵团财政局，海关总署广东分署、各直属海关，财政部驻各省、自治区、直辖市、计划单列市财政监察专员办事处：

为进一步促进口岸进境免税店健康发展，指导相关口岸制定科学规范的招标评判标准，从严甄别投标企业实际情况，选定具有可持续发展能力的经营主体，实现政策初衷，现就《口岸进境免税店管理暂行办法》（财关税〔2016〕8号）（以下简称《办法》）做出如下补充规定：

一、招标投标活动应严格遵守《中华人民共和国招标投标法》、《中华人民共和国招标投标法实施条例》等有关法律法规的规定。口岸进境免税店的经营主体须丰富经营品类，制定合理价格，服务于引导境外消费回流，满足居民消费需求，加速升级旅游消费的政策目标。

二、招标投标活动应保证具有免税品经营资质的企业公平竞争。招标人不得设定歧视性条款，不得含有倾向、限制或排斥投标人的内容，不得以特定行政区域或者特定的业绩作为加分条件或者中标条件。

单位负责人为同一人或者存在控股、管理关系的不同单位，不得参加同一标段投标或者未划分标段的同一招标项目投标。

三、合理规范口岸进境免税店租金比例和提成水平，避免片面追求“价高者得”。财务指标在评标中占比不得超过50%。财务指标是指投标报价中的价格部分，包括但不限于保底租金、销售提成等。招标人应根据口岸同类场地现有的租金、销售提成水平来确定最高投标限价并对外公布。租金单价原则上不得高于同一口岸出境免税店或国内厅含税零售商业租金平均单价的1.5倍；销售提成不得高于同一口岸出境免税店或国内厅含税零售商业平均提成比例的1.2倍。

四、应综合考虑企业的经营能力，甄选具有可持续发展能力的经营主体。经营品类，尤其是烟酒以外品类的丰富程度应是重要衡量指标。技术指标在评标中占比不得低于 50%。技术指标分值中,店铺布局和设计规划占比 20%;品牌招商占比 30%;运营计划占比 20%;市场营销及顾客服务占比 30%。品牌招商分值中,烟酒占比不得超过 50%。

五、规范评标工作程序。评标过程分为投标文件初审、问题澄清及讲标和比较评价三个阶段,对每个阶段的评审要出具评审报告。

六、中标人不得以装修费返还、税后利润返回、发展基金等方式对招标企业进行变相补偿。招标人及所在政府不得通过补贴、财政返回等方式对中标企业进行变相补偿。

七、口岸所在地的省(区、市)财政厅(局)对口岸进境免税店招标项目实施管理。财政部驻地方财政监察专员办事处对招标投标程序和政策落实情况履行行政监督职责,主要职责包括:

(一)对评标委员会成员的确定方式、评标专家的抽取和评标活动是否符合法定程序进行监督。

(二)负责受理投标人或者其他利害关系人关于招标投标活动不符合法律、行政法规规定的投诉,提出工作意见后报财政部。

(三)监督《财政部　商务部　海关总署　国家税务总局　国家旅游局关于口岸进境免税店政策的公告》(财政部　商务部　海关总署　国家税务总局　国家旅游局公告 2016 年第 19 号)和《办法》的执行情况。

八、本办法自公布之日起施行。

1 -4 -37

国务院关税税则委员会对原产于美国的部分进口商品中止关税减让义务的通知

2018 年 4 月 1 日　税委会〔2018〕13 号

海关总署:

为维护我国利益,平衡因美国对进口钢铁和铝产品加征关税(即 232 措施)给我国利益造成的损失,国务院关税税则委员会决定对原产于美国的部分进口商品中止关税减让义务。现将有关问题通知如下:

一、对原产于美国的水果及制品等 120 项进口商品中止关税减让义务,在现行适用关税税率基础上加征关税,加征关税税率为 15%。

二、对原产于美国的猪肉及制品等 8 项进口商品中止关税减让义务,在现行适用关税税率基础上加征关税,加征关税税率为 25%。

三、现行保税、减免税政策不变。

四、加征关税后,有关计算公式:

关税 = 关税完税价格 ×(现行适用关税税率 + 加征关税税率)

进口环节消费税 = 进口环节消费税计税价格 × 进口环节消费税税率

进口环节消费税计税价格 =（关税完税价格 + 关税）/（1 - 进口环节消费税税率）

进口环节增值税 = 进口环节增值税计税价格 × 进口环节增值税税率

进口环节增值税计税价格 = 关税完税价格 + 关税 + 进口环节消费税

五、本通知自 2018 年 4 月 2 日起实施。

特此通知。

附件：对美中止关税减让义务商品清单及加征关税税率（编者略）

1 - 4 - 38

国务院关税税则委员会关于对原产于美国的部分进口商品加征关税的公告

2018 年 4 月 4 日　税委会公告〔2018〕1 号

2018 年 4 月 4 日，美国政府发布了加征关税的商品清单，将对我输美的 1333 项 500 亿美元的商品加征 25% 的关税。美方这一措施违反了世界贸易组织规则，严重侵犯我国合法权益，威胁我国家发展利益。

根据我方在世界贸易组织项下的权利和义务，以及《中华人民共和国对外贸易法》和《中华人民共和国进出口关税条例》相关规定，经国务院批准，国务院关税税则委员会决定对原产于美国的大豆、汽车、化工品等 14 类 106 项商品加征 25% 的关税。有关事项如下：

一、加征关税的商品为大豆、汽车、化工品等 14 类 106 项商品。征税范围详见附表。

二、对原产于美国的附表所列进口商品，在现行征税方式、适用关税税率基础上加征 25% 的关税，现行保税、减免税政策不变（本次加征的关税不予减免）。

三、加征关税后有关进口税收计算公式：

关税 = 关税完税价格 ×（现行适用关税税率 + 加征关税税率）

从价定率商品进口环节消费税 = 进口环节消费税计税价格 × 消费税比例税率

复合计税商品进口环节消费税 = 进口环节消费税计税价格 × 消费税比例税率 + 进口数量 × 消费税定额税率

从价定率商品进口环节消费税计税价格 =（关税完税价格 + 关税）÷（1 - 消费税比例税率）

复合计税商品进口环节消费税计税价格 =（关税完税价格 + 关税 + 进口数量 × 消费税定额税率）÷（1 - 消费税比例税率）

进口环节增值税 = 进口环节增值税计税价格 × 进口环节增值税税率

进口环节增值税计税价格 = 关税完税价格 + 关税 + 进口环节消费税

四、实施时间另行公告。

附表：对美加征关税商品清单（编者略）

1-4-39

国务院关税税则委员会关于降低药品进口关税的公告

2018年4月23日　税委会公告〔2018〕2号

根据《中华人民共和国进出口关税条例》相关规定，为减轻广大患者特别是癌症患者药费负担并有更多用药选择，自2018年5月1日起，以暂定税率方式将包括抗癌药在内的所有普通药品、具有抗癌作用的生物碱类药品及有实际进口的中成药进口关税降为零，具体税目及税率调整情况见附件。

特此公告。

附件：进口药品最惠国暂定税率调整表（编者略）

1-4-40

国务院关税税则委员会办公室关于中国—东盟自贸协定有关商品税率问题的函

2018年5月15日　税委办〔2018〕11号

海关总署办公厅：

现就中国—东盟自贸协定项下有关商品税率问题通知如下：

一、根据中国—东盟自贸协定，2018年菜籽油2个税号（15149110、15149900）的税率为9%。《国务院关税税则委员会关于2018年关税调整方案的通知》（税委会〔2017〕27号）附件《2018年关税调整方案》附表5《进一步降税的进口商品协定税率表》中上述税号的税率恢复为9%（见附件）。

二、本通知自印发之日起3个工作日内实施。

附件：2018年中国—东盟自贸协定菜籽油2个税号税率表

附件

2018年中国—东盟自贸协定菜籽油2个税号税率表

序号	2018年税号	商品名称	2018年中国—东盟自贸协定税率
1	15149110	初榨菜籽油及其分离品	9%
2	15149900	其他菜籽油或芥子油及其分离品	9%

注：商品名称仅供参考，具体商品范围以《中华人民共和国进出口税则》中的税则号列对应的商品范围为准。

1－4－41

国务院关税税则委员会关于降低汽车整车及零部件进口关税的公告

2018年5月22日　税委会公告〔2018〕3号

为进一步扩大改革开放,推动供给侧结构性改革,促进汽车产业转型升级,满足人民群众消费需求,自2018年7月1日起,降低汽车整车及零部件进口关税。将汽车整车税率为25%的135个税号和税率为20%的4个税号的税率降至15%,将汽车零部件税率分别为8%、10%、15%、20%、25%的共79个税号的税率降至6%。具体税目及税率调整情况见附件。

特此公告。

附件:进口汽车及零部件最惠国税率调整表(编者略)

1－4－42

中华人民共和国海关对常驻机构进出境公用物品监管办法

2004年6月16日海关总署令第115号发布　2010年11月1日海关总署第193号令第一次修正　2010年11月26日海关总署令第198号第二次修正　2017年12月20日海关总署令第235号第三次修正　2018年5月29日海关总署令第240号第四次修正

第一章　总　　则

第一条　为规范海关对常驻机构进出境公用物品的管理,根据《中华人民共和国海关法》和其他有关法律、行政法规,制定本办法。

第二条　常驻机构进出境公用物品应当以本机构自用、合理数量为限。

常驻机构进出境公用物品,可以由本机构或者其委托的报关企业向主管海关或者口岸海关办理通关手续。常驻机构进出境公用车辆,向主管海关办理通关手续。

公用物品通关时,海关可以对相关物品进行查验,防止违禁物品进出境。

公用物品放行后,海关可以通过实地核查等方式对使用情况进行抽查。

第三条　对于常驻机构进境公用物品,海关按照《中华人民共和国进出口关税条例》的有关规定征收税款。

根据政府间协定免税进境的常驻机构公用物品,海关依法免征税款。

第二章　进境公用物品监管

第四条　常驻机构首次申报进境公用物品前,应当凭下列文件向主管海关办理备案手续:

(一)设立常驻机构审批机关的批准文件复印件;

(二)主管部门颁发的注册证明复印件(以下简称《注册证》);

(三)常驻机构报关印章式样;

(四)常驻机构负责人签字式样、身份证件复印件;

(五)常驻机构中常驻人员名册,名册含常驻人员姓名、性别、国籍、有效进出境证件号码、长期居留证件号码、到任时间、任期、职务及在中国境内的住址等内容。

主管海关审核无误后,核发《中华人民共和国海关常驻机构备案证》(以下简称《海关备案证》)。《海关备案证》涉及的内容如有变更,应当自变更之日起 10 个工作日内到主管海关办理变更手续。

第五条　常驻机构申报进境公用物品时,应当填写《进口货物报关单》,并提交提(运)单、发票和装箱单等相关单证。

常驻机构申报进境机动车辆时,除提交前款规定的单证外,还应当提交本机构所有常驻人员的有效身份证件。

第六条　常驻机构进境机动车辆,海关按照该机构常驻人员的实际人数核定其进境车辆的总数:

(一)常驻人员在 5 人以下的,进境车辆总数 1 辆;

(二)常驻人员在 6 人以上 10 人以下的,进境车辆总数不超过 2 辆;

(三)常驻人员在 11 人以上 20 人以下的,进境车辆总数不超过 3 辆;

(四)常驻人员在 21 人以上 30 人以下的,进境车辆总数不超过 4 辆;

(五)常驻人员在 31 人以上的,进境车辆总数不超过 6 辆。

第七条　进境机动车辆因事故、不可抗力等原因遭受严重损毁或因损耗、超过使用年限等原因丧失使用价值,经报废处理后,常驻机构凭公安交通管理部门出具的机动车辆注销证明,经主管海关同意办理机动车辆结案手续后,可按结案数量重新申报进境机动车辆。

进境机动车辆有丢失、被盗、转让或出售给他人、超出监管期限等情形的,常驻机构不得重新申报进境机动车辆。

第八条　常驻机构进境机动车辆,应当自海关放行之日起 10 个工作日内,向主管海关申领《中华人民共和国海关监管车辆进/出境领/销牌照通知书》(以下简称《领/销牌照通知书》),办理机动车辆牌照申领手续。其中,免税进境的机动车辆,常驻机构还应当自取得《领/销牌照通知书》之日起 10 个工作日内,凭公安交通管理部门颁发的《机动车辆行驶证》向主管海关申领《中华人民共和国海关监管车辆登记证》(以下简称《监管车辆登记证》)。

第九条　常驻机构进境的货样、广告品及暂时进口货物,按照海关相关规定办理验放手续。

第三章　出境公用物品监管

第十条　常驻机构申报出境原进境公用物品时,应当填写《出口货物报关单》。

常驻机构申报出境原进境机动车辆的,海关开具《领/销牌照通知书》,常驻机构凭此向公安交通管理部门办理注销牌照手续。

第四章 进境免税机动车辆后续监管

第十一条 常驻机构依据本办法第三条第二款规定免税进境的机动车辆属于海关监管机动车辆,主管海关对其实施后续监管,监管期限为自海关放行之日起6年。

未经海关批准,进境机动车辆在海关监管期限内不得擅自转让、出售、出租、抵押、质押或者进行其他处置。

第十二条 海关对常驻机构进境监管机动车辆实行年审制度。常驻机构应当根据主管海关的公告,在规定时间内,将进境监管机动车辆驶至指定地点,凭《监管车辆登记证》《机动车辆行驶证》向主管海关办理机动车辆海关年审手续。年审合格后,主管海关在《监管车辆登记证》上加盖年审印章。

第十三条 常驻机构监管机动车辆自海关放行之日起超过4年的,经主管海关批准,可以按规定将监管机动车辆转让给其他常驻机构或者常驻人员,或者出售给特许经营单位。受让方机动车辆进境指标相应扣减。

机动车辆受让方同样享有免税进境机动车辆权利的,受让机动车辆予以免税,受让方主管海关在该机动车辆的剩余监管年限内实施后续监管。

第十四条 常驻机构转让进境监管机动车辆时,应当由受让方向主管海关提交经出、受让双方签章确认的《中华人民共和国海关公/自用车辆转让申请表》(以下简称《转让申请表》)及其他相关单证。受让方主管海关审核批注后,将《转让申请表》转至出让方主管海关。出让方凭其主管海关开具的《领/销牌照通知书》向公安交通管理部门办理机动车辆牌照注销手续;出让方主管海关办理机动车辆结案手续后,将机动车辆进境原始档案及《转让申请表》回执联转至受让方主管海关。受让方凭其主管海关出具的《领/销牌照通知书》向公安交通管理部门办理机动车辆牌照申领手续。应当补税的机动车辆由受让方向其主管海关依法补缴税款。

常驻机构将进境监管机动车辆出售给特许经营单位的,特许经营单位应当向常驻机构的主管海关提交经常驻机构盖章确认的《转让申请表》,参照前款规定办理结案手续,并依法向主管海关补缴税款。

第十五条 机动车辆海关监管期限届满的,常驻机构应当凭《中华人民共和国海关公/自用车辆解除监管申请表》《监管车辆登记证》《机动车辆行驶证》向主管海关申请解除监管。主管海关核准后,开具《中华人民共和国海关监管车辆解除监管证明书》,常驻机构凭此向公安交通管理部门办理有关手续。

第十六条 海关监管期限内的机动车辆因法院判决抵偿他人债务或者丢失、被盗的,机动车辆原所有人应当凭有关证明向海关申请办理机动车辆解除监管手续,并依法补缴税款。

第十七条 经批准撤销的常驻机构,应当向主管海关办理海关监管机动车辆结案和其他有关手续。

第五章　法律责任

第十八条　违反本办法，构成走私行为、违反海关监管规定行为或者其他违反海关法行为的，海关依照《中华人民共和国海关法》、《中华人民共和国海关行政处罚实施条例》予以处罚；构成犯罪的，依法追究刑事责任。

第六章　附　　则

第十九条　本办法下列用语的含义：

“常驻机构”是指境外企业、新闻机构、经贸机构、文化团体及其他境外法人经中华人民共和国政府主管部门批准，在境内设立的常设机构。

“主管海关”是指常驻机构所在地的直属海关或者经直属海关授权的隶属海关。

“公用物品”是指常驻机构开展业务所必需的办公设备、办公用品及机动车辆。

“机动车辆”是指小轿车、越野车、9座及以下的小客车。

本办法第六条中的“以下”、“以上”，均包含本数在内。

第二十条　外国驻中国使馆、领馆，联合国及其专门机构，以及其他与中国政府签有协议的国际组织驻中国代表机构进出境物品，不适用本办法，另按有关法律、行政法规办理。

第二十一条　本办法所规定的文书由海关总署另行制定并且发布。

第二十二条　本办法由海关总署负责解释。

第二十三条　本办法自2004年8月1日起施行。

1－4－43

中华人民共和国海关对非居民长期旅客进出境自用物品监管办法

2004年6月16日海关总署令第116号发布　2010年11月1日海关总署令第194号第一次修正　2010年11月26日海关总署令第198号第二次修正　2017年12月20日海关总署令第235号第三次修正　2018年5月29日海关总署令第240号第四次修正

第一章　总　　则

第一条　为规范海关对非居民长期旅客进出境自用物品的管理，根据《中华人民共和国海关法》和其他有关法律、行政法规，制定本办法。

第二条　非居民长期旅客进出境自用物品应当符合《非居民长期旅客自用物品目录》（以下简称《物品目录》），以个人自用、合理数量为限。《物品目录》由海关总署另行制定并且发布。其中，常驻人员可以进境机动车辆，每人限1辆，其他非居民长期旅客不得进境机动车辆。

非居民长期旅客进出境自用物品,可以由本人或者其委托的报关企业向主管海关或者口岸海关办理通关手续。常驻人员进境机动车辆,向主管海关办理通关手续。

自用物品通关时,海关可以对相关物品进行查验,防止违禁物品进出境。

自用物品放行后,海关可以通过实地核查等方式对使用情况进行抽查。

第三条 非居民长期旅客取得境内长期居留证件后方可申报进境自用物品,首次申报进境的自用物品海关予以免税,但按照本规定准予进境的机动车辆和国家规定应当征税的20种商品除外。再次申报进境的自用物品,一律予以征税。

对于应当征税的非居民长期旅客进境自用物品,海关按照《中华人民共和国进出口关税条例》的有关规定征收税款。

根据政府间协定免税进境的非居民长期旅客自用物品,海关依法免征税款。

第二章 进境自用物品监管

第四条 非居民长期旅客申报进境自用物品时,应当填写《中华人民共和国海关进出境自用物品申报单》(以下简称《申报单》),并提交身份证件、长期居留证件、提(运)单和装箱单等相关单证。港澳台人员还需提供其居住地公安机关出具的居留证明。

常驻人员申报进境机动车辆时,应当填写《进口货物报关单》,并提交前款规定的单证。

第五条 进境机动车辆因事故、不可抗力等原因遭受严重损毁或因损耗、超过使用年限等原因丧失使用价值,经报废处理后,常驻人员凭公安交通管理部门出具的机动车辆注销证明,经主管海关同意办理机动车辆结案手续后,可重新申报进境机动车辆1辆。

进境机动车辆有丢失、被盗、转让或出售给他人、超出监管期限等情形的,常驻人员不得重新申报进境机动车辆。

第六条 常驻人员进境机动车辆,应当自海关放行之日起10个工作日内,向主管海关申领《中华人民共和国海关监管车辆进/出境领/销牌照通知书》(以下简称《领/销牌照通知书》),办理机动车辆牌照申领手续。其中,免税进境的机动车辆,常驻人员还应当自取得《领/销牌照通知书》之日起10个工作日内,凭公安交通管理部门颁发的《机动车辆行驶证》向主管海关申领《中华人民共和国海关监管车辆登记证》(以下简称《监管车辆登记证》)。

第三章 出境自用物品监管

第七条 非居民长期旅客申报出境原进境自用物品时,应当填写《申报单》,并提交身份证件、长期居留证件、提(运)单和装箱单等相关单证。

常驻人员申报出境原进境机动车辆的,海关开具《领/销牌照通知书》,常驻人员凭此向公安交通管理部门办理注销牌照手续。

第四章 进境免税机动车辆后续监管

第八条 常驻人员依据本办法第三条第三款规定免税进境的机动车辆属于海关监管机动车辆,主管海关对其实施后续监管,监管期限为自海关放行之日起6年。

未经海关批准,进境机动车辆在海关监管期限内不得擅自转让、出售、出租、抵押、质押或者进行其他处置。

第九条 海关对常驻人员进境监管机动车辆实行年审制度。常驻人员应当根据主管海关的公告，在规定时间内，将进境监管机动车辆驶至指定地点，凭本人身份证件、长期居留证件、《监管车辆登记证》《机动车辆行驶证》向主管海关办理机动车辆海关年审手续。年审合格后，主管海关在《监管车辆登记证》上加盖年审印章。

第十条 常驻人员任期届满后，经主管海关批准，可以按规定将监管机动车辆转让给其他常驻人员或者常驻机构，或者出售给特许经营单位。受让方的机动车辆进境指标相应扣减。

机动车辆受让方同样享有免税进境机动车辆权利的，受让机动车辆予以免税，受让方主管海关在该机动车辆的剩余监管年限内实施后续监管。

第十一条 常驻人员转让进境监管机动车辆时，应当由受让方向主管海关提交经出、受让双方签章确认的《中华人民共和国海关公/自用车辆转让申请表》（以下简称《转让申请表》）及其他相关单证。受让方主管海关审核批注后，将《转让申请表》转至出让方主管海关。出让方凭其主管海关开具的《领/销牌照通知书》向公安交通管理部门办理机动车辆牌照注销手续；出让方主管海关办理机动车辆结案手续后，将机动车辆进境原始档案及《转让申请表》回执联转至受让方主管海关。受让方凭其主管海关出具的《领/销牌照通知书》向公安交通管理部门办理机动车辆牌照申领手续。应当补税的机动车辆由受让方向其主管海关依法补缴税款。

常驻人员进境监管机动车辆出售时，应当由特许经营单位向常驻人员的主管海关提交经常驻人员签字确认的《转让申请表》，主管海关审核无误后，由特许经营单位参照前款规定办理机动车辆注销牌照等结案手续，并依法向主管海关补缴税款。

第十二条 机动车辆海关监管期限届满的，常驻人员应当凭《中华人民共和国海关公/自用车辆解除监管申请表》《机动车辆行驶证》向主管海关申请解除监管。主管海关核准后，开具《中华人民共和国海关监管车辆解除监管证明书》，常驻人员凭此向公安交通管理部门办理有关手续。

第十三条 海关监管期限内的机动车辆因法院判决抵偿他人债务或者丢失、被盗的，机动车辆原所有人应当凭有关证明向海关申请办理机动车辆解除监管手续，并依法补缴税款。

第十四条 任期届满的常驻人员，应当在离境前向主管海关办理海关监管机动车辆的结案手续。

第五章 法律责任

第十五条 违反本办法，构成走私行为、违反海关监管规定行为或者其他违反海关法行为的，海关依照《中华人民共和国海关法》、《中华人民共和国海关行政处罚实施条例》予以处罚；构成犯罪的，依法追究刑事责任。

第六章 附 则

第十六条 本办法下列用语的含义：

“非居民长期旅客”是指经公安部门批准进境并在境内连续居留一年以上（含一年），期满后仍回到境外定居地的外国公民、港澳台地区人员、华侨。

“常驻人员”是指非居民长期旅客中的下列人员：

（一）境外企业、新闻机构、经贸机构、文化团体及其他境外法人经中华人民共和国政府主管部门批准，在境内设立的并在海关备案的常设机构内的工作人员；

（二）在海关注册登记的外商投资企业内的人员；

（三）入境长期工作的专家。

“身份证件”是指中华人民共和国主管部门颁发的《外国（地区）企业常驻代表机构工作证》、《中华人民共和国外国人工作许可证》等证件，以及进出境使用的护照、《港澳居民来往内地通行证》、《台湾居民往来大陆通行证》等。

“长期居留证件”是指有效期一年及以上的《中华人民共和国外国人居留许可》、《港澳居民来往内地通行证》、《台湾居民来往大陆通行证》等准予在境内长期居留的证件。

“主管海关”是指非居民长期旅客境内居留所在地的直属海关或者经直属海关授权的隶属海关。

“自用物品”是指非居民长期旅客在境内居留期间日常生活所需的《物品目录》范围内物品及机动车辆。

“机动车辆”是指摩托车、小轿车、越野车、9 座及以下的小客车。

“20 种商品”是指电视机、摄像机、录像机、放像机、音响设备、空调器、电冰箱（柜）、洗衣机、照相机、复印机、程控电话交换机、微型计算机、电话机、无线寻呼系统、传真机、电子计算器、打印机及文字处理机、家具、灯具和餐料。

第十七条　外国驻中国使馆、领馆人员，联合国及其专门机构以及其他与中国政府签有协议的国际组织驻中国代表机构人员进出境物品，不适用本办法，另按有关法律、行政法规办理。

第十八条　本办法所规定的文书由海关总署另行制定并且发布。

第十九条　本办法由海关总署负责解释。

第二十条　本办法自 2004 年 8 月 1 日起施行。

1 -4 -44

中华人民共和国海关保税核查办法

2008 年 3 月 31 日海关总署令第 173 号公布
2018 年 5 月 29 日海关总署令第 240 号修正

第一章　总　　则

第一条　为了规范海关保税核查，加强海关对保税业务的监督管理，根据《中华人民共和国海关法》（以下简称《海关法》）以及其他有关法律、行政法规的规定，制定本办法。

第二条　本办法所称的保税核查，是指海关依法对监管期限内的保税加工货物、保税物流货物进行验核查证，检查监督保税加工企业、保税物流企业和海关特殊监管区域、保税监管场所内保税业务经营行为真实性、合法性的行为。

第三条 保税核查由海关保税监管部门组织实施。

第四条 保税核查应当由两名或者两名以上海关核查人员共同实施。

海关核查人员实施核查时,应当出示海关核查证。海关核查证由海关总署统一制发。

第五条 保税加工企业、保税物流企业以及海关特殊监管区域、保税监管场所经营企业(以下简称被核查人)可以书面向海关提出为其保守商业秘密的要求,并具体列明需要保密的内容。

海关应当按照国家有关规定,妥善保管被核查人提供的涉及商业秘密的资料。

第六条 被核查人应当对保税货物和非保税货物统一记账、分别核算。

被核查人应当按照《中华人民共和国会计法》及有关法律、行政法规的规定,设置规范的财务账簿、报表,记录保税企业的财务状况和有关保税货物的进出口、存储、转移、销售、使用和损耗等情况,如实填写有关单证、账册,凭合法、有效的凭证记账和核算。

被核查人应当在保税货物海关监管期限以及其后3年内保存上述资料。

第七条 海关可以通过数据核实、单证检查、实物盘点、账物核对等形式对被核查人进行实地核查,也可以根据被核查人提交的有关单证材料进行书面核查。

第二章 保税核查范围

第一节 保税加工业务核查

第八条 海关自保税加工企业向海关申请办理保税加工业务备案手续之日起至海关对保税加工手册核销结案之日止,或者自实施联网监管的保税加工企业电子底账核销周期起始之日起至其电子底账核销周期核销结束之日止,可以对保税加工货物以及相关的保税加工企业开展核查。

第九条 海关对保税加工企业开展核查的,应当核查以下内容:

(一)保税加工企业的厂房、仓库和主要生产设备以及法定代表人、主要负责人等企业基本情况与备案资料是否相符;

(二)保税加工企业账册设置是否规范、齐全;

(三)保税加工企业出现分立、合并或者破产等情形的,是否依照规定办理海关手续;

(四)保税加工企业开展深加工结转、外发加工业务的,是否符合海关对深加工结转或者外发加工条件和生产能力的有关规定。

第十条 海关对保税加工货物开展核查的,应当核查以下内容是否与实际情况相符:

(一)保税加工企业申报的进口料件和出口成品的商品名称、商品编码、规格型号、价格、原产地、数量等情况;

(二)保税加工企业申报的单耗情况;

(三)保税加工企业申报的内销保税货物的商品名称、商品编码、规格型号、价格、数量等情况;

(四)保税加工企业申报的深加工结转以及外发加工货物的商品名称、商品编码、规格型号、数量等情况;

（五）保税加工企业申请放弃的保税货物的商品名称、商品编码、规格型号、数量等情况；

（六）保税加工企业申报的受灾保税货物的商品名称、商品编码、规格型号、数量、破损程度以及价值认定等情况；

（七）保税加工企业的不作价设备的名称、数量等情况。

第二节　保税物流业务核查

第十一条　海关自保税物流货物运入海关特殊监管区域、保税监管场所之日起至运出海关特殊监管区域、保税监管场所之日止，可以对保税物流货物以及相关保税物流企业开展核查。

第十二条　海关对保税物流企业进行核查的，应当核查以下内容：

（一）保税物流企业的厂房、仓库以及法定代表人、主要负责人等企业基本情况与备案资料是否相符；

（二）保税物流企业账册设置是否规范、齐全；

（三）保税物流企业出现分立、合并或者破产等情形的，是否依照规定办理海关手续。

第十三条　海关对保税物流货物开展核查的，应当核查以下内容是否与实际情况相符：

（一）保税物流货物的进出、库存、转移、简单加工、使用等情况；

（二）保税物流货物的出售、转让、抵押、质押、留置、移作他用或者进行其他处置情况；

（三）保税物流企业内销保税货物的商品名称、商品编码、规格型号、价格、数量等情况；

（四）保税物流企业申请放弃的保税货物的商品名称、商品编码、规格型号、数量等情况；

（五）保税物流企业申报的受灾保税货物的商品名称、商品编码、规格型号、数量、破损程度以及价值认定等情况。

第三节　海关特殊监管区域、保税监管场所核查

第十四条　海关自海关特殊监管区域、保税监管场所验收合格之日起至其经营期限结束之日止，可以对海关特殊监管区域、保税监管场所管理和经营情况开展核查。

第十五条　海关对海关特殊监管区域开展核查的，应当核查以下内容是否符合有关规定：

（一）海关特殊监管区域隔离设施、监视监控设施情况；

（二）海关特殊监管区域内人员居住和建立商业性消费设施情况；

（三）海关特殊监管区域管理机构建立计算机公共信息平台情况；

（四）海关特殊监管区域内被核查人应用计算机管理系统情况；

（五）海关特殊监管区域经营企业设置账簿、报表情况。

第十六条　海关应当对保税监管场所开展下列核查：

（一）海关保税监管场所是否专库专用；

（二）海关保税监管场所内被核查人是否应用符合海关监管要求的计算机管理系统，并

与海关实行计算机联网；

（三）海关保税监管场所经营企业是否设置符合海关监管要求的账簿、报表等。

第三章　保税核查程序

第一节　核查准备

第十七条　海关实施核查前，应当根据保税企业、保税货物进出口以及海关特殊监管区域、保税监管场所经营情况，确定被核查人，编制海关核查工作方案。

第十八条　海关实施核查前，应当通知被核查人。

特殊情况下，经海关关长批准，海关可以径行核查。

第十九条　被核查人提供具备相关资质和能力的专业机构出具的审计报告，并经海关审核认定的，海关可以对被核查人免于实施保税核查；海关认为必要时，可以委托专业机构作出专业结论。

第二节　核查实施

第二十条　海关核查人员开展核查可以行使下列职权：

（一）查阅、复制被核查人与保税业务有关的合同、发票、单据、账册、业务函电和其他有关资料（以下简称账簿、单证）；

（二）进入被核查人的生产经营场所、货物存放场所，检查与保税业务有关的生产经营情况和货物；

（三）询问被核查人的法定代表人、主要负责人或者其他有关人员与保税业务有关的情况。

第二十一条　被核查人应当接受并配合海关实施保税核查，提供必要的工作条件，如实反映情况，提供海关保税核查需要的有关账簿、单证等，不得拒绝、拖延、隐瞒。

海关查阅、复制被核查人的有关资料或者进入被核查人的生产经营场所、货物存放场所核查时，被核查人的有关负责人或者其指定的代表应当到场，并按照海关的要求清点账簿、打开货物存放场所、搬移货物或者开启货物包装。

被核查人委托其他机构、人员记账的，被委托人应当与被核查人共同配合海关查阅有关会计资料。

第二十二条　海关在核查过程中提取的有关资料、数据等，应当交由被核查人签字确认。

第二十三条　海关核查结束时，核查人员应当填制《海关保税核查工作记录》并签名。

实地核查的，《海关保税核查工作记录》还应当交由被核查人的有关负责人或者其指定的代表签字或者盖章；拒不签字或者盖章的，海关核查人员应当在《海关保税核查工作记录》上注明。

第三节　核查处理

第二十四条　核查结束后，海关应当对“海关保税核查工作记录”以及相关材料进行归档或者建立电子档案备查。

第二十五条 海关应当在保税核查结束后15个工作日内作出保税核查结论,并告知被核查人。

发现保税核查结论有错误的,海关应当予以纠正。

第二十六条 海关实施保税核查,发现被核查人存在不符合海关监管要求的,可以采取以下处理方式,并填制《保税核查处理通知书》书面告知被核查人:

(一)责令补办相关手续;

(二)责令限期改正;

(三)责令按照有关规定提供担保。

第二十七条 违反本办法,构成走私行为、违反海关监管规定行为或者其他违反《海关法》行为的,由海关依照《海关法》和《中华人民共和国海关行政处罚实施条例》的有关规定予以处理;构成犯罪的,依法追究刑事责任。

第四章 附 则

第二十八条 本办法下列用语的含义:

保税企业,是指经海关备案注册登记,按照保税政策,依法从事保税加工业务、保税物流业务或者经营海关特殊监管区域、保税监管场所的企业。

保税加工业务,是指经海关批准,对以来料加工、进料加工或者其他监管方式进出口的保税货物进行研发、加工、装配、制造以及相关配套服务的生产性经营行为。

保税物流业务,是指经海关批准,将未办理进口纳税手续或者已办结出口手续的货物在境内流转的服务性经营行为。

第二十九条 本办法所规定的文书由海关总署另行制定并且发布。

第三十条 本办法由海关总署负责解释。

第三十一条 本办法自2008年6月1日起施行。

1-4-45

中华人民共和国海关进出境运输工具监管办法

2010年11月1日海关总署令第196号公布
2018年5月29日海关总署令第240号修正

第一章 总 则

第一条 为了规范海关对进出境运输工具的监管,保障进出境运输工具负责人和进出境运输工具服务企业的合法权益,根据《中华人民共和国海关法》,制定本办法。

第二条 本办法所称进出境运输工具是指用于载运人员、货物、物品进出境的各种船舶、航空器、铁路列车、公路车辆和驮畜。

第三条 海关对经营性进出境运输工具的监管适用本办法，对非经营性进出境运输工具的监管比照本办法管理。

第四条 除经国务院或者国务院授权的机关批准外，进出境运输工具应当通过设立海关的地点进境或者出境，在海关监管场所停靠、装卸货物、物品和上下人员。

由于不可抗力原因，进出境运输工具被迫在未设立海关的地点或者在非海关监管场所停靠、降落或者抛掷、起卸货物、物品以及上下人员的，进出境运输工具负责人应当立即报告附近海关。附近海关应当对运输工具及其所载的货物、物品实施监管。

第五条 进境运输工具在进境以后向海关申报以前，出境运输工具在办结海关手续以后出境以前，应当按照交通运输主管机关规定的路线行进；交通运输主管机关没有规定的，由海关指定。

进境运输工具在进境申报以后出境以前，应当按照海关认可的路线行进。

第六条 进出境运输工具到达或者驶离设立海关的地点时，进出境运输工具负责人应当采用申报单形式向海关申报。

第七条 进境的境外运输工具和出境的境内运输工具，未向海关办理手续并缴纳关税，不得转让或者移作他用。

运输工具作为货物以租赁或其他贸易方式进出口的，除按照本办法办理进出境运输工具进境或者出境手续外，还应当按照有关规定办理进出境运输工具进出口报关手续。

第二章　备案管理

第八条 进出境运输工具、进出境运输工具负责人和进出境运输工具服务企业应当在经营业务所在地的直属海关或者经直属海关授权的隶属海关备案。

海关对进出境运输工具、进出境运输工具负责人以及进出境运输工具服务企业的备案实行全国海关联网管理。

第九条 进出境运输工具、进出境运输工具负责人和进出境运输工具服务企业在海关办理备案的，应当按不同运输方式分别提交《进出境国际航行船舶备案表》《进出境航空器备案表》《进出境铁路列车备案表》《进出境公路车辆备案表》《运输工具负责人备案表》《运输工具服务企业备案表》，并同时提交上述备案表随附单证栏中列明的材料。

运输工具服务企业相关管理办法，由海关总署另行制定。

第十条 《运输工具备案表》《运输工具负责人备案表》和《运输工具服务企业备案表》的内容发生变更的，进出境运输工具负责人、进出境运输工具服务企业应当在海关规定的时限内凭《备案变更表》和有关文件向备案海关办理备案变更手续。

进出境运输工具负责人、进出境运输工具服务企业可以主动申请撤销备案，海关也可以依法撤销备案。

第十一条 海关对在海关备案的进出境运输工具服务企业和进出境运输工具所有企业、经营企业实施分类管理，具体办法由海关总署另行制定。

第三章 运输工具管理

第一节 进境监管

第十二条 进境运输工具负责人应当在规定时限将运输工具预计抵达境内目的港和预计抵达时间以电子数据形式通知海关。

因客观条件限制,经海关批准,公路车辆负责人可以采用电话、传真等方式通知海关。

进境运输工具抵达设立海关的地点以前,运输工具负责人应当将进境时间、抵达目的港的时间和停靠位置通知海关。

第十三条 进境运输工具抵达设立海关的地点时,运输工具负责人应当按不同运输方式向海关申报,分别提交《中华人民共和国海关船舶进境(港)申报单》《中华人民共和国海关航空器进境(港)申报单》《中华人民共和国海关铁路列车进境申报单》《中华人民共和国海关公路车辆进境(港)申报单》,以及上述申报单中列明应当交验的其他单证。

进境运输工具负责人也可以在运输工具进境前提前向海关办理申报手续。

第十四条 进境运输工具抵达监管场所时,监管场所经营人应当通知海关。

第十五条 海关接受进境运输工具申报时,应当审核申报单证。

进境运输工具在向海关申报以前,未经海关同意,不得装卸货物、物品,除引航员、口岸检查机关工作人员外不得上下人员。

第二节 停留监管

第十六条 进出境运输工具到达设立海关的地点时,应当接受海关监管和检查。

海关检查进出境运输工具时,运输工具负责人应当到场,并根据海关的要求开启舱室、房间、车门;有走私嫌疑的,并应当开拆可能藏匿走私货物、物品的部位,搬移货物、物料。

海关认为必要时,可以要求进出境运输工具工作人员进行集中,配合海关实施检查。

海关检查完毕后,应当按规定制作《检查记录》。

第十七条 海关认为必要的,可以派员对进出境运输工具值守,进出境运输工具负责人应当为海关人员提供方便。

海关派员对进出境运输工具值守的,进出境运输工具装卸货物、物品以及上下人员应当征得值守海关人员同意。

第十八条 进出境运输工具负责人应当在进出境运输工具装卸货物的 1 小时以前通知海关;航程或者路程不足 1 小时的,可以在装卸货物以前通知海关。

海关可以对进出境运输工具装卸货物实施监装监卸。

进出境运输工具装卸货物、物品完毕后,进出境运输工具负责人应当向海关递交反映实际装卸情况的交接单据和记录。

第十九条 进出境运输工具在海关监管场所停靠期间更换停靠地点的,进出境运输工具负责人应当事先通知海关。

第三节 境内续驶监管

第二十条 进出境运输工具在境内从一个设立海关的地点驶往另一个设立海关的地

点的,进出境运输工具负责人应当按照本章第四节的有关规定办理驶离手续。

第二十一条 进出境运输工具在境内从一个设立海关的地点驶往另一个设立海关的地点的,应当符合海关监管要求,驶离地海关应当制发关封。进出境运输工具负责人应当妥善保管关封,抵达另一设立海关的地点时提交目的地海关。

未经驶离地海关同意,进出境运输工具不得改驶其他目的地;未办结海关手续的,不得改驶境外。

第二十二条 进出境运输工具在境内从一个设立海关的地点驶往另一个设立海关的地点时,海关可以派员随运输工具实施监管,进出境运输工具负责人应当为海关人员提供方便。

第二十三条 进出境运输工具在境内从一个设立海关的地点驶往另一个设立海关的地点抵达目的地以后,应当按照本章第一节的有关规定办理抵达手续。

第四节 出境监管

第二十四条 出境运输工具离开设立海关的地点驶往境外的2小时以前,运输工具负责人应当将驶离时间以电子数据形式通知海关。对临时出境的运输工具,运输工具负责人可以在其驶离设立海关的地点以前将驶离时间通知海关。

因客观条件限制,经海关批准,公路车辆负责人可以在车辆出境前采用电话、传真等方式通知海关。

第二十五条 运输工具出境时,运输工具负责人应当按不同运输方式向海关申报,分别提交《中华人民共和国海关船舶出境(港)申报单》《中华人民共和国海关航空器出境(港)申报单》《中华人民共和国海关铁路列车出境申报单》《中华人民共和国海关公路车辆出境(港)申报单》,以及上述申报单中列明应当交验的其他单证。

第二十六条 出境运输工具负责人在货物、物品装载完毕或者旅客全部登机(船、车)以后,应当向海关提交结关申请。海关审核无误的,制发《结关通知书》。

海关制发《结关通知书》以后,非经海关同意,出境运输工具不得装卸货物、上下旅客。

第二十七条 出境运输工具驶离海关监管场所时,监管场所经营人应当通知海关。

第二十八条 进出境运输工具在办结海关出境或者续驶手续后的24小时未能驶离的,运输工具负责人应当重新办理有关手续。

第四章 物料管理

第二十九条 经运输工具负责人申请,海关核准后,进出境运输工具可以添加、起卸、调拨下列物料:

(一)保障进出境运输工具行驶、航行的轻油、重油等燃料;

(二)供应进出境运输工具工作人员和旅客的日常生活用品、食品;

(三)保障进出境运输工具及所载货物运输安全的备件、垫舱物料和加固、苫盖用的绳索、篷布、苫网等;

(四)海关核准的其他物品。

第三十条 进出境运输工具需要添加、起卸物料的,物料添加单位或者接受物料起卸单位应当向海关申报，并提交以下单证：

（一）《中华人民共和国海关运输工具起卸/添加物料申报单》；

（二）添加、起卸物料明细单以及合同、发票等相关单证。

境外运输工具在我国境内添加、起卸物料的，应当列入海关统计。

第三十一条 进出境运输工具之间调拨物料的，接受物料的进出境运输工具负责人应当在物料调拨完毕后向海关提交运输工具物料调拨清单。

第三十二条 进出境运输工具添加、起卸、调拨物料的，应当接受海关监管。

第三十三条 进出境运输工具添加、起卸、调拨的物料，运输工具负责人免予提交许可证件，海关予以免税放行；添加、起卸国家限制进出境或者涉及国计民生的物料超出自用合理数量范围的，应当按照进出口货物的有关规定办理海关手续。

第三十四条 除下列情况外，进出境运输工具使用过的废弃物料应当复运出境：

（一）运输工具负责人声明废弃的物料属于《自动进口类可用作原料的废物目录》和《限制进口类可用作原料的废物目录》列明，且接收单位已经办理进口手续的。

（二）不属于《自动进口类可用作原料的废物目录》和《限制进口类可用作原料废物目录》目录范围内的供应物料，以及进出境运输工具产生的清舱污油水、垃圾等，且运输工具负责人或者接受单位能够自卸下进出境运输工具之日起30天内依法作无害化处理的。

前款第（一）、（二）项所列物项未办理合法手续或者未在规定时限内依法作无害化处理的，海关可以责令退运。

第三十五条 进出境运输工具负责人应当将进口货物全部交付收货人。经海关核准，同时符合下列条件的扫舱地脚，可以免税放行：

（一）进口货物为散装货物；

（二）进口货物的收货人确认运输工具已经卸空；

（三）数量不足1吨，且不足进口货物重量的0.1%。

前款规定的扫舱地脚涉及许可证件管理的，进出境运输工具负责人免于提交许可证件。

第五章 运输工具工作人员携带物品管理

第三十六条 进出境运输工具工作人员携带物品进出境的，应当向海关申报并接受海关监管。

第三十七条 进出境运输工具工作人员携带的物品，应当以服务期间必需和自用合理数量为限。

运输工具工作人员不得为其他人员托带物品进境或者出境。

第三十八条 进出境运输工具工作人员需携带物品进入境内使用的，应当向海关办理手续，海关按照有关规定验放。

第六章 附 则

第三十九条 违反本办法，构成走私行为、违反海关监管规定行为或者其他违反海关法行为的，由海关依照《海关法》和《中华人民共和国海关行政处罚实施条例》的有关规定予以处理;构成犯罪的,依法追究刑事责任。

第四十条 本办法下列用语的含义是:

运输工具负责人,是指进出境运输工具的所有企业、经营企业,船长、机长、汽车驾驶员、列车长,以及上述企业或者人员授权的代理人。

运输工具服务企业,是指为进出境运输工具提供本办法第二十九条规定的物料或者接受运输工具(包括工作人员及所载旅客)消耗产生的废、旧物品的企业。

扫舱地脚,是指经进口货物收货人确认进出境运输工具已经卸空,但因装卸技术等原因装卸完毕后,清扫进出境运输工具剩余的进口货物。

运输工具工作人员,是指在进出境运输工具上从事驾驶、服务,且具有相关资格证书的人员以及实习生。

第四十一条 经海关总署批准只使用运输工具电子数据通关的,申报单位应当将纸质单证至少保存3年。

第四十二条 海关对驮畜的监管办法另行制定。

海关对来往香港、澳门小型船舶和公路车辆的监管,另按照有关规定执行。

第四十三条 本办法所列文书格式由海关总署另行制定公告。

第四十四条 本办法由海关总署负责解释。

第四十五条 本办法自2011年1月1日起施行。1974年9月10日外贸部“〔1974〕贸关货233号”发布的《中华人民共和国海关对国际民航机监管办法》、1990年3月15日海关总署令第11号发布的《中华人民共和国海关对国际铁路联运进出境列车和所载货物、物品监管办法》、1991年8月23日海关总署令第24号发布的《中华人民共和国海关对进出境国际航行船舶及其所载货物、物品监管办法》同时废止。

1-4-46

国务院关税税则委员会关于降低日用消费品进口关税的公告

2018年5月31日　税委会公告〔2018〕4号

为进一步满足人民美好生活需要,推动供给侧结构性改革,主动扩大开放,自2018年7月1日起,降低部分进口日用消费品的最惠国税率,涉及1449个税目。因最惠国税率调整,自2018年7月1日起,取消210项进口商品最惠国暂定税率,其余商品最惠国暂定税率继续实施。具体税目及税率调整情况见附件。

特此公告。

附件:1. 进口日用消费品最惠国税率调整表(编者略)

2. 进口商品最惠国暂定税率调整表(编者略)

1 -4 -47

国务院关税税则委员会关于2018年下半年CEPA项下部分货物实施零关税的通知

2018年6月15日 税委会〔2018〕28号

海关总署:

根据《内地与香港关于建立更紧密经贸关系的安排》及其补充协议的规定,国务院关税税则委员会决定,对新完成原产地标准磋商的4项香港原产商品,自2018年7月1日起实施零关税。具体清单见附件。

附件:内地与香港更紧密经贸关系安排2018年下半年已完成原产地标准核准商品税目税率表(编者略)

1 -4 -48

国务院关税税则委员会关于对原产于美国500亿美元进口商品加征关税的公告

2018年6月16日 税委会公告〔2018〕5号

2018年6月15日,美国政府发布了加征关税的商品清单,将对从中国进口的约500亿美元商品加征25%的关税,其中对约340亿美元商品自2018年7月6日起实施加征关税,同时就约160亿美元商品加征关税开始征求公众意见。美方这一措施违反了世界贸易组织相关规则,有悖于中美双方磋商已达成的共识,严重侵犯我方的合法权益,威胁我国国家和人民的利益。

根据《中华人民共和国对外贸易法》、《中华人民共和国进出口关税条例》等法律法规和国际法基本原则,国务院关税税则委员会决定对原产于美国的659项约500亿美元进口商品加征25%的关税,其中545项约340亿美元商品自2018年7月6日起实施加征关税,对其余商品加征关税的实施时间另行公布。有关事项如下:

一、对农产品、汽车、水产品等545项商品,自2018年7月6日起实施加征关税,具体商品范围见附表1。

二、对化工品、医疗设备、能源产品等114项商品,加征关税实施时间另行公告,具体商品范围见附表2。

三、对原产于美国的附表1和2所列进口商品,在现行征税方式、适用关税税率基础上加征25%的关税,现行保税、减免税政策不变,此次加征的关税不予减免。

四、加征关税后有关进口税收计算公式:

关税 = 按现行适用税率计算的应纳关税税额 + 关税完税价格 × 加征关税税率

从价定率商品进口环节消费税＝进口环节消费税计税价格×消费税比例税率

从量定额商品进口环节消费税＝进口数量×消费税定额税率

复合计税商品进口环节消费税＝进口环节消费税计税价格×消费税比例税率＋进口数量×消费税定额税率

从价定率商品进口环节消费税计税价格＝（关税完税价格＋关税）÷（1－消费税比例税率）

复合计税商品进口环节消费税计税价格＝（关税完税价格＋关税＋进口数量×消费税定额税率）÷（1－消费税比例税率）

进口环节增值税＝进口环节增值税计税价格×进口环节增值税税率

进口环节增值税计税价格＝关税完税价格＋关税＋进口环节消费税

附表：1. 对美加征关税商品清单一（编者略）

2. 对美加征关税商品清单二（编者略）

1－4－49

国务院关税税则委员会关于调整大米税目税率的通知

2018年6月23日　税委会〔2018〕33号

海关总署：

为适应技术进步和贸易发展需要，根据国内大米行业标准变化情况，自2018年7月1日起，对进出口税则大米的税目税率进行调整，具体内容详见附件。

特此通知。

附件：进出口税则大米税目税率调整表（编者略）

1－4－50

海关总署　财政部　国家税务总局　国家档案局关于进行《海关专用缴款书》打印改革试点的公告

2018年7月24日　海关总署　财政部　国家税务总局
国家档案局公告2018年第100号

为加快推进国际贸易“单一窗口”“互联网＋政务服务”建设和实施，实现海关通关全部单证无纸化和全流程线上办理，在前期试点的基础上，海关总署、财政部、国家税务总局、国家档案局决定：自2018年8月31日起，扩大《海关专用缴款书》打印改革试点范围。现公告如下：

一、进出口企业、单位，以海关电子缴税方式缴纳税款后，可以通过“互联网+海关”一体化网上办事平台“我要查”相关功能下载电子《海关专用缴款书》，或向海关现场申请打印纸质《海关专用缴款书》。

二、电子《海关专用缴款书》包括两部分，符合会计信息化相关标准的数据流文件（相关标准由财政部会同海关总署制定），以及版式文件（样例详见附件）。

三、企业、单位满足《会计档案管理办法》（中华人民共和国财政部国家档案局令第79号）第八条、第九条所列条件的，可以电子《海关专用缴款书》为依据进行会计处理并归档保管；不满足第八条、第九条所列条件的，应以电子《海关专用缴款书》数据流文件为依据进行会计处理，并对电子《海关专用缴款书》进行归档，同时自行打印版式文件进行归档。归档时，应建立纸质文档与对应的电子文件的关联关系。

四、参与试点的业务现场范围，由各直属海关确定，并报总署备案。

特此公告。

附件：专用缴款书版式文件样例（编者略）

1-4-51

国务院关税税则委员会关于对原产于美国的部分进口商品（第二批）加征关税的公告

2018年8月3日　税委会公告〔2018〕6号

2018年7月11日，美国政府发布了对从中国进口的约2000亿美元商品加征关税的措施，并就该措施征求公众意见。8月2日，美方宣布拟对上述2000亿美元商品加征的关税税率由10%提高到25%。美方措施背离双方多次磋商共识，导致中美双方贸易摩擦升级，严重违反世界贸易组织相关规则，损害我国国家利益和人民利益。

根据《中华人民共和国对外贸易法》、《中华人民共和国进出口关税条例》等法律法规和国际法基本原则，国务院关税税则委员会决定对原产于美国的5207个税目进口商品加征关税。该措施涉及自美进口贸易额约600亿美元。有关事项如下：

一、对附件1所列2493个税目商品加征25%的关税，对附件2所列1078个税目商品加征20%的关税，对附件3所列974个税目商品加征10%的关税，对附件4所列662个税目商品加征5%的关税，具体商品范围分别见附件1至附件4。

二、对原产于美国的附件所列进口商品，在现行征税方式、适用关税税率基础上分别加征相应关税，现行保税、减免税政策不变，此次加征的关税不予减免。

三、相关进口税收的计征：

加征关税税额＝关税完税价格×加征关税税率

关税＝按现行适用税率计算的应纳关税税额＋加征关税税额

进口环节增值税、消费税按相关法律法规等规定计征。

四、实施日期另行公布。

附件:1. 对美加征25%关税商品清单(编者略)

2. 对美加征20%关税商品清单(编者略)

3. 对美加征10%关税商品清单(编者略)

4. 对美加征5%关税商品清单(编者略)

注释:

政策调整。对本文件所附对美加征关税商品清单的商品,自2018年9月24日12时01分起加征关税,对附件1所列2493个税目商品、附件2所列1078个税目商品加征10%的关税,对附件3所列974个税目商品、附件4所列662个税目商品加征5%的关税。参见:《国务院关税税则委员会关于对原产于美国约600亿美元进口商品实施加征关税的公告》(税委会公告〔2018〕8号)。

1-4-52

国务院关税税则委员会关于对原产于美国约160亿美元进口商品加征关税的公告

2018年8月8日　税委会公告〔2018〕7号

根据《国务院关税税则委员会关于对原产于美国500亿美元进口商品加征关税的公告》(税委会公告〔2018〕5号),现将对美加征关税商品清单二有关调整事项公告如下:

一、对美加征关税商品清单二的商品,以本公告附件为准,自2018年8月23日12时01分起实施加征关税。

二、其他事项按照税委会公告〔2018〕5号执行。

附件:对美加征关税商品清单二(编者略)

1-4-53

国务院关税税则委员会关于给予布基纳法索97%税目产品零关税待遇的通知

2018年8月13日　税委会〔2018〕42号

海关总署:

按照经国务院批准的《关于对最不发达国家97%税目产品实施零关税的方案》(税委会〔2014〕5号)及有关实施程序(税委会〔2014〕31号),根据最新签署的换文情况,从2018年9月1日起,对原产于布基纳法索的97%税目产品实施最不发达国家零关税。97%税目产品零关税待遇产品清单按照附件《最不发达国家97%税目产品特惠税率表》执行。

特此通知。

附件:最不发达国家97%税目产品特惠税率表(编者略)

1-4-54

国务院关税税则委员会关于对原产于美国约600亿美元进口商品实施加征关税的公告

2018年9月18日　税委会公告〔2018〕8号

根据《国务院关税税则委员会关于对原产于美国的部分进口商品(第二批)加征关税的公告》(税委会公告〔2018〕6号),现将有关实施事项公告如下:

一、对税委会公告〔2018〕6号所附对美加征关税商品清单的商品,自2018年9月24日12时01分起加征关税,对其附件1所列2493个税目商品、附件2所列1078个税目商品加征10%的关税,对其附件3所列974个税目商品、附件4所列662个税目商品加征5%的关税。

二、其他事项按照税委会公告〔2018〕6号执行。

1-4-55

国务院关税税则委员会关于降低部分商品进口关税的公告

2018年9月30日　税委会公告〔2018〕9号

为适应产业升级、降低企业成本和满足群众多层次消费需求,自2018年11月1日起,降低部分商品的最惠国税率,涉及1585个税目。因最惠国税率调整,自2018年11月1日起,取消39项进口商品最惠国暂定税率,其余商品最惠国暂定税率继续实施。具体税目及税率调整情况见附件。

特此公告。

附件:1. 进口商品最惠国税率调整表(编者略)

2. 进口商品最惠国暂定税率调整表(编者略)

1 -4 -56

国务院关税税则委员会关于对原产于美国的汽车及零部件暂停加征关税的公告

2018 年 12 月 14 日　税委会公告〔2018〕10 号

在二十国集团领导人布宜诺斯艾利斯峰会期间,习近平主席应邀同美国总统特朗普举行会晤,就中美经贸问题达成了重要共识。为落实两国元首共识,根据《中华人民共和国对外贸易法》、《中华人民共和国进出口关税条例》等法律法规和国际法基本原则,国务院关税税则委员会决定对原产于美国的汽车及零部件暂停加征关税 3 个月,涉及 211 个税目。有关事项如下:

从 2019 年 1 月 1 日起至 2019 年 3 月 31 日,对附件 1 所列 28 个税目商品暂停征收《国务院关税税则委员会关于对原产于美国 500 亿美元进口商品加征关税的公告》(税委会公告〔2018〕5 号)所加征 25% 的关税;对附件 2 所列 116 个税目商品暂停征收《国务院关税税则委员会关于对原产于美国约 160 亿美元进口商品加征关税的公告》(税委会公告〔2018〕7 号)所加征 25% 的关税;对附件 3 所列 67 个税目商品暂停征收《国务院关税税则委员会关于对原产于美国约 600 亿美元进口商品实施加征关税的公告》(税委会公告〔2018〕8 号)所加征 5% 的关税,具体商品范围分别见附件 1 ~ 附件 3。

附件:1. 对美暂停加征 25% 关税商品清单一(编者略)
　　2. 对美暂停加征 25% 关税商品清单二(编者略)
　　3. 对美暂停加征 5% 关税商品清单(编者略)

注释:

政策调整。自 2019 年 4 月 1 日起,对本文件附件 1 所列 28 个税目商品,继续暂停征收《国务院关税税则委员会关于对原产于美国 500 亿美元进口商品加征关税的公告》(税委会公告〔2018〕5 号)所加征 25% 的关税;对附件 2 所列 116 个税目商品,继续暂停征收《国务院关税税则委员会关于对原产于美国约 160 亿美元进口商品加征关税的公告》(税委会公告〔2018〕7 号)所加征 25% 的关税;对附件 3 所列 67 个税目商品,继续暂停征收《国务院关税税则委员会关于对原产于美国约 600 亿美元进口商品实施加征关税的公告》(税委会公告〔2018〕8 号)所加征 5% 的关税。参见:《国务院关税税则委员会关于对原产于美国的汽车及零部件继续暂停加征关税的公告》(税委会公告〔2019〕1 号)。

1－4－57

国务院关税税则委员会关于2019年进出口暂定税率等调整方案的通知

2018年12月22日 税委会〔2018〕65号

海关总署：

为促进经济高质量发展和进出口贸易稳定增长，根据《中华人民共和国进出口关税条例》的相关规定，自2019年1月1日起对部分商品的进出口关税进行调整，现将《2019年进出口暂定税率等调整方案》印送你署，具体内容详见附件。

附件：2019年进出口暂定税率等调整方案

附件

2019年进出口暂定税率等调整方案

一、调整进口关税税率

（一）最惠国税率。

1. 自2019年1月1日起对706项商品实施进口暂定税率；自2019年7月1日起，取消14项信息技术产品进口暂定税率，同时缩小1项进口暂定税率适用范围（见附1）。

2. 对《中华人民共和国加入世界贸易组织关税减让表修正案》附表所列信息技术产品最惠国税率自2019年7月1日起实施第四次降税（见附2）。

（二）关税配额税率。

继续对小麦等8类商品实施关税配额管理，税率不变。其中，对尿素、复合肥、磷酸氢铵3种化肥的关税配额税率继续实施1%的进口暂定税率。继续对配额外进口的一定数量棉花实施滑准税，并进行适当调整（见附3）。

（三）协定税率。

1. 根据我国与有关国家或地区签署的贸易或关税优惠协定，除此前已报经国务院批准的协定税率降税方案继续实施外，自2019年1月1日起，对我与新西兰、秘鲁、哥斯达黎加、瑞士、冰岛、韩国、澳大利亚、格鲁吉亚以及亚太贸易协定国家的协定税率进一步降低。根据内地与香港、澳门《关于建立更紧密经贸关系的安排》货物贸易协议（以下简称《协议》），自《协议》实施之日起，除内地在有关国际协议中作出特殊承诺的产品外，对原产于香港、澳门的产品全面实施零关税（见附5）。

2. 当最惠国税率低于或等于协定税率时，按相关协定的规定执行。

（四）特惠税率。

根据亚太贸易协定规定，对亚太贸易协定项下的特惠税率进一步降低（见附5）。

二、出口关税税率

自2019年1月1日起继续对铬铁等108项出口商品征收出口关税或实行出口暂定税率，税率维持不变，取消94项出口暂定税率（见附4）。

以上方案，除另有规定外，自2019年1月1日起实施。

附：1. 进口商品暂定税率表（编者略）

2. 部分信息技术产品最惠国税率表（编者略）

3. 关税配额商品税目税率表（编者略）

4. 出口商品税率表（编者略）

5. 进一步降税的进口商品协定税率表（另附）（编者略）

1－4－58

国务院关税税则委员会关于发布《中华人民共和国进出口税则（2019）》的公告

2018年12月29日　税委会公告〔2018〕11号

根据《中华人民共和国进出口关税条例》及相关规定，现公布《中华人民共和国进出口税则（2019）》，自2019年1月1日起实施。法律、行政法规对进出口关税税目、税率调整另有规定的，从其规定。

附件：中华人民共和国进出口税则（2019）（编者略）

1－4－59

国务院关税税则委员会关于对原产于美国的汽车及零部件继续暂停加征关税的公告

2019年3月31日　税委会公告〔2019〕1号

为落实中美两国元首阿根廷会晤共识，继续为双方经贸磋商创造良好氛围，根据《中华人民共和国对外贸易法》、《中华人民共和国进出口关税条例》等法律法规，国务院关税税则委员会决定对原产于美国的汽车及零部件继续暂停加征关税。有关事项如下：

一、从2019年4月1日起，对《国务院关税税则委员会关于对原产于美国的汽车及零部件暂停加征关税的公告》（税委会公告〔2018〕10号）附件1所列28个税目商品，继续暂停征收《国务院关税税则委员会关于对原产于美国500亿美元进口商品加征关税的公告》（税委会公告〔2018〕5号）所加征25%的关税；对税委会公告〔2018〕10号附件2所列116个税目商品，继续暂停征收《国务院关税税则委员会关于对原产于美国约160亿美元进口商品加征关税的公告》（税委会公告〔2018〕7号）所加征25%的关税；对税委会公告〔2018〕10号附件3所列67个税目商品，继续暂停征收《国务院关税税则委员会关于对原产于美国约600亿美元进口商品实施加征关税的公告》（税委会公告〔2018〕8号）所加征5%的关税。

二、暂停加征关税措施截止时间另行通知。

1－4－60

国务院关税税则委员会关于试行开展对美加征关税商品排除工作的公告

2019年5月13日　税委会公告〔2019〕2号

根据《中华人民共和国海关法》《中华人民共和国对外贸易法》《中华人民共和国进出口关税条例》等有关法律法规规定，国务院关税税则委员会决定，试行开展对美加征关税商品排除工作，根据我国利益相关方的申请，将部分符合条件的商品排除出对美加征关税范围，采取暂不加征关税、具备退还税款条件的退还已加征关税税款等排除措施。对美加征关税商品排除工作试行办法见附件。

附件：对美加征关税商品排除工作试行办法（编者略）

1－4－61

国务院关税税则委员会关于对原产于美国的部分进口商品提高加征关税税率的公告

2019年5月13日　税委会公告〔2019〕3号

2019年5月9日，美国政府宣布，自2019年5月10日起，对从中国进口的2000亿美元清单商品加征的关税税率由10%提高到25%。美方上述措施导致中美经贸摩擦升级，违背中美双方关于通过磋商解决贸易分歧的共识，损害双方利益，不符合国际社会的普遍期待。

根据《中华人民共和国对外贸易法》《中华人民共和国进出口关税条例》等法律法规和国际法基本原则，国务院关税税则委员会决定，自2019年6月1日0时起，对原产于美国的部分进口商品提高加征关税税率。现将有关事项公告如下：

一、对《国务院关税税则委员会关于对原产于美国约600亿美元进口商品实施加征关税的公告》（税委会公告〔2018〕8号）中部分商品，提高加征关税税率，按照《国务院关税税则委员会关于对原产于美国的部分进口商品（第二批）加征关税的公告》（税委会公告〔2018〕6号）公告的税率实施。即：对附件1所列2493个税目商品，实施加征25%的关税；

对附件 2 所列 1078 个税目商品，实施加征 20% 的关税；对附件 3 所列 974 个税目商品，实施加征 10% 的关税。对附件 4 所列 595 个税目商品，仍实施加征 5% 的关税。

二、其他事项按照税委会公告〔2018〕6 号执行。

附件：1. 对美实施加征 25% 关税商品清单（编者略）

2. 对美实施加征 20% 关税商品清单（编者略）

3. 对美实施加征 10% 关税商品清单（编者略）

4. 对美实施加征 5% 关税商品清单（编者略）

1－4－62

财政部　商务部　文化和旅游部　海关总署　税务总局关于印发《口岸出境免税店管理暂行办法》的通知

2019 年 5 月 17 日　财关税〔2019〕15 号

各省、自治区、直辖市、计划单列市财政厅（局）、商务主管部门、旅游主管部门、税务局，新疆生产建设兵团财政局，海关总署广东分署、各直属海关，财政部各地监管局：

为落实党中央、国务院决定，规范管理口岸出境免税店，促进口岸出境免税店健康有序发展，现印发《口岸出境免税店管理暂行办法》，请遵照执行。

附件：口岸出境免税店管理暂行办法

附件

口岸出境免税店管理暂行办法

第一条　为了规范口岸出境免税店管理工作，促进口岸出境免税店健康有序发展，根据有关法律法规和我国口岸出境免税店政策制定本办法。

第二条　中华人民共和国境内口岸出境免税店的设立申请、审批、招标投标、经营、监管等事项适用本办法。

第三条　本办法所称口岸出境免税店，是指设立在对外开放的机场、港口、车站和陆路出境口岸，向出境旅客销售免税商品的商店。

第四条　本办法所称免税商品，是指免征关税、进口环节税的进口商品和实行退（免）税（增值税、消费税）进入口岸出境免税店销售的国产商品。

第五条　免税商品的销售对象，为已办妥出境手续，即将登机、上船、乘车前往境外及出境交通工具上的旅客。

第六条　国家对口岸出境免税店实行特许经营。国家统筹安排口岸出境免税店的布局和建设。口岸出境免税店的布局选址应根据出入境旅客流量，结合区域布局因素，满足节约资源、保护环境、有序竞争、避免浪费、便于监管的要求。

第七条 设立口岸出境免税店的数量、口岸，由口岸所属的地方政府或中国民用航空局提出申请，财政部会同商务部、文化和旅游部、海关总署、税务总局审批。

第八条 免税商品的经营范围，严格限于海关核定的种类和品种。

第九条 除国务院另有规定外，对原经国务院批准具有免税品经营资质，且近5年有连续经营口岸或市内进出境免税店业绩的企业，放开经营免税店的地域和类别限制，准予企业平等竞标口岸出境免税店经营权。口岸出境免税店必须由具有免税品经营资质的企业绝对控股（持股比例大于50%）。

第十条 口岸出境免税店由招标人或口岸业主通过招标方式确定经营主体。设有口岸进、出境免税店的口岸应对口岸进、出境免税店统一招标。招标投标活动必须严格遵守《中华人民共和国招标投标法》《中华人民共和国招标投标法实施条例》等有关法律法规的规定。如果不具备招标条件，比如在进出境客流量较小、开店面积有限等特殊情况下，可提出申请，财政部会同有关部门核准，参照《中华人民共和国政府采购法》规定的竞争性谈判等其他方式确定经营主体。

第十一条 招标投标活动应当保证具有免税品经营资质的企业公平竞争。招标人不得设定歧视性条款，不得含有倾向、限制或排斥投标人的内容，不得以特定行政区域或者特定的业绩作为加分条件或者中标条件。

单位负责人为同一人或者存在控股、管理关系的不同单位，不得参加同一标段投标或者未划分标段的同一招标项目投标。

第十二条 合理规范口岸出境免税店租金比例和提成水平，避免片面追求“价高者得”。财务指标在评标中占比不得超过50%。财务指标是指投标报价中的价格部分，包括但不限于保底租金、销售提成等。招标人应根据口岸同类场地现有的租金、销售提成水平来确定最高投标限价并对外公布。租金单价原则上不得高于国内厅含税零售商业租金平均单价的1.5倍；销售提成不得高于国内厅含税零售商业平均提成比例的1.2倍。

第十三条 应综合考虑企业的经营能力，甄选具有可持续发展能力的经营主体。经营品类，尤其是烟酒以外品类的丰富程度应是重要衡量指标。技术指标在评标中占比不得低于50%。技术指标分值中，店铺布局和设计规划占比20%；品牌招商占比30%；运营计划占比20%；市场营销及顾客服务占比30%。品牌招商分值中，烟酒占比不得超过50%。

第十四条 规范评标工作程序。评标过程分为投标文件初审、问题澄清、讲标和比较评价三个阶段。每个阶段的评审应当出具评审报告。

第十五条 中标人不得以装修费返还、税后利润返回、发展基金等方式对招标人进行变相补偿。招标人或所在政府不得通过补贴、财政返回等方式对中标人进行变相补偿。

第十六条 新设立或经营合同到期的口岸出境免税店经营主体经招标或核准后，经营期限不超过10年。经营期间经营主体不得擅自变更口岸出境免税店中标时确定的经营面积。需扩大原批准时经营面积的，招标人或口岸业主需提出申请，财政部会同有关部门核准；需缩小原批准时经营面积的，招标人或口岸业主需提出申请报海关总署核准。协议到期后不得自动续约，应根据本办法第十条的规定重新确定经营主体。

第十七条 招标人或口岸业主经招标或采用其他经核准的方式与免税品经营企业达

成协议后,应按程序向财政部、商务部、文化和旅游部、海关总署、税务总局备案。备案时需提交以下材料:

(一)经营主体合作协议(包括各股东持股比例、经营主体业务关联互补情况等。独资设立免税店除外);

(二)经营主体的基本情况(包括企业性质、营业范围、生产经营,资产负债等方面);

(三)口岸与经营主体设立口岸出境免税店的协议。

第十八条 中标人经营口岸出境免税店应当符合海关监管要求,经海关批准,并办理注册手续。

第十九条 经营主体的股权结构、经营状况等基本情况发生重大变化时,招标人或口岸业主应按程序向财政部、商务部、文化和旅游部、海关总署、税务总局报告。若股权结构变动后,经营主体持股比例小于等于50%,经批准设立的口岸出境免税店招标人或口岸业主需按照本办法第七条、第十条和第十八条的规定重新办理审批手续、确定经营主体。

第二十条 机场口岸业主或招标人不得与中标人签订阻止其他免税品经营企业在机场设立免税商品提货点的排他协议,口岸所在地的省(自治区、直辖市)财政厅(局)对上述情况进行监督和管理。

第二十一条 自批准设立口岸出境免税店之日起,招标人或口岸业主应当在6个月内完成招标。经营口岸出境免税店自海关批准之日起,经营主体应当在1年内完成免税店建设并开始营业。经批准设立的口岸出境免税店无正当理由未按照上述时限要求对外营业的,或者暂停经营1年以上的,招标人或口岸业主按照本办法第七条、第十条和第十八条的规定重新办理审批手续、确定经营主体。

第二十二条 口岸所在地的省(自治区、直辖市)财政厅(局)对招标投标履行行政监督职责,主要包括对评标活动进行监督,负责受理投诉,对违法行为依法进行处罚等。财政部各地监管局按照财政部要求开展有关监管工作。

第二十三条 口岸出境免税店应当缴纳免税商品特许经营费,具体办法按照财政部有关规定执行。

第二十四条 口岸出境免税店销售的免税商品适用的增值税、消费税免税政策,相关管理办法由税务总局商财政部另行制定。

第二十五条 财政部、商务部、文化和旅游部、海关总署、税务总局应加强相互联系和信息交换,并根据职责分工,加强协作配合,对口岸出境免税店工作实施有效管理。

第二十六条 财政部、商务部、文化和旅游部、海关总署、税务总局可以定期对口岸出境免税店经营情况进行核查,发现违反相关法律法规和规章制度的,依法予以处罚。

第二十七条 本办法自发布之日起施行。原《关于印发〈关于进一步加强免税业务集中统一管理的请示〉的通知》(财外字〔2000〕1号)与本办法相冲突的内容,以本办法为准。

注释:

政策调整。《口岸出境免税店管理暂行办法》中有关免税店经营和招标期限规定调整。参见:《财政部　商务部　文化和旅游部　海关总署　税务总局关于调整疫情期间口岸进、出境免税店经营和招标期限等规定的通知》(财关税〔2022〕3号)。

1 -4 -63

国家税务总局　财政部　海关总署
关于在综合保税区推广增值税
一般纳税人资格试点的公告

2019 年 8 月 8 日　国家税务总局公告 2019 年第 29 号

根据《国务院关于促进综合保税区高水平开放高质量发展的若干意见》(国发〔2019〕3号),国家税务总局、财政部、海关总署决定在综合保税区推广增值税一般纳税人资格试点,现就有关事项公告如下:

一、综合保税区增值税一般纳税人资格试点(以下简称"一般纳税人资格试点")实行备案管理。符合下列条件的综合保税区,由所在地省级税务、财政部门和直属海关将一般纳税人资格试点实施方案(包括综合保税区名称、企业申请需求、政策实施准备条件等情况)向国家税务总局、财政部和海关总署备案后,可以开展一般纳税人资格试点:

(一)综合保税区内企业确有开展一般纳税人资格试点的需求;

(二)所在地市(地)级人民政府牵头建立了综合保税区行政管理机构、税务、海关等部门协同推进试点的工作机制;

(三)综合保税区主管税务机关和海关建立了一般纳税人资格试点工作相关的联合监管和信息共享机制;

(四)综合保税区主管税务机关具备在综合保税区开展工作的条件,明确专门机构或人员负责纳税服务、税收征管等相关工作。

二、综合保税区完成备案后,区内符合增值税一般纳税人登记管理有关规定的企业,可自愿向综合保税区所在地主管税务机关、海关申请成为试点企业,并按规定向主管税务机关办理增值税一般纳税人资格登记。

三、试点企业自增值税一般纳税人资格生效之日起,适用下列税收政策:

(一)试点企业进口自用设备(包括机器设备、基建物资和办公用品)时,暂免征收进口关税和进口环节增值税、消费税(以下简称进口税收)。

上述暂免进口税收按照该进口自用设备海关监管年限平均分摊到各个年度,每年年终对本年暂免的进口税收按照当年内外销比例进行划分,对外销比例部分执行试点企业所在海关特殊监管区域的税收政策,对内销比例部分比照执行海关特殊监管区域外(以下简称区外)税收政策补征税款。

(二)除进口自用设备外,购买的下列货物适用保税政策:

1. 从境外购买并进入试点区域的货物;

2. 从海关特殊监管区域(试点区域除外)或海关保税监管场所购买并进入试点区域的保税货物;

3. 从试点区域内非试点企业购买的保税货物;

4. 从试点区域内其他试点企业购买的未经加工的保税货物。

（三）销售的下列货物，向主管税务机关申报缴纳增值税、消费税：

1. 向境内区外销售的货物；

2. 向保税区、不具备退税功能的保税监管场所销售的货物（未经加工的保税货物除外）；

3. 向试点区域内其他试点企业销售的货物（未经加工的保税货物除外）。

试点企业销售上述货物中含有保税货物的，按照保税货物进入海关特殊监管区域时的状态向海关申报缴纳进口税收，并按照规定补缴缓税利息。

（四）向海关特殊监管区域或者海关保税监管场所销售的未经加工的保税货物，继续适用保税政策。

（五）销售的下列货物（未经加工的保税货物除外），适用出口退（免）税政策，主管税务机关凭海关提供的与之对应的出口货物报关单电子数据审核办理试点企业申报的出口退（免）税。

1. 离境出口的货物；

2. 向海关特殊监管区域（试点区域、保税区除外）或海关保税监管场所（不具备退税功能的保税监管场所除外）销售的货物；

3. 向试点区域内非试点企业销售的货物。

（六）未经加工的保税货物离境出口实行增值税、消费税免税政策。

（七）除财政部、海关总署、国家税务总局另有规定外，试点企业适用区外关税、增值税、消费税的法律、法规等现行规定。

四、区外销售给试点企业的加工贸易货物，继续按现行税收政策执行；销售给试点企业的其他货物（包括水、蒸汽、电力、燃气）不再适用出口退税政策，按照规定缴纳增值税、消费税。

五、税务、海关两部门要加强税收征管和货物监管的信息交换。对适用出口退税政策的货物，海关向税务部门传输出口报关单结关信息电子数据。

六、本公告自发布之日起施行。《国家税务总局　财政部　海关总署关于开展赋予海关特殊监管区域企业增值税一般纳税人资格试点的公告》（国家税务总局　财政部　海关总署公告2016年第65号）、《国家税务总局　财政部　海关总署关于扩大赋予海关特殊监管区域企业增值税一般纳税人资格试点的公告》（国家税务总局　财政部　海关总署公告2018年第5号）和《国家税务总局　财政部　海关总署关于进一步扩大赋予海关特殊监管区域企业增值税一般纳税人资格试点的公告》（国家税务总局　财政部　海关总署公告2019年第6号）同时废止。上述公告列名的昆山综合保税区等48个海关特殊监管区域按照本公告继续开展一般纳税人资格试点。

特此公告。

1 -4 -64

国务院关税税则委员会关于对原产于美国的部分进口商品(第三批)加征关税的公告

2019 年 8 月 23 日　税委会公告〔2019〕4 号

2019 年 8 月 15 日,美国政府宣布,对从中国进口的约 3000 亿美元商品加征 10% 关税,分两批自 2019 年 9 月 1 日、12 月 15 日起实施。美方措施导致中美经贸摩擦持续升级,极大损害中国、美国以及其他各国利益,也严重威胁多边贸易体制和自由贸易原则。

根据《中华人民共和国海关法》《中华人民共和国对外贸易法》《中华人民共和国进出口关税条例》等法律法规和国际法基本原则,国务院关税税则委员会决定,对原产于美国的 5078 个税目、约 750 亿美元进口商品加征关税。有关事项如下:

一、自 2019 年 9 月 1 日 12 时 01 分起,对附件 1 第一部分所列 270 个税目商品加征 10% 的关税,对附件 1 第二部分所列 646 个税目商品加征 10% 的关税,对附件 1 第三部分所列 64 个税目商品加征 5% 的关税,对附件 1 第四部分所列 737 个税目商品加征 5% 的关税,具体商品范围见附件 1。

二、自 2019 年 12 月 15 日 12 时 01 分起,对附件 2 第一部分所列 749 个税目商品加征 10% 的关税,对附件 2 第二部分所列 163 个税目商品加征 10% 的关税,对附件 2 第三部分所列 634 个税目商品加征 5% 的关税,对附件 2 第四部分所列 1815 个税目商品加征 5% 的关税,具体商品范围见附件 2。

三、对原产于美国的附件所列进口商品,在现行适用关税税率基础上分别加征相应关税,现行保税、减免税政策不变,此次加征的关税不予减免。

四、相关进口税收的计征:

加征关税税额 = 关税完税价格 × 加征关税税率

关税 = 按现行适用税率计算的应纳关税税额 + 加征关税税额

进口环节增值税、消费税按相关法律法规等规定计征。

附件:1. 清单一(编者略)

　　2. 清单二(编者略)

注释:

条款修改。附件 1 第一、二部分所列 270 个、646 个税目商品的加征税率,由 10% 调整为 5%;第三、四部分所列 64 个、737 个税目商品的加征税率,由 5% 调整为 2.5%。参见:《国务院关税税则委员会关于调整对原产于美国的部分进口商品加征关税措施的公告》(税委会公告〔2020〕1 号)。

1－4－65

国务院关税税则委员会关于对原产于美国的汽车及零部件恢复加征关税的公告

2019年8月23日　税委会公告〔2019〕5号

为落实中美两国元首阿根廷会晤共识，2018年12月14日，国务院关税税则委员会发布公告，从2019年1月1日起，对原产于美国的汽车及零部件暂停加征关税3个月。2019年3月31日，国务院关税税则委员会发布公告，从2019年4月1日起，继续对原产于美国的汽车及零部件暂停加征关税，暂停加征关税措施截止时间另行通知。

2019年5月9日，美国政府宣布，自2019年5月10日起，对从中国进口的2000亿美元清单商品加征的关税税率由10%提高到25%。2019年8月15日，美国政府宣布，对从中国进口的约3000亿美元商品加征10%关税，分两批自2019年9月1日、12月15日起实施。美方上述措施导致中美经贸摩擦持续升级，严重违背两国元首阿根廷会晤共识和大阪会晤共识。

根据《中华人民共和国海关法》《中华人民共和国对外贸易法》《中华人民共和国进出口关税条例》等法律法规和国际法基本原则，国务院关税税则委员会决定，自2019年12月15日12时01分起，对原产于美国的汽车及零部件恢复加征关税。现将有关事项公告如下：

对《国务院关税税则委员会关于对原产于美国的汽车及零部件暂停加征关税的公告》（税委会公告〔2018〕10号）附件1所列28个税目商品，恢复征收《国务院关税税则委员会关于对原产于美国500亿美元进口商品加征关税的公告》（税委会公告〔2018〕5号）所加征25%的关税；对税委会公告〔2018〕10号附件2所列116个税目商品，恢复征收《国务院关税税则委员会关于对原产于美国约160亿美元进口商品加征关税的公告》（税委会公告〔2018〕7号）所加征25%的关税；对税委会公告〔2018〕10号附件3所列67个税目商品恢复征收《国务院关税税则委员会关于对原产于美国约600亿美元进口商品实施加征关税的公告》（税委会公告〔2018〕8号）所加征5%的关税。

1－4－66

国务院关税税则委员会关于第一批对美加征关税商品第一次排除清单的公告

2019年9月11日　税委会公告〔2019〕6号

根据《国务院关税税则委员会关于试行开展对美加征关税商品排除工作的公告》（税委会公告〔2019〕2号），国务院关税税则委员会组织对申请主体提出的有效申请进行审核，并按程序决定，对第一批对美加征关税商品，第一次排除部分商品，分两个清单实施排除措施。有关事项公告如下：

对清单一所列商品，自2019年9月17日至2020年9月16日（一年），不再加征我为反制美301措施所加征的关税。对已加征的关税税款予以退还，相关进口企业应自排除清单公布之日起6个月内按规定向海关申请办理。

对清单二所列商品，自2019年9月17日至2020年9月16日（一年），不再加征我为反制美301措施所加征的关税。已加征的关税税款不予退还。

国务院关税税则委员会将继续开展对美加征关税商品排除工作，适时公布后续批次排除清单。

附件：1. 第一批对美加征关税商品第一次排除清单一（编者略）

2. 第一批对美加征关税商品第一次排除清单二（编者略）

注释：

政策调整。对税委会公告〔2020〕8号附件所列16项商品，本文件规定的排除期限延长一年，即自2020年9月17日至2021年9月16日继续不加征我为反制美301措施所加征的关税。参见：《国务院关税税则委员会关于对美加征关税商品第一次排除延期清单的公告》（税委会公告〔2020〕8号）。

1－4－67

国务院关税税则委员会关于暂不实施对原产于美国的部分进口商品加征关税措施的公告

2019年12月15日　税委会公告〔2019〕7号

为落实中美双方近日关于经贸问题的磋商结果，根据《中华人民共和国海关法》《中华人民共和国对外贸易法》《中华人民共和国进出口关税条例》等法律法规和国际法基本原则，国务院关税税则委员会决定，暂不实施对原产于美国的部分进口商品的加征关税措施。有关事项如下：

一、自2019年12月15日12时01分起，对《国务院关税税则委员会关于对原产于美国的部分进口商品（第三批）加征关税的公告》（税委会公告〔2019〕4号）附件2商品暂不实施税委会公告〔2019〕4号所规定的加征关税措施。即：对税委会公告〔2019〕4号附件2第一部分所列749个税目商品、第二部分所列163个税目商品，暂不征收税委会公告〔2019〕4号所加征10%的关税；对附件2第三部分所列634个税目商品、第四部分所列1815个税目商品，暂不征收税委会公告〔2019〕4号所加征5%的关税。实施时间另行通知。

二、自2019年12月15日12时01分起，暂不实施《国务院关税税则委员会关于对原产于美国的汽车及零部件恢复加征关税的公告》（税委会公告〔2019〕5号）。即：自2019年12

月15日12时01分起，对《国务院关税税则委员会关于对原产于美国的汽车及零部件暂停加征关税的公告》（税委会公告〔2018〕10号）附件1所列28个税目商品，继续暂停征收《国务院关税税则委员会关于对原产于美国500亿美元进口商品加征关税的公告》（税委会公告〔2018〕5号）所加征25%的关税；对税委会公告〔2018〕10号附件2所列116个税目商品，继续暂停征收《国务院关税税则委员会关于对原产于美国约160亿美元进口商品加征关税的公告》（税委会公告〔2018〕7号）所加征25%的关税；对税委会公告〔2018〕10号附件3所列67个税目商品，继续暂停征收《国务院关税税则委员会关于对原产于美国约600亿美元进口商品实施加征关税的公告》（税委会公告〔2018〕8号）所加征5%的关税。实施时间另行通知。

1－4－68

国务院关税税则委员会关于第一批对美加征关税商品第二次排除清单的公告

2019年12月19日　税委会公告〔2019〕8号

根据《国务院关税税则委员会关于试行开展对美加征关税商品排除工作的公告》（税委会公告〔2019〕2号），国务院关税税则委员会组织对申请主体就第一批对美加征关税商品提出的有效申请完成了审核，决定排除其中部分商品，有关事项如下：

对附件清单所列商品，自2019年12月26日至2020年12月25日（一年），不再加征我为反制美301措施所加征的关税。已加征的关税税款不予退还。

附件：第一批对美加征关税商品第二次排除清单（编者略）

注释：

政策调整。对税委会公告〔2020〕10号附件所列6项商品，本文件规定的排除期限延长一年，即自2020年12月26日至2021年12月25日继续不加征我为反制美301措施所加征的关税。参见：《国务院关税税则委员会关于对美加征关税商品第二次排除延期清单的公告》（税委会公告〔2020〕10号）。

1－4－69

国务院关税税则委员会关于调整部分本国子目注释的通知

2019年12月25日　税委会〔2019〕51号

海关总署：

根据《中华人民共和国进出口关税条例》的相关规定，自2020年1月1日起，对部分本国子目注释进行调整,现将本国子目注释调整表印送你署,具体内容见附件。

附件:本国子目注释调整表(编者略)

1 -4 -70

国务院关税税则委员会关于发布《中华人民共和国进出口税则(2020)》的公告

2019 年 12 月 26 日　税委会公告〔2019〕9 号

根据《中华人民共和国进出口关税条例》及相关规定,现公布《中华人民共和国进出口税则(2020)》,自 2020 年 1 月 1 日起实施。法律、行政法规等对进出口关税税目、税率调整另有规定的,从其规定。

附件:中华人民共和国进出口税则(2020)(编者略)

1 -4 -71

国务院关税税则委员会关于防控新型冠状病毒感染的肺炎疫情进口物资不实施对美加征关税措施的通知

2020 年 2 月 1 日　税委会〔2020〕6 号

海关总署:

为积极支持新型冠状病毒感染的肺炎疫情防控工作,对按照防控新型冠状病毒感染的肺炎疫情进口物资免税政策(详见财政部　海关总署　税务总局公告 2020 年第 6 号,以下称免税政策)进口且原产于美国的物资,不实施对美加征关税措施,即恢复我对美 232 措施所中止的关税减让义务、不加征我为反制美 301 措施所加征的关税;已加征税款予以退还。

上述不实施加征关税措施与免税政策实施时间保持一致。

特此通知。

1 -4 -72

国务院关税税则委员会关于调整对原产于美国的部分进口商品加征关税措施的公告

2020 年 2 月 6 日　税委会公告〔2020〕1 号

为促进中美经贸关系健康稳定发展,根据《中华人民共和国海关法》、《中华人民共和国对外贸易法》、《中华人民共和国进出口关税条例》等法律法规和国际法基本原则,国务院关税税则委员会按程序决定,自 2020 年 2 月 14 日 13 时 01 分起,调整《国务院关税税则委员会关于对原产于美国的部分进口商品(第三批)加征关税的公告》(税委会公告〔2019〕4 号)规定的加征税率。该公告附件 1 第一、二部分所列 270 个、646 个税目商品的加征税率,由 10% 调整为 5%;第三、四部分所列 64 个、737 个税目商品的加征税率,由 5% 调整为 2.5%。

除上述调整外,其他对美加征关税措施,继续按规定执行。

1 -4 -73

国务院关税税则委员会关于开展对美加征关税商品市场化采购排除工作的公告

2020 年 2 月 17 日　税委会公告〔2020〕2 号

为更好满足我国消费者日益增长的需要,加快受理企业排除申请,根据《中华人民共和国海关法》、《中华人民共和国对外贸易法》、《中华人民共和国进出口关税条例》等有关法律法规规定,国务院关税税则委员会决定,开展对美加征关税商品市场化采购排除工作,根据相关中国境内企业的申请,对符合条件、按市场化和商业化原则自美采购的进口商品,在一定期限内不再加征我对美 301 措施反制关税。具体事项如下:

一、申请主体

申请主体为拟签订合同自美采购并进口相关商品的中国境内企业。

二、可申请排除的商品范围

可申请排除商品清单为部分我已公布实施且未停止或未暂停加征对美 301 措施反制关税的商品,见附件。对清单外商品,申请主体可提出增列排除商品的申请。对已出台和今后经批准出台的进口减免税政策项下自美进口商品,以及快件渠道进口商品,自动予以排除并免于申请。纳入对美加征关税商品排除清单、在排除期限内的商品,也无需进行申请。

三、申请方式和时间

申请主体应通过排除申报系统（财政部关税政策研究中心网址 https://gszx.mof.gov.cn），按要求填报并提交市场化采购排除申请。排除申报系统于2020年3月2日起接受申请。

四、申请填报要求

申请主体应根据上述网址关于排除申请的具体说明和要求，完整填写申请排除商品税则号列、采购计划金额等排除申请信息，以作为审核参考。申请增列排除商品的，还需填报加征关税对申请主体影响等必要说明。

申请主体应对填报信息的真实性负责，经核查发现填报虚假信息的，不考虑相关申请主体该项及后续若干批次的市场化采购排除申请。申请主体填报信息仅限于对美加征关税商品排除工作使用，未经申请主体同意不会向第三方公开，但法律法规和国家另有规定除外。

五、申请结果及采购实施

国务院关税税则委员会将根据申请主体填报信息，结合第一、二批对美加征关税商品排除申请情况，组织对有效申请逐一进行审核，并通过排除申报系统等方式，及时将排除申请结果通知申请主体。相关申请主体，自核准之日起一年内，进口核准金额范围内的商品不再加征我对美301措施反制关税；超出部分不予排除，需自行负担加征关税。核准前已加征的关税税款不予退还。对在进口合同中明确规定且数量在10%（含）以内的溢装商品，也适用上述排除措施。检验检疫等其他进口监管事项按现行规定执行。

申请主体需根据相关说明和要求，及时上传成交信息。经核准的采购计划，当月未成交部分在月底自动失效；超出当月采购计划的成交，需在规定时间内追加排除申请，经国务院关税税则委员会核准后予以排除。申请主体应在进口报关前，根据拟报关信息，通过排除申报系统提交自我声明并领取排除编号。国务院关税税则委员会在自我声明提交后3个工作日内予以核准，由排除申报系统生成排除编号。申请主体在报关单上填写排除编号，按海关规定办理报关手续。

附件：可申请排除商品清单（编者略）

1－4－74

国务院关税税则委员会关于第二批对美加征关税商品第一次排除清单的公告

2020年2月21日　税委会公告〔2020〕3号

根据《国务院关税税则委员会关于试行开展对美加征关税商品排除工作的公告》（税委会公告〔2019〕2号），国务院关税税则委员会组织对申请主体提出的有效申请进行审核，并按程序决定，对第二批对美加征关税商品，第一次排除其中部分商品，分两个清单实施排除措施。有关事项公告如下：

对清单一所列商品，自2020年2月28日至2021年2月27日（一年），不再加征我为反制美301措施所加征的关税。对已加征的关税税款予以退还，相关进口企业应自排除清单公布之日起6个月内按规定向海关申请办理。

对清单二所列商品，自2020年2月28日至2021年2月27日（一年），不再加征我为反制美301措施所加征的关税。已加征的关税税款不予退还。

国务院关税税则委员会将继续开展对美加征关税商品排除工作，适时公布后续批次排除清单。

附件：1. 第二批对美加征关税商品第一次排除清单一（编者略）

2. 第二批对美加征关税商品第一次排除清单二（编者略）

1－4－75

财政部　海关总署　税务总局关于扩大内销选择性征收关税政策试点的公告

2020年4月14日　财政部　海关总署　税务总局公告2020年第20号

为统筹内外贸发展，积极应对新冠肺炎疫情影响，现将有关事项公告如下：

自2020年4月15日起，将《财政部　海关总署　国家税务总局关于扩大内销选择性征收关税政策试点的通知》（财关税〔2016〕40号）规定的内销选择性征收关税政策试点，扩大到所有综合保税区。

特此公告。

1－4－76

国务院关税税则委员会关于第二批对美加征关税商品第二次排除清单的公告

2020年5月12日　税委会公告〔2020〕4号

根据《国务院关税税则委员会关于试行开展对美加征关税商品排除工作的公告》（税委会公告〔2019〕2号），国务院关税税则委员会组织对申请主体提出的有效申请进行审核，并按程序决定，对第二批对美加征关税商品，第二次排除其中部分商品，有关事项公告如下：

对附件清单所列商品，自2020年5月19日至2021年5月18日（一年），不再加征我为反制美301措施所加征的关税。对已加征的关税税款予以退还，相关进口企业应自排除清单公布之日起6个月内按规定向海关申请办理。

附件：第二批对美加征关税商品第二次排除清单（编者略）

1－4－77

国务院关税税则委员会关于给予孟加拉人民共和国97％税目产品零关税待遇的公告

2020 年 6 月 16 日　税委会公告〔2020〕5 号

按照我国给予同中国建交的最不发达国家97％税目产品零关税待遇的承诺，根据我国与孟加拉人民共和国换文情况，自 2020 年 7 月 1 日起，对原产于孟加拉人民共和国的97％税目产品，适用税率为零的特惠税率。97％税目产品为《中华人民共和国进出口税则（2020）》（税委会公告〔2019〕9 号）特惠税率栏中标示为“受惠国 LD”的 5161 个税目，“受惠国$_1$LD$_1$”的 2911 个税目，以及“受惠国$_2$LD$_2$”的 184 个税目，共计 8256 个税目。

1－4－78

国务院关税税则委员会关于原产于基里巴斯共和国的进口货物适用最惠国税率的通知

2020 年 6 月 29 日　税委会〔2020〕19 号

海关总署：

根据《中华人民共和国进出口关税条例》以及《中华人民共和国政府和基里巴斯共和国政府经济、贸易、投资和技术合作框架协定》，国务院关税税则委员会决定，自 2020 年 7 月 1 日起，在进出口关税方面给予基里巴斯共和国最惠国待遇，对原产于基里巴斯共和国的进口货物按《中华人民共和国进出口税则（2020）》（税委会公告〔2019〕9 号）适用最惠国税率。

1－4－79

财政部　海关总署　税务总局关于海南离岛旅客免税购物政策的公告

2020 年 6 月 29 日　财政部　海关总署　税务总局公告 2020 年第 33 号

为贯彻落实《海南自由贸易港建设总体方案》，经国务院同意，现将海南离岛旅客免税购物政策（以下称离岛免税政策）公告如下：

一、离岛免税政策是指对乘飞机、火车、轮船离岛(不包括离境)旅客实行限值、限量、限品种免进口税购物,在实施离岛免税政策的免税商店(以下称离岛免税店)内或经批准的网上销售窗口付款,在机场、火车站、港口码头指定区域提货离岛的税收优惠政策。离岛免税政策免税税种为关税、进口环节增值税和消费税。

二、本公告所称旅客,是指年满16周岁,已购买离岛机票、火车票、船票,并持有效身份证件(国内旅客持居民身份证、港澳台旅客持旅行证件、国外旅客持护照),离开海南本岛但不离境的国内外旅客,包括海南省居民。

三、离岛旅客每年每人免税购物额度为10万元人民币,不限次数。免税商品种类及每次购买数量限制,按照本公告附件执行。超出免税限额、限量的部分,照章征收进境物品进口税。

旅客购物后乘飞机、火车、轮船离岛记为1次免税购物。

四、本公告所称离岛免税店,是指具有实施离岛免税政策资格并实行特许经营的免税商店,目前包括:海口美兰机场免税店、海口日月广场免税店、琼海博鳌免税店、三亚海棠湾免税店。

具有免税品经销资格的经营主体可按规定参与海南离岛免税经营。

五、离岛旅客在国家规定的额度和数量范围内,在离岛免税店内或经批准的网上销售窗口购买免税商品,免税店根据旅客离岛时间运送货物,旅客凭购物凭证在机场、火车站、港口码头指定区域提货,并一次性随身携带离岛。

六、已经购买的离岛免税商品属于消费者个人使用的最终商品,不得进入国内市场再次销售。

七、对违反本公告规定倒卖、代购、走私免税商品的个人,依法依规纳入信用记录,三年内不得购买离岛免税商品;对于构成走私行为或者违反海关监管规定行为的,由海关依照有关规定予以处理,构成犯罪的,依法追究刑事责任。

对协助违反离岛免税政策、扰乱市场秩序的旅行社、运输企业等,给予行业性综合整治。

离岛免税店违反相关规定销售免税品,由海关依照有关法律、行政法规给予处理、处罚。

八、离岛免税政策监管办法由海关总署另行公布。

离岛免税店销售的免税商品适用的增值税、消费税免税政策,相关管理办法由税务总局商财政部另行制定。

九、本公告自2020年7月1日起执行。财政部公告2011年第14号、2012年第73号、2015年第8号、2016年第15号、2017年第7号,及财政部、海关总署、税务总局2018年公告第158号、2018年第175号同时废止。

特此公告。

附件:离岛免税商品品种及每人每次购买数量范围(编者略)

1 -4 -80

国务院关税税则委员会关于给予基里巴斯共和国97%税目产品零关税待遇的公告

2020 年 7 月 10 日　税委会公告〔2020〕6 号

按照我国给予同中国建交的最不发达国家97%税目产品零关税待遇的承诺，根据我国与基里巴斯共和国换文情况，自 2020 年 8 月 1 日起，对原产于基里巴斯共和国的 97%税目产品，适用税率为零的特惠税率。97%税目产品为《中华人民共和国进出口税则(2020)》(税委会公告〔2019〕9 号)特惠税率栏中标示为“受惠国 LD”的 5161 个税目，“受惠国$_1$LD$_1$”的 2911 个税目，以及“受惠国$_2$LD$_2$”的 184 个税目，共计 8256 个税目。

1 -4 -81

财政部　海关总署　税务总局关于2020 年中国国际服务贸易交易会展期内销售的进口展品税收优惠政策的通知

2020 年 9 月 4 日　财关税〔2020〕36 号

北京市财政局、北京海关、国家税务总局北京市税务局、北京市国际服务贸易事务中心：

为支持 2020 年中国国际服务贸易交易会(以下简称服贸会)顺利举办，经国务院批准，现将有关问题通知如下：

一、对在 2020 年服贸会展期内销售的限额内的进口展品(不包括国家禁止进口商品、濒危动植物及其产品、烟、酒和汽车)免征进口关税、进口环节增值税和消费税。

二、附件所列参展企业享受上述税收优惠政策的销售限额不超过列表额度。其他参展企业享受税收优惠政策的销售限额不超过 2 万美元，具体企业名单由北京市国际服务贸易事务中心确定。

三、对展期内销售的超出享受税收优惠政策的销售限额的展品，以及展期内未销售且在展期结束后又不退运出境的展品，按照国家有关规定照章征税。

附件：2020 年中国国际服务贸易交易会享受税收优惠政策的展品清单(编者略)

1－4－82

国务院关税税则委员会关于对美加征关税商品第一次排除延期清单的公告

2020 年 9 月 14 日　税委会公告〔2020〕8 号

根据《国务院关税税则委员会关于第一批对美加征关税商品第一次排除清单的公告》(税委会公告〔2019〕6 号),第一批对美加征关税商品第一次排除清单将于 2020 年 9 月 16 日到期。国务院关税税则委员会按程序决定,对上述商品延长排除期限。现将有关事项公告如下:

对附件所列 16 项商品,税委会公告〔2019〕6 号规定的排除期限延长一年,即自 2020 年 9 月 17 日至 2021 年 9 月 16 日,继续不加征我为反制美 301 措施所加征的关税。

附件:对美加征关税商品第一次排除延期清单(编者略)

1－4－83

财政部　海关总署　税务总局关于中国国际进口博览会展期内销售的进口展品税收优惠政策的通知

2020 年 10 月 12 日　财关税〔2020〕38 号

上海市财政局、上海海关、国家税务总局上海市税务局、中国国际进口博览局、国家会展中心(上海)有限责任公司:

为支持举办中国国际进口博览会(以下简称进博会),经国务院批准,现就有关税收政策通知如下:

一、对进博会展期内销售的合理数量的进口展品免征进口关税、进口环节增值税和消费税。享受税收优惠的展品不包括国家禁止进口商品,濒危动植物及其产品,烟、酒、汽车以及列入《进口不予免税的重大技术装备和产品目录》的商品。

二、每个展商享受税收优惠的销售数量或限额,按附件规定执行。附件所列 1－5 类展品,每个展商享受税收优惠政策的销售数量不超过列表规定;其他展品每个展商享受税收优惠政策的销售限额不超过 2 万美元。

三、对展期内销售的超出政策规定数量或限额的展品,以及展期内未销售且在展期结束后又不退运出境的展品,按照国家有关规定照章征税。

四、参展企业名单及展期内销售的展品清单,由承办单位中国国际进口博览局和国家会展中心(上海)有限责任公司向上海海关统一报送。

本通知自印发之日起执行。

附件:中国国际进口博览会享受税收优惠政策的展品清单(编者略)

1 -4 -84

国务院关税税则委员会关于给予老挝人民民主共和国97%税目产品零关税待遇的公告

2020 年 10 月 28 日　税委会公告〔2020〕9 号

按照我国给予最不发达国家97%税目产品零关税待遇的有关承诺,根据我国与老挝人民民主共和国换文情况,自2020年12月1日起,对原产于老挝人民民主共和国的97%税目产品,适用税率为零的特惠税率。97%税目产品为《中华人民共和国进出口税则(2020)》(税委会公告〔2019〕9号)特惠税率栏中标示为“受惠国LD”的5161个税目,“受惠国$_1$LD$_1$”的2911个税目,以及“受惠国$_2$LD$_2$”的184个税目,共计8256个税目。

1 -4 -85

财政部　海关总署　税务总局关于海南自由贸易港原辅料“零关税”政策的通知

2020 年 11 月 11 日　财关税〔2020〕42 号

海南省财政厅、海口海关、国家税务总局海南省税务局:

为贯彻落实《海南自由贸易港建设总体方案》,经国务院同意,现将海南自由贸易港原辅料“零关税”政策通知如下:

一、在全岛封关运作前,对在海南自由贸易港注册登记并具有独立法人资格的企业,进口用于生产自用、以“两头在外”模式进行生产加工活动或以“两头在外”模式进行服务贸易过程中所消耗的原辅料,免征进口关税、进口环节增值税和消费税。

二、“零关税”原辅料实行正面清单管理,具体范围见附件。清单内容由财政部会同有关部门根据海南实际需要和监管条件进行动态调整。

三、附件所列零部件,适用原辅料“零关税”政策,应当用于航空器、船舶的维修(含相关零部件维修),满足下列条件之一的,免征进口关税、进口环节增值税和消费税:

(一)用于维修从境外进入境内并复运出境的航空器、船舶(含相关零部件);

(二)用于维修以海南为主营运基地的航空企业所运营的航空器(含相关零部件);

(三)用于维修在海南注册登记具有独立法人资格的船运公司所运营的以海南省内港

口为船籍港的船舶(含相关零部件)。

四、“零关税”原辅料仅限海南自由贸易港内企业生产使用,接受海关监管,不得在岛内转让或出岛。因企业破产等原因,确需转让或出岛的,应经批准及办理补缴税款等手续。以“零关税”原辅料加工制造的货物,在岛内销售或销往内地的,需补缴其对应原辅料的进口关税、进口环节增值税和消费税,照章征收国内环节增值税、消费税。“零关税”原辅料加工制造的货物出口,按现行出口货物有关税收政策执行。

五、企业进口正面清单所列原辅料,自愿缴纳进口环节增值税和消费税的,可在报关时提出申请。

六、相关部门应通过信息化等手段加强监管,防控可能的风险、及时查处违规行为,确保原辅料“零关税”政策平稳运行。海南省相关部门应加强信息互联互通,共享航空器、船舶等监管信息。

七、本通知自2020年12月1日起执行。

附件:海南自由贸易港“零关税”原辅料清单(编者略)

1－4－86

国务院关税税则委员会关于2021年关税调整方案的通知

2020年12月21日　税委会〔2020〕33号

海关总署:

为支持加快构建新发展格局,推动经济高质量发展,根据《中华人民共和国进出口关税条例》的相关规定,自2021年1月1日起,对部分商品的进口关税进行调整,现将《2021年关税调整方案》印送你署,具体内容见附件。

附件:2021年关税调整方案

附件

2021年关税调整方案

一、调整进口关税税率

(一)最惠国税率。

1. 自2021年1月1日起对883项商品(不含关税配额商品)实施进口暂定税率;自2021年7月1日起,取消9项信息技术产品进口暂定税率(附表1)。

2. 对《中华人民共和国加入世界贸易组织关税减让表修正案》附表所列信息技术产品最惠国税率自2021年7月1日起实施第六步降税(附表2)。

(二)关税配额税率。

继续对小麦等8类商品实施关税配额管理，配额税率不变。其中，对尿素、复合肥、磷酸氢铵3种化肥的配额税率继续实施1%的暂定税率。继续对配额外进口的一定数量棉花实施滑准税，并进行适当调整（附表3）。

（三）协定税率和特惠税率。

1. 根据我国与有关国家或地区签署的贸易协定或关税优惠安排，除此前已经国务院批准实施到位的协定税率外，自2021年1月1日起，对中国与新西兰、秘鲁、哥斯达黎加、瑞士、冰岛、澳大利亚、韩国、智利、格鲁吉亚、巴基斯坦的双边贸易协定和亚太贸易协定的协定税率进一步下调，其中，原产于蒙古的部分进口商品自2021年1月1日起适用亚太贸易协定税率。2021年7月1日起，按照中国与瑞士的双边贸易协定和亚太贸易协定规定，进一步降低有关协定税率（附表7）。

2. 根据《中华人民共和国政府和毛里求斯共和国政府自由贸易协定》，自2021年1月1日起，对原产于毛里求斯的部分商品实施协定第一年税率（附表3、7）。

3. 当最惠国税率低于或等于协定税率时，协定有规定的，按相关协定的规定执行；协定无规定的，二者从低适用。

4. 继续对与我建交并完成换文手续的最不发达国家实施特惠税率，适用商品范围和税率维持不变。

二、继续实施现行出口关税税率

自2021年1月1日起继续对铬铁等107项商品征收出口关税，适用出口税率或出口暂定税率，征收商品范围和税率维持不变（附表4）。

三、调整税则税目及注释

为满足产业发展和贸易管理需要，对部分税目、注释进行调整（附表5、6）。经调整后，2021年税则税目数共计8580个。

四、有关实施时间

以上方案，除另有规定外，自2021年1月1日起实施。

附表：1. 进口商品暂定税率表（编者略）

2. 部分信息技术产品最惠国税率表（编者略）

3. 关税配额商品税目税率表（编者略）

4. 出口商品税率表（编者略）

5. 进出口税则税目调整表（编者略）

6. 进出口税则注释调整表（编者略）

7. 进一步降税的相关协定进口商品协定税率表（另附）（编者略）

1－4－87

中华人民共和国海关进出口货物减免税管理办法

2020年12月21日　海关总署令第245号

第一章　总　　则

第一条　为了规范海关进出口货物减免税管理工作，保障行政相对人合法权益，优化营商环境，根据《中华人民共和国海关法》（以下简称《海关法》）、《中华人民共和国进出口关税条例》及有关法律和行政法规的规定，制定本办法。

第二条　进出口货物减征或者免征关税、进口环节税（以下简称减免税）事务，除法律、行政法规另有规定外，海关依照本办法实施管理。

第三条　进出口货物减免税申请人（以下简称减免税申请人）应当向其主管海关申请办理减免税审核确认、减免税货物税款担保、减免税货物后续管理等相关业务。

减免税申请人向主管海关申请办理减免税相关业务，应当按照规定提交齐全、有效、填报规范的申请材料，并对材料的真实性、准确性、完整性和规范性承担相应的法律责任。

第二章　减免税审核确认

第四条　减免税申请人按照有关进出口税收优惠政策的规定申请减免税进出口相关货物，应当在货物申报进出口前，取得相关政策规定的享受进出口税收优惠政策资格的证明材料，并凭以下材料向主管海关申请办理减免税审核确认手续：

（一）《进出口货物征免税申请表》；

（二）事业单位法人证书或者国家机关设立文件、社会团体法人登记证书、民办非企业单位法人登记证书、基金会法人登记证书等证明材料；

（三）进出口合同、发票以及相关货物的产品情况资料。

第五条　主管海关应当自受理减免税审核确认申请之日起10个工作日内，对减免税申请人主体资格、投资项目和进出口货物相关情况是否符合有关进出口税收优惠政策规定等情况进行审核，并出具进出口货物征税、减税或者免税的确认意见，制发《中华人民共和国海关进出口货物征免税确认通知书》（以下简称《征免税确认通知书》）。

有下列情形之一，主管海关不能在本条第一款规定期限内出具确认意见的，应当向减免税申请人说明理由：

（一）有关进出口税收优惠政策规定不明确或者涉及其他部门管理职责，需要与相关部门进一步协商、核实有关情况的；

（二）需要对货物进行化验、鉴定等，以确定其是否符合有关进出口税收优惠政策规定的。

有本条第二款规定情形的，主管海关应当自情形消除之日起10个工作日内，出具进出口货物征税、减税或者免税的确认意见，并制发《征免税确认通知书》。

第六条 减免税申请人需要变更或者撤销已出具的《征免税确认通知书》的，应当在《征免税确认通知书》有效期内向主管海关提出申请，并随附相关材料。

经审核符合规定的，主管海关应当予以变更或者撤销。予以变更的，主管海关应当重新制发《征免税确认通知书》。

第七条 《征免税确认通知书》有效期限不超过6个月，减免税申请人应当在有效期内向申报地海关办理有关进出口货物申报手续；不能在有效期内办理，需要延期的，应当在有效期内向主管海关申请办理延期手续。《征免税确认通知书》可以延期一次，延长期限不得超过6个月。

《征免税确认通知书》有效期限届满仍未使用的，其效力终止。减免税申请人需要减免税进出口该《征免税确认通知书》所列货物的，应当重新向主管海关申请办理减免税审核确认手续。

第八条 除有关进出口税收优惠政策或者其实施措施另有规定外，进出口货物征税放行后，减免税申请人申请补办减免税审核确认手续的，海关不予受理。

第三章 减免税货物税款担保

第九条 有下列情形之一的，减免税申请人可以向海关申请办理有关货物凭税款担保先予放行手续：

（一）有关进出口税收优惠政策或者其实施措施明确规定的；

（二）主管海关已经受理减免税审核确认申请，尚未办理完毕的；

（三）有关进出口税收优惠政策已经国务院批准，具体实施措施尚未明确，主管海关能够确认减免税申请人属于享受该政策范围的；

（四）其他经海关总署核准的情形。

第十条 减免税申请人需要办理有关货物凭税款担保先予放行手续的，应当在货物申报进出口前向主管海关提出申请，并随附相关材料。

主管海关应当自受理申请之日起5个工作日内出具是否准予办理担保的意见。符合本办法第九条规定情形的，主管海关应当制发《中华人民共和国海关准予办理减免税货物税款担保通知书》（以下简称《准予办理担保通知书》），并通知申报地海关；不符合有关规定情形的，制发《中华人民共和国海关不准予办理减免税货物税款担保通知书》。

第十一条 申报地海关凭主管海关制发的《准予办理担保通知书》，以及减免税申请人提供的海关依法认可的财产、权利，按照规定办理减免税货物的税款担保手续。

第十二条 《准予办理担保通知书》确定的减免税货物税款担保期限不超过6个月，主管海关可以延期1次，延长期限不得超过6个月。特殊情况仍需要延期的，应当经直属海关审核同意。

减免税货物税款担保期限届满，本办法第九条规定的有关情形仍然延续的，主管海关可以根据有关情形可能延续的时间等情况，相应延长税款担保期限，并向减免税申请人告知有关情况，同时通知申报地海关为减免税申请人办理税款担保延期手续。

第十三条 减免税申请人在减免税货物税款担保期限届满前取得《征免税确认通知书》,并已向海关办理征税、减税或者免税相关手续的,申报地海关应当解除税款担保。

第四章 减免税货物的管理

第十四条 除海关总署另有规定外,进口减免税货物的监管年限为:

(一)船舶、飞机:8 年;

(二)机动车辆:6 年;

(三)其他货物:3 年。

监管年限自货物进口放行之日起计算。

除海关总署另有规定外,在海关监管年限内,减免税申请人应当按照海关规定保管、使用进口减免税货物,并依法接受海关监管。

第十五条 在海关监管年限内,减免税申请人应当于每年 6 月 30 日(含当日)以前向主管海关提交《减免税货物使用状况报告书》,报告减免税货物使用状况。超过规定期限未提交的,海关按照有关规定将其列入信用信息异常名录。

减免税申请人未按照前款规定报告其减免税货物使用状况,向海关申请办理减免税审核确认、减免税货物税款担保、减免税货物后续管理等相关业务的,海关不予受理。减免税申请人补报后,海关可以受理。

第十六条 在海关监管年限内,减免税货物应当在主管海关审核同意的地点使用。除有关进口税收优惠政策实施措施另有规定外,减免税货物需要变更使用地点的,减免税申请人应当向主管海关提出申请,并说明理由;经主管海关审核同意的,可以变更使用地点。

减免税货物需要移出主管海关管辖地使用的,减免税申请人应当向主管海关申请办理异地监管手续,并随附相关材料。经主管海关审核同意并通知转入地海关后,减免税申请人可以将减免税货物运至转入地海关管辖地,并接受转入地海关监管。

减免税货物在异地使用结束后,减免税申请人应当及时向转入地海关申请办结异地监管手续。经转入地海关审核同意并通知主管海关后,减免税申请人应当将减免税货物运回主管海关管辖地。

第十七条 在海关监管年限内,减免税申请人发生分立、合并、股东变更、改制等主体变更情形的,权利义务承受人应当自变更登记之日起 30 日内,向原减免税申请人的主管海关报告主体变更情况以及有关减免税货物的情况。

经原减免税申请人主管海关审核,需要补征税款的,权利义务承受人应当向原减免税申请人主管海关办理补税手续;可以继续享受减免税待遇的,权利义务承受人应当按照规定申请办理减免税货物结转等相关手续。

第十八条 在海关监管年限内,因破产、撤销、解散、改制或者其他情形导致减免税申请人终止,有权利义务承受人的,参照本办法第十七条的规定办理有关手续;没有权利义务承受人的,原减免税申请人或者其他依法应当承担关税及进口环节税缴纳义务的当事人,应当自资产清算之日起 30 日内,向原减免税申请人主管海关申请办理减免税货物的补缴税款手续。进口时免予提交许可证件的减免税货物,按照国家有关规定需要补办许可证件的,减免税申请人在办理补缴税款手续时还应当补交有关许可证件。有关减免税货物自办结上述手续之日起，解除海关监管。

第十九条 在海关监管年限内，减免税申请人要求将减免税货物退运出境或者出口的，应当经主管海关审核同意，并办理相关手续。

减免税货物自退运出境或者出口之日起，解除海关监管，海关不再对退运出境或者出口的减免税货物补征相关税款。

第二十条 减免税货物海关监管年限届满的，自动解除监管。

对海关监管年限内的减免税货物，减免税申请人要求提前解除监管的，应当向主管海关提出申请，并办理补缴税款手续。进口时免予提交许可证件的减免税货物，按照国家有关规定需要补办许可证件的，减免税申请人在办理补缴税款手续时还应当补交有关许可证件。有关减免税货物自办结上述手续之日起，解除海关监管。

减免税申请人可以自减免税货物解除监管之日起1年内，向主管海关申领《中华人民共和国海关进口减免税货物解除监管证明》。

第二十一条 在海关监管年限内及其后3年内，海关依照《海关法》《中华人民共和国海关稽查条例》等有关规定，对有关企业、单位进口和使用减免税货物情况实施稽查。

第五章 减免税货物的抵押、转让、移作他用

第二十二条 在减免税货物的海关监管年限内，经主管海关审核同意，并办理有关手续，减免税申请人可以将减免税货物抵押、转让、移作他用或者进行其他处置。

第二十三条 在海关监管年限内，进口时免予提交许可证件的减免税货物，减免税申请人向主管海关申请办理抵押、转让、移作他用或者其他处置手续时，按照国家有关规定需要补办许可证件的，应当补办相关手续。

第二十四条 在海关监管年限内，减免税申请人要求以减免税货物向银行或者非银行金融机构办理贷款抵押的，应当向主管海关提出申请，随附相关材料，并以海关依法认可的财产、权利提供税款担保。

主管海关应当对减免税申请人提交的申请材料是否齐全、有效，填报是否规范等进行审核，必要时可以实地了解减免税申请人经营状况、减免税货物使用状况等相关情况。经审核符合规定的，主管海关应当制发《中华人民共和国海关准予办理减免税货物贷款抵押通知书》；不符合规定的，应当制发《中华人民共和国海关不准予办理减免税货物贷款抵押通知书》。

减免税申请人不得以减免税货物向银行或者非银行金融机构以外的自然人、法人或者非法人组织办理贷款抵押。

第二十五条 主管海关同意以减免税货物办理贷款抵押的，减免税申请人应当自签订抵押合同、贷款合同之日起30日内，将抵押合同、贷款合同提交主管海关备案。

抵押合同、贷款合同的签订日期不是同一日的，按照后签订的日期计算前款规定的备案时限。

第二十六条 减免税货物贷款抵押需要延期的，减免税申请人应当在贷款抵押期限届满前，向主管海关申请办理贷款抵押的延期手续。

经审核符合规定的，主管海关应当制发《中华人民共和国海关准予办理减免税货物贷

款抵押延期通知书》;不符合规定的,应当制发《中华人民共和国海关不准予办理减免税货物贷款抵押延期通知书》。

第二十七条 在海关监管年限内,减免税申请人需要将减免税货物转让给进口同一货物享受同等减免税优惠待遇的其他单位的,应当按照下列规定办理减免税货物结转手续:

(一)减免税货物的转出申请人向转出地主管海关提出申请,并随附相关材料。转出地主管海关审核同意后,通知转入地主管海关。

(二)减免税货物的转入申请人向转入地主管海关申请办理减免税审核确认手续。转入地主管海关审核同意后,制发《征免税确认通知书》。

(三)结转减免税货物的监管年限应当连续计算,转入地主管海关在剩余监管年限内对结转减免税货物继续实施后续监管。

转入地海关和转出地海关为同一海关的,参照本条第一款规定办理。

第二十八条 在海关监管年限内,减免税申请人需要将减免税货物转让给不享受进口税收优惠政策或者进口同一货物不享受同等减免税优惠待遇的其他单位的,应当事先向主管海关申请办理减免税货物补缴税款手续。进口时免予提交许可证件的减免税货物,按照国家有关规定需要补办许可证件的,减免税申请人在办理补缴税款手续时还应当补交有关许可证件。有关减免税货物自办结上述手续之日起,解除海关监管。

第二十九条 减免税货物因转让、提前解除监管以及减免税申请人发生主体变更、依法终止情形或者其他原因需要补征税款的,补税的完税价格以货物原进口时的完税价格为基础,按照减免税货物已进口时间与监管年限的比例进行折旧,其计算公式如下:

$$补税的完税价格=减免税货物原进口时的完税价格\times\left[1-\frac{减免税货物已进口时间}{监管年限\times 12}\right]$$

减免税货物已进口时间自货物放行之日起按月计算。不足1个月但超过15日的,按1个月计算;不超过15日的,不予计算。

第三十条 按照本办法第二十九条规定计算减免税货物补税的完税价格的,应当按以下情形确定货物已进口时间的截止日期:

(一)转让减免税货物的,应当以主管海关接受减免税申请人申请办理补税手续之日作为截止之日;

(二)减免税申请人未经海关批准,擅自转让减免税货物的,应当以货物实际转让之日作为截止之日;实际转让之日不能确定的,应当以海关发现之日作为截止之日;

(三)在海关监管年限内,减免税申请人发生主体变更情形的,应当以变更登记之日作为截止之日;

(四)在海关监管年限内,减免税申请人发生破产、撤销、解散或者其他依法终止经营情形的,应当以人民法院宣告减免税申请人破产之日或者减免税申请人被依法认定终止生产经营活动之日作为截止之日;

(五)减免税货物提前解除监管的,应当以主管海关接受减免税申请人申请办理补缴税款手续之日作为截止之日。

第三十一条 在海关监管年限内,减免税申请人需要将减免税货物移作他用的,应当事先向主管海关提出申请。经主管海关审核同意,减免税申请人可以按照海关批准的使用单位、用途、地区将减免税货物移作他用。

本条第一款所称移作他用包括以下情形：

（一）将减免税货物交给减免税申请人以外的其他单位使用；

（二）未按照原定用途使用减免税货物；

（三）未按照原定地区使用减免税货物。

除海关总署另有规定外，按照本条第一款规定将减免税货物移作他用的，减免税申请人应当事先按照移作他用的时间补缴相应税款；移作他用时间不能确定的，应当提供税款担保，税款担保金额不得超过减免税货物剩余监管年限可能需要补缴的最高税款总额。

第三十二条 减免税申请人将减免税货物移作他用，需要补缴税款的，补税的完税价格以货物原进口时的完税价格为基础，按照需要补缴税款的时间与监管年限的比例进行折旧，其计算公式如下：

$$\text{补税的完税价格} = \text{减免税货物原进口时的完税价格} \times \left[\frac{\text{需要补缴税款的时间}}{\text{监管年限} \times 365}\right]$$

上述计算公式中需要补缴税款的时间为减免税货物移作他用的实际时间，按日计算，每日实际使用不满 8 小时或者超过 8 小时的均按 1 日计算。

第三十三条 海关在办理减免税货物贷款抵押、结转、移作他用、异地监管、主体变更、退运出境或者出口、提前解除监管等后续管理业务时，应当自受理减免税申请人的申请之日起 10 个工作日内作出是否同意的决定。

因特殊情形不能在前款规定期限内作出决定的，海关应当向申请人说明理由，并自特殊情形消除之日起 10 个工作日内作出是否同意的决定。

第六章　附　　则

第三十四条 在海关监管年限内，减免税申请人发生分立、合并、股东变更、改制等主体变更情形的，或者因破产、撤销、解散、改制或者其他情形导致其终止的，当事人未按照有关规定，向原减免税申请人的主管海关报告主体变更或者终止情形以及有关减免税货物的情况的，海关予以警告，责令其改正，可以处 1 万元以下罚款。

第三十五条 本办法下列用语的含义：

进出口货物减免税申请人，是指根据有关进出口税收优惠政策和相关法律、行政法规的规定，可以享受进出口税收优惠，并依照本办法向海关申请办理减免税相关业务的具有独立法人资格的企事业单位、社会团体、民办非企业单位、基金会、国家机关；具体实施投资项目，获得投资项目单位授权并经按照本条规定确定为主管海关的投资项目所在地海关同意，可以向其申请办理减免税相关业务的投资项目单位所属非法人分支机构；经海关总署确认的其他组织。

减免税申请人的主管海关，减免税申请人为企业法人的，主管海关是指其办理企业法人登记注册地的海关；减免税申请人为事业单位、社会团体、民办非企业单位、基金会、国家机关等非企业法人组织的，主管海关是指其住所地海关；减免税申请人为投资项目单位所属非法人分支机构的，主管海关是指其办理营业登记地的海关。下列特殊情况除外：

（一）投资项目所在地海关与减免税申请人办理企业法人登记注册地海关或者办理营

业登记地海关不是同一海关的，投资项目所在地海关为主管海关；投资项目所在地涉及多个海关的，有关海关的共同上级海关或者共同上级海关指定的海关为主管海关；

（二）有关进出口税收优惠政策实施措施明确规定的情形；

（三）海关总署批准的其他情形。

第三十六条 本办法所列文书格式由海关总署另行制定并公告。

第三十七条 本办法由海关总署负责解释。

第三十八条 本办法自2021年3月1日起施行。2008年12月29日海关总署公布的《中华人民共和国海关进出口货物减免税管理办法》（海关总署令第179号）同时废止。

1－4－88

国务院关税税则委员会关于对美加征关税商品第二次排除延期清单的公告

2020年12月25日　税委会公告〔2020〕10号

根据《国务院关税税则委员会关于第一批对美加征关税商品第二次排除清单的公告》（税委会公告〔2019〕8号），第一批对美加征关税商品第二次排除清单将于2020年12月25日到期。国务院关税税则委员会按程序决定，对上述商品延长排除期限。现将有关事项公告如下：

对附件所列6项商品，税委会公告〔2019〕8号规定的排除期限延长一年，即自2020年12月26日至2021年12月25日，继续不加征我为反制美301措施所加征的关税。

附件：对美加征关税商品第二次排除延期清单（编者略）

注释：

政策调整。自2021年12月26日至2021年12月31日，对本文件所列商品继续不加征我为反制美301措施所加征的关税。参见：《国务院关税税则委员会关于对美加征关税商品第六次排除延期清单的公告》（税委会公告〔2021〕9号）。

1－4－89

国务院关税税则委员会关于给予所罗门群岛97%税目产品零关税待遇的公告

2021年1月18日　税委会公告〔2021〕1号

按照我国给予最不发达国家97%税目产品零关税待遇的有关承诺，根据我国与所罗门群岛换文情况，自2021年2月1日起，对原产于所罗门群岛的97%税目产品，适用税率为零的特惠税率。97%税目产品为《中华人民共和国进出口税则（2021）》（税委会公告

〔2020〕11号）特惠税率栏中标示为“受惠国 LD”的8097个税目、“受惠国$_1$LD$_1$”的184个税目，共计8281个税目。

1－4－90

财政部　海关总署　税务总局关于海南自由贸易港自用生产设备“零关税”政策的通知

2021年2月24日　财关税〔2021〕7号

海南省财政厅、海口海关、国家税务总局海南省税务局：

为贯彻《海南自由贸易港建设总体方案》，经国务院同意，现将海南自由贸易港自用生产设备“零关税”政策通知如下：

一、全岛封关运作前，对海南自由贸易港注册登记并具有独立法人资格的企业进口自用的生产设备，除法律法规和相关规定明确不予免税、国家规定禁止进口的商品，以及本通知所附《海南自由贸易港“零关税”自用生产设备负面清单》所列设备外，免征关税、进口环节增值税和消费税。

二、本通知所称生产设备，是指基础设施建设、加工制造、研发设计、检测维修、物流仓储、医疗服务、文体旅游等生产经营活动所需的设备，包括《中华人民共和国进出口税则》第八十四、八十五和九十章中除家用电器及设备零件、部件、附件、元器件外的其他商品。

三、符合第一条规定条件的企业名单以及从事附件涵盖行业的企业名单，由海南省发展改革、工业和信息化等主管部门会同海南省财政厅、海口海关、国家税务总局海南省税务局确定，动态调整，并函告海口海关。

四、《海南自由贸易港“零关税”自用生产设备负面清单》详见附件。清单内容由财政部、海关总署、税务总局会同相关部门，根据海南自由贸易港实际需要和监管条件进行动态调整。

五、《进口不予免税的重大技术装备和产品目录》、《外商投资项目不予免税的进口商品目录》以及《国内投资项目不予免税的进口商品目录》，暂不适用于海南自由贸易港自用生产设备“零关税”政策。符合本政策规定条件的企业，进口上述三个目录内的设备，可免征关税、进口环节增值税和消费税。

六、为便于执行，财政部、海关总署将会同有关部门另行明确第二条中家用电器及设备零件、部件、附件、元器件商品范围。

七、“零关税”生产设备限海南自由贸易港符合政策规定条件的企业在海南自由贸易港内自用，并接受海关监管。因企业破产等原因，确需转让的，转让前应征得海关同意并办理相关手续。其中，转让给不符合政策规定条件主体的，还应按规定补缴进口相关税款。转让“零关税”生产设备，照章征收国内环节增值税、消费税。

八、企业进口“零关税”自用生产设备，自愿缴纳进口环节增值税和消费税的，可在报关时提出申请。

九、海南省相关部门应通过信息化等手段加强监管、防控风险、及时查处违规行为，确保生产设备“零关税”政策平稳运行，并加强省内相关部门信息互联互通，共享符合政策条件的企业、“零关税”生产设备的监管等信息。

十、本通知自公布之日起实施。

附件：海南自由贸易港“零关税”自用生产设备负面清单

附件

海南自由贸易港“零关税”自用生产设备负面清单

一、法律法规和相关规定明确不予免税、国家规定禁止进口的商品。

二、煤炭开采和洗选业、黑色金属采选业、有色金属采选、非金属矿采选业企业进口的设备（从事建筑用砂、石、土和地热、矿泉水、海域矿产资源生产的企业除外）。

三、皮革鞣制加工业、毛皮鞣制及制品加工业企业进口的设备。

四、煤化工业、核燃料加工业企业进口的设备。

五、电石法聚氯乙烯业、铬盐业企业进口的设备。

六、黑色金属冶炼和压延加工业企业进口的设备。

七、有色金属冶炼和压延加工业企业进口的设备。

八、金属表面处理及热处理加工业中的电镀工艺，铅蓄电池制造业，印刷电路板等高污染、高环境风险生产制造业，金属废料和碎屑加工处理中的旧电池拆解回收业（新能源汽车动力蓄电池梯次利用所需设备除外）企业进口的设备。

九、煤制品制造业、核辐射加工业企业进口的设备。

十、水力发电中的小水电业企业进口的设备。

十一、燃煤电力、热力生产和供应业企业进口的设备。

注释：

政策调整。对《财政部　海关总署　税务总局关于海南自由贸易港自用生产设备“零关税”政策的通知》（财关税〔2021〕7号）第二条所指生产设备，增列旋转木马、秋千及其他游乐场娱乐设备等文体旅游业所需的生产设备，按照《中华人民共和国进出口税则（2022）》商品分类，包括：旋转木马、秋千和旋转平台，过山车，水上乘骑游乐设施，水上乐园娱乐设备等8项商品。具体范围见财关税〔2022〕4号附件。参见：《财政部　海关总署　税务总局关于调整海南自由贸易港自用生产设备“零关税”政策的通知》（财关税〔2022〕4号）。

1－4－91

国务院关税税则委员会关于对美加征关税商品第三次排除延期清单的公告

2021 年 2 月 26 日　税委会公告〔2021〕2 号

根据《国务院关税税则委员会关于第二批对美加征关税商品第一次排除清单的公告》（税委会公告〔2020〕3 号），第二批对美加征关税商品第一次排除清单将于 2021 年 2 月 27 日到期。国务院关税税则委员会按程序决定，对上述商品延长排除期限。现将有关事项公告如下：

对附件所列 65 项商品，延长税委会公告〔2020〕3 号规定的排除期限，自 2021 年 2 月 28 日至 2021 年 9 月 16 日，继续不加征我为反制美 301 措施所加征的关税。

附件：对美加征关税商品第三次排除延期清单（编者略）

1－4－92

国务院关税税则委员会关于给予贝宁共和国 97％税目产品零关税待遇的公告

2021 年 3 月 16 日　税委会公告〔2021〕3 号

按照我国给予最不发达国家 97％税目产品零关税待遇的有关承诺，根据我国与贝宁共和国换文情况，自 2021 年 5 月 1 日起，对原产于贝宁共和国的 97％税目产品，适用税率为零的特惠税率。97％税目产品为《中华人民共和国进出口税则（2021）》（税委会公告〔2020〕11 号）特惠税率栏中标示为“受惠国 LD”的 8097 个税目、“受惠国$_1$LD$_1$”的 184 个税目，共计 8281 个税目。

1－4－93

国务院关税税则委员会关于调整部分钢铁产品关税的公告

2021 年 4 月 27 日　税委会公告〔2021〕4 号

为更好保障钢铁资源供应，推动钢铁行业高质量发展，国务院关税税则委员会决定，自

2021年5月1日起,调整部分钢铁产品关税。调整清单见附件。

附件:1. 钢铁产品进口关税调整表(编者略)

2. 钢铁产品出口关税调整表(编者略)

1-4-94

财政部　海关总署　税务总局
民航局关于海南自由贸易港进出岛
航班加注保税航油政策的通知

2021年7月2日　财关税〔2021〕34号

海南省财政厅、海口海关、国家税务总局海南省税务局、民航中南地区管理局:

为贯彻落实《海南自由贸易港建设总体方案》,现将海南自由贸易港进出岛航班加注保税航油政策通知如下:

一、全岛封关运作前,允许进出海南岛国内航线航班在岛内国家正式对外开放航空口岸加注保税航油,对其加注的保税航油免征关税、增值税和消费税,自愿缴纳进口环节增值税的,可在报关时提出。

二、本通知第一条所称进出海南岛国内航线航班,是指经民航主管部门批准的进出海南岛的境内飞行活动。

三、保税油经营企业凭民航主管部门批准的飞行计划办理加注,根据航班飞行动态及加注相关材料,据实办理海关手续,同时将加注信息报送税务部门。

四、进出海南岛的国际、港澳台航班加注保税航油,按现行相关规定办理。其中,境内航空公司进出海南岛的国际、港澳台航班加注保税航油的税收政策,可参照本通知第一条规定执行。

五、本通知自公布之日起实施。

1-4-95

国务院关税税则委员会关于进一步
调整钢铁产品出口关税的公告

2021年7月29日　税委会公告〔2021〕6号

为推动钢铁行业转型升级和高质量发展,国务院关税税则委员会决定,自2021年8月1日起,进一步调整部分钢铁产品出口关税。调整清单见附件。

附件:钢铁产品出口关税调整表(编者略)

1－4－96

国务院关税税则委员会关于给予最不发达国家98%税目产品零关税待遇的公告

2021年12月13日　税委会公告〔2021〕8号

按照我国给予最不发达国家部分产品零关税待遇的有关承诺，扩大与我国建交的最不发达国家输华零关税待遇的产品范围，对原产于最不发达国家98%的税目产品，适用税率为零的特惠税率。适用国家和实施时间根据我与相关国家的换文进展，由国务院关税税则委员会另行公布。

附件：98%税目产品特惠税率表（编者略）

1－4－97

国务院关税税则委员会关于2022年关税调整方案的通知

2021年12月13日　税委会〔2021〕18号

海关总署：

为完整、准确、全面贯彻新发展理念，支持构建新发展格局，继续推动高质量发展，根据《中华人民共和国进出口关税条例》的相关规定，自2022年1月1日起，对部分商品的进出口关税进行调整，现将《2022年关税调整方案》印送你署，具体内容见附件。

附件：2022年关税调整方案

附件

2022年关税调整方案

一、进口关税税率

根据《中华人民共和国进出口关税条例》、《商品名称及编码协调制度》2022年转版、多双边经贸协定以及我国产业发展情况，调整以下税率：

（一）最惠国税率。

1. 根据税则转版和税目调整情况，相应调整最惠国税率及普通税率（见附表1、8）。

2. 自2022年7月1日起，对《中华人民共和国加入世界贸易组织关税减让表修正案》

附表所列信息技术产品最惠国税率实施第七步降税(见附表2)。

3. 对954项商品(不含关税配额商品)实施进口暂定税率;自2022年7月1日起,取消7项信息技术协定扩围产品进口暂定税率(见附表3)。

4. 对原产于塞舌尔共和国、圣多美和普林西比民主共和国的进口货物适用最惠国税率。

(二)关税配额税率。

继续对小麦、玉米、稻谷和大米、糖、羊毛、毛条、棉花、化肥等8类商品实施关税配额管理,税率不变。其中,对尿素、复合肥、磷酸氢铵3种化肥的配额税率继续实施进口暂定税率,税率不变。继续对配额外进口的一定数量棉花实施滑准税,税率不变(见附表4)。

(三)协定税率。

1. 根据我国与有关国家或地区已签署并生效的自贸协定和优惠贸易安排,对17个协定项下、原产于28个国家或地区的部分进口货物实施协定税率:一是中国与新西兰、秘鲁、哥斯达黎加、瑞士、冰岛、韩国、澳大利亚、巴基斯坦、格鲁吉亚、毛里求斯自贸协定进一步降税;中国—瑞士自贸协定按照有关规定自2022年7月1日起针对部分信息技术协定扩围产品降低协定税率。二是中国与东盟、智利、新加坡自贸协定,以及内地与香港、澳门《关于建立更紧密经贸关系的安排》(CEPA)和《海峡两岸经济合作框架协议》(ECFA)已完成降税,继续实施协定税率。三是亚太贸易协定继续实施,自2022年7月1日起针对部分信息技术协定扩围产品降低协定税率(见附表5)。

2. 根据《区域全面经济伙伴关系协定》(RCEP),对原产于日本、新西兰、澳大利亚、文莱、柬埔寨、老挝、新加坡、泰国、越南等9个已生效缔约方的部分进口货物实施协定第一年税率(见附表5);后续生效缔约方实施时间由国务院关税税则委员会另行公布。按照协定"关税差异"等条款规定,根据进口货物的RCEP原产国来适用我国在RCEP项下对其他已生效缔约方相应的协定税率。同时允许进口商申请适用我国在RCEP项下对其他已生效缔约方的最高协定税率;或者在进口商能够提供有关证明的情况下,允许其申请适用我国对与该货物生产相关的其他已生效缔约方的最高协定税率。

3. 根据《中华人民共和国政府和柬埔寨王国政府自由贸易协定》,对原产于柬埔寨的部分进口货物实施协定第一年税率(见附表5)。

4. 当最惠国税率低于或等于协定税率时,协定有规定的,按相关协定的规定执行;协定无规定的,二者从低适用。

(四)特惠税率。

对与我建交并完成换文手续的安哥拉共和国等44个最不发达国家实施特惠税率(见附表6)。

二、出口关税税率

继续对铬铁等106项商品实施出口关税,提高黄磷以外的其他磷和粗铜等2项商品的出口关税(见附表7)。

三、税则税目

我国进出口税则税目随《商品名称及编码协调制度》2022年转版同步调整,并根据国内需要,对部分税则税目、注释进行调整(见附表1、8~9)。调整后,2022年税则税目数共计8930个。

四、实施时间

以上方案,除另有规定外,自2022年1月1日起实施。

附表(另附):1. 2021—2022税则转版对应表(编者略)

2. 部分信息技术产品最惠国税率表(编者略)

3. 进口商品暂定税率表(编者略)

4. 关税配额商品税目税率表(编者略)

5. 2022年自贸协定和优惠贸易安排实施税率表(编者略)

6. 95%、97%税目产品特惠税率表(编者略)

7. 出口商品税率表(编者略)

8. 进出口税则税目调整表(编者略)

9. 进出口税则本国子目注释调整表(编者略)

1-4-98

财政部　海关总署　税务总局关于调整海南自由贸易港原辅料“零关税”政策的通知

2021年12月21日　财关税〔2021〕49号

海南省财政厅,海口海关,国家税务总局海南省税务局:

为进一步释放政策效应,支持海南自由贸易港建设,现将海南自由贸易港原辅料“零关税”政策调整事项通知如下:

一、增加鲜木薯、氯乙烯、航空发动机零件等187项商品至海南自由贸易港“零关税”原辅料清单,具体范围见附件。原辅料“零关税”政策其他内容继续执行《财政部　海关总署　税务总局关于海南自由贸易港原辅料“零关税”政策的通知》(财关税〔2020〕42号)的有关规定。

二、海南省相关部门应结合海南自由贸易港发展定位和生态环境保护要求,充分评估产业实际需要,引导企业合理使用“零关税”原辅料。

三、本通知自公布之日起实施。

附件:海南自由贸易港原辅料“零关税”政策增补清单(编者略)

1－4－99

国务院关税税则委员会关于发布《中华人民共和国进出口税则(2022)》的公告

2021年12月30日　税委会公告〔2021〕10号

根据《中华人民共和国进出口关税条例》及相关规定,现公布《中华人民共和国进出口税则(2022)》,自2022年1月1日起实施。法律、行政法规等对进出口关税税目、税率调整另有规定的,从其规定。

附件:中华人民共和国进出口税则(2022)(编者略)

1－4－100

中华人民共和国海关综合保税区管理办法

2022年1月1日　海关总署令第256号

第一章　总　　则

第一条　为了规范海关对综合保税区的管理,促进综合保税区高水平开放、高质量发展,根据《中华人民共和国海关法》《中华人民共和国进出口商品检验法》《中华人民共和国进出境动植物检疫法》《中华人民共和国国境卫生检疫法》《中华人民共和国食品安全法》及有关法律、行政法规和国家相关规定,制定本办法。

第二条　海关依照本办法对进出综合保税区的交通运输工具、货物及其外包装、集装箱、物品以及综合保税区内(以下简称区内)企业实施监督管理。

第三条　综合保税区实行封闭式管理。

除安全保卫人员外,区内不得居住人员。

第四条　综合保税区的基础和监管设施应当符合综合保税区基础和监管设施设置规范,并经海关会同有关部门验收合格。

第五条　区内企业可以依法开展以下业务:

(一)研发、加工、制造、再制造;

(二)检测、维修;

(三)货物存储;

(四)物流分拨;

(五)融资租赁;

(六)跨境电商;

（七）商品展示；

（八）国际转口贸易；

（九）国际中转；

（十）港口作业；

（十一）期货保税交割；

（十二）国家规定可以在区内开展的其他业务。

第六条 海关对区内企业实行计算机联网管理，提升综合保税区信息化、智能化管理水平。

第二章 综合保税区与境外之间进出货物的管理

第七条 除法律法规另有规定外，国家禁止进口、出口的货物、物品不得在综合保税区与境外之间进、出。

第八条 综合保税区与境外之间进出的货物不实行关税配额、许可证件管理，但法律法规、我国缔结或者参加的国际条约、协定另有规定的除外。

第九条 综合保税区与境外之间进出的货物，其收发货人或者代理人应当如实向海关申报，按照海关规定填写进出境货物备案清单并办理相关手续。

第十条 境外进入综合保税区的货物及其外包装、集装箱，应当由海关依法在进境口岸实施检疫。因口岸条件限制等原因，海关可以在区内符合条件的场所（场地）实施检疫。

综合保税区运往境外的货物及其外包装、集装箱，应当由海关依法实施检疫。

综合保税区与境外之间进出的交通运输工具，由海关按照进出境交通运输工具有关规定实施检疫。

第十一条 境外进入综合保税区的货物予以保税，但本办法第十二条、十四条规定的情形除外。

第十二条 除法律法规另有规定外，下列货物从境外进入综合保税区，海关免征进口关税和进口环节税：

（一）区内生产性的基础设施建设项目所需的机器、设备和建设生产厂房、仓储设施所需的基建物资；

（二）区内企业开展本办法第五条所列业务所需的机器、设备、模具及其维修用零配件；

（三）综合保税区行政管理机构和区内企业自用合理数量的办公用品。

自国务院批准设立综合保税区之日起，从境外进入综合保税区的区内企业自用机器、设备按照前款规定执行。

第十三条 本办法第十二条所列货物的监管年限，参照进口减免税货物的监管年限管理，监管年限届满的自动解除监管；监管年限未满企业申请提前解除监管的，参照进口减免税货物补缴税款的有关规定办理，属于许可证件管理的应当取得有关许可证件。

第十四条 境外进入综合保税区，供区内企业和行政管理机构自用的交通运输工具、生活消费用品，海关依法征收进口关税和进口环节税。

第十五条 除法律法规另有规定外，综合保税区运往境外的货物免征出口关税。

第三章　综合保税区与区外之间进出货物的管理

第十六条　综合保税区与中华人民共和国境内的其他地区(以下简称区外)之间进出的货物,区内企业或者区外收发货人应当按照规定向海关办理相关手续。

货物属于关税配额、许可证件管理的,区内企业或者区外收发货人应当取得关税配额、许可证件;海关应当对关税配额进行验核,对许可证件电子数据进行系统自动比对验核。

第十七条　除法律法规另有规定外,海关对综合保税区与区外之间进出的货物及其外包装、集装箱不实施检疫。

第十八条　综合保税区与区外之间进出的货物,区内企业或者区外收发货人应当按照货物进出区时的实际状态依法缴纳关税和进口环节税。

区内企业加工生产的货物出区内销时,区内企业或者区外收发货人可以选择按照其对应进口料件缴纳关税,并补缴关税税款缓税利息;进口环节税应当按照出区时货物实际状态照章缴纳。

第十九条　经综合保税区运往区外的优惠贸易协定项下的货物,符合相关原产地管理规定的,可以适用协定税率或者特惠税率。

第二十条　以出口报关方式进入综合保税区的货物予以保税;其中,区内企业从区外采购的机器、设备参照进口减免税货物的监管年限管理,监管年限届满的自动解除监管,免于提交许可证件;监管年限未满企业申请提前解除监管的,参照进口减免税货物补缴税款的有关规定办理相关手续,免于提交许可证件。

前款规定货物的出口退税按照国家有关规定办理。

第二十一条　区内企业在加工生产过程中使用保税料件产生的边角料、残次品、副产品以及加工生产、储存、运输等过程中产生的包装物料,运往区外销售时,区内企业应当按照货物出区时的实际状态缴纳税款;残次品、副产品属于关税配额、许可证件管理的,区内企业或者区外收发货人应当取得关税配额、许可证件;海关应当对关税配额进行验核、对许可证件电子数据进行系统自动比对验核。

第二十二条　区内企业产生的未复运出境的固体废物,按照国内固体废物相关规定进行管理。需运往区外进行贮存、利用或者处置的,应按规定向海关办理出区手续。

第二十三条　区内企业依法对区内货物采取销毁处置的,应当办理相关手续,销毁处置费用由区内企业承担。销毁产生的固体废物出区时按照本办法第二十二条办理。

第二十四条　区内企业可以按照海关规定办理集中申报手续。

除海关总署另有规定外,区内企业应当在每季度结束的次月15日前办理该季度货物集中申报手续,但不得晚于账册核销截止日期,且不得跨年度办理。

集中申报适用海关接受集中申报之日实施的税率、汇率。

第二十五条　综合保税区与其他综合保税区等海关特殊监管区域、保税监管场所之间往来的货物予以保税。

综合保税区与其他综合保税区等海关特殊监管区域或者保税监管场所之间流转的货物,不征收关税和进口环节税。

第四章 综合保税区内货物的管理

第二十六条 综合保税区内货物可以自由流转。区内企业转让、转移货物的，双方企业应当及时向海关报送转让、转移货物的品名、数量、金额等电子数据信息。

第二十七条 区内企业可以利用监管期限内的免税设备接受区外企业委托开展加工业务。

区内企业开展委托加工业务，应当设立专用的委托加工电子账册。委托加工用料件需使用保税料件的，区内企业应当向海关报备。

委托加工产生的固体废物，出区时按照本办法第二十二条办理。

第二十八条 区内企业按照海关规定将自用机器、设备及其零部件、模具或者办公用品运往区外进行检测、维修的，检测、维修期间不得在区外用于加工生产和使用，并且应当自运出之日起60日内运回综合保税区。因故不能如期运回的，区内企业应当在期限届满前7日内书面向海关申请延期，延长期限不得超过30日。

前款规定货物因特殊情况无法在上述规定时间内完成检测、维修并运回综合保税区的，经海关同意，可以在检测、维修合同期限内运回综合保税区。

更换零配件的，原零配件应当一并运回综合保税区；确需在区外处置的，海关应当按照原零配件的实际状态征税；在区外更换的国产零配件，需要退税的，企业应当按照有关规定办理手续。

第二十九条 区内企业按照海关规定将模具、原材料、半成品等运往区外进行外发加工的，外发加工期限不得超过合同有效期，加工完毕的货物应当按期运回综合保税区。

外发加工产生的边角料、残次品、副产品不运回综合保税区的，海关应当按照货物实际状态征税；残次品、副产品属于关税配额、许可证件管理的，区内企业或者区外收发货人应当取得关税配额、许可证件；海关应当对有关关税配额进行验核、对许可证件电子数据进行系统自动比对验核。

第三十条 因不可抗力造成综合保税区内货物损毁、灭失的，区内企业应当及时报告海关。经海关核实后，区内企业可以按照下列规定办理：

（一）货物灭失，或者虽未灭失但完全失去使用价值的，办理核销和免税手续；

（二）境外进入综合保税区或者区外进入综合保税区且已办理出口退税手续的货物损毁，失去部分使用价值的，办理出区内销或者退运手续；

（三）区外进入综合保税区且未办理出口退税手续的货物损毁，失去部分使用价值，需要向出口企业进行退换的，办理退运手续。

第三十一条 因保管不善等非不可抗力因素造成区内货物损毁、灭失的，区内企业应当及时报告海关并说明情况。经海关核实后，区内企业可以按照下列规定办理：

（一）境外进入综合保税区的货物，按照一般贸易进口货物的规定办理相关手续，并按照海关审定的货物损毁或灭失前的完税价格，以货物损毁或灭失之日适用的税率、汇率缴纳关税、进口环节税；

（二）区外进入综合保税区的货物，重新缴纳因出口而退还的国内环节有关税收，已缴纳出口关税的，不予退还。

第三十二条 区内企业申请放弃的货物，经海关及有关主管部门核准后，由海关依法提取变卖，变卖收入按照国家有关规定处理，但法律法规规定不得放弃的除外。

第三十三条 除法律法规另有规定外，区内货物不设存储期限。

第五章 区内企业的管理

第三十四条 区内企业及其分支机构应当取得市场主体资格，并依法向海关办理注册或者备案手续。

区内从事食品生产的企业应当依法取得国内生产许可。

第三十五条 区内企业应当依照法律法规的规定规范财务管理，并按照海关规定设立海关电子账册，电子账册的备案、变更、核销应当按照海关相关规定执行。

第三十六条 海关对区内企业实行稽查、核查制度。

区内企业应当配合海关的稽查、核查，如实提供相关账簿、单证等有关资料及电子数据。

第三十七条 区内企业开展涉及海关事务担保业务的，按照海关事务担保相关规定执行。

第六章 附　　则

第三十八条 进出综合保税区货物的检验按照相关规定执行。

第三十九条 综合保税区与区外之间进出的交通运输工具、人员应当通过指定通道进出，海关根据需要实施检查。

综合保税区与境外之间进出的交通运输工具服务人员携带个人物品进出综合保税区的，海关按照进出境旅客行李物品的有关规定进行监管。

第四十条 海关在综合保税区依法实施监管不影响地方政府和其他部门依法履行其相应职责。

第四十一条 除法律法规另有规定外，海关对境外与综合保税区之间进出的货物实施进出口货物贸易统计；对区外与综合保税区之间进出的货物，根据管理需要实施海关单项统计和海关业务统计；对与综合保税区相关的海关监督管理活动和内部管理事务实施海关业务统计。

第四十二条 区内开展增值税一般纳税人资格试点的，按照增值税一般纳税人资格试点政策有关规定执行。

第四十三条 对境内入区的不涉及出口关税、不涉及许可证件、不要求退税且不纳入海关统计的货物，海关对其实施便捷进出区管理。

第四十四条 对违反本办法规定的行为，由海关依照相关法律法规规定予以处罚；构成犯罪的，依法追究刑事责任。

第四十五条 综合保税区设立审核、建设验收、监督管理等要求按照国家相关规定执行。

第四十六条 本办法由海关总署负责解释。

第四十七条 本办法自2022年4月1日起施行。2007年9月3日海关总署令第164号发布、根据2010年3月15日海关总署令第191号、2017年12月20日海关总署令第235

号、2018年5月29日海关总署令第240号、2018年11月23日海关总署令第243号修改的《中华人民共和国海关保税港区管理暂行办法》,2005年11月28日海关总署令第134号发布、根据2010年3月15日海关总署令第190号、2017年12月20日海关总署令第235号、2018年5月29日海关总署令第240号、2018年11月23日海关总署令第243号修改的《中华人民共和国海关对保税物流园区的管理办法》同时废止。

1-4-101

财政部 商务部 文化和旅游部 海关总署 税务总局关于调整疫情期间口岸进、出境免税店经营和招标期限等规定的通知

2022年1月12日 财关税〔2022〕3号

各省、自治区、直辖市、计划单列市财政厅(局)、商务厅(局)、文化和旅游厅(局),海关总署广东分署、各直属海关,国家税务总局各省、自治区、直辖市和计划单列市税务局,财政部各地监管局:

为缓解疫情对市场主体的影响,现将《口岸进境免税店管理暂行办法》和《口岸出境免税店管理暂行办法》(财关税〔2016〕8号和财关税〔2019〕15号,以下统称管理办法)中有关免税店经营和招标期限规定调整如下:

一、按照管理办法批准设立并已完成招标的免税店

已按照管理办法批准设立并已完成招标(含经财政部会同有关部门核准的其他方式确定经营主体的情形,下同)的口岸进、出境免税店,免税品经营企业与招标人(或口岸业主,下同)可在友好协商的基础上,延长免税店招投标时确定的经营期限,仅能延期一次,最多延长2年。延期后的经营期限可超过10年。

免税品经营企业与招标人的延期协议应在2022年12月31日前签署。签署延期协议后,应按照管理办法规定进行备案。

二、按照管理办法批准设立但尚未完成招标的免税店

2020年7月至2022年6月期间,由财政部会同有关部门按照管理办法批准设立的口岸进、出境免税店,由地方政府按疫情防控要求,妥善安排招标工作,可不受批准设立之日起6个月内完成招标的时间限制,但最晚应于2022年12月31日前完成招标。

三、未按照管理办法批准设立的免税店

未按照管理办法规定批准设立的免税店,继续由口岸所属地方政府提出处理意见,报财政部、商务部、文化和旅游部、海关总署和税务总局批准。

1－4－102

财政部　海关总署　税务总局关于调整海南自由贸易港自用生产设备“零关税”政策的通知

2022年2月14日　财关税〔2022〕4号

海南省财政厅，海口海关，国家税务总局海南省税务局：

为进一步释放政策效应，支持海南自由贸易港建设，现就海南自由贸易港自用生产设备“零关税”政策调整事项通知如下：

一、对《财政部　海关总署　税务总局关于海南自由贸易港自用生产设备“零关税”政策的通知》（财关税〔2021〕7号）第二条所指生产设备，增列旋转木马、秋千及其他游乐场娱乐设备等文体旅游业所需的生产设备，按照《中华人民共和国进出口税则（2022）》商品分类，包括：旋转木马、秋千和旋转平台，过山车，水上乘骑游乐设施，水上乐园娱乐设备等8项商品。具体范围见附件。

二、全岛封关运作前，对海南自由贸易港注册登记并具有独立法人资格的事业单位进口财关税〔2021〕7号文件和上述第一条规定范围内的自用生产设备，按照财关税〔2021〕7号文件规定免征关税、进口环节增值税和消费税。

三、本通知自公布之日起实施。

附件：增列自用生产设备清单（编者略）

1－4－103

国务院关税税则委员会关于对部分原产于新西兰的木材和纸制品实施协定税率的公告

2022年4月2日　税委会公告〔2022〕3号

根据《中华人民共和国进出口关税条例》和《中华人民共和国政府和新西兰政府关于升级〈中华人民共和国政府和新西兰政府自由贸易协定〉的议定书》及有关换文规定，自2022年4月7日起，对部分原产于新西兰的木材和纸制品实施协定税率，2022年协定税率见附件。

附件：2022年对部分原产于新西兰的木材和纸制品实施的协定税率表（编者略）

1 -4 -104

国务院关税税则委员会关于调整煤炭进口关税的公告

2022 年 4 月 26 日　税委会公告〔2022〕6 号

为加强能源供应保障，推进高质量发展，国务院关税税则委员会按程序决定，自 2022 年 5 月 1 日至 2023 年 3 月 31 日，对煤炭实施税率为零的进口暂定税率。

附件：煤炭进口关税调整表（编者略）

1 -4 -105

国务院关税税则委员会关于对原产于缅甸的部分进口货物实施《区域全面经济伙伴关系协定》（RCEP）协定税率的公告

2022 年 4 月 27 日　税委会公告〔2022〕5 号

根据《中华人民共和国进出口关税条例》和《区域全面经济伙伴关系协定》（RCEP）有关规定，以及 RCEP 对缅甸生效情况，自 2022 年 5 月 1 日起，对原产于缅甸的部分进口货物实施 RCEP 东盟成员国所适用的协定税率；2022 年税率在《中华人民共和国进出口税则（2022）》（税委会公告 2021 年第 10 号文件附件）协定税率栏中列明，其对应的中文简称为“东盟^{R}”。

1 -4 -106

国务院关税税则委员会关于给予多哥共和国等 16 国 98%税目产品零关税待遇的公告

2022 年 7 月 22 日　税委会公告 2022 年第 8 号

按照《国务院关税税则委员会关于给予最不发达国家 98% 税目产品零关税待遇的公告》（税委会公告 2021 年第 8 号），根据我国政府与有关国家政府换文规定，自 2022 年 9 月 1 日起，对原产于多哥共和国、厄立特里亚国、基里巴斯共和国、吉布提共和国、几内亚共和国、柬埔寨王国、老挝人民民主共和国、卢旺达共和国、孟加拉人民共和国、莫桑比克共和国、尼泊尔、苏丹共和国、所罗门群岛、瓦努阿图共和国、乍得共和国和中非共和国等16个最不发达国家的98%税目的进口产品,适用税率为零的特惠税率。其中,98%税目为税委会公告2021年第8号文件附件中税率为0的税目,共计8786个。

1－4－107

国务院关税税则委员会关于给予阿富汗等10国98%税目产品零关税待遇的公告

2022年11月2日　税委会公告2022年第9号

按照《国务院关税税则委员会关于给予最不发达国家98%税目产品零关税待遇的公告》(税委会公告2021年第8号),根据我国政府与有关国家政府换文规定,自2022年12月1日起,对原产于阿富汗、贝宁共和国、布基纳法索、几内亚比绍共和国、莱索托王国、马拉维共和国、圣多美和普林西比民主共和国、坦桑尼亚联合共和国、乌干达共和国和赞比亚共和国等10个最不发达国家的98%税目的进口产品,适用税率为零的特惠税率。其中,98%税目为税委会公告2021年第8号文件附件中税率为0的税目,共计8786个。

1－4－108

国务院关税税则委员会关于2023年关税调整方案的公告

2022年12月28日　税委会公告2022年第11号

为全面贯彻落实党的二十大精神,扎实推进中国式现代化,完整、准确、全面贯彻新发展理念,加快构建新发展格局,着力推动高质量发展,更好发挥关税职能作用,统筹发展与安全,把实施扩大内需战略同深化供给侧结构性改革有机结合起来,实行更加积极主动的开放战略,根据《中华人民共和国进出口关税条例》及相关规定,2023年1月1日起,对部分商品的进出口关税进行调整,具体内容见附件。

附件:2023年关税调整方案

附件

2023 年关税调整方案

一、进口关税税率

(一)进口暂定税率。

对 1020 项商品(不含关税配额商品)实施进口暂定税率;对 7 项煤炭产品的进口暂定税率,实施至 2023 年 3 月 31 日,自 2023 年 4 月 1 日起恢复实施最惠国税率;对 1 项信息技术协定扩围产品的进口暂定税率,实施至 2023 年 6 月 30 日,自 2023 年 7 月 1 日起实施最惠国税率,税率为零(见附 1)。

(二)最惠国税率。

1. 自 2023 年 7 月 1 日起,对《中华人民共和国加入世界贸易组织关税减让表修正案》附表所列信息技术协定扩围产品最惠国税率实施第八步降税(见附 2)。

2. 调整部分冻鸡产品最惠国税率计征方式(见附 3)。

(三)关税配额税率。

继续对小麦等 8 类商品实施关税配额管理,税率不变。其中,对尿素、复合肥、磷酸氢铵 3 种化肥的配额税率继续实施 1% 的暂定税率。继续对配额外进口的一定数量棉花实施滑准税(见附 4)。

(四)协定税率。

1. 根据我国与有关国家或者地区已签署并生效的自由贸易协定和优惠贸易安排,对 19 个协定项下、原产于 29 个国家或者地区的部分进口货物实施协定税率:一是按照中国与新西兰、秘鲁、哥斯达黎加、瑞士、冰岛、韩国、澳大利亚、巴基斯坦、毛里求斯、柬埔寨的自由贸易协定和《区域全面经济伙伴关系协定》(RCEP)进一步降税;按照有关规定,中国—瑞士自由贸易协定自 2023 年 7 月 1 日起,就部分信息技术协定扩围产品降低协定税率。二是中国与东盟、智利、新加坡、格鲁吉亚自由贸易协定,以及内地与香港、澳门《关于建立更紧密经贸关系的安排》(CEPA)和《海峡两岸经济合作框架协议》(ECFA)已完成降税,继续实施协定税率。三是亚太贸易协定继续实施,自 2023 年 7 月 1 日起,就部分信息技术协定扩围产品降低协定税率(见附 5)。

2. 根据 RCEP 有关规定以及协定对印度尼西亚生效情况,自 2023 年 1 月 2 日起,对原产于印度尼西亚的部分进口货物实施 RCEP 东盟成员国 2023 年所适用的协定税率。

3. 当最惠国税率低于或等于协定税率时,协定有规定的,按相关协定的规定执行;协定无规定的,二者从低适用。

(五)特惠税率。

继续给予 44 个与我建交并完成换文手续的最不发达国家零关税待遇,实施特惠税率,适用商品范围和税率维持不变。

二、出口关税税率

继续对铬铁等 106 项商品征收出口关税,提高铝和部分铝合金的出口关税(见附 6)。

三、税则税目

根据国内需要，对部分税则税目、注释进行调整（见附7）。调整后，2023年税则税目数共计8948个。

四、有关实施时间

以上方案，除另有规定外，自2023年1月1日起实施。

附：1. 进口商品暂定税率表（编者略）

2. 部分信息技术产品最惠国税率表（编者略）

3. 部分冻鸡产品最惠国税率调整表（编者略）

4. 关税配额商品税目税率表（编者略）

5. 自由贸易协定和优惠贸易安排实施税率表（编者略）

6. 出口商品税率表（编者略）

7. 进出口税则税目调整表（编者略）

1－4－109

国务院关税税则委员会关于发布《中华人民共和国进出口税则（2023）》的公告

2022年12月31日　税委会公告2022年第12号

根据《中华人民共和国进出口关税条例》及相关规定，现公布《中华人民共和国进出口税则（2023）》，自2023年1月1日起实施。法律、行政法规等对进出口关税税目、税率调整另有规定的，从其规定。

附件：中华人民共和国进出口税则（2023）

附件

中华人民共和国进出口税则（2023）

国务院关税税则委员会　编

规则与说明

《中华人民共和国进出口税则》(以下简称《税则》)是《中华人民共和国进出口关税条例》(以下简称《条例》)的组成部分,主要包括进口税则、出口税则、规则与说明等。国务院关税税则委员会负责《税则》的税目、税率的调整和解释,负责编纂、发布《税则》。国务院关税税则委员会在《国务院关税税则委员会关于发布〈中华人民共和国进出口税则(2022)〉的公告》(税委会公告2021年第10号)的基础上,系统整合《国务院关税税则委员会关于2023年关税调整方案的公告》(税委会公告2022年第11号)等文件对进口税则、出口税则以及相关规则的调整,编纂《税则(2023)》。

一、进口税则

进口税则包括税目税率表与归类总规则、类注、章注、子目注释、本国子目注释。税目税率表设置序号、税则号列、货品名称、最惠国税率、协定税率、特惠税率、普通税率等栏目。《税则(2023)》进口税则整合了税委会公告2022年第11号等文件对关税税目,最惠国税率、协定税率、特惠税率、普通税率及有关暂定税率,以及本国子目注释等的调整。

(一)关税税目

关税税目以世界海关组织《商品名称及编码协调制度》(以下简称《协调制度》)为基础,由税则号列(以下简称税号)和目录条文等组成。其中,税号在税则号列栏中列示,目录条文在货品名称栏中列示。税号采用8位数字编码结构,前6位数字及对应的目录条文与《协调制度》保持一致;第7、8位数字及对应的目录条文是依据《协调制度》的分类原则和方法,根据我国实际需要而制定的。

关税税目适用规则包括归类规则等。进出口货物的商品归类,应当按照《税则》规定的目录条文和归类总规则、类注、章注、子目注释、本国子目注释,以及其他归类注释确定,并归入相应的税号。

较之《税则(2022)》,《税则(2023)》增列了白茶、激光雷达等关税税目,关税税目数共计8948个。

(二)最惠国税率

1. 原产于共同适用最惠国待遇条款的世界贸易组织成员的进口货物,原产于与中华人民共和国签订含有相互给予最惠国待遇条款的双边贸易协定的国家或者地区的进口货物,以及原产于中华人民共和国境内的进口货物,适用最惠国税率。

2. 适用最惠国税率的国家或者地区包括:

(1)共同适用最惠国待遇条款的世界贸易组织成员,共162个,包括:阿尔巴尼亚共和国、阿富汗、阿根廷共和国、阿拉伯埃及共和国、阿拉伯联合酋长国、阿曼苏丹国、爱尔兰、爱沙尼亚共和国、安哥拉共和国、安提瓜和巴布达、奥地利共和国、澳大利亚联邦、巴巴多斯、巴布亚新几内亚独立国、巴基斯坦伊斯兰共和国、巴拉圭共和国、巴林王国、巴拿马共和国、巴西联邦共和国、保加利亚共和国、北马其顿共和国、贝宁共和国、比利时王国、秘鲁共和国、冰岛共和国、波兰共和国、伯利兹、博茨瓦纳共和国、布基纳法索、布隆迪共和国、大不列颠及北爱尔兰联合王国、大韩民国、丹麦王国、德意志联邦共和国、多哥共和国、多米尼加共和国、多米尼克国、多民族玻利维亚国、俄罗斯联邦、厄瓜多尔共和国、法兰西共和国、菲律宾共和国、斐济共和国、芬兰共和国、佛得角共和国、冈比亚共和国、刚果共和国、刚果民主共和国、哥伦比亚共和国、哥斯达黎加共和国、格林纳达、格鲁吉亚、古巴共和国、圭亚那合作共和国、哈萨克斯坦共和国、海地共和国、荷兰王国、黑山、洪都拉斯共和国、吉布提共和国、吉尔吉斯共和国、几内亚比绍共和国、几内亚共和国、加拿大、加纳共和国、加蓬共和国、柬埔寨王国、捷克共和国、津巴布韦共和国、喀麦隆共和国、卡塔尔国、科特迪瓦共和国、科威特国、克罗地亚共和国、肯尼亚共和国、拉脱维亚共和国、莱索托王国、老挝人民民主共和国、利比里亚共和国、立陶宛共和国、列支敦士登公国、卢森堡大公国、卢旺达共和国、罗马尼亚、马达加斯加共和国、马尔代夫共和国、马耳他共和国、马拉维共和国、马来西亚、马里共和国、毛里求斯共和国、毛里塔尼亚伊斯兰共和国、美利坚合众国、蒙古国、孟加拉人民共和国、缅甸联邦共和国、摩尔多瓦共和国、摩洛哥王国、墨西哥合众国、莫桑比克共和国、纳米比亚共和国、南非共和国、尼泊尔、尼加拉瓜共和国、尼日尔共和国、尼日利亚联邦共和国、挪威王国、葡萄牙共和国、日本国、瑞典、瑞士联邦、萨尔瓦多共和国、萨摩亚独立国、塞拉利昂共和国、塞内加尔共和国、塞浦路斯共和国、塞舌尔共和国、沙特阿拉伯王国、圣基茨和尼维斯联邦、圣卢西亚、圣文森特和格林纳丁斯、斯里兰卡民主社会主义共和国、斯洛伐克共和国、斯洛文尼亚共和国、斯威士兰王国、苏里南共和国、所罗门群岛、塔吉克斯坦共和国、泰王国、坦桑尼亚联合共和国、汤加王国、特立尼达和多巴哥共和国、突尼斯共和国、土耳其共和国、瓦努阿图共和国、危地马拉共和国、委内瑞拉玻利瓦尔共和国、文莱达鲁萨兰国、乌干达共和国、乌克兰、乌拉圭东岸共和国、希腊共和国、西班牙王国、新加坡共和国、新西兰、匈牙利、牙买加、亚美尼亚共和国、也门共和国、以色列国、意大利共和国、印度共和国、印度尼西亚共和国、约旦哈希姆王国、越南社会主义共和国、赞比亚共和国、乍得共和国、智利共和国、中非共和国、中国澳门、中国台湾、中国香港。

(2)与中华人民共和国签订含有相互给予最惠国待遇条款的双边贸易协定的国家或者地区,共34个,包括:阿拉伯叙利亚共和国、阿尔及利亚民主人民共和国、阿塞拜疆共和国、埃塞俄比亚联邦民主共和国、白俄罗斯共和国、波多黎各自由邦、波斯尼亚和黑塞哥维那、朝鲜民主主义人民共和国、赤道几内亚共和国、东帝汶民主共和国、厄立特里亚国、法罗群岛、法属波利尼西亚海外领地、格陵兰岛、基里巴斯共和国、库克群岛、黎巴嫩共和国、利比亚国、马约特、密克罗尼西亚联邦、摩纳哥公国、南苏丹共和国、塞尔维亚共和国、圣多美和普林西比民主共和国、圣马力诺共和国、圣皮埃尔和密克隆海外领地、苏丹共和国、索马里联邦共和国、土库曼斯坦、瓦利斯和富图纳海外领地、乌兹别克斯坦共和国、新喀里多尼亚海外领地、伊拉克共和国、伊朗伊斯兰共和国。

(3)中华人民共和国境内。

3. 最惠国税率在进口税则中的标示方式:

(1)最惠国税率在最惠国税率栏标示,栏中的(%)适用于实行从价计征方式征收的进口货物。实行从量计征、复合计征方式征收的,在最惠国税率栏对应的脚注标示。

(2)税率中间含有“#”的,“#”前后分别为当年上半年和下半年适用税率。

(3)非全税目信息技术产品的最惠国税率在最惠国税率栏列明;其税号前标注“ex”,表示适用该税率的进口货物应在该税目范围内,以货品名称栏中的具体描述为准。

（三）协定税率

1. 原产于与中华人民共和国签订含有关税优惠条款的区域性贸易协定的国家或者地区的进口货物，适用协定税率。

（1）根据《亚太贸易协定》及相关协议，原产于孟加拉人民共和国、印度共和国、老挝人民民主共和国、大韩民国、斯里兰卡民主社会主义共和国、蒙古国的部分进口货物，适用协定税率。

（2）根据《中华人民共和国与东南亚国家联盟全面经济合作框架协议》及相关协议，原产于文莱达鲁萨兰国、柬埔寨王国、印度尼西亚共和国、老挝人民民主共和国、马来西亚、缅甸联邦共和国、菲律宾共和国、新加坡共和国、泰王国、越南社会主义共和国的部分进口货物，适用协定税率。

（3）根据《中华人民共和国政府和智利共和国政府自由贸易协定》及相关协议，原产于智利共和国的部分进口货物，适用协定税率。

（4）根据《中华人民共和国政府和巴基斯坦伊斯兰共和国政府自由贸易协定》及相关协议，原产于巴基斯坦伊斯兰共和国的部分进口货物，适用协定税率。

（5）根据《中华人民共和国政府和新西兰政府自由贸易协定》及相关协议，原产于新西兰的部分进口货物，适用协定税率。其中，对原产于新西兰的乳制品（税号 04021000、04022100、04022900 和 04029100，2023 年触发水平 197498 吨）实施特殊保障措施管理；当上述税号的乳制品进口累计达到当年触发水平，将根据相关规定征收关税。对原产于新西兰的羊毛（税号 51011100、51011900、51012100、51012900、51013000 和 51031010）和毛条（税号 51051000、51052100 和 51052900）实施国别关税配额管理，并适用相应的协定税率。

（6）根据《中华人民共和国政府和新加坡共和国政府自由贸易协定》及相关协议，原产于新加坡共和国的部分进口货物，适用协定税率。

（7）根据《中华人民共和国政府与秘鲁共和国政府自由贸易协定》及相关协议，原产于秘鲁共和国的部分进口货物，适用协定税率。

（8）根据《中华人民共和国政府和哥斯达黎加共和国政府自由贸易协定》及相关协议，原产于哥斯达黎加共和国的部分进口货物，适用协定税率。

（9）根据《中华人民共和国和瑞士联邦自由贸易协定》及相关协议，原产于瑞士联邦的部分进口货物，适用协定税率。

（10）根据《中华人民共和国政府和冰岛政府自由贸易协定》及相关协议，原产于冰岛共和国的部分进口货物，适用协定税率。

（11）根据《中华人民共和国政府和大韩民国政府自由贸易协定》及相关协议，原产于大韩民国的部分进口货物，适用协定税率。

（12）根据《中华人民共和国政府和澳大利亚政府自由贸易协定》及相关协议，原产于澳大利亚联邦的部分进口货物，适用协定税率。其中，对原产于澳大利亚联邦的牛肉（税号 02011000、02012000、02013000、02021000、02022000 和 02023000，2023 年触发水平 196349 吨）和奶粉（税号 04022100 和 04022900，2023 年触发水平 25855 吨）实施特殊保障措施管理；当上述税号的牛肉或奶粉进口累计达到当年相应触发水平，将根据相关规定征收关税。对原产于澳大利亚联邦的羊毛（税号 51011100、51011900、51012100、51012900、51013000 和

51031010)实施国别关税配额管理,并适用相应的协定税率。

(13)根据《中华人民共和国政府和格鲁吉亚政府自由贸易协定》及相关协议,原产于格鲁吉亚的部分进口货物,适用协定税率。

(14)根据《中华人民共和国政府和毛里求斯共和国政府自由贸易协定》及相关协议,原产于毛里求斯共和国的部分进口货物,适用协定税率。其中,对原产于毛里求斯共和国的食糖(税号17011200、17011300、17011400、17019100、17019910、17019920和17019990)实施国别关税配额管理,并适用相应的协定税率。

(15)根据《区域全面经济伙伴关系协定》(RCEP)及相关协议,原产于文莱达鲁萨兰国、柬埔寨王国、印度尼西亚共和国、老挝人民民主共和国、马来西亚、缅甸联邦共和国、新加坡共和国、泰王国、越南社会主义共和国等9个东盟成员国,以及澳大利亚联邦、日本国、大韩民国、新西兰的部分进口货物,适用协定税率;其中,原产于印度尼西亚共和国的部分进口货物适用RCEP协定税率的起始时间为2023年1月2日。按照协定"关税差异"等条款规定,根据进口货物的RCEP原产国来适用我国在RCEP项下对其他已生效缔约方相应的协定税率。同时允许进口商申请适用我国在RCEP项下对其他已生效缔约方的最高协定税率;或者在进口商能够提供有关证明的情况下,允许其申请适用我国对与该货物生产相关的其他已生效缔约方的最高协定税率。

(16)根据《中华人民共和国政府和柬埔寨王国政府自由贸易协定》及相关协议,原产于柬埔寨王国的部分进口货物,适用协定税率。

(17)根据《〈内地与香港关于建立更紧密经贸关系的安排〉货物贸易协议》,原产于中国香港特别行政区的部分进口货物,适用零关税。

(18)根据《〈内地与澳门关于建立更紧密经贸关系的安排〉货物贸易协议》,原产于中国澳门特别行政区的部分进口货物,适用零关税。

(19)根据海峡两岸相关协议,原产于中国台湾地区的部分进口货物,参照适用协定税率。

2. 协定税率在进口税则中的标示方式:

(1)协定税率栏中的(%)适用于实行从价计征方式征收的进口货物。协定税率栏左侧,标示协定税率。实行从量计征、复合计征方式征收的,以及涉及国别关税配额的,在协定税率栏对应的脚注标示。协定税率栏右侧,标示对应的协定的中文简称和英文代码。

(2)税率中间含有"#"的,"#"前后分别为当年上半年和下半年适用税率。

(3)各项协定名称、适用国家或者地区、对应的中文简称和英文代码,如表1所示。

表1　　协定及对应简称、代码表

序号	协定名称	适用国家或者地区	中文简称	英文代码
1	《亚太贸易协定》及相关协议	孟加拉人民共和国、印度共和国、老挝人民民主共和国、大韩民国、斯里兰卡民主社会主义共和国、蒙古国	亚太	AP
2	《中华人民共和国与东南亚国家联盟全面经济合作框架协议》及相关协议	文莱达鲁萨兰国、柬埔寨王国、印度尼西亚共和国、老挝人民民主共和国、马来西亚、缅甸联邦共和国、菲律宾共和国、新加坡共和国、泰王国、越南社会主义共和国	东盟	AS

续表

序号	协定名称	适用国家或者地区	中文简称	英文代码
3	《中华人民共和国政府和智利共和国政府自由贸易协定》及相关协议	智利共和国	智	CL
4	《中华人民共和国政府和巴基斯坦伊斯兰共和国政府自由贸易协定》及相关协议	巴基斯坦伊斯兰共和国	巴	PK
5	《中华人民共和国政府和新西兰政府自由贸易协定》及相关协议	新西兰	新西兰	NZ
6	《中华人民共和国政府和新加坡共和国政府自由贸易协定》及相关协议	新加坡共和国	新加坡	SG
7	《中华人民共和国政府与秘鲁共和国政府自由贸易协定》及相关协议	秘鲁共和国	秘	PE
8	《中华人民共和国政府和哥斯达黎加共和国政府自由贸易协定》及相关协议	哥斯达黎加共和国	哥	CR
9	《中华人民共和国和瑞士联邦自由贸易协定》及相关协议	瑞士联邦	瑞	CH
10	《中华人民共和国政府和冰岛政府自由贸易协定》及相关协议	冰岛共和国	冰	IS
11	《中华人民共和国政府和大韩民国政府自由贸易协定》及相关协议	大韩民国	韩	KR
12	《中华人民共和国政府和澳大利亚政府自由贸易协定》及相关协议	澳大利亚联邦	澳	AU
13	《中华人民共和国政府和格鲁吉亚政府自由贸易协定》及相关协议	格鲁吉亚	格	GE
14	《中华人民共和国政府和毛里求斯共和国政府自由贸易协定》及相关协议	毛里求斯共和国	毛	MU
15	《区域全面经济伙伴关系协定》(RCEP)及相关协议	文莱达鲁萨兰国、柬埔寨王国、印度尼西亚共和国、老挝人民民主共和国、马来西亚、缅甸联邦共和国、新加坡共和国、泰王国、越南社会主义共和国	东盟^{R}	AS^{R}
		澳大利亚联邦	澳^{R}	AU^{R}
		日本国	日^{R}	JP^{R}
		大韩民国	韩^{R}	KR^{R}
		新西兰	新西兰^{R}	NZ^{R}
16	《中华人民共和国政府和柬埔寨王国政府自由贸易协定》及相关协议	柬埔寨王国	柬	KH
17	《〈内地与香港关于建立更紧密经贸关系的安排〉货物贸易协议》	中国香港特别行政区	港	HK
18	《〈内地与澳门关于建立更紧密经贸关系的安排〉货物贸易协议》	中国澳门特别行政区	澳门	MO
19	海峡两岸相关协议	中国台湾地区	台	TW

(四)特惠税率

1. 原产于与中华人民共和国签订含有特殊关税优惠条款的贸易协定的国家或者地区的进口货物,适用特惠税率。

(1)根据中华人民共和国给予同中华人民共和国建交的最不发达国家部分产品零关税待遇承诺、中华人民共和国政府与有关国家政府间换文协议,原产于东帝汶民主共和国、缅甸联邦共和国的部分进口货物,适用95%税目零关税特惠税率。

(2)根据中华人民共和国给予同中华人民共和国建交的最不发达国家部分产品零关税待遇承诺、中华人民共和国政府与有关国家政府间换文协议,原产于埃塞俄比亚联邦民主共和国、安哥拉共和国、布隆迪共和国、冈比亚共和国、刚果民主共和国、科摩罗联盟、利比里亚共和国、马达加斯加共和国、马里共和国、毛里塔尼亚伊斯兰共和国、南苏丹共和国、尼日尔共和国、塞拉利昂共和国、塞内加尔共和国、索马里联邦共和国、也门共和国等16国的部分进口货物,适用97%税目零关税特惠税率。

(3)根据中华人民共和国给予同中华人民共和国建交的最不发达国家部分产品零关税待遇承诺、中华人民共和国政府与有关国家政府间换文协议,原产于阿富汗、贝宁共和国、布基纳法索、多哥共和国、厄立特里亚国、基里巴斯共和国、吉布提共和国、几内亚比绍共和国、几内亚共和国、柬埔寨王国、莱索托王国、老挝人民民主共和国、卢旺达共和国、马拉维共和国、孟加拉人民共和国、莫桑比克共和国、尼泊尔、圣多美和普林西比民主共和国、苏丹共和国、所罗门群岛、坦桑尼亚联合共和国、瓦努阿图共和国、乌干达共和国、赞比亚共和国、乍得共和国、中非共和国等26国的部分进口货物,适用98%税目零关税特惠税率。

(4)根据《亚太贸易协定》及相关协议,原产于孟加拉人民共和国、老挝人民民主共和国的部分进口货物,适用特惠税率。

(5)根据中华人民共和国政府与有关东盟成员国政府间换文协议,原产于柬埔寨王国、老挝人民民主共和国、缅甸联邦共和国的部分进口货物,适用特惠税率。

2. 特惠税率在进口税则中的标示方式:

(1)特惠税率栏中的(%)适用于实行从价计征方式征收的进口货物。

(2)特惠税率栏左侧,标示特惠税率。

(3)特惠税率栏右侧,原产于上述1(1)中东帝汶民主共和国、缅甸联邦共和国的适用95%税目零关税特惠税率的部分进口货物,标示为“受惠国LD”;原产于上述1(2)中埃塞俄比亚联邦民主共和国等16国的适用97%税目零关税特惠税率的部分进口货物,标示为“受惠国LD”或“受惠国$_1$LD$_1$”;原产于上述1(3)中阿富汗等26国的适用98%税目零关税特惠税率的部分进口货物,标示为“受惠国LD”或“受惠国$_1$LD$_1$”或“受惠国$_2$LD$_2$”。标示“受惠国LD”的税目约占税目总数的95%,标示“受惠国$_1$LD$_1$”的税目约占税目总数的2%,标示“受惠国$_2$LD$_2$”的税目约占税目总数的1%。

特惠税率栏右侧,原产于上述1(4)中孟加拉人民共和国、老挝人民民主共和国的部分进口货物,标示为“亚太AP”;原产于上述1(5)中柬埔寨王国、老挝人民民主共和国、缅甸联邦共和国的部分进口货物,分别标示为“柬KH”、“老LA”、“缅MM”。

(五)普通税率

1. 原产于除适用最惠国税率、协定税率、特惠税率国家或者地区以外的国家或者地区的进口货物,以及原产地不明的进口货物,适用普通税率。

2. 普通税率在进口税则中的标示方式:

普通税率在普通税率栏标示,栏中的(%)适用于实行从价计征方式征收的进口货物。

实行从量计征、复合计征方式征收的,在普通税率栏对应的脚注标示。

(六)关税配额税率

实行关税配额管理的进口货物,关税配额内的,适用关税配额税率,关税配额外的依照《条例》有关规定执行。

1. 根据《中华人民共和国加入世界贸易组织议定书》及相关规定,对下列货物实施关税配额管理。

(1)小麦(包括其粉、粒)。承诺的年度关税配额数量为963.6万吨,包括税号:10011100、10011900、10019100、10019900、11010000、11031100、11032010。

(2)玉米(包括其粉、粒)。承诺的年度关税配额数量为720万吨,包括税号:10051000、10059000、11022000、11031300、11042300。

(3)大米(包括其粉、粒)。其中,长粒大米(包括其粉、粒)承诺的年度关税配额数量为266万吨,包括税号:10061021、10061081、10062020、10063020、10064020、11029021、11031931;中短粒大米(包括其粉、粒)承诺的年度关税配额数量为266万吨,包括税号:10061029、10061089、10062080、10063080、10064080、11029029、11031939。

(4)食糖。承诺的年度关税配额数量为194.5万吨,包括税号:17011200、17011300、17011400、17019100、17019910、17019920、17019990。

(5)羊毛。承诺的年度关税配额数量为28.7万吨,包括税号:51011100、51011900、51012100、51012900、51013000、51031010。

(6)毛条。承诺的年度关税配额数量为8万吨,包括税号:51051000、51052100、51052900。

(7)棉花。承诺的年度关税配额数量为89.4万吨,包括税号:52010000、52030000。

(8)化肥。其中,尿素承诺的年度关税配额数量为330万吨,税号:31021000;三元复合肥承诺的年度关税配额数量为345万吨,税号:31052000;磷酸氢二铵承诺的年度关税配额数量为690万吨,税号:31053000。

2. 关税配额税率在进口税则中的标示方式:

关税配额税率在最惠国税率栏对应的脚注标示,最惠国税率栏中的(%)也适用于关税配额税率(如"关税配额税率:1"表示该税目对应的关税配额税率为1%)。

(七)进口暂定税率

1. 适用最惠国税率、协定税率、特惠税率、关税配额税率的进口货物在一定期限内可以实行暂定税率。

2. 暂定税率在进口税则中的标示方式:

(1)最惠国暂定税率在最惠国税率栏以前置"△"标示(如"△8"表示该税目暂定税率为8%)。实行从量计征、复合计征方式征收的,或暂定税率适用期限有特别规定的,在最惠国税率栏对应的脚注标示。

(2)关税配额暂定税率在最惠国税率栏对应的脚注标示。

(3)税号前标注"ex",表示适用该税率的进口货物应在该税目范围内,以货品名称栏中的具体描述为准。

（八）税率的适用顺序

当最惠国税率低于或等于协定税率时，协定有规定的，按相关协定的规定执行；协定无规定的，二者从低适用。

适用最惠国税率的进口货物有暂定税率的，应当适用暂定税率；适用协定税率、特惠税率的进口货物有暂定税率的，应当从低适用税率；适用普通税率的进口货物，不适用暂定税率。

（九）实施时间

除另有规定外，自 2023 年 1 月 1 日起实施。

二、出口税则

出口税则包括税目税率表与归类总规则、类注、章注、子目注释、本国子目注释。税目税率表设置序号、税则号列、货品名称、出口税率等栏目。归类总规则、类注、章注、子目注释、本国子目注释与进口税则相同，不单独列明。《税则（2023）》出口税则整合了税委会公告 2022 年第 11 号等文件对关税税目、出口暂定税率，以及本国子目注释等的调整。

（一）关税税目

关税税目与进口税则相同。税目税率表中仅标示征收出口税率或实行暂定税率的税目。

（二）出口税率

1. 出口关税设置出口税率。

2. 出口税率在出口税则中的标示方式：

出口税率在出口税率栏标示，栏中的（%）适用于实行从价计征方式征收的出口货物。

（三）出口暂定税率

1. 适用出口税率的出口货物在一定期限内可以实行暂定税率。

2. 暂定税率在出口税则中的标示方式：

（1）暂定税率在出口税率栏以前置“△”标示（如“△8”表示该税目出口暂定税率为 8%）。

（2）税号前标注“ex”，表示适用该税率的出口货物应在该税目范围内，以货品名称栏中的具体描述为准。

（四）税率的适用顺序

适用出口税率的出口货物有暂定税率的，适用暂定税率。

（五）实施时间

自 2023 年 1 月 1 日起实施。

三、其他规则与说明

（一）完税价格

进口货物的完税价格以该货物的成交价格以及该货物运抵中华人民共和国境内输入地点起卸前的运输及其相关费用、保险费为基础审查确定。

出口货物的完税价格以该货物的成交价格以及该货物运至中华人民共和国境内输出地点装载前的运输及其相关费用、保险费为基础审查确定。

（二）计税方式

进出口货物关税，以从价计征、从量计征或者国家规定的其他方式征收。

从价计征的计算公式为：应纳税额 = 完税价格 × 关税税率

从量计征的计算公式为：应纳税额 = 货物数量 × 单位税额

（三）原产地

关税税率的适用应当符合相应的原产地规则。

（四）进境物品的进口税

进境物品的关税以及进口环节海关代征税合并为进口税。

规定数额以内的个人自用进境物品，免征进口税。超过规定数额但仍在合理数量以内的个人自用进境物品，由进境物品的纳税义务人在进境物品放行前按照规定缴纳进口税。超过合理、自用数量的进境物品应当按照进口货物依法办理相关手续。国务院关税税则委员会规定按货物征税的进境物品，按照进口货物相关规定征收关税。

进境物品进口税应当按照《中华人民共和国进境物品进口税税率表》（见表 2）确定适用税率。国务院关税税则委员会负责《中华人民共和国进境物品进口税税率表》的税目、税率的调整和解释。

表 2　　中华人民共和国进境物品进口税税率表

税目序号	物品名称	税率(%)
1	书报、刊物、教育用影视资料；计算机、视频摄录一体机、数字照相机等信息技术产品；食品、饮料；金银；家具；玩具，游戏品、节日或其他娱乐用品；药品[注1]	13
2	运动用品（不含高尔夫球及球具）、钓鱼用品；纺织品及其制成品；电视摄像机及其他电器用具；自行车；税目 1、3 中未包含的其他商品	20
3[注2]	烟、酒；贵重首饰及珠宝玉石；高尔夫球及球具；高档手表；高档化妆品	50

注：1. 对国家规定减按 3% 征收进口环节增值税的进口药品，按照货物税率征税。

2. 税目 3 所列商品的具体范围与消费税征收范围一致。

（五）其他关税措施

1. 反倾销税、反补贴税、保障措施关税

按照有关法律、行政法规的规定对进口货物采取反倾销、反补贴、保障措施的，其税率的适用按照《中华人民共和国反倾销条例》、《中华人民共和国反补贴条例》和《中华人民共和国保障措施条例》的有关规定执行。征收反倾销税、反补贴税、保障措施关税、临时反倾销税、临时反补贴税、临时保障措施关税，由国务院关税税则委员会另行决定。

2. 报复性关税

任何国家或者地区违反与中华人民共和国签订或者共同参加的贸易协定及相关协定，对中华人民共和国在贸易方面采取禁止、限制、加征关税或者其他影响正常贸易的措施的，对原产于该国家或者地区的进口货物可以征收报复性关税，适用报复性关税税率。征收报复性关税及实施相关排除措施，由国务院关税税则委员会另行规定。

（六）关税减免

特定地区、特定企业或者特定用途的进出口货物减征或者免征关税的，以及其他依法减征或者免征关税的,按照国务院的有关规定执行。

四、本版税则编纂说明

《税则(2023)》编纂涉及的文件包括:

1.《国务院关税税则委员会关于调整进境物品进口税有关问题的通知》(税委会〔2019〕17号);

2.《国务院关税税则委员会关于发布〈中华人民共和国进出口税则(2022)〉的公告》(税委会公告2021年第10号);

3.《国务院关税税则委员会关于对原产于韩国的部分进口货物实施〈区域全面经济伙伴关系协定〉(RCEP)协定税率的公告》(税委会公告2022年第1号);

4.《国务院关税税则委员会关于对原产于马来西亚的部分进口货物实施〈区域全面经济伙伴关系协定〉(RCEP)协定税率的公告》(税委会公告2022年第2号);

5.《国务院关税税则委员会关于对部分原产于新西兰的木材和纸制品实施协定税率的公告》(税委会公告2022年第3号);

6.《国务院关税税则委员会关于对原产于缅甸的部分进口货物实施〈区域全面经济伙伴关系协定〉(RCEP)协定税率的公告》(税委会公告2022年第5号);

7.《国务院关税税则委员会关于调整煤炭进口关税的公告》(税委会公告2022年第6号);

8.《国务院关税税则委员会关于给予多哥共和国等16国98%税目产品零关税待遇的公告》(税委会公告2022年第8号);

9.《国务院关税税则委员会关于给予阿富汗等10国98%税目产品零关税待遇的公告》(税委会公告2022年第9号);

10.《国务院关税税则委员会关于2023年关税调整方案的公告》(税委会公告2022年第11号)。

在下一版本税则发布之前,本版税则如有调整,按国务院关税税则委员会有关规定执行。

总目录

(以下内容编者略)

1 -4 -110

国务院关税税则委员会关于对美加征关税商品第十次排除延期清单的公告

2023 年 2 月 13 日　税委会公告 2023 年第 1 号

根据《国务院关税税则委员会关于对美加征关税商品第八次排除延期清单的公告》(税委会公告 2022 年第 7 号),对美加征关税商品第八次排除延期清单将于 2023 年 2 月 15 日到期。国务院关税税则委员会按程序决定,对相关商品延长排除期限。现将有关事项公告如下:

自 2023 年 2 月 16 日至 2023 年 9 月 15 日,对附件所列商品,继续不加征我为反制美 301 措施所加征的关税。

附件:对美加征关税商品第十次排除延期清单(编者略)

1 -4 -111

国务院关税税则委员会关于给予埃塞俄比亚联邦民主共和国等 3 国 98%税目产品零关税待遇的公告

2023 年 2 月 13 日　税委会公告 2023 年第 2 号

按照《国务院关税税则委员会关于给予最不发达国家 98%税目产品零关税待遇的公告》(税委会公告 2021 年第 8 号),根据我国政府与有关国家政府换文规定,自 2023 年 3 月 1 日起,对原产于埃塞俄比亚联邦民主共和国、布隆迪共和国、尼日尔共和国等 3 个最不发达国家的 98%税目的进口产品,适用税率为零的特惠税率。其中,98%税目产品包括《中华人民共和国进出口税则(2023)》(税委会公告 2022 年第 12 号)特惠税率栏中标示为“受惠国 LD”的 8420 个税目、“受惠国$_1$LD$_1$”的 193 个税目、“受惠国$_2$LD$_2$”的 191 个税目,共计 8804 个税目。

1－4－112

中华人民共和国海关对免税商店及免税品监管办法

2005年11月28日海关总署令第132号公布　2018年5月29日海关总署令第240号第一次修正　2023年3月9日海关总署令第262号第二次修正

第一章　总　　则

第一条　为规范海关对免税商店及免税品的监管，根据《中华人民共和国海关法》及其他有关法律和行政法规的规定，制定本办法。

第二条　免税商店的经营、终止以及免税品的进口、销售（包括无偿提供）、核销等适用本办法。

第三条　免税品应当由免税商店的经营单位统一进口，并且办理相应的海关手续。

第四条　免税品的维修零配件、工具、展台、货架等，以及免税商店转入内销的库存积压免税品，应当由经营单位按照一般进口货物办理有关手续。

第五条　免税商店所在地的直属海关或者经直属海关授权的隶属海关（以下统称主管海关）应当派员对经营单位和免税商店进行核查，核查内容包括经营资质、免税品进出库记录、销售记录、库存记录等。经营单位及其免税商店应当提供必要的协助。

第六条　主管海关根据工作需要可以派员驻免税商店进行监管，免税商店应当提供必要的办公条件。

第二章　免税商店的经营和终止

第七条　经营单位经营免税商店，应当向海关总署提出书面申请，并且符合以下条件：

（一）具有独立法人资格；

（二）具备符合海关监管要求的免税品销售场所及免税品监管仓库；

（三）具备符合海关监管要求的计算机管理系统，能够向海关提供免税品出入库、销售等信息；

（四）具备一定的经营规模，其中申请经营口岸免税商店的，口岸免税商店所在的口岸年进出境人员应当不少于5万人次；

（五）具备包括合作协议、经营模式、法人代表等内容完备的企业章程和完备的内部财务管理制度；

（六）有关法律、行政法规、海关规章规定的其他条件。

第八条　海关总署按照《中华人民共和国行政许可法》及《中华人民共和国海关行政许可管理办法》规定的程序和期限办理免税商店经营许可事项。

第九条 免税品销售场所应当符合海关监管要求。口岸免税商店的销售场所应当设在口岸隔离区内;运输工具免税商店的销售场所应当设在从事国际运营的运输工具内;市内免税商店的销售提货点应当设在口岸出境隔离区内。

第十条 免税品监管仓库应当符合以下条件和要求:

(一)具备符合海关监管要求的安全隔离设施;

(二)建立专门的仓库管理制度,编制月度进、出、存情况表,并且配备专职仓库管理员,报海关备案;

(三)只允许存放所属免税商店的免税品;

(四)符合国家有关法律、行政法规、海关规章规定的其他条件和要求。

第十一条 经审批准予经营的免税商店,应当在开展经营业务一个月前向主管海关提出验收申请。经主管海关验收合格后,向主管海关办理备案手续,并且提交下列材料:

(一)免税品经营场所和监管仓库平面图、面积和位置示意图;

(二)免税商店业务专用章印模。

上述材料所载内容发生变更的,应当自变更之日起10个工作日内到主管海关办理变更手续。

第十二条 经营单位申请暂停、终止或者恢复其免税商店经营需要报经海关总署批准。免税商店应当在经营单位提出暂停或者终止经营申请前办理库存免税品结案等相关海关手续。

经审批准予经营的免税商店,自批准之日起一年内无正当理由未对外营业的,或者暂停经营一年以上的,或者变更经营合作方的,应当按照本办法第七条规定重新办理有关申请手续。

第十三条 更改免税商店名称、免税品销售场所或者监管仓库地址或者面积,应当由经营单位报经海关总署批准。

第三章 免税品进口、入出库和调拨

第十四条 经营单位为免税商店进口免税品,应当填写《中华人民共和国海关进口货物报关单》,并且加盖经营单位在主管海关备案的报关专用章,向主管海关办理免税品进口手续。

免税品从异地进口的,经营单位应当按照《中华人民共和国海关对转关运输货物监管办法》的有关规定,将免税品转关运输至主管海关办理进口手续。

第十五条 免税品进入监管仓库,免税商店应当填写《免税品入/出监管仓库准单》,并且随附其他有关单证,向主管海关提出申请。主管海关经审核无误,监管免税品入库。

未经海关批准,免税品入库后不得进行加工或者组装。

第十六条 免税商店将免税品调出监管仓库进入经营场所销售前,应当填写《免税品入/出监管仓库准单》,向主管海关提出申请。主管海关经审核无误,监管有关免税品从监管仓库调出进入销售场所。

第十七条 免税商店之间调拨免税品的,调入地免税商店应当填写《免税品调拨准单》,向其主管海关提出申请。经批准后,调出地免税商店按照《中华人民共和国海关对转关货物监管办法》的规定,将免税品转关运输至调入地免税商店。

第四章　免税品销售

第十八条　免税商店销售的免税进口烟草制品和酒精饮料内、外包装的显著位置上均应当加印“中国关税未付(China Duty Not Paid)”中、英文字样。

免税商店应当按照海关要求制作免税品销售发货单据,其中口岸免税商店应当在免税品销售发货单据上填写进出境旅客搭乘运输工具凭证或者其进出境有效证件信息等有关内容。

第十九条　口岸免税商店的销售对象限于已办结出境手续、即将前往境外的旅客,以及尚未办理进境手续的旅客。免税商店应当凭其搭乘运输工具的凭证或者其进出境的有效证件销售免税品。

第二十条　运输工具免税商店销售对象限于搭乘进出境运输工具的进出境旅客。免税商店销售免税品限运输工具在国际(地区)航行期间经营。免税商店应当向主管海关交验由运输工具负责人或者其代理人签字的《免税品销售明细单》。

第二十一条　市内免税商店的销售对象限于即将出境的境外人员,免税商店凭其出境有效证件及机(船、车)票销售免税品,并且应当在口岸隔离区内将免税品交付购买人员本人携带出境。

第二十二条　外交人员免税商店的销售对象限于外国驻华外交代表和领事机构及其外交人员和领事官员,以及其他享受外交特权和豁免的机构和人员,免税商店应当凭上述机构和人员所在地的直属海关或者经直属海关授权的隶属海关按照有关规定核准的限量、限值销售免税品。

第二十三条　供船免税商店的销售对象限于出境的国际(地区)航行船舶及船员。供船免税商店应当向主管海关提出供船申请,填写《免税品供船准单》,在海关监管下进行国际(地区)船舶的供船工作。

第五章　免税品报损和核销

第二十四条　免税品在办理入库手续期间发生溢卸或者短缺的,免税商店应当及时向主管海关书面报告。主管海关核实无误后出具查验记录,准予免税商店修改免税品入/出监管仓库准单相关数据内容。

第二十五条　免税品在储存或者销售期间发生损毁或者灭失的,免税商店应当及时向主管海关书面报告。如果由不可抗力造成的,免税商店应当填写《免税品报损准单》,主管海关核实无误后准予免税结案。

免税品在储存或者销售期间由于其他原因发生损毁或者灭失的,免税商店应当依法缴纳损毁或者灭失免税品的税款。

第二十六条　免税品如果发生过期不能使用或者变质的,免税商店应当向主管海关书面报告,并且填写《免税品报损准单》。主管海关查验核准后,准予退运或者在海关监督下销毁。

除前款规定情形外,免税品需要退运的,免税商店应当向主管海关办理相关海关手续。

第二十七条 免税商店应当建立专门账册,并且在每季度第一个月25日前将上季度免税品入库、出库、销售、库存、调拨、损毁、灭失、过期等情况编制清单,填写《免税品明细账》,随附销售发货单、《免税品库存数量单》等有关单据,向主管海关办理免税品核销手续。主管海关认为必要时可以派员到免税品经营场所和监管仓库实地检查。

第六章 法律责任

第二十八条 经营单位或者免税商店有下列情形之一的,海关责令其改正,可以给予警告;情节严重的,可以按照《中华人民共和国海关行政处罚实施条例》第二十六条、第二十七条的规定进行处理:

(一)将免税品销售给规定范围以外对象的;

(二)超出海关核准的品种或规定的限量、限值销售免税品的;

(三)未在规定的区域销售免税品的;

(四)未按照规定办理免税品进口报关、入库、出库、销售、核销等手续的;

(五)出租、出让、转让免税商店经营权的。

第二十九条 经营单位或者免税商店违反本规定的其他违法行为,海关将按照《中华人民共和国海关法》、《中华人民共和国海关行政处罚实施条例》予以处理;构成犯罪的,依法追究刑事责任。

第七章 附 则

第三十条 本办法下列用语的含义:

“经营单位”是指经国务院或者其授权部门批准,具备开展免税品业务经营资格的企业。

“免税商店”是指经国务院有关部门批准设立,经海关总署批准经营,向规定的对象销售免税品的企业。具体包括:口岸免税商店、运输工具免税商店、市内免税商店、外交人员免税商店和供船免税商店等。

“免税品”是指经营单位按照海关总署核准的经营品种,免税运进专供免税商店向规定的对象销售的进口商品,包括试用品及进口赠品。

“免税品销售场所”是指免税商店销售免税品的专用场所。

“免税品监管仓库”是指免税商店专门用来存放免税品的库房。

第三十一条 本办法所规定的文书由海关总署另行制定并且发布。

第三十二条 本办法由海关总署负责解释。

第三十三条 本办法自2006年1月1日起施行。

附件:废止文件清单(编者略)

1－4－113

国务院关税税则委员会关于对原产于尼加拉瓜的部分进口货物实施自由贸易协定早期收获安排协定税率的公告

2023年4月17日　税委会公告2023年第4号

根据《中华人民共和国进出口关税条例》有关规定，自2023年5月1日起，对原产于尼加拉瓜的部分进口货物按《中华人民共和国政府与尼加拉瓜共和国政府关于自由贸易协定早期收获的安排》实施协定税率，2023年相关税目税率见附件。

附件：2023年对尼加拉瓜实施自由贸易协定早期收获安排的协定税率表（编者略）

1－4－114

国务院关税税则委员会关于对原产于菲律宾的部分进口货物实施《区域全面经济伙伴关系协定》（RCEP）协定税率的公告

2023年5月6日　税委会公告2023年第5号

根据《中华人民共和国进出口关税条例》和《区域全面经济伙伴关系协定》（RCEP）有关规定，以及RCEP对菲律宾生效情况，自2023年6月2日起，对原产于菲律宾的部分进口货物实施RCEP东盟成员国所适用的协定税率；2023年税率在《中华人民共和国进出口税则（2023）》（税委会公告2022年第12号文件附件）协定税率栏中列明，其对应的协定中文简称为“东盟^{R}”。

1－4－115

国务院关税税则委员会关于对美加征关税商品第十一次排除延期清单的公告

2023年5月25日　税委会公告2023年第6号

根据《国务院关税税则委员会关于对美加征关税商品第九次排除延期清单的公告》（税委会公告2022年第10号），对美加征关税商品第九次排除延期清单将于2023年5月31日到期。国务院关税税则委员会按程序决定，对相关商品延长排除期限。现将有关事项公告如下：

自2023年6月1日至2023年12月31日，对附件所列商品，继续不加征我为反制美301措施所加征的关税。

附件：对美加征关税商品第十一次排除延期清单（编者略）

1－4－116

国务院关税税则委员会关于对美加征关税商品第十二次排除延期清单的公告

2023年9月11日　税委会公告2023年第7号

根据《国务院关税税则委员会关于对美加征关税商品第十次排除延期清单的公告》（税委会公告2023年第1号），对美加征关税商品第十次排除延期清单将于2023年9月15日到期。国务院关税税则委员会按程序决定，对相关商品延长排除期限。现将有关事项公告如下：

自2023年9月16日至2024年4月30日，对附件所列商品，继续不加征我为反制美301措施所加征的关税。

附件：对美加征关税商品第十二次排除延期清单（编者略）

1 –4 –117

国务院关税税则委员会关于给予安哥拉共和国等6国98%税目产品零关税待遇的公告

2023年12月1日　税委会公告2023年第8号

按照《国务院关税税则委员会关于给予最不发达国家98%税目产品零关税待遇的公告》(税委会公告2021年第8号),根据我国政府与有关国家政府换文规定,自2023年12月25日起,对原产于安哥拉共和国、冈比亚共和国、刚果民主共和国、马达加斯加共和国、马里共和国和毛里塔尼亚伊斯兰共和国等6个最不发达国家的98%税目的进口产品,适用税率为零的特惠税率。其中,98%税目产品包括《中华人民共和国进出口税则(2023)》(税委会公告2022年第12号)特惠税率栏中标示为"受惠国LD"的8420个税目、"受惠国$_1$LD$_1$"的193个税目、"受惠国$_2$LD$_2$"的191个税目,共计8804个税目。

1 –4 –118

国务院关税税则委员会关于中止《海峡两岸经济合作框架协议》部分产品关税减让的公告

2023年12月20日　税委会公告2023年第9号

台湾地区单方面对大陆产品出口采取歧视性的禁止、限制等措施,违反了《海峡两岸经济合作框架协议》规定。根据《海峡两岸经济合作框架协议》,国务院关税税则委员会按规定和程序决定,中止《海峡两岸经济合作框架协议》部分产品关税减让。希望台湾地区采取有效措施,取消对大陆的贸易限制。现将有关事项公告如下:

自2024年1月1日起,对原产于台湾地区的附件所列丙烯、对二甲苯等12个税目进口产品,中止适用《海峡两岸经济合作框架协议》协定税率,按现行有关规定执行。

附件:中止《海峡两岸经济合作框架协议》关税减让产品清单(编者略)

1 －4 －119

国务院关税税则委员会关于 2024 年关税调整方案的公告

2023 年 12 月 20 日　税委会公告 2023 年第 10 号

为完整、准确、全面贯彻新发展理念，加快构建新发展格局，更好履行关税在统筹国内国际两个市场两种资源中的重要职能，根据《中华人民共和国进出口关税条例》及相关规定，2024 年 1 月 1 日起，对部分商品的进出口关税进行调整，具体内容见附件。

附件：2024 年关税调整方案

附件

2024 年关税调整方案

一、进口关税税率

（一）进口暂定税率。

对 1010 项商品（不含关税配额商品）实施进口暂定税率（见附 1）。

（二）关税配额税率。

继续对小麦等 8 类商品实施关税配额管理，税率不变。其中，对尿素、复合肥、磷酸氢铵 3 种化肥的配额税率继续实施 1% 的暂定税率。继续对配额外进口的一定数量棉花实施滑准税（见附 2）。

（三）协定税率。

1. 根据我国与有关国家或者地区已签署并生效的自由贸易协定和优惠贸易安排，对 20 个协定项下、原产于 30 个国家或者地区的部分进口货物实施协定税率：一是按照中国与新西兰、秘鲁、哥斯达黎加、瑞士、冰岛、韩国、澳大利亚、巴基斯坦、毛里求斯、柬埔寨的自由贸易协定和《区域全面经济伙伴关系协定》（RCEP）进一步降税。二是中国与东盟、智利、新加坡、格鲁吉亚自由贸易协定，中国与尼加拉瓜自由贸易协定早期收获，以及内地与香港、澳门《关于建立更紧密经贸关系的安排》（CEPA）等已完成降税，继续实施协定税率。三是亚太贸易协定继续实施。四是《海峡两岸经济合作框架协议》（ECFA）已完成降税，继续实施协定税率，但《国务院关税税则委员会关于中止〈海峡两岸经济合作框架协议〉部分产品关税减让的公告》（税委会公告 2023 年第 9 号）所涉及货物除外。自由贸易协定和优惠贸易安排实施税率表见附 3。

2. 根据《中华人民共和国政府和尼加拉瓜共和国政府自由贸易协定》（以下称全面协定），对原产于尼加拉瓜的部分进口货物实施协定第 1 年税率。中国与尼加拉瓜自由贸易协定早期收获关税减让并入全面协定一同实施（见附 3）。

3. 当最惠国税率低于或等于协定税率时,协定有规定的,按相关协定的规定执行;协定无规定的,二者从低适用。

(四)特惠税率。

继续给予43个与我建交并完成换文手续的最不发达国家零关税待遇,实施特惠税率,适用商品范围和税率维持不变,不再给予瓦努阿图零关税待遇。

二、出口关税税率

继续对铬铁等107项商品征收出口关税,对其中68项商品实施出口暂定税率(见附4)。

三、税则税目

根据国内需要,对部分税则税目、注释进行调整(见附5)。调整后,2024年税则税目数共计8957个。

四、实施时间

以上方案,除另有规定外,自2024年1月1日起实施。

附:1. 进口商品暂定税率表(编者略)
  2. 关税配额商品税目税率表(编者略)
  3. 自由贸易协定和优惠贸易安排实施税率表(编者略)
  4. 出口商品税率表(编者略)
  5. 进出口税则税目调整表(编者略)

1-4-120

国务院关税税则委员会关于对美加征关税商品第十三次排除延期清单的公告

2023年12月22日 税委会公告2023年第11号

根据《国务院关税税则委员会关于对美加征关税商品第十一次排除延期清单的公告》(税委会公告2023年第6号),对美加征关税商品第十一次排除延期清单将于2023年12月31日到期。国务院关税税则委员会按程序决定,对相关商品延长排除期限。现将有关事项公告如下:

自2024年1月1日至2024年7月31日,对附件所列商品,继续不加征我为反制美301措施所加征的关税。

附件:对美加征关税商品第十三次排除延期清单(编者略)

1 -4 -121

国务院关税税则委员会关于发布《中华人民共和国进出口税则(2024)》的公告

2023 年 12 月 28 日　税委会公告 2023 年第 12 号

根据《中华人民共和国进出口关税条例》及相关规定,现公布《中华人民共和国进出口税则(2024)》,自 2024 年 1 月 1 日起实施。法律、行政法规等对进出口关税税目、税率调整另有规定的,从其规定。

附件:中华人民共和国进出口税则(2024)(编者略)

进口税收

1 -4 -122

国家税务总局　海关总署关于进口货物征收增值税、消费税有关问题的通知

1993 年 12 月 25 日　国税发〔1993〕155 号

广东分署、各直属海关：

根据国务院颁布的《中华人民共和国增值税暂行条例》和《中华人民共和国消费税暂行条例》的有关规定，从 1994 年 1 月 1 日起，对进口货物由征收产品税、增值税、工商统一税和特别消费税改为征收增值税、消费税。为使海关和税务部门正确执行有关规定，现将有关事项通知如下：

一、申报进入中华人民共和国海关境内的货物均应缴纳增值税、消费税。进口货物的收货人或办理报关手续的单位和个人，为进口货物增值税、消费税的纳税义务人。

二、增值税、消费税的税目、税率（税额），依照本通知所附的《增值税税目税率表》和《消费税税目税率（税额）表》执行。

海关总署编写的《海关进出口关税与进口环节代征税对照使用手册》所列各项对照税目、税率，具有法律效力。各地海关、税务机关在执行中发现与国内税收执行不一致的，先按该手册征税，并报国家税务总局与海关总署商议后再作决定。

三、纳税人进口货物，按照组成计税价格和规定的税率计算应纳税额。其计算公式如下：

（一）增值税应纳税额的计算

组成计税价格 = 关税完税价格 + 关税 + 消费税

应纳税额 = 组成计税价格 × 增值税税率

（二）消费税应纳税额的计算

1. 实行从价定率办法的应税消费品的应纳税额的计算

组成计税价格 =（关税完税价格 + 关税）÷（1 - 消费税税率）

应纳税额 = 组成计税价格 × 消费税税率

2. 实行从量定额办法的应税消费品的应纳税额的计算

应纳税额 = 应税消费品数量 × 消费税单位税额

3. 实行从量定额办法计算应纳税额的应税消费品计量单位的换算标准规定如下：

（1）啤酒　　1 吨 = 988 升

（2）黄酒　　1 吨 = 962 升

(3)汽油　　1吨=1388升

(4)柴油　　1吨=1176升

四、进口环节消费税除国务院另有规定者外,一律不得给予减税、免税。进口环节原产品税、增值税、工商统一税和特别消费税对进口货物的有关政策性减税、免税规定正在清理,待报国务院批准后另行下达,调整方案下达前按原规定办理。

五、进口货物增值税、消费税的征收管理,依照《中华人民共和国税收征收管理法》、《中华人民共和国海关法》、《中华人民共和国进出口关税条例》和《中华人民共和国进出口税则》的有关规定执行。

附件:一、增值税税目、税率表(编者略)

　　二、消费税税目、税率(税额)表(编者略)

1-4-123

国务院关税税则委员会　财政部国家税务总局关于体育用品进口税收问题的通知

1995年3月24日　税委会〔1995〕5号

海关总署:

为发展体育运动,提高我国国家队的训练水平和比赛成绩,根据国务院国发〔1994〕64号文件精神,现对体育用品进口税收问题通知如下:

一、国家体委所属国家专业队进口的(包括国际体育组织赠送和国外厂商赞助)和中国人民解放军总参谋部所属军事体育工作大队进口的特需体育器材(含测试仪器)和特种比赛专用服装,予以免征进口关税和增值税(但国家另有规定不予减免税的商品除外),其他物品应照章征税。

二、按第一条规定自行进口的物品,由海关总署会同国务院关税税则委员会办公室和财政部、国家税务总局每年根据实际情况核定一次进口金额总量,总量以内的免税进口,超出总量的部分照章征税。

三、按第一条规定接受赠送和赞助的物品,由国家体委汇总后,统一向海关总署申报,海关总署会同国务院关税税则委员会办公室和财政部、国家税务总局,征求有关生产部门意见并列出可享受免税进口的物品清单,国家体委按清单免税进口。

四、以上免税进口的物品只限于国家专业队、军事体育工作大队训练和比赛专用,不得倒卖和移作他用,违者由海关按《海关法》及有关法规处理。

五、对国家体委及所属系统接受外国政府和华侨、港澳台同胞捐赠物品的征免税问题,按国家有关规定办理。

六、本通知规定的办法自1995年1月1日起实施,以前执行的有关体育用品免税问题的规定,自本规定实施之日起停止执行。

1－4－124

财政部　国家税务总局关于进口台、澎、金、马关税区货物征收进口环节税的通知

1996年4月12日　财税字〔1996〕42号

海关总署：

根据国务院决定，对原产于属于中华人民共和国的台、澎、金、马关税区的进口商品，一律按《中华人民共和国增值税暂行条例》和《中华人民共和国消费税暂行条例》的有关规定计征进口环节增值税和进口环节消费税。

本通知自1996年4月1日起执行。

1－4－125

财政部　国家税务总局关于进口金精矿砂暂免征收进口环节增值税的通知

1997年5月5日　财税字〔1997〕68号

海关总署：

经国务院批准，财政部、国家税务总局联合下发了《关于继续对部分资源综合利用产品等实行增值税优惠政策的通知》（财税字〔1996〕20号）。根据通知的有关规定，从1996年1月1日起，对经国家批准进口的金精矿砂暂免征收进口环节增值税。从上述免征期到文到之日前已征的税款准予退还。

请通知有关海关执行。

1－4－126

国务院关于调整进口设备税收政策的通知

1997年12月29日　国发〔1997〕37号

为进一步扩大利用外资，引进国外的先进技术和设备，促进产业结构的调整和技术进步，保持国民经济持续、快速、健康发展，国务院决定，自1998年1月1日起，对国家鼓励发展的国内投资项目和外商投资项目进口设备，在规定的范围内，免征关税和进口环节增值税。现就有关问题通知如下：

一、进口设备免税的范围

（一）对符合《外商投资产业指导目录》鼓励类和限制乙类，并转让技术的外商投资项目，在投资总额内进口的自用设备，除《外商投资项目不予免税的进口商品目录》所列商品外，免征关税和进口环节增值税。

外国政府贷款和国际金融组织贷款项目进口的自用设备、加工贸易外商提供的不作价进口设备，比照上款执行，即除《外商投资项目不予免税的进口商品目录》所列商品外，免征关税和进口环节增值税。

（二）对符合《当前国家重点鼓励发展的产业、产品和技术目录》的国内投资项目，在投资总额内进口的自用设备，除《国内投资项目不予免税的进口商品目录》所列商品外，免征关税和进口环节增值税。

（三）对符合上述规定的项目，按照合同随设备进口的技术及配套件、备件，也免征关税和进口环节增值税。

（四）在上述规定范围之外的进口设备减免税，由国务院决定。

二、进口设备免税的管理

（一）投资项目的可行性研究报告审批权限、程序，仍按国家现行有关规定执行。限额以上项目，由国家计委或国家经贸委分别审批。限额以下项目，由国务院授权的省级人民政府、国务院有关部门、计划单列市人民政府和国家试点企业集团审批，但外商投资项目须按《指导外商投资方向暂行规定》审批。审批机构在批复可行性研究报告时，对符合《外商投资产业指导目录》（附录1）鼓励类和限制乙类，或者《当前国家重点鼓励发展的产业、产品和技术目录》（附录2）的项目，或者利用外国政府贷款和国际金融组织贷款项目，按统一格式出具确认书。限额以下项目，应按项目投资性质，将确认书随可行性研究报告分别报国家计委或国家经贸委备案。对违反规定审批的单位，要严肃处理。

（二）项目单位凭项目可行性研究报告的审批机构出具的确认书，其中外商投资项目还须凭外经贸部门批准设立企业的文件和工商行政管理部门颁发的营业执照，到其主管海关办理进口免税手续。加工贸易单位进口外商提供的不作价设备，凭批准的加工贸易合同到其主管海关办理进口免税手续。海关根据这些手续并对照不予免税的商品目录进行审核。

（三）海关总署要对准予免税的项目统一编号，建立数据库，加强稽查，严格监管，并积极配合有关部门做好核查工作。

（四）各有关单位都要注意简化操作环节，精简审批程序，加快审批速度，使此项重大免税政策落到实处，收到实效。

三、结转项目进口设备的免税

（一）对1996年3月31日以前按国家规定程序批准的技术改造项目进口设备，从1998年1月1日起，按原批准的减免税设备范围，免征进口关税和进口环节增值税，由项目单位凭原批准文件到其主管海关办理免税手续。

（二）对1996年4月1日至1997年12月31日按国家规定程序批准设立的外商投资项目和国内投资项目的进口设备，以及1995年1月1日至1997年12月31日利用外国政府贷款和国际金融组织贷款项目的进口设备，从1998年1月1日起，除本规定明确不予免税的进口商品外，免征进口关税和进口环节增值税，由项目单位凭原批准的文件到其主管海关办理免税手续。

附录:1. 外商投资产业指导目录(1997年12月修订)(编者略)

2. 当前国家重点鼓励发展的产业、产品和技术目录(国家计划委员会令1997年12月31日第6号)(编者略)

1-4-127

财政部　国务院关税税则委员会 国家税务总局　海关总署关于印发《关于救灾捐赠物资免征进口税收的暂行办法》的通知

1998年6月29日　财税字〔1998〕98号

(通知略)

关于救灾捐赠物资免征进口税收的暂行办法

第一条　为有利于灾区紧急救援,规范救灾捐赠进口物资的管理,制定本办法。

第二条　对外国民间团体、企业、友好人士和华侨、香港居民和台湾、澳门同胞无偿向我境内受灾地区捐赠的直接用于救灾的物资,在合理数量范围内,免征进口关税和进口环节增值税、消费税。

第三条　享受救灾捐赠物资进口免税的区域限于新华社对外发布和民政部《中国灾情信息》公布的受灾地区。

第四条　免税进口的救灾捐赠物资限于:

(一)食品类(不包括调味品、水产品、水果、饮料、酒等);

(二)新的服装、被褥、鞋帽、帐篷、手套、睡袋、毛毯及其他维持基本生活的必需用品等;

(三)药品类(包括治疗、消毒、抗菌等)、疫苗、白蛋白、急救用医疗器械、消杀灭药械等;

(四)抢救工具(包括担架、橡皮艇、救生衣等);

(五)经国务院批准的其他直接用于灾区救援的物资。

第五条　救灾捐赠物资进口免税的审批管理。

(一)救灾捐赠进口物资一般应由民政部(中国国际减灾十年委员会)提出免税申请,对于来自国际和友好国家及香港特别行政区、台湾、澳门红十字会和妇女组织捐赠的物资分别由中国红十字会、中华全国妇女联合会提出免税申请,海关总署依照本规定进行审核并办理免税手续。免税进口的救灾捐赠物资按渠道分别由民政部(如涉及国务院有关部门,民政部应会同相关部门)、中国红十字会、中华全国妇女联合会负责接收、管理并及时发送给受灾地区。

(二)接受的捐赠物资,按国家规定属配额、特定登记和进口许可证管理的商品,应向有关部门申请配额、登记证明和进口许可证,海关凭证验放。

第六条 各地区、各有关部门要加强管理,不得以任何形式将免税进口的救灾捐赠物资转让、出售、出租或移作他用,如违反上述规定,由海关按《中华人民共和国海关法》有关条款规定处理。

第七条 外国政府、国际组织无偿捐赠的救灾物资按《中华人民共和国海关法》第三十九条和《中华人民共和国增值税暂行条例》第十六条有关规定执行,不适用本办法。

第八条 本办法由财政部会同国务院关税税则委员会、国家税务总局、海关总署负责解释。

第九条 本办法自发布之日起施行。

1－4－128

财政部 国家税务总局关于民航总局及地方航空公司进口飞机有关增值税问题的通知

2001年4月17日 财税〔2001〕64号

海关总署、国家民航总局:

经国务院批准,从2001年1月1日起,对民航总局及地方航空公司进口空载重量25吨以上的客货运飞机,减按6%征收进口增值税。

1－4－129

财政部 国家税务总局关于国家计划内安排进口钾肥、复合肥免征进口增值税的通知

2001年4月24日 财税〔2001〕76号

海关总署:

为支持农业生产发展,增加农民收入,经国务院批准,自2001年1月1日起,对国家计划内安排进口的钾肥、复合肥,继续执行免征进口环节增值税政策。具体享受免征进口增值税的进口化肥税号如下:

序号	税　号	享受免征进口增值税的化肥名称
1	28342110	肥料用硝酸钾
2	31042090	氯化钾
3	31043000	硫酸钾
4	31052000	含氮、磷、钾三种肥效元素的矿物肥料或化学肥料
5	31056000	含磷、钾两种肥效的矿物肥料或化学肥料

请通知有关海关执行。

1－4－130

财政部　国家税务总局关于免征饲料进口环节增值税的通知

2001年8月14日　财税〔2001〕82号

海关总署：

经国务院批准，对《进口饲料免征增值税范围》（见附表）所列进口饲料范围免征进口环节增值税。序号1～13的商品，自2001年1月1日起执行；序号14～15的商品，自2001年8月1日起执行。此前进口的饲料，请按本通知规定退补进口环节增值税。

附件：进口饲料免征增值税的商品范围（编者略）

1－4－131

财政部关于边境贸易进口商品税收问题的通知

2002年7月1日　财税〔2002〕108号

海关总署：

经国务院批准，自2002年7月1日起，取消边境贸易进口商品己内酰胺（HS29337100）进口关税、进口环节增值税减半征收的政策。

请通知各地海关执行。

1 -4 -132

财政部关于联合国援助我国小麦进口税收问题的通知

2002 年 8 月 26 日　财税〔2002〕139 号

海关总署：

经国务院批准，对联合国世界粮食计划署援助我国广西、安徽、陕西、湖北、湖南、四川、重庆、青海和贵州省（区、市）的 27677 吨加拿大小麦和 30000 吨澳大利亚小麦免征进口关税和进口环节增值税，并按财政部《关于世界粮食计划署援助商品处理方式和税收问题的通知》（财税字〔1999〕254 号）的精神办理这批进口小麦的有关事项。

请通知相关地方海关执行。

1 -4 -133

财政部关于调整部分进口税收优惠政策有关问题的通知

2002 年 9 月 11 日　财税〔2002〕143 号

海关总署：

国务院决定对部分进口税收优惠政策进行适当调整，现将有关调整事项通知如下：

一、关于 1996 年 4 月 1 日以前的老项目政策调整问题

1996 年 4 月 1 日以前，经批准的技术改造项目、基本建设项目（含重大建设项目）、外商投资项目，包括享受外商投资政策的外国政府贷款和国际金融组织贷款项目在剩余额度内进口的商品，统一按照《国务院关于调整进口设备税收政策的通知》（国发〔1997〕37 号）规定的税收政策执行，即在项目额度或投资总额内进口的自用设备，除《国内投资项目不予免税的进口商品目录》、《外商投资项目不予免税的进口商品目录》所列商品外，免征进口关税和进口环节增值税。

二、关于《外商投资产业指导目录》中“产品全部直接出口的允许类外商投资项目”（以下简称“全部出口项目”）政策调整问题

1. 自政策调整实施之日起新批准的全部出口项目项下进口设备，一律照章征收进口关税和进口环节增值税。自项目投产之日起，由有关部门对产品直接出口情况进行核查，核查期 5 年。经核查后如情况属实，每年返还已纳税额的 20%，5 年内全部返还；如情况不实，当年税款不再返还，同时追缴该项目已返还的税款，并依法予以处罚。

由外经贸部会同有关部门组成联合核查小组对外商投资企业产品直接出口情况在规定期限内进行核查，具体核查办法由外经贸部会同有关部门制定。

2. 政策调整实施之日前已批准的全部出口项目仍需继续进口该项目下设备的,仍执行免税政策,但自项目投产之日起5年核查期内,有关部门应对产品直接出口情况进行调查;政策调整实施之日前已批准的全部出口项目完成了设备进口的,对政策调整实施之日前的产品出口情况不再核查,在政策调整实施之日后的剩余核查期内,对产品出口情况可有选择地进行调查。对于上述调查中发现的问题将依法进行处理。具体办法由外经贸部会同有关部门制定。

3. 进口税收先征后返办法按照财政部、国家经贸委、国家税务总局、海关总署《关于对部分进口商品予以退税的通知》〔(94)财预字第42号〕的规定执行。

三、关于特案减免税项目问题

此次政策调整实施前,经国务院批准,由财政部发文明确的特案减免税项目继续按原政策执行,今后一般不再受理和审批个案减免进口税项目。对生产性原材料、20种商品以及各地为举办大型活动所需进口的车辆一律不予免税。其他确需减免进口税的商品,由财政部会同有关部门从严把握,研究提出意见报国务院审批。

四、以上政策调整由财政部、国家发展计划委员会、国家经济贸易委员会、对外贸易经济合作部、国家税务总局、海关总署于2002年9月1日对外公告,自2002年10月1日起实施。

特此通知。

1-4-134

财政部　国家税务总局关于中央电视台等单位从境外购买电视节目播映权而进口的电视节目工作带进口环节增值税问题的通知

2003年4月24日　财税〔2003〕83号

海关总署:

近来,中央电视台等有关单位要求对其进口的电视节目工作带进口环节增值税问题予以明确。经研究,现通知如下:

根据增值税、营业税暂行条例和其他有关政策的规定,对境内单位从境外购买电视节目播映权而进口的电视节目工作带,不征收进口环节增值税。

本通知自2003年1月1日执行。

1 -4 -135

财政部关于明确边境小额贸易进口实施反倾销措施保障措施商品税收政策有关问题的意见

2003 年 12 月 26 日 财税〔2003〕263 号

海关总署：

你署《海关总署办公厅关于商请研究边境小额贸易进口实行反倾销措施商品征税问题的函》(署办函〔2003〕343 号)收悉。经研究，我们意见如下：

对目前及今后国内征收反倾销税和实行正式保障措施的进口产品，不再执行边贸进口税收政策，一律照章征收进口关税和进口环节增值税、消费税。该政策已报经国务院批准。

1 -4 -136

财政部 海关总署 国家税务总局关于印发《关于进口货物进口环节海关代征税税收政策问题的规定》的通知

2004 年 3 月 16 日 财关税〔2004〕7 号

各省、自治区、直辖市、计划单列市财政厅(局)、国家税务局，海关广东分署，海关总署驻天津、上海特派办，各直属海关：

《关于进口货物进口环节海关代征税税收政策问题的规定》已经国务院批准。现印发给你们，请遵照执行。

附件：关于进口货物进口环节海关代征税税收政策问题的规定

附件

关于进口货物进口环节海关代征税税收政策问题的规定

一、经海关批准暂时进境的下列货物，在进境时纳税义务人向海关缴纳相当于应纳税款的保证金或者提供其他担保的，可以暂不缴纳进口环节增值税和消费税，并应当自进境之日起 6 个月内复运出境；经纳税义务人申请，海关可以根据海关总署的规定延长复运出境的期限：

(一)在展览会、交易会、会议及类似活动中展示或者使用的货物;

(二)文化、体育交流活动中使用的表演、比赛用品;

(三)进行新闻报道或者摄制电影、电视节目使用的仪器、设备及用品;

(四)开发科研、教学、医疗活动使用的仪器、设备及用品;

(五)在本款第(一)项至第(四)项所列活动中使用的交通工具及特种车辆;

(六)货样;

(七)供安装、调试、检测设备时使用的仪器、工具;

(八)盛装货物的容器;

(九)其他用于非商业目的的货物。

上述所列暂准进境货物在规定的期限内未复运出境的,海关应当依法征收进口环节增值税和消费税。

上述所列可以暂时免征进口环节增值税和消费税范围以外的其他暂准进境货物,应当按照该货物的组成计税价格和其在境内滞留时间与折旧时间的比例分别计算征收进口环节增值税和消费税。

二、因残损、短少、品质不良或者规格不符原因,由进口货物的发货人、承运人或者保险公司免费补偿或者更换的相同货物,进口时不征收进口环节增值税和消费税。被免费更换的原进口货物不退运出境的,海关应当对原进口货物重新按照规定征收进口环节增值税和消费税。

三、进口环节增值税税额在人民币50元以下的一票货物,免征进口环节增值税;消费税税额在人民币50元以下的一票货物,免征进口环节消费税。

四、无商业价值的广告品和货样免征进口环节增值税和消费税。

五、外国政府、国际组织无偿赠送的物资免征进口环节增值税和消费税。

六、在海关放行前损失的进口货物免征进口环节增值税和消费税;在海关放行前遭受损坏的货物,可以按海关认定的进口货物受损后的实际价值确定进口环节增值税和消费税组成计税价格公式中的关税完税价格和关税,并依法计征进口环节增值税和消费税。

七、进境运输工具装载的途中必需的燃料、物料和饮食用品免征进口环节增值税和消费税。

八、有关法律、行政法规规定进口货物减征或者免征进口环节海关代征税的,海关按照规定执行。

九、本规定自2004年1月1日起施行。

1－4－137

财政部　国家税务总局关于对宫内节育器免征进口环节增值税的通知

2004 年 4 月 12 日　财关税〔2004〕17 号

海关总署：

根据我国增值税条例，“避孕药品和用具”属于增值税免征税目，现特予以明确。即从2004 年 5 月 1 日起，对“宫内节育器”（税则号 90189080）免征进口环节增值税，此前所征税款不予退回。

请通知各海关遵照执行。

1－4－138

财政部　国家税务总局关于停止执行国内设计国外流片加工集成电路产品进口环节增值税退税政策的通知

2004 年 8 月 31 日　财关税〔2004〕40 号

海关总署，信息产业部：

经国务院批准，自 2004 年 10 月 1 日起，停止执行《财政部　国家税务总局关于部分国内设计国外流片加工的集成电路产品进口税收政策的通知》（财税〔2002〕140 号），对财税〔2002〕140 号文件所列的集成电路产品，其进口环节增值税一律按照 17% 的法定税率计征。

1－4－139

国家税务总局关于规范填制海关代征进口增值税专用缴款书抵扣清单问题的通知

2005 年 2 月 5 日　国税发明电〔2005〕8 号

各省、自治区、直辖市和计划单列市国家税务局：

目前纳税人填制海关代征进口增值税专用缴款书（以下简称缴款书）抵扣清单不规范是造成缴款书比对异常的主要原因。为提高缴款书比对相符率，对缴款书有关问题说明如下：

（一）缴款书号码的编制原则

目前，海关H2000通关系统与H883通关系统并行，预计H883通关系统将于2005年退出实际运行。

缴款书号码在H883通关系统中共有19位，各位的含义是：号码前6位（包括括号）代表进口报关的年份和月份；第7到15位数字为报关单编号；第16个字符为征税标志，其中"－"为正常征税标志，"/"为补税标志，"#"为退税标志，"D"为删除标志，"@"为违规补滞纳金标志；第17位字母为税种标志，其中"A"为关税标志，"L"为增值税标志，"Y"为消费税标志，"I"为特别关税标志；第18、19位数字为报关单所产生的专用缴款书顺序号。如：缴款书号码为"（0407）024114793—L02"，纳税人填制抵扣清单时，缴款书号码应包括括号及括号内四位数字和"—"在内的19位均需填写，应填写为"（0407）024114793—L02"。

缴款书号码在H2000通关系统中共有22位，各位的含义是：号码前4位为各海关代码；第5至8位为年份；第9位为进出口标志，其中"1"为进口标志，"0"为出口标志；第10至18位为报关单编号；第19位为征税标志（含义同H883系统）；第20位为税种标志（含义同H883系统）；第21位至22位为报关单所产生的专用缴款书顺序号（含义同H883通关系统）。如：缴款书号码为"020720041074517694—L02"，纳税人填制抵扣清单时（包括"—"在内）的22位均需填写，应填写为"020720041074517694—L02"。H2000通关系统开具的缴款书中号码上一行打印的四位日期如："（0311）"不属于缴款书号码，不应当填写。

（二）关于海关口岸代码

纳税人在填制缴款书抵扣清单时，一律在清单"进口口岸"栏填"征税口岸代码"。

H2000通关系统开具的缴款书号码前4位即为海关征税口岸代码，如：缴款书号码为"020720041074517694—L02"，"0207"即为海关征税口岸代码；H883通关系统开具的缴款书号码需根据缴款书左上方打印的海关口岸名称或缴款书上加盖的海关口岸名称戳记对照本通知所附海关总署提供的《海关关区代码表》（见附件）正确填写。国税机关要辅导纳税人正确录入海关征税口岸代码，并做好清单的审核工作。

（三）关于开票日期

纳税人在填制抵扣清单时，应填写缴款书上打印的"填发日期"所列内容，不应填写纳税人"实际申报日期"。

各地接到本通知后，要做好宣传工作，加强对有关税务人员和纳税人的培训和辅导，切实提高纳税人填制缴款书抵扣清单的准确性。

附件：海关关区代码表（编者略）

1－4－140

国家发展改革委关于调整内资项目进口设备免税确认书出具依据等事项的通知

2006年1月19日　发改办规划〔2006〕114号

国务院有关部门办公厅,各省、自治区、直辖市及计划单列市发展改革委、经委(经贸委),新疆生产建设兵团发展改革委:

经国务院批准,我委发布了《产业结构调整指导目录(2005年本)》(以下简称《产业指导目录》),自2005年12月2日起执行。现就执行《产业指导目录》以及其他有关问题通知如下:

一、《产业指导目录》自2005年12月2日(含12月2日)起执行。属于《产业指导目录》鼓励类范围的国内投资项目,各有关单位仍按照《国务院关于调整进口设备税收政策的通知》(国发〔1997〕37号)精神出具项目免税确认书。

二、为保持政策的连续性,对2005年12月2日(不含12月2日)以前审批、核准或备案的国内投资项目(以项目的审批、核准或备案日期为准),符合《当前国家鼓励发展的产业、产品和技术目录(2000年修订)》的可仍然按照《当前国家鼓励发展的产业、产品和技术目录(2000年修订)》执行。项目单位须于2006年12月31日前,在投资主管部门取得项目免税确认书并到海关备案。

三、《产业指导目录》实施后,项目确认书中的"项目产业政策审批条目"编码为"I",例如,鼓励类第一类第1项应填写为:粮食中低产田综合治理与稳产高产基本农田建设(I0101);第六类第2项应填写为:天然气水合物勘探开发(I0602)。

四、项目免税确认书原则上不得变更。因特殊原因导致确认书内容发生变化的,由原确认书出具单位以函的形式变更(具体样式附后),不再采取在原确认书复印件上变更的方式。其中,项目业主变更的需重新出具项目确认书。

五、本通知未提及的其他事宜,仍按照发改规划〔2003〕900号文、发改办规划〔2005〕682号文以及发改办规划〔2005〕1537号文等有关规定执行。

六、本通知从发布之日起执行。

附件:确认书变更函样式(编者略)

1－4－141

财政部　国家税务总局关于进口环节消费税有关问题的通知

2006年3月30日　财关税〔2006〕22号

海关总署：

为适应社会经济形势的客观发展需要，进一步完善消费税制，经国务院批准，对消费税税目、税率及相关政策进行调整。根据《财政部、国家税务总局关于调整和完善消费税政策的通知》（财税〔2006〕33号），现将进口环节征收消费税的有关问题通知如下：

一、新增对高尔夫球及球具、高档手表、游艇、木制一次性筷子、实木地板、石脑油、溶剂油、润滑油、燃料油、航空煤油等产品征收消费税，停止对护肤护发品征收消费税，调整汽车、摩托车、汽车轮胎、白酒的消费税税率；石脑油、溶剂油、润滑油、燃料油暂按应纳消费税额的30%征收；航空煤油暂缓征收消费税；子午线轮胎免征消费税。

二、调整后征收进口环节消费税的商品共14类，具体税目税率见附件。

三、关于进口环节消费税税收政策问题，按《财政部、海关总署、国家税务总局关于印发〈关于进口货物进口环节海关代征税税收政策问题的规定〉的通知》（财关税〔2004〕7号）的有关规定执行。

四、本通知自2006年4月1日起执行。原有规定与本通知有抵触的，以本通知为准。

附件：进口环节消费税应税商品税目税率表（编者略）

1－4－142

财政部　海关总署　国家税务总局关于调整钻石及上海钻石交易所有关税收政策的通知

2006年6月7日　财税〔2006〕65号

各省、自治区、直辖市、计划单列市财政厅（局）、国家税务局，新疆生产建设兵团财务局，海关广东分署、天津、上海特派办、各直属海关：

为规范国内钻石市场，平衡同类商品税收负担，经国务院批准，现将钻石及上海钻石交易所有关税收政策通知如下：

一、纳税人自上海钻石交易所销往国内市场的毛坯钻石，免征进口环节增值税；纳税人自上海钻石交易所销往国内市场的成品钻石，进口环节增值税实际税负超过4%的部分由海关实行即征即退。进入国内环节，纳税人凭海关开具的完税凭证注明的增值税额抵扣进项税金。

纳税人自上海钻石交易所销往国内市场的钻石实行进口环节增值税免征和即征即退政策后，销往国内市场的钻石，在出上海钻石交易所时，海关按照现行规定依法实施管理。

二、出口企业出口的以下钻石产品免征增值税，相应的进项税额不予退税或抵扣，须转入成本。具体产品的范围是：税则序列号为71021000、71023100、71023900、71042010、71049091、71051010、71131110、71131911、71131991、71132010、71162000。

各地税务机关要注意含有钻石的产品的出口动态，凡发现企业出口产品含钻石且价值比重较大，同时不属于以上所列产品范围，以及执行中发现其他问题的，应及时报告财政部、国家税务总局。

三、对国内钻石开采企业通过上海钻石交易所销售的自产毛坯钻石实行免征增值税政策；不通过上海钻石交易所销售的，照章征收增值税。

四、对国内加工的成品钻石，通过上海钻石交易所销售的，在国内销售环节免征增值税；不通过上海钻石交易所销售的，在国内销售环节按17%的税率征收增值税。

对国内加工的成品钻石，进入上海钻石交易所时视同出口，不予退税，自上海钻石交易所再次进入国内市场，其进口环节增值税实际税负超过4%的部分，由海关实行即征即退。

五、对上海钻石交易所取得的交易手续费收入、会员缴纳的年费收入照章征收营业税。

六、关于上海钻石交易所的保税政策和钻石的其他税收政策，仍按现行规定执行。

七、进口环节增值税即征即退的具体操作办法由海关总署制定；对钻石的国内环节的增值税征收管理办法及增值税专用发票管理办法由国家税务总局另行制定。

八、对以一般贸易方式报关进口的工业用钻，不再集中到上海钻石交易所海关办理报关手续、实行统一管理，照章征收进口关税和进口环节增值税（具体商品范围见附件）。

本通知自2006年7月1日起执行。

附件：工业用钻范围（编者略）

1－4－143

财政部　国家税务总局关于矿物质微量元素舔砖免征进口环节增值税的通知

2006年12月12日　财关税〔2006〕73号

海关总署：

为支持国内畜牧业的发展并根据《财政部、国家税务总局关于豆粕等粕类产品征免增值税政策的通知》（财税〔2001〕30号）第二条的有关规定，自2007年1月1日起，对进口的矿物质微量元素舔砖（税号ex38249090）免征进口环节增值税。

矿物质微量元素舔砖是以四种以上微量元素、非营养性添加剂和载体为原料，经高压浓缩制成的块状预混物，供牛、羊等直接食用。

1－4－144

财政部　国家税务总局关于明确生皮和生毛皮进口环节增值税税率的通知

2007年3月20日　财关税〔2007〕34号

海关总署：

根据2007版《中华人民共和国进出口税则》及《财政部、国家税务总局关于印发〈农业产品征税范围注释〉的通知》（财税字〔1995〕52号）、《财政部、国家税务总局关于调整部分商品进口环节增值税税率的通知》（财税字〔2000〕296号），自2007年4月1日起，对生皮、生毛皮等动物皮张类商品（具体税号见附件）的进口环节增值税按13%的税率计征。

附件：按13%税率计征进口环节增值税的动物皮张类商品（编者略）

1－4－145

海关总署关于实施《科教用品免税规定》和《科技用品免税暂行规定》有关办法的公告

2007年3月30日　海关总署公告2007年第13号

根据《科学研究和教学用品免征进口税收规定》（财政部、海关总署、税务总局令第45号，以下简称《科教用品免税规定》）和《科技开发用品免征进口税收暂行规定》（财政部、海关总署、税务总局令第44号，以下简称《科技用品免税暂行规定》）的有关规定，现就海关实施《科教用品免税规定》和《科技用品免税暂行规定》的有关办法和相关事宜公告如下：

一、《科教用品免税规定》和本公告所称科学研究机构和学校是指：

（一）国务院各部委、直属机构和省、自治区、直辖市、计划单列市所属专门从事科学研究工作的各类科研院所；

（二）国家承认学历的大专及以上学历教育的高等学校，其中包括成人高等学校（广播电视大学、职工大学、教育学院、管理干部学院、农民高等学校、独立设置的函授学院等）；高等职业学校；中央党校及省、自治区、直辖市、计划单列市党校；

（三）财政部会同国务院有关部门核定的其他科研机构和学校。

二、《科技用品免税暂行规定》和本公告所称科学研究、技术开发机构（以下简称科技开发机构）是指：

（一）科技部会同财政部、海关总署和税务总局核定的科技体制改革过程中转制为企业和进入企业的主要从事科学研究和技术开发工作的机构；

（二）国家发展改革委会同财政部、海关总署和税务总局核定的国家工程研究中心；

（三）国家发展改革委会同财政部、海关总署、税务总局和科技部核定的企业技术中心；

（四）科技部会同财政部、海关总署和税务总局核定的国家重点实验室和国家工程技术研究中心；

（五）财政部会同国务院有关部门核定的其他科学研究、技术开发机构。

三、科学研究机构、学校进口《科教用品免税规定》附件“免税进口科学研究和教学用品清单”所列商品和科技开发机构进口《科技用品免税暂行规定》附件“免税进口科技开发用品清单”中所列商品均可予免征进口关税和进口环节增值税、消费税，其中：

（一）“免税进口科学研究和教学用品清单”和“免税进口科技开发用品清单”（以下统称“清单”）第（一）项包括进行分析、测量、检查、计量、观测等工作必需的传感器或类似装置及其附件；

（二）“清单”第（二）项的“实验室设备”只限于为科学研究、教学和科技开发提供必要条件或与仪器、仪表配套使用的小型实验室设备、装置、专用器具和器械（国家规定不予免税的20种商品除外），如超低温设备、小型超纯水设备、小型发酵设备等，但不包括中试设备（详见附件1）；

（三）“清单”第（三）项包括网络设备，如数据交换仪、路由器、集成器、防火墙；

（四）“清单”第（四）项所列用于维修、改进或扩充功能的零部件及配件只限用于原享受科教用品、科技开发用品优惠政策免税进口并在海关监管期内的仪器、仪表和设备等的专用件；

（五）“免税进口科学研究和教学用品清单”第（八）项和“免税进口科技开发用品清单”第（七）项所列实验用材料是指科学研究、教学和科技开发实验中所需的试剂、生物中间体和制品、药物、同位素等特殊专用材料（详见附件2）；

（六）“免税进口科学研究和教学用品清单”第（十）项和“免税进口科技开发用品清单”第（九）项所列的医疗检测、分析仪器及其附件是指医药类院校、专业和医药类科学研究机构及科技开发机构为科学研究、科学试验、教学和科技开发进口的医疗检测、分析仪器，但不包括用于手术、治疗的仪器设备，例如呼吸机、监护仪、心脏起搏器、牙科椅等；

（七）“免税进口科学研究和教学用品清单”第（十二）项和“免税进口科技开发用品清单”第（十一）项所列“专业级乐器”是指艺术类院校、专业和艺术类科学研究机构及科技开发机构进行创作、教学、科学研究和科技开发所需的弦乐类、管乐类、打击乐与弹拨乐类、键盘乐类、电子乐类等方面的专用乐器；“音像资料”是指上述院校、科学研究机构及科技开发机构进行教学、科学研究和科技开发专用的音像资料。

四、符合上述第一条、第二条规定的科学研究机构、学校和科技开发机构，首次申请免税进口科教用品或科技开发用品前，应持凭有关批准文件向单位所在地直属海关申请办理资格备案手续。其中：

（一）高等学校（包括成人高等学校，师范、医药类高等职业学校以及由国务院有关部门和单位主办的高等职业学校）持凭教育部批准设立的文件；国务院授权省、自治区、直辖市人民政府审批设立的高等职业学校，持凭省级人民政府批准设立的文件；

（二）国务院各部委、直属机构设立的科学研究机构持凭主管部门批准成立的文件、《事业单位法人证书》和科技部认定该单位为科学研究机构的有关文件；

（三）省、自治区、直辖市、计划单列市设立的科学研究机构持凭主管部门批准成立的文件、《事业单位法人证书》和同级科技主管部门认定该单位为科学研究机构的有关文件。其中,省、自治区、直辖市、计划单列市设立的厅局级科学研究机构还需持凭国家机构编制主管部门批准成立的文件;

(四)科技开发机构持凭国务院有关部门的核定文件。

经海关审核认定申请单位符合条件的,海关予以办理科教用品、科技开发用品免税资格备案。

五、经批准免税进口的科教用品和科技开发用品,应当直接用于本单位的科学研究、教学和科技开发活动,未经海关许可不得擅自转让、移作他用或进行其他处置。

六、免税进口科教用品、科技开发用品的单位,经海关核准后,其免税进口的仪器、设备可用于其他单位的科学研究、教学和科技开发活动,但不得移出本单位。

七、医药类院校、专业和医药类科学研究机构为从事科学研究、教学活动,需将免税进口的医疗检测、分析仪器放置于其经省级或省级以上的教育或卫生主管部门批准的附属医院临床使用的,须事先向海关提出申请并经海关核准。上述仪器经海关核准进口后,应由医药类院校、医药类专业所在院校和医药类科学研究机构进行登记管理。

前款规定的上述单位进口放置在附属医院使用的大中型医疗检测、分析仪器,按照主要功能和用途,限每所附属医院每种每5年1台;放置在附属医院使用的其他小型医疗检测、分析仪器应限制在合理数量内。

本科院校的附属医院一般应达到三级甲等水平,专科学校的附属医院一般应达到二级甲等以上水平。

八、违反有关规定,将免税进口的科教用品和科技开发用品擅自转让、移作他用或进行其他处置,依法被追究刑事责任的,有关单位自违法行为发现之日起3年内不得享受本税收优惠政策;按照有关规定被处罚但未被追究刑事责任的,有关单位自违规行为发现之日起1年内不得享受本税收优惠政策。

九、接受捐赠进口科教用品和科技开发用品按照本公告的规定办理。

十、上述规定自公告之日起实施。

特此公告。

附件:1. 为科学研究、教学和科技开发提供必要条件的实验设备、装置和器械(不包括中试设备)(编者略)

2. 实验用材料(编者略)

1－4－146

海关总署关于进口铅矿砂及其精矿享受黄金伴生矿税收优惠政策事宜的公告

2007年3月30日　海关总署公告2007年第14号

2003年,为贯彻国务院关于黄金体制改革的决定要求,海关总署发布了关于免征进口黄金(含标准黄金)和黄金矿砂(含伴生矿)进口环节增值税的公告(海关总署2003年第29号公告)。其中明确黄金伴生矿仅指《中华人民共和国进出口税则》中税则号列26030000(铜矿砂及其精矿)的黄金伴生矿,同时作出了相关管理规定。

根据上述关于黄金和黄金矿砂的进口税收政策和近年来我国铅工业发展的情况及存在的问题,经研究,自2007年4月1日起,进口铅矿砂及其精矿享受黄金伴生矿税收优惠政策,即进口铅矿砂及其精矿中所含的黄金价值部分免征进口环节增值税,非黄金价值部分照章征收进口环节增值税。现就有关事项公告如下:

一、上述享受进口税收优惠政策的铅矿砂及其精矿是指税则号列26070000项下的货物。

二、进口货物收货人在向海关申报进口上述铅矿砂及其精矿时,其中所含黄金价值部分的商品编码应填报为2607000001,非黄金价值部分的商品编码应填报为2607000090。

三、其他相关事项,按照海关总署2003年第29号公告的有关规定办理。

特此公告。

1-4-147

海关总署　发展改革委　财政部　商务部 关于针对海关在执行相关进口税收优惠政策适用问题的公告

2007年7月13日　海关总署　发展改革委　财政部
商务部公告2007年第35号

为保证外商投资项目进口税收优惠政策的正确实施,营造规范、统一、公平的贸易环境,保障外商投资企业的合法权益,针对海关在执行相关进口税收优惠政策中遇到的问题,经研究,现将有关政策适用问题明确如下:

一、关于外商投资项目适用进口税收优惠政策问题

根据外商投资的法律法规规定,在中国境内依法设立,并领取中华人民共和国外商投资企业批准证书和外商投资企业营业执照等有关法律文件的中外合资经营企业、中外合作经营企业和外资企业(以下统称外商投资企业),所投资的项目符合《外商投资产业指导目录》中鼓励类或《中西部地区外商投资优势产业目录》的产业条目的,其在投资总额内进口的自用设备及随设备进口的配套技术、配件、备件(以下简称自用设备),除《外商投资项目不予免税的进口商品目录》所列商品外,免征关税和进口环节增值税。

2002年4月1日以前批准的外商投资限制乙类项目,以及1996年4月1日以前批准的外商投资项目,仍可享受上述外商投资项目进口税收优惠政策。但以上外商投资项目(包括鼓励类项目),其项目单位须于2007年12月31日前按照现行规定持项目确认书或其他相关资料向海关申请办理减免税备案手续,并于2010年12月31日前向海关申请办理项目项下进口自用设备的减免税审批手续。逾期,海关不再受理上述减免税备案和审批申请。

个别投资规模大,建设期长的外商投资项目,经海关总署商原出具项目确认书的国务院有关主管部门同意,可适当延长办理减免税审批手续的时限。

二、关于外商投资股份有限公司适用进口税收优惠政策问题

(一)中外投资者采取发起或募集方式在境内设立外商投资股份有限公司,或已设立的外商投资有限责任公司转变为外商投资股份有限公司,并且外资股比不低于25%,所投资的项目符合《外商投资产业指导目录》中鼓励类或《中西部地区外商投资优势产业目录》的产业条目的,其在投资总额内进口的自用设备,可以享受外商投资项目进口税收优惠政策。

(二)内资有限责任公司和股份有限公司转变为外资股比不低于25%的外商投资股份有限公司并且同时增资,所投资的项目符合《外商投资产业指导目录》中鼓励类或《中西部地区外商投资优势产业目录》的产业条目的,其增资部分对应的进口自用设备可享受外商投资项目进口税收优惠政策。但原项目(不含增资部分)项下进口的自用设备不能享受外商投资项目进口税收优惠政策。

(三)境内内资企业发行B股或发行海外股(H股、N股、S股、T股或红筹股)转化为外商投资股份有限公司,其投资项目一般不享受外商投资项目进口税收优惠政策。此类外商投资股份有限公司所投资的项目符合《外商投资产业指导目录》中鼓励类或《中西部地区外商投资优势产业目录》的产业条目的,其在投资总额内进口的自用设备,除《国内投资项目不予免税的进口商品目录》所列商品外,可以免征关税和进口环节增值税。此前已经国务院特别批准按国内投资产业政策管理的此类外商投资股份有限公司,仍按原规定执行。

三、关于外国投资者的投资比例低于25%的外商投资企业的进口税收政策适用问题

(一)外国投资者的投资比例低于25%的外商投资企业,所投资的项目符合《外商投资产业指导目录》中鼓励类或《中西部地区外商投资优势产业目录》的产业条目的,其在投资总额内进口的自用设备,除《国内投资项目不予免税的进口商品目录》所列商品外,可以免征关税和进口环节增值税。

(二)持有外商投资企业批准证书的A股上市公司(以下简称外商投资上市公司)股权分置改革方案实施后,因增发新股或原外资法人股股东出售股份,使外资股比低于25%的,其投资项目不能享受外商投资项目进口税收优惠政策;之后即使原外资法人股股东通过回购股份等方式,使外资股比再次不低于25%的,其投资项目仍然不能享受外商投资项目进口税收优惠政策。对于股权分置改革方案实施后,外商投资上市公司增发新股,或原外资法人股股东出售股份,但外资股比不低于25%,所投资的项目符合《外商投资产业指导目录》中鼓励类或《中西部地区外商投资优势产业目录》的产业条目的,其在投资总额内进口的自用设备仍可享受外商投资项目进口税收优惠政策。

(三)外国投资者的投资比例低于25%的外商投资企业不能享受外商投资项目进口税收优惠政策,因此,此类企业不属于《海关总署关于进一步鼓励外商投资有关进口税收政策的通知》(署税〔1999〕791号)中规定的可享受有关税收优惠政策范围,不能利用自有资金免税进口自用设备。

四、关于外商投资企业境内再投资项目的进口税收政策适用问题

(一)外商投资企业向中西部地区再投资设立的企业或其通过投资控股的公司,注册资本中外资比例不低于25%,并取得外商投资企业批准证书,所投资的项目符合《外商投资产

业指导目录》中鼓励类或《中西部地区外商投资优势产业目录》的产业条目的,其在投资总额内进口的自用设备,可享受外商投资项目进口税收优惠政策。

(二)外商投资企业向中西部以外地区再投资设立的企业,以及向中西部地区再投资设立的外资比例低于25%的企业(上述企业包括直接或间接含有外资成分的公司),所投资的项目仍按外商投资产业政策管理,其中符合《外商投资产业指导目录》中鼓励类或《中西部地区外商投资优势产业目录》的产业条目的,其在投资总额内进口的自用设备,除《国内投资项目不予免税的进口商品目录》所列商品外,可以免征关税和进口环节增值税。

五、本公告自2007年7月20日起执行。此前有关文件规定与本公告不一致的,以本公告为准。

特此公告。

1-4-148

科学技术部　财政部　海关总署国家税务总局关于印发执行《科技开发用品免征进口税收暂行规定》转制科研机构名单(第一批)的通知

2007年7月24日　国科发政字〔2007〕453号

各省、自治区、直辖市、计划单列市科技厅(委、局)、财政厅(局)、国家税务局,海关总署广东分署、天津特派办、上海特派办、各直属海关:

根据《科技开发用品免征进口税收暂行规定》(财政部、海关总署、国家税务总局第44号令),现将经科技部、财政部、海关总署、国家税务总局核定的转制科研机构名单(第一批)(原国务院部门属技术开发类科研机构)印发给你们。

转制科研机构名称发生变更的,可持企业登记主管机关出具的《准予变更登记通知书》到主管直属海关办理资格备案手续。

改革后仍保留科研事业单位性质的科研机构和并入高校的科研机构进口科教用品执行《科学研究和教学用品免征进口税收规定》。各省、自治区、直辖市、计划单列市所属转制科研机构执行《科技开发用品免征进口税收暂行规定》名单另行发布。

附件:执行《科技开发用品免征进口税收暂行规定》转制科研机构名单(第一批)(编者略)

1 -4 -149

海关总署关于调整工业盐和食用盐进口环节增值税税率的公告

2007 年 9 月 4 日　海关总署公告 2007 年第 49 号

根据《财政部、国家税务总局关于调整工业盐和食用盐进口环节增值税税率的通知》(财关税〔2007〕61 号),自 2007 年 9 月 1 日起,将食用盐、其他盐和纯氯化钠(税号:25010011、25010019、25010020)的进口环节增值税税率调整为 13%。

对 9 月 1 日起至本公告发布前已经按原税率征收进口环节增值税的食用盐、其他盐和纯氯化钠,准予退还多征部分的税款。

特此公告。

1 -4 -150

海关总署关于调整音像制品和电子出版物进口环节增值税税率有关问题的公告

2007 年 9 月 14 日　海关总署公告 2007 年第 52 号

经国务院批准,自 2007 年 9 月 15 日起,音像制品和电子出版物的进口环节增值税税率由 17% 下调至 13%。现将有关问题公告如下:

一、自 2007 年 9 月 15 日起,海关将按照 13% 的税率对进口音像制品和电子出版物征收进口环节增值税。

二、本公告所称"音像制品",是指录有内容的录音带、录像带、唱片、激光唱盘和激光视盘。音像制品的商品名称、税则号列,以及申报进口时应填报的商品编码详见本公告附件 1。

三、本公告所称"电子出版物",是指以数字代码方式将图文声像等内容信息编辑加工后存储在具有确定的物理形态的磁、光、电等介质上,通过计算机或者具有类似功能的设备读取使用,用以表达思想、普及知识和积累文化的大众传播媒体。电子出版物的商品名称、税则号列,以及申报进口时应填报的商品编码见附件 2。

四、申报进口本公告附件 1 或 2 所列带有"ex"标记的税则号列项下的其他商品时,其商品编码的第 9、10 位应填报为"90"。

特此公告。

附件:1. 音像制品的商品名称、税则号列及商品编码表(编者略)

　　2. 电子出版物的商品名称、税则号列及商品编码表(编者略)

1 -4 -151

海关总署关于进口镍矿砂、钴矿砂、锑矿砂及它们的精矿享受黄金伴生矿税收优惠政策的公告

2007 年 11 月 16 日　海关总署公告 2007 年第 60 号

2003 年,为贯彻国务院关于黄金体制改革的决定要求,海关总署发布了关于免征进口黄金(含标准黄金)和黄金矿砂(含伴生矿)进口环节增值税的公告(海关总署 2003 年第 29 号公告)。其中明确黄金伴生矿仅指《中华人民共和国进出口税则》中税则号列 26030000(铜矿砂及其精矿)的黄金伴生矿,同时作出了相关管理规定。2007 年 3 月,海关总署发布了 2007 年第 14 号公告,明确进口税则号列 26070000 项下的铅矿砂及其精矿,也可以享受黄金伴生矿税收优惠政策。

根据上述关于黄金和黄金矿砂的进口税收政策和近年来我国镍、钴及锑工业发展的情况,经研究决定,自 2007 年 12 月 1 日起,进口镍矿砂、钴矿砂、锑矿砂及它们的精矿享受黄金伴生矿税收优惠政策,即进口上述货物中所含的黄金价值部分免征进口环节增值税,非黄金价值部分照章征收进口环节增值税。现就有关事项公告如下:

一、上述享受进口税收优惠政策的镍矿砂及其精矿是指税则号列 26040000 项下的货物;钴矿砂及其精矿是指税则号列 26050000 项下的货物;锑矿砂及其精矿是指税则号列 26171090 项下的货物,不包括税则号列 26171010 所列的生锑。

二、进口货物收货人在向海关申报进口上述镍矿砂及其精矿时,其中所含黄金价值部分的商品编码应填报为 2604000001,非黄金价值部分的商品编码应填报为 2604000090。

进口上述钴矿砂及其精矿时,其中所含黄金价值部分的商品编码应填报为 2605000001,非黄金价值部分的商品编码应填报为 2605000090。

进口上述锑矿砂及其精矿时,其中所含黄金价值部分的商品编码应填报为 2617109001,非黄金价值部分的商品编码应填报为 2617109090。

三、其他相关事项,按照海关总署 2003 年第 29 号公告的有关规定办理。

特此公告。

1－4－152

财政部　国家税务总局关于免征磷酸氢二铵进口环节增值税的通知

2007年12月20日　财关税〔2007〕158号

海关总署：

经国务院批准，自2008年1月1日起，免征磷酸氢二铵（税号：31053000）的进口环节增值税。

1－4－153

海关总署关于抗震救灾进口物资税收政策及相关问题的公告

2008年8月28日　海关总署公告2008年第60号

为鼓励国内外社会各界向汶川特大地震受灾地区捐赠救灾物资，支持和帮助灾区积极开展生产自救、重建家园，经国务院批准，现将有关抗震救灾进口物资的税收政策及相关问题公告如下：

一、对在汶川特大地震发生后3个月内（即从2008年5月12日至2008年8月12日），境外捐赠进口直接用于抗震救灾的各类物资，国内有关政府部门、企事业单位、社会团体、个人以及来华或在华的外国公民从境外或海关特殊监管区域进口并直接捐赠给地震灾区用于抗震救灾的各类物资，以及境内加工贸易企业捐赠直接用于抗震救灾的加工贸易货物和国内有关单位直接捐赠给灾区用于抗震救灾的物资中所用的进口原材料和零部件，全部免征进口关税和进口环节增值税、消费税。

二、在2008年5月12日至2008年8月12日期间，民政部、全国妇联、中国红十字会总会、中国地震局及省级地震局、各省、自治区、直辖市的民政部门、中华慈善总会、四川省慈善总会、地方红十字会、地方抗震救灾指挥部以及其他省部级以上（含省部级）单位，均可作为接收单位接受境内外捐赠直接用于抗震救灾的各类进口物资，并享受上述免税政策。

三、在2008年5月12日至2008年8月12日期间，无明确接收方的境外捐赠救灾物资，统一由中国红十字会总会负责接收，并向海关申请办理有关减免税手续。

四、对在2008年5月12日至2008年8月12日期间进口直接用于抗震救灾的各类物资（包括食品、药品、医疗器械等），加工贸易企业捐赠直接用于抗震救灾的加工贸易货物所用的进口原材料、零部件，以及随境外救援队、医疗队或包机进境的旧机电产品、旧汽车、旧医疗器械等，需要提交相关许可证件、通关证明文件或加工贸易内销批准证的，经海关核实确实用于抗震救灾后，准予免予提交有关证件。

五、对在2008年5月12日至2008年8月12日期间进口直接用于抗震救灾的汽车、药品等物资，由非指定口岸进口的，准予在进口口岸办理清关手续。

六、对上述可以免税进口的救灾物资已经缴纳的税款，准予退还。

七、为加强对捐赠进口救灾物资的管理，自2008年8月13日起，恢复按照1998年国务院批准的《关于救灾捐赠物资免征进口税收的暂行办法》(署税〔1998〕443号)的规定执行，同时恢复执行其他各项现行进口相关政策和规定。

八、自2008年7月1日起，对受灾地区企业、单位或支援受灾地区重建的企业、单位进口国内不能满足供应并直接用于灾后恢复重建的大宗物资、设备等，在3年内给予进口税收优惠。

享受上述进口税收优惠政策的物资、设备的范围、数量等，由各省、自治区、直辖市、计划单列市人民政府或国务院有关部门负责将所在地企业或归口管理单位提交的进口物资减免税申请汇总后，报财政部会同有关部门共同审核提出处理意见，报请国务院批准。

在享受进口税收优惠政策的物资、设备的范围、数量等确定前，有关企业、单位进口灾后恢复重建物资的，在进口企业、单位提供相关省、自治区、直辖市、计划单列市人民政府办公厅或国务院有关部门办公厅出具的证明函后，进口地海关可凭证明函和进口企业、单位提供的税款担保先予办理货物放行手续，待有关规定明确后再办理进口物资的征免税结关手续。

特此公告。

1－4－154

海关总署关于调整《外商投资项目不予免税的进口商品目录》等目录商品税号的公告

2008年9月2日　海关总署公告2008年第65号

根据2008年版《中华人民共和国进出口税则》(以下简称《税则》)的税目调整情况，经商财政部，对此前下发的《外商投资项目不予免税的进口商品目录》(署税发〔2002〕81号的附件2)和《停止减免税的20种商品税号对照表》、《停止减免税的20种商品(餐料)税号对照表》(海关总署2004年第7号公告的附件1、2)中的商品税则号列进行调整(详见附件)，现就有关问题公告如下：

一、此次调整，主要是根据2008年版《税则》税目的调整以及上述目录、商品税号对照表所列有关商品的税则号列不够准确等情况，调整了相关商品的税则号列。

二、《外商投资项目不予免税的进口商品目录》所列商品和经国务院批准一律停止减免关税和进口环节增值税的20种商品的税则号列，自2008年9月10日起按照本公告的规定执行。

三、为保持政策的连续性，对于2008年9月10日以前海关按照有关政策规定和本次调整前的税则号列已出具的《进出口货物征免税证明》尚在有效期内的,允许继续使用,但不得延期。货物已经征税或免税进口的,税款不予调整。

四、对今后由于《税则》税目调整而造成有关目录中列名商品的税则号列与该商品当年应当适用的税则号列不一致的情况,进口有关目录中的商品,其税则号列应当按照当年版《税则》予以确定。

五、自2008年9月10日起,《海关总署关于执行〈外商投资产业指导目录〉有关问题的通知》(署税发〔2002〕81号)附件2所列《外商投资项目不予免税的进口商品目录》和海关总署2004年第7号公告停止执行。

特此公告。

附件:1. 外商投资项目不予免税的进口商品目录(编者略)

2. 停止减免税的20种商品(不包括餐料)税则号列表(编者略)

3. 停止减免税的20种商品(餐料)税则号列表(编者略)

1-4-155

海关总署关于外国驻中国使馆和使馆人员转让免税进境机动车辆海关手续的公告

2008年9月3日　海关总署公告2008年第66号

根据《中华人民共和国海关对外国驻中国使馆和使馆人员进出境物品监管办法》(海关总署令第174号发布)有关规定,现将外国驻中国使馆和使馆人员(以下简称使馆和使馆人员)转让免税进境机动车辆有关手续公告如下:

一、使馆和使馆人员申请将免税进境的机动车辆转让给其他国家驻中国使馆和使馆人员时,应当由双方分别向其主管海关递交照会、《中华人民共和国海关外交公/自用物品转让申请表》(式样见附件)。

二、经主管海关审核批准后,出让方凭其主管海关开具的《中华人民共和国海关监管车辆进/出境领/销牌照通知书》(以下简称《领/销牌照通知书》)向公安交通管理部门办理机动车辆牌照注销手续,并凭《领/销牌照通知书》回执向其主管海关办理机动车辆结案手续。受让方凭其主管海关出具的《领/销牌照通知书》向公安交通管理部门办理机动车辆牌照申领手续。

三、使馆和使馆人员申请将免税进境的机动车辆转让给常驻机构和常驻人员时,比照本公告第一、二条规定办理有关手续。

四、应当补税的机动车辆,由受让方向其主管海关依法补缴税款。

五、使馆和使馆人员将免税进境的机动车辆出售给海关批准的特许经营单位时,应当由使馆和使馆人员向其主管海关递交照会及经使馆和特许经营单位盖章确认的《中华人民共和国海关外交公/自用物品转让申请表》,由使馆和使馆人员参照本公告第二条规定办理机动车辆注销牌照等结案手续。特许经营单位向其主管海关补缴税款后,海关开具《中华人民共和国海关监管车辆解除监管证明书》。

六、外国驻中国领事馆、联合国及其专门机构和其他国际组织驻中国代表机构及其人员转让免税进境机动车辆有关手续,参照上述规定办理。

本公告自2008年10月1日起实施。

附件:中华人民共和国海关外交公/自用物品转让申请表(编者略)

1-4-156

财政部　海关总署　国家税务总局关于促进边境贸易发展有关财税政策的通知

2008年10月30日　财关税〔2008〕90号

内蒙古、辽宁、吉林、黑龙江、广西、海南、西藏、新疆、云南省(自治区)财政厅、国家税务局,呼和浩特、满洲里、大连、长春、哈尔滨、南宁、海口、昆明、拉萨、乌鲁木齐海关:

为贯彻落实科学发展观,构建社会主义和谐社会,根据《国务院关于促进边境地区经济贸易发展问题的批复》(国函〔2008〕92号)的精神,现就进一步促进边境贸易发展有关财税政策通知如下:

一、加大对边境贸易发展的财政支持力度

在现行边境地区专项转移支付的基础上增加资金规模,加大对边境贸易发展的支持力度,为企业的发展创造良好的外部环境。2008年全年按20亿元掌握,实际执行期为两个月;以后年度在此基础上建立与口岸过货量等因素挂钩的适度增长机制。具体办法由财政部会同有关部门另行制定。地方财政部门要结合本地实际,并根据支持边境贸易发展和边境小额贸易企业能力建设的要求,认真落实中央补助资金,切实发挥资金使用效益。要充分利用财政和审计部门的监督检查力量,保证专项转移支付的资金能真正发挥促进边境贸易发展的作用。

二、提高边境地区边民互市进口免税额度

边民通过互市贸易进口的生活用品,每人每日价值在人民币8000元以下的,免征进口关税和进口环节税。为加强管理,由财政部会同有关部门研究制定边民互市进出口商品不予免税的清单,有关部门应对政策执行情况进行及时跟踪、分析。

三、关于边境小额贸易进口税收问题

以边境小额贸易方式进口的商品,进口关税和进口环节税照章征收。

本通知自2008年11月1日起执行,由财政部、海关总署和税务总局负责解释。

特此通知。

1－4－157

国内投资项目不予免税的进口商品目录(2008年调整)

2008年12月9日　财政部　国家发展改革委
海关总署　国家税务总局公告2008年第39号

财政部、国家发展改革委、海关总署、国家税务总局在广泛收集、整理各部门、行业协会、企业意见的基础上,针对《国内投资项目不予免税的进口商品目录(2006年修订)》(以下简称《目录》)执行中存在的问题,共同对《目录》中的部分条目进行了调整,现将有关事项公告如下:

一、根据近年来国内装备制造水平的变化,对《目录》中部分条目所列技术规格进行了相关调整。另外,根据《中华人民共和国进出口税则》对《目录》中部分条目所列税则号列进行了相应调整和修正,同时对其中个别商品的名称等内容进行了调整和修正(详见附件)。

二、调整后《目录》自2008年12月15日起执行,即2008年12月15日及以后新批准的国内投资项目(以项目的审批、核准或备案日期为准,下同),其进口设备一律按照调整后的《目录》执行。

为保证《目录》调整前审批的老项目顺利实施,对2008年12月15日以前批准的国内投资项目,其进口设备在2009年6月30日及以前申报进口的,仍按照调整前《目录》执行。但对于有关进口设备按照调整前《目录》审核不符合免税条件,而按照调整后《目录》审核符合免税条件的,自2008年12月15日起,可以按照调整后《目录》执行。货物已经征税进口的,不再予以调整。

自2009年7月1日起,国内投资项目项下申报进口的设备一律按照调整后《目录》执行。

三、现行政策对国内投资项目项下进口设备的免税条件另有规定的,有关进口设备仍需执行相关规定。

附件:国内投资项目不予免税的进口商品目录(2008年调整)(编者略)

注释:

政策调整。对《国内投资项目不予免税的进口商品目录(2008年调整)》中部分条目所列技术规格进行了相关调整;对部分条目所列税则号列进行了相应调整和修正,同时对部分商品的名称等内容进行了调整和修正。参见:《财政部　国家发展改革委　海关总署　国家税务总局关于调整〈国内投资项目不予免税的进口商品目录〉的公告》(财政部　国家发展改革委　海关总署　国家税务总局公告2012年第83号)。

1 -4 -158

财政部　海关总署　国家税务总局关于对部分进口税收优惠政策进行相应调整的公告

2008 年 12 月 25 日　财政部　海关总署　国家税务总局公告2008 年第43 号

为配合全国增值税转型改革,规范税制,经国务院批准,对部分进口税收优惠政策进行相应调整,现将有关事项公告如下:

一、自 2009 年 1 月 1 日起,对《国务院关于调整进口设备税收政策的通知》(国发〔1997〕37 号)中国家鼓励发展的国内投资项目和外商投资项目进口的自用设备、外国政府贷款和国际金融组织贷款项目进口设备、加工贸易外商提供的不作价进口设备以及按照合同随上述设备进口的技术及配套件、备件,恢复征收进口环节增值税,在原规定范围内继续免征关税。

二、自 2009 年 1 月 1 日起,对《海关总署关于进一步鼓励外商投资有关进口税收政策的通知》(署税〔1999〕791 号)中规定的外商投资企业和外商投资设立的研究开发中心进行技术改造以及按《中西部地区外商投资优势产业目录》批准的外商投资项目进口的自用设备及其配套技术、配件、备件,恢复征收进口环节增值税,在原规定范围内继续免征关税。

三、自 2009 年 1 月 1 日起,对软件生产企业、集成电路生产企业、城市轨道交通项目以及其他比照《国务院关于调整进口设备税收政策的通知》(国发〔1997〕37 号)执行的企业和项目,进口设备及其配套技术、配件、备件,一律恢复征收进口环节增值税,在原规定范围内继续免征关税。

四、对 2008 年 11 月 10 日以前获得《国家鼓励发展的内外资项目确认书》的项目,于 2009 年 6 月 30 日及以前申报进口的设备及其配套技术、配件、备件,按原规定继续执行免征关税和进口环节增值税的政策,2009 年 7 月 1 日及以后申报进口的,一律恢复征收进口环节增值税,符合原免税规定的,继续免征关税。

1 -4 -159

国家税务总局关于进口免税设备解除海关监管补缴进口环节增值税抵扣问题的批复

2009 年 3 月 30 日　国税函〔2009〕158 号

深圳市国家税务局:

你局《关于进口环节增值税抵扣问题的请示》(深国税发〔2009〕36号)已悉。经研究,批复如下:

根据海关进口货物减免税管理规定,进口减免税货物,应当由海关在一定年限内进行监管,提前解除监管的,应向主管海关申请办理补缴税款。

为保证税负公平,对于纳税人在2008年12月31日前免税进口的自用设备,由于提前解除海关监管,从海关取得2009年1月1日后开具的海关进口增值税专用缴款书,其所注明的增值税额准予从销项税额中抵扣。纳税人销售上述货物,应当按照增值税适用税率计算缴纳增值税。

1-4-160

财政部关于贸易救济措施应税产品停止执行进口减免税政策的通知

2009年4月8日　财关税〔2009〕23号

海关总署:

经国务院批准,在国务院关税税则委员会对从境外进口的特定产品作出贸易救济措施征税决定后,所有此类产品从贸易救济措施征税之日起停止执行进口减免税政策,由海关按规定恢复征收进口税。

本通知自2009年5月1日起执行。

1-4-161

海关总署关于对外贸易救济措施进口产品停止执行进口减免税政策的公告

2009年4月29日　海关总署公告2009年第21号

经国务院批准,对实施对外贸易救济措施的进口产品停止执行进口减免税政策。现就有关执行事宜公告如下:

一、对从境外进口(包括从海关特殊监管区域出区进入到境内)的特定产品,自国务院关税税则委员会作出的对外贸易救济措施征税决定实施之日起,所有此类产品停止执行进口减免税政策,一律照章征收进口关税和进口环节税。

二、对执行进口减免税政策的有关产品在实施临时对外贸易救济措施期间,应先按照海关总署规定征收进口关税、进口环节税税款保证金和相应的对外贸易救济措施保证金,待有关对外贸易救济措施政策明确后再按照规定办理相关手续。

三、为便于执行该项政策,将目前正在实施对外贸易救济措施的产品作为公告附件一并对外公布。

四、自2009年5月1日起,申报进口的货物按照本公告规定执行。

特此公告。

附件:正在实施的对外贸易救济措施产品及文件汇总表(编者略)

1-4-162

海关总署　国家发展改革委关于内外资鼓励项目免税确认审批有关问题的通知

2009年7月7日　署税发〔2009〕290号

广东分署、各直属海关;各省、自治区、直辖市、计划单列市发展改革委、经(贸)委,新疆生产建设兵团发展改革委:

为严格执行《国务院关于调整进口设备税收政策的通知》(国发〔1997〕37号,以下简称《通知》)规定,进一步做好鼓励类投资项目审批工作,加强各直属海关与各省、自治区、直辖市和计划单列市投资项目主管部门(以下简称省级项目审批部门)的联系配合,同时根据国务院"三定"方案关于《产业结构调整指导目录》和《外商投资产业指导目录》由国家发展改革委牵头拟定的规定,现就有关事项通知如下:

一、省级项目审批部门在审批(核准)内外资投资项目和出具《项目确认书》过程中,承担审核有关投资项目是否适用鼓励类产业条目的职责。海关作为鼓励类内外资投资项目项下进口设备的减免税审批部门,负有配合省级项目审批部门共同严格把关,正确执行国家进口税收政策的职责。

二、内外资投资项目所在地直属海关(或其授权的隶属海关)应凭省级项目审批部门出具的《项目确认书》受理相关投资项目的减免税申请。对于因产业条目内容表述不清晰容易产生争议或者海关认为有关项目适用鼓励类产业条目存在明显不当的,直属海关应当主动与省级项目审批部门联系沟通,如果省级项目审批部门认为适用产业条目正确的,应当上报国家发展改革委申请确认,并将上报文件抄送项目所在地直属海关。

在国家发展改革委回复确认意见前,海关暂不受理相关投资项目的减免税申请。项目单位为此向海关申请先凭税款担保放行货物的,海关可以受理。

国家发展改革委向省级项目审批部门回复有关投资项目是否适用鼓励类产业条目意见的同时,将相关意见抄送项目所在地直属海关。海关根据国家发展改革委的确认意见,决定是否办理有关内外资项目的减免税备案、审批手续。

三、对于海关已经根据省级项目审批部门出具的《项目确认书》办理了减免税备案、审批手续的内外资投资项目,经审计部门检查或海关系统自查后提出有关投资项目适用鼓励类产业条目质疑的,按照上述第二条的有关规定办理。

经国家发展改革委审核确认有关投资项目不适用鼓励类产业条目的,海关凭国家发展改革委的确认意见停止受理有关投资项目的减免税申请,同时根据相关法律法规的规定补征已减免税进口货物的税款。

四、海关在根据省级项目审批部门出具的《项目确认书》办理相关内外资投资项目的减免税备案、审批手续时,应当加强对投资项目是否适用相关鼓励类产业条目的审核;如有疑问,应及时与省级项目审批部门进行沟通,尽量避免事后再对已经办理减免税备案、审批手续的投资项目是否适用鼓励类产业条目的问题提出质疑。

五、海关在根据省级项目审批部门出具的《项目确认书》办理相关投资项目的减免税备案、审批手续时遇到超权限审批、拆分项目及其他违规问题,也按照上述第一条至第四条规定的原则办理。

六、对于省级项目审批部门出具《项目确认书》经常出现适用鼓励类产业条目差错、拆分项目、超权限审批或者违反规定擅自下放《项目确认书》出具权限的,国家发展改革委按照有关规定暂停有关省级项目审批部门出具《项目确认书》的权限,并视其整改情况决定是否恢复。

七、对于国务院其他部门以及其他省级审批部门出具的《项目确认书》,参照本通知规定的原则办理。

特此通知。

1－4－163

财政部　国家税务总局关于免征进口粗铜含金部分进口环节增值税的通知

2009年9月28日　财关税〔2009〕60号

海关总署:

经国务院批准,自2009年11月1日起,对进口粗铜(税则号列:ex74020000,货品名称:未精炼铜)中所含的黄金价值部分免征进口环节增值税。

1－4－164

财政部　海关总署　国家税务总局关于外国政府贷款和国际金融组织贷款项目进口设备增值税政策的通知

2009年11月16日　财关税〔2009〕63号

各省、自治区、直辖市、计划单列市财政厅(局)、国家税务局,新疆生产建设兵团财务局,海关总署广东分署、各直属海关：

经国务院批准，自2009年1月1日起，对按有关规定其增值税进项税额无法抵扣的外国政府和国际金融组织贷款项目进口的自用设备，继续按《国务院关于调整进口设备税收政策的通知》（国发〔1997〕37号）中的相关规定执行，即除《外商投资项目不予免税的进口商品目录》所列商品外，免征进口环节增值税。

外国政府贷款和国际金融组织贷款项目单位利用外国政府贷款和国际金融组织贷款项目进口的设备，申请免征进口环节增值税的，按如下方式办理手续：

一、对于附件1所列贷款项目单位可以按相关规定到海关直接办理免征进口环节增值税的手续。

二、对于附件1所列的贷款项目单位以外的其他外国政府贷款和国际金融组织贷款项目单位，首先需经主管国家税务局审核后报地（市）级国税主管机关认定其购置设备缴纳的增值税进项税额因不属于增值税一般纳税人或该项目项下进口设备完全用于增值税免税业务等因素而无法抵扣，并为其出具税务确认书（税务确认书格式见附件2）后，方可按相关规定到海关办理进口设备免征进口环节增值税的手续。

三、2009年1月1日以后进口的外国政府和国际金融组织贷款项目项下设备，符合本通知上述免税条件和相关要求的，在补办海关免税审批手续后，已征收的进口环节增值税准予退还。但对于按照重大技术装备专项进口税收政策有关进口整机征收关税和进口环节增值税的规定，外国政府和国际金融组织贷款项目项下进口属于专项政策规定征税范围内的设备不能享受本通知免征进口环节增值税的待遇，已征收的进口环节增值税不予退还。

附件：1. 部分外国政府贷款和国际金融组织贷款项目单位清单（编者略）

2. 外国政府贷款和国际金融组织贷款项目单位税务确认书（格式）（编者略）

1－4－165

财政部　海关总署　国家税务总局关于公布省级以上国有公益性收藏单位名单（第一批）的公告

2010年1月4日　财政部　海关总署　国家税务总局公告2010年第2号

根据《国有公益性收藏单位进口藏品免税暂行规定》（财政部、海关总署、国家税务总局公告2009年第2号）的规定，现将享受该项税收优惠政策的省级以上国有公益性收藏单位名单（第一批）予以公告。

附件：省级以上国有公益性收藏单位名单（第一批）（编者略）

1－4－166

海关总署关于实施《国有公益性收藏单位进口藏品免税暂行规定》的有关事宜的公告

2010年1月29日　海关总署公告2010年第7号

经国务院批准，对国有公益性收藏单位以从事永久收藏、展示和研究等公益性活动为目的，以接受境外捐赠、归还、追索和购买等方式进口的藏品，免征关税和进口环节增值税、消费税。为此，财政部、海关总署和税务总局联合发布了《国有公益性收藏单位进口藏品免税暂行规定》（财政部、海关总署、税务总局公告2009年第2号）。现将海关实施《国有公益性收藏单位进口藏品免税暂行规定》（以下简称《规定》）的有关事宜公告如下：

一、《规定》所称捐赠、归还、追索和购买的含义是：

捐赠，指境外机构、个人将合法所有的藏品无偿捐献给国有公益性收藏单位的行为；

归还，指境外机构、个人将持有的原系从中国劫掠、盗窃、走私或以其他方式非法出境的藏品无偿交还给国有公益性收藏单位的行为；

追索，指国家主管文化文物行政管理部门依据有关国际公约从境外索回原系从中国劫掠、盗窃、走私或以其他方式非法出境的藏品的行为；

购买，指国有公益性收藏单位通过合法途径从境外买入藏品的行为。

二、列入财政部会同国务院有关部门审定并以公告形式发布的《省级以上国有公益性收藏单位名单》（以下简称《名单》）的收藏单位，首次申请免税进口藏品前，应先持凭《事业单位法人证书》向单位所在地直属海关申请办理资格备案手续。

对于财政部会同国务院有关部门核定的其他国有公益性收藏单位，其所在地直属海关需验凭该单位的《事业单位法人证书》和海关总署下发的审核认定文件办理相关资格备案手续。

三、《名单》中所列收藏单位名称发生变更的，有关收藏单位应持主管部门的批复文件和更名后的《事业单位法人证书》到所在地直属海关办理资格备案变更手续。

四、国有公益性收藏单位进口藏品前，应先向所在地直属海关申请办理免税审批手续，并提供以下材料：

（一）相关机构、个人出具的境外捐赠、归还、追索藏品的书面证明材料或购买藏品的合同、发票；

（二）有关进口藏品的特征的详细资料及清晰的彩色图片；

（三）承诺接受的藏品将作为永久收藏，并仅用于向公众展示和科学研究等公益性活动的有关材料；

（四）海关认为需要提供的其他材料。

五、审批和进口免税藏品手续纳入海关《减免税管理系统》和H2000通关管理系统管理。国有公益性收藏单位所在地直属海关对收藏单位提交的有关单证进行审核后，符合免税条件的，出具《进出口货物征免税证明》，进口地海关凭以办理有关免税进口手续。

免税进口藏品的征免性质为：国有公益性收藏单位进口藏品（简称：公益收藏，代码：698）。对应的监管方式为：一般贸易（代码：0110，以购买方式进口的）；捐赠物资（代码：3612）；其他（代码：9900，以归还、追索方式进口的）。

六、国有公益性收藏单位应按照《规定》要求，将免税进口的藏品在入境后30个工作日内记入本单位藏品总账——进口藏品子账，并列入本单位内部年度审计必审科目。同时填写《免税进口藏品备案表》（格式详见《规定》附件2）报送主管文化文物行政管理部门备案，并抄报单位所在地直属海关。

七、免税进口藏品如需在国有公益性收藏单位之间依照国家有关法律法规的规定进行调拨、交换、借用，应依照法律法规的规定履行相关手续，同时报送主管文化文物行政管理部门备案，并抄报单位所在地直属海关。

八、国有公益性收藏单位免税进口的藏品属于海关永久监管货物，进口藏品的国有公益性收藏单位应当按照《中华人民共和国海关法》、《中华人民共和国关税条例》和《中华人民共和国进出口货物减免税管理办法》的规定接受海关监管。进口藏品仅限用于非营利性展示和科学研究等公益性活动，不得转让、抵押、质押或出租。

对于违反上述规定的，海关按《中华人民共和国海关法》及其他有关法律法规予以处理；构成犯罪的，依法追究刑事责任。

九、有上述违法违规行为的国有公益性收藏单位，按照有关规定被处罚但未被追究刑事责任的，自违规行为发现之日起1年内不得享受本税收优惠政策；被依法追究刑事责任的，自违法行为发现之日起3年内不得享受本税收优惠政策。

在上述违法违规行为性质最终确定前，自违法违规行为发现之日起，海关不予受理相关单位进口藏品的免税审批申请，但可验凭相关单位提供的税款担保办理先予放行手续。待违法违规行为性质确定后，按前款规定处理。

十、在2009年1月20日至本公告发布之日期间，国有公益性收藏单位已征税进口或凭税款担保放行的藏品，如符合《规定》的免税条件，可按本公告的有关规定办理免税审批和退税、退保手续。

十一、《海关总署关于下发〈国有文物收藏单位接受境外捐赠、归还和从境外追索的中国文物进口免税暂行办法〉及有关问题的通知》（署税发〔2003〕32号）自本公告发布之日起予以废止。

特此公告。

1 -4 -167

海关总署关于常驻机构和常驻人员进境机动车辆有关事宜的公告

2010 年 5 月 25 日　海关总署公告 2010 年第 32 号

根据国家《汽车产业发展政策》的有关管理原则,为维护国内汽车市场正常秩序,照顾常驻机构和常驻人员合理需用,现就常驻机构和常驻人员进境机动车辆有关事宜公告如下:

一、自 2010 年 7 月 1 日起,除按照有关政府间协定可以免税进境机动车辆的常驻机构和常驻人员、国家专门引进的高层次人才和专家以外,其他常驻机构和常驻人员不得进境旧机动车辆,对其旧机动车辆进境申请,海关不予受理。

2010 年 7 月 1 日以前已按照有关规定向海关申请进境机动车辆的,可不受上款规定限制。

二、对常驻机构和常驻人员申请进境的新机动车辆,海关按照现行有关规定办理审批、征税、验放等手续。

三、本公告中所述"常驻机构"和"常驻人员"分别指海关总署令第 115 号和 116 号中的"常驻机构"和"常驻人员"。其中,"常驻机构"是指境外企业、新闻机构、经贸机构、文化团体及其他境外法人经中华人民共和国政府主管部门批准,在境内设立的常设机构;"常驻人员"是指经公安部门批准进境并在境内连续居留一年以上(含一年),期满后仍回到境外定居地的外国公民、港澳台地区人员、华侨,并且其属于上述常驻机构内的工作人员,或在海关注册登记的外商投资企业内的人员,或入境长期工作的专家。

四、本公告中所述"旧机动车辆"是指已使用过的机动车辆,"新机动车辆"是指没有使用过的机动车辆。

特此公告。

1 -4 -168

海关总署关于全面推广实施国际服务外包业务进口货物保税监管模式的公告

2010 年 6 月 29 日　海关总署公告 2010 年第 39 号

为贯彻落实《国务院办公厅关于鼓励服务外包产业加快发展的复函》(国办函〔2010〕69 号)精神,支持国际服务外包企业规范健康发展,近日海关总署、商务部联合制发通知,决定自 2010 年 7 月 1 日起在全国 21 个服务外包示范城市全面推广实施海关保税监管模式。现将有关事项公告如下:

一、推广城市。在现有10个试点城市(上海、大连、深圳、南京、苏州、无锡、哈尔滨、大庆、西安、长沙市)的基础上,将国际服务外包业务进口货物海关保税监管模式推广到目前全部21个服务外包示范城市。增加的推广城市有:北京、天津、重庆、广州、武汉、成都、济南、杭州、合肥、南昌、厦门等。

二、推广企业。适用范围为服务外包示范城市(含所辖区、县〈县级市〉等全部行政区划)内经认定的技术先进型服务企业。

三、有关事项:

(一)海关对管理类别为B类及以上的服务外包企业,从事国际服务外包业务的进口货物实施保税监管,国家不予减免税的商品(详见《海关总署2008年第65号公告》附件2和附件3)除外。

上述服务外包企业是指《财政部、国家税务总局、商务部、科技部、国家发展改革委关于技术先进型服务企业有关税收政策问题的通知》(财税〔2009〕63号,以下简称《通知》)规定的技术先进型服务企业。

上述国际服务外包业务(以下简称外包业务)是指《通知》附件《技术先进型服务业务认定范围(试行)》项下的国际服务业务。

纳入保税监管的国际服务外包业务进口货物(以下简称外包进口货物)是指服务外包企业履行国际服务外包合同,由国际服务外包业务境外发包方免费提供的进口设备。

(二)外包进口货物属于海关监管货物,限于服务外包企业本企业履行外包合同使用,未经海关核准,企业不得将外包进口货物抵押、质押、留置。

(三)服务外包企业在外包进口货物进口备案前,应在海关办理报关注册登记手续。

(四)海关对保税监管的国际服务外包进口货物暂用加工贸易设备手册(手册编号首位为D,以下简称手册)模式管理。手册以合同为单元进行监管,一个合同对应一本手册。

(五)服务外包企业在外包进口货物进口前,须向本企业所在地主管海关办理备案手续,并提供以下资料:

1. 技术先进型服务企业资质证明;

2. 企业法人营业执照;

3. 与境外发包方签订的国际服务外包合同及合同所附的设备清单;

4. 海关进出口货物收发货人《报关注册登记证书》;

5. 海关需要的其他单证。

主管海关受理备案申请后,经审核符合要求的,核发手册。

(六)手册备案有效期为1年。如需延期的,服务外包企业应在到期前30天内提出申请。海关审核后同意的,每次延期不超过1年,最长不能超过服务外包合同期限。

(七)企业在办理合同备案时,按以下规范填报手册:

1. 预录入表头“批准文号”栏目填报“FW+4位关区代码+4位年”;

2. 表头“监管方式”栏目填报“加工贸易设备”(代码0420);

3. 表头“征免性质”栏目填报“加工设备”(代码501);

4. 表头“备注栏”注明:“服务外包专用手册”;

5. 表体商品项的“征免”栏目填报“全免”;

6. 其他栏目比照加工贸易设备手册规定填报。

(八)手册项下货物进口时,进口报关单有关栏目按以下规范填报:

1. 报关单“备案号”栏目填报对应的D手册编号;

2.“监管方式”栏目填报“加工贸易设备”(代码0420);

3.“征免性质”栏目填报“加工设备”(代码501);

4.“标记号码及备注”栏目填报“国际服务外包进口货物”;

5. 表体商品项的“征免”栏目填报“全免”;

6. 其他栏目按规定填报。

(九)手册项下货物退运时,出口报关单有关栏目按以下规范填报:

1. 报关单“备案号”栏目填报对应的D手册编号;

2. 报关单“监管方式”栏目填报“加工设备退运”(代码0466);

3. 其他栏目按规定填报。

(十)手册项下货物内销时,报关单有关栏目按以下规范填报:

1. 报关单“备案号”栏目填报对应的D手册编号;

2. 报关单“监管方式”栏目填报“加工设备内销”(代码0446);

3. 其他栏目按规定填报。

(十一)外包业务合同发生变更的,服务外包企业应持变更的合同等有关单证向海关办理变更手续。

(十二)外包进口货物在外包业务的合同执行完毕后应退运出境。

(十三)外包进口货物如销往国内或到期不退运境外的,须经海关批准后按规定办理进口征税手续,涉及许可证件的,还须提供许可证件。

(十四)服务外包企业不再具备技术先进型服务企业资质的,新手册不予备案,已备案手册不予延期,已备案未进口的货物不再予以保税进口。

服务外包企业的管理类别降为C、D类的,手册不予延期,已备案未进口的货物不再予以保税进口,已进口的货物海关征收全额风险担保金。

(十五)手册到期后,服务外包企业应在30天内持申请核销报告、手册、进出口报关单及相关单证等向海关申请核销。

(十六)海关特殊监管区域内企业从境外进口用于本公告规定的外包业务的设备,海关按照现行特殊监管区域有关规定办理。

(十七)本公告自2010年7月1日起执行。《海关总署关于开展国际服务外包业务进口货物保税监管试点工作的公告》(公告〔2009〕85号)同时废止。

特此公告。

1 -4 -169

财政部 科技部 国家发展改革委 海关总署 国家税务总局关于科技重大专项进口税收政策的通知

2010 年 7 月 24 日 财关税〔2010〕28 号

各省、自治区、直辖市、计划单列市财政厅(局)、科技厅(委、局)、发展改革委、国家税务局,新疆生产建设兵团财务局、科技局、发展改革委,海关总署广东分署、各直属海关:

为贯彻落实国务院关于实施《国家中长期科学和技术发展规划纲要(2006 ~ 2020 年)》若干配套政策中有关科技重大专项进口税收政策的要求,扶持国家重大战略产品、关键共性技术和重大工程的研究开发,营造激励自主创新的环境,特制定《科技重大专项进口税收政策暂行规定》(见附件,以下简称《暂行规定》),现将有关事项通知如下:

一、自 2010 年 7 月 15 日起,对承担《国家中长期科学和技术发展规划纲要(2006 ~ 2020 年)》中民口科技重大专项项目(课题)的企业和大专院校、科研院所等事业单位(以下简称项目承担单位)使用中央财政拨款、地方财政资金、单位自筹资金以及其他渠道获得的资金进口项目(课题)所需国内不能生产的关键设备(含软件工具及技术)、零部件、原材料,免征进口关税和进口环节增值税。

二、项目承担单位在 2010 年 7 月 15 日至 2011 年 12 月 31 日期间进口物资申请享受免税政策的,应在 2010 年 9 月 1 日前向科技重大专项项目牵头组织单位提交申请文件,具体申请程序和要求见《暂行规定》,逾期不予受理。符合条件的项目承担单位自 2010 年 7 月 15 日起享受进口免税政策,可凭牵头组织单位出具的已受理申请的证明文件,向海关申请凭税款担保办理有关进口物资先予放行手续。

三、科技重大专项牵头组织单位应按《暂行规定》有关要求,受理和审核项目承担单位的申请文件,并在 2010 年 10 月 1 日前向财政部报送科技重大专项免税进口物资需求清单。财政部会同科技部、发展改革委、海关总署、国家税务总局等有关部门按照《暂行规定》有关要求,及时研究制定各科技重大专项免税进口物资清单。

四、项目承担单位应当在进口物资前按照有关规定,持有关材料向其所在地海关申请办理免税审批手续。

附件:科技重大专项进口税收政策暂行规定

附件

科技重大专项进口税收政策暂行规定

第一条 为贯彻落实国务院关于实施《国家中长期科学和技术发展规划纲要(2006 ~

2020年)》若干配套政策中有关科技重大专项进口税收政策的要求,扶持国家重大战略产品、关键共性技术和重大工程的研究开发,营造激励自主创新的环境,特制定本规定。

第二条 承担科技重大专项项目(课题)的企业和大专院校、科研院所等事业单位(以下简称项目承担单位)使用中央财政拨款、地方财政资金、单位自筹资金以及其他渠道获得的资金进口项目(课题)所需国内不能生产的关键设备(含软件工具及技术)、零部件、原材料,免征进口关税和进口环节增值税。

第三条 本规定第二条所述科技重大专项是指列入《国家中长期科学和技术发展规划纲要(2006~2020年)》的民口科技重大专项,包括核心电子器件、高端通用芯片及基础软件产品,极大规模集成电路制造装备及成套工艺,新一代宽带无线移动通信网,高档数控机床与基础制造装备,大型油气田及煤层气开发,大型先进压水堆及高温气冷堆核电站,水体污染控制与治理,转基因生物新品种培育,重大新药创制,艾滋病和病毒性肝炎等重大传染病防治。

第四条 申请享受本规定进口税收政策的项目承担单位应当具备以下条件:

1. 独立的法人资格;

2. 经科技重大专项领导小组批准承担重大专项任务。

第五条 项目承担单位申请免税进口的设备、零部件、原材料应当符合以下要求:

1. 直接用于项目(课题)的科学研究、技术开发和应用,且进口数量在合理范围内;

2. 国内不能生产或者国产品性能不能满足要求的,且价值较高;

3. 申请免税进口设备的主要技术指标一般应优于当前实施的《国内投资项目不予免税的进口商品目录》所列设备。

第六条 为了提高财政资金和进口税收政策的使用效益,对于使用中央财政和地方财政安排的重大专项资金购置的仪器设备,在申报设备预算时,应当主动说明是否申请进口免税和涉及的进口税款。

第七条 各科技重大专项牵头组织单位(以下简称牵头组织单位)是落实进口税收政策的责任主体,负责受理和审核项目承担单位的申请文件、报送科技重大专项免税进口物资需求清单、出具《科技重大专项项目(课题)进口物资确认函》(格式见附件1,以下简称《进口物资确认函》)、报送政策落实情况报告等事宜。

有两个及以上牵头组织单位的科技重大专项,由第一牵头组织单位会同其他牵头组织单位共同组织落实上述事宜。科技重大专项牵头组织单位为企业的,由该专项领导小组组长单位负责审核项目承担单位的申请文件、报送科技重大专项免税进口物资需求清单、出具《进口物资确认函》。

第八条 财政部会同科技部、国家发展改革委、海关总署、国家税务总局等有关部门根据科技重大专项进口物资需求,结合国内外生产情况和供需状况,研究制定各科技重大专项免税进口物资清单,组织落实政策年度执行方案,定期评估政策的执行效果,并适时调整和完善政策。

第九条 项目承担单位是享受本进口税收政策和履行相应义务的责任主体。项目承担单位应在每年7月15日前向牵头组织单位提交下一年度进口免税申请文件(要求见附件2),项目承担单位在领取《进口物资确认函》之前,可凭牵头组织单位出具的已受理申请的证明文件,向海关申请凭税款担保办理有关进口物资先予放行手续。上年度已享受免税政策的项目承担单位尚未领取当年度《进口物资确认函》之前，可直接向海关申请凭税款担保办理有关进口物资先予放行手续。

第十条 项目承担单位应当在进口物资前，按照《中华人民共和国海关进出口货物减免税管理办法》（海关总署令第179号）的有关规定，持《进口物资确认函》等有关材料向其所在地海关申请办理免税审批手续。

对项目承担单位在《进口物资确认函》确定的免税额度内进口物资的免税申请，海关按照科技重大专项免税进口物资清单进行审核，并确定相关物资是否符合免税条件。

第十一条 为及时对政策进行绩效评价，享受本规定进口税收政策的单位，应在每年2月1日前将上一年度的政策执行情况如实上报牵头组织单位。牵头组织单位应在每年3月1日前向财政部报送科技重大专项进口税收政策落实情况报告，说明上一年度实际免税进口物资总体情况，同时抄送科技部、国家发展改革委、海关总署、国家税务总局。

牵头组织单位连续两年未按规定提交报告的，该科技重大专项停止享受本规定进口税收优惠政策1年。项目承担单位未按规定提交报告的，停止该单位享受本规定进口税收优惠政策1年。

第十二条 牵头组织单位应当按照本规定要求，切实做好科技重大专项进口税收政策执行的管理工作，保证政策执行的规范性、安全性和有效性。

项目承担单位应当严格按照本规定有关要求，如实申报材料、办理相关进口物资的免税申请和进口手续。项目承担单位违反规定，将免税进口物资擅自转让、销售、移作他用或者进行其他处置，除按照有关法律、法规及规定处理外，对于被依法追究刑事责任的，从违法行为发现之日起停止享受本规定进口税收优惠政策；尚不够追究刑事责任的，从违法行为发现之日起停止享受本规定进口税收优惠政策2年。

第十三条 经海关核准，有关项目承担单位免税进口的设备可用于其他单位的科学研究、教学活动和技术开发，但未经海关许可，免税进口的设备不得移出原项目承担单位。科技重大专项项目（课题）完成后，对于仍处于海关监管年限内的免税进口设备和剩余的少量原材料、零部件，项目承担单位可及时向所在地海关申请办理提前解除监管的手续，并免予补缴税款。

第十四条 本规定自2010年7月15日起施行。

附件：1. 科技重大专项项目（课题）进口物资确认函（编者略）

2. 项目（课题）承担单位免税申请文件有关要求（编者略）

注释：

条款修改。删除附件第五条第1项中"，且进口数量在合理范围内"；删除附件第六条中"和涉及的进口税款"；修改附件第十条第二段中"免税额度内"为"范围内"；删除附件附1"科技重大专项项目（课题）进口物资确认函"中"免税进口物资额度："；删除附件附2第3条中"，申请免税进口金额、免税税款"；删除附件附2表1和表2中"进口数量、进口金额、进口税额"三列，删除"注：进口金额货币单位：万美元；进口税额货币单位：万元"。参见：《财政部　科技部　发展改革委　海关总署　税务总局关于取消科技重大专项进口税收政策免税额度管理的通知》（财关税〔2019〕52号）。

1－4－170

海关总署关于外国政府贷款和国际金融组织贷款项目进口设备办理退还增值税手续有关事宜的公告

2010年9月19日　海关总署公告2010年第61号

经国务院批准，自2009年1月1日起，对按有关规定其增值税进项税额无法抵扣的外国政府和国际金融组织贷款项目（以下简称国外贷款项目）进口的自用设备，继续按照《国务院关于调整进口设备税收政策的通知》（国发〔1997〕37号）的相关规定免征进口环节增值税。为此，《财政部、海关总署、国家税务总局关于外国政府贷款和国际金融组织贷款项目进口设备增值税政策的通知》（财关税〔2009〕63号，以下简称《通知》）对相关政策及执行中有关事宜予以明确。现就符合《通知》规定准予退还已征收进口环节增值税的国外贷款项目项下进口设备，申请办理退还进口环节增值税手续的有关事宜公告如下：

一、对于符合《通知》规定的进口设备免征进口环节增值税条件和要求的国外贷款项目，有关项目单位要求退还该项目项下进口设备已征收的进口环节增值税的，应按以下程序办理：

（一）有关项目单位应持本公告规定的相关材料向项目单位所在地海关（以下简称主管海关）申请办理免征进口环节增值税认定手续；

（二）主管海关经审核确认后，出具《外国政府贷款和国际金融组织贷款项目项下进口设备符合免征进口环节增值税条件的认定证明》（格式详见附件，以下简称《免税认定证明》）；

（三）有关项目单位凭主管海关出具的《免税认定证明》向原进口地海关申请办理退还进口环节增值税的手续。

二、有关项目单位应于2010年11月30日前向主管海关提出办理免征进口环节增值税认定手续申请，并在《免税认定证明》的有效期内向原进口地海关申请办理退税手续；逾期，主管海关和原进口地海关均不再受理。

三、有关项目单位进口国外贷款项目项下设备时已取得《进出口货物征免税证明》（以下简称《征免税证明》）并免征进口关税的，在向主管海关申请办理免征进口环节增值税认定手续时，应提交下列材料：

（一）办理免征进口环节增值税认定的书面申请（加盖企业公章；《通知》附件1所列的贷款项目单位，应说明具体项目属于《通知》附件1所列贷款项目的类别）；

（二）《征免税证明》第三联（进口单位留存联）复印件；

（三）经海关和国库经收处（银行）盖章的《海关专用缴款书》复印件（加盖企业公章）；

（四）进口货物报关单（付汇证明联）复印件；

（五）《通知》附件1所列贷款项目单位以外的其他国外贷款项目单位，应提供地（市）

级国税主管机关出具的《外国政府贷款和国际金融组织贷款项目单位税务确认书》(格式见《通知》附件2);

(六)主管海关认为需要提供的其他材料。

四、有关项目单位进口国外贷款项目项下设备时未向海关申请办理免征进口关税手续的,在向主管海关申请办理免征进口环节增值税认定手续时,除需提交本公告第三条所列材料(不包括《征免税证明》)外,还需提交办理国外贷款项目进口设备减免税审批申请所需的相关材料。

五、主管海关在受理上述免征进口环节增值税认定申请后,对经审核符合《通知》规定的免税条件和相关政策要求的,出具《免税认定证明》(一张进口货物报关单对应一张《免税认定证明》)。

六、对于相关设备进口时未申请办理免征进口关税手续且已照章征收进口关税和进口环节增值税的,主管海关在出具《免税认定证明》时,应同时按照《中华人民共和国海关进出口货物减免税管理办法》(海关总署令第179号)的相关规定办理有关国外贷款项目的减免税备案手续,但不出具《征免税证明》,之前已征收的进口关税亦不予退还。

七、有关项目单位向原进口地海关申请办理国外贷款项目项下进口设备退还进口环节增值税手续时,除应提交主管海关出具的《免税认定证明》外,还应提交国外贷款项目项下进口设备的进口货物报关单(付汇证明联)复印件、《海关专用缴款书》原件和复印件、进口合同复印件等相关材料。进口地海关审核相关单证无误后,向有关项目单位出具《收入退还书》。

八、本公告内容自发布之日起实施。

特此公告。

附件:外国政府贷款和国际金融组织贷款项目项下进口设备符合免征进口环节增值税条件的认定证明(格式)(编者略)

1－4－171

海关总署关于废止《中华人民共和国海关对外商投资企业进出口货物监管和征免税办法》的决定

2010年12月15日　海关总署令第201号

《海关总署关于废止〈中华人民共和国海关对外商投资企业进出口货物监管和征免税办法〉的决定》已于2010年11月15日经海关总署署务会议审议通过,现予公布,自2011年3月1日起施行。

署长:盛光祖

2010年12月15日

1－4－172

海关总署关于开展海关税费电子支付业务操作规范的公告

2011年3月11日　海关总署公告2011年第17号

为规范海关税费电子支付业务（以下简称“电子支付业务”），保证海关税费电子支付系统（以下简称“电子支付系统”）的顺利运行，现将有关事项公告如下：

一、电子支付系统是由海关业务系统、中国电子口岸系统、商业银行业务系统和第三方支付系统等四部分组成的进出口环节税费缴纳的信息化系统。

进出口企业通过电子支付系统可以缴纳进出口关税、反倾销税、反补贴税、进口环节代征税、缓税利息、滞纳金、保证金和滞报金。

二、商业银行和进出口企业自愿参与电子支付业务。

从事电子支付业务的银行、进出口企业和第三方支付公司应遵守《海关税费电子支付业务操作规范》（详见附件）及其他有关规定。

三、已经参与海关总署网上支付或上海EDI支付业务的商业银行，通过海关总署技术联调测试和业务功能测试后，即可参与电子支付业务。

尚未参与网上支付业务的商业银行，同时符合以下条件的，可以参与电子支付业务：

（一）经银监会批准成立，并取得中国法人资格；

（二）严格执行《中华人民共和国国家金库条例》、《中华人民共和国国家金库条例实施细则》和《商业银行、信用社代理国库业务管理办法》等法规制度的规定，没有出现挪用、滞压海关税款等情事；

（三）同意使用电子签名技术，并承认税费电子签名数据电文的法律效力；

（四）与中国电子口岸、第三方支付公司签订电子支付三方合作协议；

（五）符合海关网络连接、数据传输、信息安全等相关技术要求，以及有关系统安全运行维护管理规范；

（六）通过海关总署组织的技术联调测试和业务功能测试；

（七）符合海关总署其他相关规定。

四、符合以下条件的进出口企业，可以参与电子支付业务：

（一）中国电子口岸的入网用户，取得企业法人卡及操作员卡，具备联网办理业务条件；

（二）符合海关总署其他相关规定。

五、参与电子支付业务的商业银行和进出口企业应向直属海关进行备案。

六、参与电子支付业务的各方应保守进出口企业的商业秘密。

七、对违反相关法律法规的商业银行和进出口企业，海关有权终止其开展电子支付业务。

特此公告。

附件：海关税费电子支付业务操作规范

附件

海关税费电子支付业务操作规范

第一条 为确保海关税费电子支付系统的顺利运行，规范海关、中国电子口岸、商业银行和第三方支付公司（以下简称支付平台）的操作，特制定本规范。

第二条 参与电子支付（含电子担保，下同）业务的商业银行和支付平台应向海关总署提出书面申请，经海关总署业务审核和技术评估，符合相关条件的商业银行可以参与电子支付业务。

第三条 直属海关关税部门负责在海关业务系统中完成对商业银行的备案工作，并与商业银行商定有关联系配合办法。

直属海关财务部门负责在海关业务系统中维护海关行政事业性收费账户、当地国库代理行及账户等信息，确保海关业务系统中的电子信息与实际账号信息保持一致。

第四条 参与电子支付业务的进出口企业（以下简称“企业”），经直属海关关税部门在海关业务系统中备案后，可以参与电子支付业务。

申请参与电子担保业务的企业，还应向直属海关关税部门进行担保业务备案。在同一个直属海关关区内，一家企业同时只能通过一家商业银行参与电子担保业务。

第五条 进出口报关单通过电子审结后，海关业务系统自动向中国电子口岸和支付平台发送税（费）信息。企业可登录中国电子口岸或支付平台查询税（费）信息，并通过支付平台向商业银行发送税（费）预扣指令。其中，保证金不能采用电子担保的方式进行支付。

第六条 现场海关收到支付平台转发的银行税（费）预扣成功回执后，现场海关即为企业办理税单打印手续，打印有“电子支付”或“电子担保”标记的税（费）单，同时海关业务系统通过支付平台自动向商业银行转发税（费）实扣通知（保证金除外）。

对电子支付的保证金，现场海关收到预扣成功回执后再打印保证金收据；对电子支付的滞报金，现场海关在打印环节予以减收的，待收到预扣成功回执后再打印滞报金收据；海关在打印环节予以免除的，不需再打印滞报金收据。

第七条 税（费）单打印成功后，银行接收支付平台转发的实扣通知并作实扣操作。现场海关收到实扣成功回执后，海关业务系统自动核注税（费），核注日期为税（费）实扣成功日期。对于电子支付的保证金，在预扣成功后，海关业务系统自动进行核注，并发送实扣通知，银行进行实扣操作。保证金的核注（入账）日期为预扣成功日期。

第八条 在现场海关放行环节，若电子支付的税（费）已预扣成功，且税（费）单已打印，现场海关即可办理放行手续。在无纸化通关模式下，电子支付税（费）已预扣成功，现场海关即可办理放行手续

第九条 在电子支付税（费）单打印前，需复审重新计征税费的，海关业务系统自动向中国电子口岸和支付平台发送新的税费信息。

第十条 海关业务系统提供三种税单打印模式，各直属海关根据自身业务状况进行选择：

非集中打印模式：现场海关打印税单第1～6联，第1联盖章后交企业，第6联留存。税

单的第2~5联,由现场海关按约定手续交与银行取单人员。

集中打印模式:现场海关先打印税单第1、6联,第1联盖章后交企业,第6联留存。直属海关指定部门每日按关区和缴款银行集中打印前一日已打印并已完成实扣税单的第2~5联,由银行按时到直属海关财务部门办理取单手续。

无纸化入库模式:现场海关打印税单第1、6联,第1联盖章后交企业,第6联留存。直属海关使用电子"入库传票清单"实行"无纸化入库"操作,不再打印税单的第2~5联。

第十一条 直属海关应与当地银行分支机构协商制定关区内纸质税单的交接管理办法。海关应在约定的时间内将已向银行发送过实扣指令并将已打印的纸质税单凭证备妥。银行应指派专门人员并按约定手续与海关交接税单。

电子支付的费单仍按现有流程进行流转。付款银行应凭费收清单将有关款项划转海关费收账户。

第十二条 海关应确保纸质税(费)单与电子底账数据的准确性和一致性。在税(费)单与电子底账数据出现差异时,现场海关应受理银行的查询,查找原因并及时解决问题,在必要时,重新开具税(费)单,由银行重新办理取单手续,并将原税(费)单予以作废。

第十三条 电子支付以税(费)单为单位。对同一份报关单所发生的税(费),企业可全部选择电子支付,也可部分选择电子支付。

第十四条 电子支付的报关单进行修改时,应按以下情况分别处理:

(一)税(费)单未打印的,可以修改报关单。若修改后税(费)产生变化的,应重新计算税(费),海关业务系统自动发送新的税(费)信息及预扣撤销指令。

(二)税(费)单已打印未核注的,不能修改报关单。

(三)税(费)单已打印已核注的,可以修改报关单:

1. 报关单修改后税(费)产生变化的,海关业务系统自动生成退补税(费)信息。其中,补税(费)单可以按电子支付的流程进行操作。退税(费)单按柜台支付方式处理。

2. 报关单修改为保证金的,海关业务系统生成保证金电子信息和退税信息。其中,保证金可以按电子支付的流程进行操作。退税单按柜台支付方式处理。

第十五条 电子支付的报关单撤销按以下情况分别处理:

(一)税(费)单未打印的,可以撤销报关单,海关业务系统自动发送预扣撤销指令。

(二)税(费)单已打印的,原则上不能撤销报关单。确需撤销报关单的,直属海关应在税(费)单核注后次日,在海关业务系统中对电子支付的税(费)信息进行异常数据处理,再进行报关单撤销操作。

第十六条 企业对同一份税(费)单采用了电子支付和柜台支付,造成重复支付的,在税(费)单核注后,现场海关按退税(费)的程序进行处理。

第十七条 由于海关原因在网络传输过程中出现数据丢失情况下,海关技术部门应及时补发相关报文,包括电子税(费)信息、预扣成功信息、预扣撤销信息、实扣指令等。

第十八条 直属海关应设立相应的岗位,对电子支付业务的参与情况进行监控,及时发现和处置异常情况。

第十九条 银行应及时处理电子支付平台各项电子指令。正常情况下,银行对每个工作日约定的日终对账时间以前接收到的电子指令,应于当日日终对账时间前处理完毕并反馈;于每个工作日日终对账时间以后接收到的电子指令,视为下一个工作日的业务,并于下一个工作日内处理完毕并反馈。

在网络传输过程中出现数据丢失情况下,银行应及时补发相关报文。

第二十条 企业必须在申报当日向海关确定税款的支付方式,并应按照法律法规要求履行纳税义务,遵守海关总署的相关规定。

第二十一条 海关、商业银行、中国电子口岸和支付平台应向企业和有关各方提供各自职责范围内的服务和技术支持。如遇异常情况,企业可直接通过网络或热线电话向海关、银行、中国电子口岸和支付平台提出协查要求,接到协查要求的部门应在保证企业正常通关的原则下及时解决。

第二十二条 海关发现商业银行、企业和支付平台在参与电子支付业务过程中有违反法律法规行为的,按有关规定程序移交相关部门处理。

第二十三条 本规范由海关总署负责解释。

1－4－173

海关总署关于对海关支持软件产业和集成电路产业发展的有关政策规定和措施的公告

2011年5月12日 海关总署公告2011年第30号

为贯彻落实《国务院关于印发进一步鼓励软件产业和集成电路产业发展若干政策的通知》(国发〔2011〕4号)精神,进一步推动我国软件产业和集成电路产业的发展,增强信息产业创新能力和国际竞争力,现将海关支持软件产业和集成电路产业发展的有关政策规定和措施公告如下:

一、经认定的软件企业进口所需的自用设备,以及按照合同随设备进口的技术(含软件)及配套件、备件,不需出具确认书,不占用投资总额,除《外商投资项目不予免税的进口商品目录》和《国内投资项目不予免税的进口商品目录》所列商品外,免征进口关税,照章征收进口环节增值税。

软件企业向其所在地海关申请办理免税手续时,应当提交企业营业执照、相关主管部门认定有关企业为软件企业的证明文件以及年审合格的证明文件等相关材料。企业未能按照规定向海关提交齐全、有效材料的,海关不予受理申请。

二、经认定的线宽小于0.25微米或投资额超过80亿元人民币的集成电路生产企业和经认定的线宽小于0.8微米(含)的集成电路生产企业,其进口自用生产性原材料、消耗品,净化室专用建筑材料、配套系统,以及集成电路生产设备零、配件,可以继续按照《海关总署关于集成电路生产企业进口自用生产性原材料等享受税收优惠政策的通知》(署税发〔2002〕328号)、《海关总署关于集成电路生产企业进口净化室专用建筑材料等享受税收优惠政策的通知》(署税发〔2002〕329号)和《财政部、海关总署、国家税务总局、信息产业部关于线宽小于0.8微米(含)集成电路企业进口自用生产性原材料、消耗品享受税收优惠政策的通知》(财关税〔2004〕45号)的有关规定向企业所在地海关申请办理免征关税和进口环节增值税的相关手续。

三、经认定的集成电路设计企业和符合条件的软件企业的进口料件,符合现行法律、法规和政策规定的,可享受保税政策。

四、软件企业和集成电路设计企业需要临时进口的自用设备(包括开发测试设备、软硬件环境、样机及部件、元器件等),经地市级商务主管部门确认,软件企业和集成电路设计企业可以向海关申请上述设备按暂时进境货物监管,其进口税收按现行法规执行。

五、符合条件的软件企业和集成电路企业可以向货物进、出口地海关申请预约通关服务。

六、本公告内容自发布之日起实施。

特此公告。

1-4-174

海关总署关于来料加工企业转型为法人企业进口设备税收问题的公告

2012年2月6日　海关总署公告2012年第7号

经国务院批准,自2011年7月1日至2012年12月31日,对不具备法人资格的来料加工企业(指不具有独立法人资格的来料加工装配厂,以下简称来料加工厂)以外商提供的全部不作价设备作为投资设立法人企业的,或在2009年7月1日至2012年12月31日期间,将该企业全部不作价设备作为投资整体转入同一投资方已设立的法人企业的,准予对其在2008年12月31日及以前已经办理了加工贸易备案,并且在2009年6月30日及以前申报进口尚在海关监管期限内的不作价设备,免予补缴关税和进口环节增值税。在2008年9月9日至2009年6月30日期间已由来料加工厂整体转型为法人企业的,对已结转到法人企业尚在海关监管期限内的不作价设备,准予作为投资处理,免予补缴关税和进口环节增值税。现就执行中的有关问题公告如下:

一、申请享受上述税收优惠政策规定的,外商投资法人企业应在2012年12月31日之前将全部相关不作价设备一次性向企业所在地海关(以下称主管海关)提出减免税申请,经主管海关审批同意后,按照《中华人民共和国海关进出口货物减免税管理办法》(海关总署令第179号)的有关规定办理相关手续。

二、向海关申请办理减免税手续时,不作价设备的申报金额不得高于该设备原进口时的申报价格,并且计入外商投资法人企业的投资总额。有关不作价设备的海关监管年限连续计算。

三、符合上述政策规定的不作价设备的减免税审批手续纳入《减免税管理系统》管理,监管方式为:减免设备结转(代码:0500);征免性质为:国批减免(代码:898);《中华人民共和国海关进出口货物征免税证明》(以下简称《征免税证明》)备注栏须注明"来料加工装配厂转型,转自编号 D×××手册”。

四、上述外商投资法人企业在向海关申请办理不作价设备减免税审批手续时须提供以下单证材料:

(一)对于以外商提供的全部不作价设备作为投资设立法人企业的,应提供地市级商务部门关于同意来料加工厂转型为外商投资法人企业的相关批准文件及经其确认的不作价设备清单(原件);对于作为投资整体转入同一投资方已设立的法人企业的,应提供地市级商务主管部门审核批准的来料加工厂加工协议或补充协议及经其确认的不作价设备清单(原件)。

(二)外商投资法人企业的《外商投资企业批准证书》和《营业执照》复印件(需提交原件验核)。

(三)有关加工贸易不作价设备手册及原进口报关单复印件。

(四)海关要求提供的其他文件。

五、在 2011 年 7 月 1 日至 2012 年 12 月 31 日期间,来料加工厂以外商提供的全部不作价设备作为投资新设立法人企业的,或在 2009 年 7 月 1 日至 2012 年 12 月 31 日期间,将来料加工厂全部不作价设备作为投资整体转入同一投资方已设立的法人企业的,外商投资法人企业和来料加工厂按现行规定分别填制进、出口货物报关单,在报关单“备案号”栏目分别填报《征免税证明》编号和加工贸易手册编号。外商投资法人企业和来料加工厂办理上述形式报关手续之后,由来料加工厂凭不作价设备结转出口货物报关单到原不作价设备手册备案海关申请办理不作价设备手册核销手续。原不作价设备手册备案海关凭上述不作价设备结转出口货物报关单办理核销手续。

对于在本公告发布之日前,上述来料加工厂已将全部不作价设备作为投资新设立法人企业或整体转入同一投资方已设立的法人企业,且来料加工厂已不再续存的,可由外商投资法人企业按照本公告第六条的规定办理相关的海关手续。

六、在 2008 年 9 月 9 日至 2009 年 6 月 30 日期间已由来料加工厂整体转型为法人企业的,对已结转到法人企业尚在海关监管期限内的不作价设备,外商投资法人企业按现行规定分别填制进、出口货物报关单,在报关单“备案号”栏目分别填报《征免税证明》编号、外商投资法人企业及来料加工厂的加工贸易手册编号。外商投资法人企业办理上述形式报关手续之后,凭不作价设备结转出口货物报关单到原不作价设备手册备案海关申请办理不作价设备手册核销手续。原不作价设备手册备案海关凭上述不作价设备结转出口货物报关单办理核销手续。

七、对于在 2009 年 7 月 1 日至本公告发布前,来料加工厂已将其在 2008 年 12 月 31 日及以前办理了加工贸易手册备案,并且在 2009 年 6 月 30 日及以前申报进口的部分不作价设备结转到同一投资方已设立的法人企业的,应在 2012 年 12 月 31 日前将尚未结转的不作价设备,全部转入同一投资方已设立的法人企业,方可作为投资处理,并免予补缴关税和进口环节增值税。其中,来料加工厂已经结转到已设立的法人企业尚在海关监管期限内的不作价设备,按本公告第六条规定办理相应的海关手续;来料加工厂将尚未结转且在海关监管期限内的不作价设备转入已设立的法人企业的,按本公告第五条规定办理相应的海关手续。

八、2009 年 1 月 1 日及以后新备案的不作价设备或者以在 2008 年 12 月 31 日以前备案但在 2009 年 7 月 1 日及以后申报进口的不作价设备出资设立外商投资法人企业，新成立的外商投资法人企业所从事的项目属于国家鼓励类产业条目或中西部地区外商投资优势产业项目的，可以按照现行政策规定办理免征关税的结转手续（原进口时已征收进口环节增值税的，结转时不再征收）。

特此公告。

1 -4 -175

工业和信息化部　财政部　海关总署　国家税务总局关于公布享受科技开发用品进口税收优惠政策的国家中小企业公共服务示范平台名单的通知

2012 年 6 月 15 日　工信部联企业〔2012〕287 号

各省、自治区、直辖市及计划单列市、新疆生产建设兵团工业和信息化主管部门（中小企业厅、局）、财政厅（局）、国家税务局，地方税务局，海关总署广东分署，各直属海关：

根据《财政部、工业和信息化部、海关总署、国家税务总局关于国家中小企业公共技术服务示范平台适用科技开发用品进口税收政策的通知》（财关税〔2011〕71 号）的要求，四部门审核确定了 2012 年度享受科技开发用品进口税收优惠政策的国家中小企业公共服务示范平台名单，现予以公布。有关事项通知如下：

一、同意上海浦东软件平台有限公司等 10 家（名单见附件）国家中小企业公共服务示范平台享受科技开发用品进口税收优惠政策，自本通知印发之日起具有免税资格。

二、免税资格每两年复审一次。对复审不合格的，由工业和信息化部、财政部、海关总署、国家税务总局联合公布名单，取消免税资格。

三、免税进口科技开发用品的具体范围及相关规定，按照《科技开发用品免征进口税收暂行规定》（财政部、海关总署、国家税务总局令第 63 号）的第三条、第四条、第五条、第六条、第七条规定执行，并办理相关手续。

四、获得免税资格的示范平台要进一步完善服务功能，不断提高服务能力和质量，发挥支撑和示范带动作用，为中小企业提供"及时、价廉、质优"的服务。如存在以虚报情况获得免税资格、偷税、骗税，或者将享受税收优惠政策的进口物资擅自转让、移作他用或进行其他处置的，一经查实将按照财关税〔2011〕71 号文的相关规定处理。

五、各地中小企业主管部门要结合政策的执行，对所辖区内获得免税资格示范平台的服务业绩、服务质量、服务收费情况及服务对象满意度等进行检查、测评，对政策实施效果进行评价，并做好相关工作总结。

附件：享受科技开发用品进口税收优惠政策的国家中小企业公共服务示范平台名单（编者略）

1－4－176

财政部　国家发展改革委　海关总署 国家税务总局关于调整《国内投资项目不予免税的进口商品目录》的公告

2012年12月24日　财政部　国家发展改革委
海关总署　国家税务总局公告2012年第83号

为加快转变经济发展方式、推动产业结构调整和优化升级，积极鼓励企业引进国内不能生产的先进技术设备，统筹兼顾对外开放和国内发展，促进先进技术引进和企业自主创新，财政部、国家发展改革委、海关总署、国家税务总局在广泛收集、整理各地方、有关部门、行业协会、企业意见的基础上，针对《国内投资项目不予免税的进口商品目录（2008年调整）》（以下简称《2008年目录》）执行中存在的问题，对《2008年目录》中的部分条目进行了调整，形成了《国内投资项目不予免税的进口商品目录（2012年调整）》（以下简称《2012年目录》），现将有关事项公告如下：

一、根据近年来国内装备制造水平和相关产业发展的变化，对《2008年目录》中部分条目所列技术规格进行了相关调整。另外，根据《中华人民共和国进出口税则》对《2008年目录》中部分条目所列税则号列进行了相应调整和修正，同时对部分商品的名称等内容进行了调整和修正，调整后形成的《2012年目录》详见附件。

二、《2012年目录》自2013年1月1日起执行，即2013年1月1日及以后新批准的国内投资项目（以项目的审批、核准或备案日期为准，下同），其进口设备一律按照《2012年目录》执行。

为保证老项目顺利实施，对2013年1月1日以前批准的国内投资项目，其进口设备在2013年6月30日及以前申报进口的，仍按照《2008年目录》执行。但对于有关进口设备按照《2008年目录》审核不符合免税条件的，而按照《2012年目录》审核符合免税条件的，自2013年1月1日起，可以按照《2012年目录》执行。货物已经征税进口的，不再予以调整。自2013年7月1日起，国内投资项目项下申报进口的设备一律按照《2012年目录》执行。

三、现行政策对国内投资项目项下进口设备的免税条件另有规定的，有关进口设备仍需执行相关规定。但此前公布实施的《进口不予免税的重大技术装备和产品目录（2012年修订）》中相关装备和产品的技术指标与《2012年目录》不一致的，以《2012年目录》所列技术规格为准，并自2013年1月1日起一并调整。

附件：国内投资项目不予免税的进口商品目录（2012年调整）（编者略）

1－4－177

科学技术部　民政部　财政部　海关总署国家税务总局关于印发科技类民办非企业单位进口科学研究和教学用品免税资格审核认定管理办法的通知

2013年1月24日　国科发政〔2013〕52号

各省、自治区、直辖市及计划单列市、新疆生产建设兵团科技厅(委、局)、民政厅(局)、财政厅(局)、国家税务局,海关总署广东分署、各直属海关:

根据《关于科技类民办非企业单位适用科学研究和教学用品进口税收政策的通知》(财关税〔2012〕54号)规定,科技部、财政部、民政部、海关总署和国家税务总局研究制定了《科技类民办非企业单位进口科学研究和教学用品免税资格审核认定管理办法》,现印发你们,请遵照执行。

附件:1. 科技类民办非企业单位进口科学研究和教学用品免税资格审核认定管理办法

2. 科技类民办非企业单位进口科学研究和教学用品免税资格审核表(编者略)

附件1

科技类民办非企业单位进口科学研究和教学用品免税资格审核认定管理办法

为贯彻落实《关于科技类民办非企业单位适用科学研究和教学用品进口税收政策的通知》(财关税〔2012〕54号)(以下简称《通知》),特制定本办法。

一、《通知》第二条认定条件的说明

(一)科技类民办非企业单位的资产总额以上一年度审计报告中年末总资产数额为准。

(二)专业技术人员,是指从事基础研究、应用研究、试验发展、科技成果转化和技术推广服务等活动的人员。包括:直接参加上述科技活动的人员、相关专职科技管理人员和为上述科技活动提供资料文献、材料供应、设备等科研辅助的直接服务人员。专业技术人员须有大专以上学历或中级以上职称。

(三)专职人员是指与单位签订一年以上劳动合同的人员。兼职人员是指在本单位从事有报酬活动的外部人员。人员数量以上一年年末人数为准。

二、免税资格审核认定的程序

(一)民政部或省、自治区、直辖市和计划单列市民政部门登记注册的具有法人资格的科技类民办非企业单位,应在每年2月底前向科技部或省、自治区、直辖市、计划单列市、新疆生产建设兵团科技行政主管部门提出免税资格申请,科技行政主管部门会同同级民政部门按照《通知》所列条件和本办法进行审核认定，对符合免税资格条件的科技类民办非企业单位颁发免税资格证书，同时将合格单位名单抄送同级财政、海关和税务部门。

（二）获得免税资格证书的科技类民办非企业单位可按照《通知》第五条规定，在有关科教用品进口前，向其所在地直属海关申请办理减税备案和减税审批手续。

三、需要报送的材料

申请单位应当向科技行政主管部门提交以下材料：

（一）《科技类民办非企业单位进口科学研究和教学用品免税资格审核表》；

（二）加盖上一年度年检合格章的民办非企业单位（法人）登记证书（副本）原件和复印件及《民办非企业单位年检报告书》；

（三）上一年度的工作报告和审计报告原件及复印件；

（四）上一年年末专职和兼职人员名册（包括姓名、学历、职称、工作岗位、劳动合同期限、联系方式等），并对专业技术人员予以标注；

（五）审核部门要求提交的其他材料。

四、复审

（一）科技行政主管部门会同同级民政部门每两年对科技类民办非企业单位的免税资格复审一次。

（二）复审时重点对已获得免税资格单位的非营利性质、依法纳税及免税进口物品使用情况等进行实质性审查，申请复审的科技类民办非企业单位除提供本办法第三条所规定的材料外，还应当提供已享受进口科教用品免税政策执行情况的报告。

（三）对复审通过的单位，以公告形式公布名单，名单抄送同级财政、海关和税务部门备案。

（四）在资格审核认定和复审过程中，审核部门可到科技类民办非企业单位查阅有关资料，了解情况，核实申报材料的真实性。

五、监督检查

（一）财政部会同科技部、民政部、海关总署、国家税务总局，根据实际需要，随时对科技类民办非企业单位免税进口科学研究和教学用品的使用情况进行抽查。

（二）已经获得免税资格的科技类民办非企业单位，如经查实存在以虚报情况获得免税资格、违规分配资产或利润、偷税、骗税或者将免税进口物品擅自转让、移作他用或者进行其他处置行为的，按照《通知》第七条规定予以处罚。

1－4－178

财政部　海关总署　国家税务总局关于横琴开发有关进口税收政策的通知

2013年5月20日　财关税〔2013〕17号

广东省财政厅，海关总署广东分署、拱北海关，广东省国家税务局：

为贯彻落实《国务院关于横琴开发有关政策的批复》(国函〔2011〕85 号)精神,现就横琴开发有关进口货物税收政策通知如下:

一、有关进口税收政策

横琴开发的有关进口税收政策,除法律、法规和现行政策另有规定外,按照下列规定办理:

1. 对从境外进入横琴与生产有关的下列货物实行备案管理,给予免税:横琴区内(以下简称区内)生产性的基础设施建设项目所需的机器、设备和建设生产厂房、仓储设施所需的基建物资;区内生产企业运营所需的机器、设备、模具及其维修用零配件;区内从事研发设计、检测维修、物流、服务外包等企业进口所需的机器、设备等货物。在“一线”不予免税的货物清单具体见本通知第二条。

2. 对从境外进入横琴与生产有关的下列货物实行备案管理,给予保税:区内企业为加工出口产品所需的原材料、零部件、元器件、包装物料及消耗性材料;区内物流企业进口用于流转的货物。在“一线”不予保税的货物清单具体见本通知第三条。

3. 货物从横琴进入内地按有关规定办理进口报关手续,按实际报验状态征税,在“一线”已完税的生活消费类等货物除外。

4. 横琴企业将免税、保税的货物(包括用免税、保税的料件生产的货物)销售给个人的,应按进口货物的有关规定补齐相应的进口税款。

5. 对设在横琴的企业生产、加工并经“二线”销往内地的货物照章征收进口环节增值税、消费税。根据企业申请,试行对该内销货物按其对应进口料件或按实际报验状态征收关税政策,经实际操作并不断完善后再正式实施。

二、在“一线”不予免税的货物清单

在“一线”不予免税的货物包括:

1. 法律、行政法规和相关规定明确不予免税的货物。

2. 国家规定禁止进口的商品。

3. 商业性房地产开发项目进口的货物,即兴建宾馆饭店、写字楼、别墅、公寓、住宅、商业购物场所、娱乐服务业场馆、餐饮业店馆以及其他商业性房地产项目进口的建设物资、设备(如电梯、空调、水泥、钢材、大理石、灯具等建筑材料和装饰装修材料)。

4. 生活消费类货物,具体见附表。

5. 20 种不予减免税的商品中未列入上述生活消费类货物清单的其他商品。

6. 其他与生产无关的货物。

三、在“一线”不予保税的货物清单

在“一线”不予保税的货物包括:

1. 法律、行政法规和相关规定明确不予保税的货物。

2. 国家规定禁止进口的商品。

3. 商业性房地产开发项目进口的货物,即兴建宾馆饭店、写字楼、别墅、公寓、住宅、商业购物场所、娱乐服务业场馆、餐饮业店馆以及其他商业性房地产项目进口的建设物资、设备(如电梯、空调、水泥、钢材、大理石、灯具等建筑材料和装饰装修材料)。

4. 区内个人、企业和行政管理机构自用的生活消费类用品(具体商品范围同第二条中的“4”和“5”)。

5. 列入加工贸易禁止类目录的商品。

6. 其他与生产无关的货物。

四、其他有关事项

根据政策执行的实际情况,并在保持政策相对稳定的前提下,由财政部会同有关部门适时调整在“一线”不予免税的货物清单和在“一线”不予保税的货物清单。

本通知自横琴相关监管设施验收合格、正式开关运行之日起执行。

特此通知。

附表:生活消费类货物(编者略)

1 -4 -179

财政部关于从境外经“一线”进入横琴和经“二线”进入内地的旅客携带行李物品的具体规定的通知

2013 年 5 月 23 日　财关税〔2013〕30 号

海关总署:

为贯彻落实《国务院关于横琴开发有关政策的批复》(国函〔2011〕85 号)精神,现就旅客经横琴“一线”、“二线”携带行李物品的具体规定通知如下:

1. 对从境外经“一线”进入横琴的旅客携带的行李物品按现行进境物品进口税的相关规定进行管理。

2. 对经“二线”进入内地的旅客携带的行李物品实行便捷通关。海关在“二线”保留对旅客携带的行李物品的查验权。

本通知自横琴相关监管设施验收合格、正式开关运行之日起执行。

1 -4 -180

国家税务总局　海关总署关于实行海关进口增值税专用缴款书“先比对后抵扣”管理办法有关问题的公告

2013 年 6 月 14 日　国家税务总局　海关总署公告 2013 年第 31 号

为了进一步加强海关进口增值税专用缴款书(以下简称海关缴款书)的增值税抵扣管理,税务总局、海关总署决定将前期在广东等地试行的海关缴款书“先比对后抵扣”管理办法,在全国范围推广实行。现将有关事项公告如下:

一、自2013年7月1日起,增值税一般纳税人(以下简称纳税人)进口货物取得的属于增值税扣税范围的海关缴款书,需经税务机关稽核比对相符后,其增值税额方能作为进项税额在销项税额中抵扣。

二、纳税人进口货物取得的属于增值税扣税范围的海关缴款书,应按照《国家税务总局关于调整增值税扣税凭证抵扣期限有关问题的通知》(国税函〔2009〕617号)规定,自开具之日起180天内向主管税务机关报送《海关完税凭证抵扣清单》(电子数据),申请稽核比对,逾期未申请的其进项税额不予抵扣。

三、税务机关通过稽核系统将纳税人申请稽核的海关缴款书数据,按日与进口增值税入库数据进行稽核比对,每个月为一个稽核期。海关缴款书开具当月申请稽核的,稽核期为申请稽核的当月、次月及第三个月。海关缴款书开具次月申请稽核的,稽核期为申请稽核的当月及次月。海关缴款书开具次月以后申请稽核的,稽核期为申请稽核的当月。

四、稽核比对的结果分为相符、不符、滞留、缺联、重号五种。

相符,是指纳税人申请稽核的海关缴款书,其号码与海关已核销的海关缴款书号码一致,并且比对的相关数据也均相同。

不符,是指纳税人申请稽核的海关缴款书,其号码与海关已核销的海关缴款书号码一致,但比对的相关数据有一项或多项不同。

滞留,是指纳税人申请稽核的海关缴款书,在规定的稽核期内系统中暂无相对应的海关已核销海关缴款书号码,留待下期继续比对。

缺联,是指纳税人申请稽核的海关缴款书,在规定的稽核期结束时系统中仍无相对应的海关已核销海关缴款书号码。

重号,是指两个或两个以上的纳税人申请稽核同一份海关缴款书,并且比对的相关数据与海关已核销海关缴款书数据相同。

五、税务机关于每月纳税申报期内,向纳税人提供上月稽核比对结果,纳税人应向主管税务机关查询稽核比对结果信息。

对稽核比对结果为相符的海关缴款书,纳税人应在税务机关提供稽核比对结果的当月纳税申报期内申报抵扣,逾期的其进项税额不予抵扣。

六、稽核比对结果异常的处理

稽核比对结果异常,是指稽核比对结果为不符、缺联、重号、滞留。

(一)对于稽核比对结果为不符、缺联的海关缴款书,纳税人应于产生稽核结果的180日内,持海关缴款书原件向主管税务机关申请数据修改或者核对,逾期的其进项税额不予抵扣。属于纳税人数据采集错误的,数据修改后再次进行稽核比对;不属于数据采集错误的,纳税人可向主管税务机关申请数据核对,主管税务机关会同海关进行核查。经核查,海关缴款书票面信息与纳税人实际进口货物业务一致的,纳税人应在收到主管税务机关书面通知的次月申报期内申报抵扣,逾期的其进项税额不予抵扣。

(二)对于稽核比对结果为重号的海关缴款书,由主管税务机关进行核查。经核查,海关缴款书票面信息与纳税人实际进口货物业务一致的,纳税人应在收到税务机关书面通知的次月申报期内申报抵扣,逾期的其进项税额不予抵扣。

(三)对于稽核比对结果为滞留的海关缴款书,可继续参与稽核比对,纳税人不需申请数据核对。

七、纳税人应在“应交税金”科目下设“待抵扣进项税额”明细科目，用于核算已申请稽核但尚未取得稽核相符结果的海关缴款书进项税额。纳税人取得海关缴款书后，应借记“应交税金—待抵扣进项税额”明细科目，贷记相关科目；稽核比对相符以及核查后允许抵扣的，应借记“应交税金——应交增值税（进项税额）”专栏，贷记“应交税金——待抵扣进项税额”科目。经核查不得抵扣的进项税额，红字借记“应交税金——待抵扣进项税额”，红字贷记相关科目。

八、增值税纳税申报表及税务机关“一窗式”比对项目的调整

（一）自2013年7月1日起，纳税人已申请稽核但尚未取得稽核相符结果的海关缴款书进项税额填入《增值税纳税申报表》（一般纳税人适用）附表二“待抵扣进项税额”中的“海关进口增值税专用缴款书”栏。

（二）自2013年8月1日起，海关缴款书“一窗式”比对项目调整为：核对《增值税纳税申报表》（一般纳税人适用）附表二第5栏税额是否等于或小于稽核系统比对相符和核查后允许抵扣的海关缴款书税额。

九、本公告自2013年7月1日起施行，《国家税务总局关于加强海关进口增值税专用缴款书和废旧物资发票管理有关问题的通知》（国税函〔2004〕128号）、《国家税务总局关于部分地区试行海关进口增值税专用缴款书“先比对后抵扣”管理办法的通知》（国税函〔2009〕83号）、《国家税务总局关于部分地区试行海关进口增值税专用缴款书“先比对后抵扣”管理办法有关问题的通知》（国税函〔2011〕196号）同时废止。

特此公告。

注释：

条款废止。第二条和第六条自2020年2月1日起废止。参见：《国家税务总局关于增值税发票管理等有关事项的公告》（国家税务总局公告2019年第33号）。

1－4－181

财政部关于从境外经“一线”进入平潭和经“二线”进入内地的旅客携带行李物品的具体规定的通知

2013年8月28日　财关税〔2013〕47号

海关总署：

为贯彻落实《平潭综合实验区总体发展规划》中的相关政策，现就旅客经平潭“一线”、“二线”携带行李物品的具体规定通知如下：

1. 对从境外经“一线”进入平潭的旅客携带的行李物品按现行进境物品进口税的相关规定进行管理。

2. 对经“二线”进入内地的旅客携带的行李物品实行便捷通关。海关在“二线”保留对旅客携带的行李物品的查验权。

本通知自平潭综合实验区相关监管设施验收合格、正式开关运行之日起执行。

1-4-182

财政部　海关总署　国家税务总局关于平潭综合实验区有关进口税收政策的通知

2013年9月3日　财关税〔2013〕62号

福建省财政厅、福州海关、福建省国家税务局：

为贯彻落实《平潭综合实验区总体发展规划》中的相关政策，现就平潭综合实验区有关进口货物税收政策通知如下：

一、有关进口税收政策

平潭综合实验区的有关进口税收政策，除法律、法规和现行政策另有规定外，按照下列规定办理：

1. 对从境外进入平潭与生产有关的下列货物实行备案管理，给予免税：平潭综合实验区内（以下简称区内）生产性的基础设施建设项目所需的机器、设备和建设生产厂房、仓储设施所需的基建物资；区内生产企业运营所需的机器、设备、模具及其维修用零配件；区内从事研发设计、检测维修、物流、服务外包等企业进口所需的机器、设备等货物。在“一线”不予免税的货物清单具体见本通知第二条。

2. 对从境外进入平潭与生产有关的下列货物实行备案管理，给予保税：区内企业为加工出口产品所需的原材料、零部件、元器件、包装物料及消耗性材料；区内物流企业进口用于流转的货物。在“一线”不予保税的货物清单具体见本通知第三条。

3. 货物从平潭进入内地按有关规定办理进口报关手续，按实际报验状态征税，在“一线”已完税的生活消费类等货物除外。

4. 平潭企业将免税、保税的货物（包括用免税、保税的料件生产的货物）销售给个人的，应按进口货物的有关规定补齐相应的进口税款。

5. 对设在平潭的企业生产、加工并经“二线”销往内地的货物照章征收进口环节增值税、消费税。根据企业申请，试行对该内销货物按其对应进口料件或按实际报验状态征收关税政策，经实际操作并不断完善后再正式实施。

二、在“一线”不予免税的货物清单

在“一线”不予免税的货物包括：

1. 法律、行政法规和相关规定明确不予免税的货物。

2. 国家规定禁止进口的商品。

3. 商业性房地产开发项目进口的货物，即兴建宾馆饭店、写字楼、别墅、公寓、住宅、商业购物场所、娱乐服务业场馆、餐饮业店馆以及其他商业性房地产项目进口的建设物资、设备(如电梯、空调、水泥、钢材、大理石、灯具等建筑材料和装饰装修材料)。

4. 生活消费类货物,具体见附件。

5. 20 种不予减免税的商品中未列入上述生活消费类货物清单的其他商品。

6. 其他与生产无关的货物。

三、在“一线”不予保税的货物清单

在“一线”不予保税的货物包括:

1. 法律、行政法规和相关规定明确不予保税的货物。

2. 国家规定禁止进口的商品。

3. 商业性房地产开发项目进口的货物,即兴建宾馆饭店、写字楼、别墅、公寓、住宅、商业购物场所、娱乐服务业场馆、餐饮业店馆以及其他商业性房地产项目进口的建设物资、设备(如电梯、空调、水泥、钢材、大理石、灯具等建筑材料和装饰装修材料)。

4. 区内个人、企业和行政管理机构自用的生活消费类用品(具体商品范围同第二条中的“4”和“5”)。

5. 列入加工贸易禁止类目录的商品。

6. 其他与生产无关的货物。

四、其他有关事项

根据政策执行的实际情况,并在保持政策相对稳定的前提下,由财政部会同有关部门适时调整在“一线”不予免税的货物清单和在“一线”不予保税的货物清单。

本通知自平潭综合实验区相关监管设施验收合格、正式开关运行之日起执行。

特此通知。

附件:生活消费类货物(编者略)

1－4－183

财政部　海关总署　国家税务总局
关于中国(上海)自由贸易试验区
有关进口税收政策的通知

2013 年 10 月 15 日　财关税〔2013〕75 号

上海市财政局、上海海关、上海市国家税务局:

为贯彻落实《中国(上海)自由贸易试验区总体方案》中的相关政策,现就中国(上海)自由贸易试验区有关进口税收政策通知如下:

一、对试验区内注册的国内租赁公司或其设立的项目子公司,经国家有关部门批准从境外购买空载重量在 25 吨以上并租赁给国内航空公司使用的飞机,享受《财政部、国家税务总局关于调整进口飞机有关增值税政策的通知》(财关税〔2013〕53 号)和《海关总署关于调整进口飞机进口环节增值税有关问题的通知》(署税发〔2013〕90 号)规定的增值税优惠政策。

二、对设在试验区内的企业生产、加工并经“二线”销往内地的货物照章征收进口环节增值税、消费税。根据企业申请，试行对该内销货物按其对应进口料件或按实际报验状态征收关税的政策。

三、在现行政策框架下，对试验区内生产企业和生产性服务业企业进口所需的机器、设备等货物予以免税，但生活性服务业等企业进口的货物以及法律、行政法规和相关规定明确不予免税的货物除外。

四、在严格执行货物进口税收政策的前提下，允许在特定区域设立保税展示交易平台。

除上述进口税收政策外，中国（上海）自由贸易试验区所属的上海外高桥保税区、上海外高桥保税物流园区、洋山保税港区和上海浦东机场综合保税区分别执行现行相应海关特殊监管区域的税收政策。

本通知自中国（上海）自由贸易试验区挂牌成立之日起执行。

1－4－184

财政部　海关总署　国家税务总局关于调整进口天然气税收优惠政策有关问题的通知

2013年11月7日　财关税〔2013〕74号

各省、自治区、直辖市、计划单列市财政厅（局）、国家税务局，海关总署广东分署、各直属海关：

根据天然气价格调整情况及有关企业申请，经研究决定，对《财政部、海关总署、国家税务总局关于对2011—2020年期间进口天然气及2010年底前“中亚气”项目进口天然气按比例返还进口环节增值税有关问题的通知》（财关税〔2011〕39号，以下简称《通知》）中有关事项进行调整，具体通知如下：

一、自2013年7月1日起，《通知》中规定的液化天然气销售定价调整为31.45元/GJ（见《通知》附表2），管道天然气销售定价调整为1.11元/立方米（见《通知》附表3）。

二、《通知》附件《天然气进口环节增值税税收返还暂行规定》第二款调整为“本规定所指经国家准许的进口天然气项目为经国家发展改革委核（批）准建设的天然气管道和液化天然气接收装置项目”。

三、增加部分项目享受税收优惠政策，具体为：

1. 新增加中缅天然气管道项目享受优惠政策，该项目进口规模为100亿立方米/年，进口企业为中国联合石油有限责任公司和云南中石油国际事业有限公司。享受政策起始时间为2013年7月1日。

2. 新增加浙江LNG项目享受优惠政策，该项目进口规模为300万吨/年，进口企业为中海石油气电集团有限责任公司和中海浙江宁波液化天然气有限公司。享受政策起始时间为2012年9月1日。

3. 新增加广东珠海LNG项目享受优惠政策，该项目进口规模为350万吨/年，进口企业为中海石油气电集团有限责任公司和广东珠海金湾液化天然气有限公司。享受政策起始时间为2013年8月1日。

特此通知。

注释：

条款失效。第一条停止执行。参见:《财政部 海关总署 税务总局关于调整进口天然气税收优惠政策有关问题的通知》(财关税〔2014〕67号)。

1-4-185

财政部 国家税务总局关于规范船舶进口有关税收政策问题的通知

2014年1月28日 财关税〔2014〕5号

海关总署：

近期,一些地方、部门在未经国务院批准同意的情况下通过保税港区对进口船舶实施保税登记。为维护税收政策的权威性和严肃性,增强航运业政策与船舶工业政策之间的协调性,现就规范船舶进口的有关税收政策问题通知如下：

保税港区等海关特殊监管区域的进口保税政策不适用于并不能实际入区的进境船舶。为规范政策,避免对国内船舶工业的发展造成冲击,除符合条件可享受中资"方便旗"船回国登记进口税收政策的船舶外,其他在保税港区等海关特殊监管区域登记的进境船舶,应按进口货物的有关规定办理报关手续,统一执行现行船舶进口的税收政策,照章缴纳进口关税和进口环节增值税。

1-4-186

财政部 海关总署 国家税务总局关于调整享受税收优惠政策的天然气进口项目的通知

2014年4月21日 财关税〔2014〕8号

天津、河北、福建、海南省(市)财政厅(局)、国家税务局,海关总署广东分署、各直属海关：

根据《财政部、海关总署、国家税务总局关于对2011—2020年期间进口天然气及2010年底前"中亚气"项目进口天然气按比例返还进口环节增值税有关问题的通知》和《财政部、海关总署、国家税务总局关于调整进口天然气税收优惠政策有关问题的通知》(财关税〔2011〕39号、财关税〔2013〕74号)中的有关规定,对进口天然气具体项目和相应企业名单

进行调整,具体如下:

一、新增加天津浮式液化天然气项目享受优惠政策,该项目进口规模为220万吨/年,进口企业为中海石油气电集团有限责任公司和中海油天津液化天然气有限责任公司。享受政策起始时间为2013年10月1日。

二、新增加唐山液化天然气项目享受优惠政策,该项目进口规模为350万吨/年,进口企业为中国石油国际事业有限公司和东北中石油国际事业有限公司。享受政策起始时间为2013年10月1日。

三、新增加海南液化天然气项目享受优惠政策,该项目进口规模为300万吨/年,进口企业为中海石油气电集团有限责任公司和中海石油海南天然气有限公司。享受政策起始时间为2014年7月1日。

四、自2013年10月1日起,将福建液化天然气项目可享受政策的进口规模由260万吨调整为630万吨。

特此通知。

1-4-187

财政部　海关总署　国家税务总局关于租赁企业进口飞机有关税收政策的通知

2014年5月13日　财关税〔2014〕16号

各省、自治区、直辖市、计划单列市财政厅(局)、国家税务局,新疆生产建设兵团财务局,海关总署广东分署、各直属海关,财政部驻各省、自治区、直辖市、计划单列市财政监察专员办事处:

经国务院批准,自2014年1月1日起,租赁企业一般贸易项下进口飞机并租给国内航空公司使用的,享受与国内航空公司进口飞机同等税收优惠政策,即进口空载重量在25吨以上的飞机减按5%征收进口环节增值税。自2014年1月1日以来,对已按17%税率征收进口环节增值税的上述飞机,超出5%税率的已征税款,尚未申报增值税进项税额抵扣的,可以退还。租赁企业申请退税时,应附送主管税务机关出具的进口飞机所缴纳增值税未抵扣证明(格式见附件)。

海关特殊监管区域内租赁企业从境外购买并租给国内航空公司使用的、空载重量在25吨以上、不能实际入区的飞机,不实施进口保税政策,减按5%征收进口环节增值税。

附件:租赁企业进口飞机增值税进项税额未抵扣证明(编者略)

1 -4 -188

财政部　海关总署　国家税务总局关于取消加工贸易项下进口钢材保税政策的通知

2014 年 7 月 2 日　财关税〔2014〕37 号

各省、自治区、直辖市、计划单列市财政厅(局)、国家税务局,新疆生产建设兵团财务局,海关总署广东分署、各直属海关:

为贯彻落实《国务院关于化解产能严重过剩矛盾的指导意见》(国发〔2013〕41 号)中"落实公平税赋政策,取消加工贸易项下进口钢材保税政策"的精神,现就取消加工贸易项下进口钢材保税政策的有关问题通知如下:

一、首批对国内完全能够生产、质量能够满足下游加工企业需要的进口热轧板、冷轧板、窄带钢、棒线材、型材、钢铁丝、电工钢等 78 个税号的钢材产品(具体产品清单见附件),取消加工贸易项下进口钢材保税政策,自 2014 年 7 月 31 日起,征收关税和进口环节税。

对 2014 年 7 月 31 日前已签订的合同,且在 2014 年 12 月 31 日前实际进口的,允许在合同有效期内继续以保税的方式开展加工贸易。

二、上述政策措施适用于综合保税区等海关特殊监管区域,但 2014 年 7 月 31 日前区内已设立并从事附件所列产品加工贸易的企业暂予以除外。

特此通知。

附件:首批取消加工贸易项下进口钢材保税政策的产品清单(编者略)

1 -4 -189

财政部　海关总署　国家税务总局关于取消加工贸易项下进口钢材保税政策的补充通知

2014 年 8 月 28 日　财关税〔2014〕54 号

各省、自治区、直辖市、计划单列市财政厅(局)、国家税务局,新疆生产建设兵团财务局,海关总署广东分署、各直属海关:

经国务院批准,适当延长《财政部、海关总署、国家税务总局关于取消加工贸易项下进口钢材保税政策的通知》(财关税〔2014〕37 号)中首批取消 78 个税号钢材产品加工贸易项下进口保税政策的过渡期。即:自 2015 年 1 月 1 日起,对加工贸易项下进口上述 78 个税号钢材产品征收关税和进口环节税;对 2014 年 12 月 31 日前签订的合同,且在 2015 年 6 月 30 日前实际进口的,允许在合同有效期内继续以保税的方式开展加工贸易。

特此通知。

1－4－190

海关总署关于提高成品油进口环节消费税的有关情况的公告

2014年12月12日　海关总署公告2014年第90号

为促进环境治理和节能减排，经国务院批准，现将提高成品油进口环节消费税的有关情况公告如下：

一、将汽油、石脑油、溶剂油和润滑油的进口环节消费税单位税额由1.12元/升，提高到1.4元/升。

二、将柴油、航空煤油和燃料油的进口环节消费税单位税额由0.94元/升，提高到1.1元/升。

三、航空煤油进口环节消费税继续暂缓征收。

本公告自2014年12月13日起执行。

附件：1. 成品油消费税税目税率表（编者略）

2. 成品油进口环节消费税税率表（编者略）

1－4－191

海关总署关于进一步调整成品油进口环节消费税的公告

2015年1月12日　海关总署公告2015年第2号

为促进环境治理和节能减排，经国务院批准，现将提高成品油进口环节消费税的有关情况公告如下：

一、将汽油、石脑油、溶剂油和润滑油的进口环节消费税单位税额由1.4元/升提高到1.52元/升。

二、将柴油、航空煤油和燃料油的进口环节消费税单位税额由1.1元/升提高到1.2元/升。航空煤油继续暂缓征收。

本公告自2015年1月13日起执行。

附件：成品油进口环节消费税税率表（编者略）

1 -4 -192

财政部　国家税务总局关于对电池涂料征收进口环节消费税的通知

2015 年 1 月 29 日　财关税〔2015〕4 号

海关总署：

经国务院批准，对电池、涂料征收进口环节消费税，现将有关事项通知如下：

一、自 2015 年 2 月 1 日起对电池（铅蓄电池除外）、涂料征收进口环节消费税，适用税率均为 4%。

对无汞原电池、金属氢化物镍蓄电池（又称“氢镍蓄电池”或“镍氢蓄电池”）、锂原电池、锂离子蓄电池、太阳能电池、燃料电池、全钒液流电池以及施工状态下挥发性有机物含量低于 420 克/升（含）的涂料免征进口环节消费税。

二、自 2016 年 1 月 1 日起对铅蓄电池（税则号列：85071000、85072000）征收进口环节消费税，适用税率为 4%。

电池、涂料进口环节消费税税目税率表分别见附件 1、附件 2。

特此通知。

附件：1. 电池进口环节消费税税目税率表（编者略）

2. 涂料进口环节消费税税目税率表（编者略）

1 -4 -193

财政部　海关总署　国家税务总局关于中国（广东）自由贸易试验区有关进口税收政策的通知

2015 年 5 月 20 日　财关税〔2015〕19 号

广东省财政厅，海关总署广东分署、广州海关、深圳海关、拱北海关，广东省国家税务局：

为贯彻落实《中国（广东）自由贸易试验区总体方案》中的相关政策，现就中国（广东）自由贸易试验区（以下简称自贸试验区）有关进口税收政策通知如下：

一、中国（上海）自由贸易试验区已经试点的进口税收政策原则上可在自贸试验区进行试点。

二、选择性征收关税政策在自贸试验区内的海关特殊监管区域进行试点，即对设在自贸试验区海关特殊监管区域内的企业生产、加工并经“二线”销往内地的货物照章征收进口环节增值税、消费税，根据企业申请，试行对该内销货物按其对应进口料件或按实际报验状态征收关税的政策。

三、在严格执行货物进出口税收政策前提下，允许在自贸试验区海关特殊监管区域内设立保税展示交易平台。

四、自贸试验区内的海关特殊监管区域实施范围和税收政策适用范围维持不变。深圳前海深港现代服务业合作区、珠海横琴税收优惠政策不适用于自贸试验区内其他区域。

本通知自自贸试验区挂牌成立之日起执行。

1－4－194

财政部　海关总署　国家税务总局关于中国(天津)自由贸易试验区有关进口税收政策的通知

2015年5月20日　财关税〔2015〕21号

天津市财政局、天津海关、天津市国家税务局：

为贯彻落实《中国(天津)自由贸易试验区总体方案》中的相关政策，现就中国(天津)自由贸易试验区(以下简称自贸试验区)有关进口税收政策通知如下：

一、中国(上海)自由贸易试验区已经试点的进口税收政策原则上可在自贸试验区进行试点。

二、选择性征收关税政策在自贸试验区内的海关特殊监管区域进行试点，即对设在自贸试验区海关特殊监管区域内的企业生产、加工并经“二线”销往内地的货物照章征收进口环节增值税、消费税，根据企业申请，试行对该内销货物按其对应进口料件或按实际报验状态征收关税的政策。

三、在严格执行货物进出口税收政策前提下，允许在自贸试验区海关特殊监管区域内设立保税展示交易平台。

四、自贸试验区内的海关特殊监管区域实施范围和税收政策适用范围维持不变。

本通知自自贸试验区挂牌成立之日起执行。

1－4－195

财政部　海关总署　国家税务总局关于中国(福建)自由贸易试验区有关进口税收政策的通知

2015年5月20日　财关税〔2015〕22号

福建省财政厅、国家税务局，福州海关、厦门海关：

为贯彻落实《中国(福建)自由贸易试验区总体方案》中的相关政策,现就中国(福建)自由贸易试验区(以下简称自贸试验区)有关进口税收政策通知如下:

一、中国(上海)自由贸易试验区已经试点的进口税收政策原则上可在自贸试验区进行试点。

二、选择性征收关税政策在自贸试验区内的海关特殊监管区域进行试点,即对设在自贸试验区海关特殊监管区域内的企业生产、加工并经"二线"销往内地的货物照章征收进口环节增值税、消费税,根据企业申请,试行对该内销货物按其对应进口料件或按实际报验状态征收关税的政策。

三、在严格执行货物进出口税收政策前提下,允许在自贸试验区海关特殊监管区域内设立保税展示交易平台。

四、在确保有效监管前提下,在自贸试验区海关特殊监管区域探索建立货物实施状态分类监管模式。

五、自贸试验区内的海关特殊监管区域实施范围和税收政策适用范围维持不变。平潭综合实验区税收优惠政策不适用于自贸试验区内其他区域。

本通知自自贸试验区挂牌成立之日起执行。

1 -4 -196

海关总署关于调整部分日用消费品进口关税的公告

2015 年 5 月 29 日　海关总署公告 2015 年第 21 号

经国务院批准,自 2015 年 6 月 1 日起,以暂定税率方式降低护肤品、西装、短统靴、纸尿裤等日用消费品(详见附件 1)进口关税税率。以上调整涉及的海关商品编号变化情况详见附件 2。

特此公告。

附件:1. 部分日用消费品进口暂定税率调整表(编者略)

2. 对照表(编者略)

1－4－197

财政部　商务部　海关总署 国家税务总局　国家旅游局关于印发《口岸进境免税店管理暂行办法》的通知

2016年2月18日　财关税〔2016〕8号

各省、自治区、直辖市、计划单列市财政厅(局)、商务主管部门、国家税务局、旅游局,新疆生产建设兵团财务局,海关总署广东分署、各直属海关,财政部驻各省、自治区、直辖市、计划单列市财政监察专员办事处:

2015年4月28日国务院第90次常务会议决定,增设和恢复口岸进境免税店。财政部会同商务部、海关总署、国家税务总局、国家旅游局研究提出了口岸进境免税店政策和增设方案。

国务院同意在广州白云、杭州萧山、成都双流、青岛流亭、南京禄口、深圳宝安、昆明长水、重庆江北、天津滨海、大连周水子、沈阳桃仙、西安咸阳和乌鲁木齐地窝堡等机场口岸,深圳福田、皇岗、沙头角、文锦渡口岸,珠海闸口口岸,黑河口岸等水陆口岸各设1家口岸进境免税店[《国务院关于口岸进境免税店政策和增设方案的批复》(国函〔2015〕221号)]。

为落实国务院决定,规范管理口岸进境免税店,确保口岸进境免税店政策的顺利实施,现印发《口岸进境免税店管理暂行办法》,请遵照执行。

附件:口岸进境免税店管理暂行办法

附件

口岸进境免税店管理暂行办法

第一条　为规范口岸进境免税店管理工作,依照有关法律法规和我国口岸进境免税店政策,制定本办法。

第二条　口岸进境免税店,指设立在对外开放的机场、水运和陆路口岸隔离区域,按规定对进境旅客免进口税购物的经营场所。口岸进境免税店具体经营适用对象、商品品种、免税税种、金额数量等应严格按照口岸进境免税店政策的有关规定执行。

第三条　国家对口岸进境免税店实行特许经营。国家统筹安排口岸进境免税店的布局和建设。口岸进境免税店的布局选址应根据出入境旅客流量,结合区域布局因素,满足节约资源、保护环境、有序竞争、避免浪费、便于监管的要求。

第四条　除国务院另有规定外,对原经国务院批准具有免税品经营资质,且近3年有连续经营口岸和市内进出境免税店业绩的企业,放开经营免税店的地域和类别限制,准予这些企业平等竞标口岸进境免税店经营权。口岸进境免税店必须由具有免税品经营资质的企业绝对控股(持股比例大于50%)。

第五条 设立口岸进境免税店的数量、口岸和营业场所的规模控制,由财政部会同商务部、海关总署、国家税务总局和国家旅游局提出意见报国务院审批。

第六条 经营口岸进境免税店应当符合海关监管要求,经海关批准,并办理注册手续。

第七条 口岸进境免税店一般由机场或其他招标人通过招标方式确定经营主体。如果不具备招标条件,比如在进出境客流量较小、开店面积有限等特殊情况下,可提出申请并报财政部核准,按照《中华人民共和国政府采购法》规定的竞争性谈判等其他方式确定经营主体。

第八条 新设立或经营合同到期的口岸进境免税店经营主体经招标或核准后,招标人或口岸业主与免税品经营企业每次签约的经营期限不超过10年。协议到期后不得自动续约,应根据本办法第七条的规定重新确定经营主体。

第九条 招标人或口岸业主经招标或采用其他经核准的方式与免税品经营企业达成协议后,应向财政部、商务部、海关总署、国家税务总局和国家旅游局备案。备案时需提交以下材料:

(一)经营主体合作协议(包括各股东持股比例、经营主体业务关联互补情况等。独资设立免税店除外);

(二)经营主体的基本情况(包括企业性质、营业范围、生产经营,资产负债等方面);

(三)口岸与经营主体设立口岸进境免税店的协议。

第十条 经营主体的股权结构、经营状况等基本情况发生重大变化时,应向财政部、商务部、海关总署、国家税务总局和国家旅游局报告。

第十一条 自国务院批准设立口岸进境免税店的规模控制之日起,机场或其他招标人应在6个月内完成招标。经营口岸进境免税店自海关批准之日起,经营主体应在1年内完成免税店建设并开始营业。经批准设立的口岸进境免税店无正当理由未按照上述时限要求对外营业的,或者暂停经营1年以上的,机场或其他招标人按照本办法第五条、第六条和第七条的规定重新办理审批手续、确定经营主体。

第十二条 口岸进境免税店原则上不得扩大营业场所面积,不得设立分店和分柜台。确需扩大营业场所面积、设立分店和分柜台的,按照本办法第五条、第六条规定的开设新店程序审批。

第十三条 口岸进境免税店缴纳免税商品特许经营费办法,暂按《财政部关于印发〈免税商品特许经营费缴纳办法〉的通知》(财企〔2004〕241号)和《财政部关于印发〈免税商品特许经营费缴纳办法〉的补充通知》(财企〔2006〕70号)规定执行。

第十四条 财政部、商务部、海关总署、国家税务总局和国家旅游局应加强相互联系和信息交换,并根据职责分工,加强协作配合,对口岸进境免税店工作实施有效管理。

第十五条 财政部、商务部、海关总署、国家税务总局和国家旅游局可以定期对口岸进境免税店经营情况进行核查,发现违反相关法律法规和规章制度的,依法予以处罚。

第十六条 本办法由财政部、商务部、海关总署、国家税务总局和国家旅游局负责解释。

第十七条 本办法自2016年2月18日起施行。

注释：

政策调整。《口岸进境免税店管理暂行办法》中有关免税店经营和招标期限规定调整。参见：《财政部 商务部 文化和旅游部 海关总署 税务总局关于调整疫情期间口岸进、出境免税店经营和招标期限等规定的通知》（财关税〔2022〕3号）。

1－4－198

财政部 商务部 海关总署 国家税务总局 国家旅游局关于口岸进境免税店政策的公告

2016年2月18日 财政部 商务部 海关总署
国家税务总局 国家旅游局公告2016年第19号

为满足国内消费需求，丰富国内消费者购物选择，方便国内消费者在境内购买国外产品，决定增设和恢复口岸进境免税店，合理扩大免税品种，增加一定数量的免税购物额。经国务院批准，现将口岸进境免税店政策公告如下：

一、口岸进境免税店

口岸进境免税店是设立在对外开放的机场、陆路和水运口岸隔离区域，按规定对进境旅客免进口税购物的经营场所。国家对口岸进境免税店实行特许经营。

二、销售对象及条件

口岸进境免税店的适用对象是尚未办理海关进境手续的旅客。在口岸进境免税店购物必须同时符合以下条件：

1. 进境旅客持进出境有效证件和搭乘公共运输交通工具的凭证购买；未搭乘公共运输交通工具的，进境旅客持进出境有效证件购买。

2. 进出境有效证件指护照、往来港澳通行证或往来台湾通行证。

3. 购物应按规定取得购物凭证。

三、免税税种

关税、进口环节增值税和消费税。

四、免税商品品类

免税商品以便于携带的个人消费品为主，具体商品品类和限购数量见附表。

五、免税购物金额

在维持居民旅客进境物品5000元人民币免税限额不变基础上，允许其在口岸进境免税店增加一定数量的免税购物额，连同境外免税购物额总计不超过8000元人民币。

六、购物流程

进境旅客在口岸进境免税店购物后,由本人随身携带入境。在同一口岸既有出境免税店又有进境免税店,进境旅客在出境免税店预订寄存后,在进境时付款提取的,视为在口岸进境免税店购物。

本公告自2016年2月18日起执行。

特此公告。

附表:口岸进境免税店经营品类(编者略)

1-4-199

海关总署关于关税及进口环节海关代征税延期缴纳事项停止实施审批的公告

2016年3月13日　海关总署公告2016年第15号

根据《国务院关于修改部分行政法规的决定》(国务院令第666号),关税及进口环节海关代征税延期缴纳事项停止实施海关审批。纳税义务人因不可抗力或者国家税收政策调整不能按期缴纳税款的,依法提供税款担保后,可以直接向海关办理延期缴纳税款手续。

特此公告。

1-4-200

财政部　海关总署　国家税务总局关于跨境电子商务零售进口税收政策的通知

2016年3月24日　财关税〔2016〕18号

各省、自治区、直辖市、计划单列市财政厅(局)、国家税务局,新疆生产建设兵团财务局,海关总署广东分署、各直属海关:

为营造公平竞争的市场环境,促进跨境电子商务零售进口健康发展,经国务院批准,现将跨境电子商务零售(企业对消费者,即B2C)进口税收政策有关事项通知如下:

一、跨境电子商务零售进口商品按照货物征收关税和进口环节增值税、消费税,购买跨境电子商务零售进口商品的个人作为纳税义务人,实际交易价格(包括货物零售价格、运费和保险费)作为完税价格,电子商务企业、电子商务交易平台企业或物流企业可作为代收代缴义务人。

二、跨境电子商务零售进口税收政策适用于从其他国家或地区进口的、《跨境电子商务零售进口商品清单》范围内的以下商品：

（一）所有通过与海关联网的电子商务交易平台交易，能够实现交易、支付、物流电子信息“三单”比对的跨境电子商务零售进口商品；

（二）未通过与海关联网的电子商务交易平台交易，但快递、邮政企业能够统一提供交易、支付、物流等电子信息，并承诺承担相应法律责任进境的跨境电子商务零售进口商品。

不属于跨境电子商务零售进口的个人物品以及无法提供交易、支付、物流等电子信息的跨境电子商务零售进口商品，按现行规定执行。

三、跨境电子商务零售进口商品的单次交易限值为人民币2000元，个人年度交易限值为人民币20000元。在限值以内进口的跨境电子商务零售进口商品，关税税率暂设为0；进口环节增值税、消费税取消免征税额，暂按法定应纳税额的70%征收。超过单次限值、累加后超过个人年度限值的单次交易，以及完税价格超过2000元限值的单个不可分割商品，均按照一般贸易方式全额征税。

四、跨境电子商务零售进口商品自海关放行之日起30日内退货的，可申请退税，并相应调整个人年度交易总额。

五、跨境电子商务零售进口商品购买人（订购人）的身份信息应进行认证；未进行认证的，购买人（订购人）身份信息应与付款人一致。

六、《跨境电子商务零售进口商品清单》将由财政部商有关部门另行公布。

七、本通知自2016年4月8日起执行。

特此通知。

1－4－201

海关总署关于《中华人民共和国进境物品归类表》和《中华人民共和国进境物品完税价格表》的公告

2016年4月6日　海关总署公告2016年第25号

根据《国务院关税税则委员会关于调整进境物品进口税有关问题的通知》（税委会〔2016〕2号），海关总署决定对2012年第15号公告公布的《中华人民共和国进境物品归类表》（详见附件1）及《中华人民共和国进境物品完税价格表》（详见附件2）的归类和税率进行相应调整，归类原则和完税价格确定原则不变，现予以公布，自2016年4月8日起执行。

特此公告。

附件：1. 中华人民共和国进境物品归类表（编者略）

2. 中华人民共和国进境物品完税价格表（编者略）

1－4－202

财政部　海关总署　国家税务总局
关于新型显示器件项目进口设备
增值税分期纳税政策的通知

2016年6月1日　财关税〔2016〕30号

各省、自治区、直辖市、计划单列市财政厅(局)、国家税务局,新疆生产建设兵团财务局,海关总署广东分署、各直属海关,财政部驻各省、自治区、直辖市、计划单列市财政监察专员办事处:

为落实中央经济工作会议有关精神,推进新常态下信息技术产业实体经济发展,促进产业结构优化升级,支持国内新型显示器件生产企业降低税费成本,更好地参与国际竞争,经国务院批准,现将新型显示器件项目进口设备增值税分期纳税的有关政策通知如下:

一、对新型显示器件项目于2015年1月1日至2018年12月31日期间进口的关键新设备,准予在首台设备进口之后的6年(连续72个月)期限内,分期缴纳进口环节增值税,6年内每年(连续12个月)依次缴纳进口环节增值税总额的0%、20%、20%、20%、20%、20%,期间允许企业缴纳税款超过上述比例。

二、新型显示器件生产企业在分期纳税期间,按海关事务担保的规定,对未缴纳的税款提供海关认可的银行保证金或银行保函形式的税款担保,不予征收缓税利息和滞纳金。

三、对企业已经缴纳的进口环节增值税不予退还。

四、上述分期纳税有关政策的具体操作办法依照《关于新型显示器件项目进口设备增值税分期纳税的暂行规定》(见附件)执行。

附件:关于新型显示器件项目进口设备增值税分期纳税的暂行规定

附件

关于新型显示器件项目进口设备增值税分期纳税的暂行规定

一、根据国务院批准的对新型显示器件项目进口设备增值税分期纳税有关政策的精神,特制定本规定。

二、承建新型显示器件项目的企业至少于首台设备进口时间的3个月前,分别向省级(含自治区、直辖市、计划单列市,下同)财政部门、企业所在地直属海关提交进口设备增值税分期纳税的申请。(一)企业申请文件需说明企业及项目有关情况,如项目建设进度、产能设计和初期产量、投产和量产时间、产品类型等,并附投资主管部门出具的项目备案(或核准)文件,如已取得鼓励类项目确认书应一并报送。(二)企业申报享受分期纳税政策的进口环节增值税总额,同时说明有关进口关键新设备的种类、金额以及进口起止时间等相关信息。(三)按照海关事务担保的规定,企业还应申报在分期纳税期间提供税款担保的具体方案,包括拟提供税款担保的种类、担保机构的名称、担保金额、次数、期限等内容。(四)经企业所在地直属海关同意后,企业在申报时可选择按季度或按月分期缴纳进口环节增值税的方式。

三、省级财政部门在接到相关企业申请文件后,会同企业所在地直属海关应在1个月内完成对企业申请文件的完备性和合规性的初审,并出具审核意见。初审应确保企业申请享受政策的设备属于2015年1月1日至2018年12月31日期间进口的关键新设备。企业申请及初审材料齐全后,由省级人民政府将上述材料及时报送财政部,并抄报海关总署和国家税务总局。

四、财政部会同海关总署、国家税务总局对申报材料进行审核,确定准予分期纳税的总税额,并按此税额分期征缴。自企业申报的首台设备进口时间开始,第一年(即前12个月)不需缴纳设备进口环节增值税。从第二年开始,按季度或按月分期缴纳进口环节增值税:即从首台设备进口时间的次年所对应的季度开始,于每季度的最后15日内向企业所在地直属海关至少缴纳准予分期纳税总税额的1/20;或从首台设备进口时间的次年所对应的月份开始,于每月的最后10日内向企业所在地直属海关至少缴纳准予分期纳税总税额的1/60;期间允许企业缴纳税款超过上述比例。

五、财政部会同海关总署、国家税务总局对申请材料审核同意后,正式通知相关省级财政部门、企业所在地直属海关和省级国家税务局,并抄送相关省级人民政府,由省级人民政府通知相关企业。相关企业凭此通知并按照申请文件中载明的税款担保方案提供海关认可的银行保证金或银行保函,到企业所在地直属海关办理准予分期纳税的有关手续。

六、在准予分期纳税的6个年度内,对经核定的准予分期缴纳的税款,不征收缓税利息和滞纳金。企业应主动配合海关履行纳税义务,否则不能享受分期纳税的有关优惠政策。

七、企业在分期纳税期间,如实际进口金额超出原有申报金额20%时,须及时向省级财政部门提交变更申请。省级财政部门会同企业所在地直属海关审核后,上报财政部并抄送海关总署、国家税务总局。财政部会同海关总署和国家税务总局负责审核,若审核同意,则通知相关省级财政部门、企业所在地直属海关和省级国家税务局纳税方案的变更。如企业实际进口金额低于原有申报金额80%时,也可依照上述流程提交分期纳税方案的变更申请。

八、企业在最后一次纳税时,海关应对该项目全部应纳税款进行汇算清缴,并完成项目实际应纳税额的计征工作。企业所在地直属海关会同省级财政部门将企业在分期纳税期间的实际纳税情况汇总报送财政部、海关总署和国家税务总局。

九、本规定由财政部会同海关总署、国家税务总局负责解释。

1 －4 －203

财政部　海关总署　国家税务总局
关于中资“方便旗”船回国登记
进口税收政策问题的通知

2016 年 8 月 31 日　财关税〔2016〕42 号

各省、自治区、直辖市、计划单列市财政厅（局）、国家税务局，海关总署广东分署、各直属海关：

为鼓励部分中资“方便旗”船回国登记，提升我国航运安全水平，国务院批准调整完善中资“方便旗”船税收优惠政策。现将有关问题通知如下：

一、对 2012 年 12 月 31 日前已在境外办理船舶登记手续悬挂“方便旗”的中资船舶（中方出资比例不低于 50% 的船舶），在 2016 年 9 月 1 日至 2019 年 9 月 1 日期间报关进口的，免征关税和进口环节增值税。进口单位可选择国内任一船籍港办理船舶登记手续。

二、进口单位可在 2016 年 10 月 31 日、2017 年至 2019 年每年 3 月 1 日前向交通运输部提出申请（具体申请程序及相关要求由交通运输部另行规定），交通运输部初审汇总后报财政部，经财政部会同海关总署、税务总局等有关部门进行审定后，对符合条件的船舶，由进口单位向海关办理相关的减免税手续。

1 －4 －204

国务院关税税则委员会关于调整
进境物品进口税部分商品范围的通知

2016 年 9 月 30 日　税委会〔2016〕26 号

海关总署：

为了引导合理消费，经国务院批准，化妆品消费税政策进行了调整，现将进境物品进口税中化妆品的征税问题明确如下：

一、将《中华人民共和国进境物品进口税率表》中税目 3 中“化妆品”的名称调整为“高档化妆品”，征税商品范围与征收消费税的高档化妆品的商品范围一致。

二、本通知自 2016 年 10 月 1 日起执行。

1-4-205

财政部　国家税务总局关于调整化妆品进口环节消费税的通知

2016年9月30日　财关税〔2016〕48号

海关总署：

为引导合理消费，经国务院批准，对化妆品的消费税政策进行调整，现将有关问题通知如下：

一、调整化妆品进口环节消费税税目税率，具体如下：

（一）将征收范围调整为高档美容修饰类化妆品、高档护肤类化妆品。高档美容修饰类和高档护肤类化妆品界定标准为进口完税价格在10元/毫升（克）或15元/片（张）及以上。调整后的税目见附件。

（二）将进口环节消费税税率由30%下调为15%。

二、本通知自2016年10月1日起执行。

附件：化妆品进口环节消费税税目税率表（编者略）

1-4-206

财政部　海关总署　国家税务总局关于调整享受税收优惠政策的天然气进口项目的通知

2016年10月21日　财关税〔2016〕50号

广西壮族自治区财政厅、国家税务局，海关总署广东分署、各直属海关，财政部驻广西壮族自治区财政监察专员办事处：

根据《财政部　海关总署　国家税务总局关于对2011—2020年期间进口天然气及2010年底前“中亚气”项目进口天然气按比例返还进口环节增值税有关问题的通知》（财关税〔2011〕39号）和《财政部　海关总署　国家税务总局关于调整进口天然气税收优惠政策有关问题的通知》（财关税〔2013〕74号）中的有关规定，新增加广西液化天然气项目享受优惠政策。该项目进口规模为300万吨/年，进口企业为中国石油化工股份有限公司天然气分公司广西天然气销售营业部，享受政策起始时间为2016年3月25日。

特此通知。

1 -4 -207

财政部 海关总署 国家税务总局 关于“十三五”期间进口种子种源税收政策管理办法的通知

2016 年 11 月 24 日 财关税〔2016〕64 号

公安部、国家安全部、农业部、国家林业局,中央军委联合参谋部,武警总部,各省、自治区、直辖市、计划单列市财政厅(局)、国家税务局,新疆生产建设兵团财务局,海关总署广东分署、各直属海关:

经国务院批准,在“十三五”期间,即 2016 年 1 月 1 日至 2020 年 12 月 31 日,继续对进口种子(苗)、种畜(禽)、鱼种(苗)和种用野生动植物种源(以下简称种子种源)免征进口环节增值税(以下简称免税)。为加强种子种源进口免税政策管理,现将有关事项通知如下:

一、免税政策目标

种子种源进口免税政策旨在支持引进和推广良种,加强物种资源保护,丰富我国动植物资源,发展优质、高产、高效农林业,降低农林产品生产成本。

二、免税品种范围

(一)与农林业生产密切相关,并直接用于或服务于农林业生产的下列种子(苗)、种畜(禽)和鱼种(苗)(以下简称种子种苗):

1. 用于种植和培育各种农作物和林木的种子(苗);

2. 用于饲养以获得各种畜禽产品的种畜(禽);

3. 用于培育和养殖的水产种(苗);

4. 用于农林业科学研究与试验的种子(苗)、种畜(禽)和水产种(苗)。

(二)野生动植物种源。

(三)警用工作犬及其精液和胚胎。

三、免税申请条件

(一)种子种苗进口免税应同时符合以下条件:

1. 在免税货品清单内,即属于附件 1 第一至第三部分所列货品。

2. 直接用于或服务于农林业生产。免税进口的种子种苗不得用于度假村、俱乐部、高尔夫球场、足球场等消费场所或运动场所的建设和服务。

(二)野生动植物种源进口免税应同时符合以下条件:

1. 在免税货品清单内,即属于附件 1 第四部分所列货品。

2. 用于科研,或育种,或繁殖。进口单位应是具备研究和培育繁殖条件的动植物科研院所、动物园、专业动植物保护单位、养殖场和种植园。

(三)免税进口工作犬相关货品应为军队、武警、公安、安全部门(含缉私警察)进口的警用工作犬,以及繁育用的工作犬精液和胚胎。

四、免税政策操作流程

（一）种子种苗和野生动植物种源操作流程。

申请免税进口第二条（一）、（二）项下货品的进口单位，应向农业部或国家林业局（以下称产业主管部门）提出年度免税进口需求。产业主管部门汇总后向财政部提出年度免税进口建议，财政部会同海关总署和国家税务总局在附件1所列免税货品清单范围内，核定年度免税进口计划。产业主管部门在年度免税进口计划内为进口单位进行有关单据的标注工作。进口单位在产业主管部门标注的免税品种、数量范围内，按有关规定向海关申请办理减免税手续。具体流程及要求如下：

1. 进口单位提出进口需求。

符合第三条（一）、（二）规定的进口单位，应按照产业主管部门相关规定，向其提出年度免税进口需求，说明需要免税进口的品种、数量、最终用途等必要情况。其中，以科研为目的，申请免税进口野生动植物种源的，应说明科研项目简况，并在科研项目结束后60日内，向产业主管部门提供科研项目成果。

2. 产业主管部门提出免税进口建议。

产业主管部门不迟于当年11月30日，结合产业发展规划、进口单位免税进口需求以及免税进口计划执行情况，在附件1所列免税货品清单范围内，向财政部提出今后年度免税进口建议，并抄送海关总署和国家税务总局。

产业主管部门应在免税进口建议中，对建议数量的增减情况进行分析说明，其中以育种或繁殖为目的的野生动植物种源，建议数量应以确保野生动植物存活和种群繁衍的合理需要为限。

产业主管部门提出的免税进口建议，应涵盖其主管的全部免税进口货品，可以包括连续数个年度免税进口数量，并按照附件2格式报送。

3. 财政部会同有关部门核定年度免税进口计划。

财政部会同海关总署、国家税务总局对产业主管部门报送的年度免税进口建议进行审核，在附件1所列免税货品清单范围内，核定年度免税进口品种和数量。核定的年度免税进口数量原则上不低于上一年度核定数量的40%。

经核定的年度免税进口计划在公历年度当年内有效，不得跨年度结转。除特殊情况外，已经核定的年度免税进口计划原则上不予追加。

4. 产业主管部门标注确认进口单位的免税进口品种和数量。

产业主管部门在对动植物苗种进（出）口、种子苗木（种用）进口、野生动植物种源进（出）口审批的同时，应分别按照附件3、4、5表格，标注确认进口单位所进口的品种和数量是否符合年度免税进口计划所核定的免税品种、数量范围，并对可转让和销售的种子种源（仅限于附件1第1~3项，第9~11项，第16~30项，第44~47项货品）的免税品种和数量范围，在"最终用途"栏内标注"可转让和销售"。

对于每个免税品种，产业主管部门标注确认的免税数量合计，不得超出对该品种核定的年度免税进口计划数量。

在当年免税进口计划印发之日前，对于上一年度免税进口计划中已列名的品种，产业主管部门在对进口审批的同时，可以在上一年度核定的免税进口计划数量的40%以内，标注确认免税进口品种和数量,并对可转让和销售的种子种源(仅限于附件1第1~3项,第9~11项,第16~30项,第44~47项货品)的免税品种和数量范围,在“最终用途”栏内标注“可转让和销售”。

5. 进口单位办理进口减免税手续。

进口单位应在附件3、4、5表格明确的有效期内,严格按照产业主管部门标注确认的免税品种、数量、最终用途,按海关有关规定向海关申请办理减免税手续。

未经产业主管部门标注确认免税的进口货品应照章征收进口环节增值税。

(二)工作犬相关货品操作流程。

申请免税进口第二条(三)项下货品且符合第三条(三)项规定的进口单位,凭主管部门出具的证明有关工作犬和工作犬精液及胚胎属于免税品种范围的说明文件,以及其他相关材料,按有关规定向海关申请办理减免税手续。

五、免税政策监管

种子种源在免税进口后,由产业主管部门和工作犬相关货品的主管部门加强管理。产业主管部门和工作犬相关货品的主管部门应确保进口单位和免税进口种子种源的最终用途符合第三条规定。

免税进口的种子种源,除产业主管部门按第四条相关规定已标注“可转让和销售”的以外,未经合理种植试验、培育、养殖或饲养,不得擅自转让和销售。产业主管部门应在本通知印发后2个月内另行制定出台“合理种植试验、培育、养殖或饲养”的标准,并配合有关部门做好相关工作。对违反本通知规定的种子种源进口单位,暂停其1年免税资格;对依法被追究刑事责任的种子种源进口单位,暂停其3年免税资格。

从2017年起,产业主管部门每年不迟于1月31日向财政部报送上一年度免税进口计划执行情况,并对免税进口计划执行率较低的品种,进行分析说明。进口计划执行情况按照附件6、7格式提供,同时抄送海关总署和国家税务总局。

财政部将会同海关总署、国家税务总局等有关部门适时对政策执行情况进行监督检查。对擅自超出核定免税进口计划以及超过上一年度核定免税计划数量40%标注确认免税进口品种和数量的产业主管部门,一经核实,财政部将会同海关总署、国家税务总局将有关情况函告产业主管部门,请其限期整改。

财政部、海关总署、国家税务总局及农业部、国家林业局等有关部门及其工作人员在种子种源进口免税政策执行过程中,存在违反执行免税政策规定的行为,以及滥用职权、玩忽职守、徇私舞弊等违法违纪行为的,按照《预算法》、《公务员法》、《行政监察法》、《财政违法行为处罚处分条例》等国家有关规定追究相应责任;涉嫌犯罪的,移送司法机关处理。

六、文件有效期

本通知有效期为2016年1月1日至2020年12月31日。

从印发之日起,对《财政部　国家税务总局关于“十二五”期间进口种子(苗)种畜(禽)鱼种(苗)和种用野生动植物种源税收问题的通知》(财关税〔2011〕9号)、《财政部　海关总署　国家税务总局关于种子(苗)种畜(禽)鱼种(苗)和种用野生动植物种源免征进口环节增值税政策及2011年进口计划的通知》(财关税〔2011〕36号)、《财政部　海关总署　国家税务总局关于印发〈“十二五”期间进口种子种源进口免税政策管理办法〉的通知》(财关税

〔2011〕76 号)、《财政部　海关总署　国家税务总局关于调整 2015 年进口种子种源进口免税政策执行方式有关问题的通知》(财关税〔2015〕38 号)予以废止。

附件:1. 进口种子种源免税货品清单(编者略)
2. 20××年种子种源免税进口计划建议表(编者略)
3. 中华人民共和国农业部动植物苗种进(出)口审批表(编者略)
4. 国家林业局种子苗木(种用)进口许可表(编者略)
5. 国家濒管办进口种用野生动植物种源确认表(编者略)
6. 20××年种子(苗)、种畜(禽)和鱼种(苗)免税进口计划执行情况表(编者略)
7. 20××年种用野生动植物种源免税进口计划执行情况表(编者略)

注释:

条款修改。删除正文第四条共八处"、数量"和"和数量"。删除正文第四条第一项中"产业主管部门应在免税进口建议中,对建议数量的增减情况进行分析说明,其中以育种或繁殖为目的的野生动植物种源,建议数量应以确保野生动植物存活和种群繁衍的合理需要为限。"、",可以包括连续数个年度免税进口数量"、"核定的年度免税进口数量原则上不低于上一年度核定数量的 40%"、"对于每个免税品种,产业主管部门标注确认的免税数量合计,不得超出对该品种核定的年度免税进口计划数量。"、",可以在上一年度核定的免税进口计划数量的 40% 以内"。将正文第四条第一项第 4 点"标注确认进口单位所进口的品种和数量是否符合年度免税进口计划所核定的免税品种、数量范围"修改为"标注确认进口单位所进口的商品是否符合免税政策规定"。删除正文第五条",并对免税进口计划执行率较低的品种,进行分析说明"、"以及超过上一年度核定免税计划数量 40%"和"和数量"。修改附件 2 至附件 7 表格有关内容。参见:《财政部　海关总署　税务总局关于取消"十三五"进口种子种源税收政策免税额度管理的通知》(财关税〔2020〕4 号)。

1－4－208

财政部　国家税务总局关于调整小汽车进口环节消费税的通知

2016 年 11 月 30 日　财关税〔2016〕63 号

海关总署:

为了引导合理消费,调节收入分配,促进节能减排,经国务院批准,对小汽车进口环节消费税进行调整。现将有关事项通知如下:

对我国驻外使领馆工作人员、外国驻华机构及人员、非居民常住人员、政府间协议规定等应税(消费税)进口自用,且完税价格 130 万元及以上的超豪华小汽车消费税,按照生产(进口)环节税率和零售环节税率(10%)加总计算,由海关代征。具体税目见附件。

本通知自2016年12月1日起执行。

附件：小汽车进口环节消费税税目税率表（编者略）

1-4-209

财政部　海关总署　国家税务总局关于享受进口税收优惠政策的中资“方便旗”船舶清单的通知

2016年12月30日　财关税〔2016〕67号

各省、自治区、直辖市、计划单列市财政厅（局）、国家税务局，海关总署广东分署、各直属海关：

根据《财政部　海关总署　国家税务总局关于中资“方便旗”船回国登记进口税收政策问题的通知》（财关税〔2016〕42号）的规定，经审定，“长航瑞海”等13艘中资“方便旗”船舶可享受免征关税和进口环节增值税的优惠，具体船舶清单见附件。

附件：享受进口税收优惠政策的中资“方便旗”船舶清单（编者略）

1-4-210

国家税务总局关于加强海关进口增值税抵扣管理的公告

2017年2月13日　国家税务总局公告2017年第3号

为保护纳税人合法权益，进一步加强增值税管理，打击利用海关进口增值税专用缴款书（以下简称“海关缴款书”）骗抵税款犯罪活动，税务总局决定全面提升海关缴款书稽核比对级别，强化对海关进口增值税的抵扣管理。现将有关事项公告如下：

增值税一般纳税人进口货物时应准确填报企业名称，确保海关缴款书上的企业名称与税务登记的企业名称一致。税务机关将进口货物取得的属于增值税抵扣范围的海关缴款书信息与海关采集的缴款信息进行稽核比对。经稽核比对相符后，海关缴款书上注明的增值税额可作为进项税额在销项税额中抵扣。稽核比对不相符，所列税额暂不得抵扣，待核查确认海关缴款书票面信息与纳税人实际进口业务一致后，海关缴款书上注明的增值税额可作为进项税额在销项税额中抵扣。

税务部门应加强对纳税人的辅导，充分利用多种渠道向全社会广泛宣传，赢得纳税人的理解和支持。

本公告自发布之日起实施。

特此公告。

1－4－211

海关总署关于调整进口减免税货物监管年限的公告

2017年10月24日　海关总署公告2017年第51号

为支持企业技术改造,加快设备更新,推动产业升级,海关总署决定调整进口减免税货物的监管年限。现将有关事项公告如下:

进口减免税货物的监管年限为:

(一)船舶、飞机:8年;

(二)机动车辆:6年;

(三)其他货物:3年。

监管年限自货物进口放行之日起计算。

本公告自发布之日起施行。

特此公告。

1－4－212

财政部关于干玉米酒糟进口环节增值税政策有关问题的通知

2017年11月14日　财关税〔2017〕32号

海关总署:

自2017年12月20日起,对干玉米酒糟(ex23033000)免征进口环节增值税。

1－4－213

财政部　海关总署　税务总局关于调整天然气进口税收优惠政策有关问题的通知

2017年12月22日　财关税〔2017〕41号

各省、自治区、直辖市、计划单列市财政厅(局)、国家税务局,海关总署广东分署、各直属海关,财政部驻各省、自治区、直辖市、计划单列市财政监察专员办事处:

根据2017年9月国家发展改革委对非居民用天然气价格调整情况，现对《财政部　海关总署　国家税务总局关于对2011—2020年期间进口天然气及2010年底前“中亚气”项目进口天然气按比例返还进口环节增值税有关问题的通知》（财关税〔2011〕39号）和《财政部　海关总署　国家税务总局关于调整进口天然气税收优惠政策有关问题的通知》（财关税〔2016〕16号）有关事项进行调整，具体通知如下：

一、自2017年10月1日起，将液化天然气销售定价调整为26.64元/GJ，将管道天然气销售定价调整为0.94元/立方米。

二、2017年7—9月期间，液化天然气销售定价适用27.49元/GJ，管道天然气销售定价适用0.97元/立方米。

三、本文印发前已办理退库手续的，准予按本文规定调整。

特此通知。

1－4－214

财政部　海关总署　税务总局关于调整享受税收优惠政策天然气进口项目的通知

2018年5月22日　财关税〔2018〕8号

各省、自治区、直辖市、计划单列市财政厅（局）、国家税务局，海关总署广东分署、各直属海关，财政部驻各省、自治区、直辖市财政监察专员办事处：

根据《财政部　海关总署　国家税务总局关于对2011—2020年期间进口天然气及2010年底前“中亚气”项目进口天然气按比例返还进口环节增值税有关问题的通知》（财关税〔2011〕39号）和《财政部　海关总署　国家税务总局关于调整进口天然气税收优惠政策有关问题的通知》（财关税〔2013〕74号）中的有关规定，新增加天津液化天然气项目享受优惠政策。该项目进口规模为300万吨/年，进口企业为中国石油化工股份有限公司天然气分公司华北天然气销售中心，享受政策起始时间为2018年2月5日。

特此通知。

1－4－215

财政部　海关总署　税务总局关于第三批享受进口税收优惠政策的中资“方便旗”船舶清单的通知

2018年8月17日　财关税〔2018〕30号

各省、自治区、直辖市、计划单列市财政厅（局），国家税务总局各省、自治区、直辖市、计划单

列市税务局,海关总署广东分署、各直属海关:

根据《财政部　海关总署　国家税务总局关于中资“方便旗”船回国登记进口税收政策问题的通知》(财关税〔2016〕42 号)的规定,经审定,“盛运来”等 5 艘中资“方便旗”船舶可享受免征关税和进口环节增值税的优惠,具体船舶清单见附件。

附件:第三批享受进口税收优惠政策的中资“方便旗”船舶清单(编者略)

1 -4 -216

国务院关税税则委员会关于调整进境物品进口税有关问题的通知

2018 年 9 月 30 日　税委会〔2018〕49 号

海关总署:

经国务院批准,国务院关税税则委员会决定对进境物品进口税税目税率进行调整。现将有关事项通知如下:

一、将药品列入进境物品进口税税目 1,适用 15% 的税率。其中对按国家规定减按 3% 征收进口环节增值税的进口抗癌药品,按货物税率征税。

二、将进境物品进口税税目 2、3 的税率分别调整为 25%、50%。

三、上述调整自 2018 年 11 月 1 日起实施。

调整后的《中华人民共和国进境物品进口税率表》见附件。

附件:中华人民共和国进境物品进口税率表

附件

中华人民共和国进境物品进口税率表

税目序号	物品名称	税率(%)
1	书报、刊物、教育用影视资料;计算机、视频摄录一体机、数字照相机等信息技术产品;食品、饮料;金银;家具;玩具,游戏品、节日或其他娱乐用品;药品[注1]	15
2	运动用品(不含高尔夫球及球具)、钓鱼用品;纺织品及其制成品;电视摄像机及其他电器用具;自行车;税目 1、3 中未包含的其他商品	25
3[注2]	烟、酒;贵重首饰及珠宝玉石;高尔夫球及球具;高档手表;高档化妆品	50

注 1:对国家规定减按 3% 征收进口环节增值税的进口抗癌药品,按照货物税率征税。

注 2:税目 3 所列商品的具体范围与消费税征收范围一致。

注释:

条款修改。《中华人民共和国进境物品进口税税率表》已调整。将进境物品进口税税目 1、2 的税率分别调降为 13%、20%;将税目 1“药品”注释修改为“对国家规定减按 3% 征收进口环节增值税的进口药品,按照货物税率征税”。自 2019 年 4 月 9 日起实施。参见:《国务院关税税则委员会关于调整进境物品进口税有关问题的通知》(税委会〔2019〕17 号)。

1 -4 -217

财政部　海关总署　税务总局
关于调整享受税收优惠政策
天然气进口项目的通知

2018 年 10 月 17 日　财关税〔2018〕35 号

各省、自治区、直辖市、计划单列市财政厅(局),海关总署广东分署、各直属海关,国家税务总局各省、自治区、直辖市、计划单列市税务局,财政部驻各省、自治区、直辖市、计划单列市财政监察专员办事处:

根据《财政部　海关总署　国家税务总局关于对 2011—2020 年期间进口天然气及 2010 年底前“中亚气”项目进口天然气按比例返还进口环节增值税有关问题的通知》(财关税〔2011〕39 号)和《财政部　海关总署　国家税务总局关于调整进口天然气税收优惠政策有关问题的通知》(财关税〔2013〕74 号)中的有关规定,对进口天然气具体项目进行调整,具体如下:

一、新增加浙江舟山液化天然气项目享受优惠政策。该项目进口规模为 300 万吨/年,进口企业为新奥(舟山)天然气销售有限公司,享受政策起始时间为 2018 年 8 月 7 日。

二、自 2017 年 1 月 1 日起,将山东液化天然气项目可享受政策的进口规模由 300 万吨/年调整为 600 万吨/年。

特此通知。

1 -4 -218

财政部　海关总署　税务总局
关于调整天然气进口税收
优惠政策有关问题的通知

2018 年 10 月 17 日　财关税〔2018〕36 号

各省、自治区、直辖市、计划单列市财政厅(局),海关总署广东分署、各直属海关,国家税务总局各省、自治区、直辖市、计划单列市税务局,财政部驻各省、自治区、直辖市、计划单列市财政监察专员办事处:

根据 2018 年 6 月国家发展改革委对非居民用天然气价格调整情况,现对《财政部　海关总署　国家税务总局关于对 2011—2020 年期间进口天然气及 2010 年底前“中亚气”项目进口天然气按比例返还进口环节增值税有关问题的通知》(财关税〔2011〕39 号)和《财政部　海关总署　国家税务总局关于调整进口天然气税收优惠政策有关问题的通知》(财关

税〔2017〕41 号)有关事项进行调整,具体通知如下:

一、自 2018 年 7 月 1 日起,将液化天然气销售定价调整为 28.06 元/GJ,将管道天然气销售定价调整为 0.99 元/立方米。

二、2018 年 4—6 月期间,液化天然气销售定价适用 27.35 元/GJ,管道天然气销售定价适用 0.97 元/立方米。

三、本文印发前已办理退库手续的,准予按本文规定调整。

特此通知。

1 -4 -219

财政部关于免税业务统一管理等 7 项进口税收政策的补充通知

2018 年 10 月 30 日　财关税〔2018〕41 号

各省、自治区、直辖市、计划单列市财政厅(局),新疆生产建设兵团财政局:

为进一步规范和加强进口税收政策管理,现对免税业务统一管理等 7 项进口税收政策(目录详见附件)补充通知如下:

财政部、有关部门及其工作人员在免税业务统一管理等 7 项进口税收政策执行过程中,存在违反执行免税政策规定的行为,以及滥用职权、玩忽职守、徇私舞弊等违法违纪行为的,依照《中华人民共和国预算法》、《中华人民共和国公务员法》、《中华人民共和国监察法》、《财政违法行为处罚处分条例》等有关规定追究相应责任;涉嫌犯罪的,依法移送司法机关处理。

特此通知。

附件:7 项进口税收政策目录

附件

7 项进口税收政策目录

1.《财政部　海关总署　国家税务总局　国家旅游局关于印发〈关于进一步加强免税业务集中统一管理的请示〉的通知》(财外字〔2000〕1 号)

2.《财政部　科技部　国家发展改革委　海关总署　国家税务总局关于科技重大专项进口税收政策的通知》(财关税〔2010〕28 号)

3.《财政部　海关总署　国家税务总局关于对 2011—2020 年期间进口天然气及 2010 年底前"中亚气"项目进口天然气按比例返还进口环节增值税有关问题的通知》(财关税〔2011〕39 号)

4.《财政部　国家发展改革委　工业和信息化部　海关总署　国家税务总局　国家能

源局关于调整重大技术装备进口税收政策的通知》(财关税〔2014〕2 号)

5.《财政部　商务部　海关总署　国家税务总局　国家旅游局关于印发〈口岸进境免税店管理暂行办法〉的通知》(财关税〔2016〕8 号)

6.《财政部　海关总署　国家税务总局关于中资“方便旗”船回国登记进口税收政策问题的通知》(财关税〔2016〕42 号)

7.《财政部　海关总署　国家税务总局关于“十三五”期间煤层气勘探开发项目进口物资免征进口税收的通知》(财关税〔2016〕45 号)

1－4－220

科技部　海关总署关于印发《纳入国家网络管理平台的免税进口科研仪器设备开放共享管理办法(试行)》的通知

2018 年 10 月 30 日　国科发基〔2018〕245 号

各省、自治区、直辖市及计划单列市科技厅(委、局),新疆生产建设兵团科技局,国务院有关部委科技主管单位,广东分署、各直属海关:

为落实《国务院关于国家重大科研基础设施和大型科研仪器向社会开放的意见》(国发〔2014〕70 号),推动纳入国家网络管理平台统一管理、享受支持科技创新进口税收政策的免税进口科研仪器设备开放共享,科技部、海关总署研究制定了《纳入国家网络管理平台的免税进口科研仪器设备开放共享管理办法(试行)》。现印发给你们,请遵照执行。

纳入国家网络管理平台的免税进口科研仪器设备开放共享管理办法(试行)

第一章　总　　则

第一条　为落实《国务院关于国家重大科研基础设施和大型科研仪器向社会开放的意见》(国发〔2014〕70 号),推动免税进口科研仪器设备开放共享,根据党中央、国务院关于推进科技领域“放管服”改革的要求,按照“简化程序、优化监管”的原则,依据《财政部　海关总署　国家税务总局关于“十三五”期间支持科技创新进口税收政策的通知》(财关税〔2016〕70 号),制定本办法。

第二条　本办法所称“国家网络管理平台”,是指为推进国家重大科研基础设施和大型科研仪器向社会开放,由科技部会同有关部门和地方建立,用以实现科研仪器配置、管理、服务、监督、评价的统一开放的网络管理平台。

第三条　本办法所称“免税进口科研仪器设备”,是指纳入国家网络管理平台统一管理，享受支持科技创新进口税收政策，处于海关监管年限内的免税进口科研仪器设备（有特殊规定的除外）。

免税进口科研仪器设备海关监管年限届满的，不纳入本办法管理。

第四条 本办法所称“管理单位”，是指免税进口科研仪器设备所依托管理的科学研究机构、技术开发机构和高等学校等法人单位。

管理单位应建立免税进口科研仪器设备开放共享管理制度和开放共享台账，真实准确记录免税进口科研仪器设备用于开放共享的情况；在不涉密条件下，按照数据报送规范如实向国家网络管理平台报送管理单位基本信息（包括变更情况）、开放共享管理制度信息、免税进口科研仪器设备基本信息、开放共享服务记录以及开放共享台账（模板）等相关信息（以下统称“免税进口科研仪器设备开放共享相关信息”）。

第五条 本办法所称“开放共享”，是指管理单位按照《国务院关于国家重大科研基础设施和大型科研仪器向社会开放的意见》、《财政部　海关总署　国家税务总局关于“十三五”期间支持科技创新进口税收政策的通知》及其他有关政策规定，将免税进口科研仪器设备用于其他单位的科学研究、科技开发和教学活动。

管理单位在将免税进口科研仪器设备开放共享前，应按本办法第二章规定办理海关手续。

第六条 科技部负责建设和运行国家网络管理平台，制定发布数据报送规范，指导管理单位建设在线服务平台并按照数据报送规范向国家网络管理平台报送免税进口科研仪器设备开放共享相关信息。

国家网络管理平台向中国电子口岸实时传输管理单位报送的免税进口科研仪器设备开放共享相关信息。

第七条 海关总署指导各直属海关按规定对免税进口科研仪器设备开放共享实施监督管理。

第八条 国务院有关部门以及省、自治区、直辖市、计划单列市和新疆生产建设兵团科技主管部门（以下简称“主管部门”）负责审核确认本部门、本地区管理的管理单位报送至国家网络管理平台的免税进口科研仪器设备开放共享相关信息，监督指导管理单位如实、准确、按时报送相关信息。

第二章　开放共享程序

第九条 管理单位在将免税进口科研仪器设备开放共享服务前，应按规定事先向所在地海关（以下简称“主管海关”）提出申请。

第十条 管理单位符合下列条件的，可向主管海关申请按简易程序办理免税进口科研仪器设备开放共享有关手续：

（一）已建立免税进口科研仪器设备开放共享管理制度；

（二）已建立免税进口科研仪器设备开放共享台账（模板），承诺完整记录开放共享服务时间、服务类型、服务内容、服务对象等情况信息；

（三）已按照数据报送规范，将免税进口仪器设备基本信息报送至国家网络管理平台，并已经主管部门审核。

(四)截至申请之日,近一年内未因违反规定擅自将免税进口科研仪器设备转让、移作他用或者进行其他处置而被处罚,近三年内未因擅自将免税进口科研仪器设备转让、移作他用或者进行其他处置而被追究刑事责任。

第十一条 管理单位申请适用简易程序的,应在将免税进口科研仪器设备开放共享前,向主管海关提出申请,并提交《管理单位适用简易程序申请表》(格式见附件1)。

主管海关自接受管理单位申请之日起10个工作日内,对照国家网络管理平台传输的管理单位报送的免税进口科研仪器设备相关信息等进行审核。经审核符合适用简易程序条件的,主管海关出具《适用简易程序通知书》(格式见附件2,以下简称《通知书》)。

自海关出具《通知书》之日起,管理单位可以将免税进口科研仪器设备用于开放共享。管理单位应将《通知书》编号,及时上传至国家网络管理平台。

适用简易程序的管理单位,可不必在每次将免税进口科研仪器设备开放共享前,向主管海关提出申请。

第十二条 已适用简易程序的管理单位,连续3次及以上未按本通知第十六条规定报送免税进口科研仪器设备开放共享情况,或者出现本通知第十条(四)情形的,暂停适用简易程序。管理单位应将主管海关出具的《暂停适用简易程序告知书》(格式见附件3)编号,及时上传至国家网络管理平台。

管理单位整改后符合适用简易程序条件的,可以向主管海关重新申请适用简易程序。

第十三条 对于管理单位未申请适用简易程序的,经主管海关审核不符合适用简易程序条件的,暂停管理单位适用简易程序的,以及管理单位主动申请不再适用简易程序的(以下简称"非适用简易程序的"),管理单位应按照现行规定,在每次将免税进口科研仪器设备开放共享前向主管海关提出申请。

经主管海关审核同意,管理单位可以将免税进口科研仪器设备用于开放共享。管理单位应将海关审核同意文件的编号,及时上传至国家网络管理平台。

第十四条 免税进口科研仪器设备开放共享一般不得移出本单位,因特殊情况确需短期或临时移出本单位使用的,应于移出前向主管海关提出申请。

经主管海关审核同意的,管理单位可以将免税进口科研仪器设备短期或临时移出本单位使用,并在使用结束后及时运回本单位。管理单位应将海关审核同意文件的编号,及时上传至国家网络管理平台。

第十五条 免税进口科研仪器设备开放共享应当用于科学研究、科技开发和教学活动。管理单位确需将免税进口科研仪器设备用于其他用途,应按规定事先向主管海关提出申请。

第十六条 适用简易程序的,管理单位应于每月10日前,将上月已开展的免税进口科研仪器设备开放共享服务记录报送至国家网络管理平台。

非适用简易程序的,管理单位应于每季度首月10日前,将上季度已开展的免税进口科研仪器设备服务记录报送至国家网络管理平台。

第三章 监督管理

第十七条 免税进口科研仪器设备开放共享情况纳入海关年报管理。管理单位应于每年6月30日前,将本单位上一年度纳入国家网络管理平台管理的免税进口科研仪器设备开放共享情况汇总后,向主管海关报告。

第十八条 主管部门应加强对本部门、本地区管理的管理单位免税进口科研仪器设备开放共享情况的监督,将管理单位报送信息的真实性、完整性、及时性和开放共享台账实际运行情况等纳入对管理单位开放共享的评价考核。

主管部门发现管理单位存在应报未报、报送信息不完整不及时,以及开放共享台账记录不准确的,应督促管理单位限期整改,并将发现的问题及管理单位整改情况及时告知有关直属海关。

第十九条 科技部将管理单位免税进口科研仪器设备开放共享相关信息报送质量、开放共享管理制度执行情况等,纳入对管理单位开放共享的评价考核。

第二十条 主管海关以国家网络管理平台传输的免税进口科研仪器设备开放共享相关信息为基础,加强对免税进口科研仪器设备开放共享情况的抽查监督。

对管理单位违反规定,擅自将免税进口科研仪器设备转让、移作他用或进行其他处置的,按照相关规定处罚。

第四章 附 则

第二十一条 本办法由科技部、海关总署负责解释。

第二十二条 本办法自2018年12月1日起试行。

附件:1. 管理单位适用简易程序申请表(编者略)

2. 适用简易程序通知书(编者略)

3. 暂停适用简易程序告知书(编者略)

1-4-221

财政部 发展改革委 工业和信息化部 生态环境部 农业农村部 商务部 人民银行 海关总署 税务总局 市场监管总局 药监局 密码局 濒管办关于调整跨境电商零售进口商品清单的公告

2018年11月20日 财政部 发展改革委 工业和信息化部
生态环境部 农业农村部 商务部 人民银行 海关总署 税务总局
市场监管总局 药监局 密码局 濒管办公告2018年第157号

为促进跨境电子商务零售进口的健康发展,现将《跨境电子商务零售进口商品清单(2018年版)》予以公布,自2019年1月1日起实施。

本清单实施后,《财政部等11个部门关于公布跨境电子商务零售进口商品清单的公告

（2016 年第 40 号）》和《财政部等 13 个部门关于公布跨境电子商务零售进口商品清单（第二批）的公告（2016 年第 47 号）》所附的两批清单同时废止。

附件：跨境电子商务零售进口商品清单（2018 年版）（编者略）

注释：

条款废止。本文所附清单自 2020 年 1 月 1 日起废止。参见：《财政部　发展改革委　工业和信息化部　生态环境部　农业农村部　商务部　人民银行　海关总署　税务总局　市场监管总局　药监局　密码局　濒管办关于调整扩大跨境电子商务零售进口商品清单的公告》（财政部　发展改革委　工业和信息化部　生态环境部　农业农村部　商务部　人民银行　海关总署　税务总局　市场监管总局　药监局　密码局　濒管办公告 2019 年第 96 号）。

1－4－222

财政部　海关总署　税务总局关于完善跨境电子商务零售进口税收政策的通知

2018 年 11 月 29 日　财关税〔2018〕49 号

各省、自治区、直辖市、计划单列市财政厅（局），新疆生产建设兵团财政局，海关总署广东分署、各直属海关，国家税务总局各省、自治区、直辖市、计划单列市税务局，国家税务总局驻各地特派员办事处：

为促进跨境电子商务零售进口行业的健康发展，营造公平竞争的市场环境，现将完善跨境电子商务零售进口税收政策有关事项通知如下：

一、将跨境电子商务零售进口商品的单次交易限值由人民币 2000 元提高至 5000 元，年度交易限值由人民币 20000 元提高至 26000 元。

二、完税价格超过 5000 元单次交易限值但低于 26000 元年度交易限值，且订单下仅一件商品时，可以自跨境电商零售渠道进口，按照货物税率全额征收关税和进口环节增值税、消费税，交易额计入年度交易总额，但年度交易总额超过年度交易限值的，应按一般贸易管理。

三、已经购买的电商进口商品属于消费者个人使用的最终商品，不得进入国内市场再次销售；原则上不允许网购保税进口商品在海关特殊监管区域外开展“网购保税＋线下自提”模式。

四、其他事项请继续按照《财政部　海关总署　税务总局关于跨境电子商务零售进口税收政策的通知》（财关税〔2016〕18 号）有关规定执行。

五、为适应跨境电商发展，财政部会同有关部门对《跨境电子商务零售进口商品清单》进行了调整，将另行公布。

本通知自 2019 年 1 月 1 日起执行。

特此通知。

1－4－223

财政部　海关总署　税务总局关于调整新型显示器件及上游原材料　零部件生产企业进口物资清单的通知

2018 年 12 月 26 日　财关税〔2018〕60 号

各省、自治区、直辖市、计划单列市财政厅(局),新疆生产建设兵团财政局,海关总署广东分署、各直属海关,国家税务总局各省、自治区、直辖市、计划单列市税务局:

根据国内新型显示器件产业及相关产业发展情况,现对《财政部　海关总署　国家税务总局关于扶持新型显示器件产业发展有关进口税收政策的通知》(财关税〔2016〕62 号)附件《关于新型显示器件及上游关键原材料、零部件生产企业进口物资税收政策的暂行规定》附 1、2、4、5 所列进口物资清单进行调整。

调整后的进口物资清单见附件,自 2019 年 1 月 1 日起执行。财关税〔2016〕62 号附件中附 1、2、4、5 所列进口物资清单同时停止执行。

附件:1. 薄膜晶体管液晶显示器件生产企业进口物资清单(编者略)

2. 有机发光二极管显示面板生产企业进口物资清单(编者略)

3. 彩色滤光膜生产企业进口物资清单(编者略)

4. 偏光片生产企业进口物资清单(编者略)

1－4－224

国务院关税税则委员会关于中国—智利自由贸易协定项下部分进口货物适用协定税率的通知

2019 年 1 月 31 日　税委会〔2019〕8 号

海关总署:

根据《中华人民共和国进出口关税条例》及经国务院核准的《中华人民共和国政府和智利共和国政府关于修订〈自由贸易协定〉及〈自由贸易协定关于服务贸易的补充协定〉的议定书》,决定自 2019 年 3 月 1 日起,对原产于智利的部分进口货品适用协定税率,具体税目税率见附件。

特此通知。

附件:中国—智利自由贸易协定项下部分进口货物协定税率表(编者略)

1 -4 -225

财政部　海关总署　税务总局关于调整部分项目可享受返税政策进口天然气数量的通知

2019 年 3 月 21 日　财关税〔2019〕12 号

各省、自治区、直辖市、计划单列市财政厅(局),海关总署广东分署、各直属海关,国家税务总局各省、自治区、直辖市、计划单列市税务局,财政部驻各省、自治区、直辖市、计划单列市财政监察专员办事处:

为贯彻落实《国务院关于促进天然气协调稳定发展的若干意见》(国发〔2018〕31 号)的文件精神,根据《财政部　海关总署　国家税务总局关于对 2011—2020 年期间进口天然气及 2010 年底前“中亚气”项目进口天然气按比例返还进口环节增值税有关问题的通知》(财关税〔2011〕39 号)和《财政部　海关总署　国家税务总局关于调整进口天然气税收优惠政策有关问题的通知》(财关税〔2013〕74 号)中的有关规定,现对上述政策中部分项目进口天然气的年度进口规模予以调整,具体如下:

一、自 2019 年 1 月 1 日起,将浙江液化天然气项目可享受政策的进口规模调整为 700 万吨/年,将唐山液化天然气项目、天津液化天然气项目、广西液化天然气项目、天津浮式液化天然气项目、上海液化天然气项目可享受政策的进口规模调整为 600 万吨/年。

二、浙江液化天然气项目、唐山液化天然气项目、天津浮式液化天然气项目、上海液化天然气项目可享受政策的 2018 年度进口量分别为 547. 2 万吨、546. 6 万吨、353. 5 万吨、398. 5 万吨。

特此通知。

1 -4 -226

国务院关税税则委员会关于调整进境物品进口税有关问题的通知

2019 年 4 月 8 日　税委会〔2019〕17 号

海关总署:

经国务院批准,国务院关税税则委员会决定对进境物品进口税进行调整。现将有关事项通知如下:

一、将进境物品进口税税目 1、2 的税率分别调降为 13%、20%。

二、将税目 1“药品”注释修改为“对国家规定减按 3% 征收进口环节增值税的进口药品，按照货物税率征税”。

三、上述调整自2019年4月9日起实施。

调整后的《中华人民共和国进境物品进口税税率表》见附件。

附件：中华人民共和国进境物品进口税税率表

附件

中华人民共和国进境物品进口税税率表

税目序号	物品名称	税率(%)
1	书报、刊物、教育用影视资料；计算机、视频摄录一体机、数字照相机等信息技术产品；食品、饮料；金银；家具；玩具，游戏品、节日或其他娱乐用品；药品注1	13
2	运动用品（不含高尔夫球及球具）、钓鱼用品；纺织品及其制成品；电视摄像机及其他电器用具；自行车；税目1、3中未包含的其他商品	20
3注2	烟、酒；贵重首饰及珠宝玉石；高尔夫球及球具；高档手表；高档化妆品	50

注：1. 对国家规定减按3%征收进口环节增值税的进口药品，按照货物税率征税。

2. 税目3所列商品的具体范围与消费税征收范围一致。

1－4－227

财政部　海关总署　税务总局关于享受国有公益性收藏单位进口藏品免税政策的第三批国有公益性收藏单位名单的公告

2019年7月8日　财政部　海关总署　税务总局公告2019年第79号

根据《国有公益性收藏单位进口藏品免税暂行规定》（财政部　海关总署　国家税务总局公告2009年第2号）的规定，现将享受该项税收优惠政策的第三批国有公益性收藏单位名单予以公告。

本名单自公告之日起执行。

附件：第三批国有公益性收藏单位名单（编者略）

1 -4 -228

财政部　科技部　发展改革委　海关总署
税务总局关于取消科技重大专项进口
税收政策免税额度管理的通知

2019 年 12 月 17 日　财关税〔2019〕52 号

各省、自治区、直辖市、计划单列市财政厅(局)、科技厅(委、局)、发展改革委,新疆生产建设兵团财政局、科技局、发展改革委,海关总署广东分署、各直属海关,国家税务总局各省、自治区、直辖市、计划单列市税务局,财政部各地监管局,国家税务总局驻各地特派员办事处:

为进一步发挥进口税收政策效用,适应市场经济规律要求,对《财政部　科技部　国家发展改革委　海关总署　国家税务总局关于科技重大专项进口税收政策的通知》(财关税〔2010〕28 号)修订如下:

(一)删除通知附件第五条第 1 项中“,且进口数量在合理范围内”。

(二)删除通知附件第六条中“和涉及的进口税款”。

(三)修改通知附件第十条第二段中“免税额度内”为“范围内”。

(四)删除通知附件附 1“科技重大专项项目(课题)进口物资确认函”中“免税进口物资额度:”。

(五)删除通知附件附 2 第 3 条中“,申请免税进口金额、免税税款”。

(六)删除通知附件附 2 表 1 和表 2 中“进口数量、进口金额、进口税额”三列,删除“注:进口金额货币单位:万美元;进口税额货币单位:万元”。

本通知自印发之日起执行。

1 -4 -229

国务院关税税则委员会关于 2020 年
进口暂定税率等调整方案的通知

2019 年 12 月 18 日　税委会〔2019〕50 号

海关总署:

为优化贸易结构,推动经济高质量发展,根据《中华人民共和国进出口关税条例》的相关规定,自 2020 年 1 月 1 日起,对部分商品的进口关税进行调整,现将《2020 年进口暂定税率等调整方案》印送你署,具体内容详见附件。

附件:2020 年进口暂定税率等调整方案

附件

2020年进口暂定税率等调整方案

一、调整进口关税税率

(一)最惠国税率。

1. 自2020年1月1日起对859项商品(不含关税配额商品)实施进口暂定税率;自2020年7月1日起,取消7项信息技术产品进口暂定税率(见附表1)。

2. 对《中华人民共和国加入世界贸易组织关税减让表修正案》附表所列信息技术产品最惠国税率自2020年7月1日起实施第五步降税(见附表2)。

(二)关税配额税率。

继续对小麦等8类商品实施关税配额管理,税率不变。其中,对尿素、复合肥、磷酸氢铵3种化肥的配额税率继续实施1%的暂定税率。继续对配额外进口的一定数量棉花实施滑准税(见附表3)。

(三)协定税率和特惠税率。

1. 根据我国与有关国家或地区签署的贸易协定或关税优惠安排,除此前已经国务院批准实施的协定税率外,自2020年1月1日起,对我国与新西兰、秘鲁、哥斯达黎加、瑞士、冰岛、新加坡、澳大利亚、韩国、智利、格鲁吉亚、巴基斯坦的双边贸易协定以及亚太贸易协定的协定税率进一步降低。2020年7月1日起,按照我国与瑞士的双边贸易协定和亚太贸易协定规定,进一步降低有关协定税率(见附表5)。

当最惠国税率低于或等于协定税率时,协定有规定的,按相关协定的规定执行;协定无规定的,二者从低适用。

2. 除赤道几内亚外,对与我建交并完成换文手续的其他最不发达国家继续实施特惠税率。自2020年1月1日起,赤道几内亚停止享受零关税特惠待遇。

二、出口关税税率

自2020年1月1日起继续对铬铁等107项商品征收出口关税,适用出口税率或出口暂定税率,征收商品范围和税率维持不变(见附表4)。

三、有关实施时间

以上方案,除另有规定外,自2020年1月1日起实施。

附表:1. 进口商品暂定税率表(编者略)

2. 部分信息技术产品最惠国税率表(编者略)

3. 关税配额商品税目税率表(编者略)

4. 出口商品税率表(编者略)

5. 进一步降税的进口商品协定税率表(编者略)

1－4－230

财政部　发展改革委　工业和信息化部　生态环境部　农业农村部　商务部　人民银行　海关总署　税务总局　市场监管总局　药监局　密码局　濒管办关于调整扩大跨境电子商务零售进口商品清单的公告

2019年12月24日　财政部　发展改革委　工业和信息化部
生态环境部　农业农村部　商务部　人民银行　海关总署　税务总局
市场监管总局　药监局　密码局　濒管办公告2019年第96号

为落实国务院关于调整扩大跨境电子商务零售进口商品清单的要求，促进跨境电子商务零售进口的健康发展，现将《跨境电子商务零售进口商品清单（2019年版）》予以公布，自2020年1月1日起实施。

本清单实施后，《财政部等13个部门关于调整跨境电子商务零售进口商品清单的公告（2018年第157号）》所附的清单同时废止。

附件：跨境电子商务零售进口商品清单（2019年版）（编者略）

注释：

政策调整。《跨境电子商务零售进口商品清单（2019年版）》已优化调整。参见：《财政部　发展改革委　工业和信息化部　生态环境部　农业农村部　商务部　海关总署　中华人民共和国濒危物种进出口管理办公室关于调整跨境电子商务零售进口商品清单的公告》（财政部　发展改革委　工业和信息化部　生态环境部　农业农村部　商务部　海关总署　中华人民共和国濒危物种进出口管理办公室公告2022年第7号）。

1－4－231

财政部　工业和信息化部　海关总署　税务总局　能源局关于印发《重大技术装备进口税收政策管理办法》的通知

2020年1月8日　财关税〔2020〕2号

各省、自治区、直辖市、计划单列市财政厅（局）、工业和信息化主管部门，新疆生产建设兵团财政局，海关总署广东分署、各直属海关，国家税务总局各省、自治区、直辖市、计划单列市税务局，财政部各地监管局，国家税务总局驻各地特派员办事处：

为继续支持我国重大技术装备制造业发展，财政部会同工业和信息化部、海关总署、税务总局、能源局制定了《重大技术装备进口税收政策管理办法》（见附件），现予印发，自印发之日起实施。《财政部　国家发展改革委　工业和信息化部　海关总署　国家税务总局　国家能源局关于调整重大技术装备进口税收政策的通知》（财关税〔2014〕2号）和《财政部　国家发展改革委　工业和信息化部　海关总署　国家税务总局　国家能源局关于调整重大技术装备进口税收政策有关目录及规定的通知》（财关税〔2015〕51号）同时废止。

附件：重大技术装备进口税收政策管理办法

附件

重大技术装备进口税收政策管理办法

第一条　为提高我国企业的核心竞争力及自主创新能力，促进装备制造业的发展，贯彻落实国务院关于装备制造业振兴规划和加快振兴装备制造业有关调整进口税收政策的决定，制定本办法。

第二条　工业和信息化部会同财政部、海关总署、税务总局、能源局制定《国家支持发展的重大技术装备和产品目录》和《重大技术装备和产品进口关键零部件及原材料商品目录》后公布执行。对符合规定条件的企业及核电项目业主为生产国家支持发展的重大技术装备或产品而确有必要进口的部分关键零部件及原材料，免征关税和进口环节增值税。

第三条　对国内已能生产的重大技术装备和产品，由工业和信息化部会同财政部、海关总署、税务总局、能源局制定《进口不予免税的重大技术装备和产品目录》后公布执行。对按照或比照《国务院关于调整进口设备税收政策的通知》（国发〔1997〕37号）规定享受进口税收优惠政策的下列项目和企业，进口《进口不予免税的重大技术装备和产品目录》中自用设备以及按照合同随上述设备进口的技术及配套件、备件，照章征收进口税收：

（一）国家鼓励发展的国内投资项目和外商投资项目；

（二）外国政府贷款和国际金融组织贷款项目；

（三）由外商提供不作价进口设备的加工贸易企业；

（四）中西部地区外商投资优势产业项目；

（五）《海关总署关于进一步鼓励外商投资有关进口税收政策的通知》（署税〔1999〕791号）规定的外商投资企业和外商投资设立的研究中心利用自有资金进行技术改造项目。

第四条　工业和信息化部会同财政部、海关总署、税务总局、能源局核定企业及核电项目业主免税资格，每年对新申请享受进口税收政策的企业及核电项目业主进行认定，每三年对已享受进口税收政策企业及核电项目业主进行复核。

第五条　取得免税资格的企业及核电项目业主可向主管海关提出申请，选择放弃免征进口环节增值税，只免征进口关税。企业及核电项目业主主动放弃免征进口环节增值税后，36个月内不得再次申请免征进口环节增值税。

第六条 取得免税资格的企业及核电项目业主应按照《中华人民共和国海关进出口货物减免税管理办法》(海关总署第179号令)及海关有关规定办理有关重大技术装备或产品进口关键零部件及原材料的减免税手续。

第七条 财政部、工业和信息化部、海关总署、税务总局、能源局等有关部门及其工作人员在政策执行过程中,存在违反执行免税政策规定的行为,以及滥用职权、玩忽职守、徇私舞弊等违法违纪行为的,按照《中华人民共和国预算法》、《中华人民共和国公务员法》、《中华人民共和国监察法》、《财政违法行为处罚处分条例》等国家有关规定追究相应责任;涉嫌犯罪的,依法移送司法机关处理。

第八条 工业和信息化部根据本办法另行制定并颁布实施《重大技术装备进口税收政策管理办法实施细则》。

1-4-232

工业和信息化部　财政部　海关总署　税务总局　能源局关于印发《重大技术装备进口税收政策管理办法实施细则》的通知

2020年7月24日　工信部联财〔2020〕118号

各省、自治区、直辖市及计划单列市、新疆生产建设兵团工业和信息化主管部门、财政厅(局),海关总署广东分署、各直属海关,国家税务总局各省、自治区、直辖市、计划单列市税务局,财政部各地监管局,国家税务总局驻各地特派员办事处:

为支持我国重大技术装备制造业发展,按照《财政部　工业和信息化部　海关总署　税务总局　能源局关于印发〈重大技术装备进口税收政策管理办法〉的通知》(财关税〔2020〕2号)有关要求,工业和信息化部、财政部、海关总署、税务总局、能源局制定了《重大技术装备进口税收政策管理办法实施细则》,现予印发,自2020年8月1日起实施。

《关于调整重大技术装备进口税收政策受理程序等事项的通知》(工信厅联财〔2016〕40号)同时废止。

重大技术装备进口税收政策管理办法实施细则

第一章　总　　则

第一条 为落实重大技术装备进口税收政策,根据《财政部　工业和信息化部　海关总署　税务总局　能源局关于印发〈重大技术装备进口税收政策管理办法〉的通知》(财关税〔2020〕2号)制定本细则。

第二条 工业和信息化部会同财政部、海关总署、税务总局、能源局制定和修改本细则,省级工业和信息化主管部门(含计划单列市,下同)会同同级财政厅(局)、各直属海关、省级税务机关按照本细则做好相关工作。

第三条 申请享受重大技术装备进口税收政策的企业一般应为生产国家支持发展的重大技术装备或产品的企业,承诺具备较强的设计研发和生产制造能力以及专业比较齐全的技术人员队伍,并应当同时满足以下条件:

(一)独立法人资格;

(二)不存在违法和严重失信行为;

(三)具有核心技术和知识产权;

(四)申请享受政策的重大技术装备和产品应符合《国家支持发展的重大技术装备和产品目录》有关要求。

申请享受重大技术装备进口税收政策的核电项目业主应为核电领域承担重大技术装备依托项目的业主。

第二章 免税资格申请程序

第四条 新申请享受政策的企业和核电项目业主免税资格的认定工作每年组织1次。

第五条 新申请享受政策的企业和核电项目业主,应按照下年1月1日执行有效的重大技术装备进口税收政策有关目录,于当年8月1日至8月31日提交《享受重大技术装备进口税收政策申请报告》(见附件1)。其中,地方企业通过企业所在地省级工业和信息化主管部门向工业和信息化部报送申请报告;中央企业集团下属企业、核电项目业主通过中央企业集团向工业和信息化部报送申请报告。

第六条 省级工业和信息化主管部门、中央企业集团收到申请报告后,应对照附件1有关要求,审核申请报告是否规范、完整,材料是否有效。其中,省级工业和信息化主管部门应会同企业所在地直属海关、省级财政厅(局)、省级税务机关对申请报告进行审核。申请报告不符合规定的,省级工业和信息化主管部门、中央企业集团应当一次性告知企业和核电项目业主需要补正的材料,企业和核电项目业主应在5个工作日内提交补正材料。企业和核电项目业主未按照规定报送申请报告或补正材料的,省级工业和信息化主管部门和中央企业集团不予受理。

第七条 省级工业和信息化主管部门、中央企业集团应于每年9月30日前,将审核后的申请报告报送工业和信息化部。

第八条 工业和信息化部收到申请报告后,应会同财政部、海关总署、税务总局、能源局组织相关行业专家,对照本细则第三条的规定,通过书面审核和答辩等形式,对企业和核电项目业主的免税资格进行认定,形成专家评审意见。

第九条 工业和信息化部会同财政部、海关总署、税务总局、能源局根据专家评审意见,共同研究确定下年度新享受政策的企业和核电项目业主名单及其享受政策时间、免税资格复核时间,由工业和信息化部于每年11月30日前函告海关总署,抄送税务总局、能源局、省级工业和信息化主管部门、中央企业集团。名单中的企业和核电项目业主自下年度1月1日起享受政策。

第十条 省级工业和信息化主管部门、中央企业集团应将新享受政策的企业和核电项目目业主名单等信息分别告知相关企业和核电项目业主。

第十一条 特殊情况下,新享受政策的企业和核电项目业主名单未能在下年度1月1日前印发,新申请享受政策的企业和核电项目业主可凭工业和信息化部开具的《申请享受重大技术装备进口税收政策受理通知书》(见附件2),向主管海关申请办理有关零部件及原材料凭税款担保先予放行手续。

第三章 免税资格复核程序

第十二条 对已享受政策的企业和核电项目业主的免税资格每三年集中进行一次复核。

第十三条 企业和核电项目业主应按照下年1月1日执行有效的重大技术装备进口税收政策有关目录,于其免税资格复核当年的8月1日至8月31日提交《享受重大技术装备进口税收政策复核报告》(见附件3)。其中,地方企业通过企业所在地省级工业和信息化主管部门向工业和信息化部报送复核报告;中央企业集团下属企业、核电项目业主通过中央企业集团向工业和信息化部报送复核报告。

第十四条 省级工业和信息化主管部门、中央企业集团收到复核报告后,应对照附件3有关要求,审核复核报告是否规范、完整,材料是否有效。其中,省级工业和信息化主管部门应会同企业所在地直属海关、省级财政厅(局)、省级税务机关对复核报告进行审核。复核报告不符合规定的,省级工业和信息化主管部门、中央企业集团应当一次性告知企业和核电项目业主需要补正的材料,企业和核电项目业主应在5个工作日内提交补正材料。企业和核电项目业主未按照规定提交复核报告或补正材料的,视同放弃免税资格,自下年度1月1日起停止享受政策。

第十五条 省级工业和信息化主管部门、中央企业集团应于当年9月30日前,将审核后的复核报告报送工业和信息化部。

第十六条 工业和信息化部收到复核报告后,应会同财政部、海关总署、税务总局、能源局组织相关行业专家,对照本细则第三条的规定,通过书面评审和答辩等形式,对已享受政策的企业和核电项目业主的免税资格进行复核,形成专家评审意见。

第十七条 工业和信息化部会同财政部、海关总署、税务总局、能源局根据专家评审意见,共同研究确定继续享受政策的企业和核电项目业主名单及其继续享受政策时间、下一次免税资格复核时间,以及停止享受政策的企业和核电项目业主名单,由工业和信息化部于当年11月30日前函告海关总署,并抄送税务总局、能源局、省级工业和信息化主管部门、中央企业集团。继续享受政策名单中的企业和核电项目业主自下年度1月1日起享受政策。

第十八条 省级工业和信息化主管部门、中央企业集团应将继续享受政策、停止享受政策的企业和核电项目业主名单等信息分别告知相关企业和核电项目业主。

第十九条 已享受政策企业和核电项目业主于每年3月1日前将《享受重大技术装备进口税收政策年度执行情况表》(见附件4)报送省级工业和信息化主管部门或中央企业集团。省级工业和信息化主管部门或中央企业集团汇总后,于每年3月31日前报送工业和信息化部。

第二十条 已享受政策的企业和核电项目业主发生名称、公司类型、经营范围等信息变更,应在完成变更登记之日起一个月内,将有关变更情况说明通过省级工业和信息化部门或中央企业集团报送工业和信息化部。工业和信息化部应会同财政部、海关总署、税务总局、能源局确定变更后的企业和核电项目业主是否继续享受政策;不符合条件的,自变更登记之日起不再享受政策。工业和信息化部将确认结果(对停止享受政策的,应注明停止享受政策时间)函告海关总署,并抄送税务总局。

第四章 目录制修订事项

第二十一条 《国家支持发展的重大技术装备和产品目录》《重大技术装备和产品进口关键零部件、原材料商品目录》和《进口不予免税的重大技术装备和产品目录》应适时调整。调整内容包括:增加或删除国家支持发展的重大技术装备和产品,增加或删除重大技术装备和产品进口关键零部件、原材料,增加或调整进口不予免税的重大技术装备和产品,调整国家支持发展的重大技术装备和产品的技术规格、销售业绩、执行年限等,调整重大技术装备和产品进口关键零部件、原材料的单机用量、执行年限等。

第二十二条 《国家支持发展的重大技术装备和产品目录》增加及保留的重大技术装备和产品,应符合产业发展方向和目录规定的领域。《重大技术装备和产品进口关键零部件、原材料商品目录》增加及保留的关键零部件、原材料,应为生产国家支持发展的重大技术装备和产品而确有必要进口的关键零部件、原材料。《进口不予免税的重大技术装备和产品目录》增加的重大技术装备和产品,应为国内已能生产的重大技术装备和产品。

第二十三条 企业和核电项目业主如对相关目录提出修订建议,可向省级工业和信息化主管部门、有关行业协会或中央企业集团报送《重大技术装备进口税收政策有关目录修订建议报告》(见附件5)。

第二十四条 省级工业和信息化主管部门、有关行业协会、中央企业集团应对企业和核电项目业主提交的目录修订建议进行筛选和汇总,于当年3月31日前将目录修订建议汇总表和修订建议报告报送工业和信息化部。

第二十五条 财政部、海关总署、税务总局、能源局可按职责分工对目录提出修订建议,于当年3月31日前将修订建议函告工业和信息化部。

第二十六条 工业和信息化部会同财政部、海关总署、税务总局、能源局组织相关行业专家,开展目录修订评审,由工业和信息化部网上公示后(公示时间一般不少于10个工作日),按程序发布新修订的目录。

第五章 其他事项

第二十七条 2020年已享受政策的企业和核电项目业主(不含2020年新享受政策企业和核电项目业主)应于2020年8月31日前按规定提交免税资格复核报告。以后的免税资格复核工作每3年开展1次,即2022年对2020年至2022年享受政策企业和核电项目业主的免税资格进行复核,2025年对2023年至2025年享受政策企业和核电项目业主的免税资格进行复核,以此类推。

第二十八条 工业和信息化部会同有关部门适时对企业和核电项目业主执行政策情

况进行监督检查和评估。享受政策的企业和核电项目业主如违反规定,将免税进口的零部件、原材料擅自转让、移作他用或者进行其他处置,被依法追究刑事责任的,从违法行为发现之日起停止享受政策。

第二十九条 享受政策的企业和核电项目业主如存在被列入失信联合惩戒名单等失信情况,由工业和信息化部会同相关部门研究企业是否能继续享受免税政策。不能继续享受免税政策的,由工业和信息化部将企业名单及停止享受政策时间等信息函告海关总署,并抄送税务总局、能源局、省级工业和信息化主管部门、中央企业集团。

第三十条 对于企业和核电项目业主存在以虚报情况获得免税资格的,取消免税资格并按有关法律法规和规定处理。

第三十一条 省级工业和信息化主管部门、中央企业集团应做好政策解读和业务辅导;对于政策实施过程中存在的问题,可及时向工业和信息化部、海关总署等相关部门反映。

第三十二条 本细则由工业和信息化部会同财政部、海关总署、税务总局、能源局负责解释。

第三十三条 本细则自2020年8月1日起实施。

附件:1. 享受重大技术装备进口税收政策申请报告(编者略)

2. 申请享受重大技术装备进口税收政策受理通知书(编者略)

3. 享受重大技术装备进口税收政策复核报告(编者略)

4. 享受重大技术装备进口税收政策年度执行情况表(编者略)

5. 重大技术装备进口税收政策有关目录修订建议报告(编者略)

1 -4 -233

财政部 海关总署 税务总局关于不再执行20种商品停止减免税规定的公告

2020年8月5日 财政部 海关总署 税务总局公告2020年第36号

经国务院同意,自公告之日起,不再执行《国务院批转关税税则委员会、财政部、国家税务总局关于第二步清理关税和进口环节税减免规定意见的通知》(国发〔1994〕64号)中关于20种商品“无论任何贸易方式、任何地区、企业、单位和个人进口,一律停止减免税”的规定。

20种商品包括电视机、摄像机、录像机、放像机、音响设备、空调器、电冰箱和电冰柜、洗衣机、照相机、复印机、程控电话交换机、微型计算机及外设、电话机、无线寻呼系统、传真机、电子计算器、打字机及文字处理机、家具、灯具、餐料(指调味品、肉禽蛋菜、水产品、水果、饮料、酒、乳制品)。

自公告之日起,现行相关政策规定与本公告内容不符的,以本公告为准。

1－4－234

财政部　海关总署　税务总局关于支持集成电路产业和软件产业发展进口税收政策的通知

2021年3月16日　财关税〔2021〕4号

各省、自治区、直辖市、计划单列市财政厅（局），新疆生产建设兵团财政局，海关总署广东分署、各直属海关，国家税务总局各省、自治区、直辖市、计划单列市税务局，财政部各地监管局，国家税务总局驻各地特派员办事处：

为贯彻落实《国务院关于印发新时期促进集成电路产业和软件产业高质量发展若干政策的通知》（国发〔2020〕8号），经国务院同意，现将有关进口税收政策通知如下：

一、对下列情形，免征进口关税：

（一）集成电路线宽小于65纳米（含，下同）的逻辑电路、存储器生产企业，以及线宽小于0.25微米的特色工艺（即模拟、数模混合、高压、射频、功率、光电集成、图像传感、微机电系统、绝缘体上硅工艺）集成电路生产企业，进口国内不能生产或性能不能满足需求的自用生产性（含研发用，下同）原材料、消耗品，净化室专用建筑材料、配套系统和集成电路生产设备（包括进口设备和国产设备）零配件。

（二）集成电路线宽小于0.5微米的化合物集成电路生产企业和先进封装测试企业，进口国内不能生产或性能不能满足需求的自用生产性原材料、消耗品。

（三）集成电路产业的关键原材料、零配件（即靶材、光刻胶、掩模版、封装载板、抛光垫、抛光液、8英寸及以上硅单晶、8英寸及以上硅片）生产企业，进口国内不能生产或性能不能满足需求的自用生产性原材料、消耗品。

（四）集成电路用光刻胶、掩模版、8英寸及以上硅片生产企业，进口国内不能生产或性能不能满足需求的净化室专用建筑材料、配套系统和生产设备（包括进口设备和国产设备）零配件。

（五）国家鼓励的重点集成电路设计企业和软件企业，以及符合本条第（一）、（二）项的企业（集成电路生产企业和先进封装测试企业）进口自用设备，及按照合同随设备进口的技术（含软件）及配套件、备件，但《国内投资项目不予免税的进口商品目录》、《外商投资项目不予免税的进口商品目录》和《进口不予免税的重大技术装备和产品目录》所列商品除外。上述进口商品不占用投资总额，相关项目不需出具项目确认书。

二、根据国内产业发展、技术进步等情况，财政部、海关总署、税务总局将会同国家发展改革委、工业和信息化部对本通知第一条中的特色工艺类型和关键原材料、零配件类型适时调整。

三、承建集成电路重大项目的企业自2020年7月27日至2030年12月31日期间进口新设备，除《国内投资项目不予免税的进口商品目录》、《外商投资项目不予免税的进口商品目录》和《进口不予免税的重大技术装备和产品目录》所列商品外，对未缴纳的税款提供海关认可的税款担保，准予在首台设备进口之后的6年（连续72个月）期限内分期缴纳进口环节增值税，6年内每年（连续12个月）依次缴纳进口环节增值税总额的0%、20%、20%、20%、20%、20%，自首台设备进口之日起已经缴纳的税款不予退还。在分期纳税期间，海关对准予分期缴纳的税款不予征收滞纳金。

四、支持集成电路产业和软件产业发展进口税收政策管理办法由财政部、海关总署、税务总局会同国家发展改革委、工业和信息化部另行制定印发。

五、本通知自2020年7月27日至2030年12月31日实施。自2020年7月27日，至第一批免税进口企业清单印发之日后30日内，已征的应免关税税款准予退还。

六、自2021年4月1日起，《财政部关于部分集成电路生产企业进口自用生产性原材料消耗品税收政策的通知》（财税〔2002〕136号）、《财政部关于部分集成电路生产企业进口净化室专用建筑材料等物资税收政策问题的通知》（财税〔2002〕152号）、《财政部 海关总署 国家税务总局 信息产业部关于线宽小于0.8微米（含）集成电路企业进口自用生产性原材料 消耗品享受税收优惠政策的通知》（财关税〔2004〕45号）、《财政部 发展改革委 工业和信息化部 海关总署 国家税务总局关于调整集成电路生产企业进口自用生产性原材料 消耗品免税商品清单的通知》（财关税〔2015〕46号）废止。

自2020年7月27日至2021年3月31日，既可享受本条上述4个文件相关政策又可享受本通知第一条第（一）、（二）项相关政策的免税进口企业，对同一张报关单，自主选择适用本条上述4个文件相关政策或本通知第一条第（一）、（二）项相关政策，不得累计享受税收优惠。

1－4－235

商务部 发展改革委 财政部 海关总署 税务总局 市场监管总局关于扩大跨境电商零售进口试点、严格落实监管要求的通知

2021年3月18日 商财发〔2021〕39号

经国务院同意，现就进一步扩大跨境电商零售进口试点城市范围、严格落实监管要求等有关工作通知如下：

一、将跨境电商零售进口试点扩大至所有自贸试验区、跨境电商综试区、综合保税区、进口贸易促进创新示范区、保税物流中心（B型）所在城市（及区域）。今后相关城市（区域）经所在地海关确认符合监管要求后，即可按照《商务部 发展改革委 财政部 海关总署 税务总局 市场监管总局关于完善跨境电子商务零售进口监管有关工作的通知》（商财发〔2018〕486号）要求，开展网购保税进口（海关监管方式代码1210）业务。

二、各试点城市（区域）应切实承担本地区跨境电商零售进口政策试点工作的主体责

任，严格落实监管要求规定，全面加强质量安全风险防控，及时查处在海关特殊监管区域外开展“网购保税＋线下自提”、二次销售等违规行为，确保试点工作顺利推进，共同促进行业规范健康持续发展。

三、本通知自发布之日起实施。试点过程中出现的重大问题及情况请及时报商务部等有关部门。

1－4－236

财政部　国家发展改革委　工业和信息化部　海关总署　税务总局关于支持集成电路产业和软件产业发展进口税收政策管理办法的通知

2021年3月22日　财关税〔2021〕5号

各省、自治区、直辖市、计划单列市财政厅（局）、发展改革委、工业和信息化主管部门，新疆生产建设兵团财政局、发展改革委、工业和信息化局，海关总署广东分署、各直属海关，国家税务总局各省、自治区、直辖市、计划单列市税务局，财政部各地监管局，国家税务总局驻各地特派员办事处：

为落实《财政部　海关总署　税务总局关于支持集成电路产业和软件产业发展进口税收政策的通知》（财关税〔2021〕4号，以下称《通知》），现将政策管理办法通知如下：

一、国家发展改革委会同工业和信息化部、财政部、海关总署、税务总局制定并联合印发享受免征进口关税的集成电路生产企业、先进封装测试企业和集成电路产业的关键原材料、零配件生产企业清单。

二、国家发展改革委、工业和信息化部会同财政部、海关总署、税务总局制定并联合印发享受免征进口关税的国家鼓励的重点集成电路设计企业和软件企业清单。

三、工业和信息化部会同国家发展改革委、财政部、海关总署、税务总局制定并联合印发国内不能生产或性能不能满足需求的自用生产性（含研发用）原材料、消耗品和净化室专用建筑材料、配套系统及生产设备（包括进口设备和国产设备）零配件的免税进口商品清单。

四、国家发展改革委会同工业和信息化部制定可享受进口新设备进口环节增值税分期纳税的集成电路重大项目标准和享受分期纳税承建企业的条件，并根据上述标准、条件确定集成电路重大项目建议名单和承建企业建议名单，函告财政部，抄送海关总署、税务总局。财政部会同海关总署、税务总局确定集成电路重大项目名单和承建企业名单，通知省级（包括省、自治区、直辖市、计划单列市、新疆生产建设兵团，下同）财政厅（局）、企业所在地直属海关、省级税务局。

承建企业应于承建的集成电路重大项目项下申请享受分期纳税的首台新设备进口3个月前，向省级财政厅（局）提出申请，附项目投资金额、进口设备时间、年度进口新设备金额、年度进口新设备进口环节增值税额、税款担保方案等信息，抄送企业所在地直属海关、省级税务局。省级财政厅(局)会同企业所在地直属海关、省级税务局初核后报送财政部,抄送海关总署、税务总局。

财政部会同海关总署、税务总局确定集成电路重大项目的分期纳税方案(包括项目名称、承建企业名称、分期纳税起止时间、分期纳税总税额、每季度纳税额等),通知省级财政厅(局)、企业所在地直属海关、省级税务局,由企业所在地直属海关告知相关企业。

分期纳税方案实施中,如项目名称发生变更,承建企业发生名称、经营范围变更等情形的,承建企业应在完成变更登记之日起60日内,向省级财政厅(局)、企业所在地直属海关、省级税务局报送变更情况说明,申请变更分期纳税方案相应内容。省级财政厅(局)会同企业所在地直属海关、省级税务局确定变更结果,并由省级财政厅(局)函告企业所在地直属海关,抄送省级税务局,报财政部、海关总署、税务总局备案。企业所在地直属海关将变更结果告知承建企业。承建企业超过本款前述时间报送变更情况说明的,省级财政厅(局)、企业所在地直属海关、省级税务局不予受理,该项目不再享受分期纳税,已进口设备的未缴纳税款应在完成变更登记次月起3个月内缴纳完毕。

享受分期纳税的进口新设备,应在企业所在地直属海关关区内申报进口。按海关事务担保的规定,承建企业对未缴纳的税款应提供海关认可的税款担保。海关对准予分期缴纳的税款不予征收滞纳金。承建企业在最后一次纳税时,由海关完成该项目全部应纳税款的汇算清缴。如违反规定,逾期未及时缴纳税款的,该项目不再享受分期纳税,已进口设备的未缴纳税款应在逾期未缴纳情形发生次月起3个月内缴纳完毕。

五、《通知》第一条第(五)项和第三条中的企业进口设备,同时适用申报进口当期的《国内投资项目不予免税的进口商品目录》、《外商投资项目不予免税的进口商品目录》、《进口不予免税的重大技术装备和产品目录》所列商品的累积范围。

六、免税进口企业应按照海关有关规定,办理有关进口商品的减免税手续。

七、本办法第一、二条中,国家发展改革委牵头制定或者国家发展改革委、工业和信息化部牵头制定的第一批免税进口企业清单自2020年7月27日实施,至该清单印发之日后30日内,已征的应免关税税款准予退还。本办法第三条中,工业和信息化部牵头制定的第一批免税进口商品清单自2020年7月27日实施。以后批次制定的免税进口企业清单、免税进口商品清单,分别自其印发之日后第20日起实施。

八、本办法第一、二条中的免税进口企业发生名称、经营范围变更等情形的,应自完成变更登记之日起60日内,将有关变更情况说明报送牵头部门。牵头部门分别按照本办法第一、二条规定,确定变更后的企业自变更登记之日起能否继续享受政策。企业超过本条前述时间报送变更情况说明的,牵头部门不予受理,该企业自变更登记之日起停止享受政策。确定结果或不予受理情况由牵头部门函告海关总署(确定结果较多时,每年至少分两批函告),抄送第一、二条中其他部门。

九、免税进口企业应按有关规定使用免税进口商品,如违反规定,将免税进口商品擅自转让、移作他用或者进行其他处置,被依法追究刑事责任的,在《通知》剩余有效期限内停止享受政策。

十、免税进口企业如存在以虚报情况获得免税资格,由国家发展改革委会同工业和信息化部、财政部、海关总署、税务总局等部门查实后,国家发展改革委函告海关总署,自函告之日起,该企业在《通知》剩余有效期限内停止享受政策。

十一、财政等有关部门及其工作人员在政策执行过程中,存在违反执行政策规定的行为,以及滥用职权、玩忽职守、徇私舞弊等违法违纪行为的;依照国家有关规定追究相应责任;涉嫌犯罪的,依法追究刑事责任。

十二、本办法有效期为 2020 年 7 月 27 日至 2030 年 12 月 31 日。

1 -4 -237

财政部　海关总署　税务总局关于 2021—2030 年抗艾滋病病毒药物进口税收政策的通知

2021 年 3 月 29 日　财关税〔2021〕13 号

北京市财政局,北京海关,国家税务总局北京市税务局:

为坚持基本医疗卫生事业公益属性,支持艾滋病防治工作,自 2021 年 1 月 1 日至 2030 年 12 月 31 日,对卫生健康委委托进口的抗艾滋病病毒药物,免征进口关税和进口环节增值税。享受免税政策的抗艾滋病病毒药物名录及委托进口单位由卫生健康委确定,并送财政部、海关总署、税务总局。

1 -4 -238

财政部　海关总署关于 2021—2030 年支持民用航空维修用航空器材进口税收政策的通知

2021 年 3 月 31 日　财关税〔2021〕15 号

各省、自治区、直辖市、计划单列市财政厅(局),新疆生产建设兵团财政局,海关总署广东分署、各直属海关:

为加快壮大航空产业,促进我国民用航空运输、维修等产业发展,现将有关进口税收政策内容通知如下:

一、自 2021 年 1 月 1 日至 2030 年 12 月 31 日,对民用飞机整机设计制造企业、国内航空公司、维修单位、航空器材分销商进口国内不能生产或性能不能满足需求的维修用航空器材,免征进口关税。

二、本通知第一条所述民用飞机整机设计制造企业、国内航空公司、维修单位、航空器材分销商是指:

(一)从事民用飞机整机设计制造的企业及其所属单位,且其生产产品的相关型号已取得中国民航局批准的型号合格证(TC)。

(二)中国民航局批准的国内航空公司。

(三)持有中国民用航空维修许可证的维修单位。

(四)符合中国民航局管理要求的航空器材分销商。

三、本通知第一条所述维修用航空器材是指专门用于维修民用飞机、民用飞机部件的器材,包括动力装置(发动机、辅助动力装置)、起落架等部件,以及标准件、原材料等消耗器材。范围仅限定于飞机的机载设备及其零部件、原材料,不包括地勤系统所使用的设备及其零部件。

航空器材一般具备中国民航局(CAAC)、美国联邦航空局(FAA)、欧盟航空安全局(EASA)、加拿大民用航空局(TCCA)、巴西民用航空局等民航局颁发的适航证明文件或俄罗斯、乌克兰等民航制造和维修单位签发的履历本。具有制造单位出具产品合格证明的标准件、原材料也属于航空器材范围。

免税进口的维修用航空器材清单,由中国民航局会同工业和信息化部、财政部、海关总署另行制定印发。

四、对本通知项下的免税进口维修用航空器材,海关不再按特定减免税货物进行后续监管。

五、本通知有关的政策管理办法由财政部会同有关部门另行制定印发。

1－4－239

财政部　工业和信息化部　海关总署 民航局关于2021—2030年支持民用航空维修用航空器材进口税收政策管理办法的通知

2021年3月31日　财关税〔2021〕16号

各省、自治区、直辖市、计划单列市财政厅(局),新疆生产建设兵团财政局,海关总署广东分署、各直属海关,民航各地区管理局:

为加快壮大航空产业,促进我国民用航空运输、维修等产业发展,根据《财政部　海关总署关于2021—2030年支持民用航空维修用航空器材进口税收政策的通知》(财关税〔2021〕15号,以下简称《通知》)有关规定,现将2021—2030年支持民用航空维修用航空器材进口税收政策管理办法通知如下:

一、民航局确定符合《通知》第二条的进口单位名单,并将名单(需注明批次)函告海关总署,抄送工业和信息化部、财政部。名单根据实际情况动态调整。

进口单位发生名称、经营范围变更等情形的,应在政策有效期内及时将有关变更情况说明报送民航局。民航局确定变更后的单位自变更登记之日起能否继续享受政策,并将确定结果和变更登记日期函告海关总署(确定结果较多时,每年至少分两批函告),抄送工业和信息化部、财政部。

二、《通知》项下免税进口航空器材实行清单管理。民航局会同工业和信息化部、财政部、海关总署确定上述清单，由民航局将清单（需注明批次）函告海关总署，抄送工业和信息化部、财政部。清单根据实际情况动态调整。

三、民航局函告海关总署的第一批进口单位名单和免税进口航空器材清单，自2021年1月1日实施，至第一批名单函告之日后30日内已征应免税款，依进口单位申请准予退还。以后批次函告的名单、清单，自函告之日后第20日起实施。

四、免税进口单位应按照海关有关规定，向海关申请办理减免税手续。

五、进口单位如存在以虚报信息等获得免税资格的，经有关部门查实后由民航局函告海关总署，抄送财政部，自函告之日起，该单位在《通知》剩余有效期内停止享受政策。

六、民航局会同有关部门对政策执行效果加强评估。

七、财政等有关部门及其工作人员在政策执行过程中，存在违反执行免税政策规定的行为，以及滥用职权、玩忽职守、徇私舞弊等违法违纪行为的，依照国家有关规定追究相应责任；涉嫌犯罪的，依法追究刑事责任。

八、本办法有效期为2021年1月1日至2030年12月31日。

1－4－240

财政部　海关总署　税务总局关于2021—2030年支持新型显示产业发展进口税收政策的通知

2021年3月31日　财关税〔2021〕19号

各省、自治区、直辖市、计划单列市财政厅（局）、新疆生产建设兵团财政局，海关总署广东分署、各直属海关，国家税务总局各省、自治区、直辖市、计划单列市税务局，财政部各地监管局，国家税务总局驻各地特派员办事处：

为加快壮大新一代信息技术，支持新型显示产业发展，现将有关进口税收政策通知如下：

一、自2021年1月1日至2030年12月31日，对新型显示器件（即薄膜晶体管液晶显示器件、有源矩阵有机发光二极管显示器件、Micro－LED显示器件，下同）生产企业进口国内不能生产或性能不能满足需求的自用生产性（含研发用，下同）原材料、消耗品和净化室配套系统、生产设备（包括进口设备和国产设备）零配件，对新型显示产业的关键原材料、零配件（即靶材、光刻胶、掩模版、偏光片、彩色滤光膜）生产企业进口国内不能生产或性能不能满足需求的自用生产性原材料、消耗品，免征进口关税。

根据国内产业发展、技术进步等情况，财政部、海关总署、税务总局将会同国家发展改革委、工业和信息化部对上述关键原材料、零配件类型适时调整。

二、承建新型显示器件重大项目的企业自2021年1月1日至2030年12月31日期间进口新设备,除《国内投资项目不予免税的进口商品目录》、《外商投资项目不予免税的进口商品目录》和《进口不予免税的重大技术装备和产品目录》所列商品外,对未缴纳的税款提供海关认可的税款担保,准予在首台设备进口之后的6年(连续72个月)期限内分期缴纳进口环节增值税,6年内每年(连续12个月)依次缴纳进口环节增值税总额的0%、20%、20%、20%、20%、20%,自首台设备进口之日起已经缴纳的税款不予退还。在分期纳税期间,海关对准予分期缴纳的税款不予征收滞纳金。

三、第一条中所述国内不能生产或性能不能满足需求的免税进口商品清单,由工业和信息化部会同国家发展改革委、财政部、海关总署、税务总局另行制定印发,并动态调整。

四、2021—2030年支持新型显示产业发展进口税收政策管理办法由财政部、海关总署、税务总局会同国家发展改革委、工业和信息化部另行制定印发。

1-4-241

财政部　国家发展改革委　工业和信息化部　海关总署　税务总局关于2021—2030年支持新型显示产业发展进口税收政策管理办法的通知

2021年3月31日　财关税〔2021〕20号

各省、自治区、直辖市、计划单列市财政厅(局)、发展改革委、工业和信息化主管部门,新疆生产建设兵团财政局、发展改革委、工业和信息化局,海关总署广东分署、各直属海关,国家税务总局各省、自治区、直辖市、计划单列市税务局,财政部各地监管局,国家税务总局驻各地特派员办事处:

为落实《财政部　海关总署　税务总局关于2021—2030年支持新型显示产业发展进口税收政策的通知》(财关税〔2021〕19号,以下简称《通知》),现将政策管理办法通知如下:

一、国家发展改革委会同工业和信息化部、财政部、海关总署、税务总局制定并联合印发享受免征进口关税的新型显示器件生产企业和新型显示产业的关键原材料、零配件生产企业名单。

二、工业和信息化部会同国家发展改革委、财政部、海关总署、税务总局制定并联合印发国内不能生产或性能不能满足需求的自用生产性(含研发用)原材料、消耗品和净化室配套系统、生产设备(包括进口设备和国产设备)零配件的免税进口商品清单。

三、国家发展改革委会同工业和信息化部制定可享受进口新设备进口环节增值税分期纳税的新型显示器件重大项目标准和享受分期纳税承建企业的条件,并根据上述标准、条件确定新型显示器件重大项目建议名单和承建企业建议名单,函告财政部,抄送海关总署、税务总局。财政部会同海关总署、税务总局确定新型显示器件重大项目名单和承建企业名单,通知省级(包括省、自治区、直辖市、计划单列市、新疆生产建设兵团,下同)财政厅(局)、企业所在地直属海关、省级税务局。

承建企业应于承建的新型显示器件重大项目项下申请享受分期纳税的首台新设备进口3个月前,向省级财政厅(局)提出申请,附项目投资金额、进口设备时间、年度进口新设备金额、年度进口新设备进口环节增值税额、税款担保方案等信息,抄送企业所在地直属海关、省级税务局。省级财政厅(局)会同企业所在地直属海关、省级税务局初核后报送财政部,抄送海关总署、税务总局。

财政部会同海关总署、税务总局确定新型显示器件重大项目的分期纳税方案(包括项目名称、承建企业名称、分期纳税起止时间、分期纳税总税额、每季度纳税额等),通知省级财政厅(局)、企业所在地直属海关、省级税务局,由企业所在地直属海关告知相关企业。

分期纳税方案实施中,如项目名称发生变更,承建企业发生名称、经营范围变更等情形的,承建企业应在完成变更登记之日起60日内,向省级财政厅(局)、企业所在地直属海关、省级税务局报送变更情况说明,申请变更分期纳税方案相应内容。省级财政厅(局)会同企业所在地直属海关、省级税务局确定变更结果,并由省级财政厅(局)函告企业所在地直属海关,抄送省级税务局,报财政部、海关总署、税务总局备案。企业所在地直属海关将变更结果告知承建企业。承建企业超过本款前述时间报送变更情况说明的,省级财政厅(局)、企业所在地直属海关、省级税务局不予受理,该项目不再享受分期纳税,已进口设备的未缴纳税款应在完成变更登记次月起3个月内缴纳完毕。

享受分期纳税的进口新设备,应在企业所在地直属海关关区内申报进口。按海关事务担保的规定,承建企业对未缴纳的税款应提供海关认可的税款担保。海关对准予分期缴纳的税款不予征收滞纳金。承建企业在最后一次纳税时,由海关完成该项目全部应纳税款的汇算清缴。如违反规定,逾期未及时缴纳税款的,该项目不再享受分期纳税,已进口设备的未缴纳税款应在逾期未缴纳情形发生次月起3个月内缴纳完毕。

四、《通知》第二条中的企业进口新设备,同时适用申报进口当期的《国内投资项目不予免税的进口商品目录》、《外商投资项目不予免税的进口商品目录》、《进口不予免税的重大技术装备和产品目录》所列商品的累积范围。

五、免税进口单位应按照海关有关规定,办理有关进口商品的减免税手续。

六、本办法第一、二条中,国家发展改革委、工业和信息化部分别牵头制定的名单、清单应注明批次。其中第一批名单、清单自2021年1月1日实施,至第一批名单印发之日后30日内已征的应免关税税款,依免税进口单位申请准予退还。以后批次的名单、清单,分别自印发之日后第20日起实施。

七、免税进口单位发生名称、经营范围变更等情形的,应在《通知》有效期限内及时将有关变更情况说明报送国家发展改革委。国家发展改革委按照第一条规定,确定变更后的单位自变更登记之日起能否继续享受政策,并注明变更登记日期。确定结果由国家发展改革委函告海关总署(确定结果较多时,每年至少分两批函告),抄送工业和信息化部、财政部、税务总局。

八、免税进口单位应按有关规定使用免税进口商品,如违反规定,将免税进口商品擅自转让、移作他用或者进行其他处置,被依法追究刑事责任的,在《通知》剩余有效期限内停止享受政策。

九、免税进口单位如存在以虚报情况获得免税资格,由国家发展改革委会同工业和信息化部、财政部、海关总署、税务总局等部门查实后，国家发展改革委函告海关总署，自函告之日起，该单位在《通知》剩余有效期限内停止享受政策。

十、财政等有关部门及其工作人员在政策执行过程中，存在违反执行政策规定的行为，以及滥用职权、玩忽职守、徇私舞弊等违法违纪行为的，依照国家有关规定追究相应责任；涉嫌犯罪的，依法追究刑事责任。

十一、本办法有效期为2021年1月1日至2030年12月31日。

1－4－242

财政部　海关总署　税务总局关于“十四五”期间中西部地区国际性展会展期内销售的进口展品税收优惠政策的通知

2021年3月31日　财关税〔2021〕21号

内蒙古、吉林、黑龙江、湖南、广西、云南、青海、宁夏、新疆等省（自治区）财政厅，海关总署广东分署、各直属海关，国家税务总局内蒙古、吉林、黑龙江、湖南、广西、云南、青海、宁夏、新疆等省（自治区）税务局：

现就“十四五”期间中西部地区国际性展会展期内销售的进口展品税收优惠政策通知如下：

一、对中国—东盟博览会（以下称东盟博览会）、中国—东北亚博览会（以下称东北亚博览会）、中国—俄罗斯博览会（以下称中俄博览会）、中国—阿拉伯国家博览会（以下称中阿博览会）、中国—南亚博览会暨中国昆明进出口商品交易会（以下称南亚博览会）、中国（青海）藏毯国际展览会（以下称藏毯展览会）、中国—亚欧博览会（以下称亚欧博览会）、中国—蒙古国博览会（以下称中蒙博览会）、中国—非洲经贸博览会（以下称中非博览会），在展期内销售的免税额度内的进口展品免征进口关税和进口环节增值税、消费税。享受税收优惠的展品不包括国家禁止进口商品、濒危动植物及其产品、烟、酒、汽车以及列入《进口不予免税的重大技术装备和产品目录》的商品。

二、享受税收优惠政策的展品清单类别范围和销售额度等规定见附件1和附件2。其中，附件1适用于东盟博览会，附件2适用于东北亚博览会、中俄博览会、中阿博览会、南亚博览会、藏毯展览会、亚欧博览会、中蒙博览会和中非博览会。

三、对展期内销售的超出享受税收优惠政策的展品清单类别范围或销售额度的展品，以及展期内未销售且在展期结束后又不退运出境的展品，按照国家有关规定照章征税。

四、对享受政策的展期内销售进口展品，海关不再按特定减免税货物进行后续监管。

附件：1. 中西部地区国际性展会享受税收优惠政策的展品清单（一）（编者略）

2. 中西部地区国际性展会享受税收优惠政策的展品清单（二）（编者略）

1－4－243

财政部　海关总署　税务总局关于“十四五”期间支持科普事业发展进口税收政策的通知

2021年4月9日　财关税〔2021〕26号

各省、自治区、直辖市、计划单列市财政厅(局)、新疆生产建设兵团财政局,海关总署广东分署、各直属海关,国家税务总局各省、自治区、直辖市、计划单列市税务局,财政部各地监管局,国家税务总局驻各地特派员办事处:

为支持科普事业发展,现将有关进口税收政策通知如下:

一、自2021年1月1日至2025年12月31日,对公众开放的科技馆、自然博物馆、天文馆(站、台)、气象台(站)、地震台(站),以及高校和科研机构所属对外开放的科普基地,进口以下商品免征进口关税和进口环节增值税:

(一)为从境外购买自用科普影视作品播映权而进口的拷贝、工作带、硬盘,以及以其他形式进口自用的承载科普影视作品的拷贝、工作带、硬盘。

(二)国内不能生产或性能不能满足需求的自用科普仪器设备、科普展品、科普专用软件等科普用品。

二、第一条中的科普影视作品、科普用品是指符合科学技术普及法规定,以普及科学知识、倡导科学方法、传播科学思想、弘扬科学精神为宗旨的影视作品、科普仪器设备、科普展品、科普专用软件等用品。

三、第一条第一项中的科普影视作品相关免税进口商品清单见附件。第一条第二项中的科普用品由科技部会同有关部门核定。

四、“十四五”期间支持科普事业发展进口税收政策管理办法由财政部、海关总署、税务总局会同有关部门另行制定印发。

附件:科普影视作品相关免税进口商品清单(2021年版)(编者略)

1 -4 -244

财政部　中央宣传部　科技部　工业和信息化部　海关总署　税务总局　广电总局关于“十四五”期间支持科普事业发展进口税收政策管理办法的通知

2021 年 4 月 9 日　财关税〔2021〕27 号

各省、自治区、直辖市、计划单列市财政厅(局)、党委宣传部、科技厅(委、局)、工业和信息化主管部门、广播电视主管部门,新疆生产建设兵团财政局、党委宣传部、科技局、工业和信息化局、文体广旅局,海关总署广东分署、各直属海关,国家税务总局各省、自治区、直辖市、计划单列市税务局,财政部各地监管局,国家税务总局驻各地特派员办事处:

为落实《财政部　海关总署　税务总局关于“十四五”期间支持科普事业发展进口税收政策的通知》(财关税〔2021〕26 号,以下简称《通知》),现将政策管理办法通知如下:

一、科技部核定或者省级(包括省、自治区、直辖市、计划单列市、新疆生产建设兵团,下同)科技主管部门会同省级财政、税务部门及所在地直属海关核定对公众开放的科技馆、自然博物馆、天文馆(站、台)、气象台(站)、地震台(站)以及高校和科研机构所属对外开放的科普基地(以下统称进口单位)名单。科技部的核定结果,由科技部函告海关总署,抄送中央宣传部、工业和信息化部、财政部、税务总局、广电总局、有关省级科技主管部门。省级科技主管部门牵头的核定结果,由省级科技主管部门函告进口单位所在地直属海关,抄送省级财政、税务部门和省级出版、电影、工业和信息化、广播电视主管部门,报送科技部。上述函告文件中,凡不具有独立法人资格的进口单位,应一并函告其依托单位。

享受政策的科技馆,应同时符合以下条件:(一)专门从事面向公众的科普活动;(二)有开展科普活动的专职科普工作人员、场所、设施、工作经费等条件。

享受政策的自然博物馆、天文馆(站、台)、气象台(站)、地震台(站)以及高校和科研机构设立的植物园、标本馆、陈列馆等对外开放的科普基地,应同时符合以下条件:(一)面向公众从事科学技术普及法所规定的科普活动,有稳定的科普活动投入;(二)有适合常年向公众开放的科普设施、器材和场所等,每年向公众开放不少于 200 天,每年对青少年实行优惠或免费开放的时间不少于 20 天(含法定节假日);(三)有常设内部科普工作机构,并配备有必要的专职科普工作人员。

二、省级科技主管部门会同省级出版、电影、广播电视主管部门核定属地进口单位可免税进口的自用科普影视作品拷贝、工作带、硬盘。核定结果由省级科技主管部门函告进口单位所在地直属海关,抄送省级出版、电影、广播电视主管部门,并通知相关进口单位。

享受政策的自用科普影视作品拷贝、工作带、硬盘,应同时符合以下条件:(一)属于《通知》附件所列税号范围;(二)为进口单位自用,且用于面向公众的科普活动,不得进行商业销售或挪作他用;(三)符合国家关于影视作品和音像制品进口的相关规定。

三、科技部会同工业和信息化部、财政部、海关总署、税务总局制定并联合印发国内不能生产或性能不能满足需求的自用科普仪器设备、科普展品、科普专用软件等免税进口科普用品清单,并动态调整。

四、进口单位应按照海关有关规定,办理有关进口商品的减免税手续。

五、本办法第一、三条中,科技部或者省级科技主管部门函告海关的进口单位名单和科技部牵头制定的免税进口科普用品清单应注明批次。其中,第一批名单、清单自 2021 年 1 月 1 日实施,至第一批名单印发之日后 30 日内已征的应免税款,准予退还;以后批次的名单、清单,自印发之日后第 20 日起实施。

前款规定的已征应免税款,依进口单位申请准予退还。其中,已征税进口且尚未申报增值税进项税额抵扣的,应事先取得主管税务机关出具的《"十四五"期间支持科普事业发展进口税收政策项下进口商品已征进口环节增值税未抵扣情况表》(见附件),向海关申请办理退还已征进口关税和进口环节增值税手续;已申报增值税进项税额抵扣的,仅向海关申请办理退还已征进口关税手续。

六、进口单位可向主管海关提出申请,选择放弃免征进口环节增值税。进口单位主动放弃免征进口环节增值税后,36 个月内不得再次申请免征进口环节增值税。

七、进口单位发生名称、业务范围变更等情形的,应在《通知》有效期限内及时将有关变更情况说明分别报送科技部、省级科技主管部门。科技部、省级科技主管部门按照本办法第一条规定,核定变更后的单位自变更登记之日起能否继续享受政策,注明变更登记日期。科技部负责受理的,核定结果由科技部函告海关总署(核定结果较多时,每年至少分两批函告),抄送中央宣传部、工业和信息化部、财政部、税务总局、广电总局、有关省级科技主管部门;省级科技主管部门负责受理的,核定结果由省级科技主管部门函告进口单位所在地直属海关,抄送省级财政、税务部门和省级出版、电影、工业和信息化、广播电视主管部门,报送科技部。

八、进口单位应按有关规定使用免税进口商品,如违反规定,将免税进口商品擅自转让、移作他用或者进行其他处置,被依法追究刑事责任的,在《通知》剩余有效期限内停止享受政策。

九、进口单位如存在以虚报情况获得免税资格,由科技部或者省级科技主管部门查实后函告海关,自函告之日起,该单位在《通知》剩余有效期限内停止享受政策。

十、本办法印发之日后 90 日内,省级科技主管部门应会同省级财政、税务部门及进口单位所在地直属海关制定核定进口单位名单的具体实施办法,会同省级出版、电影、广播电视主管部门制定核定免税进口科普影视作品拷贝、工作带、硬盘的具体实施办法。

十一、进口单位的免税进口资格,原则上应每年复核。经复核不符合享受政策条件的,由科技部或者省级科技主管部门按本办法第一条规定函告海关,自函告之日起停止享受政策。

十二、财政等有关部门及其工作人员在政策执行过程中,存在违反执行免税政策规定的行为,以及滥用职权、玩忽职守、徇私舞弊等违法违纪行为的,依照国家有关规定追究相应责任;涉嫌犯罪的,依法追究刑事责任。

十三、本办法有效期为 2021 年 1 月 1 日至 2025 年 12 月 31 日。

附件："十四五"期间支持科普事业发展进口税收政策项下进口商品已征进口环节增值税未抵扣情况表(编者略)

1－4－245

财政部　海关总署　税务总局关于“十四五”期间能源资源勘探开发利用进口税收政策的通知

2021年4月12日　财关税〔2021〕17号

各省、自治区、直辖市、计划单列市财政厅(局)、发展改革委，海关总署广东分署、各直属海关，国家税务总局各省、自治区、直辖市、计划单列市税务局，各省、自治区、直辖市能源局，新疆生产建设兵团财政局、发展改革委，财政部各地监管局，国家税务总局驻各地特派员办事处：

为完善能源产供储销体系，加强国内油气勘探开发，支持天然气进口利用，现将有关进口税收政策通知如下：

一、对在我国陆上特定地区(具体区域见附件)进行石油(天然气)勘探开发作业的自营项目，进口国内不能生产或性能不能满足需求的，并直接用于勘探开发作业的设备(包括按照合同随设备进口的技术资料)、仪器、零附件、专用工具，免征进口关税；在经国家批准的陆上石油(天然气)中标区块(对外谈判的合作区块视为中标区块)内进行石油(天然气)勘探开发作业的中外合作项目，进口国内不能生产或性能不能满足需求的，并直接用于勘探开发作业的设备(包括按照合同随设备进口的技术资料)、仪器、零附件、专用工具，免征进口关税和进口环节增值税。

二、对在我国海洋(指我国内海、领海、大陆架以及其他海洋资源管辖海域，包括浅海滩涂，下同)进行石油(天然气)勘探开发作业的项目(包括1994年12月31日之前批准的对外合作"老项目")，以及海上油气管道应急救援项目，进口国内不能生产或性能不能满足需求的，并直接用于勘探开发作业或应急救援的设备(包括按照合同随设备进口的技术资料)、仪器、零附件、专用工具，免征进口关税和进口环节增值税。

三、对在我国境内进行煤层气勘探开发作业的项目，进口国内不能生产或性能不能满足需求的，并直接用于勘探开发作业的设备(包括按照合同随设备进口的技术资料)、仪器、零附件、专用工具，免征进口关税和进口环节增值税。

四、对经国家发展改革委核(批)准建设的跨境天然气管道和进口液化天然气接收储运装置项目，以及经省级政府核准的进口液化天然气接收储运装置扩建项目进口的天然气(包括管道天然气和液化天然气，下同)，按一定比例返还进口环节增值税。具体返还比例如下：

(一)属于2014年底前签订且经国家发展改革委确定的长贸气合同项下的进口天然气，进口环节增值税按70%的比例予以返还。

（二）对其他天然气，在进口价格高于参考基准值的情况下，进口环节增值税按该项目进口价格和参考基准值的倒挂比例予以返还。倒挂比例的计算公式为：倒挂比例 =（进口价格 - 参考基准值）/进口价格 ×100%，相关计算以一个季度为一周期。

五、本通知第一条、第二条、第三条规定的设备（包括按照合同随设备进口的技术资料）、仪器、零附件、专用工具的免税进口商品清单，由工业和信息化部会同财政部、海关总署、税务总局、国家能源局另行制定并联合印发。第一批免税进口商品清单自 2021 年 1 月 1 日实施，至第一批免税进口商品清单印发之日后 30 日内已征应免税款，依进口单位申请准予退还。以后批次的免税进口商品清单，自印发之日后第 20 日起实施。

六、符合本通知第一条、第二条、第三条规定并取得免税资格的单位可向主管海关提出申请，选择放弃免征进口环节增值税，只免征进口关税。有关单位主动放弃免征进口环节增值税后，36 个月内不得再次申请免征进口环节增值税。

七、"十四五"期间能源资源勘探开发利用进口税收政策管理办法由财政部会同有关部门另行制定印发。

八、本通知有效期为 2021 年 1 月 1 日至 2025 年 12 月 31 日。

附件：享受能源资源勘探开发利用进口税收政策的陆上特定地区（编者略）

1－4－246

财政部　海关总署　税务总局 关于"十四五"期间种用野生动植物种源和军警用工作犬进口税收政策的通知

2021 年 4 月 12 日　财关税〔2021〕28 号

各省、自治区、直辖市、计划单列市财政厅（局），新疆生产建设兵团财政局，海关总署广东分署、各直属海关，国家税务总局各省、自治区、直辖市、计划单列市税务局，财政部各地监管局，国家税务总局驻各地特派员办事处：

为加强物种资源保护，支持军警用工作犬进口利用，现将有关进口税收政策及管理措施通知如下：

一、自 2021 年 1 月 1 日至 2025 年 12 月 31 日，对具备研究和培育繁殖条件的动植物科研院所、动物园、植物园、专业动植物保护单位、养殖场、种植园进口的用于科研、育种、繁殖的野生动植物种源，以及军队、公安、安全部门（含缉私警察）进口的军警用工作犬、工作犬精液及胚胎，免征进口环节增值税。

二、《进口种用野生动植物种源免税商品清单》由林草局会同财政部、海关总署、税务总局另行制定印发，并适时动态调整。

三、申请免税进口野生动植物种源的单位，应向林草局提出申请，林草局会同财政部、海关总署、税务总局确定进口单位名单后，由林草局函告海关总署（需注明批次），抄送财政部、税务总局。

林草局函告的第一批名单，以及林草局会同财政部、海关总署、税务总局另行制定印发的第一批《进口种用野生动植物种源免税商品清单》，自 2021 年 1 月 1 日起实施，至第一批名单印发之日后 30 日内已征的应免税款，准予退还。以后批次的名单、清单，自印发之日后第 20 日起实施。

四、申请免税进口军警用工作犬（税则号列 01061910）、工作犬精液（税则号列 05119910）及胚胎（税则号列 05119920）的单位，应向公安部、安全部或中央军委政治工作部（以下称主管部门）提出申请，主管部门确定进口单位名单后，出具有关工作犬和工作犬精液及胚胎属于免税范围的确认文件。有关确认文件格式由主管部门向海关总署备案。自 2021 年 1 月 1 日起至本通知印发之日后 30 日内已征的应免税款，准予退还。

五、取得免税资格的进口单位应按照海关有关规定，办理相关种用野生动植物种源和军警用工作犬的减免税手续。本通知第三、四条规定的已征应免税款，依进口单位申请准予退还。其中，已征税进口且尚未申报增值税进项税额抵扣的，应事先取得主管税务机关出具的《“十四五”期间种用野生动植物种源和军警用工作犬进口税收政策项下进口商品已征进口环节增值税未抵扣情况表》（见附件），向海关申请办理退还已征进口环节增值税手续。

六、进口单位发生名称、经营范围变更等情形的，应在政策有效期内及时将有关变更情况说明分别报送本通知第三、四条中确定该进口单位名单的相关部门。相关部门确定变更后的单位自变更登记之日起能否继续享受政策，确定结果每年至少分两批函告海关总署（并注明变更登记日期），抄送财政部、税务总局。

七、进口单位应按有关规定使用免税进口商品，如违反规定，将免税进口野生动植物种源和军警用工作犬相关商品擅自转让、移作他用或者进行其他处置，被依法追究刑事责任的，在本通知剩余有效期限内停止享受政策。

八、免税进口单位如存在以虚假情况获得免税资格，经林草局或主管部门查实后，函告海关总署，抄送财政部、税务总局，自函告之日起，该单位在本通知剩余有效期限内停止享受政策。

九、财政等有关部门及其工作人员在政策执行过程中，存在违反执行免税政策规定的行为，以及滥用职权、玩忽职守、徇私舞弊等违法违纪行为的，依照国家有关规定追究相应责任；涉嫌犯罪的，依法追究刑事责任。

十、林草局、主管部门加强政策执行情况评估。

附件：“十四五”期间种用野生动植物种源和军警用工作犬进口税收政策项下进口商品已征进口环节增值税未抵扣情况表（编者略）

1－4－247

财政部　海关总署　国家税务总局关于废止《科学研究和教学用品免征进口税收规定》等3部规章的决定

2021年4月13日　财政部　海关总署　国家税务总局令第106号

《关于废止〈科学研究和教学用品免征进口税收规定〉等3部规章的决定》已经财政部、海关总署、税务总局审议通过,现予公布。

财政部部长:刘　昆
海关总署署长:倪岳峰
税务总局局长:王　军
2021年4月13日

关于废止《科学研究和教学用品免征进口税收规定》等3部规章的决定

为了适应依法行政、依法理财的需要,做好有关制度调整后的衔接工作,决定对以下3部规章予以废止:

1.《科学研究和教学用品免征进口税收规定》(财政部　海关总署　税务总局令第45号)。

2.《关于修改〈科技开发用品免征进口税收暂行规定〉和〈科学研究和教学用品免征进口税收规定〉的决定》(财政部　海关总署　税务总局令第63号)。

3.《关于修改〈科学研究和教学用品免征进口税收规定〉的决定》(财政部　海关总署　税务总局令第93号)。

本决定自2021年1月1日起施行。

1－4－248

财政部　海关总署　税务总局关于“十四五”期间支持科技创新进口税收政策的通知

2021 年 4 月 15 日　财关税〔2021〕23 号

各省、自治区、直辖市、计划单列市财政厅（局）、新疆生产建设兵团财政局，海关总署广东分署、各直属海关，国家税务总局各省、自治区、直辖市、计划单列市税务局，财政部各地监管局，国家税务总局驻各地特派员办事处：

为深入实施科教兴国战略、创新驱动发展战略，支持科技创新，现将有关进口税收政策通知如下：

一、对科学研究机构、技术开发机构、学校、党校（行政学院）、图书馆进口国内不能生产或性能不能满足需求的科学研究、科技开发和教学用品，免征进口关税和进口环节增值税、消费税。

二、对出版物进口单位为科研院所、学校、党校（行政学院）、图书馆进口用于科研、教学的图书、资料等，免征进口环节增值税。

三、本通知第一、二条所称科学研究机构、技术开发机构、学校、党校（行政学院）、图书馆是指：

（一）从事科学研究工作的中央级、省级、地市级科研院所（含其具有独立法人资格的图书馆、研究生院）。

（二）国家实验室，国家重点实验室，企业国家重点实验室，国家产业创新中心，国家技术创新中心，国家制造业创新中心，国家临床医学研究中心，国家工程研究中心，国家工程技术研究中心，国家企业技术中心，国家中小企业公共服务示范平台（技术类）。

（三）科技体制改革过程中转制为企业和进入企业的主要从事科学研究和技术开发工作的机构。

（四）科技部会同民政部核定或者省级科技主管部门会同省级民政、财政、税务部门和社会研发机构所在地直属海关核定的科技类民办非企业单位性质的社会研发机构；省级科技主管部门会同省级财政、税务部门和社会研发机构所在地直属海关核定的事业单位性质的社会研发机构。

（五）省级商务主管部门会同省级财政、税务部门和外资研发中心所在地直属海关核定的外资研发中心。

（六）国家承认学历的实施专科及以上高等学历教育的高等学校及其具有独立法人资格的分校、异地办学机构。

（七）县级及以上党校（行政学院）。

（八）地市级及以上公共图书馆。

四、本通知第二条所称出版物进口单位是指中央宣传部核定的具有出版物进口许可的出版物进口单位，科研院所是指第三条第一项规定的机构。

五、本通知第一、二条规定的免税进口商品实行清单管理。免税进口商品清单由财政部、海关总署、税务总局征求有关部门意见后另行制定印发，并动态调整。

六、经海关审核同意，科学研究机构、技术开发机构、学校、党校（行政学院）、图书馆可将免税进口的科学研究、科技开发和教学用品用于其他单位的科学研究、科技开发和教学活动。

对纳入国家网络管理平台统一管理、符合本通知规定的免税进口科研仪器设备，符合科技部会同海关总署制定的纳入国家网络管理平台免税进口科研仪器设备开放共享管理有关规定的，可以用于其他单位的科学研究、科技开发和教学活动。

经海关审核同意，科学研究机构、技术开发机构、学校以科学研究或教学为目的，可将免税进口的医疗检测、分析仪器及其附件、配套设备用于其附属、所属医院的临床活动，或用于开展临床实验所需依托的其分立前附属、所属医院的临床活动。其中，大中型医疗检测、分析仪器，限每所医院每3年每种1台。

七、“十四五”期间支持科技创新进口税收政策管理办法由财政部、海关总署、税务总局会同有关部门另行制定印发。

八、本通知有效期为2021年1月1日至2025年12月31日。

1－4－249

财政部　国家发展改革委　工业和信息化部　海关总署　税务总局　国家能源局关于“十四五”期间能源资源勘探开发利用进口税收政策管理办法的通知

2021年4月16日　财关税〔2021〕18号

各省、自治区、直辖市、计划单列市财政厅（局）、发展改革委、工业和信息化主管部门，海关总署广东分署、各直属海关，国家税务总局各省、自治区、直辖市、计划单列市税务局，各省、自治区、直辖市能源局，新疆生产建设兵团财政局、发展改革委、工业和信息化局，财政部各地监管局，国家税务总局驻各地特派员办事处：

为落实《财政部　海关总署　税务总局关于“十四五”期间能源资源勘探开发利用进口税收政策的通知》（财关税〔2021〕17号，以下简称《通知》），特制定本办法。

一、关于石油（天然气）、煤层气勘探开发作业项目和海上油气管道应急救援项目的免税规定

（一）对可享受政策的有关单位，分别按下列规定执行：

1. 自然资源部作为石油（天然气）、煤层气地质调查工作有关项目的项目主管单位，依据有关项目确认文件以及《通知》第五条规定的免税进口商品清单，向项目执行单位出具

《能源资源勘探开发利用进口税收政策项下有关项目及进口商品确认表》（以下简称《确认表》，见附件1）。

中国石油天然气集团有限公司、中国石油化工集团有限公司、中国海洋石油集团有限公司作为石油（天然气）、煤层气勘探开发作业的项目主管单位，依据有关部门出具的项目确认文件，以及《通知》第五条规定的免税进口商品清单，确认勘探开发项目、项目执行单位、项目执行单位在项目主管单位取得油气矿业权之日后进口的商品，出具《确认表》。

中国海洋石油集团有限公司作为海上油气管道应急救援项目的项目主管单位，依据有关部门出具的项目确认文件，以及《通知》第五条规定的免税商品清单，确认海上油气管道应急救援项目、项目执行单位、项目执行单位在海上油气管道应急救援项目批准之日后进口的商品，出具《确认表》。

2. 其他已依法取得油气矿业权并按《通知》第一条、第二条、第三条规定开展石油（天然气）、煤层气勘探开发作业项目的企业，应在每年4月底前向财政部提出享受政策的申请，并附企业基本情况、开展石油（天然气）、煤层气勘探开发作业项目的基本情况。财政部会同自然资源部、海关总署、税务总局确定该企业作为项目主管单位后，财政部将项目主管单位及项目清单函告海关总署，抄送自然资源部、税务总局、项目主管单位。项目主管单位依据《通知》第五条规定的免税商品清单，确认项目执行单位、项目执行单位在项目主管单位取得油气矿业权之日后进口的商品，出具《确认表》。

（二）符合本条第一项的项目执行单位，凭《确认表》等有关材料，按照海关规定向海关申请办理进口商品的减免税手续。

（三）项目执行单位发生名称、经营范围变更等情形的，应在政策有效期内及时将有关变更情况说明报送项目主管单位，并退回已开具的《确认表》。项目主管单位确认变更后的项目执行单位自变更登记之日起能否按《通知》规定继续享受政策，对符合规定的项目执行单位重新出具《确认表》，并在其中“项目执行单位名称、经营范围变更等情况说明”栏，填写变更内容及变更时间。

（四）《通知》第五条规定的免税商品清单，可根据产业发展情况等适时调整。

（五）《通知》第五条规定的已征应免税款，依项目执行单位申请准予退还。其中，已征税进口且尚未申报增值税进项税额抵扣的，应事先取得主管税务机关出具的《能源资源勘探开发利用进口税收政策项下进口商品已征进口环节增值税未抵扣情况表》（见附件2），向海关申请办理退还已征进口关税和进口环节增值税手续；已申报增值税进项税额抵扣的，仅向海关申请办理退还已征进口关税手续。

（六）石油（天然气）、煤层气勘探开发作业和海上油气管道应急救援项目的项目主管单位应加强政策执行情况的管理监督，并于每年3月底前将上一年度政策执行情况汇总报财政部、工业和信息化部、海关总署、税务总局、国家能源局。

（七）项目执行单位应严格按照《通知》规定使用免税进口商品，如违反规定，将免税进口商品擅自转让、移作他用或者进行其他处置，被依法追究刑事责任的，在《通知》剩余有效期内，停止享受政策。

（八）项目执行单位如存在以虚报信息等获得免税资格的，经项目主管单位或有关部门查实后，由项目主管单位函告海关总署，自函告之日起，该项目执行单位在《通知》剩余有效期内停止享受政策。

二、关于天然气进口环节增值税先征后返规定

（一）符合《通知》第四条规定的项目所进口的天然气，相关进口企业可申请办理天然气进口环节增值税返还。

（二）2020 年 12 月 31 日前已按《财政部　海关总署　国家税务总局关于对 2011—2020 年期间进口天然气及 2010 年底前“中亚气”项目进口天然气按比例返还进口环节增值税有关问题的通知》（财关税〔2011〕39 号）享受了天然气进口环节增值税返还的项目，自 2021 年 1 月 1 日起按《通知》规定享受进口环节增值税返还。对于上述项目在 2020 年 12 月 31 日及以前申报进口的天然气的进口环节增值税返还，仍按财关税〔2011〕39 号文件及相关规定办理。国家发展改革委、国家能源局将上述项目名称和项目主管单位函告财政部、海关总署、税务总局，并抄送项目所在地财政部监管局、发展改革委、能源局、直属海关。

（三）自 2021 年 1 月 1 日起，对符合《通知》规定的跨境天然气管道和进口液化天然气接收储运装置的新增项目，以及省级政府核准的进口液化天然气接收储运装置新增扩建项目，在项目建成投产后，国家发展改革委、国家能源局将新增项目和新增扩建项目的名称、项目主管单位和享受政策的起始日期，函告财政部、海关总署、税务总局，并抄送新增项目和新增扩建项目所在地财政部监管局、发展改革委、能源局、直属海关。

（四）项目主管单位发生变更的，国家发展改革委、国家能源局应在政策有效期内及时将项目名称、变更后的项目主管单位、变更日期函告财政部、海关总署、税务总局，并抄送项目所在地财政部监管局、发展改革委、能源局、直属海关。

（五）本条第二、三、四项所述的项目主管单位，依据有关部门出具的天然气项目确认文件，对符合《通知》规定的项目、进口企业和进口数量进行确认，并出具《享受能源资源勘探开发利用进口税收政策的进口天然气项目及企业确认书》（以下简称《确认书》，见附件 3）。

（六）《通知》第四条第一项中的长贸气合同清单，由国家发展改革委函告财政部、海关总署、税务总局，抄送财政部各地监管局、有关企业。

（七）《通知》第四条第二项中的进口价格，是指以单个项目计算，一个季度内（即 1 - 3 月、4 - 6 月、7 - 9 月或 10 - 12 月，具体进口时间以进口报关单上列示的“申报日期”为准，下同）进口价格的算术平均值；参考基准值是指同一季度内参考基准值的算术平均值。

在计算进口价格的算术平均值时，应将同一季度内同一企业在同一项目下进口的符合《通知》第四条第二项的天然气均包含在内。管道天然气的进口价格为实际进口管道天然气单位体积进口完税价格的算术平均值。液化天然气的进口价格为实际进口液化天然气单位热值进口价格的算术平均值。

参考基准值由国家发展改革委、国家能源局确定并函告财政部、海关总署、税务总局，抄送财政部各地监管局、海关总署广东分署和各直属海关，告知相关企业。

（八）天然气进口企业应在每季度末结束后的三个月内，统一、集中将上一季度及以前尚未报送的税收返还申请材料报送纳税地海关。申请材料应包括《确认书》，分项目填报的《长贸气进口环节增值税先征后返统计表》（见附件 4）、《管道天然气（不含长贸气）进口环节增值税先征后返统计表》（见附件 5）或《液化天然气（不含长贸气）进口环节增值税先征后返统计表》（见附件 6）。具体税收返还依照《财政部　中国人民银行　海关总署关于印

发〈进口税收先征后返管理办法〉的通知》(财预〔2014〕373号)的有关规定执行。

(九)天然气进口企业如存在以虚报信息等获得进口税收返还资格的,经项目主管单位或有关部门查实后,由项目主管单位函告海关总署,自函告之日起,该天然气进口企业在《通知》剩余有效期内停止享受政策。

三、财政等有关部门及其工作人员在政策执行过程中,存在违反政策规定的行为,以及滥用职权、玩忽职守、徇私舞弊等违法违纪行为的,依照国家有关规定追究相应责任;涉嫌犯罪的,依法追究刑事责任。

四、本办法有效期为2021年1月1日至2025年12月31日。

附件:1. 能源资源勘探开发利用进口税收政策项下有关项目及进口商品确认表(编者略)

2. 能源资源勘探开发利用进口税收政策项下进口商品已征进口环节增值税未抵扣情况表(编者略)

3. 享受能源资源勘探开发利用进口税收政策的进口天然气项目及企业确认书(编者略)

4. 长贸气进口环节增值税先征后返统计表(编者略)

5. 管道天然气(不含长贸气)进口环节增值税先征后返统计表(编者略)

6. 液化天然气(不含长贸气)进口环节增值税先征后返统计表(编者略)

1－4－250

财政部　中央宣传部　国家发展改革委 教育部　科技部　工业和信息化部 民政部　商务部　文化和旅游部 海关总署　税务总局关于“十四五”期间支持科技创新进口税收政策管理办法的通知

2021年4月16日　财关税〔2021〕24号

各省、自治区、直辖市、计划单列市财政厅(局)、党委宣传部、发展改革委、教育厅(局)、科技厅(委、局)、工业和信息化主管部门、民政厅(局)、商务厅(委、局)、文化和旅游厅(委、局),新疆生产建设兵团财政局、党委宣传部、发展改革委、教育局、科技局、工业和信息化局、民政局、商务局、文体广旅局,海关总署广东分署、各直属海关,国家税务总局各省、自治区、直辖市、计划单列市税务局,财政部各地监管局,国家税务总局驻各地特派员办事处:

为落实《财政部　海关总署　税务总局关于“十四五”期间支持科技创新进口税收政策的通知》(财关税〔2021〕23号,以下简称《通知》),现将政策管理办法通知如下:

一、科技部核定从事科学研究工作的中央级科研院所名单,函告海关总署,抄送财政部、税务总局。省级(包括省、自治区、直辖市、计划单列市、新疆生产建设兵团,下同)科技主管部门会同省级财政、税务部门和科研院所所在地直属海关核定从事科学研究工作的省级、地市级科研院所名单,核定结果由省级科技主管部门函告科研院所所在地直属海关,抄送省级财政、税务部门,并报送科技部。

本办法所称科研院所名单,包括科研院所所属具有独立法人资格的图书馆、研究生院名单。

二、科技部核定国家实验室、国家重点实验室、企业国家重点实验室、国家技术创新中心、国家临床医学研究中心、国家工程技术研究中心名单,国家发展改革委核定国家产业创新中心、国家工程研究中心、国家企业技术中心名单,工业和信息化部核定国家制造业创新中心、国家中小企业公共服务示范平台(技术类)名单。核定结果分别由科技部、国家发展改革委、工业和信息化部函告海关总署,抄送财政部、税务总局。

科技部核定根据《国务院办公厅转发科技部等部门关于深化科研机构管理体制改革实施意见的通知》(国办发〔2000〕38 号),国务院部门(单位)所属科研机构已转制为企业或进入企业的主要从事科学研究和技术开发工作的机构名单,函告海关总署,抄送财政部、税务总局。省级科技主管部门会同省级财政、税务部门和机构所在地直属海关核定根据国办发〔2000〕38 号文件,各省、自治区、直辖市、计划单列市所属已转制为企业或进入企业的主要从事科学研究和技术开发工作的机构名单,核定结果由省级科技主管部门函告机构所在地直属海关,抄送省级财政、税务部门,并报送科技部。

科技部会同民政部核定或者省级科技主管部门会同省级民政、财政、税务部门和社会研发机构所在地直属海关核定科技类民办非企业单位性质的社会研发机构名单。科技部牵头的核定结果,由科技部函告海关总署,抄送民政部、财政部、税务总局。省级科技主管部门牵头的核定结果,由省级科技主管部门函告社会研发机构所在地直属海关,抄送省级民政、财政、税务部门,并报送科技部。享受政策的科技类民办非企业单位性质的社会研发机构条件见附件 1。

省级科技主管部门会同省级财政、税务部门和社会研发机构所在地直属海关核定事业单位性质的社会研发机构名单,核定结果由省级科技主管部门函告社会研发机构所在地直属海关,抄送省级财政、税务部门,并报送科技部。享受政策的事业单位性质的社会研发机构,应符合科技部和省级科技主管部门规定的事业单位性质的社会研发机构(新型研发机构)条件。

省级商务主管部门会同省级财政、税务部门和外资研发中心所在地直属海关核定外资研发中心名单,核定结果由省级商务主管部门函告外资研发中心所在地直属海关,抄送省级财政、税务部门,并报送商务部。享受政策的外资研发中心条件见附件 2。

本条上述函告文件中,凡不具有独立法人资格的单位、机构,应一并函告其依托单位;有关单位、机构具有有效期限的,应一并函告其有效期限。

三、教育部核定国家承认学历的实施专科及以上高等学历教育的高等学校及其具有独立法人资格的分校、异地办学机构名单,函告海关总署,抄送财政部、税务总局。

四、文化和旅游部核定省级以上公共图书馆名单,函告海关总署,抄送财政部、税务总局。省级文化和旅游主管部门会同省级财政、税务部门和公共图书馆所在地直属海关核定省级、地市级公共图书馆名单,核定结果由省级文化和旅游主管部门函告公共图书馆所在地直属海关,抄送省级财政、税务部门,并报送文化和旅游部。

五、中央宣传部核定具有出版物进口许可的出版物进口单位名单,函告海关总署,抄送中央党校(国家行政学院)、教育部、科技部、财政部、文化和旅游部、税务总局。

出版物进口单位免税进口图书、资料等商品的销售对象为中央党校(国家行政学院)和省级、地市级、县级党校(行政学院)以及本办法第一、三、四条中经核定的单位。牵头核定部门应结合实际需要,将核定的有关单位名单告知有关出版物进口单位。

六、中央党校(国家行政学院)和省级、地市级、县级党校(行政学院)以及按照本办法规定经核定的单位或机构(以下统称进口单位),应按照海关有关规定,办理有关进口商品的减免税手续。

七、本办法中相关部门函告海关的进口单位名单和《通知》第五条所称的免税进口商品清单应注明批次。其中,第一批名单、清单自2021年1月1日实施,至第一批名单印发之日后30日内已征的应免税款,准予退还;以后批次的名单、清单,分别自其印发之日后第20日起实施。中央党校(国家行政学院)和省级、地市级、县级党校(行政学院)自2021年1月1日起具备免税进口资格,至本办法印发之日后30日内已征的应免税款,准予退还。

前款规定的已征应免税款,依进口单位申请准予退还。其中,已征税进口且尚未申报增值税进项税额抵扣的,应事先取得主管税务机关出具的《"十四五"期间支持科技创新进口税收政策项下进口商品已征进口环节增值税未抵扣情况表》(见附件3),向海关申请办理退还已征进口关税和进口环节增值税手续;已申报增值税进项税额抵扣的,仅向海关申请办理退还已征进口关税手续。

八、进口单位可向主管海关提出申请,选择放弃免征进口环节增值税。进口单位主动放弃免征进口环节增值税后,36个月内不得再次申请免征进口环节增值税。

九、进口单位发生名称、经营范围变更等情形的,应在《通知》有效期限内及时将有关变更情况说明报送核定其名单的牵头部门。牵头部门按照本办法规定的程序,核定变更后的单位自变更登记之日起能否继续享受政策,注明变更登记日期。核定结果由牵头部门函告海关(核定结果较多时,每年至少分两批函告),抄送同级财政、税务及其他有关部门。其中,牵头部门为省级科技、商务、文化和旅游主管部门的,核定结果应相应报送科技部、商务部、文化和旅游部。

十、进口单位应按有关规定使用免税进口商品,如违反规定,将免税进口商品擅自转让、移作他用或者进行其他处置,被依法追究刑事责任的,在《通知》剩余有效期限内停止享受政策。

十一、进口单位如存在以虚报情况获得免税资格,由核定其名单的牵头部门查实后函告海关,自函告之日起,该单位在《通知》剩余有效期限内停止享受政策。

十二、中央宣传部、国家发展改革委、教育部、科技部、工业和信息化部、民政部、商务部、文化和旅游部加强政策评估工作。

十三、本办法印发之日后90日内,省级科技主管部门应会同省级民政、财政、税务部门和社会研发机构所在地直属海关制定核定享受政策的科技类民办非企业单位性质、事业单位性质的社会研发机构名单的具体实施办法,省级商务主管部门应会同省级财政、税务部门和外资研发中心所在地直属海关制定核定享受政策的外资研发中心名单的具体实施办法。

十四、财政等有关部门及其工作人员在政策执行过程中，存在违反执行免税政策规定的行为，以及滥用职权、玩忽职守、徇私舞弊等违法违纪行为的，依照国家有关规定追究相应责任；涉嫌犯罪的，依法追究刑事责任。

十五、本办法有效期为 2021 年 1 月 1 日至 2025 年 12 月 31 日。

附件：1. 享受“十四五”期间支持科技创新进口税收政策的科技类民办非企业单位性质的社会研发机构条件

2. 享受“十四五”期间支持科技创新进口税收政策的外资研发中心条件

3. “十四五”期间支持科技创新进口税收政策项下进口商品已征进口环节增值税未抵扣情况表（编者略）

附件 1

享受“十四五”期间支持科技创新进口税收政策的科技类民办非企业单位性质的社会研发机构条件

享受“十四五”期间支持科技创新进口税收政策的科技类民办非企业单位性质的社会研发机构，应同时满足以下条件：

一、符合科技部和省级科技主管部门规定的社会研发机构（新型研发机构）基本条件。

二、依照《民办非企业单位登记管理暂行条例》、《民办非企业单位登记暂行办法》的要求，在民政部或省级民政部门登记注册的、具有独立法人资格的民办非企业单位。

三、资产总额不低于 300 万元。

四、从事科学研究工作的专业技术人员（指大专以上学历或中级以上技术职称专业技术人员）在 20 人以上，且占全部在职人员的比例不低于 60%。

附件 2

享受“十四五”期间支持科技创新进口税收政策的外资研发中心条件

享受“十四五”期间支持科技创新进口税收政策的外资研发中心，应同时满足以下条件：

一、研发费用标准：作为独立法人的，其投资总额不低于 800 万美元；作为公司内设部门或分公司的非独立法人的，其研发总投入不低于 800 万美元。

二、专职研究与试验发展人员不低于 80 人。

三、设立以来累计购置的设备原值不低于 2000 万元。

四、上述第一、二、三条中，有关定义如下：

（一）“投资总额”是指外商投资信息报告回执所载明的金额。

（二）“研发总投入”是指外商投资企业专门为设立和建设本研发中心而投入的资产，包括即将投入并签订购置合同的资产（应提交已采购资产清单和即将采购资产的合同清单）。

（三）“专职研究与试验发展人员”是指企业科技活动人员中专职从事基础研究、应用研究和试验发展三类项目活动的人员，包括直接参加上述三类项目活动的人员以及相关专职科技管理人员和为项目提供资料文献、材料供应、设备的直接服务人员，上述人员须与外资研发中心或其所在外商投资企业签订1年以上劳动合同，以外资研发中心提交申请的前一日人数为准。

（四）“设备”是指为科学研究、教学和科技开发提供必要条件的实验设备、装置和器械。在计算累计购置的设备原值时，应将进口设备和采购国产设备的原值一并计入，包括已签订购置合同并于当年内交货的设备（应提交购置合同清单及交货期限），适用本办法的上述进口设备范围为进口科学研究、科技开发和教学用品免税清单所列商品。

1－4－251

财政部　海关总署　税务总局关于“十四五”期间种子种源进口税收政策的通知

2021年4月21日　财关税〔2021〕29号

各省、自治区、直辖市、计划单列市财政厅（局），新疆生产建设兵团财政局，海关总署广东分署、各直属海关，国家税务总局各省、自治区、直辖市、计划单列市税务局，财政部各地监管局，国家税务总局驻各地特派员办事处：

为提高农业质量效益和竞争力，支持引进和推广良种，现将有关进口税收政策通知如下：

一、自2021年1月1日至2025年12月31日，对符合《进口种子种源免征增值税商品清单》的进口种子种源免征进口环节增值税。

二、《进口种子种源免征增值税商品清单》由农业农村部会同财政部、海关总署、税务总局、林草局另行制定印发，并根据农林业发展情况动态调整。

三、第一批印发的《进口种子种源免征增值税商品清单》自2021年1月1日起实施，至该清单印发之日后30日内已征应免税款，准予退还。申请退税的进口单位，应当事先取得主管税务机关出具的《“十四五”期间种子种源进口税收政策项下进口商品已征进口环节增值税未抵扣情况表》（见附件），向海关申请办理退还已征进口环节增值税手续。

四、以后批次印发的清单，自印发之日后第20日起实施。

五、对本政策项下进口的种子种源，海关不再按特定减免税货物进行后续监管。

六、农业农村部、林草局加强政策执行情况评估。

七、财政等有关部门及其工作人员在政策执行过程中，存在违反执行免税政策规定的行为,以及滥用职权、玩忽职守、徇私舞弊等违法违纪行为的,依照国家有关规定追究相应责任;涉嫌犯罪的,依法追究刑事责任。

附件:“十四五”期间种子种源进口税收政策项下进口商品已征进口环节增值税未抵扣情况表(编者略)

1-4-252

财政部　海关总署　税务总局关于中国国际消费品博览会展期内销售的进口展品税收优惠政策的通知

2021年4月26日　财关税〔2021〕32号

海南省财政厅,海口海关,国家税务总局海南省税务局,海南国际经济发展局:

为贯彻落实《海南自由贸易港建设总体方案》,经国务院同意,现将中国国际消费品博览会(以下称消博会)展期内销售的进口展品税收政策通知如下:

一、全岛封关运作前,对消博会展期内销售的规定上限以内的进口展品免征进口关税、进口环节增值税和消费税。每个展商享受税收优惠政策的展品销售上限按附件规定执行。享受税收优惠政策的展品不包括国家禁止进口商品、濒危动植物及其产品、烟、酒和汽车。

二、对展期内销售的超出附件规定数量或金额上限的展品,以及展期内未销售且在展期结束后又不退运出境的展品,按照国家有关规定照章征税。

三、参展企业名单及展期内销售的展品清单,由海南国际经济发展局或其指定单位向海口海关统一报送。

四、本通知自印发之日起执行。

附件:中国国际消费品博览会享受税收优惠政策的进口展品清单(编者略)

1-4-253

财政部　海关总署　税务总局关于对部分成品油征收进口环节消费税的公告

2021年5月12日　财政部　海关总署　税务总局公告2021年第19号

为维护公平税收秩序,根据国内成品油消费税政策相关规定,现将有关问题公告如下:

一、对归入税则号列27075000,且200摄氏度以下时蒸馏出的芳烃以体积计小于95%的进口产品,视同石脑油按1.52元/升的单位税额征收进口环节消费税。

二、对归入税则号列27079990、27101299的进口产品,视同石脑油按1.52元/升的单位税额征收进口环节消费税。

三、对归入税则号列27150000，且440摄氏度以下时蒸馏出的矿物油以体积计大于5%的进口产品，视同燃料油按1.2元/升的单位税额征收进口环节消费税。

四、本公告所称视同仅涉及消费税的征、退(免)税政策。

五、本公告自2021年6月12日起执行。

特此公告。

1－4－254

财政部　海关总署　税务总局关于中国国际服务贸易交易会展期内销售的进口展品税收政策的通知

2021年9月1日　财关税〔2021〕42号

北京市财政局，北京海关，国家税务总局北京市税务局，北京市国际服务贸易事务中心：

为支持办好中国国际服务贸易交易会(以下称服贸会)，经国务院批准，现就有关税收政策通知如下：

一、对服贸会每个展商在展期内销售的进口展品，按附件规定的数量或金额上限，免征进口关税、进口环节增值税和消费税。附件所列1－5类展品，每个展商享受税收优惠的销售数量不超过列表规定；其他展品，每个展商享受税收优惠的销售金额不超过2万美元。

二、享受税收优惠的展品不包括烟、酒、汽车、列入《进口不予免税的重大技术装备和产品目录》的商品、濒危动植物及其产品，以及国家禁止进口商品。

三、对展期内销售的超出附件规定数量或金额上限的展品，以及展期内未销售且在展期结束后又不退运出境的展品，按照国家有关规定照章征税。

四、参展企业名单及展期内销售的进口展品清单，由北京市国际服务贸易事务中心或其指定单位向北京海关统一报送。

五、对享受政策的展期内销售进口展品，海关不再按特定减免税货物进行后续监管。

六、每届展会结束后6个月内，北京市国际服务贸易事务中心应向财政部、海关总署、税务总局报送政策实施情况。

七、本通知适用于2021年至2023年期间举办的服贸会。

附件：中国国际服务贸易交易会享受税收优惠政策的进口展品清单(编者略)

1 -4 -255

科技部　财政部　海关总署　税务总局关于印发《科研院所等科研机构免税进口科学研究、科技开发和教学用品管理细则》的通知

2021 年 9 月 30 日　国科发政〔2021〕270 号

有关中央和国家机关部委、人民团体，有关单位，各省、自治区、直辖市、计划单列市科技厅、财政厅（局），新疆生产建设兵团科技局、财政局，海关总署广东分署、各直属海关，国家税务总局各省、自治区、直辖市、计划单列市税务局，财政部各地监管局，国家税务总局驻各地特派员办事处：

根据《财政部　海关总署　税务总局关于“十四五”期间支持科技创新进口税收政策的通知》（财关税〔2021〕23 号）、《财政部　中央宣传部　国家发展改革委　教育部　科技部　工业和信息化部　民政部　商务部　文化和旅游部　海关总署　税务总局关于“十四五”期间支持科技创新进口税收政策管理办法的通知》（财关税〔2021〕24 号）规定，为落实科研院所等科研机构免税进口科学研究、科技开发和教学用品政策，科技部、财政部、海关总署、税务总局研究制定了《科研院所等科研机构免税进口科学研究、科技开发和教学用品管理细则》。现印发你们，请遵照执行。

科研院所等科研机构免税进口科学研究、科技开发和教学用品管理细则

第一章　总　　则

第一条　根据《财政部　海关总署　税务总局关于“十四五”期间支持科技创新进口税收政策的通知》（财关税〔2021〕23 号）、《财政部　中央宣传部　国家发展改革委　教育部　科技部　工业和信息化部　民政部　商务部　文化和旅游部　海关总署　税务总局关于“十四五”期间支持科技创新进口税收政策管理办法的通知》（财关税〔2021〕24 号）要求，为加强和规范对科研院所、国家实验室、国家重点实验室、企业国家重点实验室、国家技术创新中心、国家临床医学研究中心、国家工程技术研究中心、转制为企业或进入企业的主要从事科学研究和技术开发工作的机构、科技类民办非企业单位性质社会研发机构、事业单位性质社会研发机构（以下统称“科研院所等科研机构”）免税进口科学研究、科技开发和教学用品的管理，特制定本细则。

第二章 科研院所

第二条 中央级科研院所是指由中央和国家机关各部委、人民团体、有关单位举办，由中央机构编制部门批复设立，主要从事基础前沿研究、公益性研究、应用技术研发的事业单位。

第三条 符合条件的科研院所应向举办部门（单位）提出免税资格申请，提交中央机构编制部门批复文件、事业单位法人证书以及本院所职责、机构、编制文件、章程等材料。科研院所举办部门（单位）初步审核后，以部门（单位）发函将审核后的名单及上述申报材料提交科技部进行核定。科技部根据相关文件要求核定符合免税资格的科研院所及其所属具有独立法人资格的图书馆、研究生院（以下称“科研院所”）名单，将符合条件的科研院所名单注明批次函告海关总署，并抄送财政部、税务总局。

第四条 符合免税资格条件的名单内科研院所可持事业单位法人证书，按规定向主管海关申请办理进口科学研究、科技开发和教学用品的减免税手续。

第五条 省级（包括省、自治区、直辖市、计划单列市、新疆生产建设兵团，下同）科技主管部门会同省级财政、税务、机构编制部门和科研院所所在地直属海关参照本细则明确享受政策的条件，核定从事科学研究工作的省级、地市级科研院所及其所属具有独立法人资格的图书馆、研究生院名单。核定结果由省级科技主管部门函告上述科研院所所在地直属海关，注明批次，并抄送省级财政、税务部门。

第三章 科研基地

第六条 科技部核定国家实验室、国家重点实验室、企业国家重点实验室、国家技术创新中心、国家临床医学研究中心、国家工程技术研究中心（以下称“科研基地”）名单，将核定后的名单函告海关总署，注明批次、单位名称（依托单位名称）等，并抄送财政部和税务总局。

第七条 经核定符合免税资格的科研基地可凭本单位（非独立法人机构凭其依托单位）事业单位法人证书等证明材料、依托单位承担减免税货物管理承诺书和其他有关材料，按规定向主管海关申请办理进口科学研究、科技开发和教学用品的减免税手续。

第四章 转制科研院所

第八条 转制为企业和进入企业的主要从事科学研究和技术开发工作的机构指根据《国务院办公厅转发科技部等部门关于深化科研机构管理体制改革实施意见的通知》（国办发〔2000〕38 号），国务院部门（单位）所属科研机构已转制为企业或进入企业的主要从事科学研究和技术开发工作的机构（以下称“中央级转制院所”），以及各省、自治区、直辖市、计划单列市所属已转制为企业或进入企业的主要从事科学研究和技术开发工作的机构（以下称“地方转制院所”）。

第九条 科技部核定中央级转制院所名单，函告海关总署，注明批次等，并抄送财政部、税务总局。省级科技主管部门会同省级财政、税务部门和机构所在地直属海关核定地方转制院所名单，核定结果由省级科技主管部门函告机构所在地直属海关，注明批次等，抄送省级财政、税务部门,并报送科技部。

第十条 经核定的转制院所可持企业法人登记证书和其他有关材料,按海关规定办理免税手续;符合免税资格进入企业的转制院所持所属企业法人登记证书、所属企业承担减免税货物管理承诺书和其他有关材料,按规定向主管海关申请办理进口科学研究、科技开发和教学用品的减免税手续。

第五章 社会研发机构

第十一条 科技部会同民政部审核中央和国家机关各部委、人民团体、有关单位作为业务主管单位的科技类民办非企业单位性质社会研发机构(或新型研发机构,下同)名单。符合条件的科技类民办非企业单位性质社会研发机构(以下简称"民办非企业单位社会研发机构")应向业务主管单位提出免税资格申请,提交民办非企业单位(法人)登记证书、上一年度工作报告等材料。业务主管单位初步审核后,将审核后的名单及上述申报材料提交科技部核定。科技部会同民政部核定名单后,由科技部将名单函告海关总署,注明批次等,并抄送民政部、财政部、税务总局。

第十二条 省级科技主管部门会同省级民政、财政、税务部门和社会研发机构所在地直属海关核定其他符合条件的民办非企业单位社会研发机构名单,核定结果由省级科技主管部门函告社会研发机构所在地直属海关,注明批次等,并抄送省级民政、财政、税务部门;会同省级财政、税务部门和社会研发机构所在地直属海关核定事业单位性质的社会研发机构名单,核定结果由省级科技主管部门函告社会研发机构所在地直属海关,注明批次等,并抄送省级财政、税务部门。

第十三条 经核定的社会研发机构可凭事业单位法人证书或民办非企业单位登记证书,以及其他有关材料,按规定向主管海关办理进口科学研究、科技开发和教学用品的减免税手续。

第六章 科研机构变更

第十四条 科研院所等科研机构发生分立、合并、撤销、更名、业务范围变更等情形的,科技部、省级科技主管部门按照本细则规定的程序重新审核相关单位免税资格。

经审核符合免税资格的机构,自变更登记之日起,继续享受支持科技创新进口税收政策。经审核不符合免税资格的机构,自变更登记之日起停止享受支持科技创新进口税收政策。

重新审核后,科技部将审核结果函告海关总署并抄送财政部、税务总局,省级科技主管部门将审核结果函告科研机构所在地直属海关并抄送所在省级财政、税务部门。对停止享受支持科技创新进口税收政策的机构,在函中注明停止享受政策日期。在停止享受政策之日(含)后,有关机构向海关申报进口科学研究、科技开发和教学用品且已享受支持科技创新进口税收政策的,应补缴税款。

第十五条 省级科技主管部门会同相关部门核定的省级、地市级科研院所、已转制为企业或进入企业的主要从事科学研究和技术开发工作的机构、科技类民办非企业单位性质的社会研发机构、事业单位性质的社会研发机构名单,应在函告相关海关之日起 20 个工作日内报送科技部。上述进口单位发生名称变更等情形的，省级科技主管部门应于函告相关海关之日起20个工作日内报送科技部。

第十六条　本细则印发后，科技部开展适用“十四五”支持科技创新进口税收政策的第一批中央级科研院所、科研基地、转制科研院所、科技类民办非企业单位性质的社会研发机构名单核定工作，将核定后的第一批名单函告海关总署，抄送财政部、税务总局。

自2022年开始，科技部于每年3月底、9月底前，分两批审核上述科研机构名称、科研领域变更以及新设、合并、分立等情况，将核定后的名单注明批次函告海关总署，抄送财政部、税务总局；并于每年3月底开展上一年度税收政策执行情况评估工作。

对于不具有独立法人资格的科研机构，一并将其依托单位函告海关。上述科研机构适用支持科技创新进口税收政策具有有效期限的，在核定名单中注明其享受政策的有效期限，一并函告海关。

第七章　附　　则

第十七条　经核定符合免税资格的上述机构免税进口商品范围，按照支持科技创新进口税收政策项下免税进口商品清单执行。

第十八条　上述机构在免税资格核定过程中有弄虚作假行为的，科技部、省级科技主管部门查实其不宜适用进口免税政策后，分别将有关情况函告海关总署、财政部、税务总局、所在地直属海关及所在省级财政、税务部门，自函告之日起停止享受支持科技创新进口税收政策。在停止享受政策之日（含）以后，有关机构向海关申报进口科学研究、科技开发和教学用品且已享受支持科技创新进口税收政策的，应补缴税款。

第十九条　对于按照本细则核定的第一批名单中的科研院所等科研机构，2021年1月1日前成立的，自2021年1月1日起享受支持科技创新进口税收政策。2021年1月1日之后成立的，科研院所自其事业单位法人证书有效期起始之日起享受政策；科研基地自批准成立之日起享受政策，具体由科技部在第一批名单中注明享受政策起始日期；转制科研院所自取得企业法人登记证书之日或批准进入企业之日起享受支持科技创新进口税收政策，具体由科技部或省级科技主管部门在名单中注明享受政策起始日期；社会研发机构自事业单位法人证书或民办非企业单位登记证书有效期起始之日起享受政策。

第二十条　本细则有效期为2021年1月1日至2025年12月31日。

1－4－256

财政部　海关总署　税务总局关于“十四五”期间进口科学研究、科技开发和教学用品免税清单（第一批）的通知

2021年10月29日　财关税〔2021〕44号

各省、自治区、直辖市、计划单列市财政厅（局），新疆生产建设兵团财政局，海关总署广东分

署、各直属海关,国家税务总局各省、自治区、直辖市、计划单列市税务局,财政部各地监管局,国家税务总局驻各地特派员办事处:

根据《财政部　海关总署　税务总局关于"十四五"期间支持科技创新进口税收政策的通知》(财关税〔2021〕23号)和《财政部　中央宣传部　国家发展改革委　教育部　科技部　工业和信息化部　民政部　商务部　文化和旅游部　海关总署　税务总局关于"十四五"期间支持科技创新进口税收政策管理办法的通知》(财关税〔2021〕24号)有关规定,现将"十四五"期间进口科学研究、科技开发和教学用品的第一批免税清单(见附件)予以公布,自2021年1月1日起实施。

一、科学研究机构、技术开发机构、学校、党校(行政学院)、图书馆的免税进口商品清单,按照附件第一至十五条执行。

二、出版物进口单位的免税进口商品清单,按照附件第五条执行。

附件:"十四五"期间进口科学研究、科技开发和教学用品免税清单(第一批)

附件

"十四五"期间进口科学研究、科技开发和教学用品免税清单(第一批)

一、分析、测量、检查、计量、观测、发生信号、处理信号的仪器、仪表及其附件。其中包括进行分析、测量、检查、计量、观测等工作必需的传感器或类似装置及附件。

本条所述商品中,除"附件"不受税则号列限制外,其他商品应在以下税则号列范围内:《中华人民共和国进出口税则(2021)》(以下简称《税则》)第八十四、八十五、九十章(84.23、90.04、9015.1000除外),91.05,91.06。

二、实验、教学用的设备,不包括用于中试和生产的设备。包括:

(一)实验环境方面。

1. 教学实验仪器及装置;

2. 教学示教、演示仪器及装置;

3. 净化设备(如换气、灭菌、纯水设备等);

4. 特殊实验环境设备(如超低温、超高温、高压、低压、强腐蚀设备、磁场设备、搭载实验仪器的减震平台等);

5. 特殊电源、光源设备(如电极、开关、线圈、各种光源等);

6. 清洗循环设备;

7. 小型粉碎、研磨制备设备;

8. 光学元器件;

9. 其他。

(二)样品制备设备和装置。

1. 特种泵类(如分子泵、离子泵、真空泵、蠕动泵、涡轮泵、干泵、高压输液泵等);

2. 培养设备(如培养箱、发酵罐等);

3. 微量取样设备(如移液管、取样器、精密天平等);

4. 分离、纯化、浓缩设备(如离心机、萃取、结晶设备、旋转蒸发器等,层析、色谱设备除外);

5. 气体、液体、固体混合设备(如旋涡混合器等);

6. 制气设备、气体压缩设备、气体膨胀设备;

7. 专用制样设备(如切片机、压片机、镀膜机、减薄仪、抛光机等),实验用注射、挤出、造粒、膜压设备;实验室样品前处理设备;

8. 实验室用器具(如分配器、量具、循环器、清洗器、拉制器、制刀器、制冷设备、刺激器、工具等);

9. 其他。

(三)实验室专用设备。

1. 特种照相和摄影设备(如水下、高空、高速、高分辨率、不可见光等);

2. 科研飞机、船舶用关键设备和部件;

3. 特种数据记录设备(如大幅面扫描仪、大幅面绘图仪、磁带机、光盘机、磁盘阵列等);

4. 特殊电子部件(如电路板、特种晶体管、特种二极管、专用集成电路等);

5. 材料科学专用设备(如干胶仪、特种坩埚、陶瓷、图形转换设备、制版用干板、特种等离子体源、离子源、外延炉、扩散炉、溅射仪、离子刻蚀机,材料实验机等),可靠性试验设备,微电子加工设备,通信模拟仿真设备,通信环境试验设备;

6. 小型熔炼设备(如真空、粉末、电渣等),特殊焊接设备;

7. 小型染整、纺丝试验专用设备;

8. 电生理设备(如脑电仪、眼动仪、神经电生理记录仪、脑磁分析仪等);

9. 精密位移设备(如微操作器、精密移动台、定位仪等);

10. 其他。

本条所述商品中,除“(一)实验环境方面”中的“9. 其他”、“(二)样品制备设备和装置”中的“8. 实验室用器具;9. 其他”、“(三)实验室专用设备”中的“5. 材料科学专用设备中的特种坩埚;10. 其他”不受税则号列限制外,其他商品应在以下税则号列范围内:

《税则》69. 01 – 69. 03,69. 09,69. 14,84. 01 – 84. 05,84. 07 – 84. 08(8408. 1000 除外),84. 10 – 84. 72(8418. 1 – 8418. 5 除外),84. 74 – 84. 86,85. 01 – 85. 02,85. 04 – 85. 07,85. 11,85. 14 – 85. 15,8516. 2,85. 17 – 85. 21,85. 23,85. 25 – 85. 28,85. 30 – 85. 37,85. 39 – 85. 46,8548. 9000,88. 03,88. 05,90. 01 – 90. 02,90. 06 – 90. 07,90. 13,90. 16,90. 18 – 90. 19,90. 23 – 90. 27,90. 29 – 90. 32,9405. 4 – 9405. 5,94. 06。

三、计算机工作站,中型、大型计算机。其中包括数据交换仪。

本条所述商品应在以下税则号列范围内:《税则》8471. 4110,8471. 4190,8471. 4910,8471. 4999,8517. 6。

四、用于维修依照《财政部 海关总署 税务总局关于“十四五”期间支持科技创新进口税收政策的通知》(财关税〔2021〕23 号)项下免税进口商品清单已免税进口或者可予免税进口的仪器、仪表和设备,或者用于改进、扩充、升级其功能,而单独进口的专用零部件及配件(自进口的仪器、仪表和设备海关放行之日起 10 年内,但不超过政策执行期限 2025 年

12月31日)。

本条所述商品不受税则号列限制。

五、图书、文献(含数字文献数据库)、报刊、乐谱及其他资料(包括只读光盘、微缩平片、胶卷、地球资料卫星照片、科技和教学声像制品)。

本条所述商品应在以下税则号列范围内:《税则》37.04－37.06,49.01－49.11,85.23。

六、各种载体形式的讲稿、音像资料、幻灯片、软件及软件许可证。

本条所述商品应在以下税则号列范围内:《税则》49.06－49.07,49.11,84.71,85.23。

七、标本,模型。

本条所述商品中,"标本"的税则号列为《税则》9705.0000,"模型"不受税则号列限制。

八、实验、研究用材料,包括试剂、生物中间体和制品、药物、同位素等专用材料。包括:

1. 无机试剂、有机试剂、生化试剂;

2. 生物中间体及其制品(如动物血制品等);

3. 新合成或新发现的化学物质或化学材料;

4. 矿石、矿物燃料、矿物油及其副产品;

5. 电子产品原材料(如超纯硅、光刻胶、蒸镀源、靶材、衬底等)、特种金属材料(含高纯度金属材料等)、膜材料,各种分析用的标准物、固定相;

6. 水(超纯水、导电水、去离子水等),空气(液态空气、压缩空气、已除去惰性气体的空气等),超纯氮、氦(包括液氮、液氦等)以及其他超纯气体(如超纯氙气等);

7. 各种催化剂、助剂及添加剂(包括防老化剂、防腐剂、促进剂、粘合剂、硫化剂、光吸收剂、发泡剂、消泡剂、乳化剂、破乳剂、分散剂、絮凝剂、抗静电剂、引发剂、渗透剂、光稳定剂、再生活化剂等);

8. 高分子化合物:特种塑料、树脂、橡胶(耐高、低温,耐强酸碱腐蚀、抗静电、高机械强度,或易降解等)。

本条所述商品中,除第5项所列商品不受税则号列限制外,其他商品应在以下税则号列范围内:《税则》第二十五至四十章。

九、实验用动物。

本条所述商品应在以下税则号列范围内:《税则》第一、三章。

十、医疗检测、分析仪器及其附件、配套设备。包括:

(一)医疗检测、分析仪器及其附件。

本项所述商品应在以下税则号列范围内:《税则》90.18－90.22(9018.1100、9018.1210、9018.1930、9018.9020、9018.9070除外),90.27。

(二)配套设备。

本项所述商品应在以下税则号列范围内:《税则》第八十四、八十五、九十章。

十一、优良品种植物及种子(限于农林类学校、专业和农林类科学研究机构、技术开发机构)。

本条所述商品应在以下税则号列范围内:《税则》第六至十章。

十二、乐器,包括弦乐类、管乐类、打击乐和弹拨乐类、键盘乐类、电子乐类等专业乐器(限于艺术类学校、专业和艺术类科学研究机构、技术开发机构)。

本条所述商品应在以下税则号列范围内:《税则》84.71,92.01－92.07。

十三、体育器材(限于体育类学校、专业和体育类科学研究机构、技术开发机构)。

本条所述商品应在以下税则号列范围内:《税则》95.06。

十四、船舶所用关键设备(限于航运类学校、专业)。

本条所述商品应在以下税则号列范围内:《税则》8406.1000,8408.1000(仅包括功率在8000－10000千瓦的高速船用柴油发动机)。

十五、非汽油、柴油动力样车(限于汽车类学校、专业和汽车类科学研究机构、技术开发机构)。

本条所述商品应在以下税则号列范围内:《税则》8701.9190,8701.9290,8701.9390,8701.9490,8701.9590,8702.40,8703.8000,8704.1030,87.05。

1－4－257

工业和信息化部　财政部　海关总署　国家税务总局　国家能源局关于调整重大技术装备进口税收政策有关目录的通知

2021年12月10日　工信部联重装〔2021〕198号

各省、自治区、直辖市及计划单列市、新疆生产建设兵团工业和信息化主管部门、财政厅(局),海关总署广东分署、各直属海关,国家税务总局各省、自治区、直辖市、计划单列市税务局,各省、自治区、直辖市能源局,财政部各地监管局,国家税务总局驻各地特派员办事处:

根据《财政部　工业和信息化部　海关总署　税务总局　能源局关于印发〈重大技术装备进口税收政策管理办法〉的通知》(财关税〔2020〕2号)和《工业和信息化部　财政部　海关总署　税务总局　能源局关于印发〈重大技术装备进口税收政策管理办法实施细则〉的通知》(工信部联财〔2020〕118号)有关要求,结合国内外形势变化,工业和信息化部、财政部、海关总署、国家税务总局、国家能源局对重大技术装备进口税收政策有关目录进行了修订。有关事项通知如下:

一、《国家支持发展的重大技术装备和产品目录(2021年版)》(附件1)、《重大技术装备和产品进口关键零部件、原材料商品目录(2021年版)》(附件2)和《进口不予免税的重大技术装备和产品目录(2021年版)》(附件3)自2022年1月1日起执行。

二、对2021年12月31日前(含12月31日)批准的按照或比照《国务院关于调整进口设备税收政策的通知》(国发〔1997〕37号)规定享受进口税收优惠政策的项目和企业,在2022年6月30日前(含6月30日)进口设备,继续按照《财政部　工业和信息化部　海关总署　税务总局　能源局关于调整重大技术装备进口税收政策有关目录的通知》(财关税〔2019〕38号)和《财政部　国家发展改革委　海关总署　国家税务总局关于调整〈国内投资项目不予免税的进口商品目录〉的公告》(2012 年第 83 号)执行。

三、对 2021 年 12 月 31 日前(含 12 月 31 日),举办的中国国际进口博览会、中国国际服务贸易交易会以及中西部地区国际性展会展期内销售的进口展品税收优惠政策项下的国际性展会,展期内销售的进口展品继续按照财关税〔2019〕38 号文执行;2022 年 1 月 1 日以后举办的,按本通知执行。

四、附件 1 和附件 2 中所列销售业绩要求仅用于确定免税企业名单。附件 2 中列明执行年限的进口关键零部件、原材料,免税执行期限截至该年度 12 月 31 日(含)。附件 2 和附件 3 中所列税则号列仅供参考,具体商品范围以设备名称及技术规格要求为准。

五、如遇目录列明商品范围理解不清等特殊事项,企业及有关单位可通过省级工业和信息化主管部门报工业和信息化部,工业和信息化部、财政部、海关总署、国家税务总局、国家能源局共同解释。

六、自 2022 年 1 月 1 日起,《财政部　工业和信息化部　海关总署　税务总局　能源局关于调整重大技术装备进口税收政策有关目录的通知》(财关税〔2019〕38 号)予以废止。

附件:1. 国家支持发展的重大技术装备和产品目录(2021 年版)(编者略)

2. 重大技术装备和产品进口关键零部件、原材料商品目录(2021 年版)(编者略)

3. 进口不予免税的重大技术装备和产品目录(2021 年版)(编者略)

1 -4 -258

国务院关税税则委员会关于对原产于韩国的部分进口货物实施《区域全面经济伙伴关系协定》(RCEP)协定税率的公告

2022 年 1 月 9 日　税委会公告〔2022〕1 号

根据《中华人民共和国进出口关税条例》和《区域全面经济伙伴关系协定》(RCEP)有关规定,以及 RCEP 对韩国生效情况,自 2022 年 2 月 1 日起,对原产于韩国的部分进口货物实施 RCEP 协定税率,2022 年协定税率见附件。

附件:2022 年对韩国实施 RCEP 协定税率表(编者略)

1 －4 －259

国务院关税税则委员会关于对原产于马来西亚的部分进口货物实施《区域全面经济伙伴关系协定》(RCEP)协定税率的公告

2022 年 2 月 15 日　税委会公告〔2022〕2 号

根据《中华人民共和国进出口关税条例》和《区域全面经济伙伴关系协定》(RCEP)有关规定,以及 RCEP 对马来西亚生效情况,自 2022 年 3 月 18 日起,对原产于马来西亚的部分进口货物实施 RCEP 东盟成员国所适用的协定税率;2022 年税率在《中华人民共和国进出口税则(2022)》(税委会公告 2021 年第 10 号文件附件)协定税率栏中列明,其对应的中文简称为“东盟R”。

1 －4 －260

科技部　工业和信息化部　财政部　海关总署　税务总局关于发布“十四五”期间免税进口科普用品清单(第一批)的通知

2022 年 3 月 4 日　国科发才〔2022〕26 号

各省、自治区、直辖市及计划单列市科技厅(委、局)、工业和信息化主管部门、财政厅(局),新疆生产建设兵团科技局、工业和信息化局、财政局,海关总署广东分署、各直属海关,国家税务总局各省、自治区、直辖市及计划单列市税务局,财政部各地监管局,国家税务总局驻各地特派员办事处:

根据《财政部　海关总署　税务总局关于“十四五”期间支持科普事业发展进口税收政策的通知》(财关税〔2021〕26 号)和《财政部　中央宣传部　科技部　工业和信息化部　海关总署　税务总局　广电总局关于“十四五”期间支持科普事业发展进口税收政策管理办法的通知》(财关税〔2021〕27 号)有关规定,现将“十四五”期间第一批免税进口科普用品清单(见附件)予以公布,自 2021 年 1 月 1 日起实施。

附件:“十四五”期间免税进口科普用品清单(第一批)

附件

“十四五”期间免税进口科普用品清单(第一批)

一、科普仪器设备

1. 用于特效场馆画面播放的银幕、激光数字投影机、数字播放系统及音响系统。

2. 光学天象仪。

3. 高速摄影机。

本条所述商品应在以下税则号列范围内:《中华人民共和国进出口税则(2021)》(以下简称《税则》)8518.2200,8518.4000,8518.5000,8521.9019,8525.8011,8525.8031,8528.6210—8528.6990,9005.8010,9007.1010,9007.2010,9010.6000。

二、科普展品

1. 图书、报纸、杂志、期刊、地图。

2. 化石、标本、模型。

本条所述商品应在以下税则号列范围内:《税则》49.01—49.03,49.05,9705.0000,9706.0000,“模型”不受税则号列限制。

三、科普专用软件

专门用于科普工作的软件及软件许可证。

本条所述商品应在以下税则号列范围内:《税则》4907.0090,84.71,85.23。

1-4-261

财政部　科技部　民政部　商务部　海关总署　税务总局关于上海市浦东新区有关研发机构适用进口税收政策资格认定事项的通知

2022年4月30日　财关税〔2022〕7号

上海市财政局、科学技术委员会、民政局、商务委员会,上海海关,国家税务总局上海市税务局,财政部上海监管局,国家税务总局驻上海特派员办事处:

根据《财政部　海关总署　税务总局关于“十四五”期间支持科技创新进口税收政策的通知》(财关税〔2021〕23号),按照《财政部　中央宣传部　国家发展改革委　教育部　科技部　工业和信息化部　民政部　商务部　文化和旅游部　海关总署　税务总局关于“十四五”期间支持科技创新进口税收政策管理办法的通知》(财关税〔2021〕24号)有关规定,现将上海市浦东新区有关研发机构适用上述进口税收政策资格认定的事项通知如下:

一、将按财关税〔2021〕24号文件规定应由上海市有关部门认定的部分研发机构,调整为由浦东新区有关部门认定(认定标准不变),具体如下:

（一）浦东新区科技和经济委员会会同浦东新区财政局、国家税务总局上海市浦东新区税务局和上海科创中心海关，认定浦东新区区属从事科学研究工作的科研院所（含其具有独立法人资格的图书馆、研究生院）名单。

（二）浦东新区科技和经济委员会会同浦东新区财政局、国家税务总局上海市浦东新区税务局和上海科创中心海关，认定浦东新区区属事业单位性质的社会研发机构名单。

（三）浦东新区科技和经济委员会会同浦东新区民政局、浦东新区财政局、国家税务总局上海市浦东新区税务局和上海科创中心海关，认定住所地处浦东新区范围内的科技类民办非企业单位性质的社会研发机构名单。

（四）浦东新区商务委员会会同浦东新区财政局、国家税务总局上海市浦东新区税务局和上海科创中心海关，认定住所（或其依托单位住所）地处浦东新区范围内的外资研发中心名单。

二、本通知第一条所述认定结果应注明批次，并由牵头认定部门函告上海科创中心海关，抄送上海市财政局、上海海关、国家税务总局上海市税务局、浦东新区财政局、国家税务总局上海市浦东新区税务局。同时，第一条（一）、（二）、（三）项所述认定结果，应报送上海市科学技术委员会，并由上海市科学技术委员会报送科技部；第（三）项所述认定结果，还应抄送上海市民政局、浦东新区民政局；第（四）项所述认定结果，应报送上海市商务委员会，并由上海市商务委员会报送商务部。

本条所述函告文件中，若有关研发机构不具有独立法人资格，应将其依托单位一并函告；若有关研发机构具有有效期限，应将其有效期限一并函告。

三、浦东新区有关部门自本通知印发之日起开展对有关研发机构享受政策资格的认定工作，认定的第一批研发机构自 2021 年 1 月 1 日起享受政策。

四、上海市有关部门应加强宣传，及时将本通知及认定工作有关事项通知有关研发机构。

五、其他未尽事宜按照财关税〔2021〕23 号、财关税〔2021〕24 号文件规定执行。

1 －4 －262

国务院关税税则委员会关于延长煤炭零进口暂定税率实施期限的公告

2023 年 3 月 24 日　税委会公告 2023 年第 3 号

为支持国内煤炭安全稳定供应，国务院关税税则委员会按程序决定，自 2023 年 4 月 1 日至 2023 年 12 月 31 日，继续对煤炭实施税率为零的进口暂定税率。

附件：煤炭进口暂定税率表

附件

煤炭进口暂定税率表

序号	税则号列	商品名称[注]	最惠国税率(%)	2023年4月1日—2023年12月31日暂定税率(%)
1	27011100	未制成型的无烟煤	3	0
2	27011210	炼焦煤	3	0
3	27011290	未制成型的其他烟煤	6	0
4	27011900	未制成型的其他煤	5	0
5	27012000	煤砖、煤球及用煤制成的类似固体燃料	5	0
6	27021000	未制成型的褐煤	3	0
7	27022000	制成型的褐煤	3	0

［注］ 商品名称仅供参考,具体商品名称以《中华人民共和国进出口税则(2023)》中的税则号列对应的商品范围为准。

1－4－263

财政部　海关总署　税务总局关于2023年中国进出口商品交易会展期内销售的进口展品税收优惠政策的通知

2023年4月15日　财关税〔2023〕5号

广东省财政厅,海关总署广东分署、广州海关,国家税务总局广东省税务局,中国对外贸易中心:

为支持办好中国进出口商品交易会(以下简称广交会),经国务院批准,现就有关税收政策通知如下:

一、对2023年举办的广交会在商务部确定的展期内销售的免税额度内的进口展品免征进口关税、进口环节增值税和消费税。每个展商在本年度展会展期内累计享受税收优惠的展品类别、销售数量或金额上限按附件规定执行。

二、享受税收优惠的展品不包括国家禁止进口商品,濒危动植物及其产品,烟、酒、汽车以及列入《进口不予免税的重大技术装备和产品目录》的商品。

三、对每个展商展期内销售的超出享受税收优惠政策的展品清单类别范围或销售额度的展品,以及展期内未销售且在展期结束后又不复运出境的展品,按照国家有关规定照章征税。

四、展商名单及展期内销售的进口展品清单,由承办单位中国对外贸易中心或中国对外贸易中心集团有限公司向广州海关统一报送。

五、对享受政策的展期内销售进口展品,海关不再按特定减免税货物进行后续监管。

六、每届展会结束后6个月内,中国对外贸易中心应向财政部、海关总署、税务总局报送政策实施情况。

附件:2023 年中国进出口商品交易会(广交会)享受税收优惠政策的进口展品清单(编者略)

1 -4 -264

财政部　海关总署　税务总局关于调整海南自由贸易港交通工具及游艇“零关税”政策的通知

2023 年 8 月 15 日　财关税〔2023〕14 号

海南省财政厅、海口海关、国家税务总局海南省税务局:

为支持海南自由贸易港建设,加大压力测试力度,现就海南自由贸易港交通工具及游艇“零关税”政策调整事项通知如下:

一、进口半挂车用的公路牵引车、机坪客车、全地形车、9 座及以下混合动力小客车(可插电)等 22 项商品(见附件),按照本通知和《财政部　海关总署　税务总局关于海南自由贸易港交通工具及游艇“零关税”政策的通知》(财关税〔2020〕54 号)有关规定,免征进口关税、进口环节增值税和消费税。

二、上述 22 项商品应在海南自由贸易港登记、入籍,按照交通运输、民航等主管部门相关规定开展营运,并接受监管。半挂车用的公路牵引车、9 座及以下混合动力小客车(可插电),可从事往来内地的客、货运输作业,始发地及目的地至少一端须在海南自由贸易港内,在内地停留时间每年累计不超过 120 天,其中从海南自由贸易港到内地“点对点”、“即往即返”的客、货车不受天数限制。机坪客车、全地形车营运范围为海南自由贸易港。

违反上述规定的,按有关规定补缴相关进口税款。

三、上述 22 项商品的适用主体、税收政策、管理措施等其他规定,继续执行财关税〔2020〕54 号文件第一条、第三条、第四条、第七条的有关规定。

四、请海南省商交通运输部、中国民航局、财政部、海关总署、税务总局等部门,根据本通知,调整完善《海南自由贸易港“零关税”进口交通工具及游艇管理办法(试行)》相关规定,明确新增商品进口后登记、入籍、营运、监管、违规处置标准等要求,防止“零关税”商品挪作他用。

五、本通知自公布之日起实施。

附件:海南自由贸易港交通工具及游艇“零关税”政策增列清单(编者略)

1 -4 -265

财政部　海关总署　税务总局关于延续执行中国国际服务贸易交易会展期内销售的进口展品税收政策的通知

2023 年 8 月 18 日　财关税〔2023〕15 号

北京市财政局，北京海关，国家税务总局北京市税务局，北京市国际服务贸易事务中心：

为支持办好中国国际服务贸易交易会（以下称服贸会），现就有关税收政策通知如下：

一、对服贸会每个展商在展期内销售的进口展品，按附件规定的数量或金额上限，免征进口关税、进口环节增值税和消费税。附件所列 1 -5 类展品，每个展商享受税收优惠的销售数量不超过列表规定；其他展品，每个展商享受税收优惠的销售金额不超过 2 万美元。

二、享受税收优惠的展品不包括烟、酒、汽车、列入《进口不予免税的重大技术装备和产品目录》的商品、濒危动植物及其产品，以及国家禁止进口商品。

三、对每个展商展期内销售的超出附件规定数量或金额上限的展品，以及展期内未销售且在展期结束后又不复运出境的展品，按照国家有关规定照章征税。

四、展商名单及展期内销售的进口展品清单，由承办单位北京市国际服务贸易事务中心或其指定单位向北京海关统一报送。

五、对享受政策的展期内销售进口展品，海关不再按特定减免税货物进行后续监管。

六、每届展会结束后 6 个月内，北京市国际服务贸易事务中心应向财政部、海关总署、税务总局报送政策实施情况。

七、本通知适用于 2024 年至 2025 年期间举办的服贸会。

附件：中国国际服务贸易交易会享受税收优惠政策的进口展品清单（编者略）

1 -4 -266

财政部　海关总署　税务总局关于国家综合性消防救援队伍进口税收政策的通知

2023 年 10 月 23 日　财关税〔2023〕17 号

国家消防救援局，各省、自治区、直辖市、计划单列市财政厅（局），新疆生产建设兵团财政局，海关总署广东分署、各直属海关，国家税务总局各省、自治区、直辖市、计划单列市税务局：

为支持国家综合性消防救援队伍建设，现将有关进口税收政策通知如下：

一、自2023年1月1日至2025年12月31日,对国家综合性消防救援队伍进口国内不能生产或性能不能满足需求的消防救援装备,免征关税和进口环节增值税、消费税。

二、享受免税政策的装备列入《消防救援装备进口免税目录》(见附件1)。该目录由财政部会同海关总署、税务总局、国家消防救援局、工业和信息化部根据消防救援任务需求和国内产业发展情况适时调整。

三、国家消防救援局对国家综合性消防救援队伍各级队伍进口列入《消防救援装备进口免税目录》的装备出具《国家综合性消防救援队伍进口消防救援装备确认表》(见附件2)。国家综合性消防救援队伍各级队伍凭《国家综合性消防救援队伍进口消防救援装备确认表》,按相关规定向海关申请办理消防救援装备进口免税手续。

四、自2023年1月1日至本通知印发前,国家综合性消防救援队伍已进口的装备所缴纳的进口税款,符合本政策规定的,依申请准予退还。

五、国家消防救援局会同有关部门制定《免税进口消防救援装备管理办法》,明确进口单位条件,以及免税消防救援装备进口后登记、使用、管理要求。

六、国家消防救援局每年对上一年度的政策执行情况进行总结评估,汇总分析进口装备货值和免税额、政策执行效果、存在问题等,并对主要进口装备分类、分单位进行统计,以上形成报告于每年3月31日前函告财政部,抄送海关总署、税务总局。

附件:1. 消防救援装备进口免税目录(编者略)

2. 国家综合性消防救援队伍进口消防救援装备确认表(编者略)

1-4-267

财政部 生态环境部 商务部 海关总署 税务总局关于在有条件的自由贸易试验区和自由贸易港试点有关进口税收政策措施的公告

2023年12月27日 财政部 生态环境部
商务部 海关总署 税务总局公告2023年第75号

为贯彻落实国务院印发的《关于在有条件的自由贸易试验区和自由贸易港试点对接国际高标准推进制度型开放的若干措施》(国发〔2023〕9号)相关要求,现将有关政策措施公告如下:

一、关于暂时出境修理

(一)对在海南自由贸易港注册登记具有独立法人资格的企业运营的以下航空器、船舶(含相关零部件),暂时出境修理后复运进入海南自由贸易港,无论其是否增值,免征关税,照章征收进口环节增值税和消费税。具体为:

1. 以海南自由贸易港为主营运基地的航空企业所运营的航空器(含相关零部件)。

2. 船运公司所运营的以海南自由贸易港内港口为船籍港的船舶(含相关零部件)。

（二）符合享受政策措施条件的企业名单，由海南省交通运输、市场监管、海事等主管部门会同海南省财政厅、生态环境厅及海口海关、国家税务总局海南省税务局确定，动态调整，并函告海口海关。

（三）享受暂时出境修理后复运进入海南自由贸易港免关税的航空器、船舶（含相关零部件），仅限符合政策措施条件的企业运营自用，并接受海关监管；未经海关同意并补缴进口关税，不得进行转让或移作他用。转让上述航空器、船舶（含相关零部件），照章征收国内环节增值税、消费税。

符合享受政策措施条件的企业应建立满足海关监管要求的暂时出境修理货物信息化管理制度，并按照政策措施要求及相关规定管理和使用暂时出境修理复运进境的货物。

（四）海南省商财政部、生态环境部、海关总署、税务总局，以及相关行业主管部门等制定配套管理办法，明确符合政策措施条件企业名单的确定程序，享受暂时出境修理后复运进入海南自由贸易港免关税的航空器、船舶（含相关零部件）的登记、运营自用、监管等规定，以及违规处置标准、处罚办法等内容。

同时，海南省相关部门应通过信息化等手段加强监管、防控风险、及时查处违规行为，并加强省内主管部门信息互联互通，共享符合政策措施条件的企业及相关航空器、船舶（含相关零部件）的监管等信息。

（五）本政策措施所称"暂时出境"的期限由海关根据企业提交的货物修理合同及实际情况予以确定。对超过"暂时出境"期限复运进境的货物，对其按照一般进口货物的征税管理规定征收进口税款。

二、关于暂时进境修理

（一）在海南自由贸易港实行"一线"放开、"二线"管住进出口管理制度的海关特殊监管区域内（以下称试点区域），对企业自本公告实施之日起自境外暂时准许进入试点区域进行修理的货物，复运出境的免征关税、进口环节增值税和消费税；不复运出境转为内销的，按要求办理进口手续，以修理后货物的实际报验状态，照章征收进口关税、进口环节增值税和消费税。

（二）本政策措施仅在洋浦保税港区、海口综合保税区、海口空港综合保税区，以及海南自由贸易港内经国务院批复同意的其他海关特殊监管区域适用。

（三）开展上述修理业务的货物范围包括：1. 商务部、生态环境部、海关总署制定的综合保税区维修产品目录内货物；2. 按照《商务部等 6 单位关于在海南自由贸易港试点放宽部分进出口货物管理措施的通知》（商自贸发〔2021〕264 号）规定，可开展保税维修业务的货物；3. 按照有关规定允许在海南自由贸易港海关特殊监管区域内，开展保税维修的其他货物。

除法律、行政法规、国务院的规定或国务院有关部门依据法律、行政法规授权作出的规定准许外，试点区域内不得开展国家禁止进出口货物的修理业务，不得通过修理方式开展拆解、报废等业务。

（四）上述维修产品目录内的货物，修理后经验核许可证件允许内销，但属于国家禁止进口的和未经准许的限制进口货物，修理后应复运出境，不得经"二线"转内销；属于维修货物在修理过程中替换的旧、坏损零部件，以及在修理过程中产生的边角料等，不得经"二线"

转内销。

（五）试点区域内企业申请开展上述修理业务，由企业所在海关特殊监管区域管委会会同商务、生态环境、主管海关共同研究确定试点企业名单，并报海南省商务、生态环境以及海口海关等部门备案。

（六）享受政策措施的企业应建立符合海关监管要求的信息化管理制度，能够实现对修理耗用等信息的全流程跟踪，对待修理货物，修理过程中替换的坏损零部件、在修理过程中产生的边角料、以及修理后的废用料件等进行专门管理。

（七）海南省商商务部、生态环境部、海关总署、财政部、税务总局等部门制定配套监管方案，明确入境修理货物的管理、违规处置标准、处罚办法等内容。

同时，海南省相关部门应通过信息化等手段加强监管、防控风险、及时查处违规行为，并加强省内主管部门信息互联互通，共享符合政策措施条件企业及修理货物的监管等信息。

（八）对自境外暂时进入试点区域内进行修理的货物实施保税，海关按保税维修方式办理手续，并实施监管。

三、关于暂时进境货物

（一）对自境外暂时进入上海、广东、天津、福建、北京自由贸易试验区和海南自由贸易港的下列货物，在进境时纳税义务人向海关缴纳相当于应纳税款的保证金或者提供其他担保的，可以暂不缴纳关税、进口环节增值税和消费税：

1. 符合我国法律规定的临时入境人员开展业务、贸易或专业活动所必需的专业设备（包括软件，进行新闻报道或摄制电影、电视节目使用的仪器、设备及用品等）。

2. 用于展览或演示的货物。

3. 商业样品、广告影片和录音。

4. 用于体育竞赛、表演或训练等必需的体育用品。

（二）上述所列货物仅限在本政策规定的试点区域内使用，暂时入境期间不得用于出售或租赁等商业目的，并应当自进境之日起6个月内复运出境；需要延长复运出境期限的，纳税义务人应当根据海关总署的规定向海关办理延期手续。

（三）上述所列货物未在规定的期限内复运出境的，按要求办理进口手续，海关应当依法征收进口关税、进口环节增值税和消费税。

（四）涉及海关事务担保业务的，按照海关事务担保相关规定执行。

本公告自公布之日起实施，公告公布前已征税的进口货物，不再退还相关税款。

1－4－268

财政部　海关总署　税务总局关于边民互市贸易进出口商品不予免税清单的通知

2024年4月8日　财关税〔2024〕7号

内蒙古、辽宁、吉林、黑龙江、广西、云南、西藏、新疆等省(自治区)财政厅,新疆生产建设兵团财政局,国家税务总局内蒙古、辽宁、吉林、黑龙江、广西、云南、西藏、新疆等省(自治区)税务局,呼和浩特、满洲里、大连、长春、哈尔滨、南宁、昆明、拉萨、乌鲁木齐海关:

为完善边境贸易支持政策,优化边民互市贸易多元化发展的政策环境,现就边民互市贸易进出口商品不予免税清单的有关问题通知如下:

一、边民互市贸易进口商品不予免税清单

除《边民互市贸易进口商品负面清单》所列商品外,边民均可通过互市贸易方式进口。边民互市贸易进口商品不予免税清单见附件。边民互市贸易进口免税额度以个人为单元计算和使用。

二、边民互市贸易出口商品不予免税清单

除国家禁止出口的商品不得通过边民互市贸易免税出口外,将应征收出口关税的商品、取消出口退税的商品列入边民互市贸易出口商品不予免税清单。

三、其他有关事项

财政部将会同有关部门根据边民互市贸易发展的实际情况,适时动态调整边民互市贸易进出口商品不予免税清单。

本通知自印发之日起执行。《财政部　海关总署　国家税务总局关于边民互市进出口商品不予免税清单的通知》(财关税〔2010〕18号)同时废止。

特此通知。

附件:边民互市贸易进口商品不予免税清单(编者略)

出口税收

1－4－269

国家税务总局关于使用出口货物消费税专用缴款书管理办法的通知

1993年12月28日　国税明电〔1993〕71号

为了适应新的工商税制的要求，加强出口货物的税收管理，国家税务总局决定改进出口货物专用缴款书管理办法。现将有关问题通知如下：

一、出口企业直接从生产企业收购消费税应税货物用于出口的，由生产企业所在地税务机关在征税时开具《出口货物消费税专用缴款书》（以下简称"专用税票"）。

二、专用税票经税务、国库（经收处）收款盖章后，由生产企业转交出口企业，在货物出口后据以申请退还消费税。

三、出口企业将收购的已征收消费税的货物销售给其他企业出口的，可由主管其出口退税的税务机关在专用税票上盖章或者开具专用税票分割单交其他企业据以申请退税。

四、对由省、自治区、直辖市税务局列举的本地区出口企业和出具出口企业退税登记证（复印件）的外地出口企业收购应征消费税货物，生产企业所在地税务机关才可开具专用税票。

五、专用税票实行一批销货开具一份专用税票的办法。如销售的出口货物批量大、交货时间长，也可按照经营出口货物企业的要求分批开具专用税票。生产企业所在地税务机关开出专用税票中所列的应税消费品数量和销售额应与实际销货一致。

六、申请退还消费税的企业在其货物出口后，应提供出口报关单、收购发票等退税凭证，并同时提供专用税票或分割单。

七、企业申请退税时，不能提供专用税票及分割单，或提供税务、国库（经收处）印章不齐全、字迹不清的专用税票及分割单，税务机关不予退还出口货物的消费税。

八、出口企业应向主管其出口退税的税务机关提供出口货物专用税票及分割单原件，并在本企业留存专用税票及分割单的复印件或在有关账簿中记录专用税票及分割单号码和有关数据，以便核对。

九、出口企业提供的专用税票或分割单如有伪造、涂改、非法购买等行为的除不予退税外，按骗取退税处理。

十、各地税务机关在《出口货物消费税专用缴款书》印发之前，可仍沿用现行《出口产品专用缴款书》。具体更换时间由国家税务总局另行规定。

十一、本办法自1994年1月1日起执行。

1-4-270

国家税务总局关于特准中国煤炭工业进出口总公司各分公司办理退税登记的通知

1994年5月19日　国税函发〔1994〕187号

据中国煤炭工业进出口总公司反映,煤炭属国家集中统营的许可证出口商品,目前的出口形式是中国煤炭工业进出口总公司负责对外签约,其分公司执行相应的出口合同。由于分公司没有煤炭出口经营权,不能办理退税登记,无法申请退税。考虑到煤炭出口经营的特殊管理体制,经研究,特准中国煤炭工业进出口总公司所属在各地的分公司在当地主管出口退税的税务机关办理退税登记,主管出口退税的税务机关可凭分公司的出口货物报关单(出口退税联)等凭证退税给分公司。凡报关单写明为总公司的,由总公司申报退税。

附件:海关总署、中国煤炭工业进出口总公司所属的分公司名单(编者略)

1-4-271

海关总署　国家税务总局关于加强协调配合严格出口退税报关单管理和加强防伪鉴别措施的联合通知

1996年1月10日　署监〔1996〕32号

为了认真贯彻国务院领导关于加强出口退税管理,防止和打击骗取出口退税的指示精神,各海关及税务部门在认真执行关于出口退税报关单管理的有关规定的同时,要加强协调配合,采取切实可行的措施,严格出口退税报关单的管理和加强防伪鉴别措施。具体通知如下:

一、海关要加强对出口货物的查验工作,对查验的货物要做好查验记录,防止多报少出、以次充好或假出口情况的发生。

二、各直属海关应将本关及所属海关签发出口退税报关单的海关验讫章印模样本,直接发送给当地省级国家税务局备案。当地省级国家税务局需及时地发送给外地各省、自治区、直辖市,计划单列市国家税务局备案。

三、根据国务院关于金关工程的要求,海关总署与国家税务总局将尽快建立出口货物退税报关单的数据库。在此之前,各海关应将每月的出口货物报关单电子数据整理汇集后在次月7号前上报海关总署。海关总署将上述电子数据在23号前传输给国家税务总局,由国家税务总局在28号前传输给各省、自治区、直辖市和计划单列市国家税务局。

四、海关出具给出口企业的出口退税报关单的编号必须与出口货物报关单(统计联)的编号一致,并打印在右上角,同时将出口收汇核销单编号批注在出口货物退税报关单“批准文号”栏内。上述两个编号,各海关应按海关总署的要求编写,由计算机统一生成。税务部门必须将出口企业申报退税的出口退税报关单与海关提供的电子信息进行核对。

五、出口企业遗失出口退税报关单向海关申请补办的,出口企业须在六个月内向海关提出补办申请,逾期海关不予受理。出口企业申请补办须出具主管其出口退税的地(市)国家税务局签发的“关于申请出具(补办报关单)证明的报告”(见附件一)。

六、出口企业将货物报关实际离境出口后,因故发生退运情况,凡海关已签发出口退税报关单的,出口企业须出具主管其出口退税的地(市)国家税务局签发的《出口商品退运已补税证明》(见附件二),海关方能办理退运手续。

七、出口企业开展进料加工业务,必须先持经贸主管部门的批件,送主管其出口退税税务部门审核签章,税务部门须逐笔登记并将复印件留存备查。海关凭盖有主管出口退税税务部门印章的经贸主管部门的批件,方能办理进口料件“登记手册”。出口企业因故未能执行进料加工合同,需持原“登记手册”或海关证明到主管税务部门办理注销手续。

八、海关总署和国家税务总局将启用带有防伪标记的专用出口货物退税报关单。在启用之前,决定自1996年3月15日起,海关所出具的出口退税报关单一律在左上角加贴防伪标签(具体管理办法另行通知)。

九、为防止中途更改或伪造印章等事情发生,决定自1996年3月15日起,对通过海运、铁路运输方式一次出口金额在20万美元及以上的,及通过公路运输和航空运输等运输方式一次出口金额在10万美元及以上的出口退税报关单,各税务部门应与海关总署向国家税务总局提供的出口退税报关单电子计算机数据进行核对,对经核对有误的出口退税报关单,主管出口退税的税务部门应派人或发函(挂号信件)联系主管海关再次核对无误后,方能办理退税。

对上述规定限额以下的出口退税报关单经税务部门初步鉴定发现有虚假嫌疑的,也可按以上方法联系主管海关进行核查,方能办理退税。

十、各海关要积极帮助各税务部门鉴别和核对出口退税报关单,要指定专人负责,做好登记工作。主管出口退税的税务部门应持地区(市)级或以上的国家税务局的介绍信到海关核对。海关应及时办理报关单核对事宜,并出具“核对结果证明”(加盖单证专用章,见附件三),免收一切费用。

十一、各海关、税务部门在日常工作中要密切配合,联手打击骗取出口退税活动。海关在报关环节发现为骗取退税而不如实申报的行为由海关按海关法进行处理,并将有关情况通报税务部门;税务部门在办理退税时发现的骗取海关退税的要将该骗取出口退税的企业作为监控对象进行重点监管。

附件一:关于申请出具(补办报关单)证明的报告(编者略)

附件二:出口商品退运已补税证明(编者略)

附件三:出口退税报关单海关核对结果证明(各海关自行印制)(编者略)

1 -4 -272

国家税务总局关于传递代理出口货物证明电子信息有关问题的通知

1997 年 11 月 24 日　国税函〔1997〕630 号

各省、自治区、直辖市和计划单列市国家税务局：

为加强出口退税管理，严密出口退税计算机审核，国家税务总局决定自 1998 年 1 月 1 日起，利用税务系统广域网络传送代理出口货物证明电子信息，并在具体办理出口退税审核过程中，对代理出口货物证明进行电子数据核对。现就有关事项通知如下：

一、传输内容

主管出口退税的税务机关开具的代理出口货物证明电子信息应上传（具体数据结构见附件），总局处理后下发给各地。对 1997 年 12 月的数据实行试传输，1998 年 1 月 1 日起正式传输。

二、传输时间

各地必须于每月 12 日前将上月的代理出口货物证明电子信息上报国家税务总局，即传递至总局通讯服务器（IP 地址为：130. 9. 1. 1）的 CENTRE 目录的 DL 子目录下；每月 15 日前接受总局下发的代理出口货物证明电子信息，即从总局网络服务器的 LOCAL 目录的 DL 子目录下获取属于本地的数据。

三、传输方式

代理出口货物证明电子信息由省级单位进行汇总，形成上报数据源文件（源文件类型为 DBF 文件），用 ARJ 应用程序压缩后，通过广域网络上报总局。

四、数据命名方式

以大连市国家税务局 1997 年 9 月份代理出口货物证明电子信息为例，总局下发数据压缩文件名为 DL2102. 979，其对应源数据文件名为 DLS2102. DBF；上报数据压缩文件名为 DL2102. 979，其对应源数据文件名为 DLB2102. dbf。

五、代理出口货物证明编号规则

代理出口货物证明钢号为 12 位，由各地退税部门统一管理，在当年本地区范围内，用以唯一地标识每一张代理出口货物证明。代理出口货物证明编号采用打印方法，应明显地标记在纸质代理出口货物证明单证每一联的右上方。该 12 位数编码的规则为：

××(2)××××(4)××××(4)××(2)

年行政区划各地自定义项号

以上请遵照执行。

注释：

条款失效或废止。第二条、第三条、第四条失效或废止。参见：《国家税务总局关于发布已失效或废止的税收规范性文件目录的通知》(国税发〔2006〕62 号)。

1 –4 –273

国家税务总局　海关总署关于出口集装箱有关退税问题的通知

1998 年 4 月 6 日　国税发〔1998〕48 号

接中国集装箱工业协会《关于解决国际海运集装箱出口报关、材料核销问题的函》(中集协〔1997〕12 号)称,由于新造集装箱是在需方指定堆场交货结算,在其出口时不是作为一般货物报关,而是作为包装物和运输工具随货物一起出口。海关以集装箱送至堆场并验核相关单据后,办理核销并签发出口退税专用报关单,因无法填写运输工具名称、航次和离境日期,税务机关不办理退税。因此,中国集装箱协会要求对出口集装箱报关单的出具及退税问题予以解决。经研究,考虑到集装箱出口方式的特殊性,现对企业生产出口集装箱办理退税有关问题明确如下:

一、自 1998 年 1 月 1 日起,海关对用于出口的新造集装箱,在生产企业按规定运抵指定堆场并持有关单证办理报关和出口核销手续后,可签发出口退税专用报关单。报关单不填写运输工具名称、航次和离境日期,仅注明堆场名称。

二、生产企业所在地主管出口退税的税务机关凭海关签发的上述出口退税专用报关单和其他退税凭证,按现行有关规定办理集装箱退税手续。

三、对 1998 年以前已出口的集装箱,企业可持有关单证一次性向所在地海关提出申请,海关审核后签发出口退税专用报关单。企业持该报关单和其他退税凭证向所在地主管出口退税的税务机关办理退税。企业向海关申请办理 1998 年以前已出口集装箱退税专用报关单时间截止到 1998 年 10 月 30 日。

1 –4 –274

国家税务总局　海关总署关于对外承接外轮修理修配业务有关退税问题的通知

1998 年 5 月 27 日　国税发〔1998〕87 号

为加强对外承接外轮修理修配业务的管理,方便出口企业办理退税申请,经研究决定:从 1998 年 7 月 1 日起,对出口企业对外承接修理修配的外轮,在其修理完毕报关出口时,对该业务中使用国产零部件、原材料按一般贸易另填报关单,海关经审核,按规定签发《出口货物报关单(出口退税联)》,并作一般贸易列入出口贸易统计。

在1998年7月1日以前已完工复出口的上述业务,仍按《财政部、国家税务总局关于出口货物税收若干问题的补充通知》(财税字〔1997〕14号)第十条的规定办理退税。凡不能按照退税管理办法规定提供有关单证原件的,各地主管退税部门一律不得受理出口企业的退税申请。

1－4－275

国家税务总局　对外贸易经济合作部关于规范出口贸易和退税程序防范打击骗取出口退税行为的通知

1998年6月9日　国税发〔1998〕84号

为进一步支持外贸出口,加快出口退税进度,同时防范和打击骗取出口退税的违法犯罪行为,国家税务总局和外经贸部决定进一步规范出口贸易和出口退税程序。现将有关事项具体通知如下:

一、加强出口贸易管理

(一)出口企业必须端正经营思想。既要努力扩大经营,多创外汇,提高效益,又要遵纪守法,严禁任何形式的弄虚作假。坚决制止少数企业采取“倒汇”手段假冒进出口贸易,骗取退税款的违法犯罪行为,确保对外贸易的健康发展。

(二)出口企业在交易过程中必须做认真细致的工作。要特别注意教育业务人员认真负责地对货源、货物质量、价格以及纳税、客商资信等情况进行认真了解,对交易、仓储、运输、报关等具体出口贸易环节要亲自操作或监管,绝不做“四自、三不见”(“客商”或中间人自带客户、自带货源、自带汇票、自行报关和出口企业不见出口产品、不见供货货主、不见外商)的“买单”业务,避免上当受骗。同时内部应建立责任制和奖惩制度,加强制约和处罚。

二、出口退税程序

(一)定期申报。出口企业应建立出口退税凭证收集制度,按期向当地主管出口退税的税务机关申报退税。除中远期结汇的出口货物外,上年度出口退税凡在清算结束前(本年5月31日)应收集齐全,因收集不齐并未申报的,税务机关不再受理该批货物的退税申请。

(二)定期审核、审批退税。税务机关在收到已经外经贸主管部门稽核的退税申报资料后,应及时审核退税单证。对单证齐全真实,且电子信息核对无误的,必须在20个工作日内办完退税审核、审批手续。对有疑问的单证且电子信息核对不上的,要及时发函调查,落实清楚后再办理退税;征税机关应按照国家税务总局的有关规定及时、如实回函,在收到退税机关函调后3个月内必须将函调情况回复发函地退税机关,如因特殊情况确实查不清楚的,应先回函说明暂时查不清的原因以及下次回函的时限。凡经税务机关调查一个生产环节仍查不清、需追溯以往的,应由出口企业负责调查举证,然后报退税机关复核无误后方可退税。举证有误和在本年度退税清算期内不能举证其出口真实有效的,不再办理退税。

三、严格出口退税电子信息审核工作

（一）各地主管出口退税的税务机关应尽快完善出口退税电子化管理，并严格按照有关规定进行审核。除国家税务总局明文规定不进行电子信息审核的出口项目外，对出口企业申报的每一笔退税申请必须与国家税务总局下发的报关单信息、代理出口货物证明信息等进行核对。对确因电子信息原因通不过的退税申请，应适当采用人机结合的办法进行审核。

（二）各级国家税务局应按照出口退税专用税票认证系统的有关规定采集、传递、分发、使用专用税票电子信息，确保电子信息的完整性和正确性。具体办法另行规定。

四、防范和打击骗取出口退税的违法犯罪行为

（一）各级税务部门、外经贸部门必须时刻注意骗取退税的新动向，密切配合，加强协作，提醒和教育企业采取切实可行措施，防范骗取出口退税，避免给企业和国家造成损失。

（二）对从事“四自三不见”买单业务的出口企业，一经发现，无论退税额大小或是否申报退税，一律停止其半年以上的退税权。对采取其他手段骗取退税的，也要按规定严惩不贷，情节严重的，由外经贸部及其授权单位批准，撤销其出口经营权。对有关责任人员，要提请司法机关处理，绝不姑息。

五、本通知自一九九八年六月一日起执行。

以上请遵照执行。

注释：

条款修改。根据《第十三届全国人民代表大会第一次会议关于国务院机构改革方案的决定》等有关规定，税收规范性文件规定的国税地税机关的职责和工作由新的税务机关承担。国家税务总局依据《税收规范性文件制定管理办法》（国家税务总局令第41号公布），对税收规范性文件进行了清理。参见：《国家税务总局关于修改部分税收规范性文件的公告》（国家税务总局公告2018年第31号）。

条款废止。第二条第一款废止。参见：《国家税务总局关于公布全文失效废止　部分条款失效废止的税收规范性文件目录的公告》（国家税务总局公告2011年第2号）。

1－4－276

国家税务总局关于转发《海关总署关于停止使用进出口货物报关单防伪标签的紧急通知》的通知

1999年4月29日　国税函〔1999〕229号

近接海关总署《关于停止使用进出口货物报关单防伪标签的紧急通知》（署通〔1999〕11号）和《关于停止使用进出口货物报关单防伪标签后有关问题的通知》（署通传39号）称，近期以来，一些不法分子不择手段，对进出口货物报关单上使用的防伪标签进行仿制、伪造，

或将防伪标签揭下重复使用,影响了防伪效果。为此,海关总署决定自1999年1月1日起启用全国进出口报关单联网核查系统,同时决定从1999年4月1日起停止在进出口报关单证明联上加贴防伪标签,原有关在进出口报关单证明联上加贴防伪标签的相关规定即行废止。现将上述文件转发你局,请在审批出口企业出口货物退(免)税时,参照执行。

附件:1. 海关总署关于停止使用进出口货物报关单防伪标签的紧急通知

2. 海关总署关于停止使用进出口货物报关单防伪标签后有关问题的通知

附件1

海关总署关于停止使用进出口货物报关单防伪标签的紧急通知

广东分署,各直属海关:

近年来,为打击走私骗税、骗汇不法行为,海关在进出口报关单证明联上采取了加贴"防伪标签"的做法,发挥了较好的防伪作用。但一段时间以来,一些不法分子不择手段,对防伪标签进行仿制、伪造,或将防伪标签揭下重复使用,影响了防伪效果。为了从根本上解决报关防伪问题,根据中央和国务院领导的指示精神,总署与有关部联合开发了全国进出口报关单联网核查系统(以下简称"系统"),并决定于1999年1月1日起在全国正式运行。同时,经商国家税务总局、国家外汇管理局,全国海关将在进出口报关单证明联上加盖使用新型防伪印油的"验讫章",自1999年4月1日起,进出口报关单证明联上停止使用"防伪标签"。届时各关所剩进出口报关单"防伪标签"应妥善保管,待总署另行通知后再做处理。

为保证进出口货物报关单的真实有效,取消防伪标签后,海关必须加强和完善联网核查系统的热线值班制度,各地国家税务局、外汇管理局及其外汇指定银行对送检的进出口货物报关单,也应严格核对电子数据。考虑到全国各地全部使用联网系统核查还需要一些时间,该系统运行也需要一个稳定过程,因此在今后一段时间内,外汇指定银行和外汇局还会有将报关单直接或邮寄到签发地海关核查问题,各海关应继续按照《海关总署关于规范报关单核查工作的紧急通知》(署通〔1998〕669号)的要求,对送检报关单及时、认真核对、鉴定和出证。同时,各关还应切实加强计算机系统的安全防护工作,严防各类利用计算机作假的违法犯罪活动。

以上请遵照执行,执行中有何问题,请及时与海关总署通关管理司联系。

附件2

海关总署关于停止使用进出口货物报关单防伪标签后有关问题的通知

今年1月,总署下发《海关总署关于停止使用进出口货物报关单防伪标签的紧急通知》(署通〔1999〕11号),经商国家外汇管理局、国家税务总局,决定自1999年4月1日起停止使用进出口报关单证明联防伪标签。为规范停止使用防伪标签的管理，现将有关问题通知如下：

一、自1999年4月1日零时起，海关停止在进出报关单证明联上加贴防伪标签。原有关进出口报关单证明联加贴防伪标签的相关规定即行废止。

二、停止使用防伪标签的范围指：

1. 海关对外签发用于收付汇核销的进出口货物报关单（外汇核销证明联）；

2. 海关对外签发用于出口退税的出口货物报关单（出口退税证明联）。

三、停止使用防伪标签的日期指：1999年4月1日起对外签发的报关单。3月31日24点前已办结关但于4月1日零点后向海关申请签发报关单的，以及丢失报关单在4月1日后申请补签发报关单的，一律不再加贴防伪标签。

四、停止使用防伪标签后，必须在报关单的右下角签章处注明实际签发日期，以供税务和外汇管理部门识别。

五、停止使用防伪标签后，各海关要继续做好电子数据的完整、准确和及时上报，应继续按规定要求做好税务和外汇管理部门对无数据或有疑问的报关单“二次核对”工作。

六、对剩余防伪标签各直属海关应清点数量和编号、造册、与使用记录一并封存，交由防伪部门集中保管（未成立防伪部门的，由机要部门保管），并将清点情况于4月底前上报总署通关管司，具体销毁事宜另行通知。

1－4－277

国家税务总局　对外贸易经济合作部
关于境外带料加工装配业务
有关出口退税问题的通知

1999年5月5日　国税发〔1999〕76号

各省、自治区、直辖市和计划单列市国家税务局、外经贸委（厅、局），中央管理的外经贸企业：

为鼓励企业到境外开展带料加工装配业务，根据《国务院办公厅转发外经贸部、国家经贸委、财政部关于鼓励企业开展境外带料加工装配业务意见的通知》（国办发〔1999〕17号）精神，现就境外带料加工装配业务有关出口退税问题通知如下：

一、境外带料加工装配是指我国企业以现有技术、设备投资为主，在境外以加工装配的形式，带动和扩大国内设备、技术、零部件、原材料出口的国际经贸合作方式。

二、对境外带料加工装配业务所使用（含实物性投资，下同）的出境设备、原材料和散件，实行出口退税。退税率按国家统一规定的退税率执行。

三、对境外带料加工装配业务方式出口的货物，依以下计算公式计算应退税额：

应退税额＝增值税专用发票的列明的金额（进出设备为海关代征增值税专用缴款书列明的完税价格，下同）×适用退税率其中境外带料加工装配业务中使用的二手设备应退税额计算公式为：

$$应退税额=增值税专用发票列明的金额\times\frac{设备折余价值}{设备原值}\times适用退税率$$

设备折余价值＝设备原值－已提折旧

设备原值和已提折旧按企业会计核算数据计算。

二手设备如是1994年1月1日以前购进的，应退税额按以下公式计算：

$$应退税额=\frac{购货发票列明的金额}{1+扣除率}\times\frac{设备折余价值}{设备原值}\times适用退税率$$

上述公式中的扣除率为购物时的货物征税税率。

四、对境外带料加工装配业务方式出口的货物，出口企业在申报退税时，须提供以下凭证：

（一）出口货物报关单（出口退简税联）；

（二）增值税专用发票（进口设备为海关代征增值税专用缴款书）；

（三）税收（出口货物专用）缴款书（二手设备和进口设备免于提供）；

（四）境外带料加工装配企业批准证书（复印件）等。

五、本通知自文到之日起执行。

1－4－278

国家税务总局关于进一步加强出口货物税收管理严防骗税案件发生的通知

1999年12月6日　国税发〔1999〕228号

为进一步促进我国外贸出口，国务院自1999年1月1日起，两次提高机电、纺织品、化工、轻工、农产品等出口货物的退税率。各级税务机关从“千方百计扩大出口”的要求和高度出发，加快退税进度，努力做好出口退税工作，有力地支持了外经贸事业的发展。但与此同时，少数不法分子骗取出口退税的违法犯罪行为又有所抬头。种种迹象表明，骗税活动大有愈演愈烈之势。为防范和打击骗取出口退税的违法犯罪行为，进一步加强出口货物的税收管理，经研究，特通知如下：

一、各级税务机关在审批办理出口货物退（免）税过程中，必须严格按照国家税务总局下发的退税率文库审批办理退税。除国家税务总局授权外，任何单位和个人不得擅自修改退税率文库。

二、各级税务机关要指导并提请本地区出口企业注意端正经营作风，规范经营行为，加强出口贸易管理，建立企业内部防范骗税的管理机制，严格按正常贸易程序经营出口业务，特别是对业务员要进行严格管理，禁止从事“四自三不见”（“客商”或中间人自带客户、自带货源、自带汇票、自行报关和出口企业不见出口产品、不见供货企业、不见外商）的“买单”业务。

三、进一步加强骗税多发地区购进货物出口退（免）税的审核、审批工作。各级税务机关要进一步加强出口货物退(免)税的审核、审批工作,特别是对那些以往容易出现骗税的敏感货物和此次调高出口退税率幅度较大的货物应进行重点审查,要严格按照《国家税务总局关于加强敏感地区购进货物出口退税核查工作的通知》(国税明电〔1998〕27 号)规定,进一步加强骗税多发地区购进出口货物退税的审核、审批工作。凡从骗税多发地区购进出口货物申请退税的,无论申请退税的出口企业实行的是 A 类、B 类还是 C 类退税管理办法,出口企业都必须在出口货物增值税发票、专用税票、出口货物报关单、外汇核销单齐全的情况下申报退税。税务机关在进行退税单证审核、报关单等电子信息核对的同时,必须对出口货物的货源地进行函调,在回函内容真实、出口业务成交的逻辑关系正确、退税单证和有关电子信息核对无误的情况下,方能办理退税。对退税单证虽然齐全、电子信息也核对无误、但出口业务成交的逻辑关系明显有疑问的,也不得办理退税。对出口企业从骗税多发地区购进出口的货物,税务机关不进行函调、不认真审核、审批而造成骗税的,对有关责任人员要按照《国务院关于坚决打击骗取出口退税严厉惩治金融和财税领域违法乱纪行为的决定》(国发〔1996〕4 号)的有关规定严肃处理。

四、加强骗税多发地区购进出口货物的函调工作。各级税务机关对骗税多发地区购进出口货物进行函调时,必须根据《国家税务总局关于出口货物税收函调问题的补充通知》(国税函〔1998〕406 号)的规定,按文中附件 1 和附件 3 的格式进行函调。凡回函内容不清、格式不对或填写项目不全的,特别是附件 3 上没有回函税务机关税务所所长、税务局局长签字的,以及不是县以上税务机关回函等情况的,一律不予退税。被函调地区的税务机关在接到调查函后,须按照函调的有关规定,本着负责任的态度,认真及时回函。凡回函内容不实造成骗税发生的,要追究有关税务机关和有关人员的法律责任。

五、进一步加强增值税专用发票、专用税票的管理和稽查。各级税务机关应严格增值税发票的领、用、存管理,加强购进出口货物增值税发票的稽核工作,严厉打击利用虚开发票偷骗税的行为。税务机关在开具专用税票时,严禁采取只开票不缴税或违反征税规定在定额、定率甚至包税的情况下开具专用税票;对生产企业销售的非自产货物,不得开具专用税票。开具专用税票后,凡需返还多征税款的,必须查清生产出口产品业务真实、资金往来正常、进项发票及内容没有虚假、没有偷逃税情况后,方可返还,不得违反专用税票有关按季返还多征税款的规定,采取"即征即返"或"一月一返"的方式开具专用税票。凡发现出口企业申请退税的专用税票存在上述问题的,税务机关一律不予办理退税,并将有关情况上报国家税务总局。税务机关及其征税人员凡违反上述规定开具专用税票可返还税款的,一律按有关法规从严处理。

六、严厉查处骗税案件。对从事"四自三不见"买单业务的出口企业,一经发现,无论退税额大小或是否申报退税,税务机关一律停止其半年以上的退税权,并划入 D 类企业管理。对企业在停止退税权期间出口的货物,任何时间均一律不得办理退税。对骗取退税情节严重的,国家税务总局将在作出停止出口退税权的行政处罚后,提请外经贸部撤消其对外贸易经营许可权;对企业有关责任人员,提请司法机关追究其法律责任。

七、各级税务机关应进一步完善内部管理机制,建立内部岗位轮换制度,加强业务培训,避免因工作上的漏洞或其他因素,使不法分子骗税得逞。

八、各级税务机关要加强与当地外经贸、海关、外汇管理部门的协作,密切注意骗税新动向,及时收集骗税的线索和信息,对重大骗税案件和线索必须认真查处,及时上报。同时要加强防范骗税的宣传工作,对一些典型案例要通过报纸、电视等媒体曝光,震慑犯罪分子,打击偷、逃、骗税活动。

注释:

条款废止。第四条废止。参见:《国家税务总局关于公布全文失效废止 部分条款失效废止的税收规范性文件目录的公告》(国家税务总局公告2011年第2号)。

1-4-279

中国人民银行 国家外汇管理局
对外贸易经济合作部 国家税务总局
关于印发《出口收汇考核试行
办法奖惩细则》的通知

2000年2月17日 银发〔2000〕58号

(通知略)

出口收汇考核试行办法奖惩细则

第一条 根据国家外汇管理局、对外贸易经济合作部发布的《出口收汇考核试行办法》的规定,为了扩大出口,扶优限劣,特制定本细则。

第二条 本细则中所称出口收汇荣誉企业、出口收汇达标企业、出口收汇风险企业和出口收汇高风险企业系指按《出口收汇考核试行办法》中确定的标准,在年度考核评定时,根据出口收汇业绩对各出口企业评定的等级称号。

第三条 为鼓励大型企业出口,凡年度出口额在2亿美元以上(由外经贸部提供详细名单)且出口收汇率达到85%、交单率达到80%的企业,视同出口收汇荣誉企业。

第四条 对出口收汇荣誉企业,国家外汇管理局、对外贸易经济合作部给予通报表彰(登报),并通报海关、税务、银行。

第五条 对出口收汇荣誉企业,对外贸易经济合作部在中央外贸发展基金、国际经济合作基金、援外合资合作项目基金等方面在同等条件下优先安排,并在其参加出口商品招标时给予适当优惠。

第六条 商业银行对出口收汇荣誉企业的人民币贷款利率可以在中国人民银行的贷款利率基础上适当下浮,最高下浮幅度为10%。

第七条 出口收汇荣誉企业来源于境外投资的利润或者其他外汇收益,在当地会计年度终了后应当调回境内的期限,经国家外汇管理局或其分支局(以下简称外汇局)核准后,可从 6 个月延长为 1 年;出口收汇荣誉企业的境外投资,可免交汇回利润保证金。

第八条 加快出口收汇荣誉企业外汇账户年检速度,由集中核定年检结果改为逐户实时核定。

第九条 提高外汇结算账户最高限额的标准。对出口收汇荣誉企业外汇结算账户的限额,由现行的年度进出口总额的 15% 扩大为 30% 。

第十条 为出口收汇荣誉企业在核销业务操作环节提供便利条件:

(一)出口预计收汇日期按企业出口合同规定的实际天数核定。

(二)按出口实际需要领取出口收汇核销单。

(三)外汇局设置专门窗口,优先为出口收汇荣誉企业办理领单和核销业务。

第十一条 对报关单的进口日期为 1998 年 9 月 1 日以前的货到付款项下的购付汇业务,银行对属于出口收汇荣誉企业且未列入“由外汇局审核真实性的进口单位名单”的企业,其报关金额低于 50 万美元的,可先付汇然后办理报关单的二次核对手续;对报关单的进口日期在 1998 年 9 月 1 日以后的,仍须用进出口报关单联网系统核查报关单的真实性后再办理购付汇手续。

第十二条 出口收汇荣誉企业如符合《国家税务总局关于出口货物退(免)税实行按企业分类管理的通知》(国税发〔1998〕95 号)的 B 类企业标准的退税按 B 类企业办理(出口收汇荣誉企业同时又是退税分类管理 A 类企业的维持不变)。

第十三条 外经贸部门和外汇局联合在媒体上对被评为出口收汇高风险企业进行通报,并报同级海关、税务和银行。

第十四条 对外贸易经济合作部在中央外贸基金、国际经济合作基金、援外合资合作项目基金等方面,在同等条件下对出口收汇高风险企业进行严格审核。

第十五条 外汇局对出口收汇高风险企业加强核销单的发放和核销手续管理。

第十六条 出口收汇风险企业和出口收汇高风险企业退税按出口退税分类管理中的 C 类企业办理(出口收汇风险企业和出口收汇高风险企业同时又是退税分类管理中的 D 类企业的仍按 D 类企业办理)。

第十七条 商业银行对出口收汇高风险企业的人民币贷款利率可以在中国人民银行的贷款利率基础上适当上浮,最高上浮幅度为 30% 。

第十八条 各年度的出口收汇荣誉企业、出口收汇达标企业、出口收汇风险企业和出口收汇高风险企业自评定之日起生效,有效期为一年。

第十九条 一个年度被评定为出口收汇高风险企业或连续两个年度被评定为出口收汇风险企业的,由对外贸易经济合作部或其授权的外经贸主管部门暂停其进出口业务经营权。

第二十条 本办法由中国人民银行、国家外汇管理局、国家税务总局和对外贸易经济合作部负责解释。

第二十一条 本办法自 2000 年 4 月 1 日起执行。

1－4－280

国家税务总局关于增开计划内免税出口卷烟口岸的通知

2000年3月7日　国税函〔2000〕171号

青岛、深圳市国家税务局：

近接《国家烟草专卖局关于请求增开免税计划内出口卷烟口岸的函》（国烟办〔1999〕870号、国烟办〔2000〕29号）称，为降低卷烟出口成本，进一步扩大卷烟出口，根据目前卷烟出口业务发展的需要，深圳烟草进出口有限责任公司、中国烟草山东进出口公司等企业要求增开土尔尕特、青岛等口岸为计划内免税出口卷烟口岸。为此，经商海关总署同意，总局决定自2000年1月1日起增开土尔尕特、青岛两个口岸为计划内免税出口卷烟口岸，请你们按照现行法规办理有关计划内免税出口卷烟的免税核销手续。

1－4－281

国家税务总局关于印发《出口加工区税收管理暂行办法》的通知

2000年10月26日　国税发〔2000〕155号

（通知略）

出口加工区税收管理暂行办法

为加强与完善加工贸易管理，根据《国务院关于〈中华人民共和国海关对出口加工区监管的暂行办法〉的批复》（国函〔2000〕38号）的精神，经商海关总署同意，特制定本办法。

一、出口加工区是指经国务院批准、由海关监管的特殊封闭区域。

二、对出口加工区运往区外的货物，海关按照对进口货物的有关规定办理进口报关手续，并对报关的货物征收增值税、消费税；对出口加工区外企业（以下简称“区外企业”，下同）运入出口加工区的货物视同出口，由海关办理出口报关手续，签发出口货物报关单（出口退税专用）。

本办法所述“区外企业”是指具有进出口经营权的企业，包括外贸（工贸）公司、外商投资企业和具有进出口经营权的内资生产企业。

三、区外企业销售给出口加工区内企业（以下简称“区内企业”，下同）并运入出口加工区供区内企业使用的国产设备、原材料、零部件、元器件、包装物料，以及建造基础设施、加工企业和行政管理部门生产、办公用房的基建物资（不包括水、电、气），区外企业可凭海关签发的出口货物报关单(出口退税专用)和其他现行规定的出口退税凭证,向税务机关申报办理退(免)税。

对区外企业销售给区内企业、行政管理部门并运入出口加工区供其使用的生活消费用品、交通运输工具,海关不予签发出口货物报关单(出口退税专用),税务部门不予办理退(免)税。

对区外企业销售给区内企业、行政管理部门并运入出口加工区供其使用的进口机器、设备、原材料、零部件、元器件、包装物料和基建物资,海关不予签发出口货物报关单(出口退税专用),税务部门不予办理退(免)税。

四、出口货物实行免税管理办法的外商投资企业销售并运入出口加工区的本办法第三条所述予以退(免)税的货物,在2000年底前仍实行免税政策。

五、对区外企业销售并运入出口加工区的货物,一律开具出口销售发票,不得开具增值税专用发票或普通发票。

六、对区外企业销售给区内企业并运入出口加工区供区内企业使用的实行退(免)税的货物,区外企业应按海关规定填制出口货物报关单,出口货物报关单"运输方式"栏应为"出口"(运输方式全称为"出口加工区")。

七、对区内企业在区内加工、生产的货物,凡属于货物直接出口和销售给区内企业的,免征增值税、消费税。对区内企业出口的货物,不予办理退税。

八、区内企业委托区外企业进行产品加工,一律不予退(免)税。

九、区内企业按现行有关法律法规、规章缴纳地方各税。

十、区内的内资企业按国家现行企业所得税法规、规章缴纳所得税,外商投资企业比照现行有关经济技术开发区的所得税政策规定执行。

十一、已经批准并核定"四至范围"的出口加工区,其区内加工企业和行政管理部门从区外购进基建物资时,需向当地税务部门和海关申请。在审核额度内购进的基建物资,可在海关对出口加工区进行正式验收。监管后,凭出口货物报关单(出口退税专用)向当地税务部门申请办理退(免)税手续。

十二、对违反本办法有关规定,采取弄虚作假等手段骗取退(免)税的,按《中华人民共和国税收征收管理法》等有关规定予以处罚。

十三、本办法由国家税务总局负责解释。

注释:

条款废止。第三条、第四条、第五条、第七条自2012年7月1日起废止。参见:《国家税务总局关于发布〈出口货物劳务增值税和消费税管理办法〉的公告》(国家税务总局公告2012年第24号)。

1－4－282

中国人民银行　对外贸易经济合作部　国家税务总局关于办理出口退税账户托管贷款业务的通知

2001年8月24日　银发〔2001〕276号

为支持出口企业扩大出口，解决出口企业短期流动资金困难，切实防范贷款风险，现就办理出口退税账户托管贷款业务通知如下：

一、出口退税账户托管贷款，是指商业银行为解决出口企业出口退税款未能及时到账而出现短期资金困难，在对企业出口退税账户进行托管的前提下，向出口企业提供的以出口退税应收款作为还款保证的短期流动资金贷款。

二、出口退税账户托管贷款对象为信誉良好，没有非法逃套汇和偷骗税行为，近年内有稳定的出口业绩，财务健全的各类出口企业。

三、出口退税账户托管贷款期限最长不超过1年，贷款比例原则上最高不得超过企业应得退税款的70%，贷款利率按中国人民银行有关规定执行。

四、出口退税账户托管贷款是商业性贷款，由商业银行自主审查、自主决定。商业银行应当与借款人约定：自银行发放贷款之日起至该笔贷款全部清偿完毕之日止，借款人同意由贷款人监控该账户，未经贷款人同意，借款人不得擅自转移该账户内的款项。出口退税专用账户的退税款是出口企业偿还贷款的保证，商业银行应要求企业在退税款到位后归还该项贷款的本息，必要时商业银行可根据贷款风险程度要求出口企业提供其他担保。

五、各级税务部门要在不得提供任何形式担保的前提下，认真配合商业银行做好该项贷款工作。要确保贷款企业出口退税专用账户的唯一性，保证退税款退入该专户，不得转移；在出口退税账户托管贷款全部偿还之前，未经贷款银行同意，不得为出口企业办理出口退税专用账户转移手续（国家有关法律有特殊规定的除外）各级税务部门应为商业银行查询出口退税企业资信提供方便。

六、各级外经贸主管部门要及时向商业银行通报出口退税政策变动情况和出口企业的经营情况，向商业银行提供信誉良好的企业名单。

七、各商业银行要主动和各级税务部门、外经贸主管部门沟通与合作，切实改进金融服务，提高服务效率，要根据《中华人民共和国商业银行法》和《贷款通则》的有关规定加强贷款管理，严格贷前审查、贷后检查，切实防范贷款风险，确保此项贷款业务的稳步发展。

八、各商业银行可根据本通知，结合本行实际情况，制订具体实施办法，也可根据实际情况办理与出口退税相关的其他贷款业务，并报中国人民银行备案。

请中国人民银行各分行、营业管理部将本通知翻印至辖区内各城市商业银行。

注释：

条款废止。第三条中“贷款比例原则上最高不得超过企业应得退税款的70%”的规定作废。参见:《中国人民银行　中国银行业监督管理委员会　商务部　国家税务总局关于调整出口退税账户托管贷款额度的通知》(银发〔2009〕190号)。

1－4－283

国家经济贸易委员会　财政部 国家税务总局　海关总署关于撤销 10家国家认定企业技术中心资格的通知

2001年10月12日　国经贸技术〔2001〕1036号

根据国家认定企业技术中心2000年评价结果,洛阳春都集团股份有限公司、柳州工程机械企业集团公司、成都无缝钢管厂、彩虹电子集团公司、邮电部成都电缆厂、新疆锂盐厂、佛山电子工业集团有限公司、襄阳汽车轴承集团公司、中国扬子石油化工公司等9家企业技术中心不合格。青海工程机械(集团)有限责任公司因调整重组,申请注销国家认定企业技术中心。按照《关于调整〈企业技术中心认定与评价办法〉及〈企业技术中心评价指标体系〉的通知》,决定撤销上述10家国家认定企业技术中心资格,停止享受优惠政策。

1－4－284

国家税务总局　海关总署关于 正式启用“口岸电子执法系统” 出口退税子系统的通知

2003年2月12日　国税发〔2003〕15号

各省、自治区、直辖市和计划单列市国家税务局,广东分署,各直属海关:

根据国家税务总局、海关总署的统一部署,“口岸电子执法系统”出口退税子系统联网试点工作已于2002年6月在全国全面试运行。试运行情况表明,“口岸电子执法系统”出口退税子系统出口货物报关单证明联(以下简称报关单“证明联”)数据的时效性较强,对加快出口退(免)税进度、进一步加强出口货物退(免)税管理具有重要的作用,且基本能够满足目前出口退(免)税工作的需要。据此,经研究,国家税务总局、海关总署决定自2003年1月1日起,在全国正式启用“口岸电子执法系统”出口退税子系统,并依据该系统报关单“证明联”电子数据申报办理出口货物的退(免)税。为确保此项工作的顺利运行,现将有关事项通知如下:

一、各地国税、海关部门要高度重视,切实加强“口岸电子执法系统”出口退税子系统联网运行工作的组织领导,密切配合,紧密协作,分工负责,及时解决运行中出现的各种问题,确保“口岸电子执法系统”出口退税子系统的运行畅通。

二、各地国税、海关部门要建立联系紧密、运转协调的跨部门信息沟通机制。在数据规范、信息传输、数据转换、单证打印等方面的运用上,要严格按照国家税务总局、海关总署有关文件的要求执行,不得自行变通。

三、各级国税部门要会同海关继续做好对出口企业的培训、宣传工作,确保出口企业有关人员能熟练操作,正常运用。

四、在“口岸电子执法系统”出口退税子系统的运行过程中,国税部门应做好以下具体工作:

(一)各级主管出口退税的税务机关应要求出口企业及时登录“口岸电子执法系统”出口退税子系统,核查并准确地确认和提交出口货物报关单“证明联”电子数据。要求核查并确认和提交报关单“证明联”电子数据的时间范围:2003 年 1 月 1 日以后报关出口的纸质出口货物报关单“证明联”。

(二)出口企业进入“口岸电子执法系统”出口退税子系统核查报关单“证明联”电子信息时,要求网上数据项目必须与出口货物具体报关项目核对完全一致后,方可确认和提交报关单“证明联”电子数据。其中必须重点核对的项目有:海关编号(报关单号)、出口日期、出口口岸、经营单位编码、备案号、贸易方式、运抵国(贸易国别)、批准文号(收汇核销单号)、成交方式、运费、保费、杂费、商品编号、商品名称、第一数量、第一计量单位、第二数量、第二计量单位、成交数量及计量单位、总价、币制。

(三)由于目前部分海关试运行 H2000 系统,打印的报关单号是 18 位,而传往中国电子口岸数据中心和国家税务总局的电子数据是依照 H883 系统的报文格式打印的,报关单号为 9 位,因此,在全国海关统一实行 H2000 系统前,对此类报关单“证明联”,各地国税部门可比对后 9 位号码 + 标志位(0) + 项号(2 位)。比对全部 18 位 + 标志位(0) + 项号(2 位)的时间,另行通知。

(四)各地国税部门要及时维护清分规则,将国家税务总局下发的报关单数据及时、准确地清分给基层主管出口退税的税务机关。各地退税部门应通过报关单传输系统监控台查看不可清分数据,了解数据清分情况。对存在不可清分数据的情况,要及时调整清分方案,并交由当地信息中心根据新的清分方案调整清分程序。

(五)国家税务总局下传的报关单“证明联”电子数据分别为:企业按日确认的数据,代码:001;一个月终了后企业已确认和未确认的数据,代码:003;修改、更正数据,代码 002。各级主管出口退税的税务机关在办理出口退税审核、审批手续时,必须使用“001”数据;主管征税的税务机关在办理生产企业出口货物免、抵税款申报、审核时,可使用“003”数据。

(六)对出口企业申报的出口货物退(免)税纸质申报凭证及其相关电子数据,主管出口退税的税务机关必须与总局下发的出口报关单“证明联”等电子信息进行严格审核、核对,对报关单“证明联”电子信息核对有误的,不予办理退(免)税。

(七)“口岸电子执法系统”出口退税子系统数据经出口企业网上确认后,其数据由中国电子口岸数据中心传输到国家税务总局,由中国电子口岸数据中心和国家税务总局共同负责传输数据的核对工作。国家税务总局清分给各地的数据，由各地国税部门管理。海关报关单数据在税务系统内部传输的核对办法，参见附件1。为方便企业查询，现将全国国税部门热线电话予以公布（附件2）。

五、各级海关应充分认识到报关单“证明联”电子数据录入、传输的质量，直接影响到国税部门办理出口货物退（免）税的正确性。保证报关单“证明联”电子数据与纸质单证数据的相一致，是确保“口岸电子执法系统”出口退税子系统顺利运行的基础。为此，各级海关应配合国税部门做好以下具体工作：

（一）各级海关要严格按照有关文件规定签发报关单“证明联”。同时该张报关单“证明联”的底账数据随即通过海关总署传送至中国电子口岸数据中心，确保电子数据与纸质单证数据项目的严格一致。报关单“证明联”一经打印，不得人工修改，对确因录入、网络传输及系统故障等原因需要修改数据的，要收回原报关单“证明联”，重新打印并上传新电子数据，不得采取人工填写或修改后加盖印章的做法。

（二）各级海关要加强业务管理，严格业务操作规范。尤其是在成品油、煤炭、粮食、矿砂等大宗散装货物的进出口过程中，审单、接单部门在对进出口审单过程因报关单数据修改而进行的重审环节中，必须根据计算机系统提示的操作要求，进行计算机系统上的“复审计证”操作，不得省略，以确保报关单数据逻辑关系一致。

（三）应出口企业申请，海关应按照出口退（免）税法规的有关规定，在收到清洁仓单的五个工作日内签发报关单“证明联”；对转关运输的出口货物，启运地海关在收到出境地海关回复的书面回执联或转关电子回执后五个工作日内，签发报关单“证明联”。

（四）为保证“口岸电子执法系统”出口退税子系统联网运行的畅通，各海关要加强热线值班服务管理，落实专人负责，解答企业疑难问题并协助查询数据。为方便企业咨询，现公布全国海关“出口退税子系统”热线电话（附件3）及海关总署信息中心热线电话解答问题的范围（附件4）和中国电子口岸数据中心热线电话解答问题的范围（附件5）。

六、为保证“口岸电子执法系统”出口退税子系统的正常运行，现将《公告》稿（见附件6）下发你们，请及时对外公布。

附件：1. 海关报关单数据在税务系统内部传输的核对办法（编者略）
2. 全国国税部门热线电话（编者略）
3. 全国海关“出口退税子系统”热线值班电话表（编者略）
4. 海关总署信息中心热线电话解答问题的范围（编者略）
5. 中国电子口岸数据中心热线电话解答问题的范围（编者略）
6. 公告（编者略）

注释：

条款修改。根据《第十三届全国人民代表大会第一次会议关于国务院机构改革方案的决定》等有关规定，税收规范性文件规定的国税地税机关的职责和工作由新的税务机关承担。国家税务总局依据《税收规范性文件制定管理办法》（国家税务总局令第41号公布），对税收规范性文件进行了清理。参见：《国家税务总局关于修改部分税收规范性文件的公告》（国家税务总局公告2018年第31号）。

1－4－285

财政部　国家税务总局　海关总署关于中国免税品(集团)总公司扩大退税国产品经营范围和简化退税手续的通知

2003年10月21日　财税〔2003〕201号

各省、自治区、直辖市、计划单列市财政厅(局)、国家税务局,海关广东分署,天津、上海特派办,各直属海关,中国免税品(集团)总公司:

经国务院批准,对纳入中国免税品(集团)总公司(以下简称:中免公司)统一经营、统一组织进货、统一制定零售价格、统一管理的,在对外开放的机场、港口、火车站、陆路边境口岸、出境飞机、火车、轮船上经批准设立的出境免税店以及供应国际航行船舶的免税店(以下简称:免税店),经营退税国产品实行下列退税政策:

一、放开免税店经营退税国产品的商品品种。除国家规定不允许经营和限制出口的商品以外,不再对免税店经营其他国产品在品种上加以限制。对免税店允许经营的国产品实行退税政策。

国家规定不允许经营和限制出口的商品是指:

1. 中免公司以及纳入其统一经营、统一组织进货、统一制定零售价格、统一管理的各免税店,经营退税国产品的范围超出国家工商行政管理局颁发的《企业法人营业执照》规定的经营范围的项目和商品。

2.《中华人民共和国禁止出境物品表》所列商品(见附件)。

3.《卫生部、对外贸易经济合作部、海关总署关于进一步加强人体血液、组织器官管理有关问题的通知》规定的血液和血液制品、人体组织和器官(包括胎儿)以及利用人体组织和器官(包括胎儿)加工生产的制剂。

4. 根据商务部会同有关部门依照《中华人民共和国对外贸易法》等有关法律、法规,制定、调整并公布的《禁止出口货物目录》所列商品(海关监管代码为“8”)。

5. 列入《国家重点保护野生动物名录》一、二级保护的野生动物及产品、列入《濒危野生动物国际贸易公约》附录一、二、三级的动物、动物产品和植物、植物产品(海关监管代码为“F”)。

6. 列入《精神药品管制品种目录》海关监管代码为“I”的商品、《麻醉药品管制品种目录》海关监管代码为“W”的商品、《中华人民共和国禁止或严格限制的有毒化学品目录》海关监管代码为“X”的商品。

7. 海关总署根据国家有关规定确认的其他禁止出口和限制出口的物品。

二、简化对允许免税店经营国产品的退税手续。对中免公司统一采购并报关进入海关监管仓库专供出境免税店销售的商品视同实际出口,海关予以签发出口货物报关单证明联,同时上传电子数据,中免公司统一按照有关规定向主管出口退税的税务部门办理退税手续。增值税的退税按照国家统一规定的出口退税率执行。具体退税管理办法由国家税务总局和海关总署另行制定。

三、本通知自2003年11月1日起执行。此前规定凡与本通知规定不符的,一律以本通知规定为准。

四、出境口岸免税店扩大经营退税国产品范围和简化退税手续是一项新事物,海关和税务部门应互相配合,加强协作,加强监管,防止骗税发生,确保此项政策得以顺利实施。

特此通知。

附件:中华人民共和国禁止出境物品表

附件

中华人民共和国禁止出境物品表

1. 各种武器、仿真武器、弹药及爆炸物品;
2. 伪造的货币及伪造的有价证券;
3. 对中国政治、经济、文化、道德有害的印刷品、胶卷、照片、唱片、影片、录音带、激光视盘、激光唱盘、计算机存储介质及其他物品;
4. 各种烈性毒药;
5. 鸦片、吗啡、海洛因、大麻以及其他能使人成瘾的麻醉品、精神药物;
6. 带有危险性病菌、害虫及其他有害生物的动物、植物及其产品;
7. 有碍人畜健康的、来自疫区的以及其他能传播疾病的食品、药品或其他物品;
8. 内容涉及国家秘密的手稿、印刷品、胶卷、照片、唱片、影片、录音带、激光视盘、激光唱盘、计算机存储介质及其他物品;
9. 珍贵文物及其他禁止出境的文物;
10. 濒危的和珍贵的动物、植物(均含标本)及其种子和繁殖材料。

1－4－286

国家税务总局关于做好已取消涉及出口退税行政审批项目的后续管理工作的通知

2003年12月2日　国税发〔2003〕145号

各省、自治区、直辖市和计划单列市国家税务局:

为贯彻执行国务院《关于取消第一批行政审批项目的决定》(国发〔2002〕24号),根据国务院行政审批制度改革工作领导小组《关于搞好已调整行政审批项目后续工作的意见》(国审改发〔2003〕1号)的要求,现就做好国务院决定取消的涉及出口退税的行政审批项目后续管理工作的有关事项通知如下:

一、《国家计委、财政部、外经贸部、海关总署、国家税务总局、中国人民银行、国家外汇管理局、国家纺织工业局、中华全国供销合作总社关于印发〈国产棉花以出顶进管理暂行办法〉的通知》(计经贸〔2000〕161号)停止执行后,对中纺棉花进出口公司、新疆自治区棉麻公司和新疆农垦进出口股份有限公司运入海关监管库的国产棉花不予退税,待产品出口后,按现行退税政策执行。

二、《国家经贸委、海关总署、国家税务总局关于暂停进口柴油、汽油后做好国内油品供应工作有关问题的补充通知》(国经贸贸易〔1998〕882号)停止执行后,炼厂向外资企业和特区内资企业供应的国内油品照章征税。

三、《国家税务总局关于中国出版对外贸易总公司等三家企业图书报刊杂志出口退税提供退税凭证有关问题的批复》(国税函〔1996〕649号)中列名企业享受优惠政策的规定停止执行后,凡图书进出口公司出口的图书、报刊等出版物,在申请退税时,可免予提供增值税税收专用缴款书。

四、《财政部、国家税务总局关于中外合资商业企业出口货物退税问题的通知》(财税字〔1998〕119号)中列名企业享受优惠政策的规定停止执行后,凡享有进出口经营权的中外合资商业企业收购自营出口的国产货物,可按现行外贸企业出口货物退(免)税政策的有关规定执行,商业企业各分店(分公司、分部)出口的货物,不予办理退(免)税。

五、《国家税务总局、对外经济贸易部关于明确部分出口企业出口高税率产品和贵重产品准予退税的通知》(国税发〔1992〕79号)、《国家税务总局、对外经济贸易部关于部分出口企业出口高税率、贵重产品准予退税的补充通知》(国税发〔1992〕279号)、《国家税务总局关于明确部分出口企业出口高税率、贵重产品准予退税的补充通知》(国税函发〔1992〕860号)、《财政部、国家税务总局关于出口货物税收若干问题的补充通知》(财税字〔1997〕14号)等文件中关于列名贵重产品由国家税务总局、原对外经济贸易部指定单位经营,出口后方可办理退税的规定停止执行后,出口企业出口上述文件列名的贵重产品,按现行出口退税统一规定向税务机关申请办理退(免)税。

六、本通知自2003年1月1日起执行。

1-4-287

国家税务总局关于出口货物专用税票电子信息审核有关问题的通知

2003年12月30日　国税函〔2003〕1392号

为了贯彻落实国务院关于改革出口退税机制的决定精神,提高出口退税审核、审批工作效率,在金税工程二期日益完善和稳定运行的基础上,经研究,国家税务总局决定对2004年1月1日后报关出口的货物(以出口报关单上注明的出口日期为准,下同),除本文第二条所列者外,主管出口退税的税务机关在审核办理退税时,一律取消其"税收(出口货物专用)缴款书"及其"出口货物完税分割单"(以下简称专用税票)电子信息的审核。现将有关事项通知如下：

一、对出口企业2004年1月1日后报关出口的货物，主管出口退税的税务机关在审核办理出口退税时，除审核出口货物报关单、出口收汇核销单、增值税专用发票（或普通发票）等纸质退税单证及其相关电子信息外，专用税票只审纸质单证，不再对审专用税票电子信息。

二、对下列三类出口货物，主管出口退税的税务机关仍应对出口企业申报的专用税票与总局下发的电子信息进行审核，审核无误后，方可按现行规定办理退税：

（一）增值税专用发票是2003年8月1日以前开具的；

（二）购进货物的增值税专用发票或普通发票尚未纳入增值税防伪税控、稽核系统监控范围的；

（三）应退消费税的。

三、自2004年1月1日起，对于供货企业使用增值税防伪税控系统为出口企业开具增值税专用发票（不包括税务机关为小规模纳税人代开）的货物，主管供货企业的税务机关不再录入开具专用税票的电子信息。对未纳入增值税防伪税控、稽核系统监控范围的增值税专用发票、普通发票以及应纳消费税的货物，主管供货企业的税务机关仍应按现行规定继续录入并上传所开具专用税票的电子信息，总局继续按月下发上述专用税票的电子信息。

四、有关取消专用税票纸质凭证的时间以后另行通知。

注释：

条款失效。第一条、第二条（一）、（二）失效。参见：1.《国家税务总局关于公布全文失效废止　部分条款失效废止的税收规范性文件目录的公告》（国家税务总局公告2011年第2号）。2.《国家税务总局关于发布已失效或废止的税收规范性文件目录的通知》（国税发〔2006〕62号）。

1－4－288

海关总署　发展改革委　财政部
国土资源部　商务部　税务总局
工商总局　质检总局　外汇局
关于印发《设立出口加工区的审批标准和程序》的通知

2004年4月8日　署加发〔2004〕102号

各省、自治区、直辖市人民政府：

为规范对设立出口加工区的管理，防止重复建设，促进出口加工区健康发展，根据国务院要求，海关总署会同发展改革委、财政部、国土资源部、商务部、税务总局、工商总局、质检总局、外汇局研究制定的《设立出口加工区的审批标准和程序》,已经国务院同意,现予印发。《设立出口加工区的审批标准和程序》的各项规定及时限的计算起始时间,自本文印发之日起执行。

特此通知。

附件:设立出口加工区的审批标准和程序

附件

设立出口加工区的审批标准和程序

为规范对设立出口加工区的管理,防止重复建设,切实保护和合理利用耕地,促进出口加工区健康发展,特制定设立出口加工区的审批标准和程序。

一、设立出口加工区的审批标准

(一)出口加工区原则上设在经国务院批准的国家级开发区内,同一开发区内只能设立1个出口加工区。

(二)出口加工区要坚持以出口为导向,申请设立出口加工区的国家级开发区,加工贸易年进出口总值一般应达到1亿美元以上。

(三)加工贸易年进出口总值低于10亿美元的省(自治区、直辖市),原则上只设立1个出口加工区。

(四)加工贸易年进出口总值超过10亿美元的省(自治区、直辖市),虽已设有出口加工区,根据加工贸易发展的需要,可经批准增设出口加工区。

(五)东部各省(直辖市)的出口加工区封关运作后加工贸易年进出口总值达到或超过5000万美元的;中部各省出口加工区封关运作后加工贸易年进出口总值达到或超过2000万美元的;西部各省(自治区、直辖市)出口加工区封关运作后加工贸易年进出口总值达到或超过1000万美元的,方可申请在该省(自治区、直辖市)增设出口加工区或扩大原有出口加工区的面积。

(六)出口加工区如申请扩大面积,须区内已摆满项目、基础设施及配套建设发展用地已得到充分利用,且扩大的面积不超过3平方公里。

(七)出口加工区须自批准之日起2年内建设完毕并申请验收。如1年内未启动建设,由海关总署商有关部门书面提请有关省(自治区、直辖市)予以注意。之后1年内仍未有进展的,由海关总署会同有关部门报请国务院予以撤销。

(八)出口加工区封关运作后3年内仍无投资项目,或虽有投资项目,但加工贸易年进出口总值低于100万美元的,由海关总署会同有关部门书面提请有关省(自治区、直辖市)予以注意。之后1年仍达不到要求的,由海关总署会同有关部门报请国务院予以撤销。

二、设立出口加工区的审批程序

(一)设立出口加工区或已设立的出口加工区扩大面积,须符合所在城市土地利用总体规划,由省(自治区、直辖市)人民政府请示国务院,抄送国务院有关部门。

(二)请示文件要说明:设立出口加工区的必要性和可行性,外向型经济发展、加工贸易发展及基础设施情况,设立出口加工区或扩大面积后是否有项目进入,所选址区域是否符合土地利用总体规划、各类用地总量及结构情况、工业用地效益情况等。同时还要附设立出口加工区或扩大面积的规划方案及选址(附图)、面积与四至范围以及做好设立出口加工区或扩区工作的承诺。

(三)省(自治区、直辖市)人民政府报国务院设立出口加工区的请示,由海关总署会同发展改革委、财政部、国土资源部、商务部、税务总局、工商总局、质检总局、外汇局等部门研究提出意见,会签后报国务院审批。

(四)国务院审批同意后,由海关总署通知并指导有关省(自治区、直辖市)建立出口加工区的隔离设施和管理机构。出口加工区经海关总署会同有关部门验收合格后正式运作。

1－4－289

财政部　国家税务总局关于停止焦炭和炼焦煤出口退税的紧急通知

2004年5月19日　财税明电〔2004〕3号

各省、自治区、直辖市、计划单列市财政厅(局)、国家税务局,财政部驻各省、自治区、直辖市、计划单列市财政监察专员办事处,新疆生产建设兵团财务局:

经国务院同意,对出口焦炭、炼焦煤停止出口退税。经商国家发改委,现将有关事宜通知如下:

1. 从2004年5月24日起,对出口商品代码为27040010的焦炭及半焦炭、出口商品代码为27011210的炼焦煤,一律停止增值税出口退税。

2. 2004年5月24日以后,出口上述代码的产品一律按规定征收增值税。具体执行日期,以"出口货物报关单(出口退税联)"上海关注明的出口日期为准。各地财税部门务必在2004年5月24日之前将本通知内容告知相关企业。

请遵照执行。

1－4－290

国家税务总局关于增值税管理信息系统数据集中及出口退税用专用发票稽核结果数据下发有关工作的通知

2004年5月25日　国税发〔2004〕61号

各省、自治区、直辖市和计划单列市国家税务局:

《国家税务总局关于修订印发〈增值税计算机稽核系统发票比对操作规程(试行)〉的

通知》(国税发〔2004〕43 号)对增值税计算机稽核系统发票比对操作规程进行了修订,按照该文件的修订内容,现将增值税管理信息系统数据集中及出口退税用增值税专用发票稽核结果数据下发有关工作要求通知如下:

一、增值税管理信息系统数据集中相关工作要求

(一)集中的数据范围和传输方式

集中的数据范围和传输方式不变。

1. 利用金税数据抽取系统从稽核数据库中抽取和上传以下数据:本地存根联、本地抵扣联、五类稽核结果数据、相关采集和比对情况统计表等;

2. 利用金税数据抽取系统从协查数据库中抽取和上传以下数据:不符和缺联协查返回结果数据、失控和作废协查返回结果数据;

3. 省局、地市局逐级上传以上数据统一使用 MQ 通讯服务器,总局、省局对通过 FTP 等其他方式上传的数据不再作处理。

(二)数据抽取和上传时间要求

1. 地市级国家税务局每月完成本级增值税专用发票交叉稽核清分比对工作后,立即进行本级的增值税管理信息系统相关数据抽取工作,并于当月 13 日前(含当日,若遇法定休假日,比照征管法实施细则规定的天数顺延,下同)将数据通过 MQ 通讯服务器上传至省局。

2. 省级国家税务局每月完成本级增值税专用发票交叉稽核清分比对工作后,立即进行本级的金税工程相关数据抽取工作,并负责汇齐所辖地市所有数据,于当月 14 日前,将数据通过 MQ 通讯服务器上传至总局。

二、出口退税用专用发票稽核结果数据下发相关工作要求

(一)总局对增值税管理信息系统数据进行集中处理后,将于每月 22 日前将当月的出口退税用专用发票稽核结果数据通过出口退税传输系统清分下发各地。

(二)各省级信息中心每月负责核查本区域内出口退税用专用发票稽核结果数据的清分下发情况(包括:数据是否全部清分下发、查实滞留数据原因等),负责区域内清分规则的维护工作。

以上要求自 2004 年 6 月 1 日起施行,《国家税务总局关于 1 月至 3 月金税工程数据集中工作情况的通报》(国税函〔2003〕489 号)和《国家税务总局关于增值税专用发票数据集中及清分下发有关工作的通知》(国税发明电〔2003〕35 号)文件中关于增值税管理信息系统数据集中及出口退税用专用发票稽核结果数据下发的有关时间规定同时废止。

各级税务机关应及时做好该工作要求的转发、宣传、督促工作,确保增值税管理信息系统数据集中的质量,保证出口退税用专用发票稽核结果数据下发的及时性和准确性。

1－4－291

财政部　国家税务总局关于出口企业从增值税一般纳税人购进的出口货物不再实行增值税税收专用缴款书管理的通知

2004年6月4日　财税〔2004〕101号

各省、自治区、直辖市、计划单列市财政厅（局）、国家税务局，新疆生产建设兵团财务局：

为了提高出口退税工作效率，在加强管理的同时简化手续，加快退税进度，进一步支持我国外贸出口，在目前金税工程日趋完善和增值税管理不断加强的基础上，财政部、国家税务总局决定，对出口企业从增值税一般纳税人购进的出口货物不再实行增值税“税收（出口货物专用）缴款书”或“出口货物完税分割单”（以下简称增值税专用税票）管理的规定。具体通知如下：

一、2004年6月1日以后报关出口（以出口报关单上注明的出口日期为准，下同）的货物，凡增值税专用发票是在2004年6月1日以后开具的，出口企业在申请办理出口退税时，除本通知第五条规定外，免予提供增值税专用税票。

二、利用外国政府贷款和国际金融组织贷款采用国际招标国内中标的机电产品，以及外商投资企业采购的国产设备，凡增值税专用发票或普通发票是在2004年6月1日以后开具的，中标企业、外商投资企业在申请退税时，除本通知第五条规定外，免予提供增值税专用税票。

三、外贸企业2004年6月1日以后出口的货物、中标企业（不包括生产企业）销售的中标机电产品以及外商投资企业采购的国产设备，从2004年6月1日起（以发票开具日期为准），凡属于从非生产企业购进的，若退税单证齐全，可按规定申请退税。主管出口退税的税务机关可按规定批准退税。生产企业出口非自产货物的退税范围，仍按《国家税务总局关于出口产品视同自产产品退税有关问题的通知》（国税函〔2002〕1170号）执行。

四、生产企业2004年5月31日以前因开具增值税专用税票而多缴的税款，可抵减2004年7月份的增值税应纳税款，未抵减完的，由征税机关经稽核比对，在核实清楚进项发票没有问题，排除企业有偷税行为后，从原入库的金库中办理退库。

五、出口企业从小规模纳税人购进的出口货物，其出口退税仍实行增值税专用税票管理。出口企业出口的消费税应纳税货物，其消费税专用税票管理办法仍按国家税务总局《关于使用出口货物消费税专用缴款书管理办法的通知》（国税明电〔1993〕71号）的有关规定执行。

六、对出口企业2004年5月31日以前的出口货物，凡规定需要开具增值税专用税票的，各级国税机关应按规定及时给予开具，不得以任何理由拒绝供货企业开具增值税专用税票的要求。

七、各级国税机关要加强增值税的征收管理,要加强对未纳入增值税防伪税控、稽核系统监控范围的增值税进项抵扣凭证管理。要制定切实可行的办法,采取有效的措施,做到应收尽收,防止欠税;同时,要密切监控农产品收购、加工企业,废旧物资回收公司,以及利用废旧物资普通发票、海关税票和运输发票作为增值税主要抵扣凭证的企业的销售情况。对销售异常增长的货物,以及新办的上述三类企业销售的货物,各级国税机关要加大检查力度,严防犯罪分子利用假抵扣凭证虚开发票,通过流通企业倒入外贸企业等手段,进行骗税活动。

1 –4 –292

国家税务总局关于出口船舶、大型成套机电设备有关退(免)税问题的通知

2004 年 6 月 23 日　国税发〔2004〕79 号

各省、自治区、直辖市和计划单列市国家税务局:

《国务院关于第三批取消和调整行政审批项目的决定》(国发〔2004〕16 号)取消了出口货物退(免)税 A 类企业的审批规定。为了认真贯彻国务院的决定,支持外贸出口,保持出口退税政策的连续性,经研究决定,对具有原 A 类企业条件的出口企业继续执行先退税后核销的办法。具体通知如下:

一、同时满足下列条件的生产企业,可实行"先退税后核销"办法。

(一)必须是生产船舶、大型成套机电设备,且生产周期通常在 1 年以上;

(二)年创汇额 3000 万美元以上(西部地区 2000 万美元以上);

(三)从未发生过骗取出口退税问题;

(四)企业拥有一定规模的资产,如发生骗税案件或错退税款问题,可抵押所退(免)税款;

(五)企业财务制度健全。

西部地区是指:重庆市,四川、贵州、云南、陕西、甘肃、青海省,西藏、宁夏、新疆、内蒙古、广西自治区以及湖南省湘西土家族苗族自治州和湖北省恩施土家族苗族自治州。

二、上述生产企业出口的船舶、大型成套机电设备,在其退税凭证尚未收集齐全的情况下,可凭出口合同、销售明细账等资料,向主管出口退税的税务机关(以下简称退税部门)办理免抵退税申报。退税部门可据此按照现行出口退(免)税管理的有关规定办理免抵退税的审核、审批手续。

企业在退税凭证收集齐全后,应及时向所在地退税部门提供,退税部门应对企业的退税凭证,包括纸质凭证(如出口货物报关单、出口收汇核销单)和相关电子信息,进行逐笔复审。复审无误的,予以核销已免抵退税款。复审有误的,多免抵退税的予以追回,少免抵退税的予以补齐。

企业超过出口合同约定的时间未收汇核销的,退税部门对已免抵退税款一律追回,并

通知企业主管征税机关按内销货物征税。

三、本通知自2004年6月1日起执行。

注释：

条款废止。第一条自2012年7月1日起废止。参见：《国家税务总局关于发布〈出口货物劳务增值税和消费税管理办法〉的公告》（国家税务总局公告2012年第24号）。

1－4－293

国家税务总局关于使用增值税专用发票信息审核出口退税有关问题的补充通知

2004年6月30日　国税函〔2004〕862号

各省、自治区、直辖市和计划单列市国家税务局：

为严格出口退税审核，进一步规范使用增值税专用发票信息审核出口退税的工作流程，现将出口退税用增值税专用发票稽核结果审核疑点数据（以下简称审核疑点数据）和特准退税企业的增值税专用发票申报数据报送、下发流程通知如下：

一、各级税务机关按照《国家税务总局关于使用增值税专用发票电子信息审核出口退税有关事项的通知》（国税函〔2003〕995号）、《国家税务总局关于使用增值税专用发票认证信息审核出口退税的紧急通知》（国税函〔2004〕133号）和《国家税务总局关于出口货物退（免）税管理有关问题的通知》（国税发〔2004〕64号）有关规定，使用增值税专用发票信息进行退税审核过程中，凡出现国税函〔2003〕995号文件第四条第二款所述情况，按本通知有关规定进行处理。

二、自2004年7月1日起，各级税务机关可登陆国家税务总局内部办公业务网出口退税单证支持网站（http://130.9.1.116/ckts），通过纳税人识别号或省级税务机关对总局用于清分出口退税用增值税专用发票稽核结果数据的全国外贸企业代码库内容进行查询。该查询只针对全国的外贸企业，不包括特准退税企业信息。各级退税机关如遇本文件第一条所述情况，应先登陆该网站查询。对于纳税人识别号在该网站未查询到的外贸企业，主管退税机关应按照国税函〔2003〕995号文件第五条第二款规定的新增企业报送方式进行及时处理，该类企业的增值税专用发票信息不得作为审核疑点数据处理。

三、为进一步规范数据处理流程，现将审核疑点数据分为两种类型：无信息和核对不符。类型定义明确如下：

（一）无信息：某外贸企业代码信息可在第二条所述查询中查询到，且该企业提供的增值税专用发票在认证通过之后60天内仍未收到总局下发的增值税专用发票稽核结果数据。

（二）核对不符：企业办理退税时申报的增值税专用发票信息与稽核、协查信息中相符发票或协查无误发票信息核对不符，将企业申报的发票信息作为审核疑点数据上传。

四、审核疑点数据报送的数据格式及文件命名规则见附件。自该文件发布之日起，国税函〔2003〕995号文件中关于审核疑点数据的电子数据格式和文件命名规则的规定同时废止。

五、特准退税企业增值税专用发票申报数据的处理应严格按照国税函〔2003〕995号文件相关规定执行,不得作为审核疑点数据上报。审核疑点数据和特准退税企业增值税专用发票申报数据报送流程和相关部门职责划分,严格按照《国家税务总局关于加强出口退税电子数据传输管理工作的通知》(国税函〔2004〕481号)第四条和第六条规定执行。

六、各省局信息中心必须通过出口退税用专用发票稽核结果数据传输系统中上传数据汇总功能将本区域内的审核疑点数据和特准退税企业增值税专用发票申报数据汇总上传。

七、总局相关数据处理流程。总局每月将上月16日至本月15日各地通过出口退税用专用发票稽核结果数据传输系统上传的审核疑点数据和特准退税企业增值税专用发票申报数据进行汇总,并进行以下处理:

(一)对审核疑点数据的处理

1. 将对汇总数据中不符合本文件第四条类型定义和总局增值税专用发票稽核结果数据库中不存在的审核疑点数据进行清理,发回上传地。

2. 对疑点类型为"无信息"的数据,总局将进行分析,对未下发的发票数据进行补发,对已下发的数据进行补发的同时定期发文通报。

3. 疑点类型为"核对不符"的数据,用各地上传的认证信息与总局增值税专用发票稽核结果数据库相应数据进行比对,如确不符,移送总局进出口税收管理司进行处理;如相符,对该条发票数据进行补发。

(二)对特准退税企业增值税专用发票申报数据的处理

首先将汇总的特准退税企业增值税专用发票申报数据按发票代码和号码、购方纳税人识别号(指上报电子数据中的Nsrdj-no字段)在总局增值税专用发票稽核结果数据库中查找,对查找到的相应稽核结果信息和协查信息进行下发,并对查找不到的数据进行清理,发回上传地。

(三)总局对上述(一)、(二)中的数据下发和补发工作于每月22日前处理一次,自7月份开始统一使用出口退税用专用发票稽核结果数据传输系统进行下发,出口退税用专用发票稽核结果数据传输系统相关升级工作将于近期部署,相关工作另行通知。

各级税务机关要充分认识审核疑点数据和特准退税企业的增值税专用发票申报数据报送和处理工作的重要性,积极做好文件转发和宣传工作,确保出口退税审核工作的顺利进行。

附件:增值税专用发票稽核结果审核疑点数据格式及文件命名规则(编者略)

注释:

条款失效。第二条失效。参见:1.《国家税务总局关于公布全文失效废止 部分条款失效废止的税收规范性文件目录的公告》(国家税务总局公告2011年第2号)。2.《国家税务总局关于发布已失效或废止的税收规范性文件目录的通知》(国税发〔2006〕62号)。

1 -4 -294

国家税务总局　商务部关于取消出口退(免)税稽核程序的通知

2004 年 8 月 3 日　国税发〔2004〕101 号

为贯彻落实国务院关于改革出口退税机制的决定精神,进一步加快出口货物退(免)税申报进度,简化出口退(免)税程序,经研究,决定自 2004 年 8 月 1 日起,出口企业在向主管出口退(免)税的税务机关申报办理出口货物退(免)税前,不再报经外经贸主管部门稽核签章。出口企业在货物报关出口后,直接向其主管出口退(免)税的税务机关申报办理出口退(免)税手续。《国家税务总局关于印发〈出口货物退(免)税管理办法〉的通知》(国税发〔1994〕31 号)第十三条等相关规定同时停止执行。

特此通知。

1 -4 -295

财政部　国家税务总局　海关总署关于国内货物进入苏州工业园区海关保税物流中心(B 型试点)准予退税的通知

2004 年 8 月 3 日　财税〔2004〕133 号

各省、自治区、直辖市、计划单列市财政厅(局)、国家税务局,新疆生产建设兵团财务局,南京海关:

为落实《苏州工业园区中国新加坡联合协调理事会第八次中方理事会议纪要》(国阅〔2004〕71 号)关于国内货物进入苏州工业园区海关保税物流中心(B 型试点)视同出口经审核予以退税意见的精神,现将有关退税事宜通知如下:

一、国内货物进入苏州工业园区海关保税物流中心(B 型试点),视同出口,享受出口退税政策,海关按规定签发出口退税报关单。企业凭报关单出口退税联向主管出口退税的税务部门申请办理出口退(免)税手续。具体退税管理办法由国家税务总局会同海关总署另行制定。

二、苏州工业园区海关保税物流中心(B 型试点)内的货物进入内地的,视同进口,海关在货物出苏州工业园区海关保税物流中心(B 型试点)时,依据货物的实际状态,按照有关政策规定对视同进口的货物办理进口报关以及征、免税,或保税等验放手续。

三、苏州工业园区海关保税物流中心(B 型试点)是对保税仓储物流监管制度的重大改革尝试,请当地海关和国税部门务必认真做好试点的各项工作,试点中出现的问题请及时报告海关总署加工贸易管理司和国家税务总局进出口税收管理司。

特此通知。

1－4－296

海关总署　国家税务总局关于对中国免税品(集团)总公司经营的国产商品监管和退税有关事宜的通知

2004年9月30日　署监发〔2004〕403号

广东分署,天津、上海特派办,各直属海关,各省、自治区、直辖市、计划单列市国家税务局:

为落实国务院有关文件精神,按照《财政部　国家税务总局　海关总署关于中国免税品(集团)总公司扩大退税国产品经营范围和简化退税手续的通知》(财税〔2002〕201号)要求,现对中国免税品(集团)总公司(以下简称"中免公司")经营国产商品监管和退税有关事宜明确如下:

一、本通知规定仅适用于中免公司统一采购专供出境免税店销售的国产商品(以下简称"国产品")。

二、国产品应存入经海关批准的中免公司专用海关监管仓库,或其下属各类免税店专用于存放免税商品的海关监管仓库。中免公司应提交下列单证办理国产品报关、入库手续:

(一)加盖有"中国免税品(集团)总公司报关专用章"(式样见附件1)的《出口货物报关单》(以下简称报关单)一式四份,具体填写规范见附件2;

(二)中免公司的《国产商品入库明细单》(式样见附件3)。

三、海关验核无误后,在报关单上加盖"海关验讫章",并将其中2份报关单(其中1份为办理退税专用联)退中免公司,同时上传电子数据。

四、对报关进入海关监管仓库的国产品视同出口,退还增值税进项税额及消费税;对出境免税店销售的上述商品免征增值税。

五、国产品报关进入海关监管仓库后,中免公司可凭下列单证按月到其所在地主管退税机关申请办理退税手续:

(一)加盖有"中国免税品(集团)总公司报关专用章"和海关"验讫章"的《出口货物报关单》(出口退税联);

(二)中免公司购进货品的《增值税专用发票》;

(三)消费税税收(出口货物专用)缴款书或出口货物完税分割单;

(四)增值税税收(出口货物专用)缴款书或出口货物完税分割单。中免公司从一般纳税人购进的货物申报退税时免予提供此单证;

(五)税务机关要求的其他单证。

六、主管国税机关对上述单证与相关电子信息审核无误后,按下列计算公式办理退税手续：

应退增值税 = 购进出口货物增值税专用发票所列明的进项金额 × 法定增值税退税率

应退消费税 = 购进出口货物增值税专用发票所列明的进项金额（出口数量）× 消费税税率（单位税额）

七、对已报关进入海关监管仓库并办理退税手续的国产品，如因退货等特殊原因需调出海关监管仓库的，已退税款应由中免公司补缴入库。主管中免公司出口退税的税务机关应根据其税收缴款书，为其办理退运补税证明，需转国内销售的并应办理出口转内销证明。主管海关凭有关退运补税证明准其调出海关监管仓库，并办理相关手续。

八、海关和税务部门应互相配合，加强协作，做好对国产品的入、出库监管工作，防止骗税发生，确保此项政策得以顺利有效实施。

以上请遵照执行。原所发文件规定与本通知规定相抵触的，一律以本通知为准。

特此通知。

附件：1. 中国免税品（集团）总公司报关专用章印模（编者略）

2. 中国免税品（集团）总公司退税经营国产品报关单填制方法（编者略）

3. 中国免税品（集团）总公司的《国产商品入库明细单》（编者略）

1 －4 －297

国家税务总局关于生产企业免抵调库有关核销问题的通知

2004 年 11 月 10 日　国税函〔2004〕1240 号

各省、自治区、直辖市和计划单列市国家税务局：

为确保出口退税机制改革的顺利运行，今年初我局下发了《国家税务总局关于做好 2004 年生产企业出口货物免抵税额调库工作有关问题的紧急通知》（国税发明电〔2004〕8 号），规定对生产企业 2004 年 1 月 1 日以后出口的货物，要根据海关出口货物报关单电子信息（口岸电子执法系统 003 数据）计算并办理免抵调库，同时规定年底前要对已先行办理免抵调库手续的税款进行核销。从目前的情况看，随着生产企业收集退税单证时间加快，“免、抵、退”税工作已走入正常轨道，鉴于此，为做好按 003 数据已办理免抵调库的核销工作，现通知如下：

一、自 2004 年 11 月 1 日起，各地不再按照 003 数据计算办理免抵调库。各地应按照《国家税务总局关于印发〈生产企业出口货物“免、抵、退”税管理操作规程〉（试行）的通知》（国税发〔2002〕11 号）及其他有关规定，在单证齐全的基础上，做好免抵调库的审核、办理工作。

二、对 2004 年 11 月 1 日以前已经依据 003 数据办理的免抵调库，原则上应在 2004 年 12 月 31 日以前办理完核销，少数不能在年底以前核销的，也必须在 2004 年度清算期结束前核销完毕。

三、各地在接到此通知后，应迅速向基层单位传达。

注释：

条款失效或废止。第二条、第三条失效或废止。参见：《国家税务总局关于发布已失效或废止的税收规范性文件目录的通知》（国税发〔2006〕62号）。

1－4－298

财政部　国家税务总局关于提高部分信息技术（IT）产品出口退税率的通知

2004年12月10日　财税〔2004〕200号

各省、自治区、直辖市、计划单列市财政厅（局）、国家税务局，财政部驻各省、自治区、直辖市、计划单列市财政监察专员办事处，新疆生产建设兵团财务局：

经国务院批准，对部分信息技术（IT）产品出口退税率提高到17%。现将有关问题通知如下：

一、出口退税率由现行的13%提高到17%的IT产品包括集成电路、分立器件（部分）、移动通讯基地站、以太网络交换机、路由器、手持（车载）无线电话、其他微型数字式自动数据处理机、系统形式的微型机、液晶显示器、阴极射线显示器、硬盘驱动器、未列名数字式自动数据处理机设备、其他存储部件、数控机床（具体产品见附件）。

二、本通知自2004年11月1日起执行［具体实施时间按“出口货物报关单（出口退税联）”上海关注明的出口日期为准］。

特此通知。

附件：提高部分IT产品出口退税率目录（编者略）

1－4－299

财政部　国家税务总局关于恢复桐木板材出口退税的通知

2004年12月17日　财税〔2004〕201号

各省、自治区、直辖市、计划单列市财政厅（局）、国家税务局，财政部驻各省、自治区、直辖市、计划单列市财政监察专员办事处，新疆生产建设兵团财务局：

经国务院批准，决定恢复桐木板材的出口退税率。现将有关问题通知如下：

一、税号为44079920的桐木板材，出口退税率为13%。

二、本通知自2004年6月1日起执行（具体实施时间按“出口货物报关单（出口退税联）”上海关注明的出口日期为准）。

特此通知。

1 -4 -300

财政部　国家税务总局关于取消电解铝铁合金等商品出口退税的通知

2004 年 12 月 22 日　财税〔2004〕214 号

各省、自治区、直辖市、计划单列市财政厅(局)、国家税务局、新疆生产建设兵团财务局:

经国务院批准,自 2005 年 1 月 1 日起(具体执行时间按《出口货物报关单[出口退税联]》上海关注明的出口日期为准)取消下列商品的出口退(免)税政策:

序　号	商　品　名　称	税　则　号　列
1	未锻轧非合金铝	76011000
2	未锻轧铝合金	76012000
3	锰铁	72021100,72021900
4	硅铁	72022100,72022900
5	硅锰铁	72023000
6	铬铁	72024100,72024900
7	硅铬铁	72025000
8	镍铁	72026000
9	钼铁	72027000
10	钨铁	72028010
11	硅钨铁	72028020
12	钛铁及硅钛铁	72029100
13	钒铁	72029200
14	铌铁	72029300
15	其他铁合金	72029900
16	磷	28047010,28047090
17	碳化钙	28491000

1－4－301

财政部　国家税务总局关于取消未锻轧镍出口退税的通知

2004 年 12 月 28 日　财税〔2004〕224 号

各省、自治区、直辖市、计划单列市财政厅(局)、国家税务局，新疆生产建设兵团财务局：

经国务院批准，自 2005 年 1 月 1 日起取消税则号为 75021000 和 75022000 未锻轧镍的出口退(免)税政策。具体执行时间按《出口货物报关单[出口退税联]》上海关注明的出口日期为准。

1－4－302

海关总署　国家税务总局关于在深圳、厦门关区符合条件的出口监管仓库进行入仓退税政策试点的通知

2005 年 1 月 10 日　署加发〔2005〕39 号

深圳海关、厦门海关，各省、自治区、直辖市和计划单列市国家税务局：

今年年初，深圳市人民政府和厦门市人民政府分别来函，要求在本地区开展入仓退税工作试点。经研究，鉴于深圳、厦门地区出口监管仓库业务量大，入仓货物的实际出口离境率高，仓储企业经营较为规范，普遍实现了计算机管理，同意在深圳、厦门关区的符合条件的出口监管仓库进行入仓退税政策的试点，并将试点工作有关事项通知如下：

一、为规范出口监管仓库货物的入仓即予退税的管理工作，海关总署和国家税务总局联合制定了《出口监管仓库货物入仓即予退税暂行管理办法》(以下简称《办法》，见附件)对实行入仓退税政策的出口监管仓库和享受入仓退税政策的出口货物的管理做了明确的规定，请认真贯彻执行。

二、试点地区的有关海关和国税部门应严格按照《办法》规定的入仓退税条件进行审核，并定期复核，达不到条件的出口监管仓库不得实行入仓退税政策。

三、未实行入仓退税的出口监管仓库仍按现行有关规定办理出口退税手续。

四、试点地区的有关海关和国税部门在试点过程中要加强联系配合，认真做好此项政策的日常管理工作，总结经验，及时将有关情况和问题上报海关总署和国家税务总局。

附件：《出口监管仓库货物入仓即予退税暂行管理办法》

附件

出口监管仓库货物入仓即予退税暂行管理办法

第一条 为促进我国现代物流业的健康发展,规范出口监管仓库货物入仓即予退税的管理,根据《中华人民共和国海关法》、《中华人民共和国税收征管法》和国家有关法律、行政法规,制定本办法。

第二条 经海关和国家税务部门同意实行"国内货物进入出口监管仓库,视同出口,享受出口退税政策"(以下简称入仓退税政策)的出口监管仓库及所存货物适用本办法。

第三条 享受入仓退税政策的出口监管仓库,除了具备一般出口监管仓库条件外,还需具备以下条件:

(一)经营出口监管仓库的企业经营情况正常,无走私或重大违规行为,具备向海关缴纳税款的能力;

(二)上一年度入仓货物实际出仓离境率不低于99%;

(三)对入仓货物实行全程计算机管理,具有符合海关监管要求的计算机管理系统;

(四)不得存放用于深加工结转的货物;

(五)具有符合海关监管要求的隔离设施、监管设施及其他必要的设施。

第四条 符合入仓退税条件的出口监管仓库由其所在地主管海关和主管税务机关审核无误后报直属海关和省国税局核准后,本年度即可开展入仓退税业务。年度终了后,上述仓库达不到本办法第三条规定条件的,下年度应取消其入仓退税政策。

第五条 国内货物存入实行入仓退税政策的出口监管仓库并办结出口报关手续后,由主管海关向出口企业签发"出口货物报关单(出口退税专用)"。

以转关运输方式存入出口监管仓库的出口货物,启运地海关应在收到出口监管仓库主管海关确认货物已实际入仓的转关核销电子回执后,向出口企业签发"出口货物报关单(出口退税专用)"。

上述出口货物报关单电子信息应纳入电子口岸执法管理系统,以便国税部门及时审核、审批出口退(免)税。

第六条 存入出口监管仓库的出口货物应当在海关规定的期限内离境出口。

第七条 已签发退税出口专用报关单的入仓货物,原则上不允许再转为境内销售,因特殊原因确需退运或转为境内销售的,按以下规定办理相关手续:

(一)对退运、退关货物,出口企业必须向注册地主管税务部门申请证明,证明其货物未办理出口退税,或所退税款已退还主管税务部门。企业凭有关证明材料和出口单证向主管海关申请办理相关手续,主管海关对企业提供的证明材料向主管税务部门核实无误后予以办理。

转关入仓货物申请退运的,出口企业应凭启运地海关和企业注册地主管税务部门有关证明材料和出口单证向主管海关办理相关手续。

(二)转入国内市场销售的货物,主管海关应按照国货复进口货物的有关规定进行管理和验放。

(三)年退税、退运货物不得超过离境货物的1%。

第八条 出口监管仓库企业通过隐瞒真实情况、提供虚假资料等不正当手段取得入仓退税政策的,依法予以处罚并取消其入仓退税政策。

第九条 出口企业和出口监管仓库企业的违法行为,依照《中华人民共和国海关法》、《中华人民共和国税收征管法》予以处罚。构成犯罪的,依法追究刑事责任。

第十条 本办法由海关总署和国家税务总局负责解释。

第十一条 本办法自2004年12月1日施行。

1-4-303

国家税务总局关于印发《出口货物退(免)税管理办法(试行)》的通知

2005年3月16日 国税发〔2005〕51号

各省、自治区、直辖市和计划单列市国家税务局,局内各单位:

为规范出口货物退(免)税管理,根据《中华人民共和国税收征收管理法》、《中华人民共和国税收征收管理法实施细则》、《中华人民共和国增值税暂行条例》、《中华人民共和国消费税暂行条例》以及国家其他有关出口货物退(免)税规定,国家税务总局制定了《出口货物退(免)税管理办法(试行)》,现印发给你们,请遵照执行。

出口货物退(免)税管理办法(试行)

第一章 总 则

第一条 为规范出口货物退(免)税管理,根据《中华人民共和国税收征收管理法》、《中华人民共和国税收征收管理法实施细则》、《中华人民共和国增值税暂行条例》、《中华人民共和国消费税暂行条例》以及国家其他有关出口货物退(免)税规定,制定本管理办法。

第二条 出口商自营或委托出口的货物,除另有规定者外,可在货物报关出口并在财务上做销售核算后,凭有关凭证报送所在地国家税务局(以下简称税务机关)批准退还或免征其增值税、消费税。

本办法所述出口商包括对外贸易经营者、没有出口经营资格委托出口的生产企业、特定退(免)税的企业和人员。

上述对外贸易经营者是指依法办理工商登记或者其他执业手续,经商务部及其授权单位赋予出口经营资格的从事对外贸易经营活动的法人、其他组织或者个人。其中,个人(包括外国人)是指注册登记为个体工商户、个人独资企业或合伙企业。

上述特定退(免)税的企业和人员是指按国家有关规定可以申请出口货物退(免)税的

企业和人员。

第三条　出口货物的退（免）税范围、退税率和退（免）税方法，按国家有关规定执行。

第四条　税务机关应当按照办理出口货物退（免）税的程序，根据工作需要，设置出口货物退（免）税认定管理、申报受理、初审、复审、调查、审批、退库和调库等相应工作岗位，建立岗位责任制。因人员少需要一人多岗的，人员设置必须遵循岗位监督制约机制。

第二章　出口货物退（免）税认定管理

第五条　对外贸易经营者按《中华人民共和国对外贸易法》和商务部《对外贸易经营者备案登记办法》的规定办理备案登记后，没有出口经营资格的生产企业委托出口自产货物（含视同自产产品，下同），应分别在备案登记、代理出口协议签订之日起30日内持有关资料，填写《出口货物退（免）税认定表》，到所在地税务机关办理出口货物退（免）税认定手续。

特定退（免）税的企业和人员办理出口货物退（免）税认定手续按国家有关规定执行。

第六条　已办理出口货物退（免）税认定的出口商，其认定内容发生变化的，须自有关管理机关批准变更之日起30日内，持相关证件向税务机关申请办理出口货物退（免）税认定变更手续。

第七条　出口商发生解散、破产、撤销以及其他依法应终止出口货物退（免）税事项的，应持相关证件、资料向税务机关办理出口货物退（免）税注销认定。

对申请注销认定的出口商，税务机关应先结清其出口货物退（免）税款，再按规定办理注销手续。

第三章　出口货物退（免）税申报及受理

第八条　出口商应在规定期限内，收齐出口货物退（免）税所需的有关单证，使用国家税务总局认可的出口货物退（免）税电子申报系统生成电子申报数据，如实填写出口货物退（免）税申报表，向税务机关申报办理出口货物退（免）税手续。逾期申报的，除另有规定者外，税务机关不再受理该笔出口货物的退（免）税申报，该补税的应按有关规定补征税款。

第九条　出口商申报出口货物退（免）税时，税务机关应及时予以接受并进行初审。经初步审核，出口商报送的申报资料、电子申报数据及纸质凭证齐全的，税务机关受理该笔出口货物退（免）税申报。出口商报送的申报资料或纸质凭证不齐全的，除另有规定者外，税务机关不予受理该笔出口货物的退（免）税申报，并要当即向出口商提出改正、补充资料、凭证的要求。

税务机关受理出口商的出口货物退（免）税申报后，应为出口商出具回执，并对出口货物退（免）税申报情况进行登记。

第十条　出口商报送的出口货物退（免）税申报资料及纸质凭证齐全的，除另有规定者外，在规定申报期限结束前，税务机关不得以无相关电子信息或电子信息核对不符等原因，拒不受理出口商的出口货物退（免）税申报。

第四章　出口货物退（免）税审核、审批

第十一条　税务机关应当使用国家税务总局认可的出口货物退（免）税电子化管理系

统以及总局下发的出口退税率文库，按照有关规定进行出口货物退（免）税审核、审批，不得随意更改出口货物退（免）税电子化管理系统的审核配置、出口退税率文库以及接收的有关电子信息。

第十二条 税务机关受理出口商出口货物退（免）税申报后，应在规定的时间内，对申报凭证、资料的合法性、准确性进行审查，并核实申报数据之间的逻辑对应关系。根据出口商申报的出口货物退（免）税凭证、资料的不同情况，税务机关应当重点审核以下内容：

（一）申报出口货物退（免）税的报表种类、内容及印章是否齐全、准确。

（二）申报出口货物退（免）税提供的电子数据和出口货物退（免）税申报表是否一致。

（三）申报出口货物退（免）税的凭证是否有效，与出口货物退（免）税申报表明细内容是否一致等。重点审核的凭证有：

1. 出口货物报关单（出口退税专用）。出口货物报关单必须是盖有海关验讫章，注明“出口退税专用”字样的原件（另有规定者除外），出口报关单的海关编号、出口商海关代码、出口日期、商品编号、出口数量及离岸价等主要内容应与申报退（免）税的报表一致。

2. 代理出口证明。代理出口货物证明上的受托方企业名称、出口商品代码、出口数量、离岸价等应与出口货物报关单（出口退税专用）上内容相匹配并与申报退（免）税的报表一致。

3. 增值税专用发票（抵扣联）。增值税专用发票（抵扣联）必须印章齐全，没有涂改。增值税专用发票（抵扣联）的开票日期、数量、金额、税率等主要内容应与申报退（免）税的报表匹配。

4. 出口收汇核销单（或出口收汇核销清单，下同）。出口收汇核销单的编号、核销金额、出口商名称应当与对应的出口货物报关单上注明的批准文号、离岸价、出口商名称匹配。

5. 消费税税收（出口货物专用）缴款书。消费税税收（出口货物专用）缴款书各栏目的填写内容应与对应的发票一致；征税机关、国库（银行）印章必须齐全并符合要求。

第十三条 在对申报的出口货物退（免）税凭证、资料进行人工审核后，税务机关应当使用出口货物退（免）税电子化管理系统进行计算机审核，将出口商申报出口货物退（免）税提供的电子数据、凭证、资料与国家税务总局及有关部门传递的出口货物报关单、出口收汇核销单、代理出口证明、增值税专用发票、消费税税收（出口货物专用）缴款书等电子信息进行核对。审核、核对重点是：

（一）出口报关单电子信息。出口报关单的海关编号、出口日期、商品代码、出口数量及离岸价等项目是否与电子信息核对相符。

（二）代理出口证明电子信息。代理出口证明的编号、商品代码、出口日期、出口离岸价等项目是否与电子信息核对相符。

（三）出口收汇核销单电子信息。出口收汇核销单号码等项目是否与电子信息核对相符。

（四）出口退税率文库。出口商申报出口退（免）税的货物是否属于可退税货物，申报的退税率与出口退税率文库中的退税率是否一致。

（五）增值税专用发票电子信息。增值税专用发票的开票日期、金额、税额、购货方及销售方的纳税人识别号、发票代码、发票号码是否与增值税专用发票电子信息核对相符。

在核对增值税专用发票时应使用增值税专用发票稽核、协查信息。暂未收到增值税专用发票稽核、协查信息的，税务机关可先使用增值税专用发票认证信息，但必须及时用相关稽核、协查信息进行复核；对复核有误的，要及时追回已退（免）税款。

（六）消费税税收（出口货物专用）缴款书电子信息。消费税税收（出口货物专用）缴款书的号码、购货企业海关代码、计税金额、实缴税额、税率（额）等项目是否与电子信息核对相符。

第十四条 税务机关在审核中，发现的不符合规定的申报凭证、资料，税务机关应通知出口商进行调整或重新申报；对在计算机审核中发现的疑点，应当严格按照有关规定处理；对出口商申报的出口货物退（免）税凭证、资料有疑问的，应分别以下情况处理：

（一）凡对出口商申报的出口货物退（免）税凭证、资料无电子信息或核对不符的，应及时按照规定进行核查。

（二）凡对出口货物报关单（出口退税专用）、出口收汇核销单等纸质凭证有疑问的，应向相关部门发函核实。

（三）凡对防伪税控系统开具的增值税专用发票（抵扣联）有疑问的，应向同级税务稽查部门提出申请，通过税务系统增值税专用发票协查系统进行核查。

（四）对出口商申报出口货物的货源、纳税、供货企业经营状况等情况有疑问的，税务机关应按国家税务总局有关规定进行发函调查，或向同级税务稽查部门提出申请，由税务稽查部门按有关规定进行调查，并依据回函或调查情况进行处理。

第十五条 出口商提出办理相关出口货物退（免）税证明的申请，税务机关经审核符合有关规定的，应及时出具相关证明。

第十六条 出口货物退（免）税应当由设区的市、自治州以上（含本级）税务机关根据审核结果按照有关规定进行审批。

税务机关在审批后应当按照有关规定办理退库或调库手续。

第五章 出口货物退（免）税日常管理

第十七条 税务机关对出口货物退（免）税有关政策、规定应及时予以公告，并加强对出口商的宣传辅导和培训工作。

第十八条 税务机关应做好出口货物退（免）税计划及其执行情况的分析、上报工作。税务机关必须在国家税务总局下达的出口退（免）税计划内办理退库和调库。

第十九条 税务机关遇到下述情况，应及时结清出口商出口货物的退（免）税款：

（一）出口商发生解散、破产、撤销以及其他依法应终止出口退（免）税事项的，或者注销出口货物退（免）税认定的。

（二）出口商违反国家有关政策法规，被停止一定期限出口退税权的。

第二十条 税务机关应建立出口货物退（免）税评估机制和监控机制，强化出口货物退（免）税管理，防止骗税案件的发生。

第二十一条 税务机关应按照规定，做好出口货物退（免）税电子数据的接收、使用和管理工作，保证出口货物退（免）税电子化管理系统的安全，定期做好电子数据备份及设备维护工作。

第二十二条 税务机关应建立出口货物退(免)税凭证、资料的档案管理制度。出口货物退(免)税凭证、资料应当保存10年。但是,法律、行政法规另有规定的除外。具体管理办法由各省级国家税务局制定。

第六章 违章处理

第二十三条 出口商有下列行为之一的,税务机关应按照《中华人民共和国税收征收管理法》第六十条规定予以处罚:

(一)未按规定办理出口货物退(免)税认定、变更或注销认定手续的;

(二)未按规定设置、使用和保管有关出口货物退(免)税账簿、凭证、资料的。

第二十四条 出口商拒绝税务机关检查或拒绝提供有关出口货物退(免)税账簿、凭证、资料的,税务机关应按照《中华人民共和国税收征收管理法》第七十条规定予以处罚。

第二十五条 出口商以假报出口或其他欺骗手段骗取国家出口退税款的,税务机关应当按照《中华人民共和国税收征收管理法》第六十六条规定处理。

对骗取国家出口退税款的出口商,经省级以上(含本级)国家税务局批准,可以停止其六个月以上的出口退税权。在出口退税权停止期间自营、委托和代理出口的货物,一律不予办理退(免)税。

第二十六条 出口商违反规定需采取税收保全措施和税收强制执行措施的,税务机关应按照《中华人民共和国税收征收管理法》及《中华人民共和国税收征收管理法实施细则》的有关规定执行。

第七章 附则

第二十七条 本办法未列明的其他管理事项,按《中华人民共和国税收征收管理法》、《中华人民共和国税收征收管理法实施细则》等法律、行政法规的有关规定办理。

第二十八条 本办法由国家税务总局负责解释。

第二十九条 本办法自2005年5月1日起施行。此前规定与本办法不一致的,以本办法为准。

注释:

条款修改。根据《第十三届全国人民代表大会第一次会议关于国务院机构改革方案的决定》等有关规定,税收规范性文件规定的国税地税机关的职责和工作由新的税务机关承担。国家税务总局依据《税收规范性文件制定管理办法》(国家税务总局令第41号公布),对税收规范性文件进行了清理。参见:《国家税务总局关于修改部分税收规范性文件的公告》(国家税务总局公告2018年第31号)。

1－4－304

财政部　国家税务总局　国家发展改革委关于暂停尿素和磷酸氢二铵出口退税的补充通知

2005年3月28日　财税〔2005〕51号

各省、自治区、直辖市、计划单列市财政厅(局)、国家税务局、发展改革委,新疆生产建设兵团财务局:

为了稳定国内化肥市场的供应,经研究,现对《财政部、国家税务总局关于继续停止化肥出口退税的紧急通知》(财税明电〔2004〕4号)中有关问题补充通知如下:

自2005年4月1日起,出口商品代码为:3102100010、3102100090、31028000的尿素产品,和出口商品代码为:3105300010、3105300090、31054000的磷酸氢二铵产品,不论出口合同是否备案,一律暂停出口退税。具体执行日期,以"出口货物报关单(出口退税专用)"上海关注明的出口日期为准。

请遵照执行。

1－4－305

财政部　国家税务总局关于钢坯等钢铁初级产品停止执行出口退税的通知

2005年3月28日　财税〔2005〕57号

各省、自治区、直辖市、计划单列市财政厅(局)、国家税务局、新疆生产建设兵团财务局:

经国务院批准,从2005年4月1日起对税则号为7203、7205、7206、7207、7218、7224项下的钢铁初级产品,停止执行出口退税政策。具体执行日期以"出口货物报关单(出口退税专用)"上海关注明的出口日期为准。

特此通知。

1－4－306

财政部　国家税务总局关于调整部分产品出口退税率的通知

2005年4月29日　财税〔2005〕75号

各省、自治区、直辖市、计划单列市财政厅(局)、国家税务局,新疆生产建设兵团财务局:

经国务院批准,自2005年5月1日起调整下列产品的出口退税率:

一、将煤炭,钨、锡、锌、锑及其制品的出口退税率下调为8%。具体税号见附表1。

二、取消稀土金属、稀土氧化物、稀土盐类,金属硅,钼矿砂及其精矿,轻重烧镁,氟石、滑石、碳化硅,木粒、木粉、木片的出口退税政策。具体税号见附表2。

具体执行时间按《出口货物报关单[出口退税专用]》上海关注明的出口日期为准。

特此通知。

附表:1. 出口退税率下调为8%的产品目录(编者略)

2. 取消出口退税的产品目录(编者略)

1－4－307

财政部　国家税务总局关于出口复合竹地板有关事宜的通知

2005年5月23日　财税〔2005〕93号

各省、自治区、直辖市、计划单列市财政厅(局)、国家税务局、新疆生产建设兵团财务局:

根据《财政部　国家税务总局关于调整出口货物退税率的通知》(财税〔2003〕222号)规定,从2004年1月1日起取消了部分木材产品的出口退税,其中包括海关商品代码的头四位"4409"章节项下的木材、木地板。由于当时竹地板没有单独的商品代码,与木地板一同归入"4409"章节中,使出口竹地板不能取得出口退税。2005年国务院税则委员会决定在《中华人民共和国进出口税则(2005年版)》的"4409"章节中增加竹地板商品名称,税则号为"44092011",将木制地板与竹制地板加以区分。为体现出口退税政策的调节作用,现将多层复合竹地板有关出口退税事宜通知如下:

一、对税号44092011项下的"一边或面制成连续形状的濒危竹地板条、块"(海关商品码为4409201110)的出口退税率核定为0%;

二、对税号44092011项下的"一边或面制成连续形状的其他竹地板条、块"(海关商品码为4409201110)的出口退税率核定为13%。

三、上述规定从2005年1月1日起执行。

1 -4 -308

财政部 国家税务总局关于停止执行加工出口专用钢材有关税收政策的通知

2005 年 6 月 15 日 财税〔2005〕105 号

各省、自治区、直辖市、计划单列市财政厅(局)、国家税务总局,新疆生产建设兵团财务局:

经国务院批准,取消现行的“加工出口专用钢材”相关税收政策,现将有关事项通知如下:

一、自 2005 年 7 月 1 日起,下列文件予以废止:

1.《关于列名企业销售到保税区“以产顶进”国产钢材予以退税的通知》(财税字〔1998〕53 号);

2.《财政部、国家经济贸易委员会、国家税务总局、海关总署关于改进钢材“以产顶进”办法的补充通知》(财税字〔1999〕34 号);

3.《国家经济贸易委员会、财政部、国家税务总局、海关总署关于改进钢材“以产顶进”办法的通知》(国经贸贸易〔1999〕144 号);

4.《国家税务总局、国家经贸委、财政部、海关总署、国家外汇管理局关于印发〈钢材“以产顶进”改进办法实施细则〉的通知》(国税发〔1999〕68 号);

5.《国家经济贸易委员会、财政部、国家税务总局、海关总署关于调整钢材“以产顶进”工作有关问题的通知》(国经贸外经〔2002〕381 号);

6.《财政部、国家税务总局关于列名钢铁企业销售“加工出口专用钢材”适用退税率的通知》(财税〔2004〕15 号);

7.《国家税务总局、商务部关于确定“加工出口专用钢材”列名钢铁企业有关问题的通知》(国税发〔2004〕102 号)。

二、自 2005 年 7 月 1 日起,对列名钢铁企业销售给国内加工出口企业用于生产出口产品的国产钢材,一律按规定征收增值税并开具增值税专用发票,不再办理免、抵税。

三、对已下达的 2005 年度免税“加工出口专用钢材”计划,由国家税务总局调整后另行下达。列名钢铁企业应于 2005 年 6 月 30 日前将已调整的计划内“加工出口专用钢材”销售完毕;监管小组也应于 2005 年 6 月 30 日前开具完毕《以产顶进钢材监管书》。

四、对列名钢铁企业 2005 年 6 月 30 日前销售并开具《以产顶进钢材监管书》的“加工出口专用钢材”,列名钢铁企业所在地税务机关在办理完毕免、抵税手续后 3 个月内,仍未收到加工出口企业所在地税务机关签发的《以产顶进钢材购进确认单》的,应追缴列名钢铁企业上述“免、抵”税款,同时按规定缴纳滞纳金。

五、对 2005 年 6 月 30 日以前列名钢铁企业已经免税销售给加工出口企业的“加工出口专用钢材”,加工出口企业所在地税务机关仍应按照《国家税务总局、国家经贸委、财政部、海关总署、国家外汇管理局关于印发〈钢材“以产顶进”改进办法实施细则〉的通知》(国税发〔1999〕68号)等规定,继续做好加工出口企业使用已免税“加工出口专用钢材”生产出口产品的税收管理工作。

特此通知。

1－4－309

财政部　国家税务总局关于取消未锻轧锰出口退税政策的通知

2005年7月21日　财税〔2005〕119号

各省、自治区、直辖市、计划单列市财政厅(局)、国家税务局,新疆生产建设兵团财务局:

经国务院批准,自2005年8月1日起取消税号为81110010未锻轧锰、锰废碎料、粉末的出口退税政策。具体执行时间按《出口货物报关单[出口退税专用]》上海关注明的出口日期为准。

特此通知。

1－4－310

国家税务总局关于亚麻油等出口货物退税问题的批复

2005年10月14日　国税函〔2005〕974号

辽宁省国家税务局:

你局《辽宁省国家税务局关于亚麻油等出口货物退税问题的请示》(辽国税发〔2005〕120号)收悉。经研究,批复如下:

一、亚麻油系亚麻籽经压榨或溶剂提取制成的干性油,不属于《农业产品征税范围注释》所规定的“农业产品”,适用的增值税税率应为17%。对出口企业出口的增值税按13%税率征税的亚麻油,你局应要求出口企业到供货企业换开按17%税率征税的增值税专用发票,办理退税。否则,不予退税。

二、硅酸锆系含锆矿石经研磨、提纯等工艺加工生产的灰白粉末状产品,不属于《财政部、国家税务总局关于调整金属矿、非金属矿采选产品增值税税率问题的通知》(财税字〔1994〕22号)所规定的“金属矿采选产品”,适用的增值税税率应为17%。对出口企业出口的增值税按13%税率征税的硅酸锆,你局应比照第一条的规定办理。

1-4-311

发展改革委　财政部　商务部　国土资源部　海关总署　国家税务总局环保总局关于控制部分高耗能、高污染、资源性产品出口有关措施的通知

2005年12月9日　发改经贸〔2005〕2595号

各省、自治区、直辖市和计划单列市、新疆生产建设兵团发展改革委、财政厅（局）、商务主管部门、国土资源厅（国土环境资源厅、国土资源局、国土资源和房屋管理局、规划和国土资源管理局）、海关总署广东分署，海关天津、上海特派办，各直属海关、国家税务局、环境保护局（厅）：

根据国务院常务会议关于控制高耗能、高污染、资源性产品出口的精神，今年以来国家先后采取一系列措施控制钢铁、电解铝、铁合金、成品油等产品出口，取得较好效果。但部分高耗能、高污染、资源性产品出口问题仍比较突出。经报请国务院批准，现将进一步控制部分高耗能、高污染、资源性产品出口有关措施通知如下：

一、停止部分产品的加工贸易。2006年1月1日起，将进口滴滴涕原药、六氯苯中间体、氯丹原药、六六六原药、对氯苯基及三氯乙醇原药、五氯酚钠原药、三环锡原药等农药原药，出口农药；进口分散染料，出口其制成品；进口木片、原木、木浆，出口木浆或纸张、纸板；进口生皮，出口半成品革或成品革；进口废铜或铜精矿，出口未锻轧铜列入加工贸易禁止类目录，不再审批上述品种的加工贸易合同。此前已经商务主管部门批准并在海关备案的上述品种的加工贸易业务，允许按现行规定在批准有效期内执行完毕，到期后不予延期。未能按规定加工复出口的，按加工贸易内销规定办理手册核销手续。上述政策也适用于出口加工区和保税区等海关特殊监管区域。具体由商务部、海关总署发文公告。

二、调整部分产品的出口退税政策。2006年1月1日起，取消煤焦油和生皮、生毛皮、蓝湿皮、湿革、干革的出口退税；将列入《PIC公约》（《对某些危险化学品及农药在国际贸易中采用事先知情同意程序》）和《POPSP公约》（《限制某些持久性有机污染物的具有法律约束力的国际文书》）中的25种农药品种，将分散染料，汞，钨、锌、锡、锑及其制品，金属镁及其初级产品，硫酸二钠，石蜡的出口退税率下调到5%。具体由财政部、国家税务总局另行通知。

三、控制部分资源性产品出口数量。对于部分可用竭的资源性产品，从保护国内资源的角度，在控制国内生产和消费的同时，也要进一步控制出口数量。对稀土等产品出口数量要适当调减。焦炭出口配额量维持上年水平，不再增加。严格控制以加工贸易方式出口成品油。汽、煤、柴油的出口数量，由商务部、国家发展改革委核定，海关按照核定数量放行。2006年，除大连西太平洋、湛江东兴炼厂以及部分必须履约的长期合同外，不再批准其他的原油加工贸易合同。中石油公司、中石化公司与境外企业签订的长期合同中必须履约

出口的(包括供应港、澳航煤等),尽量从上述企业加工贸易出口量中安排,确有困难的可按一般贸易出口。

各地要继续关注高耗能、高污染产业的发展状况,引导企业按照科学发展观的要求,通过技术创新,减少能源和资源耗费,延长产业链,提高出口商品的结构层次、技术含量和附加值,培育新的竞争优势。

1 -4 -312

财政部　国家税务总局关于调整煤焦油等产品出口退税率的通知

2005 年 12 月 23 日　财税〔2005〕184 号

各省、自治区、直辖市、计划单列市财政厅(局)、国家税务局,新疆生产建设兵团财务局:

经国务院批准,从 2006 年 1 月 1 日起调整下列产品的出口退税率:

一、取消煤焦油、生皮、生毛皮、蓝湿皮、湿革、干革的出口退税政策。具体见附表 1。

二、将列入《关于在国际贸易中对某些危险化学品和农药采用预先知情同意的鹿特丹公约》(《PIC 公约》)和《关于持久性有机污染物的斯德哥尔摩公约》(《POPS 公约》)中的 25 种农药,分散染料,汞,钨、锌、锡、锑及其制品,金属镁及其初级产品,硫酸二钠,石蜡的出口退税率下调为 5%。具体见附表 2。

特此通知。

附表:1. 取消出口退税的商品目录(编者略)

2. 出口退税率下调至 5% 的商品目录(编者略)

1 -4 -313

财政部　国家税务总局　国家发展改革委关于继续暂停部分化肥品种出口退税的通知

2005 年 12 月 29 日　财税〔2005〕192 号

各省、自治区、直辖市、计划单列市财政厅(局)、国家税务局、发展改革委,新疆生产建设兵团财务局:

经国务院批准,2006 年 1 月 1 日继续对出口商品代码为 3102100010、3102100090、31028000 的尿素产品和出口商品代码为 3105300010、3105300090、31054000 的磷酸氢二铵、磷酸氢一铵化肥产品,不论出口合同是否备案,一律暂停出口退税。具体执行日期,以“出口货物报关单(出口退税专用)”上海关注明的出口日期为准。

1 -4 -314

国家税务总局　商务部关于进一步规范外贸出口经营秩序切实加强出口货物退(免)税管理的通知

2006年2月13日　国税发〔2006〕24号

各省、自治区、直辖市和计划单列市国家税务局,商务主管部门:

为确保我国外贸出口的持续健康稳定发展,进一步规范外贸出口经营秩序,严禁出口企业从事"四自三不见"等不规范的出口业务,严格出口货物退(免)税管理,防范和打击骗取出口退税的违法犯罪活动,现将有关问题通知如下:

一、出口企业要规范出口经营行为,进一步建立和完善内部管理制度,加强对业务人员的素质教育,严格按照正常的贸易程序开展出口业务。出口企业要实质参与出口交易活动,确保出口业务的真实性,严格遵守国家有关出口退税法律法规。

二、为维护我国正常外贸经营秩序,确保国家出口退税机制的平稳运行,避免国家财产损失,凡自营或委托出口业务具有以下情况之一者,出口企业不得将该业务向税务机关申报办理出口货物退(免)税:

(一)出口企业将空白的出口货物报关单、出口收汇核销单等出口退(免)税单证交由除签有委托合同的货代公司、报关行,或由国外进口方指定的货代公司(提供合同约定或者其他相关证明)以外的其他单位或个人使用的;

(二)出口企业以自营名义出口,其出口业务实质上是由本企业及其投资的企业以外的其他经营者(或企业、个体经营者及其他个人)假借该出口企业名义操作完成的;

(三)出口企业以自营名义出口,其出口的同一批货物既签订购货合同,又签订代理出口合同(或协议)的;

(四)出口货物在海关验放后,出口企业自己或委托货代承运人对该笔货物的海运提单(其他运输方式的,以承运人交给发货人的运输单据为准,下同)上的品名、规格等进行修改,造成出口货物报关单与海运提单有关内容不符的;

(五)出口企业以自营名义出口,但不承担出口货物的质量、结汇或退税风险的,即出口货物发生质量问题不承担外方的索赔责任(合同中有约定质量责任承担者除外);不承担未按期结汇导致不能核销的责任(合同中有约定结汇责任承担者除外);不承担因申报出口退税的资料、单证等出现问题造成不退税责任的;

(六)出口企业未实质参与出口经营活动、接受并从事由中间人介绍的其他出口业务,但仍以自营名义出口的;

(七)其他违反国家有关出口退税法律法规的行为。

三、出口企业凡从事本通知第二条所述业务之一并申报退(免)税的,一经发现,该业务已退(免)税款予以追回,未退(免)税款不再办理。骗取出口退税款的,由税务机关追缴其骗取的退税款,并处骗取退税款一倍以上五倍以下罚款;并由省级以上(含省级)税务机关批准,停止其半年以上出口退税权。在停止出口退税权期间,对该企业自营、委托或代理出口的货物,一律不予办理出口退(免)税。涉嫌构成犯罪的,移送司法机关依法追究刑事责任。

四、各级税务机关、商务主管部门要进一步加强协作,做好政策宣传工作,积极引导出口企业从事正常的出口贸易,规范外贸经营程序,加强出口货物退(免)税管理。主管出口退(免)税的税务机关继续按现行规定的申报、审核、审批要求,做好出口企业正常出口货物的退(免)税申报、审核、审批管理。同时,税务机关和商务主管部门要加强信息沟通与交流,密切注意骗税新动向,对已发现的违法、违规行为,要严肃处理,不得以任何理由姑息、纵容出口企业从事违反国家有关规定、违背正常出口经营程序的出口业务。

五、本通知自2006年3月1日起执行(以出口货物报关单[出口退税专用]上注明的出口日期为准)。

1-4-315

商务部　财政部　海关总署
国家税务总局关于印发《产品全部直接出口的允许类外商投资企业产品出口情况检查暂行办法》的通知

2006年3月1日　商资发〔2006〕1号

各省、自治区、直辖市、计划单列市及新疆生产建设兵团商务主管部门、财政厅(局)、国税局,海关总署广东分署、各直属海关,财政部驻各省、自治区、直辖市、计划单列市财政监察专员办事处:

为执行《关于调整部分进口税收优惠政策的通知》(财税〔2002〕146号),商务部、财政部、海关总署和国家税务总局联合制定了《产品全部直接出口的允许类外商投资企业产品出口情况检查暂行办法》,现印发给你们,请遵照执行。执行中有何问题,请及时与相关部门联系。

附件:产品全部直接出口的允许类外商投资企业产品出口情况检查暂行办法

附件

产品全部直接出口的允许类外商投资企业产品出口情况检查暂行办法

第一条　按照财政部、原国家发展计划委员会、原国家经济贸易委员会、原对外贸易经济合作部、海关总署、国家税务总局《关于调整部分进口税收优惠政策的通知》(财税〔2002〕

146 号)的要求,为规范“产品全部直接出口的允许类外商投资企业”的经营活动,根据相关外商投资法律法规及海关监管法律法规的有关规定,制定本办法。

第二条　本办法适用“产品全部直接出口的允许类外商投资企业”(以下简称产品全部出口企业),即经审批部门依法批准并确认为“产品全部出口企业”,据此依法享受进口设备减免税政策的外商投资企业。

2002 年 10 月 1 日前设立的“产品全部出口企业”,产品的经营范围可归于其他鼓励类领域的,以及其他外商投资企业,不适用本办法。

第三条　本办法所称产品出口情况检查包括核查和调查。核查是指省、自治区、直辖市、计划单列市及新疆生产建设兵团商务主管部门(以下简称省级商务主管部门)会同财政部驻当地监察专员办事处、当地海关、国税部门(以下简称相关部门)对 2002 年 10 月 1 日以后设立的“产品全部出口企业”产品出口情况进行的检查。调查是指省级商务主管部门会同相关部门对 2002 年 10 月 1 日以前设立的“产品全部出口企业”产品出口情况进行的检查。

第四条　商务部负责“产品全部出口企业”产品出口检查工作的管理,并会同财政部、海关总署、国家税务总局指导全国的检查工作。省级商务主管部门会同相关部门负责对本地“产品全部出口企业”情况的检查。

第五条　核查的期限为“产品全部出口企业”投产之日起公历年度 5 年。如投产之日在当年 9 月 1 日之后的,核查期限从下一年度 1 月 1 日起计算。

第六条　接受产品出口情况核查的“产品全部出口企业”应于每年 1 月 31 日前将本企业上年度产品生产、出口或销售数量情况报告(以下简称报告)一式两份及出口产品涉及的进(出)口报关单证送达所在地省级商务主管部门。

“产品全部出口企业”所提交的报告应由企业法定代表人签署并加盖企业印章,其内容包括:企业名称、设立时间、投产时间、上年度产量、出口情况、是否在国内市场销售、企业本年度纳税情况等(详见附表),并附企业财务报告。

第七条　省级商务主管部门在收到报告后60 日内会同相关部门进行审核,对于产品出口情况符合本办法第十一条规定的,由商务主管部门与当地财政监察专员办、海关、国税部门在“产品全部出口企业”填报的报告上加注“产品出口情况属实”字样,并加盖印章。省级商务主管部门应在每年 4 月 15 日前,将审核后的本地区“产品全部出口企业”产品出口情况汇总后报商务部。

第八条　接受并通过年度核查的 2002 年 10 月 1 日以后设立的“产品全部出口企业”,应自收到加盖省级商务主管部门与当地海关、国税、财政监察专员办印章的“产品出口/销售数量情况报告”后 15 日内根据相关规定申办税收返还手续。

第九条　调查期限具体起止日期为:

(一)2002 年 10 月 1 日前已设立并已投产,2002 年 10 月 1 日后需继续在投资总额内进口设备的“产品全部出口企业”,调查期限为 2002 年 10 月 1 日起至企业投产后 5 年止。企业投产时,尚未实际投入生产使用的进口设备的调查期限,为该进口设备实际投入生产使用之日后 5 年止。

(二)2002 年 10 月 1 日前已设立但尚未投产,2002 年 10 月 1 日后需继续在投资总额内进口设备的“产品全部出口企业”,调查期限为自企业投产之日起公历年度5年。如投产之日在当年9月1日以后的,核查期限从下一年度1月1日起计算。

(三)2002年10月1日以前设立,2002年10月1日以后不再进口设备的“产品全部出口企业”,调查期限为自2002年10月1日起至企业投产5年止。

第十条 省级商务主管部门及相关部门在每年3月底前有选择地对尚须接受调查的“产品全部出口企业”的产品出口情况进行调查。省级商务主管部门向接受调查的“产品全部出口企业”发出通知,接到通知的企业应在收到调查通知后15日内向企业所在地省级商务主管部门报送本企业上年度“产品出口/销售数量情况报告”。报送报告内容及方式与本办法第六条“产品出口/销售数量情况报告”相同。

省级商务主管部门应于每年5月1日前,将本地区“产品全部出口企业”调查情况汇总后报商务部,并将未通过调查企业名单告知当地海关。

第十一条 “产品全部出口企业”,上年度直接出口产品总额必须达到企业上年度产品销售收入的100%。

第十二条 “产品全部出口企业”应保证向省级商务主管部门提交的材料真实、无误。

第十三条 已享受进口税收返还或免税政策的“产品全部出口企业”如在随后的检查期内因经营环境、市场变化等原因发生了内销行为,应在1个月内自行向当地海关申请重新补缴历年已返还或免征的进口税收税款,其当年及随后年度应返还的进口税收款项不再返还。在此基础上对以上内销行为从轻或免予行政处罚。

在检查期内的“产品全部出口企业”发生内销行为逾期申请补税,或在向省级商务主管部门提交的“产品出口/销售数量情况报告”中故意隐瞒实情、虚报企业出口达到审核标准,被发现未能达到审核标准的,其当年及随后年度应返还的进口税收税款不再返还,并追缴历年已返还或免征的进口税收税款。有关部门对上述行为将依法加以处罚。企业擅自销售、转让海关监管设备的,由海关依法予以处理。

第十四条 各级商务主管部门及相关部门应对企业产品出口情况监督检查工作尽职尽责,对核查、调查中发现的问题应坚持原则,依法处理。

第十五条 商务部于每年6月底前会同财政部、海关总署、税务总局完成上一年度“产品全部出口企业”出口情况检查报告,并上报国务院。

第十六条 本办法由商务部会同财政部、海关总署和国家税务总局负责解释,自公布之日起施行。

附表:(　　)年度产品出口/销售数量情况报告(编者略)

1－4－316

财政部　国家税务总局关于暂停汽油、石脑油出口退税的通知

2006年3月21日　财税〔2006〕42号

各省、自治区、直辖市、计划单列市财政厅（局）、国家税务局，新疆生产建设兵团：

经国务院批准，自2006年3月14日起，暂停税则号为27101110的车用汽油及航空汽油和税则号为27101120的石脑油的出口增值税退税政策。具体执行时间按《出口货物报关单[出口退税专用]》上海关注明的出口日期为准。

特此通知。

1－4－317

国家税务总局关于转发《海关总署关于恢复对黄金及其饰品签发出口货物报关单证明联有关问题的通知》的通知

2006年8月22日　国税函〔2006〕814号

各省、自治区、直辖市和计划单列市国家税务局：

为解决部分出口企业出口含金成分产品无法办理免税手续的问题，经协商，海关总署最近下发了《海关总署关于恢复对黄金及其饰品签发出口货物报关单证明联有关问题的通知》（署监发〔2006〕313号）。现将署监发〔2006〕313号文件转发给你们，请按有关规定执行。

在署监发〔2006〕313号文件下发之前已出口的相关含金成分产品，由于执行《海关总署关于对出口黄金饰品的黄金原料部分不再签发出口报关单退税证明联的通知》（署通〔2000〕486号），无法取得出口货物报关单退税联的，允许出口企业凭海关相关证明及增值税专用发票、收汇核销单等凭证办理免税手续。

附件：海关总署关于恢复对黄金及其饰品签发出口货物报关单证明联有关问题的通知

附件

海关总署关于恢复对黄金及其饰品签发出口货物报关单证明联有关问题的通知

2006年8月21日　署监发〔2006〕313号

广东分署,天津、上海特派办,各直属海关、院校:

近接《深圳海关关于对出口含金产品有关出口退税问题的请示》(深关审〔2006〕252号)。经研究并商国家税务总局,现就有关问题通知如下:

2000年8月15日,根据财政部、国家税务总局、中国人民银行《关于配售出口黄金有关税收规定的通知》中“对出口黄金及出口金饰品的黄金原料部分不再予以退税”的政策规定。总署下发了《海关总署关于对出口黄金饰品的黄金原料部分不再签发出口报关单退税证明联的通知》(署通〔2000〕486号),对出口黄金及其饰品暂不予签发出口货物报关单证明联。

2005年、2006年国家税务总局相继下发了《国家税务总局关于出口含金成分产品税收政策的通知》(国税发〔2005〕125号)、《国家税务总局关于含金产品实行免税政策有关问题的补充通知》(国税发〔2006〕10号),明确“企业办理含金产品免征增值税手续时必须提供海关签发的出口货物报关单证明联”。

为配合国家税务总局对出口含金产品实行免征增值税政策,经研究,自本通知下发之日起,废止署通〔2000〕486号文件,恢复对黄金及其饰品签发出口货物报关单证明联(退税专用)。本通知下发之前出口的黄金及其饰品,由国家税务总局通知有关退税管理部门凭企业提供的有关发票办理增值税免抵手续,海关不再补签出口货物报关单证明联。

以上,请遵照执行。

1－4－318

财政部　发展改革委　商务部　海关总署　国家税务总局关于调整部分商品出口退税率和增补加工贸易禁止类商品目录的通知

2006年9月14日　财税〔2006〕139号

各省、自治区、直辖市、计划单列市财政厅(局),国家税务局,发展改革委,商务主管部门,海关总署广东分署,天津、上海特派办,各直属海关,新疆生产建设兵团财务局、发展改革委:

经国务院批准,调整部分出口商品的出口退税率,同时增补加工贸易禁止类商品目录。现就有关事项通知如下:

一、调整部分出口商品的出口退税率

（一）取消下列商品的出口退税。

1. 进出口税则第25章除盐、水泥以外的所有非金属类矿产品；煤炭，天然气，石蜡，沥青，硅，砷，石料材，有色金属及废料等。

2. 金属陶瓷，25种农药及中间体，部分成品革，铅酸蓄电池，氧化汞电池等。

3. 细山羊毛、木炭、枕木、软木制品、部分木材初级制品等。

具体商品名称及税号见附件1。

（二）降低下列商品的出口退税率。

1. 钢材（142个税号）出口退税率由11%降至8%。

2. 陶瓷、部分成品革和水泥、玻璃出口退税率分别由13%降至8%和11%。

3. 部分有色金属材料的出口退税率由13%降至5%、8%和11%。

4. 纺织品、家俱、塑料、打火机、个别木材制品的出口退税率，由13%降至11%。

5. 非机械驱动车（手推车）及零部件由17%降至13%。

具体商品名称及税号见附件2。

（三）提高部分商品的出口退税率。

1. 重大技术装备、部分IT产品和生物医药产品以及部分国家产业政策鼓励出口的高科技产品等，出口退税率由13%提高到17%。

2. 部分以农产品为原料的加工品，出口退税率由5%或11%提高到13%。

具体商品名称及税号见附件3。

（四）执行时间。

1. 以上出口退税率调整自2006年9月15日起执行（以报关出口日期为准）。

2. 对2006年9月14日之前（含14日）已经签定的出口合同，凡在2006年12月14日之前（含14日）报关出口的上述调整出口退税率的货物，出口企业可以选择继续按调整之前的出口退税率办理退税。但是出口企业必须在2006年9月30日之前持合同文本到主管出口退税的税务机关登记备案，逾期未能备案的以及2006年12月15日以后报关出口的，一律按调整后的出口退税率执行。

上述出口合同是指：合同签订日期、商品名称、单价、数量、金额等内容明确，经出口企业和外商双方代表签字确认或盖章，符合《合同法》等相关法律法规规定，真实有效的书面出口合同，对不符合规定的合同一律不予备案。出口合同一经备案一律不得修改。具体出口合同备案管理办法由国家税务总局另行下达。

出口企业采取涂改、伪造、倒签日期等手段谋取非法利益的，一经发现，税务机关不予退税，已退或多退税款予以追回，并按照有关法律法规的规定予以处罚。

3. 对2006年9月14日之前（含14日）已经签定的价格不可更改的煤炭出口商贸合同，在2006年9月30日之前持已经签定的合同文本到主管出口退税的税务机关登记备案。经备案后的出口合同，准予按调整前的出口退税率执行完毕。

以上所述的报关出口时间均按《出口货物报关单［出口退税专用］》上海关注明的出口日期为准。

二、增补加工贸易禁止类商品目录

将此前已经取消出口退税以及本次取消出口退税的商品列入加工贸易禁止类目录。对列入加工贸易禁止类目录的商品进口一律征收进口关税和进口环节税。禁止类目录的具体商品名称及税号由商务部会同有关部门另行发布。本规定自 2006 年 9 月 15 日起施行。对此前已经商务主管部门批准并在海关备案的加工贸易业务,准予按原进口保税政策在有效期内执行完毕。如到期未完成复出口的,不予延期,按加工贸易内销规定办理。由商务部会同海关总署根据上述精神另行对外发布公告。

上述规定也适用于出口加工区、保税区等海关特殊监管区域。

特此通知。

附件:1. 取消出口退税商品清单(编者略)

2. 降低出口退税率商品清单(编者略)

2. 提高出口退税率商品清单(编者略)

1 -4 -319

财政部　海关总署　国家税务总局关于调整部分商品出口退税率有关问题的补充通知

2006 年 9 月 29 日　财税〔2006〕145 号

各省、自治区、直辖市、计划单列市财政厅(局)、国家税务局,海关总署广东分署,天津、上海特派办,各直属海关,新疆生产建设兵团财务局:

《财政部、发展改革委、商务部、海关总署、国家税务总局关于调整部分商品出口退税率和增补加工贸易禁止类商品目录的通知》(财税〔2006〕139 号)下发以后,各地反映了一些有关执行和附件中存在的问题。为此,特补充如下:

一、对财税〔2006〕139 号文件附件中有关商品税号适用退税率规定

(一)仍适用原退税率的商品。在“降低出口退税率商品清单”中下列商品仍适用原退税率:

序号	章	税则号	商品名称	原退税率为
844	63	63090000	旧衣物	0
967	72	72181000	不锈钢锭及其他初级形状产品	0
968		72189100	矩形截面有不锈钢半制成品	0
969		72189900	其他不锈钢半制成品	0
996		72241000	其他合金钢锭及其他初级形状产品	0
997		72249010	单重≥10 吨的粗铸锻件坯	0
998		72249090	其他合金钢坯	0

续表

序号	章	税则号	商品名称	原退税率为
1108	80	80030000	锡及锡合金条、杆、型材、丝	5
1109		80040000	锡及锡合金板、片及带,厚度 >0.2mm	5

(二)在“降低出口退税率商品清单”中删除序号1081税则号75040010的“非合金镍粉及片状粉末”和序号1082税则号75040020的“合金镍粉及片状粉末”两种商品。

(三)在“降低出口退税率商品清单”中序号为964、税则号为72172000的“镀或涂锌的铁或非合金钢丝”退税率应为8%。

(四)调整“降低出口退税率商品清单”中的部分税则号。

1. 序号为99税则号为39201090的“其他乙烯聚合物制板、片、带”,拆分为:3920109020“乙烯-四氟乙烯膜”,退税率为11%;3920109090“非泡沫聚乙烯板、片、膜、箔及扁条”,退税率为11%。

2. 序号为101税则号为39202090的“其他丙烯聚合物制板、片、带”,修订为:3920209090“非泡沫聚丙烯板、片、膜、箔及扁条”,退税率为11%。

3. 序号为103税则号为39204300的“按重量计增塑剂含量不小于6%的聚氯乙烯板、片、膜、箔及扁条”,修订为:3920430090“聚氯乙烯板、片、膜、箔及扁条”,退税率为11%。

4. 序号为104税则号为39204900的“按重量计增塑剂含量小于6%的聚氯乙烯板、片、膜、箔及扁条”,修订为:3920490090“其他聚氯乙烯板、片、膜、箔及扁条”,退税率为11%。

5. 序号为182税则号为44190032的“竹制一次性筷子”,修订为:4419003290“其他竹制一次性筷子”,退税率为11%。

(五)在“取消出口退税率商品清单”中增加:税则号为25199091的“化学纯氧化镁”、税则号为2519909990的“其他氧化镁”、税则号为25309091的“硅灰石”。

(六)调整“提高出口退税率商品清单”中的部分税则号和商品名称。序号为140产品名称应为“气相色谱仪”;序号为169产品名称为“棕榈硬脂”。序号为14,税则号为84733090,产品名称为“计算机零附件(含磁头、内存条)”的税则号拆分为84733010、84733090两个税号。磁头和巨型机、大型机、中型机及小型机用的内存条归入84733010,微机及其他自动数据处理设备用内存条,应归入84733090。

二、明确财税〔2006〕139号文下发之前已经取消出口退税的商品目录

根据财税〔2006〕139号的规定:“将此前已经取消出口退税以及本次取消出口退税的商品列入加工贸易禁止类目录。对列入加工贸易禁止类目录的商品进口一律征收进口关税和进口环节税”,但在其附件中未开列此前已经取消出口退税的商品目录。现予补充《2006年9月15日之前已经取消出口退税商品清单》,主要包括在本次调整出口退税政策之前已经取消出口退税政策的商品。具体见附件。

特此通知。

附件:2006年9月15日之前已经取消出口退税商品清单(编者略)

1 -4 -320

国家税务总局关于出口货物税收有关政策问题的批复

2006 年 11 月 13 日　国税函〔2006〕1081 号

浙江省国家税务局：

你局《关于执行财税字〔1997〕14 号文件有关问题的请示》（浙国税发〔2006〕23 号）收悉。根据有关政策规定，经研究，现批复如下：

一、财税字〔1997〕14 号文件已明确规定，通过借权、挂靠出口的货物不能享受出口退税政策。

二、有进出口经营权的纳税人以不承担出口外销业务的债权债务，不承担出口货物质量、结汇或出口退税风险，收汇后以各种方式取得自身利益，再按一定的汇兑价格以支付货款等名义将主要出口退税款归他人所有方式出口的货物，应认定为是通过借权、挂靠出口的货物。

三、国税发〔2006〕24 号文件是对以往出口退税规定的进一步重申。

1 -4 -321

国家税务总局关于出口实木复合地板等有关退税问题的通知

2006 年 12 月 26 日　国税函〔2006〕1263 号

各省、自治区、直辖市和计划单列市国家税务局：

根据《财政部、国家税务总局关于调整和完善消费税政策的通知》（财税〔2006〕33 号）的有关规定，我局对 2006 年退税率文库进行了及时调整。近接部分地区来函，反映出口的实木复合地板和高尔夫球包，因退税率文库中没有该商品的消费税退税率，无法办理退税。经研究，现将有关问题通知如下：

一、从 2007 年 1 月 1 日起，取消实木复合地板的出口退税（增值税、消费税）。对以海关商品码 4412291090 报关出口的实木复合地板，从 2007 年 1 月 1 日起，将该商品码扩展为:44122910901，商品名称“实木复合地板”，增值税退税率为 0，消费税退税率为 0；44122910902，商品名称“其他非针叶木面多层板”，增值税退税率为 13%。对此前已报关出口的实木复合地板，按照现行政策规定，办理增值税、消费税退（免）税手续。

二、将 2006 年退税率文库中的海关商品码 4202910090、4202920000、4202990000 进行扩展，解决高尔夫球包出口消费税退税问题。即:42029100901，商品名称“皮制高尔夫球包”，增值税退税率 13%，消费税退税率为 10%，42029100902，商品名称“皮革、再生皮革、漆皮作面其他容器”，增值税退税率13%；42029200001，商品名称“塑料或纺织面料制的高尔夫球包”，增值税退税率13%，消费税退税率为10%，42029200002，商品名称“塑料或纺织材料作面的其他容器”，增值税退税率13%；42029900001，商品名称“以钢纸或纸板作面的高尔夫球包”，增值税退税率13%，消费税退税率为10%，42029900002，商品名称“以钢纸或纸板作面的其他容器”，增值税退税率13%。从2006年4月1日起执行。

三、具体执行日期，以出口货物报关单(出口退税专用)上海关注明的出口日期为准。

1－4－322

财政部　国家税务总局关于取消铬盐和松节油及其粗制品出口退税的通知

2007年3月20日　财税〔2007〕39号

各省、自治区、直辖市、计划单列市财政厅(局)、国家税务局，新疆生产建设兵团财务局：

经国务院批准，取消下列产品的出口退税政策。

税则号	产　品　名　称
38051000	脂松节油、木松节油和硫酸盐松节油
38059090	粗制二聚戊烯；亚硫酸盐松节油等(包括其他粗制对异丙基苯甲烷及其他萜烯油)
28332920	铬的硫酸盐
28413000	重铬酸钠
28415000	其他铬酸盐及重铬酸盐；过铬酸盐

本通知从2007年4月1日起执行，具体以“出口货物报关单(出口退税专用)”上海关注明的出口日期为准。

特此通知。

1－4－323

财政部　国家税务总局关于调整钢材出口退税率的通知

2007年4月9日　财税〔2007〕64号

各省、自治区、直辖市、计划单列市财政厅(局)、国家税务局，新疆生产建设兵团财务局：

经国务院批准，从2007年4月15日起，将进出口税则(2007年版)第72章中的部分特种钢材及不锈钢板、冷轧产品等76个税号，出口退税率降为5%；另外83个税号的钢材取消出口退税。具体钢材品种和适用退税率见附件。

具体执行时间,以海关"出口货物报关单(出口退税专用)"上注明的出口日期为准。

有对外承包工程资质的出口企业在2007年4月15日之前已经中标的长期对外承包工程或已经签订价格不能更改的长期对外承包工程合同所涉及的出口钢材,凡在2007年4月21日之前持有效中标证明(正本和副本)或已经签订的长期对外承包工程合同(正本和副本)及工程概算清单,到主管出口退税的税务机关登记备案的,仍准予按原退税率执行完毕。对在2007年4月21日之前未办理备案手续的,一律按调整后的退税率办理出口退税。

特此通知。

附件:钢材出口退税率适用表(编者略)

1-4-324

财政部　国家税务总局关于调低部分商品出口退税率的通知

2007年6月19日　财税〔2007〕90号

各省、自治区、直辖市、计划单列市财政厅(局)、国家税务局:

经国务院批准,调整部分商品的出口退税率,现就有关事项通知如下:

一、取消下列商品的出口退税

1. 濒危动物、植物及其制品;

2. 盐、溶剂油、水泥、液化丙烷、液化丁烷、液化石油气等矿产品;

3. 肥料(除已经取消退税的尿素和磷酸氢二铵);

4. 氯和染料等化工产品(精细化工产品除外);

5. 金属碳化物和活性碳产品;

6. 皮革;

7. 部分木板和一次性木制品;

8. 一般普碳焊管产品(石油套管除外);

9. 非合金铝制条杆等简单有色金属加工产品;

10. 分段船舶和非机动船舶。

具体商品名称及税则号见附件1。

二、调低下列商品的出口退税率

1. 植物油出口退税率下调至5%;

2. 部分化学品出口退税率下调至9%或5%;

3. 塑料、橡胶及其制品出口退税率下调至5%;

4. 箱包出口退税率下调至11%,其他皮革毛皮制品出口退税率下调至5%;

5. 纸制品出口退税率下调至5%;

6. 服装出口退税率下调至11%;

7. 鞋帽、雨伞、羽毛制品等出口退税率下调至11%；

8. 部分石料、陶瓷、玻璃、珍珠、宝石、贵金属及其制品出口退税率下调至5%；

9. 部分钢铁制品(石油套管除外)出口退税率下调至5%,《财政部、国家税务总局关于海洋工程结构物增值税实行退税的通知》(财税〔2003〕46号)规定的内销海洋工程结构物仍按原退税率执行;

10. 其他贱金属及其制品(除已经取消和本次取消出口退税商品以及铝箔、铝管、铝制结构体等)出口退税率下调至5%；

11. 刨床、插床、切割机、拉床等出口退税率下调至11%,柴油机、泵、风扇、排气阀门及零件、回转炉、焦炉、缝纫机、订书机、高尔夫球车、雪地车、摩托车、自行车、挂车、升降器及其零件、龙头、钎焊机器等出口退税率下调至9%；

12. 家具出口退税率下调至11%或9%；

13. 钟表、玩具和其他杂项制品等出口退税率下调至11%；

14. 部分木制品出口退税率下调至5%；

15. 粘胶纤维出口退税率下调至5%。

具体商品名称及税则号见附件2。

三、下列商品改为出口免税

花生果仁、油画、雕饰板、邮票、印花税票等。

具体商品名称及税则号见附件3。

四、执行时间

以上商品出口退税率调整自2007年7月1日起执行。具体执行时间,以海关“出口货物报关单(出口退税专用)”上注明的出口日期为准。

出口企业在2007年7月1日之前已经签订的涉及取消出口退税的船舶出口合同,在2007年7月20日之前持出口合同(正本和副本)到主管出口退税的税务机关登记备案的,准予仍按原出口退税率执行完毕。对在2007年7月20日之前未办理备案手续的,一律按取消出口退税执行。

有对外承包工程资质的出口企业在2007年7月1日之前已经中标的长期对外承包工程或已经签订价格不能更改的长期对外承包工程合同所涉及的出口设备和建材,凡在2007年7月20日之前持有效中标证明(正本和副本)或已经签订的长期对外承包工程合同(正本和副本)及工程概算清单,到主管出口退税的税务机关登记备案的,准予仍按原出口退税率执行完毕。对在2007年7月20日之前未办理备案手续的,一律按调整后的出口退税率执行。

特此通知。

附件:1. 取消出口退税的商品清单(编者略)

2. 调低出口退税的商品清单(编者略)

3. 改为免税的商品清单(编者略)

1－4－325

财政部　国家税务总局关于调低部分商品出口退税率的补充通知

2007年7月10日　财税〔2007〕97号

各省、自治区、直辖市、计划单列市财政厅（局）、国家税务局：

《财政部、国家税务总局关于调低部分商品出口退税率的通知》（财税〔2007〕90号）印发后，陆续接到部分地区来函，要求明确个别商品出口退税率以及长期对外承包工程合同项下的出口设备和建材的执行范围问题。现将有关事项补充通知如下：

一、根据财税〔2007〕90号文件第一条第1项规定，取消商品代码为2932999091、3922200010和4412101911的出口退税。

根据财税〔2007〕90号文件第一条第2项规定，取消盐的出口退税，具体商品代码为25010011、25010019和25010020。

根据财税〔2007〕90号文件第二条第11项规定，将回转炉、焦炉、订书机的出口退税率调整为9%，具体商品代码为84178010、84178030、84179010、84179020和84729022。

二、财税〔2007〕90号文件附件2“调低出口退税的商品清单”中所列商品均不包括附件1和附件3中所列商品及此前已取消退税或实行免税的商品并做如下调整：

（一）将序号为58、商品代码为2906的“环醇及其卤化、磺化、硝化或亚硝化衍生物（除29061100、29061990）”的出口退税率调整为5%。

（二）将序号为297、商品代码为“3901至3926”的商品名称调整为“第39章除税号3909301000外”。

（三）将序号为812、商品代码为“85444219”的“额定电压≤80伏有接头电导体”的出口退税率调整为9%。

三、财税〔2007〕90号文件第四条第三款规定中的“长期对外承包工程”、“设备”和“建材”的具体范围如下：

（一）“长期对外承包工程”是指工程施工建设周期在一年及以上的对外承包工程项目。

（二）“设备”是指进出口税则中第84章、85章和87章所涉及的商品。

（三）“建材”是指进出口税则中的下列商品：第25章中商品代码为“2523”项下的水泥；第44章的木材、地板、门窗等建筑用木工制品；第39章中商品代码为“3917”至“3918”项下的塑料管和塑料制墙品等；第68章的石材、水泥制品、石棉制品；第69章的陶瓷砖、套管、瓦、陶瓷卫生用具等；第73章的钢铁制品，第76章中商品代码为“7604”至“7605”项下的铝型材、铝丝。

四、外国驻华使（领）馆及其外交代表购买中国产物品和劳务、外商投资企业采购符合退税条件的国产设备以及利用外国政府和国际金融组织贷款采用国际招标方式国内企业中标的机电产品或外国企业中标再分包给国内企业供应的机电产品，仍按原退税率执行。

特此通知。

1 -4 -326

财政部　海关总署　国家税务总局关于保税物流中心(B型)扩大试点期间适用税收政策的通知

2007年8月30日　财税〔2007〕125号

各省、自治区、直辖市、计划单列市财政厅(局)、国家税务局,新疆生产建设兵团财务局,海关广东分署、各直属海关:

经国务院批准,按照总量控制、统筹兼顾、稳步推进的原则,扩大海关保税物流中心(B型)(以下简称物流中心)试点工作,并实行与苏州工业园区物流中心相同的税收政策。现就扩大试点期间有关税收政策明确如下:

一、国内货物进入物流中心视同出口,享受出口退税政策,海关按规定签发出口退税报关单(出口退税专用联)。企业凭报关单出口退税联向主管出口退税的税务部门申请办理出口退(免)税手续。

二、物流中心内的货物进入内地,视同进口,海关在货物出物流中心时,依据货物的实际状态,按照有关政策规定对视同进口货物办理进口报关以及征、免税,或保税等验放手续。

三、上述政策规定的具体税收管理事宜,按照《国家税务总局关于印发〈保税物流中心(B型)税收管理办法〉的通知》(国税发〔2004〕150号)的规定执行(见附件)。

四、对此前已经批准设立并通过验收的苏州高新区和南京龙潭港保税物流中心(B型),从2007年8月1日起适用上述税收政策;对北京空港保税物流中心(B型)以及扩大试点期间经批准设立的物流中心,均自验收通过之日起适用上述税收政策。

五、在扩大试点期间,当地海关与国税部门务必认真做好试点工作,对出现的问题应及时报告海关总署加工贸易及保税监管司和国家税务总局进出口税收管理司。

特此通知。

附件:国家税务总局关于印发《保税物流中心(B型)税收管理办法》的通知(编者略)

1-4-327

海关总署 国家税务总局关于扩大出口监管仓库入仓退税政策试点范围的通知

2007年12月5日 署加发〔2007〕494号

广东分署，各直属海关；各省、自治区、直辖市和计划单列市国家税务局：

2005年初，海关总署和国家税务总局联合制定出台了《出口监管仓库货物入仓即予退税暂行管理办法》（详见"署加发〔2005〕39号"文件，以下简称《管理办法》），并在深圳、厦门两地的出口监管仓库试行入仓退税政策。去年11月份海关总署和国家税务总局在厦门召开会议，对出口监管仓库入仓退税政策试点工作进行了总结。

总结情况表明，开展入仓退税试点的仓库全部符合入仓货物99%的实际出境率的政策规定和管理要求，入仓退税政策有利于现代物流的培育和区域经济的发展，取得了良好的经济效益和社会效益，受到了企业的欢迎和政府的好评。

鉴于试点取得的良好效益，为了促进其他地区现代物流业和区域经济的发展，经研究，决定将入仓退税政策试点的范围扩大至全国其他符合《管理办法》规定条件的出口监管仓库。现将有关事项通知如下：

一、根据此前海关总署所做的调研，并经有关直属海关和当地主管国税部门复核，批准符合《管理办法》规定条件的出口监管仓库（具体名单详见附件），从本文下发之日起享受入仓退税政策。入仓开展业务的企业可以按照《管理办法》办理入仓退税手续，由当地主管海关和国税部门依据《管理办法》实施管理。

二、本次未符合条件的出口监管仓库，入仓开展业务的企业暂时不实行入仓退税，仍按现行有关规定办理出口退税手续。

三、在本次扩大试点之后，对全国各地的出口监管仓库享受入仓退税政策实行动态管理。有关主管海关和国税部门对原已实行入仓退税政策和本次纳入扩大实行入仓退税政策试点的出口监管仓库，应严格按照《管理办法》规定的入仓退税条件，共同进行年度核查，达不到条件的出口监管仓库不得继续实行入仓退税政策。

四、有关海关和国税部门在扩大实行入仓退税政策试点的过程中要加强联系配合，认真做好执行此项政策的常态管理工作，并不断总结经验，完善管理。有关情况和问题、建议要及时上报海关总署和国家税务总局。

附件：已具备入仓退税条件的出口监管仓库名单（编者略）

1 －4 －328

财政部　国家税务总局关于取消小麦等原粮及其制粉出口退税的通知

2007 年 12 月 14 日　财税〔2007〕169 号

各省、自治区、直辖市、计划单列市财政厅(局)、国家税务局，新疆生产建设兵团财务局：

经国务院批准，从 2007 年 12 月 20 日起取消小麦、稻谷、大米、玉米、大豆等原粮及其制粉的出口退税，具体商品名称和税则号见附件。

具体执行时间，以“出口货物报关单(出口退税专用)”海关注明的出口日期为准。

对 2007 年 12 月 20 日以前已经签定的价格不可更改的出口合同，在 2007 年 12 月 31 日之前持已经签定的合同文本(正本和副本)到主管出口退税的税务机关登记备案。经备案后的出口合同，在 2008 年 2 月 29 日之前出口的准予按调整前的出口退税率执行；未经备案的出口合同一律按调整后的退税率执行。2008 年 3 月 1 日以后，无论新老合同一律按调整后的退税率执行。

特此通知。

附件：取消出口退税商品清单(编者略)

1 －4 －329

国家税务总局关于生产企业正式投产前委托加工收回同类产品出口退税问题的通知

2008 年 1 月 8 日　国税函〔2008〕8 号

各省、自治区、直辖市和计划单列市国家税务局：

近接部分地区来函，询问生产企业在正式投产前，委托加工收回的同类产品能否视同自产产品办理退税。经研究，现通知如下：

生产企业正式投产前，委托加工的产品与正式投产后自产产品属于同类产品，收回后出口，并且是首次出口的，不受《国家税务总局关于出口产品视同自产产品退税有关问题的通知》(国税函〔2002〕1170 号，简称 1170 号文件)第四条第(二)款规定的“出口给进口本企业自产产品的外商”的限制。出口的上述产品，若同时满足“1170 号文件”第四条规定的其他条件(即不含第(二)款)，主管税务机关在严格审核的前提下，准予视同自产产品办理出口退(免)税。

1－4－330

财政部　海关总署　国家税务总局关于国内采购材料进入出口加工区等海关特殊监管区域适用退税政策的通知

2008年2月2日　财税〔2008〕10号

各省、自治区、直辖市、计划单列市财政厅(局)、国家税务局,海关广东分署,天津、上海特派办,各直属海关,新疆生产建设兵团财务局:

经国务院批准,对国内采购已经取消出口退税的材料进入出口加工区等海关特殊监管区域,适用下列退税政策:

一、对取消出口退税进区并用于建区和企业厂房的基建物资,入区时海关办理卡口登记手续,不退税。上述货物不得离境出口,如在区内未使用完毕,由海关监管退出区外。但自境外进入区内的基建物资如运往境内区外,应按海关对海关特殊监管区域管理的有关规定办理报关纳税手续。此项政策适用于所有海关特殊监管区域。

二、对区内生产企业在国内采购用于生产出口产品的并已经取消出口退税的成品革、钢材、铝材和有色金属材料(不含钢坯、钢锭、电解铝、电解铜等金属初级加工产品)等原材料,进区时按增值税法定征税率予以退税。具体商品清单见附件。

三、区内生产企业在国内采购上述第二条规定的原材料未经实质性加工,不得转售区内非生产企业(如仓储物流、贸易等企业)、直接出境和以保税方式出区。违反此规定,按骗税和偷逃税款的相关规定处理。上述享受退税的原材料未经实质性加工出区销往国内照章征收各项进口环节税。

实质性加工标准按《中华人民共和国进出口货物原产地条例》(国务院令第416号)实质性改变标准执行。

四、区内非生产企业(如保税物流、仓储、贸易等企业)在国内采购进区的上述第二条规定的原材料不享受该政策。

五、上述二、三、四项措施,仅适用于具有保税加工功能的出口加工区、保税港区、综合保税区、珠澳跨境工业区(珠海园区)和中哈霍尔果斯国际边境合作中心(中方配套区域)。具体监管办法,由海关总署会同税务总局等有关部门另行制定。

本通知于2008年2月15日起执行。

附件:海关特殊监管区内生产企业国内采购入区退税原材料清单(编者略)

1－4－331

国家税务总局关于停止为骗取出口退税企业办理出口退税有关问题的通知

2008年3月25日　国税发〔2008〕32号

各省、自治区、直辖市和计划单列市国家税务局：

为加强出口退税管理，规范税收执法，根据《中华人民共和国税收征收管理法》有关规定，现将停止为骗取出口退税企业办理出口退税的有关问题规定如下：

一、出口企业骗取国家出口退税款的，税务机关按以下规定处理：

（一）骗取国家出口退税款不满5万元的，可以停止为其办理出口退税半年以上一年以下。

（二）骗取国家出口退税款5万元以上不满50万元的，可以停止为其办理出口退税一年以上一年半以下。

（三）骗取国家出口退税款50万元以上不满250万元，或因骗取出口退税行为受过行政处罚、两年内又骗取国家出口退税款数额在30万元以上不满150万元的，停止为其办理出口退税一年半以上两年以下。

（四）骗取国家出口退税款250万元以上，或因骗取出口退税行为受过行政处罚、两年内又骗取国家出口退税款数额在150万元以上的，停止为其办理出口退税两年以上三年以下。

二、对拟停止为其办理出口退税的骗税企业，由其主管税务机关或稽查局逐级上报省、自治区、直辖市和计划单列市国家税务局批准后按规定程序作出《税务行政处罚决定书》。停止办理出口退税的时间以作出《税务行政处罚决定书》的决定之日为起点。

三、出口企业在税务机关停止为其办理出口退税期间发生的自营或委托出口货物以及代理出口货物等，一律不得申报办理出口退税。

在税务机关停止为其办理出口退税期间，出口企业代理其他单位出口的货物，不得向税务机关申请开具《代理出口货物证明》。

四、出口企业自税务机关停止为其办理出口退税期限届满之日起，可以按现行规定到税务机关办理出口退税业务。

五、出口企业违反国家有关进出口经营的规定，以自营名义出口货物，但实质是靠非法出售或购买权益牟利，情节严重的，税务机关可以比照上述规定在一定期限内停止为其办理出口退税。

六、本通知自2008年4月1日起执行。

注释：

条款修改。根据《第十三届全国人民代表大会第一次会议关于国务院机构改革方案的决定》等有关规定，税收规范性文件规定的国税地税机关的职责和工作由新的税务机关承担。国家税务总局依据《税收规范性文件制定管理办法》(国家税务总局令第41号公布)，对税收规范性文件进行了清理。参见:《国家税务总局关于修改部分税收规范性文件的公告》(国家税务总局公告2018年第31号)。

1－4－332

国家税务总局关于出口企业提供出口收汇核销单期限有关问题的通知

2008年5月5日　国税发〔2008〕47号

各省、自治区、直辖市和计划单列市国家税务局:

针对部分地区反映出口企业提供出口收汇核销单期限方面的问题，经研究，现将有关事项通知如下:

一、《国家税务总局关于出口货物退(免)税管理有关问题的通知》(国税发〔2004〕64号)第二条第二款中关于出口企业在申报出口货物退(免)税时，向主管退税部门提供出口收汇核销单(远期收汇除外)的期限由180天内调整为自货物报关出口之日(以出口货物报关单〈出口退税专用〉上注明的出口日期为准，下同)起210天内。

二、对于各地试行申报出口退税免予提供纸质出口收汇核销单的出口企业，由《国家税务总局、国家外汇管理局关于山东等五地试行申报出口退税免予提供纸质出口收汇核销单的通知》(国税发〔2006〕188号)第四条中规定"核销日期"超过出口货物报关单(出口退税专用)上注明的"出口日期"180天(远期结汇除外)调整为210天。

三、《国家税务总局关于印发〈增值税小规模纳税人出口货物免税管理办法(暂行)〉的通知》(国税发〔2007〕123号)第六条中规定，增值税小规模纳税人在货物报关出口之日起180天内提供出口收汇核销单(出口退税专用)调整为210天内。

四、《国家税务总局关于出口货物退(免)税若干问题的通知》(国税发〔2006〕102号)第四条中规定，代理出口企业须在货物报关之日起180天内向签发代理出口证明的税务机关提供出口收汇核销单(远期收汇除外)调整为210天内。

五、现行出口退税审核系统可通过修改系统设置参数的方式调整出口收汇核销单信息对审时限，请各地按本通知要求自行调整。

本通知自2008年6月1日起执行。

注释:

条款废止。第一条、第三条、第四条自2012年7月1日起废止。参见:《国家税务总局关于发布〈出口货物劳务增值税和消费税管理办法〉的公告》(国家税务总局公告2012年第24号)。

1 -4 -333

海关总署关于部分进入特殊监管区域的货物不征收出口关税和退税的公告

2008 年 5 月 16 日　海关总署公告 2008 年第 34 号

根据《海关总署关于部分进入海关特殊监管区域的产品不征收出口关税的公告》(海关总署公告〔2008〕21 号,以下简称《公告》)和《财政部、海关总署、国家税务总局关于国内采购材料进入出口加工区等海关特殊监管区域适用退税政策的通知》(财税〔2008〕10 号,以下简称《通知》),自 2008 年 2 月 15 日起,对部分进入海关特殊监管区域的产品不征收出口关税和按增值税法定征税率予以退税,现就有关事项公告如下:

一、属于《公告》和《通知》规定进入海关特殊监管区域不征收出口关税或按增值税法定征税率退税的货物,区外企业在办理出口报关手续前,由区内企业按照《海关特殊监管区域不征收出口关税及审批表填制规范》(见附件 1)填写《海关特殊监管区域不征收出口关税及退税货物审批表》(见附件 2,以下简称《审批表》)报主管海关审批,主管海关审批同意,生成审批表编号并交区内企业,区内企业将《审批表》交区外企业,区外企业持《审批表》办理出口报关手续;主管海关审批不同意的,不生成审批表编号并交区内企业。

二、对于进入海关特殊监管区域不征收出口关税或按增值税法定征税率退税的货物,区外企业单独填报出口报关单。《审批表》和出口报关单一一对应。

三、区外企业办理上述货物出口报关手续时,在出口报关单备注栏目填写《审批表》编号,并向海关特殊监管区域主管海关递交审批后的《审批表》,主管海关审核无误后留存,并按规定不征收出口关税或出具出口退税报关单。

四、如海关对出口报关单审核后,需要对出口报关单中的出口口岸、发货单位、经营单位、商品编号、商品名称、规格型号、数量及单位、单价、总价、币制进行修改的,区内企业需根据修改后的内容重新填写《审批表》报主管海关审批。原《审批表》作废,由区外企业交原区内企业,再由原区内企业将其与重新填写的《审批表》一并交主管海关,海关不再退还。

特此公告。

附件:1. 海关特殊监管区域不征收出口关税及退税货物审批表填制规范

2. 海关特殊监管区域不征收出口关税及退税货物审批表(编者略)

附件 1

海关特殊监管区域不征收出口关税及退税货物审批表填制规范

为统一《海关特殊监管区域不征收出口关税及退税货物审批表》(以下简称《审批表》)

填制要求,根据《中华人民共和国海关法》、《海关总署关于部分进入海关特殊监管区域的产品不征收出口关税的公告》(海关总署公告〔2008〕21号)和《财政部、海关总署、国家税务总局关于国内采购材料进入出口加工区等海关特殊监管区域适用退税政策的通知》(财税〔2008〕10号)及有关法律法规,制定本规范。《审批表》各栏目的填制规范如下:

一、《审批表》编号(海关填写)

指海关特殊监管区域不征收出口关税及退税货物审批表的编号,由4位关区号+T+2位年份+5位顺序号组成。

二、出口口岸(企业填报)

指货物实际出口至海关特殊监管区域海关的名称及代码。

三、收货单位/发货单位(企业填报)

(一)收货单位

指已知的出口货物在海关特殊监管区域内的最终消费、使用单位,包括:

1. 自行从境内区外采购货物的单位。

2. 委托进出口企业从境内区外采购货物的单位。

(二)发货单位

指出口货物在境内的生产或销售单位,包括:

1. 自行出口货物至海关特殊监管区域的单位。

2. 委托进出口企业出口货物至海关特殊监管区域的单位。

(三)备有海关注册编号或加工生产企业编号的收、发货单位,本栏目必须填报其经营单位编码或加工生产企业编号;否则填报其中文名称。

(四)发货单位应与对应的出口报关单中的发货单位一致;收货单位应与对应的进境备案清单中的收货单位一致。

四、经营单位(企业填报)

本栏目应填报出口货物至海关特殊监管区域的经营单位的名称及经营单位编码。

经营单位编码是经营单位在海关办理注册登记手续时,海关给予的注册登记10位编码。

经营单位应与对应的出口报关单中的经营单位一致。

五、项号(企业填报)

填报报关单中的商品排列序号。

六、商品编号(企业填报)

指按商品分类编码规则确定的进出口货物的商品编号。此栏目分为商品编号和附加编号两栏,其中商品编号栏应填报《中华人民共和国海关进出口税则》8位税则号列,附加编号栏应填报商品编号附加的第9、10位附加编号。《加工贸易手册》中商品编号与实际商品编号不符的,应按实际商品编号填报。

商品编号应与对应的出口报关单中的商品编号一致。

七、商品名称、规格型号(企业填报)

本栏目分两行填报。

第一行填报进出口货物规范的中文商品名称,第二行填报规格型号,必要时可加注原文。

具体填报要求如下:

(一)商品名称及规格型号应据实填报,并与所提供的商业发票相符。

(二)商品名称应当规范,规格型号应当足够详细,以能满足海关归类、审价及许可证件管理要求为准。根据商品属性,本栏目填报内容包括:品名、牌名、规格、型号、成分、含量、等级、用途、功能等。

(三)加工贸易等已备案的货物,本栏目填报录入的内容必须与备案登记中同项号下货物的名称与规格型号一致。

(四)商品名称、规格型号应与对应的出口报关单中的商品名称、规格型号一致。

八、数量及单位(企业填报)

指出口商品的实际数量及计量单位。

本栏目分三行填报。

具体填报要求如下:

(一)必须按海关法定计量单位填报,法定第一计量单位及数量填报在本栏目第一行。

(二)凡海关列明第二计量单位的,必须报明该商品第二计量单位及数量,填报在本栏目第二行。无第二计量单位的,本栏目第二行为空。

(三)成交计量单位及数量应当填报在第三行。

(四)法定计量单位为"公斤"的数量填报,特殊情况下填报要求如下:

1. 装入可重复使用的包装容器的货物,按货物的净重填报,如罐装同位素、罐装氧气及类似品等,应扣除其包装容器的重量;

2. 使用不可分割包装材料和包装容器的货物,按货物的净重填报(即包括内层直接包装的净重重量);

3. 按照商业惯例以公量重计价的商品,应按公量重填报;

4. 采用以毛重作为净重计价的货物,可按毛重填报;

5. 根据 HS 归类规则,零部件按整机归类的,法定第一数量填报"0. 1",有法定第二数量的,按照货物实际净重申报;

6. 具有完整品或制成品基本特征的不完整品、未制成品,按照 HS 归类规则应按完整品归类的,申报数量按照构成完整品的实际数量申报。

(五)加工贸易等已备案的货物,成交计量单位必须与《加工贸易手册》中同项号下货物的计量单位一致。

(六)数量及单位应与对应的出口报关单中的数量及单位一致。

九、单价(企业填报)

本栏目应填报同一项号下出口货物实际成交的商品单位价格。

无实际成交价格的,本栏目填报货值。

单价应与对应的出口报关单中的单价一致。

十、总价(企业填报)

本栏目应填报同一项号下出口货物实际成交的商品总价。

无实际成交价格的,本栏目填报货值。

总价应与对应的出口报关单中的总价一致。

十一、币制(企业填报)

指出口货物实际成交价格的币种。

本栏目应根据实际成交情况按海关规定的《货币代码表》选择填报相应的货币名称或代码,如《货币代码表》中无实际成交币种,需转换后填报。

币制应与对应的出口报关单中的币值一致。

十二、进区用途(企业填报)

指上述货物出口至海关特殊监管区域的实际用途。

十三、海关审单批注栏(海关填写)

本栏目指供海关内部作业时签注的总栏目,由海关关员手工填写在审批表上。

1－4－334

财政部　国家税务总局关于取消部分植物油出口退税的通知

2008年6月3日　财税〔2008〕77号

各省、自治区、直辖市、计划单列市财政厅(局)、国家税务局,新疆生产建设兵团财务局:

经国务院批准,从2008年6月13日起取消部分植物油的出口退税,具体商品名称和税则号见附件。

具体执行时间,以“出口货物报关单(出口退税专用)”海关注明的出口日期为准。

特此通知。

附件:取消出口退税的植物油清单(编者略)

1－4－335

财政部　国家税务总局关于调整纺织品服装等部分商品出口退税率的通知

2008年7月30日　财税〔2008〕111号

各省、自治区、直辖市、计划单列市财政厅(局)、国家税务局,新疆生产建设兵团财务局:

经国务院批准,调整部分商品的出口退税率。现就有关事项通知如下:

一、将部分纺织品、服装的出口退税率由11%提高到13%;将部分竹制品的出口退税率提高到11%。具体商品名称及税号见附件1。

二、取消红松子仁、部分农药产品、部分有机胂产品、紫杉醇及其制品、松香、白银、零号锌、部分涂料产品、部分电池产品、碳素阳极的出口退税。具体商品名称及税号见附件2。

三、执行时间

1. 以上商品出口退税率调整自2008年8月1日起执行。具体执行时间,以“出口货物报关单(出口退税专用)”海关注明的出口日期为准。

2. 对涉及取消出口退税的商品,凡企业在2008年8月1日之前已经签订出口合同且价格不能更改的,出口企业可在2008年8月15日之前持合同文本到当地主管出口退税的税务机关登记备案。经备案的出口合同,凡在2009年1月1日之前报关出口的,准予按调整前的退税率执行。逾期未能备案的以及2008年12月31日以后报关出口的,一律按调整后的出口退税率执行。

上述出口合同是指:合同签订日期、商品名称、单价、数量、金额等内容明确,经出口企业和外商双方代表签字确认或盖章,符合《合同法》等相关法律法规规定,真实有效的书面出口合同,对不符合规定的合同一律不予备案。出口合同一经备案一律不得修改。

特此通知。

附件:1. 提高出口退税率的商品清单(编者略)

2. 取消出口退税的商品清单(编者略)

1-4-336

国家税务总局关于境内区外货物进入海关特殊监管区域有关问题的通知

2008年9月24日　国税发〔2008〕91号

各省、自治区、直辖市和计划单列市国家税务局:

根据《财政部、海关总署、国家税务总局关于国内采购材料进入出口加工区等海关特殊监管区域适用退税政策的通知》(财税〔2008〕10号,以下简称“10号文件”),经商海关总署同意,现就境内区外货物进入出口加工区等海关特殊监管区域有关税收等问题通知如下:

一、10号文件第一条规定的境内区外入区用于海关特殊监管区域和区内企业厂房基础建设的基建物资,不签发出口报关单。对区外企业销往区内的上述货物税务机关应按规定征税,不办理出口退税。

二、10号文件第二条规定准予退税的货物入区时,海关签发的出口货物报关单(出口退税专用)的备注栏填有中华人民共和国海关总署公告2008年第34号所附的《海关特殊监管区域不征收出口关税及退税货物审批表》编号。

区外企业可凭海关签发的符合上述规定的出口货物报关单(出口退税专用)和其他现行规定的出口退(免)税凭证,向税务机关申报办理退(免)税。税务机关进行认真审核后,按增值税法定征税率予以退税。

区外企业如属于增值税小规模纳税人,其销售的上述货物按现行规定实行免税办法。

三、主管国家税务局应及时向主管海关了解区内加工企业违反10号文件第三条规定的情况。

四、区内生产加工企业应按季将《海关特殊监管区域不征收出口关税及退税货物审批表》(复印件,加盖企业公章)报送主管国家税务局,并每半年一次(7月10日前和1月10日前)将按照本通知第二条规定办理退(免)税货物的使用情况报送当地国家税务局。对上述退(免)税货物,税务机关有权进入区内企业进行实地核查。

五、海关特殊监管区域的税务机关应与主管海关密切合作,积极配合,加强管理。对销往区内属于10号文件第二条规定的享受出口退(免)税的货物,应按照商品名称(海关商品编码头6位,金额单位:万美元)做好统计工作。具体分析报告每半年一次(7月31日前和1月31日前)书面上报国家税务总局。

六、本通知自2008年2月15日起执行。

注释:

条款修改。根据《第十三届全国人民代表大会第一次会议关于国务院机构改革方案的决定》等有关规定,税收规范性文件规定的国税地税机关的职责和工作由新的税务机关承担。国家税务总局依据《税收规范性文件制定管理办法》(国家税务总局令第41号公布),对税收规范性文件进行了清理。参见:《国家税务总局关于修改部分税收规范性文件的公告》(国家税务总局公告2018年第31号)。

1-4-337

财政部　国家税务总局关于提高部分商品出口退税率的通知

2008年10月21日　财税〔2008〕138号

各省、自治区、直辖市、计划单列市财政厅(局)、国家税务局,新疆生产建设兵团财务局:

经国务院批准,提高部分商品的出口退税率。现就有关事项通知如下:

一、将部分纺织品、服装、玩具出口退税率提高到14%。

二、将日用及艺术陶瓷出口退税率提高到11%。

三、将部分塑料制品出口退税率提高到9%。

四、将部分家具出口退税率提高到11%、13%。

五、将艾滋病药物、基因重组人胰岛素冻干粉、黄胶原、钢化安全玻璃、电容器用钽丝、船用锚链、缝纫机、风扇、数控机床硬质合金刀、部分书籍、笔记本等商品的出口退税率分别提高到9%、11%、13%。

上述提高出口退税率的具体商品名称及税号见附件。

六、执行时间

以上调整自2008年11月1日起执行。具体执行时间,以“出口货物报关单(出口退税专用)”海关注明的出口日期为准。

特此通知。

附件:提高出口退税率的商品清单(编者略)

1－4－338

财政部 国家税务总局关于提高劳动密集型产品等商品增值税出口退税率的通知

2008 年 11 月 17 日 财税〔2008〕144 号

各省、自治区、直辖市、计划单列市财政厅(局)、国家税务局,新疆生产建设兵团财务局:

经国务院批准,决定提高部分商品的增值税出口退税率(以下简称退税率)。现就有关事项通知如下:

一、提高退税率的商品范围

(一)将部分橡胶制品、林产品的退税率由 5% 提高到 9%。

(二)将部分模具、玻璃器皿的退税率由 5% 提高到 11%。

(三)将部分水产品的退税率由 5% 提高到 13%。

(四)将箱包、鞋、帽、伞、家具、寝具、灯具、钟表等商品的退税率由 11% 提高到 13%。

(五)将部分化工产品、石材、有色金属加工材等商品的退税率分别由 5%、9% 提高到 11%、13%。

(六)将部分机电产品的退税率分别由 9% 提高到 11%,11% 提高到 13%,13% 提高到 14%。

上述提高退税率的具体商品名称、税号及退税率见附件。

二、执行时间

本通知规定的退税率的调整自 2008 年 12 月 1 日起执行。具体执行时间,以"出口货物报关单(出口退税专用)"海关注明的出口日期为准。

特此通知。

附件:提高增值税出口退税率的商品清单(编者略)

1－4－339

财政部 国家税务总局关于黑大豆出口免征增值税的通知

2008 年 12 月 3 日 财税〔2008〕154 号

各省、自治区、直辖市、计划单列市财政厅(局)、国家税务局,新疆生产建设兵团财务局:

经国务院批准,从2008年12月1日起,对黑大豆(税则号为1201009200)出口免征增值税。具体执行时间,以“出口货物报关单(出口退税专用)”海关注明的出口日期为准。

特此通知。

1-4-340

财政部　国家税务总局关于停止外商投资企业购买国产设备退税政策的通知

2008年12月25日　财税〔2008〕176号

各省、自治区、直辖市、计划单列市财政厅(局)、国家税务局,新疆生产建设兵团财务局:

为配合全国增值税转型改革,规范税制,经国务院批准,停止执行外商投资企业采购国产设备增值税退税政策。现将有关事项通知如下:

一、自2009年1月1日起,对外商投资企业在投资总额内采购国产设备可全额退还国产设备增值税的政策停止执行。下列文件及条款同时废止:

(一)《国家税务总局关于印发〈外商投资企业采购国产设备退税管理试行办法〉的通知》(国税发〔1999〕171号);

(二)《财政部、国家税务总局关于出口货物退(免)税若干具体问题的通知》(财税〔2004〕116号)第一条;

(三)《财政部、国家税务总局关于调整外商投资项目购买国产设备退税政策范围的通知》(财税〔2006〕61号);

(四)《国家税务总局、国家发展和改革委员会关于印发〈外商投资项目采购国产设备退税管理试行办法〉的通知》(国税发〔2006〕111号);

(五)《国家税务总局关于外商投资企业以包工包料方式委托承建企业购买国产设备退税问题的通知》(国税函〔2007〕637号)。

二、为保证政策调整平稳过渡,外商投资企业在2009年6月30日以前(含本日,下同)购进的国产设备,在增值税专用发票稽核信息核对无误的情况下,可选择按原规定继续执行增值税退税政策,但应当同时符合下列条件:

(一)2008年11月9日以前获得《符合国家产业政策的外商投资项目确认书》,并已于2008年12月31日以前在主管税务机关备案;

(二)2009年6月30日以前实际购进国产设备并开具增值税专用发票,且已在主管税务机关申报退税;

(三)购进的国产设备已列入《项目采购国产设备清单》。

三、外商投资企业购进的已享受增值税退税政策国产设备的增值税额,不得再作为进项税额抵扣销项税额。

四、外商投资企业购进的已享受增值税退税政策的国产设备,由主管税务机关负责监管,监管期为5年。在监管期内,如果企业性质变更为内资企业,或者发生转让、赠送等设备所有权转让情形,或者发生出租、再投资等情形的,应当向主管退税机关补缴已退税款,应补税款按以下公式计算:

应补税款 = 国产设备净值 × 适用税率

国产设备净值是指企业按照财务会计制度计提折旧后计算的设备净值。

1 -4 -341

财政部　国家税务总局关于提高部分机电产品出口退税率的通知

2008年12月29日　财税〔2008〕177号

各省、自治区、直辖市、计划单列市财政厅(局)、国家税务局,新疆生产建设兵团财务局:

经国务院批准,从2009年1月1日起,提高部分技术含量和附加值高的机电产品出口退税率。具体规定如下:

一、将航空惯性导航仪、陀螺仪、离子射线检测仪、核反应堆、工业机器人等产品的出口退税率由13%、14%提高到17%。

二、将摩托车、缝纫机、电导体等产品的出口退税率由11%、13%提高到14%。

具体产品清单见附件。

三、具体执行时间,以“出口货物报关单(出口退税专用)”海关注明的出口日期为准。

特此通知。

附件:提高出口退税率的产品清单(编者略)

1 -4 -342

国家税务总局关于应对国际金融危机做好出口退税工作的通知

2009年1月14日　国税函〔2009〕24号

各省、自治区、直辖市和计划单列市国家税务局:

为应对国际金融危机对我国实体经济及外贸出口的影响,国家陆续出台了一系列宏观调控措施,进出口税收政策调整是一项重要政策措施。为保持我国对外贸易的稳定健康发展,进一步做好出口退税工作,现将有关事项通知如下:

一、认真落实国家提高出口退税率政策

近期,国家陆续提高了部分出口货物的出口退税率。各地税务机关要及时下载出口退税率文库,把出口退税政策调整落到实处,通过各种渠道向出口企业做好宣传、辅导工作,增强出口企业抵御金融危机的能力,帮助出口企业渡过难关。

二、进一步提高出口退税工作效率,加快出口退税进度

各级税务机关在受理出口企业的出口退(免)税申报后,要切实提高工作效率,在按照现行出口退税有关规定认真审核的基础上,及时、准确的办理出口退税,有效提高出口退税进度。各地如果出现出口退税计划不足的情况,要及时向税务总局反映,申请追加计划。不得以计划不足等原因拖延办理出口退税。

三、积极研究优化出口退税流程

各级税务机关要牢固树立纳税服务意识,进一步改进工作作风,积极研究优化出口退税流程、提高出口退税效率的措施。对于切实可行的优化方案,如果属于本级税务机关职权范围内可以决定的,可在认真研究后执行;如果超出本级税务机关职权范围,可逐级向上级税务机关提出建议。

四、进一步加强出口退税管理,严防骗取出口退税案件发生

为防止不法分子利用提高出口退税率之机骗取出口退税,各地税务机关在落实提高出口退税率的政策、加快出口退税进度的同时,必须继续做好防范和打击骗取出口退税的工作。各级税务机关除认真审核出口企业出口货物的退税申报资料、单证及其相关电子信息外,还应对出口企业的出口增长及生产经营等情况进行分析、评估,发现涉嫌骗取出口退税的要认真调查核实并按规定处理。

1－4－343

财政部　国家税务总局关于进一步提高部分商品出口退税率的通知

2009年6月3日　财税〔2009〕88号

各省、自治区、直辖市、计划单列市财政厅(局)、国家税务局,新疆生产建设兵团财务局:

经国务院批准,提高部分商品的出口退税率。现就有关事宜通知如下:

一、电视用发送设备、缝纫机等商品的出口退税率提高到17%。

二、罐头、果汁、桑丝等农业深加工产品,电动齿轮泵、半挂车等机电产品,光学元件等仪器仪表,胰岛素制剂等药品,箱包,鞋帽,伞,毛发制品,玩具,家具等商品的出口退税率提高到15%。

三、部分塑料、陶瓷、玻璃制品,部分水产品,车削工具等商品的出口退税率提高到13%。

四、合金钢异性材等钢材、钢铁结构体等钢铁制品、剪刀等商品的出口退税率提高到9%。

五、玉米淀粉、酒精的出口退税率提高到5%。

具体商品清单见附件。

六、本通知自2009年6月1日起执行。具体执行时间,以“出口货物报关单(出口退税专用)”海关注明的出口日期为准。

特此通知。

附件：提高出口退税率的商品清单（编者略）

1－4－344

海关总署关于明确税款保证金征收方式相关事宜的公告

2009年7月27日　海关总署公告2009年第44号

根据《中华人民共和国海关进出口货物征税管理办法》（海关总署令第124号）第七十七条的规定，纳税义务人在海关尚未确定商品归类、完税价格、原产地等征税要件的情况下要求先放行货物的，海关应向其收取足额税款担保。有关征收担保的具体方式，现明确如下：

一、一般情况下海关应对上述货物收取全额税款保证金或金融机构保函后放行。

二、为方便企业尽快取得税单并实施增值税款抵扣，减少资金成本压力，应企业申请，海关可以先根据企业申报征收税款，同时按海关认定的应征税款和已征税款的差额部分收取税款担保后放行。

特此公告。

1－4－345

海关总署关于出口至港澳地区自用粮食退税及退还保证金相关事宜的公告

2009年8月25日　海关总署公告2009年第54号

根据海关总署公告2008年第3号、2009年第2号的有关规定，现对出口至香港、澳门地区自用的非配额管理粮食退税及退还税款保证金的相关事宜公告如下：

一、对输港自用的非配额管理粮食，香港工贸署和香港海关已根据香港进口商提供的资料进行了全面核查，并最终确认了确属香港地区自用的符合退还出口关税及退还保证金条件的内地输港粮食清单（见附件）。内地相关出口商应根据核查结果，比照清单数据，到各海关及时办理退还出口关税及退还保证金的有关手续。对不在清单范围内的输港粮食，海关将一律不予退税并将已收取的税款保证金转税。

二、对2008年以来已征税放行或已凭保放行的输澳自用非配额管理粮食，内地出口商应要求澳门进口商协助于2009年9月30日前向澳门经济局提供上述粮食的详细资料，以供核查。

根据澳门特区政府核查结果，对确属澳门地区自用的粮食，海关将及时向内地出口商退还已征收的出口关税或税款保证金。有关退税及退还保证金的详细清单将待澳门特区政府核查结束后另行公告。

特此公告。

附件:符合退税及退还保证金条件的内地输港粮食清单(编者略)

1－4－346

国家税务总局关于加工贸易纸质手册电子化有关出口退税管理工作的通知

2009年8月26日 国税函〔2009〕449号

各省、自治区、直辖市和计划单列市国家税务局:

为了适应海关加工贸易纸质手册电子化改革,确保加工贸易企业出口退税管理的正常运行,现对加工贸易纸质手册电子化有关出口退税管理问题通知如下:

一、实行加工贸易电子化手册的出口企业到主管税务机关办理加工贸易登记备案、核销业务时,无法提供纸质《加工贸易登记手册》的,根据《海关总署关于全面推广应用H2000电子化手册系统的通知》(署加发〔2008〕57号)和《加贸司关于明确电子化手册纸面单证打印有关问题的通知》(加贸函〔2009〕6号)有关规定,企业可提供经海关盖章确认的加工贸易电子化纸质单证,税务机关据此办理有关加工贸易出口退税事宜。

二、各地税务机关要加强与海关、商务等加工贸易管理部门的协调,及时解决加工贸易电子化手册改革中的退税问题。

三、税务总局正在与海关总署开展加工贸易数据联网交换工作,目前两个部门传输系统已开发完毕,于8月初开始试运行。系统正式运行后可以实现加工贸易纸质手册电子化后有关进、出口报关单等加工贸易数据传输及审核比对功能。

1－4－347

财政部 海关总署 国家税务总局关于国内采购材料进入海关特殊监管区域适用退税政策的通知

2009年9月3日 财税〔2009〕107号

各省、自治区、直辖市、计划单列市财政厅(局)、国家税务局,海关广东分署,天津、上海特派办,各直属海关,新疆生产建设兵团财务局:

最近,部分地区反映《财政部、海关总署、国家税务总局关于国内采购材料进入出口加工区等海关特殊监管区域适用退税政策的通知》(财税〔2008〕10号)“海关特殊监管区内生产企业国内采购入区退税原材料清单”中列名的产品出口退税率提高后以及海关商品编码变更后,适用退税率问题。经研究,现明确如下:

一、根据财税〔2008〕10号文件的规定，对区内生产企业在国内采购“海关特殊监管区内生产企业国内采购入区退税原材料清单”中列名的产品，进区按增值税法定征税率予以退税是指取消出口退税的产品。上述产品的出口退税率调整后，应执行调整后的出口退税率。

二、财税〔2008〕10号文件“海关特殊监管区内生产企业国内采购入区退税原材料清单”列名产品，如因海关商品编码发生变更，而产品特性描述按海关规定仍在列名产品范围的，按原规定的适用退税率执行。

特此通知。

1－4－348

国家税务总局关于印发《研发机构采购国产设备退税管理办法》的通知

2010年1月17日　国税发〔2010〕9号

各省、自治区、直辖市和计划单列市国家税务局：

根据《财政部、海关总署、国家税务总局关于研发机构采购设备税收政策的通知》（财税〔2009〕115号）有关规定，经商财政部，现将《研发机构采购国产设备退税管理办法》下发给你们，请遵照执行。执行中有何问题，请及时报告总局（货物劳务税司）。

附件：研发机构采购国产设备退税申报审核审批表（编者略）

研发机构采购国产设备退税管理办法

第一条　根据《财政部、海关总署、国家税务总局关于研发机构采购设备税收政策的通知》（财税〔2009〕115号）的规定，特制定本办法。

第二条　主管研发机构退税的国家税务局负责研发机构采购国产设备退税的认定、审核审批及监管工作。

第三条　采购国产设备适用退还增值税政策的研发机构范围和设备清单范围，按财税〔2009〕115号文件相关规定执行。

第四条　享受采购国产设备退税的研发机构，应在申请办理退税前持以下资料向主管退税税务机关申请办理采购国产设备的退税认定手续。

（一）企业法人营业执照副本或组织机构代码证（原件及复印件）；

（二）税务登记证副本（原件及复印件）；

（三）退税账户证明；

（四）税务机关要求提供的其他资料。

本办法下发前已办理出口退税认定手续的，不再办理采购国产设备的退税认定手续。

第五条　研发机构发生解散、破产、撤销以及其他依法应终止采购国产设备退税事项的,应持相关证件、资料向其主管退税税务机关办理注销认定手续。已办理采购国产设备退税认定的研发机构,其认定内容发生变化的,须自有关管理机关批准变更之日起30日内,持相关证件、资料向其主管退税税务机关办理变更认定手续。

第六条 属于增值税一般纳税人的研发机构购进国产设备取得的增值税专用发票,应在规定的认证期限内办理认证手续。2009年12月31日前开具的增值税专用发票,其认证期限为90日;2010年1月1日后开具的增值税专用发票,其认证期限为180日。未认证或认证未通过的一律不得申报退税。

第七条 研发机构应自购买国产设备取得的增值税专用发票开票之日起180日内,向其主管退税税务机关报送《研发机构采购国产设备退税申报审核审批表》(见附件)及电子数据申请退税,同时附送以下资料:

(一)采购国产设备合同;

(二)增值税专用发票(抵扣联);

(三)付款凭证;

(四)税务机关要求提供的其他资料。

不属于独立法人的公司内设部门或分公司的外资研发中心采购国产设备,由总公司向其主管退税税务机关申请退税。

第八条 对属于增值税一般纳税人的研发机构的退税申请,主管退税税务机关须在增值税专用发票稽核信息核对无误的情况下,办理退税。对非增值税一般纳税人研发机构的退税申请,主管退税税务机关须进行发函调查,在确认发票真实、发票所列设备已按照规定申报纳税后,方可办理退税。

第九条 采购国产设备的应退税额,按照增值税专用发票上注明的税额确定。凡企业未全额支付所购设备货款的,按照已付款比例和增值税专用发票上注明的税额确定应退税款;未付款部分的相应税款,待企业实际支付货款后再予退税。

第十条 主管退税税务机关对已办理退税的增值税专用发票应加盖“已申报退税”章,留存或退还企业并按规定保存,企业不得再作为进项税额抵扣凭证。

第十一条 主管退税税务机关应对研发机构采购国产设备退税情况建立台账(纸质或电子)进行管理。

第十二条 研发机构已退税的国产设备,由主管退税税务机关进行监管,监管期为5年。监管期内发生设备所有权转移行为或移作他用等行为的,研发机构须按以下计算公式,向主管退税税务机关补缴已退税款。

应补税款=增值税专用发票上注明的金额×(设备折余价值÷设备原值)×适用增值税税率

设备折余价值=设备原值-累计已提折旧

设备原值和已提折旧按企业会计核算数据计算。

第十三条 研发机构以假冒采购国产设备退税资格、既申报抵扣又申报退税、虚构采购国产设备业务、提供虚假退税申报资料等手段骗取国产设备退税款的,按照现行有关法律、法规处理。

第十四条 本办法由国家税务总局会同财政部负责解释。

第十五条 本办法执行期限为2009年7月1日至2010年12月31日,具体以增值税专用发票上的开票时间为准。

1-4-349

财政部 国家税务总局关于边境地区一般贸易和边境小额贸易出口货物以人民币结算准予退(免)税试点的通知

2010年3月29日 财税〔2010〕26号

内蒙古、辽宁、吉林、黑龙江、广西、西藏、新疆、云南省(自治区)财政厅、国家税务局:

经国务院批准,将现行云南边境小额贸易出口货物以人民币结算准予退(免)税政策扩大到边境省份(自治区)与接壤毗邻国家的一般贸易,并进行试点。经商商务部、人民银行、海关总署、外汇局同意,现将有关事项通知如下:

一、凡在内蒙古、辽宁、吉林、黑龙江、广西、新疆、西藏、云南省(自治区)行政区域内登记注册的出口企业,以一般贸易或边境小额贸易方式从陆地指定口岸出口到接壤毗邻国家的货物,并采取银行转账人民币结算方式的,可享受应退税额全额出口退税政策。外汇管理部门对上述货物出具出口收汇核销单。企业在向海关报关时,应提供出口收汇核销单,对未及时提供出口收汇核销单而影响企业收汇核销和出口退税的,由企业自行负责。

以人民币现金结算方式出口的货物,不享受出口退税政策。

陆地指定口岸是指经国家有关部门批准的边境口岸。名单如下:

内蒙古自治区:室韦、黑山头、满洲里、阿日哈沙特、额布都格、二连、珠恩嘎达布其、满都拉、甘其毛道、策克。

辽宁省:丹东、太平湾。

吉林省:集安、临江、长白、古城里、南坪、三合、开三屯、图们、沙坨子、圈河、珲春、老虎哨。

黑龙江省:东宁、绥芬河、密山、虎林、饶河、抚远、同江、萝北、嘉荫、孙吴、逊克、黑河、呼玛、漠河(包括洛古河)。

广西壮族自治区:龙邦、水口、凭祥、友谊关、东兴、平孟、峒中、爱店、硕龙、岳圩、平尔、科甲。

云南省:猴桥、瑞丽、畹町、孟定、打洛、磨憨、河口、金水河、天保、片马、盈江、章凤、南伞、孟连、沧源、田蓬。

西藏自治区:普兰、吉隆、樟木、日屋。

新疆维吾尔自治区:老爷庙、乌拉斯台、塔克什肯、红山嘴、吉木乃、巴克图、阿拉山口、霍尔果斯、都拉塔、阿黑土别克、木扎尔特、吐尔尕特、伊尔克什坦、卡拉苏、红其拉甫。

接壤毗邻国家是指:俄罗斯、朝鲜、越南、缅甸、老挝、哈萨克斯坦、吉尔吉斯斯坦、塔吉克斯坦、巴基斯坦、印度、蒙古、尼泊尔、阿富汗、不丹。

二、边境省份出口企业出口本通知第一条规定的准予退税的货物后，除按现行出口退（免）税规定，提供有关出口退（免）税凭证外，还应提供结算银行转账人民币结算的银行入账单，按月向税务机关申请办理退（免）税或免抵退税手续。结算银行转账人民币结算的银行入账单应与外汇管理部门出具的出口收汇核销单（出口退税专用）相匹配。

对边境省份出口企业不能提供规定凭证的上述出口货物，税务机关不予办理出口退（免）税。

三、其他事项按现行有关出口货物退（免）税管理规定执行。

四、本通知自2010年3月1日起执行。具体执行时间以出口货物报关单（出口退税专用）上海关注明的出口时间为准。同时，《财政部、国家税务总局关于以人民币结算的边境小额贸易出口货物试行退（免）税的通知》（财税〔2003〕245号）、《财政部、国家税务总局关于以人民币结算的边境小额贸易出口货物试行退（免）税的补充通知》（财税〔2004〕178号）予以废止。

五、各地在执行中遇到的问题，应及时向国家税务总局反映。

注释：

条款修改。第一条规定中“以一般贸易或边境小额贸易方式从陆地指定口岸出口到接壤毗邻国家的货物”的内容调整为“以一般贸易或边境小额贸易方式从海关实施监管的边境货物进出口口岸出口到接壤毗邻国家的货物”。第二条第一款规定增加以下内容：“对确有困难而不能提供结算银行转账人民币结算的银行入账单的边境省份出口企业，可按照《国家外汇管理局关于边境省区跨境贸易人民币结算核销管理有关问题的通知》（汇发〔2010〕40号）相关规定，凭签注‘人民币核销’的出口收汇核销单退税专用联向税务机关直接办理退税”。参见：《财政部　国家税务总局关于边境地区一般贸易和边境小额贸易出口货物以人民币结算准予退（免）税试点的补充通知》（财税〔2011〕8号）。

1－4－350

国家税务总局　公安部　海关总署关于建立打击骗取出口退税工作部际协调机制的意见

2010年4月27日　国税发〔2010〕50号

各省、自治区、直辖市和计划单列市国家税务局，各省、自治区、直辖市公安厅（局），新疆生产建设兵团公安局，广东分署、各直属海关：

为认真贯彻落实国务院领导关于加强打击骗取出口退（免）税工作部门协调配合的指示精神，有效打击骗取出口退（免）税违法犯罪行为，维护国家利益，经研究，国家税务总局、公安部、海关总署决定建立打击骗取出口退（免）税工作部际协调机制（以下简称协调机制）。主要内容如下：

一、落实组织保障,形成执法合力

国家税务总局、公安部、海关总署为协调机制成员单位。协调机制办公室设在国家税务总局(稽查局),其主要职责是:定期召开协调办案会议,及时沟通信息,协调、解决三方协作过程中的问题;督促协调机制各方认真落实各项工作内容;适时总结三方协调配合经验做法,印发各地参考。

国家税务总局稽查局、公安部经济犯罪侦查局、海关总署缉私局为协调机制各成员单位的承办单位。其中,国家税务总局稽查局负责组织协调各级税务稽查部门及时向海关提供相关信息,防范、查处骗取出口退(免)税违法行为;向公安机关移交涉嫌犯罪案件线索,协助公安机关查办骗取出口退(免)税犯罪案件。公安部经济犯罪侦查局负责组织协调各级公安经侦部门及时接收海关、税务机关移送的情报线索,适时介入案件调查,及时侦办骗取出口退(免)税案件。海关总署缉私局负责将查办案件过程中发现的骗取出口退税线索或影响国家出口退税管理信息移送税务、公安机关,协助税务、公安机关进行调查取证。各承办单位应指定联络人员负责打击骗取出口退(免)税工作的相关事宜。涉及本部门其他单位的事宜,由承办单位协调处置。

国家税务总局、公安部、海关总署应督促各地税务、公安机关和海关根据本地实际,建立健全三方协作的工作制度,逐步完善协作机制,推进三方多层次多领域的协作,确保此项工作不断取得实质性进展。

二、拓展合作方式,加强信息交流

国家税务总局、公安部、海关总署同意定期召开协调办案会议,主要内容为:通报进出口货物异常情况;分析进出口环节骗税新动向、新手段、新特点;交流骗税违法犯罪案件查处情况;协调解决三方协作中的重大问题;总结案件查办经验和检查手段创新情况。协调办案会议原则上每季度召开一次,由国家税务总局承办,遇有特定情况随时召开。

国家税务总局、公安部、海关总署同意在各级税务、公安机关和海关之间建立信息交换渠道。原则上,信息交换只在三方同级、同地机关之间传递,信息需求方如需获取他方上级或下级或异地相关信息时,应通过本系统的上级或下级或异地机关向信息提供方提出需求;信息提供方应在本机关业务范围内利用自身手段,尽最大可能依法获取相关信息并及时向需求方提供有关信息和资料。用于交换的信息和资料主要包括:涉案进出口企业情况,涉案进出口货物报关单数据,国内申报纳税情况,企业货物及劳务生产、流通、进出口等各环节涉及的异常信息,税收违法犯罪线索,其他用于打击骗取出口退(免)税工作的相关信息和资料。

税务机关根据海关要求,向海关提供出口企业增值税专用发票相关信息,及时反馈对相关企业、行业、货物的调查结果;海关根据税务机关要求或海关认为有必要的,应向税务机关提供出口企业涉嫌伪报品名和价格、瞒报数量等信息,以及相关企业、行业或某类商品出口量突然大量增加或者减少,导致出口退(免)税额异常变动且涉嫌骗取出口退税的信息;海关、税务机关要及时向公安机关提供涉嫌骗取出口退(免)税违法犯罪案件线索;公安、税务部门要及时向海关部门通报在打击骗取出口退(免)税工作中发现的涉及走私方面的动态线索;公安机关向税务机关和海关提供骗取出口退税犯罪案件查办情况,提出改进税收征管和海关监管工作建议。

三方交换的信息和资料仅用于打击骗取出口退税联合工作使用,未经信息提供方许可,不得向协调机制之外的其他机构提供。

三、整合优势资源,合作查办案件

在打击骗取出口退(免)税违法犯罪活动中,要充分利用公安机关的侦查优势、海关部门的情报优势、税务机关的专业优势,探索建立调查取证协作机制和大要案件联合督办查办机制。

对于海关办理的"影响出口退税管理"的案件,税务机关应协助海关查明企业的基本情况、增值税发票真伪等情况;对于公安、税务机关查办的涉嫌骗取出口退(免)税违法犯罪案件,海关应当协助提取出口货物报关单和进出境通关数据。

案件查办过程中要依托三方协调机制,以核查货物出口业务真实性为核心,围绕出口企业是否确有货物出口、出口行为是否真实、出口货物纳税情况是否足额真实进行调查;对于经海关、税务机关查证掌握一定线索的案件,公安机关要适时介入,及时监控和取证,实行公安、税务、海关"联合取证、同步办案",切实解决以往查办涉嫌骗税案件取证难、定性难的问题,形成打击骗取出口退(免)税违法犯罪活动的执法合力。

1－4－351

财政部　国家税务总局关于取消部分商品出口退税的通知

2010年6月22日　财税〔2010〕57号

各省、自治区、直辖市、计划单列市财政厅(局)、国家税务局、新疆生产建设兵团财务局:

经国务院批准,自2010年7月15日起取消下列商品的出口退税:

1. 部分钢材;
2. 部分有色金属加工材;
3. 银粉;
4. 酒精、玉米淀粉;
5. 部分农药、医药、化工产品;
6. 部分塑料及制品、橡胶及制品、玻璃及制品。

取消出口退税的具体商品名称和商品编码见附件。

具体执行时间,以"出口货物报关单(出口退税专用)"海关注明的出口日期为准。

附件:取消出口退税的商品清单(编者略)

1－4－352

国家税务总局关于跨境贸易人民币结算试点企业评审以及出口货物退(免)税有关事项的通知

2010年6月29日　国税函〔2010〕303号

北京、天津、内蒙古、辽宁、上海、江苏、浙江、福建、山东、湖北、广东、广西、海南、重庆、四川、云南省(自治区、直辖市)国家税务局，大连、宁波、青岛、厦门、深圳市国家税务局：

根据《中国人民银行、财政部、商务部、海关总署、国家税务总局、银监会关于扩大跨境贸易人民币结算试点有关问题的通知》(银发〔2010〕186号)文件规定，你地区被列为跨境贸易人民币结算试点地区。现将跨境贸易人民币结算试点企业评审工作以及出口货物退(免)税有关事项通知如下：

一、试点企业评审工作要求

(一)试点地区税务机关应按照《跨境贸易人民币结算试点管理办法》(中国人民银行、财政部、商务部、海关总署、国家税务总局、中国银行业监督管理委员会公告〔2009〕第10号，以下简称《管理办法》)有关规定，对试点企业进行评审。试点企业应具备以下条件：

1. 财务会计制度健全，且未发生欠税的；

2. 办理出口货物退(免)税认定2年以上，且日常申报出口货物退(免)税正常、规范，能按税务机关要求保管出口退税档案资料；

3. 近二年未发现企业从事“四自三不见”等不规范业务；

4. 近二年未发生偷税、逃避追缴欠税、抗税、骗取出口退税等涉税违法行为；

5. 近二年未发现虚开发票(含农产品收购发票)和使用虚开的增值税专用发票申报出口退税等问题；

6. 评审期间未涉及有关税务违法案件检查。

(二)试点地区地(市)税务机关应严格遵照上述标准，逐项对试点出口企业加以评审，填写《跨境贸易人民币结算试点企业评审表》(见附件1)。据此，由省国家税务局将本地区拟同意试点的出口企业名单及《跨境贸易人民币结算试点企业评审汇总表》(见附件2)上报国家税务总局(货物劳务税司)。

(三)试点期间，试点地区税务机关应加强对试点企业的日常管理，对于试点企业出现下列情况之一者，要及时将有关情况上报国家税务总局(货物劳务税司)：

1. 发生骗取出口退税等涉税违法行为或涉及税务违法案件检查的；

2. 使用虚开的增值税专用发票申报出口退税的；

3. 多次未按规定提供税务部门所需单证、资料且经劝告无效的。

二、试点企业申报办理跨境贸易人民币结算出口货物退(免)税有关规定

(一)试点企业申报办理跨境贸易人民币结算方式出口货物退(免)税时，不必提供出口

收汇核销单,但应单独向主管税务机关申报,如与其他出口货物一并申报,应在申报表中对跨境贸易人民币结算出口货物报关单进行标注。

(二)试点地区税务机关受理跨境贸易人民币结算方式出口货物退(免)税后,不再审核出口收汇核销单及进行相关信息的对比,出口退税审核系统中产生的有关出口收汇核销单疑点可以人工挑过。

(三)对属于《管理办法》第二十三条规定情形的试点企业,税务机关可要求试点企业提供相关数据、资料,建立台账制度,加强后续跟踪监管,如有必要可要求试点企业提供有关情况的书面说明,并可根据《管理办法》第十八条有关规定,提请银行部门提供试点企业有关跨境贸易结算的数据、资料,以供对比分析使用。

(四)各试点地区税务机关要积极支持跨境贸易人民币结算试点工作,一方面在严格审核的基础上,及时准确办理出口货物退(免)税;另一方面要加强试点企业有关业务的日常管理和预警评估工作,严防骗税发生。凡审核中发现异常出口业务,应暂缓办理该笔出口货物退(免)税,待核实有关问题后,依法按规定处理。

三、出口退税系统应用有关要求

(一)针对跨境贸易人民币结算出口货物退(免)税业务,国家税务总局已对出口退税审核系统部分模块进行了升级,增加了若干审核疑点配置,审核系统升级内容见附件3。请你局使用升级后的出口退税审核系统对试点企业跨境贸易人民币结算出口货物退(免)税进行审核。

(二)请你局通过国家税务总局电子传输系统出口退税子系统查询试点企业跨境贸易人民币结算的相关数据,在跨境贸易人民币结算业务办理出口退(免)税进行数据分析,做好出口退税预警评估工作。

附件:1. 跨境贸易人民币结算试点企业评审表(编者略)

2. 跨境贸易人民币结算试点企业评审汇总表(编者略)

3. 跨境贸易人民币结算业务升级说明(编者略)

注释:

条款修改。根据《第十三届全国人民代表大会第一次会议关于国务院机构改革方案的决定》等有关规定,税收规范性文件规定的国税地税机关的职责和工作由新的税务机关承担。国家税务总局依据《税收规范性文件制定管理办法》(国家税务总局令第41号公布),对税收规范性文件进行了清理。参见:《国家税务总局关于修改部分税收规范性文件的公告》(国家税务总局公告2018年第31号)。

1 -4 -353

海关总署关于吉林省开展内贸货物跨境运输试点的公告

2010 年 8 月 4 日　海关总署公告 2010 年第 49 号

为落实国家振兴东北老工业基地和中国图们江区域合作开发规划纲要的战略部署,促进利用境外港口开展内贸货物跨境运输合作,现对吉林省开展内贸货物跨境运输试点有关事宜公告如下:

一、本公告所称"内贸货物跨境运输"系指国内贸易货物由我国关境内一口岸启运,通过境外运至我国关境内另一口岸的运输方式。

二、允许吉林省内贸货物从珲春圈河口岸出境,经朝鲜限元汀里—罗津港换装作业,从上海、宁波口岸复运进境。

境外换装作业仅限在朝鲜罗津港中国承运企业租用并经营的专用码头进行。

三、试点阶段允许开展内贸货物跨境运输业务的经营企业(以下简称经营企业)仅限于吉林省已在海关注册登记的企业。

四、经营企业到长春海关办理内贸货物跨境运输备案手续,应当提交下列材料:

(一)吉林省人民政府出具的认可文件;

(二)《内贸货物跨境运输业务申请表》(见附件 1);

(三)《中华人民共和国海关进出口货物收发货人报关注册登记证书》;

(四)符合海关规定的银行保函等担保;

(五)海关需要的其他材料。

五、涉及出口许可证件管理的非集装箱内贸货物跨境运输的商品仅限于煤炭。

六、使用集装箱装载的跨境运输内贸货物(不包括出口许可证管理商品),由海关在珲春口岸施加封志,经公路直接运至朝鲜限元汀里—罗津港,使用整箱(不拆、不换集装箱)承运至我东南沿海港口。集装箱箱体必须符合《中华人民共和国海关对用于装载海关监管货物的集装箱和集装箱式货车车厢的监管办法》(海关总署令第 110 号)规定的标准。

七、承运内贸货物的车辆、驾驶员应符合《中华人民共和国海关关于境内公路承运海关监管货物的运输企业及其车辆、驾驶员的管理办法》(海关总署令第 121 号)的规定。

八、承运跨境运输货物的运输工具进出境时应当在海关监管场所内装卸作业,内贸货物与运输工具应当接受海关监管。

九、从事内贸货物跨境运输装卸、存储、交付、发运等活动的有关监管场所应符合《中华人民共和国海关监管场所管理办法》(海关总署令第 171 号)的规定。

十、内贸货物出境和进境的监管方式均应申报为"内贸货物跨境运输"(代码 9600)。

十一、经营企业或其代理人应当根据《中华人民共和国海关进出口货物申报管理规定》的要求向海关申报。在跨境运输货物出境前,填制《中华人民共和国海关内贸货物跨境运输出境备案清单》(见附件2)和《中华人民共和国海关内贸货物跨境运输联系单》(见附件3)向出境地海关申报。跨境运输货物进境后,经营企业或其代理人应当填制《中华人民共和国海关内贸货物跨境运输进境备案清单》(见附件4)向进境地海关申报,具体填制说明见附件5、6。

十二、单票《中华人民共和国海关内贸货物跨境运输出境备案清单》项下的货物,应由同一船舶、同一航次、同一提单,运抵同一目的港。

十三、内贸货物限使用中国籍船舶自朝鲜限元汀里—罗津港直航至上海、宁波港。

十四、跨境运输的内贸货物应自运输工具离开我国关境内一口岸出境起3个月内运抵我国关境内另一口岸。逾期未运抵的,除不可抗力的外,视同出口货物处理,由纳税义务人向海关办理相关的申报纳税手续;海关将取消该经营企业继续从事内贸货物跨境运输资格,并根据情况进行调查处理。

十五、经营企业如有违反本公告有关规定情事的,海关依法进行处理。

十六、本公告自公告之日起施行。

特此公告。

附件:1. 内贸货物跨境运输业务申请表(编者略)

2. 中华人民共和国海关内贸货物跨境运输出境备案清单(编者略)

3. 中华人民共和国海关内贸货物跨境运输联系单(编者略)

4. 中华人民共和国海关内贸货物跨境运输进境备案清单(编者略)

5. 中华人民共和国海关内贸货物跨境运输进(出)境备案清单填制说明(编者略)

6. 中华人民共和国海关内贸货物跨境运输联系单填制说明(编者略)

1-4-354

财政部　国家税务总局关于边境地区一般贸易和边境小额贸易出口货物以人民币结算准予退(免)税试点的补充通知

2011年3月10日　财税〔2011〕8号

内蒙古、辽宁、吉林、黑龙江、广西、西藏、新疆、云南省(自治区)财政厅、国家税务局:

《财政部、国家税务总局关于边境地区一般贸易和边境小额贸易出口货物以人民币结算准予退(免)税试点的通知》(财税〔2010〕26号)印发执行后,接到部分地区来函,要求明确非陆地指定口岸出口货物退税和人民币核销退税手续等问题。为了简化管理,更好地促进边境地区对外贸易的发展,经国务院同意,现将有关事项补充通知如下:

一、对财税〔2010〕26号文件第一条规定中“以一般贸易或边境小额贸易方式从陆地指定口岸出口到接壤毗邻国家的货物”的内容调整为“以一般贸易或边境小额贸易方式从海关实施监管的边境货物进出口口岸出口到接壤毗邻国家的货物”。

二、外汇管理部门、边境省份出口企业办理以一般贸易或边境小额贸易方式从海关实施监管的边境货物进出口口岸出口到接壤毗邻国家的货物的核销手续，按照《国家外汇管理局关于边境省区跨境贸易人民币结算核销管理有关问题的通知》（汇发〔2010〕40号）及其他相关规定执行。

三、对财税〔2010〕26号文件第二条第一款规定增加以下内容："对确有困难而不能提供结算银行转账人民币结算的银行入账单的边境省份出口企业，可按照《国家外汇管理局关于边境省区跨境贸易人民币结算核销管理有关问题的通知》（汇发〔2010〕40号）相关规定，凭签注'人民币核销'的出口收汇核销单退税专用联向税务机关直接办理退税"。

四、本通知自2010年3月1日起执行。边境省份出口企业在2010年3月1日至本通知发布前报关出口的货物，由于前述非陆地指定口岸出口货物退税和人民币核销退税手续等问题没有明确而未办理出口退（免）税的，按照本通知规定办理出口退（免）税手续。

1－4－355

国家税务总局关于联网应用中国电子口岸出口退税数据的通告

2011年8月4日　国家税务总局通告2011年第1号

为减轻出口企业将出口报关单（出口退税专用联）数据手工录入到出口退税申报系统的负担，提高企业申报数据准确性，加快退税进度，进一步发挥中国电子口岸平台优势和服务功能，国家税务总局与海关总署密切合作，开发了电子口岸"出口退税子系统"出口退税数据下载软件，现决定在全国推广应用。为保证此项工作顺利进行，现将有关事项通告如下：

一、主要功能

出口企业通过对中国电子口岸"出口退税子系统"中的出口报关单数据进行确认操作，将出口企业符合出口退税申报要求的数据联网读入到国家税务总局的出口退税申报系统中。

此项功能是在出口企业端完成出口报关单数据在两个系统之间的定向传递，使报关单数据零距离应用到出口退税业务中，实现数据资源共享。同时，下载读入的出口报关单编码为18位，彻底解决了税务部门为了不增加企业录入工作量一直延用9位报关单编码而出现重复数据的情况。

此软件免费提供给企业使用。

二、系统上线时间及安排

（一）自2011年9月1日（以出口报关单出口日期为准）起，出口企业在出口退税申报系统中使用的报关单编码，由原截取后9位编码调整为18位完整编码。即：原为报关单号后9位号码＋标志位（0）＋项号（2位）改为18位报关单号码＋标志位（0）＋项号（2位）。

（二）对2011年9月1日（以出口报关单出口日期为准）以前的报关单，出口企业仍按原编码规则进行出口退税申报。

(三)出口企业升级安装新版出口退税申报系统后,需通过“系统参数设置与修改”功能将“18位报关单执行日期”配置为2011年9月1日。

(四)出口企业升级安装新版出口退税申报系统后,第一次使用读入“下载出口报关单数据”的功能前,需先通过“系统参数设置与修改”准确配置电子口岸IC卡号和密码。

(五)使用读入“下载出口报关单数据”的功能时,出口企业要保证本机已正确连接电子口岸IC卡读卡器,且读卡器内已插入IC卡。

三、出口企业联网应用出口报关单数据操作流程

出口企业使用电子口岸IC卡登录到中国电子口岸“出口退税子系统”,以“出口日期”或“报送日期”或“出口报关单号”为检索条件,先确定下载数据的范围,然后进行数据下载。数据下载后将直接保存在出口企业本地PC机上,下载数据格式为加密的XML格式。

四、出口企业应用数据完成退税申报操作流程

出口企业首先将从中国电子口岸“出口退税子系统”下载的报关单数据使用电子口岸IC卡解密后读入到出口退税申报系统中,然后在出口退税申报系统中进行应用处理,形成可向税务机关报送的电子申报数据。

为了方便出口企业申报,允许企业自愿选择原手工录入申报方式或利用联网应用数据进行申报的方式。

五、对税务部门的要求

(一)各地税务机关要高度重视此项工作,认真组织落实,及时下载和升级软件补丁,启用有关新增功能,完成升级工作。同时,在升级新版出口退税审核系统后,需通过“系统参数修改”功能将“启用18位报关单办理业务日期”配置为2011年8月1日。

(二)各地税务机关应将升级后的出口退税申报系统免费提供给出口企业使用,做好申报系统新增功能的操作使用培训、辅导和宣传工作,指导出口企业从软件操作帮助文档、技术支持热线和税务机关等多种渠道获取支持。

六、软件升级技术支持

(一)各地税务机关可通过税务总局内网电子税务网站(http://100.16.92.105)下载:

出口退税审核系统V9.20版,自行安装使用;

出口退税申报系统及相关操作说明、演示文档,提供出口企业自行安装使用。其中,出口退税申报系统包括:外贸企业出口退税申报系统11.0版、生产企业出口退税申报系统9.0版、小规模纳税人出口免税申报系统3.0版。

(二)为保证联网应用出口报关单数据功能的畅通运行,并方便企业咨询中国电子口岸“出口退税子系统”的功能操作,提供中国电子口岸数据中心技术支持热线:010－95198。

出口企业可在中国电子口岸(http://www.chinaport.gov.cn/客服专区/下载中心)下载出口退税数据功能的操作说明和演示文档。

特此公告。

1－4－356

财政部　国家税务总局关于出口货物劳务增值税和消费税政策的通知

2012年5月25日　财税〔2012〕39号

各省、自治区、直辖市、计划单列市财政厅（局）、国家税务局，新疆生产建设兵团财务局：

为便于征纳双方系统、准确地了解和执行出口税收政策，财政部和国家税务总局对近年来陆续制定的一系列出口货物、对外提供加工修理修配劳务（以下统称出口货物劳务，包括视同出口货物）增值税和消费税政策进行了梳理归类，并对在实际操作中反映的个别问题做了明确。现将有关事项通知如下：

一、适用增值税退（免）税政策的出口货物劳务

对下列出口货物劳务，除适用本通知第六条和第七条规定的外，实行免征和退还增值税［以下称增值税退（免）税］政策：

（一）出口企业出口货物。

本通知所称出口企业，是指依法办理工商登记、税务登记、对外贸易经营者备案登记，自营或委托出口货物的单位或个体工商户，以及依法办理工商登记、税务登记但未办理对外贸易经营者备案登记，委托出口货物的生产企业。

本通知所称出口货物，是指向海关报关后实际离境并销售给境外单位或个人的货物，分为自营出口货物和委托出口货物两类。

本通知所称生产企业，是指具有生产能力（包括加工修理修配能力）的单位或个体工商户。

（二）出口企业或其他单位视同出口货物。具体是指：

1. 出口企业对外援助、对外承包、境外投资的出口货物。

2. 出口企业经海关报关进入国家批准的出口加工区、保税物流园区、保税港区、综合保税区、珠澳跨境工业区（珠海园区）、中哈霍尔果斯国际边境合作中心（中方配套区域）、保税物流中心（B型）（以下统称特殊区域）并销售给特殊区域内单位或境外单位、个人的货物。

3. 免税品经营企业销售的货物［国家规定不允许经营和限制出口的货物（见附件1）、卷烟和超出免税品经营企业《企业法人营业执照》规定经营范围的货物除外］。具体是指：（1）中国免税品（集团）有限责任公司向海关报关运入海关监管仓库，专供其经国家批准设立的统一经营、统一组织进货、统一制定零售价格、统一管理的免税店销售的货物；（2）国家批准的除中国免税品（集团）有限责任公司外的免税品经营企业，向海关报关运入海关监管仓库，专供其所属的首都机场口岸海关隔离区内的免税店销售的货物；（3）国家批准的除中国免税品（集团）有限责任公司外的免税品经营企业所属的上海虹桥、浦东机场海关隔离区内的免税店销售的货物。

4. 出口企业或其他单位销售给用于国际金融组织或外国政府贷款国际招标建设项目

的中标机电产品(以下称中标机电产品)。上述中标机电产品,包括外国企业中标再分包给出口企业或其他单位的机电产品。贷款机构和中标机电产品的具体范围见附件2。

5. 生产企业向海上石油天然气开采企业销售的自产的海洋工程结构物。海洋工程结构物和海上石油天然气开采企业的具体范围见附件3。

6. 出口企业或其他单位销售给国际运输企业用于国际运输工具上的货物。上述规定暂仅适用于外轮供应公司、远洋运输供应公司销售给外轮、远洋国轮的货物,国内航空供应公司生产销售给国内和国外航空公司国际航班的航空食品。

7. 出口企业或其他单位销售给特殊区域内生产企业生产耗用且不向海关报关而输入特殊区域的水(包括蒸汽)、电力、燃气(以下称输入特殊区域的水电气)。

除本通知及财政部和国家税务总局另有规定外,视同出口货物适用出口货物的各项规定。

(三)出口企业对外提供加工修理修配劳务。

对外提供加工修理修配劳务,是指对进境复出口货物或从事国际运输的运输工具进行的加工修理修配。

二、增值税退(免)税办法

适用增值税退(免)税政策的出口货物劳务,按照下列规定实行增值税免抵退税或免退税办法。

(一)免抵退税办法。生产企业出口自产货物和视同自产货物(视同自产货物的具体范围见附件4)及对外提供加工修理修配劳务,以及列名生产企业(具体范围见附件5)出口非自产货物,免征增值税,相应的进项税额抵减应纳增值税额(不包括适用增值税即征即退、先征后退政策的应纳增值税额),未抵减完的部分予以退还。

(二)免退税办法。不具有生产能力的出口企业(以下称外贸企业)或其他单位出口货物劳务,免征增值税,相应的进项税额予以退还。

三、增值税出口退税率

(一)除财政部和国家税务总局根据国务院决定而明确的增值税出口退税率(以下称退税率)外,出口货物的退税率为其适用税率。国家税务总局根据上述规定将退税率通过出口货物劳务退税率文库予以发布,供征纳双方执行。退税率有调整的,除另有规定外,其执行时间以货物(包括被加工修理修配的货物)出口货物报关单(出口退税专用)上注明的出口日期为准。

(二)退税率的特殊规定:

1. 外贸企业购进按简易办法征税的出口货物、从小规模纳税人购进的出口货物,其退税率分别为简易办法实际执行的征收率、小规模纳税人征收率。上述出口货物取得增值税专用发票的,退税率按照增值税专用发票上的税率和出口货物退税率孰低的原则确定。

2. 出口企业委托加工修理修配货物,其加工修理修配费用的退税率,为出口货物的退税率。

3. 中标机电产品、出口企业向海关报关进入特殊区域销售给特殊区域内生产企业生产耗用的列名原材料(以下称列名原材料,其具体范围见附件6)、输入特殊区域的水电气,其退税率为适用税率。如果国家调整列名原材料的退税率,列名原材料应当自调整之日起按调整后的退税率执行。

4. 海洋工程结构物退税率的适用,见附件3。

(三)适用不同退税率的货物劳务,应分开报关、核算并申报退(免)税,未分开报关、核算或划分不清的,从低适用退税率。

四、增值税退(免)税的计税依据

出口货物劳务的增值税退(免)税的计税依据,按出口货物劳务的出口发票(外销发票)、其他普通发票或购进出口货物劳务的增值税专用发票、海关进口增值税专用缴款书确定。

(一)生产企业出口货物劳务(进料加工复出口货物除外)增值税退(免)税的计税依据,为出口货物劳务的实际离岸价(FOB)。实际离岸价应以出口发票上的离岸价为准,但如果出口发票不能反映实际离岸价,主管税务机关有权予以核定。

(二)生产企业进料加工复出口货物增值税退(免)税的计税依据,按出口货物的离岸价(FOB)扣除出口货物所含的海关保税进口料件的金额后确定。

本通知所称海关保税进口料件,是指海关以进料加工贸易方式监管的出口企业从境外和特殊区域等进口的料件。包括出口企业从境外单位或个人购买并从海关保税仓库提取且办理海关进料加工手续的料件,以及保税区外的出口企业从保税区内的企业购进并办理海关进料加工手续的进口料件。

(三)生产企业国内购进无进项税额且不计提进项税额的免税原材料加工后出口的货物的计税依据,按出口货物的离岸价(FOB)扣除出口货物所含的国内购进免税原材料的金额后确定。

(四)外贸企业出口货物(委托加工修理修配货物除外)增值税退(免)税的计税依据,为购进出口货物的增值税专用发票注明的金额或海关进口增值税专用缴款书注明的完税价格。

(五)外贸企业出口委托加工修理修配货物增值税退(免)税的计税依据,为加工修理修配费用增值税专用发票注明的金额。外贸企业应将加工修理修配使用的原材料(进料加工海关保税进口料件除外)作价销售给受托加工修理修配的生产企业,受托加工修理修配的生产企业应将原材料成本并入加工修理修配费用开具发票。

(六)出口进项税额未计算抵扣的已使用过的设备增值税退(免)税的计税依据,按下列公式确定:

退(免)税计税依据 = 增值税专用发票上的金额或海关进口增值税专用缴款书注明的完税价格 × 已使用过的设备固定资产净值 ÷ 已使用过的设备原值

已使用过的设备固定资产净值 = 已使用过的设备原值 - 已使用过的设备已提累计折旧

本通知所称已使用过的设备,是指出口企业根据财务会计制度已经计提折旧的固定资产。

(七)免税品经营企业销售的货物增值税退(免)税的计税依据,为购进货物的增值税专用发票注明的金额或海关进口增值税专用缴款书注明的完税价格。

(八)中标机电产品增值税退(免)税的计税依据,生产企业为销售机电产品的普通发票注明的金额,外贸企业为购进货物的增值税专用发票注明的金额或海关进口增值税专用缴款书注明的完税价格。

（九）生产企业向海上石油天然气开采企业销售的自产的海洋工程结构物增值税退（免）税的计税依据，为销售海洋工程结构物的普通发票注明的金额。

（十）输入特殊区域的水电气增值税退（免）税的计税依据，为作为购买方的特殊区域内生产企业购进水（包括蒸汽）、电力、燃气的增值税专用发票注明的金额。

五、增值税免抵退税和免退税的计算

（一）生产企业出口货物劳务增值税免抵退税，依下列公式计算：

1. 当期应纳税额的计算

当期应纳税额 = 当期销项税额 -（当期进项税额 - 当期不得免征和抵扣税额）

当期不得免征和抵扣税额 = 当期出口货物离岸价 × 外汇人民币折合率 ×（出口货物适用税率 - 出口货物退税率）- 当期不得免征和抵扣税额抵减额

当期不得免征和抵扣税额抵减额 = 当期免税购进原材料价格 ×（出口货物适用税率 - 出口货物退税率）

2. 当期免抵退税额的计算

当期免抵退税额 = 当期出口货物离岸价 × 外汇人民币折合率 × 出口货物退税率 - 当期免抵退税额抵减额

当期免抵退税额抵减额 = 当期免税购进原材料价格 × 出口货物退税率

3. 当期应退税额和免抵税额的计算

（1）当期期末留抵税额≤当期免抵退税额，则

当期应退税额 = 当期期末留抵税额

当期免抵税额 = 当期免抵退税额 - 当期应退税额

（2）当期期末留抵税额 > 当期免抵退税额，则

当期应退税额 = 当期免抵退税额

当期免抵税额 = 0

当期期末留抵税额为当期增值税纳税申报表中“期末留抵税额”。

4. 当期免税购进原材料价格包括当期国内购进的无进项税额且不计提进项税额的免税原材料的价格和当期进料加工保税进口料件的价格，其中当期进料加工保税进口料件的价格为组成计税价格。

当期进料加工保税进口料件的组成计税价格 = 当期进口料件到岸价格 + 海关实征关税 + 海关实征消费税

（1）采用“实耗法”的，当期进料加工保税进口料件的组成计税价格为当期进料加工出口货物耗用的进口料件组成计税价格。其计算公式为：

当期进料加工保税进口料件的组成计税价格 = 当期进料加工出口货物离岸价 × 外汇人民币折合率 × 计划分配率

计划分配率 = 计划进口总值 ÷ 计划出口总值 × 100%

实行纸质手册和电子化手册的生产企业，应根据海关签发的加工贸易手册或加工贸易电子化纸质单证所列的计划进出口总值计算计划分配率。

实行电子账册的生产企业，计划分配率按前一期已核销的实际分配率确定；新启用电

子账册的，计划分配率按前一期已核销的纸质手册或电子化手册的实际分配率确定。

(2)采用“购进法”的，当期进料加工保税进口料件的组成计税价格为当期实际购进的进料加工进口料件的组成计税价格。

若当期实际不得免征和抵扣税额抵减额大于当期出口货物离岸价×外汇人民币折合率×(出口货物适用税率－出口货物退税率)的，则：

当期不得免征和抵扣税额抵减额＝当期出口货物离岸价×外汇人民币折合率×(出口货物适用税率－出口货物退税率)

(二)外贸企业出口货物劳务增值税免退税，依下列公式计算：

1. 外贸企业出口委托加工修理修配货物以外的货物：

增值税应退税额＝增值税退(免)税计税依据×出口货物退税率

2. 外贸企业出口委托加工修理修配货物：

出口委托加工修理修配货物的增值税应退税额＝委托加工修理修配的增值税退(免)税计税依据×出口货物退税率

(三)退税率低于适用税率的，相应计算出的差额部分的税款计入出口货物劳务成本。

(四)出口企业既有适用增值税免抵退项目，也有增值税即征即退、先征后退项目的，增值税即征即退和先征后退项目不参与出口项目免抵退税计算。出口企业应分别核算增值税免抵退项目和增值税即征即退、先征后退项目，并分别申请享受增值税即征即退、先征后退和免抵退税政策。

用于增值税即征即退或者先征后退项目的进项税额无法划分的，按照下列公式计算：

无法划分进项税额中用于增值税即征即退或者先征后退项目的部分＝当月无法划分的全部进项税额×当月增值税即征即退或者先征后退项目销售额÷当月全部销售额、营业额合计

六、适用增值税免税政策的出口货物劳务

对符合下列条件的出口货物劳务，除适用本通知第七条规定外，按下列规定实行免征增值税(以下称增值税免税)政策：

(一)适用范围。

适用增值税免税政策的出口货物劳务，是指：

1. 出口企业或其他单位出口规定的货物，具体是指：

(1)增值税小规模纳税人出口的货物。

(2)避孕药品和用具，古旧图书。

(3)软件产品。其具体范围是指海关税则号前四位为“9803”的货物。

(4)含黄金、铂金成分的货物，钻石及其饰品。其具体范围见附件7。

(5)国家计划内出口的卷烟。其具体范围见附件8。

(6)已使用过的设备。其具体范围是指购进时未取得增值税专用发票、海关进口增值税专用缴款书但其他相关单证齐全的已使用过的设备。

(7)非出口企业委托出口的货物。

(8)非列名生产企业出口的非视同自产货物。

(9)农业生产者自产农产品[农产品的具体范围按照《农业产品征税范围注释》(财税

〔1995〕52号)的规定执行]。

(10)油画、花生果仁、黑大豆等财政部和国家税务总局规定的出口免税的货物。

(11)外贸企业取得普通发票、废旧物资收购凭证、农产品收购发票、政府非税收入票据的货物。

(12)来料加工复出口的货物。

(13)特殊区域内的企业出口的特殊区域内的货物。

(14)以人民币现金作为结算方式的边境地区出口企业从所在省(自治区)的边境口岸出口到接壤国家的一般贸易和边境小额贸易出口货物。

(15)以旅游购物贸易方式报关出口的货物。

2. 出口企业或其他单位视同出口的下列货物劳务:

(1)国家批准设立的免税店销售的免税货物[包括进口免税货物和已实现退(免)税的货物]。

(2)特殊区域内的企业为境外的单位或个人提供加工修理修配劳务。

(3)同一特殊区域、不同特殊区域内的企业之间销售特殊区域内的货物。

3. 出口企业或其他单位未按规定申报或未补齐增值税退(免)税凭证的出口货物劳务。

具体是指:

(1)未在国家税务总局规定的期限内申报增值税退(免)税的出口货物劳务。

(2)未在规定期限内申报开具《代理出口货物证明》的出口货物劳务。

(3)已申报增值税退(免)税,却未在国家税务总局规定的期限内向税务机关补齐增值税退(免)税凭证的出口货物劳务。

对于适用增值税免税政策的出口货物劳务,出口企业或其他单位可以依照现行增值税有关规定放弃免税,并依照本通知第七条的规定缴纳增值税。

(二)进项税额的处理计算。

1. 适用增值税免税政策的出口货物劳务,其进项税额不得抵扣和退税,应当转入成本。

出口卷烟,依下列公式计算:

2. 不得抵扣的进项税额 = 出口卷烟含消费税金额 ÷(出口卷烟含消费税金额 + 内销卷烟销售额)× 当期全部进项税额

(1)当生产企业销售的出口卷烟在国内有同类产品销售价格时

出口卷烟含消费税金额 = 出口销售数量 × 销售价格

"销售价格"为同类产品生产企业国内实际调拨价格。如实际调拨价格低于税务机关公示的计税价格的,"销售价格"为税务机关公示的计税价格;高于公示计税价格的,销售价格为实际调拨价格。

(2)当生产企业销售的出口卷烟在国内没有同类产品销售价格时:

出口卷烟含税金额 =(出口销售额 + 出口销售数量 × 消费税定额税率)÷(1 - 消费税比例税率)

"出口销售额"以出口发票上的离岸价为准。若出口发票不能如实反映离岸价,生产企业应按实际离岸价计算,否则,税务机关有权按照有关规定予以核定调整。

3. 除出口卷烟外,适用增值税免税政策的其他出口货物劳务的计算,按照增值税免税政策的统一规定执行。其中,如果涉及销售额,除来料加工复出口货物为其加工费收入外,其他均为出口离岸价或销售额。

七、适用增值税征税政策的出口货物劳务

下列出口货物劳务,不适用增值税退(免)税和免税政策,按下列规定及视同内销货物征税的其他规定征收增值税(以下称增值税征税):

(一)适用范围。

适用增值税征税政策的出口货物劳务,是指:

1. 出口企业出口或视同出口财政部和国家税务总局根据国务院决定明确的取消出口退(免)税的货物[不包括来料加工复出口货物、中标机电产品、列名原材料、输入特殊区域的水电气、海洋工程结构物]。

2. 出口企业或其他单位销售给特殊区域内的生活消费用品和交通运输工具。

3. 出口企业或其他单位因骗取出口退税被税务机关停止办理增值税退(免)税期间出口的货物。

4. 出口企业或其他单位提供虚假备案单证的货物。

5. 出口企业或其他单位增值税退(免)税凭证有伪造或内容不实的货物。

6. 出口企业或其他单位未在国家税务总局规定期限内申报免税核销以及经主管税务机关审核不予免税核销的出口卷烟。

7. 出口企业或其他单位具有以下情形之一的出口货物劳务:

(1)将空白的出口货物报关单、出口收汇核销单等退(免)税凭证交由除签有委托合同的货代公司、报关行,或由境外进口方指定的货代公司(提供合同约定或者其他相关证明)以外的其他单位或个人使用的。

(2)以自营名义出口,其出口业务实质上是由本企业及其投资的企业以外的单位或个人借该出口企业名义操作完成的。

(3)以自营名义出口,其出口的同一批货物既签订购货合同,又签订代理出口合同(或协议)的。

(4)出口货物在海关验放后,自己或委托货代承运人对该笔货物的海运提单或其他运输单据等上的品名、规格等进行修改,造成出口货物报关单与海运提单或其他运输单据有关内容不符的。

(5)以自营名义出口,但不承担出口货物的质量、收款或退税风险之一的,即出口货物发生质量问题不承担购买方的索赔责任(合同中有约定质量责任承担者除外);不承担未按期收款导致不能核销的责任(合同中有约定收款责任承担者除外);不承担因申报出口退(免)税的资料、单证等出现问题造成不退税责任的。

(6)未实质参与出口经营活动、接受并从事由中间人介绍的其他出口业务,但仍以自营名义出口的。

(二)应纳增值税的计算。

适用增值税征税政策的出口货物劳务,其应纳增值税按下列办法计算:

1. 一般纳税人出口货物

销项税额=(出口货物离岸价-出口货物耗用的进料加工保税进口料件金额)÷(1+

适用税率)×适用税率

出口货物若已按征退税率之差计算不得免征和抵扣税额并已经转入成本的,相应的税额应转回进项税额。

(1)出口货物耗用的进料加工保税进口料件金额=主营业务成本×(投入的保税进口料件金额÷生产成本)

主营业务成本、生产成本均为不予退(免)税的进料加工出口货物的主营业务成本、生产成本。当耗用的保税进口料件金额大于不予退(免)税的进料加工出口货物金额时,耗用的保税进口料件金额为不予退(免)税的进料加工出口货物金额。

(2)出口企业应分别核算内销货物和增值税征税的出口货物的生产成本、主营业务成本。未分别核算的,其相应的生产成本、主营业务成本由主管税务机关核定。

进料加工手册海关核销后,出口企业应对出口货物耗用的保税进口料件金额进行清算。清算公式为:

清算耗用的保税进口料件总额=实际保税进口料件总额-退(免)税出口货物耗用的保税进口料件总额-进料加工副产品耗用的保税进口料件总额

若耗用的保税进口料件总额与各纳税期扣减的保税进口料件金额之和存在差额时,应在清算的当期相应调整销项税额。当耗用的保税进口料件总额大于出口货物离岸金额时,其差额部分不得扣减其他出口货物金额。

2. 小规模纳税人出口货物

应纳税额=出口货物离岸价÷(1+征收率)×征收率

八、适用消费税退(免)税或征税政策的出口货物

适用本通知第一条、第六条或第七条规定的出口货物,如果属于消费税应税消费品,实行下列消费税政策:

(一)适用范围。

1. 出口企业出口或视同出口适用增值税退(免)税的货物,免征消费税,如果属于购进出口的货物,退还前一环节对其已征的消费税。

2. 出口企业出口或视同出口适用增值税免税政策的货物,免征消费税,但不退还其以前环节已征的消费税,且不允许在内销应税消费品应纳消费税款中抵扣。

3. 出口企业出口或视同出口适用增值税征税政策的货物,应按规定缴纳消费税,不退还其以前环节已征的消费税,且不允许在内销应税消费品应纳消费税款中抵扣。

(二)消费税退税的计税依据。

出口货物的消费税应退税额的计税依据,按购进出口货物的消费税专用缴款书和海关进口消费税专用缴款书确定。

属于从价定率计征消费税的,为已征且未在内销应税消费品应纳税额中抵扣的购进出口货物金额;属于从量定额计征消费税的,为已征且未在内销应税消费品应纳税额中抵扣的购进出口货物数量;属于复合计征消费税的,按从价定率和从量定额的计税依据分别确定。

(三)消费税退税的计算。

消费税应退税额=从价定率计征消费税的退税计税依据×比例税率+从量定额计征

消费税的退税计税依据×定额税率

九、出口货物劳务增值税和消费税政策的其他规定

（一）认定和申报。

1. 适用本通知规定的增值税退（免）税或免税、消费税退（免）税或免税政策的出口企业或其他单位，应办理退（免）税认定。

2. 经过认定的出口企业及其他单位，应在规定的增值税纳税申报期内向主管税务机关申报增值税退（免）税和免税、消费税退（免）税和免税。委托出口的货物，由委托方申报增值税退（免）税和免税、消费税退（免）税和免税。输入特殊区域的水电气，由作为购买方的特殊区域内生产企业申报退税。

3. 出口企业或其他单位骗取国家出口退税款的，经省级以上税务机关批准可以停止其退（免）税资格。

（二）若干征、退（免）税规定

1. 出口企业或其他单位退（免）税认定之前的出口货物劳务，在办理退（免）税认定后，可按规定适用增值税退（免）税或免税及消费税退（免）税政策。

2. 出口企业或其他单位出口货物劳务适用免税政策的，除特殊区域内企业出口的特殊区域内货物、出口企业或其他单位视同出口的免征增值税的货物劳务外，如果未按规定申报免税，应视同内销货物和加工修理修配劳务征收增值税、消费税。

3. 开展进料加工业务的出口企业若发生未经海关批准将海关保税进口料件作价销售给其他企业加工的，应按规定征收增值税、消费税。

4. 卷烟出口企业经主管税务机关批准按国家批准的免税出口卷烟计划购进的卷烟免征增值税、消费税。

5. 发生增值税、消费税不应退税或免税但已实际退税或免税的，出口企业和其他单位应当补缴已退或已免税款。

6. 出口企业和其他单位出口的货物（不包括本通知附件 7 所列货物），如果原材料成本 80% 以上为附件 9 所列原料的，应执行该原料的增值税、消费税政策，上述出口货物的增值税退税率为附件 9 所列该原料海关税则号在出口货物劳务退税率文库中对应的退税率。

7. 国家批准的免税品经营企业销售给免税店的进口免税货物免征增值税。

（三）外贸企业核算要求

外贸企业应单独设账核算出口货物的购进金额和进项税额，若购进货物时不能确定是用于出口的，先记入出口库存账，用于其他用途时应从出口库存账转出。

（四）符合条件的生产企业已签订出口合同的交通运输工具和机器设备，在其退税凭证尚未收集齐全的情况下，可凭出口合同、销售明细账等，向主管税务机关申报免抵退税。在货物向海关报关出口后，应按规定申报退（免）税，并办理已退（免）税的核销手续。多退（免）的税款，应予追回。生产企业申请时应同时满足以下条件：

1. 已取得增值税一般纳税人资格。

2. 已持续经营 2 年及 2 年以上。

3. 生产的交通运输工具和机器设备生产周期在 1 年及 1 年以上。

4. 上一年度净资产大于同期出口货物增值税、消费税退税额之和的 3 倍。

5. 持续经营以来从未发生逃税、骗取出口退税、虚开增值税专用发票或农产品收购发票、接受虚开增值税专用发票(善意取得虚开增值税专用发票除外)行为。

十、出口企业及其他单位具体认定办法及出口退(免)税具体管理办法,由国家税务总局另行制定。

十一、本通知除第一条第(二)项关于国内航空供应公司生产销售给国内和国外航空公司国际航班的航空食品适用增值税退(免)税政策,第六条第(一)项关于国家批准设立的免税店销售的免税货物、出口企业或其他单位未按规定申报或未补齐增值税退(免)税凭证的出口货物劳务、第九条第(二)项关于国家批准的免税品经营企业销售给免税店的进口免税货物适用增值税免税政策的有关规定自 2011 年 1 月 1 日起执行外,其他规定均自 2012 年 7 月 1 日起实施。《废止的文件和条款目录》(见附件 10)所列的相应文件同时废止。

附件:1. 国家规定不允许经营和限制出口的货物(编者略)

2. 贷款机构和中标机电产品的具体范围(编者略)

3. 海洋工程结构物和海上石油天然气开采企业的具体范围(编者略)

4. 视同自产货物的具体范围(编者略)

5. 列名生产企业的具体范围(编者略)

6. 列名原材料的具体范围(编者略)

7. 含黄金、铂金成分的货物和钻石及其饰品的具体范围(编者略)

8. 国家计划内出口的卷烟的具体范围(编者略)

9. 原料名称和海关税则号表(编者略)

10. 废止的文件和条款目录(编者略)

注释:

条款修改。附件 3 中“二、海上石油天然气开采企业的具体范围”所列企业进行调整,具体如下:1. 在“(一)中国海洋石油总公司及其下属企业”项下企业中删除中海石油(中国)有限公司荔湾作业公司、中海石油(中国)有限公司文昌 13 – 1/2 油田作业公司。2. 在“(二)中国海洋石油对外合作公司”项下企业中增加博道长和石油有限公司、哈斯基石油作业(中国)有限公司、爱思开新技术株式会社和爱思开尔世恩株式会社,并删除台南 – 潮汕石油作业有限公司。3. 对“(四)中国石油化工集团公司下属企业”项下企业名称进行变更:将“胜利石油管理局海洋钻井公司”调整为“中石化胜利石油工程有限公司海洋钻井公司”;将“中国石化集团上海海洋石油局”调整为“中国石化集团上海海洋石油局有限公司”;将“上海海洋石油勘探开发总公司”调整为“中石化海洋石油工程有限公司”。参见:《财政部　税务总局关于更新中外合作油(气)田开采企业名单的通知》(财税〔2023〕51 号)。

条款失效。第六条第一项第 3 点、第七条第一项第 6 点“出口企业或其他单位未在国家税务总局规定期限内申报免税核销”及第九条第(二)项第 2 点的规定停止执行。参见:《财政部　税务总局关于明确国有农用地出租等增值税政策的公告》(财政部　税务总局公告 2020 年第 2 号)。

政策调整。“出口退(免)税资格认定”取消。参见:1.《国家税务总局关于贯彻落实

〈国务院关于取消非行政许可审批事项的决定〉的通知》(税总发〔2015〕74 号)。2.《国务院关于取消非行政许可审批事项的决定》(国发〔2015〕27 号)。

条款废止。第九条第(二)款第 6 项及附件 9 自 2015 年 1 月 1 日起废止。参见:《财政部 国家税务总局关于以贵金属和宝石为主要原材料的货物出口退税政策的通知》(财税〔2014〕98 号)。

1 -4 -357

国家税务总局关于发布《出口货物劳务增值税和消费税管理办法》的公告

2012 年 6 月 14 日 国家税务总局公告 2012 年第 24 号

为了方便纳税人办理出口货物劳务退(免)税、免税,提高服务质量,进一步规范管理,国家税务总局对出口货物劳务增值税和消费税的管理规定进行了清理、完善,制定了《出口货物劳务增值税和消费税管理办法》。现予发布。

附件:1. 出口退(免)税资格认定申请表(编者略)
2. 出口退(免)税资格认定变更申请表(编者略)
3. 出口退(免)税资格认定注销申请表(编者略)
4. 免抵退税申报汇总表(编者略)
5. 免抵退税申报汇总表附表(编者略)
6. 免抵退税申报资料情况表(编者略)
7. 生产企业出口货物免、抵、退税申报明细表(编者略)
8. 生产企业出口非自产货物消费税退税申报表(编者略)
9. 生产企业进料加工登记申报表(编者略)
10. 生产企业进料加工登记变更申请表(编者略)
11. 生产企业进料加工进口料件申报明细表(编者略)
12. 生产企业进料加工出口货物扣除保税进口料件申请表(编者略)
13. 生产企业进料加工手册登记核销申请表(编者略)
14. 生产企业出口货物扣除国内免税原材料申请表(编者略)
15. 外贸企业出口退税汇总申报表(编者略)
16. 外贸企业出口退税进货明细申报表(编者略)
17. 外贸企业出口退税出口明细申报表(编者略)
18. 购进自用货物退税申报表(编者略)
19. 出口已使用过的设备退税申报表(编者略)
20. 出口已使用过的设备折旧情况确认表(编者略)
21. 退(免)税货物、标识对照表(编者略)
22. 免税出口货物劳务明细表(编者略)

23. 准予免税购进出口卷烟证明申请表(编者略)
24. 准予免税购进出口卷烟证明(编者略)
25. 出口卷烟已免税证明申请表(编者略)
26. 出口卷烟已免税证明(编者略)
27. 出口卷烟免税核销申报表(编者略)
28. 来料加工免税证明申请表(编者略)
29. 来料加工免税证明(编者略)
30. 来料加工出口货物免税证明核销申请表(编者略)
31. 代理出口货物证明(编者略)
32. 代理出口货物证明申请表(编者略)
33. 代理进口货物证明申请表(编者略)
34. 出口货物退运已补税(未退税)证明(编者略)
35. 退运已补税(未退税)证明申请表(编者略)
36. 补办出口货物报关单申请表(编者略)
37. 补办出口收汇核销单证明申请表(编者略)
38. 出口退税进货分批申报单(编者略)
39. 出口货物转内销证明申报表(编者略)
40. 中标证明通知书(编者略)
41. 中标项目不退税货物清单(编者略)
42. 关于补办出口退税有关证明的申请(编者略)
43. 免税卷烟指定出口口岸(编者略)
44. 废止文件目录

出口货物劳务增值税和消费税管理办法

一、根据《中华人民共和国税收征收管理法》、《中华人民共和国增值税暂行条例》、《中华人民共和国消费税暂行条例》及其实施细则,以及财政部、国家税务总局关于出口货物劳务增值税和消费税政策的规定,制定本办法。

二、出口企业和其他单位办理出口货物、视同出口货物、对外提供加工修理修配劳务(以下统称出口货物劳务)增值税、消费税的退(免)税、免税,适用本办法。

出口企业和出口货物劳务的范围,退(免)税和免税的适用范围和计算办法,按《财政部、国家税务总局关于出口货物增值税和消费税政策的通知》(财税〔2012〕39 号)执行。

三、出口退(免)税资格的认定

(一)出口企业应在办理对外贸易经营者备案登记或签订首份委托出口协议之日起 30 日内,填报《出口退(免)税资格认定申请表》(见附件 1),提供下列资料到主管税务机关办理出口退(免)税资格认定。

1. 加盖备案登记专用章的《对外贸易经营者备案登记表》或《中华人民共和国外商投

资企业批准证书》;

2. 中华人民共和国海关进出口货物收发货人报关注册登记证书;

3. 银行开户许可证;

4. 未办理备案登记发生委托出口业务的生产企业提供委托代理出口协议,不需提供第1、2项资料;

5. 主管税务机关要求提供的其他资料。

(二)其他单位应在发生出口货物劳务业务之前,填报《出口退(免)税资格认定申请表》,提供银行开户许可证及主管税务机关要求的其他资料,到主管税务机关办理出口退(免)税资格认定。

(三)出口企业和其他单位在出口退(免)税资格认定之前发生的出口货物劳务,在办理出口退(免)税资格认定后,可以在规定的退(免)税申报期内按规定申报增值税退(免)税或免税,以及消费税退(免)税或免税。

(四)出口企业和其他单位出口退(免)税资格认定的内容发生变更的,须自变更之日起30日内,填报《出口退(免)税资格认定变更申请表》(见附件2),提供相关资料向主管税务机关申请变更出口退(免)税资格认定。

(五)需要注销税务登记的出口企业和其他单位,应填报《出口退(免)税资格认定注销申请表》(见附件3),向主管税务机关申请注销出口退(免)税资格,然后再按规定办理税务登记的注销。

出口企业和其他单位在申请注销认定前,应先结清出口退(免)税款。注销认定后,出口企业和其他单位不得再申报办理出口退(免)税。

四、生产企业出口货物免抵退税的申报

(一)申报程序和期限

企业当月出口的货物须在次月的增值税纳税申报期内,向主管税务机关办理增值税纳税申报、免抵退税相关申报及消费税免税申报。

企业应在货物报关出口之日(以出口货物报关单〈出口退税专用〉上的出口日期为准,下同)次月起至次年4月30日前的各增值税纳税申报期内收齐有关凭证,向主管税务机关申报办理出口货物增值税免抵退税及消费税退税。逾期的,企业不得申报免抵退税。

(二)申报资料

1. 企业向主管税务机关办理增值税纳税申报时,除按纳税申报的规定提供有关资料外,还应提供下列资料:

(1)主管税务机关确认的上期《免抵退税申报汇总表》(见附件4);

(2)主管税务机关要求提供的其他资料。

2. 企业向主管税务机关办理增值税免抵退税申报,应提供下列凭证资料:

(1)《免抵退税申报汇总表》及其附表(见附件5);

(2)《免抵退税申报资料情况表》(见附件6);

(3)《生产企业出口货物免抵退税申报明细表》(见附件7);

(4)出口货物退(免)税正式申报电子数据;

(5)下列原始凭证:

①出口货物报关单(出口退税专用,以下未作特别说明的均为此联)(保税区内的出口企业可提供中华人民共和国海关保税区出境货物备案清单,简称出境货物备案清单,下同);

②出口收汇核销单(出口退税联,以下未作特别说明的均为此联)(远期结汇的提供远期收汇备案证明,保税区内的出口企业提供结汇水单。跨境贸易人民币结算业务、试行出口退税免予提供纸质出口收汇核销单地区和货物贸易外汇管理制度改革试点地区的企业免予提供,下同);

③出口发票;

④委托出口的货物,还应提供受托方主管税务机关签发的代理出口货物证明,以及代理出口协议复印件;

⑤主管税务机关要求提供的其他资料。

3. 生产企业出口的视同自产货物以及列名生产企业出口的非自产货物,属于消费税应税消费品(以下简称应税消费品)的,还应提供下列资料:

(1)《生产企业出口非自产货物消费税退税申报表》(附件8);

(2)消费税专用缴款书或分割单,海关进口消费税专用缴款书、委托加工收回应税消费品的代扣代收税款凭证原件或复印件。

(三)从事进料加工业务的企业,还须按下列规定办理手册登记、进口料件申报和手册核销:

1. 企业在办理进料加工贸易手(账)册后,应于料件实际进口之日起至次月(采用实耗法扣除的,在料件实际耗用之日起至次月)的增值税纳税申报期内,填报《生产企业进料加工登记申报表》(见附件9),提供正式申报的电子数据及下列资料,向主管税务机关申请办理进料加工登记手续。

(1)采用纸质手册的企业应提供进料加工手册原件及复印件;采用电子化手册的企业应提供海关签章的加工贸易电子化纸质单证;采用电子账册的企业应提供海关核发的《加工贸易联网监管企业电子账册备案证明》。

(2)主管税务机关要求提供的其他资料。

以双委托方式(生产企业进、出口均委托出口企业办理,下同)从事进料加工业务的企业,由委托方凭代理进、出口协议及受托方的上述资料的复印件,到主管税务机关办理进料加工登记手续。

已办理进料加工登记手续的纸质手册、电子化手册或电子账册,如发生加工单位、登记进口料件总额、登记出口货物总额、手册有效期等项目变更的,企业应在变更事项发生之日起至次月的增值税纳税申报期内,填报《生产企业进料加工登记变更申请表》(附件10),提供正式申报电子数据及海关核发的变更后的相关资料向主管税务机关申报办理手(账)册变更手续。

2. 从事进料加工业务的企业应于料件实际进口之日起至次月(采用实耗法计算的,在料件实际耗用之日起至次月)的增值税纳税申报期内,持进口货物报关单、代理进口货物证明及代理进口协议等资料向主管税务机关申报《生产企业进料加工进口料件申报明细表》(见附件11)、《生产企业进料加工出口货物扣除保税进口料件申请表》(见附件12)。

3. 采用纸质手册或电子化手册的企业,应在海关签发核销结案通知书(以结案日期为准,下同)之日起至次月的增值税纳税申报期内填报《生产企业进料加工手册登记核销申请表》(见附件13),提供正式申报电子数据及纸质手册或电子化手册,向主管税务机关申请办理进料加工的核销手续;采用电子账册的企业,应在海关办结一个周期核销手续后,在海关签发核销结案通知书之日起至次月的增值税纳税申报期内填报《生产企业进料加工手册登记核销申请表》,提供正式申报电子数据,向主管税务机关申请办理进料加工的核销手续。

企业应根据核销后的免税进口料件金额,计算调整当期的增值税纳税申报和免抵退税申报。

(四)购进不计提进项税额的国内免税原材料用于加工出口货物的,企业应单独核算用于加工出口货物的免税原材料,并在免税原材料购进之日起至次月的增值税纳税申报期内,填报《生产企业出口货物扣除国内免税原材料申请表》(见附件14),提供正式申报电子数据,向主管税务机关办理申报手续。

(五)免抵退税申报数据的调整

对前期申报错误的,在当期进行调整。在当期用负数将前期错误申报数据全额冲减,再重新全额申报。

发生本年度退运的,在当期用负数冲减原免抵退税申报数据;发生跨年度退运的,应全额补缴原免抵退税款,并按现行会计制度的有关规定进行相应调整。

本年度已申报免抵退税的,如须实行免税办法或征税办法,在当期用负数冲减原免抵退税申报数据;跨年度已申报免抵退税的,如须实行免税或征税办法,不用负数冲减,应全额补缴原免抵退税款,并按现行会计制度的有关规定进行相应调整。

五、外贸企业出口货物免退税的申报

(一)申报程序和期限

企业当月出口的货物须在次月的增值税纳税申报期内,向主管税务机关办理增值税纳税申报,将适用退(免)税政策的出口货物销售额填报在增值税纳税申报表的“免税货物销售额”栏。

企业应在货物报关出口之日次月起至次年4月30日前的各增值税纳税申报期内,收齐有关凭证,向主管税务机关办理出口货物增值税、消费税免退税申报。经主管税务机关批准的,企业在增值税纳税申报期以外的其他时间也可办理免退税申报。逾期的,企业不得申报免退税。

(二)申报资料

1.《外贸企业出口退税汇总申报表》(见附件15);

2.《外贸企业出口退税进货明细申报表》(见附件16);

3.《外贸企业出口退税出口明细申报表》(见附件17);

4. 出口货物退(免)税正式申报电子数据;

5. 下列原始凭证

(1)出口货物报关单;

(2)增值税专用发票(抵扣联)、出口退税进货分批申报单、海关进口增值税专用缴款书(提供海关进口增值税专用缴款书的,还需同时提供进口货物报关单,下同);

(3)出口收汇核销单;

(4)委托出口的货物,还应提供受托方主管税务机关签发的代理出口货物证明,以及代理出口协议副本;

(5)属应税消费品的,还应提供消费税专用缴款书或分割单、海关进口消费税专用缴款书(提供海关进口消费税专用缴款书的,还需同时提供进口货物报关单,下同);

(6)主管税务机关要求提供的其他资料。

六、出口企业和其他单位出口的视同出口货物及对外提供加工修理修配劳务的退(免)税申报

报关进入特殊区域并销售给特殊区域内单位或境外单位、个人的货物,特殊区域外的生产企业或外贸企业的退(免)税申报分别按本办法第四、五条的规定办理。

其他视同出口货物和对外提供加工修理修配劳务,属于报关出口的,为报关出口之日起,属于非报关出口销售的,为出口发票或普通发票开具之日起,出口企业或其他单位应在次月至次年4月30日前的各增值税纳税申报期内申报退(免)税。逾期的,出口企业或其他单位不得申报退(免)税。申报退(免)税时,生产企业除按本办法第四条,外贸企业和没有生产能力的其他单位除按本办法第五条的规定申报(不提供出口收汇核销单;非报关出口销售的不提供出口货物报关单和出口发票,属于生产企业销售的提供普通发票)外,下列货物劳务,出口企业和其他单位还须提供下列对应的补充资料:

(一)对外援助的出口货物,应提供商务部批准使用援外优惠贷款的批文("援外任务书")复印件或商务部批准使用援外合资合作项目基金的批文("援外任务书")复印件。

(二)用于对外承包工程项目的出口货物,应提供对外承包工程合同;属于分包的,由承接分包的出口企业或其他单位申请退(免)税,申请退(免)税时除提供对外承包合同外,还须提供分包合同(协议)。

(三)用于境外投资的出口货物,应提供商务部及其授权单位批准其在境外投资的文件副本。

(四)向海关报关运入海关监管仓库供海关隔离区内免税店销售的货物,提供的出口货物报关单应加盖有免税品经营企业报关专用章;上海虹桥、浦东机场海关国际隔离区内的免税店销售的货物,提供的出口货物报关单应加盖免税店报关专用章,并提供海关对免税店销售货物的核销证明。

(五)销售的中标机电产品,应提供下列资料:

1. 招标单位所在地主管税务机关签发的《中标证明通知书》;

2. 由中国招标公司或其他国内招标组织签发的中标证明(正本);

3. 中标人与中国招标公司或其他招标组织签订的供货合同(协议);

4. 中标人按照标书规定及供货合同向用户发货的发货单;

5. 中标机电产品用户收货清单;

6. 外国企业中标再分包给国内企业供应的机电产品,还应提供与中标企业签署的分包合同(协议)。

(六)销售给海上石油天然气开采企业的自产的海洋工程结构物,应提供销售合同。

(七)销售给外轮、远洋国轮的货物,应提供列明销售货物名称、数量、销售金额并经外

轮、远洋国轮船长签名的出口发票。

（八）生产并销售给国内和国外航空公司国际航班的航空食品，应提供下列资料：

1. 与航空公司签订的配餐合同；

2. 航空公司提供的配餐计划表（须注明航班号、起降城市等内容）；

3. 国际航班乘务长签字的送货清单（须注明航空公司名称、航班号等内容）。

（九）对外提供加工修理修配劳务，应提供下列资料：

1. 修理修配船舶以外其他物品的提供贸易方式为“修理物品”的出口货物报关单；

2. 与境外单位、个人签署的修理修配合同；

3. 维修工作单（对外修理修配飞机业务提供）。

七、出口货物劳务退（免）税其他申报要求

（一）输入特殊区域的水电气，由购买水电气的特殊区域内的生产企业申报退税。企业应在购进货物增值税专用发票的开具之日次月起至次年4月30日前的各增值税纳税申报期内向主管税务机关申报退税。逾期的，企业不得申报退税。申报退税时，应填报《购进自用货物退税申报表》（见附件18），提供正式电子申报数据及下列资料：

1. 增值税专用发票（抵扣联）；

2. 支付水、电、气费用的银行结算凭证（加盖银行印章的复印件）。

（二）运入保税区的货物，如果属于出口企业销售给境外单位、个人，境外单位、个人将其存放在保税区内的仓储企业，离境时由仓储企业办理报关手续，海关在其全部离境后，签发进入保税区的出口货物报关单的，保税区外的生产企业和外贸企业申报退（免）税时，除分别提供本办法第四、五条规定的资料外，还须提供仓储企业的出境货物备案清单。确定申报退（免）税期限的出口日期以最后一批出境货物备案清单上的出口日期为准。

（三）出口企业和其他单位出口的在2008年12月31日以前购进的设备、2009年1月1日以后购进但按照有关规定不得抵扣进项税额的设备、非增值税纳税人购进的设备，以及营业税改征增值税试点地区的出口企业和其他单位出口在本企业试点以前购进的设备，如果属于未计算抵扣进项税额的已使用过的设备，均实行增值税免退税办法。

出口企业和其他单位应在货物报关出口之日次月起至次年4月30日前的各增值税纳税申报期内，向主管税务机关单独申报退税。逾期的，出口企业和其他单位不得申报退税。申报退税时应填报《出口已使用过的设备退税申报表》（见附件19），提供正式申报电子数据及下列资料：

1. 出口货物报关单；

2. 委托出口的货物，还应提供受托方主管税务机关签发的代理出口货物证明，以及代理出口协议；

3. 增值税专用发票（抵扣联）或海关进口增值税专用缴款书；

4. 出口收汇核销单；

5.《出口已使用过的设备折旧情况确认表》（见附件20）；

6. 主管税务机关要求提供的其他资料。

（四）边境地区一般贸易或边境小额贸易项下以人民币结算的从所在省（自治区）的边境口岸出口到接壤毗邻国家，并采取银行转账人民币结算方式的出口货物，生产企业、外贸企业申报退(免)税时,除分别提供本办法第四、五条规定的资料外,还应提供人民币结算的银行入账单,银行入账单应与外汇管理部门出具的出口收汇核销单相匹配。确有困难不能提供银行入账单的,可提供签注“人民币核销”的出口收汇核销单。

(五)跨境贸易人民币结算方式出口的货物,出口企业申报退(免)税不必提供出口收汇核销单。

(六)出口企业和其他单位申报附件21所列货物的退(免)税,应在申报报表中的明细表“退(免)税业务类型”栏内填写附件21所列货物对应的标识。

八、退(免)税原始凭证的有关规定

(一)增值税专用发票(抵扣联)

出口企业和其他单位购进出口货物劳务取得的增值税专用发票,应按规定办理增值税专用发票的认证手续。进项税额已计算抵扣的增值税专用发票,不得在申报退(免)税时提供。

出口企业和其他单位丢失增值税专用发票的发票联和抵扣联的,经认证相符后,可凭增值税专用发票记账联复印件及销售方所在地主管税务机关出具的丢失增值税专用发票已报税证明单,向主管税务机关申报退(免)税。

出口企业和其他单位丢失增值税专用发票抵扣联的,在增值税专用发票认证相符后,可凭增值税专用发票的发票联复印件向主管出口退税的税务机关申报退(免)税。

(二)出口货物报关单

出口企业应在货物报关出口后及时在“中国电子口岸出口退税子系统”中进行报关单确认操作。及时查询出口货物报关单电子信息,对于无出口货物报关单电子信息的,应及时向中国电子口岸或主管税务机关反映。

受托方将代理出口的货物与其他货物一笔报关出口的,委托方申报退(免)税时可提供出口货物报关单的复印件。

(三)出口收汇核销单

出口企业有下列情形之一的,自发生之日起2年内,申报出口退(免)税时,必须提供出口收汇核销单:

1. 纳税信用等级评定为C级或D级的;

2. 未在规定期限内办理出口退(免)税资格认定的;

3. 财务会计制度不健全、日常申报出口退(免)税时多次出现错误的;

4. 首次申报办理出口退(免)税的;

5. 有偷税、逃避追缴欠税、骗取出口退税、抗税、虚开增值税专用发票或农产品收购发票、接受虚开增值税专用发票(善意取得虚开增值税专用发票除外)等涉税违法行为的;

出口企业不存在上述5种情形的,包括因改制、改组以及合并、分立等原因新设立并重新办理出口退(免)税资格认定且原出口企业不存在上述所列情形,并经省级税务机关批准的,在申报出口退(免)税时,可暂不提供出口收汇核销单。但须在出口退(免)税申报截止之日前,收齐并提供按月依申报明细表顺序装订成册的出口收汇核销单。

(四)有关备案单证

出口企业应在申报出口退(免)税后15日内,将所申报退(免)税货物的下列单证,按申报退(免)税的出口货物顺序,填写《出口货物备案单证目录》,注明备案单证存放地点,以备主管税务机关核查。

1. 外贸企业购货合同、生产企业收购非自产货物出口的购货合同,包括一笔购销合同下签订的补充合同等;

2. 出口货物装货单;

3. 出口货物运输单据(包括:海运提单、航空运单、铁路运单、货物承运单据、邮政收据等承运人出具的货物单据,以及出口企业承付运费的国内运输单证)。

若有无法取得上述原始单证情况的,出口企业可用具有相似内容或作用的其他单证进行单证备案。除另有规定外,备案单证由出口企业存放和保管,不得擅自损毁,保存期为5年。

视同出口货物及对外提供修理修配劳务不实行备案单证管理。

九、出口企业和其他单位适用免税政策出口货物劳务的申报

(一)特殊区域内的企业出口的特殊区域内的货物、出口企业或其他单位视同出口的适用免税政策的货物劳务,应在出口或销售次月的增值税纳税申报内,向主管税务机关办理增值税、消费税免税申报。

(二)其他的适用免税政策的出口货物劳务,出口企业和其他单位应在货物劳务免税业务发生的次月(按季度进行增值税纳税申报的为次季度),填报《免税出口货物劳务明细表》(见附件22),提供正式申报电子数据,向主管税务机关办理免税申报手续。出口货物报关单(委托出口的为代理出口货物证明)等资料留存企业备查。

非出口企业委托出口的货物,委托方应在货物劳务免税业务发生的次月(按季度进行增值税纳税申报的为次季度)的增值税纳税申报期内,凭受托方主管税务机关签发的代理出口货物证明以及代理出口协议副本等资料,向主管税务机关办理增值税、消费税免税申报。

出口企业和其他单位未在规定期限内申报出口退(免)税或申报开具《代理出口货物证明》,以及已申报增值税退(免)税,却未在规定期限内向税务机关补齐增值税退(免)税凭证的,如果在申报退(免)税截止期限前已确定要实行增值税免税政策的,出口企业和其他单位可在确定免税的次月的增值税纳税申报期,按前款规定的手续向主管税务机关申报免税。已经申报免税的,不得再申报出口退(免)税或申报开具代理出口货物证明。

(三)本条第(二)项第三款出口货物若已办理退(免)税的,在申报免税前,外贸企业及没有生产能力的其他单位须补缴已退税款;生产企业按本办法第四条第(五)项规定,调整申报数据或全额补缴原免抵退税款。

(四)相关免税证明及免税核销办理

1. 国家计划内出口的卷烟相关证明及免税核销办理

卷烟出口企业向卷烟生产企业购进卷烟时,应先在免税出口卷烟计划内向主管税务机关申请开具《准予免税购进出口卷烟证明申请表》(见附件23),然后将《准予免税购进出口卷烟证明》(见附件24)转交卷烟生产企业,卷烟生产企业据此向主管税务机关申报办理免税手续。

已准予免税购进的卷烟,卷烟生产企业须以不含消费税、增值税的价格销售给出口企

业，并向主管税务机关报送《出口卷烟已免税证明申请表》（见附件25）。卷烟生产企业的主管税务机关核准免税后，出具《出口卷烟已免税证明》（见附件26），并直接寄送卷烟出口企业主管税务机关。

卷烟出口企业（包括购进免税卷烟出口的企业、直接出口自产卷烟的生产企业、委托出口自产卷烟的生产企业）应在卷烟报关出口之日次月起至次年4月30日前的各增值税纳税申报期内，向主管税务机关办理出口卷烟的免税核销手续。逾期的，出口企业不得申报核销，应按规定缴纳增值税、消费税。申报核销时，应填报《出口卷烟免税核销申报表》（见附件27），提供正式申报电子数据及下列资料：

（1）出口货物报关单；

（2）出口收汇核销单；

（3）出口发票；

（4）出口合同；

（5）《出口卷烟已免税证明》（购进免税卷烟出口的企业提供）；

（6）代理出口货物证明，以及代理出口协议副本（委托出口自产卷烟的生产企业提供）；

（7）主管税务机关要求提供的其他资料。

2. 来料加工委托加工出口的货物免税证明及核销办理

（1）从事来料加工委托加工业务的出口企业，在取得加工企业开具的加工费的普通发票后，应在加工费的普通发票开具之日起至次月的增值税纳税申报期内，填报《来料加工免税证明申请表》（见附件28），提供正式申报电子数据，及下列资料向主管税务机关办理《来料加工免税证明》（见附件29）。

①进口货物报关单原件及复印件；

②加工企业开具的加工费的普通发票原件及复印件；

③主管税务机关要求提供的其他资料。

出口企业应将《来料加工免税证明》转交加工企业，加工企业持此证明向主管税务机关申报办理加工费的增值税、消费税免税手续。

（2）出口企业以“来料加工”贸易方式出口货物并办理海关核销手续后，持海关签发的核销结案通知书、《来料加工出口货物免税证明核销申请表》（见附件30）和下列资料及正式申报电子数据，向主管税务机关办理来料加工出口货物免税核销手续。

①出口货物报关单原件及复印件；

②来料加工免税证明；

③加工企业开具的加工费的普通发票原件及复印件；

④主管税务机关要求提供的其他资料。

十、有关单证证明的办理

（一）代理出口货物证明

委托出口的货物，受托方须自货物报关出口之日起至次年4月15日前，向主管税务机关申请开具《代理出口货物证明》（见附件31），并将其及时转交委托方，逾期的，受托方不得申报开具《代理出口货物证明》。申请开具代理出口货物证明时应填报《代理出口货物证明申请表》（见附件32），提供正式申报电子数据及下列资料：

1. 代理出口协议原件及复印件；

2. 出口货物报关单；

3. 委托方税务登记证副本复印件；

4. 主管税务机关要求报送的其他资料。

受托方被停止退(免)税资格的,不得申请开具代理出口货物证明。

(二)代理进口货物证明

委托进口加工贸易料件,受托方应及时向主管税务机关申请开具代理进口货物证明,并及时转交委托方。受托方申请开具代理进口货物证明时,应填报《代理进口货物证明申请表》(见附件33),提供正式申报电子数据及下列资料:

1. 加工贸易手册及复印件;

2. 进口货物报关单(加工贸易专用);

3. 代理进口协议原件及复印件;

4. 主管税务机关要求报送的其他资料。

(三)出口货物退运已补税(未退税)证明

出口货物发生退运的,出口企业应先向主管税务机关申请开具《出口货物退运已补税(未退税)证明》(见附件34),并携其到海关申请办理出口货物退运手续。委托出口的货物发生退运的,由委托方申请开具出口货物退运已补税(未退税)证明并转交受托方。申请开具《出口货物退运已补税(未退税)证明》时应填报《退运已补税(未退税)证明申请表》(见附件35),提供正式申报电子数据及下列资料:

1. 出口货物报关单(退运发生时已申报退税的,不需提供);

2. 出口发票(外贸企业不需提供);

3. 税收通用缴款书原件及复印件(退运发生时未申报退税的、以及生产企业本年度发生退运的、不需提供);

4. 主管税务机关要求报送的其他资料。

(四)补办出口报关单证明及补办出口收汇核销单证明

丢失出口货物报关单或出口收汇核销单的,出口企业应向主管税务机关申请开具补办出口报关单证明或补办出口收汇核销单证明。

1. 申请开具补办出口报关单证明的,应填报《补办出口货物报关单申请表》(见附件36),提供正式申报电子数据及下列资料:

(1)出口货物报关单(其他联次或通过口岸电子执法系统打印的报关单信息页面);

(2)主管税务机关要求报送的其他资料。

2. 申请开具补办出口收汇核销单证明的,应填报《补办出口收汇核销单证明申请表》(见附件37),提供正式申报电子数据及下列资料:

(1)出口货物报关单(出口退税专用或其他联次或通过口岸电子执法系统打印的报关单信息页面);

(2)主管税务机关要求报送的其他资料。

(五)出口退税进货分批申报单

外贸企业购进货物需分批申报退(免)税的及生产企业购进非自产应税消费品需分批

申报消费税退税的，出口企业应凭下列资料填报并向主管税务机关申请出具《出口退税进货分批申报单》（见附件38）：

1. 增值税专用发票（抵扣联）、消费税专用缴款书、已开具过的进货分批申报单；

2. 增值税专用发票清单复印件；

3. 主管税务机关要求提供的其他资料及正式申报电子数据。

（六）出口货物转内销证明

外贸企业发生原记入出口库存账的出口货物转内销或视同内销货物征税的，以及已申报退（免）税的出口货物发生退运并转内销的，外贸企业应于发生内销或视同内销货物的当月向主管税务机关申请开具出口货物转内销证明。申请开具出口货物转内销证明时，应填报《出口货物转内销证明申报表》（见附件39），提供正式申报电子数据及下列资料：

1. 增值税专用发票（抵扣联）、海关进口增值税专用缴款书、进货分批申报单、出口货物退运已补税（未退税）证明原件及复印件；

2. 内销货物发票（记账联）原件及复印件；

3. 主管税务机关要求报送的其他资料。

外贸企业应在取得出口货物转内销证明的下一个增值税纳税申报期内申报纳税时，以此作为进项税额的抵扣凭证使用。

（七）中标证明通知书

利用外国政府贷款或国际金融组织贷款建设的项目，招标机构须在招标完毕并待中标企业签订的供货合同生效后，向其所在地主管税务机关申请办理《中标证明通知书》。招标机构应向主管税务机关报送《中标证明通知书》及中标设备清单表（见附件40），并提供下列资料和信息：

1. 国家评标委员会《评标结果通知》；

2. 中标项目不退税货物清单（见附件41）；

3. 中标企业所在地主管税务机关的名称、地址、邮政编码；

4. 贷款项目中，属于外国企业中标再分包给国内企业供应的机电产品，还应提供招标机构对分包合同出具的验证证明；

5. 贷款项目中属于联合体中标的，还应提供招标机构对联合体协议出具的验证证明；

6. 税务机关要求提供的其他资料。

（八）丢失有关证明的补办

出口企业或其他单位丢失出口退税有关证明的，应向原出具证明的税务机关填报《关于补办出口退税有关证明的申请》（见附件42），提供正式申报电子数据。原出具证明的税务机关在核实确曾出具过相关证明后，重新出具有关证明，但需注明“补办”字样。

十一、其他规定

（一）出口货物劳务除输入特殊区域的水电气外，出口企业和其他单位不得开具增值税专用发票。

（二）增值税退税率有调整的，其执行时间：

1. 属于向海关报关出口的货物，以出口货物报关单上注明的出口日期为准；属于非报关出口销售的货物，以出口发票或普通发票的开具时间为准。

2. 保税区内出口企业或其他单位出口的货物以及经保税区出口的货物，以货物离境时海关出具的出境货物备案清单上注明的出口日期为准。

（三）需要认定为可按收购视同自产货物申报免抵退税的集团公司，集团公司总部必须将书面认定申请及成员企业的证明材料报送主管税务机关，并由集团公司总部所在地的地级以上（含本级）税务机关认定。

集团公司总部及其成员企业不在同一地区的，或不在同一省（自治区、直辖市，计划单列市）的，由集团公司总部所在地的省级国家税务局认定；总部及其成员不在同一个省的，总部所在地的省级国家税务局应将认定文件抄送成员企业所在地的省级国家税务局。

（四）境外单位、个人推迟支付货款或不能支付货款的出口货物劳务，及出口企业以差额结汇方式进行结汇的进料加工出口货物，凡外汇管理部门出具出口收汇核销单的（免予提供纸质出口收汇核销单的试点地区的税务机关收到外汇管理部门传输的收汇核销电子数据），出口企业和其他单位可按现行有关规定申报退（免）税。

（五）属于远期收汇且未超过在外汇管理部门远期收汇备案的预计收汇日期的出口货物劳务，提供远期收汇备案证明申请退（免）税的，出口企业和其他单位应在预计收汇日期起30天内向主管税务机关提供出口收汇核销单（出口退税联）。逾期未提供的，或免予提供纸质出口收汇核销单的试点地区的税务机关收到外汇管理部门传输的收汇核销电子数据的“核销日期”超过预计收汇日期起30天的，主管税务机关不再办理相关出口退（免）税，已办理出口退（免）税的，由税务机关按有关规定追回已退（免）税款。

（六）输入特殊区域的水电气，区内生产企业未在规定期限内申报退（免）税的，进项税额须转入成本。

（七）适用增值税免税政策的出口货物劳务，除特殊区域内的企业出口的特殊区域内的货物、出口企业或其他单位视同出口的货物劳务外，出口企业或其他单位如果未在规定的纳税申报期内按规定申报免税的，应视同内销货物和加工修理修配劳务征免增值税、消费税，属于内销免税的，除按规定补报免税外，还应接受主管税务机关按《中华人民共和国税收征收管理法》作出的处罚；属于内销征税的，应在免税申报期次月的增值税纳税申报期内申报缴纳增值税、消费税。

出口企业或其他单位对本年度的出口货物劳务，剔除已申报增值税退（免）税、免税，已按内销征收增值税、消费税，以及已开具代理出口证明的出口货物劳务后的余额，除内销免税货物按前款规定执行外，须在次年6月份的增值税纳税申报期内申报缴纳增值税、消费税。

（八）适用增值税免税政策的出口货物劳务，出口企业或其他单位如果放弃免税，实行按内销货物征税的，应向主管税务机关提出书面报告，一旦放弃免税，36个月内不得更改。

（九）除经国家税务总局批准销售给免税店的卷烟外，免税出口的卷烟须从指定口岸（见附件43）直接报关出口。

（十）出口企业和其他单位出口财税〔2012〕39号文件第九条第（二）项第6点所列的货物，出口企业和其他单位应按财税〔2012〕39号文件附件9所列原料对应海关税则号在出口货物劳务退税率文库中对应的退税率申报纳税或免税或退（免）税。

出口企业和其他单位如果未按上述规定申报纳税或免税或退（免）税的，一经主管税务机关发现,除执行本项规定外,还应接受主管税务机关按《中华人民共和国税收征收管理法》做出的处罚。

十二、适用增值税征税政策的出口货物劳务,出口企业或其他单位申报缴纳增值税,按内销货物缴纳增值税的统一规定执行。

十三、违章处理

(一)出口企业和其他单位有下列行为之一的,主管税务机关应按照《中华人民共和国税收征收管理法》第六十条规定予以处罚:

1. 未按规定设置、使用和保管有关出口货物退(免)税账簿、凭证、资料的;

2. 未按规定装订、存放和保管备案单证的。

(二)出口企业和其他单位拒绝税务机关检查或拒绝提供有关出口货物退(免)税账簿、凭证、资料的,税务机关应按照《中华人民共和国税收征收管理法》第七十条规定予以处罚。

(三)出口企业提供虚假备案单证的,主管税务机关应按照《中华人民共和国税收征收管理法》第七十条的规定处罚。

(四)从事进料加工业务的生产企业,未按规定期限办理进料加工登记、申报、核销手续的,主管税务机关在按照《中华人民共和国税收征收管理法》第六十二条有关规定进行处理后再办理相关手续。

(五)出口企业和其他单位有违反发票管理规定行为的,主管税务机关应按照《中华人民共和国发票管理办法》有关规定予以处罚。

(六)出口企业和其他单位以假报出口或者其他欺骗手段,骗取国家出口退税款,由主管税务机关追缴其骗取的退税款,并处骗取税款一倍以上五倍以下的罚款;构成犯罪的,依法追究刑事责任。

对骗取国家出口退税款的,由省级以上(含本级)税务机关批准,按下列规定停止其出口退(免)税资格:

1. 骗取国家出口退税款不满 5 万元的,可以停止为其办理出口退税半年以上一年以下。

2. 骗取国家出口退税款 5 万元以上不满 50 万元的,可以停止为其办理出口退税一年以上一年半以下。

3. 骗取国家出口退税款 50 万元以上不满 250 万元,或因骗取出口退税行为受过行政处罚、两年内又骗取国家出口退税款数额在 30 万元以上不满 150 万元的,停止为其办理出口退税一年半以上两年以下。

4. 骗取国家出口退税款 250 万元以上,或因骗取出口退税行为受过行政处罚、两年内又骗取国家出口退税款数额在 150 万元以上的,停止为其办理出口退税两年以上三年以下。

5. 停止办理出口退税的时间以省级以上(含本级)税务机关批准后作出的《税务行政处罚决定书》的决定之日为起始日。

十四、本办法第四、五、六、七条中关于退(免)税申报期限的规定,第九条第(二)项第三款的出口货物的免税申报期限的规定,以及第十条第(一)项中关于申请开具代理出口货物证明期限的规定,自 2011 年 1 月 1 日起开始执行。2011 年的出口货物劳务,退(免)税申报期限、第九条第(二)项第三款的出口货物的免税申报期限、第十条第(一)项申请开具代理出口货物证明的期限，第十一条第（七）项第二款规定的期限延长3个月。

本办法其他规定自2012年7月1日开始执行。起始日期：属于向海关报关出口的货物劳务，以出口货物报关单上注明的出口日期为准；属于非报关出口销售的货物，以出口发票（外销发票）或普通发票的开具时间为准；属于保税区内出口企业或其他单位出口的货物以及经保税区出口的货物，以货物离境时海关出具的出境货物备案清单上注明的出口日期为准。

《废止文件目录》（见附件44）所列文件及条款同时废止。本办法未纳入的出口货物增值税、消费税其他管理规定，仍按原规定执行。

附件44

废止文件目录

序号	发文日期	发文字号	废止文件的标题及条款
1	1994年2月18日	国税发〔1994〕031号	《国家税务总局关于印发〈出口货物退（免）税管理办法〉的通知》
2	1994年6月27日	国税发〔1994〕146号	《国家税务总局关于加强出口退税管理严格审核退税凭证的通知》
3	1995年2月6日	国税发〔1995〕012号	《国家税务总局关于外商投资企业出口退税问题的通知》
4	1998年1月19日	国税函〔1998〕036号	《国家税务总局关于国有生产企业出口货物未取得法定退（免）税凭证税务处理问题的批复》
5	1998年2月26日	国税函发〔1998〕124号	《国家税务总局关于增列瑞丽海关为免税卷烟出口口岸的批复》
6	1998年5月11日	国税发〔1998〕65号	《国家税务总局关于利用外国贷款采用国际招标方式国内企业中标的机电产品恢复退税的通知》
7	1999年4月22日	国税发〔1999〕20号	《国家税务总局关于援外出口货物有关税收问题的通知》
8	1999年6月21日	国税发〔1999〕101号	《国家税务总局关于印发〈出口货物退（免）税若干问题的具体规定〉的通知》
9	2000年6月12日	国税函〔2000〕448号	《国家税务总局关于利用外国政府贷款和国际金融组织贷款在国际招标中中标项目有关退税问题的批复》
10	2000年10月26日	国税发〔2000〕155号	《国家税务总局关于印发〈出口加工区税收管理暂行办法〉的通知》的第三、四、五、七条
11	2000年12月22日	国税发〔2000〕165号	《国家税务总局关于出口退税若干问题的通知》
12	2001年5月23日	国税函〔2001〕345号	《国家税务总局关于下发2001年出口商品退税率文库的通知》
13	2001年6月7日	国税发〔2001〕67号	《国家税务总局关于将广东潮汕地区部分企业纳入正常税收监管范围的通知》
14	2001年10月17日	国税函〔2001〕757号	《国家税务总局关于从上海海关出口卷烟免税核销问题的通知》
15	2001年12月21日	国税函〔2001〕954号	《国家税务总局关于外商投资企业采购国产设备有关退税问题的批复》
16	2001年12月30日	国税函〔2001〕1030号	《国家税务总局关于从事进料加工双代理业务有关退税问题的批复》
17	2002年2月6日	国税发〔2002〕11号	《国家税务总局关于印发〈生产企业出口货物“免、抵、退”税管理操作规程〉（试行）的通知》中《规程》的第一、二、三、四、六条。

续表

序号	发文日期	发文字号	废止文件的标题及条款
18	2002年6月4日	国税函〔2002〕509号	《国家税务总局关于援外项目出口货物退税有关问题的通知》
19	2002年7月4日	国税函〔2002〕585号	《国家税务总局关于增列免税卷烟出口口岸的通知》
20	2002年9月10日	国税发〔2002〕116号	《国家税务总局关于出口加工区耗用水、电、气准予退税的通知》
21	2002年12月5日	国税发〔2002〕152号	《国家税务总局关于明确生产企业出口视同自产产品实行免、抵、退税办法的通知》
22	2002年12月17日	国税函〔2002〕1170号	《国家税务总局关于出口产品视同自产产品退税有关问题的通知》
23	2003年1月30日	国税函〔2003〕89号	《国家税务总局关于利用日本国际协力银行不附带条件贷款项目中标机电产品退税问题的通知》
24	2003年4月11日	国税函〔2003〕390号	《国家税务总局关于调整厦门免税卷烟出口口岸的批复》
25	2003年9月1日	国税函〔2003〕995号	《国家税务总局关于使用增值税专用发票电子信息审核出口退税有关事项的通知》第一条
26	2003年11月26日	国税发〔2003〕139号	《国家税务总局关于出口货物退(免)税若干问题的通知》
27	2004年5月31日	国税发〔2004〕64号	《国家税务总局关于出口货物退(免)税管理有关问题的通知》的第一、二、三、四、七、八条
28	2004年6月21日	国税函〔2004〕805号	《国家税务总局关于芜湖出口加工区基建物资出口退税问题的批复》
29	2004年6月22日	国税发〔2004〕77号	《国家税务总局关于做好已取消涉及出口退税行政审批项目的后续管理工作的通知》
30	2004年6月23日	国税发〔2004〕79号	《国家税务总局关于出口船舶、大型成套机电设备有关退(免)税问题的通知》第一条
31	2004年7月21日	国税函〔2004〕955号	《国家税务总局关于贯彻〈中华人民共和国对外贸易法〉、调整出口退(免)税办法的通知》
32	2004年8月2日	国税函〔2004〕943号	《国家税务总局关于都江堰拉法基水泥有限公司采购国产设备退税问题的批复》
33	2004年9月3日	国税发〔2004〕113号	《国家税务总局关于出口货物退(免)税管理有关问题的补充通知》
34	2004年9月13日	国税发〔2004〕117号	《国家税务总局关于保税区与港区联动发展有关税收问题的通知》
35	2004年11月15日	国税发〔2004〕150号	《国家税务总局关于印发〈保税物流中心(B型)税收管理办法〉的通知》
36	2004年12月15日	国税函〔2004〕1365号	《国家税务总局关于海南普利制药有限公司采购国产设备退税问题的批复》
37	2005年2月17日	国税发〔2005〕158号	《国家税务总局关于下发2005年出口退税率文库的通知》
38	2005年3月24日	国税函〔2005〕248号	《国家税务总局关于调整凭普通发票退税政策的通知》
39	2005年3月29日	国税函〔2005〕255号	《国家税务总局关于经保税区出口货物申报出口退(免)税有关问题的批复》
40	2005年4月1日	国税函〔2005〕256号	《国家税务总局关于生产企业对外修理修配业务有关退(免)税问题的批复》
41	2005年4月5日	国税函〔2005〕356号	《国家税务总局关于新增列名生产企业外购产品出口退税的通知》
42	2005年4月5日	国税发〔2005〕59号	《国家税务总局关于明确含金成分产品出口退(免)税政策的通知》

续表

序号	发文日期	发文字号	废止文件的标题及条款
43	2005年4月19日	国税发〔2005〕68号	《国家税务总局关于出口企业未在规定期限内申报出口货物退(免)税有关问题的通知》
44	2005年7月29日	国税发〔2005〕125号	《国家税务总局关于出口含金成份产品有关税收政策的通知》
45	2005年11月12日	国税函〔2005〕1157号	《国家税务总局关于生产型集团公司收购成员企业产品出口有关免抵退税审批权限的批复》
46	2005年12月7日	国税函〔2005〕1147号	《国家税务总局关于出口加工区内企业耗用蒸汽退税的批复》
47	2005年12月7日	国税函〔2005〕1153号	《国家税务总局关于从保税仓库和出口监管仓库提取的料件有关税收处理办法的批复》
48	2005年12月13日	国税发〔2005〕199号	《国家税务总局关于出口货物退(免)税实行有关单证备案管理制度(暂行)的通知》第一、二、五、六条
49	2006年1月4日	国税发〔2006〕2号	《国家税务总局关于修订出口货物退(免)税申报表的通知》
50	2006年1月25日	国税发〔2006〕10号	《国家税务总局关于含金产品出口实行免税政策有关问题的补充通知》
51	2006年5月23日	国税函〔2006〕481号	《国家税务总局关于含金产品出口退税有关问题的通知》
52	2006年7月6日	国税函〔2006〕666号	《国家税务总局关于保税区内出口企业出口退税有关问题的批复》
53	2006年7月12日	国税发〔2006〕102号	《国家税务总局关于出口货物退(免)税若干问题的通知》
54	2006年8月22日	国税函〔2006〕812号	《国家税务总局关于含金产品出口有关税收政策的通知》
55	2006年9月30日	国税函〔2006〕904号	《国家税务总局关于出口货物退(免)税实行有关单证备案管理制度的补充通知》第一条
56	2006年12月15日	国税函〔2006〕1226号	《国家税务总局关于洋山保税港区等海关监管特殊区域有关税收问题的通知》
57	2007年5月11日	国税函〔2007〕489号	《国家税务总局关于增列免税出口卷烟口岸的批复》
58	2007年5月17日	国税函〔2007〕497号	国家税务总局关于销售给日上免税行(中国)有限公司免税出口卷烟核销问题的通知
59	2007年11月22日	国税函〔2007〕1150号	《国家税务总局关于外贸企业申报出口退税期限问题的通知》
60	2007年12月3日	国税发〔2007〕123号	《国家税务总局关于印发〈增值税小规模纳税人出口货物免税管理办法(暂行)〉的通知》
61	2008年1月8日	国税发〔2008〕5号	《国家税务总局关于调整出口卷烟税收管理办法的通知》第一条第(一)项、第二条第(一)项、第三条第(二)项、第四条
62	2008年1月8日	国税函〔2008〕5号	《国家税务总局关于委托加工出口货物消费税退税问题的批复》
63	2008年1月23日	国税发〔2008〕11号	《国家税务总局关于边境贸易出口货物退(免)税有关问题的通知》
64	2008年1月25日	国税发〔2008〕16号	《国家税务总局关于印发〈旧设备出口退(免)税暂行办法〉的通知》
65	2008年4月1日	国税函〔2008〕265号	《国家税务总局关于外贸企业出口视同内销货物进项税额抵扣有关问题的通知》
66	2008年5月5日	国税发〔2008〕47号	《国家税务总局关于出口企业提供出口收汇核销单期限有关问题的通知》的第一、三、四条
67	2008年5月6日	国税函〔2008〕386号	《国家税务总局关于出口退税率文库有关问题的通知》
68	2008年10月22日	国税函〔2008〕862号	《国家税务总局关于下发生产企业外购产品出口试行免抵退税企业名单的通知》

续表

序号	发文日期	发文字号	废止文件的标题及条款
69	2008年12月18日	国税函〔2008〕1040号	《国家税务总局关于金表壳及零件出口有关退税问题的通知》
70	2009年2月6日	国税函〔2009〕56号	《国家税务总局关于下发20090201A版出口商品退税率文库的通知》
71	2009年3月5日	国税函〔2009〕108号	《国家税务总局关于增值税小规模纳税人出口货物免税核销申报有关问题的通知》
72	2009年3月6日	国税函〔2009〕104号	《国家税务总局关于简化出口货物退(免)税单证备案管理制度的通知》
73	2009年3月12日	国税函〔2009〕116号	《国家税务总局关于下发出口退税率文库20090301B版的通知》
74	2009年3月18日	国税函〔2009〕145号	《国家税务总局关于保税物流中心及出口加工区功能拓展有关税收问题的通知》
75	2009年4月21日	国税函〔2009〕199号	《国家税务总局关于下发20090401C版出口退税率文库的通知》
76	2009年4月30日	国税函〔2009〕229号	《国家税务总局关于出口纪念金币税收问题的批复》
77	2009年5月15日	国税函〔2009〕256号	《国家税务总局关于明确外国政府贷款范围的通知》
78	2009年7月7日	国税函〔2009〕365号	《国家税务总局关于下发20090601D版出口商品退税率文库的通知》
79	2009年9月15日	国税函〔2009〕538号	《国家税务总局关于生产企业开展对外承包工程业务出口货物退(免)税问题的批复》
80	2010年2月9日	国税函〔2010〕64号	《国家税务总局关于下发出口商品退税率文库20100201A版的通知》
81	2010年3月5日	国税函〔2010〕91号	《国家税务总局关于生产企业出口外购视同自产应税消费品消费税退税问题的批复》
82	2010年4月23日	国税函〔2010〕162号	《国家税务总局关于外贸企业丢失增值税专用发票抵扣联出口退税有关问题的通知》
83	2010年7月28日	国税函〔2010〕375号	《国家税务总局关于下发出口商品退税率文库20100715B版的通知》
84	2010年7月28日	国税函〔2010〕375号	《国家税务总局关于下发出口商品退税率文库20100715B版的通知》
85	2011年2月12日	国家税务总局公告2011年第12号	《国家税务总局关于代理出口货物相关税收问题的公告》

注释:

条款废止。第八条第四项自2022年5月1日起废止。第四条第二项第2目第(5)点④中的“代理出口协议复印件”,第五条第二项第5目第(4)点中的“代理出口协议副本”,第七条第三项第二款第2目“代理出口协议”,第九条第四项第2目第(1)点①中的“原件”、②中的“原件”,第九条第四项第2目第(2)点③,第十条第一项第一款第1目中的“原件”,第十条第二项第1目中报送加工贸易手册原件的规定、第3目中的“原件”,第十条第六项第一款第1目中的“出口货物退运已补税(未退税)证明原件及复印件”自2022年6月1日起废止。第十条第七项第3目自2022年6月21日起废止。参见:《国家税务总局关于进一步便利出口退税办理　促进外贸平稳发展有关事项的公告》(国家税务总局公告2022年第

9号)。

条款废止。第四条第二项第1目;第四条第二项第2目第(1)点中的"附表";第四条第二项第2目第(2)点;第四条第四项中的"并在免税原材料购进之日起至次月的增值税纳税申报期内,填报《生产企业出口货物扣除国内免税原材料申请表》(见附件14),提供正式申报电子数据,向主管税务机关办理申报手续";第五条第二项第1目;第七条第三项第5目;第十条第三项;附件4、5、6、7、8、14、15、16、17、18、19、20、32、34、35废止。参见:《国家税务总局关于优化整合出口退税信息系统　更好服务纳税人有关事项的公告》(国家税务总局公告2021年第15号)。

条款废止。第五条第二项第5目第(2)"出口退税进货分批申报单"的内容、第十条第二项第2目、第十条第五项自2018年5月1日起废止。参见:《国家税务总局关于出口退(免)税申报有关问题的公告》(国家税务总局公告2018年第16号)。

条款废止。第三条一、二、四、五项,第十一条第三项废止。参见:《国家税务总局关于公布失效废止的税务部门规章和税收规范性文件目录的决定》(国家税务总局令第42号)。

条款废止。第五条第二项第5目之(2)、(5)关于"还需同时提供进口货物报关单"的内容、附件28、29、33废止。参见:《国家税务总局关于进一步加强出口退(免)税事中事后管理有关问题的公告》(国家税务总局公告2016年第1号)。

政策调整。"出口退(免)税资格认定变更""出口退(免)税资格认定注销""集团公司具有免抵退税资格成员企业认定"取消。参见:1.《国家税务总局关于贯彻落实〈国务院关于取消非行政许可审批事项的决定〉的通知》(税总发〔2015〕74号)。2.《国务院关于取消非行政许可审批事项的决定》(国发〔2015〕27号)。

条款废止。第三条第一项第3目废止。参见:《国家税务总局关于出口退(免)税有关问题的公告》(国家税务总局公告2015年第29号)。

条款废止。第四条第二项第2目第(5)之②;第四条第三项;第五条第二项第5目第(3);第七条第三项第4目、第四项、第五项;第八条第三项;第九条第四项第1目第(2);第十条第四项中有关出口收汇核销单的内容;第十一条第四项、第五项;附件21、附件22废止。参见:《国家税务总局关于〈出口货物劳务增值税和消费税管理办法〉有关问题的公告》(国家税务总局公告2013年第12号)。

1－4－358

国家外汇管理局　海关总署
国家税务总局关于货物贸易
外汇管理制度改革的公告

2012年6月27日　国家外汇管理局公告2012年第1号

为大力推进贸易便利化,进一步改进货物贸易外汇服务和管理,国家外汇管理局、海关总署、国家税务总局决定,自2012年8月1日起在全国实施货物贸易外汇管理制度改革,并相应调整出口报关流程，优化升级出口收汇与出口退税信息共享机制。现公告如下：

一、改革货物贸易外汇管理方式

改革之日起，取消出口收汇核销单（以下简称核销单），企业不再办理出口收汇核销手续。国家外汇管理局分支局（以下简称外汇局）对企业的贸易外汇管理方式由现场逐笔核销改变为非现场总量核查。外汇局通过货物贸易外汇监测系统，全面采集企业货物进出口和贸易外汇收支逐笔数据，定期比对、评估企业货物流与资金流总体匹配情况，便利合规企业贸易外汇收支；对存在异常的企业进行重点监测，必要时实施现场核查。

二、对企业实施动态分类管理

外汇局根据企业贸易外汇收支的合规性及其与货物进出口的一致性，将企业分为A、B、C三类。A类企业进口付汇单证简化，可凭进口报关单、合同或发票等任何一种能够证明交易真实性的单证在银行直接办理付汇，出口收汇无需联网核查；银行办理收付汇审核手续相应简化。对B、C类企业在贸易外汇收支单证审核、业务类型、结算方式等方面实施严格监管，B类企业贸易外汇收支由银行实施电子数据核查，C类企业贸易外汇收支须经外汇局逐笔登记后办理。

外汇局根据企业在分类监管期内遵守外汇管理规定情况，进行动态调整。A类企业违反外汇管理规定将被降级为B类或C类；B类企业在分类监管期内合规性状况未见好转的，将延长分类监管期或被降级为C类；B、C类企业在分类监管期内守法合规经营的，分类监管期满后可升级为A类。

三、调整出口报关流程

改革之日起，企业办理出口报关时不再提供核销单。

四、简化出口退税凭证

自2012年8月1日起报关出口的货物（以海关"出口货物报关单[出口退税专用]"注明的出口日期为准，下同），出口企业申报出口退税时，不再提供核销单；税务局参考外汇局提供的企业出口收汇信息和分类情况，依据相关规定，审核企业出口退税。

2012年8月1日前报关出口的货物，截至7月31日未到出口收汇核销期限且未核销的，按本条第一款规定办理出口退税。

2012年8月1日前报关出口的货物，截至7月31日未到出口收汇核销期限但已核销的以及已到出口收汇核销期限的，均按改革前的出口退税有关规定办理。

五、出口收汇逾期未核销业务处理

2012年8月1日前报关出口的货物，截至7月31日已到出口收汇核销期限的，企业应不迟于7月31日办理出口收汇核销手续。自8月1日起，外汇局不再办理出口收汇核销手续，不再出具核销单。企业确需外汇局出具相关收汇证明的，外汇局参照原出口收汇核销监管有关规定进行个案处理。

六、加强部门联合监管

企业应当严格遵守相关规定，增强诚信意识，加强自律管理，自觉守法经营。国家外汇管理局与海关总署、国家税务总局将进一步加强合作，实现数据共享；完善协调机制，形成监管合力；严厉打击各类违规跨境资金流动和走私、骗税等违法行为。

本公告涉及有关外汇管理、出口报关、出口退税等具体事宜，由相关部门另行规定。之前法规与本公告相抵触的,以本公告为准。自 2012 年 8 月 1 日起,本公告附件所列法规全部废止。

特此公告。

附件:废止法规目录

附件

废止法规目录

序号	标　　题	文号
1	国家税务总局、国家外汇管理局关于出口企业申请出口产品退税提供结汇水单和出口收汇已核销证明等若干问题的通知	国税发〔1991〕55 号
2	国家税务总局、国家外汇管理局关于改进出口企业申请退税提供“结汇水单”和“出口收汇已核销证明”有关规定的通知	国税发〔1992〕106 号
3	国家税务总局、国家外汇管理局关于利用出口收汇核销电子数据进行出口退税电子化管理的通知	国税发〔1993〕7 号
4	海关总署、国家外汇管理局关于加强进口付汇、出口收汇进出口货物报关单管理和加强防伪鉴别措施的联合通知	署监〔1996〕28 号
5	国家外汇管理局、国家税务总局关于传送和接收出口收汇核销电子数据的通知	汇国函〔1996〕319 号
6	国家外汇管理局、海关总署关于加强进口付汇核销监管制度与进口审价工作配合的通知	汇国函〔1997〕62 号
7	国家外汇管理局、海关总署关于规范进口货物报关单“二次核对”工作的通知	汇发〔1998〕48 号
8	国家外汇管理局、海关总署关于重新明确使用进出口报关单联网核查系统有关问题的通知	汇发〔1999〕97 号
9	国家外汇管理局、海关总署发布关于“进出口报关单联网核查系统”软件升级和调整有关做法的通知	汇发〔1999〕216 号
10	国家外汇管理局、海关总署关于进行“口岸电子执法系统”出口收汇核销联网核查试点的通知	汇发〔2001〕7 号
11	国家外汇管理局、海关总署关于进一步加强加工贸易深加工结转售付汇及核销管理有关问题的通知	汇发〔2001〕64 号
12	国家外汇管理局、海关总署关于在全国范围内试运行“口岸电子执法系统”出口收汇系统的通知	汇发〔2001〕102 号
13	国家外汇管理局、海关总署关于按照进出口货物监管方式分类使用出口收汇核销单的通知	汇发〔2001〕120 号
14	国家外汇管理局、海关总署关于纸质进出口报关单及相关电子底账有关问题的通知	汇发〔2003〕14 号
15	国家外汇管理局、海关总署关于对凭进口货物报关单证明联办理售付汇及核销实行分类管理的通知	汇发〔2003〕15 号
16	国家外汇管理局、国家税务总局关于“出口收汇核报系统”的核销数据传送及退税数据使用有关问题的通知	汇发〔2003〕126 号
17	海关总署、国家外汇管理局关于进出口报关单联网核查系统更改 IP 地址的通知	署科发〔2003〕206 号
18	海关总署、国家外汇管理局关于将“进口报关单联网核查系统”迁移到中国电子口岸运行有关问题的通知	署电发〔2003〕249 号
19	国家外汇管理局、海关总署关于旅游购物商品出口退出外汇核销管理有关问题的通知	汇发〔2005〕91 号
20	国家税务总局、国家外汇管理局关于试行申报出口退税免予提供纸质出口收汇核销单的通知	国税函〔2005〕1051 号
21	国家税务总局、国家外汇管理局关于扩大申报出口退税免予提供纸质出口收汇核销单试行出口企业范围的通知	国税发〔2006〕91 号

续表

序号	标　题	文号
22	国家税务总局、国家外汇管理局关于远期收汇出口货物出口退税有关问题的通知	国税发〔2006〕168 号
23	国家税务总局、国家外汇管理局关于山东省等五地试行申报出口退税免予提供纸质出口收汇核销单的通知	国税发〔2006〕188 号
24	国家税务总局、国家外汇管理局关于天津、上海、浙江试行申报出口退税免予提供纸质出口收汇核销单的通知	国税发〔2007〕92 号
25	国家税务总局、国家外汇管理局关于河北、青岛、福建三地试行申报出口退税免予提供纸质出口收汇核销单的通知	国税发〔2007〕131 号
26	国家税务总局、国家外汇管理局关于江苏、四川、山东省试行申报出口退税免予提供纸质出口收汇核销单的通知	国税发〔2008〕26 号
27	国家税务总局、国家外汇管理局关于宁波市出口企业实行申报出口退税免予提供纸质出口收汇核销单的批复	国税函〔2008〕51 号
28	国家税务总局、国家外汇管理局关于海南省试行申报出口退税免予提供纸质出口收汇核销单的通知	国税发〔2009〕49 号
29	国家外汇管理局、国家税务总局、海关总署关于货物贸易外汇管理制度改革试点的公告	国家外汇管理局公告 2011 年第 2 号
30	国家外汇管理局关于下发《关于严格进口售付汇及核销管理的暂行规定》的通知	汇国函〔1995〕195 号
31	国家外汇管理局关于推广进出口报关单联网核查系统中 IC 卡和读卡器申领办法的通知	汇发〔1998〕79 号
32	国家外汇管理局关于保税仓库外汇管理有关问题的通知	汇发〔1998〕97 号
33	国家外汇管理局关于印发《深加工结转(转厂)售付汇及核销操作程序》的通知	汇发〔1999〕78 号
34	国家外汇管理局关于深加工结转(转厂)售付汇及核销问题的通知	汇发〔1999〕84 号
35	国家外汇管理局关于切实加强进出口核销工作的决定	汇发〔1999〕85 号
36	国家外汇管理局关于重申进出口付收汇核销统计报表报送制度、提前报送时间的通知	汇发〔1999〕91 号
37	国家外汇管理局关于进口避孕套有关付汇核销问题的通知	汇发〔1999〕217 号
38	国家外汇管理局管检司关于启用新版出口收汇核销单后业务操作有关问题的通知	汇管函〔1999〕18 号
39	国家外汇管理局关于中国银行所询福费廷业务项下出口核销有关问题的批复	汇复〔2000〕413 号
40	国家外汇管理局关于中国银行所询托收项下付汇审核业务问题的复函	汇综函〔2000〕34 号
41	国家外汇管理局关于正式运行“口岸电子执法系统”出口收汇系统的通知	汇发〔2001〕140 号
42	国家外汇管理局关于下发《出口收汇核销备查操作规程(暂行)》的通知	汇发〔2001〕186 号
43	国家外汇管理局综合司关于转发《海关总署关于口岸电子执法系统用户可自行打印报关单有关问题的函》的通知	汇综发〔2001〕34 号
44	国家外汇管理局关于信用证、保函项下保证金提前购汇问题的批复	汇复〔2001〕73 号
45	国家外汇管理局关于同意福建省分局在东山县进行对台小额贸易出口收汇核销管理试点的批复	汇复〔2001〕325 号
46	国家外汇管理局经常项目管理司关于对进口货物报关单二次核对有关问题的批复	汇经复〔2001〕38 号
47	国家外汇管理局经常项目管理司关于对进口货物短重付汇核销问题的批复	汇经复〔2001〕43 号
48	国家外汇管理局关于进一步调整进出口核销管理政策有关问题的通知	汇发〔2002〕65 号
49	国家外汇管理局关于包机贸易外汇管理有关问题的通知	汇发〔2002〕94 号
50	国家外汇管理局关于银行为买方信贷项下出具出口收汇核销专用联有关问题的通知	汇发〔2002〕107 号
51	国家外汇管理局关于印发《进出口收付汇核销管理工作专项考评办法》的通知	汇发〔2002〕108 号

续表

序号	标　　题	文号
52	国家外汇管理局关于对深加工结转项下以人民币结算办理出口核销所需凭证请示的批复	汇复〔2002〕175 号
53	国家外汇管理局关于“出口收汇核销专用联”管理有关问题的通知	汇发〔2003〕11 号
54	国家外汇管理局关于印发《进出口收付汇逾期未核销行为处理暂行办法》的通知	汇发〔2003〕40 号
55	国家外汇管理局关于下发第一批出口收汇“自动核销企业”名单以及上报第二批自动核销企业材料的通知	汇发〔2003〕63 号
56	国家外汇管理局关于出口保付代理业务项下收汇核销管理有关问题的通知	汇发〔2003〕79 号
57	国家外汇管理局关于印发《出口收汇核销管理办法》的通知	汇发〔2003〕91 号
58	国家外汇管理局关于外汇指定银行办理中国电子口岸顶级部门 IC 卡有关问题的通知	汇发〔2003〕98 号
59	国家外汇管理局关于印发《出口收汇核销管理办法实施细则》和《出口收汇核销管理操作规程》的通知	汇发〔2003〕107 号
60	国家外汇局综合司关于转发《海关总署办公厅关于更新中国电子口岸政务 IC 卡数字证书有关问题的函》的通知	汇综发〔2003〕43 号
61	国家外汇管理局综合司关于《进口付汇备案表》有关问题的紧急通知	汇综发〔2003〕122 号
62	国家外汇管理局关于印发《出口收汇核销管理内控制度》的通知	汇发〔2004〕25 号
63	国家外汇管理局关于个人对外贸易经营有关外汇管理问题的通知	汇发〔2004〕86 号
64	国家外汇管理局关于授权分局确定出口收汇自动核销企业名单有关问题的通知	汇发〔2004〕91 号
65	国家外汇管理局关于《云南省边境小额贸易出口人民币结算核销操作规定》的批复	汇复〔2004〕42 号
66	国家外汇管理局关于银行申请办理贸易融资类新产品业务有关外汇管理问题的批复	汇复〔2004〕274 号
67	国家外汇管理局关于在广东省辖内试行《广东省出口收汇网上核销管理试行办法》的批复	汇复〔2004〕450 号
68	国家外汇管理局关于“贸易进口付汇核销监管系统”增加功能有关问题的通知	汇信函〔2004〕13 号
69	国家外汇管理局关于进一步改进进出口收付汇核销管理工作的通知	汇发〔2005〕12 号
70	国家外汇管理局关于在山东省等分局试行出口收汇网上核销业务有关问题的通知	汇发〔2005〕37 号
71	国家外汇管理局关于进一步简化出口收汇核销手续有关问题的通知	汇发〔2005〕73 号
72	国家外汇管理局关于简化石油类企业对外承包工程项下出口收汇核销手续有关问题的通知	汇发〔2005〕79 号
73	国家外汇管理局关于保兑业务项下出口核销及国际收支申报有关问题的批复	汇复〔2005〕304 号
74	国家外汇管理局经常项目管理司关于推介远程核销和代转核销管理方式有关问题的通知	汇经函〔2005〕4 号
75	国家外汇管理局关于进出口报关单联网交换数据应用有关问题的通知	汇发〔2006〕21 号
76	国家外汇管理局综合司关于进一步加强出口收汇核销单管理有关问题的通知	汇综发〔2006〕83 号
77	国家外汇管理局关于内贸货物跨境运输有关外汇管理问题的通知	汇发〔2007〕21 号
78	国家外汇管理局关于实行企业货物贸易项下外债登记管理有关问题的通知	汇发〔2008〕30 号
79	国家外汇管理局关于货物贸易项下违反外汇管理行为有关处罚问题的通知	汇发〔2008〕34 号
80	国家外汇管理局关于做好企业延期付款登记管理工作有关问题的通知	汇发〔2008〕46 号
81	国家外汇管理局关于对企业货物贸易项下对外债权实行登记管理有关问题的通知	汇发〔2008〕56 号
82	国家外汇管理局关于完善企业货物贸易项下外债登记管理有关问题的通知	汇发〔2008〕73 号

续表

序号	标　　题	文号
83	国家外汇管理局综合司关于印发《出口收结汇联网核查系统及进口报关单联网核查系统应急预案》的通知	汇综发〔2008〕123号
84	国家外汇管理局综合司关于开通贸易信贷登记管理系统外汇局端功能的通知	汇综发〔2008〕125号
85	国家外汇管理局综合司关于贸易信贷登记管理系统企业基本信息使用有关问题的通知	汇综发〔2008〕140号
86	国家外汇管理局综合司关于发布《进出口收付汇核销业务应急预案》的通知	汇综发〔2008〕144号
87	国家外汇管理局综合司关于下发《贸易信贷登记管理系统(延期付款部分)操作指引》的通知	汇综发〔2008〕157号
88	国家外汇管理局综合司关于印发《企业贸易信贷(预收货款部分)登记管理操作规程》的通知	汇综发〔2008〕163号
89	国家外汇管理局综合司关于延期付汇未登记行政处罚事项的通知	汇综发〔2008〕170号
90	国家外汇管理局综合司关于印发《贸易信贷登记管理系统(预付货款部分)操作指引》的通知	汇综发〔2008〕174号
91	国家外汇管理局综合司关于印发《贸易信贷登记管理(延期收款部分)操作指引》的通知	汇综发〔2008〕176号
92	国家外汇管理局综合司关于做好贸易收付汇核查系统企业开户和档案信息清理工作有关问题的通知	汇综发〔2008〕193号
93	国家外汇管理局综合司关于启用贸易信贷登记管理系统相关业务功能有关问题的通知	汇综发〔2008〕195号
94	国家外汇管理局关于外汇金宏系统在中国银行和中国工商银行进一步试点的通知	汇发〔2009〕20号
95	国家外汇管理局关于外汇金宏系统第一批银行上线有关事项的通知	汇发〔2009〕35号
96	国家外汇管理局关于外汇金宏系统第二批银行上线有关事项的通知	汇发〔2009〕37号
97	国家外汇管理局关于中国农业银行等五家银行外汇金宏系统上线有关事项的通知	汇发〔2009〕43号
98	国家外汇管理局关于外汇金宏系统第三批银行试点及上线有关事项的通知	汇发〔2009〕45号
99	国家外汇管理局综合司关于完善企业贸易信贷登记管理有关问题的通知	汇综发〔2009〕36号
100	国家外汇管理局综合司关于进一步完善企业贸易信贷登记和出口收结汇联网核查管理有关问题的通知	汇综发〔2009〕78号
101	国家外汇管理局综合司关于改进企业贸易信贷登记管理有关问题的通知	汇综发〔2009〕108号
102	国家外汇管理局综合司关于清理出口收汇待核查账户数据的通知	汇综发〔2009〕110号
103	国家外汇管理局关于边境省区跨境贸易人民币结算核销管理有关问题的通知	汇发〔2010〕40号
104	国家外汇管理局关于在部分地区开展出口收入存放境外政策试点的通知	汇发〔2010〕44号
105	国家外汇管理局关于实施进口付汇核销制度改革有关问题的通知	汇发〔2010〕57号
106	国家外汇管理局关于修订《出口收结汇联网核查操作规程》的通知	汇发〔2010〕61号
107	国家外汇管理局关于实施货物贸易出口收入存放境外管理有关问题的通知	汇发〔2010〕67号
108	国家外汇管理局综合司关于调整贸易信贷登记管理系统企业月度贸易收付汇数据提取办法的通知	汇综发〔2010〕64号
109	国家外汇管理局综合司关于印发《国家外汇管理局内控风险防范指引(第一期)》的通知	汇综发〔2010〕96号
110	国家外汇管理局综合司关于进口付汇核销历史业务清理有关问题的通知	汇综发〔2010〕130号
111	国家外汇管理局综合司关于贸易收付汇核查系统全国推广上线有关事项的通知	汇综发〔2010〕144号
112	国家外汇管理局综合司关于刻制和使用货物贸易进口付汇业务章有关问题的通知	汇综发〔2010〕149号

续表

序号	标　　题	文号
113	国家外汇管理局关于保税港区、综合保税区企业“区内物流货物”监管方式下付汇相关问题的批复	汇复〔2010〕248 号
114	国家外汇管理局关于印发《货物贸易外汇管理试点指引》及其实施细则的通知	汇发〔2011〕29 号
115	国家外汇管理局关于货物贸易外汇管理制度改革试点有关问题的通知	汇发〔2011〕39 号
116	国家外汇管理局关于下发《货物贸易外汇管理试点指引操作规程(银行、企业版)》及改革试点有关事项的通知	汇发〔2011〕40 号

1－4－359

国家税务总局关于货物贸易外汇管理制度改革全国推广后有关出口退税问题的通知

2012 年 7 月 17 日　国税函〔2012〕340 号

各省、自治区、直辖市和计划单列市国家税务局：

根据《国家外汇管理局、海关总署、国家税务总局关于货物贸易外汇管理制度改革的公告》(国家外汇管理局公告 2012 年第 1 号)，自 2012 年 8 月 1 日起，在全国实施货物贸易外汇管理制度改革。现就改革全国推广后有关出口退税问题通知如下：

一、出口退税申报、审核规定

自 2012 年 8 月 1 日起报关出口的货物(以“出口货物报关单〈出口退税专用〉”海关注明的出口日期为准，下同)，企业申报出口退(免)税时，无须向税务部门提供出口收汇核销单；税务部门审核出口退税时，不再审核出口收汇核销单及相应的电子核销信息。

二、改革前后政策衔接规定

2012 年 8 月 1 日前报关出口的货物，截止到 7 月 31 日未到出口收汇核销期限但已核销的以及已到出口收汇核销期限的，均按改革前的出口退税有关规定办理。

2012 年 8 月 1 日前报关出口的货物，截止到 7 月 31 日未到出口收汇核销期限且未核销的，比照第一条规定办理出口退税。

出口收汇已核销信息以国家外汇管理局分支局于 2012 年 8 月 31 日前传送给税务部门的为准。

本条规定不适用改革试点地区。

三、出口退税审核系统升级事宜

按照《国家税务总局办公厅关于出口退税审核系统 V9.40 等版本升级的通知》(国税办发〔2012〕5 号)有关要求完成系统升级工作，参考升级补丁相关文档和本通知规定的改革时间在出口退税审核系统设置启用时间。

四、其他有关规定

出口退税与货物贸易外汇管理制度改革相关的其他事宜，按照《国家税务总局关于货物贸易外汇管理制度改革试点后有关出口退税问题的通知》（国税函〔2011〕643号）执行。

五、此前与本通知相抵触的规定停止执行。

1－4－360

国家税务总局关于贯彻落实《国务院办公厅关于促进外贸稳定增长的若干意见》的通知

2012年9月17日　国税函〔2012〕432号

各省、自治区、直辖市和计划单列市国家税务局：

为积极贯彻落实《国务院办公厅关于促进外贸稳定增长的若干意见》（国办发〔2012〕49号），进一步做好出口退税工作，现将有关事项通知如下：

一、进一步提高工作效率，加快出口退税进度

今年1月至7月，各地税务机关共办理出口退税5946亿元，同比增长14%，高于同期外贸出口增幅。但当前外贸出口形势依然严峻，各地税务机关要遵照国务院“加快出口退税进度，确保准确及时退税”指示精神，充分发挥出口退税对外贸出口的促进作用，有效缓解出口企业资金压力，提高出口企业国际竞争力。

（一）各地税务机关受理出口企业出口退（免）税申报后，在按照现行出口退税有关规定认真审核的基础上，要切实提高工作效率，准确及时办理出口退税。

（二）各地税务机关要积极配合共同做好出口退税工作，出口货物税收函调的回函工作务必在规定时限内完成，回函内容应明确无歧义。

（三）各地税务机关要加快出口退税审核系统数据库升级工作，确保出口退税电子化审核工作顺利开展。

二、认真落实好近期发布的各项出口退税政策和管理规定

近期发布的财税〔2012〕39号、国家税务总局公告2012年第24号和国税函〔2010〕89号等文件，对出口退税政策及管理规定进行了梳理和完善，扩大了出口退（免）税企业、货物和贸易方式的范围，将部分出口货物由征税改为免税，对营业税改征增值税试点地区零税率应税服务实行免抵退税，制定了启运港和融资租赁出口货物预先退税政策，简化了出口退（免）税申报凭证，延长了申报出口退（免）税期限，优化了出口退（免）税流程。各地税务机关要采取有效的方式积极向出口企业做好宣传、辅导工作，认真落实好有利于企业出口的各项政策和管理规定。

三、积极做好各项出口退税服务工作

（一）各地税务机关要加强与商务主管部门、海关、人民银行、外汇管理局等各出口退税相关部门的沟通联系，建立完善出口退税信息共享机制。综合运用现代信息技术，进一步

完善出口退税各类相关信息的传递方式,缩短退税相关信息的传输时间和税款退付的在途时间。

(二)各地税务机关要继续做好出口退税业务提醒服务,及时将出口退税审核系统生成的出口退税业务提醒信息通知出口企业,方便企业及时掌握本企业出口退(免)税申报、审核、退库进度及申报退(免)税期限即将到期等情况,使企业一方面能根据退税情况统筹安排经营活动,另一方面能根据税务机关管理要求及时收回有关单证申报退(免)税,避免不必要的损失。

四、逐步健全出口退税内控外防体系,严密防范和严厉打击骗取出口退税行为

各地税务机关要充分认识到,严密防范和严厉打击骗取出口退税违法犯罪行为是支持守法企业健康发展,构建竞争公平、秩序规范的出口退税管理环境的重要手段和必要措施。各地税务机关在落实各项出口退税政策、进一步提高工作效率的同时,要继续做好防范和打击骗取出口退税工作。

(一)各地税务机关要严格执行税务总局岗位监督制约制度,并结合本地区实际情况制定出口退税审核工作流程,严格按照有关规定审核办理出口退税,对不符合政策和管理规定的一律不得办理出口退税。各地税务机关有关出口退税政策和管理的意见和建议要及时上报税务总局。

(二)各地税务机关要加强出口退税预警和评估工作,发现涉嫌骗取出口退税的,要及时转相关部门处理,并按照《出口退税审核关注信息管理办法》上报有关情况。

(三)各地税务机关要加强出口退税审核系统的应用管理,做好数据备份工作,确保出口退税审核系统数据安全。

1 -4 -361

财政部　中国人民银行　海关总署　国家税务总局关于完善石脑油　燃料油生产乙烯　芳烃类化工产品消费税退税政策的通知

2013 年 2 月 1 日　财税〔2013〕2 号

各省、自治区、直辖市、计划单列市财政厅(局)、国家税务局,中国人民银行上海总部,各分行、营业管理部,省会(首府)城市中心支行,大连、青岛、宁波、厦门、深圳市中心支行,海关总署广东分署、各直属海关,新疆生产建设兵团财务局:

为规范石脑油、燃料油消费税退税政策,现将《财政部、中国人民银行、国家税务总局关于延续执行部分石脑油、燃料油消费税政策的通知》(财税〔2011〕87 号)中的成品油消费税退税政策调整如下:

一、我国境内使用石脑油、燃料油(以下简称油品)生产乙烯、芳烃类化工产品(以下简称化工产品)的企业(以下简称使用企业),仅以自营或委托方式进口油品生产化工产品,向

进口消费税纳税地海关(以下简称海关)申请退还已缴纳的消费税(以下简称退税)。办理退税时,海关根据使用企业生产化工产品实际耗用的油品数量核定应退税金额,开具收入退还书,使用“进口成品油消费税退税”科目(101020221)退税。

二、使用企业仅以国产油品生产化工产品,向主管税务机关(以下简称税务机关)申请退税。办理退税时,税务机关根据使用企业生产化工产品实际耗用的油品数量核定应退税金额,开具收入退还书,使用“成品油消费税退税”科目(101020121)退税。

三、使用企业既购进国产油品又购进进口油品生产化工产品的,应分别核算国产与进口油品的购进量及其用于生产化工产品的实际耗用量,向税务机关提出退税申请。税务机关负责对企业退税资料进行审核。对国产油品退税,按照本通知第二条第二款办理。对进口油品退税,税务机关出具初审意见,连同进口货物报关单、海关专用缴款书和自动进口许可证等材料,送交海关复审。海关按照本通知第一条第二款办理。使用企业未分别核算国产与进口油品的购进量和实际耗用量的,不予办理退税。

四、税务机关和海关应向相关国库部门提供收入退还书,后附退税审批表、退税申请书等相关资料;国库部门经审核无误后,从相应预算科目中退付税款给申请企业。

五、税务机关和海关应加强合作,及时交换与退税相关的信息。

六、本通知自下发之日起执行。财税〔2011〕87号文件与本通知不一致的,按本通知执行。税务机关此前已办理退税的,不予调整。未办理退税的,按照本通知规定办理。

1-4-362

国家税务总局关于《出口货物劳务增值税和消费税管理办法》有关问题的公告

2013年3月13日　国家税务总局公告2013年第12号

为准确执行出口货物劳务税收政策,进一步规范管理,国家税务总局细化、完善了《出口货物劳务增值税和消费税管理办法》(国家税务总局公告2012年第24号,以下简称《管理办法》)有关条款,现公告如下:

一、出口退(免)税资格认定

(一)出口企业或其他单位申请办理出口退(免)税资格认定时,除提供《管理办法》规定的资料外,还应提供《出口退(免)税资格认定申请表》电子数据。

(二)出口企业或其他单位申请变更退(免)税办法的,经主管税务机关批准变更的次月起按照变更后的退(免)税办法申报退(免)税。企业应将批准变更前全部出口货物按变更前退(免)税办法申报退(免)税,变更后不得申报变更前出口货物退(免)税。

原执行免退税办法的企业,在批准变更次月的增值税纳税申报期内可将原计入出口库存账的且未申报免退税的出口货物向主管税务机关申请开具《出口转内销证明》。

原执行免抵退税办法的企业,应将批准变更当月的《免抵退税申报汇总表》中“当期应退税额”填报在批准变更次月的《增值税纳税申报表》“免、抵、退应退税额”栏中。

企业按照变更前退(免)税办法已申报但在批准变更前未审核办理的退(免)税,主管税务机关对其按照原退(免)税办法单独审核、审批办理。对原执行免抵退税办法的企业,主管税务机关对已按免抵退税办法申报的退(免)税应全部按规定审核通过后,一次性审批办理退(免)税。

退(免)税办法由免抵退税变更为免退税的,批准变更前已通过认证的增值税专用发票或取得的海关进口增值税专用缴款书,出口企业或其他单位不得作为申报免退税的原始凭证。

(三)出口企业申请注销出口退(免)税认定资格但不需要注销税务登记的,按《管理办法》第三条第(五)项相关规定办理。

二、出口退(免)税申报

(一)出口企业或其他单位应使用出口退税申报系统办理出口货物劳务退(免)税、免税申报业务及申请开具相关证明业务。《管理办法》及本公告中要求出口企业或其他单位报送的电子数据应均通过出口退税申报系统生成、报送。在出口退税申报系统信息生成、报送功能升级完成前,涉及需报送的电子数据,可暂报送纸质资料。

出口退税申报系统可从国家税务总局网站免费下载或由主管税务机关免费提供。

(二)出口企业或其他单位应先通过税务机关提供的远程预申报服务进行退(免)税预申报,在排除录入错误后,方可进行正式申报。税务机关不能提供远程预申报服务的,企业可到主管税务机关进行预申报。

出口企业或其他单位退(免)税凭证电子信息不齐的出口货物劳务,可进行正式退(免)税申报,但退(免)税需在税务机关按规定对电子信息审核通过后方能办理。

(三)在出口货物报关单上的申报日期和出口日期期间,若海关调整商品代码,导致出口货物报关单上的商品代码与调整后的商品代码不一致的,出口企业或其他单位应按照出口货物报关单上列明的商品代码申报退(免)税,并同时报送《海关出口商品代码、名称、退税率调整对应表》(附件1)及电子数据。

(四)出口企业或其他单位进行正式退(免)税申报时须提供的原始凭证,应按明细申报表载明的申报顺序装订成册。

(五)2013年5月1日以后报关出口的货物(以出口货物报关单上的出口日期为准),除下款规定以外,出口企业或其他单位申报出口退(免)税提供的出口货物报关单上的第一计量单位、第二计量单位,及出口企业申报的计量单位,至少有一个应同与其匹配的增值税专用发票上的计量单位相符,且上述出口货物报关单、增值税专用发票上的商品名称须相符,否则不得申报出口退(免)税。

如属同一货物的多种零部件需要合并报关为同一商品名称的,企业应将出口货物报关单、增值税专用发票上不同商品名称的相关性及不同计量单位的折算标准向主管税务机关书面报告,经主管税务机关确认后,可申报退(免)税。

(六)受托方将代理多家企业出口的货物集中一笔报关出口的,委托方可提供该出口货物报关单的复印件申报出口退(免)税。

(七)出口企业或其他单位出口并按会计规定做销售的货物,须在做销售的次月进行增值税纳税申报。生产企业还需办理免抵退税相关申报及消费税免税申报(属于消费税应税货物的）。

《管理办法》第四条第（一）项第一款和第五条第（一）项第一款与此冲突的规定，停止执行。《管理办法》第四条第（一）项第二款和第五条第（一）项第二款中的“逾期”是指超过次年4月30日前最后一个增值税纳税申报期截止之日。

（八）属于增值税一般纳税人的集成电路设计、软件设计、动漫设计企业及其他高新技术企业出口适用增值税退（免）税政策的货物，实行免抵退税办法，按《管理办法》第四条及本公告有关规定申报出口退（免）税。

（九）生产企业申报免抵退税时，若报送的《生产企业出口货物免、抵、退税申报明细表》中的离岸价与相应出口货物报关单上的离岸价不一致的，应按主管税务机关的要求填报《出口货物离岸价差异原因说明表》（附件2）及电子数据。

（十）从事进料加工业务的生产企业，自2013年7月1日起，按下列规定办理进料加工出口货物退（免）税的申报及手（账）册核销业务。《管理办法》第四条第（三）项停止执行。2013年7月1日以前，企业已经在主管税务机关办理登记手续的进料加工手（账）册，按原办法办理免抵退税申报、进口料件申报、手（账）册核销（电子账册核销指海关办结一个周期核销手续后的核销）。

1. 进料加工计划分配率的确定

2012年1月1日至2013年6月15日已在税务机关办理过进料加工手（账）册核销的企业，2013年度进料加工业务的计划分配率为该期间税务机关已核销的全部手（账）册的加权平均实际分配率。主管税务机关应在2013年7月1日以前，计算并与企业确认2013年度进料加工业务的计划分配率。

2012年1月1日至2013年6月15日未在税务机关办理进料加工业务手（账）册核销的企业，当年进料加工业务的计划分配率为2013年7月1日后首份进料加工手（账）册的计划分配率。企业应在首次申报2013年7月1日以后进料加工手（账）册的进料加工出口货物免抵退税前，向主管税务机关报送《进料加工企业计划分配率备案表》（附件3）及其电子数据。

2. 进料加工出口货物的免抵退税申报

对进料加工出口货物，企业应以出口货物人民币离岸价扣除出口货物耗用的保税进口料件金额的余额为增值税退（免）税的计税依据。按《管理办法》第四条的有关规定，办理免抵退税相关申报。

进料加工出口货物耗用的保税进口料件金额 = 进料加工出口货物人民币离岸价 × 进料加工计划分配率

计算不得免征和抵扣税额时，应按当期全部出口货物的离岸价扣除当期全部进料加工出口货物耗用的保税进口料件金额后的余额乘以征退税率之差计算。进料加工出口货物收齐有关凭证申报免抵退税时，以收齐凭证的进料加工出口货物人民币离岸价扣除其耗用的保税进口料件金额后的余额计算免抵退税额。

3. 年度进料加工业务的核销

自2014年起，企业应在本年度4月20日前，向主管税务机关报送《生产企业进料加工业务免抵退税核销申报表》（附件4）及电子数据，申请办理上年度海关已核销的进料加工手(账)册项下的进料加工业务核销手续。企业申请核销后,主管税务机关不再受理其上一年度进料加工出口货物的免抵退税申报。4 月 20 日之后仍未申请核销的,该企业的出口退(免)税业务,主管税务机关暂不办理,待其申请核销后,方可办理。

主管税务机关受理核销申请后,应通过出口退税审核系统提取海关联网监管加工贸易电子数据中的进料加工“电子账册(电子化手册)核销数据”以及进料加工业务的进、出口货物报关单数据,计算生成《进料加工手(账)册实际分配率反馈表》(附件 5),交企业确认。

企业应及时根据进料加工手(账)册实际发生的进出口情况对反馈表中手(账)册实际分配率进行核对。经核对相符的,企业应对该手(账)册进行确认;核对不相符的,企业应提供该手(账)册的实际进出口情况。核对完成后,企业应在《进料加工手(账)册实际分配率反馈表》中填写确认意见及需要补充的内容,加盖公章后交主管税务机关。

主管税务机关对于企业未确认相符的手(账)册,应提取海关联网监管加工贸易电子数据中的该手(账)册的进料加工“电子账册(电子化手册)核销数据”以及进、出口货物报关单数据,反馈给企业。对反馈的数据缺失或与纸质报关单不一致的,企业应及时向报关海关申请查询,并根据该手(账)册实际发生的进出口情况将缺失或不一致的数据填写《已核销手(账)册海关数据调整报告表(进口报关单/出口报关单)》(附件 6 - 1,附件 6 - 2),报送至主管税务机关,同时附送电子数据、相关报关单原件、向报关海关查询情况的书面说明。

主管税务机关应将企业报送的《已核销手(账)册海关数据调整报告表》电子数据读入出口退税审核系统,重新计算生成《进料加工手(账)册实际分配率反馈表》。在企业对手(账)册的实际分配率确认后,主管税务机关按照企业确认的实际分配率对进料加工业务进行核销,并将《生产企业进料加工业务免抵退税核销表》(附件 7)交企业。企业应在次月根据该表调整前期免抵退税额及不得免征和抵扣税额。

主管税务机关完成年度核销后,企业应以《生产企业进料加工业务免抵退税核销表》中的“上年度已核销手(账)册综合实际分配率”,作为当年度进料加工计划分配率。

4. 企业申请注销或变更退(免)税办法的,应在申请注销或变更退(免)税办法前按照上述办法进行进料加工业务的核销。

(十一)符合《财政部、国家税务总局关于出口货物劳务增值税和消费税政策的通知》(财税〔2012〕39 号)第九条第(四)项规定的生产企业,应在交通运输工具和机器设备出口合同签订后,报送《先退税后核销资格申请表》(见附件 8)及电子数据,经主管税务机关审核同意后,按照以下规定办理出口免抵退税申报、核销:

1. 企业应在交通运输工具或机器设备自会计上做销售后,与其他出口货物劳务一并向主管税务机关办理免抵退税申报(在《生产企业出口货物免、抵、退税申报明细表》“出口收汇核销单号”栏中填写出口合同号,“业务类型”栏填写“XTHH”),并附送下列资料:

(1)出口合同(复印件,仅第一次申报时提供);

(2)企业财务会计制度(复印件,仅第一次申报时提供);

(3)出口销售明细账(复印件);

(4)《先退税后核销企业免抵退税申报附表》(附件 9)及其电子数据;

(5)年度财务报表(年度结束后至 4 月 30 日前报送);

(6)收款凭证(复印件,取得预付款的提供);

(7)主管税务机关要求提供的其他资料。

2. 交通工具或机器设备报关出口之日起3个月内,企业应在增值税纳税申报期,按《管理办法》第四条规定收齐有关单证,申报免抵退税,办理已退(免)税的核销。

(十二)已申报免抵退税的出口货物发生退运,及需改为免税或征税的,应在上述情形发生的次月增值税纳税申报期内用负数申报冲减原免抵退税申报数据,并按现行会计制度的有关规定进行相应调整。《管理办法》第四条第(五)项与此冲突的规定停止执行。

(十三)免税品经营企业应根据《企业法人营业执照》规定的经营货物范围,填写《免税品经营企业销售货物退税备案表》(附件10)并生成电子数据,报主管税务机关备案。如企业的经营范围发生变化,应在变化之日后的首个增值税纳税申报期内进行补充填报。

(十四)用于对外承包工程项目的出口货物,由出口企业申请退(免)税。出口企业如属于分包单位的,申请退(免)税时,须补充提供分包合同(协议)。本项规定自2012年1月1日起开始执行。《管理办法》第六条第二款第(二)项与此冲突的规定,停止执行。

(十五)销售给海上石油天然气开采企业自产的海洋工程结构物,生产企业申报出口退(免)税时,应在《生产企业出口货物免、抵、退税申报明细表》的“备注栏”中填写购货企业的纳税人识别号和购货企业名称。

(十六)申报修理修配船舶退(免)税的,应提供在修理修配业务中使用零部件、原材料的贸易方式为“一般贸易”的出口货物报关单。出口货物报关单中“标记唛码及备注”栏注明修理船舶或被修理船舶名称的,以被修理船舶作为出口货物。

(十七)为国外(地区)企业的飞机(船舶)提供航线维护(航次维修)的货物劳务,出口企业(维修企业)申报退(免)税时应将国外(地区)企业名称、航班号(船名)填写在《生产企业出口货物免、抵、退税申报明细表》的第22栏“备注”中,并提供以下资料:

1. 与被维修的国外(地区)企业签订的维修合同;

2. 出口发票;

3. 国外(地区)企业的航班机长或外轮船长签字确认的维修单据〔须注明国外(地区)企业名称和航班号(船名)〕。

(十八)出口企业或其他单位发生的真实出口货物劳务,由于以下原因造成在规定期限内未收齐单证无法申报出口退(免)税的,应在退(免)税申报期限截止之日前向主管税务机关提出申请,并提供相关举证材料,经主管税务机关审核、逐级上报省级国家税务局批准后,可进行出口退(免)税申报。本项规定从2011年1月1日起执行。2011年1月1日前发生的同样情形的出口货务劳务,出口企业可在2013年6月30日前按照本项规定办理退(免)税申报,逾期的,主管税务机关不再受理此类申报。

1. 自然灾害、社会突发事件等不可抗力因素;

2. 出口退(免)税申报凭证被盗、抢,或者因邮寄丢失、误递;

3. 有关司法、行政机关在办理业务或者检查中,扣押出口退(免)税申报凭证;

4. 买卖双方因经济纠纷,未能按时取得出口退(免)税申报凭证;

5. 由于企业办税人员伤亡、突发危重疾病或者擅自离职,未能办理交接手续,导致不能按期提供出口退(免)税申报凭证;

6. 由于企业向海关提出修改出口货物报关单申请，在退（免）税期限截止之日海关未完成修改，导致不能按期提供出口货物报关单；

7. 国家税务总局规定的其他情形。

三、适用免税政策的出口货物劳务申报

（一）《管理办法》第十一条第（七）项中"未在规定的纳税申报期内按规定申报免税"是指出口企业或其他单位未在报关出口之日的次月至次年5月31日前的各增值税纳税申报期内填报《免税出口货物劳务明细表》（附件11），提供正式申报电子数据，向主管税务机关办理免税申报手续。

（二）出口企业或其他单位在按《管理办法》第九条第（二）项规定办理免税申报手续时，应将以下凭证按《免税出口货物劳务明细表》载明的申报顺序装订成册，留存企业备查：

1. 出口货物报关单（如无法提供出口退税联的，可提供其他联次代替）；

2. 出口发票；

3. 委托出口的货物，还应提供受托方主管税务机关出具的代理出口货物证明；

4. 属购进货物直接出口的，还应提供相应的合法有效的进货凭证。合法有效的进货凭证包括增值税专用发票、增值税普通发票及其他普通发票、海关进口增值税专用缴款书、农产品收购发票、政府非税收入票据；

5. 以旅游购物贸易方式报关出口的货物暂不提供上述第2、4项凭证。

（三）出口企业或其他单位申报的出口货物免税销售额与出口货物报关单上的离岸价不一致（来料加工出口货物除外）的，应在报送《免税出口货物劳务明细表》的同时报送《出口货物离岸价差异原因说明表》及电子数据。

（四）主管税务机关已受理出口企业或其他单位的退（免）税申报，但在免税申报期限之后审核发现按规定不予退（免）税的出口货物，若符合免税条件，企业可在主管税务机关审核不予退（免）税的次月申报免税。

（五）出口企业从事来料加工委托加工业务的，应在海关签发来料加工核销结案通知书之日（以结案日期为准）起至次月的增值税纳税申报期内，提供出口货物报关单的非"出口退税专用"联原件或复印件，按照《管理办法》第九条第（四）项第2目第（2）规定办理来料加工出口货物免税核销手续。未按规定办理来料加工出口货物免税核销手续或经主管税务机关审核不予办理免税核销的，应按规定补缴来料加工加工费的增值税。

（六）出口企业或其他单位按照《管理办法》第十一条第（八）项规定放弃免税的，应向主管税务机关报送《出口货物劳务放弃免税权声明表》（附件12），办理备案手续。自备案次月起执行征税政策，36个月内不得变更。

四、有关单证证明办理

委托出口货物发生退运的，应由委托方向主管税务机关申请开具《出口货物退运已补税（未退税）证明》转交受托方，受托方凭该证明向主管税务机关申请开具《出口货物退运已补税（未退税）证明》。《管理办法》第十条第（三）项与此冲突的内容停止执行。

五、其他补充规定

（一）符合《管理办法》第十一条第（三）项规定的集团公司，集团公司总部在申请认定时应提供以下资料：

1.《集团公司成员企业认定申请表》(附件13)及电子申报数据;

2. 集团公司总部及其控股的生产企业的营业执照副本复印件;

3. 集团公司总部及其控股的生产企业的《出口退(免)税资格认定表》复印件;

4. 集团公司总部及其控股生产企业的章程复印件;

5. 主管税务机关要求报送的其他资料。

(二)外贸企业在2012年6月30日以前签订的委托加工业务合同,如果在2012年7月1日以后收回加工货物并在2013年6月30日前出口的,按2012年6月30日以前的规定申报出口退(免)税。外贸企业须在2013年4月30日前向主管税务机关提供上述合同进行备案。

(三)为适应货物贸易外汇管理制度改革,《管理办法》中涉及到出口收汇核销单的规定不再执行。2012年8月1日后报关出口的货物,以及截至2012年7月31日未到出口收汇核销期限或者已到出口收汇核销期限的但未核销的2012年8月1日前报关出口的货物,出口企业或其他单位在申报出口退(免)税、免税时,不填写《管理办法》附件中涉及出口收汇核销单的报表栏目。

(四)经税务机关审核发现的出口退(免)税疑点,出口企业或其他单位应按照主管税务机关的要求接受约谈、提供书面说明情况、报送《生产企业出口业务自查表》(附件14)或《外贸企业出口业务自查表》(附件15)及电子数据。

出口货物的供货企业主管税务机关按照规定需要对供货的真实性及纳税情况进行核实的,供货企业应填报《供货企业自查表》(附件16),具备条件的,应按照主管税务机关的要求同时报送电子数据。

(五)主管税务机关发现出口企业或其他单位的出口业务有以下情形之一的,该笔出口业务暂不办理出口退(免)税。已办理的,主管税务机关可按照所涉及的退税额对该企业其他已审核通过的应退税款暂缓办理出口退(免)税,无其他应退税款或应退税款小于所涉及退税额的,可由出口企业提供差额部分的担保。待税务机关核实排除相应疑点后,方可办理退(免)税或解除担保。

1. 因涉嫌骗取出口退税被税务机关稽查部门立案查处未结案;

2. 因涉嫌出口走私被海关立案查处未结案;

3. 出口货物报关单、出口发票、海运提单等出口单证的商品名称、数量、金额等内容与进口国家(或地区)的进口报关数据不符;

4. 涉嫌将低退税率出口货物以高退税率出口货物报关;

5. 出口货物的供货企业存在涉嫌虚开增值税专用发票等需要对其供货的真实性及纳税情况进行核实的疑点。

(六)主管税务机关发现出口企业或其他单位购进出口的货物劳务存在财税〔2012〕39号文件第七条第(一)项第4目、第5目和第7目情形之一的,该批出口货物劳务的出口货物报关单上所载明的其他货物,主管税务机关须排除骗税疑点后,方能办理退(免)税。

(七)出口企业或其他单位被列为非正常户的,主管税务机关对该企业暂不办理出口退税。

(八)出口企业或其他单位未按规定进行单证备案(因出口货物的成交方式特性,企业没有有关备案单证的情况除外)的出口货物,不得申报退(免)税,适用免税政策。已申报退(免)税的,应用负数申报冲减原申报。

(九)出口企业或其他单位出口的货物劳务,主管税务机关如果发现有下列情形之一的,按财税〔2012〕39 号文件第七条第(一)项第 4 目和第 5 目规定,适用增值税征税政策。查实属于偷骗税的,应按相应的规定处理。

1. 提供的增值税专用发票、海关进口增值税专用缴款书等进货凭证为虚开或伪造;

2. 提供的增值税专用发票是在供货企业税务登记被注销或被认定为非正常户之后开具;

3. 提供的增值税专用发票抵扣联上的内容与供货企业记账联上的内容不符;

4. 提供的增值税专用发票上载明的货物劳务与供货企业实际销售的货物劳务不符;

5. 提供的增值税专用发票上的金额与实际购进交易的金额不符;

6. 提供的增值税专用发票上的货物名称、数量与供货企业的发货单、出库单及相关国内运输单据等凭证上的相关内容不符,数量属合理损溢的除外;

7. 出口货物报关单上的出口日期早于申报退税匹配的进货凭证上所列货物的发货时间(供货企业发货时间)或生产企业自产货物发货时间;

8. 出口货物报关单上载明的出口货物与申报退税匹配的进货凭证上载明的货物或生产企业自产货物不符;

9. 出口货物报关单上的商品名称、数量、重量与出口运输单据载明的不符,数量、重量属合理损溢的除外;

10. 生产企业出口自产货物的,其生产设备、工具不能生产该种货物;

11. 供货企业销售的自产货物,其生产设备、工具不能生产该种货物;

12. 供货企业销售的外购货物,其购进业务为虚假业务;

13. 供货企业销售的委托加工收回货物,其委托加工业务为虚假业务;

14. 出口货物的提单或运单等备案单证为伪造、虚假;

15. 出口货物报关单是通过报关行等单位将他人出口的货物虚构为本企业出口货物的手段取得。

(十)以边境小额贸易方式代理外国企业、外国自然人报关出口的货物(国家取消出口退税的货物除外),可按下列规定办理备案手续,办理过备案的上述货物,不进行增值税和消费税的纳税、免税申报。

1. 边境地区出口企业应在货物出口之前,提供下列资料向主管税务机关办理备案登记手续:

(1)企业相关人员签字、盖有单位公章且填写内容齐全的纸质《以边境小额贸易方式代理外国企业、外国自然人报关出口货物备案登记表》(见附件 17)及电子数据;

(2)代理出口协议原件及复印件。代理出口协议以外文拟定的,需同时提供中文翻译版本。

(3)委托方经办人护照或外国边民的边民证原件和复印件。

2. 边境地区出口企业应在货物报关出口之日(以出口货物报关单上的出口日期为准)次月起至次年 4 月 30 日前的各增值税纳税申报期内,提供下列资料向主管税务机关办理代理报关备案核销手续：

(1)企业相关人员签字、盖有单位公章且填写内容齐全的纸质《以边境小额贸易方式代理外国企业、外国自然人报关出口货物备案核销表》(见附件18)及电子数据；

(2)出口货物报关单(出口退税专用联,以人民币结算的为盖有海关验讫章其他联次)。

3. 边境地区出口企业代理报关出口的货物属国家明确取消出口退(免)税的,按有关规定适用增值税、消费税征税政策。

4. 边境地区出口企业在2011年1月1日至本公告执行之日代理外国企业、外国自然人报关出口的货物(以出口货物报关单上的出口日期为准),应在2013年4月30日前的各增值税纳税申报期内,提供本项第2目所列的资料,向主管税务机关办理代理报关备案核销手续。

5. 边境地区出口企业未按照本项规定办理代理报关备案登记、备案核销的,主管税务机关可取消其按照代理报关备案管理的资格,并可按《中华人民共和国税收征收管理法》第六十二条等有关规定处理。

(十一)出口企业或其他单位出口财税〔2012〕39号文件第九条第(二)项第6目所列货物的,如果出口货物有两种及两种以上原材料为财税〔2012〕39号文件附件9所列原材料的,按主要原材料适用政策执行。主要原材料是指出口货物材料成本中比例最高的原材料。

(十二)输入特殊区域的水电气,区内生产企业用于出租、出让厂房的,不得申报退税,进项税额须转入成本。

(十三)出口企业或其他单位可填报《出口企业或其他单位选择出口退税业务提醒信息申请表》(见附件19),向主管税务机关申请免费的出口退税业务提醒服务。已申请出口退税业务提醒服务的,企业负责人、联系电话、邮箱等相关信息发生变化时,应及时向主管税务机关申请变更。

出口企业或其他单位应按照国家制发的出口退(免)税相关政策和管理规定办理出口退(免)税业务。主管税务机关提供的出口退税业务提醒服务仅为出口企业和其他单位参考,不作为办理出口退(免)税的依据。

(十四)出口企业或其他单位应于每年11月15日至30日,根据本年度实际出口情况及次年计划出口情况,向主管税务机关填报《出口企业预计出口情况报告表》(见附件20)及电子数据。

(十五)《管理办法》及本公告中要求同时提供原件和复印件的资料,出口企业或其他单位提供的复印件上应注明"与原件相符"字样,并加盖企业公章。主管税务机关在核对复印件与原件相符后,将原件退回,留存复印件。

六、本公告除已明确执行时间的规定外,其他规定自2013年4月1日起执行,《废止文件目录》(见附件22)所列文件条款同时废止。

特此公告。

附件:1. 海关出口商品代码、名称、退税率调整对应表(编者略)

2. 出口货物离岸价差异原因说明表(编者略)

3. 进料加工企业计划分配率备案表(编者略)

4. 生产企业进料加工业务免抵退税核销申报表(编者略)
5. 进料加工手(账)册实际分配率反馈表(编者略)
6-1. 已核销手(账)册海关数据调整报告表(进口报关单)(编者略)
6-2. 已核销手(账)册海关数据调整报告表(出口报关单)(编者略)
7. 生产企业进料加工业务免抵退税核销表(编者略)
8. 先退税后核销资格申请表(编者略)
9. 先退税后核销企业免抵退税申报附表(编者略)
10. 免税品经营企业销售货物退税备案表(编者略)
11. 免税出口货物劳务明细表(编者略)
12. 出口货物劳务放弃免税权声明表(编者略)
13. 集团公司成员企业认定申请表(编者略)
14. 生产企业出口业务自查表(编者略)
15. 外贸企业出口业务自查表(编者略)
16. 供货企业自查表(编者略)
17. 以边境小额贸易方式代理外国企业、外国自然人报关出口货物备案登记表(编者略)
18. 以边境小额贸易方式代理外国企业、外国自然人报关出口货物备案核销表(编者略)
19. 出口企业或其他单位选择出口退税业务提醒信息申请表(编者略)
20. 出口企业预计出口情况报告表(编者略)
21. 退(免)税货物、标识对照表(编者略)
22. 废止文件目录(编者略)

注释:

条款废止。附件19自2022年6月1日起废止。参见:《国家税务总局关于进一步便利出口退税办理 促进外贸平稳发展有关事项的公告》(国家税务总局公告2022年第9号)。

条款废止。第四条、附件21废止。参见:《国家税务总局关于优化整合出口退税信息系统 更好服务纳税人有关事项的公告》(国家税务总局公告2021年第15号)。

条款废止。第二条第二项、第十项第3目、第十八项自2018年5月1日起废止。参见:《国家税务总局关于出口退(免)税申报有关问题的公告》(国家税务总局公告2018年第16号)。

条款废止。第五条第一项、第十项废止。参见:《国家税务总局关于公布失效废止的税务部门规章和税收规范性文件目录的决定》(国家税务总局令第42号)。

条款失效。第二条第(十八)项中"出口企业或其他单位提出的出口退(免)税延期申请,需经省、自治区、直辖市、计划单列市国家税务局批准的规定"停止执行。参见:《国家税务总局关于逾期未申报的出口退(免)税可延期申报的公告》(国家税务总局公告2015年第44号)。

政策调整。"以边境小额贸易方式代理外国企业、外国自然人出口货物备案登记及备案核销的核准”取消。参见:1.《国家税务总局关于贯彻落实〈国务院关于取消非行政许可审批事项的决定〉的通知》(税总发〔2015〕74号)。2.《国务院关于取消非行政许可审批事项的决定》(国发〔2015〕27号)。

条款废止。第五条第十四项废止。参见:《国家税务总局关于出口退(免)税有关问题的公告》(国家税务总局公告2015年第29号)。

1－4－363

国家税务总局关于调整出口退(免)税申报办法的公告

2013年10月15日　国家税务总局公告2013年第61号

为减少出口退(免)税申报的差错率和疑点,进一步提高申报和审批效率,加快出口退税进度,税务总局决定调整出口退(免)税申报办法,现公告如下:

一、企业出口货物劳务及适用增值税零税率的应税服务(以下简称出口货物劳务及服务),在正式申报出口退(免)税之前,应按现行申报办法向主管税务机关进行预申报,在主管税务机关确认申报凭证的内容与对应的管理部门电子信息无误后,方可提供规定的申报退(免)税凭证、资料及正式申报电子数据,向主管税务机关进行正式申报。

二、税务机关受理企业出口退(免)税预申报后,应及时审核并向企业反馈审核结果。如果审核发现申报退(免)税的凭证没有对应的管理部门电子信息或凭证的内容与电子信息不符的,企业应按下列方法处理:

(一)属于凭证信息录入错误的,应更正后再次进行预申报;

(二)属于未在“中国电子口岸出口退税子系统”中进行出口货物报关单确认操作或未按规定进行增值税专用发票认证操作的,应进行上述操作后,再次进行预申报;

(三)除上述原因外,可填写《出口企业信息查询申请表》(见附件1),将缺失对应凭证管理部门电子信息或凭证的内容与电子信息不符的数据和原始凭证报送至主管税务机关,由主管税务机关协助查找相关信息。

三、生产企业应根据免抵退税正式申报的出口销售额(不包括本公告生效前已按原办法申报的单证不齐或者信息不齐的出口销售额)计算免抵退税不得免征和抵扣税额,并填报在当期《增值税纳税申报表附列资料(二)》“免抵退税办法出口货物不得抵扣进项税额”栏(第18栏)、《免抵退税申报汇总表》“免抵退税不得免征和抵扣税额”栏(第15栏)。

生产企业在本公告生效前已按原办法申报单证不齐或者信息不齐的出口货物劳务及服务,在本公告生效后应及时收齐有关单证、进行预申报,并在单证齐全、信息通过预申报核对无误后进行免抵退税正式申报。正式申报时,只计算免抵退税额,不计算免抵退税不得免征和抵扣税额。

四、在退(免)税申报期截止之日前,如果企业出口的货物劳务及服务申报退(免)税的凭证仍没有对应管理部门电子信息或凭证的内容与电子信息比对不符,无法完成预申报的，企业应在退（免）税申报期截止之日前，向主管税务机关报送以下资料：

（一）《出口退（免）税凭证无相关电子信息申报表》（见附件2）及其电子数据；

（二）退（免）税申报凭证及资料。

经主管税务机关核实，企业报送的退（免）税凭证资料齐全，且《出口退（免）税凭证无相关电子信息申报表》及其电子数据与凭证内容一致的，企业退（免）税正式申报时间不受退（免）税申报期截止之日限制。未按上述规定在退（免）税申报期截止之日前向主管税务机关报送退（免）税凭证资料的，企业在退（免）税申报期限截止之日后不得进行退（免）税申报，应按规定进行免税申报或纳税申报。

五、符合《财政部、国家税务总局关于出口货物劳务增值税和消费税政策的通知》（财税〔2012〕39号）第九条第（四）项规定的生产企业，不适用本公告，其免抵退税申报仍按原办法执行。

六、本公告自2014年1月1日起施行。《国家税务总局关于发布〈出口货物劳务增值税和消费税管理办法〉的公告》（国家税务总局公告2012年第24号）、《国家税务总局关于〈出口货物劳务增值税和消费税管理办法〉有关问题的公告》（国家税务总局公告2013年第12号）、《国家税务总局关于出口企业申报出口货物退（免）税提供收汇资料有关问题的公告》（国家税务总局公告2013年第30号）等文件与本公告相冲突的内容同时废止。

附件：1. 出口企业信息查询申请表（编者略）

2. 出口退（免）税凭证无相关电子信息申报表（编者略）

注释：

条款废止。第一条至第四条自2018年5月1日起废止。参见：《国家税务总局关于出口退（免）税申报有关问题的公告》（国家税务总局公告2018年第16号）。

1－4－364

国家税务总局关于出口货物劳务增值税和消费税有关问题的公告

2013年11月13日　国家税务总局公告2013年第65号

为进一步规范管理，准确执行出口货物劳务税收政策，现就出口货物劳务增值税和消费税有关问题公告如下：

一、出口企业或其他单位申请注销退（免）税资格认定，如向主管税务机关声明放弃未申报或已申报但尚未办理的出口退（免）税并按规定申报免税的，视同已结清出口退税税款。

因合并、分立、改制重组等原因申请注销退（免）税资格认定的出口企业或其他单位（以下简称注销企业），可向主管税务机关申报《申请注销退（免）税资格认定企业未结清退（免）税确认书》（附件1），提供合并、分立、改制重组企业决议、章程、相关部门批件及承继注销企业权利和义务的企业(以下简称承继企业)在注销企业所在地的开户银行、账号,经主管税务机关确认无误后,可在注销企业结清出口退(免)税款前办理退(免)税资格认定注销手续。注销后,注销企业的应退税款由其主管税务机关退还至承继企业账户,如发生需要追缴多退税款的向承继企业追缴。

二、出口企业或其他单位可以放弃全部适用退(免)税政策出口货物劳务的退(免)税,并选择适用增值税免税政策或征税政策。放弃适用退(免)税政策的出口企业或其他单位,应向主管税务机关报送《出口货物劳务放弃退(免)税声明》(附件2),办理备案手续。自备案次日起36个月内,其出口的适用增值税退(免)税政策的出口货物劳务,适用增值税免税政策或征税政策。

三、从事进料加工业务的生产企业,因上年度无海关已核销手(账)册不能确定本年度进料加工业务计划分配率的,应使用最近一次确定的"上年度已核销手(账)册综合实际分配率"作为本年度的计划分配率。

生产企业在办理年度进料加工业务核销后,如认为《生产企业进料加工业务免抵退税核销表》中的"上年度已核销手(账)册综合实际分配率"与企业当年度实际情况差别较大的,可在向主管税务机关提供当年度预计的进料加工计划分配率及书面合理理由后,将预计的进料加工计划分配率作为该年度的计划分配率。

四、出口企业将加工贸易进口料件,采取委托加工收回出口的,在申报退(免)税或申请开具《来料加工免税证明》时,如提供的加工费发票不是由加工贸易手(账)册上注明的加工单位开具的,出口企业须向主管税务机关书面说明理由,并提供主管海关出具的书面证明。否则,属于进料加工委托加工业务的,对应的加工费不得抵扣或申报退(免)税;属于来料加工委托加工业务的,不得申请开具《来料加工免税证明》,相应的加工费不得申报免税。

五、出口企业报关进入国家批准的出口加工区、保税物流园区、保税港区、综合保税区、珠澳跨境工业区(珠海园区)、中哈霍尔果斯国际边境合作中心(中方配套区域)、保税物流中心(B型)(以下统称特殊区域)并销售给特殊区域内单位或境外单位、个人的货物,以人民币结算的,可申报出口退(免)税,按有关规定提供收汇资料时,可以提供收取人民币的凭证。

六、出口企业或其他单位申报对外援助出口货物退(免)税时,不需要提供商务部批准使用援外优惠贷款的批文("援外任务书")复印件和商务部批准使用援外合资合作项目基金的批文("援外任务书")复印件。

七、生产企业外购的不经过本企业加工或组装,出口后能直接与本企业自产货物组合成成套产品的货物,如配套出口给进口本企业自产货物的境外单位或个人,可作为视同自产货物申报退(免)税。生产企业申报出口视同自产的货物退(免)税时,应按《生产企业出口视同自产货物业务类型对照表》(附件3),在《生产企业出口货物免、抵、退税申报明细表》的"业务类型"栏内填写对应标识,主管税务机关如发现企业填报错误的,应及时要求企业改正。

八、出口企业或其他单位出口适用增值税免税政策的货物劳务,在向主管税务机关办理增值税、消费税免税申报时,不再报送《免税出口货物劳务明细表》及其电子数据。出口货物报关单、合法有效的进货凭证等留存企业备查的资料,应按出口日期装订成册。

九、以下出口货物劳务应按照下列规定留存备查合法有效的进货凭证：

（一）出口企业或其他单位从依法拍卖单位购买货物出口的，将与拍卖人签署的成交确认书及有关收据留存备查；

（二）通过合并、分立、重组改制等资产重组方式设立的出口企业或其他单位，出口重组前的企业无偿划转的货物，将资产重组文件、无偿划转的证明材料留存备查。

十、出口企业或其他单位按照《国家税务总局关于〈出口货物劳务增值税和消费税管理办法〉有关问题的公告》（国家税务总局公告 2013 年第 12 号）第二条第（十八）项规定申请延期申报退（免）税的，如省级税务机关在免税申报截止之日后批复不予延期，若该出口货物符合其他免税条件，出口企业或其他单位应在批复的次月申报免税。次月未申报免税的，适用增值税征税政策。

十一、委托出口的货物，委托方应自货物报关出口之日起至次年 3 月 15 日前，凭委托代理出口协议（复印件）向主管税务机关报送《委托出口货物证明》（附件 4）及其电子数据。主管税务机关审核委托代理出口协议后在《委托出口货物证明》签章。

受托方申请开具《代理出口货物证明》时，应提供规定的凭证资料及委托方主管税务机关签章的《委托出口货物证明》。

十二、外贸企业出口视同内销征税的货物，申请开具《出口货物转内销证明》时，需提供规定的凭证资料及计提销项税的记账凭证复印件。

主管税务机关在审核外贸企业《出口货物转内销证明申报表》时，对增值税专用发票交叉稽核信息比对不符，以及发现提供的增值税专用发票或者其他增值税扣税凭证存在以下情形之一的，不得出具《出口货物转内销证明》：

（一）提供的增值税专用发票或海关进口增值税专用缴款书为虚开、伪造或内容不实；

（二）提供的增值税专用发票是在供货企业税务登记被注销或被认定为非正常户之后开具；

（三）外贸企业出口货物转内销时申报的《出口货物转内销证明申报表》的进货凭证上载明的货物与申报免退税匹配的出口货物报关单上载明的出口货物名称不符。属同一货物的多种零部件合并报关为同一商品名称的除外；

（四）供货企业销售的自产货物，其生产设备、工具不能生产该种货物；

（五）供货企业销售的外购货物，其购进业务为虚假业务；

（六）供货企业销售的委托加工收回货物，其委托加工业务为虚假业务。

主管税务机关在开具《出口货物转内销证明》后，发现外贸企业提供的增值税专用发票或者其他增值税扣税凭证存在以上情形之一的，主管税务机关应通知外贸企业将原取得的《出口货物转内销证明》涉及的进项税额做转出处理。

十三、出口企业按规定向国家商检、海关、外汇管理等对出口货物相关事项实施监管核查部门报送的资料中，属于申报出口退（免）税规定的凭证资料及备案单证的，如果上述部门或主管税务机关发现为虚假或其内容不实的，其对应的出口货物不适用增值税退（免）税和免税政策，适用增值税征税政策。查实属于偷骗税的按照相应的规定处理。

十四、本公告自 2014 年 1 月 1 日起执行。

特此公告。

附件:1. 申请注销退(免)税资格认定企业未结清退(免)税确认书(编者略)
2. 出口货物劳务放弃退(免)税声明(编者略)
3. 生产企业出口视同自产货物业务类型对照表(编者略)
4. 委托出口货物证明(编者略)

注释:

条款废止。附件3废止。参见:《国家税务总局关于优化整合出口退税信息系统 更好服务纳税人有关事项的公告》(国家税务总局公告2021年第15号)。

条款修改。根据《第十三届全国人民代表大会第一次会议关于国务院机构改革方案的决定》等有关规定,税收规范性文件规定的国税地税机关的职责和工作由新的税务机关承担。国家税务总局依据《税收规范性文件制定管理办法》(国家税务总局令第41号公布),对税收规范性文件进行了清理。参见:《国家税务总局关于修改部分税收规范性文件的公告》(国家税务总局公告2018年第31号)。

1-4-365

财政部 国家税务总局关于跨境电子商务零售出口税收政策的通知

2013年12月30日 财税〔2013〕96号

各省、自治区、直辖市、计划单列市财政厅(局)、国家税务局,新疆生产建设兵团财务局:

为落实《国务院办公厅转发商务部等部门关于实施支持跨境电子商务零售出口有关政策意见的通知》(国办发〔2013〕89号)的要求,经研究,现将跨境电子商务零售出口(以下称电子商务出口)税收政策通知如下:

一、电子商务出口企业出口货物(财政部、国家税务总局明确不予出口退(免)税或免税的货物除外,下同),同时符合下列条件的,适用增值税、消费税退(免)税政策:

1. 电子商务出口企业属于增值税一般纳税人并已向主管税务机关办理出口退(免)税资格认定;

2. 出口货物取得海关出口货物报关单(出口退税专用),且与海关出口货物报关单电子信息一致;

3. 出口货物在退(免)税申报期截止之日内收汇;

4. 电子商务出口企业属于外贸企业的,购进出口货物取得相应的增值税专用发票、消费税专用缴款书(分割单)或海关进口增值税、消费税专用缴款书,且上述凭证有关内容与出口货物报关单(出口退税专用)有关内容相匹配。

二、电子商务出口企业出口货物,不符合本通知第一条规定条件,但同时符合下列条件的,适用增值税、消费税免税政策:

1. 电子商务出口企业已办理税务登记;

2. 出口货物取得海关签发的出口货物报关单;

3. 购进出口货物取得合法有效的进货凭证。

三、电子商务出口货物适用退(免)税、免税政策的,由电子商务出口企业按现行规定办理退(免)税、免税申报。

四、适用本通知退(免)税、免税政策的电子商务出口企业,是指自建跨境电子商务销售平台的电子商务出口企业和利用第三方跨境电子商务平台开展电子商务出口的企业。

五、为电子商务出口企业提供交易服务的跨境电子商务第三方平台,不适用本通知规定的退(免)税、免税政策,可按现行有关规定执行。

六、本通知自2014年1月1日起执行。

1-4-366

国家税务总局关于出口货物劳务退(免)税管理有关问题的公告

2014年8月28日　国家税务总局公告2014年第51号

为进一步完善出口退(免)税管理,现将有关问题公告如下:

一、《国家税务总局关于出口企业申报出口货物退(免)税提供收汇资料有关问题的公告》(国家税务总局公告2013年第30号)第三条、第九条停止执行;第二条规定的申报退(免)税须提供出口货物收汇凭证的出口企业情形,调整为下列五类:

(一)被外汇管理部门列为C类企业的;

(二)被海关列为C、D类企业的;

(三)被税务机关评定为D级纳税信用等级的;

(四)主管税务机关发现出口企业申报的不能收汇的原因为虚假的;

(五)主管税务机关发现出口企业提供的出口货物收汇凭证是冒用的。

二、经外汇管理部门批准实行外汇资金集中运营管理的跨国公司,其成员公司在批准的有效期内,可凭银行出具给跨国公司资金集中运营公司符合下列规定的收款凭证,向主管税务机关申报对外提供的研发、设计服务退(免)税,不再提供《国家税务总局关于发布〈适用增值税零税率应税服务退(免)税管理办法〉的公告》(国家税务总局公告2014年第11号)第十三条第(五)项第3目之(3)规定的资料。

(一)付款单位为与成员公司签订研发、设计合同的境外单位,或研发、设计合同约定的境外代付单位;

(二)收款凭证上的收款单位或附言的实际收款人须载明有成员公司的名称。

三、利用国际金融组织或外国政府贷款通过国际招标建设的项目,招标单位向其所在地主管税务机关申请开具《中标证明通知书》时,应提供财政部门《关于外国政府贷款备选项目的通知》或财政部门与项目的主管部门或政府签订的《关于××行(国际金融组织)贷款"××项目"转贷协议(或分贷协议、执行协议)》的原件和注明有与原件一致字样的复印件(经主管税务机关审核原件与复印件一致后,原件退回),不再提供国家评标委员会《评标结果通知》。此前已提供国家评标委员会《评标结果通知》的,可按原规定办理《中标证明通知书》。

四、本公告自发布之日起施行。之前已申报的出口退(免)税可按本公告的规定执行。

特此公告。

注释:

条款废止。第一条"第二条规定的申报退(免)税须提供出口货物收汇凭证的出口企业情形调整为下列五类:(一)被外汇管理部门列为C类企业的;(二)被海关列为C、D类企业的;(三)被税务机关评定为D级纳税信用等级的;(四)主管税务机关发现出口企业申报的不能收汇的原因为虚假的;(五)主管税务机关发现出口企业提供的出口货物收汇凭证是冒用的。"的内容自2018年5月1日起废止。参见:《国家税务总局关于出口退(免)税申报有关问题的公告》(国家税务总局公告2018年第16号)。

1－4－367

财政部　海关总署　国家税务总局关于在全国开展融资租赁货物出口退税政策试点的通知

2014年9月1日　财税〔2014〕62号

各省、自治区、直辖市、计划单列市财政厅(局)、国家税务局,海关总署广东分署、各直属海关,新疆生产建设兵团财务局:

为落实《国务院办公厅关于支持外贸稳定增长的若干意见》(国办发〔2014〕19号)的有关要求,决定将现行在天津东疆保税港区试点的融资租赁货物出口退税政策扩大到全国统一实施。现将有关政策通知如下:

一、政策内容及适用范围

(一)对融资租赁出口货物试行退税政策。对融资租赁企业、金融租赁公司及其设立的项目子公司(以下统称融资租赁出租方),以融资租赁方式租赁给境外承租人且租赁期限在5年(含)以上,并向海关报关后实际离境的货物,试行增值税、消费税出口退税政策。

融资租赁出口货物的范围,包括飞机、飞机发动机、铁道机车、铁道客车车厢、船舶及其他货物,具体应符合《中华人民共和国增值税暂行条例实施细则》(财政部、国家税务总局令第50号)第二十一条"固定资产"的相关规定。

(二)对融资租赁海洋工程结构物试行退税政策。对融资租赁出租方购买的,并以融资租赁方式租赁给境内列名海上石油天然气开采企业且租赁期限在5年(含)以上的国内生产企业生产的海洋工程结构物,视同出口,试行增值税、消费税出口退税政策。

海洋工程结构物范围、退税率以及海上石油天然气开采企业的具体范围按照《财政部、国家税务总局关于出口货物劳务增值税和消费税政策的通知》(财税〔2012〕39 号)有关规定执行。

(三)上述融资租赁出口货物和融资租赁海洋工程结构物不包括在海关监管年限内的进口减免税货物。

二、退税的计算和办理

(一)融资租赁出租方将融资租赁出口货物租赁给境外承租方、将融资租赁海洋工程结构物租赁给海上石油天然气开采企业,向融资租赁出租方退还其购进租赁货物所含增值税。融资租赁出口货物、融资租赁海洋工程结构物(以下统称融资租赁货物)属于消费税应税消费品的,向融资租赁出租方退还前一环节已征的消费税。

(二)计算公式为:

增值税应退税额 = 购进融资租赁货物的增值税专用发票注明的金额或海关(进口增值税)专用缴款书注明的完税价格 × 融资租赁货物适用的增值税退税率

融资租赁出口货物适用的增值税退税率,按照统一的出口货物适用退税率执行。从增值税一般纳税人购进的按简易办法征税的融资租赁货物和从小规模纳税人购进的融资租赁货物,其适用的增值税退税率,按照购进货物适用的征收率和退税率孰低的原则确定。

消费税应退税额 = 购进融资租赁货物税收(出口货物专用)缴款书上或海关进口消费税专用缴款书上注明的消费税税额

(三)融资租赁出租方应当按照主管税务机关的要求办理退税认定和申报增值税、消费税退税。

(四)融资租赁出租方在进行融资租赁出口货物报关时,应在海关出口报关单上填写“租赁货物(1523)”方式。海关依融资租赁出租方申请,对符合条件的融资租赁出口货物办理放行手续后签发出口货物报关单(出口退税专用,以下称退税证明联),并按规定向国家税务总局传递退税证明联相关电子信息。对海关特殊监管区域内已退增值税、消费税的货物,以融资租赁方式离境时,海关不再签发退税证明联。

(五)融资租赁出租方凭购进融资租赁货物的增值税专用发票或海关进口增值税专用缴款书、与承租人签订的融资租赁合同、退税证明联或向海洋工程结构物承租人开具的发票以及主管税务机关要求出具的其他要件,向主管税务机关申请办理退税手续。上述用于融资租赁货物退税的增值税专用发票或海关进口增值税专用缴款书,不得用于抵扣内销货物应纳税额。

融资租赁货物属于消费税应税货物的,若申请退税,还应提供有关消费税专用缴款书。

(六)对承租期未满而发生退租的融资租赁货物,融资租赁出租方应及时主动向税务机关报告,并按照规定补缴已退税款,对融资租赁出口货物,再复进口时融资租赁出租方应按照规定向海关办理复运进境手续并提供主管税务机关出具的货物已补税或未退税证明,海关不征收进口关税和进口环节税。

三、有关定义

本通知所述融资租赁企业,仅包括金融租赁公司、经商务部批准设立的外商投资融资租赁公司、经商务部和国家税务总局共同批准开展融资业务试点的内资融资租赁企业、经商务部授权的省级商务主管部门和国家经济技术开发区批准的融资租赁公司。

本通知所述金融租赁公司,仅包括经中国银行业监督管理委员会批准设立的金融租赁公司。

本通知所称融资租赁,是指具有融资性质和所有权转移特点的有形动产租赁活动。即出租人根据承租人所要求的规格、型号、性能等条件购入有形动产租赁给承租人,合同期内有形动产所有权属于出租人,承租人只拥有使用权,合同期满付清租金后,承租人有权按照残值购入有形动产,以拥有其所有权。不论出租人是否将有形动产残值销售给承租人,均属于融资租赁。

四、融资租赁货物退税的具体管理办法由国家税务总局另行制定。

五、本通知自2014年10月1日起执行。融资租赁出口货物的,以退税证明联上注明的出口日期为准;融资租赁海洋工程结构物的,以融资租赁出租方收取首笔租金时开具的发票日期为准。

1－4－368

国家税务总局关于发布《融资租赁货物出口退税管理办法》的公告

2014年10月8日　国家税务总局公告2014年第56号

根据《财政部、海关总署、国家税务总局关于在全国开展融资租赁货物出口退税政策试点的通知》(财税〔2014〕62号),国家税务总局制定了《融资租赁货物出口退税管理办法》。现予以公布,自2014年10月1日起施行。

特此公告。

融资租赁货物出口退税管理办法

第一章　总　　则

第一条　根据《财政部、海关总署、国家税务总局关于在全国开展融资租赁货物出口退税政策试点的通知》(财税〔2014〕62号)的规定,制定本办法。

第二条　享受出口退税政策的融资租赁企业(以下称融资租赁出租方)的主管国家税务局负责出口退(免)税资格的认定及融资租赁出口货物、融资租赁海洋工程结构物(以下称融资租赁货物)的出口退税审核、审批等管理工作。

第三条　享受出口退税的融资租赁出租方和融资租赁货物的范围、条件以及出口退税的具体计算办法按照财税〔2014〕62号文件相关规定执行。

第二章　税务登记、出口退(免)税资格认定管理

第四条　融资租赁出租方在所在地主管国家税务局办理税务登记及出口退(免)税资

格认定后,方可申报融资租赁货物出口退税。

第五条　融资租赁出租方应在首份融资租赁合同签订之日起30日内,到主管国家税务局办理出口退(免)税资格认定,除提供《国家税务总局关于发布〈出口货物劳务增值税和消费税管理办法〉的公告》(国家税务总局公告2012年第24号)规定的资料外(仅经营海洋工程结构物融资租赁的,可不提供《对外贸易经营者备案登记表》或《中华人民共和国外商投资企业批准证书》、中华人民共和国海关进出口货物收发货人报关注册登记证书),还应提供以下资料:

(一)从事融资租赁业务的资质证明;

(二)融资租赁合同(有法律效力的中文版);

(三)税务机关要求提供的其他资料。

本办法发布前已签订融资租赁合同的融资租赁出租方,可向主管国家税务局申请补办出口退税资格的认定手续。

第六条　融资租赁出租方退(免)税认定变更及注销,按照国家税务总局公告2012年第24号等有关规定执行。

第三章　退税申报、审核管理

第七条　融资租赁出租方应在融资租赁货物报关出口之日或收取融资租赁海洋工程结构物首笔租金开具发票之日次月起至次年4月30日前的各增值税纳税申报期内,收齐有关凭证,向主管国家税务局办理融资租赁货物增值税、消费税退税申报。

第八条　融资租赁出租方申报融资租赁货物退税时,应将不同融资租赁合同项下的融资租赁货物分别申报,在申报表的明细表中"退(免)税业务类型"栏内填写"RZZL",并提供以下资料:

(一)融资租赁出口货物的,提供出口货物报关单(出口退税专用);

(二)融资租赁海洋工程结构物的,提供向海洋工程结构物承租人收取首笔租金时开具的发票;

(三)购进融资租赁货物取得的增值税专用发票(抵扣联)或海关(进口增值税)专用缴款书。融资租赁货物属于消费税应税货物的,还应提供消费税税收(出口货物专用)缴款书或海关(进口消费税)专用缴款书;

(四)与承租人签订的租赁期在5年(含)以上的融资租赁合同(有法律效力的中文版);

(五)融资租赁海洋工程结构物的,提供列名海上石油天然气开采企业收货清单;

(六)税务机关要求提供的其他资料。

第九条　融资租赁出租方购进融资租赁货物取得的增值税专用发票、海关(进口增值税)专用缴款书已申报抵扣的,不得申报退税。已申报退税的增值税专用发票、海关(进口增值税)专用缴款书,融资租赁出租方不得再申报进项税额抵扣。

第十条　属于增值税一般纳税人的融资租赁出租方购进融资租赁货物取得的增值税专用发票,融资租赁出租方应在规定的认证期限内办理认证手续。

第十一条　主管国家税务局应按照财税〔2014〕62号文件规定的计算方法审核、审批融资租赁货物退税。

第十二条 对融资租赁出租方申报退税提供的增值税专用发票，如融资租赁出租方为增值税一般纳税人，主管国家税务局在增值税专用发票稽核信息比对无误后，方可办理退税；如融资租赁方为非增值税一般纳税人，主管国家税务局应发函调查，在确认增值税专用发票真实、按规定申报纳税后，方可办理退税。

第十三条 对承租期未满而发生退租的融资租赁货物，融资租赁出租方应及时主动向主管国家税务局报告，并按下列规定补缴已退税款：

（一）对上述融资租赁出口货物再复进口时，主管国家税务局应按规定追缴融资租赁出租方的已退税款，并对融资租赁出口货物出具货物已补税或未退税证明；

（二）对融资租赁海洋工程结构物发生退租的，主管国家税务局应按规定追缴融资租赁出租方的已退税款。

第四章 附 则

第十四条 融资租赁出租方采取假冒出口退（免）税资格、伪造或擅自涂改融资租赁合同、提供虚假退税申报资料等手段骗取退税款的，按照有关法律、法规处理。

第十五条 融资租赁货物出口退税，本办法未作规定的，按照视同出口货物的有关规定执行。

第十六条 本办法自2014年10月1日起施行。融资租赁出口货物的，以出口货物报关单（出口退税专用）上注明的出口日期为准；融资租赁海洋工程结构物的，以融资租赁出租方收取首笔租金时开具的发票日期为准。《国家税务总局关于发布〈天津东疆保税港区融资租赁货物出口退税管理办法〉的公告》（国家税务总局公告2012年第39号）同时废止。

注释：

条款废止。第五条第一款第二项“融资租赁合同（有法律效力的中文版）”自2022年6月1日起废止。参见：《国家税务总局关于进一步便利出口退税办理 促进外贸平稳发展有关事项的公告》（国家税务总局公告2022年第9号）。

条款修改。根据《第十三届全国人民代表大会第一次会议关于国务院机构改革方案的决定》等有关规定，税收规范性文件规定的国税地税机关的职责和工作由新的税务机关承担。国家税务总局依据《税收规范性文件制定管理办法》（国家税务总局令第41号公布），对税收规范性文件进行了清理。参见：《国家税务总局关于修改部分税收规范性文件的公告》（国家税务总局公告2018年第31号）。

1 -4 -369

国家税务总局关于企业出口集装箱有关退(免)税问题的公告

2014 年 10 月 21 日　国家税务总局公告 2014 年第 59 号

经研究,就明确企业出口新造集装箱退(免)税问题,现公告如下:

一、企业出口给外商的新造集装箱,交付到境内指定堆场,并取得出口货物报关单(出口退税专用),同时符合其他出口退(免)税规定的,准予按照现行规定办理出口退(免)税。

二、2014 年及以后年度出口的,适用本公告。

特此公告。

1 -4 -370

财政部　国家税务总局关于以贵金属和宝石为主要原材料的货物出口退税政策的通知

2014 年 12 月 9 日　财税〔2014〕98 号

各省、自治区、直辖市、计划单列市财政厅(局)、国家税务局,新疆生产建设兵团财务局:

为完善出口退税政策,有效控制政策风险,现将以贵金属和宝石为主要原材料的货物出口退税政策通知如下:

一、出口企业和其他单位出口的货物,如果其原材料成本 80% 以上为本通知附件所列原材料的,应按照成本占比最高的原材料的增值税、消费税政策执行。原材料的增值税、消费税政策是指本通知附件所列该原材料对应的商品编码在出口退税率文库中适用的增值税、消费税政策。

二、本通知自 2015 年 1 月 1 日起执行。《财政部、国家税务总局关于出口货物劳务增值税和消费税政策的通知》(财税〔2012〕39 号)第九条第(二)款第 6 项及附件 9 同时废止。

附件:原材料和商品编码表(编者略)

1 -4 -371

国家税务总局关于发布《横琴、平潭开发有关增值税和消费税退税管理办法(试行)》的公告

2014 年 12 月 19 日　国家税务总局公告 2014 年第 70 号

根据《财政部、海关总署、国家税务总局关于横琴、平潭开发有关增值税和消费税政策的通知》(财税〔2014〕51 号),经商财政部、海关总署同意,国家税务总局制定了《横琴、平潭开发有关增值税和消费税退税管理办法(试行)》。现予以发布,自相关监管设施验收合格、正式开关运行之日起施行。

特此公告。

横琴、平潭开发有关增值税和消费税退税管理办法(试行)

第一条　根据《财政部、海关总署、国家税务总局关于横琴、平潭开发有关增值税和消费税政策的通知》(财税〔2014〕51 号)的规定,制定本办法。

第二条　中华人民共和国境内其他地区(以下简称区外)销往横琴、平潭(以下简称区内)适用增值税和消费税退税政策的货物(包括水、蒸汽、电力、燃气),视同出口,由区内从区外购买货物的企业(以下简称区内购买企业)或区内水电气企业向主管国税机关申报增值税和消费税退税。

第三条　本办法所称区内购买企业是指,依法在区内办理工商登记、税务登记和海关注册登记手续,并购买区外货物的企业;区内水电气企业是指,依法在区内办理工商登记、税务登记,并购买区外水、蒸汽、电力、燃气的企业。

第四条　购买企业及区内水电气企业应依以下规定办理出口退(免)税资格认定:

(一)未办理对外贸易经营者备案登记的区内购买企业,应在首笔购进区外与生产有关的货物之日起 30 日内办理认定,办理认定不需提供《对外贸易经营者备案登记表》或《中华人民共和国外商投资企业批准证书》。

(二)区内水电气企业应在首笔购买区外水、蒸汽、电力、燃气之日起 30 日内办理认定,办理认定不需提供中华人民共和国海关进出口货物收发货人报关注册登记证书,以及《对外贸易经营者备案登记表》或《中华人民共和国外商投资企业批准证书》。

(三)除以上情况外,区内购买企业及区内水电气企业应依《国家税务总局关于发布〈出口货物劳务增值税和消费税管理办法〉的公告》(国家税务总局公告 2012 年第 24 号)第三条规定办理出口退(免)税资格认定。

第五条　区内购买企业应在购进办理报关出口手续的区外货物之日(以出口货物报关

单〔退税专用〕上注明的出口日期为准）次月起至次年4月30日前的各增值税纳税申报期内，提供以下资料向主管国税机关进行区外购进货物增值税、消费税退税申报。逾期的不得申报退税。

（一）《区内企业退税汇总申报表》（见附件1）；

（二）《区内企业退税进货明细申报表》（见附件2），在“业务类型”一栏填写“GHQYTS”；

（三）《区内企业退税入区货物明细申报表》（见附件3），在“退（免）税业务类型”一栏填写“GHQYTS”；

（四）区外货物增值税、消费税退税正式申报电子数据；

（五）下列原始凭证：

1. 从区外销售企业取得的出口货物报关单（出口退税专用）；

2. 进境货物备案清单（复印件加盖海关印章）；

3. 增值税专用发票（抵扣联）、出口退税进货分批申报单；

4. 属应税消费品的，还应提供消费税专用缴款书或分割单；

5. 主管国税机关要求提供的其他资料。

第六条 区内水电气企业向区外购进的用于区内与生产有关的水、蒸汽、电力、燃气，应在取得购进水、蒸汽、电力、燃气增值税专用发票的开具之日次月起至次年4月30日前的各增值税纳税申报期内，提供以下资料向主管国税机关申报退税。逾期的不得申报退税。

（一）《购进水电气退税申报表》（见附件4），在业务类型一栏填写“GJSDQ”；

（二）正式电子申报数据；

（三）下列原始凭证：

1. 增值税专用发票（抵扣联）；

2. 水电气使用清单（经所在地的区管委会行业主管部门审核盖章，见附件5）。

第七条 区内购买企业及区内水电气企业在正式申报退税前，应向主管国税机关进行预申报，在主管国税机关确认申报凭证的内容与对应管理部门电子信息无误后，进行正式申报。

在退税申报截止之日前，如果企业申报退税凭证仍没有对应管理部门电子信息或凭证内容与电子信息比对不符，无法完成预申报的，按照《国家税务总局关于调整出口退（免）税申报办法的公告》（国家税务总局公告2013年第61号）第四条规定处理。

第八条 区内购买企业对申报退税的货物（包括水、蒸汽、电力、燃气）应单独设账核算购进金额和进项税额。

第九条 区内购买企业购进货物（含水、蒸汽、电力、燃气）退税，不实行备案单证管理。

第十条 主管国税机关对区内购买企业申报退税提供的凭证、资料及相关电子信息审核无误后，按规定程序办理退税。

第十一条 主管国税机关发现区内购买企业将购进货物用于商业性房地产开发项目的，不予办理退税；已办理退税的，应追缴已退税款。

第十二条 区内购买企业退税，本办法未作规定的，按视同出口货物有关规定执行。

第十三条 本办法自相关监管设施验收合格、正式开关运行之日起施行。从区外购进货物（不包括水、蒸汽、电力、燃气）的，以出口货物报关单（出口退税专用）上注明的出口日期为准;从区外购进水、蒸汽、电力、燃气的,以取得增值税专用发票开具日期为准。

附件:1. 区内企业退税汇总申报表(编者略)

2. 区内企业退税进货明细申报表(编者略)

3. 区内企业退税入区货物明细申报表(编者略)

4. 购进水电气退税申报表(编者略)

5. 水电气使用清单(编者略)

注释:

条款废止。第五条第一项、第二项、第三项,第六条第一项,附件1、2、3、4废止。参见:《国家税务总局关于优化整合出口退税信息系统　更好服务纳税人有关事项的公告》(国家税务总局公告2021年第15号)。

条款修改。根据《第十三届全国人民代表大会第一次会议关于国务院机构改革方案的决定》等有关规定,税收规范性文件规定的国税地税机关的职责和工作由新的税务机关承担。国家税务总局依据《税收规范性文件制定管理办法》(国家税务总局令第41号公布),对税收规范性文件进行了清理。参见:《国家税务总局关于修改部分税收规范性文件的公告》(国家税务总局公告2018年第31号)。

条款废止。第五条第五项第3目"出口退税进货分批单"、第七条自2018年5月1日起废止。参见:《国家税务总局关于出口退(免)税申报有关问题的公告》(国家税务总局公告2018年第16号)。

1-4-372

海关总署关于2015年关税实施方案的公告

2014年12月29日　海关总署公告2014年第95号

经国务院批准,《2015年关税实施方案》自2015年1月1日起实施。现将有关情况公告如下:

一、进口关税调整

(一)最惠国税率。

1. 对燃料油等部分进口商品实施暂定税率(见附表1);

2. 对感光材料等46种商品继续实施从量税或复合税(见附表2),对激光照排片(税号:37024321)按10%税率从价征税;

3. 对小麦等8类47个税目的商品实施关税配额管理,税率不变。其中,对尿素、复合肥、磷酸氢二铵3种化肥的配额税率继续实施1%的暂定税率,对配额外进口的一定数量棉花实施滑准税(见附表3);

4. 对10个非全税目信息技术产品继续实行海关核查管理(见附表4);

5. 其他最惠国税率维持不变。

（二）协定税率。

根据我国与有关国家或地区签署的贸易或关税优惠协定，对有关国家或地区实施协定税率（见附表5）。

（三）特惠税率。

根据我国与有关国家或地区签署的贸易或关税优惠协定、双边换文情况以及国务院有关决定，对原产于孟加拉国和老挝的部分商品实施亚太贸易协定项下特惠税率；对原产于埃塞俄比亚、布隆迪、赤道几内亚、刚果（金）、吉布提、几内亚、几内亚比绍、莱索托、马达加斯加、马拉维、马里、莫桑比克、南苏丹、塞拉利昂、塞内加尔、苏丹、索马里、坦桑尼亚、乌干达、乍得、中非、阿富汗、也门和瓦努阿图共24个国家的部分商品实施97%税目零关税特惠税率；对原产于安哥拉、贝宁、多哥、厄立特里亚、科摩罗、利比里亚、卢旺达、尼日尔、赞比亚、东帝汶、柬埔寨、缅甸、尼泊尔和萨摩亚共14个国家的部分商品实施95%税目零关税特惠税率；对原产于毛里塔尼亚和孟加拉国的部分商品实施60%税目零关税特惠税率（见附表6）。

（四）普通税率维持不变。

二、出口关税调整

"出口税则"的出口税率不变，并对生铁等部分出口商品实施暂定税率（出口商品税率见附表7）。

三、税则税目调整

根据国内需要对部分税则税目进行调整（见附表8）。调整后，2015年《中华人民共和国进出口税则》税目数共计8285个。

四、其他事项

《中华人民共和国进出口税则》（2015年版）、《中华人民共和国海关统计商品目录》（2015年版）、《中华人民共和国海关进出口商品规范申报目录》（2015年版）将由中国海关出版社对外发行。

海关总署已发布的《中华人民共和国海关总署商品归类决定》、《中华人民共和国海关进出口税则本国子目注释》按照本公告附表8的内容对照执行。

特此公告。

附表：1. 进口暂定税率表（编者略）

2. 进口商品从量税及复核税税率表（编者略）

3. 关税配额商品进口税率表（编者略）

4. 非全税目信息技术商品税率表（编者略）

5－1. 协定税率表（编者略）

5－2. 协定税率表（编者略）

5－3. 协定税率表（编者略）

5－4. 协定税率表（编者略）

6－1. 进口特惠税率表（编者略）

6－2. 进口特惠税率表（编者略）

6－3. 进口特惠税率表（编者略）

7. 出口商品税率表(编者略)

8. 进出口税则税目调整表(编者略)

1 -4 -373

财政部　国家税务总局关于调整部分产品出口退税率的通知

2014 年 12 月 31 日　财税〔2014〕150 号

各省、自治区、直辖市、计划单列市财政厅(局)、国家税务局,新疆生产建设兵团财务局:

经国务院批准,调整部分产品的出口退税率。现就有关事项通知如下:

一、调整下列产品的出口退税率:

(一)提高部分高附加值产品、玉米加工产品、纺织品服装的出口退税率。

(二)取消含硼钢的出口退税。

(三)降低档发的出口退税率。

调整出口退税率的产品清单见附件。

二、本通知第一条第(一)项和第(二)项规定自 2015 年 1 月 1 日起执行,第一条第(三)项规定自 2015 年 4 月 1 日起执行。提高玉米加工产品出口退税率的政策执行至 2015 年 12 月 31 日。具体执行时间,以出口货物报关单(出口退税专用)上注明的出口日期为准。

附件:调整出口退税率的产品清单(编者略)

1 -4 -374

财政部　国家税务总局关于进入中哈霍尔果斯国际边境合作中心的货物适用增值税退(免)税政策的通知

2015 年 1 月 21 日　财税〔2015〕17 号

各省、自治区、直辖市、计划单列市财政厅(局)、国家税务局,新疆生产建设兵团财务局:

为贯彻落实国务院有关精神,现就进入中哈霍尔果斯国际边境合作中心(以下简称中心)货物的增值税退(免)税政策问题通知如下:

一、在中心封关验收后,对由中方境内进入中心的基础设施(公共基础设施除外)建设物资和中心内设施自用设备,视同出口货物,实行增值税退(免)税政策。

二、企业申请增值税退(免)税时,需要提供货物进入中心的出口货物报关单(出口退税专用)。

三、申请增值税退(免)税的企业所在地国家税务局,应将申请退(免)税清单传递给新疆伊犁州经济开发区国家税务局;新疆伊犁州经济开发区国家税务局应按申请单所列内容就建设物资、自用设备等合理数量及真实性进行核实,并及时反馈审核结果。上述核实无误后再办理增值税退(免)税手续。

四、本通知从发布之日起执行。此前已发生的符合本通知规定的出口货物的增值税退(免)税,可按本通知的规定办理。

1 -4 -375

国家税务总局关于发布适用启运港退(免)税政策的运输企业及运输工具名单的公告

2015 年 2 月 13 日　国家税务总局公告 2015 年第 9 号

根据《财政部、海关总署、国家税务总局关于扩大启运港退税政策试点范围的通知》(财税〔2014〕53 号)和《国家税务总局关于发布〈启运港退(免)税管理办法〉的公告》(国家税务总局公告 2014 年第 52 号)的有关规定,税务总局汇总了有关地区上报符合适用启运港退(免)税政策条件的运输企业和交通运输工具名单,现予以公布,具体名单见附件。

特此公告。

附件:1. 符合适用启运港退(免)税政策条件的运输企业名单(编者略)

2. 符合适用启运港退(免)税政策条件的运输工具名单(编者略)

1 -4 -376

国家税务总局关于出口企业申报出口退(免)税免予提供纸质出口货物报关单的公告

2015 年 4 月 28 日　国家税务总局公告 2015 年第 26 号

为加强出口退税工作,更好地支持外贸发展,服务出口企业,税务总局决定,出口企业或其他单位(以下简称出口企业)申报出口退(免)税及相关业务时,免予提供纸质出口货物报关单(出口退税专用及其他联次,以下统称纸质报关单)。具体公告如下。

一、2015 年 5 月 1 日(含 5 月 1 日,以海关出口报关单电子信息注明的出口日期为准)以后出口的货物,出口企业申报出口退(免)税及相关业务时,免予提供纸质报关单。但申报适用启运港退税政策的货物除外。

二、免予提供纸质报关单后,出口企业申报办理上述货物出口退(免)税及相关业务时,原规定根据纸质报关单项目填写的申报内容,改按海关出口报关单电子信息对应项目填写,其申报的内容,视同申报海关出口报关单对应电子信息。

三、主管税务机关在审批免予提供纸质报关单的出口退(免)税申报时,必须在企业的申报数据与对应的海关出口货物报关单电子数据核对无误后,方可办理。

特此公告。

1－4－377

国家税务总局关于出口退(免)税有关问题的公告

2015年4月30日　国家税务总局公告2015年第29号

为深入开展“便民办税春风行动”,进一步便利企业办理出口退(免)税,持续优化出口退(免)税管理,现就有关问题公告如下:

一、出口企业或其他单位办理出口退(免)税资格认定时,《出口退(免)税资格认定申请表》中的“退税开户银行账号”从税务登记的银行账号中选择一个填报,不再向主管国税机关提供银行开户许可证。

二、生产企业办理进料加工业务核销,按规定向主管国税机关报送《已核销手(账)册海关数据调整报告表(进口报关单/出口报关单)》时,不再提供向报关海关查询情况的书面说明。

三、委托出口的货物,除国家取消出口退税的货物外,委托方不再向主管国税机关报送《委托出口货物证明》,此前未报送《委托出口货物证明》的不再报送;受托方申请开具《代理出口货物证明》时,不再提供委托方主管国税机关签章的《委托出口货物证明》。

四、企业在申报铁路运输服务免抵退税时,属于客运的,应当提供《国际客运(含香港直通车)旅客、行李包裹运输清算函件明细表》(见附件1);属于货运的,应当提供《中国铁路总公司国际货物运输明细表》(见附件2),或者提供列明本企业清算后的国际联运运输收入的《清算资金通知清单》。

申报铁路运输服务免抵退税的企业,应当将以下原始凭证留存企业备查。主管国税机关对留存企业备查的原始凭证应当定期进行抽查。

(一)属于客运的,留存以下原始凭证:

1. 国际客运联运票据(入境除外);

2. 铁路合作组织清算函件;

3. 香港直通车售出直通客票月报。

(二)属于货运的,留存以下原始凭证:

1. 运输收入会计报表;

2. 货运联运运单;

3. “发站”或“到站(局)”名称包含“境”字的货票。

企业自2014年1月1日起,提供的适用增值税零税率的铁路运输服务,按本条规定申报免抵退税。

五、出口企业从事来料加工委托加工业务的，应当在海关办结核销手续的次年5月15日前，办理来料加工出口货物免税核销手续；属于2014年及以前海关办理核销的，免税核销期限延长至2015年6月30日。未按规定办理来料加工出口货物免税核销手续或者不符合办理免税核销规定的，委托方应按规定补缴增值税、消费税。

六、以双委托方式（生产企业进口料件、出口成品均委托出口企业办理）从事的进料加工出口业务，委托方在申报免抵退税前，应按代理进口、出口协议及进料加工贸易手册载明的计划进口总值和计划出口总值，向主管国税机关报送《进料加工企业计划分配率备案表》及其电子数据。

七、出口企业不再填报《出口企业预计出口情况报告表》。

八、从事对外承包工程的企业在上一年度内，累计6个月以上未申报退税的，其出口退（免）税企业分类管理类别可不评定为三类。

九、本公告除第四条外，自发布之日起施行。《国家税务总局关于发布〈出口货物劳务增值税和消费税管理办法〉的公告》（国家税务总局公告2012年第24号）第三条第（一）项第3目、《国家税务总局关于〈出口货物劳务增值税和消费税管理办法〉有关问题的公告》（国家税务总局公告2013年第12号）第五条第（十四）项、《国家税务总局关于发布〈适用增值税零税率应税服务退（免）税管理办法〉的公告》（国家税务总局公告2014年第11号）第十三条第（五）项第1目之（2）和第十五条第（一）项第4目同时废止。

特此公告。

附件：1. 国际客运（含香港直通车）旅客、行李包裹运输清算函件明细表（编者略）

　　　2. 中国铁路总公司国际货物运输明细表（编者略）

注释：

条款修改。根据《第十三届全国人民代表大会第一次会议关于国务院机构改革方案的决定》等有关规定，税收规范性文件规定的国税地税机关的职责和工作由新的税务机关承担。国家税务总局依据《税收规范性文件制定管理办法》（国家税务总局令第41号公布），对税收规范性文件进行了清理。参见：《国家税务总局关于修改部分税收规范性文件的公告》（国家税务总局公告2018年第31号）。

1－4－378

国家税务总局关于发布《境外旅客购物离境退税管理办法（试行）》的公告

2015年6月2日　国家税务总局公告2015年第41号

为落实国务院关于实施境外旅客购物离境退税政策的决定，经商财政部、海关总署同意，国家税务总局制定了《境外旅客购物离境退税管理办法（试行）》，现予发布。请各省级人民政府依财政部、海关总署、国家税务总局有关规定，开展相关准备工作，制定实施方案，报财政部、海关总署和国家税务总局备案。

国家税务总局商海关总署确定的跨部门、跨地区的互连互通的离境退税信息管理系统发布之前，各省级人民政府如果自行组织力量开发软件或利用其他省开发的软件，能满足离境退税管理需要的，可先行试点使用，待离境退税信息管理系统发布后，再进行切换。

海南省实施本办法之日起，《国家税务总局关于发布〈境外旅客购物离境退税海南试点管理办法〉的公告》（国家税务总局公告2010年第28号）废止。

特此公告。

附件：1. 境外旅客购物离境退税商店备案表（编者略）
2. 退税商店标识规范（编者略）
3. 境外旅客购物离境退税申请单（编者略）
4. 离境退税机构标识规范（编者略）
5. 境外旅客购物离境退税收款回执单（编者略）
6. 境外旅客购物离境退税结算申报表（编者略）

境外旅客购物离境退税管理办法（试行）

第一章　总　　则

第一条　为贯彻落实国务院关于实施境外旅客购物离境退税政策的决定，根据《财政部关于实施境外旅客购物离境退税政策的公告》（财政部公告2015年第3号），制定本办法。

第二条　本办法所称：

境外旅客，是指在我国境内连续居住不超过183天的外国人和港澳台同胞。

有效身份证件，是指标注或能够采集境外旅客最后入境日期的护照、港澳居民来往内地通行证、台湾居民来往大陆通行证等。

退税物品，是指由境外旅客本人在退税商店购买且符合退税条件的个人物品，但不包括下列物品：

（一）《中华人民共和国禁止、限制进出境物品表》所列的禁止、限制出境物品；

（二）退税商店销售的适用增值税免税政策的物品；

（三）财政部、海关总署、国家税务总局规定的其他物品。

退税商店，是指报省、自治区、直辖市和计划单列市国家税务局（以下简称省国税局）备案、境外旅客从其购买退税物品离境可申请退税的企业。

离境退税管理系统，是指符合《财政部关于实施境外旅客离境退税政策的公告》（财政部公告2015年第3号）有关条件的用于离境退税管理的计算机管理系统。

退税代理机构，是指省国税局会同财政、海关等相关部门按照公平、公开、公正的原则选择的离境退税代理机构。

第二章 退税商店的备案、变更与终止

第三条 符合以下条件的企业，经省国税局备案后即可成为退税商店。

（一）具有增值税一般纳税人资格；

（二）纳税信用等级在 B 级以上；

（三）同意安装、使用离境退税管理系统，并保证系统应当具备的运行条件，能够及时、准确地向主管国税机关报送相关信息；

（四）已经安装并使用增值税发票系统升级版；

（五）同意单独设置退税物品销售明细账，并准确核算。

第四条 符合条件且有意向备案的企业，填写《境外旅客购物离境退税商店备案表》（附件 1）并附以下资料直接或委托退税代理机构向主管国税机关报送：

（一）主管国税机关出具的符合第三条第（一）、（二）和（四）款的书面证明；

（二）同意做到第三条第（三）、（五）款的书面同意书。

主管国税机关受理后应当在 5 个工作日内逐级报送至省国税局备案。省国税局应在收到备案资料 15 个工作日内审核备案条件，并对不符合备案条件的企业通知主管国税机关告知申请备案的企业。

第五条 省国税局向退税商店颁发统一的退税商店标识（退税商店标识规范见附件 2）。退税商店应当在其经营场所显著位置悬挂退税商店标识，便于境外旅客识别。

第六条 退税商店备案资料所载内容发生变化的，应自有关变更之日起 10 日内，持相关证件及资料向主管国税机关办理变更手续。主管国税机关办理变更手续后，应在 5 个工作日内将变更情况逐级报省国税局。

退税商店发生解散、破产、撤销以及其他情形，应持相关证件及资料向主管国税机关申请办理税务登记注销手续，由省国税局终止其退税商店备案，并收回退税商店标识，注销其境外旅客购物离境退税管理系统用户。

第七条 退税商店存在以下情形之一的，由主管国税机关提出意见逐级报省国税局终止其退税商店备案，并收回退税商店标识，注销其境外旅客购物离境退税管理系统用户。

（一）不符合本办法第三条规定条件的情形；

（二）未按规定开具《境外旅客购物离境退税申请单》（附件 3，以下简称《离境退税申请单》）；

（三）开具《离境退税申请单》后，未按规定将对应发票抄报税；

（四）备案后发生因偷税、骗取出口退税等税收违法行为受到行政、刑事处理的。

第三章 离境退税申请单管理

第八条 境外旅客在退税商店购买退税物品，需要离境退税的，应当在离境前凭本人的有效身份证件及购买退税物品的增值税普通发票（由增值税发票系统升级版开具），向退税商店索取《离境退税申请单》。

第九条 《离境退税申请单》由退税商店通过离境退税管理系统开具，加盖发票专用章，交境外旅客。

退税商店开具《离境退税申请单》时，要核对境外旅客有效身份证件，同时将以下信息采集到离境退税管理系统：

（一）境外旅客有效身份证件信息以及其上标注或能够采集的最后入境日期；

（二）境外旅客购买的退税物品信息以及对应的增值税普通发票号码。

第十条 具有以下情形之一的，退税商店不得开具《离境退税申请单》：

（一）境外旅客不能出示本人有效身份证件；

（二）凭有效身份证件不能确定境外旅客最后入境日期的；

（三）购买日距境外旅客最后入境日超过183天；

（四）退税物品销售发票开具日期早于境外旅客最后入境日；

（五）销售给境外旅客的货物不属于退税物品范围；

（六）境外旅客不能出示购买退税物品的增值税普通发票（由增值税发票系统升级版开具）；

（七）同一境外旅客同一日在同一退税商店内购买退税物品的金额未达到500元人民币。

第十一条 退税商店在向境外旅客开具《离境退税申请单》后，如发生境外旅客退货等需作废销售发票或红字冲销等情形的，在作废销售发票的同时，需将作废或冲销发票对应的《离境退税申请单》同时作废。

第十二条 已办理离境退税的销售发票，退税商店不得作废或对该发票开具红字发票冲销。

第四章 退税代理机构的选择、变更与终止

第十三条 具备以下条件的银行，可以申请成为退税代理机构：

（一）能够在离境口岸隔离区内具备办理退税业务的场所和相关设施；

（二）具备离境退税管理系统运行的条件，能够及时、准确地向主管国税机关报送相关信息；

（三）遵守税收法律法规规定，三年内未因发生税收违法行为受到行政、刑事处理的；

（四）愿意先行垫付退税资金。

第十四条 退税代理机构由省国税局会同财政、海关等部门，按照公平、公开、公正的原则选择，并由省国税局公告。

第十五条 完成选定手续后，省国税局应与选定的退税代理机构签订服务协议，服务期限为两年。

第十六条 主管国税机关应加强对退税代理机构的管理，发现退税代理机构存在以下情形之一的，应逐级上报省国税局，省国税局会商同级财政、海关等部门后终止其退税代理服务，注销其离境退税管理系统用户：

（一）不符合本办法第十三条规定条件的情形；

（二）未按规定申报境外旅客离境退税结算；

（三）境外旅客离境退税结算申报资料未按规定留存备查；

（四）将境外旅客不符合规定的离境退税申请办理了退税，并申报境外旅客离境退税

结算；

（五）在服务期间发生税收违法行为受到行政、刑事处理的；

（六）未履行与省国税局签订的服务协议。

第十七条 退税代理机构应当在离境口岸隔离区内设置专用场所，并在显著位置用中英文做出明显标识（退税代理机构标识规范见附件4）。退税代理机构设置标识应符合海关监管要求。

第五章 离境退税的办理流程

第十八条 境外旅客离境时，应向海关办理退税物品验核确认手续。

第十九条 境外旅客向退税代理机构申请办理离境退税时，须提交以下资料：

（一）本人有效身份证件；

（二）经海关验核签章的《离境退税申请单》。

第二十条 退税代理机构接到境外旅客离境退税申请的，应首先采集申请离境退税的境外旅客本人有效身份证件信息，并在核对以下内容无误后，按海关确认意见办理退税：

（一）提供的离境退税资料齐全；

（二）《离境退税申请单》上所载境外旅客信息与采集申请离境退税的境外旅客本人有效身份证件信息一致；

（三）《离境退税申请单》经海关验核签章；

（四）境外旅客离境日距最后入境日未超过183天；

（五）退税物品购买日距离境日未超过90天；

（六）《离境退税申请单》与离境退税管理系统比对一致。

第二十一条 退税款的计算。以离境的退税物品的增值税普通发票金额（含增值税）为依据，退税率为11%，计算应退增值税额。计算公式为：

应退增值税额＝离境的退税物品销售发票金额（含增值税）×退税率

实退增值税额＝应退增值税额－退税代理机构办理退税手续费

第二十二条 退税币种为人民币。退税金额超过10000元人民币的，退税代理机构应以银行转账方式退税。退税金额未超过10000元人民币的，根据境外旅客选择，退税代理机构采用现金退税或银行转账方式退税。

境外旅客领取或者办理领取退税款时，应当签字确认《境外旅客购物离境退税收款回执单》（附件5）。

第二十三条 若离境退税管理系统因故不能及时提供相关信息比对时，退税代理机构可先按照本办法第二十一条规定计算应退增值税额，在系统可提供相关信息并比对无误后在系统中确认，并采取银行转账方式办理退税。

第二十四条 退税代理机构办理退税应于每月15日前，通过离境退税管理系统将上月为境外旅客办理离境退税金额生成《境外旅客购物离境退税结算申报表》（附件6），报送主管国税机关，作为申报境外旅客离境退税结算的依据。同时将以下资料装订成册，留存备查：

（一）《境外旅客购物离境退税结算申报表》；

(二)经海关验核签章的《离境退税申请单》;

(三)经境外旅客签字确认的《境外旅客购物离境退税收款回执单》。

第二十五条 退税代理机构首次向主管国税机关申报境外旅客离境退税结算时,应首先提交与省国税局签订的服务协议、《出口退(免)税备案表》进行备案。

第二十六条 主管国税机关对退税代理机构提交的境外旅客购物离境退税结算申报数据审核、比对无误后,按照规定开具《税收收入退还书》,向退税代理机构办理退付。省国税局应按月将离境退税情况通报同级财政机关。

第六章 信息传递与交换

第二十七条 主管国税机关、海关、退税代理机构和退税商店应传递与交换相关信息。

第二十八条 退税商店通过离境退税管理系统开具境外旅客购物离境退税申请单,并实时向主管国税机关传送相关信息。

第二十九条 退税代理机构通过离境退税管理系统为境外旅客办理离境退税,并实时向主管国税机关传送相关信息。

第七章 附 则

第三十条 本办法自发布之日起执行。

注释:

条款修改。根据《第十三届全国人民代表大会第一次会议关于国务院机构改革方案的决定》等有关规定,税收规范性文件规定的国税地税机关的职责和工作由新的税务机关承担。国家税务总局依据《税收规范性文件制定管理办法》(国家税务总局令第41号公布),对税收规范性文件进行了清理。参见:《国家税务总局关于修改部分税收规范性文件的公告》(国家税务总局公告2018年第31号)。

1-4-379

国家税务总局关于取消乙烯、芳烃生产企业退税资格认定审批事项有关管理问题的公告

2015年7月24日 国家税务总局公告2015年第54号

根据《国务院关于取消非行政许可审批事项的决定》(国发〔2015〕27号)和《国家税务总局关于发布〈税收减免管理办法〉的公告》(国家税务总局公告2015年第43号)的规定,现就取消"乙烯、芳烃生产企业退税资格认定"审批事项有关管理问题公告如下:

一、符合《财政部、中国人民银行、国家税务总局关于延续执行部分石脑油、燃料油消费税政策的通知》(财税〔2011〕87号)和《国家税务总局、海关总署关于石脑油、燃料油生产乙

烯、芳烃类化工产品消费税退税问题的公告》(国家税务总局、海关总署公告2013年第29号)第一条规定,享受退(免)消费税优惠政策的纳税人,按以下规定办理资格备案手续:

(一)纳税人应在申请退(免)消费税的首个纳税申报期内,将资格备案资料作为申报资料的一部分,一并提交主管税务机关;

(二)资格备案事项发生变化的,应按《用于生产乙烯、芳烃类化工产品的石脑油、燃料油退(免)消费税暂行办法》(国家税务总局公告2012年第36号发布)第十条的规定,办理资格备案事项变更手续;

(三)本公告施行前,纳税人已取得退(免)消费税资格的,不需重新办理资格备案手续。

上述资格备案资料是指国家税务总局、海关总署公告2013年第29号第二条规定的资料。

二、本公告自2015年8月1日起施行。《用于生产乙烯、芳烃类化工产品的石脑油、燃料油退(免)消费税暂行办法》第三条同时废止。

特此公告。

1-4-380

国家税务总局关于发布《市场采购贸易方式出口货物免税管理办法(试行)》的公告

2015年12月17日 国家税务总局公告2015年第89号

为规范统一市场采购贸易方式出口货物免税管理,国家税务总局制定了《市场采购贸易方式出口货物免税管理办法(试行)》,现予发布,自公布之日起施行。

特此公告。

市场采购贸易方式出口货物免税管理办法(试行)

第一条 为规范市场采购贸易方式出口货物的免税管理,根据《中华人民共和国税收征收管理法》、《中华人民共和国增值税暂行条例》及其实施细则、《国务院办公厅关于促进进出口稳定增长的若干意见》(国办发〔2015〕55号),以及《财政部、国家税务总局关于出口货物劳务增值税和消费税政策的通知》(财税〔2012〕39号)和《国家税务总局关于发布〈出口货物劳务增值税和消费税管理办法〉的公告》(国家税务总局公告2012年第24号)等规定,制定本办法。

第二条 本办法所称市场采购贸易方式出口货物,是指经国家批准的专业市场集聚区内的市场经营户(以下简称市场经营户)自营或委托从事市场采购贸易经营的单位(以下简称市场采购贸易经营者),按照海关总署规定的市场采购贸易监管办法办理通关手续,并纳入涵盖市场采购贸易各方经营主体和贸易全流程的市场采购贸易综合管理系统管理的货物(国家规定不适用市场采购贸易方式出口的商品除外)。

第三条 市场经营户自营或委托市场采购贸易经营者以市场采购贸易方式出口的货物免征增值税。

第四条 委托出口的市场经营户应与市场采购贸易经营者签订《委托代理出口货物协议》。受托出口的市场采购贸易经营者在货物报关出口后,应在规定的期限内向主管国税机关申请开具《代理出口货物证明》。

第五条 市场经营户或市场采购贸易经营者应按以下要求时限,在市场采购贸易综合管理系统中准确、及时录入商品名称、规格型号、计量单位、数量、单价和金额等相关内容形成交易清单。

(一)自营出口,市场经营户应当于同外商签订采购合同时自行录入;

(二)委托出口,市场经营户将货物交付市场采购贸易经营者时自行录入,或由市场采购贸易经营者录入。

第六条 市场经营户应在货物报关出口次月的增值税纳税申报期内按规定向主管国税机关办理市场采购贸易出口货物免税申报;委托出口的,市场采购贸易经营者可以代为办理免税申报手续。

第七条 税务机关应当利用海关相关数据和市场采购贸易综合管理系统相关信息,结合实际情况,加强市场采购贸易方式出口货物免税管理工作。

第八条 市场经营户未按本办法规定在市场采购贸易综合管理系统中录入商品名称等相关内容、办理免税申报或签订《委托代理出口货物协议》或者存在其他违反税收管理行为的,主管国税机关可以告知有关主管部门停止其使用市场采购贸易综合管理系统。

第九条 市场采购贸易经营者未按规定申请开具《代理出口货物证明》或未按本办法规定在市场采购贸易综合管理系统中录入商品名称等相关内容,或者存在其他违反税收管理行为的,主管国税机关除按《中华人民共和国税收征收管理法》及其实施细则规定进行处理外,可告知有关主管部门停止其使用市场采购贸易综合管理系统。

第十条 未纳入本办法规定的其他货物出口事项,依照相关规定执行。

第十一条 经国务院批准开展市场采购贸易方式试点的市场集聚区,其市场采购贸易综合管理系统的免税管理系统经国家税务总局验收后,出口货物免税管理事项执行本办法规定,不实行免税资料备查管理和备案单证管理。

第十二条 本办法自公布之日起施行。《国家税务总局关于浙江省义乌市市场采购贸易方式出口货物免税管理试行办法的批复》(税总函〔2013〕547号)同时废止。

注释:

条款修改。根据《第十三届全国人民代表大会第一次会议关于国务院机构改革方案的决定》等有关规定,税收规范性文件规定的国税地税机关的职责和工作由新的税务机关承担。国家税务总局依据《税收规范性文件制定管理办法》(国家税务总局令第41号公布),对税收规范性文件进行了清理。参见:《国家税务总局关于修改部分税收规范性文件的公告》(国家税务总局公告2018年第31号)。

1－4－381

财政部　国家税务总局关于中国(杭州)跨境电子商务综合试验区出口货物有关税收政策的通知

2015年12月18日　财税〔2015〕143号

浙江省财政厅、国家税务局：

根据《国务院关于同意设立中国(杭州)跨境电子商务综合试验区的批复》(国函〔2015〕44号)精神，对中国(杭州)跨境电子商务综合试验区企业出口未取得合法有效进货凭证的货物，同时符合下列条件的，在2016年12月31日前试行增值税免税政策：

一、出口货物纳入中国(杭州)跨境电子商务综合试验区"单一窗口"平台监管；

二、出口企业在"单一窗口"平台如实登记其购进货物的销售方名称和纳税人识别号、销售日期、货物名称、计量单位、数量、单价、总金额等进货信息；

三、本通知所称中国(杭州)跨境电子商务综合试验区企业，是指在"单一窗口"平台登记备案且注册在杭州市的企业。

1－4－382

国家税务总局关于进一步加强出口退(免)税事中事后管理有关问题的公告

2016年1月7日　国家税务总局公告2016年第1号

为深入贯彻《深化国税、地税征管体制改革方案》，进一步加强出口退(免)税事中事后管理，持续优化退税服务，根据各地反映的问题及提出的建议，经研究，现就有关问题公告如下：

一、集团公司需要按收购视同自产货物申报免抵退税的，集团公司总部或其控股的生产企业向主管国税机关备案时，不再提供集团公司总部及其控股的生产企业的《出口退(免)税备案表》(或《出口退(免)税资格认定表》)复印件。

二、出口企业或其他单位办理撤回出口退(免)税备案事项时，如果向主管国税机关声明放弃未申报或已申报但尚未办理的出口退(免)税并按规定申报免税的，视同已结清出口退税款。

因合并、分立、改制重组等原因撤回出口退(免)税备案的出口企业或其他单位(以下简称撤回备案企业)，可向主管国税机关提供以下资料，经主管国税机关核对无误后，视同已

结清出口退(免)税款:

(一)企业撤回出口退(免)税备案未结清退(免)税确认书(附件1);

(二)合并、分立、改制重组企业决议、章程及相关部门批件;

(三)承继撤回备案企业权利和义务的企业(以下简称承继企业)在撤回备案企业所在地的开户银行名称及账号。

撤回备案事项办结后,主管国税机关将撤回备案企业的应退税款退还至承继企业账户,如发生需要追缴多退税款的,向承继企业追缴。

三、外贸企业进口货物复出口的,申报退(免)税时不再提供进口货物报关单。

四、自本公告公布之日起,启用本公告制发的《来料加工免税证明申请表》(附件2)、《来料加工免税证明》(附件3)、《代理进口货物证明申请表》(附件4)和《代理进口货物证明》(附件5)。《出口货物劳务增值税和消费税管理办法》(国家税务总局公告2012年第24号发布)附件28、29、33同时废止。

五、本公告自公布之日起施行。《国家税务总局关于部分税务行政审批事项取消后有关管理问题的公告》(国家税务总局公告2015年第56号)第三条第六项第3目,《出口货物劳务增值税和消费税管理办法》第五条第二项第5目之(2)、(5)关于"还需同时提供进口货物报关单"的内容同时废止。

特此公告。

附件:1. 企业撤回出口退(免)税备案未结清退(免)税确认书(编者略)

2. 来料加工免税证明申请表(编者略)

3. 来料加工免税证明(编者略)

4. 代理进口货物证明申请表(编者略)

5. 代理进口货物证明(编者略)

注释:

条款修改。根据《第十三届全国人民代表大会第一次会议关于国务院机构改革方案的决定》等有关规定,税收规范性文件规定的国税地税机关的职责和工作由新的税务机关承担。国家税务总局依据《税收规范性文件制定管理办法》(国家税务总局令第41号公布),对税收规范性文件进行了清理。参见:《国家税务总局关于修改部分税收规范性文件的公告》(国家税务总局公告2018年第31号)。

1－4－383

国家税务总局关于发布修订后的《出口退(免)税企业分类管理办法》的公告

2016年7月13日　国家税务总局公告2016年第46号

为深入贯彻落实《深化国税、地税征管体制改革方案》和《国务院关于促进外贸回稳向好的若干意见》（国发〔2016〕27 号），进一步优化出口退税管理，更好地发挥出口退税支持外贸发展的职能作用，推进社会信用体系建设，国家税务总局对《出口退（免）税企业分类管理办法》（国家税务总局公告 2015 年第 2 号发布）进行了修订，现予重新发布，自 2016 年 9 月 1 日起施行。《国家税务总局关于发布〈出口退（免）税企业分类管理办法〉的公告》（国家税务总局公告 2015 年第 2 号）同时废止。

特此公告。

附件：1. 生产型出口企业生产能力情况报告（编者略）

2. 出口退（免）税企业内部风险控制体系建设情况报告（编者略）

3. 出口退（免）税企业管理类别评定表（编者略）

出口退（免）税企业分类管理办法

第一章 总 则

第一条 为进一步优化出口退（免）税管理，提高纳税人税法遵从度，推进社会信用体系建设，充分发挥出口退税支持外贸发展的职能作用，根据《中华人民共和国税收征收管理法》及其实施细则、相关出口税收规定，制定本办法。

第二条 国税机关应按照风险可控、放管服结合、利于遵从、便于办税的原则，对出口退（免）税企业（以下简称出口企业）进行分类管理。

第三条 出口企业管理类别分为一类、二类、三类、四类。

第四条 各省、自治区、直辖市、计划单列市国家税务局（以下简称省国家税务局）负责组织实施本地区出口企业的分类管理工作。

具有出口退（免）税审批权限的国家税务局负责评定所辖出口企业的管理类别。

第二章 出口企业管理类别的评定标准

第五条 一类出口企业的评定标准。

（一）生产企业应同时符合下列条件：

1. 企业的生产能力与上一年度申报出口退（免）税规模相匹配。

2. 近 3 年（含评定当年，下同）未发生过虚开增值税专用发票或者其他增值税扣税凭证、骗取出口退税行为。

3. 上一年度的年末净资产大于上一年度该企业已办理的出口退税额（不含免抵税额）。

4. 评定时纳税信用级别为 A 级或 B 级。

5. 企业内部建立了较为完善的出口退（免）税风险控制体系。

（二）外贸企业应同时符合下列条件：

1. 近 3 年未发生过虚开增值税专用发票或者其他增值税扣税凭证、骗取出口退税行为。

2. 上一年度的年末净资产大于上一年度该企业已办理出口退税额的 60%。

3. 持续经营5年以上(因合并、分立、改制重组等原因新设立企业的情况除外)。

4. 评定时纳税信用级别为A级或B级。

5. 评定时海关企业信用管理类别为高级认证企业或一般认证企业。

6. 评定时外汇管理的分类管理等级为A级。

7. 企业内部建立了较为完善的出口退(免)税风险控制体系。

(三)外贸综合服务企业应同时符合下列条件:

1. 近3年未发生过虚开增值税专用发票或者其他增值税扣税凭证、骗取出口退税行为。

2. 上一年度的年末净资产大于上一年度该企业已办理出口退税额的30%。

3. 上一年度申报从事外贸综合服务业务的出口退税额,大于该企业全部出口退税额的80%。

4. 评定时纳税信用级别为A级或B级。

5. 评定时海关企业信用管理类别为高级认证企业或一般认证企业。

6. 评定时外汇管理的分类管理等级为A级。

7. 企业内部建立了较为完善的出口退(免)税风险控制体系。

第六条 具有下列情形之一的出口企业,其出口企业管理类别应评定为三类:

(一)自首笔申报出口退(免)税之日起至评定时未满12个月。

(二)评定时纳税信用级别为C级,或尚未评价纳税信用级别。

(三)上一年度累计6个月以上未申报出口退(免)税(从事对外援助、对外承包、境外投资业务的,以及出口季节性商品或出口生产周期较长的大型设备的出口企业除外)。

(四)上一年度发生过违反出口退(免)税有关规定的情形,但尚未达到税务机关行政处罚标准或司法机关处理标准的。

(五)存在省国家税务局规定的其他失信或风险情形。

第七条 具有下列情形之一的出口企业,其出口企业管理类别应评定为四类:

(一)评定时纳税信用级别为D级。

(二)上一年度发生过拒绝向国税机关提供有关出口退(免)税账簿、原始凭证、申报资料、备案单证等情形。

(三)上一年度因违反出口退(免)税有关规定,被税务机关行政处罚或被司法机关处理过的。

(四)评定时企业因骗取出口退税被停止出口退税权,或者停止出口退税权届满后未满2年。

(五)四类出口企业的法定代表人新成立的出口企业。

(六)列入国家联合惩戒对象的失信企业。

(七)海关企业信用管理类别认定为失信企业。

(八)外汇管理的分类管理等级为C级。

(九)存在省国家税务局规定的其他严重失信或风险情形。

第八条 一类、三类、四类出口企业以外的出口企业,其出口企业管理类别应评定为二类。

第三章 出口企业管理类别评定及调整

第九条 出口企业管理类别评定工作每年进行1次,应于企业纳税信用级别评价结果确定后1个月内完成。评定工作完成的次月起,国税机关对出口企业实施对应的分类管理措施。

第十条 申请出口企业管理类别评定为一类的出口企业,应于企业纳税信用级别评价结果确定的当月向主管国税机关报送《生产型出口企业生产能力情况报告》(仅生产企业填报,样式见附件1)、《出口退(免)税企业内部风险控制体系建设情况报告》(样式见附件2)。

第十一条 县(区)国家税务局负责评定出口企业管理类别的,应于评定工作完成后10个工作日内将评定结果报地(市)国家税务局备案;地(市)国家税务局负责评定的,县(区)国家税务局须进行初评并填报《出口退(免)税企业管理类别评定表》(附件3),报地(市)国家税务局审定。

第十二条 负责评定出口企业管理类别的国税机关,应在评定工作完成后的15个工作日内将评定结果告知出口企业,并主动公开一类、四类的出口企业名单。

第十三条 主管国税机关发现出口企业存在下列情形的,应自发现之日起20个工作日内,调整其出口企业管理类别:

(一)一类、二类、三类出口企业的纳税信用级别发生降级的,可相应调整出口企业管理类别。

(二)一类、二类、三类出口企业发生以下情形之一的,出口企业管理类别应调整为四类:

1. 拒绝提供有关出口退(免)税账簿、原始凭证、申报资料、备案单证的。

2. 因违反出口退(免)税有关规定,被税务机关行政处罚或被司法机关处理。

3. 被列为国家联合惩戒对象的失信企业。

(三)一类、二类出口企业不配合国税机关实施出口退(免)税管理,以及未按规定收集、装订、存放出口退(免)税凭证及备案单证的,出口企业管理类别应调整为三类。

(四)一类、二类出口企业因涉嫌骗取出口退税被立案查处尚未结案的,暂按三类出口企业管理,待案件查结后,依据查处情况相应调整出口企业管理类别;三类、四类出口企业因涉嫌骗取出口退税被立案查处尚未结案的,暂按原类别管理,待案件查结后,依据查处情况调整出口企业管理类别。

(五)在国税机关完成年度管理类别评定后新增办理出口退(免)税备案的出口企业,其出口企业管理类别应确定为三类。

第十四条 负责评定出口企业管理类别的国税机关在评定出口企业的管理类别时,应根据出口企业上一年度的管理类别,按照四类、三类、二类、一类的顺序逐级晋级,原则上不得越级评定。

四类出口企业自评定之日起,12个月内不得评定为其他管理类别。

第十五条 国税机关应提高税源管理部门、纳税服务部门、稽查部门、进出口税收管理部门之间信息共享的质量和效率,建立相应的信息通报制度,及时传递出口企业的纳税信用级别评定结果、纳税评估情况、税务稽查立案及处理情况等信息。

第四章　分类管理及服务措施

第十六条　主管国税机关可为一类出口企业提供绿色办税通道(特约服务区),优先办理出口退税,并建立重点联系制度,及时解决企业有关出口退(免)税问题。

对一类出口企业中纳税信用级别为A级的纳税人,按照《关于对纳税信用A级纳税人实施联合激励措施的合作备忘录》的规定,实施联合激励措施。

第十七条　对一类出口企业申报的出口退(免)税,国税机关经审核,同时符合下列条件的,应自受理企业申报之日起,5个工作日内办结出口退(免)税手续:

(一)申报的电子数据与海关出口货物报关单结关信息、增值税专用发票信息比对无误。

(二)出口退(免)税额计算准确无误。

(三)不涉及税务总局和省国家税务局确定的预警风险信息。

(四)属于外贸企业的,出口的货物是从纳税信用级别为A级或B级的供货企业购进。

(五)属于外贸综合服务企业的,接受其提供服务的中小生产企业的纳税信用级别为A级或B级。

第十八条　对二类出口企业申报的出口退(免)税,国税机关经审核,同时符合下列条件的,应自受理企业申报之日起,10个工作日内办结出口退(免)税手续:

(一)符合出口退(免)税相关规定。

(二)申报的电子数据与海关出口货物报关单结关信息、增值税专用发票信息比对无误。

(三)未发现审核疑点或者审核疑点已排除完毕。

第十九条　对三类出口企业申报的出口退(免)税,国税机关经审核,同时符合下列条件的,应自受理企业申报之日起,15个工作日内办结出口退(免)税手续:

(一)符合出口退(免)税相关规定。

(二)申报的电子数据与海关出口货物报关单结关信息、增值税专用发票信息比对无误。

(三)未发现审核疑点或者审核疑点已排除完毕。

第二十条　对四类出口企业申报的出口退(免)税,国税机关应按下列规定进行审核:

(一)申报的纸质凭证、资料应与电子数据相互匹配且逻辑相符。

(二)申报的电子数据应与海关出口货物报关单结关信息、增值税专用发票信息比对无误。

(三)对该类企业申报出口退(免)税的外购出口货物或视同自产产品,国税机关应对每户供货企业的发票,都要抽取一定的比例发函调查。

(四)属于生产企业的,对其申报出口退(免)税的自产产品,国税机关应对其生产能力、纳税情况进行评估。

国税机关按上述要求完成审核,并排除所有审核疑点后,应自受理企业申报之日起,20个工作日内办结出口退(免)税手续。

第二十一条　出口企业申报的出口退(免)税,国税机关发现存在下列情形之一的,应按规定予以核实，排除相关疑点后，方可办理出口退（免）税，不受本办法有关办结出口退（免）税手续时限的限制：

（一）不符合本办法第十七条、第十八条、第十九条、第二十条规定的。

（二）涉及海关、外汇管理局等出口监管部门提供的风险信息。

第二十二条　各省国家税务局应定期组织对已办理的出口退（免）税情况开展风险分析工作，发现出口企业申报的退（免）税存在骗取出口退税疑点的，应按规定进行评估、核查，发现问题的，应按规定予以处理。

第五章　附　　则

第二十三条　本办法用语的含义：

“出口退（免）税企业”，指适用出口退（免）税政策的企业和其他单位，以及适用增值税零税率政策的应税服务提供者。按照出口企业适用的出口退（免）税办法和经营业态，分为生产企业、外贸企业、外贸综合服务企业。

“生产企业”，指适用免抵退税办法的出口企业。

“外贸企业”，指适用免退税办法的出口企业。

“一类出口企业”、“二类出口企业”、“三类出口企业”、“四类出口企业”，指出口退（免）税企业分类管理类别分别为一类、二类、三类、四类的出口企业。

“上一年度”，指评定出口退（免）税企业管理类别的上一个自然年度。

“外贸综合服务业务”，应同时符合以下条件：

（一）出口货物为国内生产企业自产的货物。

（二）国内生产企业已将出口货物销售给外贸综合服务企业。

（三）国内生产企业与境外单位或个人已经签订出口合同，并约定货物由外贸综合服务企业出口至境外单位或个人，货款由境外单位或个人支付给外贸综合服务企业。

（四）外贸综合服务企业以自营方式出口。

（五）外贸综合服务企业申报出口退（免）税时，在《外贸企业出口退税进货明细申报表》第 15 栏（业务类型）、《外贸企业出口退税出口明细申报表》第 19 栏〔退（免）税业务类型〕填写“WMZHFW”。

“办结出口退（免）税手续”，指国税机关对出口企业申报的符合规定的退（免）税，开具税收收入退还书并传递至国库。

第二十四条　各省国家税务局可以根据本办法制定和细化具体实施办法。

第二十五条　本办法自 2016 年 9 月 1 日起施行，以出口企业申报退（免）税时间为准。

注释：

政策调整。第六条中“评定时纳税信用级别为 C 级，或尚未评价纳税信用级别”调整为“评定时纳税信用级别为 C 级、M 级或尚未评价纳税信用级别”。

条款废止。第二十三条中的“‘外贸综合服务业务’，应同时符合以下条件：（一）……（二）……（三）……（四）……（五）……”废止。参见：《国家税务总局关于优化整合出口退税信息系统　更好服务纳税人有关事项的公告》（国家税务总局公告 2021 年第 15 号）。

条款废止。第五条第一项第3目、第六条第三项、第九条“出口企业管理类别评定工作每年进行1次,应于企业纳税信用级别评价结果确定后1个月内完成”的规定废止。参见:《国家税务总局关于加快出口退税进度有关事项的公告》(国家税务总局公告2018年第48号)。

条款修改。根据《第十三届全国人民代表大会第一次会议关于国务院机构改革方案的决定》等有关规定,税收规范性文件规定的国税地税机关的职责和工作由新的税务机关承担。国家税务总局依据《税收规范性文件制定管理办法》(国家税务总局令第41号公布),对税收规范性文件进行了清理。参见:《国家税务总局关于修改部分税收规范性文件的公告》(国家税务总局公告2018年第31号)。

1-4-384

财政部　海关总署　国家税务总局关于融资租赁货物出口退税政策有关问题的通知

2016年8月2日　财税〔2016〕87号

各省、自治区、直辖市、计划单列市财政厅(局)、国家税务局,海关总署广东分署、各直属海关,新疆生产建设兵团财务局:

经研究,现将融资租赁货物出口退税政策有关问题通知如下:

一、《财政部、海关总署、国家税务总局关于在全国开展融资租赁货物出口退税政策试点的通知》(财税〔2014〕62号)第一条第一项中的“融资租赁企业、金融租赁公司及其设立的项目子公司”,包括融资租赁企业、金融租赁公司,以及上述企业、公司设立的项目子公司。

二、融资租赁企业,是指经商务部批准设立的外商投资融资租赁公司、经商务部和国家税务总局共同批准开展融资业务试点的内资融资租赁企业、经商务部授权的省级商务主管部门和国家经济技术开发区批准的融资租赁公司。

金融租赁公司,是指中国银行业监督管理委员会批准设立的金融租赁公司。

1-4-385

财政部　国家税务总局关于恢复玉米深加工产品出口退税率的通知

2016年8月19日　财税〔2016〕92号

各省、自治区、直辖市、计划单列市财政厅(局)、国家税务局,新疆生产建设兵团财务局:

经国务院批准，自2016年9月1日起，将玉米淀粉、酒精等玉米深加工产品的增值税出口退税率恢复至13%。玉米深加工产品清单见附件。本通知所列货物适用的出口退税率，以出口货物报关单上注明的出口日期界定。

附件：玉米深加工产品清单（编者略）

1-4-386

国家税务总局关于进一步优化外贸综合服务企业出口货物退（免）税管理的公告

2016年9月19日　国家税务总局公告2016年第61号

为贯彻落实《国务院关于促进外贸回稳向好的若干意见》（国发〔2016〕27号），加快建立与外贸综合服务企业发展相适应的管理模式，推进外贸综合服务企业试点工作，进一步优化外贸综合服务企业出口货物退（免）税管理，现将有关事项公告如下：

一、国税机关应按照风险可控、放管服结合、利于遵从、便于办税的原则，对外贸综合服务企业（以下简称综服企业）进行分类管理，并严格按照《国家税务总局关于发布修订后的〈出口退（免）税企业分类管理办法〉的公告》（国家税务总局公告2016年第46号）规定的分类标准，评定和调整综服企业的出口退（免）税企业管理类别（以下简称退税管理类别），有效实施分类管理，落实相关服务措施。

二、国税机关可为退税管理类别为一类的综服企业提供绿色办税通道（特约服务区），优先办理出口退税，并建立重点联系制度，及时解决企业有关出口退（免）税问题。

三、国税机关应根据综服企业退税管理类别，采取以下措施办理退（免）税：

（一）退税管理类别为一类的综服企业申报的出口退（免）税，国税机关经审核，同时符合下列条件的，应自受理企业申报之日起，5个工作日内办结出口退（免）税手续：

1. 申报的电子数据与海关出口货物报关单结关信息、增值税专用发票信息比对无误。

2. 出口退（免）税额计算准确无误。

3. 不涉及税务总局和省国家税务局确定的预警风险信息。

4. 接受其提供服务的中小生产企业的纳税信用级别为A级或B级。

（二）退税管理类别为二类的综服企业申报的出口退（免）税，国税机关经审核，同时符合下列条件的，应自受理企业申报之日起，10个工作日内办结出口退（免）税手续：

1. 符合出口退（免）税相关规定。

2. 申报的电子数据与海关出口货物报关单结关信息、增值税专用发票信息比对无误。

3. 未发现审核疑点或者审核疑点已排除完毕。

（三）退税管理类别为三类的综服企业申报的出口退（免）税，国税机关经审核，同时符合下列条件的，应自受理企业申报之日起，15个工作日内办结出口退（免）税手续：

1. 符合出口退（免）税相关规定。

2. 申报的电子数据与海关出口货物报关单结关信息、增值税专用发票信息比对无误。

3. 未发现审核疑点或者审核疑点已排除完毕。

（四）退税管理类别为四类的综服企业申报的出口退（免）税，国税机关应按下列规定进行审核，审核完成并排除所有审核疑点后，应自受理企业申报之日起，20个工作日内办结出口退（免）税手续：

1. 申报的纸质凭证、资料应与电子数据相互匹配且逻辑相符。

2. 申报的电子数据应与海关出口货物报关单结关信息、增值税专用发票信息比对无误。

3. 对该类企业申报出口退（免）税的外购出口货物，国税机关应对每户供货企业的发票，必须抽取一定的比例发函调查。

四、纳入商务部、海关总署、税务总局、质检总局和外汇局联合开展综服企业试点工作范围的综服企业：中建材国际贸易有限公司、宁波世贸通国际贸易有限公司、厦门嘉晟供应链股份有限公司和广东汇富控股集团股份有限公司，申报出口退（免）税时，经国税机关审核符合本办法规定的，应在5个工作日内办结出口退（免）税手续。

上述试点企业存在以下情形之一的，其申报的出口退（免）税，国税机关应按规定予以核实、处理，不受5个工作日办结出口退（免）税手续时限的限制：

（一）因涉嫌骗取出口退税被立案查处的。

（二）骗取出口退税的。

（三）不配合国税机关实施出口退（免）税管理，以及未按规定收集、装订、存放出口退（免）税凭证及备案单证的。

（四）国家税务总局规定的其他情形。

五、综服企业受中小企业委托代理出口的货物，由综服企业申请开具《代理出口货物证明》的，综服企业应在《代理出口货物证明申请表》“备注”栏内注明“WMZHFW”标识；国税机关不再出具纸质《代理出口货物证明》，将电子信息传递给委托方中小企业的主管国税机关。

由综服企业开具了《代理出口货物证明》的出口业务，按现行规定由委托企业申报出口退（免）税，委托企业申报退（免）税时，不再提供纸质《代理出口货物证明》。

六、本公告自2016年10月1日起施行。

特此公告。

注释：

条款修改。根据《第十三届全国人民代表大会第一次会议关于国务院机构改革方案的决定》等有关规定，税收规范性文件规定的国税地税机关的职责和工作由新的税务机关承担。国家税务总局依据《税收规范性文件制定管理办法》（国家税务总局令第41号公布），对税收规范性文件进行了清理。参见：《国家税务总局关于修改部分税收规范性文件的公告》（国家税务总局公告2018年第31号）。

1 -4 -387

财政部　国家税务总局关于提高机电、成品油等产品出口退税率的通知

2016 年 11 月 4 日　财税〔2016〕113 号

各省、自治区、直辖市、计划单列市财政厅(局)、国家税务局,新疆生产建设兵团财务局:

经国务院批准,提高机电、成品油等产品的增值税出口退税率。现就有关事项通知如下:

一、将照相机、摄影机、内燃发动机、汽油、航空煤油、柴油等产品的出口退税率提高至17%。提高出口退税率的产品清单见附件。

二、本通知自 2016 年 11 月 1 日起执行。本通知所列货物适用的出口退税率,以出口货物报关单上注明的出口日期界定。

附件:提高出口退税率的产品清单(编者略)

1 -4 -388

财政部　国家税务总局关于调整中外合作海上油(气)田开采企业名单的通知

2017 年 1 月 23 日　财税〔2017〕10 号

各省、自治区、直辖市、计划单列市财政厅(局)、国家税务局,新疆生产建设兵团财务局:

根据我国海洋石油工业发展变化情况,为确保政策落实到位,现对《财政部　国家税务总局关于出口货物劳务增值税和消费税政策的通知》(财税〔2012〕39 号)附件 3 第二条“(二)中国海洋石油对外合作公司”项下企业名单进行调整,《财政部　国家税务总局关于明确金融、房地产开发、教育辅助服务等增值税政策的通知》(财税〔2016〕140 号)第十七条“中外合作油(气)田开采企业”按调整后的名单执行。

一、在原名单中增加中海石油(中国)有限公司曹妃甸作业公司、中海石油(中国)有限公司蓬勃作业公司、中海石油(中国)有限公司陵水作业公司、中海石油(中国)有限公司惠州作业公司、洛克石油(渤海)公司、智慧石油投资有限公司。

二、在原名单中删除“科麦奇中国石油有限公司”、“CACT 作业者集团”。

三、上述增加、删除的企业,分别自其工商登记、变更或注销之日起执行。

1－4－389

国家税务总局关于进一步推进出口退(免)税无纸化申报试点工作的通知

2017年5月23日　税总函〔2017〕176号

各省、自治区、直辖市和计划单列市国家税务局：

为支持外贸稳增长，进一步优化出口退税服务，加快出口退税进度，创建优质便捷的退税服务体系，税务总局决定在全国范围内进一步推进出口退(免)税无纸化申报试点工作。现将有关事项通知如下：

一、试点的主要内容

在开展试点工作的地区，试点企业通过提供数字签名证书签名后的正式申报电子数据，可以办理出口退(免)税正式申报以及申请办理出口退(免)税相关证明，不再需要报送纸质申报表和纸质凭证，原规定向主管税务机关报送的纸质凭证留存备查。

二、试点企业的范围

各省国税局应按照“严控风险、企业自愿”的原则，选取有代表性的地区、税法遵从度好的企业，开展出口退(免)税无纸化申报试点工作。

试点企业的条件按照《国家税务总局关于推进出口退(免)税无纸化管理试点工作的通知》(税总函〔2016〕36号)第一条的规定执行。出口企业和其他单位视同出口货物，在提供退(免)税申报资料时，存在无法生成电子数据情形的，不影响该企业申请成为无纸化申报试点企业，该项视同出口业务仍可按现行规定报送纸质申报资料办理退(免)税。

三、有关工作要求

(一)尚未开展出口退(免)税无纸化申报试点的省(区、市)，应于2017年10月31日前确定试点地区，开展试点工作。已开展出口退(免)税无纸化申报试点的省(区、市)，要继续做好出口退(免)税无纸化审核审批、无纸化退库等业务的试点工作，并根据本单位出口退(免)税管理和信息化建设情况，适时扩大试点范围。

(二)各省国税局分别于2017年6月15日和11月15日前，将《出口退(免)税无纸化管理试点统计表》(见附件)，以及本省无纸化试点的已推行情况、推行计划情况、存在困难、问题和意见建议，上报税务总局(货物和劳务税司)。(报送路径：总局FTP\各地上传\总局布置工作\出口退(免)税无纸化管理试点工作开展情况\无纸化申报试点工作情况)

(三)其他有关工作要求，请按照税总函〔2016〕36号文件的相关规定执行。

本通知自下发之日起施行，原规定与本通知不一致的，按本通知执行。

附件：出口退(免)税无纸化管理试点统计表(编者略)

1－4－390

国家税务总局关于调整完善外贸综合服务企业办理出口货物退(免)税有关事项的公告

2017年9月13日 国家税务总局公告2017年第35号

为促进外贸综合服务企业规范健康发展,建立与企业发展相适应的出口退(免)税管理模式,根据《商务部 海关总署 税务总局 质检总局 外汇局关于促进外贸综合服务企业健康发展有关工作的通知》(商贸函〔2017〕759号)的精神,现将外贸综合服务企业代生产企业办理出口退(免)税事项的有关问题公告如下:

一、外贸综合服务企业(以下简称综服企业)代国内生产企业办理出口退(免)税事项同时符合下列条件的,可由综服企业向综服企业所在地主管税务机关集中代为办理出口退(免)税事项(以下称代办退税):

(一)符合商务部等部门规定的综服企业定义并向主管税务机关备案。

(二)企业内部已建立较为完善的代办退税内部风险管控制度并已向主管税务机关备案。

二、生产企业出口货物,同时符合以下条件的,可由综服企业代办退税:

(一)出口货物为生产企业的自产货物或视同自产货物。

(二)生产企业为增值税一般纳税人并已按规定办理出口退(免)税备案。

(三)生产企业已与境外单位或个人签订出口合同。

(四)生产企业已与综服企业签订外贸综合服务合同(协议),约定由综服企业提供包括报关报检、物流、代办退税、结算等在内的综合服务,并明确相关法律责任。

(五)生产企业向主管税务机关提供代办退税的开户银行和账号(以下简称代办退税账户)。

三、生产企业应当办理委托代办退税备案。生产企业在已办理出口退(免)税备案后,首次委托综服企业代办退税前,向其所在地主管税务机关报送《代办退税情况备案表》(附件1)并提供代办退税账户,同时将与综服企业签订的外贸综合服务合同(协议)留存备查。

《代办退税情况备案表》内容发生变化时,生产企业应自发生变化之日起30日内重新报送该表。

生产企业办理撤回委托代办退税备案事项的,应在综服企业主管税务机关按规定向综服企业结清该生产企业的代办退税款后办理。

生产企业办理撤回出口退(免)税备案事项的,应按规定先办理撤回委托代办退税备案事项。

四、综服企业应当办理代办退税备案。综服企业办理出口退(免)税备案后,在为每户生产企业首次代办退税前,向其所在地主管税务机关报送《代办退税情况备案表》,同时将下列资料留存备查：

（一）与生产企业签订的外贸综合服务合同（协议）。

（二）每户委托代办退税生产企业的《代办退税情况备案表》。

（三）综服企业代办退税内部风险管控信息系统建设及应用情况。

《代办退税情况备案表》的内容发生变化时，综服企业应自发生变化之日起30日内重新报送该表。

综服企业首次办理代办退税备案时，应将企业代办退税内部风险管控制度一次性报主管税务机关。

五、综服企业主管税务机关应将综服企业报送的《代办退税情况备案表》内容与相应生产企业的《代办退税情况备案表》内容进行比对，比对相符的，应予以办理代办退税备案；比对不符的，将比对不符情况一次性告知综服企业。

六、生产企业代办退税的出口货物，应先按出口货物离岸价和增值税适用税率计算销项税额并按规定申报缴纳增值税，同时向综服企业开具备注栏内注明"代办退税专用"的增值税专用发票（以下称代办退税专用发票），作为综服企业代办退税的凭证。

出口货物离岸价以人民币以外的货币结算的，其人民币折合率可以选择销售额发生的当天或者当月1日的人民币汇率中间价。

代办退税专用发票上的"金额"栏次须按照换算成人民币金额的出口货物离岸价填写。

七、综服企业向其主管税务机关申报代办退税，应退税额按代办退税专用发票上注明的"金额"和出口货物适用的出口退税率计算。

应退税额 = 代办退税专用发票上注明的"金额" × 出口货物适用的出口退税率

代办退税专用发票不得作为综服企业的增值税扣税凭证。

八、综服企业应参照外贸企业出口退税申报相关规定，向主管税务机关单独申报代办退税，报送《外贸综合服务企业代办退税申报表》（附件2）、代办退税专用发票（抵扣联）和其他申报资料。

九、综服企业应履行代办退税内部风险管控职责，严格审核委托代办退税的生产企业生产经营情况、生产能力及出口业务的真实性。代办退税内部风险管控职责包括：

（一）制定代办退税内部风险管控制度，包括风险控制流程、规则、管理制度等。

（二）建立代办退税风险管控信息系统，对生产企业的经营情况和生产能力进行分析，对代办退税的出口业务进行事前、事中、事后的风险识别、分析。

（三）对年度内委托代办退税税额超过100万元的生产企业，应实地核查其经营情况和生产能力，核查内容包括货物出口合同或订单、生产设备、经营场所、企业人员、会计账簿、生产能力等，对有关核查情况应有完备记录和留存相关资料。

（四）对年度内委托代办退税税额超过100万元的生产企业，应进行出口货物的贸易真实性核查。核查内容包括出口货物真实性，出口货物与报关单信息一致性，与生产企业生产能力的匹配性，有相应的物流凭证和出口收入凭证等。每户委托代办退税的生产企业核查覆盖率不应低于其代办退税业务的75%，对有关核查情况应有完备记录和留存相关资料。

各省（区、市）国家税务局可根据本省实际情况规定综服企业其他应履行代办退税内部风险管控职责，并对本条第（三）、（四）项规定需实地核查的生产企业代办退税税额和生产企业核查覆盖率进行调整。

十、综服企业应对履行本公告第九条职责的详细记录等信息和每笔代办退税出口业务涉及的合同（协议）、凭证等资料，规范装订、存放、保管并留存备查。

综服企业对代办退税的出口业务，应参照外贸企业自营出口业务有关备案单证的规定进行单证备案。

十一、综服企业主管税务机关应按照综服企业的出口企业管理类别审核办理其代办退税。

十二、综服企业主管税务机关应将核准通过的代办退税款退还至生产企业提供的代办退税账户，并在办结代办退税后，向综服企业反馈退还给每户生产企业的税款明细。

十三、生产企业主管税务机关应参照对供货企业出口退（免）税风险管理有关规定，加强对生产企业的风险管理工作。发现生产企业存在异常情形的，应有针对性的开展评估核查工作。

十四、代办退税的出口业务存在异常情形或者有按规定暂不办理退税情形的，综服企业主管税务机关应按下列规则处理：

（一）未办理退税的，对该出口业务暂缓办理退税。

（二）已办理退税的，按所涉及的退税额，对其已核准通过的应退代办退税税款，等额暂缓办理退税。

（三）排除相应疑点后，按排除疑点的结论，方可继续办理代办退税。

十五、代办退税的出口业务有按规定应予追回退税款情形的，由生产企业主管税务机关向生产企业进行追缴。综服企业主管税务机关应根据生产企业主管税务机关的通知，按照所涉及的退税额对该生产企业已核准通过的应退税款予以暂扣。

十六、代办退税的出口业务有按规定应予追回退税款情形，如果综服企业未能按照本公告第九条规定履行其职责，且生产企业未能按规定将税款补缴入库的，综服企业应当承担连带责任，将生产企业未能补缴入库所涉及的税款进行补缴。

十七、综服企业代办退税存在下列情形的，综服企业主管税务机关应自发现之日起20个工作日内，调整其出口企业管理类别：

（一）连续12个月内，经审核发现不予退税的代办退税税额占申报代办退税税额5%以上的，管理类别下调一级。

（二）连续12个月内，经审核发现不予退税的代办退税业务涉及的生产企业户数占申报代办退税生产企业户数3%以上的，管理类别下调一级。

（三）连续12个月内，被认定为骗取出口退税的代办退税税额占申报代办退税税额2%以上的，管理类别调整为四类。

十八、综服企业连续12个月内被认定为骗取出口退税的代办退税税额占申报代办退税税额5%以上的，36个月内不得按照本公告规定从事代办退税业务。

上述36个月，自综服企业收到税务机关书面通知书次月算起，具体日期以出口货物报关单注明的出口日期为准。

十九、代办退税的出口业务，如发生骗取出口退税等涉税违法行为的，生产企业应作为责任主体承担法律责任。综服企业非法提供银行账户、发票、证明或者其他方便,导致发生骗取出口退税的,对其应按照《中华人民共和国税收征收管理法实施细则》第九十三条的规定进行处罚。

综服企业发生参与生产企业骗取出口退税等涉税违法行为的,应依法承担相应法律责任,且36个月内不得按照本公告规定从事代办退税业务。

上述36个月,自综服企业收到税务机关行政处罚决定(或审判机关判决、裁定文书)次月算起,具体日期以出口货物报关单注明的出口日期为准。

二十、综服企业向生产企业代为办理报关、报检、物流、退税、结算等综合服务取得的收入,应按规定申报缴纳增值税。

二十一、本公告未尽事宜,按照现行出口退(免)税和增值税相关规定执行。

各省(区、市)国家税务局可以根据本公告规定,结合本地实际,制定具体操作办法。

二十二、本公告自2017年11月1日起施行。具体时间以出口货物报关单上注明的出口日期为准。《国家税务总局关于外贸综合服务企业出口货物退(免)税有关问题的公告》(国家税务总局公告2014年第13号)同时废止。

2017年11月1日后报关出口的货物,如生产企业在2017年11月1日前已向综服企业开具增值税专用发票(除代办退税专用发票外)的,仍按照国家税务总局公告2014年第13号的规定办理出口退税。

特此公告。

附件:1. 代办退税情况备案表(编者略)

2. 外贸综合服务企业代办退税申报表(编者略)

注释:

条款废止。第八条中"代办退税专用发票(抵扣联)"自2023年2月1日起废止。参见:《国家税务总局关于部分税务事项实行容缺办理和进一步精简涉税费资料报送的公告》(国家税务总局公告2022年第26号)。

条款废止。第一条第二项"已向主管税务机关备案"、第四条自2022年6月21日起废止。参见:《国家税务总局关于进一步便利出口退税办理　促进外贸平稳发展有关事项的公告》(国家税务总局公告2022年第9号)。

条款修改。根据《第十三届全国人民代表大会第一次会议关于国务院机构改革方案的决定》等有关规定,税收规范性文件规定的国税地税机关的职责和工作由新的税务机关承担。国家税务总局依据《税收规范性文件制定管理办法》(国家税务总局令第41号公布),对税收规范性文件进行了清理。参见:《国家税务总局关于修改部分税收规范性文件的公告》(国家税务总局公告2018年第31号)。

1－4－391

财政部　海关总署　税务总局关于完善启运港退税政策的通知

2018年1月8日　财税〔2018〕5号

各省、自治区、直辖市、计划单列市财政厅（局）、国家税务局，海关总署广东分署、各直属海关，新疆生产建设兵团财务局：

为进一步完善启运港退税政策，扩大政策成效，结合前期政策实施情况，现将有关事项通知如下：

一、对符合条件的出口企业从启运地口岸（以下称启运港）启运报关出口，由符合条件的运输企业承运，从水路转关直航或经停指定口岸（以下称经停港），自离境地口岸（以下称离境港）离境的集装箱货物，实行启运港退税政策。

对从经停港报关出口、由符合条件的运输企业途中加装的集装箱货物，符合前款规定的运输方式、离境地点要求的，以经停港作为货物的启运港，也实行启运港退税政策。

二、政策适用范围

（一）启运港。

启运港为泸州市泸州港、重庆市果园港、宜昌市云池港、岳阳市城陵矶港、武汉市阳逻港、九江市城西港、芜湖市朱家桥港、南京市龙潭港、张家港市永嘉港、南通市狼山港、苏州市太仓港、连云港市连云港港、青岛市前湾港。

（二）离境港。

离境港为上海市外高桥港区、上海市洋山保税港区。

（三）经停港。

承运适用启运港退税政策货物的船舶，可经停南京市龙潭港、武汉市阳逻港、苏州市太仓港加装货物，但不得经停除上述港口以外的其他港口或在上述港口卸载货物。

从经停港加装的货物，需为已报关出口、经由上述第（二）项规定的离境港离境的集装箱货物。

（四）运输企业及运输工具。

运输企业为在海关的信用等级为一般信用企业或认证企业，并且纳税信用级别为B级及以上的航运企业。

运输工具为配备导航定位、全程视频监控设备并且符合海关对承运海关监管货物运输工具要求的船舶。

税务总局定期向海关总署传送纳税信用等级为B级及以上的企业名单。企业纳税信用等级发生变化的，定期传送变化企业名单。海关总署根据上述纳税信用等级等信息确认符合条件的运输企业和运输工具。

（五）出口企业。

出口企业的出口退(免)税分类管理类别为一类或二类,并且在海关的信用等级为一般信用企业或认证企业。

海关总署定期向税务总局传送一般信用企业或认证企业名单。企业信用等级发生变化的,定期传送变化企业名单。税务总局根据上述名单等信息确认符合条件的出口企业。

三、主要流程

(一)启运地海关依出口企业申请,对从启运港启运的符合条件的货物办理放行手续后,生成启运港出口货物报关单电子信息。以经停港作为货物启运港的,经停地海关依出口企业申请,对从经停港加装的符合条件的货物办理放行手续后,生成启运港出口货物报关单电子信息。

(二)海关总署按日将启运港出口货物报关单电子信息(加启运港退税标识)通过电子口岸传输给税务总局。

(三)出口企业凭启运港出口货物报关单电子信息及相关材料到主管退税的税务机关申请办理退税。出口企业首次申请办理退税前,应向主管出口退税的税务机关进行启运港退税备案。

(四)主管出口退税的税务机关,根据企业出口退(免)税分类管理类别信息、税务总局清分的企业海关信用等级信息和启运港出口货物报关单信息,为出口企业办理退税。出口企业在申请退税时,上述信息显示其不符合启运港退税条件的,主管税务机关根据税务总局清分的结关核销的报关单数据(加启运港退税标识)办理退税。

(五)启运港启运以及经停港加装的出口货物自离境港实际离境后,海关总署按日将正常结关核销的报关单数据(加启运港退税标识)传送给税务总局,税务总局按日将已退税的报关单数据(加启运港退税标识)反馈海关总署。

(六)货物如未运抵离境港不再出口,启运地或经停地海关应撤销出口货物报关单,并由海关总署向税务总局提供相关电子数据。上述不再出口货物如已办理出口退税手续,出口企业应补缴税款,并向启运地或经停地海关提供税务机关出具的货物已补税证明。

对已办理出口退税手续但自启运日起超过2个月仍未办理结关核销手续的货物,除因不可抗力或属于上述第(六)项情形且出口企业已补缴税款外,视为未实际出口,税务机关应追缴已退税款,不再适用启运港退税政策。

(七)主管出口退税的税务机关,根据税务总局清分的正常结关核销的报关单数据,核销或调整已退税额。

四、海关总署、税务总局可在本通知的基础上制定启运港退税的具体管理办法。

五、各地海关和国税部门应加强沟通,建立联系配合机制,互通企业守法诚信信息和货物异常出运情况。财政、海关和国税部门要密切跟踪启运港退税政策运行情况,对工作中出现的问题及时上报财政部(税政司)、海关总署(监管司)和税务总局(货物和劳务税司)。

六、本通知自印发之日起执行。《财政部　海关总署　国家税务总局关于扩大启运港退税政策试点范围的通知》(财税〔2014〕53号)同时废止。海关总署和税务总局对启运出口货物报关单电子信息(加启运港退税标识)、正常结关核销报关单数据(加启运港退税标识)以及已退税的报关单数据(加启运港退税标识)实现按日电子化传输前,启运港出口退税仍按现行纸质报关单签发流程办理。

1-4-392

国家税务总局关于出口退(免)税申报有关问题的公告

2018年4月19日 国家税务总局公告2018年第16号

为进一步落实税务系统“放管服”改革要求,简化出口退(免)税手续,优化出口退(免)税服务,持续加快退税进度,支持外贸出口,现就出口退(免)税申报有关问题公告如下:

一、出口企业或其他单位办理出口退(免)税备案手续时,应按规定向主管税务机关填报修改后的《出口退(免)税备案表》(附件1)。

二、出口企业和其他单位申报出口退(免)税时,不再进行退(免)税预申报。主管税务机关确认申报凭证的内容与对应的管理部门电子信息无误后方可受理出口退(免)税申报。

三、实行免抵退税办法的出口企业或其他单位在申报办理出口退(免)税时,不再报送当期《增值税纳税申报表》。

四、出口企业按规定申请开具代理进口货物证明时,不再提供进口货物报关单(加工贸易专用)。

五、外贸企业购进货物需分批申报退(免)税的以及生产企业购进非自产应税消费品需分批申报消费税退税的,出口企业不再向主管税务机关填报《出口退税进货分批申报单》,由主管税务机关通过出口税收管理系统对进货凭证进行核对。

六、出口企业或其他单位在出口退(免)税申报期限截止之日前,申报出口退(免)税的出口报关单、代理出口货物证明、委托出口货物证明、增值税进货凭证仍没有电子信息或凭证的内容与电子信息比对不符的,应在出口退(免)税申报期限截止之日前,向主管税务机关报送《出口退(免)税凭证无相关电子信息申报表》(附件2)。相关退(免)税申报凭证及资料留存企业备查,不再报送。

七、出口企业或其他单位出口货物劳务、发生增值税跨境应税行为,由于以下原因未收齐单证,无法在规定期限内申报的,应在出口退(免)税申报期限截止之日前,向负责管理出口退(免)税的主管税务机关报送《出口退(免)税延期申报申请表》(附件3)及相关举证资料,提出延期申报申请。主管税务机关自受理企业申请之日起20个工作日内完成核准,并将结果告知出口企业或其他单位。

(一)自然灾害、社会突发事件等不可抗力因素;

(二)出口退(免)税申报凭证被盗、抢,或者因邮寄丢失、误递;

(三)有关司法、行政机关在办理业务或者检查中,扣押出口退(免)税申报凭证;

(四)买卖双方因经济纠纷,未能按时取得出口退(免)税申报凭证;

(五)由于企业办税人员伤亡、突发危重疾病或者擅自离职,未能办理交接手续,导致不能按期提供出口退(免)税申报凭证;

(六)由于企业向海关提出修改出口货物报关单申请,在出口退(免)税申报期限截止之日前海关未完成修改，导致不能按期提供出口货物报关单；

（七）有关政府部门在出口退（免）税申报期限截止之日前未出具出口退（免）税申报所需凭证资料；

（八）国家税务总局规定的其他情形。

八、出口企业申报退（免）税的出口货物，应按照《国家税务总局关于出口企业申报出口货物退（免）税提供收汇资料有关问题的公告》（国家税务总局公告 2013 年第 30 号，以下称“30 号公告”）的规定在出口退（免）税申报截止之日前收汇，未按规定收汇的出口货物适用增值税免税政策。对有下列情形之一的出口企业，在申报出口退（免）税时，须按照 30 号公告的规定提供收汇资料：

（一）出口退（免）税企业分类管理类别为四类的；

（二）主管税务机关发现出口企业申报的不能收汇原因是虚假的；

（三）主管税务机关发现出口企业提供的出口货物收汇凭证是冒用的。

上述第（一）种情形自出口企业被主管税务机关评定为四类企业的次月起执行；第（二）种至第（三）种情形自主管税务机关通知出口企业之日起 24 个月内执行。上述情形的执行时间以申报退（免）税时间为准。

出口企业同时存在上述两种以上情形的，执行时间的截止时间为几种情形中的最晚截止时间。

九、生产企业应于每年 4 月 20 日前，按以下规定向主管税务机关申请办理上年度海关已核销的进料加工手册（账册）项下的进料加工业务核销手续。4 月 20 日前未进行核销的，对该企业的出口退（免）税业务，主管税务机关暂不办理，在其进行核销后再办理。

（一）生产企业申请核销前，应从主管税务机关获取海关联网监管加工贸易电子数据中的进料加工“电子账册（电子化手册）核销数据”以及进料加工业务的进口和出口货物报关单数据。

生产企业将获取的反馈数据与进料加工手册（账册）实际发生的进口和出口情况核对后，填报《生产企业进料加工业务免抵退税核销表》（附件 4）向主管税务机关申请核销。如果核对发现，实际业务与反馈数据不一致的，生产企业还应填写《已核销手册（账册）海关数据调整表》（附件 5）连同电子数据和证明材料一并报送主管税务机关。

（二）主管税务机关应将企业报送的电子数据读入出口退税审核系统，对《生产企业进料加工业务免抵退税核销表》和《已核销手册（账册）海关数据调整表》及证明资料进行审核。

（三）主管税务机关确认核销后，生产企业应以《生产企业进料加工业务免抵退税核销表》中的“已核销手册（账册）综合实际分配率”，作为当年度进料加工计划分配率。同时，应在核销确认的次月，根据《生产企业进料加工业务免抵退税核销表》确认的不得免征和抵扣税额在纳税申报时申报调整；应在确认核销后的首次免抵退税申报时，根据《生产企业进料加工业务免抵退税核销表》确认的调整免抵退税额申报调整当期免抵退税额。

（四）生产企业发现核销数据有误的，应在发现次月按照本条第（一）项至第（三）项的有关规定向主管税务机关重新办理核销手续。

十、出口企业因纳税信用级别、海关企业信用管理类别、外汇管理的分类管理等级等发生变化，或者对分类管理类别评定结果有异议的，可以书面向负责评定出口企业管理类别的税务机关提出重新评定管理类别。有关税务机关应按照《国家税务总局关于发布修订后的〈出口退（免）税企业分类管理办法〉的公告》（国家税务总局公告 2016 年第 46 号）的规定，自收到企业复评资料之日起 20 个工作日内完成评定工作。

十一、境内单位提供航天运输服务或在轨交付空间飞行器及相关货物，在进行出口退（免）税申报时，应填报《航天发射业务出口退税申报明细表》（附件 6），并提供下列资料及原始凭证的复印件：

（一）签订的发射合同或在轨交付合同；

（二）发射合同或在轨交付合同对应的项目清单项下购进航天运输器及相关货物和空间飞行器及相关货物的增值税专用发票或海关进口增值税专用缴款书、接受发射运行保障服务的增值税专用发票；

（三）从与之签订航天运输服务合同的单位取得收入的收款凭证。

《国家税务总局关于发布〈适用增值税零税率应税服务退（免）税管理办法〉的公告》（国家税务总局公告 2014 年第 11 号）第九条第二项第 1 目规定的其他具有提供商业卫星发射服务资质的证明材料，包括国家国防科技工业局颁发的《民用航天发射项目许可证》。

十二、《废止文件、条款目录》见附件 7。

本公告自 2018 年 5 月 1 日起施行。

特此公告。

附件：1. 出口退（免）税备案表（编者略）
2. 出口退（免）税凭证无相关电子信息申报表（编者略）
3. 出口退（免）税延期申报申请表（编者略）
4. 生产企业进料加工业务免抵退税核销表（编者略）
5. 已核销手册（账册）海关数据调整表（编者略）
6. 航天发射业务出口退税申报明细表（编者略）
7. 废止文件、条款目录

附件 7

废止文件、条款目录

序号	标题	文号	废止内容
1	国家税务总局关于发布《出口货物税收函调管理办法》的公告	国家税务总局公告 2010 年第 11 号	自 2016 年 1 月 1 日起全文废止
2	国家税务总局关于出口货物退（免）税实行有关单证备案管理制度（暂行）的通知	国税发〔2005〕199 号	全文废止
3	国家税务总局关于发布《出口货物劳务增值税和消费税管理办法》的公告	国家税务总局公告 2012 年第 24 号	废止第五条第（二）项第 5 目第（2）“出口退税进货分批申报单”的内容
			废止第十条第（二）项第 2 目
			废止第十条第（五）项
4	国家税务总局关于《出口货物劳务增值税和消费税管理办法》有关问题的公告	国家税务总局公告 2013 年第 12 号	废止第二条第（二）项、第（十八）项
			废止第二条第（十）项第 3 目

续表

序号	标题	文号	废止内容
5	国家税务总局关于出口企业申报出口货物退(免)税提供收汇资料有关问题的公告	国家税务总局公告2013年第30号	废止第二条第二款
6	国家税务总局关于调整出口退(免)税申报办法的公告	国家税务总局公告2013年第61号	废止第一条、第二条、第三条、第四条
7	国家税务总局关于发布《适用增值税零税率应税服务退(免)税管理办法》的公告	国家税务总局公告2014年第11号	废止第十三条第二项
			废止第十三条第五项第2目
8	国家税务总局关于《发布横琴、平潭开发有关增值税和消费税退税管理办法(试行)》的公告	国家税务总局公告2014年第70号	废止第五条第五项第3目"出口退税进货分批单"
			废止第七条
9	国家税务总局关于出口货物劳务退(免)税管理有关问题的公告	国家税务总局公告2014年第51号	废止第一条"第二条规定的申报退(免)税须提供出口货物收汇凭证的出口企业情形调整为下列五类:(一)被外汇管理部门列为C类企业的;(二)被海关列为C、D类企业的;(三)被税务机关评定为D级纳税信用等级的;(四)主管税务机关发现出口企业申报的不能收汇的原因为虚假的;(五)主管税务机关发现出口企业提供的出口货物收汇凭证是冒用的。"的内容
10	国家税务总局关于逾期未申报的出口退(免)税可延期申报的公告	国家税务总局公告2015年第44号	全文废止
11	国家税务总局关于部分税务行政审批事项取消后有关管理问题的公告	国家税务总局公告2015年第56号	废止附件1
12	国家税务总局关于《适用增值税零税率应税服务退(免)税管理办法》的补充公告	国家税务总局公告2015年第88号	废止第四条第(四)项
13	国家税务总局关于发布《研发机构采购国产设备增值税退税管理办法》的公告	国家税务总局公告2017年第5号	废止附件1

注:国家税务总局关于发布《出口货物税收函调管理办法》的公告自2016年1月1日起全文废止,其他均自2018年5月1日起废止。

注释:

条款废止。第八条自2022年6月21日起废止。参见:《国家税务总局关于进一步便利出口退税办理　促进外贸平稳发展有关事项的公告》(国家税务总局公告2022年第9号)。

条款废止。第六条,第七条,第九条第三项中的"同时,应在核销确认的次月,根据《生产企业进料加工业务免抵退税核销表》确认的不得免征和抵扣税额在纳税申报时申报调整",附件2至附件6废止。参见:《国家税务总局关于优化整合出口退税信息系统　更好服务纳税人有关事项的公告》(国家税务总局公告2021年第15号)。

1 -4 -393

国家税务总局关于统一小规模纳税人标准有关出口退(免)税问题的公告

2018 年 4 月 22 日　国家税务总局公告 2018 年第 20 号

根据《财政部　税务总局关于统一增值税小规模纳税人标准的通知》(财税〔2018〕33 号)、《国家税务总局关于统一小规模纳税人标准等若干增值税问题的公告》(国家税务总局公告 2018 年第 18 号)及现行出口退(免)税有关规定,现将统一小规模纳税人标准有关出口退(免)税问题公告如下:

一、一般纳税人转登记为小规模纳税人(以下称转登记纳税人)的,其在一般纳税人期间出口适用增值税退(免)税政策的货物劳务、发生适用增值税零税率跨境应税行为(以下称出口货物劳务、服务),继续按照现行规定申报和办理出口退(免)税相关事项。

自转登记日下期起,转登记纳税人出口货物劳务、服务,适用增值税免税规定,按照现行小规模纳税人的有关规定办理增值税纳税申报。

出口货物劳务、服务的时间,按以下原则确定:属于向海关报关出口的货物劳务,以出口货物报关单上注明的出口日期为准;属于非报关出口销售的货物、发生适用增值税零税率跨境应税行为,以出口发票或普通发票的开具时间为准;属于保税区内出口企业或其他单位出口的货物以及经保税区出口的货物,以货物离境时海关出具的出境货物备案清单上注明的出口日期为准。

二、原实行免抵退税办法的转登记纳税人在一般纳税人期间出口货物劳务、服务,尚未申报抵扣的进项税额以及转登记日当期的期末留抵税额,计入"应交税费——待抵扣进项税额",并参与免抵退税计算。上述尚未申报抵扣的进项税额应符合国家税务总局公告 2018 年第 18 号第四条第二款的规定。

上述转登记纳税人发生国家税务总局公告 2018 年第 18 号第五条所述情形、按照本公告第一条第一款规定申报办理出口退(免)税或者退运等情形,需要调整"应交税费——待抵扣进项税额"的,应据实调整,准确核算"应交税费——待抵扣进项税额"的变动情况。

三、原实行免退税办法的转登记纳税人在一般纳税人期间出口货物劳务、服务,尚未申报免退税的进项税额可继续申报免退税。

上述尚未申报免退税的进项税额应符合国家税务总局公告 2018 年第 18 号第四条第二款的规定。其中,用于申报免退税的海关进口增值税专用缴款书,转登记纳税人不申请进行电子信息稽核比对,应经主管税务机关查询,确认与海关进口增值税专用缴款书电子信息相符且未被用于抵扣或退税。

四、转登记纳税人结清出口退(免)税款后,应按照规定办理出口退(免)税备案变更。

委托外贸综合服务企业(以下称综服企业)代办退税的转登记纳税人,应在综服企业主管税务机关按规定向综服企业结清该转登记纳税人的代办退税款后,按照规定办理委托代办退税备案撤回。

五、转登记纳税人再次登记为一般纳税人的，应比照新发生出口退(免)税业务的出口企业或其他单位，办理出口退(免)税有关事宜。

六、本公告自2018年5月1日起施行。

特此公告。

1－4－394

国家税务总局关于外贸综合服务企业办理出口货物退(免)税有关事项的公告

2018年5月14日　国家税务总局公告2018年第25号

《国家税务总局关于调整完善外贸综合服务企业办理出口货物退(免)税有关事项的公告》(国家税务总局公告2017年第35号)实施以来，部分外贸综合服务企业(以下简称综服企业)反映部分老合同无法按照35号公告规定办理退税的问题。为解决综服企业反映的问题，促进综服企业规范健康发展，现将有关出口货物退(免)税问题明确如下：

一、综服企业在2017年11月1日至2018年2月28日期间出口的货物，符合《国家税务总局关于外贸综合服务企业出口货物退(免)税有关问题的公告》(国家税务总局公告2014年第13号)规定的，允许在2018年6月30日前，按照国家税务总局公告2014年第13号的规定申报办理出口退(免)税。

出口货物的出口时间，以出口货物报关单上注明的出口日期为准。

二、综服企业按照本公告第一条的规定申报出口退(免)税时，必须在《外贸企业出口退税进货明细申报表》“备注”栏、《外贸企业出口退税出口明细申报表》“备注”栏填写“WMZHFW”。否则，不得执行本公告第一条的规定。

三、本公告自发布之日起施行。

特此公告。

1－4－395

财政部　税务总局关于提高机电　文化等产品出口退税率的通知

2018年9月5日　财税〔2018〕93号

各省、自治区、直辖市、计划单列市财政厅(局)，国家税务总局各省、自治区、直辖市、计划单列市税务局，新疆生产建设兵团财政局：

为完善出口退税政策，对机电、文化等产品提高增值税出口退税率。现就有关事项通知如下：

一、将多元件集成电路、非电磁干扰滤波器、书籍、报纸等产品出口退税率提高至16%。

将竹刻、木扇等产品出口退税率提高至13%。

将玄武岩纤维及其制品、安全别针等产品出口退税率提高至9%。

提高出口退税率的产品清单见附件。

二、本通知自2018年9月15日起执行。本通知所列货物适用的出口退税率，以出口货物报关单上注明的出口日期界定。

附件：提高出口退税率的产品清单（编者略）

1－4－396

财政部　税务总局　商务部　海关总署
关于跨境电子商务综合试验区零售
出口货物税收政策的通知

2018年9月28日　财税〔2018〕103号

各省、自治区、直辖市、计划单列市财政厅（局）、商务主管部门，国家税务总局各省、自治区、直辖市、计划单列市税务局，国家税务总局驻各地特派员办事处，海关总署广东分署、各直属海关：

为进一步促进跨境电子商务健康快速发展，培育贸易新业态新模式，现将跨境电子商务综合试验区（以下简称综试区）内的跨境电子商务零售出口（以下简称电子商务出口）货物有关税收政策通知如下：

一、对综试区电子商务出口企业出口未取得有效进货凭证的货物，同时符合下列条件的，试行增值税、消费税免税政策：

（一）电子商务出口企业在综试区注册，并在注册地跨境电子商务线上综合服务平台登记出口日期、货物名称、计量单位、数量、单价、金额。

（二）出口货物通过综试区所在地海关办理电子商务出口申报手续。

（三）出口货物不属于财政部和税务总局根据国务院决定明确取消出口退（免）税的货物。

二、各综试区建设领导小组办公室和商务主管部门应统筹推进部门之间的沟通协作和相关政策落实，加快建立电子商务出口统计监测体系，促进跨境电子商务健康快速发展。

三、海关总署定期将电子商务出口商品申报清单电子信息传输给税务总局。各综试区税务机关根据税务总局清分的出口商品申报清单电子信息加强出口货物免税管理。具体免税管理办法由省级税务部门商财政、商务部门制定。

四、本通知所称综试区，是指经国务院批准的跨境电子商务综合试验区；本通知所称电子商务出口企业，是指自建跨境电子商务销售平台或利用第三方跨境电子商务平台开展电子商务出口的单位和个体工商户。

五、本通知自2018年10月1日起执行,具体日期以出口商品申报清单注明的出口日期为准。

1－4－397

国家税务总局关于加快出口退税进度有关事项的公告

2018年10月15日　国家税务总局公告2018年第48号

为深入贯彻落实国务院关于加快出口退税进度的决定,现将有关事项公告如下:

一、优化出口退(免)税企业分类管理

(一)调整出口企业管理类别评定标准:

1. 将一类生产企业评定标准中的“上一年度的年末净资产大于上一年度该企业已办理的出口退税额(不含免抵税额)”调整为“上一年度的年末净资产大于上一年度该企业已办理的出口退税额(不含免抵税额)的60%”。

2. 取消三类出口企业评定标准中“上一年度累计6个月以上未申报出口退(免)税(从事对外援助、对外承包、境外投资业务的,以及出口季节性商品或出口生产周期较长的大型设备的出口企业除外)”的评定条件。

(二)取消管理类别年度评定次数限制。出口企业相关情形发生变更并申请调整管理类别的,主管税务机关应按照有关规定及时开展评定工作。

(三)评定标准调整后,符合一类出口企业评定标准的生产企业,可按照规定提交相关资料申请变更其管理类别。税务机关应自受理企业资料之日起15个工作日内完成评定调整工作。

评定标准调整后,对符合二类出口企业评定标准的企业,税务机关应于15个工作日内完成评定调整工作。

二、全面推行无纸化退税申报

(一)实现无纸化退税申报地域全覆盖。各地税务机关应利用信息技术,实现申报、证明办理、核准、退库等出口退(免)税业务“网上办理”,切实方便出口企业办理退税,提高退税效率。2018年12月31日前,在全国推广实施无纸化退税申报。

(二)实现无纸化退税申报一类、二类出口企业全覆盖。按照企业自愿的原则,于2018年12月31日前,实现出口退(免)税管理类别为一类、二类的出口企业全面推行无纸化退税申报。

三、大力支持外贸新业态发展

(一)鼓励外贸综合服务企业为中小企业代办退税。各地税务机关要认真落实外贸综合服务企业退税管理相关规定,做好外贸综合服务企业和生产企业的备案、实地核查、代办退税发票开具、退税信息传递等工作,支持外贸新业态发展。

（二）指导外贸综合服务企业防范业务风险。主管税务机关要根据企业需求，指导外贸综合服务企业建立内部风险管控制度，建设内部风险管控信息系统，防范代办退税业务风险。

四、积极做好出口退（免）税服务

（一）各级税务机关应加强政策宣传辅导，通过新闻媒体、网站、短信平台、电子邮件、微信等多种途径开展政策宣讲和业务培训，便于出口企业及时收集单证，尽快满足退税申报条件。

（二）各级税务机关要定期提醒出口企业退（免）税申报、审核、退库进度及申报退（免）税期限等情况，便于出口企业及时、足额获取出口退税。

五、施行日期

本公告自发布之日起施行。《出口退（免）税企业分类管理办法》（国家税务总局公告2016年第46号发布）第五条第一项第3目、第六条第三项、第九条“出口企业管理类别评定工作每年进行1次，应于企业纳税信用级别评价结果确定后1个月内完成”的规定同时废止。

特此公告。

1－4－398

财政部　税务总局关于调整部分产品出口退税率的通知

2018年10月22日　财税〔2018〕123号

各省、自治区、直辖市、计划单列市财政厅（局），国家税务总局各省、自治区、直辖市、计划单列市税务局，新疆生产建设兵团财政局：

为进一步简化税制、完善出口退税政策，对部分产品增值税出口退税率进行调整。现将有关事项通知如下：

一、将相纸胶卷、塑料制品、竹地板、草藤编织品、钢化安全玻璃、灯具等产品出口退税率提高至16%。

将润滑剂、航空器用轮胎、碳纤维、部分金属制品等产品出口退税率提高至13%。

将部分农产品、砖、瓦、玻璃纤维等产品出口退税率提高至10%。

本条提高出口退税率的产品清单见附件。

二、取消豆粕出口退税。

豆粕是指产品编码为23040010、23040090的产品。

三、除本通知第一、二条所涉产品外，其余出口产品，原出口退税率为15%的，出口退税率提高至16%；原出口退税率为9%的，出口退税率提高至10%；原出口退税率为5%的，出口退税率提高至6%。

四、本通知自2018年11月1日起执行。本通知所列货物适用的出口退税率，以出口货物报关单上注明的出口日期界定。

附件:提高出口退税率的产品清单(编者略)

1-4-399

国家税务总局关于发布《启运港退(免)税管理办法(2018年12月28日修订)》的公告

2018年12月28日　国家税务总局公告2018年第66号

为优化启运港退(免)税管理,根据《财政部　海关总署　税务总局关于完善启运港退税政策的通知》(财税〔2018〕5号),现将修订后的《启运港退(免)税管理办法(2018年12月28日修订)》予以发布,自2019年1月1日起施行。

特此公告。

启运港退(免)税管理办法

2018年12月28日修订

第一条　为规范启运港退(免)税管理,根据《财政部　海关总署　税务总局关于完善启运港退税政策的通知》的有关规定,制定本办法。

第二条　出口企业适用启运港退(免)税政策须同时满足以下条件:

(一)出口企业的出口退(免)税分类管理类别为一类或二类,并且在海关的信用等级为一般信用企业或认证企业(以税务总局清分的企业海关信用等级信息为准);

(二)出口企业出口适用退(免)税政策的货物,并且能够取得海关提供的启运港出口货物报关单电子信息;

(三)除本公告另有规定外,出口货物自启运日(以启运港出口货物报关单电子信息上注明的出口日期为准,下同)起2个月内办理结关核销手续。

第三条　适用启运港退(免)税政策的出口货物,其退税率执行时间以启运港出口货物报关单电子信息上注明的出口日期为准。

第四条　出口企业应自启运日起2个月内,凭启运港出口货物报关单电子信息及相关材料向主管出口退税的税务机关申报办理启运港退(免)税。

出口企业自启运日起超过2个月未办理结关核销手续或未申报启运港退(免)税的出口货物,应使用正常结关核销的出口货物报关单电子信息及相关材料按照现行规定申报办理退(免)税。

出口企业申报办理启运港退(免)税时,应在申报明细表的"退(免)税业务类型"栏内填写“QYGTS”标识。外贸企业应使用单独关联号申报适用本办法的出口货物退(免)税。

第五条 主管出口退税的税务机关受理出口企业启运港退(免)税首次申报时,即视为出口企业完成启运港退(免)税备案。

第六条 主管出口退税的税务机关办理启运港退(免)税相关事项所使用的信息,应以税务总局清分的下列信息为准:

(一)企业海关信用等级信息;

(二)启运港出口货物报关单信息(加启运港退税标识,以下简称“启运数据”);

(三)正常结关核销的报关单数据(加启运港退税标识,以下简称“结关数据”);

(四)货物未运抵离境港不再出口,海关撤销的报关单数据(以下简称“撤销数据”)。

第七条 主管出口退税的税务机关应使用启运数据受理审核启运港退(免)税。

第八条 主管出口退税的税务机关应定期使用结关数据和撤销数据开展启运港退(免)税复核工作。对复核比对异常的,按以下原则进行处理:

(一)启运数据中的出口数量及单位、总价等项目与结关数据不一致的,以结关数据为准进行调整或追缴已退(免)税款;

(二)涉及撤销数据的,根据现行规定进行调整或追缴已退(免)税款;

(三)自启运日起超过2个月仍未收到结关数据(以下简称“到期未结关数据”)的,除本办法第九条规定情形外,根据现行规定追缴已退(免)税款,该笔出口货物不再适用启运港退(免)税政策。

第九条 出口企业已申报办理启运港退(免)税的货物,因自然灾害、社会突发事件等不可抗力因素,预计2个月内无法办理结关核销手续的,应自启运日起2个月内向主管出口退税的税务机关提出申请,经主管出口退税的税务机关同意后,暂不追缴已退(免)税款。

上述货物在启运日次年的退(免)税申报期限截止之日前,主管出口退税的税务机关收到结关数据的,应按照本办法第八条规定处理;仍未收到结关数据的(以下简称“次年未结关数据”),该笔出口货物不再适用启运港退(免)税政策,主管出口退税的税务机关根据现行规定追缴已退(免)税款。

第十条 按第八条、第九条规定已追缴退(免)税款或进行调整处理的到期未结关数据和次年未结关数据,海关又办理结关核销手续的,出口企业可凭正常结关核销的出口货物报关单电子信息及相关材料重新申报出口退(免)税,主管出口退税的税务机关依据结关数据按照现行规定审核办理退(免)税。

第十一条 货物未运抵离境港不再出口,海关撤销出口货物报关单的,出口企业应按照现行规定向主管出口退税的税务机关申请出具《出口货物退运已补税(未退税)证明》,主管出口退税的税务机关在出具证明时,应使用撤销数据进行审核比对。出口企业未申报退(免)税的,不得再申报退(免)税;已申报办理退(免)税的,应补缴已退(免)税款。

第十二条 2018年4月10日(以海关出口报关单电子信息注明的出口日期为准)以后的启运港出口货物,出口企业不再提供纸质出口货物报关单(出口退税专用)。

第十三条 本办法施行前符合本办法规定的适用启运港退(免)税办法的出口货物,可按本办法申报办理出口退(免)税相关事项。此前已按结关数据办理出口退(免)税事项的,不作调整。

第十四条 本办法未尽事宜,按照现行出口退(免)税相关规定执行。

第十五条 本办法自2019年1月1日起施行,启运港出口货物报关单电子信息上注明的出口日期为2019年1月1日以后(含)的启运港退(免)税事项按本办法执行。《启运港退(免)税管理办法》(国家税务总局公告2014年第52号发布,国家税务总局公告2018年第31号修改)同时废止。

1-4-400

财政部 税务总局 海关总署关于对国际航行船舶加注燃料油实行出口退税政策的公告

2020年1月22日 财政部 税务总局 海关总署公告2020年第4号

现将国际航行船舶加注燃料油出口退税政策公告如下:

一、对国际航行船舶在我国沿海港口加注的燃料油,实行出口退(免)税政策,增值税出口退税率为13%。

本公告所述燃料油,是指产品编码为"27101922"的产品。

二、海关对进入出口监管仓为国际航行船舶加注的燃料油出具出口货物报关单,纳税人凭此出口货物报关单等相关材料向税务部门申报出口退(免)税。

三、本公告自2020年2月1日起施行。本公告所述燃料油适用的退税率,以出口货物报关单上注明的出口日期界定。

1-4-401

国家税务总局关于做好新型冠状病毒感染的肺炎疫情防控期间出口退(免)税有关工作的通知

2020年2月20日 税总函〔2020〕28号

国家税务总局各省、自治区、直辖市和计划单列市税务局,国家税务总局驻各地特派员办事处:

根据《国家税务总局关于充分发挥税收职能作用 助力打赢疫情防控阻击战若干措施的通知》(税总发〔2020〕14号)和《国家税务总局关于支持新型冠状病毒感染的肺炎疫情防控有关税收征收管理事项的公告》(2020年第4号)相关规定,现就疫情防控期间出口退(免)税有关工作明确如下:

一、关于"非接触式"出口退(免)税业务申请

疫情防控期间,纳税人可通过"非接触式"方式申报办理出口退(免)税备案、证明开具和退(免)税申报事项。纳税人办理上述涉税事项时应提交的纸质资料,已实现纸质资料影像化申报的地区,可按现行方式提交;未实现纸质资料影像化申报的地区,暂不要求纳税人提交,疫情防控结束后再行补报。对于纳税人申报中遇到的问题,各级税务机关要灵活应用12366纳税服务热线、微信、视频等"非接触式"渠道进行辅导解答。

二、关于开展"非接触式"出口退(免)税审核

疫情防控期间,税务机关受理纳税人申报后,仅审核电子数据,经审核电子数据无误且不存在涉嫌骗税等疑点的,即可办理相关退(免)税事项。经审核发现存在涉嫌骗税等疑点的,可要求纳税人通过微信、邮件等"非接触式"途径提供相关影像资料,待疑点排除后再行办理。纳税人无法通过"非接触式"途径提供影像资料,或者税务机关通过影像资料无法排除疑点的,暂不办理相关退(免)税事项,待疫情结束后按照现行规定核实处理。

三、关于开展"非接触式"调查评估

(一)对于纳税人申报的出口退(免)税,按照现行规定需开展调查评估的,应采用案头分析、电话约谈、函调等"非接触式"方式进行调查评估,避免采用当面约谈、实地核查等"接触式"方式。调查评估中发现存在涉嫌骗取出口退税等重大疑点,经"非接触式"方式调查评估可以排除疑点的,按规定办理退(免)税;经"非接触式"方式调查评估无法排除疑点的,暂不办理退(免)税。

(二)对于纳税人申报的出口退(免)税,按照现行规定需实地核查通过才能办理的,在疫情防控期间,按照"容缺办理"的原则,区分以下情形分别处理:

1. 对于纳税人首次申报的退(免)税业务,累计申报的应退(免)税额未超过限额的,经本级税务机关负责人确认可先行审核办理退(免)税;累计申报的应退(免)税额超过限额的,超过限额的部分暂不办理退(免)税。

税务机关审核办理退(免)税时,对于系统提示的实地核查疑点,应在进行《出口退(免)税实地核查报告》相关疑点处理时,在核查结论中选择"核查通过",核查结论说明中标识"疫情"字样。委托代办退税生产企业的实地核查比照处理。

首次申报出口退(免)税的具体范围包括:外贸企业首次申报退(免)税;生产企业首次申报退(免)税;外贸综合服务企业首次申报退(免)税;委托代办退税但未进行首次申报实地核查的生产企业;纳税人变更退(免)税办法后首次申报退(免)税。

累计申报应退(免)税额的限额标准为:外贸企业(含外贸综合服务企业申报自营出口业务)100万元;生产企业200万元;委托代办退税的生产企业100万元。纳税人变更退(免)税办法的,根据变更后的企业类型,按上述标准确定。如遇特殊情况,省级税务机关可酌情提高限额标准,并报税务总局(货物和劳务税司)备案。

2. 其他按照现行规定需实地核查通过才能办理的出口退(免)税,除管理类别为四类的出口企业以及经审核无法排除涉嫌骗税疑点的情形外,经省级税务机关同意,可以比照第1点规定执行。

3. 管理类别为四类的出口企业以及经审核无法排除涉嫌骗税疑点的出口退(免)税申报,经本级税务机关负责人确认,可以暂不开展实地核查,相应退(免)税暂不办理。

四、关于疫情防控期间复函工作

疫情防控期间，对于疫情防控前已完成核查工作的调查函，应按规定及时复函。对于疫情防控前尚未完成核查工作的调查函，经本级税务机关负责人确认，可暂停因复函开展的下户核查工作。如受疫情影响导致无法按时复函的，应在规定时限内回复《延期复函说明》。

自2020年2月3日起至疫情防控结束前，各地税务机关因疫情影响，超期办结退（免）税或逾期复函的，不作为超期办理业务。

五、关于开展“非接触式”结果反馈

疫情防控期间，税务机关应通过网上反馈的方式及时将出口退（免）税涉税事项办理结果告知纳税人。纳税人确需开具纸质证明的，税务机关可采取邮寄方式送达纳税人。

六、关于疫情防控结束后开展事后复核工作

税务机关应通知纳税人，在疫情结束后的第二个增值税纳税申报期结束前，按照现行规定补报应报送的纸质申报表单及资料。

主管税务机关应按照现行规定，对纳税人补报的纸质申报表单及资料进行复核。发现纳税人未按规定补报，或者报送资料不符合规定的，应通知纳税人限期补正；纳税人未在规定期限内补正，或者补正后的资料仍不符合规定的，按照以下要求处理：

1. 已完成备案、备案变更的，按规定撤销备案、备案变更；已办理退（免）税的，应当追回退（免）税款。尚未完成备案、备案变更的，按照现行规定处理。

2. 已开具证明的，按规定作废证明；已办理退（免）税的，应当追回退（免）税款。尚未开具相关证明的，按照现行规定处理。

3. 已办理退（免）税的，应当追回退（免）税款。未办理退（免）税和涉嫌骗取出口退（免）税的，按照现行规定处理。

七、关于疫情防控结束后补办核查评估手续

对因疫情影响未能进行实地核查的出口退（免）税申报业务，在疫情防控期结束后，税务机关应及时开展实地核查或当面约谈等调查评估工作，并根据核查和评估情况按照现行规定进行处理。纳税人按规定需实地核查通过后办理的退（免）税业务，已经按照本通知第三条规定办理退（免）税，但经实地核查后属于按规定不予办理退（免）税情形的，应追回已退（免）税款。

对受疫情影响尚未完成核查工作的调查函，在疫情防控期结束后，税务机关应抓紧有序开展实地核查工作，并根据核查结果及时复函。

注释：

条款废止。第三条第二项、第七条第一款自2022年6月21日起废止。参见：《国家税务总局关于进一步便利出口退税办理　促进外贸平稳发展有关事项的公告》（国家税务总局公告2022年第9号）。

1 -4 -402

财政部 税务总局关于提高部分产品出口退税率的公告

2020年3月17日 财政部 税务总局公告2020年第15号

现就提高部分产品出口退税率有关事项公告如下：

一、将瓷制卫生器具等1084项产品出口退税率提高至13%；将植物生长调节剂等380项产品出口退税率提高至9%。具体产品清单见附件。

二、本公告自2020年3月20日起实施。本公告所列货物适用的出口退税率，以出口货物报关单上注明的出口日期界定。

附件：提高出口退税率的产品清单(编者略)

1 -4 -403

财政部 海关总署 税务总局关于增加海南离岛旅客免税购物提货方式的公告

2021年2月2日 财政部 海关总署 税务总局公告2021年第2号

为支持海南自由贸易港建设，加快建设国际旅游消费中心，进一步方便旅客购物，现就离岛旅客免税购物提货方式有关问题公告如下：

一、离岛旅客凭有效身份证件和离岛信息在离岛旅客免税购物商店(含经批准的网上销售窗口)购买免税品时，除在机场、火车站、码头指定区域提货外，可选择邮寄送达方式提货。选择邮寄送达方式提货的，收件人、支付人和购买人应为购物旅客本人，且收件地址在海南省外。离岛免税商店应确认购物旅客符合上述要求并已实际离岛后，一次性寄递旅客所购免税品。

二、岛内居民离岛前购买免税品，可选择返岛提取，返岛提取免税品时须提供本人有效身份证件和实际离岛行程信息。离岛免税商店应确认提货人身份、离岛行程信息符合要求后交付免税品。

岛内居民包括持有海南省身份证、海南省居住证或社保卡的中国公民，以及在海南省工作生活并持有居留证的境外人士。

海南省相关部门应向海关、税务提供验核岛内居民资格、旅客离岛、购票等相关信息及联网环境。

三、邮寄送达和返岛提取提货方式的具体监管要求由海关总署另行公布。

四、本公告自公布之日起执行。《财政部 海关总署 税务总局关于海南离岛旅客免税购物政策的公告》(财政部 海关总署 税务总局公告2020年第33号)中其他规定继续执行。

1－4－404

财政部　税务总局关于取消部分钢铁产品出口退税的公告

2021年4月26日　财政部　税务总局公告2021年第16号

现就取消部分钢铁产品出口退税有关事项公告如下：

自2021年5月1日起，取消部分钢铁产品出口退税。具体产品清单见附件。具体执行时间，以出口货物报关单上注明的出口日期界定。

特此公告。

附件：取消出口退税的钢铁产品清单（编者略）

1－4－405

国家税务总局关于优化整合出口退税信息系统　更好服务纳税人有关事项的公告

2021年6月3日　国家税务总局公告2021年第15号

为贯彻党中央、国务院决策部署，持续深化“放管服”改革、优化营商环境，积极落实中办、国办印发的《关于进一步深化税收征管改革的意见》，更好服务市场主体，按照在党史学习教育中开展好“我为群众办实事”实践活动的要求，税务总局将金税三期工程系统和出口退税管理系统进行了整合，在金税三期工程系统中开发了出口退税管理模块。本次系统整合工作，坚持为民便民，以优化执法服务、办好惠民实事为导向，大幅简并优化了出口退（免）税申报、报送资料、办税程序、证明开具和分类管理等措施，增加了便捷服务功能。现将有关事项公告如下：

一、取消部分出口退（免）税申报事项

（一）纳税人因申报出口退（免）税的出口报关单、代理出口货物证明、委托出口货物证明、增值税进货凭证没有电子信息或凭证内容与电子信息不符，无法在规定期限内申报出口退（免）税或者开具《代理出口货物证明》的，取消出口退（免）税凭证无相关电子信息申报，停止报送《出口退（免）税凭证无相关电子信息申报表》。待收齐退（免）税凭证及相关电子信息后，即可申报办理退（免）税。

（二）纳税人因未收齐出口退（免）税相关单证，无法在规定期限内申报出口退（免）税或者开具《代理出口货物证明》的，取消出口退（免）税延期申报，停止报送《出口退（免）税延期申报申请表》及相关举证资料。待收齐退（免）税凭证及相关电子信息后，即可申报办理退(免)税。

二、简化出口退(免)税报送资料

(一)纳税人办理出口退(免)税备案时,停止报送《对外贸易经营者备案登记表》《中华人民共和国外商投资企业批准证书》《中华人民共和国海关报关单位注册登记证书》。

(二)纳税人办理出口退(免)税备案变更时,在《出口退(免)税备案表》中仅需填报变更的内容。该备案表由《国家税务总局关于出口退(免)税申报有关问题的公告》(2018年第16号)发布。

(三)生产企业办理增值税免抵退税申报时,报送简并优化后的《免抵退税申报汇总表》(附件1)和《生产企业出口货物劳务免抵退税申报明细表》(附件2),停止报送《免抵退税申报汇总表附表》《免抵退税申报资料情况表》《生产企业出口货物扣除国内免税原材料申请表》;办理消费税退税申报时,报送简并优化后的《生产企业出口非自产货物消费税退税申报表》(附件3)。

(四)生产企业办理年度进料加工业务核销时,报送简并优化后的《生产企业进料加工业务免抵退税核销表》(附件4)。企业获取的主管税务机关反馈数据与实际业务不一致的,报送简并优化后的《已核销手册(账册)海关数据调整表》(附件5)。主管税务机关确认核销后,生产企业应根据《生产企业进料加工业务免抵退税核销表》确认的应调整不得免征和抵扣税额在首次纳税申报时申报调整。

(五)外贸企业以及横琴、平潭(以下简称区内)购买企业办理出口退(免)税申报时,报送简并优化后的《外贸企业出口退税进货明细申报表》(附件6)和《外贸企业出口退税出口明细申报表》(附件7),停止报送《外贸企业出口退税汇总申报表》《区内企业退税进货明细申报表》《区内企业退税入区货物明细申报表》《区内企业退税汇总申报表》。

(六)纳税人办理已使用过且未计算抵扣进项税额设备的出口退(免)税申报时,报送简并优化后的《出口已使用过的设备退税申报表》(附件8),停止报送《出口已使用过的设备折旧情况确认表》。

(七)纳税人办理购买水电气、采购国产设备退税时,报送简并优化后的《购进自用货物退税申报表》(附件9),停止报送《购进水电气退税申报表》。

(八)纳税人办理跨境应税行为免抵退税申报时,报送简并优化后的《免抵退税申报汇总表》,停止报送《免抵退税申报汇总表附表》。其中,办理国际运输(港澳台运输)免抵退税申报时,报送简并优化后的《国际运输(港澳台运输)免抵退税申报明细表》(附件10);办理其他跨境应税行为免抵退税申报时,报送简并优化后的《跨境应税行为免抵退税申报明细表》(附件11)和《跨境应税行为收讫营业款明细清单》(附件12)。

(九)纳税人办理航天运输服务或在轨交付空间飞行器及相关货物免退税申报时,报送简并优化后的《航天发射业务免退税申报明细表》(附件13);办理其他跨境应税行为免退税申报时,报送简并优化后的《跨境应税行为免退税申报明细表》(附件14),停止报送《外贸企业外购应税服务出口明细申报表》《外贸企业出口退税进货明细申报表》《外贸企业出口退税汇总申报表》。

三、优化出口退(免)税办税程序

(一)纳税人办理出口退(免)税申报时,根据现行规定应在申报表中填写业务类型的,按照优化后的《业务类型代码表》(附件15)填写。

(二)纳税人发现已申报、但尚未经主管税务机关核准的出口退(免)税申报数据有误的,应报送《企业撤回退(免)税申报申请表》(附件16),主管税务机关未发现存在不予退税情形的,即可撤回该批次(所属期)申报数据。

纳税人自愿放弃已申报、但尚未经主管税务机关核准的出口退(免)税的,应报送《企业撤回退(免)税申报申请表》,主管税务机关未发现存在不予退税情形或者因涉嫌骗取出口退税被税务机关稽查部门立案查处未结案的,即可撤回该笔申报数据。已撤回申报数据涉及的相关单证,不得重新用于办理出口退(免)税申报。

(三)国家计划内出口的免税卷烟,因指定口岸海关职能变化不办理报关出口业务,而由其下属海关办理卷烟报关出口业务的,自海关职能变化之日起,下属海关视为指定口岸海关。从上述下属海关出口的免税卷烟,可按规定办理免税核销手续。

已实施通关一体化的地区,自本地区通关一体化实施之日起,从任意海关报关出口的免税卷烟,均可按规定办理免税核销手续。

四、简化出口退(免)税证明开具

(一)纳税人申请开具《代理出口货物证明》时,报送简并优化后的《代理出口货物证明申请表》(附件17),停止报送纸质的《委托出口货物证明》。

(二)纳税人发生退运或者需要修改、撤销出口货物报关单时,报送简并优化后的《出口货物已补税/未退税证明》(附件18),停止报送《退运已补税(未退税)证明申请表》。主管税务机关按照下列规定在《出口货物已补税/未退税证明》上填写核实结果并反馈纳税人。

1. 出口货物未申报出口退(免)税的,核实结果填写“未退税”。

2. 已申报但尚未办理退(免)税的出口货物,适用免抵退税方式的,待纳税人撤销免抵退税申报后,或者向纳税人出具《税务事项通知书》,要求其在本月或次月申报免抵退税时以负数冲减原申报数据后,核实结果分别填写“未退税”“已补税”;适用免退税方式的,待纳税人撤销出口退(免)税申报后,核实结果填写“未退税”。

3. 已办理退(免)税的出口货物,适用免抵退税方式的,待向纳税人出具《税务事项通知书》,要求其在本月或次月申报免抵退税时以负数冲减原申报数据后,核实结果填写“已补税”;适用免退税方式的,待纳税人补缴已退税款后,核实结果填写“已补税”。

纳税人委托出口货物发生退运或者需要修改、撤销出口货物报关单时,应由委托方向主管税务机关申请开具《出口货物已补税/未退税证明》转交受托方,受托方凭该证明向主管税务机关申请开具《出口货物已补税/未退税证明》。

纳税人未按规定负数冲减原免抵退税申报数据的,在冲减数据前不得再次申报退(免)税。

(三)纳税人需要作废出口退(免)税相关证明的,应向主管税务机关提出申请,并交回原出具的纸质证明。

五、完善出口退(免)税分类管理

(一)将《出口退(免)税企业分类管理办法》(国家税务总局公告2016年第46号发布,2018年第31号修改)第六条中“评定时纳税信用级别为C级,或尚未评价纳税信用级别”调整为“评定时纳税信用级别为C级、M级或尚未评价纳税信用级别”。

（二）年度评定结果于评定完成后的次月1日起生效，动态调整和复评于评定完成后的次日起生效。新的管理类别生效前，已申报的出口退（免）税，仍按原类别办理。

（三）《出口退（免）税企业分类管理办法》中的“外贸综合服务业务”，应符合《国家税务总局关于调整完善外贸综合服务企业办理出口货物退（免）税有关事项的公告》（2017年第35号）中关于代办退税业务的规定。

六、增加出口退（免）税便捷服务

（一）为便于纳税人申报办理出口退（免）税事项，本次系统整合提供了电子税务局、标准版国际贸易“单一窗口”、出口退税离线申报工具三种免费申报渠道，供纳税人选用。

（二）为便于纳税人办理下列出口退（免）税事项，上述三种免费申报渠道中增加了便捷服务功能，纳税人可通过上述申报渠道，提出相关申请。

1. 出口退（免）税备案撤回；

2. 已办结退税的出口货物免退税申报，发现申报数据有误而作申报调整；

3. 将申请出口退税的增值税专用发票、海关进口增值税专用缴款书用途改为申报抵扣；

4. 出口退（免）税相关证明作废；

5. 进料加工计划分配率调整。

七、本公告未明确的其他出口退（免）税事项，按照现行出口退（免）税相关规定执行。

八、施行时间

本公告自发布之日起施行；其中，江苏省、广西壮族自治区、海南省、四川省、贵州省、云南省、西藏自治区自本地区金税三期工程系统出口退税管理模块上线之日起施行。《废止的文件条款目录》（附件19）中列明的条款相应停止施行。

特此公告。

附件：1. 免抵退税申报汇总表（编者略）

2. 生产企业出口货物劳务免抵退税申报明细表（编者略）

3. 生产企业出口非自产货物消费税退税申报表（编者略）

4. 生产企业进料加工业务免抵退税核销表（编者略）

5. 已核销手册（账册）海关数据调整表（编者略）

6. 外贸企业出口退税进货明细申报表（编者略）

7. 外贸企业出口退税出口明细申报表（编者略）

8. 出口已使用过的设备退税申报表（编者略）

9. 购进自用货物退税申报表（编者略）

10. 国际运输（港澳台运输）免抵退税申报明细表（编者略）

11. 跨境应税行为免抵退税申报明细表（编者略）

12. 跨境应税行为收讫营业款明细清单（编者略）

13. 航天发射业务免退税申报明细表（编者略）

14. 跨境应税行为免退税申报明细表（编者略）

15. 业务类型代码表（编者略）

16. 企业撤回退（免）税申报申请表（编者略）

17. 代理出口货物证明申请表(编者略)
18. 出口货物已补税/未退税证明(编者略)
19. 废止的文件条款目录

附件 19

废止的文件条款目录

序号	标题	文号	废止内容
1	国家税务总局关于发布《出口货物劳务增值税和消费税管理办法》的公告	国家税务总局公告 2012 年第 24 号	第四条第二项第 1 目 第四条第二项第 2 目第(1)点中的“附表” 第四条第二项第 2 目第(2)点 第四条第四项中的“并在免税原材料购进之日起至次月的增值税纳税申报期内,填报《生产企业出口货物扣除国内免税原材料申请表》(见附件 14),提供正式申报电子数据,向主管税务机关办理申报手续” 第五条第二项第 1 目 第七条第三项第 5 目 第十条第三项 附件 4、5、6、7、8、14、15、16、17、18、19、20、32、34、35
2	国家税务总局关于《出口货物劳务增值税和消费税管理办法》有关问题的公告	国家税务总局公告 2013 年第 12 号	第四条 附件 21
3	国家税务总局关于出口企业申报出口货物退(免)税提供收汇资料有关问题的公告	国家税务总局公告 2013 年第 30 号	第二条中的“对暂未收汇的出口货物,生产企业应在《生产企业出口货物免、抵、退税申报明细表》的‘单证不齐标志’栏(第 20 栏)中填写‘W’,暂不参与免抵退税计算,待收汇并填报《出口货物收汇申报表》后,方可参与免抵退税计算”
4	国家税务总局关于出口货物劳务增值税和消费税有关问题的公告	国家税务总局公告 2013 年第 65 号	附件 3
5	国家税务总局关于发布《适用增值税零税率应税服务退(免)税管理办法》的公告	国家税务总局公告 2014 年第 11 号	第十三条第一项中的“附表” 第十三条第五项第 1 目中的“填报《增值税零税率应税服务(国际运输/港澳台运输)免抵退税申报明细表》(附件 1)” 附件 1
6	国家税务总局关于发布《横琴、平潭开发有关增值税和消费税退税管理办法(试行)》的公告	国家税务总局公告 2014 年第 70 号	第五条第一项、第二项、第三项 第六条第一项 附件 1、2、3、4
7	国家税务总局关于部分税务行政审批事项取消后有关管理问题的公告	国家税务总局公告 2015 年第 56 号	第三条第一项第 2 目、第 3 目
8	国家税务总局关于《适用增值税零税率应税服务退(免)税管理办法》的补充公告	国家税务总局公告 2015 年第 88 号	第四条第一项、第二项 第四条第三项中的“附表” 第五条第一项、第二项、第三项 附件 2、3、4
9	国家税务总局关于发布修订后的《出口退(免)税企业分类管理办法》的公告	国家税务总局公告 2016 年第 46 号	第二十三条中的“‘外贸综合服务业务’,应同时符合以下条件:(一)……(二)……(三)……(四)……(五)……”

续表

序号	标题	文号	废止内容
10	国家税务总局关于出口退(免)税申报有关问题的公告	国家税务总局公告2018年第16号	第六条 第七条 第九条第三项中的"同时,应在核销确认的次月,根据《生产企业进料加工业务免抵退税核销表》确认的不得免征和抵扣税额在纳税申报时申报调整" 附件2、3、4、5、6

1－4－406

财政部　税务总局关于取消钢铁产品出口退税的公告

2021年7月28日　财政部　税务总局公告2021年第25号

现就取消钢铁产品出口退税有关事项公告如下:

自2021年8月1日起,取消本公告所附清单列示的钢铁产品出口退税。具体执行时间,以出口货物报关单上注明的出口日期界定。

特此公告。

附件:取消出口退税的钢铁产品清单(编者略)

1－4－407

财政部　税务总局关于出口货物保险增值税政策的公告

2021年12月22日　财政部　税务总局公告2021年第37号

现将出口货物保险有关增值税政策公告如下:

一、自2022年1月1日至2025年12月31日,对境内单位和个人发生的下列跨境应税行为免征增值税:

(一)以出口货物为保险标的的产品责任保险;

(二)以出口货物为保险标的的产品质量保证保险。

二、境内单位和个人发生上述跨境应税行为的增值税征收管理,按照现行跨境应税行为增值税免税管理办法的规定执行。

三、此前已发生未处理的事项,按本公告规定执行;已缴纳的相关税款,不再退还。

特此公告。

1－4－408

财政部　海关总署　税务总局关于陆路启运港退税试点政策的通知

2022年2月28日　财税〔2022〕9号

各省、自治区、直辖市、计划单列市财政厅（局），新疆生产建设兵团财政局，海关总署广东分署、各直属海关，国家税务总局各省、自治区、直辖市、计划单列市税务局：

现将陆路启运港退税试点政策通知如下：

一、对符合条件的出口企业从启运地（以下称启运港）启运报关出口，由中国国家铁路集团有限公司及其下属公司承运，从铁路转关运输直达离境地口岸（以下称离境港）离境的集装箱货物，实行启运港退税政策。

二、政策适用范围

（一）启运港。启运港为陕西省西安国际港务区铁路场站。

（二）离境港。

离境港为广西壮族自治区北部湾港（包括防城港区、钦州港区、北海港区），新疆维吾尔自治区阿拉山口、霍尔果斯铁路口岸。

（三）运输企业及运输工具。

运输企业为中国国家铁路集团有限公司及其下属公司。

运输工具为火车班列或铁路货车车辆。

（四）出口企业。

出口企业的出口退（免）税分类管理类别为一类或二类，并且在海关注册登记和备案（失信企业除外）。

海关总署定期向税务总局传送海关注册登记和备案企业名单（失信企业除外），企业信用等级发生变化的，定期传送变化企业名单。税务总局根据上述名单等信息确认符合条件的出口企业。

（五）危险品不适用启运港退税政策。

三、办理流程

（一）启运地海关依出口企业申请，对从启运港启运的符合条件的货物办理放行手续后，生成启运港出口货物报关单电子信息。

（二）海关总署按日将启运港出口货物报关单电子信息（加启运港退税标识）通过电子口岸传输给税务总局。

（三）出口企业凭启运港出口货物报关单电子信息及相关材料到主管退税的税务机关申请办理退税。出口企业首次申请办理退税前，应向主管出口退税的税务机关进行启运港退税备案。

（四）主管出口退税的税务机关，根据企业出口退（免）税分类管理类别信息、税务总局清分的企业海关信用等级信息和启运港出口货物报关单信息，为出口企业办理退税。

（五）启运港启运的出口货物自离境港实际离境后，海关总署按日将正常结关核销的报关单数据（加启运港退税标识）传送至税务总局，税务总局按日将已退税的报关单数据（加启运港退税标识）反馈海关总署。

（六）货物如未运抵离境港不再出口，启运地海关应撤销出口货物报关单，并由海关总署向税务总局提供相关电子数据。上述不再出口货物如已办理出口退税手续，出口企业应补缴税款，并向启运地海关提供税务机关出具的货物已补税证明。

对已办理出口退税手续但自启运日起超过2个月仍未办理结关核销手续的货物，除因不可抗力或属于上述第（六）项情形且出口企业已补缴税款外，视为未实际出口，税务机关应追缴已退税款，不再适用启运港退税政策。

（七）主管出口退税的税务机关，根据税务总局清分的正常结关核销的报关单数据，核销或调整已退税额。

四、各地海关、税务部门应加强沟通，建立联系配合机制，互通企业守法诚信信息和货物异常出运情况。各地财政、海关和税务部门要密切跟踪启运港退税政策运行情况，对工作中出现的问题及时上报财政部税政司、海关总署综合司及税务总局货物和劳务税司。

五、本通知自2022年3月1日起执行。

1－4－409

税务总局　公安部　财政部　交通运输部　商务部　文化和旅游部　人民银行　海关总署　外汇局　银保监会关于进一步加大出口退税支持力度促进外贸平稳发展的通知

2022年4月20日　税总货劳发〔2022〕36号

各省、自治区、直辖市人民政府，国务院有关部门：

为深入贯彻党中央、国务院决策部署，助力外贸企业缓解困难、促进进出口平稳发展，更好发挥出口退税这一普惠公平、符合国际规则政策的效用，并从多方面优化外贸营商环境，经国务院同意，现将有关事项通知如下：

一、进一步加大助企政策支持力度

（一）强化出口信用保险与出口退税政策衔接。企业申报退税的出口业务，因无法收汇而取得出口信用保险赔款的，将出口信用保险赔款视为收汇，予以办理出口退税。（商务部、税务总局、银保监会等按职责分工负责）

（二）完善加工贸易出口退税政策。为支持加工贸易企业发展，进一步减轻企业负担，对出口产品征退税率一致后，因征退税率不一致等原因而多转出的增值税进项税额，允许

企业转入进项税额予以抵扣。(财政部、税务总局等按职责分工负责)

(三)挖掘离境退税政策潜力。进一步扩大境外旅客购物离境退税政策覆盖地域范围。优化退税商店布局,推动更多优质商户成为退税商店,形成更大规模集聚效应。积极推行离境退税便捷支付、“即买即退”等便利措施,促进境外旅客在华旅游购物消费,推动离境退税规范发展。(财政部、税务总局、海关总署、文化和旅游部、商务部等按职责分工负责)

二、进一步提升退税办理便利程度

(四)大力推广出口业务“非接触”办理。优化推广国际贸易“单一窗口”、电子税务局等信息系统,积极支持引导出口企业采用“非接触”方式办理口岸和跨境贸易领域相关业务。原则上出口企业通过网上渠道提交申报电子数据后,即可申请办理出口退税申报等事项,无需提交纸质资料。税务等部门审核电子数据无问题的,即可办结业务,并通过网上反馈办理结果。(税务总局、海关总署、交通运输部等按职责分工负责)

(五)持续精简出口退税环节报送资料。强化海关、税务等部门间数据共享与衔接管理,进一步精简委托出口货物退税申报、融资租赁货物出口退税申报、来料加工免税核销申报环节的报送资料。(税务总局、海关总署等按职责分工负责)

(六)积极推行出口退税备案单证电子化。支持出口企业根据自身实际,灵活选择电子化或者纸质化的方式留存保管出口货物提单等出口退税备案单证,提高单证收集整理效率。进一步优化完善税务信息系统功能,为电子化方式核查备案单证积极创造条件。(税务总局、交通运输部等按职责分工负责)

(七)大幅提升出口退税智能申报水平。进一步提升出口退税申报便利水平,实现企业通过税务信息系统申报出口退税时自动调用本企业出口报关单信息,通过国际贸易“单一窗口”申报出口退税时自动调用本企业购进的出口货物的发票信息。持续扩大出口退税申报“免填报”范围,为企业高效申报退税创造便利条件,进一步提升申报效率。(税务总局、海关总署等按职责分工负责)

(八)不断提高出口退税办理质效。在2021年正常出口退税平均7个工作日办结的基础上,进一步压缩出口退税办理时间,2022年进一步压缩至6个工作日内。全面实现退库无纸化,进一步提高税款退付效率。(税务总局牵头,商务部、人民银行等按职责分工负责)

(九)进一步提高出口货物退运通关效率。深化海关、税务部门合作,积极推动《出口货物已补税/未退税证明》信息共享,在办理出口货物退运通关时,凡可查验信息的,不再要求企业报送纸质证明,改为查验共享信息,帮助企业加速办理退运通关。(税务总局牵头,海关总署等按职责分工负责)

(十)优化简化出口退税事项办理流程。对于风险可控的出口退税申报,采用“容缺”方式先行办理退税,事后再补办实地核查手续。进一步精简出口退税证明开具申请环节需要报送的资料,积极推动实现出口退税证明全流程无纸化。企业出口货物申报出口退税,受自然灾害、疫情等因素影响无法按期收汇的,取消事前报送举证资料,企业留存备查相关资料即可,同时按照包容审慎、风险可控原则适当放宽举证资料范围。(税务总局牵头,商务部等按职责分工负责)

三、进一步优化出口企业营商环境

(十一)帮助企业提高出口业务办理效率。丰富宣传渠道及精准提醒内容,让出口企业及时获知报关、结关、退税等事项办理进度，引导企业提高内部管理效率，进一步压缩出口单证收集、流转时间，加速申报出口退税。（商务部、海关总署、税务总局等按职责分工负责）

（十二）支持跨境电商健康持续创新发展。便利跨境电商进出口退换货管理。鼓励并支持符合条件的跨境电商出口企业积极适用出口退税政策。加快推动各地跨境电商综试区线上综合服务平台建设。规范跨境电商零售出口税收管理，引导出口企业在线上综合服务平台登记出口商品信息并进行免税申报，促进跨境电商出口贸易健康发展。（商务部、海关总署、税务总局、外汇局等按职责分工负责）

（十三）引导外贸综合服务企业健康成长。深化落实外贸综合服务企业代办退税管理办法，进一步提高集中代办退税备案及实地核查效率。鼓励外贸综合服务企业采用无纸化方式申报出口退税、电子化方式管理出口退税备案单证。加大对外贸综合服务企业信用培育力度，指导企业优化内部风险管理，提升集中代办退税风险管控水平。（商务部、税务总局等按职责分工负责）

（十四）加强信息共享引导企业诚信经营。强化海关、税务、外汇等部门信用评级信息共享，积极引入市场化信用评级机构，提供高质量的评级服务，提升出口退税企业管理类别动态调整及时性，依法依规深化守信激励和失信惩戒。引导出口企业及时、主动纠正失信行为，提高诚信意识、规范健康发展。（商务部、人民银行、海关总署、税务总局、外汇局等按职责分工负责）

（十五）积极营造公平公正的营商环境。强化税务、公安、海关、人民银行、外汇等部门协作，推动实现对虚开骗税等违法犯罪行为从事后打击向事前事中精准防范转变。对虚假出口、骗取出口退税等违法犯罪行为加大联合打击力度，为出口企业营造更优的营商环境。（公安部、人民银行、海关总署、税务总局、外汇局等按职责分工负责）

各地区各部门要进一步凝聚共识，加强政策统筹协调，切实落实工作责任，结合本地区本部门实际，认真组织实施。税务总局会同相关部门要加强工作指导，及时总结推广典型经验做法，协商解决政策实施中存在的问题，确保各项政策措施落地见效。

1－4－410

国家税务总局关于进一步便利出口退税办理促进外贸平稳发展有关事项的公告

2022年4月29日　国家税务总局公告2022年第9号

为深入贯彻党中央、国务院决策部署，积极落实《税务总局等十部门关于进一步加大出口退税支持力度促进外贸平稳发展的通知》（税总货劳发〔2022〕36号），进一步助力企业纾解困难，激发出口企业活力潜力，更优打造外贸营商环境，更好促进外贸平稳发展，现就有关事项公告如下：

一、完善出口退(免)税企业分类管理

出口企业管理类别年度评定工作应于企业纳税信用级别评价结果确定后1个月内完成。

纳税人发生纳税信用修复情形的,可以书面向税务机关提出重新评定管理类别。因纳税信用修复原因重新评定的纳税人,不受《出口退(免)税企业分类管理办法》(国家税务总局公告2016年第46号发布,2018年第31号修改)第十四条中"四类出口企业自评定之日起,12个月内不得评定为其他管理类别"规定限制。

二、优化出口退(免)税备案单证管理

(一)纳税人应在申报出口退(免)税后15日内,将下列备案单证妥善留存,并按照申报退(免)税的时间顺序,制作出口退(免)税备案单证目录,注明单证存放方式,以备税务机关核查。

1. 出口企业的购销合同(包括:出口合同、外贸综合服务合同、外贸企业购货合同、生产企业收购非自产货物出口的购货合同等);

2. 出口货物的运输单据(包括:海运提单、航空运单、铁路运单、货物承运单据、邮政收据等承运人出具的货物单据,出口企业承付运费的国内运输发票,出口企业承付费用的国际货物运输代理服务费发票等);

3. 出口企业委托其他单位报关的单据(包括:委托报关协议、受托报关单位为其开具的代理报关服务费发票等)。

纳税人无法取得上述单证的,可用具有相似内容或作用的其他资料进行单证备案。除另有规定外,备案单证由出口企业存放和保管,不得擅自损毁,保存期为5年。

纳税人发生零税率跨境应税行为不实行备案单证管理。

(二)纳税人可以自行选择纸质化、影像化或者数字化方式,留存保管上述备案单证。选择纸质化方式的,还需在出口退(免)税备案单证目录中注明备案单证的存放地点。

(三)税务机关按规定查验备案单证时,纳税人按要求将影像化或者数字化备案单证转换为纸质化备案单证以供查验的,应在纸质化单证上加盖企业印章并签字声明与原数据一致。

三、完善加工贸易出口退税政策

实行免抵退税办法的进料加工出口企业,在国家实行出口产品征退税率一致政策后,因前期征退税率不一致等原因,结转未能抵减的免抵退税"不得免征和抵扣税额抵减额",企业进行核对确认后,可调转为相应数额的增值税进项税额。

四、精简出口退(免)税报送资料

(一)纳税人办理委托出口货物退(免)税申报时,停止报送代理出口协议副本、复印件。

(二)纳税人办理融资租赁货物出口退(免)税备案和申报时,停止报送融资租赁合同原件,改为报送融资租赁合同复印件(复印件上应注明"与原件一致"并加盖企业印章)。

(三)纳税人办理来料加工委托加工出口货物的免税核销手续时,停止报送加工企业开具的加工费普通发票原件及复印件。

(四)纳税人申请开具《代理出口货物证明》时,停止报送代理出口协议原件。

(五)纳税人申请开具《代理进口货物证明》时,停止报送加工贸易手册原件、代理进口协议原件。

（六）纳税人申请开具《来料加工免税证明》时，停止报送加工费普通发票原件、进口货物报关单原件。

（七）纳税人申请开具《出口货物转内销证明》时，停止报送《出口货物已补税/未退税证明》原件及复印件。

对于本条所述停止报送的资料原件，纳税人应当妥善留存备查。

五、拓展出口退（免）税提醒服务

为便于纳税人及时了解出口退（免）税政策及管理要求的更新情况、出口退（免）税业务申报办理进度，税务机关为纳税人免费提供出口退（免）税政策更新、出口退税率文库升级、尚有未用于退（免）税申报的出口货物报关单、已办结出口退（免）税等提醒服务。纳税人可自行选择订阅提醒服务内容。

六、简化出口退（免）税办理流程

（一）简化外贸综合服务企业代办退税备案流程

外贸综合服务企业在生产企业办理委托代办退税备案后，留存以下资料，即可为该生产企业申报代办退税，无需报送《代办退税情况备案表》（国家税务总局公告 2017 年第 35 号发布）和企业代办退税风险管控制度：

1. 与生产企业签订的外贸综合服务合同（协议）；

2. 每户委托代办退税生产企业的《代办退税情况备案表》；

3. 外贸综合服务企业代办退税风险管控制度、内部风险管控信息系统建设及应用情况。

生产企业办理委托代办退税备案变更后，外贸综合服务企业将变更后的《代办退税情况备案表》留存备查即可，无需重新报送该表。

（二）推行出口退（免）税实地核查“容缺办理”

1. 对于纳税人按照现行规定需实地核查通过方可办理的首次申报的出口退（免）税以及变更退（免）税办法后首次申报的出口退（免）税，税务机关经审核未发现涉嫌骗税等疑点或者已排除涉嫌骗税等疑点的，应按照“容缺办理”的原则办理退（免）税：在该纳税人累计申报的应退（免）税额未超过限额前，可先行按规定审核办理退（免）税再进行实地核查；在该纳税人累计申报的应退（免）税额超过限额后，超过限额的部分需待实地核查通过后再行办理退（免）税。

上述需经实地核查通过方可审核办理的首次申报的出口退（免）税包括：外贸企业首次申报出口退税（含外贸综合服务企业首次申报自营出口业务退税），生产企业首次申报出口退（免）税（含生产企业首次委托外贸综合服务企业申报代办退税），外贸综合服务企业首次申报代办退税。

上述按照“容缺办理”的原则办理退（免）税，包括纳税人出口货物、视同出口货物、对外提供加工修理修配劳务、发生零税率跨境应税行为涉及的出口退（免）税。

上述累计申报应退（免）税额的限额标准为：外贸企业（含外贸综合服务企业自营出口业务）100 万元；生产企业（含生产企业委托代办退税业务）200 万元；代办退税的外贸综合服务企业 100 万元。

2. 税务机关经实地核查发现纳税人已办理退(免)税的业务属于按规定不予办理退(免)税情形的,应追回已退(免)税款。因纳税人拒不配合而无法开展实地核查的,税务机关应按照实地核查不通过处理相关业务,并追回已退(免)税款,对于该纳税人申报的退(免)税业务,不适用"容缺办理"原则。

3. 纳税人申请变更退(免)税方法、变更出口退(免)税主管税务机关、撤回出口退(免)税备案时,存在已"容缺办理"但尚未实地核查的退(免)税业务的,税务机关应当先行开展实地核查。经实地核查通过的,按规定办理相关变更、撤回事项;经实地核查发现属于按规定不予办理退(免)税情形的,应追回已退(免)税款后,再行办理相关变更、撤回事项。

七、简便出口退(免)税办理方式

(一)推广出口退(免)税证明电子化开具和使用

纳税人申请开具《代理出口货物证明》《代理进口货物证明》《委托出口货物证明》《出口货物转内销证明》《中标证明通知书》《来料加工免税证明》的,税务机关为其开具电子证明,并通过电子税务局、国际贸易"单一窗口"等网上渠道(以下简称网上渠道)向纳税人反馈。纳税人申报办理出口退(免)税相关涉税事项时,仅需填报上述电子证明编号等信息,无需另行报送证明的纸质件和电子件。其中,纳税人申请开具《中标证明通知书》时,无需再报送中标企业所在地主管税务机关的名称、地址、邮政编码。

纳税人需要作废上述出口退(免)税电子证明的,应先行确认证明使用情况,已用于申报出口退(免)税相关事项的,不得作废证明;未用于申报出口退(免)税相关事项的,应向税务机关提出作废证明申请,税务机关核对无误后,予以作废。

(二)推广出口退(免)税事项"非接触"办理

纳税人申请办理出口退(免)税备案、证明开具及退(免)税申报等事项时,按照现行规定需要现场报送的纸质表单资料,可选择通过网上渠道,以影像化或者数字化方式提交。纳税人通过网上渠道提交相关电子数据、影像化或者数字化表单资料后,即可完成相关出口退(免)税事项的申请。原需报送的纸质表单资料,以及通过网上渠道提交的影像化或者数字化表单资料,纳税人应妥善留存备查。

税务机关受理上述申请后,按照现行规定为纳税人办理相关事项,并通过网上渠道反馈办理结果。纳税人确需税务机关出具纸质文书的,税务机关应当为纳税人出具。

八、完善出口退(免)税收汇管理

纳税人适用出口退(免)税政策的出口货物,有关收汇事项应按照以下规定执行:

(一)纳税人申报退(免)税的出口货物,应当在出口退(免)税申报期截止之日前收汇。未在规定期限内收汇,但符合《视同收汇原因及举证材料清单》(附件1)所列原因的,纳税人留存《出口货物收汇情况表》(附件2)及举证材料,即可视同收汇;因出口合同约定全部收汇最终日期在退(免)税申报期截止之日后的,应当在合同约定收汇日期前完成收汇。

(二)出口退(免)税管理类别为四类的纳税人,在申报出口退(免)税时,应当向税务机关报送收汇材料。

纳税人在退(免)税申报期截止之日后申报出口货物退(免)税的,应当在申报退(免)税时报送收汇材料。

纳税人被税务机关发现收汇材料为虚假或冒用的,应自税务机关出具书面通知之日起

24 个月内，在申报出口退（免）税时报送收汇材料。

除上述情形外，纳税人申报出口退（免）税时，无需报送收汇材料，留存举证材料备查即可。税务机关按规定需要查验收汇情况的，纳税人应当按照税务机关要求报送收汇材料。

（三）纳税人申报退（免）税的出口货物，具有下列情形之一，税务机关未办理出口退（免）税的，不得办理出口退（免）税；已办理出口退（免）税的，应在发生相关情形的次月用负数申报冲减原退（免）税申报数据，当期退（免）税额不足冲减的，应补缴差额部分的税款：

1. 因出口合同约定全部收汇最终日期在退（免）税申报期截止之日后的，未在合同约定收汇日期前完成收汇；

2. 未在规定期限内收汇，且不符合视同收汇规定；

3. 未按本条规定留存收汇材料。

纳税人在本公告施行前已发生上述情形但尚未处理的出口货物，应当按照本项规定进行处理；纳税人已按规定处理的出口货物，待收齐收汇材料、退（免）税凭证及相关电子信息后，即可申报办理出口退（免）税。

（四）纳税人确实无法收汇且不符合视同收汇规定的出口货物，适用增值税免税政策。

（五）税务机关发现纳税人申报退（免）税的出口货物收汇材料为虚假或者冒用的，应当按照《中华人民共和国税收征收管理法》有关规定进行处理，相应的出口货物适用增值税征税政策。

本条所述收汇材料是指《出口货物收汇情况表》及举证材料。对于已收汇的出口货物，举证材料为银行收汇凭证或者结汇水单等凭证；出口货物为跨境贸易人民币结算、委托出口并由受托方代为收汇，或者委托代办退税并由外贸综合服务企业代为收汇的，可提供收取人民币的收款凭证；对于视同收汇的出口货物，举证材料按照《视同收汇原因及举证材料清单》确定。

本条所述出口货物，不包括《财政部　国家税务总局关于出口货物劳务增值税和消费税政策的通知》（财税〔2012〕39 号）第一条第二项（第 2 目除外）所列的视同出口货物，以及易货贸易出口货物、边境小额贸易出口货物。

九、施行时间

本公告第一条、第二条、第三条自 2022 年 5 月 1 日起施行，第四条、第五条自 2022 年 6 月 1 日起施行，第六条、第七条、第八条自 2022 年 6 月 21 日起施行。《废止的文件条款目录》（附件 3）中列明的条款相应停止施行。

特此公告。

附件：1. 视同收汇原因及举证材料清单（编者略）

2. 出口货物收汇情况表（编者略）

3. 废止的文件条款目录

附件3

废止的文件条款目录

序号	标题	文号	废止内容	废止时间
1	国家税务总局关于发布《出口货物劳务增值税和消费税管理办法》的公告	2012年第24号	(1)第四条第二项第2目第(5)点④中的“代理出口协议复印件”	自2022年6月1日起废止
			(2)第五条第二项第5目第(4)点中的“代理出口协议副本”	自2022年6月1日起废止
			(3)第七条第三项第二款第2目“代理出口协议”	自2022年6月1日起废止
			(4)第八条第四项	自2022年5月1日起废止
			(5)第九条第四项第2目第(1)点①中的“原件”、②中的“原件”	自2022年6月1日起废止
			(6)第九条第四项第2目第(2)点③	自2022年6月1日起废止
			(7)第十条第一项第一款第1目中的“原件”	自2022年6月1日起废止
			(8)第十条第二项第1目中报送加工贸易手册原件的规定、第3目中的“原件”	自2022年6月1日起废止
			(9)第十条第六项第一款第1目中的“出口货物退运已补税(未退税)证明原件及复印件”	自2022年6月1日起废止
			(10)第十条第七项第3目	自2022年6月21日起废止
2	国家税务总局关于《出口货物劳务增值税和消费税管理办法》有关问题的公告	2013年第12号	附件19	自2022年6月1日起废止
3	国家税务总局关于出口企业申报出口货物退(免)税提供收汇资料有关问题的公告	2013年第30号	全文废止	自2022年6月21日起废止
4	国家税务总局关于发布《融资租赁货物出口退税管理办法》的公告	2014年第56号	第五条第一款第二项“融资租赁合同(有法律效力的中文版)”	自2022年6月1日起废止
5	国家税务总局关于调整完善外贸综合服务企业办理出口货物退(免)税有关事项的公告	2017年第35号	(1)第一条第二项“已向主管税务机关备案”	自2022年6月21日起废止
			(2)第四条	
6	国家税务总局关于出口退(免)税申报有关问题的公告	2018年第16号	第八条	自2022年6月21日起废止
7	国家税务总局关于做好新型冠状病毒感染的肺炎疫情防控期间出口退(免)税有关工作的通知	税总函〔2020〕28号	(1)第三条第二项 (2)第七条第一款	自2022年6月21日起废止
8	国家税务总局关于出口货物退(免)税实行有关单证备案管理制度的补充通知	国税函〔2006〕904号	全文废止(第一条已由国家税务总局公告2012年第24号废止)	自2022年5月1日起废止

1－4－411

国家税务总局关于阶段性加快出口退税办理进度有关工作的通知

2022年6月14日　税总货劳函〔2022〕83号

国家税务总局各省、自治区、直辖市和计划单列市税务局，国家税务总局驻各地特派员办事处，局内各单位：

为深入贯彻党中央、国务院关于进一步稳外贸稳外资的决策部署，不折不扣落实国务院常务会议关于对信用好的企业阶段性加快出口退（免）税办理进度的要求，促进外贸保稳提质，提升对外开放水平，现就有关工作明确如下：

一、阶段性加快出口退税进度

自2022年6月20日至2023年6月30日期间，税务部门办理一类、二类出口企业正常出口退（免）税的平均时间，压缩在3个工作日内。到期将视外贸发展和实际执行情况，进一步明确办理时间要求。

一类、二类出口企业，是指出口退税管理类别为一类和二类的出口企业。

正常出口退（免）税，是指经税务机关审核，符合现行规定且不存在涉嫌骗税等疑点的出口退（免）税业务。

二、做好宣传解读和纳税人辅导工作

（一）加强一线人员培训。各地税务机关要切实做好12366纳税缴费服务热线和办税服务厅等基层一线工作人员关于进一步加快出口退税办理进度要求的相关培训，重点针对本通知加快办理退税进度要求、前期《税务总局等十部门关于进一步加大出口退税支持力度促进外贸平稳发展的通知》（税总货劳发〔2022〕36号，以下称《十部门通知》）内容、报送资料、业务口径等进行强化培训，全面提升业务水平和服务能力。

（二）开展政策精准推送。各地税务机关要按照税费优惠政策精准推送机制，通过本省电子税务局就阶段性加快出口退税进度相关举措，针对一类、二类出口企业等适用主体开展政策精准推送，并主动通过本地征纳沟通平台等多种渠道方式，区分企业不同类型人员开展更具针对性的信息推送。

（三）做好纳税人宣传辅导。各地税务机关要结合本地实际，针对阶段性加快出口退税办理进度有关措施内容制作宣传产品，通过税务网站、征纳沟通平台、新媒体等渠道开展广泛而又务实的宣传。要进一步压实主管税务机关的网格化服务责任，针对适用主体分类开展政策解读和专项辅导，既要宣讲阶段性加快出口退税办理进度的重要意义，讲清本通知内容，又要辅导好操作流程，帮助纳税人懂政策、能申报、会操作，还要提示提醒纳税人严格加强风险内控，避免出现税收违法违规行为。

三、工作要求

（一）提高思想认识，加强组织领导。对出口退税信用好的企业阶段性加快退税办理进度,是党中央、国务院为进一步稳外贸稳外资作出的一项重要部署,是税务机关在《十部门通知》基础上,进一步支持外贸稳定发展、更好服务高水平对外开放大局的重要举措。各级税务机关要切实强化政治担当,深化思想认识,结合接受中央巡视自查整改等工作,加强组织领导,加大督促指导,压实工作责任,坚持“快退、狠打、严查、外督、长宣”五措并举,确保本地区一类、二类出口企业正常出口退(免)税的平均办理时间不超过3个工作日。

(二)加强工作统筹,确保快退税款。省级税务局要切实扛起主体责任,提前做好工作部署,全力保障信息系统运行稳定,密切跟踪各地办理进度,及时指导督促基层税务局落实落细。要强化出口退税、规划核算、征管科技、信息中心、数据风险等部门间协同配合,及时传递信息,确保按时办理退税。各级税务机关要上下联动,密切配合,协同发力,确保快退税款。

(三)加强风险防控,加大打骗力度。各级税务机关要统筹做好加快出口退税办理进度与防范打击出口骗税工作,树牢底线思维,既对标时间要求加快出口退税办理进度,也杜绝片面追求进度而放松出口骗税风险防控。要加强出口退税风险分析应对工作,充分发挥六部门常态化打虚打骗工作机制作用,加大与公安、检察院、海关、人民银行、外汇管理局等部门的协作力度,紧盯出口骗税新情况、新动态,始终保持对“三假”涉税违法犯罪行为严查狠打的高压态势,更好营造公平公正营商环境。

(四)强化内部监督,严查问题风险。各级税务机关在落实加快出口退税进度新举措的同时,要充分发扬自我革命精神,坚持刀刃向内,将“严查内错”贯穿政策落实全过程、各环节,严查税务人员落实加快出口退税进度中的不作为、慢作为、乱作为等失职失责行为,特别是对内外勾结骗取出口退税等违法行为,深入开展“一案双查”,从严从快严查彻办。

(五)主动接受监督、听取各方意见。各级税务机关在全力推进出口退税办理进度的过程中,要充分运用落实税费支持政策直联工作机制、“税费服务产品体验”、政务网站、局长信箱等方式,真诚接受社会监督,主动听取多方意见,并做好各方意见建议的收集、分析、处理和反馈工作,确保纳税人和社会有关方面的意见建议得到及时有效回应,不断完善和改进服务举措。

(六)持续广泛宣传,营造良好氛围。各级税务机关要积极主动开展政策宣传工作,持续跟踪纳税人受益情况以及政策执行效果,加强与媒体沟通联系,广泛宣传《十部门通知》和进一步加快出口退税进度新举措对促进外贸保稳提质、提升对外开放水平、稳住宏观经济大盘方面发挥的积极效应,营造良好的舆论氛围。

各级税务机关要密切跟踪工作进展,及时总结工作成效,落实中遇到问题请及时上报税务总局(货物和劳务税司)。

1－4－412

财政部　海关总署　税务总局关于跨境电子商务出口退运商品税收政策的公告

2023年1月30日　财政部　海关总署　税务总局公告2023年第4号

为加快发展外贸新业态，推动贸易高质量发展，现将跨境电子商务出口退运商品税收政策公告如下：

一、对自本公告印发之日起1年内在跨境电子商务海关监管代码（1210、9610、9710、9810）项下申报出口，因滞销、退货原因，自出口之日起6个月内原状退运进境的商品（不含食品），免征进口关税和进口环节增值税、消费税；出口时已征收的出口关税准予退还，出口时已征收的增值税、消费税参照内销货物发生退货有关税收规定执行。其中，监管代码1210项下出口商品，应自海关特殊监管区域或保税物流中心（B型）出区离境之日起6个月内退运至境内区外。

二、对符合第一条规定的商品，已办理出口退税的，企业应当按现行规定补缴已退的税款。企业应当凭主管税务机关出具的《出口货物已补税/未退税证明》，申请办理免征进口关税和进口环节增值税、消费税，退还出口关税手续。

三、第一条中规定的"原状退运进境"是指出口商品退运进境时的最小商品形态应与原出口时的形态基本一致，不得增加任何配件或部件，不能经过任何加工、改装，但经拆箱、检（化）验、安装、调试等仍可视为"原状"；退运进境商品应未被使用过，但对于只有经过试用才能发现品质不良或可证明被客户试用后退货的情况除外。

四、对符合第一、二、三条规定的商品，企业应当提交出口商品申报清单或出口报关单、退运原因说明等证明该商品确为因滞销、退货原因而退运进境的材料，并对材料的真实性承担法律责任。对因滞销退运的商品，企业应提供"自我声明"作为退运原因说明材料，承诺为因滞销退运；对因退货退运的商品，企业应提供退货记录（含跨境电子商务平台上的退货记录或拒收记录）、返货协议等作为退运原因说明材料。海关据此办理退运免税等手续。

五、企业偷税、骗税等违法违规行为，按照国家有关法律法规等规定处理。

特此公告。

注释：

条款修改。第一条中的"对自本公告印发之日起1年内在跨境电子商务海关监管代码（1210、9610、9710、9810）项下申报出口，因滞销、退货原因，自出口之日起6个月内原状退运进境的商品（不含食品），免征进口关税和进口环节增值税、消费税；出口时已征收的出口关税准予退还，出口时已征收的增值税、消费税参照内销货物发生退货有关税收规定执行"调整为"对2023年1月30日至2025年12月31日期间在跨境电子商务海关监管代码

(1210、9610、9710、9810)项下申报出口,因滞销、退货原因,自出口之日起6个月内原状退运进境的商品(不含食品),免征进口关税和进口环节增值税、消费税;出口时已征收的出口关税准予退还,出口时已征收的增值税、消费税参照内销货物发生退货有关税收规定执行”。参见:《财政部　海关总署　税务总局关于延续实施跨境电子商务出口退运商品税收政策的公告》(财政部　海关总署　税务总局公告2023年第34号)。

1－4－413

国家税务总局关于发布出口退税率文库2023A版的通知

2023年2月13日　税总货劳函〔2023〕12号

国家税务总局各省、自治区、直辖市和计划单列市税务局,国家税务总局驻各地特派员办事处:

根据进出口税则及海关商品编码调整情况,国家税务总局编制了2023A版出口退税率文库(以下简称文库)。现将有关事项通知如下:

一、文库放置在国家税务总局可控FTP系统(100.16.92.225:5088)“程序发布”目录下。请各地及时下载,对出口退税审核系统进行文库升级,并将文库及时发放给出口企业。

二、各地要严格执行出口退税率,严禁擅自改变出口退税率,一经发现,要追究相关人员责任。

三、对执行中发现的问题,请及时报告国家税务总局(货物和劳务税司)。

1－4－414

海关总署　财政部　税务总局关于增加海南离岛免税购物“担保即提”和“即购即提”提货方式的公告

2023年3月18日　海关总署　财政部　税务总局公告2023年第25号

为支持海南自由贸易港建设,进一步提升离岛旅客购物体验,现就增加海南离岛旅客免税购物提货方式公告如下:

一、增加“担保即提”和“即购即提”提货方式

离岛旅客凭有效身份证件或旅行证件和离岛信息在海南离岛免税商店(不含网上销售窗口)购买免税品时,除在机场、火车站、码头指定区域提货以及可选择邮寄送达或岛内居民返岛提取方式外,可对单价超过5万元(含)的免税品选择“担保即提”提货方式,可对单价不超过2万元(不含)且在本公告附件清单内的免税品选择“即购即提”提货方式。使用

“担保即提”“即购即提”方式购买的离岛免税品属于消费者个人使用的最终商品，应一次性携带离岛，不得再次销售。

二、“担保即提”提货方式

（一）离岛旅客每次离岛前购买单价超过 5 万元（含）的免税品，可选择“担保即提”方式提货，离岛旅客除支付购物货款外，在向海关提交相当于进境物品进口税的担保后可现场提货。此方式下所购免税品不得在岛内使用。

（二）旅客离岛时需要对所购商品退还担保的，应当由本人主动向海关申请验核尚未启用或消费的免税品，并提交免税品购物凭证和本人有效身份证件或旅行证件。经海关验核，对旅客交验的免税品与购物信息相符的，海关在购物凭证上确认签章。

（三）有下列情形之一的，海关不予办理离岛旅客验核签章手续：

1. 离岛旅客交验免税品已经启用或已经消费的；

2. 离岛旅客交验免税品与购物凭证所列不符的；

3. 购物人员信息与交验离岛旅客本人信息不符的。

（四）经海关实物验核通过且购物旅客本人已实际离岛的，海关退还担保。对于购物旅客本人自购物之日起超过 30 天未离岛、未主动向海关申请验核免税品或未通过验核的，相关担保直接转为税款。

三、“即购即提”提货方式

离岛旅客每次离岛前购买本公告附件清单所列免税品时，对于单价不超过 2 万元（不含）的免税品，可以按照每人每类免税品限购数量的要求，选择“即购即提”方式提货。离岛旅客支付货款后可现场提货，离岛环节海关不验核实物。

四、相关法律责任

（一）离岛旅客使用上述两种方式提货，自购物之日起，离岛时间不得超过 30 天（含）；对于超过 30 天未离岛且无法说明正当理由的，三年内不得购买离岛免税品。对于构成走私行为或违反海关监管规定行为的，由海关依照有关规定予以处理，构成犯罪的，依法追究刑事责任。

（二）对于离岛免税商店未按规定销售免税品的，由海关根据《中华人民共和国海关行政处罚实施条例》第二十六条、《中华人民共和国海关对免税商店及免税品监管办法》第二十八条相关规定予以处理。

（三）对海南离岛旅客免税购物“担保即提”和“即购即提”方式的其他监管事项，按照海关总署公告 2020 年第 79 号（关于发布海南离岛旅客免税购物监管办法的公告）有关规定执行。

本公告自 2023 年 4 月 1 日起执行。财政部、海关总署、税务总局公告 2020 年第 33 号（关于海南离岛旅客免税购物政策的公告）中其他规定继续执行。

特此公告。

附件：允许“即购即提”方式提货的离岛免税商品清单（编者略）

1－4－415

财政部　海关总署　税务总局关于延续实施跨境电子商务出口退运商品税收政策的公告

2023 年 8 月 22 日　财政部　海关总署　税务总局公告 2023 年第 34 号

为支持跨境电子商务新业态加快发展，现将有关税收政策公告如下：

一、将《财政部　海关总署　税务总局关于跨境电子商务出口退运商品税收政策的公告》(财政部　海关总署　税务总局公告 2023 年第 4 号)第一条中的“对自本公告印发之日起 1 年内在跨境电子商务海关监管代码(1210、9610、9710、9810)项下申报出口，因滞销、退货原因，自出口之日起 6 个月内原状退运进境的商品(不含食品)，免征进口关税和进口环节增值税、消费税；出口时已征收的出口关税准予退还，出口时已征收的增值税、消费税参照内销货物发生退货有关税收规定执行”调整为“对 2023 年 1 月 30 日至 2025 年 12 月 31 日期间在跨境电子商务海关监管代码(1210、9610、9710、9810)项下申报出口，因滞销、退货原因，自出口之日起 6 个月内原状退运进境的商品(不含食品)，免征进口关税和进口环节增值税、消费税；出口时已征收的出口关税准予退还，出口时已征收的增值税、消费税参照内销货物发生退货有关税收规定执行”。

二、其他规定仍按照财政部、海关总署、税务总局公告 2023 年第 4 号相关规定执行。

特此公告。

1－4－416

财政部　税务总局关于更新中外合作油(气)田开采企业名单的通知

2023 年 10 月 7 日　财税〔2023〕51 号

各省、自治区、直辖市、计划单列市财政厅(局)，新疆生产建设兵团财政局，国家税务总局各省、自治区、直辖市、计划单列市税务局：

根据海洋油(气)企业经营变化情况，现就销售或租赁海洋工程结构物适用出口退税政策有关事项通知如下：

一、对《财政部　国家税务总局关于出口货物劳务增值税和消费税政策的通知》(财税〔2012〕39 号)附件 3 中“二、海上石油天然气开采企业的具体范围”所列企业进行调整，具体如下：

(一)在“(一)中国海洋石油总公司及其下属企业”项下企业中删除中海石油(中国)有

限公司荔湾作业公司、中海石油(中国)有限公司文昌 13－1/2 油田作业公司。

(二)在“(二)中国海洋石油对外合作公司”项下企业中增加博道长和石油有限公司、哈斯基石油作业(中国)有限公司、爱思开新技术株式会社和爱思开尔世恩株式会社,并删除台南－潮汕石油作业有限公司。

(三)对“(四)中国石油化工集团公司下属企业”项下企业名称进行变更:将“胜利石油管理局海洋钻井公司”调整为“中石化胜利石油工程有限公司海洋钻井公司”;将“中国石化集团上海海洋石油局”调整为“中国石化集团上海海洋石油局有限公司”;将“上海海洋石油勘探开发总公司”调整为“中石化海洋石油工程有限公司”。

二、《财政部　国家税务总局关于明确金融　房地产开发　教育辅助服务等增值税政策的通知》(财税〔2016〕140 号)第十七条“中外合作油(气)田开采企业”按上述调整后的企业名单执行。

三、本通知自上述企业设立登记、注销登记或变更登记之日起执行。